Irving Stone

Der Schöpfung wunderbare Wege

Das Leben des Charles Darwin

Droemer Knaur

Aus dem Amerikanischen übersetzt
von Willy Thaler

1. bis 50. Tausend

Titel der Originalausgabe »The Origin«, erschienen bei
Doubleday & Company, Inc., New York
Umschlaggestaltung: Rambow, Lienemeyer, van de Sand
Satz: IBV Lichtsatz KG, Berlin
Druck und Einband: May + Co., Darmstadt
Printed in Germany
ISBN 3-426-19036-2

Für
Jean Stone –
meine Frau, mein Lektor,
meine Gefährtin
und mein Freund

Danksagung

Es ist mir eine besondere Freude, den Nachkommen Charles Darwins für ihre herzliche Aufnahme, Mitwirkung und Freundschaft während der fünf Jahre zu danken, die für die Recherchen und das Schreiben dieses Buches erforderlich waren. Lady Nora Barlow, Cambridge, die letzte noch lebende Enkelin von Charles Darwin, erteilte mir ebenso großzügig, wie sie es allen Darwinforschern gegenüber während des letzten halben Jahrhunderts war, die Erlaubnis, aus ihren bereits veröffentlichten Werken zu zitieren und unveröffentlichtes, privates Material der Familie zu verwenden. Mein Dank gilt auch ihrem Sohn, Professor Bernard Barlow von der Universität von Kalifornien in Berkeley und der Universität Cambridge. Mr. George Darwin, London, Charles Darwins Urenkel, und seine Frau Angela waren uns eine bedeutende Hilfe bei der Verwendung von Charles Darwins ausgedehnter Korrespondenz, der veröffentlichten wie auch der unveröffentlichten.

In Cambridge habe ich der Familie Keynes zu danken: Sir Geoffrey, hervorragender Chirurg und Autor, Professor Richard D. Keynes, der an *The Beagle Record* arbeitete, Dr. Milo Keynes, Herausgeber von *Essays on John Maynard Keynes*, und Quentin Keynes, alle mit Ausnahme von Sir Geoffrey, Urenkel von Charles Darwin, die uns Einsicht in wertvolles unveröffentlichtes Material gewährten.

Sir Hedley und Lady Judy Atkins, die für die Wiederherstellung von *Down House*, so wie es in den vierzig Jahren war, in denen die Darwins dort wohnten, für die *Royal Society of Surgeons* verantwortlich waren, luden uns nach den zwei ersten Besuchen im folgenden Jahr ein, mehrere Wochen lang als ihre Gäste in *Down House* zu wohnen und zu arbeiten.

Schließlich möchte ich der Cambridge University Library meinen innigen Dank aussprechen, wo der Großteil von Charles Darwins Manuskripten und seiner Korrespondenz in einem besonderen Darwin-Trakt aufbewahrt wird, dessen tüchtiger Leiter Peter Gautrey, M. A., für uns während der gesamten fünfjährigen Arbeit unentbehrlich war. Ebenso dem ehemaligen Universitätsbibliothekar von Cambridge, Eric B. Caedel, der uns zeigte, wie wir die Möglichkeiten der Bibliothek am besten nutzen konnten. Dr. Sidney Smith vom St. Catherine's College machte uns mit den Darwin-Regalen bekannt und enthüllte uns einiges von dem unschätzbaren Wissen, das er im Kopf hat.

Sämtliche Darwinforscher von Großbritannien und den Vereinigten Staaten waren, mit einer einzigen Ausnahme, freigebig mit den Ergebnissen ihrer eigenen Untersuchungen und halfen mit, diesen biographischen Roman auf urkundlichem Material aufzubauen. Ihr Beitrag wird am Ende dieses Buches veröffentlicht.

Irving Stone

London, Cambridge, Shrewsbury, Maer, Down,
Plymouth, Galápagos-Inseln, Beverly Hills, 1975–1980

Inhalt

Einleitung

Irving Stone

Von Allan Nevins

Wir alle, die wir Irving Stone und sein Werk gut kennen, müssen vor allem seine Integrität als Biograph und Literat hervorheben. Die Geschichte hat ihre Gesetze, wie Marguerite Yourcenar in einem Anhang zu »Ich zähmte die Wölfin« bemerkt, und auch Dichtung oder imaginative Rekonstruktion hat ihre Gesetze; »die beiden sind nicht unweigerlich unvereinbar«: Irving Stone ist der Ansicht, daß sie sich in den Händen eines gewissenhaften Schriftstellers durchaus miteinander vertragen.

Er hat sowohl klassische Biographien geschrieben als auch – wie Marguerite Yourcenar, Robert Graves, Catherine Drinker Bowen – solche, die imaginative Details enthalten. In seinen Werken über Jack London *(Zur See und im Sattel)* und Clarence Darrow *(For the Defense)* beschränkt er sich gewissenhaft auf Tatsachen und Bewiesenes. In seinen früheren Werken *Lust for Life (Vincent van Gogh, ein Leben in Leidenschaft), Immortal Wife (Unsterbliche Frau), The President's Lady (Über den Tod hinaus)* wie in seinen späteren Büchern *Those Who Love (Das Leben gehört den Liebenden), The Passions of the Mind (Der Seele dunkle Pfade)* und *The Greek Treasure (Der griechische Schatz)* füllt er manche Lücken durch gezähmte Phantasie, achtet aber darauf, nicht über angemessene Mutmaßungen hinauszugehen oder den Geist der historischen Wahrheit zu verändern.

Diese Regeln erfordern von Irving Stone schwierige Recherchen und gewissenhafte Ausarbeitungen, deren Ausmaß sich nur seine engsten Freunde vorstellen können. Er scheut keine Mühen und reist, wie Macaulay, Hunderte Kilometer um einer einzigen, selbst nebensächlichen Tatsache willen. Er glaubt, daß ein wenig Phantasie seine Charaktere menschlicher macht, aber er sprach mit fünfzig Leuten, um sich ein genaues Urteil über Debs' Pazifismus bilden zu können, als Debs zu zehn Jahren Gefängnis verurteilt wurde *(Adversary in the House)*. Er weiß, wie man farbige Schilderungen schreibt, aber er blättert in ganzen Stößen alter Zeitungen, um herauszufinden, wie eine Straße in Lexington, Kentucky, aussah, als Mary Todd sie in ihrer Mädchenzeit entlangging *(Love Is Eternal,* dt.: *Die Liebe ist ewig; Liebe und Ehe des Abraham Lincoln)*.

Er erfüllt so die Kriterien, die er sich unter Herbert Eugene Bolton an der Universität von Kalifornien zu eigen machte, wo er im Jahr 1923 seinen akademischen

Grad erhielt. Ich hörte von Anna Strunsky, die Jack London wegen ihrer »flammenden Seele« so schätzte, mit welcher Ausdauer er alles aus ihr herausholte, was sie über London berichten konnte. Ich habe von anderer Seite erfahren, wie er bei der Vorbereitung für sein Buch über die Lincolns im Weißen Haus darauf bestand, die genauen Pläne ihrer Wohnung im zweiten Stockwerk kennenzulernen. Die kannte keiner, nicht einmal William Adams Delano, der Fachmann für die Architektur des Weißen Hauses. Man hatte Trennwände verlegt, Abmessungen verändert, neue Anlagen eingebaut. Doch Irving Stone war der Ansicht, er müsse die Maße und das Aussehen des Gästezimmers kennen, in dem Willie Lincoln starb, und die der Diele, in der Lincoln auf und ab ging, als er die Last des Krieges auf seinen Schultern spürte. Schließlich zeichnete er auf Grund von Memoiren, Briefen, Zeitungen und anderen Quellen einen Plan des Hauses, auf dessen Richtigkeit er sich verlassen konnte.

Irving Stone rühmt sich, ein Schriftsteller zu sein, der allein von seiner Feder lebt. Als Schriftsteller steckt er Systematik, ausdauernden Fleiß und Sorgfalt in seine Beschäftigung. Er beginnt vor neun Uhr morgens mit der Arbeit. Ob die Inspiration kommt oder nicht, er bleibt an seinem Schreibtisch sitzen, denn er weiß, daß geduldige Bemühung sie bringen wird, und dann »bin ich da«, wie er sagt. Ein leichter Lunch, ein Spaziergang oder ein wenig Schwimmen, und er sitzt wieder in seinem Arbeitszimmer bis sechs Uhr.

Der Erfolg kam allmählich; die Stones zogen ihre beiden Kinder unter ebenso vielen Schwierigkeiten groß wie die meisten Familien; und erst als er seine Geschichte des Westens, *Men to Match My Mountains*, zu schreiben begann, konnte er den ersten hauptamtlichen Helfer für seine Recherchen einstellen. In Italien, wo er für *The Agony and the Ecstasy (Michelangelo; ein Leben in Größe und Leid)* mit Bergen von Unterlagen in italienischer, französischer, deutscher und lateinischer Sprache zu tun hatte, mußte er die Hilfe von Fachleuten in größerem Ausmaß in Anspruch nehmen.

Irving Stone war besonders glücklich über seinen schließlichen Erfolg in zweierlei Hinsicht. Sein *Lust for Life* (das in sechzig Sprachen übersetzt wurde) trug wahrscheinlich mehr als irgendein anderes Buch dazu bei, die Hindernisse, die der Anerkennung der impressionistischen und nachimpressionistischen Malerei im Wege standen, zu beseitigen. Künstler und Kunstliebhaber haben ihm in gleicher Weise viele Beweise ihrer Dankbarkeit gegeben.

Inzwischen erhielt er zahlreiche Bestätigungen dafür, daß seine Bücher über Persönlichkeiten der Geschichte Hunderttausenden von Lesern einen lebhaften Eindruck von der Vergangenheit gegeben haben.

Allan Nevins, langjähriger Professor für Amerikanische Geschichte an der Columbia-Universität
Book of the Month Club News, März 1961

»Der Verstand ist sein eigner Platz, und er vermag zu machen in sich selbst aus Hölle einen Himmel, aus Himmel eine Hölle.«

Milton, *Das verlorene Paradies*, 1667

»Bücher sind die Vermächtnisse, die ein großes Genie der Menschheit hinterläßt und die von Generation zu Generation weitergegeben werden, als Geschenke an die Nachwelt der noch Ungeborenen.«

Joseph Addison, *The Spectator*,
10. September 1711

»Würde ich noch weitere zwanzig Jahre leben und wäre ich imstande zu arbeiten, wie würde ich doch die *Entstehung der Arten* verändern müssen, und wie sehr müßten die Ansichten in allen Punkten modifiziert werden! Nun, es ist ein Anfang, und das ist schon etwas...«

Charles Darwin an Joseph Hooker, 1869

»Jahrelang waren Romane, die Werke der Phantasie sind, wenngleich auch nicht von sehr hohem Rang, für mich eine wunderbare Entspannung, und ich lobe die Romanschriftsteller oft. Erstaunlich viele Romane wurden mir vorgelesen, und mir gefallen alle, wenn sie halbwegs gut sind und wenn sie nicht unglücklich enden – dagegen sollte ein Gesetz erlassen werden. Ein Roman ist meiner Ansicht nach nur dann erstklassig, wenn er eine Person enthält, die man durch und durch lieben kann, um so besser, wenn es eine hübsche Frau ist.«

Charles Darwin, Autobiographie, 1876

Erster Teil
Die Landratte

Erstes Buch

»Find mir einen Mann mit gesundem Menschenverstand!«

1.

Er stand vor seinem Rasiertisch aus Mahagoni und rührte mit dem Rasierpinsel in der weißen Rasierschale mit den blauen Blumen, goß heißes Wasser aus einem Kupferkrug hinzu, seifte sein hellhäutiges Gesicht ein und klappte sein scharf geschliffenes Rasiermesser mit dem Ebenholzgriff auf.

Für den zweiundzwanzigjährigen Charles Darwin war das Rasieren eine angenehme, wenig schwierige Aufgabe, denn er trug seinen rötlichbraunen Backenbart bis zum Kinn. Er brauchte also nur seine rosa Wangen und das runde Kinn zu rasieren. Seine roten Lippen waren recht kurz geraten im Vergleich zu der Größe seiner braunen, purpurgesprenkelten Augen, die alles beobachteten und registrierten.

Er säuberte sein Gesicht vom Seifenschaum, nahm zwei Bürsten mit silbernem Rücken und scheitelte sein langes, karottenrotes Haar sorgfältig, so daß es fast sein ganzes rechtes Ohr bedeckte, dann bürstete er den übrigen dichten Schopf quer über seinen großen Kopf, bis er in einem eleganten Schwung über sein linkes Ohr fiel. Er nahm ein frisches weißes Hemd aus der Kommode aus Nußholz, knöpfte den gestärkten weißen Kragen zu, dessen Spitzen seinen Bart umrahmten, legte eine dunkelbraune Krawatte um den hohen Kragen und band eine große Schleife. Gewöhnlich rasierte er sich, wenn er am Morgen aufstand, aber er hatte den Tag auf dem Severn im Familienruderboot mit Fischen und Sammeln verbracht und das Ankleiden bis zu dem Zeitpunkt hinausgeschoben, an dem er Professor Adam Sedgwick empfangen sollte.

Über die breite Treppe stieg der köstliche Duft von Annies Gänsepastete nach oben, einer Shrewsbury-Spezialität, die Annie, die Haushälterin, buk, wenn sie einen wichtigen Gast zum Essen erwarteten. Als Knabe hatte Charles oft zugesehen, wie sie diesen Leckerbissen zubereitete, bis er in das Backrohr ihres mit acht Kochstellen versehenen Holz- und Kohlenherdes geschoben wurde. Im Geist sah er deutlich vor sich, wie sie die große Gans ausbeinte, dann ein großes Huhn, das in die Gans gestopft wurde, und darauf eine Pökelzunge in das Huhn stopfte; das Ganze wurde mit erstklassigem Pastetenteig umgeben, der mit gestoßenem Muskat, Pfeffer und einem halben Pfund Butter bestrichen wurde.

Marianne, Charles' älteste Schwester, hatte einen Arzt kennengelernt und früh, mit sechsundzwanzig, geheiratet. Sie hatte, als ihre Mutter starb, die Führung

des Familienhaushalts von *The Mount* nicht übernehmen wollen, obwohl sie mit ihren neunzehn Jahren dazu imstande gewesen wäre. Sie hatte statt dessen die Last auf die bereitwilligen Schultern der siebzehnjährigen Caroline, des nächstälteren Mädchens, gelegt. Nach ihrer Hochzeit übersiedelte sie nach Overton.
Was das Essen anlangte, war es nicht gerade leicht, den Vater, Dr. Robert Darwin, zufriedenzustellen. Er war ein kräftig gebauter Mann, der dreihundert Pfund wog, wenn auch zwanzig Pfund weniger als sein gargantuesker Vater, Dr. Erasmus Darwin, in ganz England berühmt wegen seiner Gedichte, seiner Werke über Naturkunde, Medizin und die Gesetze des organischen Lebens ... und wegen seines Umfangs, der ihn gezwungen hatte, an seinem Platz am Eßtisch einen Halbkreis ausschneiden zu lassen, um bequem essen zu können.
Charles nahm aus dem Kleiderschrank eine blaue Samtweste mit breiten Revers, dann einen braunen Anzug, dessen lang geschnittenes Jackett mit hohem Kragen noch breitere Revers hatte. Aus dem unteren Teil des Schrankes griff er ein Paar kurze Stiefel, stellte sie auf den Axminsterteppich und legte die Kleider auf das Messingbett mit den dicken Knöpfen auf den Bettpfosten. Seine goldene Uhr trug er an einer dünnen Kette um den Hals, die Uhr lag tief in der Tasche seiner Weste.
Als er fertig angezogen war, betrachtete er sich in dem hohen Spiegel, nicht ohne eine gewisse Freude darüber, daß er die Größe von eins achtzig erreicht hatte, was er sich so sehr gewünscht hatte. Seine Nase war jedoch ein wenig zu lang. Er war nicht eitler, als es für einen hochgewachsenen, schlanken und gut gebauten jungen Mann üblich war, der erst vor vier Monaten den Grad eines Bakkalaureus der theologischen Fakultät des Christ's College in Cambridge, Jahrgang 1831, erworben hatte. Er stand als Zehnter auf der Liste der erfolgreichen Kandidaten, die keine höhere Laufbahn anstrebten, und sollte in der Kathedrale von Hereford, unweit des Ortes, in dem sich die Wohnsitze der Darwins und ihrer Verwandten, der Wedgwoods, befanden, zum Priester geweiht werden.
Es hatte keine Eile mit seiner Weihe; sein Vater drängte ihn nicht, ebensowenig setzte die anglikanische Kirche eine bestimmte Zeit fest, innerhalb deren junge Theologen nach ihrem Abschluß geweiht werden mußten. Es würde sowieso ein oder zwei Jahre dauern, bevor eine Diakonie oder ein Hilfspfarrerposten frei würde. Die Stellung eines Diakons oder Hilfspfarrers war die unterste Sprosse der kirchlichen Leiter; Assistent des Vikars oder, in einer wohlhabenderen Gemeinde, Priestereleve eines Pfarrers. Der Bischof seiner Diözese würde die Verabredung treffen. Daß die Pflichten eines Hilfspfarrers bescheiden waren und die Bezahlung gleichfalls, machte Charles nichts aus. Die leichte Arbeit würde ihm Zeit lassen für seine Sammlungen und die Fortsetzung seiner naturkundlichen Studien sowie für die Jagd, die er liebte, das größte Vergnügen seines Lebens.
Vielleicht würde er nach seinem dreiwöchigen Ausflug mit Professor Sedgwick zu geologischen Studien nach Nordwestwales und einem darauffolgenden Jagdmonat in *Maer* über den Zeitpunkt nachdenken, an dem er geweiht werden sollte;

oder besser noch im nächsten Jahr, im Sommer, nachdem er mit Professor Henslow aus Cambridge und zwei jungen Freunden auf einem Handelsschiff nach Teneriffa, einer der Kanarischen Inseln, gefahren war, um den durch Humboldts *Reisen* berühmt gewordenen Affenbrotbaum zu sehen. Sein Vater war mit der Reise nach Teneriffa im kommenden Juni einverstanden. Charles hatte ebenso wie sein älterer und einziger Bruder Erasmus, der die Welt bereist hatte, bevor er in die ärztliche Praxis ging, Anspruch auf ein Wanderjahr. Es war noch Zeit genug für einen jungen Mann, sich endgültig niederzulassen!
Damit waren seine Gedanken an die Kirche beendet, und er betrachtete sich ein letztes Mal im Spiegel.
»Wie ich mir da meinen besten Anzug angezogen habe«, fand er, »würde man meinen, ich hätte eine Verabredung mit der schönen Fanny Owen.«
Niemand hätte ihn für besonders hübsch gehalten, aber er war in gewisser, unbekümmerter Weise anziehend mit seinen großen, ausdrucksvollen Augen; ein liebenswürdiger junger Mann mit Neigung zum Spaß, mit angeborenem Charme und guten Manieren. Er liebte Menschen und bemühte sich nicht, sein Vergnügen in ihrer Gesellschaft zu verbergen. Die Menschen mochten ihn: seine Verwandten, seine Kommilitonen und Professoren in Cambridge. Insbesondere ältere Männer fanden Gefallen an ihm, weil er das seltene Talent besaß, Alters- oder Generationsunterschiede nicht zur Kenntnis zu nehmen. Er war ein Liebling von Josiah Wedgwood, dem Bruder seiner Mutter, bei dem er seit seiner Kindheit den September in *Maer Hall* verbracht hatte, wo sie Rebhühner und anderes Wild jagten; von William Owen bei seinen Besuchen in *Woodhouse*, wo man ihn mit Einsetzen des ersten Frostes erwartete, um »einige von Owens Fasanen zu schießen«; von John Steven Henslow, seinem Mentor und Führer durch die wundervollen Mysterien der Natur. Henslow, ehemaliger Professor der Mineralogie an der Universität Cambridge, hatte seit vier Jahren den Lehrstuhl für Botanik inne und war Pfarrer der schönen Kirche Little St. Mary's unweit der Trumpington Street, wenige Schritte vom Cam-Fluß. Es war Professor Henslow, der seinen Freund Adam Sedgwick überredet hatte, Charles auf eine Forschungsreise mitzunehmen. Charles trug seinen besten Anzug, weil der kräftig gebaute Sedgwick, der mit seinen sechsundvierzig Jahren noch Junggeselle war, sogar auf seinen berühmten geologischen Reisen in die Alpen oder in die Berge von Wales ein Dandy war, der einen weißen Zylinder und ein elegant geschnittenes, langes Jackett trug.
Die Studenten in Cambridge sagten:
»Er trägt seinen weißen Zylinder, damit ihn die Jäger nicht irrtümlich für einen Rehbock halten und ihm zwischen die Augen schießen.«
Bereit zum Empfang seines Besuchers, nahm Charles ein Exemplar von *The Antiquary* von Sir Walter Scott aus dem Bücherregal des Zimmers, in dem er geboren worden war, und machte es sich in dem gepolsterten Armstuhl neben dem Fenster bequem. Die Samtvorhänge waren mit Schleifen gerafft. Durch die Spitzengardinen hatte er einen herrlichen Blick auf den weiten Rasen vor dem Haus

mit den alten Eichen-, Tannen- und Ahornbäumen und am Fuß des *Mount* – so hieß der hohe Hügel außerhalb von Shrewsbury und auch ihr Wohnhaus – auf die Wiesen und die Ruine der von den alten Britanniern erbauten Festung.
Charles hatte seine dreieinhalb Jahre in Cambridge recht angenehm verbracht. Er las sehr viel; sowohl die Darwins wie auch die Wedgwoods besaßen beachtliche Bibliotheken und waren passionierte Leser, aber eher zum Vergnügen, als um sich zu bilden. Er war ein aufmerksamer Zuhörer, war gut beschlagen auf den Gebieten, die er hatte büffeln und dann memorieren müssen – Paleys *Natural Theology* und Euklids *Elemente der Geometrie* –, um sein Vorexamen zu bestehen, nachdem er zwei Jahre in Cambridge gewesen war, und ein begabter Student in Fächern, die ihn interessierten.
Professor Henslow zog mit seinen Botanikstudenten häufig durch Cambridgeshire. Charles ließ sich keine Gelegenheit entgehen mitzumachen, manchmal bei Wochenendausflügen in entlegene Wälder und Sümpfe. Auf einem Sammelausflug nach Gamlingay fing er so viele Rohrkröten, die durch das hohe Gras krochen, daß Professor Henslow stolz sagte:
»Darwin, Sie haben ein gutes Auge!«
Als Charles später mehr von ihnen gefangen hatte als alle anderen Studenten zusammen, fragte Henslow belustigt:
»Was werden Sie mit ihnen machen, Darwin? Eine Krötenpastete?«
Charles zögerte nur einen Augenblick.
»Also, Professor Henslow, Sie wissen doch, daß ich nicht kochen kann!«
Henslow war ein passionierter Sammler von Insekten. Charles behauptete, daß ihm keine Betätigung an der Universität so viel Vergnügen mache wie das Käfersuchen. Eines Tages sah er beim Ablösen einer alten Rinde zwei seltene Käfer und ergriff mit jeder Hand einen. Dann sah er einen dritten, eine neue Art, die er sich nicht entgehen lassen wollte, und steckte den Käfer, den er in der rechten Hand hielt, in den Mund.
»Leider«, erzählte er Professor Henslow an dem Abend, »spritzte er eine gallebittere Flüssigkeit aus, die auf meiner Zunge so brannte, daß ich gezwungen war, den Käfer auszuspucken. Ich verlor ihn. Und ich verlor auch den dritten!«
»Soviel über Habgier«, sagte Henslow lachend. »Seien Sie maßvoll, mein Junge, beim Sammeln von Käfern ebenso wie beim Sammeln von Geld.«
Als John Stevens Henslow dreizehn Jahre vor Charles Darwin nach Cambridge gekommen war, wurde Naturwissenschaft noch als antireligiös angesehen. Da dieser Gegenstand an einer Universität nicht geduldet wurde, die im zwölften Jahrhundert gegründet worden war, um Theologen auszubilden, wurden auch keine Seminare abgehalten, die zu einem naturwissenschaftlichen akademischen Grad geführt hätten. Ein botanischer Garten inmitten der Stadt war eine verlassene Wildnis.
Das änderten die Professoren Henslow und Sedgwick. Gemeinsam gründeten sie im Jahr 1819 die Philosophische Gesellschaft von Cambridge, in der interessierte

Professoren und ältere Studenten oft zusammenkamen, um Abhandlungen vorzutragen und über verbotene Fragen des Studiums der Natur zu diskutieren. Nun konnten Botanik- und Geologiekurse als Teil der Bildung eines Gentleman belegt werden. Professor Henslow lud an Freitagabenden während des Studienjahres eine Anzahl seiner Studenten sowie die Universitätslektoren und -professoren, die sich für Naturwissenschaften interessierten, zu sich nach Hause ein. Charles wurde als Mitglied der Familie Henslow behandelt. Nach dem Essen machten sie lange Spaziergänge auf dem Land und oft an Wochenenden zu den fruchtbaren Fenns, wo sie Kräuter, Wiesenraute, Wilde Petersilie, Schwertlilien, Strauchwerk sowie Heuschrecken, Leuchtkäfer, Bekassinen, Spinnen und Nachtfalter sammelten. Charles wurde bekannt als »der Mann, der mit Henslow spazierengeht«. Henslow war überaus beliebt. Die Universität hatte keinen höheren »Grad« zu vergeben.

Charles nahm Henslows immenses Wissen gleichsam durch die Poren seiner Haut in sich auf. Es war eine ähnliche Beziehung wie die, welche er in seinen Jahren an der Königlichen Freien Mittelschule in Shrewsbury zu seinem Bruder Erasmus gehabt hatte. Ras, wie er genannt wurde, war um fünf Jahre älter und ein begeisterter Chemiker, der im Werkzeugschuppen ihres Gartens in *The Mount* ein Laboratorium eingerichtet hatte. Er hatte Charles zu seinem Assistenten beim Mischen von Gasen und anderen Verbindungen gemacht. Erasmus lehrte ihn, wie man Schwefelsäure mit dem fünffachen Gewicht von Wasser auflöst, die Mischung über kleine Eisennägel gießt und das entweichende Gas in einer Flasche sammelt. Das Experiment, das die beiden Jungen zur *persona non grata* in der Nachbarschaft machte, war das Auflösen von einem Teil Quecksilber in zwei Teilen Schwefelsäure, die auf dem Boden einer Flasche verkochte. Ein beißender Geruch erfüllte die ganze Gegend. Dr. Robert Darwin, der über das Treiben seiner Söhne nicht ganz glücklich war, bemerkte trocken:

»Könntet ihr Jungs nicht eine weniger abscheuliche Art von Chemie betreiben?«

Erasmus, der sich weit weniger um Dr. Darwins gute Meinung kümmerte als Charles, antwortete:

»Vater, wie sollen wir wissen, welche Art von Gestank unsere Säuren verursachen werden, bevor wir sie herstellen? Du willst doch nicht etwa unseren abenteuerlustigen jungen Geist erdrücken?«

Dr. Darwin wußte, wann er wegen seines Umfangs aufgezogen wurde. Er wandte sich mit vorgetäuschter Ironie an seine hochaufgeschossenen Söhne und antwortete mit einer Stimme, die aus dem Grund der Kiesgrube von Shrewsbury zu kommen schien:

»Um Himmels willen, nein! Ich habe mein ganzes Leben als Erwachsener mit der ausdrücklichen Bemühung verbracht, nichts zu erdrücken.«

Einen Augenblick lang bedauerte Charles seinen Vater. Warum schlugen alle sechs Darwinkinder in die Wedgwood-Linie: schlank und sehnig? Warum war nicht wenigstens einer der Söhne so erstaunlich mächtig geworden?

Obwohl Charles erst vierzehn war, arbeiteten er und Erasmus oft bis spät in die Nacht. Die Kunde davon und der Geruch des brennenden Schwefels, der *The Mount* erfüllte, veranlaßte Charles' Mitschüler, ihm den Spitznamen »Gas« zu geben.
Es brachte ihm auch einen öffentlichen Verweis von seiten des namhaften Lehrers Dr. Samuel Butler ein, des Direktors der Königlichen Freien Mittelschule von Shrewsbury, die im Jahr 1552 von Eduard VI. gegründet und von Königin Elisabeth I. beträchtlich vergrößert worden war. Die Schule war weit davon entfernt, »frei« zu sein; eigentlich war sie kostspielig, aber sie hatte ein herrliches Gebäude mit schönen Klassenzimmern, eine Kapelle und eine Bibliothek. Dr. Butler erklärte vor den versammelten Schülern:
»Darwin, Sie vergeuden Ihre Zeit mit nutzlosen Gegenständen. Bleiben Sie bei Ihrer griechischen Grammatik und der lateinischen Literatur. Ihre Kenntnis ist das unfehlbare Kennzeichen eines englischen Gentleman.«
Von der gewundenen Einfahrt zum *Mount* kam das Geräusch von knirschendem Kies. Charles legte seinen Waverly-Roman neben eine Blumenvase, erhob sich und schob die Spitzengardine des Fensters zur Seite. Da saß in seinem Gig, dem offenen Zweiradwagen, der gestrenge Professor Adam Sedgwick, die Zügel in der einen Hand, und brachte sein Pferd zum Halten, während die andere Hand den weißen Zylinder festhielt.

2.

Charles eilte die breite Treppe nach unten, zwei Stufen auf einmal nehmend. Er fand Adam Sedgwick vor der hohen Eichenpforte und der überdachten Vorhalle mit ihren vier marmornen Stützpfeilern. Er rief einen Stallburschen, damit er sich um Sedgwicks Pferd und Wagen kümmerte. Edward, der langjährige Butler, hatte bereits Sedgwicks Reisetaschen genommen und trug sie nach oben in ein Gästezimmer mit Blick auf den Severn. Charles ließ einen Krug heißes Wasser hinaufbringen, damit Sedgwick sich nach seiner geologischen Reise, die ihn von Cambridge über zweihundertachtzig Kilometer hierher geführt hatte, frisch machen konnte.
»Hatten Sie einen schönen Sommer?« fragte Sedgwick.
»Ich verbrachte den Juni damit, Geologie zu büffeln. Professor Henslow war der Ansicht, ich sollte als Anfangsübung eine topographische Karte von Shropshire anlegen. Das war nicht so leicht, wie ich erwartet hatte. Ich machte eine Farbskizze von mehreren Abschnitten, von der ich glaube, daß sie richtig ist, aber ich bin hinsichtlich meines ›Fallens‹ und ›Streichens‹ nicht sicher.«
»Ich werde sie mir ansehen, sobald ich mich gewaschen habe. Wenn Sie einen

Hammer in die Hand nehmen und in den Bergen genug Steine klopfen, können Sie in zwei Jahren ein recht brauchbarer Geologe werden.«
Charles warf einen Seitenblick auf den gutaussehenden, kräftig gebauten Mann aus dem nördlichen Yorkshire mit dem länglichen, knochigen Gesicht. Er war ein brillanter Dozent, der sogar bei seinen Klagen über seinen Rheumatismus Energie ausstrahlte. Er litt seit den Anfängen seiner Tätigkeit als Geologe, als ihm ein Gesteinssplitter ins Auge geflogen war, unter verminderter Sehkraft. Wie sein Freund und Verbündeter John Henslow war Sedgwick zum Priester geweiht worden und war sowohl Kirchengeistlicher wie auch Professor in Cambridge. Er predigte oft in seiner Heimat, Dent in Yorkshire. Er war ein überaus moralischer und religiöser Mann. Soweit Charles feststellen konnte, hatte er weder die Liebe noch jemals eine Frau kennengelernt. Auch seinen Studenten war seine scharfe Kritik an der Ehe wohlbekannt.
»Die Ehe mag gut genug sein, wenn ein Mann auf dem letzten Loch pfeift, aber man kann sich darauf verlassen, wenn man an eine Frau gebunden ist, bedeutet das, daß man ans Elend gebunden ist.«
Trotz dieser Voreingenommenheit galt er »als akzeptabler Junggeselle, der jeden Tag zum Essen eingeladen wurde«. Charles hatte nie eine von Sedgwicks beliebten Vorlesungen über Geologie gehört, da er an der Universität von Edinburgh, deren medizinische Schule er von seinem sechzehnten bis zum achtzehnten Lebensjahr besucht hatte, durch die unglaubliche Langeweile der Vorlesungen von Professor Robert Jameson über Geologie eingeschläfert worden war. Professor Sedgwick machte Charles klar, daß er ihm diese Verirrung nicht übelnahm.
Adam Sedgwick nannte seinen Hammer »Alter Thor« nach dem nordischen Donnergott und behandelte ihn liebevoll wie einen persönlichen Freund. Henslow sagte:
»Wenn Sedgwick jemals eine junge Dame findet, die er so liebevoll zu behandeln vermag wie den Alten Thor, wird er sie heiraten.«
»Das wird schon eine besondere Frau sein müssen, um es mit den Alpen aufnehmen zu können«, antwortete Charles.
Dr. Darwin war von seinen Krankenbesuchen noch nicht zurück; Charles' drei Schwestern kleideten sich zum Abendessen um.
»Das gibt mir die Möglichkeit, Ihnen unsere Gärten zu zeigen«, sagte Charles, als Sedgwick wieder herunterkam. »Sie sind unser Stolz und unsere Freude.«
»Für einen Engländer«, erklärte Sedgwick feierlich, »sind Blumen wie Speck für einen Eskimo. Ihre Schönheit hält unser Inneres den ganzen Winter lang warm.«
Sie gingen am Häuschen des Gärtners und an den Ställen vorbei zu den Gärten, die Dr. Darwin und seine Frau Susannah vor dreißig Jahren angelegt hatten. Es gab Blumenrabatten und Kletterpflanzen an den Mauern, dunkel rostbraun, gelb und karminrot, mit starkem sommerlichem Wohlgeruch. Die häufigsten Blumen in den Beeten waren Stiefmütterchen. Es gab Flecken mit blauen Lobelien, Lö-

wenmaul, vielfarbigen Nelken. Weiter drüben war der blaue Rittersporn eineinviertel Meter hoch gewachsen, und dahinter standen wie Wachtposten anderthalb Meter hohe Stockrosen. Der Rosengarten hatte einen besonderen Platz mit seinen Kletterrosen auf Stützen und den zahlreichen Buschrosen und Rosenbäumen.
»Sie haben einen ausgezeichneten Gärtner gefunden«, murmelte Sedgwick.
»Tatsächlich hat Joseph uns gefunden, während Vater *The Mount* baute. Sein Sohn betreut jetzt unseren Küchengarten. Wir kaufen sehr wenig auf dem Markt: Gewürze, Rindfleisch, Milchprodukte. Meine Mutter erlaubte meinem Vater nicht, Kühe zu halten, weil ihr trauriges Muhen in der Nacht vor dem Kalben sie so bedrückte, daß sie nicht schlafen konnte.«
Der Küchengarten war von einer Mauer umgeben. An den Ziegeln wuchsen Spalierbäume mit Pfirsichen, Pflaumen und Birnen. Die beiden Männer gingen an Beeten mit Kartoffeln, Karotten, Schnittbohnen, Lauch und an Erdbeeren vorbei, die mit Stroh bedeckt waren. Über allem waren Netze gespannt, um die Vögel abzuhalten. Dahinter befanden sich Reihen mit Blumenkohl und Rosenkohl. Sie bewunderten die Beete mit Minze, Petersilie und Rhabarber.
»Neben all dem sieht unser Junggesellenleben in Cambridge grausam aus«, meinte Sedgwick.
Charles machte sich auf den Rückweg zum Haus. »Meine Schwestern werden schon unten sein, und Vaters gelbe Kutsche müßte jeden Augenblick kommen.«
Während sie durch die Bibliothek gingen, deren hohe Decke von Marmorsäulen getragen wurde, fuhr Sedgwick mit den Fingern über die Bücherbretter, welche seine Lieblingsautoren, die klassischen griechischen und lateinischen Schriftsteller, enthielten.
»Dort stehen unsere modernen Romane«, sagte Charles und wies auf die letzte Nische vor dem Eingang zum Wintergarten.
Sedgwick nahm ein Exemplar der *Mysteries of Udolpho* heraus, die jahrelang ungeheuer beliebt waren.
»Sind diese Romane etwas wert?« fragte er mit einem verlegenen Stirnrunzeln. »Es ist mir nie gelungen, einen zu lesen.«
»Es gibt sie in allen möglichen Qualitäten, gut, schlecht und uninteressant. Wir wissen es nie im voraus. Wenn jemand aus der Familie nach London fährt, bitten wir ihn immer, uns etwas Gutes zum Lesen mitzubringen. Manchmal sind die schlechtesten die lustigsten. Wir wechseln einander beim Vorlesen ab.«
Sie traten durch die offene Tür in den Wintergarten mit seinen Gewächsen und dem warmen, feuchten Moosgeruch; das Glasdach ließ Sonne und Licht ein. Charles' Schwestern hatten sich für den Abend mit dem berühmten Professor feingemacht und ihr Haar in Locken gelegt.
Die beiden gingen durch den Wintergarten bis zum hinteren Ende, wo die einunddreißigjährige Caroline an einem Teetisch hofhielt. Zu beiden Seiten standen Frauenhaarfarne, Zimmerkallas, rosa und rote Geranien, Topfpflanzen auf Holzregalen und Terrakottatöpfe mit Dahlien, weiße Veilchen in Holzkistchen.

»Professor Sedgwick, darf ich Ihnen meine Schwestern vorstellen. Das ist Caroline, in der Mitte Susan, und hier meine jüngste Schwester Catherine, liebevoll Katty genannt.«
Sedgwick ergriff die Hand eines jeden Mädchens, verneigte sich tief und murmelte förmliche Scherzworte.
Die achtundzwanzigjährige Susan war großgewachsen, feurig, die goldene Schönheit der Familie, als einziges der Darwinkinder von ihrem Vater angebetet. Es war eine feste Regel bei den Familien Darwin und Wedgwood, daß ihre Mädchen ungefähr mit dreißig Jahren heirateten, die Männer um einiges später. Niemand hatte erwartet, daß Susan das Alter von zwanzig Jahren unverheiratet überleben würde. Die Hälfte der jungen Männer von Shropshire waren in sie verliebt; sie ermutigte sie alle – gleichmäßig. Sie war auch Charles' Liebling, obwohl er von ihr sagte:
»Alles in Jacke und Hosen von acht bis achtzig Jahren ist für Susan Freiwild.«
Sie brachte Sedgwick ein Glas Madeira und lächelte ihm bezaubernd zu.
Katty beobachtete Susan belustigt. Katty war zwanzig und sah Charles sehr ähnlich. Als Leonard Jenyns, Professor Henslows Schwager, *The Mount* besuchte und Katty das erstemal sah, rief er unwillkürlich aus:
»Aber, das ist ja Charles Darwin in Unterröcken!«
Sie hatte ein keckes Gesicht, trug weiße Kleider mit stark betonten Schultern und weiße Strümpfe und bürstete ihr Haar nach vorn mit einem leichten Scheitel über den Brauen. Sie verfügte über innere Ausgeglichenheit und äußere Ruhe. Es war nett, mit Katty zusammenzusein, sie genoß große Sympathien, war aber irgendwie verloren zwischen dem ausgeprägten Charakter Carolines und der überwältigenden Schönheit Susans.
Caroline war so groß wie die Wedgwoods, sah aber nicht so gut aus, obwohl sie glänzende Augen, eine hübsche Hautfarbe und schimmernd schwarzes Haar hatte. Einer der Wedgwoodvettern hatte gesagt:
»Sie sieht aus wie eine Herzogin.«
Alle liebten sie – ausgenommen Charles. Da sie nach dem Tod ihrer Mutter, als Charles acht war, seine Ersatzmutter wurde, war Caroline eine strenge Zuchtmeisterin geworden. Noch jetzt, mit zweiundzwanzig, dachte Charles, wann immer Caroline ins Zimmer kam:
»Weshalb wird sie mich jetzt wieder tadeln?«
Er bewunderte ihren lauteren, wenn auch fanatischen Charakter. Sie hatte eine Sonntagsschule für arme Kinder unter vier Jahren in Frankland gegründet, dem ärmeren Teil von Shrewsbury unterhalb des *Mount*, wo sie das Einmaleins und das Vaterunser lehrte. Die Kinder waren blaß, kränklich, schlecht gekleidet. Caroline verbrachte den Großteil ihrer Freizeit damit zu versuchen, Geldmittel nicht nur für Bücher und Gerät, sondern auch für Lebensmittel, Medikamente und warme Kleidung aufzutreiben. Außer der Familie Darwin unterstützte sie niemand, aber sie gab nicht nach.

Susan goß Professor Sedgwick noch ein Glas Madeira ein. Er trank auf die Gesundheit der jungen Damen, dann wandte er sich an Charles:
»Auf unsere Wochen der Steinjagd.«
»Sagen Sie mir, Professor Sedgwick«, fragte Susan, »was ist so aufregend an der Geologie, daß es einen Mann von Ihrer Begabung anzieht?«
Charles wußte von den Freitagabenden bei Henslow, daß Professor Sedgwick seine beträchtlichen Vorzüge gekonnt einsetzte, um einen fesselnden Eindruck zu machen.
»Miss Susan, mein guter Freund, der Dichter Wordsworth, konnte Wissenschaftler nicht leiden, die die Natur mit anderen Augen betrachteten als mit seinen. Er machte jedoch in meinem Fall eine Ausnahme und schrieb ein Liebesgedicht an die Geologie.«
Adam Sedgwick war es gewöhnt, in einem halben Dutzend Sprachen zu zitieren:
»Der mit dem Taschenhammer schlägt den Rand
Von unglücksel'gem Fels, von vorstehendem Stein, maskiert
Durch Wetterflecken, von Natur verkrustet...«
Die bewundernde Stille wurde durch das Zuschlagen der Eingangstür unterbrochen.
»Die Flut ist gekommen«, bemerkte Caroline ein wenig sarkastisch.

Charles ging schnell in die Diele, um seinen Vater zu begrüßen. Es herrschte keine besondere Herzlichkeit zwischen den beiden, obwohl jeder meinte, den anderen zu lieben; und tatsächlich empfanden sie eine echte Zuneigung, die keiner von beiden zu zeigen verstand. Dr. Robert Darwin, der am vergangenen 30. Mai seinen fünfundsechzigsten Geburtstag gefeiert hatte, war fast immer freundlich zu Charles gewesen, wenn auch mitunter kurz angebunden nach einem zwölfstündigen Arbeitstag in Shrewsbury und auf den holprigen, morastigen Straßen von Shropshire, um Patienten zu besuchen.
Charles konnte sich nur an eine peinliche Szene mit seinem Vater erinnern, als er mit sechzehn von der Schule in Shrewsbury genommen wurde. Er gehörte weder zu den besten noch zu den schlechtesten Schülern seiner Klasse und wurde von seinen Lehrern wie von seinem Vater als ganz gewöhnlicher Junge angesehen. Zu seiner tiefsten Demütigung hatte ihm sein Vater gesagt:
»Du interessierst dich für nichts außer für die Jagd, Hunde und Rattenfangen, und du wirst Schande über dich und deine Familie bringen.«
Charles war der Ansicht, daß der Tadel ungerechtfertigt war. Er hatte jeden Morgen in der Kapelle seine vierzig oder fünfzig Zeilen Vergil oder Homer auswendig gelernt, gewissenhaft an seinen Klassikern gearbeitet und nie eine Eselsbrücke verwendet. Er hatte Horaz sehr bewundert und großes Vergnügen an den Oden gefunden. Er war nur kein Gelehrter und hatte nicht den Wunsch, einer zu werden.
»Das ist ungerecht, Vater.«

Der Vorfall wurde nie wieder erwähnt. Statt dessen teilte Dr. Robert Darwin Charles mit, er müsse sich seinem Bruder Erasmus zum Studium der Medizin an der Universität von Edinburgh anschließen, damit beide Jungen Ärzte würden, so wie er seinem eigenen Vater gefolgt war, dem berühmten Dr. Erasmus Darwin.

»Du wirst ein erfolgreicher Arzt werden, Charles. Die Hauptsache für den Erfolg in der Praxis besteht darin, Vertrauen zu erwecken. Du hast Vertrauen erweckt, als du dich im letzten Sommer um einige meiner ärmeren Leute in Shrewsbury gekümmert hast, insbesondere um die Frauen und Kinder...«

Charles hatte ausführliche Berichte über das Dutzend Fälle geschrieben, um die er sich auf Anordnung seines Vaters gekümmert hatte, und seinen Vater durch die Gründlichkeit der Berichte überrascht, die er ihm jeden Abend vorgelesen hatte.

»Du hast auch das Mischen der Pulver, die ich vorschrieb, ordentlich erledigt.«

Charles bekam durch die Anerkennung seines Vaters Auftrieb. Dr. Darwin drang darauf, daß er die medizinische Schule besuchte; er hatte dagegen nichts einzuwenden. Vielleicht hatte sein Vater recht.

Es hatte sich aber nicht so ergeben. Er hatte sich im Oktober 1825 an der Universität eingeschrieben und zusammen mit seinem Bruder Erasmus in der Lothian Street gewohnt, als einer von neunhundert Medizinstudenten, und Vorlesungen in Arzneimittellehre, Chemie und Anatomie belegt. Doch von Anfang an hatte seine Natur rebelliert. Er hörte Chirurgie im Operationshospital, wo er auch zwei Operationen sah, die ohne Anästhesie durchgeführt wurden, eine an einem Kind, und er war in beiden Fällen davongerannt, bevor die Operation zu Ende war. Nichts konnte ihn bewegen zurückzukehren.

Nicht mehr Glück hatte er bei den anderen Vorlesungen. Dr. Duncans Vorträge über Arzneimittel um acht Uhr an kalten, dunklen Wintertagen fand er in der Erinnerung schrecklich; er haßte jeden Augenblick. Dr. Monroes Vorlesungen über menschliche Anatomie erschienen ihm unglaublich langweilig.

»Und so ist auch der Professor«, sagte er zu Erasmus. »Der Gegenstand stößt mich einfach ab.«

»Dann wirst du ein ›zuhörender Arzt‹ werden müssen wie Vater. Ich glaube nicht, daß er für Anatomie mehr übrig hat als du oder ich. Er läßt seine Patienten von ihren Leiden erzählen. Die Frauen weinen, enthüllen ihren Schmerz über die Bitternis ihres Lebens, nehmen Vaters Beruhigungsmittel und fühlen sich wesentlich besser. Natürlich mit Ausnahme jener, die sterben.«

Charles betrachtete das Gesicht seines Bruders. Er war der einzige dunkelhäutige Darwin. Sein Gesicht war wohlgeformt, aber seine Nase schien sich, wie die seiner Mutter, in der Mitte zu biegen, bevor sie jäh ihre aggressiven Nasenlöcher zeigte. Seine wenigen Haare kämmte er von links nach rechts über den Kopf, um den fast kahlen Schädel zu bedecken. Am schönsten war sein Mund: schmale Lippen, die eine fast bebende Sensibilität zum Ausdruck brachten.

»Mir scheint, Ras, du bist von der Praxis der Medizin auch nicht schrecklich begeistert.«
»Nein, das bin ich nicht. Nach einem weiteren Jahr hier werde ich ans Christ's College gehen und meinen akademischen Grad machen. Danach ...«
Charles wußte, lange bevor sein zweites Jahr beendet war, daß er nicht praktischer Arzt werden würde. Er schrieb seinen Schwestern von seiner Aversion und machte sich auf einen stürmischen Auftritt seines Vaters gefaßt, sobald er ihm mitteilte, daß er nach seinem zweiten Jahr nicht nach Edinburgh zurückgehen wollte.
Sein Vater begrüßte ihn kühl, als er zu Ende des Frühjahres 1827 zum *Mount* zurückkam. Sie trafen am späten Nachmittag in der geräumigen Bibliothek zusammen.
»Du willst das Medizinstudium aufgeben. Warum?«
»Ich war nie darauf festgelegt, Vater. Ich ging an die medizinische Schule, weil du es gewünscht hast.«
»Ich wünsche es noch immer.« Dr. Darwins Stimme war von Enttäuschung erfüllt. »Ist dir das nicht wichtig? Revoltierst du gegen die Familientradition?« Er war zornig geworden. »Und sag mir nun, wozu entschließt du dich jetzt?«
»Ich möchte Christ's College besuchen, wo Ras ist.«
»Willst du ihm folgen oder dir nur das fröhlichste College in Cambridge aussuchen?«
»Nein, Vater. Ich bin über achtzehn und ganz unabhängig von Ras. Ich habe mehrere Leute vom Christ's College kennengelernt, und mir gefällt, was sie erzählen. Ich möchte dort meinen Bakkalaureusgrad erwerben.«
»Zu welchem Zweck, Charles?«
Charles zuckte zusammen. Sein heller Teint wurde fleckig.
»Um Geistlicher zu werden.«
»Der anglikanischen Kirche? Wir waren nie eine religiöse Familie, es gibt keinen einzigen Priester unter den Darwins und Wedgwoods. Aber es ist zumindest ein angesehener Beruf.«
Im *Mount* wurden keine Gebete gesprochen, nur gelegentlich ein Tischgebet, wenn ein Geistlicher zum Essen kam.
»Ich glaube, es ist ein Beruf, den ich ausfüllen kann«, erklärte Charles. »Ich mag Menschen aller Altersstufen. Wir vertragen uns. Vielleicht könnte ich für eine Kongregation von Nutzen sein. Es gibt aber auch andere Berufe, die man ergreifen kann, wenn man das Bakkalaureat erreicht hat. Jura, der diplomatische Dienst, die Beamtenkarriere, das Lehramt ...«
»Nein, Charles, das beste ist der Klerus.«
Charles erhob sich zu seiner ganzen Größe von eins achtzig; dennoch hätten seine Augen um fünf Zentimeter tiefer gelegen als die seines Vaters.
»Wenn dir das lieber ist, wird es der Klerus sein. Ich gebe dir mein Ehrenwort darauf. Ich bin keiner, der aufgibt, ich bin ein Steher. Das mußt du mir glauben.«

Über Dr. Darwins Gesicht huschte ein Lächeln wie eine warme Welle. Er erhob sich und umarmte seinen Sohn.
»Ich weiß, Charles, du wirst dein Wort halten. Und nun, nachdem die schmerzliche Idee, daß du dein Studium nicht fortsetzt, mich ein wenig betrübt hat, gefällt mir der Gedanke, einen Geistlichen in der Familie zu haben. Ich bin einverstanden. Du gehst ans Christ's College!«

3.

Erasmus hatte seinem Vater alles andere denn Gerechtigkeit widerfahren lassen, als er ihn als »zuhörenden« Arzt bezeichnete. Es war zwar richtig, daß er in ganz Shropshire als solcher bekannt war, aber seine Begabung lag auf dem Gebiet der Diagnostik, denn er beurteilte Symptome richtig, die anderen Ärzten entgingen. Dr. Darwins Körpermasse war doppelt so groß wie die der meisten Männer und dreimal so groß wie die der Frauen, die er behandelte. Sein gewaltiger Körper rief bei den Patienten Vertrauen hervor. Wie sollte ein Mann von so enormer Statur, der selbst nur selten krank gewesen war, die Probleme eines Patienten nicht verstehen?
Für seine Familie war er der »redende« Arzt. Wenn er abends nach Hause kam, wusch er sich und machte es sich auf einer breiten Polsterbank bequem, vergewisserte sich, daß alle seine Kinder und Gäste – es gab immer Gäste, meist Verwandte – anwesend waren, dann begann er seinen zweistündigen Monolog. Er hatte wenig Gelegenheit, während seiner Besuchsrunden zu sprechen. Sein Sicherheitsventil waren Politik, die menschliche Natur, die geschäftlichen Schwierigkeiten und einfache Philosophie. Es war keineswegs eine langatmige oder unzusammenhängende zweistündige Rede. Der Doktor ordnete seinen Stoff gut auf der Heimfahrt in seinem gepflegten gelben Wagen. Alles, was er sagte, hatte Hand und Fuß und stand im Zusammenhang mit dem Kern seiner These.
Seine Kinder zumindest wußten, daß ihr Vater diese bravouröse Leistung brauchte, um sich zu entspannen, sein Abendessen zu genießen und in tiefen Schlaf zu versinken. Er höre geduldig den ganzen Tag zu, erklärten sie und fanden sich mit seinen Monologen ab.
»Das ist das geringste, was wir tun können«, dachte Charles, »um ihn zufriedenzustellen. Denn er muß sehr einsam sein.«
Seine Frau war bereits vor vierzehn Jahren gestorben. Dr. Darwin hatte, so viel wußte man, nie Interesse an einer anderen Frau gezeigt. Offenbar würde er nie wieder heiraten oder sich verlieben. Anders als sein Vater, der riesige Dr. Erasmus Darwin, der elf Jahre nach dem Tod seiner ersten Frau, Roberts Mutter, und nach mehreren Liebesaffären der bezauberndsten Witwe in Derbyshire den Hof ge-

macht hatte. Elizabeth Pole wurde von weit jüngeren und anziehenderen Männern umworben, aber es war Dr. Erasmus Darwin, der den Sieg davontrug, sieben Kinder mit ihr zeugte und mit seiner zweiten Frau die einundzwanzig Jahre bis zu seinem Tod fröhlich verlebte.
Ein Sohn denkt gern an seine Mutter, insbesondere an eine so schöne und vornehme wie Susannah Wedgwood. Obwohl seine Mutter einige Zeit lang ans Bett gefesselt war, gab es die früheren Jahre, in denen die Eltern viel beisammen gewesen sein mußten. Er erinnerte sich nur noch an einen Ausspruch von ihr: »Wenn ich etwas von dir verlange, ist es nur zu deinem Besten.«
Ihm fiel ein, daß er am Todestag seiner Mutter – er war damals achteinhalb Jahre alt – geholt wurde, in ihr Zimmer ging, wo er seinen Vater traf, der weinte. Ein Riesenschwamm schien jede andere Einzelheit getilgt, ihn jeder Erinnerung beraubt zu haben. Er schrieb dieses seltsame Phänomen der Tatsache zu, daß seine Schwestern nie von ihrer Mutter sprachen oder ihren Namen erwähnten, und sein Vater folgte ihrem Beispiel. Es war, als ob Susannah Wedgwood, die mit Robert Darwin einundzwanzig Jahre verheiratet gewesen war und ihm sechs Kinder geboren hatte, nie existiert hätte.

Professor Sedgwick erhob sich, während Dr. Darwin den Wintergarten durchquerte, in seinen Stuhl sank und seine Beine von sich streckte. Er begrüßte Sedgwick und schränkte aus Höflichkeit und Respekt vor dem Cambridge-Professor das Tagesresümee auf eine Stunde ein.
Dr. Sedgwick fand, daß Dr. Darwin zwar ein Berg von einem Mann, aber nicht dick war. Er führte seine dreihundert Pfund mit erstaunlich leichtem Schritt spazieren. Seine Kinder bedauerten, daß seine Stimme nicht so sanft und leise war wie seine Füße. Sein riesiger Kopf mit der breiten, vorn und hinten schräg abfallenden Schädeldecke hatte gerade genug Haare auf jeder Seite, um seine Ohren nicht zu deutlich zu zeigen. Charles erinnerte sich, daß seine merkwürdig zarten Augenbrauen sehr dunkel gewesen waren; jetzt waren sie leicht beschattete Bögen über schweren Lidern und kleinen, aber weit auseinanderstehenden Augen. Nicht, daß er seine Kinder tyrannisiert oder sein beträchtliches Gewicht und seine Masse zur Geltung gebracht hätte, es war eher so, wie Katty sagte:
»Er nimmt so viel Raum in einem Zimmer ein, daß die Wände sich nach innen zu neigen scheinen und mich mitunter erdrücken.«
»Geschah das auch mit meiner Mutter nach einundzwanzig Ehejahren?« fragte sich Charles. Man hatte ihm erzählt, daß sie schlank und zart gewesen war. Niemand wußte, woran sie gestorben war. War es eine langsame, entkräftende Krankheit gewesen, oder hatte sie sich im Alter von zweiundfünfzig Jahren in ihr Bett geflüchtet und sich von der Welt zurückgezogen?
Auch *The Mount* war monumental, jedoch durchaus im richtigen Verhältnis zu Dr. Darwins beträchtlichen Einkünften und dem Geld seiner Frau. Josiah Wedgwood, sein Schwiegervater, dessen erstaunliches Genie das englische Keramikge-

schäft, hauptsächlich eine Heimindustrie, die plumpe Tassen und Milchkrüge herstellte, zu einer international anerkannten Kunst gemacht hatte, hinterließ seiner Tochter Susannah fünfundzwanzigtausend Pfund sowie Wertpapiere. Josiah war sein Leben lang mit einem anderen Genie befreundet, Dr. Erasmus Darwin, und war entzückt darüber, daß dessen Sohn Robert seiner Tochter den Hof machte. Robert Darwin erwies sich als kluger Geschäftsmann, der das Geld seiner Frau in sicheren Wertpapieren mit zehnprozentiger Verzinsung anlegte und über jedes Pfund und jeden Penny, die von der Familie Darwin eingenommen und ausgegeben wurden, sorgfältig Buch führte. Dieses Geld war bei Susannahs Tod zu einem größeren Vermögen angewachsen.

Die Darwins waren mit ihrem ersten Kind, Marianne, von *The Crescent* in Shrewsbury zu Beginn des Jahres 1800 nach *The Mount* übersiedelt. Dort wurde Charles neun Jahre später geboren.

Mit dem Bau von *The Mount* hatte Dr. Robert Darwin das Gegenstück zu seiner eigenen Falstaffgestalt geschaffen. Sein Körperbau und sein Heim, sie beide waren ihm nützlich, sie flößten den Patienten Vertrauen ein, die dadurch geheilt werden mußten, denn es gab sonst wenig, was der Arzt, abgesehen von Aderlaß und einigen Arzneien, anzubieten hatte.

Edward, der Butler, erschien im Eingang zum Wintergarten. Er trug einen alten schwarzen Frack, hatte eine weiße, gestärkte Hemdbrust, Weste und steifen Kragen, dessen Spitzen über seine schwarze Halsbinde emporragten, eine schwarze Kniehose und weiße Strümpfe. Er zwinkerte Charles, den er hatte großziehen helfen, fast unmerklich zu, während er meldete, daß das Abendessen angerichtet sei.

Das Speisezimmer mit seinen bis zur Decke reichenden breiten Fenstern, deren jedes in zwölf Scheiben unterteilt war, bot Aussicht auf die Wälder der Darwins, den Severn und die üppigen grünen Wiesen dahinter. Charles hatte dieses luftige, geräumige Zimmer, das zehn Meter lang und sechs Meter breit war, schon immer geliebt, seit er und Katty ihre Lehrzeit im Kinderzimmer auf der anderen Seite der Diele beendet hatten und in die Gesellschaft der Erwachsenen bei Tisch aufgenommen wurden. Der Raum war von dem angenehmen Duft des Bienenwachses erfüllt, das zum Polieren des langen rotbraunen Mahagonitisches und seiner massiven Klauenfüße verwendet wurde.

Dr. Robert Darwin saß am Kopfende des Tisches in einem mächtigen, gepolsterten Damastfauteuil. Caroline ließ Professor Sedgwick zu seiner Rechten Platz nehmen, Susan saß neben ihm und Katty gegenüber. Sie und Charles nahmen die nächsten beiden Chippendalestühle mit Lederrücken ein. Es war eine jener seltenen Gelegenheiten, bei denen es keine anderen Gäste gab: Verwandte, Freunde, Nachbarn, die in ihren Familienkutschen dreißig bis fünfzig Kilometer weit fuhren, um zwei Wochen oder einen Monat lang zu Besuch zu bleiben.

»Die Tafel wirkt ein wenig unterbevölkert«, murmelte Charles.

»Aber nicht der Raum selbst«, antwortete Caroline. »Ich hatte lange das Gefühl, wir seien von zu vielen Möbeln umgeben. Du erinnerst dich, daß Dr. Johnson sagte: ›Die Natur verabscheut den leeren Raum.‹ Das ist Vaters Philosophie.«
Die langgestreckten Anrichtetische, gleichfalls aus Mahagoni, waren mit Serpentinplatten belegt, an der Vorderseite geschwungen, an der Rückseite befanden sich Spiegel. Karaffen mit Rot- und Weißwein standen bereit. Das Porzellan der Familie Wedgwood prangte auf den offenen Regalen eines walisischen Geschirrschranks. Auf den Anrichten zu beiden Seiten standen silberne Servierschalen und -tabletts. Die Tafel selbst war mit einer weißen Damastdecke belegt, die Servietten auf den eindrucksvollen Gedecken zu einer kunstvollen Fächerform gefaltet.
Es machte Sedgwick Vergnügen, sich durch Anekdoten für das Abendessen erkenntlich zu zeigen.
»Als ich einmal auf dem Land arbeitete, kam ich in die Hütte eines Bauern, der für mich schürfte. Er hatte mehrere Steine auf seinem Kamin liegen. ›Die halten Sie doch sicher nicht für wertvoll?‹ fragte ich. ›Nein‹, antwortete der Bauer, ›ich behalte sie nur, um zu zeigen, womit ein Professor aus Cambridge die Satteltaschen seines Pferdes füllt.‹«
»Mein Vater wollte, daß ich Arzt wurde«, sagte Dr. Robert Darwin, »wer hat Sie zur Geologie gebracht?«
»Ich. Eigentlich wollte ich Jura studieren, aber ich hatte einen Vater und zwei jüngere Brüder zu unterstützen, und so gelang es mir, eine Dozentur für Mathematik am Trinity College zu bekommen. Ich hatte keinerlei Begabung für Mathematik, ich war ein Faulenzer. Meine Studenten waren das auch; keiner von ihnen mochte die Vorlesung. Infolgedessen ließ mich meine Gesundheit im Stich. Mir wurde klar, daß ich für eine sitzende Arbeit ungeeignet war; da suchte ich mir einen Beruf, der mich jedes Jahr mehrere Monate lang im Freien festhält. Ich wurde Kandidat für die Professur in Geologie. Die Geologie hat es mir großartig vergolten.«
Die Augen Sedgwicks funkelten.
»Können Sie sich die Erregung vorstellen, einen vollständigen fossilen Fisch, *Palaeothrissum macrocephalum*, in einer Mergelschieferplatte zu entdecken? Beim Untersuchen von Felsformationen nacheinander roten Mergel und Gips, roten Sandstein, eine dünne Schicht Kalkstein, darunter wieder roten Mergel und Gips, dann gelben Magnesiumkalkstein zu finden ... Wie kam es dazu, daß jede Schicht dorthin gelangte? Wie alt ist jede Formation? Welche chemischen Verbindungen verwendete Gott, um all diese verschiedenen Mineralien zu schaffen? Ein Mensch, der geologisch arbeitet, lebt in einem dauernden Zustand der Ehrfurcht und Verehrung. Ich betrachte mich als Ritter des Hammers!«
Charles bekam nur flüchtig seine alte Amme Nancy zu sehen, die bei der Familie diente, seit er und die meisten anderen Kinder zur Welt gekommen waren; sie sah in dem großen Anrichteraum zu, während die beiden jungen Serviererinnen

in ihren schmucken weißen Häubchen und flotten weißen Schürzen von Annie in der Küche die breitrandigen Teller mit Pilzcremesuppe, dann die duftende Gänsepastete, gefolgt von Servierplatten mit frischem Gemüse und drei Arten Kartoffeln, gebackene, gekochte und geröstete, entgegennahmen. Dann kam noch sauer eingelegtes Gemüse, gekochtes Obst und pikantes Dessert.
Sedgwick fragte: »Sagen Sie mir, Darwin, was haben Sie bei Ihrer geologischen Erforschung von Shrewsbury gefunden?«
Charles wies auf ein Schneckengehäuse auf der Anrichte.
»Ich untersuchte eine alte Kiesgrube hier in der Nähe, da brachte mir ein Arbeiter dieses abgenutzte Gehäuse einer tropischen Schneckenart, das er angeblich in der Grube gefunden hatte. Erst als ich versuchte, es ihm abzukaufen, und er sich weigerte, es zu verkaufen, war ich davon überzeugt, daß er es wirklich in der Grube gefunden hatte. Professor Sedgwick, was macht ein spiralförmiges tropisches Schneckengehäuse in der Kiesgrube?«
»Es wurde weggeworfen«, antwortete Sedgwick spontan.
Charles war verblüfft.
»Herr Professor, ich bin äußerst erstaunt, daß Sie von der Tatsache, daß ein tropisches Schneckengehäuse mitten in England gefunden wurde, nicht begeistert sind.«
Sedgwicks Stirn legte sich in Falten.
»Wenn dieses Gehäuse wirklich in der Grube eingeschlossen war, so wäre das ein großes Unglück für die Geologie. Es würde alles über den Haufen werfen, was wir über die Oberflächenablagerungen der Midlandbezirke wissen. Mein lieber Darwin, die Wissenschaft besteht aus dem Sortieren von Fakten in der Form, daß gültige Schlußfolgerungen daraus gezogen werden können.«
»Sie haben sicher recht, Herr Professor. Aber ich sehe im Geiste noch deutlich die Kaminsimse in zahlreichen Häusern der Umgebung vor mir, in die ich meinen Vater zur Behandlung von Patienten begleitet hatte. Auf vielen standen ebensolche Schneckengehäuse als Verzierung. Wir können doch nicht annehmen, daß jemand sie alle vor den Eingangstüren der Häuser hat fallenlassen. Selbst dann, wenn sie mit dem Schiff aus den Tropen gekommen sind, würden diese Bauern nie auch nur einen halben Penny ausgeben, um sie zu kaufen.«
Sedgwick lächelte leise.
»Verlieren Sie nicht Ihre gute Laune. Alle Forschenden machen Fehler. Ich im besonderen! Ich blamierte mich mein ganzes Leben lang, indem ich als Ursache der Veränderungen, die wir an der Erdoberfläche sehen, eine einzige große Flut annahm, Noahs Sintflut. Ich veröffentlichte sogar im Jahr 1825 einen Artikel, in dem ich an einer einzigen großen Überschwemmungskatastrophe während einer verhältnismäßig kurz zurückliegenden Periode der Naturgeschichte der Erde festhielt ...«
Charles' Vater und Schwestern nickten zustimmend. Sagt nicht die Bibel, Genesis 6: »Und der Herr sah, daß der Menschen Bosheit groß war auf Erden ... Und er

sprach, ich will die Menschen, die ich geschaffen habe, vertilgen von der Erde, vom Menschen an bis auf das Vieh und bis auf das Gewürm und bis auf die Vögel unter dem Himmel; denn es reut mich, daß ich sie gemacht habe...«?
Nur Charles nickte nicht, denn er hatte durch Professor Henslow von dem später erfolgten, fast revolutionären Schritt erfahren, den Adam Sedgwick vor einer Versammlung seiner Kollegen getan hatte.
»Als ich im vergangenen Februar«, fuhr Sedgwick fort, »vom Präsidentenamt der Geologischen Gesellschaft zurücktrat, gestand ich den Irrtum in meinem Verhalten ein. Ich hatte meine Beurteilung nicht auf die organischen Überreste gestützt, die ich gefunden hatte, sondern auf die Autorität der Bibel. Ich gebe jetzt zu, daß es nicht eine einzige Sintflut gab, sondern eine ganze Reihe von Katastrophen, von Veränderungen der Erdoberfläche, die die Gesteinsschichten und ihre chemische Struktur hervorgebracht haben.«
Susan, deren Verstand schärfer war, als sie ihren Bewunderern zu erkennen gab, fragte:
»Welche Kräfte führten zu diesen Katastrophen, Professor Sedgwick?«
Nachdem Sedgwick vor der Welt erklärt hatte, daß er eine Reihe von Jahren lang unrecht gehabt hatte, fand er, er habe das Recht erworben, das härene Hemd der Aufrichtigkeit zu tragen:
»Das weiß ich einfach nicht, Miss Susan«, sagte er.
Annies Dessert wurde serviert: dünnes Gebäck aus geschlagenen Eiern, Sahne, Rosenwasser und Hutzucker, im heißen Ofen gebacken. Adam Sedgwick aß ein Dutzend davon, denn jedes Stück war kaum mehr als ein kurzer Gaumengenuß.
»Darwin, das ist das einzige köstliche Essen, das wir in den nächsten drei Wochen zu uns nehmen werden.«
Am nächsten Morgen standen die Männer bei Morgengrauen auf. Charles' Vater machte seinen einstündigen Spaziergang zwischen den Bäumen am steilen Abhang von *The Mount* zum Ufer des Severn und dann zwei oder drei Kilometer längs des Flusses, der in Shrewsbury als der »Doktorweg« bekannt war. Charles und Professor Sedgwick packten den Wagen und machten sich zur Abfahrt bereit. Als Dr. Darwin zurückkam, nahmen die drei Männer ein gewaltiges Frühstück zu sich, denn keiner von ihnen würde vor Einbruch der Nacht wieder essen. Dr. Darwin sagte seinem Sohn Lebewohl und fügte hinzu:
»Charles, gib um Himmels willen acht auf dich. Du hast mir von Sedgwicks Ruf erzählt: Er klettert von Morgen bis Abend auf Berge wie eine Ziege. Meide heftige Ermüdungen, sie könnten deiner Gesundheit schaden.«
Charles wußte nicht, ob seine Rührung oder seine Verwunderung über die Besorgtheit des Vaters größer war. Er hatte immer schon, seit seiner frühen Jugend, ganztägige, einsame Wanderungen unternommen. Er antwortete:
»Vater, ich klettere und sammle so natürlich, wie ich atme.«

4.

Es war keineswegs Charles' erster Ausflug in das benachbarte Nordwales, wo seine Familie gern ihre Ferien verbrachte. Als Vierjähriger hatte er einen dreiwöchigen Badeurlaub unweit von Abergele verlebt, und er erinnerte sich vor allem an seine Furcht vor dem schäumenden Wasser, während ihre Kutsche einen breiten Fjord überquerte. Als Zehnjähriger war er wieder für drei Wochen nach Towyn, südlich von Barmouth, gefahren. Im folgenden Jahr machte er einen Ausflug zu Pferd mit Erasmus nach Pistyll Rhaiadr, dem größten Wasserfall in Nordwales. Er erinnerte sich an seine Verwunderung darüber, daß Fische die Fälle stromaufwärts springen konnten. Mit siebzehn hatte er mit zwei Freunden eine Fußtour nach Nordwales gemacht.

Es war etwas über dreißig Kilometer bis zur Grenze von Nordwales. Die Sommersonne erhob sich über die üppig grünen Felder, die durch Hecken getrennt waren. Die Straße war von hölzernen Gitterzäunen gesäumt, die mit Weißdorn bewachsen waren. Überall gab es reichlich Gras, das Geschenk der Natur, das nie nachgesät wird. Es wächst von selbst. Sedgwick sagte:

»Es liegt etwas in den anmutig wogenden Wellen sanfter Hügel, das die Schmerzen des Herzens lindert.«

Sedgwicks grauscheckige Stute liebte die frische Luft des frühen Morgens und lief die dreißig Kilometer mühelos. Jenseits der Grenze änderte sich die Landschaft, wurde hügeliger, Gras und Blätterwerk wurden spärlicher, die Häuser kleiner, und sie standen eher vereinzelt auf steinigem Boden. Sedgwick erblickte die ersten interessanten Schichten an der Oberfläche. Er sprang aus dem Wagen, band das Pferd an einen Baumstamm und schulterte seine schwere Ledertasche.

»Nehmen Sie Ihre Probentasche mit, Darwin. Es ist ganz einfach, durch ein kleines Gebiet zu gehen und die Gesteinsarten zu identifizieren. Unsere Aufgabe besteht darin, eine ganze Region zu identifizieren, die Berge zu besteigen und jede Gesteinsschicht so weit zu verfolgen, wie unser Auge reicht. Die Fähigkeit, die charakteristischen Gesamtzüge einer geologischen Formation zu verstehen, ist es, was einen geschickten geologischen Beobachter ausmacht.«

Seine Begeisterung quoll buchstäblich aus ihm hervor.

»Nehmen Sie Ihr Notizbuch heraus. Wir brauchen genaue Beobachtungen und Angaben. Vergessen Sie nicht, die Vegetation auf dem Gestein zu notieren, sie wird Ihnen die Natur der Schichten enthüllen, die darunter liegen. Vergewissern Sie sich, daß Ihre Proben numeriert sind, und tragen Sie sie in Ihre Notizen ein. Sie müssen sich selbst klare Anhaltspunkte geben, damit Sie heute abend einen vollständigen Bericht über Ihre Funde schreiben und genaue Pläne zeichnen können. Überlassen Sie nichts dem Gedächtnis.«

Die walisischen Hügel wälzten sich dahin wie Wellen auf hoher See. Nordwales hatte ein rauhes, wechselhaftes Klima; man konnte an einem einzigen Tag Hagel,

Schnee, eiskalte Winde erleben und dann plötzlich von strahlendem Sonnenschein erwärmt werden.
Bei Sonnenuntergang waren sie in der Wirtschaft *The Hand*, die Stute war abgerieben, zum Trocknen herumgeführt worden und hatte Hafer und Heu gefressen. Für Charles und Professor Sedgwick war auf einer offenen Veranda mit Blick auf die Berge zum Abendessen gedeckt worden. Die Frau des Gastwirtes servierte ihnen eine Steak- und Nierenpastete mit Gemüse der Gegend sowie einen Reis-und-Rosinen-Pudding. Alles wurde mit Ale in Zinnkrügen hinuntergespült.
Beim Kaffee gesellte sich Robert Dawson zu Charles und Sedgwick, der Geometer des Gebietes, der ihnen Oberflächenpläne und Informationen über Steilabbrüche, Steinbrüche und das gab, was in der Gegend als »wilder Felsen« bekannt war. Sie gingen früh zu Bett. Sedgwick brummte, als sie die alte, knarrende Treppe hochstiegen:
»Eine letzte Ermahnung: Führen Sie die Notizen des Tages aus, bevor Sie zu Bett gehen.«

Sie nahmen ein herzhaftes Frühstück bei Kerzenschein zu sich, und bei Sonnenaufgang wurde die Stute herausgeführt. Sie schnoberte die kühle Luft, als erwarte sie ein Abenteuer. Kaum waren sie auf der Straße, da überfiel sie ein Unwetter. Sie beobachteten vom fahrenden Wagen aus an verschiedenen Stellen der Straße diluviale Ablagerungen. Wenn die Gesteinsschichten die Farbe oder Lage veränderten, verließen sie den Wagen und stiegen mit Hammer und Ledertasche die Hänge der Hügel empor, manchmal bis zum höchsten Punkt.
Obwohl Charles Professor Jamesons Vorlesungen über Geologie an der Universität von Edinburgh gehaßt hatte, war doch einiges im Schädel des sechzehnjährigen Jungen hängengeblieben. Professor Henslow hatte Charles zudem eine allgemeine Ausbildung in Mineralogie und Geologie gegeben. Jetzt befand er sich aber in den Händen eines Meisters, denn neben Charles Lyell, dessen nahezu revolutionäres Buch mit dem Titel *Principles of Geology* vor kurzem erschienen war, war Adam Sedgwick einer der führenden englischen Geologen.
»Ihre Gesteinsproben sollten ungefähr so groß sein wie Ihre Faust. Schlagen Sie immer selbst die Probe ab, heben Sie keinen Stein vom Boden auf. Sie können nie wissen, wie er dorthin kam; er kann verwittert und seine Minerale können verändert sein.«
Charles fand, die schwierigste Lektion bestand darin, zu lernen, wie man die beiden wichtigsten Kriterien des Geologen anwendet: das »Streichen«, die Richtung, in der sich die Gesteinsformation dem Beschauer darbietet, und das »Fallen«, der Winkel, mit dem die Gesteinsschicht im Untergrund verschwindet. Dies war entscheidend für die Erstellung eines Planes, der die Ausdehnung der Gesteinsformationen auf der Oberfläche und die sichtbaren Brüche zeigte. Nach diesen Beobachtungen konnte er einen Querschnitt zeichnen, der die Formation angab, auf der sie standen.

An diesem Abend entschuldigte sich Charles unmittelbar nach dem Abendessen im *Cross Key's Inn* in Ruthin, ging auf sein Zimmer und setzte sich an den Tisch, um seinen Bericht zu schreiben.

Am Sonntagmorgen gingen sie zusammen zur Kirche. Sedgwick war ein sehr religiöser Mann, ebenso Professor Henslow; er fiel mit Inbrunst in den Gesang und die Gebete ein.
»Er sorgt dafür, daß Gott ihn hört«, dachte Charles.
Am vierten Tag der Reise, nachdem sie die Nacht in der *Crown* in Denbigh verbracht hatten, kamen sie zu zwei Höhlen, von denen die obere ungefähr dreißig Meter tief ausgegraben worden war. Sie fanden einige Knochen und einen tadellos erhaltenen Zahn.
»Nashorn, würde ich sagen«, bemerkte Sedgwick.
»Was macht ein Nashorn so weit im Norden, Sir?«
»Ich könnte sagen, daß ihn jemand hier verloren hat, so wie das Schneckengehäuse in Ihrer Kiesgrube in Shrewsbury, aber ich werde ihn nach Cambridge mitnehmen und ihn von Fossilienspezialisten untersuchen lassen.«
Später am Tag überraschte Professor Sedgwick Charles mit der Bemerkung, er solle allein auf einer anderen, aber parallel zu der seinen verlaufenden Route weitergehen.
»Bringen Sie Proben mit, und zeichnen Sie die Gesteinsschichten in die Karte ein.«
»Bin ich schon genügend geschult, Herr Professor? Es sind doch erst...«
Sedgwick überhörte den Protest.
Es wäre für Charles ein sehr aufregendes Erlebnis gewesen, hätte er nicht das quälende Gefühl gehabt, daß Sedgwick für eine Weile allein sein wollte.
Sie trennten sich in St. Asaph, Sedgwick nahm die direkte Straße nach Conway, während Charles auf einem Pfad einen Umweg einschlug. Er schlief in einem Gasthaus am Wege und aß nur eine leichte Abendmahlzeit. Sie trafen sich am nächsten Tag im *Bull and Harp* in Conway. Nach dem Abendbrot las Sedgwick Charles' Notizen.

Am nächsten Tag überquerten sie den Conway-Fluß und stiegen nach Llansantffraid hinauf, ein Name, bei dessen Aussprache Charles Schwierigkeiten hatte, ebenso wie mit Penmaennawr und Llanerchymedd.
»Glauben Sie, daß diese Sprache von einem Possenreißer erfunden wurde?« fragte er im Spaß.
Sedgwick starrte ihn einen Augenblick mißbilligend an, dann ging er auf seinen ironischen Ton ein.
Im Lauf der Tage füllte Charles seine lederne Schultertasche mit Proben, aber ihre Untersuchung der Gesteinsformationen machte sie nicht blind für die besondere Schönheit der nordwalisischen Landschaft. Das walisische Volk schien gast-

freundlicher zu sein als die Engländer. Wenn sie haltmachten, um frisches Wasser zu trinken, oder eine Mahlzeit und ein Bett suchten, fanden sie, wenn es kein Gasthaus gab, bereitwillig Aufnahme.
Am 12. August fuhr Professor Sedgwick nach Anglesey, um einige geologische Karten zu prüfen, die John Henslow im Jahr 1821 gezeichnet hatte. Charles war seinen eigenen Neigungen überlassen und fand die Situation äußerst angenehm. Er wanderte täglich dreißig bis fünfundvierzig Kilometer zu Fuß durch das Berggebiet, erfreute sich an der Landschaft und füllte seine Tasche mit Gesteinsproben; abends übernachtete er in Herbergen mit Namen wie *Häßliches Haus*, *Weißer Schwan* und *Schwarzer Löwe*.
Acht Tage später, am 20. August, traf Professor Sedgwick in Caernarvon mit ihm zusammen. Er war prächtig aufgelegt. Sämtliche Karten seines lieben Freundes Henslow hatten sich als richtig erwiesen. Charles studierte Sedgwicks Bericht seiner Entdeckungen. Nach einem angenehmen Abendessen in einem kleinen Gasthaus sagte Charles:
»Mit Ihrer Erlaubnis, Herr Professor, würde ich jetzt gern hinüber nach Barmouth gehen. Ich habe einige Freunde aus Cambridge, die dort ausgebildet werden. Wir haben uns versprochen, ein paar Tage gemeinsam zu verbringen.«
Adam Sedgwick zeigte sich aufgeschlossen. Er lächelte freundlich.
»Es war nett, Sie als Gefährten zu haben. Ganz zu schweigen davon, daß Sie, das muß ich sagen, als Resonanzboden überaus geduldig waren. Dafür hoffe ich aber, daß ich Ihnen einiges über theoretische wie über praktische Geologie beigebracht habe. Das könnte Ihnen zustatten kommen, wenn Ihnen das Käfersammeln – oder das Predigen zu langweilig wird.«
Am nächsten Morgen machte sich Charles zu Fuß auf den Weg nach Capel Curig, wobei er mit Hilfe von Kompaß und Landkarte quer über die Berge ging.
Seine Freunde wohnten in einem bescheidenen Hotel in Barmouth, mit Blick auf die See. Er blieb einige Tage bei ihnen, schwamm im warmen Wasser der Cardigan-Bucht und wohnte Sitzungen des Schlemmerklubs bei, den sie in Cambridge gegründet hatten, um von der Institutsverpflegung loszukommen. Am Tag, an dem Charles zum *Mount* zurückkehren sollte, fragte ihn Robert Lowe, ob er ein kurzes Stück mit ihm gehen könne.
Sie machten sich auf den Weg entlang der Küste in Richtung Shrewsbury.

5.

Er umging den südlichen Teil von Shrewsbury in der Dämmerung, noch immer frisch nach einem Marsch von vierzig Kilometern durch fruchtbares Grünland. Durch das Osttor der Stadt erreichte er die Schule, in der er ein widerwilliger

Schüler gewesen war. Das Haus war ein imposantes Gebäude aus grauem Sandstein mit einem hohen Glockenturm und einer fast ebenso hohen, schmalen Kapelle daneben, mit bunten Glasfenstern, schön, wenn die Sonne hineinschien, aber kalt, feucht und trostlos im Winter. Der obligatorische Gottesdienst am frühen Morgen und abends hatte ihm nichts ausgemacht, denn dort erledigte er seine Schularbeiten: Montags lernte er Cicero und Vergil auswendig, dienstags Pindar und Theokrit, mittwochs Tacitus und Demosthenes...

Er nahm seinen Rucksack für einen Augenblick ab, während er auf dem Rasen vor der hohen, gebieterischen Doppeltüre stand und Erinnerungen an seine frühen Jahre durch sein Gedächtnis huschten wie plötzlich einsetzender Waliser Regen.

Er gestattete sich einen Seufzer bei der Erinnerung an die sieben Jahre, die er dort verbracht hatte. Er blickte nach oben auf das dekorative Ziegelmuster auf dem Dach und war sehr in Verlegenheit, wie er die Verbindung zwischen dem Auswendiglernen von fünfzig Zeilen Homer oder Vergil in der Kapelle am Morgen und dem Erreichen der guten Manieren und der besonderen Werte eines Gentleman herstellen sollte.

Das war noch nicht alles. Obwohl der Besuch der Schule kostspielig war, war die Verpflegung nicht nur unzureichend, sondern manchmal ungenießbar. Es gab nur Sitzbadewannen, und er mußte, ebenso wie Ras, in einem Schlafraum mit nur einem Fenster zusammen mit dreißig anderen Jungen schlafen. Aufruhr von seiten der Jungen gegen die barbarischen Zustände wurde von dem Schulvorstand, Dr. Samuel Butler, rücksichtslos niedergeschlagen. Als Charles sich einmal im Dezember von einer Scharlacherkrankung erholen sollte, verursachte Erasmus eine Revolution, indem er sich bei seinem Vater beschwerte: »Charles' Bett ist so feucht wie Mist! Er braucht eine zweite Decke, um sich warmzuhalten.« Dr. Darwin schrieb an Dr. Butler und fragte, ob Charles, der sich eben erst von seiner Krankheit erholte, eine zweite Decke haben könne.

Dr. Butler leugnete, daß Charles' Bett feucht sei, behauptete, daß die gesamte Bettwäsche vor dem Küchenherd gewärmt würde, daß Beschwerden von den Jungen kämen, die zur Schule zurückkehrten, nachdem sie daheim »verzärtelt« worden seien, und daß er keinen Schüler den anderen gegenüber bevorzugen könne. Wenn jedoch Dr. Darwin, als angesehener Arzt, glaube, daß Charles eine zweite Decke haben sollte, würde er die Ausgabe auf sich nehmen, allen Jungen in der Schule eine zweite Decke zu kaufen.

Charles nahm seinen Rucksack auf und schritt durch den Gang in der Mitte, der die Schule in zwei Hälften teilte und zu den äußeren Schlafräumen sowie zum Haus des Schulvorstehers führte. Dort stieg er zwei grobe Steinstufen hinab zu dem Spielfeld, überquerte es und ging dann über eine Wiese zum Severn, dem er ein kurzes Stück bis zur Waliser Brücke folgte.

Über diesen Weg war er abends oft zwischen Namensaufrufen und nächtlicher Sperrstunde gelaufen. Es waren anderthalb Kilometer in einer Richtung, und er

brauchte dafür nur zehn Minuten, denn er war ein schneller Läufer. Ein Stückchen hügelaufwärts betrat er den unteren Teil der Gärten der Familie mit ihren langen Reihen von Rosen und Azaleen. Er mochte es nicht, von daheim abgeschnitten zu sein, er war ein Kind mit tief eingewurzelter Liebe für seine Verwandten. Mochte er auch nur vierzig Minuten mit seinen Schwestern und seinem Vater verbringen, es war wichtig für ihn, ihre enge Zuneigung und ihr Interesse zu spüren... und auch mit seinen zwei Hunden zu spielen, Nina und Pinscher, an denen er sehr hing, und die Pferde ein Stück Zucker aus seiner Hand fressen zu lassen, bevor er durch den Garten, den Hügel hinunter, am Flußufer entlang, über das freie Feld und den Spielplatz zurücklief und die steilen Stufen der Treppe, zwei auf einmal, nahm. Seine jüngere Schwester Katty, die ihm so ähnlich sah, hatte ihn gefragt:
»Wie gelingt es dir, dich nicht erwischen zu lassen?«
»Wenn ich zum Fluß komme und glaube, ich bin verspätet, bete ich inbrünstig zu Gott, mir zu helfen.«
»Anscheinend begünstigt dich Gott gegenüber Dr. Butler.«
»Das muß wohl so sein.«
Als er den Vordereingang zum *Mount* aufmachte, war es schon dunkel. Seine Schwestern lasen in der Bibliothek. Eine nach der anderen küßte ihn auf die Wange. Caroline bot ihm eine kalte Abendmahlzeit mit Tee an. Susan sagte:
»Vor zwei Tagen ist ein ziemlich dicker Brief für dich aus London gekommen. Sonnabend war es. Ich hole ihn dir.«
Charles benutzte einen Finger als Brieföffner. Im Kuvert befanden sich zwei Briefe, einer von Professor Henslow in Cambridge, der andere von George Peacock, einem Mitglied des Trinity College und Bewerber für die Professur der Astronomie in Lowndean, den Charles von Henslows Freitagabenden kannte. Er las zuerst Henslows Brief. Seine Hand begann zu zittern.

Cambridge, 24. August 1831

Mein lieber Darwin,
Ich hoffe, Sie bald zu sehen, denn ich erwarte sicher, daß Sie das Angebot für eine Reise nach Feuerland und zurück über Ostindien, das man Ihnen wahrscheinlich machen wird, beflissen annehmen werden. Ich wurde von Peacock, der diesen Brief lesen und ihn Ihnen aus London übersenden wird, ersucht, ihm einen Naturforscher als Begleiter für Kapitän FitzRoy zu empfehlen, der von der Regierung beauftragt wurde, den äußersten Süden von Amerika zu vermessen. Ich habe erklärt, daß ich Sie für den bestqualifizierten Mann halte, den ich kenne, und Sie wahrscheinlich eine solche Stellung annehmen würden. Das sage ich nicht, weil ich meinte, daß Sie ein vollständig ausgebildeter Naturforscher sind, sondern weil Sie für das Sammeln, Beobachten und Aufzeichnen alles Neuen in der Natur genügend befähigt sind. Peacock hat das Verfügungsrecht für die Anstellung...

Kap. F. sucht (soviel ich weiß) einen Mann, der mehr Gesellschafter denn bloßer Sammler ist, und er würde niemanden mitnehmen, auch wenn er ein noch so guter Naturforscher ist, der ihm nicht zugleich auch als *Gentleman* empfohlen wird. Die Reise soll zwei Jahre dauern, und wenn Sie genügend Bücher mitnehmen, können Sie alles tun, was Ihnen gefällt. Kurz, ich nehme an, es hat nie eine schönere Chance für einen Mann mit Begeisterung und Elan gegeben. Tragen Sie sich nicht mit irgendwelchen bescheidenen Zweifeln oder Befürchtungen wegen Ihrer mangelnden Eignung, denn ich versichere Ihnen, ich halte Sie für genau den Mann, nach dem die Leute suchen. Betrachten Sie sich auf die Schulter geklopft von Ihrem Zerberus und ergebenen Freund

J. S. Henslow

Die Expedition soll am 25. September (frühestens) auslaufen, es ist also keine Zeit zu verlieren.

Als er zu Ende gelesen hatte, war er blaß, seine Augen glänzten. Susan nahm sein langes, schlankes Gesicht in ihre Hände.
»Charley, was ist los? Ich habe dich noch nie so erschüttert gesehen.«
Seine Stimme klang, als käme sie aus einem Kellergewölbe.
»... ein Angebot ... nicht möglich ... Blitz aus heiterem Himmel ... Da, lies den Brief von Professor Henslow. Ich werde den von Peacock lesen.«

Sehr geehrter Herr,
Ich erhielt Henslows Brief zu spät am gestrigen Abend, um ihn durch die Post an Sie weiterzusenden, ein Umstand, den ich nicht bedaure, denn er gab mir Gelegenheit, mit Kapitän Beaufort von der Admiralität zu sprechen und ihm das Angebot darzulegen, das ich Ihnen machen möchte. Er ist damit völlig einverstanden, und Sie können die Stellung als zu Ihrer Verfügung stehend betrachten. Ich hoffe, daß Sie sie annehmen werden, da es eine Gelegenheit ist, die man sich nicht entgehen lassen sollte, und ich erwarte mit großem Interesse die Vorteile, die unsere naturgeschichtlichen Sammlungen aus Ihrer Arbeit ziehen werden.
Kapitän FitzRoy (ein Neffe des Herzogs von Grafton) wird Ende September mit einem Schiff auslaufen, um das erstemal die Südküste von Feuerland zu vermessen, danach die Südseeinseln aufsuchen und über den Indischen Archipel nach England zurückkehren. Die Expedition erfolgt ausschließlich zu wissenschaftlichen Zwecken und wird Ihnen ausreichend Zeit für naturwissenschaftliche Forschungen und dergleichen geben. Kapitän FitzRoy ist ein um das Gemeinwohl besorgter, strebsamer Offizier mit ausgezeichneten Manieren, der bei all seinen Offizierskollegen sehr beliebt ist. Er engagiert auf seine eigenen Kosten einen Künstler mit einem Jahresge-

halt von 200 Pfund, der ihn begleiten soll. Sie können also sicher sein, daß Sie einen sehr angenehmen Gefährten haben werden, der ganz und gar auf Ihre Absichten eingehen wird.

Da das Schiff Ende September ausläuft, dürfen Sie keine Zeit verlieren, Kapitän Beaufort und dem Marineministerium Ihre Einwilligung bekanntzugeben. Die Admiralität ist nicht geneigt, ein Gehalt zu bezahlen, wird Sie jedoch mit einer offiziellen Ernennung und allen Bequemlichkeiten ausstatten. Sollte jedoch ein Gehalt verlangt werden, neige ich zu der Ansicht, daß es bewilligt würde.

Damit verbleibe ich, sehr geehrter Herr, Ihr ergebener Geo. Peacock

Charles war völlig verblüfft. Es hatte nie die leiseste Andeutung gegeben, dennoch wurde ihm hier *eine Reise um die Welt als Naturforscher* angeboten! Ein unglaubliches Angebot! Anstatt mehrere Jahre lang untätig zu sein und auf eine Pfarre zu warten, konnte er Südamerika sehen, die Anden, die von Humboldt so aufregend beschrieben worden waren, Feuerland am äußersten Ende des Erdballs, den Indischen Ozean ... Ihm wurde fast schwindlig vor Verwunderung und Erregung.

Inzwischen hatten seine drei Schwestern beide Briefe gelesen. Sie starrten ihn mit weit aufgerissenen Augen an und mit Gefühlen, die von Ungläubigkeit bis zu Angst reichten. Charles begann im Wintergarten auf und ab zu gehen, das war seine wirkungsvollste Form des Gefühlsausdrucks. Caroline, die Wortführerin der Geschwister, sagte nicht unfreundlich:

»Du kannst das Angebot nicht annehmen, weißt du. Zwei Jahre. Feuerland, Segeln in gefährlichen Gewässern ...!«

»Warum sollte ich nicht?« unterbrach sie Charles. »So eine Chance hat man nur einmal im Leben. Wie könnte ich je wieder die Gelegenheit haben, rund um die Welt zu reisen?«

Katty fragte: »Aber bist du qualifiziert, eine so bedeutende Aufgabe zu übernehmen, Charles? Weil du ein paar Käfer gesammelt hast?«

»Henslow sagt, ich bin es. Und offenbar ist auch Peacock seiner Ansicht.« Die Anspannung schwand aus seinem Gesicht, und er sagte lachend: »Ich bin ein *unfertiger* Naturforscher.«

Er ließ sich in einen Korbsessel sinken und streckte seine langen Beine von sich. Seine Stimme war ein wenig gezwungen, als er sagte:

»Laßt uns zuerst definieren, was einen Naturforscher ausmacht. Das weiß natürlich keiner wirklich. Ein Naturforscher ist jemand, der alle lebenden Dinge, Pflanzen ebenso wie Tiere, beobachtet, sammelt, beschreibt und katalogisiert.«

»Dann ist ein Geologe wie Professor Sedgwick kein Naturforscher?« fragte Caroline. »Gebirgszüge leben doch nicht, oder?«

»Nein, nicht so wie ein Baum oder ein Fisch, ein Reptil oder ein Käfer. Aber sie sind der Veränderung durch Kräfte der Natur unterworfen: Wind, Unwetter,

Überschwemmung, Eruption... Ich werde eine bessere Antwort darauf haben, wenn ich von der Reise zurückkomme.«
Er erhob sich aus dem Stuhl, seine Augen glänzten, die Stimme bebte.
»Schon damals, als ich mit neun Jahren Hochwürden Cases Tagesschule besuchte, hatte ich eine ausgeprägte Vorliebe für Naturgeschichte. Ich versuchte, die Namen der Pflanzen zu erfahren, und sammelte alles mögliche, Muscheln, Geldstücke, Mineralien...«
»...und viel schleimiges Zeug, das du in mein Zimmer brachtest«, fügte Katty mit grimmigem Lachen hinzu.
»Die Leidenschaft für das Sammeln war sehr stark und ist offensichtlich angeboren, da keines von euch Mädchen oder Ras je eine Spur davon hatten.«
»Wir dachten, *ein* Hanswurst in der Familie genügt durchaus«, scherzte Susan.
»Ganz recht! Dann meine zwei Jahre an der Universität in Edinburgh. Zugegeben, ich zeichnete mich in Chirurgie oder in den Vorlesungen, die ich hörte, nicht gerade aus. Meine besten Stunden verbrachte ich mit Betätigungen außerhalb des Lehrplans, aber meine Professoren interessierten sich nicht für das, was ich außerhalb ihrer Hörsäle tat. Ich lernte neue Menschen kennen, junge Männer und alte. Wir kamen zusammen, weil wir gemeinsame Interessen hatten. Das Naturhistorische Museum befand sich im Westteil der Universität, nur wenige Minuten zu Fuß entfernt... Ach, dieses Museum! Es wurde von Professor Robert Jameson gegründet und war berühmt für seine große Sammlung von Vögeln und seine wissenschaftliche Gliederung...«
Er ging zwischen den weißen Korbstühlen hin und her, jeder Nerv in seinem Körper war angespannt, die körperliche Bewegung half ihm, seinen inneren Aufruhr zu beherrschen.
Das Naturhistorische Museum der Universität in Edinburgh wurde von zwei jungen, aber erfahrenen Naturforschern geleitet, dem dreiunddreißigjährigen Dr. Robert Edmund Grant, einer Autorität auf dem Gebiet der vergleichenden Anatomie und Zoologie, und dem einunddreißigjährigen William Macgillivray.
»Das Museum wurde meine Universität«, erklärte Charles. »Die Fachleute wurden meine Freunde und Lehrer. Sie erlaubten mir zu lernen, indem ich ihnen beim Katalogisieren und Sezieren half. Dr. Grant nahm mich oft zum Sammeln von Tieren in den Gezeitenpfützen mit. Einmal fanden wir auf den schwarzen Felsen in Leth einen Seehasen.
›Wie kommt es, daß er gestrandet ist?‹ fragte ich.
›Er muß zum Laichen hierhergekommen sein und blieb zurück, als die Flut zurückging.‹
›Ist das nicht ungewöhnlich?‹ sagte ich. ›Wenn der Seehase Schwierigkeiten beim Laichen hat, wäre er dann nicht bereits ausgestorben?‹«
Grant hatte ihn anerkennend angesehen.
»›Wir werden ihn sezieren und es feststellen. Aber zuerst tragen wir seine Maße ins Protokoll ein.‹«

Charles fügte die Notiz hinzu, daß der Fisch außerordentlich kleine Augen hatte. Als Grant ihn mit seinem Messer aufschnitt, fanden sie, daß »seine Eierstöcke eine große Masse von rosagefärbtem Laich enthielten«. Charles notierte im Notizbuch: »Er scheint absolut frei von Krankheiten zu sein und hat keine Eingeweidewürmer.«

»Mit Macgillivray machte ich lange Spaziergänge und trieb mich auf den Booten der Fischer in Newhaven herum. Mitunter erlaubten sie mir, sie zu begleiten, wenn sie Austern fingen. Es wurden alle möglichen Arten von Seelebewesen mitgefangen. Ich sammelte sie und trug sie in mein Notizbuch ein.«

Er hatte fast jeden Tag Tiere gefunden, für die die Austernfischer keine Verwendung hatten: eine kleine grüne Fadenschnecke, eine Molluskenart mit einem langgestreckten, larvenartigen Körper; eine *Purpura lapillus*, eine Meeresschnecke, von der er Skizzen machte, um zu zeigen, wie die Weichteile aussahen.

Er wurde zu Versammlungen der Wernerian Naturgeschichtlichen Gesellschaft eingeladen, wo John James Audubon seine Berichte über neu entdeckte Vögel vorlas. Er schloß Bekanntschaft mit Studenten und Lehrern, die der *Plinian Society* angehörten und jeden Dienstagabend zusammenkamen, um einen Vortrag über eine neue Entdeckung auf dem Gebiet der Naturkunde zu hören, und hatte selbst zwei Vorträge verfaßt, die er vor den fünfundzwanzig Mitgliedern hielt, der erste über seine Entdeckung selbständiger Bewegungen der Eier des Blättermoostierchens und der zweite, in dem er zeigte, daß kleine, kugelförmige Körper, die man für Jugendstadien der Braunalge *Fucus loreus* gehalten hatte, die Eier einer Rochenegelart *(Pontobdella muricata)* waren.

Er wurde von den Mitgliedern der *Plinian Society* so hoch geschätzt, daß er zum Mitglied des Verwaltungsrates der Gesellschaft gewählt wurde. Während seines zweiten Jahres, als Erasmus nach Cambridge übersiedelt war, behielt Charles seine Wohnung in der Lothian Street, kaum zweihundert Meter weit vom Eingang zur Universität, und gewann weitere Freunde unter den Biologen und Botanikern. Er hatte von John, einem früheren Sklaven, der mit Charles Waterton gereist war, dessen »Wanderungen in Südamerika« Charles gelesen hatte, für ein Stundenhonorar das Ausstopfen von Tieren gelernt, während er zur gleichen Zeit Hunderte von Vogelarten aus Brissons *Ornithologie* abzeichnete...

»Dann kamen meine Jahre in Cambridge, Professor Henslow und hundert Ausflüge in die Fenns, um zu sammeln.« Seine Stimme wurde so ernst, daß sie hart wurde. »Ich mache mir Sorgen, daß ich euch nicht überzeugt habe, denn ich werde sicherlich Vater überzeugen müssen...«

Die Eingangstür wurde zugeschlagen. Caroline sprang auf.

»Ich werde lieber nachsehen, wie Vaters Stimmung ist. Wenn er müde ist, wie häufig in letzter Zeit, oder deprimiert, weil ein Patient gestorben ist, würde ich dir raten, deine Briefe und deine wissenschaftlichen Leistungen auf den Morgen zu verschieben. Wenn er von seinem Spaziergang zurückkommt, wird er der eher schockierenden Nachricht, mein lieber Charles, wohl zugänglicher sein.«

Dr. Darwin ging sofort nach dem Dessert zu Bett. Charles saß in seinem Zimmer und versuchte zu lesen. Die Buchstaben verschwammen. Er ging hinaus zum Stall, pfiff Nina und Pinscher und nahm sie zu einem Spaziergang über die dunkle und verlassene Straße in Richtung Nordwales mit. Trotz der langen Exkursion des Tages dauerte es eine Stunde, ehe seine Beine müde wurden, und er kehrte erschöpft nach Hause zurück. Noch immer konnte er nicht schlafen. Er warf sich hin und her, drehte sich herum, zerknüllte die leichte Sommerdecke, stand auf, kühlte sein Gesicht in kaltem Wasser. Vor seinen Augen tauchten tropische und exotische Länder auf, Bilder aus dem Buch seiner Kindheit *Wonders of the World*, andere aus Reisebüchern, die er gelesen hatte, Humboldt, Kapitän Cook, Admiral Beecheys *Narrative of a Voyage to the Pacific and Bering Strait*, William J. Burchells *Travels in the Interior of South America.*
Naturforscher hatten schon früher an Forschungsexpeditionen teilgenommen; meist hatten die Ärzte an Bord das Sammeln besorgt. Für einen jungen Mann, der gerade erst von der Universität kam, war es unglaublich, daß ihm eine so angesehene Stellung während einer zweijährigen Reise angeboten wurde. Dann kam, als er völlig erschöpft war, auf dem Tiefpunkt der Nacht, kurz vor der ersten Andeutung des Lichts, die Reaktion darauf, daß er zwei Jahre lang von daheim, von Familie und Freunden, der hübschen Fanny Owen, allen Tätigkeiten, die ihn so sehr freuten, fern sein würde. All seine Bequemlichkeiten und Annehmlichkeiten und Vergnügungen würde er vermissen.
Er kleidete sich an und begleitete seinen Vater auf seinem »Doktorspaziergang« durch die Wälder unterhalb des Hauses, den Fluß entlang zum Ende ihres Besitzes und zurück. Im Augenblick, als der Doktor ins Speisezimmer trat, wurde das Frühstück aufgetragen.
Charles faßte sich in Geduld, aß nur wenig, wartete, bis sein Vater seinen gedünsteten Schellfisch, vier gekochte Eier, die er mit dem Messer köpfte, Lammnieren und Schinken, eine Unzahl von dreieckigen Toastschnitten zu Ende gegessen und dazu Kaffee und heiße Milch getrunken hatte, die Edward in seinem morgendlichen Cut gleichzeitig in den übergroßen Becher des Doktors gegossen hatte. Der Doktor nahm sich ein wenig Muße bei einem zweiten Becher Kaffee. Das war die günstigste Zeit, um von der Neuigkeit zu berichten.
»Vater, ich bekam ein ganz außergewöhnliches Angebot.«
»So? Was denn?«
»Für eine zweijährige Reise rund um die Welt als Naturforscher.«
»Naturforscher? Seit wann bist du Naturforscher?«
Charles war so anständig, zu erröten.
»Also, nicht als *fertiger* Naturforscher. Aber einer, der eine gewisse Vergangenheit auf dem Gebiet hat und die Fähigkeit besitzt, zu lernen.«
»Von wem kommt dieses Angebot?«
»Von unserer Königlichen Marine.«
Dr. Robert Darwin starrte seinen Sohn verwundert an.

»Man hat dir eine Offizierstelle in der Königlichen Marine angeboten?«
»...nein. Ich würde als Zivilist reisen, aber als Mitglied einer Vermessungsreise der Marine.«
Dr. Darwin machte große Augen.
»Charles, wie wäre es, wenn du mit dem Anfang beginnst. Wann hast du dieses ausgefallene Angebot bekommen?«
»Gestern abend. Als ich aus Nordwales zurückkam.«
»Warum hast du es mir nicht gestern abend erzählt?«
»Du warst bestürzt über den Tod eines Patienten... obwohl er aus Altersschwäche starb.«
Er nahm die beiden Briefe aus seiner Jackentasche und reichte sie seinem Vater.
»Ich würde dir vorschlagen, daß du Professor Henslows Brief zuerst liest. Der zweite ist von George Peacock, einem Mitglied des Trinity College. Er ist ein langjähriger Freund von Kapitän Beaufort vom Hydrographischen Amt der Admiralität.«
Langsam las Dr. Darwin die Briefe. Charles sah zu seiner Enttäuschung nicht das leiseste Zeichen von Freude auf dem Gesicht seines Vaters bei dem seinem jüngsten Sohn gespendeten Kompliment. Dr. Darwin las Henslows Brief mit tief gefurchter Stirn zu Ende. Er sagte nichts; er blickte auch nicht hoch, sondern ging zu George Peacocks Brief über. Charles sah, wie die rosig weiße Haut seines Vaters sich dunkler färbte, dann rot wurde. Als er fertiggelesen hatte, warf er die Briefe über den Tisch seinem Sohn zu. Seine Stimme war tonlos.
»Das ist ein wahnsinniges Projekt!«
»Wahnsinnig? Wieso? Eine offizielle Expedition der Königlich Britischen Marine?«
»Es wäre später unehrenhaft für deine Tätigkeit als Geistlicher.«
»...uneh...« Charles war schockiert über dieses Urteil. Er erhob sich und ging erregt zu dem großen Bogenfenster mit der Aussicht auf den Werkzeugschuppen, dann überlegte er es sich anders und kehrte zum Tisch zurück.
»Professor Henslow würde eine Expedition nicht empfehlen, die nicht gut angesehen, mit guten Seeleuten bemannt wäre.«
»Die Notwendigkeit zur Eile klingt so, als wäre dieser Posten eines Naturforschers vor dir schon anderen angeboten worden. Da er nicht angenommen wurde, muß es wohl ein ernstes Bedenken gegen das Schiff oder die Expedition geben.«
»Darauf kann ich nicht antworten. Ich weiß es nicht. Aber das läßt sich nicht unbedingt folgern.«
»Deine Unterbringung würde höchst unbequem sein.«
Charles tat das mit einem Winken der Hand ab.
Dr. Darwin sah seinem Sohn gerade ins Gesicht.
»Ich würde es als neuerliche Berufsänderung ansehen. Du würdest dich nachher niemals zu einem ernsten Leben entschließen.«
Charles rieb sich beide Augen.

»Ich habe mich darauf festgelegt, Geistlicher zu werden. Ich habe keine anderen Pläne als den Eintritt in den Klerus. Du sagtest selbst, es würde mindestens zwei Jahre dauern, bevor ich eine Pfarre finde. Du warst mit meinen Reiseplänen nach Teneriffa im nächsten Sommer einverstanden. Ich habe mich sogar, auf deine Ermutigung hin, mit einem Reeder in London in Verbindung gesetzt und einen Reisetermin für kommenden Juni erhalten.«
Aus Dr. Darwins Gesicht war alle Farbe gewichen. Er sah bleich und bestürzt aus, seine Lider waren gesenkt. Er saß zusammengesunken in dem großen Fauteuil.
»Es wäre ein nutzloses Unternehmen.«
Bedrückt, mit dem Gefühl, innerlich zu halber Größe geschrumpft zu sein, sagte Charles mit hohl klingender Stimme:
»Vater, ich würde nicht fahren, wenn du es nicht gern siehst. Es würde mich aller Energie berauben, und die brauche ich bei diesem Unternehmen.«
»Ich lehne es nicht entschieden ab. Ich gebe dir nur einen Rat.«
»Ich würde mich nicht wohl fühlen, wenn ich ihn nicht befolgte. Du warst immer freundlich und großzügig zu mir, und ich werde deinen Wünschen entsprechen.«
Dr. Darwin erhob sich. Er wirkte durch den Zwischenfall ermüdet.
»Charles, ich möchte nicht hart sein. Wenn du einen Mann mit gesundem Menschenverstand finden kannst, der dir zu der Reise rät, werde ich meine Zustimmung geben.«
Bitter enttäuscht sagte Charles mit tonloser Stimme:
»Ich werde Professor Henslow und George Peacock noch heute morgen schreiben, daß ich das Angebot ablehne.«
Er stieg die Treppe hoch, setzte sich an den Schreibtisch in seinem Schlafzimmer und schrieb an Henslow, indem er die Einwände seines Vaters wiederholte:

> Soweit es mein Interesse anlangt, hätte ich, wie ich glaube, sicher mit Freuden die Gelegenheit akzeptiert, die Sie mir so freundlich angeboten haben. Aber mein Vater gibt mir, obgleich er es nicht entschieden ablehnt, so triftigen Rat dagegen, daß ich mich nicht wohl fühlen würde, wenn ich ihm nicht folgte. Wäre es nicht so gewesen, so wäre ich alle Risiken eingegangen.

6.

Er hängte seine gut geölten und gesäuberten Gewehre quer über den Sattel, bestieg Dobbin und ritt den Grauen über die Englische Brücke an der Abtei Foregate und dem geschäftigen Viehmarkt vorbei in Richtung *Maer Hall* nach Nordosten.

Charles kannte diesen Dreißig-Kilometer-Ritt seit seiner frühen Kindheit. Seine Mutter war eine Wedgwood, und ihr Bruder Josiah, den Charles liebevoll Onkel Jos nannte, war mit Susannah bis zu ihrem Tod eng verbunden gewesen und zählte Dr. Robert Darwin zu seinen vertrautesten Freunden. Für Charles war *Maer Hall* immer ein zweites, geliebtes Heim gewesen. Onkel Jos, der seit dem Tod seines Vaters die Wedgwood-Töpfereien leitete, war ein schwieriger Mann: hochgewachsen, schlank, gutaussehend, elegant und schweigsam. Die Familie hatte gewaltigen Respekt vor ihm.

Aber nicht Charles. Josiahs eigene Kinder, seine Neffen und Nichten hatten sich immer gewundert, wenn sie Josiah mit diesem Neffen sprechen sahen und hörten, als ob die vierzig Jahre Altersunterschied nicht existierten, und Onkel Jos liebte Charles' Schlagfertigkeit.

Charles dachte an Onkel Jos als seine einzige Chance, »einen Mann mit gesundem Menschenverstand« zu finden, der ihm raten würde, zu fahren. Doch warum sollte sich Josiah auf einen möglichen Streit mit Dr. Darwin einlassen? Warum sollte Onkel Jos die Verantwortung dafür übernehmen, Charles zu mehreren Jahren gefährlichen Reisens zu verpflichten? Angenommen, das Schiff erlitte Schiffbruch, ginge unter, und Charles verlöre sein Leben?

»Nein«, dachte er, »das ist zuviel, um es von irgend jemandem zu erwarten.«

Er befand sich in beträchtlichem innerem Aufruhr: Angst davor, das Bekannte und Vertraute für mehrere Jahre zu verlassen, traf zusammen mit der Angst, diese phantastische Gelegenheit zu verlieren; Furcht davor, seine Zukunft zugrunde zu richten, kämpfte mit der Furcht, gar keine Zukunft zu haben. Am stärksten war jedoch seine Befürchtung, Onkel Jos würde sich in Stillschweigen hüllen.

Er machte beim *Eichhörnchen* halt, um Dobbin trinken zu lassen und seine eigene Erregung mit einem Krug kühlen Ale-Bier zu dämpfen.

»Onkel Jos ist ein aufrechter Mann mit klarem Urteil«, sagte er sich. »Ich glaube nicht, daß irgendeine Macht auf Erden ihn einen Zoll von dem abweichen lassen könnte, was er für den richtigen Weg hält. Ich werde seine Entscheidung annehmen, ohne Bedauern oder ein quälendes Gefühl einer verpaßten Gelegenheit.«

Der Wald wurde dichter, während er die Vorberge hinaufritt. Dann kam er in ein freundliches Tal mit frisch gepflügten Feldern zu seiner Linken, und da war auch schon der Eingang zu *Maer Hall* mit seinen gepflegten Rasenflächen, den Rhododendronbüschen in voller Blüte und dahinter anmutige Edelkastanien, Linden, Ulmen, Eichen, Blutbuchen. Jetzt kam der See in Sicht, der von Quellen gespeist wurde. Auf dem See schwammen Wildenten und Tauchvögel und große Haubentaucher. Auf der gegenüberliegenden Seite lag ein sanft ansteigender Hügel mit grünen Buchen und Edelkastanien, auf dem Vieh weidete.

Charles übergab sein Pferd einem Stalljungen, nahm seine Reisetasche, die Jagdstiefel und die Gewehre aus den Satteltaschen und ging zum Vorderportal von *Maer Hall*. Seit 1282 stand hier ein Herrenhaus. Josiah Wedgwood hatte es im

Jahr 1805 gekauft und völlig umgebaut, so daß es jetzt ein einfacher, eleganter zweistöckiger Bau war, mit bleigefaßten Rautenfenstern, einer überwölbten Doppeltür und halbkreisförmigen Stufen, die zum See hinunter führten. Aus dem holzgetäfelten Salon drang Musik: Emma Wedgwood begleitete am Klavier ihre zwei Jahre ältere Schwester Fanny, die sang. Die beiden Mädchen hatten so angenehme Charaktere, daß sie den Spitznamen »die Täubchen« erhalten hatten.
Für Charles war das ein bezaubernder Ort.
»*The Mount* ist auf Felsen gegründet. *Maer Hall* liegt tief in der grünen Landschaft. *The Mount* steht schwer auf seinem Sockel. *Maer* schwebt. *The Mount* ist umschlossen von einer schmalen Straße, dem Fluß und großen Bäumen. *Maer* ist zum Himmel offen, zu den sanften Hügeln, dem kristallklaren See. *The Mount* ist ein solider Wohnsitz. *Maer* ist leichtherzige Phantasie. *The Mount* ist Pflicht. *Maer* ist Freude. *The Mount* ist steif. *Maer* ist ungebunden. *The Mount* ist Wirklichkeit. *Maer* ist ein Kunstwerk. *The Mount* ist Kinderfreundschaft. *Maer* ist Liebe. *The Mount* ist bürgerlich. *Maer* ist unkonventionell. *The Mount* fordert. *Maer* schenkt. *The Mount* ist verpflichtet. *Maer* ist frei. *The Mount* ist Bequemlichkeit. *Maer* ist Glück. *The Mount* ist Eindämmung. *Maer* ist Befreiung.«
Er öffnete die Eingangstür, ließ seine Sachen in der vorderen Halle und ging nach rechts in den Salon. Er konnte seine Kusinen singen und spielen sehen, obwohl sie ihn noch nicht erblickt hatten. Fanny war klein und unscheinbar. Charles sah die lebhaften Flecken auf ihren Wangen, doch sonst war ihr Gesicht blaß, wie das einer französischen Stoffpuppe. Ihre Mutter nannte sie »*Miss Pedigree*« wegen ihrer Vorliebe für das Führen von Aufzeichnungen: Haushaltsrechnungen, Temperaturen, Gartenwerkzeuge, Säcke mit Samen und Futter, die Zahl der Tiere auf der achtzig Hektar großen Farm. Ihr Vertrauen lag darin, zu wissen, »wie viele und wieviel«. Ihre Brüder sagten neckend:
»Fannys Sinn für Zahlen ist bemerkenswert, aber ihre Figur weniger.«
»Bei Emma ist das ganz anders«, dachte Charles.
Emma, die nur wenige Monate älter war als er, war lange sein Liebling unter den Wedgwood-Kusinen gewesen. Sie hatte große, leuchtend braune Augen, die alles um sie beobachteten, aber keine Urteile fällten. Sie trug ihr feines braunes Haar in der Mitte gescheitelt und kurze Locken, die ihre Wangen umspielten. Ihre Nase war unauffällig, ihr Mund groß, die Unterlippe voll und tiefrot. Ihr Kinn war kräftig, doch weder anmaßend noch aggressiv. Niemand hatte je daran gedacht, sie schön zu nennen, aber alle waren sich einig, daß sie ein offenes, freundliches...
»...wirklich liebenswertes Gesicht hat«, dachte Charles.
Schon als junge Leute waren sie miteinander vertraut gewesen, hatten frei über jedes Thema diskutiert, gleichgültig wie umstritten oder heikel es war, im Bewußtsein, daß kein Wort verraten würde. Im Lauf der Jahre hatten sie einander

gedeckt, wenn einem von ihnen elterliche Bestrafung drohte. Emma und Fanny hatten monatelang Ferien in *Mount* verbracht. In *Maer* ging Emma manchmal mit ihm auf die Jagd, zum Rudern oder Fischen im See; in *Mount* war sie seine Gefährtin auf dem Severn und bei langen Spaziergängen auf die entfernten Hügel. Sie schätzten beide ihre Gesellschaft und kümmerten sich um die Interessen des anderen.

Insbesondere liebte er ihre ruhig klingende Stimme. Auch ihre Figur war reizvoll: üppig, mit runden Schultern und klarer, rosiger Haut, einer stattlichen, schön geformten Brust, nicht ganz flachem Bauch, aber mit schlanken Hüften und Beinen, die Füße groß genug, um fest auf der Erde zu stehen. Anspruchsvoll, was ihre Person anlangte, warf sie ihre Kleider lieber aufs Bett, statt sie in den Schrank zu hängen, legte sie auf Stühle oder mitunter auf den Boden. Wegen dieser Eigenart hatte ihre Mutter ihr den Spitznamen »Miss Schlampig« gegeben.

Sie unterbrach ihr Klavierspiel, da sie seine Anwesenheit spürte, wandte sich zur Tür, lief zu ihm und gab ihm einen herzhaften Kuß auf die Wange. Sie hatten einander seit mehreren Monaten nicht mehr gesehen. Emma trat zurück und sah eine ungewohnte Spannung in seinen Augen und seiner Haltung.

»Charles, ist etwas Wichtiges vorgefallen?«

»Es war im Begriff vorzufallen, da erlitt es einen Unfall. Ist dein Vater hier? Ich will es euch beiden erzählen.«

»Er ist in der Bibliothek. Geh zu ihm. Ich lasse Tee bringen.«

Charles ging durch den Salon in Josiah Wedgwoods Bibliothek. Es war ein eichengetäfelter Raum mit einem großen Kamin und zwei hohen Fenstern, die das Licht einließen. Onkel Jos saß in einem Lederstuhl unter einem der Fenster und las. Er war an der Universität von Edinburgh ausgebildet worden, liebte Literatur und Kunst und bewahrte sein Leben lang ein Interesse an wissenschaftlichen Entdekkungen und technischem Fortschritt. Obwohl er an mehreren Tagen der Woche in die keramischen Betriebe nach Etruria fuhr, interessierte er sich mehr für die Farbgebung und die ästhetische Qualität der *Objets d'art* von Wedgwood. Die von seinem Vater gegründeten Manufakturen hatten floriert, nur während der Kontinentalsperre unter Napoleon war die Nachfrage nach Wedgwoodgeschirr auf dem Kontinent wie auch in England so stark zurückgegangen, daß Josiah gezwungen wurde, *Maer Hall* wegen der hohen Unterhaltskosten für mehrere Jahre zu schließen und in sein früheres, bescheidenes Haus in Etruria zu übersiedeln.

Josiah Wedgwood war ein vielseitiger Mann. Er liebte die Jagd und war zugleich der Gründer der Königlichen Gartenbaugesellschaft mit Gärten unweit von Kew. Er war ein Mitglied der Gesellschaft von Bath und Westengland zur Förderung von Ackerbau, Kunst, Industrie und Handel. In der Politik war er ein entschiedener Liberaler, der Verfasser von Flugschriften für das Reformgesetz, das das englische Wahlrecht erweitern sollte, und er bemühte sich um die Abschaffung der Sklaverei, nachdem der Sklavenhandel bereits im Jahr 1807 verboten worden war.

Aber seine große Liebe gehörte den Büchern. Er besaß so viele, daß sie in doppelten Reihen auf den Regalen aufgestellt werden mußten. Um trotzdem nicht den Überblick zu verlieren, arbeitete Onkel Jos ein Karteisystem aus, das genau angab, hinter welchem Band von Platos gesammelten Werken er Sir Walter Scotts *Ivanhoe* finden konnte.

Charles und Josiah begrüßten einander herzlich, voll freudiger Erwartung der Jagd, die mit der Dämmerung beginnen würde. Einer der Umstände, die sie miteinander verbanden – stimmt es nicht, daß Jungen sich mit ihren Onkeln besser verstehen als mit ihren Vätern? –, war, daß Josiah, wie sein Vater, sich von Kindheit an für die Naturgeschichte interessierte und Pflanzen, Insekten und Vögel sammelte.

Charles hörte die Teeglocke in der Halle läuten. Herein kamen die Wedgwoodkinder: Elisabeth, die älteste der neun, war achtunddreißig, um fünfzehn Jahre älter als Emma, mit dreiundzwanzig die jüngste. Elisabeth war mit einer Rückgratverkrümmung zur Welt gekommen, die ihr ständig Schmerzen verursachte; als einziges Mittel wurde ihr verschrieben, den Rücken mit Nesseln zu schlagen. Sie ließ sich den Schmerz nie anmerken und arbeitete als Ärztin für die armen Kinder der Umgebung, gab ihnen Arzneien, Kalomel, ließ sie zur Ader oder erzeugte an ihnen Blasen und erreichte so manche Heilung. Ebenso wie Caroline in Frankland hatte Elisabeth in *Maer Hall* eine Schule für arme Kinder eingerichtet, in der sie jeden Morgen zwei Stunden lang unterrichtete. Sie legte Blumenbeete in *Maer* an und schnitt enorme Blumenbuketts für das Haus.

Charles bewunderte Elisabeth, war ihr aber nie nahegestanden. Auch nicht dem Jüngsten, Josiah, der Joe genannt wurde, nun sechsunddreißig war und dem die Last der berühmten Wedgwood-Fabrik eher schwer auf den Schultern lag. Alle wußten, daß Joe und Caroline Darwin einander liebten und eines Tages heiraten würden. Charles stand der vierunddreißigjährigen Charlotte näher, die ihr spezielles Zimmer hinten in *Maer Hall* hatte, wo sie bei Copley Fielding Kunstunterricht nahm und ihre Aquarelle malte. Sie gehörte zu den Lieblingen der Schwestern Darwin in *Mount*.

Es gab noch drei weitere Wedgwoodbrüder: Harry, ein Rechtsanwalt, der in Cambridge studiert hatte, Gedichte schrieb und mit seiner Kusine Jessie Wedgwood verheiratet war; Frank, einunddreißig, der im väterlichen Betrieb tätig war und im nächsten Jahr heiraten wollte. Der achtundzwanzigjährige Hensleigh war aus seinem Schlafzimmer zum Tee nach unten gekommen. Er hatte in dem Jahr, in dem Charles ans Christ's College kam, dort seinen Magister gemacht und wartete nun auf eine Anstellung als Polizeirichter. Er hatte sich einen gewissen Ruf als Philologe erworben, wollte Bücher über Sprachwissenschaft schreiben und war mit seiner Kusine Fanny Mackintosh verlobt.

In *Maer Hall* weilte auch Dr. Henry Holland als Besucher, zweiundvierzig Jahre alt, mittelgroß und hager. Charles bewunderte und beneidete ihn. Er war bekannt als Reiseschriftsteller, hatte mehrere Kapitel zu den »*Reisen in Iland*« beigetragen und später *»Reisen durch die Ionischen Inseln, Albanien, Thessalien, Mazedonien«* veröffentlicht. Außerdem war er einer der medizinischen Berater des Prinzen von Wales und Mitglied der Königlichen Gesellschaft. Seine Großmutter mütterlicherseits war eine Schwester des ersten Josiah Wedgwood gewesen.

Dr. Robert Darwin war nicht begeistert von Dr. Holland; er hatte Charles gesagt: »Seine Arbeit ist eher modisch als wissenschaftlich.«

Charles entschuldigte sich, um seiner Tante Bessy einen Anstandsbesuch zu machen; er eilte nach oben, zwei Stufen auf einmal nehmend, klopfte leise an die Tür und hörte ihr ruhiges »Herein«. Sie war tief in den Kissen einer Chaiselongue vergraben und las Shelleys *»Entfesselten Prometheus«*. Bessy Allen Wedgwood war siebenundsechzig und hatte Josiah Wedgwood geheiratet, als sie achtundzwanzig und Josiah dreiundzwanzig gewesen war, eine ungewöhnliche Heirat, weil sie die Ältere war, aber eine echte Liebesehe. Bessy war eine absolute Schönheit gewesen, wie Charles auf ihrem Porträt von Romney sah, einem Hochzeitsgeschenk, das in ihrem Schlafzimmer hing. Vor anderthalb Jahren hatte sie einen Anfall erlitten, dessen Ursprung rätselhaft war. Dr. Darwin meinte, er könnte durch eine Überdosis Mohnsirup verursacht worden sein, den sie einnahm, um ihre Nerven zu beruhigen.

»Willkommen, Charles, ich habe erwartet, daß du und der erste September zugleich kommen. Bleibst du den Monat hier?«

Charles unterdrückte einen Seufzer.

»Du siehst gut aus, Tante Bessy.«

»Ich trage eine neue Haube. Die setze ich immer auf, wenn ich charmant sein will.«

Charles war der Ansicht, daß sie Charme besaß und eine einzigartige Liebenswürdigkeit in ihrer Stimme und in ihrem Benehmen lag. Sir James Mackintosh, ein angeheirateter Onkel der Wedgwoods, der Professor Henslow nach einem Freitagabend in Cambridge gesagt hatte: »An diesem jungen Darwin ist etwas, was mich interessiert«, sagte von Bessy, seiner Schwägerin: »Ich habe nie jemanden gesehen, dessen Höflichkeit und Freundschaft so wenig von Vorschriften oder Gewohnheiten abhängt. Ich verspottete sie im Scherz immer als die liebenswürdigste Hausfrau in England, die den lärmendsten Haushalt führt.«

»Wie geht es deiner Schwester Caroline?« fragte Tante Bessy.

»Gut, wie üblich, und sie wartet geduldig darauf, daß dein Joe sie heiratet.«

»Ich weiß nicht, was ich mit diesem schlafmützigen Sohn machen soll. Sie lieben einander. Warum heiraten sie nicht und schenken mir Enkelkinder?«

»Joe ist in seinen Beruf verliebt.«

»Zum Teufel mit dem Beruf. Joe kann doch Keramik und Kinder zur gleichen Zeit machen! Aber Charles, mir scheint, du errötest.«

Charles ging zurück in die Bibliothek. Die Familie saß um den langgestreckten, mit Leder verzierten Bibliothekstisch, auf dem ein Stoß Magazine, Monogra-

phien, Zeitungen und politische Broschüren lag. Er sorgte dafür, daß er den Platz neben seinem Onkel bekam.
Ein Serviermädchen in blauer Schürze und Häubchen brachte Kannen mit chinesischem und indischem Tee. Danach kam ein zweites Mädchen mit einem dreistöckigen Gestell mit Sandwiches aus waffeldünnem Weißbrot, warmen Scones, Korinthenbrötchen und Teegebäck. Emma schnitt einen Kümmelkuchen auf, während sich alle über die belegten Brötchen hermachten.
Alle außer Charles. Er goß vor Beklemmung tassenweise gezuckerten Tee mit Milch in sich hinein und hatte das Gefühl, als ob Ameisen in seinen Armen und Beinen krabbelten. Er konnte sein Problem nicht bei diesem gemächlichen Tee erörtern, während alle plauderten, lachten und kameradschaftlich scherzten. Wenn er nur ein passendes Gebet gewußt hätte, das er im stillen hätte murmeln können, aber es fiel ihm nichts Entsprechendes aus dem Gebetbuch der anglikanischen Kirche ein. Selbst wenn jemand sein Schweigen bemerkt hätte, war er doch zu sehr damit beschäftigt, die rituellen drei Tassen Tee zu trinken. Um sein Unbehagen noch zu verstärken, schwang der kahlköpfige Dr. Henry Holland eine Rede über seine Erlebnisse auf seiner letzten Europareise.
Charles warf seinem Onkel wie immer einen bewundernden Blick zu. Jos trug mit seinen zweiundsechzig Jahren sein schütteres, gekräuseltes dunkles Haar kurzgeschoren. Er hatte riesige dunkle Augen, eine kräftige klassische Nase und ein unbeugsames Kinn.
Emma merkte den Ernst in Charles' Blick und stellte ihre Tasse hin.
»Charles, willst du uns jetzt, da wir den Hunger gestillt haben, deine Neuigkeiten erzählen?«
Er nahm die beiden Briefe aus seiner Jacke und reichte sie Josiah.
»Onkel Jos, würdest du so freundlich sein, sie vorzulesen? Zuerst den von Professor Henslow. Dann werden alle wissen, was los ist.«
Josiah gab die handgeschriebenen Blätter seiner jüngsten Tochter weiter. Emmas Stimme war kräftig und deutlich. Während sie las, senkte sich tiefe Stille über den Raum. Charles versank in seinem Ledersessel, die Beine unter dem Tisch weit von sich gestreckt. Die Gruppe lauschte mit gespannter Aufmerksamkeit, bis Emma George Peacocks Brief zu Ende gelesen hatte.
Dann brach ein großer Tumult los. Emma warf die Arme um Charles' Schultern. Hensleigh kam herüber, um ihm die Hand zu schütteln. Elisabeth und Charlotte riefen ihm ihre Glückwünsche zu. Josiahs Finger blieben auf seiner Brust fest verschlungen. Der erste, der seine Ansicht äußerte, war Dr. Henry Holland.
»Ich würde an deiner Stelle zögern, Charles. Es werden keine Einzelheiten genannt. Du wirst auf den leisesten Wink sklavisch zur Verfügung stehen müssen. Wenn ein Naturforscher reist, muß er frei und unabhängig sein, wie ich es immer war.«
Charles widersprach. »Sie bieten mir jede Möglichkeit – sogar mich im Hafen zu lassen, wenn sie die Küste vermessen …«

Er blickte zu seinem Onkel hinüber.
»Onkel Jos, mein Vater trug mir auf, dir diese Nachricht zu übergeben.«
Josiah nahm die Nachricht und sagte: »Willst du nicht mit mir in mein Arbeitszimmer kommen?«

7.

Die beiden Männer schritten durch die Bibliothekstür. Charles war nicht überrascht, als Emma sich bei ihm einhängte und mitkam. Sie war die einzige, die es tat, und sie murmelte:
»Das ist einfach eine wunderbare Chance. Welchem anderen jungen Mann wird eine solche Reise beschert? Du warst im Herzen immer ein Naturforscher. Du mußt fahren...«
Charles schüttelte den Kopf.
»Es hängt jetzt von deinem Vater ab. Er besitzt die Macht, mich auf eine Weltreise zu schicken oder mich daheim zu halten.«
Josiah setzte sich an seinen Schreibtisch und blickte zu Charles hoch.
»Ich nehme an, dein Vater hat Einwände gegen diese Expedition. Setz dich hin und erzähle mir.«
Charles ergriff ein Blatt von Onkel Jos' Briefpapier, nahm einen Federkiel von der Kieselunterlage, tauchte ihn in das Tintenfaß und begann schnell zu schreiben. Er reichte Josiah das Blatt, der den Inhalt aufmerksam las; seine dunklen Augen verrieten angestrengte Anspannung. Er sprach betont deutlich:
»Ich empfinde die Verantwortung der Bitte deines Vaters an mich hinsichtlich des Angebotes, das du erhalten hast. Du hast aufgeschrieben, was du für die Einwände deines Vaters hältst. Ich glaube, das Beste, was ich tun kann, besteht darin, daß ich erkläre, was mir zu jedem Punkt einfällt.«
Er machte eine Pause, dann begann er:
»Mir erscheint es keineswegs unehrenhaft für deinen Beruf als Geistlicher. Im Gegenteil, ich halte das Angebot für ehrenvoll. Die Beschäftigung mit der Naturgeschichte ist, wenngleich sicher nicht zum Beruf gehörend, sehr passend für einen Geistlichen.«
»Ich versuchte, Vater davon zu überzeugen.«
»Ein ›wahnsinniges Projekt‹? Ich weiß kaum, wie ich diesem Einwand begegnen soll. Du würdest bestimmte Aufgaben haben, mit denen du dich befaßt. Das sollte dich befähigen, Kenntnisse zu erwerben und zu erweitern... Daß man den Posten vielen anderen angeboten haben muß, diese Idee kam mir nicht. Ich sehe keinen Grund dafür... Es müsse ein ernstes Bedenken gegen das Schiff oder die Expedition geben? Ich kann mir nicht vorstellen, daß die Admiralität ein schlechtes

Schiff auf eine solche Dienstfahrt schicken würde. Jedenfalls glaube ich, es würde auf nichts schließen lassen, wenn wir erführen, daß andere Einwendungen gemacht haben.
Sollte dein Vater die zwei Jahre auf dem Schiff vergleichen wollen mit der Art, wie du sonst die zwei Jahre verbringen würdest, so bin ich der Meinung, daß Seeleute dazu neigen, sich für häusliche und ruhige Gewohnheiten zu entscheiden.«
»Onkel Jos, ich weiß wenig über Seeleute und über die See.«
Charles erhob sich traurig und ging um den Tisch, während er einen seltenen Versuch der Selbsterforschung machte.
»Es ist wahr, daß ich ein sorgloses Leben führte; wir waren am Christ's College eine verschworene Gruppe. Wir jagten, ritten, blieben abends lange auf, tranken, lachten, neckten einander. Ich las viel...«
»Das tatest du immer«, bemerkte Josiah. »Ich habe dich selten ohne ein Buch in der Hand gesehen. Wenn man in seiner Jugend nicht sorglos und fröhlich sein kann, wann sonst? Wenn ich dich jetzt mit beruflichen Studien befaßt sähe, würde ich es wahrscheinlich nicht ratsam finden, sie zu unterbrechen. Das ist aber bei dir nicht der Fall und wird es, glaube ich, auch nicht sein. Dein derzeitiges Streben nach Wissen liegt auf derselben Linie, der du auf der Expedition zu folgen hättest.«
Charles konnte sein frohlockendes Zittern nicht unterdrücken.
»Ja, die Naturgeschichte. Daran habe ich wirklich hart gearbeitet, seit ich ein kleiner Junge war. Du lieber Gott, wenn das nur ein Beruf wäre, so daß ich meinen Lebensunterhalt damit verdienen könnte...«
Onkel Jos lächelte nachsichtig; er hatte immer Vertrauen zu diesem schlaksigen Neffen gehabt.
»Laß uns den letzten Einwand deines Vaters vornehmen, daß das Unternehmen nutzlos wäre, was deinen Beruf anlangt. Ich meine eher, es wird dir Gelegenheiten bieten, andere Menschen und Dinge kennenzulernen, wie sie nur wenigen vergönnt sind.«
Einen Augenblick herrschte Stille. Die immer praktische Emma fragte:
»Was tun wir jetzt, Papa?«
»Ich werde Dr. Darwin einen Brief schreiben, in dem ich die Ansichten darlege, die ich hier ausgesprochen habe. Warum geht ihr nicht in den Garten? Es wird nur noch eine Stunde lang hell sein.«
Charles und Emma gingen Hand in Hand über den Hauptweg zum See. Charles' Gesicht glühte. Emmas Gesicht ebenfalls, wie er bemerkte.
»Weißt du, wir sind an Bord des Schiffes versetzt«, sagte Charles, »das uns rund um die Welt führt.«
»*Du* bist dorthin versetzt, Charles. Ich muß hier daheim bleiben. Du wirst so oft wie möglich schreiben, nicht wahr? Deine Schwestern werden uns die Briefe schicken, sobald sie sie gelesen haben.«
»In jedem Hafen. Ich werde auch ein Tagebuch führen. Dein Vater ist ein unge-

wöhnlicher Mann. Er legte sich ins Zeug, um mich zu retten, als ob ich sein liebster Sohn wäre.«
»Du bist das getreue Abbild seines jüngsten Bruders Tom, und offenbar habt ihr die gleichen Gedanken und das gleiche Verhalten. Vater war vernarrt in Tom. Er war ungewöhnlich begabt; der erste Mensch, der den Vorgang des Photographierens entdeckte. Er war begabt, aber schrecklich krank. Vater schickte ihn um die halbe Welt, um wieder gesund zu werden. Nichts half. Er starb, bevor er Zeit hatte, ein Fixiermittel zu entwickeln, mit dem seine Bilder haltbar gemacht werden konnten. Nach ihm kam Daguerre, und ihm wird das gesamte Verdienst der Erfindung der Photographie zugeschrieben.«
Die Sonne berührte allmählich die grünen Hügel im Westen.
»Hast du dir nie Toms Porträt im Salon angesehen?« fragte sie. »Deshalb bist du Vaters Liebling.«
Ihr Gesichtsausdruck sagte:
»Und auch der meine.«

Beim ersten Morgengrauen war er auf den Beinen, trank eine Tasse frisch aufgebrühten Kaffee und machte sich auf den Weg zu einem entfernten Teil des Landsitzes, wo Dr. Holland und einige Nachbarn zu ihm stoßen wollten. Dann würden sie mit dem Wildhüter den ganzen Tag durch Heideland wandern.
Er war erst kurze Zeit unterwegs, da kam ihm ein Stallknecht nachgelaufen:
»Mr. Darwin, Sie werden in *Maer Hall* verlangt.«
Charles eilte zum Haus zurück. Als er die Tür aufriß, fand er Josiah Wedgwood im Frühstückszimmer; er trug Reisekleidung.
»Charles, ich habe in der Nacht beschlossen, deinem Vater den Brief nicht zu schicken...«
Charles war verblüfft.
»Ein Brief könnte ihn erreichen, wenn er nicht in der richtigen Stimmung ist. Ich will ihn selbst überbringen. Ich glaube, du solltest mitkommen, für den Fall, daß dein Vater Fragen zu stellen hat.«

Dr. Robert Darwin erhob keine Einwände mehr. Er las Josiahs Brief und hörte sich die Versicherungen seines Schwagers an, daß die Reise richtig wäre. Er dankte Josiah dafür, daß er seinem Sohn zuliebe die lange Fahrt unternommen hatte, dann wandte er sich an Charles:
»Ich sagte dir gestern, wenn du einen Mann mit gesundem Menschenverstand finden kannst, der dir zu der Reise rät, würde ich meine Einwilligung geben. Es gibt keinen Menschen, den ich mehr bewundere als deinen Onkel Jos. Du hast meine Einwilligung.«
Charles versuchte, seinen Vater zu umarmen, aber es gab einfach zuviel zu umarmen. Dr. Darwin schüttelte seinem Sohn herzlich die Hand. Onkel Jos hatte gesiegt, wie er vorgehabt hatte.

Zweites Buch

»Meine Gefühle schwingen wie ein Pendel«

1.

Er kleidete sich bei Kerzenlicht hastig an und war schon um drei Uhr morgens am Rathaus in Shrewsbury, um die »Wunder«kutsche bei der Abfahrt zu ihrer sechzehnstündigen Reise nach London nicht zu verpassen. Sie hielten zum Frühstück in Birmingham, während die Pferde gewechselt wurden, und fuhren dann weiter durch Coventry. In Brickhill verließ Charles die Kutsche und mietete ein Pferd und eine zweisitzige Kutsche, mit der er die restlichen zwanzig Kilometer auf holprigen Landstraßen nach Cambridge fuhr; spät abends kam er im Gasthaus *Red Lion*, unweit vom Christ's College, mit zerschlagenen Knochen an. Bevor er sich ins Bett legte, schrieb er eine Nachricht an Professor Henslow:

> Wie früh am Morgen soll ich Sie aufsuchen?

und gab sie einem Diener, damit er sie zustellte.
Sein Schlaf war kurz, aber tief. Als er bei Tagesanbruch die Augen aufschlug, sah er einen Briefumschlag unter seiner Tür. Henslow, der mit den Vögeln aufstand, hatte ihn selbst gebracht.

> Kommen Sie, sobald Sie wach sind. Wir werden mit dem Frühstück auf Sie warten.

Als Charles den *Red Lion* verließ, um zu Henslows Haus zu gehen, überkam ihn eine Welle von Erinnerungen. Erst vier Monate war es her, seit er Cambridge mit dem Diplom in der Tasche verlassen hatte. Nach Shrewsbury war Cambridge seine Lieblingsstadt, denn er hatte dort die drei glücklichsten Jahre seines Lebens verbracht. Eine Universitätsstadt ist anders als andere Städte; die Luft hatte etwas Besonderes. Studenten eilen in ihren schwarzen Mützen und Gewändern, die Arme mit Büchern beladen, von einem College zum anderen. Man spürt förmlich die Erregung, jungen, lebhaften Geist. Daß so viele von Englands großen Männern hier studiert hatten, bevor sie sich in die Welt der Tat und Wirklichkeit wagten – Milton, Newton, Dryden, Francis Bacon, Wordsworth und hundert andere –, gab der Stadt ihre Bedeutung.
Cambridge war ein mittelalterliches Juwel mit seinen siebzehn in sich abge-

schlossenen Colleges. Imposante Kirchen mit Glasfenstern, Rasenflächen, alte Bäume, die herrlichen Gärten vor den Häusern der Professoren und Dozenten, die malerischen Steinbrücken über die Cam, wo die Studenten vergnügt im Holzkahn, dem *Punt*, fuhren oder nackt beim Sheep's Green schwammen, während die an dieser schmalen Stelle vorbeigehenden Damen ihre Sonnenschirme aufspannten und ihre errötenden Gesichter tief in deren seidenen Schutz verbargen.

Professor Henslows Haus war um einiges größer als die anderen, mit einem Keller, dessen Fenster mit ihrer oberen Hälfte über dem Niveau des Gartens lagen. Es war ein dreistöckiges Wohnhaus aus braunen Ziegeln, ein angenehmes, komfortables Haus, wenn auch etwas schmal. Es erhob kaum den Anspruch, auf einen ordentlichen Professor der Botanik an dem berühmten St. John's College hinzuweisen, das die meisten Studenten aus Shrewsbury besuchten, das aber sowohl Erasmus wie auch Charles wegen seiner allzu strengen Disziplin abgelehnt hatten. Anders als so viele seiner Kollegen besaß Professor Henslow kein ererbtes Vermögen, ein Umstand, den er mit Adam Sedgwick gemein hatte. Trotz seiner zwei Berufe, als Universitätsprofessor und als Geistlicher der anglikanischen Kirche, mußte er manchmal sechs Stunden am Tag Privatunterricht geben, um seine Frau und seine drei Kinder ernähren und sich den Kauf von Büchern und seltenen Pflanzen für den botanischen Garten leisten zu können. Außerdem hatte er ein gastfreies Haus für die Fakultätskollegen und die Studenten zu führen, für die seine Frau Harriet immer eine Flasche Madeira und eine Platte Ingwerkuchen bereithielt.

Charles betätigte den bronzenen Türklopfer mit sieben scharfen Schlägen, für die er in der Familie Henslow bekannt war: fünf schnelle und zwei langsame. Professor Henslow öffnete die Tür mit freundlichem Lächeln und einem warmen Händedruck. Charles fand immer, daß er das nobelste, angenehmste Gesicht in ganz Cambridge hatte. Er hatte einen großen Kopf, einen Wust von weichem, dichtem schwarzem Haar und einen langen, vollen Backenbart. Die kühne Stirn war hoch, breit, stark, seine ausgeprägten Züge wurden durch die persönliche Bescheidenheit des Mannes gedämpft. Seine kräftige, stämmig gebaute Gestalt war ständig in Bewegung. Er war ein Mann, der die Arbeit liebte, weil sie den Keim des Lebens enthielt, der sich im Verlauf eines jeden Tages erneuerte.

Er trug den üblichen steif gestärkten Vatermörderkragen, schwarze Halsbinde, langes Jackett und Weste mit Revers mit großen dekorativen Knöpfen. Er hatte kräftige Hände, die für die botanische Arbeit nützlich waren, mit schlanken, sensiblen Fingern. Er zeigte den Gesichtsausdruck eines Mannes, der sehr viel zu geben hatte und der nur verlangte, daß die Menschen zum Verständnis der Natur um sie gelangten.

John Henslow war der wichtigste Mann in Charles' Leben geworden. Er war einer jener disziplinierten Lehrer, die unendlich geduldig waren und nicht nur Wissen, sondern auch gelehrtes Verhalten, Liebe zum Lernen, Forschungsmethoden vermittelten. Er war nie langweilig, schulmeisterlich oder autoritär, er unterrichtete mit Witz und verstand es, seine Schüler anzuregen. Charles wußte aus seinen fünf Jahren an den Universitäten Edinburgh und Cambridge, daß diese Art von Lehrer selten und ein Segen für die Studenten war.

Harriet Jenyns Henslow kam die Treppe herunter, sie trug ihren zwei Monate alten Sohn gewickelt in ihren Armen. Sie küßte Charles und murmelte: »Willkommen daheim. Sie haben jetzt einen Patensohn.«

»Das sehe ich. Meinen Glückwunsch! Und auch für Sie, mein lieber Henslow, zu Ihrem männlichen Erben, der Ihren Namen tragen wird.«

Harriet war nur wenig über dreißig, mit großen Vorzügen, wenn auch nicht körperlicher Natur: Sie war freundlich, herzlich, eine liebenswerte Hausfrau. Obwohl Harriets Vater, Domherr in Ely und Magistrat von Cambridgeshire, nicht ganz unvermögend war und auch von einem Vetter zweiten Grades *Bottisham Hall* in Cambridgeshire geerbt hatte, blieb nur eine bescheidene Summe für Harriets Mitgift. Auch ohne Mitgift hätte Harriet eine vorteilhaftere Partie machen können; aber sie hatte Henslow aus Liebe geheiratet, und so war es auch nach acht Jahren Ehe und drei Kindern geblieben. Da ihr Mann Charles Darwin als Kameraden angenommen hatte, akzeptierte ihn Harriet auch als Mitglied der Familie, aber anfänglich nicht ohne Zweifel.

»Ich mag den jungen Darwin; er ist reizend«, bemerkte sie zu ihrem Mann. »Aber warum ziehst du ihn allen anderen vor? Er scheint mir nicht ganz so brillant wie einige deiner anderen Studenten mit Auszeichnung.«

»Vielleicht ist er es nicht, oder zumindest noch nicht, aber er hat ein Gehirn in seinem großen Schädel, das besonders für die wissenschaftliche Spekulation taugt. Es ist ihm zur zweiten Natur geworden, vom Besonderen aufs Allgemeine zu schließen. Er wird seinen Weg machen, ich weiß nicht, wann oder wie, aber die Möglichkeit ist vorhanden.«

Charles und Henslow setzten sich in das Wohnzimmer, das auch als Bibliothek diente und in dem die Freitagszusammenkünfte stattfanden. Das Mobiliar war mit Harriets Mitgift gekauft worden, und es begann Spuren von Henslows Beliebtheit erkennen zu lassen. An den Wänden hingen eine Reihe von Radierungen Rembrandts und andere bedeutende Stiche, die die Henslows im Laufe der Jahre erworben hatten.

Charles berichtete unverzüglich von Josiah Wedgwoods Intervention und daß er nun das Einverständnis seines Vaters für die Reise erhalten habe. Henslow war in gehobener Stimmung.

»Vorzüglich! Wir waren so enttäuscht, als wir aus Ihrem Brief erfuhren, daß Ihr Vater dagegen war. Für mich war es ebenso schlimm wie die Tatsache, daß ich das Angebot ebenfalls ablehnen mußte.«

»Sie bekamen das Angebot? Das hatten Sie mir nie erzählt.«

»Es gab auch keinen Grund dafür. Eigentlich hatte ich es ja bereits akzeptiert. Harriet gab ihre Zustimmung, ohne gefragt worden zu sein. Sie sah aber so unglücklich aus, daß ich die Sache sofort in Ordnung brachte. Als erster hatte Leonard Jenyns, Harriets Bruder, das Angebot erhalten, und er war so nahe daran, es anzunehmen, daß er schon seine Kleider packte. Er hat Jahre der Schulung als Naturforscher in den Fennen unweit seines Wohnsitzes *Bottisham Hall* hinter sich; da er aber zwei Gemeinden betreut, hielt er es nicht für richtig, sie im Stich zu lassen. Wir müssen Peacock sofort schreiben.«

»Mein Vater hatte recht mit seiner Annahme, daß schon anderen Angebote gemacht worden waren. Ich nehme an, die Stellung erfordert jemanden wie mich, der weder Familie noch Verpflichtungen hat.«

»Ja, sie ist letzten Endes in die richtigen Hände gelangt.«

Nach dem Frühstück gingen Charles und Henslow in den Garten hinter dem Haus, der jetzt, Anfang September, nach Chrysanthemen duftete.

»Seit sechs Jahren versuche ich, mit dem zwei Hektar großen botanischen Garten in der Stadt etwas anzufangen. Die Leitung der Universität bewilligte mir aber die Geldmittel nicht, ihn neu zu gestalten. Vorige Woche kaufte sie zwölf Hektar Land am Rande der Stadt, ein Teil davon ist Marschland. Der Boden ist fruchtbar und unberührt und läßt sich sehr gut gestalten. Ich soll die Geldmittel erhalten, um eine Art Miniaturausgabe des berühmten Londoner botanischen Gartens, Kew Gardens, zu schaffen. Wir werden Platz für eine Unmenge Blumen und Sträucher haben, die erst im letzten halben Jahrhundert bekannt wurden.«

Er strich mit den Fingern durch sein dichtes gelocktes Haar.

»Lassen Sie uns dort hinausgehen.«

Als sie sich von den abgenutzten Rohrstühlen erhoben, die unter einem riesigen Hartriegelstrauch standen, geleitete Harriet einen Besucher hinaus, einen gewissen Mr. Wood, den Neffen von Lord Londonderry. Charles kannte ihn von Henslows Freitagabenden. Er hatte Woods Vornamen nie gehört und wußte auch nicht, was Wood machte oder warum er sich die Mühe gab, zu den Abenden zu kommen, die er »Freitagabendwissenschaft« nannte, da er nur über Politik, Sklaverei, Wahlrecht und darüber sprach, daß das Reformgesetz irregeleiteter Idealismus war, der in der Welt nie funktionieren würde.

Wood war klein und untersetzt, nach der neuesten Londoner Mode gekleidet, von seinen spitz zulaufenden Schuhen und schwarzen engen Beinkleidern bis zu dem doppelreihigen Gehrock und dem glänzenden Seidenzylinder. Er sonnte sich in dem stolzen Bewußtsein seiner adeligen Herkunft. Seine Freude, Charles zu sehen, war aufrichtig.

»Mein lieber Darwin, welch angenehme Überraschung! Ich hatte gedacht, Sie seien bereits in einer Pfarrei in Shropshire begraben, sonntags auf der Jagd nach Seelen und wochentags nach Käfern.«

»Noch nicht, Mr. Wood. Ich scheine einen Aufschub von zwei Jahren zu haben.«

»Ausgezeichnet. Erzählen Sie mir davon.«

Charles hatte kaum begonnen, als Wood ihn unterbrach:

»Wie merkwürdig: Kapitän FitzRoy und ich sind verwandt! Irgendwie Vettern durch Lord Londonderry, der ein Halbbruder von FitzRoys Mutter ist. Gerüchteweise soll es Lord Londonderry gewesen sein, der für Kapitän FitzRoy das Kommando von *H. M. S. Beagle* durchgesetzt hat.«

»Die *Beagle*«, wiederholte Charles leise. »Es ist das erste Mal, daß ich den Namen des Schiffes höre.«

»Ich bin mit Kapitän FitzRoy sehr befreundet«, rief Wood. »Ich werde sofort in mein Appartement zurückgehen und einen Empfehlungsbrief für Sie schreiben. Glauben Sie an Bestimmung, Darwin? Ich glaube daran. Allein die Tatsache, daß wir heute morgen, an einem Sonnabend, zusammentreffen, während Sie auf der Reise nach London sind, um Montag Ihre endgültigen Vorbereitungen zu treffen!«

»Es ist sehr nett von Ihnen, Wood.«

»Es ist nichts. Gar nichts!« Er wandte sich an Henslow. »Ich kam vorbei, um guten Tag zu sagen, aber Sie müssen mich entschuldigen, wenn ich den Brief noch mit der Ein-Uhr-Kutsche nach London schicken will. Ich möchte, daß FitzRoy ihn heute abend in Händen hat.«

Die beiden langbeinigen Männer wanderten die Trumpington Street hinunter. Als sie an der Kirche mit ihrem alten Friedhof an der Rückseite vorbeikamen, beobachtete Henslow Charles' Gesicht.

»Charles, wollen Sie wirklich Pfarrer werden? Glauben Sie, daß Sie diese Aufgabe gut meistern werden?«

Charles war verblüfft; noch niemand hatte ihm diese Frage gestellt.

»Ich glaube schon. Ich habe in meinen Theologiekursen gut abgeschnitten und kenne Paleys Buch sehr genau. Ich habe allen Grund zu der Ansicht, daß ich imstande bin, eine sinnvolle Predigt zu schreiben und zu halten...«

»Aber Sie sind nicht...«

»Ich hänge nicht leidenschaftlich an der Kirche. Das tat noch keiner in meiner Familie. Aber wir sind gläubig. Meine Einstellung wird einfach darin liegen, mich um die Gemeinde zu kümmern.«

Sie gingen einige Minuten lang schweigend weiter, dann sagte Charles:

»Mein lieber Henslow, vielleicht sollten Sie mir einen Schnellkurs im Konservieren von Proben geben. Meine Freunde in Edinburgh haben mir die Anfangsgründe der Meeresbiologie beigebracht, und Sie haben mir gezeigt, wie ich Blumen trocknen und meine Käfer aufbewahren kann. Darin erschöpft sich mein gesamtes Wissen. Ich werde während der langen Pausen zwischen den einzelnen Häfen alles konservieren müssen, was ich an Land gesammelt habe.«

Henslow lachte. Es klang angenehm.

»Lassen Sie uns mit geologischen Proben und Fossilien beginnen. Wickeln Sie sie zuerst in Papier und dann in rohe Hanffasern, die überall zu haben und billig sind. Sie erhalten sie in jedem Hafen. Bezeichnen Sie jede Probe gleich nach dem Auffinden, auch die Muscheln und Knochen. Sie müssen in London in William Yarrels Buchhandlung gehen und ein Exemplar von Charles Lyells *Principles of*

Geology kaufen. Es ist äußerst wertvoll, aber nehmen Sie keinesfalls die darin vertretenen Ansichten für bare Münze. Er hat gewisse ausgefallene Theorien... Was nun die Wirbellosen mit weichem Körper, die Amphibien, Reptilien und Fische anlangt: Sie alle müssen in Weingeist oder Äthylalkohol aufbewahrt werden. Besorgen Sie sich die purpurne Sorte. Die Lösung sollte siebzig Prozent Alkohol und dreißig Prozent Wasser enthalten. Neun von zehn Proben, die verdorben sind, verdanken das einem zu geringen Alkoholgehalt! Bei größeren Proben ist es notwendig, den Leib aufzuschlitzen und die Eingeweide gesondert aufzubewahren. Überlassen Sie nichts dem Gedächtnis! Führen Sie eine Liste mit Namen und Datum des Schiffes, auf dem jede Probenkiste nach Hause geschickt wurde. Sorgen Sie dafür, daß der Empfänger ebenso genaue Aufzeichnungen führt.«
Darwin warf seinem Freund einen kurzen Blick zu.
»Aber wer soll das sein?« fragte er. »Wenn ich zwei Jahre fortbleibe, wird es, so hoffe ich doch, eine sehr große Zahl von Kisten mit Tausenden von Proben werden. Nach *The Mount* kann ich sie nicht schicken. Dort würde man nicht wissen, was man mit ihnen anfangen sollte.«
»Nein, Sie müssen an einen Sachkundigen geschickt werden, damit er den Zustand, in dem sie sich befinden, untersuchen und Ihre Aufzeichnungen kontrollieren kann, um zu sehen, ob alles zusammenpaßt.«
»Verzeihen Sie, mein lieber Henslow, aber ich glaube, Sie haben da ein Selbstporträt gezeichnet. Ich kenne keinen anderen Menschen, der imstande und bereit wäre, sich einer solchen Aufgabe zu unterziehen.«
Henslows Lächeln war erfreut und zugleich ein wenig resigniert.
»Versuchen Sie es zuerst mit den Londoner Gesellschaften. Sie könnten Ihnen vielleicht helfen. Verwenden Sie, wann immer verfügbar, Glasgefäße. Steingut und Holzgefäße können leicht lecken oder sind porös. Schließen Sie Ihr Gefäß mit einem Stöpsel und zwei Schichten Stanniol. Halten Sie zugleich drei oder vier Gefäße offen, so daß eines für Krebstiere, ein anderes für Tiere, die seziert werden sollen, ein anderes für sehr kleine Proben dienen kann... Legen Sie die Fische immer in die stärksten Alkohollösungen. Verwenden Sie Arsenseife für alle Häute, aber versäumen Sie nicht, die Beine und Schnäbel mit einer Lösung von Ätzsublimat abzubürsten. Packen Sie alle Arten von Insekten, ausgenommen Schmetterlinge, in Pillenschachteln zwischen Lagen von Lappen. Legen Sie ein Stück Kampfer auf den Boden der Schachtel.«
Sie waren mehrere Kilometer weit bis zu Henslows neu erworbenem Grund gegangen. Henslow zog eine zusammengefaltete Landkarte aus der Jackentasche, kauerte sich im Schatten eines alten Baumes nieder und breitete die Karte auf dem Boden aus. Er hatte den Plan für die zwölf Hektar Land bereits gezeichnet.
»Mein lieber Freund, halten Sie sich nicht an die sogenannten Tatsachen. Sobald Sie einen Einfall haben, fangen Sie mit der Verwirklichung an. Wenn Sie dann Ihre ›zwölf Hektar‹ bekommen, haben Sie die Vorarbeit bereits geleistet. Ich möchte hier einige Hügel anlegen, Wasserfälle und einen Felsengarten. Wir las-

sen ein paar Hektar Wiesenmoor im ursprünglichen Zustand, damit unsere Studenten weiter beobachten und sammeln können. Für die Zucht tropischer Pflanzen werden wir Gewächs- und Treibhäuser haben. Es wird breite Wege geben. Es wird ein öffentlicher Park und ein botanischer Garten werden, so daß Eltern ihre Kinder hierher bringen und sie die Namen der Pflanzen, Kräuter und Bäume lehren werden...

Man kann nie wissen, Darwin, vielleicht werden wir Botanik, ja, auch Insektenkunde und Meeresbiologie zu fast ebenso wichtigen Studiengebieten machen wie Mathematik, Latein, Griechisch und klassische Literatur. Der Fehler unserer Universitäten besteht darin, daß unsere Erzieher über die Naturwissenschaften als wertlose Wissenszweige die Nase rümpfen. Es ist unsere Aufgabe, das im Lauf unseres Lebens gründlich zu ändern.«

2.

Am Sonntagmorgen kleideten sich Charles und die Familie Henslow für den Gottesdienst an. Die intime Kirche Little St. Mary's hatte eine gewölbte Decke, behauene Balken und einen hervorragend ausgebildeten Chor. Reverend Mr. Henslow, der in seinem weiten schwarzen Talar majestätisch aussah, hielt seine Elf-Uhr-Predigt über Lukas 8, Vers 16 und 17 speziell für Charles: »Und er sagte zu ihnen: Niemand aber zündet ein Licht an und bedeckt es mit einem Gefäß oder setzt es unter eine Bank; sondern er setzt es auf einen Leuchter, auf daß, wer hineingeht, das Licht sehe. Denn es ist nichts verborgen, das nicht offenbar werde, auch nichts Heimliches, das nicht kund werde und an den Tag komme.«

Nach dem Gottesdienst nahm Charles, während die Henslows ihre Gemeinde besuchten, die beiden kleinen Mädchen, Frances und Louisa, in ihren weißen Kleidchen mit zum Fluß hinunter. Viele Cambridger Familien waren schon in ihren Booten ausgefahren, in denen die Picknickkörbe am Bug hoch aufgehäuft waren. Als sie nach Hause zurückkehrten, fanden sie Mr. Wood vor, der, aschgrau im Gesicht, in der Bibliothek auf und ab ging.

»Was ist geschehen, Mr. Wood?« fragte Henslow. »Sie sehen verstört aus.«

»Das bin ich...« Seine Stimme war fast unhörbar.

In der Bibliothek war es totenstill. Ein Blatt Velinbriefpapier zitterte in Woods Hand.

»... eine Antwort auf meinen Brief an Kapitän FitzRoy...« Er zwang sich, Charles anzublicken.

»... tut mir leid... so schrecklich leid... Kapitän FitzRoy ist dagegen, daß Sie mitfahren, Darwin. Ich bin ganz unglücklich, daß ich Ihre Chance vernichtet habe.«

»Aber wie sollte das möglich sein?«
Wood knirschte mit den Zähnen, dann brachte er die wenigen heiseren Worte des Vorwurfs gegen sich selbst hervor:
»...nur Lobesworte... aber es war meine Pflicht, ihm zu sagen... meinem Verwandten... daß Sie ein Whig sind... ein Liberaler... Sie sind für das Reformgesetz... das das Wahlrecht erweitert...«
»Das stimmt«, hörte Charles sich antworten. »Ich würde das Wahlrecht auf Eigentümer mit einem Besitz ausdehnen, der zehn Pfund im Jahr oder mehr einbringt.«
Wood ließ ein unbeabsichtigtes Stöhnen hören.
»Wir Tories halten das Reformgesetz für ein ›wiedereintretendes Chaos‹.«
»Während wir Whigs«, sagte Henslow mit entschiedener, ruhiger Stimme, »es für den Vorboten eines neuen Zeitalters halten. Aber was in aller Welt hat die Politik mit der Naturgeschichte zu tun?«
»Nichts. Aber *H. M. S. Beagle* ist nur ein kleines Schiff, und Kapitän FitzRoy wünscht sich einen Naturforscher, mit dem er Freundschaft schließen kann. Niemand sonst auf dem Schiff darf ein Freund des Kapitäns werden... ein geistesverwandter Mensch, der mit ihm zusammen speist... kein anderer darf mit dem Kapitän speisen oder seine Kabine betreten...«
In Charles stieg die bittere Enttäuschung hoch, die ihn überkommen hatte, als sein Vater die Reise ablehnte. Wieder war die Gelegenheit verloren.
»Wood, habe ich Ihnen jemals meine politischen Ansichten aufgedrängt?«
»Nein! Natürlich nicht! Sie sind ein Gentleman. Ich schrieb FitzRoy nur, um ihm zu sagen, was für ein angenehmer Mensch Sie sind. Wenn Sie aber mit FitzRoy wegen des Reformgesetzes in Streit gerieten, würde er es mir nie verzeihen. Und Sie würden die *Beagle* unerträglich finden. Kapitän FitzRoy hat den Posten einem alten Freund, einem Mr. Chester, gegeben. Er arbeitet irgendwo bei der Regierung, nehme ich an...«
Als Wood gegangen war, wanderte Charles blindlings im Zimmer umher.
»Nach all den Ungelegenheiten, die ich meinem Vater und Onkel Jos verursacht habe! Ich bin niedergeschmettert.«
Henslows Wangen brannten blutrot.
»Peacock hat völlig falsch gehandelt, indem er die Dinge so unrichtig darstellte. Er versicherte mir, daß die Anstellung eines Naturforschers von ihm allein abhänge.«
Charles schnaubte wütend. Er sagte sarkastisch:
»Wie kann ein Kapitän gezwungen sein, drei Mahlzeiten am Tag zusammen mit einem liberalen Whig einzunehmen? Er würde bei der ersten Sandbank auf Grund laufen. Wenn Sie bedenken, daß das Reformgesetz, falls es jemals im Parlament durchkäme, nur höchstens achtzehn Prozent der Engländer das Wahlrecht bringen würde...«
Henslows Gesichtsausdruck hatte allen Glanz verloren.

»Die Menschen bekriegen sich der Politik wegen. Sie bekriegen sich der Religion wegen. Sie bekriegen sich wegen Grenzstreitigkeiten. Dem menschlichen Gehirn mißlingt es selten, eine Gelegenheit zu finden, um die Hälfte der Menschheit umzubringen...«

Die beiden verstummten. Um ein Uhr kam Harriet ins Zimmer, um anzukündigen, daß das Mittagessen bereit sei. Sie stocherten in den Speisen. Dann legte Charles ruhig sein Besteck hin. Henslow blickte von seinem Teller auf, die Brauen fragend hochgezogen...

»Irgendwelche nachträglichen Einfälle? Oder ist es zu früh?«

»Nein, nicht zu früh. Um keinen Augenblick. Ich werde morgen früh mit der *Star* nach London fahren. Die Stellung des Naturforschers wurde mir offiziell angeboten. Kapitän FitzRoy wird mir morgen direkt ins Auge sehen und mir sagen müssen, daß er mir den Posten verweigert hat. Sonst gebe ich mich nicht zufrieden!«

Die *Star* setzte ihn mittags in London am *Old Bell Inn* in Holborn ab. Er ging weiter die Fleet Street entlang, am Adelphi-Theater vorbei und kam schließlich zu dem gerade umgetauften Trafalgar Square, einem riesigen leeren Platz, der durch Niederreißen der Königlichen Marställe und der an sie grenzenden »anstößigen Häuser« in der Lower St. Martin's Lane geschaffen worden war. Die Neue Nationalgalerie, mit deren Bau eben begonnen wurde, stand auf einer Erhebung über dem Platz.

Er hatte Glück, eine Unterkunft im Haus Spring Gardens 17 zu finden, einer aus zwei Blöcken bestehenden Straße gegenüber dem Marineministerium. Er bekam ein geräumiges Eckzimmer, wusch sich und wechselte die Wäsche. Als er in Whitehall durch den reich verzierten Torbogen des Ministeriums schritt, auf dessen Säulen stolze Greife saßen, und der Wachtposten ihn durch einen Botenjungen angemeldet hatte, kam die Antwort schnell:

»Empfehlungen von Kapitän FitzRoy, Sir. Er bittet Sie, gleich nach oben in sein Büro zu kommen.«

Charles stieg eine Treppe empor und folgte dem Jungen durch einen langen Korridor. Der Bote klopfte und öffnete die Tür.

Als erstes fiel Charles auf, wie leer der Raum war. Dennoch wirkte Kapitän Robert FitzRoy weder einfach noch nüchtern. Als er sich hinter seinem Schreibtisch erhob, sah Charles, daß er hochgewachsen und schlank war und von seinem lockigen, nach vorne gebürsteten dunklen Haar und den langen dunklen Koteletten bis hinunter zu den eleganten Schuhen aristokratisch wirkte. Er hatte eng anliegende Ohren, seine Augen leuchteten dunkel unter schwarzen, kräftigen Brauen. Er trug einen bemerkenswerten Schnurrbart. Es war ein sensibles Gesicht mit tadellosen Zügen – die Nase ausgenommen, die vielleicht um einen halben Zentimeter zu lang und zu gebogen war. Er war nach der neuesten Mode gekleidet, nicht wie ein Beau Brummel, sondern wie ein Mann von Erfahrung und Autorität.

Robert FitzRoy war ein illegitimer Nachkomme von König Charles II. und Barbara Villiers, der Herzogin von Cleveland. In dieser Illegitimität lag keinerlei Schande; Charles II. hatte keine legitimen Nachkommen. Kapitän FitzRoy war ein Enkel des Herzogs von Grafton und der Sohn von Lord Charles FitzRoy. Wenn er eine gewisse majestätische Haltung mit ein wenig Anmaßung und autoritärem Wesen zeigte, hatte er Anspruch darauf, obwohl sein großes persönliches Vermögen ererbt war. Er war mit zwölf Jahren in die Königliche Marine-Schule in Portsmouth eingetreten, hatte sie mit neunzehn mit Auszeichnung als Erster absolviert und wurde bei seinen hervorragenden Kenntnissen in Mathematik und Meteorologie als Mann anerkannt, der imstande war, ein Schiff auch unter den schlimmsten Wetterverhältnissen sicher zu führen.

Als er im Oktober 1828 in der britischen Marinebasis in Rio de Janeiro stationiert war, erhielt er im Alter von dreiundzwanzig Jahren den Befehl, nach dem erfolgten Selbstmord des Kapitäns der *H. M. S. Beagle* dessen Kommando zu übernehmen. Er befehligte das Vermessungsschiff vierzehn oder fünfzehn Monate lang zur Bewunderung der Admiralität und brachte es mit »ganz ausgezeichneten Seekarten« nach England zurück. Großbritannien, das die Welt durch seine Flotte beherrschte, vermaß die Küsten der Kontinente und die in das Meer mündenden Flüsse und ließ genaue Karten anfertigen, um die bestmöglichen Häfen zu finden.

FitzRoys dunkle, leuchtende Augen strahlten, als er Charles begrüßte.

»Ihre zeitliche Abstimmung ist vortrefflich, Mr. Darwin.«

»Wieso, Kapitän?«

»Wären Sie zehn Minuten früher gekommen, hätte ich schlechte Nachrichten für Sie gehabt.«

»Und fünf Minuten früher?«

»Gute Nachrichten. Mein Freund Mr. Chester teilte mir mit Bedauern mit, er könne seinen Posten nicht verlassen. Wäre ich imstande gewesen, ihn mitzunehmen, hätte es auf unserem kleinen und überfüllten Schiff keinen Platz mehr für Sie gegeben.«

»Dann bin ich also angenommen?«

»Ich freue mich sehr, daß Sie so schnell nach London gekommen sind. Ich entschuldige mich für meine übereilte Antwort auf Mr. Woods Brief. Nach ruhiger Überlegung wurde mir klar, daß zwei junge Leute, wenn sie verträglich sind, nie über englische Politik streiten werden, während sie kartographische Aufnahmen von der südamerikanischen Küste oder vom Pazifischen Ozean, Tausende Meilen weit von der Heimat entfernt, machen.«

»Ich habe keinen streitsüchtigen Charakter, Sir.«

»Ausgezeichnet! Ich mache Ihnen das Angebot, mit mir zusammen in meiner Kabine zu speisen; Sie werden sich mit Wasser und ganz einfacher Kost begnügen müssen; ich trinke weder Wein noch Rum, während ich ein Schiff befehlige. Sie können auch meinen Diwan für ruhige Stunden zum Lesen benützen. Wird es Ihnen etwas ausmachen, daß ich es Ihnen sage, wenn ich allein sein will?«

»Jedermann hat ein Bedürfnis nach Ungestörtheit.«
»Wenn wir einander so weit verstehen, werden wir hoffentlich zueinander passen. Wenn nicht, würden wir einander zum Teufel wünschen. Wollen Sie nicht Platz nehmen? Wir können hier miteinander sprechen, aber ich muß Sie warnen: Obwohl ich Ihnen alle Bequemlichkeiten bieten werde, die mir möglich sind, werden sie nicht sehr zahlreich sein. Ich halte es für meine Pflicht, Ihnen alles von der schlimmsten Seite zu zeigen. Nichts wäre beklagenswerter, als Sie bei mir zu haben, wenn Sie sich nicht wohl fühlen. Die *Beagle* ist ein kleines Schiff.«
»Darf ich fragen, wo ich schlafe?«
»In der Heckkabine. Wir werden Ihre Hängematte in einer Ecke anbringen. Wir haben dort unsere Bibliothek untergebracht. Die Heckkabine ist etwas größer als meine Kabine und besitzt eine ebenso große Oberluke. Der Kartentisch wird sich für Ihre Arbeit eignen. John Lort Stokes wird seine Hängematte in der Ecke gegenüber haben. Er ist neunzehn und wird als Maat und Vermessungsgehilfe dienen. Er war Fähnrich zur See auf der *Beagle* während ihrer ersten Reise. Es ist eine sehr junge Besatzung, Mr. Darwin, obgleich die meisten bereits unter meinem Kommando gesegelt sind. Ich glaube, Sie werden gut dazupassen. Sollten Sie aber nicht bei uns bleiben wollen, können Sie jederzeit nach England zurückkehren. Es gibt viele Schiffe, die dorthin segeln.«
»Danke. Das einzige, was mich plagen könnte, ist Seekrankheit.«
»Die Schrecken der stürmischen See werden übertrieben. Bei Schlechtwetter, vermutlich zwei Monate jährlich, können wir Sie in einem gesunden, sicheren Land zurücklassen. Viele Bücher, alle Instrumente und Schußwaffen stehen zu Ihrer Verfügung. Wir gehen mit dem Schiff vor Anker und bleiben zwei Wochen, um unsere Vermessungen durchzuführen und Karten zu zeichnen. Während dieser Zeit können Sie an Land bleiben und als Forscher arbeiten. Zeitweise werde ich Sie begleiten. Ich interessiere mich gleichfalls für die Naturgeschichte und das Sammeln.«
Charles' Gesicht glühte in der Vorfreude auf exotische Häfen und Länder.
»Sie sollten aber die *Beagle* sehen, bevor Sie sich entscheiden. Ich fahre nächsten Sonntag mit dem Dampfer nach Plymouth. Wollen Sie mich begleiten?«
»Das würde ich gern tun.«
»Dann also abgemacht. Ich nehme an, Sie wollen jetzt Kapitän Beaufort treffen, um mit ihm die Bedingungen zu erörtern. Seien Sie so freundlich und setzen Sie ihm wegen der Südsee zu, rütteln Sie ihn mit einer langen Stange wach. Und wenn Sie nicht verabredet sind, bitte kommen Sie zum Abendessen mit mir in meinen Klub.«
»Das wäre mir ein Vergnügen.«
»Ihre Freunde werden Ihnen sagen, daß der Kapitän eines Schiffes das größte Untier der Schöpfung sei. Ich weiß nicht, wie ich Sie vom Gegenteil überzeugen soll, es sei denn, Sie versuchen es mit mir. Wir segeln am 10. Oktober von Plymouth ab.«

Kapitän Francis Beaufort war erst vor siebenundzwanzig Monaten zum Hydrographen der Königlichen Marine ernannt worden, als Charles an die Tür seines aus sieben Zimmern bestehenden Reiches im Obergeschoß der Admiralität klopfte. Wände und Arbeitstische des Büros waren voller Landkarten, Pläne, Zeichnungen und vergilbter alter Globen. Der Mann hinter dem riesigen Mahagonischreibtisch, Francis Beaufort, war in Irland als Sohn des Dr. Daniel Beaufort zur Welt gekommen, eines umherziehenden irischen Klerikers, der sich selbst zu einem Fachmann der Landvermessung entwickelt und die erste genaue Landkarte von Irland gezeichnet hatte.

Der Junge hatte nur einen Wunsch, zur See zu gehen, und tat das mit fünfzehn an Bord eines Schiffes der Ostindischen Kompanie. Der junge Francis studierte astronomische Navigation und das Zeichnen von Karten und entwickelte, vermutlich nach dem Beispiel des Vaters, eine Vorliebe für unendlich genaue Darstellungen. Im Jahr 1791 trat er der Königlichen Marine bei und führte 1811 seine ersten Vermessungen der Südküste der Türkei durch; sie wurden noch zwanzig Jahre später als die verläßlichsten anerkannt. Später führte er eine ausgezeichnete Vermessung der Küste von Syrien durch. Anders als sein Vater war er ehrgeizig, wollte in den britischen Kriegen mitkämpfen, feindliche Schiffe kapern, Geldpreise gewinnen, befördert werden.

Er erreichte nichts. Er wurde verwundet und 1801 mit halbem Gehalt in den Ruhestand versetzt. 1805 kam er zurück in die Königliche Marine, als man ihn brauchte, um ein Schiff nach Indien zu befehligen. Obwohl er nur fünf Monate wissenschaftlichen Studiums am Sunsink-Observatorium hinter sich hatte, wurde er zum Mitglied der Königlichen Gesellschaft gewählt und stellte, ohne Vergütung, eine Serie von einhundertsiebzig Karten für die »Gesellschaft zur Verbreitung nützlichen Wissens« her, was ihm einen großen Namen einbrachte.

Als er 1829 das Hydrographische Büro übernahm, war das eine weder ehrenvolle noch beneidenswerte Stellung. Die Abteilung war ignoriert, mitunter verachtet, immer mit zu geringem Budget ausgestattet, vom Ersten Sekretär der Admiralität, Croker, mit Füßen getreten und von dem großen Arktisforscher Edward Parry, der den Posten innehatte, aber den Großteil seiner Zeit mit seinen eigenen Forschungen verbrachte, vernachlässigt worden. Das Büro besaß vielleicht tausend von der Abteilung selbst hergestellte Karten. Außerdem verwendete man die Karten von allen, die Forschungsreisen unternahmen: Franzosen, Deutschen, Italienern, Spaniern, von denen viele geradezu gefährlich ungenau waren. Francis Beaufort verwandelte diese Jahrzehnte der Trägheit in einen Wirbel disziplinierter Tätigkeit, eine »Vermesserernte«. Zur Zeit, als Charles in sein Büro kam, hatte Beaufort zwei junge Marineleutnants, die mit ihm als Indexverfasser und Kuratoren arbeiteten, vier geschulte Zeichner und einen Sekretär zum Entwerfen der Segelinstruktionen und die besten Buchgraveure, Lithographen und Buchbinder, die man in London finden konnte. Während *H.M.S. Beagle* ausgerüstet

wurde, befanden sich elf weitere Schiffe auf See oder wurden für Vermessungsaufgaben vorbereitet. Bei ihm kamen ständig Log- und Vermessungsbücher aus den sieben Meeren an, Karten und Skizzen, welche die Königlich Britische Marine, die die Meere beherrschte, sicher und ungefährdet machen sollten, wohin immer sie sich zu Profit- oder Eroberungszwecken wandte.
Francis Beaufort hatte jahrelang unter dem gelitten, was er seine »blauen Teufel« nannte, Gefühle von Angst, Minderwertigkeit, Depressionen, die Folge von Jahren, in denen er zugunsten von Männern, die nicht halb so qualifiziert waren wie er, aber in ihrer gesellschaftlichen Position weit über ihm standen, in der Beförderung übergangen worden war. Seine Ernennung zum Leiter einer eigenen Abteilung in der Königlichen Marine mit fünfundfünfzig Jahren hatte ihm einen gewissen inneren Frieden gebracht. Kurz bevor Beaufort zu ihm aufblickte, hatte Charles die Jahre der Selbstquälerei und Demütigung in dem wetterharten und narbigen Gesicht erkannt.
»Mr. Darwin, Ihr Name ist mir nicht unbekannt. Ich hatte das Vergnügen, Ihren Vater im Jahr 1803, noch vor Ihrer Geburt, kennenzulernen. Meine Schwester Louisa und ich fuhren mit unserer Mutter über die Irische See, um ihn zu konsultieren. Wir hatten in Irland von seinem Ruf gehört, vor allem weiblichen Patienten Hilfe zu bringen. Meine Mutter war seit Jahren leidend, insbesondere durch einen Hautausschlag an den Beinen. Ihr Vater sagte sofort, er interessiere sich mehr für Mutters Gesundheit als für die Schuppenflechte an ihren Beinen. Er besuchte sie mehrere Tage hintereinander, dann schickte er uns nach Hause. Ihre Gesundheit, wenn auch nicht ihr Ausschlag, besserte sich ungeheuer. Sie erreichte das Alter von vierundneunzig Jahren.«
»Hoffentlich kann ich den Ruf meiner Familie fortsetzen.«
Beauforts Lächeln war nur von einem Mindestmaß an Bewegung seiner Lippen oder Ausdruck seiner Augen begleitet.
»Sie haben mit Kapitän FitzRoy gesprochen? Ein hervorragender Kartograph. Was hat er Ihnen gesagt?«
Charles wiederholte die wesentlichen Punkte seines Gesprächs, insbesondere die Mahnung, Beaufort mit einer langen Stange bezüglich der Südsee aufzurütteln.
»Darwin, wenn Sie abreisen und nicht rund um die Welt segeln, haben Sie mit Recht einen Grund, enttäuscht zu sein. Sie werden eine Woche auf den Madeira-Inseln verbringen, ebenso auf den Kanarischen...«
»Herrlich!« rief Charles. »Wir werden Teneriffa sehen und Humboldts wundervollen Drachenbaum.«
Beaufort runzelte die Stirn, dann entschloß er sich, diesem ungestümen jungen Mann nicht böse zu sein, der sich vorstellte, *H.M.S. Beagle* laufe zu einer Naturforscherreise aus.
»Ich bin gerade dabei, den Weg durch die Südsee zu entwerfen. Es ist wahrscheinlich, daß Sie über den Indischen Archipel nach Hause zurückkehren werden. Das wird mindestens drei Jahre erfordern.«

Charles erbleichte. Drei Jahre anstelle der vereinbarten zwei! Nicht, daß er die Verlängerung um ein Jahr als Mühsal empfunden hätte; er würde sich dem neuen Leben anpassen, wie es von ihm gefordert wurde. Aber sein Vater und seine Schwestern! Sie hatten mit Mühe die zweijährige Trennung akzeptiert! Was würde sein Vater zu dieser neuen Wendung der Dinge sagen?
Er schluckte heftig.
»Je länger die Reise, um so größer wird meine Erfahrung und mein Wissen werden.«
»Gut gesprochen. Ich werde Sie zur Verköstigung eintragen, dann wird es Sie nur dreißig Pfund im Jahr für Ihre Nahrungsmittel kosten, wie die anderen Offiziere. Wie ich Peacock sagte, ist die Admiralität nicht geneigt, ein Gehalt zu bezahlen, wird Sie aber mit einer offiziellen Ernennung ausstatten. Sollte aber ein Gehalt erforderlich sein, neige ich zu der Annahme, daß es bewilligt würde.«
»In diesem letzten Punkt, Kapitän Beaufort, möchte ich mit meinem Vater sprechen. Er hat mir in Cambridge eine großzügige Unterstützung gewährt, und ich nehme an, er beabsichtigt, sie zu verlängern.«
Unbewußt knirschte Beaufort mit den Zähnen beim Gedanken an die Jahre, die er damit verbracht hatte, die Schulden seines Vaters zu bezahlen. Charles spürte die Stimmungsänderung.
»Ich glaube, Sir, ein Gehalt ist nicht angezeigt«, sagte er schüchtern. »Ich weiß nicht, ob ich auf der *Beagle* wirklich von Nutzen bin. Ich beabsichtige natürlich, in allen Zweigen der Naturgeschichte Sammlungen anzulegen...«
Beaufort merkte, daß er den jungen Mann unsicher gemacht hatte. Seine Kinnmuskeln entspannten sich. Er sagte freundlich:
»Es sollte bezüglich Ihrer Sammlungen während der Reise keine Probleme geben. Schicken Sie sie jedesmal, wenn Sie eine Kiste voll haben, per Schiff nach Hause. Hier ist eine Liste der Dinge, die Sie brauchen werden. Kontrollieren Sie alles genau, wenn es an Bord der *Beagle* gebracht wird.«
Charles überflog die Liste. Er staunte über ihre Gründlichkeit und brachte seinen Dank zum Ausdruck.
»Ich habe sie schon zusammengestellt, bevor Sie ernannt wurden. Ich hatte gehofft, daß Dr. Robert McCormick, der Schiffsarzt, sie gut gebrauchen würde. Er hat bei früheren Reisen einiges gesammelt.«
»Wird er böse sein, daß ich den Posten übernehme?«
»Das sollte nicht der Fall sein. Er ist Schiffsarzt, und seine Hauptaufgabe besteht darin, für die Gesundheit der Besatzung der *Beagle*, das sind über siebzig Mann, zu sorgen. Das ist in tropischen Ländern eine ganztägige Beschäftigung. Er erhielt nie die Erlaubnis, im Hafen zu bleiben, während das Schiff Vermessungsarbeiten durchführte.«
»Ich bin erleichtert, das zu hören, Kapitän Beaufort. Ich möchte nicht das Gefühl haben, ich hätte einen Feind an Bord.«
»Das Gegenteil wird der Fall sein; alle an Bord werden froh sein, jemanden zu

haben, der *nicht* in der Königlichen Marine ist und an dem sie nörgeln können. Machen Sie sich für die Abreise am 10. Oktober bereit.«

Charles erhob sich und dankte dem Kapitän für seine Freundlichkeit. Beauforts Kopf war schon wieder gesenkt, er studierte die vor ihm liegenden Karten mit einer fast erschreckenden Gründlichkeit.

Charles trat hinaus auf die Straßen Londons, in seinem Kopf drehte sich alles nach diesen beiden Unterredungen. Er ging an Whitehall vorbei bis zum Schatzamt, dann hinunter zum Flußufer und die Themse entlang, an den majestätischen Parlamentsgebäuden vorüber und wieder zurück zur Westminsterbrücke, und betrachtete das grüne Flußwasser, das unter ihm wirbelte auf seinem Weg zur Nordsee. Seine Hände wiesen plötzlich einen Ausschlag auf. Das war bereits ein- oder zweimal passiert, als er unter starkem nervösen Druck gestanden hatte.

»Shakespeare hatte recht. Es gibt tatsächlich ›eine Flut in den Geschäften des Menschen‹, und die habe ich erlebt. Heute um ein Uhr hatte ich die Reise aufgegeben. Um halb drei wurde mir nicht nur eine offizielle Ernennung angeboten, sondern noch dazu auch die Möglichkeit eines Gehalts als Naturforscher!«

Er ging zurück in seine Wohnung und zog sich um, als Vorbereitung zu einem angenehmen Abendessen mit Kapitän FitzRoy in dessen Klub.

3.

Als er die Buchhandlung Yarrell und Jones betrat, kam William Yarrell auf ihn zu, um ihn zu begrüßen, wobei er nur einen Blick auf den Einführungsbrief von Henslow warf. Er war etwa fünfzig, hatte ein angenehmes Gesicht und sympathische braune Augen. Er war der einzige Naturforscher in England, der seinen Lebensunterhalt durch eine Buchhandlung und Zeitungsagentur verdiente. Seit 1825 hatte er, als Vorarbeiten für zwei große Bücher über die britischen Fische und Vögel, bereits achtzehn gelehrte Beiträge im *Zoological Journal* veröffentlicht.

»Ja, ja, ich weiß von Ihrer Ernennung. In unserer kleinen Gemeinschaft sprechen sich diese Dinge schnell herum.«

»Ich weiß wenig über die Londoner Preise, und es gibt etliche Dinge, die ich brauche: ein ziemlich großes Fernrohr, Kompaß, Sezierwerkzeug...«

»Ich bin Ihr Mann!« rief Yarrell. »Ich werde meinem Vetter sagen, daß ich gehe.«

Yarrell ermöglichte Charles den Einkauf eines Fernrohrs, eines Kompasses, den man daran befestigen konnte, und mehrerer Sezierinstrumente zu einem annehmbaren Preis. Er würde Susan schreiben, sie solle ihm sein Mikroskop nach London schicken. Als sie den letzten Laden verließen, fragte Charles:

»Habe ich recht mit dem Eindruck, daß Sie die Händler einschüchtern können?«
»In London nennt man das ein Geschäft abschließen. Die Kunst müssen Sie lernen, wenn Sie hier leben wollen.«
Außer seiner Hilfe beim Einkauf von Skalpellen und Seziermessern ließ Yarrell seinem Schützling einen eintägigen Kurs im Behandeln und Präparieren von Vögeln und Fischen zuteil werden. Was Charles an Yarrell am meisten beeindruckte, war die enge Verbindung innerhalb »unserer kleinen Bruderschaft« der Naturforscher, wie er es nannte.
»Da niemand sonst unsere Arbeit respektiert«, erklärte Yarrell, »stehen wir einander bei. Indem wir immer mehr Wissen sammeln, werden wir die letzten Bastionen des Vorurteils überwinden.«
Zum erstenmal fand Charles London angenehm. Am Freitagmorgen ging er wieder zu Yarrell, um ein Buch über Astronomie zu kaufen.
»Ich nehme an, es würde einen Seemann wundern, wenn ich nicht wüßte, wie man Länge und Breite bestimmt.«
Er las in dem Buch, bis ihn Kapitän FitzRoy in seinem Wagen abholte, um Gewehre zu kaufen.
»Ich bin sehr für Sparsamkeit«, sagte FitzRoy, »außer in einem Punkt: Feuerwaffen. Ich rate Ihnen sehr, sich einen Kasten Pistolen wie die meinen zu kaufen und nie an Land zu gehen, ohne sie geladen mit sich zu führen.«
»Sind sie sehr teuer?«
»Etwa sechzig Pfund.«
Charles stieß einen Pfiff aus.
»Ich werde Ihnen helfen, ein weniger teures Paar zu finden«, bot ihm FitzRoy an. »Ich werde für Sie die Kunst des Handelns anwenden. Sie müssen auch ein gutes Gewehr haben. Sie werden den Luxus von frischem Fleisch auf einer langen Reise zu schätzen wissen.«
Kapitän FitzRoy hielt Wort und verbrachte den Rest des Tages damit, von einem Büchsenmacher zum anderen zu gehen, bis Charles eine Kiste guter Pistolen und ein neues Gewehr für fünfzig Pfund kaufen konnte. Er sah voller Staunen, daß der Kapitän bis zu vierhundert Pfund für seine eigenen Feuerwaffen ausgab und nacheinander sechs von den zweiundzwanzig Chronometern auswählte, die das Schiff mitführen würde, um präzise Längenablesungen zu gewährleisten.
Am Spätnachmittag war Charles wieder in seinem Zimmer, Spring Gardens 17, wo er Listen der Dinge zusammenstellte, die er brauchte, und dann die Hälfte davon wieder strich; er hatte das sichere Gefühl, daß die Expedition ihm trotz ihrer Mühsal gefallen würde. FitzRoy war sein *beau idéal* eines Kapitäns. Er freute sich auf den ersten Besuch auf dem Schiff.

4.

Er war sechs Tage in London gewesen. Am 11. September nahm er mit Kapitän FitzRoy das Postschiff, das an Ramsgate und Dover vorbei in den Ärmelkanal fuhr und dann genau nach Westen, vorbei an der Isle of Wight nach Plymouth. Im letzten Augenblick hatte Kapitän FitzRoy gefragt:

»Sind Sie sicher, daß Sie mit dem Schiff reisen wollen? Die Kutsche *Defiance* bringt Sie in sechsundzwanzig Stunden nach Plymouth. Ich fürchte, wenn der Kanal Launen hat, könnte Sie das von der *Beagle* abschrecken.«

»Nichts wird mich von der *Beagle* abschrecken können.«

»Sind Sie eigentlich schon einmal auf einem Schiff gewesen?«

»Nur einmal, vor vier Jahren, als mein Onkel Josiah Wedgwood mich einlud, ihn nach Genua zu begleiten. Ich fühlte mich nicht ganz wohl, verzehrte aber doch ein herzhaftes Abendessen mit Roastbeef.«

Die Familie des dreizehnjährigen Charles Musters, der auf *H.M.S. Beagle* als Freiwilliger Erster Klasse angeheuert hatte, hatte Kapitän FitzRoy gebeten, den Jungen unter seine Fittiche zu nehmen, da es das erste Mal war, daß er von daheim fort war. Charles kümmerte sich abwechselnd mit um den Jungen.

Sie fuhren an einem strahlenden Tag in den Plymouth-Sund ein. Als Charles über die Gangway schritt, zeigte Kapitän FitzRoy auf eine in der Nähe versammelte Menge.

»In Sutton Pool hat die Plymouth Corporation ihren Tauchstuhl«, erklärte er. »Dort tauchen sie eine Missetäterin oder eine Aufsässige aus der Stadt ins Wasser. Übrigens, die Stufen da auf der anderen Seite, über die sind schon die Pilgerväter 1620 hinabgestiegen, um an Bord der *Mayflower* zu gehen und nach Nordamerika zu segeln.«

FitzRoy winkte einer Mietskutsche. Der junge Musters und ihr Gepäck kamen nach oben. Der Kapitän sagte dem Kutscher, er solle sie hinauf zum *Hoe* bringen, einer großen grünen Promenade, von der man den ganzen Sund von Plymouth überblicken konnte. Dutzende Segelschiffe lagen in einer kleinen Bucht des Mount Batten und in den sicheren Ankerplätzen des Catterwater. Zu ihrer Rechten lag die uneinnehmbare Zitadelle, in der gewaltige Messingkanonen in Stellung waren, um jeden Angreifer zu vertreiben. Auf der anderen Seite lag die Mill Bay, wo Schiffe aus der Ostsee skandinavisches Holz abluden. Am entferntesten Punkt befand sich der Königliche Lagerhof für Schiffsproviant, und davor lag die kleine Insel, auf der Sir Francis Drake im Jahr 1582, zwei Jahre nach seiner Weltumseglung, seinen Kompaß aufgestellt hatte.

»Es ist atemberaubend!« rief Charles.

Dann brachte sie die Kutsche über die Union Street zur Stonehous Bridge. Sobald sie in Davenport waren, dirigierte FitzRoy den Kutscher durch ein Labyrinth zu einer leichten Anhöhe über dem Königlichen Marinedock.

»Dort liegt sie!« rief er. »Ist sie nicht wunderschön?«
Charles hatte ein Gefühl, als wären seine Eingeweide aus Blei. Denn *H.M.S. Beagle*, ohne Maste oder Schiffswand, war kaum mehr als ein Skelett auf schrägen Balken.
»Sie sieht eher aus wie ein Wrack«, rief er unwillkürlich.
Kapitän FitzRoy ließ sich nicht stören.
»Das kommt nur daher, weil Sie nicht wissen, wie sie aussehen wird, wenn sie wieder instand gesetzt ist. Heute haben wir den 13. September. Die *Beagle* wurde erst am 4. Juli für diese zweite Expedition in Dienst gestellt. Da ein neues Deck und ziemlich viele Reparaturen im Oberwerk nötig waren, erhielt ich die Genehmigung, das Oberdeck erhöhen zu dürfen. Das wird für sie als Hochseeschiff von größtem Vorteil sein und die Bequemlichkeit aller Leute an Bord beträchtlich steigern, da es uns zusätzliche acht Zoll achtern und zwölf vorne zum Essen, Schlafen und Arbeiten geben wird. Verstehen Sie, Darwin«, FitzRoys dunkles, hübsches Gesicht war von Stolz gerötet, »ich entschloß mich, weder Kosten noch Mühe zu scheuen, um unsere kleine Expedition so vollkommen zu machen, wie meine Mittel es nur gestatten würden. Ihr Boden war ganz verfault. Wir überziehen ihn mit einer Verschalung von zweizölligen Planken aus Tannenholz. Über die Tannenholzplanken kommt eine Ausfütterung aus Filz und dann Kupfer.«
»Aber das können Sie doch sicher nicht bis zum 10. Oktober schaffen?«
»Wir haben das Datum auf den 20. Oktober verlegt.«
Unwillkürlich stieß Charles einen Seufzer der Erleichterung aus. Es würde einige Zeit erfordern, sich an die Größe dieses Skeletts unter ihm zu gewöhnen.
Die Nacht war langsam eingefallen und verwischte das Dock und die Schiffe. FitzRoy wandte sich ab.
»Ich schlage vor, wir gehen zum Abendessen ins *Royal Hotel* unweit von hier in der Fore Street, wo wir auch wohnen können. Der Direktor, Mr. Loving, ist mein Freund, der sich um uns kümmern wird. Man serviert dort am frühen Morgen ein herzhaftes Frühstück. Dann bringe ich Sie gleich zur *Beagle,* stelle Sie unseren Offizieren vor und zeige Ihnen, wo Sie wohnen werden. Sie sind eine Landratte, aber die *Beagle* wird das alles ändern. Ein voll getakeltes Schiff, das vor dem Wind segelt, ist der schönste Anblick auf Erden!«

Die Sonne stieg warm und zitronengelb an einem Himmel voller ziehender Wolkengruppen auf. Im Dock begegneten sie Arbeitern, die mit Werkzeugen und Material in den Händen wie Ameisen zielbewußt über den Rumpf der *Beagle* strömten. Kapitän FitzRoy führte ihn durch das Schiff und hielt ihm einen nautischen Vortrag, von dem er nur den geringsten Teil verstand. Die Stimme des jungen Kapitäns war von pulsierender Erregung erfüllt.
»Diese neue Verschalung wird die Wasserverdrängung um etwa fünfzehn Tonnen erhöhen und ihren tatsächlichen Tonnengehalt um fast sieben. Unser neues Ruder wird nach Kapitän Lihous Plan ausgestattet. Hier in der Kombüse stellen

wir einen Frazerherd mit eingebautem Backofen auf anstelle eines gewöhnlichen Herdes. An allen Masten werden die von Harris erfundenen Blitzableiter angebracht – er wird selbst hier sein und uns bei der Installation helfen –, ebenso im Bugspriet und sogar im Außenklüverbaum. Unsere Taue, Segel und Spiere sind die besten, die man bekommen kann. Alle Kabinen werden mit Mahagoni getäfelt. Sechs Ruderboote werden speziell für uns gebaut. Zwei sind mein Privateigentum; ich war der Ansicht, daß wir zwei mehr brauchen, als die Admiralität bewilligt hat. Alle werden so entworfen und verstaut, daß sie in schwerstem Wetter mitgeführt werden können...«
Charley schwindelte es, während er über die Lukenschachte längsschiffs nach oben und unten geschleppt wurde, in unvollendete Kabinen hinein und wieder heraus, in die Fähnrichsmesse, die Fähnrichskoje, das Lazarett, die Segelkoje und den Kohlenraum.
»Gestern abend war ich ein Idiot, Sir, als ich sagte, die *Beagle* sehe aus wie ein Wrack.«
»Ich will Ihnen etwas sagen, Darwin: Bisher war noch keine Vermessungsexpedition, die die Erde umsegeln und vermessen sollte, so gut ausgerüstet. Und es wird schwerlich zukünftig eine geben. Jetzt möchte ich, daß Sie meine Offizierskollegen kennenlernen.«
Charles war von Natur aus gesellig und fand leicht Freunde, aber er war jetzt ziemlich gespannt, die Männer kennenzulernen, mit denen er in den nächsten drei Jahren auf engem Raum zusammenleben würde. Würden diese Seeleute ihm seine Erziehung in Cambridge, seine bescheidenen privaten Geldmittel, seine mangelnde Verwendbarkeit an Bord des Schiffes übelnehmen? Er wußte, er würde sich an Bord der *Beagle* nicht besonders anstrengen, um jemandem zu gefallen, zu beschwichtigen, sich demütig zu unterwerfen; sich anstrengen, um zu zeigen, daß er ein wirklich liebenswerter Kerl war.
Die Offiziere der *Beagle* trugen ihre Tagesuniformen mit Schnürlitzen an den Schultern als Epauletten und weiße Sommerhosen. Kapitän FitzRoy stellte nacheinander vor:
»John Wickham, der älteste Offizier. Er ist der Erste Offizier und führt das Schiff. Obersteuermann Edward Chaffers leitet die Navigation. Jeder hat einen Vorgesetzten, dem er Meldung erstattet. Ich leite die wissenschaftlichen Vermessungen; ich bestimme, wohin wir als nächstes fahren und wie lange wir an einem Ort bleiben, um unsere Vermessung durchzuführen.«
Charles betrachtete seine künftigen Schiffskameraden. John Wickham war mittelgroß, schlank und geschmeidig, er hatte einen leichten Sonnenbrand. Er machte seine Autorität nicht geltend, er strahlte sie aus. John Wickham besaß keine akademische Bildung, war aber belesen und hatte selbst Spanisch gelernt, so daß er nötigenfalls Kapitän FitzRoy bei den südamerikanischen Behörden vertreten konnte. Der Kapitän war der Herrgott, auf den ein gewöhnlicher Sterblicher kein Auge zu werfen wagte. Wickham kam gleich nach ihm; seine Befehle

wurden schnell und wirkungsvoll ausgeführt, weil er mehr als irgend jemand sonst an Bord von dem Schiff verstand und davon, wie es geführt werden mußte. Seine achatblauen Augen waren von durchdringender Schärfe.
»Mr. Wickham, das ist Charles Darwin. Er kommt als Naturforscher mit.«
»Willkommen an Bord, Mr. Darwin. Wir werden versuchen, Ihnen eine glatte Fahrt zu bieten.«
»Danke, Mr. Wickham. Ist Feuerland so schlimm, wie ich gehört habe?«
»Schlimmer. Aber wir werden Sie mit heiler Haut hindurchbringen.«
Während sie nach achtern gingen, bemerkte FitzRoy:
»Er hat auf der *Adventure* bei ihrer ersten Expedition als Maat angeheuert, wurde aber innerhalb eines Jahres Leutnant.«
Als nächsten stellte Kapitän FitzRoy Bartholomew James Sulivan vor, einen Leutnant, ein Jahr jünger als Charles, der die Königliche Marine-Schule mit Auszeichnung absolviert hatte. Sein erstes Jahr auf der Schule war FitzRoys letztes gewesen, aber die beiden waren Freunde geworden. Sulivan hatte auf der *Beagle* während der ersten Expedition eine Zeitlang gedient, und FitzRoy hatte ihn für seine Reise speziell als Zweiten Offizier angefordert.
Sulivan war ein gutaussehender Mann. Er war in Falmouth als Sohn eines Fregattenkapitäns der Königlichen Marine geboren worden und somit für die See bestimmt. Schon im Alter von zwanzig Jahren trug er seine Epauletten, ein gutmütiger, offenherziger Bursche, der sein Leben in der Marine liebte und die feste Absicht hatte, Admiral zu werden.
»Hätte nie gedacht, den Enkel von Dr. Erasmus Darwin kennenzulernen. Bemerkenswerter Mann und ein großer medizinischer Schriftsteller. Ich habe seinen *Botanischen Garten* zweimal gelesen! Mein Vater las mir als Jungen seinen Knittelvers vor:

O Staubgeborner, der du lebst von Brot!
Wie kommt's, daß deine Nase strahlt so rot?
's ist Burton Ale, so stark und schal,
Das hindert meine Nas', zu werden fahl.«

Im Lazarett traf Charles den Mann, der einer seiner treuesten Freunde während der Reise werden sollte: den achtundzwanzigjährigen Dr. Benjamin Bynoe, sechs Jahre älter als Charles, obgleich er nicht so aussah. Er war von englischen Eltern in Barbados geboren und zum Studium nach England geschickt worden. Er erlangte sein Arztdiplom im März 1825, trat in das medizinische Reservekorps ein und hatte das Glück, der *Beagle* als Hilfsarzt zugeteilt zu werden. Als Kapitän FitzRoy 1828 zum Kommandanten der *Beagle* ernannt wurde, wurden die beiden Männer Freunde.
Bynoe hatte einen hellen Teint, freundliche graue Augen und ein angenehmes Wesen. Er veränderte sich jedoch völlig, wenn er einen kranken oder verletzten

Offizier oder ein Besatzungsmitglied im Lazarett behandelte. Einmal hatte er einen kranken Seemann angeschrien:
»Du willst vielleicht sterben, du Trottel, aber ich lass' dich nicht! Denk nur, wie schlecht das auf meinem Bericht aussehen würde! Verdammt, ich werde dich am Leben erhalten, ob du willst oder nicht!«
Er war ein Mann, bei dem es keine Rückfälle gab; bevor er einen Patienten entließ, mußte er sicher sein, daß er auf die Spitze des Hauptmastes klettern konnte.
Aus irgendeinem unerklärlichen Grund hatte die Admiralität Dr. Robert J. McCormick zum Chefarzt für diese zweite Reise ernannt. Benjamin Bynoe wurde McCormicks Assistent. Er nahm die Sache philosophisch auf.
»Es ist nur eine Frage der Zeit«, meinte er. »Ich respektiere McCormick. Er behandelt die Besatzung mit Sorgfalt und Können. Der einzige Patient, für den er nichts tun kann, ist er selbst. Er haßt die Tropen und die Hitze. Sie machen ihn krank, ob körperlich oder geistig, ich weiß es nicht. Die Verantwortlichen wußten, daß er aus Westindien zweimal krankheitshalber heimgeschickt wurde. Warum schicken sie ihn wieder hinaus?«
Als nächstes führte Kapitän FitzRoy Charles zum Oberdeck, wo der Hecksegelkutter befestigt werden sollte sowie zwei Acht-Meter-Beiboote auf Gleitschienen unweit des Hecks. Dann führte er ihn zur Heckkabine unter dem Steuerrad; dort stand Nelsons Devise: ENGLAND ERWARTET, DASS JEDER MANN SEINE PFLICHT TUT.
»Für Sie liegt der Vorteil der Heckkabine darin«, erklärte Kapitän FitzRoy, »daß Sie unmittelbar von diesem Oberdeck hineinkommen und drei große Oberlichte haben, ebenso wie ich, nur daß ich auf dem unteren Deck und auf der Wasserlinie bin. Der einzige Nachteil Ihres Quartiers liegt darin, daß Sie im Heck sind, wo Sie die Bewegung des Schiffs am stärksten spüren. Daran werden Sie sich gewöhnen.«
»Tun das alle Seeleute?«
»Offen gesagt, nein. Sogar unser gefürchteter Wickham wird auf kleineren Schiffen seekrank.«
Als Charles durch die Tür in die Heckkabine eintrat, erschrak er, dann schritt er die Länge und Breite des Raumes ab. Er war nicht ganz dreieinhalb Meter breit, wovon ein Teil durch derzeit leere Bücherregale, Instrumentenfächer und Reihen von Schubladen eingenommen wurde. In der Mitte waren die Maße des Kartentisches aufgezeichnet, der zwei Meter lang und einen Meter fünfunddreißig breit sein würde.
»Da bleiben ja nur sechzig Zentimeter Platz auf jeder Seite«, rief er.
»Neunzig Zentimeter an der breitesten Stelle, sechzig an der schmalsten«, antwortete FitzRoy. »Sie können mit sechzig Zentimeter Platz zum Gehen rund um den Kartentisch rechnen. Wir werden Ihre Hängematte in dieser Ecke, in der Nähe Ihrer Schubladen, aufhängen. Stokes, der den Großteil des Tages an dem Kartentisch arbeiten wird, wird seine Hängematte in der Ihnen schräg gegen-

überliegenden Ecke aufhängen. Sie werden beide über dem Kartentisch schlafen, aber mit vollen sechzig Zentimetern Platz zwischen Ihrem Kopf und dem Oberdeck. King wird den Tisch ebenfalls benützen. Ich kann mir vorstellen, daß die Heckkabine einer Landratte klein erscheint.«
Es gelang Charles zu flüstern:
»Ich werde mich damit abfinden.«
»Dessen war ich sicher. Mir wurde ein größeres Schiff angeboten, aber ich nahm dieses wegen seiner vorzüglichen Eigenschaften bei der Bedienung und der Sicherheit in den heimtückischsten Stürmen! Größe ist nicht das entscheidende Merkmal. Die Sicherheit eines Schiffes hängt von der Robustheit seines Baus, dann von den Kenntnissen seiner Offiziere und der Geschicklichkeit der Besatzung ab. Wollen Sie sich noch immer vertraglich verpflichten?«
»Ja, Kapitän. Meine Stimmung hinsichtlich der Reise ist wie eine zu ihren Gunsten strömende Flut; aber sie besteht aus einer Anzahl kleiner Wellen, welche alle Zweifel und Hoffnungen darstellen, die in meinem Kopf ständig wechseln. Bitte verzeihen Sie mir diesen hochgestochenen Vergleich.«
Kapitän FitzRoy lächelte, sein mageres Gesicht zeigte Verständnis.
»Lassen Sie uns zu den anderen Offizieren gehen. Sie würden für den Hof von St. James nicht taugen, sind aber eine ausgezeichnete Gruppe...«

5.

Vier Tage später, am 17. September, wieder zurück im Haus Spring Gardens 17, schrieb er an Susan:

> Wie schnell man doch mit der Kutsche reist! Ich kam von Plymouth, 400 Kilometer in 24 Stunden.

Von Professor Henslow war ein Brief gekommen, der ihn einlud, auf seiner Heimreise in Cambridge Station zu machen. Charles antwortete:

> ...ich werde Ihre Einladung sehr gern annehmen, ausgenommen in einem Punkt, nämlich in Ihrem Haus zu schlafen. Ich werde mitten in der Nacht mit der Postkutsche ankommen und nach zwei oder drei Tagen ganz früh am Morgen nach Birmingham weiterreisen. Würden Sie so freundlich sein, mir im *Hoop's* ein Bett zu reservieren...

Die beiden Männer gingen in die Stadt, um für Charles einen Niederschlagsmesser zu kaufen. Als die Suche in den Läden kein geeignetes Eisennetz für Muscheln zutage förderte, bot Henslow an, er würde eines anfertigen lassen und nach Plymouth schicken. Er skizzierte auch die Maße und Formen der Flaschen, die für Fische und Meerestiere erforderlich waren und die Charles in London kaufen konnte.

Charles berichtete, daß Kapitän Beaufort vorgeschlagen habe, seine Sammlungen sollten an die Admiralität geschickt werden.

»Schicken Sie sie nach Falmouth«, riet ihm Henslow. »Die meisten Schiffe, die von langen Reisen zurückkommen, legen zuerst dort an. Ich werde meine Wissenschaftlerfreunde in London fragen, ob sie die Kisten mit dem Material aufbewahren können.«

»Mein Vater hat sich bereit erklärt, Schecks an diejenigen zu senden, die die Fracht bezahlen.«

Am Nachmittag des folgenden Tages ging Henslow mit ihm zum Stall des *Hoop Hotel.* Charles hatte eine Kutsche gemietet, mit der er nach St. Albans fahren wollte, wo er auf seinem Weg nach Shrewsbury die Nacht verbringen würde.

»Mein lieber Darwin«, erklärte Henslow, »ich möchte Ihnen einen guten Rat als Onkel geben. Ich empfehle Ihnen aufrichtig und herzlich, sich nie durch das derbe oder zweideutige Benehmen beleidigt zu fühlen, dem Sie unter Ihren Kameraden unvermeidlich ausgesetzt sein werden. Befolgen Sie den Rat des heiligen Jacob, und halten Sie Ihre Zunge im Zaum.«

Als sie sich voneinander verabschiedet hatten, langte Charles vom Wagensitz nach unten und nahm die Hand des Professors fest in die seine.

»Ich kann Ihnen nicht Lebewohl sagen, ohne Ihnen zu erklären, wie sehr ich Ihnen von Herzen dankbar bin für die Freundlichkeit, die Sie mir während meiner Zeit in Cambridge bewiesen haben. Wieviel verdanke ich Ihnen, was mir Freude bereitet hat oder nützlich gewesen ist!«

Am nächsten Morgen nahm er die »Wunder«kutsche nach Shrewsbury, überquerte die Walisische Brücke, stieg die Anhöhe hoch und betrat den unteren Teil der Gärten von *The Mount.* Seine Schwestern erwarteten ihn. Die alternde Amme Nancy hatte ihm ein Dutzend weiße Hemden genäht.

»Was kann ich noch für Sie tun, Mr. Charles?« fragte sie.

»Könntest du den Namen DARWIN auf die Manschetten sticken, damit sie in der Wäscherei nicht verlorengehen?«

Edward hatte mit Clemson, dem Hufschmied des Ortes, verabredet, daß er die Ersatzteile bekäme, die Charles für seine alten Schußwaffen brauchte: zwei Ersatzhähne, zwei Schlagbolzenfedern, vier Verschlüsse für jeden Lauf.

Als Dr. Darwin von seinen Krankenbesuchen heimkam, umarmte er seinen Sohn, verzichtete auf seinen Monolog und wollte alles über Kapitän FitzRoy und das Schiff hören.

»Ich bin befriedigt von allem, was du mir erzählt hast, Charles. Die Offiziere scheinen ein gutes Team zu sein.«

»Sie haben alle schon unter Kapitän FitzRoy gedient.«

Dann eröffnete er ihnen, daß die Reise von *H.M.S. Beagle* auf drei Jahre verlängert worden sei. Dr. Darwins Gesicht wurde für einen Augenblick blaß, aber er sagte nichts. Dachte er daran, daß er fünfundsechzig war und es vielleicht nicht erleben würde, seinen Sohn wiederzusehen? Er brachte ein trübes Lächeln zustande. Die Darwinschwestern schluckten schwer, schwiegen aber.
Nach dem Essen wurde ein Brief von Professor Sedgwick gebracht. Charles hatte ihm geschrieben und gefragt, welche Bücher er mitnehmen solle.
Sedgwick antwortete:

> ... ich kann mich über Ihre Ernennung nur freuen und hoffe aufrichtig, daß es für Sie eine Quelle der Freude und Ehre sein wird. Ich weiß wirklich nicht, was ich hinsichtlich der Bücher sagen soll. Nummer eins ist Daubenys *Beschreibung aktiver und erloschener Vulkane*. Ich glaube, daß Blakewells *Einführung in die Geologie* kein schlechtes Buch für einen Anfänger ist. Was mit fossilen Muscheln geschehen soll? Gehen Sie zur Geologischen Gesellschaft, stellen Sie sich W. Lonsdale als mein Freund und Mitreisender vor, und er wird Sie beraten. Humboldts Reisebeschreibung werden Sie natürlich mitnehmen. Sie wird Ihnen zumindest die richtige Einstellung zeigen, mit der sich ein Mann an die Arbeit machen soll. Studieren Sie auch die Sammlung der Geolog. Gesellschaft, so gut Sie können. Sie können sich mit Proben erkenntlich zeigen. Ich werde Sie als Mitglied vorschlagen, wenn die Versammlungen beginnen...

Dr. Darwin blickte seinen Sohn ernst an und fragte:
»Wie alt sind die Mitglieder der Geologischen Gesellschaft?«
»Etwa ab vierzig, stelle ich mir vor.«
»Und Dr. Sedgwick will vorschlagen, daß sie dich mit zweiundzwanzig nehmen?«
Am späten Abend bat er seinen Sohn, ihn in die Bibliothek zu begleiten. Das Zimmer war durch mehrere Petroleumlampen mit grünen Glasschirmen beleuchtet. Robert Darwin nahm in einem der riesigen Lehnstühle Platz, die er in Shrewsbury wegen seiner Körperfülle hatte anfertigen lassen. Charles zog einen Schemel heran und setzte sich ihm gegenüber.
»Charles, ich möchte nicht, daß du mit dem Gefühl wegfährst, ich hätte an jenem Morgen auf die für dich günstige Gelegenheit, eine Weltreise zu machen, allzu hart reagiert. Meine Gefühle hatten mehr mit Erasmus zu tun als mit dir.«
»Mit Ras? Wieso spielt er dabei eine Rolle?«
»Es sind jetzt mehr als drei Jahre her, seit Erasmus sein Studium am Christ's College abgeschlossen hat. Seither hat er keinen Finger gerührt, um zu arbeiten, zumindest nicht auf dem Gebiet der Medizin, für deren Ausübung er ausgebildet wurde. Ich war mit seiner großen Europareise einverstanden, bevor er sich niederläßt, aber er kommt weder nach Hause, noch schreibt er uns. Ich glaube, er

fürchtet sich, mich mit seiner Zukunft zu konfrontieren, weil ich bezweifle, daß er eine hat! Ich glaube, er hat die Absicht, sich treiben zu lassen – faulenzen wäre vielleicht die richtigere Bezeichnung – und gar nicht zu arbeiten. Der Gedanke, daß Erasmus überhaupt nichts mit seinem Leben anzufangen weiß, quält mich. Als ich dann noch daran dachte, auch du würdest ins Lotosland der Tropen wegfahren …«

Charles war tief gerührt über den Kummer seines Vaters.

»Bitte, Vater, mach dir meinetwegen keine Sorgen. Ich werde nie ein Müßiggänger sein. Ich weiß, in Cambridge war ich ein wenig verschwenderisch, aber ich müßte schon besonders geschickt sein, wollte ich an Bord des Schiffes mehr ausgeben als das für mich ausgesetzte Taschengeld.«

»Aber man sagt mir, du seist sehr geschickt.« Dr. Darwin grinste über das ganze Gesicht. Dann sah er, wie sein jüngster Sohn zusammenzuckte, und fuhr fort: »Ich will mit dir ernsthaft über Geld sprechen, Charles. Ich bin sicher, du hast den Andeutungen, die ich machte, entnommen, daß ich dir genügend Vermögen hinterlassen werde, um bequem leben zu können. Ich möchte, daß du weißt, daß dein Erbe nicht von mir allein stammt. Die Hälfte davon wird aus dem Nachlaß deiner Mutter kommen.«

»Wieso, Vater?«

»Josiah Wedgwood vermachte seiner Tochter fünfundzwanzigtausend Pfund, die als Mitgift dienen sollten, zusätzlich zu zwanzig Anteilen am Monmouthshire-Kanal, den er gebaut hatte, um seinen Ton auf Lastkähnen heranzuschaffen und seine Keramik und das Porzellan zu verschiffen. Ich habe das Geld deiner Mutter sorgfältig, ich könnte sogar sagen geschickt, in Eisenbahnen, Kanälen und konsolidierten Staatsanleihen angelegt. Insbesondere aber in Hypotheken auf Landbesitz. In den fünfunddreißig Jahren seit unserer Hochzeit hat sich die Mitgift deiner Mutter mehr als verdreifacht. Ich habe ihr Konto all diese Jahre getrennt geführt, erstens, weil ich das Geld nie brauchte, und zweitens, weil ich der Ansicht war, es als Treuhänder für ihre Kinder zu verwalten. Mein Vater hinterließ mir fünfundzwanzigtausend Pfund, und zusammen mit dem Einkommen aus meiner Praxis, das Ganze zu festen zehn Prozent investiert, brauchte ich nicht mehr.«

Charles wußte nicht, welche Antwort von ihm erwartet wurde.

»Ich werde, bis ich meinen Lebensunterhalt selbst verdiene, meine Ausgaben möglichst niedrig halten. Ich möchte dir danken …«

»… nein … nein. Wenn du Dankbarkeit ausdrücken willst, geh in die Kirche und bete für die unsterbliche Seele deiner Mutter.«

Er stand frühmorgens auf und ließ sein Pferd vom Stallburschen für den dreißig Kilometer langen Ritt nach Nordwesten, zum Besitz der Familie Owen, satteln. Sie war eine der ältesten Familien in Shropshire und besaß eine überaus einträgliche Schaf- und Rinderzucht. Der Besitz bestand aus neun getrennten Farmen, die im Lauf eines Jahrhunderts mit einem Vermögen zusammengekauft worden waren, das die Owens mit dem Wollhandel auf dem Market Square in Shrewsbury verdient hatten, und einem sehr großen Gebiet bewaldeter Hügel mit einigen der besten Jagdreviere in Shropshire. Die Darwins und Owens waren befreundet, solange Charles sich zurückerinnern konnte. William versäumte selten, mit einigen seiner neun Kinder während der Jagdwoche zu Besuch ins *Darwin Hotel*, wie er es nannte, zu kommen. Dr. Darwin kümmerte sich um die ärztlichen Probleme der Owens, die Darwinkinder hingegen kamen wochenlang zu Besuch ins *Woodhouse*.

Für Charles gab es in *Woodhouse* zwei Anziehungspunkte. Der eine war die Jagd jeden Herbst im Forst, wie die Owenkinder den Besitz nannten. Der zweite war ebenso unwiderstehlich: die reizende Fanny Owen, in die Charles verliebt war. Fanny ging mit ihm auf die Jagd, und wenn er das Wild erlegte, rief sie:

»Charles, du bist ein vortrefflicher Schütze geworden.«

Charles führte genau Buch über alle Vögel, die er im Lauf einer Saison erlegte. Seine Kameraden fanden diese übertriebene Genauigkeit merkwürdig und unterhaltend. Als er vor zwei Jahren mit einigen Mitgliedern der Familie Owen und ihrem Vetter, Major Hill, auf die Jagd ging, stellte er fest, daß jedesmal, wenn er feuerte und dachte, er habe einen Vogel erlegt, einer aus der Gruppe rief:

»Den Vogel darfst du nicht zählen, denn ich habe zur selben Zeit gefeuert.«

Der Wildhüter stand ihnen bei. Nach einigen Stunden verrieten sie ihm, daß es ein Scherz war. Charles fand das gar nicht lustig. Er hatte auf einen Vogelschwarm geschossen, wußte aber nicht, wie viele Vögel er getroffen hatte, und konnte folglich nicht seine Liste führen, indem er jedesmal einen Knoten in ein Stück Schnur machte, das er ins Knopfloch seiner Jacke gebunden hatte.

Charles' Schwester Katty hatte zu ihm gesagt:

»Ich habe noch nie ein so charmantes Mädchen gesehen wie Fanny.«

Charles schrieb Fanny häufig, während er in Cambridge war, sie sollte wissen, wie er lebte, und ihn im Gedächtnis behalten. Sie war eine nachlässige Briefschreiberin. Doch sie bat ihn immer um Verzeihung und sagte, sie zittere über ihren Mut, einen Brief an ihn zu beginnen, nachdem sie seine letzte Epistel so lange unbeantwortet gelassen hatte.

Er wiederum vertraute Katty an:

»Wie alle Welt weiß, ist Fanny das hübscheste, wohlgerundetste, entzückendste Mädchen in ganz Shropshire.«

Während er die dreißig Kilometer durch eines der schönsten Ackerbaugebiete Englands ritt, dachte er:

»Fanny ist viel mehr als das. Sie liebt Späße, ist liebevoll und immer die Ballkönigin. Sie lebt ihr Leben wie Kinder, die noch mit verschmiertem Mund spielen, nachdem sie ein Stück Brot mit Erdbeermarmelade hinuntergeschlungen haben.«

Er wußte, daß Fanny ihn gern hatte. Als er zu Weihnachten 1829 nicht nach *Woodhouse* kam, hatte sie sich gekränkt gefühlt und gefragt, warum er zu Weihnachten nicht nach Hause gekommen sei. Sie gestand, sie habe ihn mit Sicherheit erwartet; dann neckte sie ihn mit der Vermutung, daß »liebe kleine Käfer« in Cambridge ihn abgehalten hätten.

Lag in dieser Bemerkung eine Spur von Eifersucht? Das hoffte er!

Es gab andere, wesentlichere Anzeichen. Er ging jedes Jahr, wenn die Erdbeeren reif wurden, für eine Woche nach *Woodhouse*. Er und Fanny legten sich der Länge nach in die Erdbeerbeete, pflückten stundenlang die reifen Früchte und küßten einander mit rotgefleckten Lippen.

Sie war keine Spielverderberin und eine herrliche Kameradin, die mit ihm scharf und sicher durch die Landschaft ritt; eine wilde Reiterin bei der Fuchsjagd. »Die Teilnahme an einer Parforcejagd ist meine Vorstellung von Seligkeit auf Erden!« rief sie. »Es ist ein herrlicher Spaß, so scharf, wie man kann, über die Downs zu galoppieren.«

Vor einem Jahr hatte sie, bloß zur Abwechslung, sein Gewehr benutzt. Als sie feuerte, sah er, wie das Gewehr zurückstieß und der Kolben ihre Schulter traf. Fanny tat es mit einem Lachen ab, aber bei der abendlichen Party – denn in *Woodhouse* gab es jeden Abend Partys – standen sie zwischen zwei Walzern unter einem Bogenfenster, da glitt der blaugelbe Musselin von ihrer Schulter und enthüllte einen dunkelblauen Fleck.

Alle drei Darwintöchter besuchten *Woodhouse* und unterhielten sich wunderbar bei den Dinners und den Bällen. Als sie aber spürten, daß die Beziehung ernst werden könnte, entwickelte sich ein leiser Widerstand. Fanny spürte es deutlich. Am Ende eines langen Briefes äußerte sie die Ansicht, sie würde die Blätter lieber in einen gut versiegelten Umschlag tun, denn sie wüßte, daß Schwestern eine Neigung zur Neugier besäßen, und sie hoffe, ihre Beziehung geheimzuhalten. Wenn ihre Formulierung auch ein wenig blumenreich war, schätzte Charles ihren Takt. Sie schrieb am Ende jedes Briefes: »Verbrenne ihn.« Sie wollte nicht, daß die Anstandsregeln verletzt würden, wenn jemand erführe, daß sie mit Mr. Charles Darwin korrespondierte. Als Charles den Einwand erhob, daß Mitglieder befreundeter Familien einander schreiben könnten und daß nichts in ihren Briefen stünde, was vertraulich war, antwortete sie, daß sie hoffe, ihre gegenseitigen Mitteilungen würden anderen nicht zu Ohren kommen.

Aus einiger Entfernung konnte er *Woodhouse* sehen, das majestätisch auf einer Hügelkuppe lag; es sah eher aus wie ein französisches Schloß, ein einstöckiges Haus aus erdgelben Ziegeln mit hohen gotischen Säulen, die eine eindrucksvolle Vorhalle vor der schweren Eingangstür trugen. Vorn und hinten waren hohe Fensterreihen, während Spalierbäume die Ziegel wie ein dunkelgrüner Teppich verdeckten. Niemand hatte je die Anzahl der Zimmer in *Woodhouse* gezählt; aber mit neun Kindern und gastfreundlichen Eltern gab es selten ein unbenütztes Bett. Für Charles war es, neben *The Mount* und *Maer Hall*, ein drittes Heim.

Ein Stalljunge nahm sein Pferd, ein Butler führte Charles in den verschwenderisch möblierten Regency-Salon mit gestreiften Tapeten in verschiedenen Grün-

schattierungen, Bogenfenstern mit Gardinen aus Goldsatin, die von grünen Schnüren mit Quasten gehalten wurden, einem kristallenen Kronleuchter, rundem Mahagonitisch, Kabinettschrank mit Schreibplatte, Rosenholz-Teetischchen und Porträts an der Wand.
Fanny Owen lag auf einem Sofa und las einen leichten Roman von einem Leseklub in Shrewsbury. Charles betrachtete sie anerkennend. Sie hatte honigfarbenes Haar, das im Sonnenschein, der durch eines der Bogenfenster fiel, zu gesponnenem Gold wurde; sie trug es lang und lose, im Gegensatz zur üblichen Mode der Lockenfrisuren. Sie hatte wundervoll gerundete Schultern, einen flachen Bauch, schlanke Hüften und lange Beine, die sich unter ihrem Popelinkleid abzeichneten, dessen goldgelbe Farbe zu ihrem Haar paßte und das blau abgesetzt war, um ihre Augen zu betonen. Ihre großen, weit auseinanderstehenden meerblauen Augen und ihr makelloser Teint waren schuld daran, daß die Männer von Shropshire ihr zu Füßen lagen.
Fanny blickte hoch, sprang auf, lief zu Charles und küßte ihn.
»Mein geliebter Postillion! Willkommen im Forst. Das Leben hier ist so einsam und abgeschieden, daß ein Roman die einzige Abwechslung bietet. Ich schäme mich, dir so lästig zu fallen, aber gutmütige Menschen werden eben mißbraucht. Hast du mir eine Flasche Erdharz mitgebracht? Ich kann mein Milchmädchenbild nicht zu Ende malen, wenn ich diese Farbe nicht habe. Vater läßt mich an diesem abscheulichen Bild hart arbeiten. Ich bin ja so glücklich, daß du gekommen bist, trotz allem, was deine Schwestern unternahmen, um dich daran zu hindern. Morgen abend veranstalten wir dir zu Ehren eine Party.«
Charles wand sich, aber es blieb ihm nicht viel Platz, denn Fanny hatte die Arme um ihn gelegt. Er mochte es nicht, wenn man seine Schwestern beschuldigte.
»Ja, mein liebes Hausmädchen, ich habe die Ölfarbe dabei. Auch das halbe Dutzend kleine Pinsel, um das du gebeten hattest.«
»Hast du mir ein pikantes Buch mitgebracht, das du entwenden konntest?«
»Nichts, das so pikant wäre, wie du es möchtest. Nur ein Exemplar von Walter Scotts *Antiquary* aus meinem Schlafzimmer.«
William Owen kam ins Zimmer. Er war bekannt als »jähzorniger, despotischer Gutsherr der alten Schule«. Er trug eine graue Metallbrille, die zum Grau seines dichten, wirren Haares paßte. Obwohl er fünf eigene erwachsene Söhne hatte, hegte er für Charles ähnliche Gefühle wie Josiah Wedgwood: ein kluger, angenehmer, freundlicher junger »Neffe«, der ihm viel Freude und keinen Kummer bereitete. Es war aufrichtige Freundschaft.
»Das Wild zieht, Charles. Am besten jagt man in den frühen Morgenstunden.«
»Darf ich mitkommen, alter Herr?« fragte Fanny.
»Nein, ich möchte zur Abwechslung einen Herrenmorgen haben«, antwortete Owen. »Wenn ich euch fünf Mädchen den ganzen Tag um mich habe, fühle ich mich wie in einem Kloster.«
Fanny sagte zu Charles:

»Der alte Herr ist verschnupft wegen der Sache, die ihm gestern passiert ist. Papa, darf ich die Geschichte erzählen?
Papa glaubt, nachts Leute umhergehen zu hören. Er beschloß, ihnen eine Falle zu stellen, indem er oben auf der Treppe eine Menge Geschirr auftürmte. Als er gestern nacht ein Geräusch hörte, ging er hinaus, um den Missetäter zu erwischen. Er vergaß nur leider seine Falle und warf das Geschirr selber die Treppe hinunter!«
Charles lachte. Die Geschichte war für Owen typisch.
»Wir haben eine neue Kutsche im Stall, Charles, und ein Paar passende Graue. Mach doch eine Spazierfahrt mit Fanny.«
Fanny hängte sich bei ihm ein, während er die Zügel der Pferde hielt.
»Wie kommst du mit deinen zahllosen Verehrern voran, Fanny?«
»Ganz scheußlich, weil so wenige von ihnen tanzen. Sie trinken auch zu viel und sind dann blau. Ich nehme an, es ist meine Schuld. Ich kann kein leeres Glas sehen, ohne es wieder zu füllen. Bei der morgigen Party muß ich ein bißchen achtgeben, denn ich hege Befürchtungen. Nein, nicht deinetwegen, mein liebster Postillion. Du verschaffst uns nüchtern erfreulichere Emotionen als die anderen Kerle, wenn sie berauscht sind.«
»Ich bin auch, wie du weißt, der beste Walzertänzer.«
Sie kniff ihn bestätigend in den Arm und schmiegte sich enger an ihn.
Am nächsten Morgen kam er nach unten ins Speisezimmer, dessen Tisch mit einer Vase gelber und roter Dahlien geschmückt war, und fand die ganze Familie Owen versammelt. Er trat zu ihnen an die Anrichte, die mit Haferbrei, in Milch gebackenem Schellfisch, gekochten Eiern und Bergen von Toast beladen war. Während die Hausmädchen Kaffee eingossen, begann er von den Briefen von Peacock und Henslow zu berichten, von seinen Unterredungen mit den Kapitänen FitzRoy und Beaufort, seiner Reise nach Plymouth und der Besichtigung von *H.M.S. Beagle* und schloß mit der Mitteilung, daß er drei Jahre fortbleiben würde.
Es herrschte Stille, dann brachen die Männer in Hurrarufe aus; Mrs. Owen war offenkundig erschrocken, Fanny starrte ihn bestürzt an.

6.

Er war erst zwei Tage zu Hause, als er unruhig, dann besorgt wurde. Er gestand sich ein, daß der Grund die bevorstehende lange Trennung von seiner Familie und seinen Freunden war, aber da war noch etwas... Fanny Owen.
»Ich habe es mir noch nie ganz eingestanden, aber was ich für Fanny empfinde, ist Liebe. Ich bin überzeugt, sie fühlt mir gegenüber das gleiche.«

Die Party bei den Owens war wunderschön gewesen; er und Fanny waren den ganzen Abend miteinander glücklich. Als er aber am Morgen ging, hatte er nicht den Mut gehabt, eine Bindung zu fordern oder auch nur eine Andeutung, daß sie auf ihn warten würde.

»Jetzt bin ich nirgends«, murmelte er vor sich hin. »In einem Ballon aufgestiegen, treibe ich hinaus auf See. Für verflixt lange Zeit.«

Er mußte einfach zurück nach *Woodhouse,* und sei es nur für eine oder zwei Stunden.

Sein Vater hatte eben erst von Mr. Wynne, dem Händler, ein ungewöhnliches Pferd gekauft, das größte der Shropshirerasse, das angeboten wurde, über achtzehn Handbreit hoch. Charles bekam die Erlaubnis, auf ihm nach *Woodhouse* zu reiten; es war ein starkes, schnelles Tier, das die halbe Zeit von Dobbin brauchen würde.

Er ritt in flottem Tempo durch den ruhigen Sonntagvormittag. Charles fand William Owen in seinem Arbeitszimmer auf der Rückseite von *Woodhouse,* wo er die von seinen Schafen geschorene Wolle errechnete. Er blickte über den Metallrand seiner Brille, sah, wer gekommen war, und sprang auf.

»Charles, wie schön von dir, daß du uns vor deiner Abreise noch einmal besuchst. Sarah hat gute Nachrichten. Die ewige, nie endende Affäre mit Edward Williams hat endlich ihren Höhepunkt erreicht. Er bat sie, ihn zu heiraten, und sie hat angenommen.«

»Und wo ist unsere überschäumende Fanny?«

»Für ein paar Wochen mit Freunden verreist. Das Angebot kam so plötzlich, ich konnte es ihr nicht abschlagen.«

Charles war niedergeschmettert. Er hatte damit gerechnet, sie zu sehen. Blind starrte er auf die herbstlichen Blumenbeete, Tränen brannten in seinen Augen. Er war ein Narr gewesen, nicht mit ihr zu sprechen.

Der ältere Mann ging zu ihm und legte ihm den Arm um die Schulter.

»Charles, ich habe nie ein Geheimnis daraus gemacht, daß ich sehr glücklich war, dich und Fanny zu beobachten.«

»Es ist ein böses Omen, daß ich ihr heute nicht begegne.« Charles rieb sich die Augen. »Ich werde lange fortbleiben.«

»Nein. Ihr werdet euch schreiben. Ich weiß, sie mag dich mehr als irgendeinen anderen Mann. Wenn du es wünschst, kannst du ihr eine Nachricht hinterlassen.«

Sarah Owen kam ins Zimmer. Charles umarmte sie mit einem herzlichen Glückwunsch. Er war mit der schlicht aussehenden, schlicht sprechenden Sarah in all den Jahren befreundet gewesen.

»Vater, darf ich mir Charles für einen Spaziergang ausleihen?«

»Kommt rechtzeitig zu einem Glas Sherry zurück. Ich muß ihn um einen Gefallen bitten.«

»Erzähl mir von deiner Verlobung, Sarah«, sagte Charles später.

»Ich wußte schon lange, daß Edward mich liebte«, sagte sie. »Er zitterte davor, mir einen Heiratsantrag zu machen. Wovor hatte er Angst?«
»Vor der Ehe. Das ist bei den meisten Männern so. Wie nahm Fanny es auf?«
»Sie ist froh, mich aus dem Weg zu haben. Du kennst ja die Tradition, daß ältere Schwestern vor den jüngeren heiraten sollen...«
Er war gekränkt.
»Ist Fanny so in Eile?«
Sarah blieb in dem kühlen Ulmenhain stehen.
»Also, Charles, darüber brauchst du dir keine Sorgen zu machen. Fanny liebt dich. Sie sagte, sie wolle ein Kissen für deine Kabine sticken. Sie meinte, es könnte dir nützlich sein.«
»Das ist richtig. Hat sie es gestickt?«
»Du kennst Fanny. Da kam die Möglichkeit für diese Reise... Also, was kann ich dir auf deine Reise mitgeben, damit du uns hier in *Woodhouse* nicht vergißt?«
»Eine Locke von deinem Haar«, sagte er lächelnd.
»Meinst du das im Ernst?«
»Durchaus.«
»Hast du ein Messer in der Tasche?«
»Immer.«
»Dann schneide sie gleich jetzt ab. Ich werde sie von Mr. Baker, dem Silberschmied, für dich in ein Medaillon fassen lassen.« Sie barg die Locke in ihrem Taschentuch. »Ich weiß nicht, was *Woodhouse* so lange ohne dich tun wird, aber ich hoffe und vertraue darauf, daß wir beide auf unserem Lebensweg Erfolg haben werden. Gott befohlen, mein lieber Charles.«
»Meine liebe Sarah, das klingt wie ein Nachruf. Weißt du, um welchen Gefallen mich dein Vater ersuchen wird?«
»Ja. Er will dir meinen Bruder Francis empfehlen, damit du ihn als Fähnrich auf der *Beagle* unterbringst.«
»Ich werde Kapitän FitzRoy sofort schreiben.«
Auf dem Heimritt überlegte Charles:
»Mit Francis an Bord wird die Familie Owen eng mit der Reise verbunden sein; er wird Post von *Woodhouse* erhalten. Der Junge wird über die Reise schreiben und wahrscheinlich auch über mich.«
Sein Kontakt mit Fanny würde nicht abreißen.

Er erhielt einen heiteren, aber enttäuschenden Brief von Kapitän FitzRoy.

Devonport
23. Sept. 1831

Lieber Darwin,
...es tut mir leid, aber es liegt nicht in meiner Macht, den jungen Owen mitzunehmen, denn die Anzahl der zugelassenen Fähnriche ist bereits voll

ausgeschöpft, seit das Schiff für diese Reise bestimmt wurde. Es besteht keine Chance auf eine freie Stelle. Ich hätte sie Ihnen nicht abgeschlagen, wenn ich imstande gewesen wäre, Ihnen gefällig zu sein.
Ich besitze Beecheys *Voyage*, nicht aber Heads *Rapid Journeys Across the Pampas and Among the Andes*. Ich begrüße natürlich Ihren Vorschlag, Ihren Humboldt mitzunehmen, ebenso wie andere Bücher, die Sie wünschen, kann aber nicht zustimmen, die meinen hier zu lassen; all meine Sachen kommen mit mir. Es wird aber Platz genug für Bücher geben.

Die Arbeiten an der *Beagle* gingen so langsam voran, daß Charles noch eine weitere Woche an Land bleiben konnte. Da er nur einen Handkoffer mit an Bord nehmen durfte, packte Caroline den Koffer ein dutzendmal neu, um möglichst viele Kleider unterzubringen: seinen besten Anzug samt Weste und Krawatte für gesellschaftliche Anlässe und dazu die gewichsten Stiefel; dicke Socken und eine Wollmütze, die sie ihm für kaltes Wetter gestrickt hatte; wollene Unterwäsche; mehrere leichte, weite Hosen aus Kaschmir und Nanking für die tropischen Gewässer; Baumwoll- und Wollsocken, einige Segeltuch- und Köperhosen, vierundzwanzig Taschentücher, das Dutzend Hemden von Nancy mit DARWIN auf den Manschetten, vierundzwanzig Handtücher, vier Kissenüberzüge, Waschzeug. Seine Arbeitsschuhe und den Strohhut für warmes Wetter konnte er in Plymouth kaufen.
Am Ende der Woche erklärte sie triumphierend:
»Es ist geradezu ein Wunder! Ich bekomme jetzt doppelt soviel in die Fächer wie am Anfang.«
Katty begleitete ihn, während er sammelte und die Methoden Henslows zum Konservieren von Pflanzen, Blumen und Insekten ausprobierte.
»Vater ist stolzer auf dich, als er zugeben möchte.«
»Ich habe noch nichts vollbracht.«
»Doch, Charley. Du hast dir die Freundschaft von Professor Henslow, Sedgwick, Peacock erworben und in London von Männern wie FitzRoy und Beaufort, die alle älter sind als du.«

Es blieb nur noch sein Abschied von *Maer Hall*.
Wie immer schienen sich alle Schwierigkeiten von selbst zu lösen, als er den Besitz betrat.
Er fand Josiah in der Bibliothek damit beschäftigt, einige seiner kostbaren ledergebundenen Bücher mit Öl einzureiben.
»Ah, Charles! Alles in Ordnung, das ersehe ich aus deiner lächelnden Miene.«
»Onkel Jos, du bist mein Erster Lord der Admiralität.«
»Ich wollte immer als Naturforscher auf eine Marineexpedition gehen. Siehst du, Charles, ich war also kein reiner Philanthrop, als ich nach *The Mount* fuhr und deinen Vater überredete, dich gehen zu lassen.«

Emma hörte Charles' Stimme und kam in die Bibliothek, umarmte ihn, dann begleitete sie ihn nach oben ins Zimmer ihrer Mutter.

»Kannst du dir ein Bild von dir als Seemann malen lassen?« fragte Tante Bessy.

»Kapitän FitzRoy hat einen erfahrenen Maler engagiert, Augustus Earle, den Neffen eines berühmten amerikanischen Malers. Vielleicht kann ich ihn dazu bringen, eine Skizze von mir zu machen.«

»Wirst du ein Schwert oder einen Dolch tragen?«

Charles war belustigt. »Also, Tante Bessy, du hast zu viele Romane gelesen. Die einzige Waffe, die ich tragen werde, ist ein Skalpell.«

Zum Abendessen kamen mehrere der Wedgwoodsöhne und -töchter, um ihm Lebewohl zu sagen. Charlotte nahm ihn mit in ihr Arbeitszimmer, wo sie Aquarellskizzen und Bleistiftzeichnungen von *Maer Hall* gemacht hatte.

»Sie sind gut, Charlotte! Ich wünschte, ich könnte zeichnen. Das wäre eine große Hilfe auf der Reise.«

»Zum Dank für dein Kompliment, mein lieber Charles, werde ich dir oft schreiben und dir alle Neuigkeiten von *Maer Hall* berichten.«

Emma hatte das Puffspielbrett im Wohnzimmer vorbereitet. Sie spielten schon seit einigen Jahren, und sie führte ein kleines Notizbuch, in dem sie ihre Gewinne und Verluste verzeichnete. Ein halbes Dutzend Partien später standen sie auf der Vordertreppe.

»Vergiß nicht, Charles, schreib so oft wie möglich nach Hause, damit wir deine Reise verfolgen können.«

»Ich werde mit jedem Postschiff schreiben, das Briefe nach England bringt. Ich werde sicher zuweilen Heimweh haben. Dann werden meine Gedanken voll Liebe und Dankbarkeit nach *Maer Hall* zurückeilen.«

»Es ist schön zu wissen, daß du uns nicht vergessen wirst. Denn auch wir werden dich nie vergessen.«

Die ersten zwei Oktobertage waren seine letzten in *The Mount*. Sein Vater und seine Schwestern bemühten sich um Ungezwungenheit, als die Stunde seines Abschieds näher rückte, aber ohne erkennbaren Erfolg.

Katty sagte:

»Charles, wir scheinen alle trüber Stimmung zu sein.«

Charles nickte zustimmend.

»Meine Gefühle schlagen aus wie das Pendel an unserer Großvateruhr. Es wird so viele Dinge geben, die mich interessieren. Dann muß ich noch Navigation und Meteorologie lernen und mich an die Bewegung der See gewöhnen.«

»Alles kann nicht großartig sein, mein lieber Tacitus«, sagte die praktisch denkende Caroline, ihn bei einem frühen Spitznamen nennend. »Es wird sicher manche rauhe See geben.«

»Natürlich«, räumte er ein. »Kein Mensch kann längere Zeit leben, ohne daß es auf und ab geht. Das habe ich schon gelernt.«

Der bitterste Augenblick war der seiner Abreise vor Morgengrauen. Der Kutscher seines Vaters war mit der gelben Kutsche vorgefahren und hatte Charles' Gepäck schon aufgeladen. Die Familie trug ihre langen Nachtgewänder. Er umarmte seine drei Schwestern, sein Vater umarmte ihn. Ihre Augen waren stolz und glänzten. Aber Edward schloß die Eingangstür einen Augenblick zu spät, und Charles sah die unglücklichen Abschiedstränen auf ihren bekümmerten Gesichtern.
Die Kutsche fuhr aus der runden Einfahrt hinaus und über die Waliser Brücke zum Rathaus, um die »Wunder«kutsche nach London zu erreichen.

7.

Er fuhr sofort zum Haus Spring Gardens 17, wo er bereits früher gewohnt hatte. Es war praktisch – und vorteilhaft für ihn. Er hatte in seiner Reisetasche eine billige Ausgabe von Boswell. Während er am nächsten Morgen allein frühstückte, nahm er das Tagebuch und las laut:

> »Ich habe mich oft bei dem Gedanken amüsiert, ein wie verschiedener Ort doch London für verschiedene Menschen sein muß. Die, deren beschränktes Denken auf die Betrachtung eines bestimmten Zieles gerichtet ist, sehen die Stadt nur durch dieses Medium. Ein Politiker sieht es nur als Sitz der Regierung in ihren verschiedenen Ministerien; ein Viehzüchter als einen riesigen Viehmarkt; ein Kaufmann als einen Ort, wo enorme Geschäfte an der Börse getätigt werden; ein Theaterbegeisterter als die große Szene der Theaterunterhaltung; ein Mann, der sich gern vergnügt, als eine Ansammlung von Kneipen und das große Zentrum leichter Mädchen. Für den Intellektuellen aber enthält die Stadt das gesamte menschliche Leben in all seiner Vielfalt, dessen Betrachtung unerschöpflich ist.«

Als Gegengewicht zu Boswell wechselte er zu einer Beobachtung über, die William Cobbett nur zehn Jahre vorher, nach einem Ausflug von seinem Haus bei Kensington, gemacht hatte. Er war achtzig Kilometer weit nach einem Ort in Sussex geritten. Seine Reise hatte ihn durch die südlichen Randbezirke von London, quer durch Kensington Common geführt, vorbei an den Gruppen neuer Häuser in Stockwell und an den Stuckvillen, die auf der einen Seite der langen Steigung hinauf zum Brixton Hill standen. Für ihn war der Bezirk zwischen »London und Croydon ein so häßliches Stück Land wie nur irgendeines in England«. London selbst war nichts als eine große, schwärende Wunde, eine »höllische Großstadt«, ein »stinkender, rauchender Kropf«.

Er würde zwanzig Tage Zeit haben, um seine Einkäufe und Vorbereitungen zu erledigen, bevor er am 23. Oktober nach Plymouth fahren mußte. Mit Hilfe eines Stadtplanes ging er zuerst zum Apotheker Hall in der Water Lane. Er kaufte im Detailgeschäft das Talkum, das Kapitän FitzRoy empfohlen hatte, eine Dose Zahnpasta von Jewsbury und Brown, etwas Arsen für Lippen und Finger, falls sie Blasen bekommen sollten; Kayes Wordsdells Tabletten, die Magenverstimmung, Kopfschmerzen, Verdauungsstörungen, Stuhlverstopfung, Ärger und Nervosität zu heilen vorgaben. Eines der Besatzungsmitglieder hatte ihn ersucht, ihm eine Haarsalbe zu besorgen, also kaufte Charles für ihn Rowlands Makassaröl.

Auf den Straßen begegnete er Brauereiwagen mit Walzen anstelle von Rädern; Sänften mit eleganten Damen, Omnibussen, Postkutschen, überdachten Lastwagen vom Land mit seinen Produkten und Erzeugnissen; der Verkehr war eine ungeordnete, lärmende, sich dahinwälzende, ineinandergreifende Prozession.

Er konnte nicht umhin zu bemerken, daß die jungen Leute Geckenhaftigkeit liebten. Sie trugen breite Halsbinden mit juwelenbesetzten Nadeln, Samtkrägen, Steghosen, weiße Zwirnhandschuhe und Spazierstöcke. Ihr Haar war lang, hing über ihre Ohren und den Jackenkragen und glänzte im Sonnenschein. Er konnte die Haarpomade von der anderen Straßenseite riechen. Die Hauptverkehrsstraßen waren voller Hausierer, der »Straßenrufer« von London, die kleine Dinge anboten, deren Verkauf unter der Würde der Geschäftsleute war: Schuhbänder, Korsetts, Nadeln, Zwirn, Stecknadeln, Lavendel, Frischwasser, Kirschen, Pantoffeln, Streichhölzer, Salz. Dann gab es die Handwerker: Kesselflicker, Messerschleifer, Zimmerleute.

Als nächstes brauchte er ein Paar kräftige Reitstiefel, die ihm Schuhmacher Howell genau nach Maß anfertigte; ebenso wie Hamilton und Kimpton, die Schneiderfirma auf der Strand, die ihm für seinen warmen See-Winterrock einen dunkelblauen Wollstoff empfahlen, der nach Maß zugeschnitten wurde.

In der City fand er sich zwischen den Publikationen von Boswell und Cobbett hin und her gerissen. Er liebte das Theater. Im Royal auf dem Haymarket sah er zwei ausgezeichnete Vorstellungen: am Mittwoch »Macbeth«, und am Freitag, auf fast demselben Platz, hörte er den »Barbier von Sevilla«. Was ihn am meisten störte, war der fast ständige Strom von Leichenzügen zu Fuß durch die Straßen, die Friedhöfe, wo Skelette, Totenschädel und Gebeine durch starke Regengüsse ausgewaschen, mit Straßenschmutz zusammengebacken und dann liegengelassen wurden.

Er machte einen Besuch bei seinem entfernten Verwandten, dem überaus beliebten Gesellschaftsarzt Henry Holland, in der Brook Street unweit vom Grosvenor Square, der fragte, was sich seit ihrem gemeinsamen Tee in *Maer Hall* ereignet habe, dann aber keinerlei Interesse zu haben schien und lieber von sich selbst sprach.

»Charles, die Familie weiß noch nichts davon, aber ich mache der Tochter von

Sydney Smith den Hof, unserem witzigen und brillanten Geistlichen. Ich scheine ihr zu gefallen.«

»Ich sehe mich gezwungen zu fragen: Liebst du sie?« meinte Charles.

»Ich weiß nicht... noch nicht... Liebe mit vierunddreißig, als ich meine erste Frau heiratete, ist anders als Liebe mit zweiundvierzig, wenn man vier Kinder hat und eine Frau, die seit einem Jahr tot ist.«

»Ich verstehe.«

Am Spätnachmittag wurde an die Tür seines Zimmers geklopft.

»Mr. Charles Darwin?«

»Derselbe.«

»Ich bringe Ihnen eine Botschaft von Kapitän FitzRoy. Die Abreise von *H.M.S. Beagle* wurde neuerlich verschoben, und zwar auf den 4. November.«

Charles stöhnte.

»Auch ich warte nicht gern. Übrigens, ich bin Augustus Earle, von Kapitän FitzRoy engagiert, um uns rund um die Welt zu malen.«

»Das dachte ich mir. Sie sehen irgendwie aus wie ein Maler. Treten Sie doch näher. Meine Wirtin wird uns gleich Tee servieren.«

»Ich nehme mit Vergnügen an. Als Visitenkarte habe ich Ihnen einen Probeabzug meines neuen Buches gebracht.«

Charles las den Titel, *A Narrative of a Nine Month's Residence in New-Zealand*, und blätterte ein wenig darin. Earle schrieb gut. Über das Buch hinweg sah er sich kurz Gesicht und Äußeres des Malers an. Obwohl er schon achtunddreißig war, hatte er eine jugendliche, glattrasierte, faltenlose Haut und dichte schwarze Augenbrauen. Er trug die weite Hose des Seemanns, keine Weste, ein weites, zerknittertes Hemd, schäbige Schuhe, eine unordentliche schwarze Halsbinde und einen runden Seemannshut mit breiter Krempe.

Earles Vater und Bruder waren Maler von Beruf, die ihre Ausbildung an der Königlichen Akademie erhalten hatten. Augustus war buchstäblich in ein Atelier hineingeboren worden. Er hatte nie einen anderen Beruf ergreifen wollen und sein erstes Bild im Alter von dreizehn Jahren in der Königlichen Akademie ausgestellt. Als die Napoleonischen Kriege zu Ende waren, fuhr er in ferne Länder, nach Nordafrika, Australien, Chile, Indien, wo er nicht nur die exotischen Landschaften malte, sondern auch das Leben, Handel und Wandel der Völker.

Ein Hausmädchen brachte die kräftige Teemahlzeit, an die sich Earle mit gutem Appetit machte.

Er hatte sich durch Anpassung und Lesen eine gute Erziehung angeeignet. Seine Geschichten erzählte er mit der Überschwenglichkeit eines Kindes, besonders seinen Kampf mit den Missionaren wegen der Maoris. Er hatte bei ihnen gelebt und sie gemalt, was die Missionare so tief schockierte, daß sie ihn beschuldigten, die Eingeborenen sittlich zu verderben, und einen Plan organisierten, ihn zu vertreiben.

»Sie beschuldigten mich, gottlos zu sein. Barer Unsinn! Die ganze Zeit während

meines Aufenthaltes auf Tristan da Cunha las ich jeden Sonntagmorgen der kleinen Gemeinde den anglikanischen Gottesdienst. Ich glaube an die göttlichen Dinge, Sie nicht?«
»Doch, das tue ich. Meine Einladung, die Reise der *Beagle* mitzumachen, erforderte die Hand Gottes.«
Kurz nachdem Earle gegangen war, brachte ein Botenjunge von Rodwells Buchhandlung ein Paket. Als er es öffnete, fand er zu seiner Freude ein Exemplar von Charles Lyells *Principles of Geology*, ein Geschenk von Kapitän FitzRoy.
Henslow hatte Empfehlungsbriefe für Charles an den Botaniker Robert Brown, den Reiseschriftsteller William Burchell, an die Präsidenten der Geologischen und der Zoologischen Gesellschaft geschrieben sowie an den Direktor des Britischen Museums, hatte aber keinen Brief an Lyell beigefügt.
Charles wollte vor allem Lyell kennenlernen, der im Alter von dreiunddreißig Jahren, nachdem er jahrelang neue Beobachtungen aus der ganzen Welt zusammengetragen hatte, ein Buch veröffentlichte, das einige Wissenschaftler, erhaben über den hitzigen Streit wegen Lyells Schlußfolgerungen, »den maßgebenden Text über Geologie« nannten. Schon im Jahr 1795 hatte zwar ein schottischer Geologe, James Hutton, seine *Theory of the Earth* veröffentlicht, in der er schrieb: »Die Heilige Schrift darf nicht als Lehrbuch der Geologie oder irgendeiner anderen Wissenschaft angesehen werden«, aber Huttons Schrift war unverständlich und unlesbar. Charles Lyell schrieb hervorragend.
Charles las gierig bis lange nach Mitternacht. Es war nicht schwierig, die Gründe für die Ablehnung Lyells durch Henslow zu verstehen. Henslow maß die geologische Zeit in wenigen Jahrtausenden, wie die Bibel. Henslows Schule glaubte, daß Gott, nachdem er die Welt erschaffen und bevölkert hatte, wie es so eindringlich in der Genesis geschildert wird, mit seinen Geschöpfen unzufrieden war und eine Katastrophe über sie hereinbrechen ließ, die die Erde vernichten und einen Neubeginn herbeiführen sollte. Charles Lyell schrieb die geologischen Prozesse und Phänomene Kräften zu, die ständig und konstant über Millionen Jahre hinweg wirkten.
Es war ein revolutionärer Gedanke. Während Adam Sedgwick nur einen Teil des Weges zurückgelegt hatte und dazu gelangt war, an eine Folge von heftigen Katastrophen zu glauben, wollte er den Gedanken an einen langsamen, eher durch natürliche Kräfte als Gottes Hand kontrollierten Prozeß nicht akzeptieren.
Es war nach ein Uhr morgens, als Charles die Lampe löschte, bewegungslos im dunklen Zimmer liegenblieb und versuchte, sich die neue Theorie anzueignen. Er erinnerte sich an einen seiner Lehrer im Christ's College, der ihm gesagt hatte:
»Bücher sind der letzte Aufbewahrungsort. Von allem, was gut, und von allem, was böse ist. Von allem, was wahr, und von allem, was falsch ist. Von allem, was Weisheit, und von allem, was Unwissenheit ist.«
Mit einem Ruck sprang er aus dem Bett. Warum hatte ihm Kapitän FitzRoy ge-

rade dieses Buch geschickt? Es war ein ungewöhnliches Geschenk, denn Charles hatte in London Gerüchte gehört, daß FitzRoy ein religiöser Eiferer sei; daß der Hauptgrund dafür, daß er Charles Darwin als Naturforscher mitzunehmen bereit war, darin bestand, daß Darwin eine geistliche Laufbahn plante. Er ging zu den Fenstern mit Aussicht auf das Gebäude der Admiralität und schob die Gardinen zurück. Kapitän FitzRoy mußte die These von Lyells Buch kennen. Es hatte darüber genügend Diskussionen in der Presse gegeben. Wenn er es ihm geschickt hatte, konnten die Gerüchte nicht stimmen! Er kannte FitzRoy noch nicht lange, hatte ihn aber nie, wie Professor Henslow, sagen hören: »Es würde mich kränken, wenn ein einziges Wort der Neununddreißig Glaubensartikel geändert würde.« Tatsächlich hatte er ihn kein einziges Mal die Religion oder die anglikanische Kirche erwähnen hören.

Erleichtert stieg er wieder ins Bett.

»Ich werde sicherlich nicht mit vorgefaßten Ansichten für drei Jahre auf die *Beagle* gehen oder um die Gültigkeit oder Ungültigkeit der Bibel zu beweisen. Ich werde beobachten und sammeln. Die See, der Boden, die Berge werden mir ihre Wahrheit enthüllen. Kapitän FitzRoy und ich, wir werden nie über Theologie streiten.«

8.

Er freute sich sehr, als er nach dem Kauf der medizinischen Ausrüstung, roher Hanffasern und Kopiertinte in seine Wohnung zurückkehrte und einen Brief von Fanny Owen vorfand. Er öffnete den Umschlag mit unsicheren Fingern:

Exeter
6. Okt. 1831

> Mein lieber Charles,
> Unsere Briefe müssen sich bei der Post gekreuzt haben. Ich erhielt den Deinen vor wenigen Tagen. Er wurde wirklich in einer teuflisch niedergeschlagenen Stimmung geschrieben. Ich kann es nicht ertragen, daran zu denken, mein lieber Charles, daß wir uns so lange, drei Jahre, sagst Du, nicht wiedersehen sollen... Ich bezweifle aber nicht, daß Du Dich gut unterhalten wirst. Dich daran zu erinnern, wie lange Du fort sein wirst, ist unsinnig und egoistisch. Ich kann aber nicht anders, als Dir ein letztes Lebewohl zu schicken...

Dann schrieb sie noch, sie zweifle nicht, daß er sie bei seiner Rückkehr im Forst im *status quo* wiederfinden werde und daß es niemals eine Änderung in ihrer

Meinung von ihm geben werde oder ein Vergessen der »vielen glücklichen Stunden, die wir zusammen verbracht haben…«

Er faltete den Brief zusammen und schob ihn zwischen die Seiten von Lyells Buch.

Als er den Großteil seiner Einkäufe erledigt hatte, begann er, Gebrauch von seinen Einführungsbriefen bei den prominenten Vertretern der Naturwissenschaft zu machen. Robert Brown, der nun schon achtundfünfzigjährige berühmte Botaniker, hatte im Jahr 1802 den Posten eines Naturforschers bei der unter Kapitän Matthew Flinders für die Vermessung der Küsten Australiens ausgerüsteten Expedition erhalten. Er war mit nahezu viertausend Pflanzenproben nach England zurückgekehrt und wurde fast unmittelbar darauf zum Bibliothekar der Linné-Gesellschaft ernannt, begann Bücher über Pflanzenklassifikation zu veröffentlichen und wurde wegen ihrer Genauigkeit in England berühmt.

Er hatte den hinteren Teil seiner Räume in der Linné-Gesellschaft auf dem Soho Square in ein Laboratorium verwandelt, indem er zwei Trennwände niederreißen ließ, so daß er Platz hatte für seine langen Tische, Tausende von Proben, das Mikroskop und andere technische Geräte, ganz ähnlich einem Laboratorium an der Londoner Universität, die vor kurzem in der Gower Street, unweit des Britischen Museums, eröffnet worden war.

Brown führte Charles zu einem der mit Instrumenten beladenen Arbeitstische: »Werfen Sie einen Blick durch dieses Mikroskop, und sagen Sie mir, was Sie sehen.«

Charles blickte sorgfältig hindurch; er war in Edinburgh und von Henslow in Cambridge im Gebrauch des Mikroskops ausgebildet worden.

»Es ist ein wunderschöner Anblick, Mr. Brown, aber ich vermag kaum die Dinge zu benennen, die ich sehe.«

»Versuchen Sie es.«

»Ich würde sagen, eine in einer Pflanzenzelle enthaltene zähflüssige Masse.«

»Ziemlich richtige Vermutung.«

»Sagen Sie mir bitte, was ich gesehen habe.«

»Das ist mein Geheimnis.«

»Also, Mr. Brown, ich bin fast noch ein Junge und stehe im Begriff, England für drei Jahre zu verlassen. Fürchten Sie, ich könnte Ihre Entdeckung verraten?«

»Junger Darwin, haben Sie noch nicht gehört, daß ich ein Geizhals bin? Und es stimmt auch.«

Charles war erschüttert. Er schwieg einen Augenblick.

»Sie geben nicht gern Geld aus?«

»Geld ist nicht von großer Bedeutung. Pflanzen sind es. Insbesondere meine getrockneten Pflanzen und meine Entdeckungen. Ich beabsichtige nicht, sie alle zu verwenden, werde sie aber nicht vergeuden.«

Bei seinen vielen Besuchen sprach Robert Brown stundenlang mit Charles und zeigte ein phantastisches botanisches Wissen. Charles fragte:

»Mr. Brown, warum haben Sie seit Ihrem lateinischen Werk über die Flora Australiens im Jahr 1810 nichts mehr veröffentlicht?«
»Ich lebe in tödlicher Angst davor, einen Irrtum zu begehen. Ich kann hier mit Ihnen heute einen Fehler machen und ihn morgen oder nächste Woche korrigieren. Wenn er aber einmal gedruckt ist, bin ich dazu verurteilt, mit ihm zu leben. Das gedruckte Wort ist der Galgen; bringe dich nie in seine Schlinge, sonst wirst du es dein Leben lang bedauern.«
»Müssen wir nicht unsere Beobachtungen und Entdeckungen veröffentlichen, damit andere durch sie lernen? Können Fehler nicht auf diesem Weg korrigiert werden? Keinem Sterblichen ist volles Verstehen gewährleistet. Jeder von uns wird nur einen kleinen Teil des Universums entdecken, und der menschliche Geist wird alles schließlich verbinden.«
»Romantischer Unsinn. Ich werde mit einem Kopf sterben, der mit Informationen vollgestopft ist. Das ist ein sehr guter Platz dafür.«
Charles ging wieder in die Buchhandlung, um seinen Freund William Yarrell zu besuchen. Zu dieser frühen Stunde war der Laden immer gut besucht, denn obwohl Yarrell nicht alle achtzig in London erscheinenden Zeitungen aufliegen hatte, gab es mannshohe Stapel von *Times, Morning Herald, Morning Advertiser, Morning Chronicle, Sun, Standard* und nur wenige Meter tiefer im Laden Berge von Wochen- und Monatsschriften und -magazinen: *Edinburgh, Quarterly, Westminster, Fraser, Literary, Athenaeum* und ein Dutzend andere. Männer auf ihrem Weg zur Arbeit strömten herein, kauften mehrere Zeitungen für sieben Pence, ein kostspieliges Vergnügen. England war zeitungstoll, seit das Schriftbild verbessert worden war.
William Yarrell kam herbei, die Augenbrauen vor Vergnügen hochgezogen.
»Guten Tag, Sir«, sagte Charles, »ich brauche einige Bücher für die *Beagle*.«
»Sollte ich einen Titel nicht im Laden haben, werde ich ihn bestellen und Ihnen als Geschenk zur Strafe für meine Nachlässigkeit auf die *Beagle* schicken.«
Charles grinste.
»Zuerst brauche ich *A Description of Active and Extinct Volcanoes* von Charles Daubeny. Adam Sedgwick hat es mir empfohlen. Dann *A New General Atlas* von A. Arrowsmith; *An Introduction to Entomology or Elements of the Natural History of Insects* von William Kirby in vier Bänden; *Travels in Chile and La Plata* von J. Miers in zwei Bänden...«
Nacheinander wurden ihm die Bücher, die er verlangte, gebracht.
»Was brauchen Sie noch?«
»Ein gutes leichtes Barometer fürs Gebirge, um jederzeit feststellen zu können, wie hoch ich mich befinde.«
»Lassen Sie uns zum Covent Garden hinübergehen; entweder auf der Garrick oder Newgate Street gibt's das, was Sie brauchen. Ich kenne einen Laden, der genaue Barometer herstellt, die Sie über die Anden tragen können. Sie *werden* doch die Anden überqueren...?«

Sein nächstes Problem war, wie er seine Habseligkeiten nach Plymouth schaffen sollte, denn er konnte auf der Postkutsche nur einen Handkoffer mitnehmen. Schließlich beschloß er, seine gewichtigeren Besitztümer mit dem Dampfer zu schicken: die neuen Stiefel, den warmen Seewintermantel, das Gebirgsbarometer, die Arzneitasche, die Bücher.

Nachdem er seine Kisten zum Puddle Dock gebracht hatte, machte er einen letzten Rundgang zu den wissenschaftlichen Gesellschaften, um zu fragen, ob sie die Kisten mit Proben, die er nach Hause schicken würde, übernehmen und in ihren Kellern aufbewahren könnten.

Er folgte Professor Sedgwicks Hinweis, William Lonsdale aufzusuchen, den Kurator und Bibliothekar der Geologischen Gesellschaft im Somerset House.

»Ob wir Ihre geologische Sammlung aufbewahren können?« wiederholte Lonsdale. »Wie kann man das sagen, mein Lieber, wenn wir keine Ahnung haben, was Sie zurückbringen werden? Kommen Sie zu uns, wenn Sie wieder hier sind.«

Im Britischen Museum in der Great Russell Street in Bloomsbury führte ihn Charles Konig, der Kustos für Naturgeschichte, durch das ehemalige Montague House, einen weitläufigen, umgebauten Palast.

»Sie können sehen, in welchem Zustand wir uns befinden, Darwin. Wir werden noch mindestens zehn Jahre brauchen, um die Renovierungen zu Ende zu führen, ganz zu schweigen davon, die Sammlungen zu trennen, die wir bereits haben.«

Der Marquis von Lansdowne, Präsident der Zoologischen Gesellschaft in der Bruton Street 33, unweit vom Grosvenor Square, entschuldigte sich gleichfalls. Als aber William Yarrell, der vor fünf Jahren mitgeholfen hatte, die Organisation zu gründen, Charles als korrespondierendes Mitglied vorschlug, wurde er angenommen.

Charles war entzückt.

Sogar Kapitän Beaufort wußte keine Möglichkeit, ihm zu helfen.

»Wir haben hier in der Admiralität keinen Platz dafür. Ich weiß auch nicht, wer diese Verantwortung übernehmen würde, Darwin, können Sie sich an niemand anderen wenden?«

Ja, an einen! Es hatte so kommen müssen. Er hätte es wissen und die überlasteten Leute in London nicht in Verlegenheit bringen sollen.

Er überquerte die Straße, stieg nach oben in seine Wohnung und nahm die Schreibmappe heraus.

Spring Gardens 17
Dienstag, 18. Okt. 1831

Mein lieber Henslow,

ich ergreife die Gelegenheit, Ihnen bezüglich meiner Sendungen zu schreiben. Ich habe mit allen gesprochen; Sie sind jetzt meine einzige Zuflucht. Wenn Sie sie übernehmen wollen, werden Sie mir den größten Gefallen erweisen. Die Landkutsche nach Cambridge wird wenig ausmachen dafür, sie an einem sicheren Ort aufgehoben zu wissen und, was noch mehr ist, jemanden zu haben, der dafür sorgt, daß sie in Sicherheit sind. Ich nehme an, Pflanzen und Vogelbälge sind die einzigen Dinge, die Schwierigkeiten machen, aber ich weiß, Sie werden tun, was für sie erforderlich ist. Geben Sie mir bitte genaue Anweisungen, wie ich sie adressieren soll, so als würden Sie einem Ataheite-Wilden schreiben. Was die Bezahlung der Sendungen anlangt, halte ich es für das Beste, wenn Sie nach Eintreffen von ein oder zwei Kisten an meinen Vater schreiben. Er wird die Summe an die von Ihnen gewünschte Bank in Cambridge überweisen. Ich werde ihm diesbezüglich schreiben...

Inzwischen verbleibe ich, mein lieber
Henslow, Ihr stets aufrichtig ergebener
Chas. Darwin

Es war seine letzte Aufgabe in London. Nun konnte er nach Plymouth abreisen und sich auf die Reise um die Welt vorbereiten.

Drittes Buch

»Auf See gibt es keine Berge zu besteigen«

1.

Als er auf derselben Höhe in Devonport stand, von wo aus Kapitän FitzRoy ihm zum erstenmal die *Beagle* gezeigt hatte, hielt er verwundert die Luft an. Das häßliche Entlein war in den achtunddreißig Tagen, seit er es das letztemal gesehen hatte, ein wunderschöner Schwan geworden. Die Arbeit an der Verschalung des Schiffes war zu Ende geführt worden. Er betrachtete den stark geplankten Schiffsrumpf, das erhöhte Oberdeck, die Verschanzung und die hochragenden Masten, den höher gewordenen Kartenraum achtern.

Das Schiff war klein, verglichen mit den anderen in den Docks vertäuten Schiffen, aber es besaß Eleganz und Ebenmaß. Die *Beagle* hatte einen Spürhund als Galionsfigur. Sie besaß drei Oberlichte, zwei davon hatten je drei Fenster. Ein Oberlicht befand sich über dem Kartenraum, das zweite über der Kapitänskajüte; das dritte über der größeren Fähnrichsmesse, in der die Offiziere speisten, hatte vier Fenster auf jeder Seite.

Während er nach unten zum Vertäuungsdock ging, konnte er die Besatzung sehen, die eifrig damit beschäftigt war, das Vorderteil des Schiffes zu streichen. Als er an Deck kam, waren die Zimmerleute dabei, Schubladen in der Heckkabine zu montieren und in den Kabinen der Offiziere sowie in der Offiziersmesse schöne Mahagonitäfelungen anzubringen.

»Wie gefällt Ihnen unser Wrack jetzt?«

Es war Kapitän FitzRoy, der hinter ihm stand. Sein mageres hübsches Gesicht drückte Belustigung und Befriedigung aus. Charles wurde rot.

»Eine überaus schöne Brigg. Sogar eine Landratte wie ich muß sie bewundern.«

»Eine Brigg hat nur zwei Maste. Es wurde jedoch ein drittes Segel hinzugefügt, als Hilfe beim Steuern. Wir halten sie für das vortrefflichste Schiff, das von der Werft gebaut wurde. Sie ist von Grund auf fehlerfrei, mein lieber Darwin. Ohne dieses unbedingte Erfordernis würden diese kostbaren Mahagonitäfelungen vielleicht England nie wiedersehen.«

Kapitän FitzRoy war ins Offiziersquartier innerhalb der Schutzmauer der Marinewerft übergesiedelt. Charles ließ seine Habseligkeiten in eines der elegant eingerichteten Logierhäuser unmittelbar oberhalb der zwei großen Schwimmbekken, der warmen und kalten Duschen, der Dampfkammer, der privaten Tauch- und Massierbäder bringen. Frisches Seewasser wurde durch gußeiserne Rohre

aus dem Atlantik in die Schwimmbecken gepumpt. Charles' Haus wurde in den Zeitungsinseraten als »reichlich mit Annehmlichkeiten versehen« bezeichnet, und so war es auch, mit einem geräumigen, tadellos sauberen Schlafzimmer, Wohnzimmer und Speisezimmer mit Ausblick auf den Hamoazekanal und dahinter das üppige Grün der Hänge des Mount Edgcumbe. Nur wenige Schritte entfernt lagen Kaffeestube und Zeitschriftensaal sowie eine Zuckerbäckerei. In der Nähe gab es die hauptsächlich von Marineoffizieren besuchten Tavernen.
Einige Tage später wurde er eingeladen, mit den Offizieren der »Fähnrichsmesse« in ihrer Verpflegungsstelle auf der Werft zusammenzukommen: den Leutnants Wickham und Sulivan, dem Obersteuermann Chaffers, Dr. Robert McCormick, Assistenzarzt Benjamin Bynoe, George Rowlett, dem Zahlmeister. Auch Augustus Earle war eingeladen worden. Die Offiziere unterhielten sich, indem sie Charles beängstigend und lärmend schilderten, was Neptun mit ihm bei seiner ersten Überquerung des Äquators anstellen würde. Obwohl es fast Ende Oktober war, hatte sich das Wetter aufgeklärt, es wehte eine frische Brise. Die Männer waren gehobener Stimmung, denn sobald die Befehle für das Schiff kamen, würden sie auslaufen, mit dem Wind von Norden, der sie nach Süden bringen sollte.
Charles fand Gefallen an der Kameraderie und meinte:
»Sie sind eine nette Gruppe von Gefährten, wenn auch ein wenig derb.«
Es beunruhigte ihn allerdings mehr, daß ihre Unterhaltung so voller Dialekt- und Seemannsausdrücke war, daß er große Teile davon sowenig verstand wie Hebräisch. Er verbrachte fast jeden Tag an Bord der *Beagle;* seine Hauptaufgabe bestand darin, sich von der Besatzung fernzuhalten. Er wanderte durch das Schiff und machte sich mit seinen Decks und Quarterdecks vertraut. Auf dem Vorschiff stand eine sechspfündige glatte Haubitze. Nahe der Schiffswand auf beiden Seiten des Mitteldecks gab es die »Bäume«. Nach achtern zu standen vier Messingkanonen, zwei Neunpfünder und zwei Sechspfünder. An den Achterdavits der *Beagle* hingen Siebeneinhalb-Meter-Beiboote, während zwei Achteinhalb-Meter-Beiboote über dem Achterdeck auf Gleitgestellen mitgeführt wurden. Ihr größtes Boot, eine *Jolle,* wurde mittschiffs mitgeführt, wobei das Beiboot in ihrem Inneren untergebracht war, um Platz zu sparen. Achteraus befand sich ein weiteres Beiboot. Er vervollständigte seine Einkäufe in Plymouth, kaufte Nachtmützen und eine Pelerine aus Gummi mit einem Beutel für Wasser auf einer Seite.
Auch seine Abende waren ausgefüllt, denn Plymouth, das auf die Schönheit und Sicherheit seines Hafens stolz war, hatte sich zu einem reichen Kulturzentrum entwickelt. Er wohnte den wissenschaftlichen Sieben-Uhr-Vorlesungen im *Athenaeum* bei. Er entlieh neu veröffentlichte Bücher aus der imposanten Proprietary Library, einem griechischen Tempel in der Cornwall Street, ging zu Gottesdiensten in die St. Catherine's Church mit ihrer schönen Holztäfelung und machte lange Spaziergänge durch die Stadt. Plymouth blühte durch seinen ausgedehnten Fischhandel, seinen Schiffsbestand, die Eisengießereien und die Seifen-, Zement-, Segeltuch- und Seilerindustrie.

Er fand, daß er es mit seinem Partner am Landkartentisch und Mitbewohner der Heckkabine, dem neunzehnjährigen John Lort Stokes aus Südwestwales, gut getroffen hatte. Kapitän Philip King hatte den Jungen beobachtet, der erst dreizehn war, als er für die Expedition *Adventure-Beagle* im Jahr 1825 ausgewählt wurde, und beschrieb ihn als einen soliden, arbeitsamen, altmodischen Jungen.

Charles und Stokes freundeten sich an, was recht gut war, wie Charles zu Kapitän FitzRoy sagte, da sie die Heckkabine jahrelang miteinander teilen sollten.

»Ihr werdet euch gut vertragen«, erwiderte FitzRoy ruhig. »Stokes ist mein beständigster Bundesgenosse auf der *Beagle*. Als wir den Auftrag für diese zweite Reise erhielten, schlug ich seine Beförderung zum Maat vor. Ich schrieb an die Admiralität, daß ›seine Arbeit mein Ersuchen zu befürworten scheint, ihn zum Hilfsgeometer zu befördern, insbesondere da dieser Posten keine höhere Besoldung mit sich bringt‹.« Er zog seine linke Schulter hoch, eine Geste, die vergebliche Mühe ausdrückte. »Abgelehnt. Zu jung. Ich machte ihn aber zu meinem *inoffiziellen* Hilfsgeometer. Er ist begabt. Sie werden sehen. Und auch die Admiralität wird es mit der Zeit erkennen.«

John Stokes hatte ein sanftes, offenes Gesicht. Er war glatt rasiert, mittelgroß und mager; er hatte eine ruhige, nie zudringliche oder scharfe Stimme und die ruhigen Hände des geborenen Zeichners. Als Charles ihn fragte, ob er sehr enttäuscht gewesen sei, als die Admiralität seine Beförderung verweigerte, erwiderte Stokes unbekümmert:

»Das hat Zeit. Ich beabsichtige, mein ganzes Leben in der Marine zu verbringen und auf einer der Expeditionen der *Beagle* ihr Kapitän zu sein.«

Charles lachte leise. »Mit dieser Einstellung werden Sie als Admiral enden, John.«

»Schon möglich. Sollen wir segeln gehen? Ich kann ein kleines Boot anfordern.«

Der dreizehnjährige Charles Musters ließ die ersten Anzeichen von Heimweh erkennen, deshalb nahmen sie den Jungen mit.

Sie landeten in Millbrook, banden das Boot fest und wanderten die Westküste des Mount Edgcumbe entlang, mit ihren Bauernhäusern und einigen Scheunen, die aussahen, als seien sie zur Zeit der Kreuzzüge gebaut worden.

»Ich bin am lebendigsten, wenn ich gehe!« rief Charles erfreut. »Wenn meine Beine Berge schlucken, bergauf oder bergab, fühle ich mich als ganzer Mann.«

Stokes grinste.

»Auf See gibt es keine Berge zu besteigen. Aber warten Sie, bis die *Beagle* beginnt, Sturmwellen zu erklettern!«

Sie kamen schließlich zu einem kleinen Dorfplatz dicht am Wasser und kehrten auf ein Glas Ale bei den Schmugglern ein.

»Sie haben unrecht, Stokes«, sagte Charles, »es gibt Berge hinter jedem Hafen, in dem die *Beagle* anlegen wird. Ich beabsichtige sie alle zu besteigen.«

Am nächsten Morgen lud Stokes ihn ein, mit ihm die Gärten des *Athenaeums* zu besuchen.

»Ich werde die zur *Beagle* gehörende astronomische Station für Beobachtungen mit der Inklinationsnadel vorbereiten.«
»Was ist eine Inklinationsnadel?«
»Haben Sie schon einen Kompaß benutzt? Nun, das ist auch ein Kompaß, für die Navigation äußerst wichtig. Seit der Zeit Gilberts, seit 1600, ist bekannt, daß sich die Erde wie ein großer zweipoliger Magnet verhält, der zwei Komponenten hat: eine horizontale, welche durch den gewöhnlichen Kompaß ermittelt wird, und eine vertikale, auf welche die Inklinationsnadel reagiert. Auf dem magnetischen Äquator liegt die vertikal aufgehängte Inklinationsnadel horizontal, und an den Polen steht sie vertikal. Die Art, wie die Nadel nach Osten oder Westen inkliniert, gibt dem Navigator die Deklination an. Früher hatte der Schiffskapitän nur seinen Kompaß und die Sterne, nach denen er steuerte; jetzt gibt ihm die Inklinationsnadel seine Länge und Breite an. Er kann seinen Standort nördlich und südlich, östlich und westlich im Verhältnis zu den beiden Polen und zum Äquator bestimmen.
Man ist sich allgemein einig, daß Plymouth das geographische Zentrum der Erde ist«, fügte Stokes hinzu. »Wenn wir einmal hier die zentrale Zeit einführen, können alle Schiffe auf See durch Feststellung ihres Standortes ihre Zeit ungefähr angeben und auch, welche Zeit es in diesem Garten ist.«
»Wenn ich durch die Magellanstraße fahre, werde ich imstande sein, genau anzugeben, wann der Sieben-Uhr-abend-Vortrag hier im *Athenaeum* beginnt!«
»So ist es«, rief Stokes. »Ich habe nur vier Jahre lang die Schule besucht und bin besser ausgebildet als Sie!«
»Verschiedene Schulung, mein Junge, verschiedene Schulung!«
Sein Wissen wurde täglich größer.
Bei seinen Besuchen der Kapitänsdinners mit Kapitän FitzRoy hatte Charles Kapitän Philip Parker King kennengelernt, dessen zweibändiges Werk *Narratives of the Survey of the Intertropical Western Coast of Australia* Onkel Jos ihm in *Maer Hall* empfohlen hatte. Kapitän King nahm ihn beiseite und sagte:
»Mein vierzehnjähriger Sohn Philip wird als Fähnrich auf der *Beagle* mitfahren. Es ist nicht seine erste Reise. Er hat bereits auf der *Adventure* die ganzen fünf Jahre gedient. Er war erst neun, als wir ausliefen, aber ich war da, um auf ihn achtzugeben. Ich kann keinen Offizier bitten, auf ihn aufzupassen, das würde bedeuten, daß ich ein Privileg verlange. Da Sie aber kein Mann der Marine sind, kann ich Sie um diesen Gefallen bitten. Ich würde mich sicherer fühlen, wenn er einen Freund an Bord hätte.«
»Ich werde gern alles tun, was in meiner Macht steht«, versicherte ihm Charles. »Ich soll mich schon um den jungen Musters kümmern. Ich werde sie zu meinen Ausflügen mitnehmen.«
»Ich danke Ihnen, mein lieber Darwin. Lassen Sie mich Ihnen dafür, solange die *Beagle* noch im Hafen liegt, ein wenig von meiner schwerverdienten Meteorologie beibringen, wie man die Instrumente benutzt, um Wirbelwindböen oder Wir-

belwinde, Orkane, Sturmböen, Wasserhosen vorauszubestimmen; wie man den Atmosphärendruck, Taupunkt, die Windstärke, die Art des Niederschlags registriert...«

Bisher waren die großen Vorbilder in seinem Leben die Wissenschaftler gewesen, die Professoren Henslow, Sedgwick... deren Beiträge zur Botanik und Geologie den Beweis erbrachten, daß sie exakte Wissenschaftler waren. Jetzt lernte er eine andere Art von Menschen kennen: den praktischen Erfinder und Ingenieur. Der erste war »Donner-und-Blitz«-Harris, ein vierzigjähriger Plymouther, der die medizinische Schule der Universität von Edinburgh abgeschlossen hatte. Nach seiner Hochzeit im Alter von dreiunddreißig Jahren hatte er die Medizin aufgegeben, um den Rest seines Lebens der Nutzbarmachung der Elektrizität für den mannigfaltigen Gebrauch durch den Menschen zu widmen.
William Harris war dabei, auf der *Beagle* ein Blitzschutzsystem zu installieren.
»Würden Sie so freundlich sein, Mr. Harris«, bat ihn Charles, »mir die Methoden zu erklären, wie man den Blitz kontrolliert?«
Harris' Augen und seine weißen Zähne glänzten.
»Wir ›kontrollieren‹ den Blitz nicht, Mr. Darwin. Richtiger gesagt, wir *erden* ihn.«
»Ich weiß, wie das an Land vor sich geht. Aber auf See?«
»Genauso. Ich werde es am 21. November im *Athenaeum* demonstrieren, indem ich eine elektrische Maschine als Gewitterwolke, eine Badewanne voll Wasser als Meer und Spielzeuge als Reihe von Schlachtschiffen verwende. Meine Idee ist es, übereinandergelegte Kupferplatten in die Maste und Rahen einzubauen und mit dem Wasser zu verbinden. Der Vorteil besteht in folgendem Prinzip: Der elektrische Strom wird abgeschwächt, indem er so weit auf eine große Oberfläche übertragen wird, daß man keine Wirkung bemerkt, sogar wenn der Mast vom Blitz getroffen wird. Die *Beagle* wird nach diesem Plan mit Blitzableitern ausgestattet. Ich bin sicher, daß Sie in Ihren drei Jahren viel Donner hören und blendende Blitzstrahlen sehen, nie aber einen Mast oder einen Schiffsgefährten verlieren werden.«
Ein zweiter Praktiker, den er bei einer Vorlesung im *Athenaeum* kennenlernte, war Sir John Rennie, ein siebenunddreißigjähriger Ingenieur, der vor kurzem den Bau der neuen London Bridge nach den von seinem Vater entworfenen Plänen zu Ende geführt hatte. Sir John war im Begriff, den riesigen Wellenbrecher zu bauen, der sich quer über die Einfahrt zum Plymouth-Sund erstrecken und die Kraft der Sturmwellen brechen sollte, die vom Ärmelkanal und Atlantik hereinrollten.
Er war überaus freundlich.
»Ich werde morgen früh an dem Wellenbrecher arbeiten, Mr. Darwin. Wenn Sie die Möglichkeit haben, mitgenommen zu werden, zeige ich Ihnen, welche Baumaßnahmen wir durchführen.«

Kapitän FitzRoy nahm die Kapitänsjacht und lud Charles ein mitzukommen. Als FitzRoy in dem Kapitänsboot von der Vermessung der Ecken des Wellenbrechers zurückkam, blieb Charles mit Rennie zurück auf den windgepeitschten Felsen und sah zu, wie die Arbeitsteams riesige Kalksteinblöcke aus den Steinbrüchen von Oreston versenkten.

»Unser erster Fehler bestand darin«, erklärte Sir John, »daß wir einen senkrechten Damm bauten. Bald lernten wir, daß wir die See nie gegen eine lotrechte Oberfläche anstürmen lassen sollten! In zorniger Laune kann sie Blöcke von einer Tonne Gewicht umherschleudern, als wären es Kieselsteine. Der neue Wellenbrecher wird die heftigste See überlisten. Wir bauen ihn wie das schräge Dach eines Hauses! Das Wasser wird von ihm kaskadenartig abfließen.«

Charles blickte um sich auf das stürmische Wasser und die herausragenden Kalksteinarme des Dammes.

»Sie sind wie ›Donner-und-Blitz‹-Harris«, rief er. »Sie sind beide darauf aus zu beweisen, daß das menschliche Gehirn die Gewalten der Natur zu überlisten vermag.«

»Ein Wort der Warnung, Mr. Darwin. Leider ist es nicht wahr, daß das menschliche Gehirn alle Kräfte der Natur zu kontrollieren vermag. Es gibt da eine, die das menschliche Gehirn weder zu überlisten noch zu kontrollieren vermag.«

»Welche ist das, Sir John?«

»Das menschliche Gehirn!«

2.

Der 4. November, das Abfahrtsdatum, das Earle Charles in London genannt hatte, war gekommen und verstrichen. Abgesehen von seiner Unruhe fand Charles, daß die Offiziere und Mannschaften ein sympathischer Haufen waren, der sich recht gut vertrug. Viele von ihnen hatten schon an der vorhergehenden Reise teilgenommen. Die einzige Ausnahme, wurde ihm gesagt, war Dr. Robert McCormick, der nur zu den Leuten freundlich war, die zur Behandlung ins Lazarett kamen. Seine Patienten wurden mit guten Medikamenten und guter Laune verarztet. Er war offensichtlich ziemlich eigenartig. Charles Darwin tat er mit einem Achselzucken als nicht existent ab.

Nach einigen Tagen lud Dr. McCormick Charles ein, mit ihm einen Spaziergang auf den Mount Edgcumbe zu machen. Aus den Bemerkungen des Doktors über die Flora und Fauna auf den abgeernteten Feldern zu seiten des Weges erkannte Charles, daß der Mann eine gute naturwissenschaftliche Ausbildung hatte.

Wenige Tage später begegnete Charles Kapitän FitzRoy, dessen Gesicht zornig gerötet war.

»Dieser unmögliche Doktor, den wir da haben! Erstens wollte ich ihn nie auf dem Schiff. Ben Bynoe war Schiffsarzt auf unserer ersten Reise, und er war ein guter Arzt.«
Charles verzog das Gesicht; er ahnte, was der Doktor getan hatte.
»McCormick hat mich im *Athenaeum* kritisiert, daß ich Monate mit den Reparaturen vergeudet hätte. Was soll ich mit diesem höllischen Narren tun?«
Es war eine rhetorische Frage. FitzRoy erwartete keine Antwort.
Als Charles und Benjamin Bynoe einander kennenlernten, waren sie sofort glänzend miteinander ausgekommen. Bynoe war ein leichtlebiger Mann, der sich genauso für die Jagd, das Sammeln und die Naturgeschichte interessierte wie Charles. Er war sechs Jahre älter, aber man sah es ihm nicht an. Charles erfuhr bald, warum: Neid, Verachtung oder Haß waren ihm fremd.
Bynoe zeigte mit breitem Grinsen seine Zähne.
»Wetten Sie gern, Charles?«
»Im Christ's College spielten wir immer *Van John*.«
»Ah, *Vingt-et-un*, wie? Ich wette mit Ihnen um fünf Flaschen Madeira gegen drei, daß ich auf diesem schätzenswerten Kahn Chefarzt sein werde, ehe sechs Monate vergangen sind.«

Eines Abends gegen Ende November fragte Kapitän FitzRoy Charles, ob er zu den Hafenanlagen im Vorwerk hinüberfahren wolle, um die drei Feuerländer zu holen, die er auf der letzten Reise nach England mitgebracht hatte, sowie Mr. Matthews, den Missionar, der sie begleiten und in Feuerland bleiben würde, um dort eine christliche Siedlung zu errichten.
»Drei Feuerländer!« rief Charles. »Wie sind Sie denn zu denen gekommen?«
FitzRoy hob die Arme in einer Geste, die besagte: »Ich veranlasse keine Dinge, sie passieren mir. Vermutlich kraft des Willens Gottes.«
Im März 1830 hatte er einige Männer in einem Beiboot ausgeschickt, um die schmale Bucht in der Nähe des Kaps der Einsamkeit zu vermessen. Als sie das Beiboot unbewacht ließen, wurde es gestohlen. FitzRoy war so zornig, daß er eine größere bewaffnete Gruppe mit an Land nahm, um zu verlangen, daß das Beiboot zurückgegeben würde. Sie fanden nur noch Teile des Bootsgeräts, ein Stück des Segels, ein Ruder, eine Axt und die Werkzeugtasche des Bootes. Es kam dann zu einem heftigen Kampf, bei dem ein Feuerländer getötet wurde; eine Gruppe von Feuerländern, die kleine Teile des Bootes in ihrem Besitz hatten, wurde gefangengenommen, darunter auch drei Kinder, deren Mütter sie im Stich gelassen hatten. Als sie am nächsten Tag wieder auf die Suche nach dem Boot gingen, flüchteten alle männlichen Gefangenen, indem sie an Land schwammen. Die Kinder ließen sie zurück. Kapitän FitzRoy schickte sie zurück zu ihrem Stamm, bis auf ein kräftiges, etwa neunjähriges Mädchen, das zu verstehen gab, es wolle bleiben. Es war ein lächelndes, reizvolles Kind und wurde als Geisel für das gestohlene Boot behalten. Sehr bald brachte FitzRoy ihr Englisch bei. Er nannte sie

Fuegia Basket, nach dem Behelfsboot, das die gestrandeten Seeleute der *Beagle* aus Flechtwerk gebaut hatten und das sie mit Segeltuchstücken überzogen und innen mit Lehm bestrichen, um zu ihrem Schiff zurückzukommen.
Charles fragte, was sie hinsichtlich des Beibootes unternommen hätten.
FitzRoy lächelte stolz.
»Wir suchten uns eine stille kleine Bucht, den Weihnachtssund, wo wir ein neues bauten.«
Bevor sie das Kap der Einsamkeit verließen, nahmen sie einen kräftigen, mürrischen Mann als Geisel, den sie als Übersetzer und Führer verwendeten. Sie nannten ihn *York Minster* nach dem Vorgebirge, wo sie ihn gefangen hatten; es hatte von Kapitän Cook den Namen *York Minster* erhalten. Als sie in einigen Zelten am Weihnachtssund Spuren des Bootes fanden, nahm FitzRoy noch einen jungen Mann als Geisel: *Boat Memory*, Bootserinnerung, etwa zwanzig Jahre alt; und einige Tage später, beim Erforschen des Beaglekanals, überredete FitzRoy den dortigen Stamm, einen kräftigen Jungen an Bord zu bringen, den sie *Jemmy Button*, Eisenknopf, nannten, weil sie Glasperlen, Knöpfe und andere Kleinigkeiten für ihn bezahlten.
Als die Expedition die Küste von Feuerland verlassen wollte, schienen die vier Eingeborenen mit ihrem Leben an Bord so zufrieden zu sein, daß Kapitän FitzRoy meinte, es wäre bestimmt nicht verkehrt, sie für kurze Zeit nach England mitzunehmen. Einer der vier, Bootserinnerung, starb an einer Reihe von Impfungen im Königlichen Hospital von Plymouth. Die anderen drei wurden in eine an die Kirchliche Missionsgesellschaft in Walthamstow angegliederte Schule im Nordosten von London gebracht. Sie erhielten Unterricht und waren beliebt. Die Königin hatte verlangt, Kapitän FitzRoy solle das Mädchen, Fuegia Basket, an den Hof von St. James bringen. Man hatte Fuegia die Haare geschnitten, und sie trug ein englisches Kleid. Die Königin schenkte ihr eines ihrer eigenen Häubchen und nahm auch einen Ring von ihrem Finger und steckte ihn an Fuegias Hand; außerdem schenkte sie ihr eine Geldsumme, um Kleider zu kaufen, wenn sie England verlassen und in ihre Heimat zurückkehren würde.
Nun sollten sie nach Feuerland zurückgebracht werden, um das Land zu bebauen und ein Missionshaus zu errichten. Die Kirchliche Missionsgesellschaft hoffte, mit entsprechendem Einsatz die Stämme von Feuerland zum Christentum bekehren zu können.
Als die drei Feuerländer über die Laufplanke aufs Schiff kamen, amüsierte sich Charles darüber, daß die Männer wie englische Gentlemen gekleidet waren, mit weißen Kragen bis knapp unter das Kinn, schwarzen breiten Halsbinden um den Kragen, langen englischen Jacken mit breiten Revers, Steghosen mit Bügelfalte und blankpolierten Schuhen. Das dunkle Haar des Mädchens war kurz geschnitten und nach vorn gebürstet, so daß es ihre Ohren und die Stirn zur Hälfte bedeckte. Ihre Nase und der Mund waren zwar fleischig, aber sie hatte große, ausdrucksvolle dunkle Augen. Die Frau des Geistlichen in der Schule hatte sie gut

angezogen, sie trug ein einfaches, vorne geknöpftes Kleid. Sie und Jemmy sahen mit ihrer glatten, kupferfarbenen Haut hübsch aus. York wirkte furchteinflößend: Er hatte starke, animalische Leidenschaften, einen ausgeprägten Willen und war gleichzeitig zurückhaltend und argwöhnisch. Alle drei hatten normale Stimmen, die jedoch dreimal so kräftig waren wie eine englische Stimme. Es hatte zehn Monate geduldigen Unterrichts erfordert, sie auf ein höfliches Murmeln zu mäßigen.

Der Zahlmeister des Dampfers, der sie nach Plymouth gebracht hatte, kam über die Laufplanke.

»Kapitän FitzRoy, wir haben Dutzende von Schachteln und Kisten für die Feuerländer und für Mr. Matthews. Mir scheint, das müßte genügen, um mehrere Häuser zu bauen und auszustatten.«

»Das ist die Freigebigkeit der Mitglieder der Kirchlichen Missionsgesellschaft«, erwiderte FitzRoy. »Sie wollen in Feuerland vertreten sein und mithelfen, die Wilden zu zivilisieren. Ich werde am Morgen einige Marinewagen hinüberschikken.«

Es war ein ernstes Problem, wo die Feuerländer schlafen sollten. Kapitän FitzRoy ordnete an, den Lagerraum neben Dr. Bynoes Kabine für Fuegia Basket zu räumen. Die beiden Männer wurden auf FitzRoys Kosten mit Seemannskleidung ausgestattet und erhielten Hängematten, die in der Mannschaftsmesse, ganz vorn im Schiff, aufgehängt wurden.

Kapitän FitzRoy hatte seine zweiundzwanzig Chronometer in dem kleinen Raum unmittelbar vor seiner eigenen Kabine installieren lassen. George J. Stebbing, der Sohn eines hochangesehenen Herstellers mathematischer Instrumente aus Portsmouth, verbrachte viele Tage damit, den Raum vorzubereiten, denn jedes Chronometer mußte in einer kardanischen Aufhängung innerhalb einer Holzschachtel befestigt und jede Schachtel in Sägemehl aufgestellt und durch Trennwände auf breiten Regalen isoliert werden.

»Wir haben sie zwischen den Decks untergebracht«, erklärte FitzRoy, »was unbedingt nötig war, aber nicht genau im Drehpunkt des Schiffes, was wünschenswert gewesen wäre. Doch kann bei dieser Plazierung weder das Laufen der Mannschaft auf Deck noch das Abfeuern der Kanonen oder das Herablassen der Ankerketten die geringste Veränderung herbeiführen.«

Stebbing war ein peinlich genauer Arbeiter; er war von Kapitän FitzRoy engagiert worden, um alle Navigationsinstrumente an Bord zu überwachen. Sein Gehalt wurde vom Kapitän bezahlt, da er nicht der Marine angehörte und die Marine keinen Mann zur Verfügung stellen wollte, dessen einzige Aufgabe es war, die Instrumente zu überwachen.

»Warum ich behaupten kann, daß sie nicht vibrieren?« antwortete Stebbing auf Charles' Frage. »Wir streuen jeden Tag Pulver auf das Glas und beobachten es mit einem Vergrößerungsglas, wenn das Schiff auf ein Rütteln oder einen Stoß reagiert.«

Das Chronometer war ein Instrument zur Messung der Zeit mit großer Genauigkeit bei der Feststellung der Länge auf See. Auf See wurde keinem gestattet, die Chronometerkabine zu betreten, außer Stebbing, dem Kapitän und Stokes. Als er die sorgfältige Aufstellung der Instrumente verfolgt hatte, sagte Charles, der sich während der langen Tage des Wartens als Fremdkörper und nutzlos fühlte, zu Kapitän FitzRoy:
»Die Farbe in der Heckkabine ist noch nicht trocken, deshalb kann ich unsere Bibliothek nicht einräumen. Könnten Sie mir eine regelmäßige Beschäftigung zuteilen?«
»Wenn Sie wünschen. Jeden Morgen um neun, wenn wir unsere ein- und zweitägigen Chronometer aufziehen, können Sie die Barometer ablesen und im Logbuch die Differenzen des atmosphärischen Drucks eintragen.«
»Ich danke Ihnen, Kapitän. Sie haben soeben den ersten Schritt unternommen, um eine Landratte in einen Seemann zu verwandeln.«

Am 15. November traf ein langes Memorandum der Admiralität mit genauen Einzelheiten für Kapitän FitzRoy ein. Es war die offizielle Freigabe für das Schiff. *H.M.S. Beagle* konnte in See stechen, sobald das letzte Stück der Einrichtung eingebaut, geprüft und gesichert war. Kapitän FitzRoy frohlockte. Er las Kapitän Francis Beauforts Memorandum durch:

> Es besteht noch ein beträchtlicher Unterschied in der geographischen Länge von Rio de Janeiro gemäß der Vermessung durch die Kapitäne King, Beechey und Foster einerseits und Kapitän W. F. Owen, Baron Roussin und die portugiesischen Astronomen anderseits; da nun all unsere Meridianentfernungen von dort aus gemessen werden, wird das eine bedeutsame Sache…

In der Folge erinnerte Kapitän Beaufort FitzRoy daran, daß er, da noch kein Schiff jemals mit besseren Chronometern das Land verlassen habe, imstande sein sollte, diesen Unterschied zu verringern.
Als nächstes warf Kapitän FitzRoy einen Blick auf die zu vermessenden Gebiete:

> …im Süden bis zur Magellanstraße und der Nordostküste von Feuerland…

Dann folgten Instruktionen für die kartographische Aufnahme der Westküste von Südamerika und die Erlaubnis, den Pazifik zu überqueren.

> Sollten Sie nach Guayaquil kommen, wäre es wünschenswert, daß Sie zu den Galápagos fahren… und in andere Gebiete, die mit zweifelhaften Angaben Aufnahme in die Landkarten gefunden haben…

Er sollte außerdem eine nautische Übersicht geben, die Höhe über Meeresspiegel aller Hügel und Vorgebirge feststellen, einige Besonderheiten des Landes in Verbindung mit den Karten und Plänen erkunden. Ferner sollte er ständig die Gezeiten beobachten und die Entfernung messen, bis zu der sie Salzwasser flußaufwärts beförderten. Es folgten hundert andere Einzelheiten.
Als er alles überflogen hatte, erklärte FitzRoy ein wenig widerwillig:
»Diese Instruktionen sind eher für das spätere Protokoll bestimmt als für mich. Ich kenne alle Aufgaben, die wir auszuführen haben, und sie werden mit aller gebotenen Gründlichkeit erledigt. Was sie allein willkommen macht, ist die Tatsache, daß wir jetzt frei sind, den Erdball zu umsegeln. Wenn wir den Pazifik bis Tahiti überquert haben, können wir die anderen Südseeinseln vermessen, Neuseeland und Australien anlaufen und auf dem Weg über das Kap der Guten Hoffnung zurückkehren... Das ist nun offiziell!«
Er legte die Papiere auf seinen Schreibtisch.
»Jedenfalls... um alle Instruktionen Kapitän Beauforts zu erfüllen, werden wir vier Jahre brauchen, vermute ich.«
Charles verschlug es den Atem. *Vier* Jahre! Was würde er vier endlose Jahre lang tun? Würde es genügend Arbeit für einen Naturforscher geben, die ihn interessierte und einen gewissen Wert hatte? Ein Gefühl der Angst schnürte ihm die Kehle zusammen. Vier Jahre! Fern von Familie, Freunden, Verwandten... *Maer Hall*, *Woodhouse*, Cambridge...
Vier Jahre auf See!

3.

Die Wagen des Königlichen Lagerhofs für Lebensmittel brachten die letzten Vorräte auf die *Beagle*. Es war ein großer Tag, eine fast religiöse Zeremonie für die Besatzung, die sich vollzählig ins Zeug legte, um die Vorräte an ihrem Platz im Laderaum unterzubringen.
Charles half George Rowlett, dem Zahlmeister, beim Überprüfen der verschiedenen Nahrungsmittel, während sie von den Wagen abgeladen und durch die Kette der Besatzung weiterbefördert wurden. Alles wurde unter der Wasserlinie verstaut. Unterhalb der Kapitänskabine wurden die Säcke mit dickkrustigem Zwieback gestapelt. Festverschlossene Eisentanks mit Frischwasser lagen unter dem Hauptlukendeckel und der Fähnrichsmesse; Rum und Alkohol wurden in Fäßchen unter den Kojen der Fähnriche verstaut. Es gab Kisten mit Mitteln gegen Skorbut: Essiggurken, getrocknete Äpfel und Zitronensaft. Kapitän FitzRoy sagte:
»Skorbut war der Fluch aller Schiffe bis zu den Zeiten Kapitän Cooks. Deshalb

wurde von diesen Vorräten so viel mitgenommen, wie sich nur unterbringen ließ.«
Fünf- bis sechstausend Dosen konserviertes Fleisch, Gemüse und Suppe von Kilner & Moorsoms wurden von liebevollen Händen die Kette entlang in den Laderaum weitergereicht. Fässer mit gepökeltem Schweine- und Rindfleisch wurden unterhalb der Mannschaftsmesse verstaut. Es war üblich, Proviant für acht Monate mitzuführen.
Vom Gesundheitsministerium erhielt die *Beagle* Medikamente, Antiseptika sowie die für die Konservierung naturwissenschaftlicher Proben erforderlichen Dinge, Kalomel, Morphium, Karbolsäure, Jod. Brechweinstein wurde in der Apotheke untergebracht, einem besonderen Lagerraum neben Dr. McCormicks Kabine, zusammen mit Verbandzeug, Schienen, Salben, Pomaden und Einreibemitteln. Charles bereitete seine eigene Liste zur Kontrolle vor und fragte FitzRoy, wo seine Ausrüstung für die Konservierung von Proben untergebracht werden solle.
FitzRoy antwortete zögernd: »Ich kann etwas Platz im Vorratsraum hinter meiner Kabine entbehren, glaube aber, daß der größte Teil im Lazarett untergebracht werden muß. Ich muß McCormick sagen, daß alle diese Vorräte Ihrer Kontrolle unterstehen, daß niemand etwas ohne Ihre Bewilligung entnehmen darf.«
Nun wurden die Schachteln und Kisten geöffnet, die für die Feuerländer mitgenommen werden sollten. Es erhob sich stürmisches Gelächter, als die Matrosen nacheinander Weingläser, Butterdosen, Teetabletts, Suppenterrinen, ein Reisenecessaire aus Mahagoni, feine weiße Leinenwäsche, Biberhüte, eine große Menge Kleider, Werkzeuge, Bücher und ein vollständiges Steingutservice, einschließlich handgemalter Nachttöpfe, zum Vorschein brachten. Einer der Seeleute rief: »Könnt ihr euch vorstellen, wie eine ganze Gruppe dieser nackten Wilden in einer Reihe nebeneinander in einem Orkan auf Feuerland sitzt und in diese kleinen Nachttöpfe scheißt!«
Kapitän FitzRoy, Charles und Bynoe standen dabei.
»Gott im Himmel«, rief der Kapitän, »was haben sich die guten Leute wohl gedacht? Werkzeuge, die sie nicht verwenden können, Bücher, die sie nicht lesen können, Geschirr für Butter, Tee und Suppe, wovon sie nie gehört haben, und ein Reisenecessaire aus Mahagoni, das als Brennholz verwendet würde. Vergeudung, alles Vergeudung. Biberhüte und weiße Leinenwäsche in der Wildnis von Feuerland!«
Es kam auch der Tag, an dem die Farbe in der Heckkabine trocken war. Charles und Stokes schafften die Bücher vom Festland an Bord. Die Regale waren nicht ganz anderthalb Meter lang und zwei Meter hoch. Sie würden die zweihundert Bände, eine für ein kleines Schiff sehr beachtliche Bibliothek, aufnehmen. Als Nachschlagewerke dienten die siebzehn Bände des *Dictionnaire classique d'histoire naturelle* und des *Dictionnaire des sciences naturelles.* Viele Titel waren mehrbändig, wie etwa Charles' elf Bände von Euklid und mehrere Bände von

Humboldt. Er steuerte seine spanischen Bücher bei, eines über das Ausstopfen von Tieren, und die *Wonders of the World*, die er seit seiner Kindheit besaß, sowie die Bücher, die er bei Yarrell gekauft hatte, und Bände über Algebra, Trigonometrie, die *Nomenclature of Colours* und ein französisches Wörterbuch. Sie stellten die Reisebücher auf das oberste Regal, auf das darunterliegende die mathematischen und astronomischen Lehrbücher und die über Elektrizität. Auf das Regal darunter kamen die naturgeschichtlichen Werke, von denen die meisten Kapitän FitzRoy gehörten, der sie seit einer Anzahl von Jahren gesammelt hatte, zu denen aber Charles einen beträchtlichen Beitrag leistete.

Kapitän FitzRoy setzte George Stebbing als Verantwortlichen für die Bibliothek ein. FitzRoys Regeln waren streng, aber großzügig. Die Bücher waren für alle Offiziere zugänglich, einschließlich der Fähnriche, sie mußten sie jedoch von Stebbing verlangen, der das Buch in ihre Kabine brachte. Nach einer festgesetzten Zahl von Tagen würde Stebbing das Buch zurückholen und eine Quittung zurücklassen. Jedes Buch mußte von dem Offizier, der es benutzte, mit einem Umschlag versehen werden. Kein Buch durfte von dem Schiff entfernt werden.

Charles und Stokes verbrachten fast zwei Tage damit, die Bücher zweckmäßig zu ordnen. Als das erledigt war, stellten die beiden einen Katalog zusammen.

Nun wurde es für Charles Zeit, seine Kleider und persönlichen Habseligkeiten zu verstauen und seine Hängematte anbringen zu lassen. Bis zu diesem Augenblick hatte er seine Sorge wegen des Platzmangels verdrängt.

Die Heckkabine mit den Bücherregalen und Schubladentruhen an den Wänden ließ schließlich etwas weniger als drei Meter Platz, von denen der am Deck befestigte Kartentisch in der Länge einen Meter fünfunddreißig und in der Breite fast zwei Meter beanspruchte. Kapitän FitzRoy hatte ganz richtig gesagt, daß Charles rund um den Kartentisch sechzig Zentimeter Platz haben würde, wo er sich bewegen konnte. Ihm blieben also zu seiner Linken und Rechten kaum zehn Zentimeter, um seine Arme und Beine zu bewegen, während er sich an- oder auskleidete; wenn er die Ellbogen mehr als diese zehn Zentimeter weit ausstreckte, stieß er sich entweder an der Schottwand oder an der Schubladentruhe. Er würde eine spezielle Technik entwickeln müssen, sich anzukleiden, mit den Armen genau vor sich; er mußte Unterhemd, Hemd, Weste oder Jacke mit gekreuzten Armen anziehen, als ob er mit sich selbst ringe. Dank Kapitän FitzRoys Neugestaltung des Inneren war die Heckkabine zwei Meter fünfzehn hoch, fünfzehn Zentimeter höher als auf der vorigen Reise. Er würde zwischen seinem glattgekämmten Haar und der hölzernen Decke etliche Zentimeter Platz haben.

Das Unterfangen, seine Kleider, einschließlich seiner Anzüge und persönlichen Habseligkeiten, in der Truhe mit den Schubladen in der Kabinenecke, in der auch seine Hängematte untergebracht werden sollte, und in dem Schränkchen an der Schottwand zu verstauen, war eine Zerreißprobe. Er war am Rand der Verzweiflung, als John Stokes ihn beruhigte.

»Die Schränke können mehr aufnehmen, als du ahnst, Charley. Es handelt sich

nur darum, den Platz richtig einzuteilen. Ich werde es dir zeigen. Stopf nichts hinein. Schiebe deine Socken flach in deine Unterwäsche. Falte deine Anzüge, wie die Schneider es machen, so daß sie völlig flach sind.«
Der schwierigste Augenblick kam, als Stoke Charles' Hängematte an ihren Wandhaken aufhängte. Die Hängematte war nur wenig mehr als anderthalb Meter lang.
»Was soll ich tun, Johnny, wenn meine Füße über das Netz hängen?«
»Du wirst dich schon daran gewöhnen. Viele an Bord sind über eins fünfzig groß. Du mußt nur zusammengerollt schlafen wie in einem Kokon.«
»Ich habe viele Jahre ausgestreckt geschlafen wie eine Holzplanke.«
Kapitän FitzRoy hörte Stokes' lautes Lachen und steckte den Kopf herein.
»Was gibt's für Probleme, Darwin?«
»Die Hängematte ist zu kurz.«
»Die Hängematte ist nicht zu kurz. Es gibt zu wenig Platz.«
»Wie auch immer, Kapitän, ich werde nicht genug Platz zur Verfügung haben.«
FitzRoy sah sich die Ecke an und sagte zu Stokes:
»Hol den Zimmermann. Sag ihm, er soll Fußbügel mitbringen.«
Mr. May, der Zimmermann, kam sofort. Kapitän FitzRoy zog die oberste Schublade von Charles' Schrank heraus und sagte zum Zimmermann:
»Machen Sie die Fußbügel an der Rückseite des Schranks fest. Auf diese Weise können wir die Hängematte ein wenig verlängern.«
Als die Hängematte in einem etwas veränderten Winkel angebracht worden war, was etwa dreißig Zentimeter mehr Platz bot, und die oberste Schublade mit den Toilettenartikeln unter dem Kartentisch lag, war es für Charles an der Zeit, das Hineinlegen zu üben. Er setzte sich in die Mitte der Hängematte, mit seinem ganzen Gewicht. Prompt krumpelte sich die Matte unter seinem Gewicht zusammen, so daß er aufs Deck fiel. Inzwischen war Sulivan hereingekommen; die drei Anwesenden lachten herzlich. Charles fand das Ganze gar nicht komisch. Er rieb sich den Hintern. Keiner gab ihm einen Rat. Er entwirrte die zusammengeknüllte Hängematte und setzte sich wieder, diesmal sehr vorsichtig, in die Mitte. Kaum hob er die Beine, da schlug sie wieder aus wie ein ungezähmter Hengst und warf ihn ab.
FitzRoy schüttelte belustigt den Kopf.
»Der Haken dabei ist, Kapitän, daß ich abgeworfen werde.«
»Nein, nein«, brummte Sulivan, »Sie werden herausgeworfen.«
FitzRoy murmelte: »Bitte holen Sie den Segelmacher.«
James Malcolm, ein Mann aus Devonport mit rotem Haar und braunen Augen, schnitt die Leinwand frisch zu und nähte neue Löcher für die Seile. Er machte die Leinwand flach genug, so daß Charles sich bequem fühlte. Nachdem das getan war, rief das Trio:
»Nun laßt es uns wieder versuchen.«
»Der Hauptfehler Ihrer Reitkunst«, sagte Sulivan, »besteht darin, daß Sie zu früh

versuchen, Ihre Beine in die Hängematte zu bringen. Da sie aufgehängt ist, gelingt es Ihnen bloß, sie von sich wegzustoßen.«
»Was soll ich als erstes hineinlegen, meinen Kopf? Der fühlt sich im Augenblick leer genug und dürfte nicht viel wiegen.«
Stokes kicherte und schüttelte heftig den Kopf. »Nein. Die richtige Methode ist, sich genau in die Mitte der Hängematte zu setzen.« Er demonstrierte es. »Dann drehst du dich geschickt, so daß dein Kopf und deine Füße im selben Augenblick an ihren Platz kommen. Es ist wirklich nicht schwieriger, als ein sich aufbäumendes Pferd zu besteigen.«
Charles mußte es noch mehrmals versuchen, wobei Stokes und Sullivan zu beiden Seiten der Hängematte seinen Kopf und seine Füße lenkten, doch schließlich schaffte er es. FitzRoy war aber noch immer der Ansicht, daß Größe und Form der Hängematte nicht ganz richtig seien. James Malcolm veränderte sie noch zweimal, bevor sie zu Darwins hochgewachsener Figur paßte.
Da noch niemand an Bord schlief, behielt er seine bequemen bisherigen Zimmer und das ausgezeichnete Bett. Er frühstückte in seinem Zimmer und aß abends nur dann in der Offiziersmesse, wenn er eingeladen wurde. Er wollte nichts als selbstverständlich ansehen. Wenn er zufällig nicht eingeladen war, ging er ins *Hunt* oder zur *Regatta*, wo er allein aß. Gelegentlich, wenn die See im Plymouth-Sund nicht allzu stürmisch war, ging er an Bord und schlief in seiner Hängematte, da er sich daran gewöhnen wollte, bevor das Schiff auslief. Sie pendelte hin und her, oberhalb des Kartentisches, und hielt ihn, Übelkeit erregend, wach.

Da die *Beagle* vor dem Auslaufen stand, steigerte sich die Aktivität an Land. Die Königliche Marine war äußerst gesellig, jeder wollte die Offiziere eines Schiffes einladen, das kurz vor der Abfahrt zu einer langen Reise stand. Charles nahm an einer Reihe von Mittag- und Abendessen sowie Tanzveranstaltungen teil. Obwohl er oft der einzige Anwesende war, der nicht der Marine angehörte, wurde er herzlich aufgenommen.
Zu einigen dieser Partys wurde er eingeladen, weil er ein Freund von Kapitän FitzRoy war. Er wurde aber zu seiner Überraschung, da er daran eigentlich nie gedacht hatte, auch deshalb akzeptiert, weil er einen berühmten Namen trug. Sein Großvater, Dr. Erasmus Darwin, war in ganz England als Autor bekannt. Sein Vater, Dr. Robert Darwin, besaß, wie Charles von Kapitän Beaufort erfahren hatte, einen hervorragenden Ruf als Mediziner nicht nur in Shropshire, sondern auch in London und Irland.
Als Abschiedsparty zur Feier ihrer bevorstehenden Abreise und um sich bei seinen vielen Gastgebern zu revanchieren, gab Kapitän FitzRoy ein Mittagessen an Bord der festlich geschmückten *Beagle*. Charles bildete gemeinsam mit FitzRoy und den Leutnants Wickham und Sulivan das Empfangskomitee, welches die Marineoffiziere, ihre Frauen und Töchter zu einer Mahlzeit mit sieben Gängen willkommen hieß, die von der Verpflegungsstelle der Marinewerft geliefert wurde.

Am Abend setzte der Kapitän die Festlichkeit mit einer Walzerparty im Ballsaal des verhältnismäßig neuen *Royal Hotel* in der George Street fort. Die Offiziere sahen in ihren blauen Uniformen mit den roten Stehkragen schmuck aus. Inzwischen hatte Charles schon gelernt, die Dienstgrade nach der Breite der Goldlitzen und der Anzahl der Sterne auf den Epauletten zu unterscheiden.
Charles fand die Damen reizvoll in ihren eleganten Toiletten aus Musselin, Seidengaze und Organdy in Weiß, Gelb, Blaßrosa und Blau. Die weiten Röcke waren durch mehrere Unterröcke aufgebauscht und mit Bändern und Blumen oberhalb des Rocksaumes verziert.
»Wir sind schon arme Kerle«, fand Charles, »wir werden unsere hübschen Mädchen vier Jahre lang nicht wiedersehen. Ob sie wohl warten werden?«

4.

Das Barometer hatte recht. Innerhalb einer Stunde war die Sonne verschwunden, und es wehte ein stürmischer Südwestwind vom Atlantik, der das Schiff an seinem Ankerplatz hielt. Bald kam der Regen von der See, ein heftig prasselnder Regen. Als die Temperatur fiel, wurde aus dem Regen ein Schneegemisch und dann Hagel. Die *Beagle* tanzte auf und ab wie ein Korken in einer Regentonne. Charles hatte noch nie eine so beißende Kälte kennengelernt. Der Sturm hielt mehrere Tage an. Charles war abwechselnd seekrank, heimwehkrank und verzweifelt, ob er je aus dem Hafen hinauskommen würde.
Am Spätnachmittag des 2. Dezember rekelte er sich in dem großen Lehnstuhl in seinem Appartement, wohin er zurückgekehrt war, um sich von der Bewegung des Schiffes ein wenig zu erholen, als es an seiner Tür klopfte. Er öffnete und stand seinem Bruder Erasmus gegenüber, der eine Reisetasche in der Hand trug.
»Hallo, Charles. Susan schrieb mir, wo du bist. Kam dich besuchen.«
Charles starrte ihn mit offenem Mund und vor Verwunderung aufgerissenen Augen an. Erasmus sah gut aus, war kostspielig, wenn auch keineswegs geckenhaft gekleidet. Sein ohnehin dunkler Teint war sonnengebräunt.
Er drückte seinen Bruder an sich, dann nahm er Erasmus' Mantel und Handtasche, schob die Bücher vom Tisch und ließ Tee kommen. Es war dreieinhalb Jahre her, seit Erasmus seinen akademischen Grad am Christ's College erhalten hatte. Nach einem kurzen Besuch in *The Mount* war er nach London gefahren und hatte dann eine lange Reise nach Frankreich und Österreich unternommen.
»Ich werde jetzt meine Zeit zwischen meiner Wohnung in der Regent Street und dem Windham Club auf St. James's teilen«, erklärte Erasmus. »Meine Wanderjahre sind vorüber. Ich werde mich in London niederlassen und träge zusehen, wie die Jahre vorbeigehen.«

»Keine medizinische Praxis?«
»Nur für mich selbst. Eigentlich ist es nicht meine Gesundheit, die mich im Stich läßt, es sind meine Lebensgeister. Die Hälfte der Zeit fühle ich mich nicht in Ordnung.«
Charles war erschrocken. Was würde Erasmus unternehmen, um einen anderen Beruf zu finden?
»Nichts, mein lieber Gas. Diese Jahre in Edinburgh und Christ's scheinen mich erschöpft zu haben. Oder zumindest meinen Ehrgeiz.«
Zum erstenmal verstand Charles den Zorn seines Vaters, als er ihm den Brief mit Henslows Angebot gezeigt hatte: eine wahnsinnige Idee... nutzlos... er würde sich danach nie an ein solides Leben gewöhnen. Es mußte für Dr. Robert Darwin eine schwere Belastung sein, zwei Dilettanten aufgezogen zu haben, Müßiggänger in Wahrheit, die von den harten und arbeitsreichen Jahrzehnten der Familien Darwin und Wedgwood lebten... »Parasiten« würden sie nach der moralischen Bewertung Dr. Darwins sein, der seinen Mitmenschen vierundvierzig Jahre selbstlosen Dienstes gewidmet hatte.
»Ich habe nicht die Absicht, ein Faulenzer zu sein, bloß weil ich keine ständige Beschäftigung habe.«
»Dann hast du also einen Plan, Ras. Das freut mich.«
»Jedermann in London ist so in Anspruch genommen, daß man keine Zeit für Freundschaft übrig hat. Ich beabsichtige diese Zeit zu haben, soweit meine labile Gesundheit es mir erlaubt.«
»Und wie beabsichtigst du diese Freundschaft zu spenden?«
»Darüber habe ich viel nachgedacht. Ich möchte in London ein bequemes, bescheidenes Heim einrichten, in das Leute zum Essen und Trinken, zu Gemeinschaft und anregender Konversation kommen können. Ich habe eine Anzahl von Schriftstellern kennengelernt. Sie gehören zu den einsamsten Leuten, die ich kenne. Viele von ihnen sind verworren, entwurzelt. Ich möchte ihnen zu dem Bewußtsein verhelfen, daß sie Freunde haben, mit denen sie zusammenkommen und über ihre Probleme diskutieren können.« Dann meinte er wehmütig: »Damit wäre ich doch kein Müßiggänger, nicht wahr, Charles?«
»Nein... Ras. Es würde mich nicht wundern, wenn du auf diese Weise ebenso viele Krankheiten kurierst, wie wenn du Aderlässe vornimmst und Patentrezepte verschreibst.«
»Ich bin siebenundzwanzig und völlig verbraucht. Es ist einfach, Charles. Wir verschwenden unsere Substanz mit der Vorbereitung auf unser Leben als Erwachsene. Da ich nun erwachsen bin, finde ich, es hat sich nicht gelohnt, sich auf dieses Leben vorzubereiten. Jemand, vielleicht war ich es selbst, hat den Mythos der Reife vergoldet. Ich beabsichtige nicht, mich wieder manipulieren zu lassen. Das Leben ist nur ein vorübergehender Traum. Laß ihn vorübergehen.«
Es war nicht Energie, was Erasmus fehlte. Charles machte mit ihm lange Spaziergänge auf den Mount Edgcumbe, von dessen Gipfel sie Devonport, Stonehouse

und Plymouth sehen konnten. Jeder Ort lag an einem eigenen Meeresarm. Sie sahen die *Beagle* im Hafen von Barnpool, in der Erwartung, daß die Winde sich drehen würden. Er verschaffte sich die Erlaubnis, Erasmus durch die Königliche Marinewerft führen zu dürfen.
Erasmus war erstaunt.
»Ich kann verstehen, daß du fasziniert bist, Charley. Reizt dich das alles? Glaubst du, du könntest, wenn du zurückkommst, in die Königliche Marine eintreten? Vielleicht als Naturforscher von Beruf? Ich bin sicher, du würdest ohne Schwierigkeit eine Offiziersstelle bekommen.«
»Nein, Ras, ich werde Geistlicher. Ich versprach es Vater. Er bezahlte meine Ausbildung; ich habe mich dazu verpflichtet.«
Erasmus wurde rot und wandte den Blick ab.
Charles nahm Erasmus jeden Tag auf die *Beagle* mit; Erasmus begleitete ihn bei seinen Runden des Barometerablesens, half bei den verschiedenen Arbeiten, die er zu verrichten hatte, und wunderte sich, daß Charles sie akzeptierte. Er erwärmte sich für die Reise und freute sich mit Charles, als der 5. Dezember als neues Abfahrtsdatum der *Beagle* festgesetzt wurde.
Charles dachte:
»Armer Ras, er ist es, der einsam ist. Deshalb wünscht er sich seinen Salon, damit ihm Menschen ihre Wärme und Freundschaft bringen.«
Einmal fragte er ruhig:
»Wie steht es mit der Ehe, Ras? Paßt sie zu deinen Plänen?«
»Das glaube ich nicht. Ich wünsche diese Art der Verantwortung nicht.«
»Auch nicht, wenn du dich verliebst?«
»Du bist der Romantiker der Familie, Gas, du jagst mit dieser koketten Fanny Owen durch die Landschaft. Um die Wahrheit zu sagen, ich habe die Liebe nie gekannt. Sie ist meiner Natur fremd.«
»Nicht ganz fremd. Ich kann mich noch erinnern, daß du in unsere Kusine Emma Wedgwood verliebt warst. Es gab eine Zeit, da klatschten die Zungen der Familie, daß ihr heiraten würdet.«
Ein warmes Lächeln erhellte Erasmus' Gesicht.
»Ach, Emma! Unsere reizende Miss Schlampig! Emma und ich haben niemals auch nur Händchen gehalten. Wenn irgend jemand von Heiraten sprach, dann deshalb, weil man annimmt, daß Vettern und Kusinen Darwin und Wedgwood einander heiraten.«
Als Erasmus abreiste, war Charles zum erstenmal, seit er nach Plymouth gekommen war, wirklich unglücklich. Es war eine bei ihm seltene Gemütsbewegung.

Am Morgen des 5. Dezember, eines Montags, war der Himmel klar. Nach dem Messen des Sonnenstandes erteilte Kapitän FitzRoy den Befehl:
»Schiff klar zum Auslaufen!«
Die Besatzung war erleichtert. Charles war überschäumender Laune... bis ein

schwerer Sturm von Süden kam, der die *Beagle* wieder im Hafen festhielt. Er murmelte Stokes über den Kartentisch hinweg zu:

»Ich gehe wieder ins *Clarence Baths*. Ich möchte mich dem Genuß des Schlafens auf einem festen, flachen, unbeweglichen Bett hingeben.«

»Geh damit nur nicht zu weit«, warnte ihn Stokes. »Wenn der Wind von Norden kommt, kann es uns aus Plymouth hinausblasen, bevor du dein Nachthemd ausgezogen hast.«

Er blieb in seinem Appartement, während ein Sturm den anderen ablöste. Es dauerte fünf Tage, bis der Wind umschlug. Um neun Uhr lichteten sie den Anker. Sobald sie den Wellenbrecher umfuhren, ging die See hoch. Wieder gab das Barometer Hinweise. Sie befanden sich in einem schweren, aus Südwesten kommenden Sturm. Das Schiff stampfte schwer. Charles wurde seekrank und verbrachte die jämmerlichste Nacht seines Lebens. Das Pfeifen des Windes, das Toben der See, die rauhen Schreie der Offiziere und das Gebrüll der Mannschaft waren ein Konzert, das er nicht so bald vergessen würde. Am Morgen gab Kapitän FitzRoy Befehl, das Schiff zurück nach Plymouth zu steuern und auf günstigeren Wind zu warten.

Charles kehrte zurück ins *Clarence Baths*.

Die folgenden zwei Wochen waren schrecklich, voll bitterer Kälte, Schnee und Eis. Charles machte täglich eine Runde zu den Barometern, aß wenig und schlief noch weniger. Er verlor Gewicht und wurde melancholisch. Seine Schiffskameraden waren voll Mißmut.

Am Sonntag ging er mit Charles Musters in die Kapelle der Werft. Es regnete den ganzen Abend in Strömen.

Zuerst bekam er Schmerzen, dann Herzklopfen. Das konnte auf ein ernstes Leiden hinweisen, aber er murrte: »Meine Beschwerden gehen nur mich was an. Ich werde mich keinem anvertrauen.«

Das Herzklopfen nahm zu. Deutlich. Er hatte in den zwei Jahren an der Universität von Edinburgh genug gelernt und Erfahrung bei den Patienten seines Vaters gesammelt, um zu wissen, wann ein Herz unregelmäßig schlug. Er kontrollierte seinen Puls, legte die linke Hand unter seine Brust an sein Herz.

Was sollte er unternehmen? Trotz der Widerwärtigkeiten der *Beagle* hatte er weniger Angst davor, zu sterben, als davor, die Reise nicht mitzumachen. Er konnte es Dr. McCormick nicht sagen; der hätte ihn sofort nach London zurückgeschickt. Auch auf Dr. Benjamin Bynoes Verschwiegenheit konnte er nicht bauen. Der war, was die Gesundheit betraf, ein Pedant.

Seine Stimmung verdüsterte sich. Er blieb an Bord der *Beagle* in einem Zustand der Verzweiflung, während Donner, Blitz und Wolkenbrüche rund um ihn tobten, prasselten und sein Herz gegen die Wand seiner Rippen pochte, bis er dachte, sie würden bersten wie Dämme und in die See stürzen. Es waren die schlimmsten Tage seines Lebens.

Doch als es zu regnen aufhörte und das Wetter gut zu bleiben schien, ging er los und kaufte einen Fliegenfänger und einen silbernen Bleistift; er spazierte mit Sulivan und dem jungen King nach Ramshead, am nächsten Tag aß er in der Fähnrichsmesse. Das Herzklopfen hörte auf.

Es war Mitte Dezember, als Charles zum erstenmal in Kapitän FitzRoys Kajüte speiste. FitzRoy hatte sie geschmackvoll eingerichtet und in ein Zimmer im Stil des Heimes seiner Familie verwandelt. Fuller, der Privatsteward des Kapitäns, hatte den runden Eßtisch mit einem schneeweißen Leinentischtuch, schimmerndem Glas und blankpoliertem Silber gedeckt. Philips, der Schiffskoch, hatte auf dem Markt in Plymouth frisches Fleisch, Gemüse und Obst eingekauft, aber erst, nachdem er bei den Fischerbooten einen Korb Fische erstanden hatte. Fuller servierte schweigend die einzelnen Gänge.

Kapitän FitzRoy war entspannt, er saß in einer einfachen Jacke und einem gefältelten Hemd bei Tisch.

»Ob mir die Verschiebungen etwas ausmachen?« antwortete er auf Charles' Frage. »Ja, aber nicht gefühlsmäßig wie den anderen. Die Hauptsache ist, daß sich die *Beagle* in tadellosem Zustand befindet. Ich kann das, was beim Bau des Schiffes geschieht, unter Kontrolle halten, nicht aber den Südwestwind oder einen Sturm. Nur Gott vermag über die Kräfte der Natur zu bestimmen. Heute werden wir ein Glas Wein darauf trinken, daß wir glückliche und schöpferische vier Jahre vor uns haben. Ich habe eine Flasche feinen Rotwein zu unserem Roastbeef ausgewählt. Trinken Sie, mein lieber Darwin, denn wenn uns der Nordwind einmal aus Plymouth hinausbläst, wird diese Kajüte so trocken sein wie ein alter Schiffszwieback.«

»Von allem Luxus und den Freundlichkeiten, die ich Ihnen verdanke, Sir, wird keine so wesentlich sein wie die, daß ich meine Mahlzeiten mit Ihnen zusammen einnehme.«

»Ach ja, die Fähnrichsmesse. Dort ist es recht lärmend. Die Offiziere sind eifrig bemüht, sich zu amüsieren.« Er wurde ernst. »Ich muß Ihnen auch noch den Rest der Disziplin bei unseren Mahlzeiten erklären. Meine Mahlzeiten werden pünktlich serviert: Frühstück um acht, Mittagessen um eins, Tee um fünf, Abendessen um acht. Wir müssen uns bemühen, pünktlich zu sein; ist aber einer von uns verspätet, sollte der andere sofort zu essen beginnen. Wir brauchen auch nicht gleichzeitig fertig zu werden; wer als erster fertig ist, geht wieder an die Arbeit.«

»Ich verstehe.«

»Es gibt noch etwas, das Sie verstehen müssen. Wir haben hier in Devonport und Plymouth an vielen gesellschaftlichen Zusammenkünften teilgenommen. Ich bin sicher, ich habe mit den Admirälen und ihren reizenden Töchtern ebensoviel geplaudert wie Sie. Aber auf See, insbesondere bei schwierigem Wetter oder wenn ich die Land- und Seekarten nicht bekomme, die ich brauche, werde ich äußerst in Anspruch genommen. Ich spreche mit niemandem über etwas anderes als über technische Einzelheiten der Arbeit; und es darf niemand mit mir sprechen. Wir werden also mitunter unsere Mahlzeiten in völliger Stille verzehren, und das könnte mehrere Tage hintereinander andauern. Sie sollen aber wissen, daß das keine persönlichen Gründe hat. Auf See gibt es keine belanglose Unterhaltung mit mir.«

»Kapitän FitzRoy, ich habe bereits versprochen, diese wunderbare Kajüte nicht zu betreten, wenn Sie allein zu sein wünschen. Ich werde mir von Stebbing ein Barometer machen lassen, das Ihren Wunsch nach Stille oder Redseligkeit genau registrieren soll.«

Kapitän FitzRoy war sehr erfreut.

»Sie machen sich, Darwin, Sie machen sich.« Ein verschmitztes Lächeln erhellte seine gewöhnlich ernsten Züge. »Beinahe hätte ich Sie damals abgewiesen, als Sie das erstemal in mein Büro in der Admiralität kamen. Wissen Sie, warum? Weil ich ein leidenschaftlicher Schüler von Lavater bin, des Schweizer Physiognomen. Ich bin überzeugt, daß ich den Charakter eines Menschen aufgrund seiner Gesichtslinien beurteilen kann. Als Sie mir dort vor dem Schreibtisch gegenübersaßen, zweifelte ich einen kurzen Augenblick daran, daß jemand mit Ihrer langen Nase genügend Energie und Entschlossenheit für diese Reise haben könne.«

Das konnte Charles nicht ernst nehmen.

»Aber, mein lieber Kapitän, Sie müssen doch wissen, daß Lavater ein Dichter und Mystiker war. Er hätte keinen Funken wissenschaftlicher Beweise in seiner Theorie zugelassen.«

Kapitän FitzRoy war nicht beleidigt.

»Ich ließ von Mr. John Wilson, dem Arzt auf der früheren *Beagle*-Reise, eine Charakterstudie der Feuerländer erstellen: Eigensinn, Ehrlichkeit, Verschlagenheit, Leidenschaften, Gedächtnis... Dann machten wir eine phrenologische Untersuchung ihrer Schädel. Das alles ist in meinem Logbuch verzeichnet.«

Charles zog erstaunt die Brauen hoch.

»Sie studierten die Höcker an ihrem Schädel, um ihre geistigen Eigenschaften festzustellen?«

»Ja. Wirklich faszinierend.«

Charles betrachtete eine Weile die weichen Innenpolster seiner Fingerspitzen.

»Kapitän, würden Sie mit Ihrer Hand über Heck und Bug der *Beagle* streichen, um ihre Segeleigenschaften festzustellen?«

Darauf antwortete FitzRoy mit einem sich selbst in Frage stellenden Grinsen; aber sein Rückgrat schien sich ein wenig zu versteifen.

Auf dem Weg zurück in seine Kabine dachte Charles:

»Ich frage mich, ob ich mir den Luxus leisten kann, ihn zu übertrumpfen.«

5.

Wenn das Schiff nicht allzusehr in seiner Vertäuung in Barnpool schwankte, verbrachte Charles seine Freizeit damit, das, was er seinen »Krimskrams« nannte, sentimentale Erinnerungen an *The Mount*, immer wieder von neuem zu ordnen, und Basil Halls *Fragments of Voyages and Travels* zu lesen. Oben auf seinen Schubladenschrank stellte er das Medaillon des Silberschmieds mit Sarah Owens Haarlocke. Jedesmal, wenn er daran vorbeikam, erinnerte ihn das Medaillon an das Bild ihrer reizenden Schwester Fanny. Die Haarlocke nahm den Platz des Kissens ein, das Fanny für ihn hatte sticken wollen.

Als nach weiteren vier stürmischen Tagen die Sonne rot durch den Nebel schien, gab Kapitän FitzRoy Befehl, das Schiff zum Auslaufen klarzumachen. Sie segelten um elf Uhr vormittags los, bei einem leichten Nordwestwind, und als sie um Drakes Island über Stag gingen, ließ sie der Steuermann auf einen Felsen vor einer Ecke der Insel auflaufen. Da es weder Wind noch Dünung auf See gab, blieb das Schiff eine halbe Stunde lang stecken. Ohne dem Steuermann Vorwürfe zu machen, übernahm Kapitän FitzRoy die Führung und versuchte eine Anzahl Manöver, die mißlangen. Dann traf er eine andere Maßnahme.

»Alle Mann an Bord in Bewegung! Lauft, so schnell ihr könnt, von Backbord nach Steuerbord und zurück, dann vom Heck zum Bug und zurück. Wir brauchen eine starke Schaukelbewegung.«

Es wirkte. Die *Beagle* kam von dem Felsen frei. Bei einer Besichtigung wurde festgestellt, daß der Kupferkiel nicht beschädigt worden war. Kaum waren sie an dem Wellenbrecher vorbei, fühlte sich Charles unwohl. Um vier Uhr ging er in die Kapitänskajüte und schlief auf dem Diwan in der Nische gegenüber jener, die FitzRoys Bett enthielt, ein. Um acht Uhr erwachte er, stieg den Lukenschacht achtern hoch und schwang sich vorsichtig in seine Hängematte.

Als es hell wurde, erwachten Stokes und er. Stokes schüttelte verwundert den Kopf.

»Etwas stimmt da nicht. Wir fahren zurück. Laß uns doch deinen Taschenkompaß ansehen.«

In diesem Augenblick steckte Mr. Wickham den Kopf zur Tür herein.

»Wir sollen in einer Stunde wieder im Plymouth-Sund sein. Während der Mittelwache hat sich der Wind gedreht. Als wir elf Meilen weit waren, setzte ein Sturm aus Südwesten ein. Der Kapitän befahl ›Vorsicht‹, und wir kehren mit elf Knoten zu unserem alten Platz zurück.«

Am nächsten Tag verfing sich der Anker beim Werfen in der Kette. Offiziere und Besatzung brauchten volle acht Stunden, um ihn freizubekommen. Charles blieb an Bord, hielt sich aber abseits und fragte sich, wieso ein hervorragendes Schiff und eine erfahrene Besatzung zweimal in zwei Tagen in Schwierigkeiten geraten konnten.

Kapitän FitzRoy ließ eine doppelte Portion Rum ausgeben, um die erschöpften Leute aufzumuntern.
»Es gibt eine Genugtuung«, sagte er beim Tee, »mehrere Schiffe, die zu gleicher Zeit mit uns ausliefen, mußten gleichfalls wieder in den Hafen zurückkehren.« Seine Stimme klang etwas fröhlicher. »In zwei Tagen werden wir hier in Plymouth Weihnachten feiern, und wenn das Wetter schön ist, laufen wir wieder aus nach Teneriffa.«
Am Weihnachtsmorgen stand Charles früh auf und ging zu Fuß in die hübsche Kapelle am Anfang der Fore Street. Zu seiner Überraschung war William Hoare, ein Mann, den er aus Cambridge kannte, Gastprediger. Er hielt eine gelehrte Predigt über Kirchengeschichte, die Charles zwar interessant, aber nicht besonders angebracht fand. Als die Gemeinde sich zum Weihnachtsessen entfernt hatte, plauderten Charles und William Hoare kameradschaftlich auf der Vordertreppe.
Als er zum Schiff zurückkam, fand er es beinahe verlassen vor. Kapitän FitzRoy hatte seine Kabinentür abgeschlossen. Charles ging in die Fähnrichsmesse, um mit den Offizieren das Weihnachtsessen einzunehmen. Er sah an ihren geröteten Augen und aufgedunsenen Gesichtern, daß sie schon seit geraumer Zeit getrunken hatten. Wickham und Sulivan machten ihm Platz.
»Was ist aus der Besatzung geworden?« fragte Charles.
»Die meisten sind an Land«, antwortete Sulivan, »um sich vollaufen zu lassen. Sie waren immer der Ansicht, daß der Weihnachtstag ihnen gehört.«
»Ihr Jungs scheint ja auch schon ganz hübsch in Fahrt zu sein«, bemerkte Charles.
»Ah«, sagte Wickham, »Sie müssen den Unterschied verstehen. Wir trinken wie Gentlemen, in unserem eigenen Quartier, wir stören niemanden. Bis morgen früh wird die halbe Besatzung in Plymouth im Gefängnis sitzen.«
»Sitzen Sie hier nicht zu Gericht, Reverend Mr. Darwin«, witzelte Dr. Bynoe. »Schließen Sie sich uns an. Da ist ein Glas. Beugen Sie den Ellbogen. Das ist die bestmögliche Übung am Weihnachtstag.«
Charles tat es.
Aber als es Nacht wurde, war es nicht mehr erfreulich. Besatzungsmitglieder stolperten über den Laufsteg aufs Schiff und übergaben sich auf Leutnant Wickhams blankgescheuerten Decks. Charles, der den Rausch in seiner Hängematte ausgeschlafen hatte, stellte fest, daß sich die Lage immer mehr verschlechterte. Die Leute überschritten ihren Urlaub, kamen verspätet an Bord und stritten miteinander. Kapitän FitzRoy erschien in voller Uniform, aber den Betrunkenen war weder mit Vernunft beizukommen noch zu helfen. Die letzte Wache auf dem Laufsteg stolperte unter Deck und erklärte, nicht länger Dienst tun zu können. Charles sah, wie der vierzehnjährige Philip King mit einer Pistole im Gürtel und einem Gewehr in den Armen Dienst tat.
»Mein Gott, Philip, das Gewehr ist ja größer als du. Hast du schon jemals ein Gewehr abgefeuert?«

»Mr. Darwin, ich habe Fasane und Enten geschossen, seit ich ein Gewehr halten kann.«

Die Nacht wurde noch schlimmer. Matrosen stolperten sinnlos betrunken an Bord. Sie konnten weder Kapitän FitzRoy erkennen noch Leutnant Wickham und Sulivan, sie waren unverschämt, ungehorsam, nicht mehr Herr ihrer selbst. Kapitän FitzRoy ließ die Aufsässigsten in Eisen legen und in den Laderaum bringen. Für Charles war es ein schockierendes Erlebnis; er hatte noch nie so betrunkene Menschen gesehen.

Der zweite Weihnachtsfeiertag dämmerte klar und sonnig herauf, mit dem idealen Nordostwind, um den sie so viele Wochen gebetet hatten. Aber jetzt konnten sie wegen der Betrunkenen und wegen des Fehlens eines großen Teils der Besatzung nicht auslaufen. Die Offiziere waren nüchtern und bekümmert; Kapitän FitzRoy war wütend. Er verbrachte den Tag mit grimmigem Gesicht und zusammengepreßten Lippen.

Bei Einbruch der Nacht waren sämtliche Besatzungsmitglieder zurückgekehrt. Es wurden noch mehr in Eisen gelegt. Es war eine schwere Strafe, die drückenden Ketten acht bis neun Stunden lang zu tragen. Einige bekamen Schreianfälle, verwünschten alle und alles an Bord.

Am 27. Dezember um elf Uhr lichtete die *Beagle* den Anker, Leutnant Wickham führte das Kommando; der Hafendirektor kam in seiner Jacht längsseits und ließ sagen, er lade Kapitän FitzRoy, Leutnant Sulivan und Mr. Darwin zu einem Abschiedsessen ein. Die *Beagle* lavierte mit Schwierigkeiten hinaus. Der Direktor bewirtete sie mit Hammelkoteletts und Champagner, dann brachte er sie um zwei Uhr zu ihrem Schiff zurück. Wieder auf Deck, sagte Charles leise zu Sulivan:

»Hammelkoteletts und Champagner! Ich hoffe, das entschuldigt meinen völligen Mangel an Gefühlsseligkeit beim Verlassen Englands.«

»Bevor wir nach Hause zurückkommen, werden Sie noch oft mit Vergnügen an diese Mahlzeit zurückdenken«, rief Sulivan.

Alle Segel waren von einer leichten Brise gefüllt. Sie liefen mit sieben bis acht Knoten Geschwindigkeit aus. Die See war ruhig. Charles ging früh zu Bett, er fühlte sich gut. Nicht mehr am nächsten Tag; das Schiff stampfte.

Nachmittags hörte er den Ruf:

»Alle Mann achteraus als Zeugen der Bestrafung!«

In voller Uniform standen die Offiziere in einer Reihe auf dem Quarterdeck. Leutnant Wickham winkte Charles, sich ihnen anzuschließen. Unten stand die gesamte Besatzung in Grundstellung. Kapitän FitzRoy rief:

»Bringt die ersten Gefangenen herauf!«

Fünf Mann wurden nach oben geführt. Der erste war William Bruce, dreiundzwanzig, Vollmatrose aus Devonport. Ein kleiner Mann, nur eins siebenundsechzig, mit blassem Gesicht. Er wurde um einen Rang degradiert. Thomas Henderson, Bootsmannsmaat, verheiratet und gleichfalls aus Devonport, hatte einen dunklen Teint und war älter als die meisten anderen; auch er wurde degradiert.

Ebenso Stephen Chamberlaine und John Wasterham, beide Vollmatrosen, und schließlich James Lester, der Küper der *Beagle*, verheiratet und aus Devonport, siebenunddreißig Jahre alt. Er wurde vom Vollmatrosen zum einfachen Matrosen degradiert. Die fünf Bestraften wurden zur Seite geführt. Kapitän FitzRoy rief:
»Bringt die übrigen Gefangenen nach oben!«
John Bruce, Vollmatrose aus Devon, wurde gebracht. Bruce erhielt Befehl, seinen Oberkörper zu entblößen, dann wurde ihm eine Lederschürze zum Schutz seiner Nieren umgebunden. Er wurde an den Handgelenken und Knien an ein Gitter gefesselt. Die neunschwänzige Katze, die der Bootsmannsmaat in der rechten Hand hielt, war ein Zoll dick und sechzig Zentimeter lang. Kapitän FitzRoy befahl:
»Fünfundzwanzig Schläge wegen Trunkenheit, Aufbegehrens und Unbotmäßigkeit.«
Bruce bückte sich, schwankte und schrie auf, während die Schläge blutige Striemen auf seinem Rücken hinterließen.
»David Russel, Zimmermannsmaat, vierunddreißig Schläge wegen Urlaubsüberschreitung und Gehorsamsverweigerung.«
Russel wurde geschlagen, bis er das Bewußtsein verlor.
»James Philips, Großtoppmatrose, vierundvierzig Schläge wegen Urlaubsüberschreitung, Trunkenheit und Unbotmäßigkeit.«
Die Schläge wurden ausgeteilt.
»Elias Davis, Kapitänssteward, einunddreißig Schläge wegen Dienstvernachlässigung...«
Charles war von der Brutalität angewidert, es wurde ihm übel. Er hatte zum erstenmal solche Gewalttätigkeit mit angesehen, angewendet gegen Menschen, die er am Tag vorher als »ungezogene Kinder« bezeichnet hatte. Er fürchtete sich davor, FitzRoy nach dem Auspeitschen gegenüberzutreten, hielt es aber für besser, mit dem Kapitän den Tee zu nehmen, damit er nicht beleidigt war. Als er aber in die Kajüte trat und seinen Platz am Tisch einnahm, war es ihm unmöglich, seinem Freund in die Augen zu blicken. FitzRoy sagte ruhig:
»Sie mißbilligen das, Charles?«
Charles schluckte, im Bewußtsein, daß er kein Recht hatte, sich in Angelegenheiten der Königlichen Marine einzumischen.
»Ich war... nicht darauf vorbereitet... ich hatte nicht gewußt, ... es erscheint mir grausam...«
»Jeder Marineoffizier kennt die absolute Notwendigkeit einer gewissen Form dessen, was unerfahrene Leute vielleicht für unnötigen Zwang halten, zumal wenn ein Schiff vor kurzem erst in Dienst gestellt wurde. Ich verabscheue körperliche Züchtigung, mein lieber Darwin, bin mir aber bewußt, daß es allzu viele grobe Naturen gibt, die ohne sie nicht gebändigt werden können, und bin völlig überzeugt, daß man auf sie nur verzichten kann, wenn man auf einen großen Teil der Disziplin und der daraus folgenden Leistung verzichtet. Die Führung eines

Schiffes hängt von sofortiger Entscheidung, von unmittelbarem und stillschweigendem Gehorsam ab.«
Kapitän FitzRoys Rücken war steif aufgerichtet; er hatte Charles beim Sprechen voll ins Gesicht geblickt. In der nun folgenden Stille wußte Charles, daß er die Herausforderung annehmen müsse. Er würde vier Jahre unter dem Befehl dieses Mannes auf See verbringen – und unter der Oberhoheit der Königlichen Marine. Wie sollte er dem Kapitän bewußt machen, daß er dazugehörte?
»Ich hege gewisse Befürchtungen hinsichtlich des Auspeitschens des Kochs«, bemerkte er ruhig. »Wird er sich nicht an den Offizieren rächen?« Ein Lächeln umspielte seine Lippen, während er sprach.
»Wie könnte er das?«
»Indem er zuviel Salz in die Suppe tut.«
Auch FitzRoy lächelte schwach. Die Spannung wich ein wenig aus seinem Körper. Der Knoten in Charles' Kehle löste sich. Der Druck in seinem Inneren schwand, als ob jemand einen Zentnersack Kartoffeln von seinem Rücken genommen hätte.
»Jetzt sind wir auf offener See, mit einem günstigen Wind in den Segeln bis hinunter nach Teneriffa und Südamerika«, sagte FitzRoy ruhig. »Sie werden bald als Naturforscher arbeiten können.«
»Welch ein herrlicher Tag wird das für mich sein! Wie ein Geburtstag für den Rest meines Lebens.«

Viertes Buch

Eine Begabung für das Staunen

1.

Sie waren fast sechshundert Kilometer von Plymouth entfernt, im Golf von Biscaya, mit ziemlich starker Dünung. Der Wind hatte zugenommen und trieb sie schnell auf den Atlantik hinaus. Der Steuermann hielt einen südlichen Kurs, soweit das ohne Risiko möglich war, in der Hoffnung, den Ostwind länger zu nützen. Sie liefen mit sieben Knoten, als Charles am Morgen bei Windstärke acht erwachte und seekrank wurde. Er konnte nichts bei sich behalten außer einigen Rosinen und trockenem Zwieback, eine Diät, die sein Vater empfohlen hatte. Da das WC unmittelbar vor der Heckkabine war, gelang es ihm, rechtzeitig hin zu kommen, wobei er sich ein Handtuch vor den Mund preßte. Er konnte sich in seiner Hängematte flach ausstrecken und ein paar Minuten lesen – dann rannte er schon wieder zum WC.

»Ich habe auf unserer ersten Reise die gleichen Qualen durchgemacht«, sagte sein Kabinengefährte John Stokes mitfühlend, »und ich brauchte ziemlich lange, bis ich Seemannsbeine bekam.«

»Was ich brauche, ist ein Seemannsmagen«, murmelte Charles. »Die Qual übersteigt alles, was jemand, der noch nicht auf See war, sich vorstellen kann.«

Mr. Bynoe steckte den Kopf zur Tür herein.

»Sie werden bei dieser Zwieback-mit-Rosinen-Kost Kraft verlieren. Ich werde dem Offizierssteward Ash zeigen, wie man Sagomehl mit Wein und Gewürzen mischt, sehr heiß. Das wird Ihnen schmecken.«

»Gestatten Sie mir leise Zweifel daran.«

Bynoe kam mit einem Suppenteller voll wieder, schob Charles ein Kissen unter den Kopf und fütterte ihn löffelweise.

»Wie schmeckt der Sago?«

»Wie Gummi. Aber der heiße Wein ist wunderbar.«

Kapitän FitzRoy hatte den achtzehnjährigen Syms Covington, den Schiffsgeiger, zum Kammersteward der Heckkabine ernannt. Syms war ein ehemaliger Schuhmacher aus Devon mit dunklem Haar, blauen Augen und hellem Teint. Weder Charles noch Stokes mochten ihn besonders, aber er hielt die Heckkabine gut in Ordnung.

Am nächsten Tag halfen Stokes und Syms Charles beim Anziehen. Seine Beine waren schwach, aber er schaffte es bis zur Kapitänskajüte.

»Noch am Leben, Darwin? Wie geht es Ihnen?«
»Ver–würgt. Schwacher Scherz, aber ich bringe keinen besseren zustande.«
»Machen Sie es sich auf dem Diwan bequem.«
Es war der letzte Tag des Jahres 1831. Er schaffte es, mit dem Kapitän Tee zu trinken, dann ging er auf Deck, wo er einem Schwarm von Delphinen zusah, die elegant vor dem Bug der *Beagle* kreuzten. Das Schiff führte den üblichen Dienstwimpel an der Spitze des Großmastes. Es trug das St.-Georgs-Kreuz und hatte einen fast zehn Meter langen rot-weiß-blauen Schwanz. Er murmelte Sulivan zu:
»Das erste Mal, daß ich Leben im Meer sehe.«
»Das erste Mal, daß ich Leben in Ihnen sehe. Willkommen an Bord.«
Es war die Stunde, in der die Mannschaft Freizeit hatte, rauchte, Karten spielte, einige Männer tanzten zu Syms Geigenspiel, andere sangen Seemannslieder, erzählten zotige Witze und Geschichten über ihre Abenteuer in exotischen Häfen. Die Mannschaft erhielt ihre Rumration, ein Achtelliter am Tag, halb Rum, halb Wasser. Die meisten hoben die Mittagsration auf, um sie zusammen mit ihrer Ration nach Arbeitsende zu trinken. Charles sah die Besatzung erstmals in gehobener Stimmung. Sie waren glücklich beim Spiel, ähnlich den bezaubernden Delphinen.
Er erkannte, daß die See eine kapriziöse Geliebte war. An einem Tag nahm sie ihn in ihre ruhigen, liebenden Arme, am nächsten spie sie ihm böige Gischt ins Gesicht, und er wurde so krank, daß er nicht aufstehen konnte, um Madeira wenigstens zu sehen, an dem sie in kaum zwanzig Kilometer Entfernung vorbeisegelten.
Dann wurde das Wetter gleichbleibend schön, die Luft mild und warm. Es war wie ein Frühlingstag in England. Charles ging gemächlich auf dem Schiff umher. Er hatte ein paar Pfund Gewicht verloren, aber seine Kraft kehrte wieder. Um ein Uhr speiste er in der Kapitänskajüte, FitzRoy ermunterte ihn, während er eine herzhafte Mahlzeit, bestehend aus Suppe, konserviertem Rindfleisch mit Essiggurken, Frischgemüse, getrockneten Äpfeln und einem süßen Pudding mit Genuß aß.
»Jetzt weiß ich, daß wir Sie nicht auf See werden begraben müssen«, bemerkte der Kapitän.
»Ich versichere Ihnen, Sie werden mich nirgends begraben, weder auf See noch auf dem Festland. Die Darwins waren immer zähe alte Vögel.«
Nach zehn Tagen auf See näherten sie sich der sonnenüberfluteten Stadt Santa Cruz auf der Insel Teneriffa mit ihrem großen Berg, den FitzRoy den »Monarchen des Atlantik« nannte. In der Stille der geschützten Bucht betrachtete Charles durch sein Fernrohr die Stadt und den Berg. Das war die Insel, die er mit Professor Henslow und zweien seiner Cambridger Freunde im nächsten Juni besuchen wollte. Neben ihm stand Dr. Robert McCormick, der einen angeborenen Haß gegen alle tropischen Städte nährte.
»Eine häßliche und uninteressante Stadt.«

Charles konnte seine Verwunderung über eine solche Bemerkung nicht verhehlen.
»Auf mich macht sie durchaus den gegenteiligen Eindruck, Dr. McCormick. Diese farbenprächtigen weißen, gelben und roten Häuser, die orientalisch aussehenden Kirchen, die niedrigen Geschützstellungen, über denen die leuchtende spanische Fahne weht, das alles ist äußerst malerisch.«
Da ertönte der Ruf: »Beidrehen!« In diesem Augenblick kam ein kleines Boot in Sicht, mit vier Ruderern an den Riemen. Am Bug stand ein Mann in offizieller Marineuniformjacke mit einer breiten Dienstschärpe quer darüber, dazu trug er jedoch einen billigen Strohhut und eine zerknitterte Hose. Hinter ihm stand ein spanischer Beamter.
»Das ist der britische Konsul«, sagte Wickham. »Gewöhnlich melden wir uns an Land bei ihm.«
»Geben Sie Ihren Namen, Kapitän, Bestimmungshafen an«, rief der Konsul nach oben.
»Seiner Britischen Majestät Vermessungsschaluppe *Beagle,* kommandierender Kapitän Robert FitzRoy. Ersuchen um Landeerlaubnis für Besatzung.«
Der Beamte hinter dem Konsul schüttelte heftig den Kopf. »Nein!« Der britische Konsul rief nach oben:
»Die Landeerlaubnis für Offiziere und Besatzung wird verweigert.«
Leutnant Sulivan, der lauter schreien konnte als Wickham, rief zu dem auf und ab tanzenden Boot hinunter:
»Warum? Was ist los?«
»In England herrscht die Cholera. Breitet sich von Newcastle on Tyne bis London aus. Sie befürchten, Sie könnten die Insel infizieren.«
»Wir haben keine Cholera an Bord!« schrie Dr. McCormick.
Der spanische Gesundheitsbeamte hielt eine einschüchternde Rede.
»Wir müssen eine zwölftägige Quarantäne einhalten.«
FitzRoy, der Spanisch verstand, antwortete:
»Laden Sie sie ein, an Bord zu kommen, sie sollen sich das Logbuch unseres Arztes ansehen und unsere Besatzung kontrollieren. Sie werden keine Cholera finden.«
Der Gesundheitsbeamte lehnte entschieden ab. Er würde keinesfalls ein englisches Schiff betreten.
Düstere Stimmung verbreitete sich auf dem Schiff. Die Männer hatten sich nach Teneriffamädchen gesehnt, so wie Charles nach Humboldts Drachenbaum.
Das Ruderboot kehrte ans Ufer zurück. FitzRoy hielt eine Besprechung an der Reling ab.
»Was hätten wir davon, wenn wir warten?« fragte er.
»Nichts, Kapitän«, antwortete Sulivan, »nur wird es eine große Enttäuschung für Mr. Darwin sein.«
Kapitän FitzRoy sagte ruhig:
»Es gibt Hunderte andere Inseln und andere Berge, die wir in den nächsten vier

Jahren besteigen werden. Klüver hoch! Segel setzen zu den Kapverdischen Inseln und einem Landaufenthalt auf São Tiago!«

An diesem Abend herrschte um zehn Uhr noch immer Windstille. Charles ging in Hemdsärmeln auf Deck, um mit dem Mann zu plaudern, der Wache hatte. Den Rest der Nacht trieben sie in einem leichten, unsteten Wind. Als Charles das nächste Mal auf Deck kam, ging die Sonne hinter der Insel Gran Canaria auf, deren zerklüftete Silhouette sich klar abzeichnete. Alle an Bord, Offiziere wie Mannschaft, lächelten und waren emsig tätig, manche fischten, alle waren fröhlich, weil sie dem herrlichen Wetter nicht widerstehen konnten.

»Ich auch nicht«, sagte sich Charles, »ich werde arbeiten.«

Er ging in die Heckkabine und holte unter dem Kartentisch den Streifen Wollstoff hervor, den er in Plymouth gekauft hatte, sowie den Holzring, den er in der Siederei in Devonport unter Dampf hatte biegen lassen. Dann wandte er sich an Harper, den Segelmacher, und bat ihn, ob er den Wollstoff nach dem Holzring zuschneiden und an ihm festnähen könne.

»Gern, Mr. Darwin. Damit entkomm' ich der Flaute.«

Mit dem so geformten Sack ging Charles zu Mr. May, dem Zimmermann, und bat ihn, ein Stück Holz zurechtzuschneiden, das in die runde obere Hälfte des Sacks paßte. Nun hatte Charles einen eineinviertel Meter tiefen Sack mit einer weiten Öffnung. Als nächsten suchte er Borsworthick, den Seiler, auf und fragte ihn, wie lang eine Schleppleine sein sollte.

»Etwa siebeneinhalb Meter.«

»Würden Sie mir also drei siebeneinhalb Meter lange Leinen machen, die mit einem Ende am Heck und mit dem anderen am Holzrahmen dieses Sacks befestigt werden?«

»Dauert nur 'n Augenblick.«

Zimmermann, Seiler und Segelmacher standen mit ihm am Heck, als Charles den Sack das erstemal auswarf. Die siebeneinhalb Meter langen Seile hielten den Sack, seine Öffnung lag etwa einen halben Meter unter der Oberfläche, während er mit acht Knoten Geschwindigkeit durch den Atlantik nach Süden gezogen wurde. Charles unternahm drei Versuche mit dem Sack und warf seinen Fang jedesmal auf ein altes Stück Segeltuch, um Wickhams blankpoliertes Quarterdeck zu schonen. Er fand nur wenige Meerespflanzen, die er auskämmte, die Ausbeute an Meerestieren nahm er mit in die Heckkabine. Wickham und Sulivan kamen, um sich die Sache anzusehen, ebenso Bynoe und die beiden Jungen, Musters und King.

Charles sortierte seine Ausbeute. Die meisten Meerestiere waren Quallen aus der als *Radiata* bekannten Gruppe von wirbellosen Tieren. Er fand auch einige kleine, dunkelblaue Geschöpfe, die mit der Portugiesischen Galeere, einer Quallenart, verwandt waren. Weiter Krustentiere und immer neue Quallenarten. Lautes Gelächter brach aus, als er eine sogenannte Seescheide herauslas, die aussah wie ein kleiner Sack mit zwei Löchern und die ihm tüchtig ins Auge spritzte.

Bei diesem Fang gab es wenig Verwendung für das Skalpell. Er legte jede Art, einschließlich einer sehr schönen Segelqualle, in Glasflaschen mit konservierendem Spiritus, wie Henslow und Yarrell ihm empfohlen hatten, jede mit einer Blechetikette versehen, auf der vermerkt war, daß sie auf 22° nördlicher Breite gefunden worden waren, und trug dann Nummer, Inhalt und Datum jeder Flasche in seinen *Katalog von Tieren in Weingeist* ein.
Er blickte zu dem Kreis faszinierter Gesichter empor, der den Kartentisch umgab, wischte seine Hände an der Schürze ab, die er sich umgebunden hatte, und rief: »Ich werfe den Sack noch einmal aus, fühle mich aber bereits herrlich.«
Das Schiff schlingerte, aber Charles' Übelkeit schwand, so vertieft war er in das Sammeln weiterer Meerestiere, ihre genaue Beschreibung, Konservierung und Eintragung in seinen Katalog. Er hatte Ruderfußkrebse mit einer Schale und gefiederten Fühlern gefangen, Kiefernfüße, die aussahen wie kleine gelbliche Garnelen, eine Portugiesische Galeere mit über einen halben Meter langen Tentakeln. Bevor er seine neue Beute konservierte, beschloß er, sein kleinstes Skalpell zu benutzen, um eine Qualle zu sezieren. Er fand, daß sie nicht genug festes Gewebe hatte, daß es sich lohnte, sie aufzuschneiden.
Er nahm sein meeresbiologisches Notizbuch heraus und schrieb:

> Ihr Körper ist schirmförmig und mit Fühlern besetzt. Um das Maul sind vier gerillte Oraltentakel angeordnet. Sie besitzt außerdem vier Beutel, welche die Gonaden oder Fortpflanzungsorgane enthalten.

Stokes fragte: »Wovon leben diese Tiere, deiner Meinung nach?«
»Von kleinen Wirbellosen, stelle ich mir vor. Aber ich weiß, wer sich von ihnen ernährt: die größeren Fische. Das erklärt, weshalb größere Fische in so großer Entfernung vom Land leben können. Diese Geschöpfe stehen so tief auf der Stufenleiter der Natur und sind dennoch so köstlich in ihren Formen und reich an Farben. Ich kann mich eines Gefühls der Verwunderung nicht erwehren, daß so viel Schönheit anscheinend für so geringe Zwecke geschaffen wurde.«
Stokes betrachtete eine *Cleodora* unter Charles' Mikroskop.
»Warum sagst du, daß ihre Schönheit keinem Zweck dient? Ich habe gelernt, daß Schönheit sich selbst genügt.«
»Weil niemand außer Fischen sie jemals sieht! Die Fische würden sie genauso gierig schlucken, wenn sie formlose, farblose Klümpchen wären.«

Auf dem ganzen Weg nach São Tiago, einer Reise von zehn Tagen geradewegs nach Süden, arbeitete er an der Ausbeute seines Netzes. Er war nun so beschäftigt, daß er das Leben auf See angenehm fand. Er meinte zu Kapitän FitzRoy:
»Es ist mir gleichgültig geworden, ob wir eine Woche früher oder später in irgendeinen Hafen kommen.«
Charles und Kapitän FitzRoy waren Freunde geworden. Sie frühstückten reich-

lich um acht, aßen um eins zu Mittag, dazu gehörte Reis, Kichererbsen, Käse, gut gebackenes Brot, Obst. Es gab nur Wasser bei Tisch. Um fünf wurde Tee serviert, danach hatte die Mannschaft ihre Freistunde auf Deck, spielte Musik auf ihren Flöten und Pfeifen. Abends gab es eine leichte Mahlzeit. Fleisch wurde aus ihrem Konservenvorrat serviert, zusammen mit Essiggurken oder Orangen gegen Skorbut. Alle Matrosen erhielten die gleichen Speisen und Portionen. Die Fähnrichskoje bekam alle Mahlzeiten um eine Stunde früher und die Offiziersmesse um eine Stunde später. An Land hatte das gemeinsame Essen eine gesellschaftliche Funktion, nicht aber auf See. Wer als erster kam, begann zu essen. Wenn er fertig war, ging er zu seiner Arbeit zurück.

Leutnant Wickham, der Charles' klassische Bildung bewunderte, hatte ihm den Spitznamen »Philosoph« gegeben. Als die Besatzung sah, wie er mit einer geschickten Bewegung seiner langen Finger eine große graue Grille fing, die sich nach einem fast sechshundert Kilometer langen Flug von Afrika her auf dem Schiff ausruhte, wurde er prompt »Fliegenfänger« getauft. Aber der Name, der ihm blieb und ihm am meisten Respekt verschaffte, war »Der Mann, der mit dem Kapitän speist«.

»Es ist merkwürdig«, sagte Charles zu Sulivan, »in Cambridge war ich bekannt als ›Der Mann, der mit Henslow spazierengeht‹. Jetzt, nur wenige Monate später, besteht mein Hauptanspruch auf Berühmtheit darin, daß ich der Mann bin, der mit dem Kapitän speist!«

Sulivan konnte auch dem geringsten Scherz nicht widerstehen. »Die Besatzung betrachtet den Kapitän als Gott. Denken Sie nur, was es bedeutet – ohne frevelhaft sein zu wollen –, mit Gott zu speisen! Das macht Sie zu einem seiner Jünger...«

2.

Es war drei Uhr nachmittags an einem Tag Mitte Januar, als die *Beagle* in der Bucht von Porto Praia, unweit der Westküste von São Tiago, vor Anker ging. Charles erschien die Aussicht trostlos. Vulkanausbrüche und die sengende Hitze einer tropischen Sonne hatten den Boden an den meisten Stellen unfruchtbar und für Vegetation ungeeignet gemacht. An einem Kliff bemerkte er zwischen den mächtigen Schichten schwarzer Lava ein horizontales weißes Band, für das er keine Erklärung hatte.

Als er mit FitzRoy und Wickham an Land ging, um den portugiesischen Gouverneur und den amerikanischen Konsul, der auch für die Briten tätig war, zu besuchen, frohlockte er. Endlich setzte er den Fuß auf tropischen Boden! Er schlenderte durch die Stadt und nahm die neuen Eindrücke gierig auf.

Porto Praia war ein elender Ort, mit einem einzigen Platz und einer breiten

Straße. Mitten auf den *ruas* lagen Ziegen, Schweine, schwarze und braune Kinder, manche ohne Hemden. Sie wurden von schwarzen Soldaten mit Holzstöcken bewacht. Rowlett, der Zahlmeister, war an Land gekommen, um zu kaufen, was er an frischen Nahrungsmitteln auftreiben konnte. Charles labte sich an Orangen, für die Rowlett einen Shilling pro hundert Stück bezahlte. Rowlett kaufte auch reife Bananen und nötigte Charles, eine zu versuchen.
»Gute Nahrung für Leute auf See. Kommen Sie, helfen Sie mir, einen Vertrag mit dem einflußreichsten Mann hier abzuschließen, einem Amerikaner, der mit einer Spanierin verheiratet ist.«
Der Amerikaner ließ ihnen in seinem luftigen großen Vorderzimmer Kaffee servieren. Rowlett, ein Buchhalter von Natur aus, zog einige Papiere aus seiner Jakkentasche.
»Wir werden jeden Tag, solange wir im Hafen sind, achtundsechzig Pfund frisches Rindfleisch, dreiunddreißig Pfund Gemüse und hundertfünfzig Orangen brauchen.«
»An Bord des Schiffes geliefert?«
»An den Kai. Täglich zu Mittag.«

Charles fand Stokes auf dem Hauptplatz, wo er umherschlenderte.
»Kommst du mit mir, Johnny? Ich sah vom Bug aus etwas, das aussah wie ein tiefes Tal.«
Vor ihnen stieg das Land in Stufen zu einer Ebene an. Der Horizont wurde durch eine unregelmäßige Kette hochragender Gipfel begrenzt. Als sie in das Tal kamen, sah Charles zum erstenmal tropische Vegetation.
»Sieh doch, Johnny, Tamarinden, Bananen und Palmen gedeihen zu unseren Füßen. Sieh die Anmut ihrer Formen und den überraschenden Reichtum ihrer Farben. Da ist ein Hain mit Kokospalmen. Welch ein Glück, frisch von der See zu kommen und sich in den Tropen zu befinden!«
Sie kehrten an den Strand zurück. Charles betrat zum erstenmal vulkanische Felsen, hörte die Rufe von unbekannten Vögeln und sah neue Insekten, die ihm unbekannte Blumen umkreisten.
Bevor er aufs Schiff zurückkehrte, untersuchte er den horizontalen weißen Felsstreifen in etwa fünfzehn Meter Höhe, der kilometerweit längs der Küste dahinlief. Er bestand aus kalkartigem Material mit zahlreichen eingebetteten Muscheln und ruhte auf altem vulkanischem Gestein. Er war bedeckt von einer Basaltschicht, welche in die See vorgedrungen sein mußte, als das weiße, muschelhaltige Bett durch vulkanische Einwirkung vom Boden des Ozeans gehoben wurde. Er nahm seinen geologischen Hammer aus der Tasche. Er fand, daß das weiße Material in einer Stärke von mehreren Zoll zu reinem Kalkstein umgewandelt worden war. Er zog sein Notizbuch heraus und notierte mit dem Silberbleistift, was er gesehen hatte. Auf dem Rückweg zum Kai, wo eines der Boote der *Beagle*, angefüllt mit Vermessungsgerät, vertäut lag, bemerkte er zu Stokes:

»Es war ein herrlicher Tag, so als bekäme ein Blinder Augen. Er ist überwältigt von dem, was er sieht, und kann es kaum begreifen. Das sind meine Gefühle, und so werden sie vielleicht bleiben.«
»Sie werden es, Charley. Du hast eine Begabung dafür, zu staunen.«
Nach dem Frühstück am nächsten Morgen begleitete er Kapitän FitzRoy und Leutnant Sulivan zur Insel Quail, einem öden Ort von kaum anderthalb Kilometer Ausdehnung. Dort errichteten sie eine Beobachtungsstelle und stellten Zelte auf, die als Hauptquartier für die Kontrolle der Instrumente dienen sollten. Charles brach Stücke von vulkanischem Gestein ab, die ersten, die er je in Händen hatte, studierte das schwarze, poröse Material, das aus den Eingeweiden der Erde ausgespien worden war. Er kehrte zur Beobachtungsstelle zurück und zeigte Sulivan die eigentümliche Honigwabenstruktur der längst erkalteten Lava.
»Die erstmalige Untersuchung von Vulkangestein muß für einen Geologen denkwürdig sein; und kaum weniger für den Naturforscher, wenn er lebende Korallen sieht.«
Er sammelte zahlreiche Meerestiere am Strand, von denen er viele nicht kannte. Dann aß er zu Mittag Tamarinden und Orangen unter einem niedrigen Lavakliff mit lebenden Schwämmen und Korallen in den Gezeitentümpeln zu seinen Füßen.
Die *Beagle* blieb drei Wochen in St. Jago. Es war heiß. Obwohl Charles bei Sonnenuntergang durstig und mit Sand bedeckt auf das Schiff zurückkehrte, war er kaum müde. Er kam mit dem, was er eine »reiche Ernte« nannte, zurück und verbrachte die Abende mit der Untersuchung der Steine, Pflanzen und Meerestiere. Er lud seine Freunde, die an dem betreffenden Tag frei hatten, zu seinen Spaziergängen ein. Er bemühte sich besonders, die beiden Jungen, Charles Musters und Philip King, mitzunehmen. Bynoe und McCormick wären beide gern jeden Tag an Land gegangen, aber einer der Ärzte mußte an Bord bleiben. Nur Leutnant Wickham blieb immer an Bord; er fühlte sich mit Boden unter den Füßen unbehaglich.
»Ihr Landratten liebt das. Ich wurde in einem wäßrigen Schoß geboren, und ich werde in einem wäßrigen Schoß sterben. Das ist meine Grabinschrift.«
Als sie eines Tages einem breiten trockenen Strombett folgten, das den Inselbewohnern als Straße diente, führte der Weg Charles und Dr. McCormick zu einem Affenbrotbaum, der gerüchteweise sechstausend Jahre alt sein sollte. Charles brauchte nicht länger das Gefühl zu haben, es wäre ihm etwas vorenthalten worden, weil ihm Teneriffa entgangen war. Sie maßen Höhe und Umfang des Baumes.
Charles war der einzige an Bord der *Beagle*, mit dem Dr. McCormick freundlich zu sein geruhte, doch er konnte sich nicht enthalten zu sagen:
»Sie wissen sicher schon, daß Sie zur Gesellschaft des Kapitäns an Bord sind.«
Charles beschloß, nicht beleidigt zu sein.
»Wenn ich die strenge Kasteneinteilung an Bord des Schiffes sehe, bin ich sicher,

daß der Kapitän ein wenig Gesellschaft gebrauchen kann. Ich wurde aber von den Professoren Henslow und Peacock als Naturforscher empfohlen und von Kapitän Beaufort als solcher engagiert.«

Charles fand das Leben angenehm, während sie in der Bucht vor Anker lagen. Zum Abendessen gab es frischen Fisch, den der Koch »Schubkarrenschildkröte« nannte, mit Süßkartoffeln, die sie von den Eingeborenen kauften. Eines Tages trafen Charles, Rowlett und Bynoe beim Überqueren des Roten Hügels, der aus jüngerem Vulkangestein bestand, zwei Schwarze, von denen sie für einen Penny alle Ziegenmilch kauften, die sie nur trinken konnten. Schwarze Kinder mit glänzenden Augen umringten sie plappernd, zogen aus Charles' weiten Taschen den Silberbleistift, die Pistole, den Kompaß und das Gebirgsbarometer – Gegenstände, die erstaunte Rufe und Gelächter hervorriefen. Als Charles eine stechende Schlupfwespe fing, schrien die Kinder warnend und kniffen sich, um zu zeigen, daß das Insekt ihm Schmerzen bereiten konnte.

Er ging mit Musters die Küste entlang und kehrte über einen Inlandpfad zurück. Die Insel befriedigte sein Interesse an Geologie. Soweit das Auge reichte, flaches Land mit schwarzen und verbrannten Felsen, die sich übereinandertürmten.

»Es liegt Größe in einer solchen Landschaft, und für mich birgt sie das unaussprechliche Vergnügen, auf einer wilden, verlassenen Insel in der Tropensonne zu wandern.«

Musters machte ein unglückliches Gesicht.

»Ich sehe nichts als öde Einsamkeit, Mr. Darwin. Ich wünschte, ich wäre daheim in unserem Gewächshaus mit dem feuchten Duft von Moos und hängenden Blumenkörben.«

Charles legte den Arm tröstend um die Schultern des Jungen.

»Musters, du wanderst in dieser Minute über eine der explosivsten Stellen der Erde. Weißt du, was im Inneren unserer Erde vor sich geht? Sie ist eine ständig kochende, hervorbrechende Masse! Wenn wir an neuen und fremden Orten umherwandern, können wir vielleicht herausfinden, warum.«

Jeder Tag brachte neue Erfahrungen.

An Bord nutzte Charles die Zeit für das Konservieren seiner Meeresorganismen. Er sagte zu Bynoe:

»Haben Sie bemerkt, wie die gesamte lebendige Natur glänzender wird, je mehr sie sich dem heißen Klima nähert? Die Farben dieser Meerestiere wetteifern an Glanz mit denen der höheren Arten.«

Augustus Earle wanderte über die Insel und skizzierte mit scharfem Auge und sicherer Hand.

John Stokes hatte begonnen, seine Land- und Seekarten zu zeichnen, Tafeln von São Tiago und der Insel Quail, so daß Charles nur seinen eigenen Teil des Kartentisches benutzen konnte. Stokes war tolerant gegenüber der Tätigkeit seines Kabinengefährten, wenn Charles jeden Tag mit einer Tasche voller Steine, Vögel, Fische, Insekten, Pflanzen, Muscheln zurückkam, die er auf den Tisch warf.

»Freut mich zu sehen, Charley, daß du dir dein bedeutendes Gehalt verdienst«, sagte er grinsend, »aber würde es dir etwas ausmachen, einige von diesen Tieren in deine Flaschen mit dreifachem Verschluß zu tun? Sonst werden sie diese Kabine verstänkern.«
»Gleich, mein Junge. Aber im Ernst, mein Hauptinteresse gilt der Geologie. Sieh dir diese Lava an. Wie gesponnenes Glas. Bei der Untersuchung vulkanischen Gesteins berührt einen immer wieder, daß es noch relativ jung ist.«
»Relativ jung? Wie jung?«
»Vielleicht zehn Millionen Jahre...«
An einem Sonntag im Monat hielten sie einen Gottesdienst an Bord ab. Das gesamte Schiff war am Samstagabend saubergeschrubbt worden. Die meisten Seeleute waren religiös, denn die See war ein Ort, der dem Menschen unheimlich erschien. Gott konnte das Schiff vernichten, wann immer ER wünschte. Es war also nur logisch, sich mit IHM gut zu stellen. Die Seeleute lasen sonst wenig, aber viele konnten Teile der Bibel lesen oder auswendig hersagen. Es war eine feierliche Stunde. Die Mannschaft trug saubere Kleidung, die Offiziere volle Uniform. Charles trug denselben langschößigen Rock, Samtweste mit Doppelrevers, weißes Hemd, hohen Kragen und dunkelbraune Halsbinde mit blankgewichsten Stiefeln, die er jeden Abend zum Essen mit dem Kapitän anhatte. Die Mannschaft sammelte sich dem Rang nach vor und zu beiden Seiten eines Tisches, auf dem eine große Bibel lag, aus der Kapitän FitzRoy und Sulivan abwechselnd vorlasen. Wickham saß ziemlich weit hinter ihnen, seine übereinandergeschlagenen Beine steckten in einer weißen Leinenhose, und er las seine eigene Bibel. Charles hatte den Verdacht, daß der Erste Leutnant glaubte, wenn er die *Beagle* in erstklassigem Zustand hielt, würde Gott den Wind auf eine annehmbare Stärke mäßigen. Augustus Earle stellte seine Staffelei mit der Leinwand an der Rückseite der Messe auf und malte ein Ölbild von der Versammlung, wobei er jeden Mann und jede Uniform getreu wiedergab.
Charles verbrachte seinen letzten Morgen in St. Jago mit dem Studium des geologischen Aufbaus der Insel und kehrte um ein Uhr zu der Stelle unter dem Lavakliff zurück, wo er den Beginn des weißen Streifens festgestellt hatte. Er trank ein wenig Wasser aus seiner mit Segeltuch überzogenen Feldflasche und aß Zwieback und Tamarinden. Da kam ihm der Gedanke, daß er ein Buch über die Geologie der verschiedenen Länder schreiben könnte, die er besuchte. Die Vorstellung erfüllte ihn mit Freude, denn hier lag eine Möglichkeit, Lyells *Principles* mit Fakten zu belegen. Doch dann brach sein Sinn für Humor wieder hervor.
»Ein Buch über Geologie schreiben? Ich? Ein Kammersteward auf seiner ersten Reise! Geologe... Autor... was denn noch!«

Obwohl sie an einem ruhigen und schönen Tag die Segel setzten, machte ihn allein die Tatsache, auf See zu sein, unruhig. Er stürzte sich auf das Katalogisieren als bestes Gegenmittel. Die Besatzung handhabte die Segel so geschickt, daß die

Beagle das Paketboot *Lyre* auf dem Weg nach Rio de Janeiro überholte. Als Charles und Stokes die triumphierenden Hurrarufe hörten, eilten sie auf Deck, um zu beobachten, wie die *Beagle* aufschloß. Mr. Chaffers, der Obersteuermann, der Navigation und Kurs kontrollierte, strahlte vor Stolz.
Stokes sagte zu Charles: »Ein anderes Schiff in einem Hafen ist eine angenehme Gesellschaft. Im blauen Wasser mit einem anderen Schiff zu ›reden‹, gibt jedem Mann der Besatzung die Gewißheit, auf einem bewohnten Erdball zu leben.«
Das Nachmittagsritual des »Tages nach dem Hafen« war nicht allzu erfreulich. Charles wurde wieder auf das Quarterdeck gerufen, um Bestrafungen mit anzusehen. John Bruce, dessen Auspeitschung nach dem Auslaufen aus Devon Charles beigewohnt hatte, erhielt dreizehn Schläge vom Bootsmannsmaat wegen übermäßiger Trunkenheit in São Tiago.
»Der wird in Rio desertieren«, flüsterte Sulivan Charles ins Ohr. »Je weiter wir kommen, desto mehr Trunkenbolde werden wir los, entweder durch Fahnenflucht oder durch Entlassung.«
Kapitän FitzRoy hielt straffe Ordnung auf dem Schiff. Er war ein Perfektionist. Seine frühmorgendliche Inspektion des Decks, der Maste und der Takelage war ein Ritual, obwohl er seine Offiziere nie vor den Matrosen zurechtwies. Er hatte Wickham, Sulivan und Chaffers sorgfältig ausgewählt. Es waren die Fähnriche, die seine Wutausbrüche zu spüren bekamen, wenn ein einziger Fleck auf Deck nicht auf Hochglanz gescheuert worden war oder das Metall einen beginnenden Rostfleck aufwies. Seine Worte waren so scharf, daß die Fähnriche, die zur Ablösung auf Deck kamen, fragten:
»Wieviel heißer Kaffee wurde heute morgen serviert?«
Doch wenn Charles den Kapitän in seiner Kabine zum Frühstück traf, war FitzRoy so freundlich wie gewöhnlich. Charles fand bald heraus, warum: FitzRoy verließ das Deck erst, wenn das Kalfatern, Abschleifen, Anstreichen, die Tau-, Seil- oder Mastreparaturen ausgeführt worden waren.
Er fand auch heraus, daß ein Schiff einem menschlichen Wesen sehr ähnlich ist. Nicht alles zeigte sich auf der Oberfläche oder konnte mit bloßem Auge gesehen werden. Die *Beagle* war ein Labyrinth mit Verwicklungen und Widersprüchen, ein Mikrokosmos, eine schwimmende Welt. Er vertrug sich gut mit den Offizieren, so wie in Cambridge mit seinen Freunden. Unter den Seeleuten lernte er die Handwerker kennen, die ihm bei seiner Arbeit halfen: die Zimmerleute, den Segelmacher, den Seiler, den Waffenmeister, den Offizierskoch, die beiden Bootsmannsmaate.
Es dauerte wesentlich länger, mit der Besatzung bekannt zu werden, denn die Matrosen sprachen ein halbes Dutzend Sprachen. Die meisten waren blond und blauäugig. Obwohl alle die gleiche grobe Seemannskleidung und -mütze trugen und braungebrannt waren, gab es gewöhnlich eine charakteristische Eigenart, die den einen vom anderen unterschied. Charles nannte die Matrosen bei ihren Namen. Das erleichterte es ihnen, ihn zu akzeptieren.

Er aß oft mit den Offizieren der Fähnrichsmesse. Sie durften Wein trinken und ließen sich zahlreiche gute Jahrgänge schmecken. Nicht erlaubt war es ihnen jedoch, sich zu betrinken. Dieses Privileg war der Mannschaft vorbehalten, wenn das Schiff im Hafen lag.

Er fragte Leutnant Wickham, der die Segelmanöver leitete und den Vorsitz am Offizierstisch führte, warum die Offiziere offensichtlich keine Freundschaften untereinander pflegten.

»Die allgemein akzeptierte Maxime an Bord eines Schiffes, Philosoph«, antwortete er nachdenklich, »lautet, daß aus den besten Freunden die schlimmsten Feinde werden können. Deshalb hält jeder von uns an seiner Unabhängigkeit fest. Geben Sie der Tatsache die Schuld, daß wir Woche um Woche, Monat um Monat auf so engem Raum zusammenarbeiten müssen. Und auch der Tatsache, daß Befehle nach unten weitergegeben werden müssen und Freundschaft ein Hindernis dafür bedeutet, daß sie exakt ausgeführt werden.«

Am 10. Februar schrieb er nach Hause:

2 Segeltage SW von St. Jago
Br. 11 N

> Mein lieber Vater.
>
> Unsere Reise verlief überaus erfolgreich, schnell und angenehm. Anfangs – bis zu den Kanarischen Inseln – litt ich erbärmlich an der Seekrankheit, und auch jetzt befällt mich schon bei geringer Bewegung Übelkeit.
>
> Es gibt nur eine Schattenseite: die enorm lange Zeit, ehe ich wieder in England sein werde. Ich fürchte mich geradezu, wenn ich an die Zukunft denke. Bisher war ich äußerst zufrieden. Ich mag alle hier an Bord, viele von ihnen sogar sehr. Der Kapitän ist so wohlwollend, wie es nur möglich ist. Wickham ist ein prächtiger Kerl. Und was Dir vielleicht recht paradox erscheinen mag, ist, daß ich ein Schiff (wenn ich nicht seekrank bin) *buchstäblich* nahezu ebenso komfortabel finde wie ein Haus…
>
> Bitte grüße alle herzlich von mir, und vertraue, mein liebster Vater,

Deinem Dich liebenden Sohn
Charles Darwin

Obwohl er schrieb, daß er das Schiff als komfortables Heim betrachte, gab es für ihn noch zwei Schwierigkeiten: das Rasieren und das Ankleiden in dem beengten Raum. Obwohl er sein stählernes Rasiermesser im Ebenholzkästchen mitgenommen hatte sowie den Riemen, auf dem es abgezogen wurde, und Syms Covington ihm jeden Morgen heißes Wasser aus der Kombüse brachte, machten ihn die Bewegungen des Schiffes eher zum Diener als zum Herrn der Rasur, aus der er mit Schnitten an der Oberlippe und am Kinn hervorging. Die Tropensonne bleichte sein rötliches Haar um einige Nuancen; er ließ seine Koteletten fast bis zum Kinn wachsen, um weniger Haut abschaben zu müssen.

»Warum lassen Sie sich keinen Bart wachsen?« spottete Wickham. »Dann würden Sie nicht jeden Morgen aussehen, als kämen Sie von einem Duell.«

Das Ankleiden war beschwerlich, wenn auch weniger gefährlich. Er konnte sich, auf einem Stuhl sitzend, in seine weite Seemannshose mit ihren großen Knöpfen, seine Socken und kurzen Stiefel schlängeln. Wenn er aber aufstehen mußte, um seine bis zu den Knöcheln reichende Unterwäsche, das Hemd, die lose Halsbinde und die kurze Seemannsjacke anzulegen, fühlte er sich wie ein Schlangenmensch. Wenn er seekrank war, gab er sich nicht die Mühe, sich an- oder auszukleiden. Sogar als er sich gut fühlte, hatte er mehr als einen Monat gebraucht, bis er seine einfache Seemannskleidung anziehen konnte, ohne sich die Ellbogen am Toilettentisch oder an der Schottwand zu stoßen; das Anlegen der konventionellen Kleidung zum Essen mit dem Kapitän war ein größeres Unternehmen.

Am 12. Februar feierte er seinen dreiundzwanzigsten Geburtstag. Die Offiziere gaben in der Fähnrichsmesse eine rauschende Party für ihn.

3.

Die Fahrt zu ihrem nächsten Aufenthalt, dem Vogelfelsen St. Paul, dauerte eine Woche. Mehrere Tage lang verursachte ihm eine Dünung der See Übelkeit. Er konnte nicht einmal lesen.

An einem Morgen wurde er durch Kalfaterer geweckt, die auf dem Deck über ihm klopften. Er knurrte:

»So ein Schiff ist ein wahres Inferno.«

Stokes meinte:

»Ein Schiff muß an jedem Tag seines Lebens auf See repariert werden.«

Ein kräftiger Passat trieb sie vorwärts. Für Charles wurde die *Beagle* eine Schönheit, wenn der Wind ihre Segel schwellen ließ. Er stand neben dem Kapitän auf dem Quarterdeck über dem Ruder, als FitzRoy den Vogelfelsen St. Paul ins Fernglas bekam.

»Die Felsen wirken äußerst klein. Ich zweifle, ob sie uns aufgefallen wären, wenn wir nicht nach ihnen Ausschau gehalten hätten. Es gibt keine Aufzeichnung, daß jemals Menschen dort gelandet wären.«

Zwei Beiboote wurden mit einem halben Dutzend Ruderern drei Meilen von den Felsen entfernt ins Wasser gelassen, eines mit Stokes und einem Assistenten für die Vermessung, das andere mit FitzRoy, Wickham und Charles zu geologischen Studien und zum Jagen. Charles war ein Meister darin geworden, über die Strickleiter an der Seite des Schiffes nach unten zu steigen. Ihn freute der Anblick der langgestreckten Ruderboote, die an beiden Enden spitz zuliefen, um sich rasch bewegen und wenden zu können.

Die Insel erhob sich kaum fünfzehn Meter über dem Wasser und besaß einen Umfang von etwa achthundert Metern. Die See brach sich heftig an der felsigen Küste. Sie fanden eine einigermaßen ruhige Bucht und landeten mit hochgerollten Hosenbeinen, die Schuhe um den Hals gehängt, in der Brandung. Kaum an Land, staunten sie über den Anblick, der sich ihnen bot: Unmassen, Zehntausende zusammengedrängte Vögel, Tölpel und Seeschwalben. Die Vögel rührten sich nicht von der Stelle. Sie hatten noch nie Menschen gesehen und ahnten nicht, daß sie gefährlich waren.
Charles rief verwundert:
»Man hat nicht einmal Platz, zwischen ihnen zu gehen, ohne sie zur Seite schieben zu müssen.«
FitzRoy und Wickham suchten sich Stöcke und begannen, die Vögel zu töten, um frisches Fleisch zu erhalten. Die Tiere machten keine Anstalten davonzufliegen. Es war ein faszinierender Anblick. Die Felsen waren von den Vogelexkrementen völlig weiß gefärbt. Wickham rief:
»Darwin, borgen Sie mir Ihren geologischen Hammer.«
»Nein, Sie werden den Griff abbrechen.«
Dann begann auch er, mitgerissen von dem Eifer seiner beiden Freunde, auf die Tiere einzuschlagen.
Dort, wo die Bemannung Angelleinen über die Bootswände gehängt hatte, war ein erbitterter Kampf im Gang. Als Charles mit seinem Anteil an Tölpeln und Seeschwalben zum Landungsplatz zurückkam, sah er, daß die Matrosen viele schöne Fische gefangen hatten, die gierig an jedem mit Köder versehenen Haken anbissen. Sobald aber ein Fisch gefangen wurde, kamen gefräßige Haie herbeigeschossen, um sich an der Beute zu beteiligen. Obwohl die Ruderer mit Riemen und Bootshaken auf das Wasser schlugen, erwischten die Haie zumindest die Hälfte des Fanges.
Bevor Charles den Vogelfelsen St. Paul verließ, grub er eine Probe der weißen Exkremente der unzähligen Seevögel aus und legte einige Proben des darunterliegenden Gesteins frei, die er beschriftete, ordnete und datierte und dann zum Transport nach England zwecks chemischer Analyse verpackte.
Als nächstes überschritt die *Beagle* den Äquator. Kapitän FitzRoy empfing Vater Neptun und seine Gemahlin Amphitrite an Bord. Charles und die dreißig anderen Neulinge versammelten sich um neun Uhr morgens auf dem unteren Deck, die Luken waren verschalkt. Es war heiß und dunkel. Charles war auf jede Art törichter Streiche vorbereitet. Er erinnerte sich an die Warnung, die ihm Sulivan bei ihrem ersten Abendessen mit den Offizieren in deren Messe in der Werft gegeben hatte.
Nun traten vier von Neptuns Konstablern hinter ihn, verbanden ihm die Augen und führten ihn auf Deck. Während er vorwärtsstolperte, wurden von allen Seiten Eimer voll Wasser über ihn gegossen. Er mußte über die Planke gehen. Sein Gesicht wurde mit Pech und Farbe bestrichen. Dann wurde er von zwei Matrosen

mit Eisenbändern rasiert. Nach Beendigung dieser Abwaschung wurde er in ein mit Seewasser gefülltes Segel getaucht. Seine Augenbinde wurde ihm abgenommen.

Ein Blick auf das Deck überzeugte ihn, daß er sich unter Verrückten befand. Einer der Steuermannsmaate, mit einem langen weißen Bart als Neptun verkleidet, saß auf einem Thron. Kapitän FitzRoy war von einer Gruppe dämonischer Wesen umgeben, mit nackten Oberkörpern, Arme und Beine mit Farbe beschmiert, mit breiten roten und gelben Kreisen um die Augen und Streifen auf den Gesichtern. Er sah zu, wie die Teufel einen Kriegstanz aufführten und über das Schicksal ihrer Opfer frohlockten.

Charles erhielt Beifall für sein sportliches Verhalten. Kapitän FitzRoy, in weißem Hemd und weißer Hose, aber ohne seine weiße Uniformjacke, fragte:

»Sind Sie gründlich getauft?«

»Ich bin gründlich durchnäßt, wenn Sie das meinen.«

Er sah zu, wie die anderen Neulinge die gleiche Behandlung erfuhren. Dann wurden er und FitzRoy wie durch Zufall von den umherspringenden Konstablern mit Eimern voll Wasser übergossen.

Beim Dinner an diesem Abend war FitzRoy, gebadet und in frischer weißer Uniform, guter Laune.

»Also, welchen Eindruck hatten Sie, Darwin?«

»Mein erster Gedanke war, daß die Schiffsbesatzung, vom Kapitän abwärts, völlig den Kopf verloren hatte.«

FitzRoy kicherte. »Es ist die einzige Chance der Besatzung während der Reise, mit uns abzurechnen.«

Nach zwei Tagen westlicher Fahrt erreichten sie die kleine Insel Fernando de Noronha. Charles ging an Land, um die Wälder zu erforschen, kehrte mit zarten Blüten von Magnolien und Lorbeerbäumen zurück und mit Kristallen glasigen Feldspats sowie einigen Nadeln Hornblende.

Sie segelten noch diese Nacht weiter, gerieten aber in eine völlige Flaute. Der Bug des Schiffes stand in der falschen Richtung. Das Wetter blieb weiter heiß und feucht. Er hatte das Gefühl, als schliefe er in einem warmen Bad, und streckte sich auf dem Kartentisch aus, dessen Härte er nach der weichen Hängematte als angenehm empfand. Um Mitternacht stieg er nach oben auf Deck, wo er in einen sternenübersäten Himmel starrte: das Kreuz des Südens, die Magellansche Wolke. Am Morgen harpunierte Sulivan einen anderthalb Meter langen Tümmler, den die Besatzung sofort abzuhäuten begann.

Bahia, die erste größere Stadt an der Küste Brasiliens, würde der nächste Hafen sein, wo sie ihren Wasser- und Nahrungsmittelvorrat erneuern konnten. Ein stetiger Passat brachte sie die zweihundertdreißig Meilen bis zur Küste Südamerikas. Sie machten zwanzig bis dreißig Meilen täglich. Bisher ihr schnellstes Tempo.

Kurz nach elf Uhr morgens liefen sie Ende Februar in Bahias »Allerheiligen-

Bucht« ein und segelten nahe an der steilen, aber üppig bewaldeten Nordküste vorbei. Die Bucht wimmelte von vor Anker liegenden Schiffen und solchen unter Segeln. Dazwischen sah man zahllose Kanus mit grell gefärbten Segeln. Charles hatte einen Ausblick auf die Stadt, die, von einem üppigen Wald umgeben, wie ein antikes Theater vom Strand bis zum Kamm des Hügels anstieg. Die vornehm wirkenden Häuser glitzerten weiß in der Sonne.
»Es sind die Fenster«, sagte Ben Bynoe. »Sehen Sie nur, wie lang und schmal sie sind. Die breiten Säulengänge, die öffentlichen Gebäude und die Klöster, sie alle bilden einen wundervollen Kontrast.«
Charles machte sich allein auf den Weg, um zum erstenmal in den brasilianischen Wald einzudringen. Jeder Schritt versetzte ihn in einen Taumel; er redete mit sich selbst, der Wirbel seiner Gedanken und Gefühle hätte ihm nicht erlaubt, einem anderen Menschen zuzuhören und ihm zu antworten. Sein Weg führte ihn in den Urwald mit seinen vielfarbigen Orchideen, die auf den ineinander verflochtenen Büschen und Bäumen so dicht wuchsen wie Unkraut; die unbekannten Schmarotzerpflanzen, das glänzend grüne Blattwerk, alles verwirrte ihn:
»Wenn mein Auge dem Flug eines prächtigen Schmetterlings zu folgen versucht, wird es von einem seltsamen Baum oder einer Frucht gefesselt. Wenn ich ein Insekt beobachte, vergesse ich es wegen der Blume, über die es kriecht..«
Er sah Hunderte ihm unbekannte Blumen, Pflanzen, Insekten, sammelte aber nur wenige Proben: Schmetterlinge, Schnellkäfer, Ameisen, Hundertfüßer, Spinnen, Landkrabben. Er geriet in ein plötzlich hereinbrechendes Tropengewitter, bevor er die Landungsstelle erreichen konnte, und suchte Schutz unter einem dicken Baum.
In wenigen Augenblicken begann ein Strom über den Stamm nach unten zu fließen, und er wurde bis auf die Haut durchnäßt.
Syms breitete trockene Kleidung aus. Es war dunkel, als Charles an Deck kam und zu Wickham in die Nische am Heck trat. Er hörte einen seltsamen Lärm, der aus den Wäldern kam.
»Was in aller Welt ist das, Wickham? Ich schwöre Ihnen, im Inneren des Waldes herrscht allgemein Stille.«
Wickham lächelte nachsichtig.
»Das stimmt, während des Tages. Nachts singen die Insekten ihre Lieder. Warum auch nicht? Im Dunkel sind sie sicher.«
Am nächsten Tag begleiteten ihn King und Musters. Augustus Earle war kaum imstande, seine Erregung zu unterdrücken, daß er wieder im Dschungel malen konnte. Alle vier trugen Körbe und Säcke, um die leuchtend gefärbten Blumen zu sammeln, die Professor Henslow daheim in Cambridge bezaubern würden. Sie gingen kilometerweit über kleine Hügel ins Landesinnere. Ein Tal war schöner als das andere. Charles sagte:
»Diese Wälder sind so voller Freude, daß man sich inbrünstig wünschen könnte, zurückgezogen in ihnen zu leben.«

»Ich nicht!« rief King. »Ich will die Meere befahren und Kapitän werden wie mein Vater.«
Auf dem Kamm eines Hügels breitete Charles die Arme aus.
»Die brasilianische Landschaft ist nicht mehr und nicht weniger als ein Blick in die Tausendundeine Nacht, mit dem Vorteil der Wirklichkeit.«
Sie machten ihre Sache gut, fanden Fledermäuse, Eidechsen, geflügelte Ameisen, Wanzen, von denen eine ihren Stechrüssel tief in Charles' Finger bohrte, exotische Gräser und merkwürdige Schmarotzerpflanzen. Als sie dann zur Küste zurückgekehrt waren, sammelten sie Seeigel, Krebstiere, Meeresschnecken und -bauchfüßer. Als sie ihre Sammlung auf den Kartentisch warfen, rief Stokes laut:
»Nehmt diese ekelhaften Wanzen und Fische von meiner Tischhälfte!«
Rowlett ging wieder in die Stadt, um Vorräte einzukaufen: Zucker, Mehl, Rosinen, Kakao, Tee, Tabak, Rum. Die Stadt sah besser aus, als sie roch, denn aller Unrat wurde aus den Fenstern auf die Straße geworfen, nicht nur Kehricht, sondern auch der Inhalt der Nachttöpfe und der Eimer mit schmutzigem Wasser. Alle Arbeiten wurden von Schwarzen verrichtet, die in großer Zahl bei den Lagerhäusern der Kaufleute herumlungerten. Wenn sie, mit schweren Lasten beladen, dahintrabten, schlugen sie den Takt und hielten sich durch Singen bei Laune.
»Das sind alles Sklaven«, erklärte Rowlett Charles. »Wenn die Plantagenbesitzer sie nicht brauchen, kommen sie in die Stadt, um ein wenig Geld zu verdienen.«
»Es ist das erstemal, daß ich *wirkliche* Sklaven sehe. Es ist wie ein Schlag in die Magengrube. Wie können sie es ertragen?«
»Sie haben keine andere Wahl.«
»Wie ertragen es die Brasilianer, von Sklavenarbeit zu leben?«
»Recht gut. Es läßt ihnen Zeit für wichtigere Beschäftigungen, zum Beispiel Geldverdienen – oder Liebe.«
Am nächsten Tag überredete er Wickham, der alle Städte haßte, ihn und Sulivan zu einem Spaziergang durch Bahia zu begleiten. Es war Karnevalstag. Kaum betraten sie die lärmende, feiernde Stadt, wurden sie unbarmherzig mit wassergefüllten Wachsbällen beworfen und aus großen Kannen begossen. Sie brauchten eine Stunde, um wieder aus der Stadt hinauszukommen. Sie beschlossen zu warten, bis es dunkel wurde, bevor sie durch die Karneval feiernde Menge zurückkehrten. Um ihre »absurden Leiden«, wie Charles es nannte, zu vervollständigen, durchnäßte sie ein schwerer Regenguß von neuem bis auf die Haut.
Charles schrieb in sein Notizbuch:

»Die Überlegenheit der tropischen Landschaft gegenüber der europäischen liegt unter anderem in ihrer Wildheit, auch des kultivierten Bodens. Kokospalmen, Bananen, Pisang, Orangen, Papayas sind wie von Natur aus untereinander gemischt, und zwischen ihnen finden sich Flecken mit krautigen Pflanzen wie Mais, Yamswurzeln und Maniok.«

Am nächsten Tag war der Himmel wolkenlos und die Sonne brannte. Charles und Philip King blieben acht Stunden lang im Wald. Am darauffolgenden Morgen wurde er durch einen pochenden Schmerz im Knie geweckt. Er wußte, daß er sich an einem Dornenbusch gestochen hatte, als er einen großen Leguan fing; nun war sein Knie stark geschwollen. Er wartete, bis es hell wurde, dann bat er Stokes, Dr. Bynoe zu rufen. Bynoe kam sofort, im Nachthemd, und zog geschickt das steckengebliebene Ende des Dorns heraus. Dann ging er in die Kombüse, holte einen Topf mit kochendem Wasser, badete die Wunde und legte einen Breiumschlag auf die entzündete Stelle.
Es dauerte sechs Tage, bis Charles wieder gehen konnte. Auf Deck sah er zu, wie die Matrosen ihre Hängematten und Kleider reinigten und die Segel zum Trocknen losmachten. An den warmen Abenden hörte er zu, wie Syms Geige spielte und die Besatzungsmitglieder sich um seine Deckpritsche sammelten und sangen:

»Eines Seemanns Leben ist wirklich schön,
Frei streift er von Küste zu Küste.
Und im Hafen muß stets eine Frau für ihn stehn;
Welchen Wunsch da ein Seemann noch wüßte?«

Oder:

»Ein fröhlicher Kerl bin ich da oder dort,
Zu Lande, zur See, an jeglichem Ort,
Scharf auf Streit, einen Kuß oder ein Glas Port.«

Trotz der Schmerzen und der verlorenen Zeit war er nicht unglücklich. Denn er wußte, man hatte ihn akzeptiert.
Er kleidete sich zum Dinner an, das Kapitän FitzRoy auf dem Quarterdeck für Kapitän Charles Henry Paget von *H.M.S. Samarang* gab, das im Hafen von Bahia vor Anker lag. Das Gespräch am Offizierstisch wurde ernst, als Kapitän Paget über die empörenden Bedingungen der Sklaverei in Brasilien sprach und so schreckliche Geschichten über die Behandlung der Schwarzen erzählte, daß es einem den Magen umdrehte.
»Es ist völlig falsch«, erklärte Kapitän Paget, »daß sogar die bestbehandelten Sklaven nicht zu ihren Familien in ihre Heimat zurückkehren wollen.«
»Mir scheinen sie glücklich zu sein«, sagte Kapitän FitzRoy. »Es ist zum Besten der meisten. Es geht den Sklaven hier unter gütigen Herren unendlich besser, als es ihnen in den wilden Urwäldern Afrikas ging. Man sorgt für sie, sie bekommen Wohnungen, Nahrung, ärztliche Hilfe, wenn sie sie brauchen. Wieso kann jemand behaupten, daß es diesen Wilden in der Zivilisation des weißen Mannes nicht besser geht?«
Auf dem Quarterdeck war es still.

Charles sagte mit leiser, ruhiger Stimme:
»Wenn zu allem, was die Natur Brasilien gewährt hat, noch die Menschen ihre gerechten und guten Taten hinzufügten, wie stolz könnten sie auf ihr Land sein! Wo aber der größte Teil der Menschen sich im Zustand der Sklaverei befindet und wo dieses System durch die Verhinderung jeglicher Bildung aufrechterhalten wird, was kann man da anderes erwarten, als daß das Ganze dadurch in den Schmutz gezogen wird?«
Nachdem Paget gegangen war, verbrachte Charles eine unbehagliche Stunde in der Heckkabine, in der er den Wortwechsel bedauerte. Dann brachte ihm der Steward des Kapitäns die Nachricht, daß man ihn erwarte. FitzRoy stand neben seinem Schreibtisch in seiner Kabine, sein Gesicht war blaß.
»Darwin, Sie sind voreingenommen. Während Sie bettlägerig waren, habe ich einen großen Sklavenbesitzer besucht. Er rief viele seiner Sklaven zusammen und fragte sie, ob sie glücklich seien oder ob sie frei zu sein wünschten. Sie antworteten alle mit ›Nein‹.«
»Halten Sie die Antwort von Sklaven in Anwesenheit ihres Herrn etwa für berücksichtigenswert?«
Er hatte keine Kritik ausdrücken wollen, sie aber in seiner Stimme gehört. Er erschrak über seine schlechten Manieren. Kapitän FitzRoy war wütend. Sein Gesicht lief rot an, sein Körper wurde steif.
»Da Sie an meinem Wort zweifeln, können wir nicht länger zusammen essen.«
Charles ging unglücklich in seine Kabine.
»Nun werde ich gezwungen sein, das Schiff zu verlassen! Unsere Reise hat kaum begonnen. Ich habe meine große Gelegenheit vertan! Welch ein Narr bin ich!«
Er stand neben seinem Bücherregal und machte sich Vorwürfe, als Sulivan, Bynoe und Rowlett erschienen. Alle drei sprachen zugleich.
»Die Neuigkeit hat sich verbreitet... Von nun an essen Sie in der Fähnrichsmesse... Unsere Verpflegung ist gut... Die Gesellschaft ist besser!«
Charles war tief gerührt.
»Meine Herren, ich danke Ihnen von ganzem Herzen. Aber ich kann es nicht tun. Es würde den Kapitän gegen mich aufbringen.«
Bynoe sagte: »Kommen Sie mit.«
Die Offiziere der Fähnrichsmesse frohlockten. Niemand wagte es auf einem Schiff der Königlichen Marine, dem Kapitän zu widersprechen.
In diesem Augenblick kam Leutnant Wickham herein. Ein böses Lächeln zuckte um seine Mundwinkel. Als er Charles sah, rief er:
»Zum Teufel mit Ihnen, Philosoph, ich wünschte, Sie würden mit dem Kapitän nicht streiten. Er hat mich stundenlang in seiner Kabine festgehalten und über Sie gewettert.«
Leutnant Sulivan sagte:
»Wir dachten, Sie wollten Darwin hier bei uns haben, da er jetzt keinen Platz mehr zum Essen hat.«

»Willkommen in der Fähnrichsmesse. Aber ich glaube, wir unterschätzen unseren Kapitän.«
Es erwies sich, daß Wickham recht hatte. Es dauerte nur kurze Zeit, bis der Kapitänssteward erschien.
»Mr. Darwin, der Kapitän bittet Sie, in seine Kajüte zu kommen.«
Es herrschte Stille in der Fähnrichsmesse. Charles schien außerstande, sich zu erheben.
»Gehen Sie jetzt«, befahl Wickham. »Niemand mißachtet die Anordnungen des Kapitäns.«
Charles fand den Kapitän gelöst und freundlich.
»Darwin, ich bringe Ihnen meine aufrichtige Entschuldigung zum Ausdruck. Ich hätte nicht so zu Ihnen sprechen sollen. Natürlich werden Sie weiter meine Kabine mit mir teilen. Es ist meine greuliche Reizbarkeit.«
Charles hatte ein Gefühl, als hätte der Schiffsarzt einen Stein aus seinem Herzen entfernt.
»Ich entschuldige mich, Sir, für meine beklagenswerte Ausdrucksweise.«
»Wir wollen nicht mehr darüber reden. Der Sklavenhandel hat bereits einige bedauerliche Folgen für die Brasilianer mit sich gebracht, indem er sie durch ihre extreme Indolenz demoralisierte.«
Kapitän FitzRoy war stolz auf sich.
»Wir fahren am Morgen los, um Lotungen an der kilometerlangen Sandbank vorzunehmen. Es könnte schlechtes Wetter geben, und es hat wenig Sinn, daß Sie seekrank werden, wenn Sie es vermeiden können. Wollen Sie nicht eine oder zwei Nächte an Land schlafen? Sie werden das *Hotel Universe* bequem finden.«
Im *Hotel Universe* stellte er fest, daß er mit dem Wirt sehr gut zurechtkam, indem er die drei Wörter verwendete, die er aufgeschnappt hatte: *comer*, essen; *cama*, Bett; und *pagar*, zahlen. Das flache Bett, das nicht schaukelte, war ein solches Vergnügen, daß er am liebsten wach geblieben wäre und es genossen hätte, aber er schlief schon, kaum daß er seine Wange auf das Kissen gelegt hatte.
Am nächsten Morgen fand er einen irischen Jungen, der ihm als Dolmetscher diente. Er sammelte eine große Anzahl von Steinen, Pflanzen und Insekten und fing unweit des Strandes einen Igelfisch. Der Fisch war etwa einen Zoll lang, schwarzbraun, mit gelben Flecken am Bauch. Er entdeckte vier weiche Vorsprünge an seinem Kopf. Eine genaue Untersuchung zeigte, daß der Fisch über mehrere Verteidigungsmöglichkeiten verfügte; er konnte fest zubeißen, Wasser aus seinem Maul spritzen und zugleich mit seinen Kiefern ein seltsames Geräusch erzeugen. Charles fügte diese Beobachtungen seinen Notizen hinzu.
Erhitzt von der Sonne betraten sie eine *venda*, ein öffentliches Rasthaus, und tranken Sangaree.

4.

Nur wenige an Bord waren hinreichend qualifiziert, die Vermessungsinstrumente der *Beagle* zu bedienen und Ergebnisse zu erzielen, die ein Dutzend Male und öfter überprüft werden mußten, so daß die Erkundung völlig verläßlich war: die Konturen der Küste, die Lage der Felsen, Sandbänke, Kanäle, Ankerplätze, Tiefen. Diese am Königlichen Marineinstitut in Portsmouth ausgebildeten Männer waren: Kapitän FitzRoy und Zweiter Leutnant James Sulivan; einige hatten sich emporgedient und waren ebenso verläßlich: Leutnant Wickham, Mr. Chaffers, der Erste Steuermann, Stokes, Usborne.

Kapitän FitzRoy besaß einen besonders guten Sextanten, der in der Hand gehalten und trotz der Bewegung des Schiffes verwendet werden konnte und die Winkeldistanz zwischen Objekten genau angab. FitzRoy hatte dem jungen Stokes beigebracht, wie man ihn vertikal halten mußte, um durch das eingebaute Teleskop zu blicken und Sonne, Mond oder einen Stern anzuvisieren. Sein Indexfehler änderte sich nie. Jeden Tag beobachtete Stokes eifrig die Sonnenhöhe mit dem Sextanten am Auge. Aber Charles interessierte sich stets mehr für die Flora und Fauna der verschiedenen Küstenstriche, die er durch sein Fernrohr sah, als dafür, von Stokes zu lernen.

Er lernte, sein Fernrohr zu gebrauchen, um den Durchgang eines Himmelskörpers durch den Meridian zu beobachten, und wie man den sehr guten Gilbertschen Kompaß verwendete, der auf einer Stütze über dem Heck angebracht war. Bei seinen Landausflügen hatte er seinen eigenen Kompaß immer in der Tasche. Wenn das Wetter klar und schön war, blieb er an Deck und sah zu, wie die Offiziere und Fähnriche die Peilungen und Winkel ermittelten, die nötig waren, um die Küste geographisch genau darzustellen. An der Küste sah er manchmal bis zu sechs Beobachter, die auf dem Boden saßen, jeder mit seinem Instrument, um die in der Nähe des Meridians befindlichen Höhen der Sonne aufzunehmen oder nachts die Sterne zu beobachten. Sie machten Beobachtungen über Breite und Zeit, über Gezeiten und Magnetismus. Auch die Zeit im Hafen wurde keineswegs müßig verbracht; es mußte ein detaillierter Plan des Hafens, seiner Umgebung, Triangulierungen, einschließlich der Tiefenlotung, aller sichtbaren Höhen und der besonderen Kennzeichen angelegt werden. Zwei Monate lang hatte Kapitän FitzRoy sein Schiff getestet und die Exaktheit seiner Instrumente überprüft.

»Jetzt«, sagte er Charles beim Abendessen am 18. März 1832, »können wir uns an die ernste Arbeit unserer Reise wagen, und sie wird so lange fortgesetzt, bis wir wieder zurück in Plymouth sind. Wir werden im Hafen kreuzen, bis die Seekarten fertiggestellt sind, dann werden wir die Felsen und gefährlichen Untiefen südlich des Hafens einzeichnen. Alle Schiffe müssen sich vor ihnen hüten, wenn sie Bahia anlaufen. Die Strömung treibt gewöhnlich nach Süden; infolgedessen sind bereits Schiffe an den Untiefen gestrandet.«

Sie nahmen Kurs auf Rio de Janeiro, das für einige Zeit ihr Stützpunkt werden sollte. Charles verbrachte die langen Stunden damit, seine Sammlungen in seinen verschiedenen Notizbüchern zu beschreiben. Er wußte nicht, ob er zu viel oder zu wenig schrieb. Da es so wenig veröffentlichtes Material gab, wußte er nicht, ob das, was er fand, bekannt oder unbekannt, wichtig oder gar sensationell war.
Er war oft um neun Uhr morgens im Vorratsraum des Kapitäns, um die Barometer abzulesen und die täglichen Differenzen des atmosphärischen Drucks zu verzeichnen. Das war einer seiner Fixpunkte und gab ihm ein Gefühl der Nützlichkeit an Bord.
Er fand den Ozean unendlich aufregend, immer lebendig, in Bewegung, veränderlich, bevölkert. Er sah seine erste Wasserhose. Von einer schwarzen Wolkenbank ausgehend fügte sich ein kleiner dunkler Zylinder zu einer schornsteinförmigen Masse, die über der See schwebte. Die Seeleute feuerten ihre größte Kanone ab, um sie aufzubrechen, und das Rohr verschwand in einem heftigen Regensturm. Die Matrosen harpunierten einen großen Hai, und das gesamte Schiff vereinte sich bei dem erregenden Versuch, ihn an Bord zu holen. Eines Tages, als Charles allein mit einem Stück gepökeltem Schweinefleisch von Handgröße am Haken fischte, fing er einen kleinen Hai und wurde vorübergehend zum Helden. Das Fleisch erwies sich aber als zäh und hatte einen unangenehmen Geschmack.
Es gab häufig kurze Regenschauer; Mengen von Sturmschwalben schwebten über dem Heck.
Am 1. April wurde auf dem ganzen Schiff Unfug getrieben. Um Mitternacht wurde die Wache unten von Unglücksrufen alarmiert:
»Zimmerleute, wir sind leck gesprungen!«
»Steuermann, ein Mast ist gespalten!«
»Fähnriche, Toppsegel reffen!«
Die Matrosen liefen in ihren Nachthemden hinaus. Charles schwor, er würde sich nicht zum Narren halten lassen, aber als Sulivan in die Heckkabine kam und schrie: »Darwin, haben Sie jemals einen Rundkopfdelphin spritzen und blasen sehen?«, stürzte er auf Deck, nur um von der Wache mit brüllendem Gelächter empfangen zu werden.
Warme Tropennächte, Wasserhosen, Haie, Aprilscherze, das war es, was das Leben erträglich machte, wie Kotzebue in *Eine neue Reise rund um die Welt* gesagt hatte, »für Schiffsbesatzungen, wenn sie mehrere Monate zusammen sind und auf einem Element reisen, das von Natur aus nicht zum Wohnsitz für Menschen bestimmt ist«.

Langsam wurde er mit den drei Feuerländern an Bord bekannt. FitzRoy verlangte nicht, daß die zwei Männer arbeiteten. Sie taten es, weil sie den Respekt der Besatzung brauchten, mit der sie ihre Mahlzeiten einnahmen und in ihren nebeneinander aufgehängten Hängematten in der Mannschaftsmesse schliefen.

Charles besuchte so oft wie möglich den sechzehnjährigen Jemmy Button, wurde aber durch die Tatsache gestört, daß es keinen Menschen mit einem so kleinen Sprachschatz gab, der seine eigene Sprache vergessen und sich in nur sehr bescheidenem Maße das Englische zu eigen gemacht hatte. Obgleich Jemmy der freundlichere der beiden Männer war, nahm er von den Offizieren ungern Befehle entgegen und bekam Wutanfälle. Er liebte die Rolle des Ausgucks, hoch oben im Mastkorb. Wenn er Streit hatte, antwortete er:
»Ich sehen Schiffe, ich nicht sagen!«
Eines Tages suchte Jemmy Charles auf.
»Ich haben Traum in Kopf. Ich sagen? Großes Tier mich jagen. Mich fressen. Ich essen schlechte Fisch. Sterben. Ich erleben Schneesturm. Erfrieren. Ich sterben. Wie du nennen das?«
»Wo geschehen diese Dinge in deinem Traum? In Feuerland?«
»Ja.«
»Klingt so, als hättest du Angst, heimzukommen. Hast du Angst?«
»Ich nicht wissen. Ich lieben warme Bett, gute Kleider, gut essen. Wie du nennen das?«
»Ich würde sagen, du liebst deine Bequemlichkeit. Hoffentlich hat dich England nicht auf Lebenszeit für deinen Stamm verdorben.«
»Nicht sprechen Stamm. Alles vergessen.«
Jemmy liebte die Engländer. Er wäre gern mit der *Beagle* nach England zurückgekehrt.
Nicht so der achtundzwanzigjährige York Minster, der zu keinem freundlich war. Er war oft widerspenstig. Für ihn war die *Beagle* ein Gefängnis.
Es war klar, daß York Jemmy tyrannisierte, aber er beschützte die elfjährige Fuegia Basket. Er erlaubte keinem von der Besatzung, ihr zu nahe zu kommen. Fuegias winzige Kabine wurde von Dr. Bynoe bewacht. Ein Zimmermann hatte eine Tischplatte an der Wand der Kabine angebracht, die der Kapitänssteward herunterklappen konnte, wenn er Fuegia ihr Essen brachte. Wenn das Wetter gut war, verbrachte sie ihre Tage auf Deck, nähte ihre eigenen Kleider, wie sie es in der Missionsschule gelernt hatte, oder sie häkelte, wie Charles seine Schwestern oft hatte häkeln sehen. Sie erklärte jedem, der bei ihr stehenblieb:
»Nicht müßige Hände.«
Ihre Einstellung zur Rückkehr nach Feuerland schien in der Mitte zwischen der Jemmys und Yorks zu liegen. Charles fragte:
»Fuegia, wirst du glücklich sein, zu deiner Familie heimzukommen?«
»Ich nicht machen Dinge geschehen. Dinge mir geschehen. Kapitän mich nehmen England, ich gehen England. Kapitän mich nehmen nach Hause, ich gehen nach Hause.« Sie lächelte schüchtern, zog eine Schulter hoch. »Ich leben.«
Auf See gab es wenig Versuchungen, die seine akademische Arbeit gestört hätten. Es gab Farne und Blätter auf Herbariumpapier zu befestigen, Proben zu sezieren, zu beschreiben, in Flaschen oder Schutzhüllen zu stecken. Die Aufzeichnungen

von beträchtlicher Länge zu vervollständigen, die er in sein laufendes Tagebuch eintrug, wo er nicht nur die tropischen Sehenswürdigkeiten, sondern auch Charakter, Zustand und Sitten der Eingeborenen beschrieb.
»Ich glaube, das Schreiben macht dir Vergnügen«, bemerkte Stokes von seinem Vogelsitz zur Rechten Darwins aus.
»Du hast recht, Johnny. Mit einer Feder in der Hand fühle ich mich ganz wohl.«
Die *Beagle* lief nach Süden, nicht weit von der Küste entfernt, als der Großteil der Besatzung an die Reling kam. Sie näherten sich Kap Frio, der Stelle des tragischen Schiffbruchs der *Thetis*, auf der Kapitän FitzRoy vor ihrem fatalen Ende vier Jahre lang Leutnant gewesen war. FitzRoy stand auf dem Quarterdeck, blickte durch sein Fernrohr und rief:
»Wenn ein Seemann gefragt würde, an welcher oft frequentierten Küste es die geringste Wahrscheinlichkeit eines Schiffbruchs gebe, glaube ich fast, er würde antworten, an der von Kap Frio. Doch an diesen hohen Kliffen zerschellte die *Thetis* Steven voraus mit neun Knoten.«
Die *Thetis* war am 4. Dezember 1830 von Rio de Janeiro ausgelaufen und hatte gegen einen südlichen Wind und dichten Nebel gekreuzt. Von vier bis sechs Uhr lief sie, laut Logbuch, einundzwanzig Meilen; nach sechs kam schweres Nebelwetter mit Regen. Um acht Uhr war es so dunkel, und es regnete so stark, daß man auf eine halbe Schiffslänge nichts zu unterscheiden vermochte.
William Robinson, jetzt Vormarsmatrose auf der *Beagle*, auf langen Fahrten erprobt, obgleich erst zwanzigjährig, sagte:
»Ich rief Borsworthick hier, der auf dem Vorschiff stand, zu: ›Sieh doch, wie schnell diese Bö kommt.‹«
Borsworthick, jetzt der Seiler der *Beagle*, warf ein: »Kaum 'ne Minute darauf seh' ich dieses Kliff durch Regen und Finsternis aufragen. Ich schrie: ›Land voraus!‹, und gleich darauf schrie ein Offizier: ›Hart backbord!‹ Dann krachte unser Bugspriet in harten Fels, und unsere drei Maste stürzten donnernd nieder.«
Das Deck war mit Toten und Verletzten übersät. Die *Thetis* trug ein klaffendes Leck davon und sank.
Es war dem Bootsmann gelungen, ein Seil auf die Felsen zu werfen. An dieses Seil wurden die Seeleute nacheinander gehängt und durch die Brandung auf einen schroffen Felsen gezogen. Fünfundzwanzig kamen um. Der Unfall wurde als Schande bezeichnet.
»Aber ein englisches Kriegsschiff«, rief FitzRoy, »kann das Risiko in Verfolgung eines höheren Ziels eingehen, während ein Handelsschiff im Hafen abwarten müßte.«
»Kurz«, meldete sich Charles, »die *Thetis* hatte Befehl, rasch irgendwohin zu segeln?«
»Das scheint sicher der Fall gewesen zu sein, obwohl ich bezweifle, daß es den Kapitän vor einem Kriegsgericht rettet. Erschreckt Sie das Schicksal der *Thetis*?«

»Offen gesagt, ja.«
»Es würde auch nur einen Narren nicht erschrecken.«
Die *Thetis* war zum Symbol der Vernichtung durch jeden schrecklichen Sturm geworden.

Sie erreichten Anfang April bei Einbruch der Dunkelheit den Hafen von Rio de Janeiro, den schönsten, den die Welt zu bieten hat, in dem sich die Silhouette des Zuckerhuts gegen den klaren Nachthimmel abzeichnete. Es war zu spät, um einen guten Ankerplatz zu suchen. Kapitän FitzRoy richtete den Schiffsbug gegen den Wind, und sie kreuzten inmitten vieler Schiffe, einer Flotille der Königlichen Britischen Marine, und noch größerer Geschwader von Tümmlern, Haien und Schildkröten. Rio de Janeiro war der Stützpunkt der Königlich Britischen Marine in Südamerika.
Charles zog sich spät in seine Hängematte zurück und schlief mit Unterbrechungen bis zum Morgengrauen. Es war vier Monate her, seit er Plymouth verlassen hatte. Er hoffte auf Briefe von daheim; als Zeichen, daß er einen Platz in England hatte.
Wegen der leichten Winde dauerte es bis zum Spätnachmittag, bevor Kapitän FitzRoy, im vollen Schmuck seiner Uniform, mit einem kleinen Boot ablegte, um sich bei seinem kommandierenden Offizier, Admiral Thomas Baker, auf dem Flaggschiff *H.M.S. Warspite* zu melden. Die *Beagle* war voll ausgeflaggt. Leutnant Wickham und Chaffers lavierten elegant durch den Hafen, refften jeden Zoll Segel, setzten es dann gleich wieder, bis sie eine Botschaft vom Flaggschiff erhielten, das sie zu ihrer bemerkenswerten Ordnung und Disziplin beglückwünschte, mit dem Zusatz, es sei ein bisher noch unbekanntes Ereignis, ein »Vermessungsschiff« so vollendet manövrieren zu sehen. Da erst erfuhr Charles von Kapitän FitzRoys Befehl:
»Führen Sie die *Beagle* möglichst vorteilhaft vor!«
Während er auf die Verteilung der Post wartete, versuchte Charles sich durch die prachtvolle Aussicht von seinem Heimweh abzulenken: Berge so zackig wie die von Wales, mit grüner Vegetation bedeckt, Palmen auf ihrem Kamm. Zu Füßen der nächstgelegenen Hügel, die eine weite Bucht überragten, in der Kriegsschiffe aller Nationen ankerten, breitete sich die prunkvolle »Hauptstadt von Südamerika« aus, die Stadt Rio de Janeiro mit ihrer Uferpromenade, dem Palast, der Kathedrale und den Türmen. Die *Beagle* würde Rio de Janeiro einen Monat lang als Stützpunkt wählen, um die Küste nördlich und südlich zu vermessen und kartographisch darzustellen.
Kapitän FitzRoy hatte Charles gesagt, er könne die ganze Zeit an Land wohnen. Augustus Earle, der die Stadt gut kannte, schlug vor, sie sollten ein Haus an der Botafogo Bay mieten, sechs Kilometer vom Stadtzentrum entfernt. Charles würde sich in einem Sammlerparadies befinden.
Endlich kam das Postboot längsseits. Die Disziplin löste sich auf, als die Besat-

zungsmitglieder ihre Posten im Stich ließen und sich balgten, um an die an sie adressierten Briefe zu gelangen. Leutnant Wickham donnerte:
»Nach unten mit den Briefen! Jeder Narr sieht sie an und vernachlässigt seinen Dienst!«
Hellyer, der Schreiber des Kapitäns, sammelte widerwillig die dicken Briefumschläge ein und trug sie nach unten, wo er sie an die Matrosen verteilte, die keine Wache hatten. Es dauerte eine volle Stunde, bis Charles seine Briefe in seine Kabine mitnehmen konnte. Zwei waren von seinen Schwestern, einer von Caroline und einer von Katty; ein dritter Brief von Charlotte Wedgwood aus *Maer Hall*; und ein Brief von Henslow, der aus Plymouth nachgeschickt worden war. Er verschlang die Nachrichten wie ein Verhungernder, denn die Briefe erzählten nicht nur von laufenden Ereignissen, sondern verrieten auch Zuneigung und liebevolle Sorge. Caroline schrieb:

> Ich war nicht imstande, an viel mehr zu denken als an Dich, und obwohl ich hoffe und glaube, daß Dir alles, was Du siehst, große Freude machen wird, ist das selbstsüchtige Gefühl der langen Trennung von Dir und der langen, langen Zeit, die es dauern muß, ehe ich hoffen kann, Dich wiederzusehen, schmerzlich genug. Kurz, mein lieber Charles, Du wirst entsprechend geschätzt werden, wenn wir Dich wiedersehen. Ich stelle fest, daß Eras Hoffnungen hegt, daß Du nach zwei Jahren zurückkommen wirst, und wie werden wir uns freuen, wenn seine Prophezeiung sich als richtig erweist.
>
> Papa geht es sehr gut... Unsere Tage vergehen wie gewöhnlich, abends Karten, und nachdem Papa zu Bett gegangen ist, setzen sich Ras, Charlotte und ich um den Kamin und plaudern gemütlich ein Stündchen, gewöhnlich von Dir...

Charlotte hatte ihren Brief an Charles Mitte Januar begonnen; als sie ihn zwei Wochen später beendete, berichtete sie von ihrer Verlobung mit Mr. Charles Langton, einem jungen Geistlichen ohne Kanzel, den sie bald heiraten wollte.
Sein Vetter Hensleigh Wedgwood hatte *seine* Kusine, Fanny Mackintosh, geheiratet. Fanny Owen hatte ihre Verlobung mit Robert Biddulph von Chirk Castle bekanntgegeben, einem Mann, dessen Ruf nicht besonders gut war. Fanny würde im März heiraten...
Heute war der 4. April. Gütiger Gott! Sie war schon verheiratet!
»Und ich ließ ihr reizendes Bild jeden Abend auf meinen Lidern ruhen, um mich in Schlaf zu wiegen«, rief er laut. »Ich hatte Shrewsbury knapp drei Monate verlassen, als sie ihre Verlobung mit Biddulph bekanntgab. Und ich dachte, sie liebe mich!«
Er hatte Tränen in den Augen. Lange lag er schmerzerfüllt in seiner Hängematte.

»Ich war ein Narr«, klagte er. »Fanny war der Liebling aller Männer. Sie brauchte vor allem Bewunderung und Aufmerksamkeit. Die Chance, daß sie drei Jahre auf mich warten würde, war nicht größer als die, daß Tümmler drei Jahre auf einer Mastspitze auf Wasser warten, um darin zu schwimmen.«
Er griff nach Kattys Brief:

> Ich glaube, Fanny und Biddulph verbringen zuerst eine Woche auf Chirk Castle und dann das Frühjahr in London... Wenn Du zurückkommst, wirst Du sie als *mütterliche alte Ehefrau* vorfinden. Ich hoffe, liebster Charles, es wird für Dich kein großer Schmerz sein. Du kannst ganz sicher sein, daß Fanny so freundschaftlich und liebevoll zu Dir sein wird wie immer und sich ebenso freuen wird, Dich wiederzusehen, wenn ich auch fürchte, daß das nur ein schwacher Trost für Dich ist, lieber Charles.

Dann passierte etwas Merkwürdiges. Das Bild von *Woodhouse* und dem Forst, das er so geliebt hatte, verschwand aus seinem Gedächtnis. An seine Stelle trat ein deutliches Bild von dem sonnigen Blumengarten in *Maer Hall*. Von Onkel Jos und Emma, die darum gekämpft hatten, daß er rund um die Welt segeln konnte.
Er erhob sich, ging zu seinem Schrank mit den Erinnerungen an daheim, klappte das Silbermedaillon zu, das Sarah Owens Haarlocke enthielt, ging auf Deck und warf es ins Meer.

5.

Er landete mit Earle an der Palasttreppe und wanderte durch die überfüllten Straßen. Earle war ein ausgezeichneter Führer.
»Diese Stadt könnte einen Maler begeistern. Der Frohsinn, die Farben, das leuchtende Grün... Ich habe es schon früher gemalt und werde es immer wieder tun, aber wir messen uns mit Gott, der hier in Brasilien Sein Meisterwerk vollbracht hat.«
»Ich möchte auch ins Landesinnere vorstoßen, von dem noch niemand berichtet hat«, sagte Charles.
Der Kapitän hatte sie gebeten, Philip King mitzunehmen. Es war ein bezaubernder, sechs Kilometer langer Spaziergang nach Botafogo, die Küste entlang, im Hintergrund die Berge. Sie fanden ein freundliches, perlgrau gestrichenes, holzverkleidetes Haus mit Verandas an drei Seiten; es hatte ein einfaches Wohnzimmer und drei Schlafzimmer, jedes mit einem kleinen Feldbett, einem groben Holztisch und einem Stuhl ausgestattet. Die hintere Veranda, unmittelbar hinter

der Küche, war als Eßplatz eingerichtet, mit Aussicht auf die Berge. Haus und Garten lagen in der Nähe eines Meeresarms und waren überwuchert von Blumen.

Mr. und Mrs. Bolga, die Besitzer, machten ihnen einen vorteilhaften Preis: zweiundzwanzig Shilling wöchentlich pro Person. Beide wohnten in einem Häuschen am hinteren Ende des Grundstücks, aus dem Mrs. Bolga, deren Gesicht dunkel war wie der polierte Mahagonitisch im *Mount*, auftauchte, um ihnen Frühstück und Abendessen zu kochen.

Wieder in die Stadt zurückgekehrt, führte Earle Charles bei seinen Freunden ein, als sie in das Restaurant *Table d'Hôte* schlenderten, dessen Rumdrinks als die größten und kältesten bekannt waren. Dort trafen sich britische und amerikanische Geschäftsleute, Konsuln mehrerer Länder, Marineoffiziere, Globetrotter. Kurz nachdem sie sich an den runden *English speaking*-Tisch gesetzt hatten, trat ein rothaariger Ire namens Patrick Lennon ein und begrüßte Earle.

»Ein paar Tage später, und ich hätte dich verpaßt. Ich reite landeinwärts zum Río Macae. Vor acht Jahren habe ich dort Waldland gekauft und einen englischen Verwalter hingeschickt, um es zu erschließen. Hab' noch nie auch nur ein einziges Pfund überwiesen bekommen. Ich zieh' los, um mal nach dem Rechten zu sehen.«

Mit erregt glänzenden Augen fragte Charles:

»Wie lange dauert die Reise? Was ist das für ein Land? Mir wäre nichts lieber als eine Gelegenheit mitzukommen.«

»Ungefähr eine Woche jeweils in eine Richtung«, antwortete Lennon. »Ich könnte einen Begleiter gebrauchen und einen zweiten Revolver. Hab' niemand, mit dem ich reden kann, außer meinem jungen Neffen und einem Schotten namens Laurie. Haben Sie Schwielen am Hintern, so daß Sie zwölf Stunden ununterbrochen im Sattel sitzen können?«

»Ich kann reiten und schießen. Wann geht es los?«

»In drei Tagen. Wir treffen uns um neun Uhr morgens in Praia Grande, einem Dorf jenseits der Bucht. Ich werde ein Pferd für Sie mieten.«

Charles brauchte einen ganzen Tag, um einen Paß für das Landesinnere zu bekommen; die brasilianischen Beamten sahen nicht ein, weshalb sie wegen eines ungestümen jungen englischen Fremdlings in der Hitze eines Apriltages arbeiten sollten. Am nächsten Abend brachten er, Earle und Philip King einige ihrer Habseligkeiten von der *Beagle* nach Botafogo. Als Charles auf seinem Tisch Mikroskop, Flaschen und Behälter für Proben aufstellte, sah der Raum bald wie ein Laboratorium aus.

Am dritten Tag fuhr er mit der Fähre zu dem Dorf Praia Grande. Lennon erwartete ihn. Zu der Gruppe gehörte noch ein junger Freund des Schotten namens Gosling, ein brasilianischer Führer aus dem Landesinneren und ein schwarzer Boy als Mädchen für alles. Charles trug seinen Fliegenfänger in der Hand.

Sie ritten durch einen vollkommen stillen Wald, voller großer Schmetterlinge mit komplizierten Farbmustern, dann kamen einige bebaute Felder und dann wieder Urwald, durch dessen verschlungenes Gewirr von Blätterwerk mitunter Sonnenstrahlen drangen. Die Bäume waren mit Orchideen überwuchert. Zu Mittag kamen sie durch das kleine Dorf Ithacaia mit hübschen brasilianischen Häusern, umgeben von Hütten für die Sklaven. In dieser Nacht schliefen sie in einer *venda*, die ihnen nur Strohmatten als Lager zur Verfügung stellte, und ritten noch vor Sonnenaufgang weiter über eine schmale Sandebene zwischen dem Meer und den Salzlagunen im Landesinneren. Charles' Aufmerksamkeit wurde durch eine große Zahl fischender Vögel gefesselt: Es waren Reiher und Kormorane. Das grelle Licht und das Flimmern des weißen Sandes verursachten ihm Augenschmerzen. Das Thermometer zeigte 35° Celsius. Aber der Anblick der bewaldeten Hügel, die sich im Wasser der Lagunen spiegelten, entschädigte ihn für die Hitze.

»Ich hasse Landschaft«, sagte Laurie. »Ich möchte sie am liebsten verscheuchen wie die Fliegen.«

Diese Nacht verbrachten sie in einer größeren *venda*, die aus dicken aufrechten Pfosten, durchflochten mit Baumzweigen, errichtet war. Sie hatte ein Dach und einen Fußboden aus gestampfter Erde. Nachdem sie die Pferde abgehalftert und ihnen Pferdemais zu fressen gegeben hatten, führte man sie zur vorderen Veranda, wo Tische und Bänke standen. Lennon verbeugte sich vor dem Wirt:

»Würden Sie so freundlich sein, uns etwas zu essen zu geben?«

»Was immer Sie wünschen, Sir.«

»Haben Sie Fisch?«

»O nein, Sir.«

»Oder getrocknetes Fleisch?«

»O nein, Sir.«

»Oder Brot?«

»O nein, Sir.«

Zwei Stunden später stand noch immer kein Essen auf dem Tisch. Auf Charles' Frage antwortete Lennon:

»Es wird fertig sein, wenn es fertig ist. Wenn wir ungehalten sind, wird man uns auffordern weiterzureiten, weil wir unverschämt sind.«

Schließlich wurde ihnen eine Schüssel mit Huhn, Reis und Maisstärke serviert. Der Führer sagte:

»Wir haben Glück. Oft muß der Gast das Geflügel selbst abstechen.«

Charles sah sich nach Messer und Gabel um; Lennons Neffe zeigte auf seine zehn Finger. Charles legte sich auf der mit einer dünnen Strohmatte bedeckten Holzveranda schlafen, aber nicht ohne vorher bemerkt zu haben, daß der Raum schmutzig war.

»Wenn sauberes Bettzeug mein größter Wunsch gewesen wäre«, sagte er sich, »hätte ich in *The Mount* bleiben müssen.«

Am nächsten Abend waren sie wieder in einer sauberen und gemütlichen *venda* in Campos Novos prächtig untergebracht: Zwieback, Wein, Schnäpse zum Abendessen, Fisch zum Frühstück und alles für etwas mehr als zwei Shilling pro Person.

»Wie es der Zufall der Landstraße will«, bemerkte Lennon. »Verdaue das Schlechte mit dem Guten, und du wirst überleben.«

An den nächsten zwei Tagen sammelte Charles Pflanzen, Insekten, Muscheln aus den Süß- und Salzwasserseen, an denen sie vorüberritten. Sie kamen in einen Wald mit hochragenden Bäumen. Er schrieb in sein Notizbuch:

»Wundervolle, schöne, blühende Schmarotzerpflanzen.«

Sie trafen auf konische Ameisenhügel, die vier Meter hoch waren. Charles blieb stehen und brach ein Stück heraus, um es in London chemisch analysieren zu lassen. Nach zehn Stunden im Sattel kamen sie nach Ingetado. Sie ritten zusammen, aßen zusammen und hielten ihre Gewehre schußbereit, aber es wurde wenig gesprochen – außer wenn Laurie, der Schotte, darauf bestand, für alles, was man ihm servierte, eine detaillierte Rechnung zu erhalten. Er bekam nie eine.

Eines Morgens fühlte sich Charles beim Erwachen elend. Sein Körper wurde von Fieberschauern, wie Segel vom Wind, geschüttelt. Er sagte es niemandem. Er überquerte die Barra de St. Joao in einem Kanu, sein Pferd schwamm nebenher. Als die Gruppe anhielt, um zu essen, konnte er nichts hinunterbringen. Bis zum Einbruch der Dunkelheit ritt er weiter und bohrte seine Knie in die Flanken des Pferdes, um sich im Sattel zu halten.

Diese Nacht verbrachten sie in der *Venda da Matto*. Charles versank in kurze Alpträume; er war krank in einem fremden Land, dessen Sprache er nicht verstand, wo es weder Ärzte noch Medikamente gab. Er erwachte in Fieberschweiß gebadet, aber sobald sein Kopf klar wurde, schüttelte er die Angst ab.

»Ich habe etwas gegessen oder getrunken, womit ich mir eine Vergiftung zugezogen habe. Ich werde damit fertig werden.«

Er schaffte es. Er überstand den Tagesritt bis Socego, dem behaglichen Heim von Senhor Figuireda. Aus einiger Entfernung hörten sie, daß eine Glocke geläutet und dann eine Kanone abgeschossen wurde. Laurie rief: »Sie begrüßen uns!«

Das Haus sah aus wie ein englischer Schuppen und stand auf einem Hügel, an dem ein Bach vorbeifloß. Auf der Weide gab es Rinder, Ziegen, Schafe, Pferde, rund um das Haus wuchsen Orangenbäume und Bananenstauden. In der Nähe befanden sich ein Schuppen zum Kochen und ein großes Lagerhaus sowie Ställe und Werkstätten für die Schwarzen. Das Haus hatte einen Fußboden, war mit Schilf gedeckt, und die Fenster waren mit Läden versehen. Im Wohnzimmer standen mit Goldfarbe gestrichene Stühle längs der weiß getünchten Wände.

Charles war der Ansicht, er habe sich während des ersten halben Dutzend Gänge wacker gehalten, da wurden aus der Küche ein gebratener Truthahn und ein gebratenes Schwein gebracht. Senhor Figuireda war ein intelligenter alter Mann und ein guter Geschäftsmann, der zu den nahe gelegenen Städten Straßen baute, auf denen er seine Waren transportierte.

Charles erholte sich so fabelhaft, daß er mit Senhor Figuireda einen Rundgang durch die *fazenda* machte, ein großes Gebiet, das aus einem grenzenlosen Wald gerodet worden war. Er machte sich Notizen über die Kaffee- und Maniokernte; die Maniokwurzeln wurden zu einem Brei gemahlen, getrocknet und dann zu *farina* gebacken.
Am nächsten Tag ritten sie durch einen Wald, in dem Charles Tukane und Bienenfresser sah. Sie wurden von Mr. Cowper, Mr. Lennons Vertreter, gut empfangen, aber es war klar, daß die *fazenda* schlecht geführt war. Die Sklaven waren überarbeitet und unterernährt. Lennon und sein Verwalter gerieten in einen heftigen Streit.
Wieder in Socego, schlichtete Senhor Manuel schließlich die Differenzen; es würden keine Sklaven verkauft werden, und Lennon würde von nun an etwas Geld erhalten.
Charles sammelte Reptilien, Blumen, Farne und Pflanzen, von denen er glaubte, sie in England noch nicht gesehen zu haben, und eine Auswahl merkwürdiger Insekten. Nach wundervollen Tagen machten sich Lennon, sein Neffe und Charles auf den Rückweg nach Rio de Janeiro. Es wurde sehr kalt, es regnete in Strömen, die Waldstraßen wurden zu grundlosem Morast; mehrere Holzbrücken waren eingestürzt, was sie zwang, weite Umwege zu machen, die *vendas* waren so elend, daß sie auf Maisstroh schlafen mußten. Da sie unterwegs ihre Pässe verloren hatten, wurden sie von der Polizei in Rio de Janeiro festgehalten, bis sie beweisen konnten, daß die Pferde, auf denen sie ritten, nicht gestohlen waren.
Charles war von seinen Abenteuern im Inneren Brasiliens und von seinen zwei Satteltaschen voller Proben begeistert.

Als er der *Beagle* einen Besuch abstattete, war er überrascht, wieviel sich in den zwei Wochen seiner Abwesenheit verändert hatte. Während er im Beiboot übersetzte, sah er sich von neuen Gesichtern umgeben. Drei von den Vollmatrosen, die man ausgepeitscht hatte, waren desertiert. Zwei andere wurden als dienstuntauglich heimgeschickt. Sieben Besatzungsmitglieder wurden entlassen oder auf die *Lightning* versetzt, zwei andere auf die *Warspite*. Sie wurden durch Männer von anderen Schiffen der Königlichen Marine ersetzt. Wickham sagte:
»Wir erwarten so etwas, wenn wir zum ersten Stützpunkt der Königlichen Marine kommen. Wir sondern ein paar aus, ein paar sondern sich selbst aus. Wie Sie bemerken, sind die Offiziere die gleichen geblieben. Übrigens, suchen Sie den Kapitän auf.«
Dr. Robert McCormick sollte, mit allgemeiner Zustimmung, als dienstuntauglich nach Hause zurückkehren. Er erklärte Charles, daß er ihm nicht böse sei.
Kapitän FitzRoy war in seiner Kabine damit beschäftigt, seine Seekarten von Bahia mit den durch die französische Expedition unter Baron Roussin veröffentlichten Karten zu vergleichen. Als Charles eintrat, blickte er mit äußerst konzentrierter Miene auf.

»Ich werde mit der *Beagle* nach Bahia zurückkehren, um weitere kartographische Aufnahmen zu machen. Unsere Ergebnisse stimmen mit den letzten Niveaumessungen von Kapitän Beechey vollkommen überein. Leider besteht eine Differenz von über sechs Kilometer Länge zwischen seinen Seekarten und denen von Baron Roussin. Ich bin entschlossen, nach Bahia zurückzusegeln, um mich zu vergewissern, ob die Messungen der *Beagle* einwandfrei sind... Das wird euch Landratten Gelegenheit geben, noch zwei Monate an Land zu verbringen. Freuen Sie sich nicht darüber, Philos?«
Charles gefiel die Abkürzung seines Spitznamens.
»Gewiß, Sir, ganz außerordentlich.«
»Fuegia Basket fühlt sich nicht wohl. Mr. Bynoe kann nicht feststellen, was ihr fehlt. Können Sie sie in Ihrem Haus in Botafogo unterbringen?«
»Ich bin sicher, daß Mrs. Bolga das Mädchen unter ihre Fittiche nehmen wird wie eine Glucke.«
Er brachte am nächsten Morgen noch einige seiner Habseligkeiten nach Botafogo. Zwei Matrosen machten die Jolle hinter seiner Heckkabine los. Sie beluden sie mit den Büchern, dem Schreibzeug, den Schachteln, dem Verschlußmaterial. Er wies die Matrosen an, zu dem weißen Sandstrand von Botafogo zu rudern. Kurz bevor sie landeten, schlugen zwei Brecher in das Boot. Charles schrie laut auf, als er sah, daß seine Bücher und Habseligkeiten umherschwammen.
»Mein Gott, nein! Alles, was mir am teuersten ist...«
»Entschuldigen Sie, Mr. Darwin, aber beeilen wir uns lieber, anstatt mit den Zähnen zu klappern.«
Er sputete sich, die beiden Matrosen machten das Boot fest und halfen ihm dann. Zu dritt trugen sie die Sachen in das nahe gelegene Haus, wo er alles auf den Verandas, geschützt vor direkter Sonneneinstrahlung, ausbreitete. Sein Schreibzeug befand sich in einem wasserdichten Sack, aber die Bücher und Taschen wiesen Flecken von Salzwasser auf. Es dauerte den ganzen Tag und noch den nächsten, um sie wieder in Ordnung zu bringen.
Er hatte nun Zeit bis zum 5. Juli, an dem die *Beagle* nach Montevideo weitersegeln sollte, fast zehn Wochen der Freiheit, um zu sammeln.
In den ersten Maitagen brachte Stokes Charles zwei Briefe, die auf der *Beagle* abgegeben worden waren, einen von seiner Schwester Susan, den anderen von Fanny Owen, datiert vom 1. März 1832.
In dem mit 12. Februar datierten Brief gratulierte ihm Susan zum Geburtstag. Sie schrieb auch, daß Charlotte Wedgwood und ihr Ehemann Charles Langton Aussicht auf eine Pfarre in Wistantow hatten.
Der Brief Fanny Owens berichtete von ihrer Verlobung mit Biddulph und von ihrer bevorstehenden Hochzeit. Die Wunde der ersten Nachricht war verheilt. Der Brief klang seicht, oberflächlich. Als er ihn noch einmal las, kam er zu dem Schluß, daß Fanny ihn als amüsanten Spielgefährten geschätzt hatte. Geliebt hatte sie ihn nicht.

Abschließend fand er, daß er Glück gehabt hatte. Dessenungeachtet spürte er noch immer eine Leere, die die gestorbene Liebe hinterlassen hatte.
Er schrieb weiter an seinen fortlaufenden Berichten für *The Mount*, die regelmäßig abgesandt wurden, wenn ein Frachtboot oder Kriegsschiff nach England abging, und adressierte sie an Caroline, Katty oder Susan, obwohl sie in erster Linie geschrieben waren, um seinen sechsundsechzigjährigen Vater über die Reise der *Beagle* auf dem laufenden zu halten und ihm Sorgen zu ersparen. Weil er wußte, daß sein Vater befürchtete, sein jüngster Sohn könnte ein Vagabund und Dilettant werden, fügte er hinzu:

> Obwohl mir dieses unstete Leben gefällt, behalte ich die ferne Aussicht auf eine ruhige Pfarre im Auge, die ich sogar durch einen Palmenhain vor mir sehe.

Nachdem die Familie im *Mount* seine Briefe mehrmals laut gelesen hatte, ohne etwas auszulassen, wurden sie nach *Maer Hall* zu den Wedgwoods geschickt, wo Onkel Jos oder Emma sie laut lasen.

6.

Die Tage glitten ruhig dahin. Es gab Regengüsse, so daß er nur in seinem Ölzeug für eine oder zwei Stunden zwischen den Schauern ausgehen konnte. Mrs. Bolga sorgte für Fuegia Basket und Augustus Earle, die sie mit ihrer eigenen Kräutermedizin behandelte. Als er den jungen King, der sich zum Dienst für die Rückfahrt nach Bahia meldete, zur *Beagle* brachte, erfuhr er, daß von den zwölf Mann, die die Fahrt zum Río Macacu im Kutter mitgemacht hatten, drei von einem bösartigen Fieber befallen worden waren: Charles Musters, John Jones, ein vielversprechender Junge, der an dem Tag seiner Erkrankung befördert werden sollte, und John Morgan. Er hatte nicht daran teilgenommen, weil er seine durchnäßten Sachen trocknen mußte. Charles fragte Mr. Bynoe:
»Wieso gerade diese drei von zwölf?«
»Weil sie nicht gehorcht haben. Es wurde ihnen gesagt, sie sollten nicht im Río Macacu baden. Alle in den Macacu mündenden Flüsse sind verseucht.«
»Werden sie wieder gesund werden?«
»Das weiß ich nicht. Ich habe zwei höchst angesehene Ärzte aus Rio de Janeiro kommen lassen. Sie sind der Meinung, es wäre besser, die Erkrankten bei mir an Bord zu lassen, wo ich sie überwachen kann.«
Erde und Luft wimmelten von Insekten; von vielen hatte er noch nie gehört. Es war zweifellos eine gewaltige Arbeit. Seine Proben, Schachteln, Gläser, Gesteine,

Fische, die Meerestier- und Insektensammlung wuchsen, sie füllten das Schlafzimmer, verbreiteten sich auf den Verandas, wo er sezierte und die Fische und Meerestiere in hochprozentigen Spiritus einlegte.
Trotzdem vernachlässigte er sein Hauptanliegen, die Geologie, nicht. Am 18. Mai schrieb er an Professor John Henslow und berichtete ihm, was er bisher auf der Reise gesehen und getan hatte, über die Geologie von St. Jago, die Expedition zum Río Macae. Daß er »nun Süßwasser- und Landtiere« sammle und, »wenn ich nicht irre, bereits einige neue *Genera* gefunden« habe. Er hatte beschlossen, die Kiste erst abzusenden, wenn sie in Montevideo eintrafen.
Er bestieg den etwa sechshundert Meter hohen, dicht mit Wald bedeckten Corcovado mit Augustus Earle entlang dem Äquadukt. Oben angekommen, genoß er die Aussicht, eine der schönsten der Welt. Er rief:
»Wenn wir Landschaften nach dem Überraschungseffekt einstufen, den sie auslösen, steht diese entschieden an erster Stelle.«
Er verbrachte angenehme Abende zu Hause mit Fuegia und Earle und mit dem Lesen von Ansons Reisebuch. Mr. Aston, der britische Botschafter, lud ihn zum Abendessen zu sich ein. Kapitän FitzRoy hatte offenbar im Gespräch mit seinem Oberkommandierenden nur Gutes über ihn gesagt, denn er wurde mehrmals von Admiral Thomas Baker zum Dinner eingeladen. Admiral Baker lud ihn auch zu einer Besichtigung der *Warspite* und zu einem Essen an Bord ein, wo er gesellige junge Offiziere der Königlichen Marine kennenlernte. Der britische Attaché bat ihn zu einem Konzert eines berühmten Klaviervirtuosen. Earle neckte ihn.
»Fliegenfänger, Sie sind der beliebteste junge Mann in Rio. Ich bin sicher, jemand wird Ihnen noch einen schönen Posten und eine hübsche Tochter als Frau anbieten.«
Er fand Philip King im Haus in Botafogo, als die *Beagle* zurückkehrte. An der Miene des Jungen erkannte er, daß etwas vorgefallen sein mußte.
»Was ist los, Philip? Waren unsere Seekarten ungenau?«
»Im Gegenteil. Der Kapitän konstatierte mit großer Freude, daß unsere Messungen von Rio de Janeiro bis Bahia mit den bereits früher durchgeführten Messungen auf die Sekunde genau übereinstimmten. Unsere Karten werden jetzt offiziell anerkannt.«
»Gute Arbeit.«
Es war still, bevor King fortfuhr.
»John Morgan ist am Fieber gestorben. Wir bestatteten ihn auf See. Fünf Tage später starb John Jones – und Charles Musters. Wir begruben sie beide auf dem englischen Friedhof in Bahia.«
Charles sank auf seinem Stuhl zusammen. Der junge King weinte.
»Der arme kleine Kerl«, klagte Charles. »Erst vierzehn; er hatte noch kaum zu leben begonnen. Er hatte solches Heimweh. Jetzt wird er die Heimat nie mehr wiedersehen. Beim Gedanken an ihn bricht mir das Herz.«
Während der letzten zwei Wochen in Rio de Janeiro ging Charles immer wieder

in den Wald, eine »Goldmine für jeden Naturforscher«. Zu diesem Zeitpunkt mußte er zugeben, daß »es anstrengend ist, an jeder Straßenkrümmung in neues Entzücken auszubrechen; aber wenn man es nicht tut, ist man keiner Begeisterung fähig«.

Während die *Beagle* frische Nahrungsmittel an Bord nahm, verbrachte er seine letzten Tage mit der Arbeit an Korallen und unternahm einen abschließenden Spaziergang durch den brasilianischen Urwald. Hoch über sich sah Charles einen mächtigen, bärtigen Affen an seinem Greifschwanz hängen. Ein Mulattenjunge, der einen jungen Brasilianer begleitete, hatte eine Axt bei sich. Sie begannen, den enormen Baum zu fällen.

»Sie fällen einen ganzen Baum, um einen toten Affen zu bekommen?« fragte Charles erstaunt.

»Warum nicht? Zu viele Bäume, zu viel Wald.«

Der Baum stürzte mit gewaltigem Krachen um, wühlte die Erde auf und riß auf seinem Weg nach unten noch andere Bäume mit.

Es war symbolisch für Brasiliens verschwenderischen Überfluß.

Am 1. Juli brachte Charles seine Habe zurück auf die *Beagle*. Es war ein merkwürdiges Gefühl, sich wieder in der beengten Ecke der Heckkabine aufzuhalten. Die elf Wochen waren höchst angenehm verstrichen. Seine Gefühle beim Verlassen von Botafogo schwankten zwischen Bedauern und Dankbarkeit.

Als *H.M.S. Beagle* an *H.M.S. Warspite* und *H.M.S. Samarang* vorbeisegelte, kletterten die Besatzungen der beiden Kriegsschiffe in die Takelage und riefen ihnen mit drei stürmischen Hurras ein aufrichtiges Lebewohl zu. Die Kapelle auf der *Warspite* intonierte *To Glory You Steer*. Charles rief Kapitän FitzRoy zu:

»Es gibt wahrhaftig eine Bruderschaft des Meeres.«

»Um so mehr, weil jedes Schiff so lange Zeit allein segeln muß.«

In den ersten drei Tagen der Fahrt südwärts nach Montevideo und Buenos Aires fand Charles das Wetter unerträglich; oft umspringende leichte Brisen und eine lange Dünung. Er war nicht seekrank, fühlte sich aber elend. Am vierten Tag kam eine steife Brise auf; ihm erschien sie wie ein Sturm. Das dachte auch Mr. Chaffers, denn er strich die Bramsegel und holte die Masten nieder. Die *Beagle* glitt nun elegant über die Wellen, »scheinbar aus eigenem Antrieb«, sagte Charles zu Stokes, »um die schweren Stöße zu vermeiden«.

Die *Beagle* war ein lebendes, atmendes Geschöpf geworden mit eigenem Charakter: stark, imponierend, nicht unterzukriegen. Er konnte sie sich nicht mehr als leblose, unbeseelte Konstruktion aus Holz, Kupfer, Kalfaterung, Tauen, Leinwand und Masten vorstellen. Das Schiff war das Wichtigste auf dieser Reise, wichtiger sogar als sein Kapitän, denn von seiner beharrlichen Leistung und Verläßlichkeit hing das Schicksal der gesamten Besatzung ab. Einschließlich des unfertigen Naturforschers.

Mitte Juli erwachte er bei klarem Himmel und ruhiger See. Meer und Luft waren belebt von Walen, Sturmvögeln und Kaptauben. Als er in der Fähnrichsmesse frühstückte, sprachen die Offiziere aufgeregt davon, daß sie die kartographisch noch nicht erfaßte Küste von Patagonien sehen und erforschen würden. Sulivan sagte:

»Wir kommen nun in die Wildnis von Patagonien, warum lassen wir uns nicht Bärte wachsen, so daß auch wir aussehen wie Wilde?«

Sie taten es. Zuerst kitzelten Charles die frisch gewachsenen Stoppeln, doch bald hatte er einen zottigen roten Bart und freute sich, daß er sich nicht mehr mit dem Rasiermesser schnitt. Wenn er nach dem Frühstück auf Deck ging, atmete er beglückt die kühle frische Luft ein, während das Schiff mühelos neun Knoten Fahrt machte.

Es war an der Zeit, von den Zimmerleuten die erste Kiste anfertigen zu lassen, mit der er seine Proben nach Hause schicken würde. An Bord gab es vier Zimmerleute, aber Jonathan May, ihr Meister, der Charles geholfen hatte, das Netz für die Meerestiere herzustellen, bestand darauf, die Arbeit selbst auszuführen.

Zuerst breitete Charles seine Gesteinsproben aus, zweihundertfünfundfünfzig Einzelstücke, die er von St. Jago bis Rio gesammelt hatte. Dann kamen die Pflanzen, fein säuberlich getrocknet und zwischen Papierblätter gepreßt, die Etiketten lagen zwischen den Papierblättern. Daheim in Cambridge würde Henslow sie auf stärkerem Herbariumpapier befestigen. In vier großen Flaschen waren Tiere in Spiritus eingelegt, ferner hatte er eine gewaltige Sammlung von Spinnen zusammengetragen, ziemlich viele kleine Käfer in Pillenschachteln, zwei Arten elegant gefärbter Plattwürmer, die trotz der äußeren Ähnlichkeit überhaupt nichts mit Schnecken zu tun hatten, und dann die unendliche Vielfalt von Meerestieren, gleichfalls in hochprozentiger Alkohollösung; hinzu kamen die Vögel, die er präpariert hatte, die Fische in der stärksten Alkohollösung, eine Anzahl wirbelloser Tiere, von denen er viele seziert hatte, dann die Behälter mit Eidechsen und Schlangen, die aufgespießten Schmetterlinge und andere Flugtiere sowie die große Gruppe der Insekten.

Zimmermann May rieb sich die Bartstoppeln.

»Mr. Darwin, lassen Sie mir zwei, drei Tage Zeit, und ich werde Ihnen einen Holzbehälter bauen, der jeder Beanspruchung standhält: die Steine unten, die Schmetterlinge ganz oben.«

Sie legten eine Rekorddistanz von zweihundertfünfzig Kilometern in vierundzwanzig Stunden zurück und beglückwünschten einander: »Wir werden bald Land sichten«, doch am Abend gerieten sie in einen Sturm aus der Gegenrichtung. Wieder wurden die Bramstengen auf Deck geholt; sie kreuzten gegen die schwere See mit eng gerefften Großtopp-, Gaffel- und Focksegeln. Charles streckte sich auf dem Diwan des Kapitäns aus und las in den beiden Bänden über die Vermessung Australiens von Kapitän Philip King. Am nächsten Morgen gab es auf See Interessantes zu sehen. Er beobachtete eine Schule Rundkopfdelphine,

Grind- und Schwertwale, die dem Schiff folgten. Sie stiegen empor und zeigten bald die kleinen runden Köpfe, dann die hohen Rückenflossen, während sie spritzend mit großer Kraft das Wasser durchschnitten. In einiger Entfernung bliesen schwarze Wale unweit eines Tümmlerschwarms, dann kamen fliegende Fische, Pinguine, Robben, ein Vogel, der aussah wie ein gelber Hammer. Es war ein Tag wie im Herbst in England.

»Das Wetter wird nicht anhalten«, warnte Sulivan. »Wir sind nur sechzig Meilen von der Mündung des La Plata entfernt. Es muß dichter Nebel aufkommen.«

Gegen Abend frischte der Wind auf. Die Nacht war stürmisch und böig. In der Mittelwache, zwischen Mitternacht und vier Uhr morgens, weckte Chaffers, der das Kommando führte, Leutnant Wickham.

»Mr. Wickham, ich glaube, ich kann Kühe an der Küste muhen hören.«

»An der Küste? Dann wären wir weit vom Kurs abgekommen. Das passierte mit der *Thetis.* Gehen wir an Deck!«

Wickham überprüfte die Instrumente, dann trat er an den Bug. Er konnte durch den Nebel nichts erkennen, lauschte jedoch gespannt, dann wandte er sich mit leisem Lächeln an Chaffers.

»Pinguine und Robben! Sie machen einen fürchterlichen Lärm! Halten Sie die *Beagle* auf Kurs.«

Nach einundzwanzigtägiger Fahrt erreichten sie die Mündung des Río de la Plata. Das schlammige Flußwasser trieb noch weit hinaus über dem Meereswasser. Charles beobachtete das Phänomen mit Mr. Bynoe, während sie sich dem Ankerplatz in Montevideo näherten, und rief:

»Das verstehe ich nicht, Ben. Ist der Schlamm des Flusses nicht schwer genug, um sich mit dem Seewasser zu vermischen?«

»Nein, das spezifische Gewicht des Seewassers ist größer.«

Sie ankerten unweit der *Druid.* Ein Boot legte von der Fregatte ab. Kapitän Hamilton informierte Kapitän FitzRoy, daß das Militär einen Staatsstreich durchgeführt habe und die neue Regierung keine britischen Seeleute an Land gehen lasse.

»Wir brauchen Lebensmittel. Werden sie dem Zahlmeister gestatten, an Land zu gehen?«

»Um Geld auszugeben? Darauf können Sie Ihren letzten Shilling wetten.«

Während Rowlett auf dem Kutter mit einer Tasche voller Bargeld an Land fuhr, um frisches Fleisch und Gemüse einzukaufen, wurden Charles und FitzRoy in einem der kleinen Boote zu der nahe gelegenenRatteninsel gerudert. Der Kapitän nahm Vermessungen vor. Charles ging auf die Jagd und fand einige merkwürdig aussehende Tiere. Besonders ein seltsames Geschöpf, das er FitzRoy zeigte.

»Auf den ersten Augenblick würde man es für eine Schlange halten, aber diese zwei kleinen Hinterbeine oder eher -flossen könnten ein Übergangsstadium sein, durch das die Natur die Eidechsen mit den Schlangen verbindet.«

FitzRoy war überrascht.

»Das klingt wie die Worte Ihres Großvaters in seiner *Zoonomia*, als er versuchte, sich eine Übergangsstufe von einer Spezies zur anderen vorzustellen. Ich erinnere mich, daß er über die großen Veränderungen schrieb, die für uns bei Tieren nach der Geburt selbstverständlich sind.«
»Ich glaubte ihm nicht, als ich die *Zoonomia* im Alter von fünfzehn Jahren las. Er hatte nicht genug Beweise gesammelt, um seine These zu erhärten.«
»Er hatte unrecht. Ebenso wie Sie. Eidechsen und Schlangen sind jetzt ganz genau so, wie sie zur Zeit der Schöpfung waren.«
Am nächsten Morgen gab Kapitän FitzRoy warme Kleidung aus, um die Besatzung vor der scharfen, beißenden Kälte zu schützen. Charles bekam eine dicke, schlecht geschnittene und schlecht sitzende Jacke, die ihn warm hielt wie eine Wolldecke. Er ging mit King und einigen Fähnrichen an Land, um zu jagen, und sie machten sich auf den Weg zu dem Hügel außerhalb der in Aufruhr befindlichen Stadt, der Montevideo auch den Namen gegeben hatte. Er erlegte zwei Rebhühner, einige Wildenten und verschiedene Echsen, von denen eine, ein Leguan, fast einen Meter lang war. Als sie zum Schiff zurückkamen, freute sich der Koch.
»Ein Leguan, zu dieser Jahreszeit, sollte eine gute Mahlzeit abgeben.«
Beim Abendessen sagte FitzRoy: »Ich habe soeben erfahren, daß es in Buenos Aires alte spanische Seekarten von Patagonien gibt. Die Stadt liegt nur hundertsechzig Kilometer flußaufwärts. Ich habe beschlossen, sie mir anzusehen.«
»Ich möchte Montevideo ungern verlassen, ohne einen Eindruck von der Stadt gewonnen zu haben«, sagte Charles. »Wenn wir unsere guten Straßenkleider tragen, würden wir nicht allzu gefährlich wirken.«
»Bloß zwei englische Gentlemen auf einem Spaziergang.«
Sie gingen allein in die Stadt, die Hauptstadt der neu gebildeten Republik Uruguay. Es war nichts von einer Revolution oder einem Bürgerkrieg zu merken, aber die Stadt hatte nicht viel zu bieten. Die Straßen waren schmutzig, die Architektur ein wildes Durcheinander von Gebäuden ohne einheitlichen Stil; die aus der Stadt hinausführenden Straßen waren in unglaublich schlechtem Zustand. Dennoch erkannte Charles' geschulter Blick, daß es ein überaus geeignetes Land für naturgeschichtliche Studien wäre.
Als sie wieder auf der *Beagle* waren, erwartete sie ein junger Mann neben dem Wachtposten.
»Das ist Robert Hamond«, rief FitzRoy, »ein alter Schiffsgefährte und geschätzter Freund. Ich habe ihn angefordert.«
Der gutaussehende Hamond verlor nicht viel Zeit mit langen Erklärungen. Er war von der *Druid* versetzt worden, um Charles Musters' Platz auf der *Beagle* einzunehmen.
Charles überlegte:
»Niemand ist unersetzlich. Jetzt ist der arme Musters offiziell nicht mehr vorhanden und ersetzt. Wie wenig doch ein Sterblicher bedeutet!«

Als die *Beagle* hundert Meilen flußaufwärts am Río de la Plata bei der Einfahrt in die äußere Reede des Hafens von Buenos Aires an einem Wachschiff vorbeifuhr, feuerte dieses auf die Engländer. Kurz darauf wurde eine zweite Salve abgegeben. Als sie zu ihrem Ankerplatz kamen, fünf Kilometer von der Landestelle, befahl FitzRoy, zwei Boote zu Wasser zu lassen. Die Boote wurden von einem Quarantäneschiff angehalten.

Wieder wurde ihnen wegen der Cholera in England die Landung verweigert, und sie wurden aufgefordert, sofort zu ihrem Schiff zurückzukehren.

Die *Beagle* kehrte nach Montevideo zurück, wo der Polizeichef der Stadt und der Hafenkommandant in kleinen Booten hinauskamen und um Hilfe zur Aufrechterhaltung der Ordnung gegen einen Aufstand in der Stadt baten.

»Wir haben keine Ermächtigung dazu«, antwortete Kapitän FitzRoy.

»Wir erteilen Ihnen diese Ermächtigung.«

An Land erklärte der britische Generalkonsul:

»Kapitän, Sie müssen den hier ansässigen britischen Staatsbürgern jeden Schutz gewähren, der in Ihrer Macht steht.«

Zweiundfünfzig gut bewaffnete Matrosen verließen die *Beagle*, darunter Charles, der seine Pistolen und ein Buschmesser bei sich hatte. Sie besetzten das Hauptfort und hielten die Rebellen so lange in Schach, bis Regierungstruppen eingesetzt werden konnten. Sulivans Augen blitzten vor Erregung bei der Aussicht auf einen Kampf. Charles rief:

»Hab' mir nie vorgestellt, ich würde in einem Krieg mitmachen.«

»Wenn Sie Rebellen erschießen, schicken Sie sie als Proben heim«, witzelte Sulivan. »Spezies *Homo sapiens*.«

Er brauchte nicht zu schießen. So wenig wie irgendein anderer. Am Nachmittag vergnügten sich die Männer damit, im Hof Beefsteaks zu braten. Bei Sonnenuntergang kehrten die Boote zur *Beagle* zurück. Eines kam zurück, um warme Kleidung zu bringen. Charles hatte von der ungewohnten Aufregung Kopfschmerzen bekommen.

Als Charles die Nacht mit der Wache auf Deck verbrachte, vergingen seine Kopfschmerzen wieder. Bei Morgengrauen trafen Verstärkungen für die Regierung ein. Die Revolte war zu Ende. FitzRoy verkündete:

»Jetzt können wir mit der langsamen und langweiligen Vermessung der Küste beginnen.«

Charles sammelte Skorpione unter Steinen, Blutegel, Krabben, Mücken, Moskitos, Fliegen, Flöhe, Süßwassermuscheln aus fließenden Bächen, Vögel, die er noch nie gesehen hatte, eine Finkenart, einen Brachvogel mit Verhaltensweisen wie eine Zwergschnepfe, eine Lerchenart, und eine Vielzahl von Schlangen, Echsen und Käfern, die alle auf dem ihm zustehenden Drittel des Kartentisches landeten, während Stokes eifrig auf den übrigen zwei Dritteln Vermessungskarten des Río de la Plata zeichnete.

Am nächsten Tag gingen einige Männer auf die Jagd. Am späten Nachmittag wa-

ren Wickham und Sulivan so müde, daß sie sich unter einen Baum setzten und erklärten, sie könnten nicht mehr weitergehen. Charles erbot sich, ihnen Pferde zu besorgen.
Er mietete zwei Pferde, auf denen die anderen abwechselnd ritten, so daß sie die Stadt erreichten, bevor die Stadttore geschlossen wurden.
»Wie kommt es, daß Sie ein so hervorragender Fußgänger sind?« fragte Sulivan.
»Ich bin doppelt so stark und dick wie Sie. Ich könnte Sie wie einen Holzspan zerbrechen.«
»Schon möglich, Sie Seebär, aber Sie könnten mich beim Gehen nie übertreffen, weil ich ganztägige Ausflüge geübt habe, seit ich ein kleiner Junge war.«
Das nächste Mal ging er allein aus; er begegnete einem großen Wasserschwein, das aussah wie ein riesiges Meerschweinchen, er verfolgte es und tötete es mit einem Schuß. Als er versuchte, es aufzuheben, stellte er fest, daß es an die hundert Pfund wog. Er mußte sich ein Pferd besorgen, um seine Jagdbeute an Bord bringen zu können.
Er hatte genug Tiere gesammelt und wandte nun seine ganze Aufmerksamkeit der Geologie von Montevideo zu. Nordwales hatte ihn für seine Reise auf der *Beagle* geschult.
Jonathan May hatte die Kiste für die Proben fertiggestellt, ein geschickt durchdachtes System von kleinen und größeren Abteilungen.
»Sollte alles tipptopp bis England kommen«, erklärte er.
Am 19. August 1832 ließ Charles mit Hilfe von Freunden die große Kiste in das Beiboot hinunterschaffen und zu dem Postschiff *Emulous* bringen, das nach Falmouth segelte. Charles fragte, wie lange es dauern würde, bis die Kiste in Cambridge sein könnte.
»Kann ich nicht sagen, Sir. Wir haben noch zwei Zwischenlandungen an der Küste. Zu Weihnachten, nehme ich an. Ist es ein Weihnachtsgeschenk für jemanden am College?«
Charles kicherte bei der Vorstellung, wie Professor Henslow die Kiste in Empfang nehmen würde.
»Ich hoffe aufrichtig, er hält es dafür!«

7.

Die nächste Aufgabe der *Beagle* war die Vermessung der Küste von Patagonien nach Süden. Sie lichteten den Anker und liefen unter dreifach gerefftem Toppsegel aus, wobei sie ständig loteten. Es wehte eine frische Brise aus Nordwesten, die den Wasserstand im Fluß senkte. Abends hatten sie noch fünfeinhalb Meter unter ihrem Heck gehabt, am Morgen nur noch vier.

Das Schiff wechselte den Ankerplatz. Kaum hatten sie den Anker geschlippt, da trieb der Wind das Schiff bis auf wenige Meter an eine Boje heran, die die Lage eines alten Wracks markierte. Ein falsches Manöver, und sie wären auf Grund gelaufen. Aber Mr. Chaffers' geübte Mannschaft setzte Segel und bekam das Schiff klar.

»Es wäre mir lieber, ich würde nicht noch einmal so dicht an den Rand eines Unfalls geraten«, erklärte er.

Sein Wunsch ging nicht in Erfüllung. Der Kapitän beabsichtigte, die Hauptpunkte der Küste neu zu vermessen. Die Küste war eine endlose Linie sandiger Hügelchen ohne Abwechslung, das Landesinnere war unbewohnt.

»Es ist die trostloseste Gegend, die ich je gesehen habe«, murrte Charles zu Stokes.

»Diese Küste wird nie von Schiffen angelaufen. Aber wir brauchen im Hydrographischen Amt in London Geländekarten.«

Sie hatten mehrere Tage gutes Wetter bei wolkenlosem Himmel, dann fielen Ströme von Regen, und die Luft war so nebelverhangen, daß es unmöglich war, die Vermessungsarbeiten fortzusetzen. Bald legten die Matrosen Angelleinen aus. Alle fingen etwas und stießen freudige Rufe aus. Der Fang reichte für ein komplettes Abendessen.

Nur Kapitän FitzRoy wirkte besorgt.

»Ich spüre es in meinen Knochen, daß das Barometer wieder steigen wird und wir Wind aus der Gegenrichtung bekommen. Wahrscheinlich einen Sturm. Rufen Sie mich wie immer sofort, wenn die Barometer steigen.«

Um ein Uhr morgens hörte Charles, daß alle Mann an Bord gepfiffen wurden. Die Barometer stiegen. Während er und Stokes sich schnell ankleideten, sagte Charles:

»Die Knochen des Kapitäns zeigen den Sturm mehrere Stunden früher an als die Barometer.«

»Alle guten Kapitäne haben einen Instinkt für das Wetter auf See.«

Es fing schlecht an. Der Anker blieb im weichen Lehm stecken. Er hatte sich an den Eisenhaken verfestigt. Sie brachen ab. Beim Hochziehen der Reste verloren sie ihre Boje und die Bojenreeps. Am Morgen waren sie draußen, aber die See rollte schwer; die Lafette, die die vierpfündige Haubitze hielt, brach, die Kanone fiel über Bord. FitzRoy war wütend über den doppelten Verlust.

»Wem macht er den Mordskrach?« fragte Charles Sulivan.

»Wickham und ich sind für die Kontrolle verantwortlich. Die Kanone war nicht gut befestigt.«

Ein weiterer Anker, einer der besten und größten an Bord, brach ebenso ab wie der erste. Ursache für dieses Malheur war die Tatsache, daß seine Schaufel in steinharten Lehm geraten war.

»Schon zu Beginn der Reise«, trauerte Sulivan. »Das ist ein schwerer Verlust.«

Während des Sturmes war Charles zwei Tage lang seekrank. Er stellte fest, daß

etwas Seltsames geschehen war; physisch fühlte er sich genauso elend, aber gefühlsmäßig fürchtete er sich nicht mehr vor den Anfällen.
Am 2. September schrieb er in sein Tagebuch:

> Dieser Tag wird für mich immer ein denkwürdiger Tag sein, denn er war der erste, an dem mir die Aussicht für meine Teilnahme an der Reise in günstigem Licht erschien.

Sie gingen vor der Blanca Bay vor Anker. Es war unmöglich, in der wütenden Brandung zu landen. Wieder wurden Angelleinen ausgelegt. Charles ließ nicht zu, daß die Fische zerschnitten wurden, bevor er jeden einzelnen in seinem ichthyologischen Notizbuch beschrieben hatte. Die Mannschaft ließ ihn gewähren. Kapitän FitzRoy war verärgert; die Karten, die sie von dem Gebiet besaßen, waren völlig ungenau.
Um seinen Ärger noch zu vergrößern, befand sich ihr Ankerplatz vor einer Meerenge, die die Weiterfahrt blockierte. Ein kleiner Schoner mit der Flagge von Buenos Aires kam auf sie zu. FitzRoy schickte ein Beiboot unter Leutnant Wickham zu dem Schoner hinüber, um Erkundigungen einzuholen. Das Beiboot kam mittags mit einem Engländer an Bord zurück:
»James Harris, zu Ihren Diensten, Sir. Ich bin der Besitzer des Schoners; ich befahre den Río Negro und treibe Handel entlang der Küste.«
»Wir könnten einen Lotsen gebrauchen. Wir suchen eine sichere Einfahrt in den Hafen von Port Belgrano.«
»Dann müssen Sie Anker lichten und auf der anderen Seite der großen Nordbank in sehr wenig mehr Wasser, als Sie Tiefgang haben, auf das Land zusteuern, bis Sie in den Kanal kommen, wo es eine ausreichende Wassertiefe für Schiffe jeder Größe gibt.«
Bei Einbruch der Dunkelheit segelte die *Beagle* mit Harris am Steuer schnell in den ausgezeichneten, aber wenig bekannten Hafen von Port Belgrano und ankerte unweit der Brunnen unter dem Ankerstockhügel. Sie befanden sich fast tausend Kilometer südlich von Montevideo.
»Es gibt eine ganze Reihe ähnlicher Einfahrten an dieser halb überschwemmten Küste«, bemerkte Harris.
»Es ist unbedingt notwendig, daß wir sie untersuchen«, antwortete FitzRoy. »Könnten Sie eine kleine Gruppe von uns nach Buenos Aires bringen?«
Charles lief in seine Kabine, nahm seinen Lederbeutel vom Haken und seinen Hammer aus der obersten Schublade. Sie fuhren in dem schnellen Gigboot des Kapitäns mit vier Matrosen los, die ruderten. Harris bog in den ersten kleinen Wasserlauf ein, den er finden konnte. Der wurde nach einigen Kilometern so schmal, daß die Riemen an beiden Seiten ans Ufer stießen. Charles konnte außer Schlamm nichts sehen. Sie warteten zwei Stunden, bis die Flut stieg, dann konnten sie über die Schlammbänke durch die Binsen hindurchrudern. Nach weiteren

Stunden erreichten sie das sechs Kilometer von der Siedlung entfernte Wachthaus. Als Charles nach oben blickte, sah er eine Gruppe von Männern, die sie beobachteten. FitzRoy rief:
»Welche Ansammlung grotesker Gestalten! Earle hätte hier sein sollen, um sie zu malen!«
Die Männer waren Gauchos, alle trugen einen Poncho. Um ihre Hüften hingen grellfarbige Vierecktücher, die wie eine Art Unterrock aussahen, unter dem sie ausgefranste Unterhosen trugen. Ihre Stiefel waren aus der Haut des Fesselgelenks der Hinterbeine von Pferden gefertigt. Diese legten sie frisch abgehäutet an, ließen sie an ihren Beinen trocknen, und dann wurden sie nie mehr ausgezogen. Die Sporen waren riesengroß. Sie saßen auf kräftigen Pferden, waren mit Säbeln und kurzen Musketen bewaffnet, aber die Männer selbst waren noch viel ungewöhnlicher als ihre Kleidung; die Mehrzahl von ihnen waren halb Spanier, halb Indianer, einige waren reinrassig und manche schwarzhäutig.
James Harris erklärte ihnen, wer die Männer der *Beagle* seien. Die Gauchos hörten ohne Feindseligkeit zu. Harris ließ sie hinter ihnen zum Fort hinaufgehen, einem Polygonbau mit Lehmmauern, umgeben von einem schmalen Graben. Kapitän FitzRoy und seine Gruppe wurden nicht sonderlich herzlich empfangen; der Kommandant des Forts war zwar höflich, aber sein Stellvertreter war beunruhigt. Er zeigte auf Charles, der Zivilkleidung trug, und fragte Harris:
»Wer ist das?«
»Ein Engländer, Mr. Charles Darwin.«
»Was tut er?«
»Er ist ein *naturalista.*«
»Was ist das, ein *naturalista*?«
»Ein Mann, der alles weiß.«
Nun hatte der Major Angst. Er fragte Charles, wobei Harris übersetzte:
»Was ist das ›alles‹, was Sie wissen? Worüber?«
»Steine. Fische. Insekten. Vögel. Pflanzen. Muscheln.«
Der Mann wandte sich an FitzRoy.
»Seid ihr Spione, die vor einem Angriff hergeschickt wurden, um zu rekognoszieren?«
»Major, unsere Aufgabe hier ist die Landvermessung.«
»Aber unser Hafen gefällt Ihnen als Landeplatz für Schiffe?«
»Er ist herrlich! Wir könnten die gesamte britische Flotte hier ankern lassen.«
Der Major schrie zornig: »Das ist also die Wahrheit! Ihr werdet die britische Flotte hierher bringen, um uns zu unterwerfen! Ich unterwerfe euch! Hinaus aus meinem Fort! Und nehmt diesen *naturalista* auch mit. Er ist ein Zauberer.«
Harris intervenierte.
»Ich habe hier in der Nähe einen spanischen Freund. Er wird uns aufnehmen.«
Das Haus des Freundes bestand nur aus einem einzigen Raum, war aber recht behaglich. Die Männer nahmen eine leichte Mahlzeit ein, sie hatten seit zwölf

Stunden nichts gegessen und schliefen auf dem Fußboden. Als sie am nächsten Tag mittags zur *Beagle* kamen, fanden sie einen Trupp bewaffneter Gauchos vor, die auf einem Hügel kampierten, um die Bewegungen des Schiffes zu beobachten.

Charles zog sich in seine Hängematte zurück. Stokes' offenes, freundliches Gesicht verzog sich zu einem Grinsen.

»Du bist also ein Mann, der alles weiß! Stell dir nur mal vor, ich habe seit Monaten diese Kabine mit dir geteilt und das nie geahnt.«

Nach dem Mittagessen ließ FitzRoy Stokes, Wickham und Sulivan in seine Kabine rufen. Seine Wangen waren gerötet, seine Augen blitzten.

»Meine Herren, ich habe einen Entschluß gefaßt. Nach dem, was wir gestern von den Gewässern und Küsten in der Umgebung gesehen haben, bin ich überzeugt, daß die *Beagle* allein sie nicht so weit erkunden kann, daß unsere Vermessungen wirklich von Nutzen wären, es sei denn, wir würden beträchtlich mehr Zeit dafür opfern, als zulässig wäre. Harris und sein Partner besitzen zwei kleine, mit einem Deck versehene Boote mit Schonertakelung. Das größere hat fünfzehn, das kleinere neun Tonnen Fassungsraum. Harris hat sich bereit erklärt, sie uns zu vermieten. Mr. Harris wird auf dem größeren als Lotse fungieren, sein Freund Mr. Roberts wird das kleinere führen. Beide Männer haben seit Jahren diese Gewässer mit ihren komplizierten Sandbänken, Hafenanlagen und Gezeiten befahren. Sie scheinen befähigt, unter dem Kommando besonnener und erfahrener Offiziere das gewünschte Ziel zu erreichen.«

»Welcher Offiziere?« fragten Wickham und Sulivan zugleich.

»Wickham, ich möchte, daß Sie das größere Boot übernehmen. Stokes, Sie nehmen das kleinere. Das wird uns einen großen Vorteil bringen: Während ihr beide dieses Gebiet kartographisch vermeßt, kann die *Beagle* nordwärts nach Montevideo zurück und dann südwärts nach Feuerland segeln und unsere drei Feuerländer und Mr. Matthews dorthin bringen.«

»Sicherlich können zwei zusätzliche Boote bedeutend mehr für uns leisten«, bemerkte Wickham, ein wenig blaß um die Lippen.

Während sie über den hinteren Lukenschacht zum Oberdeck hinaufstiegen, flüsterte Sulivan Charles zu:

»Ich bin froh, daß mir der Kapitän das erspart hat. Auf kleinen Booten werde ich seekrank. Wickham übrigens auch.«

Am Montagmorgen ging die Besatzung an Land, ein Teil sammelte Brennholz, andere gruben Brunnen und füllten die Wasserfässer des Schiffes auf. Kapitän FitzRoy diktierte seinem Schreiber einen Vertrag: Die Bootsbesitzer wurden verpflichtet, ihre Dienste und Boote für acht Lunarmonate (von je vier Wochen) zur Verfügung zu stellen. Dafür verpflichtete sich FitzRoy, 148 Pfund Sterling pro Lunarmonat zu bezahlen. FitzRoy konnte den Vertrag an jedem Monatsende nach dem Dezember 1832 auflösen.

Harris entfernte sich, um die zwei Boote zu holen. Rowlett begleitete ihn, um in der Siedlung Vorräte aufzutreiben. Charles ging mit Wickham auf die Jagd. Der Kapitänssteward, Harry Fuller, ersuchte um die Erlaubnis, sie begleiten zu dürfen. Charles erlegte einen schönen Bock und eine Damhirschkuh, aber Fuller übertraf ihn noch, indem er gleich drei Böcke schoß.

»Wir brauchen einen Wagen, um sie zum Schiff zurückzutransportieren«, sagte Charles.

»Keinen Wagen«, antwortete Wickham, »Matrosen. Fuller, gehen Sie zurück und holen Sie Hilfe.«

Als die beiden Männer allein waren, meinte Charles:

»Ich sehe unserer Trennung mit großem Bedauern entgegen.«

»Sie werden mir auch fehlen, Fliegenfänger«, antwortete Wickham. »Wissen Sie, ich bin nicht sentimental, aber es war schön, einen Freund an Bord zu haben, dem ich weder zu befehlen noch zu gehorchen hatte.«

Sie hatten kaum mehr als eine Stunde das erlegte Wild unbeaufsichtigt gelassen, aber als sie zurückkamen, mußten sie feststellen, daß die Geier und Falken eines der Tiere bis auf die Knochen aufgefressen hatten.

»Die Strafe für Nachlässigkeit«, sagte Wickham mit einem herzhaften Fluch, während er auf die am Himmel kreisenden Vögel blickte.

»Ich habe etwas gelernt«, sagte Charles und verzog das Gesicht. »Es gibt immer jemanden in der Nähe, der noch hungriger ist als wir.«

Kapitän FitzRoy steuerte die *Beagle* ein paar Meilen weiter in den Hafen hinein, um einer guten Wasserstelle näher zu sein.

»Wir werden mehrere Wochen hier bleiben«, erklärte er. »Bis die kleinen Boote instand gesetzt sind. Von hier werden wir zusammen auslaufen.«

Jeder Tag, der verging, war eine Erntezeit für Charles. Unter den Pflanzen, die er sammelte, befand sich Klee, eine süß duftende Blüte, die er unweit des Meeres fand, aber nicht bestimmen konnte, und fleischige Pflanzen. Unter den gefangenen Echsen waren Leguane, eine ungiftige Natternart, eine Schlange mit breiten Kiefern und einer Nase, die in einem dreieckigen Fortsatz endete. Als er die Schlange auf den Kartentisch warf, rief Stokes:

»Ein Vorteil auf dem Schoner wird sein, daß ich nicht arbeiten muß, während deine häßlichen Schlangen über meine schönen Karten kriechen.« Seine wehmütige Stimme strafte seine Worte Lügen.

Charles ging mit den Gauchos jagen, die Rowlett in Dienst genommen hatte, um frisches Fleisch für die *Beagle* zu besorgen; er trug grobe Seemannshosen und eine Jacke. Er war erstaunt, als sie ihm für einen Ausflug ein Pferd anboten. Die Gauchos schliefen auf dem nackten Erdboden und beschafften sich ihre Nahrung unterwegs, einen Puma, einen Nandu und Nandueier. Charles besaß als einziger ein Gewehr. Die Gauchos erlegten alles mit der *bola*, zwei oder drei an Lederriemen befestigten Eisenkugeln. Charles wurde gewarnt: »Nicht schießen!«

Ein Gaucho ritt voraus und versuchte, das Tier auf die anderen zuzutreiben; die Gauchos verfolgten es in wildem Galopp, wobei jeder die Kugeln um seinen Kopf

wirbelte. Der vorderste warf sie. Gleich darauf wälzte sich das Tier auf dem Boden, seine Beine waren durch die Riemen gefesselt. Charles bewunderte ihre Reitkunst, ihre Schnelligkeit und Treffsicherheit.
Sie fanden vierundsechzig Nandueier, und sie fingen auch eine Anzahl von Gürteltieren. Mittags entfachten sie ein Feuer, brieten einige Eier und die Gürteltiere in ihrem harten Panzer. Charles schmeckte das Essen ausgezeichnet.
Als sie um das Feuer saßen, bemerkte er zum erstenmal, daß einer der Gauchos eine Frau war. Sie gab vor, vor seinem Gewehr Angst zu haben:
»*No es cargado?*«
Er log ritterlich. »Nein, es ist nicht geladen.«
Unter den gefangenen Tieren befand sich ein Goldhase, drei Arten von Gürteltieren und ein Weißrückenskunk. Im Magen eines Nandus fand er einen schmarotzenden Wurm.
Seine Sammlung von Vögeln und ihren Eiern wuchs rasch. Er arbeitete nachts bei Kerzenlicht, um sie zu konservieren, zu beschreiben, zu katalogisieren. Der Kapitän, der gelegentlich einen Blick in die Heckkabine warf, um zu sehen, was Charles an diesem Tag gesammelt hatte, bemerkte:
»Wenn Sie das vier volle Jahre rund um die Welt weitermachen, werden sich die Professoren Henslow und Peacock als gute Propheten erweisen.«

Er überquerte mit Kapitän FitzRoy und Sulivan die Bucht. Als sie nach Punta Alta kamen, etwa sechzehn Kilometer von ihrem Schiff entfernt, wurde seine Aufmerksamkeit auf die anderthalb Kilometer langen niedrigen Kliffe gelenkt. Er schlug mit seinem geologischen Hammer auf die unterste Gesteinsformation.
»Kapitän, sehen Sie doch, was da sichtbar wird! Knochen! Fossilien! Die ersten, die ich je in ihrer ursprünglichen Lage gesehen habe. Kommen Sie, helfen Sie mir, sie auszugraben.«
Das Konglomerat bot keinen Widerstand. Bald hatte Charles die Knochen eines riesigen, uralten Säugetieres in den Händen. Er zitterte so, daß Sulivan ihm helfen mußte, sie nach unten zum Boot zu tragen.
»Ich habe einen Unterkiefer«, rief er. »Fußwurzeln und Mittelfußknochen...«
»Wovon?«
»Professor Sedgwick sagte, ich solle bei Fossilien nicht raten, sondern warten, bis Cambridge sie untersucht hat.«
Er schlief unruhig, erwachte beim ersten Morgengrauen, weckte Syms Covington, sagte ihm, er solle aus dem Lager eine Breithacke holen, trank eine Tasse Tee am Küchenherd und fuhr in einem Beiboot los. Er und Syms kletterten die Kliffe von Punta Alta hoch und nahmen die dritte Schicht von unten in Angriff, wo sie Muscheln fanden. Dort, wo der Kies und die darüberliegende rote Sedimentschicht ineinander übergingen, fand er noch weitere Knochen und einen tadellosen Schädel eines riesigen, längst ausgestorbenen Tieres. Sie mußten drei Stunden lang eifrig graben, um ihn freizulegen.

»Was haben wir gefunden?« fragte Syms, der infolge der schweren Arbeit schwitzte.
»Auf Anhieb würde ich sagen, daß es ein Verwandter des Nashorns ist.«
Als sie wieder auf dem Schiff waren, warf Charles den Inhalt seines selbstgefertigten Leinwandsacks auf das Deck. Leutnant Wickham, der wegen der langen Verzögerung bei der Ankunft der Schoner gereizt war, schrie:
»Zum Teufel mit Ihnen, Darwin, schaffen Sie Ihr verdammtes, abscheuliches Mistzeug von meinem schönen, sauberen Deck! Sehen Sie doch, welche Schweinerei Sie da angerichtet haben! Wenn ich der Kapitän wäre, würde ich Sie samt Ihrem verdammten Zeug sehr bald los sein!«
»Aber, aber, Johnny, Sie wissen doch, Sie mögen mich und mein scheußliches Mistzeug«, protestierte Charles.
»Ich werde Sie erst wirklich mögen, wenn ich Sie mit einem Wassereimer in der einen und einem dicken Schrubber in der anderen Hand sehe.«
Nach dem Essen kam Wickham in die Heckkabine, er grinste linkisch.
»Ich bitte um Entschuldigung, Fliegenfänger. Ich hätte zu Ihnen nicht so grob sein sollen.«
Die beiden Schoner trafen am nächsten Morgen ein. Wickham nahm ein größeres Team einschließlich Segelmacher, Küfer, Waffenschmied, Zimmerleuten mit an Land. Am Ufer eines kleinen Baches wurde ein Zeltlager errichtet, und die Schoner wurden zwecks Untersuchung und Instandsetzung auf den Strand gezogen. Die *Paz* sah auch in den Augen einer Landratte häßlich und schlecht gebaut aus. Die *Liebre* war noch schlimmer.
»Wickhams Königliche Marine«, sagte Charles lachend. »Ich wußte schon immer, Sie werden noch einmal Admiral.«
»Lassen Sie uns drei Wochen Zeit, um sie sauberzuschrubben, die Kabinen instand zu setzen, um für einen frischen Anstrich, neue Masten, Segel, Ruder und Steuerrad zu sorgen. Die werden noch wunderschön.«
Punta Alta war eine Goldmine für Fossilien. Er fand noch den Unterkiefer eines anderen großen Tieres mit einigen Zähnen, die Knochen von zwei oder drei Nagetieren, Knochen von den Extremitäten eines Riesenfaultieres.
»Wieso wurden die Tiere hier oben in einem Kliff eingeschlossen?« fragte Syms.
»Das wurden sie gar nicht. Aus dem Vorhandensein von Meeresmuscheln und der Tatsache, daß auf manchen Knochen Entenmuscheln sitzen, können wir mit Sicherheit schließen, daß diese Überreste auf dem Boden eines seichten Meeres eingebettet wurden.«
»Und etwas hat diesen Meeresboden nach oben an die Luft befördert, so daß daraus Kliffe wurden?«
»Ja. Kein Vulkan, es gibt hier keine Lava. Wahrscheinlich auch kein Erdbeben, sonst wären sie nach unten gesaugt worden und verschwunden. Was dann? Ich weiß es nicht. Irgendeine geheimnisvolle Kraft. Ich wünschte, ich hätte Professor Sedgwick oder Charles Lyell hier, damit sie uns das sagen.«

Als er seinen Fund vorsichtig auf dem Deck der *Beagle* ablud, blickte Sulivan als diensthabender Offizier auf den Haufen Knochen, kicherte und schrie, indem er Wickham nachahmte:
»Ach, Darwin, noch mehr von Ihrem Mistzeug! Schaffen Sie dieses verdammte, abscheuliche Zeug von meinem frisch geputzten Deck, bevor ich es zusammen mit Ihnen über Bord werfe!«
Bynoe wollte wissen, wie alt der Kopf, die Zähne und die Rippen wären.
»Ich kann nur Mutmaßungen anstellen. Aber sie stammen bestimmt aus der Zeit vor der Sintflut.«
»Und wann war die Sintflut?«
»Wer kann das beantworten?«
»Die anglikanische Kirche«, erwiderte Bynoe. »Sie gab uns als Datum der Schöpfung das Jahr 4004 v. Chr. Gott muß mindestens tausend Jahre gebraucht haben, um sich über den Menschen und alle anderen Geschöpfe auf Erden so zu ärgern, daß ER beschloß, sie auszurotten.«
»Willst du die kühne Behauptung aufstellen, daß diese Tiere vor fünftausend Jahren im Schlamm unseres seichten Meeres umkamen? Ich möchte dir einen Abschnitt vorlesen, den ich gestern abend in Lyells *Lehrbuch der Geologie* fand.«
Er hatte ein Lesezeichen in dem Buch gelassen. Dr. Bynoe setzte sich ihm gegenüber an den Kartentisch.
»Lyell glaubt, daß die Geologen in Jahrtausenden denken, während die Natur nach Jahrmillionen mißt – eine Welt vor der Schöpfung. Ich weiß, es ist ein schokkierender Gedanke, Ben. Professor Henslow warnte mich davor, Lyells Schlußfolgerungen zu übernehmen. Doch nach all dem, was ich bis jetzt auf dieser Reise gesehen habe, könnte Lyell recht und Henslow unrecht haben.«

Kapitän FitzRoy steuerte die *Beagle* in die Nähe der Hafeneinfahrt, um für künftige Schiffe, die in das Gebiet kommen würden, ein Zeichen zu errichten. Während FitzRoy die am besten sichtbare Stelle suchte, waren Charles und Philip King auf geologische Studien aus. Als Charles und King an die Küste zurückkamen, fanden sie zwei der Boote an Land gezogen. Die Besatzung fror, weiße Brecher schlugen an den Strand. Die anderen waren vor zwei Stunden zur *Beagle* zurückgekehrt. Sie waren nur mit Schwierigkeiten von der Küste freigekommen.
»Offensichtlich werden wir die Nacht hier verbringen müssen«, sagte Stokes. »Eine unerfreuliche Aussicht, in dünner Kleidung auf dem nackten Boden zu schlafen. Und mit so wenig Nahrung.«
Sie errichteten aus den Segeln eines der Boote eine Schutzwand. Es war bereits bitter kalt.
»Heute kein Abendessen«, ordnete Stokes an. »Wenn dieser hohe Seegang anhält, müssen wir vielleicht mehrere Tage hier am Strand bleiben.«
Sie waren zusammen achtzehn Mann und kauerten sich hinter der Schutzwand zusammen. Mitunter schliefen sie. Bis der Regen einsetzte.

Bei Tagesanbruch sah der Himmel nach Unwetter aus; es stürmte, und eine schwere Brandung schlug gegen den Strand.
Draußen auf See stampfte die *Beagle* heftig.
Das Essen an diesem Abend bestand aus Fischen, die von der Flut an Land gespült worden waren, und dem wenigen, was vom Vortag noch übrig war. Gegen Abend ließ der Wind so weit nach, daß Kapitän FitzRoy in einem Beiboot bis auf hundert Meter an den Strand herankommen und ein Faß mit Lebensmitteln über Bord werfen konnte.
»Ich brauche zwei Freiwillige, gute Schwimmer, die das Faß hereinholen«, sagte Stokes.
Zwei junge Burschen entkleideten sich und schwammen zu dem Faß hinaus, dann stießen sie es vor sich her an den Strand. Es gab reichlich zu essen und Rum, um sich aufzuwärmen, aber der Wind und die Kälte wurden noch schlimmer. Charles überliefen Kälteschauer.
»Ich wußte nie, wie schmerzhaft Kälte sein kann«, murmelte er Stokes zu.
Am dritten Tag wurden sie mittags abgeholt. Bynoe untersuchte jeden Mann, verordnete Rum und Tee sowie viele Decken. Charles beobachtete, wie Stokes sich zufrieden in seine Hängematte schwang.
»Nach diesem Abtenteuer kann ich den Luxus der *Beagle* erst so richtig genießen«, sagte er.
Die See beruhigte sich. Charles verbrachte viele Stunden an Land mit Hammer, Notizbuch und silbernem Bleistift. Er grub tief in die Kliffe von Punta Alta, stieß auf einen Kiefer, der einen Zahn enthielt, und Teile einer merkwürdigen knochigen Schutzschicht, die ihn überzeugte, daß die Fossilien die Reste eines großen vorsintflutlichen Tieres, des *Megatheriums,* waren. Er hatte in Cambridge gelernt, daß die einzigen Exemplare des *Megatheriums* in Europa in der Königlichen Sammlung in Madrid zu finden waren.
»Sollte ich das einzige Megatherium gefunden haben, das in England ausgestellt und beschrieben werden kann?«

8.

Die *Beagle*, die *Paz* und die *Liebre* liefen am 17. Oktober mit südlichem Kurs aus, *Paz* und *Liebre* mit glänzendem frischen Farbanstrich und neuen Segeln. Die aus drei Schiffen bestehende Flottille ankerte an der Einfahrt nach Bahía Blanca, und am nächsten Tag gegen Mittag segelten die Schoner südwärts. Die Besatzung der *Beagle* brachte zum Abschied drei Hurrarufe aus, dann segelten sie nordwärts nach Montevideo und Buenos Aires, um die verlorengegangenen Anker zu ersetzen und das Schiff für die Fahrt zum Feuerland zu verproviantieren.

Als Charles in die Heckkabine trat, wurde ihm klar, daß er nun den ganzen Kartentisch für sich alleine hatte. Er breitete seine Funde vor sich aus und wußte, daß keine Sammlung in England, auch nicht die des Britischen Museums, an die seine auch nur im entferntesten herankam.
Auf der Fahrt nach Montevideo bat er den Zimmermann May, mit dem Bau einer kräftigen Kiste zu beginnen, die er brauchte, um seine zweite Sammlung nach Hause zu schicken. Wieder sortierte er seine Meerestiere und Fische aus, spießte die Insekten auf, häutete die Vögel ab, ließ nur die Flügelknochen, Beinknochen und den Schädel daran, entfernte aber alle Fleischteile mit Ausnahme des Gehirns, füllte sie dann mit Füllmaterial und besprühte sie mit Gift, um Insekten fernzuhalten. Er trocknete die Pflanzen, ordnete die verschiedenen Muscheln, etikettierte die Fossilien.
»Eine Kiste wird nicht ausreichen, Mr. Darwin«, sagte May. »Sie werden zwei große Kisten allein für Ihre fossilen Knochen brauchen.«
Nach einem sechzehnstündigen Arbeitstag griff Charles müde zur Feder. Für sein vertrauliches Tagebuch fand er die Worte des Dichters, der tief in ihm wohnte:

> Die Nacht war stockdunkel, es wehte eine frische Brise. Die See war von einer extremen Helligkeit und bot einen wundervollen, unwirklich schönen Anblick; jedes Wasserteilchen, das bei Tag als Schaum sichtbar ist, glühte in dem blassen Licht. Das Schiff schob zwei Wellen flüssigen Phosphors vor sich her, und sein Kielwasser war wie eine milchige Schleppe. Der Kamm jeder Welle strahlte, soweit das Auge reichte, und durch das reflektierte Licht war der Himmel knapp über dem Horizont nicht so tiefdunkel wie der Rest.

Die Landung in Montevideo brachte einige Aufregung, weil es für die meisten Männer an Bord Post gab. Charles bekam gleich zwei Briefe, das Tagebuch seiner Schwester Susan, das sie am 12. Mai beendet und zur Post gegeben hatte, und das von Caroline, das mit dem 28. Juni endete.
Die Familie im *Mount* hatte seine ersten Briefe an zwei aufeinanderfolgenden Tagen erhalten:

> Wir waren alle überwältigt vor Freude, weil Du gesund bist und so phantastische Dinge zu sehen bekommst.

Sein Vater war stolz darauf, daß sein Rezept, Rosinen und Zwieback, ihm bei der Seekrankheit geholfen hatte. Nachdem seine drei Schwestern ihrem Vater die Briefe vorgelesen hatten und dann auch ihrer Dienerschaft Nancy und Edward, dem alten Gärtner Joseph, und alle Mühsal und Erfolge Charles' besprochen hatten, fertigte eine Schwester eine Abschrift für Onkel Jos und die Familie Wedgwood in *Maer Hall* an. Die zweite machte eine Kopie für William Owen in *Wood-*

house; die dritte kopierte Auszüge für seine Freunde in Cambridge. Die Originale wurden an Erasmus in London geschickt mit der Weisung, sie Charles' treuer Freundin unter den Wedgwoods, Charlotte, und Rev. Langton zu zeigen.
Ein Absatz von Susans Brief bereitete ihm viel Freude:

> Professor Henslow kam vorige Woche auf dem Weg nach Wales hier vorbei. Er sprach viel von Dir und sendet Dir seine besten Grüße; er bat, Dir zu schreiben, Du mögest die Kiesbänke kleiner Flüsse nach Fossilien durchsuchen.

Ein anderer verstimmte ihn: Robert Biddulph hatte seine Hochzeit mit Fanny Owen wegen Meinungsverschiedenheiten im Zusammenhang mit ihrer Mitgift verschoben.
»Da sieht man's, eine typische Liebesheirat!« rief er.
Er dachte, er wäre auf Fanny Owens Heirat vorbereitet, als er aber Carolines Beschreibung der Trauung las, bekam er zum erstenmal seit jener unerfreulichen Periode in Plymouth wieder starkes Herzklopfen:

> Fanny trug natürlich ein wunderschönes weißes Kleid mit Haube und Schleier. Mr. Biddulph sah sehr gut aus, vornehm und äußerst nervös während der Trauung. Er sah ganz bleich aus, und seine Hände waren blau. Fanny wirkte sehr hübsch und glücklich. Sie fuhren für einen Monat nach London.

In der Fülle von Hochzeiten, über die er brieflich unterrichtet wurde, stand kein Wort von Emma Wedgwood. Die nun vierundzwanzigjährige Emma war eine anziehende junge Frau mit einer reizvollen, ruhigen, sympathischen Art; sie war intelligent und begabt. Er hatte angenommen, sie würde als eine der ersten heiraten.
Um seinen Heimwehschmerz als Folge der verschiedenen »Ergüsse« zu lindern, wandte er sich dem Stoß von Zeitungen zu und las mehrere Stunden.
Am 30. September segelten sie flußaufwärts nach Buenos Aires; während des ganzen Tages wehte eine frische Brise. Kapitän FitzRoy hatte sich mit der Regierung in Buenos Aires in Verbindung gesetzt und sie informiert, daß er seine Chronometer benützen wolle, um die Meridianentfernung zwischen Montevideo und Buenos Aires zu messen, und das Wachtschiff ließ sie vorbei.
Da seine Kisten zum Versand nach England fertiggepackt waren, bot Buenos Aires Charles die erste Möglichkeit für einen Urlaub seit Plymouth. Er unternahm Ritte entlang der Küste; Sulivan und Ben Bynoe schlossen sich ihm an, wenn er in den englischen Geschäften Artikel aus der Heimat einkaufte, wobei sie ihre Kleidung ergänzten, Toilettenartikel und verschiedene wissenschaftliche Instrumente sowie einen ausreichenden Vorrat an Behältern für Charles' Muster-

exemplare erstanden. Sie besuchten Kirchen, für die Buenos Aires berühmt war, fanden Gefallen am Museum, ritten zehn Kilometer aufs Land hinaus zu einer *estancia* und gingen auch ins Theater, wo sie allerdings kein Wort verstanden; sie nahmen das Dinner bei Mr. Gore, dem englischen *Chargé d'affaires.* Rowlett kaufte alles, was er finden konnte: Essig, eingelegte Gurken, Zitronen; frisches Rindfleisch, Gemüse, Obst; Tabak, Rum, Seife, Kakao, Tee und Kaffee, Kartoffeln; Hunderte von Haken, Eisen und Kohle für die Schmiede. Sie befanden sich in gehobener Stimmung, als sie durch die Stadt streiften; es war Monate her, seit sie in einer Großstadt gewesen waren.

»Kein Wunder, daß alle Ausländer glauben, englische Seeleute seien mehr oder minder verrückt!« rief Sulivan.

Charles hatte von General Rosas gehört, dem Oberkommandierenden des Staates Buenos Aires, der die eingeborenen Indianerstämme ausrottete und vertrieb, um die Viehfarmen in den Pampas zu sichern; er wußte, er würde sich für jede Reise ins Landesinnere einen Paß besorgen müssen. Er wandte sich an die lokalen Behörden und bekam ein Empfehlungsschreiben an den Kommandanten in Patagones und Pässe als »Naturforscher von *H.M.S. Beagle*«.

Mitte November kehrten sie nach Montevideo zurück. Wenige Tage später legte das Postschiff *Duke of York* im Hafen an. Charles überwachte den sorgfältigen Transport seiner vier Kisten, die in Falmouth ausgeladen werden sollten, in den Lagerraum des Schiffes.

Er erhielt noch zwei Briefe von daheim, sogar einen von Erasmus.

Susan schrieb in ihrem Brief von Mitte August, daß Erasmus Zuneigung zu Fanny Wedgwood fasse und sie vielleicht heiraten würde. Sein Vater hatte einen Hexenschuß, deshalb versuchten seine Töchter, ihn zu überreden, seine gelbe Kutsche aufzugeben und nur mehr in *The Mount* Patienten zu behandeln. Sie schrieb:

> Ich freue mich sehr darüber, daß die stille Pfarre in Deinen Augen noch solchen Reiz besitzt. Ich finde es herrlich, mir vorzustellen, daß Du Dich dort niederläßt, und trotz der vielen Hochzeiten in diesem Jahr bin ich sicher, du wirst auch eine nette kleine Frau finden, die noch für dich übrig ist…

Erasmus' Brief war ganz anderer Art. Er hatte nicht die Absicht, Fanny Wedgwood oder irgendeine andere Frau zu heiraten.

> Leider entnehme ich Deinem letzten Brief, daß Du noch immer erwartungsvoll der schauerlichen kleinen Pfarre in der Einöde entgegensiehst. Ich begann schon zu hoffen, ich würde Dich in einer Wohnung unweit des Britischen Museums oder irgendeines anderen Ortes der Gelehrsamkeit unterbringen. Meine einzige Chance wäre, daß die englische Staatskirche abgeschafft wird!

Ebenso wie über die Briefe von seiner Familie freute er sich über das Paket, das den zweiten Band von Lyells *Lehrbuch der Geologie* enthielt, in dem Lyell seine Aufmerksamkeit den Veränderungen in der Entwicklung lebender Geschöpfe zuwandte. Er lag in dem stillen Kartenzimmer in seiner Hängematte und las Lyells Kernfrage:

> ... ob es Beweise für das ständige Aussterben von Arten im normalen Ablauf der Natur gibt und ob irgendein Grund für die Annahme besteht, daß von Zeit zu Zeit neue Tiere und Pflanzen geschaffen werden, um deren Platz einzunehmen.

Er blieb eine Zeitlang ruhig liegen und freute sich auf den Tag, an dem er Charles Lyell die Fossilienknochen würde zeigen können, die er in Punta Alta entdeckt hatte. Dann schrieb er in einem Energieanfall seinem Bruder einen Brief mit einer Menge von Aufträgen, darunter eine gute Garnitur Spiegel, Schnürbänder, Nadeln und Stecknadeln, Pillenschachteln, Cuviers *Molluscs*, Humboldts *Fragmente*, ein Botanikbuch von Linné, Scorcebys *Arctic Regions*...
Es konnte bis zu neun Monaten dauern, bevor er wieder einen Brief erhalten würde.

Die *Beagle*, verproviantiert und überholt, verließ am 27. November Montevideo mit Kurs nach Feuerland, das vierhundert Kilometer entfernte äußerste Ende von Südamerika, das südlich der Magellanstraße lag. Kap Hoorn befand sich ungefähr in der Mitte der Landspitze, wo die ehrfurchtgebietenden Kräfte des Atlantischen und des Pazifischen Ozeans aufeinanderprallten. Magellan hatte es »Feuerland« genannt, hätte es aber ebensogut »Land der wütenden Stürme« nennen können. Die Spanier hatten versucht, das Gebiet in Besitz zu nehmen, indem sie im Jahr 1585 über zweihundert Siedler dorthin schickten, aber die meisten von ihnen waren im ersten Winter gestorben. Nun wollte es keine Nation mehr haben, nicht einmal die unersättlichen Engländer. Jene, die seine Schrecken kannten, benutzten den Kinderausdruck *al diablo*, »vom Teufel geschaffen« oder »ihm gehörend«.
Augustus Earle beschloß, in Montevideo zu bleiben. Er litt unter argen rheumatischen Schmerzen, obwohl er sein vierzigstes Lebensjahr noch nicht erreicht hatte, und wollte wieder gesund werden. Charles riet ihm liebevoll:
»Hüte dich vor den großen Gläsern Rum in der *Table d'Hôte*, Gus!«
»Mein Magen verträgt weder Rum noch andere Schnäpse, Charley. Da muß man sich schon fragen, ob es überhaupt einen Sinn hat, am Leben zu bleiben. Aber vielleicht finde ich ein hübsches Mädchen. Das wäre immerhin eine Entschädigung.«
Die drei Feuerländer wußten, daß es jetzt in ihre Heimat zurückging und nur eine Katastrophe ihre Heimkehr verhindern konnte. Jemmy wirkte nervös. Er begann

trübselig auszusehen, als würde er aufgeopfert werden. Er konnte Charles nicht mehr in die Augen sehen.
»Ich nicht wollen heimfahren.«
»Aber das hat doch Kapitän FitzRoy mit dir abgemacht. Er würde dich für ein oder zwei Jahre nach England mitnehmen, damit du das Land siehst und etwas lernst. Dann wollte er dich wieder heimbringen.«
»Kapitän das sagen. Ich nicht sagen. Wie du das nennen?«
York hingegen schien gebläht vor Stolz, sogar Triumph. Sein überhebliches Verhalten gegenüber den Seeleuten schien auszudrücken: Ich habe über euch triumphiert. Ihr habt versucht, aus mir einen Engländer zu machen. Aber ich habe mich durchgesetzt!
»Ich gehen an Land reicher Mann«, sagte er. »Viele Geschenke. Ich sein Häuptling Alikhoolip.«
»Woher kommen diese Reichtümer, York?«
»Kapitän. Ich nehmen als Zahlung. Für machen Kapitän berühmt. Sein Name in Zeitung. Feuerländer bringen ihn an Hof. Er sehen Königin.«
Charles lachte herzlich.
»York, ich glaube, du wirst Häuptling. Du hast das Zeug zum Politiker.«
Was Fuegia Basket anlangte, konnte sie, da ihre früheren Erinnerungen verdrängt worden waren, unmöglich wissen, was sie erwartete. Dies erzeugte eine gewisse Furcht; sie konnte sich nicht vorstellen, was die Zukunft bringen würde. Sie strickte nicht mehr und nähte auch keine Kleider mehr für sich.
»Nicht brauchen. Schnell zerreißen. Ich tragen Fell. Nicht mehr nähen.«
Gegen vier Uhr nachmittags war das Schiff von unzähligen kleinen Flügeln umflattert. Die Matrosen riefen:
»Es schneit Schmetterlinge!«
Es war ein unglaublicher Anblick.
»Sie sind so zahlreich wie Schneeflocken im dichtesten Schneetreiben«, sagte Bynoe. »Seht nur: Es sind mindestens zweihundert Meter in der Höhe, anderthalb Kilometer in der Breite und mehrere Kilometer in der Länge.«
Charles richtete sein Gesicht nach oben und ließ die Schmetterlinge sanft auf seine Stirn, Nase, Mund und Kinn fallen. Er murmelte:
»Jetzt weiß ich, wie den Israeliten zumute war, als Gott ihnen Manna vom Himmel schickte.«
»Ein entscheidender Unterschied«, antwortete Sulivan mit seinem jungenhaften Lachen, »schlucken Sie keine Schmetterlinge. Sie sind ungenießbar.«
Sie brauchten nur eine Woche, um bei gutem Segelwetter San Blas zu erreichen. Kurz nach Tagesanbruch sahen sie am 3. Dezember einige flache Inseln und steuerten auf die Küste zu. Plötzlich stießen sie auf eine weite Fläche andersfarbigen Wassers; das Meer verflachte sich von einer Tiefe von zehn auf drei Faden. Sie drehten mit der Ebbe südwärts ab. Jemmy im Mastkorb erblickte sie zuerst:
»Beischiffe! Beischiffe!«

Bald kamen die zwei kleinen Schoner, von denen sie sich vor sieben Wochen getrennt hatten, längsseits. Wickham kam als erster an Bord. Er war von der Sonne so verbrannt und voller Blasen, daß er wegen seiner gesprungenen Lippen kaum sprechen konnte. Dann kamen Stokes und King an Bord. Auch sie hatten Brandblasen von der Sonne. Alle versammelten sich, um sie zu begrüßen und über ihr Aussehen zu lachen.

Ihre Landkarten und Lot-Seekarten waren so gut, daß Kapitän FitzRoy sie überredete, auch die Küste von Port Desire zu vermessen. Charles war mißmutig, als sie nach zwei Tagen wieder abfuhren. Er würde sie erst in drei Monaten, im kommenden März, bei einem Treffen am Río Negro wiedersehen.

Die nächsten Tage verbrachte er damit, Krebstiere mit seinem Netz zu fangen, und versuchte herauszufinden, wie sie ihre Schale abwarfen und erneuerten. Am 11. Dezember setzte eine schwere Brise aus Südwesten ein. Charles wußte, er würde seekrank werden. Das bedeutete wieder Rosinen und Zwieback.

»Ich werde Ihnen sagen, wie Sie über die bevorstehende schwere See hinwegkommen können«, bot ihm Sulivan an. »Halten Sie sie in Prosa fest. Machen Sie sie zu Ihrer Gefangenen. Auf diese Weise gehört die See Ihnen und nicht Sie ihr.«

»Ich werde meine Feder säubern und mein Notizbuch bereitlegen.« Kurz danach begann er zu schreiben:

> Es ist immer interessant, das Aufkommen einer Bö zu beobachten; die schwarze Wolke mit ihrem ansteigenden Bogen, die den Wind durchläßt; dann die Linie der weißen Brecher, die ununterbrochen näher kommt, bis das Schiff krängt und man die Bö durch die Takelage pfeifen hört.

9.

Mitte Dezember sichteten sie durch den Nebel das Land südlich der Magellanstraße, die schwierige Durchfahrt, die den Atlantischen mit dem Pazifischen Ozean verbindet und die der große portugiesische Seefahrer im Jahr 1520 bezwang. Fasziniert von dem Anblick, schloß sich Charles den Offizieren auf dem Achterdeck an.

Am nächsten Tag erreichten sie Feuerland. FitzRoy änderte den Kurs, um an der Küste entlangzusegeln. Sehr bald war ein Rauchsignal zu sehen. Durch sein Fernrohr konnte Charles eine Gruppe Eingeborener ausmachen, die das Schiff beobachteten. Die Brise war frisch, und die *Beagle* segelte achtzig Kilometer an der Küste entlang, ankerte dann vor einem Plateau, dessen steile Kliffe der See zugewandt waren.

Charles fühlte sich wegen der rauhen See nicht wohl und konnte keinen Schlaf finden. Er stand bei Tagesanbruch, gegen drei Uhr morgens, auf und sah zu, wie die *Beagle* ablegte. Bald nach Mittag liefen sie mit starkem Rückenwind in die Le-Maire-Straße ein. Beim Essen sagte FitzRoy:
»Stellen Sie sich nur vor, wie hoch die See gehen wird, wenn der Wind und die Flut einander an der Gurgel zu fassen kriegen. Diesen Wellengang nennt man ›wallenden Kochtopf‹. Da kommen unregelmäßige Brecher von allen Seiten.«
»Ich bezweifle, daß ich mir das vorstellen möchte, Kapitän. Wahrscheinlich werde ich das früher oder später sowieso erleben müssen.«
Sie ankerten an diesem Nachmittag in der Good Success Bay, etwa hundertsechzig Kilometer nördlich der Spitze von Südamerika und Kap Hoorn. Kapitän FitzRoy gab seine Absicht bekannt, einige Tage Vermessungen durchzuführen. Auf einem Felsvorsprung hockte eine Gruppe Feuerländer. Sie winkten mit ihren Fellmänteln und riefen den Männern zu, die auf Deck standen, während sie die Fahrt des Schiffes verfolgten. Kurz vor Einbruch der Dunkelheit sahen sie das Feuer vor dem Zelt, das für die Nacht errichtet worden war.
Die Bucht bildete ein malerisches Gewässer und war auf allen Seiten von niedrigen Schieferbergen umgeben. Es war ein denkwürdiger Ort, weil hier Kapitän Cook im Januar 1769 zum erstenmal an diesen Küstenstrichen geankert hatte.
In der Nacht blies eine steife Brise, und es regnete. Von den Bergen fegten schwere Böen herab. Auf See wäre es eine schlimme Nacht gewesen, aber hier in der geschützten Bucht reagierte die *Beagle* nur mit sehr geringen Bewegungen.
Am Morgen schickte FitzRoy ein Beiboot mit Charles, Jemmy und einer Gruppe von Offizieren unter der Führung von Leutnant Sulivan an Land, um sich nach einer Wasserstelle umzusehen. Während sich das Boot der Küste näherte, beobachtete Charles die Gruppe der Feuerländer. Ihre Haut hatte die Farbe schmutzigen Kupfers. Ein breiter roter Farbstreifen lief über die Oberlippe von einem Ohr zum anderen. Darüber lag ein weißer Streifen, der Augenbrauen und Lider völlig bedeckte. Ihr Haar war schwarz, feucht und fiel bis auf die Schultern herab. Charles fragte sich, welche Bedeutung die Farbstreifen haben mochten und wie lange sie schon vom Vater zum Sohn weitergegeben wurden.
Vier Feuerländer liefen heftig schreiend auf sie zu. Ihr Anführer war ein alter Mann, der eine weiße Federmütze und ein zerfetztes Guanakofell über einer Schulter trug. Die drei anderen waren eins achtzig groß und sahen jung und kräftig aus. Das Gesicht eines der Männer war schwarz bemalt, mit einem weißen Streifen über den Augen.
Charles hatte noch nie ein solches Schauspiel erlebt.
Als Sulivan mit dem Beiboot landete, verhielten sich die Feuerländer zurückhaltend, schrien aber weiter und gestikulierten heftig. Als sie zum Strand vorkamen, murmelte Sulivan:
»Beachten Sie, daß keine Frauen oder Kinder zu sehen sind. Die werden nicht auftauchen, bis sie sich klar darüber sind, ob wir Freunde oder Feinde sind.«

Charles rief: »Ich hätte nicht geglaubt, wie groß der Unterschied zwischen wilden und zivilisierten Menschen ist! Wie sollen wir es anstellen, uns mit ihnen anzufreunden?«
»Ihnen Geschenke geben. Die beste Vermittlungsmethode.«
Jeder Feuerländer erhielt ein Stück rotes Tuch, das sie sich sofort, vor Freude schreiend, um den Hals legten. Jetzt waren sie Freunde. Der alte Mann kam ganz nahe an Charles heran, versetzte ihm gleichzeitig drei kräftige Schläge auf Brust und Rücken und redete in einer Sprache, die den merkwürdigen Lauten ähnelte, die Leute von sich geben, wenn sie Hühner füttern. Der alte Feuerländer nahm sein Guanakofell ab und entblößte seine Brust für Charles.
»Das entspricht unserem Händedruck«, erklärte Benjamin Bynoe.
Die Feuerländer riefen: »*Cuchillas*, Messer, gebt uns Messer« und machten eine Gebärde, als wollten sie Speck schneiden.
»Sie sind auch ohne Messer gefährlich genug«, murmelte Sulivan. »Jemmy, frag sie, wie weit es bis zu deiner Heimat ist.«
Jemmy beherrschte nicht mehr viel von seiner Muttersprache, aber auch das wenige konnten die Feuerländer nicht verstehen. Alle vier begannen zugleich auf ihn einzuschreien.
»Ich nicht verstehen«, beklagte sich Jemmy. »Wie du das nennen?«
Die Feuerländer merkten, daß Jemmy anders war als die übrigen *Beagle*-Leute. Sie untersuchten sein ordentlich geschnittenes Haar und seine Haut, ließen ihn das Hemd ausziehen. Dann untersuchten sie zwei von den Offizieren, die hellhäutiger und kleiner waren als die anderen, obwohl auch sie Bärte trugen.
»*Squaw!*« rief Jemmy. »Ich wissen Wort. Sie glauben, du *Squaw*!«
Wenn ein Offizier hustete oder gähnte, husteten oder gähnten die Feuerländer. Hamond schnitt Gesichter wie ein Affe; einer der jungen Feuerländer machte es ihm nach. Die Matrosen sangen und tanzten; ein Feuerländer wollte unbedingt mit Hamond tanzen. Sie wirkten gesund und kräftig, doch ihre Lebensweise schien recht bescheiden zu sein; das Zelt bestand aus Gebüsch, das an ein Riff gelehnt wurde, und vermochte keineswegs gegen Regen oder Hagel zu schützen. Sie lebten von Robben, Vögeln, Muscheln, was immer sonst an die Küste getrieben wurde, und gelegentlich von einem Guanako. Ihre Kleidung bestand aus Fellen und Lumpen, ihr einziger Besitz waren Pfeil und Bogen und Speere.
Als sie zum Beiboot zurückkehrten, bemerkte Charles:
»Ich glaube, es gibt auf Erden keine Menschen mit niedrigerer Zivilisation.«
»Stimmt, Charley«, sagte Bynoe, »aber nur wegen der geographischen Lage und der sonstigen Lebensumstände. Sieh doch, welch unglaubliche Fortschritte der Kapitän mit unseren drei Feuerländern erzielt hat. Sie waren ebenso primitiv, dennoch paßten sie sich dem englischen Leben an und bewiesen, daß sie in ihren viereckigen Langschädeln ein bildungsfähiges Gehirn haben.«
Charles war entschlossen, irgendwie ins Landesinnere vorzudringen. Kapitän FitzRoy bestand darauf, daß Syms ihn bewaffnet begleiten müsse.

»Ich habe Ihnen noch nicht viele Befehle erteilt, Darwin, aber dieser ist unumgänglich. Sie dürfen in primitiven Ländern nie ohne Begleitung oder unbewaffnet an Land gehen. Es ist gefährlich, sowohl wegen der Eingeborenen als auch wegen der Wildheit der Natur.«

Es war schwieriges Gelände. Die Vegetation war niedrig, die Zweige der Bäume wuchsen so dicht über dem Boden, daß die beiden Mühe hatten, sich durchzuzwängen. Charles fand das Bett eines Wildbaches; obwohl es von toten Bäumen übersät war, gelang es ihm, auf ihm entlangzukriechen, wobei Syms sich dicht hinter ihm hielt. Dann verließen sie die düstere Schlucht und kamen auf den Kamm eines Hügels. Der Blick war grandios, doch rundum fanden sich die Spuren der Naturgewalt: Felsen und umgestürzte Bäume waren in alle Richtungen verteilt. Der Wald bestand aus Südbuchen.

Er nahm seinen Hammer aus dem Ledersack und begann Gesteinsproben abzuschlagen. Die Ergebnisse waren enttäuschend. Er fand schöne Flechten, Moose, Farne, Algen, Käfer, haarige Spinnen. Er empfand echte Freude wegen der Gewißheit, daß dieser Teil des Waldes noch nie zuvor von einem Weißen betreten worden war.

In der dritten Nacht lief die *Beagle* um vier Uhr morgens bei leichtem Wind aus. In einem Gebiet, in dem Wind und Wasser einander ständig bekämpfen, umfuhr das Schiff das Cape Good Success bei ruhiger See. Die Wache erlebte am nächsten Morgen ein Auffrischen der Brise zu einem schönen Ostwind, der sie am Cape Deceit vorbeiführte. Charles fühlte sich so wohl, daß er frohlockte.

»Dieses Wetter ist ein so seltener Zufall wie der Gewinn in einer Lotterie«, rief FitzRoy.

Der Abend war ruhig und klar; bei Einbruch der Nacht gerieten sie in einen Sturm.

»Kap Hoorn fordert seinen Tribut«, brummte FitzRoy, schob sein Abendessen zur Seite und ging auf Deck, um zu beobachten, wie die Mannschaft die Segel trimmte, damit die *Beagle* nicht vom Wind gierte.

Am Morgen lag Kap Hoorn vor ihrem Bug, und sie konnten das sehen, was die Seeleute »die berüchtigte Spitze« nannten, in Nebel gehüllt, von Sturmböen und Regenschauern umtost. Schwarze Wolken wälzten sich über den Himmel, Regen- und Hagelböen fegten mit großer Heftigkeit vorbei.

»Kurs auf Wigwam Cove«, befahl Kapitän FitzRoy.

Es war angenehm, in der ruhigen Bucht zu liegen, denn am nächsten Tag war Weihnachten, ein Jahr war vergangen, seit sie endlich von Plymouth ausgelaufen waren. Die täglichen Pflichten wurden durch einen Gottesdienst und einen Festtag mit Gesang und Tanz zur Begleitung von Syms' Geige unterbrochen. Mehrere Matrosen gingen mit Gewehren an Land auf die Jagd, die jüngeren nur, um zu schießen. Charles, Sulivan und Hamond beschlossen, Kater's Peak zu besteigen, einen steilen, konischen Berg mit Blick auf die Bucht, der dicht mit Südbuchen bewachsen war.

Sie waren erschöpft, als sie den fünfhundert Meter hohen Gipfel erreichten. Mitten in der Nacht wurden sie durch den Befehl »Alle Mann an Deck!« geweckt. Es war der Beginn einer langen, quälenden Periode rauhen Wetters. Obwohl es mitten im Sommer war, fiel die Temperatur auf vier Grad Celsius. Charles, der die Hitze in den Tropen besser vertragen hatte als die meisten Männer an Bord, litt unter der Kälte. Die warme Kleidung, die Wollmütze, der in London geschneiderte Mantel konnten das Stechen in seinen Nerven nicht verhindern. Nur sein Staunen über die merkwürdigen Vögel, die die See bevölkerten, veranlaßte ihn zu einer Tagebucheintragung:

> Die See hier beherbergt viele seltsame Vögel, unter denen die Sturmmöwe bemerkenswert ist; eine große Gänseart, fast flugunfähig, benützt aber ihre Flügel, um knapp über der Wasserfläche dahinzuflattern... Es gibt hier auch viele Pinguine, die in ihren Gewohnheiten den Fischen ähnlich sind, da sie die meiste Zeit unter Wasser verbringen... Es gibt also drei Arten von Vögeln, die ihre Flügel auch für andere Zwecke verwenden als nur fürs Fliegen: die Sturmmöwe als Paddel, der Pinguin als Flossen und der Nandu, der seine Federn in der Brise als Segel benutzt.

In den ersten Januartagen des Jahres 1833 gelangte er zu dem Schluß, daß man sich nie an die Seekrankheit gewöhnen könne. Es gelang ihm nicht einmal, den Zwieback und die Rosinen bei sich zu behalten; wenn er an Deck ging, um frische Luft zu schöpfen, hüllte er sich in seinen schweren Mantel, der seinen Hals dicht umschloß. Er hielt sich an der Holzreling fest; die salzige Gischt brannte in seinen Augen. Er begriff den Sinn des Sprichwortes »Wer zum Vergnügen zur See fährt, würde zum Zeitvertreib in die Hölle gehen«. Manche Schiffe brauchten Monate, um Kap Hoorn zu umsegeln; andere wurden immer wieder zurückgetrieben und erreichten den Pazifik nie.

»Wie lange kann das dauern, Sulivan?« fragte er bekümmert. »Ich bezweifle, daß meine Stimmung und mein Magen es noch sehr lange aushalten.«

»Bis zum Jüngsten Tag«, antwortete der Offizier. »Aber Sie werden durchhalten. Was können Sie denn sonst tun, über Bord springen und um Kap Hoorn herumschwimmen?«

Nach vier Tagen, in denen die *Beagle* sich bemüht hatte, trotz Sturm und schwerer See das Kap nach Westen zu umschiffen, hatte sie weniger als fünf Kilometer zurückgelegt!

»Ein schwächerer Sturm hat schon manches gute Schiff entmastet und zum Sinken gebracht«, sagte FitzRoy.

Mit einem Preß von Segeln gelangten sie auf eine Meile an den Weihnachts-Sund heran, die Heimat von York Minster. Sie hörten, wie der diensthabende Offizier dem Mann im Ausguck befahl, leewärts zu schauen; der Kapitän kannte ihre genaue Position nicht, sein Horizont war auf einen kleinen Kompaß beschränkt wegen der Gischt, die der Wind mit sich führte. Charles hatte das Bild der *Thetis* beim Aufprall auf die Felsen von Kap Frio vor Augen. Es war das erste Mal, daß er dem Tod ins Auge sah.

Am nächsten Tag erreichte der Sturm mittags seinen Höhepunkt. Eine gewaltige See überspülte das Deck. Der Lärm war ohrenbetäubend, die Gischt fürchterlich, die Talje des Quarterbootes riß. Kapitän FitzRoy befahl, die Taue des Beibootes mit einer Axt zu kappen. Es wurde weggerissen und verschwand sofort. Die *Beagle* lag auf der Seite, da sie hintereinander von drei enormen Wellen getroffen worden war. Die Matrosen arbeiteten bis zu den Hüften im Wasser, Kapitän FitzRoy stand auf dem Achterdeck und schrie:

»Pfortdeckel auf!«

Die Zimmerleute schlugen mit Handspaken gegen die Pfortdeckel. Als sie offen waren, strömte das Wasser vom Deck ab, bevor die nächste See es treffen konnte. Das Schiff richtete sich auf. Die Luken waren gründlich verschalkt worden, so daß nur wenig Wasser unter Deck eindrang, außer in Charles' Sammlungen und, wie sie später auf Grund des fürchterlichen Gestanks feststellten, in einige Kisten mit Dosen konservierten Fleischs.

Als Benjamin Bynoe in die Heckkabine kam, sah er die Verzweiflung in Charles' Gesicht.

»Bei einem solchen Sturm läßt es sich nicht vermeiden, daß Wasser in die Vorderdeckschränke eindringt«, erklärte er.

»Ich weiß, ich sollte froh sein, daß wir noch am Leben sind. Aber schau her! Mein Löschpapier und die Pflanzen sind von Seewasser durchtränkt. Es ist ein nicht wieder gutzumachender Verlust.«

Dr. Bynoe legte den Arm tröstend um Charles' Schulter.

»Alles ist wieder gutzumachen, ausgenommen der Tod.«

Der Sturm flaute ab. Kapitän FitzRoy frohlockte:

»Das ist der schlimmste Sturm, den ich je erlebt habe. Die Sturzwelle, die uns auf die Seite warf, war der schwerste Brecher, den ich je gesehen habe, dennoch sind unsere Verluste minimal: ein Beiboot, ein paar Netze, die weggespült wurden. Aber wir haben in vierundzwanzig Tagen nur *zwanzig* Meilen gemacht! Wir sind also kaum vorangekommen.«

»Was machen wir jetzt?« fragte Charles traurig.

»Wir fahren zurück zum Goree-Sund, wo wir das Schiff sicher vor Wind und See festmachen können. Das ist Jemmys Heimat. York Minster hat beschlossen, sich mit Jemmy und Fuegia dort niederzulassen, da wir ihn nicht heimbringen können.«

Am nächsten Tag nahmen sie zwei Boote, gingen an Land und suchten dann meilenweit nach fruchtbarem Boden. Sie fanden einen trostlosen Morast, der von Wildgänsen und einigen Guanakos bewohnt war. Charles berichtete:

»Dieses Gebiet weist etwa zwei Meter dicken Torf auf. Es ist für Landwirtschaft ungeeignet. Leider ist die gesamte Gegend ein Sumpf.«

»Dann werden wir die Feuerländer in einen anderen Teil des Landes bringen müssen. Wenn wir kein Gebiet finden, das sich für den Ackerbau eignet, bringen wir sie zurück zum Ponsonby-Sund.«

10.

Drei Beiboote und ein Hecksegelkutter verließen die *Beagle* mit achtundzwanzig Mann und den Abschiedsgeschenken, die Matthews und die Feuerländer von der Missionsgesellschaft bekommen hatten. Als die Dinge in der Werft von Devonport verladen worden waren, hatten sie sehr ulkig ausgesehen. Jetzt, in der trostlosen Wildnis Feuerlands, wirkten die Weingläser, Teetabletts, Suppenterrinen, Toilettenkästchen aus Mahagoni, das feine weiße Leinen und die Biberhüte wie ein unpassender Narrenstreich.

Der Kapitän steuerte die Beiboote zur Einfahrt in den Beagle-Kanal. Gegen Abend stellten sie ihre auf Bootsriemen gestützten Zelte auf und zündeten Feuer an, um das Abendessen zu kochen. Charles fand die Szene romantisch. »Heute nacht werde ich auf hartem, nicht schaukelndem Boden schlafen«, rief er vergnügt.

Am nächsten Morgen erkundeten sie den Kanal. Sie befanden sich in dicht besiedeltem Land. Die Feuerländer wunderten sich über das plötzliche Auftauchen der vier Boote. Einige entfachten Feuer, um Aufmerksamkeit zu erregen, viele liefen kilometerweit am Strand entlang, um mit ihnen Schritt zu halten. Auf einem Kliff hoch über dem Kutter fuchtelten fünf langhaarige nackte Männer mit den Armen und stießen abscheuliche Schreie aus.

Nachmittags ruderten sie die Boote an Land. Die Feuerländer hielten ihre Steinschleudern bereit. Sie riefen immer nur ein Wort:

»*Yammerschooner. Yammerschooner.*«

»Was heißt das?« fragte Charles.

»›Gib mir.‹ Das werden Sie noch eine ganze Weile hören.«

Sie fanden eine unbewohnte Bucht, wo sie, gut bewacht, die Nacht verbrachten.

Am nächsten Morgen kam eine neue Gruppe von Feuerländern, die Steine sammelten und ihre Frauen und Kinder in die Wälder trieben. FitzRoy erteilte Befehl, alle Gewehre bereitzuhalten. Charles rief:

»Kapitän, Sie würden uns doch nicht auf solche nackten, jämmerlichen Geschöpfe feuern lassen?«

»Nur um sie zu verscheuchen.«

Die Feuerländer ließen sich aber nicht verscheuchen. Der Kapitän feuerte seine doppelläufigen Pistolen über ihre Köpfe ab; sie rieben sich bei dem Lärm nur die Ohren. Als er sein Buschmesser zog, lachten sie. Bekümmert sagte FitzRoy:

»Wir werden lieber eine neutrale Zone zwischen diesem Stamm und Jemmys Familie suchen.«
»Warum beschwichtigen wir sie nicht mit ein paar Geschenken?« fragte Charles.
»Sie wollen Messer und Boote.«
In dieser Nacht schlugen sie ihr Lager bei einer Familie von Tekeenikca-Leuten auf, Verwandten von Jemmy. Sie waren ruhig und freundlich und setzten sich mit der Besatzung der *Beagle* rund um ein brennendes Feuer. Charles, dem es trotz seiner schweren Kleidung nicht warm genug war, sah, daß die nackten Tekeenikcas von Schweiß überströmt waren.
Eine große Gruppe von Feuerländern traf ein. Sie waren so schnell gelaufen, daß ihre Nasen bluteten und sie Schaum vor dem Mund hatten. Als er sie nacheinander betrachtete, sah Charles, daß sie ganz verschiedene Bemalungen von roter, weißer und schwarzer Farbe im Gesicht trugen. Was diese Unterschiede bei ihnen wohl zu bedeuten hatten?
Die Männer von der *Beagle* machten sich auf die Suche nach Jemmy Buttons Eltern und Geschwistern. Obwohl er sagte, er könne die Sprache der Eingeborenen nicht verstehen, kannte er sehr wohl den Weg durch den Beagle-Kanal und führte sie zu einer Bucht, wo seine Familie wohnte. Er fand einen Bruder, und später kamen seine Mutter, andere Brüder, zwei Schwestern und ein Onkel.
»Das Wiedersehen verlief weniger gefühlvoll als das zweier Pferde auf einem Feld«, sagte sich Charles enttäuscht.
Jemmy erfuhr, daß sein Vater tot war.
»Bist du darüber traurig?« fragte Charles ruhig.
»Ich nicht können helfen.«
Sie kamen zu einem Ort namens Woollya. Da gab es fruchtbaren Boden. Kapitän FitzRoy jubelte.
»Hier wird europäisches Gemüse gedeihen«, sagte er. »Hier müssen wir ihre Siedlung errichten.«
Die männlichen Feuerländer saßen den ganzen Tag dabei und sahen zu, während die Frauen arbeiteten. Sie blieben aber nicht völlig müßig; sie verbrachten ihre Zeit damit, alles zu stehlen, was die Matrosen aus den Augen ließen.
Charles und Hamond machten einen Spaziergang über die Hügel, um zu sammeln. Matthews, die Zimmerleute, Jemmy und York stellten Zelte auf und bauten zwei Ein-Zimmer-Häuser. Die Matrosen benutzten ihre Schaufeln und Hakken, um den Feuerländern zu zeigen, wie man den Boden bestellt und dann sät, eine für sie völlig unverständliche Tätigkeit.
Als die Männer der *Beagle* am Morgen erwachten, stellten sie fest, daß alle Frauen und Kinder, Jemmys unmittelbare Familie ausgenommen, fort waren. Die männlichen Feuerländer standen auf einem Hügel oberhalb von ihnen und beobachteten sie feindselig.
»Jemmy, York, was ist geschehen?« fragte FitzRoy.
»Du säubern Gewehr«, antwortete Jemmy.

»Nein. Kämpfen«, sagte York. »Alter Mann sagte, nicht kommen nahe. Tun. Matrose spuckt in Auge. Alter Mann machen Zeichen, ihm Haut abziehen, zerhacken.«

»Dann werden wir keine zweite Nacht hier schlafen«, verkündete FitzRoy. »Bringt alle Sachen in die Häuser von Jemmys Familie«, befahl er.

Missionar Matthews, Jemmy, York und Fuegia Basket wurden zurückgelassen.

»Werden sie nicht in Gefahr sein?« fragte Charles.

»Sie müssen lernen, mit ihren eigenen Leuten zu leben«, erwiderte FitzRoy.

Eines der Beiboote und der Kutter wurden zum Schiff zurückgeschickt. Die anderen zwei Beiboote fuhren weiter den Beagle-Kanal hinauf, um die Insel herum, um dessen Westeinfahrt kartographisch aufzunehmen. Es wurde ein heißer Tag. Charles entblößte seinen Oberkörper wie die anderen, und seine weiße Haut wurde von einem starken Sonnenbrand gerötet. Die vielen Wale, die einen Steinwurf vom Ufer entfernt Luft ausbliesen, erinnerten sie daran, daß der zweihundert Kilometer lange Kanal ein Meeresarm war, der als gerade, aber schmale Linie zum Pazifischen Ozean verlief. Diese Nacht verbrachten sie auf einem Kieselstrand. Charles war für die Wache bis ein Uhr morgens eingeteilt. Er verzeichnete sorgfältig in seinem Notizbuch:

> Solche Schauplätze haben etwas sehr Feierliches an sich; da kommt es einem plötzlich zu Bewußtsein, in welch fernem Winkel des Erdballs man ist. Alles trägt dazu bei: Die Stille der Nacht wird nur durch das schwere Atmen der Männer und den Schrei der Nachtvögel unterbrochen; das gelegentliche Bellen eines Hundes in der Ferne erinnert einen daran, daß die Feuerländer vielleicht in der Nähe der Zelte umherschleichen, bereit zu einem tödlichen Angriff.

Die Tage verstrichen strahlend schön, als sie in den Nordarm des Kanals einliefen, der so voller Eisberge war, daß es aussah wie in der Antarktis, während sie loteten, Karten entwarfen und zeichneten, die täglich genauer wurden. Auch Charles' Ledersack füllte sich zusehends. Gegen Ende Januar kamen sie in eine kleine Bucht und nahmen ihr Mittagessen auf einem Sandstrand um ein Feuer ein. Die beiden Beiboote wurden festgemacht. Charles machte auf das wunderschöne Blau eines senkrecht abfallenden Gletschers aufmerksam, der kaum einen Kilometer von ihnen entfernt war, als ohne die geringste Vorwarnung eine ungeheure Masse der überhängenden Gletscherwand mit Donnergetöse in den Kanal stürzte. Eine mächtige Welle kam auf sie zu.

»Die Boote!« schrie Kapitän FitzRoy. »Sie werden in Stücke geschlagen.«

Charles und drei Matrosen waren am schnellsten auf den Beinen. Charles erreichte als erster ein Beiboot. Er faßte die Taue und setzte seine ganze Kraft ein, um es auf den Strand zu ziehen, während einer der Matrosen am Heck schob. Ein zweiter Matrose hatte gerade die Taue des anderen Beibootes ergriffen, als

ihn ein Brecher zu Boden warf. Die Geschwindigkeit, mit der die vier Männer die zwei Boote erreicht hatten, war ihre Rettung. Als die zweite und dritte Welle sich verlaufen hatte, kehrten sie zu ihrer Mahlzeit zurück.
»Meine Herren, Sie haben uns gerettet«, erklärte FitzRoy. »Hätten Sie diese Boote nicht festgehalten, so wären sie wie leere Kürbisse über den Strand geschleudert und unwiederbringlich davongeschwemmt worden. Ich habe keine Orden, um sie an Ihre keuchende, seewasserdurchtränkte Brust zu heften, deshalb bitte ich Sie, diese Worte als Auszeichnung zu nehmen.«
Charles fühlte sein Herz klopfen. Sulivan fügte hinzu:
»Philosoph, Sie sind gerannt wie eine Gazelle mit einem Tiger auf den Fersen.«
»Reiner, blinder Instinkt.«
Am nächsten Tag segelten die Beiboote parallel zu dem Granitkamm, der das Rückgrat von Feuerland zu sein schien. Sie kamen zu einer großen Wasserfläche. Kapitän FitzRoy hob den Arm, um ihre Aufmerksamkeit zu erregen.
»Meine Herren, hiermit taufe ich diese Wasserfläche Darwin-Sund, und sie soll unter diesem Namen in unserer Vermessungskarte verzeichnet werden.«
Charles' Gesicht wurde rot. Er war völlig überrascht und so stolz wie ein Schüler seiner Schule in Shrewsbury, der den ersten Preis beim Vergil-Rezitieren gewonnen hat.

Bei der Rückkehr nach Woollya begegneten sie einer Gruppe von Eingeborenen in Festkleidung. Unter ihnen befand sich eine Frau, die ein loses Leinenkleid trug, das Fuegia Basket gehört hatte. Andere trugen weißes Leinen sowie Bänder, die sie bei Matthews zurückgelassen hatten.
»Wir müssen möglichst schnell zu unseren Leuten zurückkehren«, sagte FitzRoy.
Zu Mittag erreichten die Boote das Ufer. Zu ihrer Erleichterung kam ihnen Matthews entgegen, um sie zu begrüßen. York und Jemmy trugen ihre englische Kleidung; als Fuegia aus einem Zelt auftauchte, schien sie sich nicht verändert zu haben. York und Fuegia berichteten, daß es ihnen gutgehe, aber man hatte Jemmy alles gestohlen außer der Kleidung, die er am Leib hatte. Der neue Garten war zertrampelt und verwüstet worden.
Am meisten hatte Matthews gelitten. Sie hatten seinen Kopf auf den Boden gedrückt und seine gesamten Besitztümer gestohlen, außer den größeren Werkzeugen, die er in den Dachsparren seiner Hütte versteckt oder vergraben hatte. Er hatte bei Tag und Nacht keine Ruhe; die Männer verlangten alles, was sie sahen; mehrere von ihnen hatten große Steine in den Händen und drohten, ihn zu töten, wenn er ihnen etwas verweigerte; andere bildeten einen Kreis um ihn, und wenn er ihnen nichts zu schenken hatte, rissen sie ihn an den Barthaaren und stießen ihn umher. Er war davon überzeugt, daß sie ihn töten würden, und sei es nur, um alles zu bekommen, was er besaß.
Die Frauen hatten sich freundlich gezeigt. Während Jemmy die Hütte bewachte,

hatten sie dem Geistlichen an ihrem Feuer Platz gemacht und ihr Essen mit ihm geteilt.
Kapitän FitzRoy überlegte, welche Aussichten der Geistliche hatte.
»Ich glaube nicht, daß Sie bleiben sollten, Matthews, wie sehr Sie auch diesen Menschen helfen möchten. Hier ist keine Missionsarbeit möglich, und Sie sollten diesen Wilden nicht wieder ausgeliefert werden.« Er warf einen Blick auf die hundert Feuerländer, die auf den Fersen hockten und sie beobachteten. »Wie sollen wir aber Ihre Truhe und Ihre restlichen Habseligkeiten ins Boot bekommen angesichts dieser Männer, die uns zahlenmäßig überlegen sind?«
»Indem wir ihnen so wenig wie möglich zeigen, was wir vorhaben«, meinte Charles.
Es wurde beinahe eine Blitzaktion; Hütte und Grube wurden geräumt, der Inhalt in den zwei Booten verstaut. Als der letzte Mann eingeschifft war, bewies FitzRoy seine Klugheit, indem er einige Äxte, Sägen und Nägel verteilte. Die Feuerländer legten ihre Steine weg und ließen zu, daß die zwei Boote vom Strand abgestoßen wurden.
Während Charles zusah, wie die Küste und die Eingeborenen immer kleiner wurden, hatte er ein melancholisches Gefühl bei dem Gedanken, die drei Feuerländer bei ihren Landsleuten zurückzulassen. Sie hatten unter zivilisierten Menschen gelebt; wie würden sie sich wieder an ihr früheres primitives Leben gewöhnen? Was von Kapitän FitzRoy als Wohltat gedacht war, hatte sich unversehens in Grausamkeit verwandelt.
In dieser Nacht schliefen sie am Eingang zum Ponsonby-Sund. Am nächsten Abend erreichten sie die *Beagle*, nachdem ihre beiden Beiboote etwa dreihundert Meilen gesegelt waren.
»Ich fühle mich wie ein erfahrener Forschungsreisender«, sagte Charles, über sich selbst lachend, als er in seine vertraute Heckkabine trat.
Er warf die Schätze aus seinem großen Ledersack auf den Kartentisch: eine Lerche, einen Flußuferläufer, einen Finken, geflügelte Insekten, Seeigel, Süßwasserschnecken, Schieferproben.
Auf Stokes' Tischhälfte waren über hundert Land- und Seekarten aufgehäuft, die in den drei Wochen, in denen sie den Beagle-Kanal erkundet hatten, gezeichnet worden waren.
Irgendwo auf einer dieser Karten würde es eine große Wasserfläche geben, die den Namen Darwin-Sund trug.

Fünftes Buch

Die beste Vorbereitung für die Heirat

1.

Zum Berkeley-Sund bei den Falkland-Inseln war es eine Drei-Tage-Fahrt, von der Magellanstraße fast genau ostwärts. Die Falkland-Inseln waren vor kurzem durch Siedler aus Buenos Aires kolonisiert worden, von denen es hieß, daß es ihnen gutgehe. Zur Überraschung aller war über der Siedlung eine britische Flagge gehißt. Im Hafen lag ein einziger Walfänger. Charles, der auf dem Achterdeck oberhalb des Abstiegs zum Unterdeck stand, sah, daß ein kleines Boot vom Strand ablegte. Ein Obermaat kam an Bord, grüßte Kapitän FitzRoy und erklärte, daß sein Schiff, die *Le Magellan*, im Sturm untergegangen sei und gestrandet an der Küste liege; die Besatzung warte ungeduldig darauf, wieder in einen Hafen der zivilisierten Welt zu gelangen.

»Wir haben unsere Vorräte gerettet, die Ihnen vielleicht zustatten kommen könnten.«

Als die Männer von der *Beagle* an Land kamen, fanden sie ein verlassenes kleines Dorf vor, ein paar halbzerstörte Steinhäuser, einige zerstreut liegende, mit Grassoden gedeckte Hütten. Es gab zwar reichlich Schafe, Ziegen, Schweine, Kühe, aber Charles sah nur einige wenige trostlos anzusehende Menschen. Mr. Dixon, der englische Vertreter, ein Mann mittleren Alters mit vom Schnupfen geröteten Augen, dessen Zähne auf der linken Seite durch die ewig im Mundwinkel hängende Pfeife völlig abgenutzt waren, erklärte, es sei ein blühender Ort gewesen – bis er das Opfer streitender Nationen wurde.

»Diese Inseln waren Jahrtausende lang unbewohnt, bis die Regierung von Buenos Aires sie für sich beanspruchte und Kolonisten hierher schickte. Die Siedlung gedieh. Im vorigen Monat kam *H.M.S. Clio* hier an, um die Inseln für die Briten in Besitz zu nehmen, und entdeckte, daß die US-Korvette *Lexington* vor einem Jahr den Besitz und die Gebäude überraschend überfallen und in unverantwortlicher Weise zerstört hatte. Die Gauchos waren, über die Gewalttätigkeit erschrokken, ins Landesinnere geflüchtet. Das hier ist ein guter Ankerplatz, es gibt reichlich Süßwasser und Wild. Sollte eine blühende Kolonie sein, die die Schiffe in der Umgebung von Kap Hoorn versorgt. Aber sie ist es nicht mehr.«

Der Schreiber Hellyer brachte das neue Tau, Brot, Salzfleisch und kleinere Vorräte an Bord, welche die Franzosen gerettet hatten. Kapitän FitzRoy erklärte sich damit einverstanden, zweiundzwanzig Matrosen und Offiziere nach Montevideo mitzunehmen. Sie sollten auf Deck schlafen. Dann kehrte Edward Hellyer an Land zurück, um zu jagen. Einige Zeit später wurde sein Gewehr, seine Uhr und seine Kleidung am Strand gefunden. Er hatte offenbar eine Ente geschossen, die ins Wasser gefallen war, hatte sich ausgezogen und war hinausgeschwommen, um seine Beute zu holen. Er wurde im Seetang verstrickt von Dr. Bynoe gefunden, der Tang mußte weggeschnitten werden, um ihn freizubekommen. Er war schon seit einiger Zeit tot.

Am nächsten Tag wurde er auf einem Hang in Sichtweite der *Beagle* begraben. Der Sarg wurde mit einer von May angefertigten britischen Fahne bedeckt; Kapitän FitzRoy las die Totengebete. Es war ein trauriger Augenblick. Als Charles zu dem Kapitän in die Kabine kam, fand er ihn in sich zusammengesunken in seinem Stuhl. Er sagte leise:

»Das ist für mich ein ebenso schwerer Schlag wie für seine Tischgefährten. Mr. Hellyer war ein wohlerzogener, vernünftiger junger Mann. Ich kann jetzt nichts anderes für ihn tun, als seiner Familie in England einen Beileidsbrief zu schreiben. Es ist überaus schwierig für mich, ihn zu formulieren, denn ich nehme an, daß das Motiv, das ihn veranlaßte, sich auszuziehen und dem Vogel nachzuschwimmen, vermutlich der Wunsch war, ihn mir für meine Sammlung zu Hause zu schenken.«

Charles öffnete einen Leinwandsack, den er auf den Boden gelegt hatte.

»Mr. Bynoe hat die Ente aus dem Seetang geschnitten. Es ist eine Art, die ich noch nie gesehen habe. Und da ist Hellyers Kugel, die sie getötet hat.«

FitzRoy schüttelte den Kopf. »Ich werde die Kugel behalten. Sie nehmen die Ente für Ihre Sammlung. Eine teure Ente.«

Während die Geometer der *Beagle* das Schiff verließen und an Land gingen, ritt Charles an drei Tagen mit kaltem Wetter über die Insel, deren sumpfiger Boden mit braunem, hartem Gras bedeckt war. Obwohl er sich beklagte, daß es wenig in sein Tagebuch aufzunehmen gäbe, gelang es ihm in den nächsten Wochen, Schnepfen, Wildgänse, einen wolfsähnlichen Fuchs, Eulen, einen Brillenpinguin und Seesterne zu sammeln sowie eine Fischart, die er zwischen den Felsen und dem Seetang fing, und Meeresschnecken, die ihre Eier in Bändern legten, die am Felsen hafteten.

Es trafen weitere Schiffe im Hafen ein. Kapitän FitzRoy hielt die *Unicorn* für das bedeutendste; William Low, ihr Mitbesitzer und Robbenfangkapitän, übernahm mitunter auch die Rolle eines Seeräubers und Sklavenhändlers. Er traf mit FitzRoy und den Offizieren in der Fähnrichsmesse zusammen.

»Das Wetter hat sich so gegen mich verschworen, daß ich von meiner sechsmonatigen Kreuzfahrt als bankrotter Mann mit einem leeren Schiff zurückkehre. Es war die schlimmste Saison, die ich während zwanzig Jahren erlebt habe. Wir haben keine einzige Robbe gefangen. Ich muß verkaufen. Rasch. Kapitän, kennen Sie jemanden, der einen gut erhaltenen Schoner zu einem günstigen Preis erwerben möchte?«

FitzRoys Augen leuchteten.
»Wie günstig?«
»Sechstausend Dollar bei sofortiger Inbesitznahme, Bezahlung zu Händen meines Partners in Montevideo.«
FitzRoys Gedanken liefen vor dem Wind. Als Low gegangen war, setzte er sich ans Kopfende des Messetisches, öffnete die Bullaugen seines Herzens und ließ seine Gedanken vom Deck in die stürmische See seiner Worte fließen.
»Bei unserer ersten Reise hatten wir ein zweites Schiff, die *Adventure,* bei uns, das als Begleitschiff diente und uns bei unserer Vermessungsarbeit ablöste. Ich bin absolut davon überzeugt, daß die *Beagle* die ihr gestellten Aufgaben nicht ausführen kann, ohne auf den interessantesten Teil ihrer Reise zu verzichten, nämlich eine Kette von Meridiandistanzen rund um den Erdball zu legen. Die Reise über den Pazifik und die Heimkehr über Australien und um das Kap der Guten Hoffnung müßten vielleicht den langwierigen, aber nicht weniger nützlichen Detailarbeiten der Küstenvermessung geopfert werden.«
Es herrschte tiefe Stille in der Fähnrichsmesse.
»Unser Operationsgebiet wird von Häfen, in denen man Vorräte ergänzen kann, so weit entfernt liegen, daß wir Monate über See fahren müssen, bloß um uns Verpflegung zu beschaffen. Ich habe mir oft brennend ein Begleitschiff gewünscht, das für den Transport von Frachtgut geeignet und so aufgetakelt ist, daß es von wenigen Matrosen bedient werden und die *Beagle* begleiten kann.«
FitzRoy und Chaffers sahen sich die *Unicorn* an. May untersuchte das Innere. FitzRoy berichtete den Offizieren: »Ich könnte kaum ein tauglicheres Schiff finden, einhundertsiebzig Tonnen Tonnage, aus Eichenholz gebaut, gänzlich mit Kupfer beschlagen, sehr geräumig: ein gutes, seetüchtiges Schiff. Ich habe Grund zu der Annahme, daß allein der Bau und die Grundausrüstung sechstausend Pfund kosten würden. Mit dreizehnhundert Pfund ist es ein Gelegenheitskauf.«
»Was wird die Ausrüstung kosten, Kapitän?« Die Frage kam von Rowlett, dem Zahlmeister, der die Rechnungen zu begleichen hatte.
»Wir können alles, was wir brauchen, von der gestrandeten *Le Magellan* bekommen, Anker, Kabeltaue, kleine Spieren, und zwar für wenig über vierhundert Pfund, weniger als ein Drittel des Marktpreises in frequentierten Häfen.«
Die Offiziere versicherten einander, daß es ein überaus vorteilhafter Gelegenheitskauf war. Charles, der in einem Haushalt aufgewachsen war, in dem man für jedes Pfund Rechenschaft ablegen mußte, war beunruhigt. Die Admiralität hatte Kapitän FitzRoys Monatsmiete für Mr. Harris' zwei Schoner noch nicht genehmigt. Sie waren jetzt seit sechs Monaten im Dienst, die Kosten betrugen achthundertvierzig Pfund.
Als die beiden Männer einander an FitzRoys kleinem Eßtisch gegenübersaßen, fragte Charles:
»Kapitän, würden Sie mir eine Frage gestatten, obwohl sie mir meiner Stellung und meinen Rechten nach nicht zusteht?«

»Warum nicht? Sie sind ein verständiger Mann.«
»Wäre es nicht klug, erst die Genehmigung der Admiralität für die Miete der Schoner abzuwarten, bevor Sie die *Unicorn* kaufen?«
»Unter normalen Umständen ja. Aber das sind keine normalen Umstände. Zweifellos ist die Genehmigung bereits mit der Post unterwegs. Außerdem würde sich die Gelegenheit, einen so ausgezeichneten Segler zu einem so niedrigen Preis zu kaufen, nie wieder bieten. Mein Wunsch, ihn zu kaufen, ist unbezähmbar.«
Der Kauf wurde abgeschlossen. Eine Woche später, nach geringfügigen Reparaturen an dem neu getauften *H.M.S. Adventure*, lief Chaffers mit einer Besatzung von Freiwilligen aus der Mannschaft der *Beagle* aus, mit Kurs auf den Río Negro, achthundert Meilen nördlich der Falklandinseln, um Wickham und Stokes zu treffen. Inzwischen reparierten die Zimmerleute der *Beagle* den Hecksegelkutter, die Segel wurden zum Trocknen losgemacht, Seiler und Waffenmeister arbeiteten an Land, wohin sich täglich eine kleine Gruppe begab, um ihre Kleidung zu waschen und die Hängematten gründlich zu reinigen. Eine Hanftaurolle wurde zum Lüften an Deck gebracht, die Rahnocken gebraßt, während Charles seine Vögel sezierte, klassifizierte und ausstopfte.
Sie nahmen fast siebenhundert Pfund frisches Rindfleisch an Bord, füllten ihre Wasserfässer, lichteten am 6. April 1833 die Anker und hißten die Segel. Charles war glücklich, wieder nach Norden zu fahren. Er sehnte sich nach der Wärme und dem üppigen Blätterwerk der Tropen.

Sie lagen auf Auslaufkurs zum Río Negro vor der Küste von Patagonien, ein frischer Wind aus der günstigen Richtung ließ sie gute Fahrt machen. Charles verbrachte einen großen Teil seiner Zeit über die Reling gebeugt und würgte. Dann wurde das Wetter schön. »Himmlisch« nannte es Charles. Der Himmel war wolkenlos und blau, das Meer ruhig.
Sie waren nur wenige hundert Meilen von der ungestümen Natur Feuerlands entfernt. Es dauerte fünf Tage, bis sie die Mündung des Río Negro erreichten. Kapitän FitzRoy war außer sich, weil die beiden kleinen Schoner dort nicht vor Anker lagen, obwohl weder er noch einer der Offiziere zugeben wollte, daß sie besorgt waren. Am nächsten Tag sichtete der Ausguck ein Segel im Südwesten. Die *Beagle* jagte ihm nach. Es war die *Adventure*. Chaffers berichtete, es habe trotz schwerer Böen gutes Wetter gegeben. FitzRoy freute sich.
»Würden Sie, Mr. Chaffers, nach Maldonado am Río de la Plata weitersegeln und unsere Ankunft abwarten? Wir werden unsere Suche nach Wickham und Stokes fortsetzen.«
Ein kleiner Handelsschoner brachte Neuigkeiten: Der Kapitän hatte Wickham und Stokes gesehen und mit beiden gesprochen. Sie waren nach Süden zur St.-Josephs-Bucht vor dem San-Matías-Golf gesegelt.
Sie setzten Segel mit Kurs auf die St.-Josephs-Bucht, um die Schoner zu treffen. Sie waren aber nirgends zu finden. Es setzte eine so starke Flut in die Bucht ein,

daß sie gezwungen waren, einen Stromanker schießen zu lassen, der in ruhigem Wasser zum Ankern des Schiffes verwendet wurde. Charles konnte einen Blick auf die nahe gelegenen Kliffe werfen, die voll von fossilen Muscheln zu sein schienen, es gab aber keine Möglichkeit, an Land zu gehen.
An diesem Abend schrieb er an Henslow:

> ... Da ich mich als Ihren Schüler betrachte, bereitet mir nichts mehr Freude, als Ihnen von meinem Glück zu erzählen. Ich bin sehr ungeduldig, von Ihnen zu hören. Wenn ich seekrank und unglücklich bin, ist es ein ganz besonderer Trost für mich, mir die Zukunft auszumalen, in der wir wieder zusammen über die Wege um Cambridge gehen werden.
> Ich bin überzeugt, daß das an die Geologische Gesellschaft gesandte Megatherium zu der gleichen Erdformation gehört wie die Knochen, die ich nach Hause geschickt habe, und daß es von den Kliffen, aus denen die Ufer bestehen, in den Fluß gespült wurde.

Als am Morgen eine frische Brise aufkam, beschloß Kapitän FitzRoy, nach Montevideo zu segeln. Er sagte zu Charles:
»Da wir die *Adventure* in einen tadellosen Zustand bringen müssen und in diesem Gebiet beträchtliche Vermessungen vorzunehmen haben, könnten Sie gut zwei Monate an Land verbringen. Wo würden Sie es vorziehen an Land zu gehen, in der nahe gelegenen kleinen Siedlung Maldonado, in Montevideo oder in Buenos Aires auf dem gegenüberliegenden Ufer?«
Charles' Augen glänzten bei der Aussicht auf zwei Monate ununterbrochener Forschungsarbeit und eine Unterbrechung seiner Beschwerden bei hoch gehender See.
»Maldonado, glaube ich. Es hat zwei Vorteile: Es ist abgeschieden und Neuland für Naturforschungen.«
»Sie sollten Quartier bei einer mir gut bekannten alten Dame suchen, Doña Francisca. Ich möchte nicht so weit gehen zu sagen, daß sie es Ihnen behaglich machen wird, aber zumindest ist das Dach nicht undicht.«
In Montevideo ging Charles an Land, um Augustus Earle zu besuchen. Seinem scharfen Auge entging nicht, daß Earle trotz der vier Monate Ruhe nicht besser aussah.
»Du hast uns gefehlt«, sagte er zu Earle. »Konntest du überhaupt malen?«
»Darauf kannst du deinen letzten Penny verwetten, Kumpel. Ich habe mir einen Pinsel fest zwischen meine geschwollenen Finger gebunden und ging jeden Tag aus, an dem es nicht regnete.«
Charles sah die große Zahl von Bildern, die an der Wand lehnten, nahm eines nach dem anderen vor und betrachtete es. Es waren zarte Landschaften, Ansichten von Häfen, kleinen Handelsschiffen und unerhört naturgetreue Porträts von Schwarzen, die im Hafen Lasten auf dem Kopf trugen.

»Wunderschön, Gus. Deine Hand hat nicht die Fähigkeit verloren, das festzuhalten, was dein Auge sieht.«
»Danke, Philos. Ich habe auf das Urteil eines Kenners gewartet. Wenn ich nach London zurückkomme, beabsichtige ich, diese Bilder in der *Royal Academy* auszustellen.«
Auch Charles hatte auf das Urteil eines Kenners gewartet und war schwer enttäuscht, nichts von Professor Henslow zu hören. Er war im Grunde ein unzureichend geschulter Amateur, der sich einer unendlichen Fülle von Aufgaben gegenübersah. Es war für ihn sehr wichtig zu erfahren, ob seine verschiedenen Proben England ordentlich konserviert, behandelt, eingepackt und beschriftet erreicht hatten.
Seine Schwestern Caroline, Susan und Katty hatten ihre Tagebücher fortgesetzt. Carolines Brief war am 12. September, Kattys am 14. Oktober und Susans am 12. November aufgegeben worden. Die Nachrichten waren fünf bis sieben Monate alt, aber ach, wie wundervoll belebend war es, sie zu erhalten. Doch es gab erschütternd schlechte Nachrichten aus *Maer Hall*. Fanny Wedgwood, die ältere der beiden fröhlichen Täubchen, war plötzlich an einem Gallenanfall gestorben. Emma war untröstlich. Tante Bessy war so niedergeschlagen, daß sie *Maer Hall* nicht mehr betreuen konnte. Nur Emma und die schmerzgeprüfte Elisabeth waren nun noch zu Hause. Der junge Joe kam nur gelegentlich.
Die Nachrichten aus *The Mount* waren ermutigend. Sein Vater saß oft unter dem Bananenbaum, den er auf Charles' Vorschlag im Treibhaus gepflanzt hatte, in bester Laune, weil er so die Tropen mit seinem Sohn teilte. Er besuchte noch einige alte Patienten, gab aber bekannt, daß er weitere Strecken nicht mehr zurücklegen konnte. Ein neuer Arzt, der aus York gekommen war, übernahm den größten Teil der Praxis.
Charles mußte wider Willen seufzen und begann die Sachen zu packen, die er an Land mitnehmen wollte. Schon das Berühren des Ledersacks, des Netzes und des Hammers versetzte ihn wieder in gehobene Stimmung.
Maldonado!

2.

Er fand bald Doña Franciscas Haus in dem kleinen Dorf mit seiner zumeist aus Spaniern, aber auch aus Mischlingen zwischen Spaniern und Indianern bestehenden Bevölkerung. Doña Francisca war hochbetagt, benahm sich aber, als wäre sie nur eine ältere Dame; sie trug überaus gepflegte Kleidung, die aussah, als hätte sie zu ihrer Aussteuer gehört. Sie hieß Charles willkommen, informierte ihn über die Zeiten, zu denen gespeist wurde, dann begleitete sie ihn in ein großes Zimmer mit hoher Decke und sehr kleinen Fenstern. Alle Zimmer lagen im Erdgeschoß und gingen ineinander über, was jegliche Möglichkeit, sich zurückzuziehen, ausschloß. Was ihn aus der Fassung brachte, war die Einrichtung seines Zimmers: ein schmales Feldbett auf rohen Holzbeinen, ein halb durchgesessener Rohrstuhl und mehrere Holzkisten von nicht mehr existierenden Schiffen, die aufeinandergestellt worden waren, um so eine Kommode zu bilden. Er verbrachte den Tag in dem vergeblichen Bemühen, den Raum behaglich zu machen; es gelang ihm wenigstens, einen klapprigen, ungestrichenen Tisch für seine Instrumente und Flaschen zu kaufen. Sein halbes Dutzend Bücher legte er auf den Boden zu beiden Seiten des Feldbettes. Als er Miltons *Verlorenes Paradies* durchblätterte, stieß er auf die Zeilen:

> Hast du diesen Platz gewählt,
> Um nach dem Schlachtgetümmel Ruh' zu gönnen
> Der müden Tugend, weil du findest ohne Müh'
> Den Schlummer hier, wie in des Himmels Tälern?

Er legte sich auf das Bett, seine Füße baumelten am Ende herab, er verschränkte die Hände hinter dem Kopf und fühlte sich nicht sicherer als vorher in der Hängematte!

Es regnete in Strömen. Die Flüsse stiegen an. Noch hatten die Einwohner von Maldonado die Brücke nicht erfunden. Zwischen den Wolkenbrüchen spazierte er durch das Dorf, stellte fest, daß sein Spanisch unzureichend, der Ort beinahe verlassen war. Dann verbrachte er Tage in seinem Zimmer, übte sich in Geduld und lernte Spanisch und las, wenn er seine Ohren gegen den Lärm des Regens verschließen konnte.

Der Regen hörte schließlich auf. Die Sonne kam heraus. Aus den Wasserlachen wurde Schlamm, dann trockener Lehm. Inzwischen hatte er einen Freund gewonnen, Don Francisco Gonzalez, der ihm anbot, ihm mit seinem Diener Morante auf einem Ausflug ins Landesinnere als Führer und Gefährte zu dienen.

Die Männer verließen an einem schönen Morgen den Ort, wobei sie einen Trupp frischer Pferde vor sich her trieben. Es gab reichlich Pferde, und sie waren billig, drei von ihnen kosteten soviel wie ein mittelmäßiger Sattel. Keiner ging zu Fuß, nicht einmal die Bettler. Die jungen Burschen ritten die Füllen ohne Sattel und jagten einander über Täler und Höhen. Charles fand, es waren die elegantesten jungen Reiter, die er je gesehen hatte. Er war bereit, zwei Dollar täglich für seine Unkosten auszugeben. Don Francisco und Morante waren mit Pistolen und Säbel bewaffnet, was Charles für übertrieben hielt; er trug nur einen Revolver. Die erste Nachricht, die sie auf dem Weg erreichte, lautete, daß ein Reisender aus Montevideo soeben mit durchschnittener Kehle aufgefunden worden sei.

Das Gelände war hügelig, der Boden mit kurzem grünem Gras bedeckt. Da sie kein festes Ziel hatten, machte Charles von seinem Hammer Gebrauch, um ver-

schiedene Marmorschichten zu untersuchen, und klopfte zu Don Franciscos großer Belustigung überall herum. Auf den Ebenen gab es viel ruhig weidendes Vieh, sie kamen an großen Herden von Nandus vorbei. Charles fand ihren Lauf wundervoll anmutig. Er war schon genügend Seemann, um ihn so zu beschreiben: »Mit dem Ruder nach oben, setzen sie alle Segel bei und breiten ihre Flügel genau mit dem Wind aus.«
Sie ritten durch niedrige, wild zerklüftete Berge, bei denen er leicht feststellte, daß sie aus Schiefer bestanden. Er nahm Gesteinsproben, auch von einem verlassenen Goldgrubenschacht. Sie standen früh auf, um die Sierra de las Animas zu besteigen. Von dort hatten sie eine weite Aussicht: auf Montevideo im Westen und zu der Ebene von Maldonado im Osten. Sie koppelten ihre Pferde an, so daß Charles sich seiner Sammeltätigkeit widmen konnte. Francisco bewunderte ihn, weil er zwischen giftigen und ungiftigen Schlangen unterscheiden konnte, sah verblüfft zu, wie Charles Skorpione, Spinnen, Läuse, Plattwürmer in kleine Pillenschachteln steckte. Als er sah, wie Charles das Meerschweinchen, das er geschossen hatte, aufschnitt und einen Eingeweidewurm aus seinem Magen holte, den er fast zärtlich in Baumwolle packte, rief er:
»Señor Darwin, Sie nicht *fatuo*, dumm. Sie mächtig klug. Warum Sie nehmen Meerschweinchenwurm?«
Charles empfand noch immer eine gewisse Scheu, wenn er einen Naturforscher definieren sollte. Es war besser, als *fatuo* zu gelten denn als »der Mann, der alles weiß«. Er erklärte seine Tätigkeit kurz, und um seinem Führer weitere Überlegungen zu ersparen, begann er Pflanzen zu sammeln: Kakteen, Agaven, Zwergblumen, eine Pflanze mit fleischigen Blättern, Süßwassergräser, als sie zu einem See kamen. Er sammelte dort auch Frösche, Eidechsen, Kröten, was ihm Professor Henslows Frage in den Fennen bei Cambridge »Was haben Sie vor, Darwin, wollen Sie eine Krötenpastete backen?« wieder lebhaft ins Gedächtnis rief. Er sammelte fast heimlich neun verschiedene Arten von Schlangen und acht Mäusearten. Don Francisco gab sich großzügig und tat so, als sähe er nicht, was sein unglücklicherweise geistesgestörter Freund tat.
Sein kleiner Taschenkompaß verursachte grenzenloses Staunen. Sein erster Gastgeber fragte:
»Señor Darwin, wozu dient dieses merkwürdige Instrument?«
»Señor, es kann mir sagen, in welche Richtung jede Straße in Ihrem Land geht.«
»Können Sie mir zeigen, in welche Richtung die Straße geht, die durch meine *estancia* führt?«
»Gewiß.« Er trat auf die offene Veranda hinaus und richtete den Kompaß auf das Straßenende. »Sie geht nach Nordosten.«
Der Mann sagte bewundernd:
»Sie, ein hier völlig Fremder, kennen die Straße, die zu Orten führt, an denen Sie noch nie waren!«

In abgelegenen Landstrichen verbreiten sich Nachrichten schnell. Als sie spät am Nachmittag einen Freund von Don Francisco um seine Gastfreundschaft ersuchten, wurde ihnen mitgeteilt, daß eine junge Tochter krank sei. Die Mutter bat: »Würden Sie so freundlich sein, Señor, ins Zimmer meiner Tochter zu kommen? Sie hat von Ihrer Magie gehört. Ich glaube, sie würde sie heilen.«

Im Haus einer großen spanischen Familie, die samt Großeltern und vielen erwachsenen Kindern um einen Tisch versammelt saß, fragte der Großvater:

»Señor Darwin, ist es die Erde oder die Sonne, die sich bewegt?«

»Die Erde, Señor.«

Einer der Söhne fragte: »Verfügen Sie noch über andere Magie, Señor Darwin?«

Darwin nahm ein langes hölzernes Streichholz heraus, das er entzündete, indem er mit den Zähnen auf das Ende biß. Die Einheimischen verwendeten einen cremefarbenen, undurchsichtigen Feuerstein, um Feuer zu schlagen. Die Familie staunte ehrfürchtig.

Der Vater fragte: »Señor Darwin, würden Sie mir eines davon überlassen? Ich würde Ihnen einen ganzen Dollar dafür bezahlen.«

Seine Gastgeber waren von Don Francisco Gonzalez' Geschichten, wie Señor Darwin mit einem Hammer Steine losbrach und Insekten sammelte, so begeistert, daß nur wenige von den Familien eine Bezahlung für ihre Gastfreundschaft akzeptierten.

In einer *estancia* fragte ein Sohn der Familie, der nichts von dem verstehen konnte, was Charles sagte:

»Señor Darwin, Sie konnten nicht von Geburt an Spanisch sprechen?«

»*No, Señor.*«

Der junge Mann schüttelte voll Mitleid den Kopf.

Sie kamen mehrmals an einer Gruppe von Gauchos vorbei, die mit ihren *bolas* nach frischem Fleisch auf die Jagd gingen. Einer der Männer erbot sich, Charles beizubringen, wie er galoppieren und die Kugeln wirbeln mußte. Charles, der sehr geschickt ein schnell laufendes Insekt oder einen Vogel mit seinem Fliegenfänger einfing, lernte nur langsam, die *bola* zu handhaben. Die Kugel, die er wirbelte, schlug gegen einen Busch, rutschte über den Boden und erfaßte dann die Hinterbeine seines eigenen Pferdes. Die zweite wurde ihm aus der Hand gerissen und verfing sich ebenfalls in den Pferdebeinen. Die Gauchos brüllten vor Lachen.

Der junge Instruktor rief:

»Ich habe oft gesehen, wie man Tiere einfängt, aber ich hab' noch nie einen Mann gesehen, der sich selbst fängt.«

Eines Abends gingen sie in eine *pulpería*, eine Schenke. Es gab kaum Platz, um sich zu setzen. Darwin bemerkte, daß die jungen, Zigarre rauchenden Gauchos auffallend gut aussehende, großgewachsene Männer mit stolzen, leidenschaftlichen Gesichtern waren. Sie hatten herunterhängende Schnurrbärte und langes, lockiges schwarzes Haar, das ihnen bis in den Nacken reichte, an ihren Fersen klirrten Sporen, und immer steckte ein Messer in ihrem Gürtel.

Sie ritten zwölf Tage lang durch die Gegend. Charles fand Gefallen an den kräftigen Pferden, die er ritt, an der köstlichen klaren, warmen Luft, der festen Pampaserde. Er machte sich Notizen über die kristallinen Felsen, die aus dem Kamm eines jeden Hügels hervorragten. An vielen Orten fand er Überreste großer, ausgestorbener Tiere, die der Beweis dafür waren, daß diese riesigen Ebenen mit Brackwasser aus dem Río de la Plata bedeckt gewesen waren und sich allmählich gehoben hatten. Er versuchte, das Don Francisco zu erklären, indem er den Arm gerade vor sich ausstreckte.

»Sieh mal, *amigo*, mein linker Arm ist Wasser, mein rechter Arm ist Land. Wenn das Wasser fällt, steigt das Land. Wenn das Wasser steigt, verschwindet das Land.«

»Woher weißt du das?«

»Von den Felsen, dem Gestein, aus dem sie bestehen. Die Berge sind die Geschichtsbücher der Vergangenheit. Deshalb sammle ich die Fossilien und Muscheln, die früher einmal unter Wasser lagen.«

Don Francisco verneigte sich würdevoll. Charles erfuhr nie, ob der höfliche Mann ihn verstanden und ihm geglaubt hatte.

Etwa achtzig bis hundert Kilometer weiter nördlich, im Tal der Tapas, schlug Charles mit dem Hammer ein ziemlich großes Stück Eruptivgestein ab, dessen Hohlräume mit Quarzkristallen besetzt waren, die seinen vulkanischen Ursprung verrieten.

»Wie gescheit wir uns doch alle vorkommen, wenn wir glauben, daß Berge und Felsen etwas Festgefügtes und Unveränderliches sind«, erklärte er, »während sie doch in ferner Vergangenheit gasförmig und flüssig waren.«

Er kehrte in das Haus Doña Franciscas zurück und breitete die Ergebnisse seiner zwölftägigen Sammeltätigkeit in den Pampas aus. Es kam ihm nie in den Sinn, daß Steine weniger lebendig wären als Kakteen, Schlangen oder Skorpione, die er gesammelt hatte.

Das Leben in Maldonado war klösterlich. Im Gegensatz zu der nur etwas über zweihundert Kilometer flußaufwärts am Río de la Plata gelegenen größeren Hafenstadt Buenos Aires gab es weder Restaurants, Theater, Konzerte noch graziöse junge Spanierinnen mit großen Steckkämmen im Haar. Er fand keine Freunde, aß seine Mahlzeiten allein, gezwungen, sich selbst Gesellschaft zu leisten. Das Essen, das ihm die Köchin servierte, hatte ebensowenig Geschmack wie sein Zimmer Möbel. Sein Bart, den er sich für die Wildnis von Patagonien hatte wachsen lassen, war um Nuancen dunkler geworden als sein Haupthaar.

Im Maldonado gab es zwar nur wenige Menschen, dafür aber um so mehr Vögel. Er hatte die Ornithologie bisher vernachlässigt und mußte einiges nachholen. Innerhalb weniger Tage fing er achtzig verschiedene Vogelarten; einen Töpfervogel, der sein Nest in einer äußerst exponierten Lage baut; einen Vogel, der unserem Würger ähnlich ist, aber wie ein Falke jagt; Papageien, die in großen Scharen auf den weiten Ebenen Nahrung suchten; Kondore, Truthahngeier, Spottdrosseln, Spechte, aasfressende Falken. Es war eine ungeheure Arbeit, sie alle auszustopfen. Er mußte außerdem rasch arbeiten, um auch noch seine Reptilien, seine Insekten, die Süßwasserkrebse und die Fische, die er am Strand fand, zu konservieren.

Er war überanstrengt und gestand sich widerwillig ein, daß er einen Helfer brauchte. Er war bereit, neben dem vollen Lohn auch die Kosten für die Ernährung zu bezahlen. Das würde etwa sechzig Pfund jährlich ausmachen, wie er schnell überschlug. Es war eineinhalb Jahre her, seit er England verlassen hatte, und seine Auslagen hatten zweihundert Pfund im Jahr nicht überschritten. Er würde auch wahrscheinlich die fünfhundert Pfund nicht überschreiten, die Kapitän FitzRoy als Höchstbetrag für die gesamte Reise genannt hatte. Er war sicher, daß sein Vater die Ausgabe bewilligen würde. Er dachte an Syms Covington. Der konnte schießen und stopfte Vögel recht ordentlich aus. Er würde den Kapitän fragen, ob er Syms, falls dieser dazu bereit war, von seinem Dienst als Matrose entbinden und zu seinem Assistenten machen könnte.

Die *Beagle* traf spät im Mai ein. Nur drei Tage danach kamen John Wickham und Philip King in einem kleinen Schiff an, das FitzRoy gemietet hatte, um sie vom Río Negro abzuholen. Der Erste Leutnant Wickham sollte die Arbeiten an der *Adventure* für ihre Weltreise als Schwester- und Begleitschiff der *Beagle* beaufsichtigen. Stokes war als Kommandant der beiden Schoner zurückgeblieben und setzte die Vermessungen fort.

Charles rief King zu: »Philip, du bist um volle dreißig Zentimeter gewachsen, seit ich dich vor fünf Monaten das letztemal gesehen habe.«

»Ich weiß nicht, wie das hätte vor sich gehen sollen«, antwortete der Junge mit zaghaftem Grinsen. »Ich schlief in einer Kabine, die dreiviertel Meter hoch und gerade lang genug war, daß ich mich in ihr wie eine Schlange zusammenrollen konnte.«

Charles begab sich zum Tee in die Kapitänskajüte. Es war ein angenehmes Gefühl, sich wieder in dem mit Mahagoni getäfelten Raum mit seiner eleganten Ausstattung aufzuhalten, dem frischen Leinentischtuch, den blitzenden Wassergläsern, dem feinen Porzellan und dem glänzenden Silber.

»Kapitän, man fühlt sich hier so wohl, als käme man nach Hause. Ich habe seit Wochen kein Wort Englisch gesprochen, auch so gut wie kein Wort in irgendeiner anderen Sprache. Ich kam mir vor wie in dem Kloster in Fiesole, wo die Mönche unter Schweigepflicht stehen.«

FitzRoy kicherte. »Sie haben mir auch gefehlt, Philos. Achtzig verschiedene Vogelarten! Das muß ein Rekord sein.«

»Darüber möchte ich mit Ihnen sprechen, Kapitän.«

»Na, schießen Sie los.«

Charles erzählte FitzRoy, wie viele Arbeitsstunden erforderlich waren, nicht nur um das Material zu konservieren, auszustopfen, zu trocknen, in Alkohol einzulegen, sondern auch um aus den kleinen, acht mal zehn Zentimeter großen Notizbüchern die in Kurzschrift hingekritzelten Angaben für eine spätere vollständige Beschreibung ins reine zu übertragen. Dann fragte er, ob es dem Kapitän möglich wäre, Syms Covington auf seine, Charles' Kosten, auf den Posten einer wissenschaftlichen Hilfskraft zu versetzen. Syms habe ihn wiederholt an Land begleitet, aufgrund von FitzRoys Befehl, niemand dürfe allein Ausflüge unternehmen. FitzRoy überlegte eine Weile.

»Ja, das ist möglich. Als Boy für Ihre Heckkabine hat er keine dringenden Aufgaben an Deck, außer Geige zu spielen und der Besatzung zu gegebener Zeit anzukündigen, daß der Grog bereit sei. Das wird er auch weiterhin tun wollen. Ich werde ihn wegen der Verpflegung in meinen Büchern führen und bei der Admiralität um Erlaubnis ansuchen. Betrachten Sie die Angelegenheit als erledigt.«

Syms übersiedelte in Doña Franciscas Haus und zimmerte sich einen Arbeitstisch auf der Veranda. Wenn das Wetter stürmisch war, blieb Charles im Haus und arbeitete an seinen Proben; war das Wetter gut, trug Syms sein großkalibriges Gewehr, während er durch die Gegend streifte und jagte.

Eine der wichtigsten Veränderungen, die sich durch die Übernahme von Syms Covington als persönlichen Diener und Assistenten ergaben, bestand darin, daß Charles nicht mehr selber zu schießen brauchte; er hatte keine Lust mehr dazu. Er lehrte Syms, mit einem Gewehr umzugehen, und dieser wurde ein guter und zuverlässiger Schütze. Charles wußte nicht genau, warum seine frühere Leidenschaft verflogen war, bis er sich entsann, daß Adam Sedgwick im Wintergarten im *Mount* gesagt hatte:

»Ich war ein eifriger Jäger, bis ich überzeugter Geologe wurde. Sobald ich im Woodwardschen Stuhl saß, verschenkte ich meine Jagdhunde und das Gewehr. Der Hammer zerbrach meinen Abzug.«

»Ich nehme an, mir ging es ebenso«, sagte sich Charles.

Die *Beagle* war sein Woodwardscher Stuhl geworden.

3.

Im Juli gab es Schwierigkeiten. Kapitän FitzRoy, der mit seinen Land- und Seekarten überaus zufrieden war, erhielt von der Admiralität eine ernste Abfuhr. Der Brief kam von Kapitän Beaufort; er gab weniger die Meinung Beauforts als die der Admiralität wieder, war aber nichtsdestoweniger ein schwerer Schlag. Charles traf den Kapitän in düsterer Stimmung in seiner Kabine an.

»Die Admiralität mißbilligt, daß ich Harris' zwei Schoner gemietet und wieder instand gesetzt habe. Sie sagen, ich hätte meine Befugnisse überschritten. Sie weigern sich, mir auch nur einen Pfennig von den Kosten zu bezahlen. Was noch

schlimmer ist, ich habe Kapitän Beaufort Ungelegenheiten verursacht. Offensichtlich habe ich mir bei der Admiralität geschadet.«
Charles sagte zögernd:
»Aber sie kennen die hervorragenden Leistungen der Schoner nicht, die Lotungen und Seekarten, die Sie erstellt haben.«
Kapitän FitzRoy schüttelte traurig seinen schönen Kopf.
»Wie hätten wir die Land- und Seekarten aus der Wildnis Patagoniens heimschikken sollen? Sobald der Monat um ist, werde ich die beiden Schoner wieder zurückgeben müssen. Ich habe die Kosten für die elfmonatige Miete zusammengerechnet. Sie belaufen sich auf siebzehnhundert Pfund zuzüglich der Kosten des Materials, das ich für ihre Renovierung gekauft habe.
Also gut, ich werde die Schoner heimschicken. Ich habe ja die *Adventure*. Aber vielleicht wird die Admiralität den Ankauf der *Adventure* auch nicht genehmigen, obwohl sie für einen weit wichtigeren Zweck gekauft wurde und uns helfen kann, rund um den ganzen Erdball Vermessungen durchzuführen.«
Er erhob sich von seinem Stuhl und ging straff aufgerichtet in der Kabine auf und ab.
»Ich muß Kapitän Beaufort schreiben und ihn um Entschuldigung für die zusätzlichen Unannehmlichkeiten bitten, die ich ihm bereitet habe. Ich werde die *Adventure* instand setzen und die Vermessung der beiden Küsten Südamerikas abschließen. Die Kosten werde ich zu tragen haben! Danach, *quién sabe*? Mein lieber Darwin, seien Sie mir nicht böse, aber ich muß allein sein.«
Charles ging an Deck und setzte sich in die Sonne, ohne etwas zu sehen. Es kränkte ihn tief, daß sein *»beau idéal«* eines Kapitäns durch Schreibtischseeleute zerstört wurde, die nie den Wellen des Atlantik ausgeliefert gewesen waren.
Gegen Ende Juli lief die *Beagle* zu der achthundert Kilometer langen Fahrt nach Süden aus, um John Stokes und seine Besatzung von Bord der *Liebre* aufzunehmen und die äußeren Sandbänke vor dem Río Negro und Bahía Blanca zu vermessen. Wickham sollte zurückbleiben, um den Umbau der *Adventure* zu überwachen.
Mehrere Tage lang wurde ihre Fahrt durch eine ungünstige Dünung aufgehalten. Zahlreiche Böen verursachten Charles während der ganzen neuntägigen Fahrt Übelkeit. Bei Sturm, Wind und Regen wurde seine Haut rot und fleckig; sobald sich das Wetter beruhigte und die Sonne herauskam, heilte sie wieder. An der Mündung des Río Negro wurden als Signal die Kanonen des Schiffes abgefeuert. Bald kam die *Liebre* zu ihnen herausgetänzelt. Charles kletterte rasch über die Strickleiter nach unten, um an Bord des kleinen Schoners zu gehen und Stokes, seinen ehemaligen Kabinengefährten, zu umarmen. Er konnte gar nicht glauben, daß acht Monate vergangen waren. Der nun einundzwanzigjährige Stokes war braungebrannt und hatte die kräftige Figur eines Erwachsenen bekommen, seine Augen blickten entschlossen, sein Gesicht hatte den Ausdruck von Autorität angenommen.

»Wie hast du es geschafft, John, diese Stürme an der Küste zu überleben? Wir haben ein Beiboot eingebüßt, und viele andere Schiffe sind untergegangen.«
»Unsere geringe Größe war unser Schutz. Anstatt uns zum Kentern zu bringen, trieb uns die See vor sich her.«
Stokes lieferte die Karten dieser bisher noch nicht aufgenommenen Küste ab, die ihm hohes Lob eintrugen. Als Lohn für seine Leistungen wies ihm Kapitän Fitz-Roy eine winzige Kabine unmittelbar neben dem Kartenzimmer zu, die frei geworden war. Beide Männer würden nun mehr Ruhe haben. Nach den fröhlichen Späßen beim Abendessen ging Charles mit Stokes auf den Schoner zurück. Der Wind legte sich; Charles und Stokes saßen den Großteil der Nacht auf Deck und tauschten Geschichten aus.
Am nächsten Tag wanderte Charles mehrere Kilometer weit an der Küste entlang auf der Suche nach einem Aufstieg, der es ihm ermöglichen würde, das Plateau oberhalb der Kliffe zu erreichen. Als er ziemlich außer Atem oben ankam, stand er vor einer so unfruchtbaren Landschaft, wie er sie noch niemals gesehen hatte: Salztümpel auf Sandsteinboden, trockenes Gras und verschiedene Büsche mit gewaltigen Dornen. Er schrieb in sein Notizbuch:

> Diese ungastlichen Ebenen wird die Menschheit niemals nutzbar machen können.

Am nächsten Tag hatte John Stokes frei. Die beiden Männer mieteten Pferde und ritten fünfzehn Kilometer flußaufwärts nach Patagones, das auf einem Kliff mit Ausblick auf den Fluß lag. Es war eine kleine Stadt, von Spaniern und Indianern bewohnt, die sich recht gut zu vertragen schienen, obwohl der Rest des Landes in einen immerwährenden indianisch-spanischen Krieg verwickelt war.
Alle zeigten sich freundlich. Es sammelte sich eine Gruppe. Charles erfuhr von Stokes, der in den letzten Monaten ziemlich gut Spanisch gelernt hatte, daß die Regierung von Buenos Aires die Einwohner unterstützte und ihnen alte Pferde als Nahrung schickte. Die Frauen verdienten ein paar Pfennige mit der Herstellung von Pferdedecken und Gauchostiefeln aus den Hinterbeinen von Pferden. Aber das Schlüsselwort, das immer wieder vorkam, war *sal*, Salz. Sie ritten hinaus zu den *salinas*, großen seichten Salzseen, die im Sommer austrockneten und Felder von schneeweißem Salz zurückließen. Die Männer von Patagones fuhren mit Ochsenwagen hinaus zu den Seen und trugen das Salz ab, das an manchen Stellen bis über einen Meter hoch abgelagert war.
Sie ruhten sich aus, bis Charles seine Notizen gemacht hatte: Er fand große, im Schlamm eingebettete Gipskristalle; an manchen Stellen war der Schlamm von zahlreichen Würmern aufgewühlt.
»Johnny, wie können solche Geschöpfe in einer mit Salz gesättigten Flüssigkeit leben? Die Flamingos leben an diesem Salzsee, weil sie sich von den Würmern ernähren. Wovon aber leben die Würmer?«

»Du stellst eine Menge Fragen, Charles«, meinte Stokes.
»Es interessiert mich«, erwiderte Charles. »Ich glaube, was wir sehen, ist eine kleine, in sich abgeschlossene Welt, die sich diesen Inlandsalzseen angepaßt hat.«
»Wenn du zum Christ's College zurückkommst, solltest du den Doktor machen.«
»Ich gehe nicht nach Cambridge zurück. Es sei denn, daß dort eine Pfarre dringend einen Geistlichen braucht.«

Die *Liebre* war Harris zurückgegeben worden. Charles und Stokes kehrten auf die *Beagle* zurück, wo sie erfuhren, daß sich das Schiff noch einige Tage in der Gegend aufhalten werde, um die Lotungen abzuschließen und dann, nach einem Zwischenaufenthalt in Bahía Blanca, die achthundert Kilometer nach Montevideo und Buenos Aires zurückzusegeln. Dort galt es, das komplette Kartenwerk vorzubereiten und alle Karten, die gezeichnet worden waren, seit sie Plymouth verlassen hatten, an die Admiralität nach London zu schicken. Sobald das erledigt war, würden sie die *Adventure* bemannen, beide Schiffe mit Vorräten für die achtmonatige Reise nach Feuerland versorgen und durch die Magellanstraße in den Pazifischen Ozean segeln.
Charles suchte Kapitän FitzRoy auf.
»Kapitän, das wäre eine gute Gelegenheit für mich, die Reise nach Bahía Blanca zu Lande zu machen. Es sind etwas mehr als hundert Meilen.«
»Ausgezeichnete Idee, Philos. Aber sorgen Sie für einen verläßlichen Führer und genügend frische Pferde. John Harris könnte Sie begleiten. Ich habe ihm die Miete für seine zwei Schoner ausbezahlt. Er ist auf dem Weg nach Buenos Aires.«
Charles fand einen bereitwilligen James Harris in seinem Haus in Patagones vor, einen erfahrenen Führer, genügend Pferde und eine Gruppe von weiteren fünf Gauchos in weißen Stiefeln, weiten Hosen, scharlachroten *chilipas*, die mit ihren Pferden und Hunden Geschäfte halber zu General Rosas' Lager am Río Colorado ritten, das hundertfünfzig Kilometer weit entfernt war. General Rosas war mit einer kleinen Armee von der Regierung in Buenos Aires ausgesandt worden, um rebellische Stämme berittener Indianer auszurotten.
»Diese Gauchos freuen sich ebenso über Gesellschaft wie wir«, rief Harris. »Die ganze Gegend befindet sich in Aufruhr.«
Charles nahm seine schwere metallene Wasserkanne mit, die er aus den Pfützen, die der tägliche Regen bildete, füllen konnte. Da während der Nacht einige Pferde aus dem Korral gestohlen worden waren, mußten sie langsam hinter den Pferden herreiten, die mit Vorräten für General Rosas beladen waren. Sie kamen zu einem Baum, den die Indianer verehrten. Charles stieg vom Pferd und stand inmitten der gebleichten Knochen von Pferden, die als Opfer geschlachtet worden waren. An den Zweigen hingen Brot, Fleisch, Stoffe; die Armen zogen einen Faden aus ihrem Poncho, um ihn dort zu lassen.

»Wozu macht man sich die Mühe, eine Kirche zu bauen, wenn die Natur schon eine für uns hat wachsen lassen?« meinte Charles.
Eine kleine Gruppe von Indianern kam heran. Die Männer stiegen ab und gossen ehrfürchtig Maté, einen grünen Tee, in ein zu dem Baum führendes Loch, dann hockten sie sich hin und bliesen den Rauch ihrer Zigarren nach oben in die Zweige.
Charles schüttelte verwundert den Kopf. »Die Krieger der alten Griechen in Homers *Ilias* brieten die Lende eines Ochsen, damit der Rauch in den Himmel stieg und ihren Göttern Freude bereitete. Ist diese Form der Götterverehrung dreitausend Jahre lang überliefert worden? Oder erfindet sie jedes Volk aufs neue?«
Drei Kilometer weiter beschlossen die Gauchos, das Nachtlager aufzuschlagen. Sie entdeckten eine Kuh, ritten ihr in halsbrecherischem Tempo nach, schleppten das Tier mit einem Lasso zum Lager, schlachteten es und brieten das Fleisch zum Abendessen. Nach Einbruch der Dunkelheit bedeckten sie das Feuer mit Asche, fesselten den Pferden die Vorderbeine und legten ihre Sättel in einem engen Kreis um das Feuer. Nach den Erfahrungen der vergangenen Nacht hatten sie keine Lust, noch mehr Pferde zu verlieren.
Charles streckte sich auf dem Boden aus, legte den Kopf auf seinen Sattel und deckte sich mit der Satteldecke zu. Er war glücklich und fühlte sich behaglich.
Die Gruppe brauchte eine Woche, um den Río Colorado zu erreichen. General Rosas hatte sein Lager in der Nähe des Flusses aufgeschlagen. Außer der Kavallerie aus Buenos Aires befanden sich auch sechshundert indianische Verbündete dort. Das Lager war in einem Quadrat von etwa dreihundertfünfzig Metern Seitenlänge angelegt, umgeben von Versorgungswagen, Lehm- und Strohhütten. Der größte Teil der Kavallerie bestand aus Mischlingen mit spanischem, indianischem und Negerblut. Niemand lächelte oder sah auch nur freundlich drein.
»Eher wild«, dachte Charles.
Die Gauchos lieferten ihre Waren ab. Charles und Harris fanden den einzigen Rancho, eigentlich eine elende Hütte, wo ihnen ein alter Spanier Gastfreundschaft anbot und ihnen eine lange Geschichte erzählte, wie er unter Napoleon auf dessen Marsch nach Rußland gedient hatte. Charles wurde zu General Rosas' Sekretär geführt, dem er den Empfehlungsbrief zeigte, den er vor fünf Monaten erhalten hatte. Er wußte nicht, was ihn erwartete. Er hatte gehört, daß General Juan Manuel Rosas ein grausamer Mann wäre, der ganze Indianerstämme ausrottete, die sich nicht von ihrem Land vertreiben lassen wollten, die Männer und Frauen massakrierte und die Kinder in die Sklaverei verkaufte. Es war auch bekannt, daß Rosas gewaltige Ländereien besaß, auf denen er dreihunderttausend Rinder hielt und Getreide anbaute. Er besaß keine richtige Schulbildung, hatte sich aber im Lauf der Jahre eine gewisse Bildung angeeignet, benahm sich durchaus als Gentleman und sprach Englisch. Er trug Gauchokleidung und war ein bei seinen Truppen grenzenlos beliebter Despot, denen er auch in der Reitkunst ebenbürtig war.
Eine bewaffnete Wache führte Charles in General Rosas' Zelt, das behaglich mit

Tischen und Schreibmaterial eingerichtet war. Charles war nicht auf ein so gut aussehendes, eher europäisches als südamerikanisches Gesicht vorbereitet. Die Haare waren schwarz und gewellt, die durchdringenden dunklen Augen standen weit auseinander, und das Kinn war kraftvoll. Der General winkte Charles, in einem Klappstuhl aus Segeltuch Platz zu nehmen.

»Sie sind Naturforscher an Bord der *Beagle*?«

»Ja, Herr General, das bin ich jetzt seit fast zwei Jahren.«

»Was führt Sie in mein Lager?«

»Ich wollte Ihr Land kennenlernen. Ich möchte ein Buch über die Geologie von Südamerika schreiben.«

Rosas blieb gelassen.

»Was kann die Armee von Buenos Aires für einen englischen Naturforscher tun?«

»Ich wollte auf dem Landweg von Patagones nach Buenos Aires reisen, mir wurde aber gesagt, daß das Land jenseits von Bahía Blanca durch plündernde Indianer unsicher gemacht wird...«

»Es ist jetzt sicher. Ich habe auf den fünfhundert Meilen *postas* eingerichtet, die alle mit bewaffneten Leuten besetzt sind und Ersatzpferde zur Verfügung haben.«

»Dann möchte ich Sie um einen Gefallen bitten. Ich kann alles bezahlen, was ich brauche. Würden Sie mir gestatten, in Ihren *postas* zu übernachten, und mir frische Pferde zur Verfügung stellen?«

Juan Rosas betrachtete Charles' hageres, sonnenverbranntes Gesicht eingehend. Als er antwortete, war seine Stimme begeistert, aber gleichzeitig ernst.

»Mein Sekretär wird Ihnen den Ausweis ausstellen. Sie werden in Sicherheit sein, denn Sie werden mit meinen Soldaten reiten, die meine Botschaften nach Buenos Aires bringen. Es werden Ihnen keine Kosten entstehen, denn Sie werden meine Pferde jeweils zur nächsten *posta* bringen.«

Charles' Blick drückte seine Dankbarkeit aus.

»Herr General, ich weiß nicht, wie ich Ihnen danken soll.«

»Danken Sie mir, indem Sie Ihr Buch über Südamerika schreiben. Mein Vater half im Jahr 1807, die Briten aus Buenos Aires zu vertreiben. Aber ich achte Ihr Land. Ich werde es eines Tages besuchen. Ihr Ausweis wird vor Einbruch der Dunkelheit bereit sein. Lernen Sie viel!«

Charles kehrte zu dem Lehmrancho zurück. Harris hatte sich auf dem harten Feldbett ausgestreckt.

»Rosas ist phantastisch!« rief er. »Er versorgt uns mit frischen Pferden und bietet uns seine Gastfreundschaft in den *postas* auf dem Weg nach Buenos Aires an.«

Harris schüttelte traurig den Kopf.

»Ich bin zu krank, um mit Ihnen zu kommen, Darwin. Ich muß hier bleiben, bis das Fieber aufhört. Nehmen Sie den Führer, es ist zu gefährlich, allein zu reisen.«

Charles unternahm am frühen Morgen einen, wie er es nannte, »aufmunternden Galopp« den Río Colorado entlang durch Salpetersümpfe und -moraste. Leider strauchelte sein Pferd, und Charles flog kopfüber in den schwarzen Schlamm. Als er sich mühsam aufrappelte, rief er:

»Ich bin gepökelt!«

Sie kamen spät abends durchnäßt und schmutzig nach Bahía Blanca. Die *Beagle* war nirgends zu sehen. Er schlief im Haus von Don Pablo, einem Freund von Harris. Am nächsten Morgen überredete er den Kommandanten von Bahía Blanca, ihm einen Soldaten und ein paar Pferde zu leihen. Sie ritten zwei Stunden, ohne ein Schiff zu Gesicht zu bekommen; als sie sich auf den Heimweg machen wollten, konnten die erschöpften Pferde nicht mehr weiter. Charles und sein uniformierter Kamerad erlegten ein Gürteltier, das sie zum Abendessen brieten. Er schlief mit dem Kopf auf dem Sattel ein, nur durch seine schlammbedeckte Kleidung vor der Nachtluft geschützt und ohne einen Tropfen Trinkwasser.

»Sie müssen sich ein junges Pferd kaufen«, erklärte Don Pablo.

Er bekam nach zähem Feilschen eine junge Stute für vier Pfund, kaufte sich eine strapazierfähige Hose, Hemd und Jacke und ritt mit dem Führer nach Punta Alta, wo er ein Jahr zuvor das Megatherium gefunden hatte. Es begann zu regnen. Seine neuen Kleider wurden gründlich durchnäßt. In dieser Nacht schliefen sie unter ihren Satteldecken. Als er nach Bahía Blanca zurückkam, fand er bei Don Pablo James Harris vor, dessen Fieber noch nicht ganz vorbei war.

»Ich muß Ihnen etwas berichten«, sagte er zu Charles. »Eine von General Rosas *postas* wurde vor zwei Nächten von Indianern zerstört. Die Soldaten wurden getötet. Wenn Sie darauf bestehen, auf dem Landweg zu reisen, müssen Sie mit offenen Augen schlafen.«

Es dauerte sechs Tage, bis die *Beagle* in Sicht kam. Es folgten zwei ermüdende Tage mit so starkem Wind, daß das Schiff nicht imstande war, ein Boot an Land zu schicken. Endlich setzte Chaffers ein Beiboot aus. Charles half ihm beim Einkauf von Fleisch für die Besatzung, dann kehrten die beiden zum Schiff zurück. Charles hatte seine Schiffskameraden vor fünfzehn Tagen verlassen. Er aß in der Fähnrichsmesse zu Abend; jeder der Offiziere spendete eine Flasche. Im Kartenzimmer begrüßte ihn Syms Covington mit einer Herzlichkeit, die Charles bei ihm nicht vermutet hatte.

Als Charles Kapitän FitzRoy sagte, er wolle die Reise von Bahía Blanca nach Buenos Aires auf dem Landweg fortsetzen, zögerte FitzRoy, seine Miene war besorgt.

»Kein Engländer hat diese Reise jemals gemacht.« Er las General Rosas' Brief, die Besorgnis schwand aus seinen Augen.

»Sie müssen auf den General einen guten Eindruck gemacht haben. Er ist nicht gerade für seine Freundlichkeit bekannt. Vor einigen Jahren hat ein Jesuit namens Falkner eine Karte des Landes gezeichnet. Ich fand eine Kopie; mein Schreiber soll sie für Sie unter meinen Papieren heraussuchen.«

FitzRoy hatte beschlossen, wieder an den gefährlichen Untiefen der Anegada-Bucht Lotungen vorzunehmen. Er wollte unbedingt sein Äußerstes tun, um zu verhindern, daß in Zukunft Schiffe dort auf Grund liefen. Sie würden ankern, wenn sie konnten, um ihren Standplatz beizubehalten und Triangulierungspunkte zu finden, würden aber oft gezwungen sein, kurzfristig die Anker zu lichten und immer sorgfältig auf das Tiefseelot zu achten.
Charles grinste, als er sich von FitzRoy verabschiedete.
»Mein lieber Kapitän FitzRoy, Sie werden von der Königlichen Marineschule geehrt werden – und von der Admiralität!«

4.

Er fand einen Führer, der die Reise nach Buenos Aires schon gemacht hatte, besorgte sich einen neuen Paß vom Kommandanten des Forts, verstaute die Genehmigung General Rosas', seine Pferde zu benutzen, und die von dem Jesuitenpater gezeichnete Landkarte sorgfältig in seiner Satteltasche und machte sich auf den Weg nach Norden. Sie unterbrachen ihren Ritt nur kurz bei der ersten *posta* und ritten weiter zum Río Sauce, dann überquerten sie den Fluß, dessen Wasser den Pferden bis an den Bauch reichte.
Nachmittags kamen sie zur zweiten *posta*. Charles fragte den diensthabenden Leutnant:
»Wie weit ist es bis zur Sierra de la Ventana?«
»Ungefähr zehn Kilometer. Ich werde Ihnen einen zweiten Führer mitgeben.«
Die Sierra de la Ventana bestand aus weißgrauem Quarz und erwies sich als Enttäuschung: baumlos, einsam und öde. Die Nacht war klar und kalt. Der Tau, der die Sättel bedeckte, gefror am Morgen zu Eis, und das Wasser in ihrem Teekessel war festgefroren. Er wunderte sich, wieso er auf dem Boden so behaglich geschlafen hatte, nur unter einer Decke, dann prahlte er selbstzufrieden: »Ich werde schon ein Gaucho.«
Sein erster Führer, der erfahren hatte, daß er Material für ein Buch über Geologie sammelte, sagte: »Steigen Sie auf Kamm. Gehen von dort zu Gipfel. Dort Höhlen, Kohle, Gold, Silber. Wir bleiben hier bei Feuer.«
Der Aufstieg war schwierig, ermüdend. Als er zum Gipfel kam, stellte er fest, daß seine Augen ihn getäuscht hatten; er war von den vier Gipfeln, die er erreichen wollte, durch ein abschüssiges Tal getrennt. Er massierte seinen Oberschenkel, in dem er einen Krampf hatte, bevor er sich an den nächsten Gipfel machte. Er fand weder Höhlen noch Kohle, Gold oder Silber.
Um zwei Uhr nachmittags erreichte er den zweiten Gipfel. »Es hat keinen Sinn, noch auf die beiden anderen zu steigen«, beschloß er. »Die ersten zwei haben den

Zweck erfüllt.« Plötzlich fiel ihm ein, daß er Angst haben sollte: Jeder feindliche Indianerstamm konnte ihm ein Dutzend Speere in den Leib bohren. Doch er kicherte: »Ein bißchen Gefahr gibt der Sache Würze wie das Salz dem Fleisch.«
Er fand einen leichteren Weg für den Abstieg und traf bei Sonnenuntergang auf seine Begleiter, trank eine Menge Maté. Während er mit seinem silbernen Bleistift seine Notizen niederschrieb, rauchte er mehrere kleine *cigaritos*. Dann machte er sein Bett zurecht und schlief ein, während heftiger Wind über seinen Kopf wehte.
Sie erreichten die nächste *posta* gegen Mittag. Sie war gut bemannt, denn sein Führer sagte ihm:
»Ich hier, Indianer töten viele Männer. Frauen laufen Bergrücken, rollen große Steine auf Indianer, retten sich.«
Das Abendessen bestand aus dem, was die Soldaten erlegt hatten: Hirsche, Nandus, Gürteltiere. Sie schliefen auf Distelstielen. General Rosas hatte Charles gesagt, daß ein Offizier mit einer Abteilung Soldaten ihn an diesem Ort treffen und auf seiner Reise begleiten würde. Zu ihnen gesellten sich zwei Soldaten, die eine Sendung für den Kommandanten hatten. In dieser Nacht versammelten sich alle Soldaten um ein Feuer und spielten Karten: ein hübscher junger Schwarzer, ein zweiter, halb Indianer und halb Neger, ein alter chilenischer Bergmann und einige Mischlinge.
Die kommenden Tage brachten neue Erfahrungen. Auf den Pampas lebten zahllose Rebhühner, die drei Arten angehörten, und ihr Feind, ein kleiner Fuchs. Charles nahm an Jagden teil, wobei er erfolglos ein *hole* verwendete. Zwei der Soldaten erlegten einen Puma, von dem sie nur die Zunge aßen, und fanden sechzehn Nandueier, die ein ausgezeichnetes Abendessen ergaben. Charles und sein Führer schlossen sich den Männern an, die zur nächsten *posta* gehörten, und galoppierten durch flaches Sumpfland zur Sierra Tapalquen. Zuerst ritten sie durch feines, feuchtes Gras, dann über weiche, schwarze Torfflächen und später durch seichte Schilfrohrfelder.
Der Weg zur sechsten *posta* führte über weichen, schwarzen Boden, der die Reise anstrengend machte. Doch der ordentlich aussehende Rancho war aus Pfosten und Sparren gebaut und besaß ein Strohdach. Ein Hagelschauer mit Eisstücken von Apfelgröße hatte in der vergangenen Nacht viele kleine Tiere getötet; die Ebene war bedeckt mit den Kadavern von Rotwild, Enten, Nandus.
Beim Abendessen in der achten *posta* fragte er:
»Was esse ich da?«
Der diensthabende Offizier antwortete: »Eins der Lieblingsgerichte unseres Landes.«
Charles legte das Stück Fleisch auf den Teller. Er wußte, daß eines der Lieblingsgerichte das Fleisch eines ungeborenen Kalbes war.
»Kalb oder Kuh?« fragte er.
»Nein. Puma. Gutes weißes Fleisch.«

Es drehte ihm den Magen um. Die Soldaten stritten, welches Fleisch besser sei, Jaguar oder Katze. Charles steckte unauffällig das Fleisch hinter sich ins Maul eines dort wartenden Hundes.
Allmählich kam er in besiedeltes Land. Die neunte *posta* lag am Río Tapalquen, umgeben von *toldos*, den backofenähnlichen Hütten, in denen die indianischen Familien der unter General Rosas dienenden Soldaten lebten. Es gab Geschäfte, in denen er Zwieback kaufen konnte, der erste, den er seit Bahía Blanca gegessen hatte.

Nach der Überquerung des Río Salado kam er zu einer von General Rosas befestigten *estancia*, wo er als hochwillkommener Gast behandelt wurde. Guardia del Monte erwies sich als angenehme kleine Stadt mit Gärten voller Pfirsiche und Quitten. Bei einem Süßwassersee unweit der Stadt fand er ein tadelloses Fossil des Megatheriums.
Dann kamen fruchtbare grüne Ebenen, große Rinder-, Pferde- und Schafherden. Jetzt, da er sich wieder in der Zivilisation befand, warnte man ihn, er müsse in der *posta* schlafen, »weil es so viele Räuber gibt, man kann niemandem trauen«. Er erreichte am dreizehnten Tag seiner Reise gesund und wohlbehalten Buenos Aires mit seinen Agavenhecken, den Oliven-, Pfirsich- und Weidenwäldchen; seine Satteltaschen und der Ledersack waren voller Sammlungsstücke. Er ging geradewegs zum Haus von Mr. Lumb, einem englischen Kaufmann, den er in der Stadt kennengelernt hatte. Mr. Lumb führte ihn in ein Schlafzimmer mit einem englischen Bett, einem englischen, zu den Gardinen passenden Bettüberwurf und einer echten Kommode, dann teilte er ihm mit, daß die *Beagle* vor vier Tagen in Montevideo eingelaufen sei. Er geleitete Charles zu einem Schaukelstuhl auf der Veranda, von der aus man die Stadt überblickte, dabei ließ er Charles' Gesicht nicht aus den Augen.
»Diese achthundert Kilometer zu General Rosas' Lager legen sonst nur Soldaten zurück«, rief er voller Bewunderung.
Charles sandte Kapitän FitzRoy in Montevideo einen Brief, in dem er ihn von seiner glücklichen Ankunft in Kenntnis setzte und fragte, ob er Syms Covington flußaufwärts nach Buenos Aires schicken könne. Er notierte seine Ausgaben für das vergangene Jahr, hob Geld ab bei der Bank und kaufte frische Kleidung, Stiefel, Arzneimittel sowie einen neuen Vorrat an Papier, Tinte, Flaschen und Schachteln.
Syms Covington traf bald ein, mit einer Botschaft von Kapitän FitzRoy, daß er versuchen werde, in der ersten Novemberwoche den Río de la Plata zu verlassen, und mit Briefen für Charles.
Er hatte vor vier Monaten zum letztenmal eine Nachricht von seiner Familie erhalten. Kattys Brief war vom 29. Mai 1833 datiert. Sie machte mit Susan Ferien in London:

Wir sehen Erasmus sehr oft, da er jetzt in unserer Nähe wohnt. Er ist gutmütig und freundlich, und seine Gesellschaft ist für uns ein großes Vergnügen. Er kutschiert seinen Wagen sogar in dem dichten Londoner Verkehr vollkommen sicher. Er scheint mehr denn je in Hensleigh Wedgwoods Frau Fanny verliebt zu sein, er wohnt fast bei ihnen.
Papa macht sich schon lange *Sorgen* über die Folgen und erwartet immer, Berichte über einen Prozeß in den Zeitungen zu lesen...

Auch Onkel Jos sei in London, er leide an einer fieberhaften Erkältung. London sehe aus, als herrsche dort die Pest, alle Theater seien geschlossen, denn vierundzwanzig Sänger lägen krank zu Bett. Viele Geschäfte hätten geschlossen; neunzig Angestellte der Bank of England seien erkrankt.
Die arme Fanny Owen Biddulph sehe entsetzlich krank und schwach aus und fühle sich in ihrem Londoner Haus sehr einsam:

Aus einer seltsamen Laune heraus ließ Mr. Owen Mrs. Owen nicht zur Niederkunft der armen Fanny fahren, so daß sie ganz allein war. Mr. Biddulph scheint liebevoll und herzlich zu ihr zu sein, aber er ist ein fröhlicher, leichtlebiger Mann und hoffnungslos selbstsüchtig...

Fanny Owen tat ihm aufrichtig leid. Offenbar hatte sie bei ihrer Heirat eine schlechte Wahl getroffen. Sie hatte sich ihr Schicksal selbst ausgesucht.
Er war wieder beunruhigt darüber, daß Professor Henslow nicht schrieb, ob seine erste Sendung wohlbehalten angekommen war.
Nachdem er die Briefe gelesen hatte, studierte Charles den Kalender und sagte zu Syms:
»Wir haben heute den dreiundzwanzigsten September. Wenn die *Beagle* nicht vor der ersten Novemberwoche aus Montevideo ausläuft, bleibt mir noch mehr als ein Monat für einen Landausflug nach dem Norden.«
Seine Augen leuchteten vor Erregung. Als Mr. Lumb aus seinem Büro zum Tee nach Hause kam, fand er Charles auf der Veranda, eine Landkarte war auf einem ovalen Korbtisch ausgebreitet.
»Ach, mein verehrter Gastgeber, helfen Sie mir bitte, eine Reise zu planen. Ich möchte dem Río Paraná ziemlich weit flußaufwärts folgen...«
»Bis Santa Fé, das liegt hier.« Lumb fuhr mit seinem langen Fingernagel nordwärts. »Ich werde Ihnen ein Empfehlungsschreiben für einen guten Freund in Rosario mitgeben, der für Ihre Bedürfnisse sorgen wird. Bei Santa Fé können Sie den Fluß nach Entre Ríos überqueren. Es ist fruchtbares Ackerland, das vom Paraná und vom Río Uruguay entwässert wird. Sobald Sie den Uruguay erreicht haben, können Sie flußabwärts bis zu seiner Mündung in den La Plata reiten, dann am La Plata entlang nach Buenos Aires und weiter bis Montevideo. Die ganze Reise wird zwei bis drei Wochen dauern.«

Syms versuchte zu lächeln, so gut er konnte, und fragte:
»Mr. Darwin, könnte ich Sie auf diesem Ritt begleiten? Ich könnte Vögel und kleinere Tiere für Sie schießen.«
Charles schwieg ziemlich lange. Er reiste lieber allein mit einem Führer als Gefährten, jemandem, der das Land kannte, ihn aber sonst in keiner Weise störte. Mr. Lumb deutete Charles' Schweigen richtig.
»Covington, Sie brauchen während Mr. Darwins Abwesenheit nicht müßig zu sein. Ich werde Sie auf meine *estancia* auf dem Lande schicken. Dort gibt es jede Menge Vögel.«
Syms' Miene veränderte sich wieder; er erwartete gleichgültig wie immer, was die Zukunft brachte.
Charles ging zu der zuständigen Stelle, um sich die Visa für Entre Ríos und Uruguay zu beschaffen. Er kaufte reichlich Munition für seine größere Pistole und als Ersatz für die zerkratzte Linse in seinem Fernrohr eine neue. Als er nach Hause kam, traf er Mr. Lumb, bei dem sich ein sonnverbrannter Einheimischer mittleren Alters in Arbeitskleidung befand.
»Gestatten Sie mir, Darwin, Ihnen Juan vorzustellen, den seinerzeitigen Führer von Kapitän Francis Head, der dieses Land vor etwa zehn Jahren erforschte.«
»Kapitän Head, der *Rapid Journeys Across the Pampas* schrieb? Im Jahr 1826, glaube ich. Wir haben das Buch in der Bibliothek auf der *Beagle*. Ich habe es auf See gelassen.« Er war aufgeregt wie ein kleiner Junge.
»Kapitän Head, er mich lehren bieschen Englisch«, sagte Juan. »Paar Worte. *Nos comprendemos.*«
»Ja, wir werden einander sicher verstehen«, meinte Charles. »Wir müssen uns zuerst über Ihren Lohn einigen, dann stellen wir eine Liste dessen auf, was wir brauchen. Mr. Lumb, es ist sehr freundlich von Ihnen, mir bei alldem zu helfen.«
Sie ritten am nächsten Morgen nicht gerade früh los und schafften am ersten Tag nur etwa zwölf Kilometer bis zur Stadt Luxan. Am folgenden Morgen überschritten sie den Luxanfluß auf einer schönen Holzbrücke. Ihre Pferde liefen schnell auf den weiten, flachen Pampas. Die *estancias* lagen meilenweit voneinander entfernt, die Erde war mit Disteln bedeckt, so dicht wie ein Miniaturwald und so hoch, daß sie die Pferderücken erreichten. Juan riet ihm, die Pistole schußbereit zu halten und das Gewehr lieber über der linken Schulter als auf dem Rücken zu tragen.
»Disteln guter Ort für Räuber. Leben hier.«
Bei Einbruch der Dämmerung überquerten sie den Arrecifes auf einem aus leeren, aneinandergebundenen Fässern bestehenden Floß, dann kehrten sie in der Poststation ein. Der dortige Postmeister begrüßte sie gleich mit einer Forderung. Er sagte auf spanisch:
»Sie kommen aus Buenos Aires? Dann bezahlen Sie für einunddreißig Meilen.«
Charles wußte, daß er keine hundertfünfzig Kilometer geritten war. In Südamerika entsprach eine Meile keineswegs den sonst üblichen fünf Kilometern. Aber

er wollte nicht streiten. Er bezahlte für sich und Juan etwa den gleichen Preis, der für Pakete zu zahlen war, die von einer Poststation zur anderen befördert wurden. Das Abendessen war kärglich, aber soweit erträglich, die Feldbetten sauber. Er war zufrieden.
Am nächsten Abend erreichten sie die Stadt San Nicolás, die an einem Arm des Río Paraná lag.
»Morgen kommen in Provinz Santa Fé«, sagte Juan. »Gute Leute. Bessere Diebe. Nicht Halsabschneider. Stehlen Ohren von Kopf.«
Sie stahlen nicht Charles' Ohren, aber auf einem von Menschen wimmelnden Marktplatz klaute ihm jemand seine Pistole aus dem Ledergürtel. Er bemerkte den Verlust erst, als er den Pabon mit seinem grandiosen, sechs Meter hohen Wasserfall überquert hatte. Während er die Fälle bewunderte, streifte seine Hand seinen Pistolenhalfter. Er war leer. Er stieß einen Fluch aus, der sonst nur von schlecht vorbereiteten Studenten in Cambridge verwendet wurde, wenn sie durchfielen. Juan grinste schuldbewußt.
»Sage Ihnen, sie stehlen Ohr. Pistole wir brauchen mehr als Ohr.«
»Da haben Sie recht. Es ist zu gefährlich, ohne Pistole zu reisen. Wie weit ist es bis Rosario? Ich habe einen Brief für einen spanischen Gentleman dort. Vielleicht wird er mir für den Rest der Reise eine Waffe leihen.«
Juan schützte seine Augen vor der glühenden Sonne. »Ein paar Kilometer. Reiten schnell.«
Rosario war eine eindrucksvolle Stadt, die auf einer Ebene etwa zwanzig Meter oberhalb des Paraná lag, in dem es viele flache, bewaldete Inseln gab. Die senkrechten Kliffe waren hellrot, bestanden mit Unmengen von Mimosen und Kakteen. Man sah zahlreiche Schiffe, welche auf dem Fluß stromauf- und -abwärts fuhren und die Verbindung mit Buenos Aires und Montevideo herstellten.
Sie ritten geradewegs zum Haus von Mr. Lumbs Freund. Als er Charles' Brief gelesen hatte, sagte er:
»Mr. Lumb ist ein guter Freund von mir. Er lehrt mich Englisch. Auch wie Engländer Geschäfte machen. Mein bescheidenes Heim ist geehrt.«
Er unternahm mit Charles einen Spaziergang durch die große Stadt, lud ihn zu einem Mahl ein und fragte, wie lange er das Vergnügen seiner Gesellschaft genießen würde. Charles antwortete:
»Nicht lange. Besten Dank. Ich will den Fluß nach Entre Ríos überqueren und über Uruguay nach Buenos Aires zurückkehren. Aber ich möchte Sie um eine Gefälligkeit bitten, die für mich von großer Wichtigkeit ist. Jemand stahl mir meine Pistole. Könnten Sie mir eine leihen? Ich würde sie Ihnen mit der Post zurückschicken.«
»Sicherlich. Aber bitte, schicken Sie sie nicht mit der Post. Lassen Sie sie bei Mr. Lumb.«
Sie brachen noch bei Mondschein auf und erreichten bei Sonnenaufgang den Río Tercero. Man hatte Charles gesagt, es gebe in den nahe gelegenen Kliffen alte

Knochen. Er ging auf die Suche und fand bald einen seltsamen großen Schneidezahn. Juan sagte:
»Riesenknochen ragen aus Kliff flußaufwärts.«
»Bringen Sie mich dorthin. Wir werden ein Boot mieten.«
Juans Behauptung stimmte. Charles landete am Fuß eines Kliffs, aus dem er zwei Knochenansammlungen hervorstehen sah.
»Was ist das?« fragte Juan.
»Ich glaube, sie stammen von einem Mastodon.«
Die fossilen Knochen waren groß, aber so verwittert, daß er nicht imstande war, auch nur einen der kleineren unversehrt herauszuziehen. Enttäuscht kehrte er zum Boot zurück und notierte, was er gesehen hatte.
Von da an häuften sich die Schwierigkeiten. Er begann zu fiebern. Die Hitze war mörderisch. Doch die Straße war malerisch, er fand viele Vögel und Blumen. Sie kamen bei Sonnenuntergang nach Santa Fé. Charles war erschöpft. Er nahm sich ein Zimmer und verfiel in unruhigen Schlaf.
Er lag zwei Tage lang krank im Bett und hatte merkwürdige Kopfschmerzen. Im Haus gab es eine gutmütige alte Frau; sie vertrat den Arzt und die Krankenschwester. Zuerst band sie an jede seiner Schläfen ein Orangenblatt. Als die Blätter abfielen, befestigte sie schwarze Pflaster an beiden Schläfen. Als die Pflaster nicht hielten, schnitt sie eine Bohnenschote entzwei, befeuchtete sie und legte sie ihm auf die Schläfen, wo sie haften blieben. Sie versicherte ihm, das sei ein sehr wirksames Mittel gegen Kopfschmerzen.
Am dritten Tag nahm er alle seine Kräfte zusammen und überquerte mit Juan den Río Paraná nach Paraná, der Hauptstadt von Entre Ríos. Er kam nach einem vierstündigen Ritt an verschiedenen Flußarmen entlang zu dem geschäftigen Hafen. Er überbrachte Mr. Lumbs Empfehlungsbrief einem alten Katalonier, der ihn in sein Haus einlud. Doch Charles hatte sein Programm geändert.
»Ich war in letzter Zeit nicht ganz gesund. Ich glaube, es wäre am besten, wenn ich gleich zurückkehre. Könnte ich hier ein Boot mieten, das mich nach Buenos Aires bringt?«
»Wenn nicht, Mr. Darwin, können Sie jederzeit auf einer *balandra*, einem der kleinen Küstenschiffe, Platz finden. Das bringt Sie ebenso ans Ziel.«
Er verkaufte die Pferde und fand eine *balandra*, deren Kapitän sagte, er würde am nächsten Tag flußabwärts fahren. Doch das Wetter verschlechterte sich, und der träge Besitzer war froh, nicht arbeiten zu müssen. Charles mußte fünf Tage warten, die er bei seinem katalonischen Gastgeber verbrachte.
Erst am zwölften Oktober konnten er und Juan an Bord der *balandra* gehen, einem Einmaster von hundert Tonnen, der mit dem Strom flußabwärts segelte. Als das Wetter wieder schlecht wurde, vertäute der Besitzer, ein ängstlicher Mensch, das Schiff alle paar Meilen an einem Baum auf einer der vielen Inseln und wartete auf ruhigeres Wetter, wobei er alle Verspätungen mit bewundernswertem Gleichmut hinnahm. Er war ein alter Spanier, der schon seit vielen Jahren in die-

sem Gebiet lebte. Er betonte seine Vorliebe für die Engländer, behauptete aber entschieden, die Schlacht bei Trafalgar sei dadurch gewonnen worden, daß man die spanischen Kapitäne bestochen habe. Charles fand es interessant, daß es dem Mann lieber war, wenn man seine Landsleute für Verräter hielt als für ungeschickte oder feige Kämpfer.

Die mit Weiden bewachsenen Inseln, an denen sie vorbeikamen, glichen mit ihren vielen Schlingpflanzen einem Urwald. Bei einem der Aufenthalte wegen Schlechtwetters beschloß Charles, die Insel zu erforschen, hatte aber noch keine hundert Meter zurückgelegt, als er die Spuren eines Jaguars fand. Er beeilte sich, wieder an Bord zu kommen, wo man ihm erzählte, der Jaguar habe in letzter Zeit mehrere Holzfäller getötet und sei mitunter auf Schiffe gesprungen.

An den folgenden zwei Tagen herrschte ständig Sturm, und es regnete. Charles blieb im Bett, da die nur einen Meter zwanzig hohe Kabine zu niedrig war, um in ihr zu sitzen. Als sich das Wetter besserte, waren die Abende tropisch, das Thermometer zeigte 28 Grad. Die Luft war voller Leuchtkäfer und Moskitos, die innerhalb von fünf Minuten seine Hand bedeckten, so daß sie schwarz aussah. Er schlief eine Nacht an Deck, wickelte aber seinen Kopf in einen Gazeschleier. Schließlich verließ er das Schiff in Las Conchas, da er rascher nach Buenos Aires kommen wollte, und besorgte sich ein Kanu, mit dem er und Juan stromabwärts zur Punta de San Fernando paddelten.

Als sie die Vororte von Buenos Aires erreichten, mußte Charles zu seiner Bestürzung feststellen, daß eine Revolution ausgebrochen war; er durfte nicht in die Stadt, da Buenos Aires sich unter Blockade befand. Er erzählte dem Kommandanten, wie entgegenkommend General Rosas ihm gegenüber gewesen war. Sofort änderte sich die Atmosphäre. Er erhielt die Erlaubnis, die Stadt zu betreten, aber ohne Juan, auch durfte er sich kein Pferd besorgen. Er machte sich zu Fuß auf den Weg in die Stadt und gelangte schließlich zum Haus von Mr. Lumb. Dieser erklärte ihm, daß es sich um eine Revolution von Offizieren und Soldaten General Rosas' handle, die gegen den derzeitigen Gouverneur waren.

»Wie soll ich Syms Covington wieder in die Stadt bekommen? Es ist wichtig, daß wir so schnell wie möglich ein Schiff nach Montevideo finden«, sagte Charles.

»Sie werden einen bestimmten Mann bestechen müssen, damit er ihn durch die feindlichen Fronten bringt.«

Zwei Tage später traf Syms verängstigt ein. Er war beinahe im Treibsand umgekommen; eines von Charles' Gewehren war darin versunken. Man hatte Syms seine gesamte Kleidung gestohlen. Charles' Werkzeuge und die Tiere, die Syms geschossen hatte, waren konfisziert worden.

5.

Sie gingen in Montevideo wieder an Bord der *Beagle*, das Wiedersehen mit seiner Ersatzfamilie verlief herzlich. Die Heckkabine war zur Zentrale des Schiffes geworden. Nicht nur Wickham und Stokes, auch andere Männer von den beiden Schonern arbeiteten dort. Der Kartentisch war mit Land- und Seekarten, Logbüchern, Blättern mit stündlich eintreffenden Zahlen bedeckt. Es gab für ihn weder Platz zum Arbeiten noch zum Schlafen.
»Es wird noch einen vollen Monat dauern, ehe wir auslaufen«, teilte ihm Kapitän FitzRoy mit. »So lange werden wir brauchen, um die Untersuchungen abzuschließen und die Ergebnisse nach London zu schicken.«
»Einen vollen Monat! Und ich machte mir schon während der langsamen Fahrt den Río Paraná abwärts Sorgen, daß Sie ohne mich auslaufen könnten!«
»Wie könnten wir ohne unseren Naturforscher in den Pazifik und in die Südsee segeln? Es gibt ja sonst niemanden, der so viele alte Knochen und Steine auf unser fleckenlos sauberes Deck wirft.«
Charles grinste hilflos.
»Einen Augenblick hatte ich vergessen, wie unersetzlich ich für die *Beagle* bin.«
»Wäre es nicht überhaupt besser, wenn ich den Monat an Land verbrächte? Ich habe einen Brief an einen englischen Kaufmann, der anscheinend ein Bett für mich übrig hat.«
Aber zuerst mußte er eine vierte Garnitur Kisten und Körbe heim nach England schicken. Die dritte Sendung war gegen Ende Juli vom Río de la Plata abgegangen. Er und Syms machten einen Platz auf dem Achterdeck frei. May stellte als Provisorium Sägeböcke auf, über die er Bretter legte; auf ihnen konnte man die Proben ausbreiten. Die Revolution in Buenos Aires war zu Ende, und Mr. Lumb hatte es geschafft, die von Syms geschossenen Vögel zurückzubekommen. Charles brauchte noch drei große Kisten.
»Warum verwenden Sie nicht auch eines der Fässer, die wir mit Zucker oder Schnaps gefüllt an Bord nehmen?« schlug May vor.
»Können Sie in einem runden Faß Unterteilungen anbringen?«
May schlug eine der Kisten mit Weißblech aus und half dann dem Küfer, starke Metallbänder um das Faß zu legen. Mit liebevollen Händen und unendlicher Sorgfalt legte Charles in die mit Weißblech gefütterte Kiste zweihundert Bälge von Vögeln und anderen Tieren sowie eine Sammlung südamerikanischer Mäusearten. In die größere der beiden Kisten kamen die fossilen Knochen und Gesteinsproben, alle beschriftet und katalogisiert. In das Faß legte er die Gläser mit Fischen, Pillenschachteln mit Insekten, Flaschen mit Weichtieren, ein Säckchen mit Samen und einen Beutel Kehricht von einem Getreidespeicher. Ein Postschiff sollte in wenigen Tagen auslaufen; seine Freunde von der Besatzung halfen ihm, die Kisten und das Faß an Deck des Postschiffes zu bringen.

Das Postschiff hatte Nachrichten von zu Hause. Die beste war, daß der *Morning Herald* zur Freude der Familie, die ihn täglich las, einen Artikel gebracht hatte, in dem über die *Beagle* auf den Falkland-Inseln berichtet wurde; außerdem hieß es darin, daß an Bord alles in Ordnung sei. Die zweite Nachricht befreite ihn von einer großen Sorge: Die erste Sendung von Kisten war unversehrt in Cambridge eingetroffen. Offensichtlich war Susan nach Cambridge gefahren, denn sie berichtete:

> Professor Adam Sedgwick hielt anläßlich seines Rücktritts als Präsident der British Association eine wundervoll beredte Ansprache.

Charles' Lippen verzogen sich zu einem freundlichen Lächeln. Bei jeder Postsendung, die ihn aus England erreichte, wurde die Wahrscheinlichkeit größer, daß er einen Schwager haben würde, der an einer Universität tätig war.
Seinem Vater ging es sehr gut. Er hatte sich eine neue leichte Kutsche gekauft und ließ sich mit Vergnügen von Edward durch die Gegend kutschieren. Aber Tante Bessy war schwer krank. Professor Henslow hatte seine Freitagabende aufgeben müssen, weil Mrs. Henslow im Wochenbett lag; Fanny Owen hatte eine Tochter bekommen. Eine Nachricht wühlte die Erinnerung an seine verlorene Liebe auf. Susan schrieb:

> Wir waren vier Tage in *Woodhouse*. Das Heu wurde gemäht, und so nahmen wir Romane, eine Flasche Most und Obst und verbrachten zwei Tage auf den Heuhaufen... Es war gerade Erdbeerzeit, Caroline Owen sagte, das erinnere sie immer daran, wie Du und Fanny der Länge nach in den Erdbeerbeeten gelegen und sie stundenlang abgegrast habt.

Er zwängte sich in der Heckkabine an dem Kartentisch vorbei, legte die Briefe in den Schrank und holte die Sachen heraus, die er an Land mitnehmen wollte. Nun mußte er sich entschließen, ob er dem Río Uruguay mit seinen außergewöhnlichen geologischen Formationen flußaufwärts folgen wollte. Würde sein Vater böse sein? Er schrieb an Caroline:

> Ich habe nun wirklich eine ganze Woche mit mir gekämpft, aber es gibt am Ufer des Uruguay eine sehr interessante geologische Formation, und ich erfahre täglich mehr darüber. Wenn ich bedenke, daß ich nie wieder in dieses Land kommen werde, kann ich es nicht ertragen, eines der geologisch interessantesten Gebiete nicht gesehen zu haben. Ich wünschte, Ihr könntet das Gefühl höchster Freude, das mir die Geologie schenkt, mitempfinden... Ich habe einen Wechsel auf 50 Pfund gezogen. Ich weiß sehr wohl, daß ich, unter Berücksichtigung meiner Ausrüstung, in diesem Jahr viel mehr ausgegeben habe, als ich sollte. Ich wäre sehr froh, wenn Vater

eine richtige Buchhaltung über mich führen würde, wie er oft im Scherz sagt...

Dann schrieb er einen Satz, der ihn wirklich erschreckte:

Das Interesse, das diese Reise in mir erweckt, unterscheidet sich so sehr von allen Gefühlen, die ich je vorher empfunden habe.

Er machte eine Pause, um zu überlegen, was er eigentlich damit meinte. Der Satz ängstigte ihn. Er fühlte, wie er zitterte. Er hatte so leichthin, nur dreißig Tage nach dem Auslaufen aus Plymouth, als er am Fuße eines Kliffs auf St. Jago gesessen und allein seine aus Zwieback und Tamarinden bestehende Mahlzeit gegessen hatte, den jugendlichen Entschluß gefaßt, ein Buch über die Geologie von Südamerika zu schreiben, und das war für ihn nicht nur eine Quelle der Freude geworden, sondern tatsächlich schon eine fixe Idee.

»Nein«, dachte er, »keine fixe Idee, eine Besessenheit. Ich bin von dieser Idee besessen. Nie hätte ich gedacht, mich könnten Felsen und Berge, Ebenen und Schluchten noch mehr interessieren als meine Käfer.«

Sein englischer Gastgeber hatte ihm einen *vaquero* als Führer empfohlen und einen Reitstall, in dem er Pferde mieten konnte. Er nahm soviel Ausrüstung von der *Beagle* mit wie möglich, um die Kosten niedrig zu halten. Es war ein herrlicher Morgen, als sie aufbrachen. Ursprünglich hatte er gedacht, die Pampas seien eben, nun sah er, daß das Land aus wellenförmigem Gelände bestand, das dicht mit Gras bewachsen war.

Sie schliefen die erste Nacht in einer *vaquero*-Hütte und standen bei Morgengrauen auf; sie hofften, bis tief nach Uruguay hinein zu gelangen. Aber die Flüsse führten Hochwasser. Charles sah zu, wie die *peónes* die Kleider auszogen, sie zu einem Bündel zusammenbanden und ihre Pferde bestiegen. Sobald das Pferd in tiefes Wasser kam, glitt der *peón* vom Pferderücken nach hinten, faßte den Schwanz und ließ sich über den Fluß ziehen. Charles schrieb in sein Notizbuch:

Ein nackter Mann auf einem nackten Pferd ist ein sehr schöner Anblick. Ich hatte keine Ahnung, wie gut die zwei Geschöpfe zueinander passen. Als sie auf das Ufer galoppierten, bevor sie ihre Kleidung wieder anlegten, erinnerten sie mich an die Reiter vom Parthenonfries.

Sie übernachteten in den Poststationen oder, wenn Charles einen Empfehlungsbrief besaß, in einem Landhaus, wo sie gut aufgenommen wurden. Die Szenerie und die Lebensweise der Menschen änderten sich in jeder Stadt und Region, in die sie kamen, beträchtlich. In der darauffolgenden Nacht schliefen sie in einem Haus neben einer Kalkgrube. Bei der nächsten *estancia* sah er zu, wie die *vaqueros* mit dem Lasso Affen fingen, sie töteten und abhäuteten; die Felle waren den

erstaunlich hohen Preis von fünf Dollar das Stück wert. Beim nächsten Etappenziel, dem letzten, bevor er die geologische Formation erreichte, war der Besitzer nicht anwesend, doch Charles wurde von einem Neffen zu seiner Zufriedenheit aufgenommen.
Sie machten sich bei Sonnenaufgang auf den Weg, ritten durch riesige Gebiete mit Disteln und Distelartischocken, die höher waren als sie. Es hatte zehn Tage gedauert, bis er in das Gebiet kam, dessentwegen er die Reise unternommen hatte: die Kliffe am Ufer des Río Uruguay. Er fand eine Formation von roter Tonerde mit Mergelklümpchen; darüber eine Schicht aus weißem Kalkstein, die große ausgestorbene Austern und Muscheln enthielt. Er wußte, daß jede Schicht eine spezifische Zeit, ein anderes Erdzeitalter darstellte. Aus den ausgewaschenen Kliffen ragten riesige Knochen hervor. Er war davon überzeugt, daß es Megatherien waren. Jedenfalls eine wichtige Ergänzung für seine Fossiliensammlung, obwohl die Beschaffenheit des Felsens, in dem sie eingebettet waren, ihm beim Freilegen der Knochen beträchtliche Schwierigkeiten bereitete. Das konnte er am nächsten Tag ausgleichen, als er in einer *estancia* den beinahe tadellos erhaltenen Kopf eines Megatheriums fand. Er war freudig erregt; ein solches Fossil gab es in ganz England nicht. Er kaufte es für ein paar Shilling.
Sie ritten durch flaches Grasland, dann über felsiges Hügelland. Sie schliefen in Poststationen, bei denen das Dach undicht war, so daß sie um Mitternacht völlig durchnäßt waren; und in einer Station, wo der Verwalter so betrunken war, daß er, auf Charles deutend, meinte:
»Der ist *gallego*, wert, daß man ihn ermordet.«
Charles glaubte nicht, daß der Verwalter, der einen Kameraden bei sich hatte, es ernst meinte. Im Gegensatz zu seinem Führer, der ihn die ganze Nacht mit geladenem Gewehr bewachte. Als Charles bei Morgengrauen erwachte, machte sein *vaquero* den ersten Scherz auf dem schon fast zwei Wochen langen Ritt.
»Diese albernen *peónes* dachten, Sie wären es wert, Sie zu ermorden, aber ich bin nicht so dumm.«
Glücklich über seine Funde, kehrte er nach Montevideo zurück. Augustus Earle stand im Begriff, mit dem Postschiff nach England zurückzukehren. Sein Gesicht war infolge seiner langen chronischen Krankheit mager und faltig.
»Es tut uns leid, dich zu verlieren, Gus«, sagte Charles zu ihm. »Ich werde nach unserer Rückkehr zu deiner ersten Ausstellung kommen.«
Es war die Rede davon, Rowlett mit Earle nach Hause zu schicken.
»Rowlett will nicht ins Schiffslazarett kommen«, berichtete Dr. Bynoe, »aber ich habe bei ihm eine Reihe von Unpäßlichkeiten beobachtet. Zum Glück sind noch nie zwei Symptome gleichzeitig aufgetreten. Es wäre vielleicht besser, ihn vorsichtshalber als dienstuntauglich heimzuschicken.«
Rowlett kam in die Kapitänskabine, ein wenig mager, aber gut gelaunt und energiegeladen. Auf die Frage, ob er nicht sicherheitshalber nach Hause fahren wolle, rief er:

»Niemals, Kapitän. Die *Beagle* ist mein Zuhause. Diese gelegentlichen Anfälle stören mich nicht. Die kommen und gehen wieder.«
Kapitän FitzRoy wollte nicht ohne Maler an Bord weitersegeln. Er engagierte einen Londoner namens Conrad Martens, der unter Copley Fielding Landschaftsmalerei studiert hatte. FitzRoy sagte gutgelaunt zu Charles:
»Mr. Martens ist ein schwer arbeitender Künstler, der im Schlaf ruft: ›Stellen Sie sich vor, daß ich in den Anden auf einem Gipfel stehe oder einen Gletscher in Feuerland skizziere.‹ Weil ich an Phrenologie glaube, bin ich sicher, daß er Ihnen sehr gefallen wird. Seine Landschaften sind wirklich gut, verglichen mit denen der anderen Londoner Maler.«
Die *Beagle* war nun schon seit fast zwei Jahren unterwegs. Charles' Garderobe ließ Anzeichen von Abnützung erkennen, außerdem war er ihr entwachsen. Er hatte etwas von seiner schlaksigen Magerkeit verloren und am ganzen Körper Muskeln und Rundungen entwickelt. Sein Gewicht lag nun bei hundertfünfzig Pfund. Bei längerer Seekrankheit verlor er aber bis zu zehn Pfund. Bei gutem Wetter und auf seinen Landausflügen hatte er kräftigen Appetit und nahm schnell wieder zu. Wenn er sich für das Dinner mit dem Kapitän umzog, merkte er, daß die Nähte seines langen, dunkelbraunen Jacketts spannten, seine hellbraune Hose zu kurz war und in der Taille zu knapp saß. Nur die goldene Uhrkette, die er über der Weste trug, paßte noch.
Er durchstöberte Montevideo auf der Suche nach einem Anzug für die Sonntagsandacht und das Dinner mit dem Kapitän, nach Hemden und Nachthemden, warmer Unterwäsche, strapazierfähigen Hosen, leichten Socken und schweren Stiefeln. Er kaufte alles eine Nummer größer als noch in London.
Auch die Schiffe wurden frisch verproviantiert. Es würde mindestens sechs Monate dauern, bis sie Südamerika umschifft hatten und einen der großen Häfen an der Westküste erreichten. Während des Aufenthaltes im Hafen übertrug Kapitän FitzRoy Sulivan den Sonntagsgottesdienst. Der Missionar Matthews, der nun als Matrose arbeitete, war entschlossen, nicht nach England zurückzukehren, sondern durchzuhalten, bis die *Beagle* den Pazifik überquert hatte und er sich seinem Bruder anschließen konnte, einem Handwerker in einer Mission im Norden von Neuseeland.
Am 6. Dezember war die *Adventure* bereit, in See zu stechen. FitzRoy hatte zwanzig Matrosen zusätzlich angeheuert, die unter Wickhams Kommando arbeiten sollten, obwohl ihm die Admiralität dafür keine Genehmigung erteilt hatte. Das würde beträchtliche Kosten verursachen. Die See- und Landkarten sowie die Skizzen waren zum Transport nach London bereit. Die beiden Schiffe liefen zusammen mit Kurs nach Süden aus; sie segelten die Küste entlang nach Port Desire, das tausendachthundert Kilometer von Buenos Aires entfernt auf dem Weg zum Kap Hoorn lag. Sie hatten guten Wind, standen auf Auslaufkurs aus dem Fluß und kamen am Abend in freies Wasser. Die *Adventure* segelte vor der *Beagle*. Am Heck stehend rief Charles Sulivan zu:

»Es ist sehr unterhaltend, einen Kameraden zu haben, den man betrachten kann.«
Die beiden Männer plauderten miteinander, während die *Beagle* mit vollen Segeln sich sanft auf dem Wasser wiegte. Charles erzählte von seinem letzten Ritt flußaufwärts am Río Uruguay, wo die armen Menschen von den Früchten auf den Bäumen und den Fischen im Fluß lebten.
»Als ich die zwei am schäbigsten gekleideten Männer fragte, warum sie nicht arbeiteten, antwortete der erste: ›Weil der Tag zu lang ist.‹ Der zweite antwortete: ›Ich bin zu arm.‹ «
Sulivan lachte und sagte: »Ach, Charles, mein Junge, das ist eine Anekdote, in der der Wurm steckt.«
Charles hatte, während er in Montevideo an Land wohnte, Kapitän FitzRoy nur gelegentlich gesehen; er war aber jedesmal besorgt und deprimiert. FitzRoys Pläne wurden gänzlich durchkreuzt, als das Postschiff mit Charles' Kisten und dem Faß plötzlich ohne die Seekarten und Vermessungsresultate der *Beagle* nach England auslief. Er hatte damit gerechnet, daß die Dokumente seine zweijährige Arbeit und die zusätzlichen Kosten rechtfertigen würden. Schließlich mußte er sie alle bei dem britischen Generalkonsul, Mr. Hood, lassen, der nicht wußte, wann sie in die Hände der Admiralität gelangen würden. FitzRoys Gesicht war gerötet, und er rieb seine feuchten Hände aneinander.
»Sie werden offenbar weder für die *Adventure* noch die zwanzig Mann Besatzung, die ich angeheuert habe, Geld bewilligen«, sagte er, als er und Charles beim Tee saßen. »Es ist ein Thema, bei dem man sich um so mehr ärgert, je mehr man darüber nachdenkt. Ein so kleines Schiff wie die *Beagle*, das in stürmischen südlichen Breiten eingesetzt wird, hat schwierigere Verpflichtungen zu erfüllen als irgendein Vermessungsschiff, das im Ausland stationiert ist, und kann weder auf Hilfe von einer Werft noch von Kriegsschiffen rechnen. Kapitän King verfügte auf unserer ersten Reise bei weit weniger umfangreichen Aufgaben über drei Schiffe: die *Beagle*, die *Adventure* und die *Adelaide*, ein Begleitschiff, das in Montevideo von der Admiralität für zweitausend Pfund Sterling gekauft wurde. Warum will dann die Admiralität für meine *Adventure*, die wir so dringend brauchen, nicht zweitausend Pfund ausgeben? Darwin, eine gute Feder sollte nachgeben und elastisch sein. Ich bin eine gute Feder. Hoffentlich zerbreche ich nicht.«
Charles überlief ein Schauer.
Während der siebzehntägigen Fahrt die Küste entlang nach Port Desire aß FitzRoy seine Mahlzeiten schnell, schlief noch weniger, Charles' Schätzung zufolge nur etwa vier Stunden die Nacht. Er ruhte sich keinen Augenblick aus, entspannte oder erfrischte sich nicht. Er arbeitete mit enormer Intensität an seinen großen Seekarten und Chronometern, überprüfte seine Daten ein dutzendmal, damit auch das geringste Detail stimmte. Manchmal hatte er, wie Charles es nannte, geradezu »Anfälle« von Arbeit, Nachdenken, Entschlüssen.

Während dieser Krisen saß er täglich drei Mahlzeiten Charles gegenüber, ohne dabei aufzuschauen oder zu sprechen. In solchen Perioden zog Charles es vor, in der Fähnrichsmesse zu speisen, wo ihm der Lärm höchst willkommen war. Er wußte, daß keine persönliche Verstimmung die Ursache dieses Zustandes war: FitzRoy sprach auch mit niemandem sonst an Bord, es sei denn, um »heißen Kaffee« auf die Fähnriche zu schütten, wenn er vor dem Frühstück zur Inspektion an Deck kam.

Charles befand sich selbst in einem Zwischenstadium. Er vervollständigte seine geologischen Untersuchungen, die Pflanzen- und Insektenbeschreibungen nach seinen roten Notizbüchern, denn er wandte sich ziemlich schnell Themen zu, die nicht unmittelbar zum Bereich der Naturforschung gehörten: Leben und Charakter der Menschen, zu denen ihn seine Reisen geführt hatten; die Überlegenheit der Gauchos gegenüber den Stadtbewohnern; ihre Gastfreundschaft, gepaart mit Hochherzigkeit; das Blutvergießen durch die häufigen Auseinandersetzungen untereinander mit stets griffbereiten Messern. Er schrieb über die Kriege, die Zerstörungen, die sie verursachten, die ständigen Revolutionen, das Fehlen jeglichen Rechts, das käuflich war, den Ablauf des täglichen Lebens, das durch Korruption in allen Ämtern einschließlich der Postämter, die nach Belieben Geldscheine druckten, gekennzeichnet war. Er schrieb über die gesellschaftlichen Gegensätze, den Mangel an Bildung, die Mißachtung der Religion, mit Ausnahme der Einhaltung der Feiertage. Er berechnete, was eine *estancia* wert war, wie vieler Generäle eine Gesellschaft im Kriegsfall bedurfte und wie lange eine demokratische, von korrupten Männern beherrschte Regierung die Machtübernahme durch einen Diktator verhindern konnte.

Er erinnerte sich an Alexander Popes Ausspruch:

»Das angemessene Audienobjekt der Menschheit ist der Mensch.«

Er konnte den Menschen nicht in Alkohol konservieren, wie er es mit Fischen und Weichtieren tat, oder ihn in kleinen Schachteln auf Nadeln spießen wie Käfer, aber er stellte fest, daß sein Horizont durch seine Reisen ins Landesinnere so ungeheuer erweitert war, daß er sich nicht länger damit zufriedengab, nur über Naturkunde zu schreiben. Er war der Ansicht, daß bestimmte Gruppen von Menschen, wie etwa die Gauchos, zumindest ebenso interessant waren wie der Gebirgszug der Sierra de la Ventana und ganz allgemein ebensoviel über Entstehung und Geschichte verraten konnten wie die Gesteinsproben, die er mit seinem geologischen Hammer freilegte.

War er wirklich ein kommender Geistlicher?

6.

Nachdem der Großteil der Vermessungskarten nach London abgegangen war, gelangte Charles wieder in den Besitz der halben Heckkabine. An einem der ersten Morgen auf See breiteten er und Syms Covington auf ihrer Hälfte des Kartentisches die Früchte des zweiwöchigen Ausflugs an den Río Uruguay aus: Fossilien, Steine, Disteln, Reptilien. Er numerierte und beschrieb sie in seinen nach Fachgebieten getrennten Notizbüchern. Der zwanzigjährige Syms drehte sich auf seinem Schemel um und blickte Charles freimütig an.

»Mr. Darwin, ich kann Ihnen gar nicht sagen, wie froh ich bin, wieder in unserem Arbeitsraum zu sein. Ich bin so gern Ihr Assistent.«

Stokes, der auf der anderen Seite des Tisches zeichnete, blickte verwundert hoch. Charles meinte:

»Gott ist gut. Er gibt jedem von uns etwas, worüber er glücklich sein kann, wenn er für ruhige See sorgt.«

Die Fahrt nach Süden, nach Port Desire, dauerte siebzehn Tage. Der Wind wehte im allgemeinen nur leicht. Als das Wetter launenhaft wurde – Charles nannte es »böse« –, versuchte er, jede Andeutung von Seekrankheit abzuwehren, indem er sie einfach nicht zur Kenntnis nahm. Aber der Trick wirkte nicht.

Als die zwei Schiffe den Hafen erreichten, teilte Leutnant Wickham Kapitän FitzRoy mit, daß die *Adventure* nicht gut vor dem Wind segelte und daß er einige Tage brauchen würde, um die Segel zu verändern. Charles und Ben Bynoe unternahmen einen langen Ausflug in die Wildnis Patagoniens. Mitten im Land entdeckten sie Austern- und blaue Muschelschalen. Charles bemerkte:

»Es ist sicher, daß das alles vor gar nicht so vielen Jahrhunderten vom Meer bedeckt war. Ist das Wasser zurückgegangen, oder hat sich diese Ebene gehoben?«

In diesem Augenblick sah Charles zwei besonders große Guanakos. Er riß sein Gewehr hoch und erlegte das näher stehende.

»Vorzüglicher Schuß!« rief Bynoe. »Dieser Bursche ist so groß, daß die gesamte Besatzung frisches Fleisch zum Weihnachtsessen haben wird.«

Auf Anordnung des Kapitäns konnte auch die Mannschaft den Tag an Land verbringen. FitzRoy verteilte Preise für die besten Läufer, Springer, Ringkämpfer. Sie tollten fast wie Schulkinder umher.

Charles verbrachte die Tage mit geologischen Studien im sandigen Kalk- und Kiesgebiet. Er erbeutete einige neue Vögel und Tiere, maß die Höhe der Ebene mit dem Barometer; sie betrug etwa siebzig Meter.

Während Kapitän FitzRoy auf die *Adventure* wartete, beschloß er, die fast zweihundert Kilometer südwärts nach Port San Julian zu segeln und die Küste zu vermessen. Sie trieben mit einer starken Ebbe aus dem Hafen, passierten die Meerenge – und liefen sofort zweimal ziemlich heftig auf einen Felsen auf, bevor sie über ihn hinwegsegelten. Auf der Brücke schrie FitzRoy:

»Verdammt! Das ist derselbe Felsen, auf den wir bei den früheren Reisen der *Beagle* aufgelaufen sind! Welchen Schaden hat er an unserem kupfernen Bodenbeschlag angerichtet?«
Sulivan zog die Stiefel aus und sprang über Bord. Es schien Charles, daß er viel zu lange unter Wasser blieb, doch da tauchte er auf der anderen Seite auf mit blutigen Kratzern von dem aufgerissenen Kupferblech.
»Nichts Ernstes, Kapitän. Einige rauhe Kupferkanten am Bug, kein Bruch und kein Leck.«
»Besten Dank, Leutnant. Ich werde es mir selber ansehen, um ganz sicher zu sein.«
Zu Charles' Überraschung sprang FitzRoy über Bord. Es dauerte einige Minuten, bis ihm klar wurde, daß dies genau zum Charakter des Kapitäns paßte. Der Kommandant war für alles verantwortlich, was mit seinem Schiff geschah. FitzRoy verkündete, daß der Schaden repariert werden müsse.
Sie ankerten am Hafeneingang von San Julian und gingen in einem Beiboot an Land. Früh am nächsten Morgen begaben sich Charles, FitzRoy und zwei Matrosen am Ufer eines Meeresarms, der auf einer alten spanischen Karte als »Ort mit Süßwasser«, *agua dulce*, bezeichnet war, auf die Suche nach Frischwasser für die Schiffstanks. Der Kapitän trug sein doppelläufiges Gewehr und zwei Wassersäcke.
Es war eine vergebliche Suche. Kein *agua dulce*. Die Luft war sehr trocken, und nach vielen Stunden war kein Wasser mehr in Charles' Feldflaschen. Als sie wieder einmal den Gipfel eines Hügels erreichten, legte sich FitzRoy auf den Boden.
»Ich bin zu müde und durstig, um noch weiter zu gehen.«
»Ich kann in etwa drei Kilometer Entfernung zwei Seen ausmachen«, sagte Charles. »Ich werde hingehen und meine Feldflaschen füllen.« Und zu den zwei Matrosen: »Ihr bleibt beim Kapitän.«
Er arbeitete sich vorwärts, ohne sich zu schonen, und wurde dennoch nicht übermäßig müde; er war auf einigen seiner Landausflüge mehr als elf Stunden zu Fuß gegangen. Er wanderte die drei Kilometer zum ersten See und schöpfte begierig eine Handvoll Wasser. Es war eine *salina*, der Salzgehalt war zu groß, um das Wasser trinken zu können. Enttäuscht wanderte er weiter zum zweiten See. Auch eine *salina*.
Die Nacht brach herein. Nun war er hundemüde und unglücklich, weil er kein Frischwasser gefunden hatte. Als er zurückkam, stellte er fest, daß der Kapitän geschlafen hatte, aber nicht weitergehen konnte. Also ergriff er die Initiative.
»Ich gehe zurück zum Schiff; einer von euch muß beim Kapitän bleiben.« Er wandte sich an den anderen Matrosen.
»Fühlen Sie sich kräftig genug, mit mir zum Schiff zurückzugehen?«
»Ich werde es schaffen, Sir.«
Als sie zur *Beagle* kamen, ließ Charles zwei Mann dem Kapitän zu Hilfe schicken, dann bestand er darauf, daß ein riesiges Feuer angezündet wurde, das der zurück-

kehrenden Gruppe als Wegweiser dienen sollte. Sie stolperten kurz vor Tagesanbruch in das vom Feuer beleuchtete Gebiet, waren jedoch nicht allzu mitgenommen. Charles verbrachte die nächsten zwei Tage mit Fieber in der Hängematte. Dr. Bynoe sorgte für Limonade und kühle Kompressen auf seine Stirn.
Die Geschichte von seiner Widerstandskraft und seinem Mut sprach sich auf dem ganzen Schiff herum. Die Einstellung von Offizieren und Besatzung ihm gegenüber änderte sich merklich.
Charles Darwin war nicht länger der Dilettant, der »Mann, der alles weiß«, er war ein hochgeachteter Schiffskamerad.
Im März 1834 beendete die *Beagle* ihre Vermessung der Ostküste von Patagonien und Feuerland. Da die *Adventure* sich an den Aufgaben beteiligte und das Wetter beständig zu bleiben versprach, beschloß FitzRoy, durch den Beagle-Kanal zum Ponsonby-Sund zu segeln, um zu sehen, wie es ihren drei Feuerländern ging. Sie kamen an einer tausend Meter hohen Bergkette vorbei, die in scharfen zackigen Spitzen endete und jäh aus dem Wasser in die Höhe ragte, dann zu einem Berg, der höher war als alle anderen. FitzRoy straffte sich feierlich und verkündete mit funkelnden Augen:
»Das ist der höchste Berg in Feuerland, über zweitausend Meter hoch. Ich gebe ihm hiermit den Namen Mount Darwin.«
Charles war zu überwältigt, um antworten zu können, dann murmelte er:
»Zuerst wurde ich ein Sund, jetzt bin ich ein Berg. Gott allein weiß, was ich noch werde!«
»Vielleicht ein Ozean?« sagte Sulivan verschmitzt. »Sie brauchen ja nur einen neuen zu entdecken.«
Sie gingen im Nordteil des Ponsonby-Sunds vor Anker.
Als sie in Jemmy Buttons Heimat kamen, wurden sie von sieben Kanus umringt, voll besetzt von mit Pfeil und Bogen bewaffneten Feuerländern. An Land war keine Spur der kleinen Ansiedlung zu sehen, die für Jemmy, York Minster und Fuegia Basket angelegt worden war. Der Mann im Ausguck rief:
»Kanu nähert sich. Hat eine Fahne gehißt.«
Als das Kanu längsseit kam, erkannten sie Jemmy, der bis auf ein Stück Fell um die Hüften nackt war. Sein verfilztes Haar hing ihm auf die Schultern hinunter. FitzRoy starrte zu ihm nach unten und konnte seiner Gefühle kaum Herr werden.
»Wie jämmerlich mager er ist! Ich kann an euren Gesichtern erkennen, daß ich nicht der einzige bin, den sein elendes Aussehen rührt.«
Dr. Bynoe, der Jemmys engster Freund an Bord gewesen war, sagte: »Es ist eine Katastrophe! Als er uns verließ, war er wohlgenährt und heikel, hatte Angst davor, seine Schuhe zu beschmutzen.«
Jemmy kletterte die Strickleiter hoch und kam an Deck; in das Lächeln auf seinem Gesicht mischte sich Verlegenheit; seine Augen waren vom Rauch gerötet. Der Kapitän schrie Befehle:

»Führt Jemmy nach unten. Badet ihn. Wascht und schneidet ihm die Haare. Gebt ihm die beste Kleidung, die wir haben.«
Die Besatzung brauchte nur eine halbe Stunde, um Jemmy wieder in Ordnung zu bringen. Der Steward brachte einen dritten Stuhl in die Kajüte des Kapitäns, in der Jemmy, Charles und FitzRoy das Dinner einnahmen. Charles und FitzRoy warfen einander vielsagende Blicke zu, als Jemmy Messer und Gabel ordentlich handhabte.
»Ich muß dir gratulieren, Jemmy. Du benimmst dich in jeder Hinsicht so korrekt, als ob du uns nie verlassen hättest.«
Jemmy grinste dankbar und zeigte dabei alle Zähne.
»Hast du genug zu essen gehabt?« fragte Charles.
»Reichlich essen. Viel Obst, viel Vögel. Wir pflanzen Rüben, Kartoffeln. Ich hier großer Mann.«
FitzRoy fragte: »Wo sind Fuegia Basket und York Minster?«
Jemmys Gesicht wurde verdrossen. Er knirschte mit den Backenzähnen.
»Weggehen. Großes Kanu. Ihr Land. York sehr viel schimpfen. Nehmen großen Stein. Alle Männer Angst. Er schicken Fuegia nehmen meine Kleider. Ich aufwachen, sie weg. Lassen Jemmy nackt. York stehlen Werkzeug, Decken, Samen – alles.«
Es herrschte Stille. FitzRoy fragte:
»Jemmy, willst du auf der *Beagle* bleiben und mit uns nach England zurückkehren?«
Jemmy ließ den Kopf hängen. Er sprach, ohne aufzublicken.
»Nein. Hier bleiben. Meine Freunde gute Menschen. Kennen englische Worte. Gut hier für Jemmy.«
Am Morgen kam er mit Geschenken beladen zurück: zwei schöne Otternfelle, eines für FitzRoy, das zweite für Steuermann James Bennett, mit dem er befreundet war; für Charles zwei schöne Speerspitzen, die er speziell für ihn angefertigt hatte; Geschenke für Dr. Bynoe. Er hatte eine hübsche junge Frau bei sich, die still weinte, bis Jemmy sagte:
»Nicht weinen. Ich bleiben. Nicht weggehen.«
Diese Versicherung und das plötzliche Auftauchen von Geschenken, Halstüchern, Bändern, Taschentüchern, einer goldenen Spitzenhaube, trockneten ihre Tränen.
Jemmy wehrte sich heftig dagegen, daß man die Mission noch einmal eröffnete. Es habe keinen Sinn. Außerdem sei er sicher, daß Matthews von den patagonischen Räubern Gefahr drohe, die herüberkämen, um zu stehlen, und auch von Jemmys eigenen Leuten.
Die *Beagle* ging auf Auslaufkurs aus dem Ponsonby-Sund. Jemmy zündete für sie ein Abschiedssignalfeuer an. FitzRoy stand mit Charles am Bug und sagte einigermaßen traurig:
»Ich hoffe dennoch, daß sich aus dem Umgang dieser Menschen, Jemmy, York

und Fuegia Basket, mit anderen Eingeborenen ein wenn auch noch so bescheidener Nutzen ergibt. Vielleicht erhält später einmal ein schiffbrüchiger Seemann Hilfe und gute Behandlung von Jemmy Button oder seinen Kindern.«

Sie statteten den Falkland-Inseln einen kurzen Besuch ab, wobei sie ein Sturm vor sich her trieb. Kapitän Beaufort hatte FitzRoy angewiesen, die bisher erste Vermessung ihrer Ostküste vorzunehmen. Als sie im Berkeley-Sund ankerten, kam der diensthabende Gouverneur, Leutnant Smith, mit einer Greuelgeschichte an Bord: Drei Gauchos und fünf Indianer hätten fünf Engländer ermordet, etwa achtzehn Männer, Frauen und Kinder gewaltsam entführt und ihre Häuser geplündert. Drei der Bösewichte seien gefaßt worden. Würde Kapitän FitzRoy ihren Anführer in Ketten legen, bis ein Kutter käme, der sie nach Rio de Janeiro mitnehmen würde?

Der Kapitän war einverstanden.

Zu Charles' großer Freude fand er einen Brief von Professor Henslow vor, der erste, den er auf seiner schon siebenundzwanzig Monate dauernden Reise von ihm erhielt. Er war vom 15. Januar 1833, über ein Jahr vor seinem Eintreffen, datiert.

»Ich kann mir nicht vorstellen, welches Verhängnis schuld daran ist, daß er mich nicht früher erreichte«, meinte Charles, während er sich anschickte, den Inhalt zu studieren.

> Mein lieber Darwin,
> ... Ich hatte beabsichtigt, dem Dezember-Postschiff einen Brief mitzugeben, doch gerade, als ich es tun wollte, kam Ihr Brief mit der Nachricht, daß eine Kiste unterwegs sei, deshalb wartete ich lieber, bis ich ihren Inhalt gesehen hatte. Sie ist jetzt eingetroffen, und alles hat die Reise gut überstanden... Ich würde mir nicht den Kopf darüber zerbrechen, ob es richtig oder falsch ist, wenn Sie verschiedene geologische Fakten notieren. Notieren Sie *alles*, was nützlich sein könnte, insbesondere die Lage der Gesteinsschichten zueinander anhand einer kleinen Skizze... Weit davon entfernt, von der Kiste enttäuscht zu sein, glaube ich, daß Sie ein Wunder vollbracht haben, denn ich weiß, Sie begnügen sich nicht damit, nur einzusammeln, sondern achten auch darauf, alles zu beschreiben.
> Die meisten Pflanzen kommen mir sehr gelegen. Vermeiden Sie es, Pflanzenteile zu schicken. Schicken Sie so vollständige Pflanzen, wie es Ihnen nur möglich ist, Wurzeln, Blüten und Blätter, und Sie können nichts falsch machen. Sie brauchen für die Gesteinsproben nicht so viel Werg und Papier zu verwenden, denn sie überstehen die Reise sehr gut, wenn sie nur gut verpackt und eng verstaut sind.
> Eine andere Vorsichtsmaßregel, zu der ich Ihnen raten würde, ist, daß Sie die Nummer des Musters immer innerhalb, nie außerhalb der Verpackung

befestigen. Einige wurden durch Feuchtigkeit und Reibung zerstört. Ich werde die verschiedenen leicht verderblichen Dinge gründlich trocknen, sie dann an den Kanten mit Kampfer und Kleister versehen, in Pappschachteln legen und sie in meinem Arbeitszimmer oder an einem anderen sehr trokkenen Ort aufbewahren... *Vögel.* Mehrere haben keine Etiketten – die beste Methode ist, die Etiketten an ihren Beinen festzubinden. *Vierfüßer.* Der große prachtvoll, die zwei Mäuse ziemlich verschimmelt. Die kleinen Insekten ganz hervorragend. Die *Flechten* sind eine gute Sache, da kaum jemand sich die Mühe nimmt, sie nach Hause zu schicken. Jedes Exemplar, das hier eintrifft, ist ein Gegenstand großen Interesses, und wenn Sie zehnmal soviel schickten, als Sie es tun, werden Sie, wenn Sie wieder hier sind, wünschen, Sie hätten hundertmal soviel geschickt (und es getan!). Dinge, die Ihnen als wertloses Zeug erschienen, aber zu Hause wertvoll sind. Jedenfalls kann unmöglich jemand sagen, Sie seien nicht aktiv gewesen und der Inhalt Ihrer Kiste sei nicht prachtvoll...

Herzlichst und aufrichtigst Ihr
J. S. Henslow

Auch ein Brief seiner Schwester Katty war angekommen. Seit ihrem letzten Schreiben waren vier Monate vergangen. Er dachte oft an zu Hause, aber erst als er die Handschrift seiner Schwester sah, fühlte er die Liebe zu *The Mount* wie eine würgende Hand an seiner Kehle. Er verschlang den Brief förmlich.
Sein Vater reiste mehr und arbeitete weniger. Erasmus folgte der Familie Hensleigh Wedgwood, wohin sie auch ging: nach Hensleighs Elternhaus *Maer Hall* und nach *The Mount*, wenn die Wedgwoods einen Besuch machten – sogar nachdem Mrs. Wedgwood eine Tochter geboren hatte.
Die beeindruckendsten Zeilen in Kattys Brief lauteten:

Ich kann nichts dafür, aber es kränkt mich, wenn Du so begeistert von den Tropen sprichst, denn ich fürchte, das ist ein noch stärkeres Anzeichen dafür, wie lange es noch dauern wird, bis wir dich wiederhaben. *Ich mache mir große Sorgen, inwieweit Du imstande sein wirst, das ruhige Leben eines Geistlichen zu ertragen, von dem Du zu sagen pflegtest, Du würdest zu ihm zurückkehren.*

»*Ich pflegte zu sagen?*« wunderte er sich. »Ich sage es noch immer. Ich weiß nichts von einer Veränderung in meinem Wesen. Ich bin beharrlich.«
Da die *Beagle* mindestens zwei Wochen lang mit Vermessungen beschäftigt sein würde, beschloß Charles, einen Ausflug ins Landesinnere zu unternehmen. Fitz-Roy warnte ihn davor. Seine Schiffskameraden waren skeptisch.
»Seit den Morden kann man keinem Gaucho mehr trauen. Und Sie müssen einen Führer haben.«

Er fand zwei spanische Gauchos, die ihm Leutnant Smith empfohlen hatte. Sie waren bereit, ihn einige Tage lang zu begleiten. Charles mietete sechs Pferde und brach am nächsten Morgen auf. Das Wetter war stürmisch und kalt, mit Hagelschauern, doch die kleine Gruppe kam gut voran. Die Gauchos erwiesen sich als freundlich, und einer von ihnen – er hieß St. Jago – schloß sich enger an Charles an, beobachtete ihn neugierig, während er mit seinem Hammer die Quarzfelsen bearbeitete und Notizen über die Gänse machte, die im Tal nach Futter suchten. Bei Sonnenuntergang fing St. Jago eine fette Kuh, hatte aber Schwierigkeiten, das wilde Tier zu töten. Der Boden war naß, und sie fanden nur wenig Reisig, um ihr Abendbrot zu kochen. St. Jago löste das Problem, indem er die Knochen eines Ochsen heranschleppte; das Feuer, das sie mit ihnen entfachten, war so heiß wie ein Kohlenfeuer.

Es regnete weiter. Charles sammelte, was immer das Land zu bieten hatte, aber es war Schwerarbeit. Der Boden war ein Morast ohne einen trockenen Flecken, auf den man sich hätte setzen können, von Schlafen ganz zu schweigen. Dennoch schlief er; er benützte seinen Sattel als Kissen und deckte sich mit der Pferdedecke zu. Die Pferde strauchelten im Schlamm und stürzten beim Versuch, über Bäche zu springen. Um das Maß voll zu machen, mußten sie einen Meeresarm überqueren, dessen Wasser den Pferden bis zum Rücken reichte. Heftiger Wind trieb Wellen über die drei Männer hinweg.

»Das ist ein Wettbewerb in Ausdauer«, erklärte Charles.

Als er zur *Beagle* zurückkam, war er noch immer patschnaß. Er ging zu Benjamin Bynoe ins Lazarett und sagte ihm, er solle sich für einen Ernstfall bereithalten.

»Was zum Beispiel?« fragte Bynoe.

»Doppelseitige Lungenentzündung.«

»Verordnung: eine doppelte Portion Rum. Trink ihn mit Tee. Hat jemand versucht, dich zu ermorden?«

»Nur ich selbst.«

7.

Sie waren alle neugierig, endlich in den Pazifischen Ozean zu segeln und die andere Hälfte der Erdkugel kennenzulernen. Aber zuerst mußte man die *Beagle* an der Mündung des Santa-Cruz-Flusses auf Strand setzen, um ihren mit Kupfer beschlagenen Kiel zu reparieren.

Von den Falkland-Inseln zum Festland war es eine Fahrt von sechs Tagen gegen westliche Brisen. Charles hatte das Schiff noch nie unter einem größeren Preß von Segeln gesehen. In der Mündung des Santa-Cruz-Flusses wurde die *Beagle* auf Strand gesetzt, ihre Kanonen, Anker und die kleinen Boote wurden an Land

gebracht. Sie stellten fest, daß ein Stück des Kupferkiels am vorderen Teil des Kiels abgerissen worden war.
Kapitän FitzRoy erklärte Charles, wenn sie so in den Pazifik gesegelt wären, hätten sich bald Würmer durch die ungeschützten Planken gefressen. Die Arbeit mußte während der Ebbe ausgeführt werden. Sie würden genau fünf Stunden Zeit haben, bis die Flut wieder vom Ozean hereintoste und die Mündung überflutete.
Der Waffenmeister stellte seine Schmiede auf. May und seine Zimmerleute machten sich daran, die freiliegenden Planken zu säubern. Das Schiff führte zusätzliche Kupferbleche für solche Notfälle mit. Der Waffenmeister schnitt sie zu, die Zimmerleute schnitten das beschädigte Kupfer weg und paßten die frischen Platten genau ein. Der Kupferkiel war wieder vollständig. Am fünften Tag strömte knapp nach zwölf Uhr mittags das Meerwasser wieder herein und machte die *Beagle*, ihre Kanonen, Anker und Boote, die sich alle wieder an Bord befanden, flott. Sulivan steuerte sie zu einem sicheren Liegeplatz.
Kapitän FitzRoy beglückwünschte seine Handwerker, dann organisierte er mit den drei Beibooten eine Expedition zur Erforschung des Santa-Cruz-Flusses. Er nahm Vorräte für drei Wochen mit, in der Hoffnung, die Quelle des Flusses in den Anden zu erreichen und kartographisch zu erfassen. Charles kletterte die Strickleiter hinab in das vom Kapitän befehligte Beiboot; es führte ein eigenes Zelt, Decken und Vermessungsgerät mit. In jedem Boot saßen sechs Matrosen, die ruderten. Sie hatten keine Segel. Die beiden anderen Beiboote standen unter dem Befehl von Edward Chaffers und John Stokes; es waren insgesamt fünfundzwanzig, für den Fall eines Angriffs gut bewaffnete Männer.
Dr. Bynoe sowie der dreiunddreißigjährige Conrad Martens saßen im Boot des Kapitäns. Der Maler zeichnete den ganzen Tag mit sicherer Hand und erregter Miene die vielfältigen Ansichten des Flusses und machte sich Notizen über die verschiedenen Farben und Formen der Landschaft, die er später für seine Aquarelle verwenden wollte. Die Aquarelle waren in zarten Beige- und Brauntönen gehalten, was dem Charakter des Landes entsprach. Er hatte auch die *Beagle* am Strand liegend gezeichnet, während ihr Kupferkiel repariert wurde.
Als die Strömung des Santa Cruz, die vier bis sechs Knoten betrug, zu stark wurde, um ein Rudern stromaufwärts zu erlauben, wurden die drei Boote achteraus aneinander befestigt; die Besatzung ging an Land, legte Kummete und Brustgeschirre aus Leinen an, die vom Segelmacher an Bord der *Beagle* genäht worden und an langen Tauen befestigt waren, und zog die Boote stromaufwärts. Jeder Mann hatte ein Schichtpensum von anderthalb Stunden. Kapitän FitzRoy sagte zu Charles, Dr. Bynoe und Martens:
»Ihr drei Spezialisten braucht nicht zu ziehen.«
»Werden Sie es tun, Kapitän?« fragte Charles.
»Sicherlich. Ebenso wie Chaffers und Stokes.«
»Und warum bin ich dann nicht gut genug?«

Charles absolvierte vier Schichten; das anstrengende Ziehen machte ihm Spaß. Als es dunkel wurde, fanden sie eine flache Stelle für ihr Nachtlager. Es wurden drei Zelte aufgestellt; die Besatzungen der Boote richteten sich mit ihren Offizieren in jeweils einem davon ein. Als es Zeit wurde, einen einstündigen Wachdienst zum Schutz der Boote und zur Abwehr von Räubern auszulosen, übernahm Charles freiwillig die Mitternachtswache.

Am dritten Tag befanden sie sich in *terra incognita*. Sie hielten es für einen Landstrich, der bis jetzt ausschließlich von Indianern betreten worden war. Obwohl Patagonien den Fluch der Unfruchtbarkeit trug – es gab keine Fische im Wasser und somit auch keine Wasservögel –, wimmelte das Land von Guanakos, es gab Herden von hundert und mehr Tieren. Sie lieferten frisches Fleisch.

Charles sah die Gegend ausschließlich mit den Augen des Geologen. Als das Flußbett sich verengte, stießen sie auf Lavablöcke, die in eine Bootswand zwei Löcher schlugen. Schließlich stiegen sie so hoch, daß sie die beschneiten Gipfel der Anden sehen konnten. Sie fanden im Flußbett große Schiefer- und Granitblöcke.

»Woher sind die gekommen?« fragte Bynoe.

»Von den Anden, Ben, in Zeiten lang zurückliegender Erdbeben.«

»Wie kam die Lava hierher?«

FitzRoy hatte sich zu ihnen gesellt, während Charles die Lavablöcke abklopfte, um Gesteinsproben zu erhalten.

»Was ich glaube? In einem fernen Erdzeitalter müssen diese Ebenen den Boden eines Meeres gebildet haben, und die Lava strömte bei einer Eruption in den Anden in das damalige Meer. Als die Ebene emporstieg oder der Ozean zurückging, gelangte der Lavafelsen, den wir jetzt sehen, an die Oberfläche. Klingt das merkwürdig?«

FitzRoy schüttelte beunruhigt und bestürzt den Kopf.

»Das konnte niemals durch eine vierzigtägige Flut bewirkt werden.«

»Kapitän, wollen Sie damit sagen, daß diese Lavaflächen und diluvialen Ebenen aus der Zeit vor 4004 vor Christus stammen?«

Was FitzRoy schließlich mit einfachen, klaren Worten ausführte, schien ihm zu widerstreben.

»Wir sehen vor uns vom Meerwasser rund geschliffene Steine und Schwemmland, vom Wasser geglättete Kiesel. Sie bilden den größten Teil der Ebene. Wie gewaltig und von welch ungeheurer Dauer muß die Einwirkung dieser Gewässer gewesen sein, welche die in den Wüsten Patagoniens abgelagerten Steine glattgescheuert haben!«

Bei seiner einsamen Wache in dieser Nacht dachte Charles über die Worte des Kapitäns und seine Schlußfolgerungen nach, daß die Geologie der Erde sehr alt, sozusagen »von ungeheurer Dauer« ist.

Mitte Mai 1834 steuerten sie zur Magellanstraße. Sie mußten vier Tage segeln, um Kap Virgenes an der Einfahrt der Straße zu erreichen. Das Wetter war

»schlecht, stürmisch und kalt«, und Charles fühlte sich entsprechend krank und unglücklich. Nur zweihundert Kilometer von der Küste Patagoniens entfernt, wo das Wetter noch trocken und klar gewesen war, gerieten sie in Hagel, Schnee und Wind. Die *Beagle* kreuzte an der Einfahrt zur Straße, man nahm Lotungen vor, fand und zeichnete eine gefährliche Bank in der Karte ein. Am nächsten Morgen sichteten sie die *Adventure*, die von den Falkland-Inseln kam. Ein britisches Kriegsschiff hatte die Gefangenen vom Berkeley-Sund übernommen und Leutnant Wickham ein Paket mit Post aus England übergeben.

Charles bekam vier Briefe von seinen Schwestern, die vom vergangenen Oktober und November datiert waren. Sie hatten den ersten Teil seines Tagebuchs erhalten und lasen es abwechselnd ihrem Vater vor, der Charles herzlich grüßen ließ. Susan hatte ihm eine kleine Börse gestrickt, in die, wie sie hoffte, die ausländischen Münzen passen würden. Mr. Howell schickte die Schuhe, die er bestellt hatte, und Erasmus hatte die verschiedenen naturgeschichtlichen Bücher, die Charles verlangt hatte, einschließlich des dritten Bandes von Lyells *Lehrbuch der Geologie* Kapitän Beaufort übergeben. Seine Schwestern teilten ihm mit, daß seine Briefe durch zahlreiche Hände gingen und heftige Diskussionen auslösten.

»Es ist lächerlich«, beklagte er sich bei Dr. Bynoe, während sie Neuigkeiten von daheim austauschten. »Meine Sammlungen und Beobachtungen werden bekannt, während ich erst die Hälfte der Reise hinter mir habe.«

Es gab gute politische Neuigkeiten. Im August 1834 war die Sklaverei mit Abfindungssummen von zwanzig Millionen Pfund Sterling an die Sklavenhalter abgeschafft worden. Caroline schickte ihm auch das Buch *Scripture Revelations* des Erzbischofs von Dublin.

Die Temperatur sank unter den Gefrierpunkt. Und es fiel eine Menge Schnee. Er beschrieb die »ziemlich jämmerliche Arbeit auf einem Schiff, wo es kein lichterloh brennendes Feuer gibt und wo das mit schmelzendem Schnee bedeckte Oberdeck gewissermaßen die Halle in deinem Haus ist«. In einer Beziehung besserte sich aber sein Leben beträchtlich: Er hatte seit einigen Tagen stark salziges Wasser trinken müssen. Nun nahmen sie an der San-Gregorio-Bucht einen Frischwasservorrat für sechs Tage an Bord. Obwohl ihm das stinkende Wasser nichts ausgemacht hatte und sie es gründlich kochten und einen ganz annehmbaren Tee damit brauten, war er sich nicht klar gewesen, welch ein Genuß frisches Wasser und wie notwendig es für das leibliche Wohlbefinden war.

Sie mußten die Meeresstraße noch drei Tage lang mühevoll durchpflügen, bis sie Porto Famine erreichten. Es hatte seinen Namen von einer spanischen Kolonie erhalten, die im Jahr 1585 von König Philipp II. von Spanien angelegt worden war, deren meiste Bewohner aber schon im ersten Winter an Krankheit und Hunger gestorben waren. Es war ein trauriger Ort; man konnte die düsteren, teilweise verschneiten Wälder durch Regen und Nebel nur undeutlich erkennen. Es war eine der ungastlichsten Gegenden der Welt, in denen Menschen leben konnten. Trotz des Wetters wurden die Vermessungen an Land fortgesetzt.

FitzRoy verließ die Magellanstraße durch den Magdalenenkanal, der erst kürzlich entdeckt worden war. Sie liefen vor gutem Wind von achtern, aber die Luft war diesig. Dunkle Wolkenfetzen jagten über die Berge und zerklüfteten Gipfel, Schneekegel und blaue Gletscher zeichneten sich gegen den fahlen Himmel ab. Inmitten dieser wilden Landschaft ankerten sie am Kap Turn unweit des Monte Sarmiento. Dort hatte Charles Gelegenheit, eine Meerespflanze genau zu studieren, über die man seiner Meinung nach ein großes Buch schreiben konnte: Kelp oder Riesenblasentang. Die Pflanze wuchs auf jedem Stein, in seichtem Wasser ebenso wie in großen Tiefen und war an manchen Stellen so dicht, daß sie den Tod bringen konnte: Der Schreiber Hellyer war im Kelp ums Leben gekommen. Mit Hilfe mehrerer Matrosen sammelte er große Mengen dieser Tangart, die sie auf das Achterdeck warfen.

»Darwin, Sie sind unverbesserlich!« rief Leutnant Sulivan.

»Urteilen Sie nicht zu rasch, Sulivan. Ich stehe im Begriff, Ihnen eines der großen Wunder der Natur zu offenbaren. Die Zahl der Lebewesen, deren Existenz unmittelbar vom Kelp abhängt, ist einfach erstaunlich.«

Fast jedes Blatt war mit einer dicken Kruste von Korallenresten bedeckt. Er kratzte Schnecken und Muscheln ab. Unzählige Krebstiere waren an jedem Teil der Pflanze zu finden. Als er die großen, ineinander verschlungenen Stengel schüttelte, fielen kleine Fische, Muscheln, Tintenfische, Krabben, Fischeier, Seesterne und Plattwürmer heraus. Als er seine Aufmerksamkeit einem anderen Kelpstück zuwandte, entdeckte er wieder Geschöpfe von neuem, merkwürdigem Aussehen.

»Inmitten dieser Pflanzen«, fuhr er fort, »leben Fischarten, die sonst nirgends Nahrung oder Zuflucht finden würden. Wenn die Fische vernichtet würden, müßten die Kormorane, die Fische fangenden Vögel, die Meerotter, die Robben und Tümmler gleichfalls zugrunde gehen. Die Zahl der Wilden in Feuerland, der armseligen Herren dieses armseligen Landes, würde zurückgehen, und vielleicht würden sie sogar aussterben.«

Charles blickte zu Sulivan auf, seine Hände und die Hose waren naß und fleckig vom Kelp.

»Sie sehen also, der Kelp ist eine Welt für sich. Jeder einzelne Teil steht in einer Beziehung zum Ganzen. Wieviel Tausende von Jahren hat die Natur wohl gebraucht, um diese komplizierte, aber sorgfältig ausgewogene Lebensgemeinschaft sich entwickeln zu lassen?«

»Das muß der Mann beantworten, der alles weiß«, brummte Sulivan. »Ich gebe Ihnen genau eine Stunde Zeit, um die Funde auf Ihren Kartentisch zu befördern. DANN SCHAFFEN SIE IHR VERDAMMTES SCHEUSSLICHES MISTZEUG VON MEINEM DECK!«

Am nächsten Tag liefen sie westwärts durch den Cockburn-Kanal. Bei Einbruch der Dämmerung sagte FitzRoy zu der Gruppe von Männern, die mit ihm auf der Brücke standen:

»Ich würde die Nacht über vor Anker gehen, wenn es einen sicheren Ankerplatz gäbe.«
»Es sieht so aus, als befände sich neben Ihrem rechten Ellbogen eine geschützte Bucht«, bemerkte Leutnant Sulivan.
»Sie ist zu klein, und ich überlasse sie lieber der *Adventure*. Wir bleiben mit der *Beagle* unter Segel.«
Charles stöhnte. Das bedeutete ständige schlingernde Bewegungen. FitzRoy lächelte.
Charles blieb mit den Freunden an Deck und empfand die Nacht als lang und sehr dunkel. Leichter Regen fiel fast die ganze Zeit. Häufig kamen Windstöße von Westen. Das Gebiet, in dem sie nach Einbruch der Dunkelheit ungefährdet hin und her segeln konnten, war nur vier Quadratmeilen groß. Sie durchliefen es vierzehn Stunden lang in allen Richtungen. Es gab keine Möglichkeit, vor Anker zu gehen. Kapitän FitzRoy war schon immer dafür gewesen, kurze Schläge unter leicht zu handhabenden Segeln zu lavieren, weil sich sein Schiff in Fahrt sicherer steuern ließ, als wenn es beigedreht hatte.
Nach über zwei Jahren, in denen Charles die Besatzung beobachtet hatte, war er noch immer fasziniert davon, wie hervorragend sie die Segel handhabte. In der Stille der Nacht konnte er deutlich das Krachen und Knarren der großen, sich bewegenden Massen vernehmen, die von den Gletschern Feuerlands vorwärtsgeschoben wurden. Die gleiche Kraft, von der man wußte, daß sie ganze Wälder hochragender Bäume wie Streichhölzer knickte, riß auch riesige Felsbrocken von den Bergflanken los. Er hörte, wie unter jedem Gletscher ein tosender Bach dahineilte. Er schrieb in sein der Geologie Südamerikas gewidmetes Notizbuch:

> Zu diesen in allen Fällen gleichen Wirkungen muß in diesem Land noch die natürliche Erosion durch die Wellen hinzugefügt werden, die durch jeden Absturz von Wald- oder Felsteilen verursacht wird. Diese Wirkung muß beträchtlich sein, wenn man bedenkt, daß sie Tag und Nacht, Jahrhundert um Jahrhundert vor sich geht. Wir müssen uns vorstellen, daß jeder Teil des Berges während des allmählichen Emporsteigens des Landes der Reihe nach der Einwirkung dieser vereinigten Kräfte ausgesetzt war.

Als endlich der Morgen des 11. Juni 1834 anbrach, befahl der Kapitän, an die Mannschaft eine Portion Rum auszugeben, dann erklärte er:
»Die *Adventure* kommt aus der Bucht, in der sie die Nacht verbracht hat, zu uns heraus. Beide Schiffe werden aus der Meeresstraße hinaussegeln. Bei Sonnenuntergang sollten wir bei frischem Nordwestwind mit jedem Zoll Leinwand, das wir setzen können, auf Auslaufkurs in den Pazifik stehen.«
Der Pazifik! Charles wurde es eng ums Herz. Beinahe zweieinhalb Jahre, nachdem sie Plymouth verlassen hatten! Aber er war nicht mehr derselbe Mensch, der vor zweieinhalb Jahren von Plymouth abgereist war.

Er lag in seiner Hängematte in der Heckkabine und wurde sich klar darüber, daß er den Übergang vom sorglosen jungen Menschen zum Erwachsenen durchgemacht hatte. Ihm selbst nicht bewußt, war etwas in sein Leben getreten, dem er sich widmen konnte, obwohl er noch nicht klar erkannte, wie daraus ein verantwortungsvoller Beruf werden konnte. Er empfand zunehmende Erregung mit einer Beimischung von Triumph, daß es eine Welt gab, in die er passen und zu der er vielleicht einen bescheidenen Beitrag leisten konnte. Wie lohnend waren doch all diese Monate, all diese Jahre an Bord der *Beagle* und seine Ausflüge als Naturforscher an Land, die er als Lehrzeit für sein zukünftiges Wirken ansah.

Zum erstenmal verstand er, daß seine ziellose Jugend hinter ihm lag und er nicht allmählich, sondern plötzlich ins Mannesalter getreten war. Er empfand tiefe Dankbarkeit dafür, daß er einen Abgrund übersprungen hatte und auf beiden Füßen in einem Land mit unendlichem Horizont gelandet war. Wie wunderbar, daß er sich durch seine schwer erworbenen Kenntnisse der Eigenheiten eines Schiffes, der Vermessungsinstrumente, der vielfältigen Schöpfungen der Natur eine neue Existenz geschaffen hatte, die ihm sonst vielleicht völlig fremd geblieben wäre!

All das würde er in den Pazifik mitnehmen. Auf dem zu segeln sich jeder Mensch wünschte.

Sechstes Buch

»Welch unermeßliche Vielfalt von Leben wurde hier geschaffen!«

1.

Charles' Freude darüber, endlich im Pazifik zu sein, wurde bald getrübt. Der Stille Ozean war alles andere als still. Eine Reihe wütender Nordstürme sorgte für das schlimmste Wetter, das die *Beagle* seit ihrem Auslaufen aus Portsmouth zu überstehen hatte, schlimmer als der Sturm vor Kap Hoorn, in dem sie fast gesunken wäre. Sie hielten sich über Wasser, indem sie ihre eng gerefften Bram-, Fock- und Stagsegel benutzten. Als der Wind sich legte, hinderte sie die schwere See daran, die Westküste entlangzufahren. Derartiges Wetter machte Charles vollkommen unfähig, einer nützlichen Beschäftigung nachzugehen; er konnte weder arbeiten noch lesen noch Nahrung zu sich nehmen oder im Schlaf Ruhe finden.
Am meisten litt George Rowlett; sein Zustand hatte sich ständig verschlimmert, unterbrochen durch gelegentliche akute Anfälle, die Dr. Bynoe für Tuberkulose oder eine Infektionskrankheit hielt. Rowlett weigerte sich, die Medikamente einzunehmen, von denen Bynoe glaubte, sie könnten den ältesten Offizier an Bord retten: Kalomel, Morphium, Brechweinstein. Das unbändige Wetter des Pazifik beschleunigte sein Ableben. Er verfiel in Koma und starb. Er hatte das würdevolle, kolossale Alter von achtunddreißig Jahren erreicht.
Die Leiche wurde mit Bleikugeln in eine Hängematte und außerdem in Leinwand eingenäht, mit einer Fahne bedeckt und auf eine Planke gelegt. Offiziere und Mannschaften versammelten sich auf dem Achterdeck. Sie trauerten über Rowletts Hinscheiden. Kapitän FitzRoy las die Totengebete und sagte dann:
»Wir übergeben die Leiche unseres verstorbenen Gefährten dem Seemannsgrab, diesem ›sich ewig verändernden, geheimnisvollen weiten Meer‹.«
Die Planke wurde gekippt. Die beschwerte Leiche wurde »der Tiefe überantwortet«. Es folgte ein Aufklatschen, ein ehrfurchtgebietendes, feierliches Geräusch, während das Wasser einen Schiffskameraden aufnahm.
»Ich bin schuld daran«, sagte Dr. Bynoe später. »Ich hätte ihn von Montevideo krankheitshalber heimschicken sollen.«
»Rowlett wußte, daß er sterben würde«, meinte Charles tröstend. »Er wollte nicht in England sterben. Ich habe ihn nie davon sprechen hören, daß er dort ein Heim, Familie oder Freunde habe. Er war mit der ersten *Adventure* fünf Jahre lang auf See und nun zweieinhalb Jahre mit uns. Die *Beagle* war sein Zuhause, wir waren seine Familie. Deshalb wollte er an Bord sterben.«

Kapitän FitzRoy hatte vorgehabt, an der Küste entlangzusegeln, aber nach einer Sturmfahrt von tausend Kilometern lief er auf der Insel Chiloë in den geschützten Hafen San Carlos ein. Nachdem Charles achtzehn Tage lang böse mitgenommen worden war, sagte er:
»Ich hoffe nur, daß die Insel am Meeresboden fest verankert ist.«
Die Eingeborenen, die in winzigen, strohgedeckten Häusern an der Inselspitze wohnten, kamen in kleinen Booten herausgerudert, um die *Beagle* zu begrüßen; ihre Freude war ungekünstelt, denn nur wenige Schiffe machten in diesem abseits gelegenen Hafen Station. Sie waren Mischlinge mit indianischem und spanischem Blut und brachten Schweine, Kartoffeln und Fische, um sie zu verkaufen. Einen Augenblick herrschte Verlegenheit, als jedem klar wurde, daß George Rowlett nicht mehr da war, um zu feilschen und einzukaufen. Edward Chaffers trat vor und übernahm wortlos Rowletts Aufgaben.
Charles unternahm einen kurzen Spaziergang an sich schlängelnden Bächen entlang durch schöne Wälder. Er notierte in seinem Buch, daß er nirgends, ausgenommen im tropischen Brasilien, einen solchen Reichtum an schönen Formen gesehen habe.
Die *Adventure* schleppte sich mühsam mit einem gebrochenen Großbaum, eine Folge des Sturms, in den Hafen. Der gewöhnlich unerschütterliche Erste Leutnant ärgerte sich über sich selbst.
»Liegt mir im Magen«, klagte er.
Charles fand ein sauberes Bett in einem Häuschen im Dorf San Carlos, das von Grasflächen und hohen immergrünen Pflanzen umgeben war. Die Eingeborenen trugen grobe Wollkleidung, die jede Familie selbst webte und mit dunkelblauem Indigo färbte.
Erst regnete es in Strömen, wie es sich für diese Wintermonate gehörte, dann wurde das Wetter drei Tage lang ganz mild. Charles untersuchte die Felsen, taufte seinen geologischen Hammer »Alter Thor« zu Ehren von Adam Sedgwick und war überzeugt, daß es sich um ehemalige unterseeische Ablagerungen handelte, die in einer sehr jungen Periode über den Meeresspiegel emporgehoben worden waren. Wie jung? Fünftausend Jahre? Fünfhunderttausend? Fünf Millionen?
Am späten Nachmittag kehrte er zum Hafen zurück, aß an Bord der *Adventure* mit dem inzwischen wieder mit sich ins reine gekommenen Wickham zu Abend und sah sich den neuen Großbaum an.
»Mir geht es ähnlich wie dir, John«, sagte er bei ihren Steaks mit gekochten Kartoffeln. »Nachdem wir am Hoorn vorbei waren, fühlte ich mich so verdammt elend, daß ich gelobte, ich würde das Schiff verlassen und zu den Herrlichkeiten Shropshires zurückkehren. Aber Chiloë machte es der Mühe wert.«
Leutnant Wickham schalt ihn:
»Du kannst kein Fachmann für die Geologie von Südamerika werden, indem du vor dem Kamin in *The Mount* sitzt und mit deinen Schwestern Whist spielst, so reizend die drei jungen Damen sein mögen.«

Die zehntägige Fahrt nach Norden bis Valparaíso verlief so ruhig, daß Charles die Möglichkeit zu langen Eintragungen in sein Tagebuch und in seine wissenschaftlichen Notizbücher hatte.
Als sie in Valparaíso ankamen, einem von der Königlichen Marine als Stützpunkt in Südamerika sowie als Depot zum Wiederauffrischen von Vorräten verwendeten Hafen, Bestimmungsort von offiziellen Mitteilungen und Postpaketen, gab es am 23. Juli Briefe für fast alle an Bord der *Beagle*, die Verwandte in England hatten. Charles bekam drei, einen von Caroline mit Datum vom 3. November 1833, den zweiten von Katty vom 27. Januar 1834 und den dritten von Susan, die am 12. Februar, seinem Geburtstag, geschrieben hatte, weil die drei Mädchen und sein Vater des Datums gedacht hatten und ihm »ihre herzlichsten Grüße und Glückwünsche zum fünfundzwanzigsten Geburtstag« schicken wollten.
Der Familie ging es gut. Wie immer überwogen die romantischen Ereignisse und die Berichte über die Vorkommnisse in ihrem gemeinsamen Leben. Erasmus war zu einem jedermann zur Verfügung stehenden Junggesellen geworden, der sein Leben in einem Reigen von Besuchen überall in London verbrachte. Fanny Biddulph »sieht aus wie ihr eigener Geist«. Die britischen Zeitungen brachten Nachrichten über die Revolution in Buenos Aires...
Er erhielt wieder einen langen Brief von Professor Henslow mit Datum vom 31. August 1833. Eine zweite Sendung von Kisten und Körben war unversehrt in Cambridge eingetroffen:

> ...mit Ausnahme einiger Gegenstände in dem Faß mit Alkohol, die verdorben sind, weil der Alkohol durch den Spund entwichen war. Die fossilen Megatheriumreste erwiesen sich als überaus interessant, da sie zur Veranschaulichung gewisser Teile des Tieres dienen können, welche die bei uns und in Frankreich bisher erhaltenen Exemplare nicht erkennen ließen. Buckland & Clift stellten sie in der Geologischen Abteilung beim dritten Treffen der *British Association* aus, das in Cambridge unter dem Vorsitz von Professor Adam Sedgwick abgehalten wurde, und ich erhielt soeben einen Brief von Clift, der mich ersucht, ich solle ihm das Ganze schicken, damit er sie sorgfältig identifizieren, instand setzen und sie mir mit der Erklärung zurückschicken kann, was sie seien und inwiefern sie den Knochenbau des Großen Tieres veranschaulichten...
> Ich habe die verschiedenen Tiere, die sich in dem Faß befanden, in Gläser mit frischem Alkohol getan und sie in den Keller gebracht. Heiklere Dinge wie Insekten, Häute usw. bewahre ich in meinem Haus auf, wobei ich zur Vorsicht Kampfer in die Knochen getan habe. Die Pflanzen erfreuen mich ganz besonders, obwohl ich sie noch nicht identifizieren konnte, aber mit Hookers Mitwirkung und Hilfe hoffe ich in nicht allzu ferner Zeit soweit zu sein...

Henslow sehnte sich ebensosehr wie Charles nach dem Tag, an dem sie zusammensein und alle Begebenheiten seiner Reise würden erörtern können; aber er hoffte, daß Charles so lange wie möglich weiterarbeiten könne.

> Sollten Sie beabsichtigen, vor Ablauf der für die Reise vorgesehenen Zeit zurückzukehren, übereilen Sie Ihren Entschluß bitte nicht, sondern überlegen Sie sich das mindestens einen Monat lang, in dem Sie kein einziges Mal den Wunsch verspüren sollten, die Reise fortzusetzen... Ich nehme jedoch an, daß Sie immer etwas finden werden, das Ihren Mut aufrechterhalten wird. Schicken Sie jedes Stückchen eines Megatheriumschädels und alle Fossilien, die Sie zu Gesicht bekommen, nach Hause. Benutzen Sie auch Ihr Schmetterlingsnetz gut, denn ich sehe voraus, daß sich fast alle Ihre kleinen Insekten als neu erweisen werden...

Er faltete die Briefe zusammen, legte sie in die oberste Schublade seiner Kommode und setzte sich dann an den Kartentisch, wo er die Neuigkeiten im Geist noch einmal durchging. Susan, die es mit der Rechtschreibung sehr genau nahm, hatte geschrieben, daß es in seinem Tagebuch einige kleine Fehler gebe. Sie hatte aber einen Satz hinzugefügt, der nicht nur ihren Tadel aufwog, sondern ihn beinahe erschreckte:

> Was für ein nettes, amüsantes Reisebuch wäre es, wenn man es druckte.

Er war so vermessen gewesen sich vorzustellen, daß er ein Buch über die Geologie von Südamerika schreiben würde, hatte schwer und ausdauernd gearbeitet, um Material zu sammeln, und nun beschlossen, das Buch zu schreiben. Aber sein Tagebuch? Er hatte im Lauf der Jahre viele Tagebücher von Weltreisenden gelesen; doch nie war es ihm eingefallen, daß er nur die leiseste Aussicht haben könnte, einen Beitrag zu dieser Art von Literatur zu leisten. Aber er fand, daß es eine begeisternde Idee war. Er würde so weitermachen wie bisher, über alles schreiben, was er sah, glaubte und dachte, einschließlich der Lebensbedingungen der Menschen in den verschiedenen Kulturen und Ländern, durch die er reiste.
Robert FitzRoy hatte mit seiner Post nicht soviel Glück. Als Charles zum Mittagessen zu ihm kam, fand er den Kapitän in einem Zustand tiefer Depression, sein Gesicht war blaß, ein Auge blutunterlaufen. Auf seinem Schreibtisch lag ein Brief von Kapitän Beaufort. FitzRoy blickte geistesabwesend hoch, dann seufzte er.
»Ich habe nur schlechte Nachrichten. Ich muß die *Adventure* abkommandieren. Ich muß die zwanzig Seeleute, die ich in Montevideo geheuert habe, entlassen und ihren Lohn und alle Kosten aus eigener Tasche bezahlen. Die siebenhundert Pfund, die ich für die Instandsetzung ausgegeben habe, muß ich gleichfalls aus meinem Privatkonto begleichen.«
Er sprang auf und ging in der kleinen Kajüte auf und ab.

»Es ist eine bittere Enttäuschung, Charles. Wenn mir die Admiralität erlaubt hätte, die *Adventure* zu behalten, hätten wir alle Lücken in den Seekarten der Westküste Patagoniens füllen und eine zusammenhängende Vermessung entlang der Küste bis zum Äquator durchführen können; dann wären die Galapagos-, Marquesas-, Gesellschafts-, Freundschafts- und Fidschi-Inseln an die Reihe gekommen. Mit den beiden Schiffen hätten wir das alles im Jahr 1836 und einem Teil des Jahres 1837 durchführen können...«

Achtzehnhundertsiebenunddreißig! Das hätte die Dauer der Reise auf sechs Jahre verlängert! Charles zitterte innerlich; sein Äußeres blieb aber ruhig.

»Ihre Land- und Seekarten werden Ihre Rechtfertigung sein. Sie führen eines der größten Vermessungsunternehmen durch, die die Welt je gesehen hat.«

FitzRoy war zu sehr in Melancholie versunken, um sich von schönen Worten allein ablenken zu lassen.

»Jetzt bekritteln mich die Herren der Admiralität. Sie sind so weit gegangen, mir alle drei Beförderungen zu verweigern, die ich vorschlug: Darunter befinden sich John Stokes und ein Bootsmann... Aber meine Arbeit soll nicht darunter leiden!

Ich beabsichtige, während der Winterwochen im Juli und August hierzubleiben. Ich werde an Land Quartier aufschlagen und Stokes sowie King mit mir nehmen. Wir werden mehr Platz, mehr Licht und Ruhe brauchen, als wir an Bord haben. Ich werde Leutnant Wickham zurücklassen, um die *Beagle* wieder instand zu setzen und zu verproviantieren.«

»Dann kann auch ich mehr als einen Monat an Land verbringen! Und eine lange Reise in die Anden unternehmen?«

Er hatte die Freude nicht aus seiner Stimme bannen können. Über das kummervolle Gesicht des Kapitäns huschte ein leises Lächeln.

FitzRoy hatte beabsichtigt, einen einwöchigen Ausflug nach Santiago, der schönen Hauptstadt Chiles, zu unternehmen. Jetzt schüttelte er resigniert den Kopf.

»Ich kann nicht mitkommen. Santiago verfügt über tausenderlei anziehende Neuheiten, die meine Aufmerksamkeit unweigerlich von der langweiligen Routine der Berechnungen und der von beiden Schiffen gesammelten neuen Daten ablenken würden. Ich werde Wickham beauftragen, von der chilenischen Regierung die Erlaubnis zu erwirken, die Küste zu vermessen. Er spricht Spanisch.«

»Tausend Neuheiten sind gerade das, was Sie brauchen, Sir«, widersprach ihm Charles. »Sie würden Ihre Enttäuschungen vergessen und sich für ein weiteres Arbeitsjahr stärken.«

FitzRoy schloß müde die Augen. Charles sprach mit Benjamin Bynoe über seine Befürchtungen.

»Kannst du ihn nicht dazu bringen, Ben, sich zu entspannen? Er arbeitet sich halb zu Tode. Und jetzt, da ihn die Admiralität so kurz hält...«

»Wenn sich der Kapitän einen Arm bräche«, antwortete Bynoe, »würde er mir

erlauben, den Knochen zu richten. Hätte er eine Wunde am Bein, würde er mir gestatten, sie zu reinigen. Aber in die Dinge, die in seinem Kopf vorgehen, in die darf ich mich nicht einmischen. Erschöpfung und Depression liegen außerhalb meiner Kompetenz als Schiffsarzt.«
»Schade«, meinte Charles.

Da er in Valparaíso fünf Wochen verbringen würde, ging er an Land, um sich eine Wohnung zu suchen, und hatte das Glück, Richard Corfield, einen alten Schulkollegen aus Shrewsbury, zu treffen. Sie hatten einander in ihren Jugendjahren gekannt, und Charles hatte Corfields Familienhaus in Pitchford, einem kleinen Dorf unweit von Shrewsbury, besucht. Richard Corfield war zwei Jahre älter als Charles, vor einigen Jahren als Vertreter englischer Fabriken nach Chile gekommen und hatte Erfolg gehabt.
Als die beiden jungen Leute einander lang genug die Hände geschüttelt und ihrer Verwunderung und Freude über das Glück Ausdruck gegeben hatten, sich so fern von daheim zu treffen, erzählte Charles von seiner Stellung als Naturforscher an Bord der *Beagle*. Dann fragte er Corfield, ob er einen freundlichen Engländer kenne, der ihm eine Wohnung vermieten würde.
Corfield lachte.
»Darauf kannst du deinen letzten Penny wetten! Ich wohne in einem reizenden Haus in Almendral, einer Vorstadt, die an einem ehemaligen Badestrand errichtet wurde. Dort gibt es Platz genug. Komm um acht mit deinen Sachen. Ich nehme dich zum Abendessen nach Hause mit, du kannst dich dort einrichten.«
Das Wetter war schön, der Himmel blau, und die Sonne schien warm. Charles gefiel Valparaíso mit seiner Hauptstraße, die parallel zur Küste verlief, und den in jedem kleinen, zur Küste führenden Tal eng beisammen stehenden Häusern.
In Corfields Haus gingen alle Räume auf einen viereckigen Hof mit einem kleinen Garten. Er hatte englische Jagdbilder an den Wänden, Männer in roten Jacken auf wohlgenährten Pferden, eine Meute gut gepflegter Hunde bellte in Erwartung der Fuchsjagd. Ein zweiter Gentleman beteiligte sich an den Kosten für das Haus. Wie Corfield erklärte, beliefen sie sich auf die bescheidene Summe von etwa vierhundert Pfund Sterling Jahresmiete, Verpflegung, Wein, zwei Diener und vier Pferde inbegriffen. Als Charles darauf bestand, seinen Anteil zu bezahlen, antwortete der blonde, blauäugige Corfield:
»Also gut, wenn dir das lieber ist, aber ich wäre stolz, wenn du mein Gast wärst. Du hast die gleichen Arithmetikkurse gemacht wie ich, also rechne dir den Anteil aus, den du für richtig hältst.«
Der nächste Tag war Sonntag, und Corfield gab ein Abendessen für Charles, zu dem er einen großen Teil der englischen Kolonie von Valparaíso sowie Kapitän FitzRoy einlud. Charles fand, daß die Gäste gebildeter als die in anderen Städten Südamerikas lebenden Engländer waren. Ein älterer Kaufmann beugte sich über den Tisch und fragte:

»Mr. Darwin, würden Sie so freundlich sein und uns Ihre aufrichtige Meinung über Lyells *Lehrbuch der Geologie* mitteilen? Wir haben Verbindungen zu den Londoner Buchhandlungen und hatten somit die Möglichkeit, seine ersten zwei Bände zu lesen.«
Erstaunt darüber, in Chile Leute zu finden, die Lyells Werk lasen, gab Charles eine ziemlich eingehende Antwort.
Corfield sagte:
»Weißt du, Charles, du wärst ein hervorragender Lehrer. Hast du je daran gedacht, Professor in Cambridge zu werden?«
»Ich habe studiert, um Geistlicher zu werden, Richard, und das erwartet mein Vater von mir. Ich muß aber sagen, daß ich durchaus daran denke, mich mit dem Austausch von Ideen zu beschäftigen.«
Charles wollte möglichst sofort einen Ausflug zum Fuß der Anden machen, bevor der Winter mit Schneefällen einsetzte. Aber nach den gesundheitlichen Schwierigkeiten, die ihm die Seereise beschert hatte, und angesichts des angenehmen Klimas, in dem ein Tag so schön war wie der andere, verbrachte er zwei Wochen der Faulheit und Entspannung und sonnte sich in der Gastlichkeit von Valparaíso.
Am 7. August lief ein Postschiff auf dem Weg nach Norden in den Hafen ein. Es brachte Briefe für die *Beagle* und für Charles. Einer von Caroline mit Datum vom 9. März 1834 enthielt eine Zusammenstellung merkwürdiger Mitteilungen: Die *London Times* berichtete vom Eintreffen mehrerer Sendungen von Fossilien, Vögeln, Vierfüßern, Häuten und Gesteinsproben des Naturforschers Mr. Dawson, die er an Professor Hindon in Cambridge geschickt habe.
»Na schön«, rief er aus, »es ist das erste Mal, daß mein Name in einer englischen Zeitung erscheint, wie kann ich da erwarten, daß er gleich richtig geschrieben wird?«
Er war sehr erleichtert, weil die dritte Sendung Kisten wohlbehalten angekommen war, denn er hielt die Nachricht von ihrem Eintreffen in England für verläßlich, obwohl die *Times* auch den Namen von Professor Henslow verstümmelt hatte. Carolines Brief enthielt noch eine zweite, ebenso überraschende Nachricht. Erasmus arbeitete für Charles in London und noch dazu mit Erfolg. Er hatte Caroline geschrieben:

> Ich besuchte Mr. Clift, den Kurator des Museums am Institut für Chirurgie, und las ihm die Stelle aus Charles' Brief über die Knochen vor. Noch nie war ein Mensch so begeistert. Ich habe nach Cambridge geschrieben, man solle die Fossilien nach London schicken. Der Kurator arbeitet seit zwei Monaten jede freie Stunde an Fossilien, und es scheint ein merkwürdiger Zufall zu sein, daß das Institut den vorderen Teil eines Megatheriumschädels besitzt und daß Charles den Rest davon heimgeschickt hat. Das ermöglicht es ihnen, die Zeichnung zu vervollständigen.

Caroline fügte hinzu:

> Ich bin sicher, mein lieber Charles, daß Du Dich freust, diese Knochen gefunden zu haben, die die Gelehrten so begeistern.

Tom Eyton, auf dessen Gut Charles jedes Jahr kurze Zeit gejagt hatte, besuchte einige Tage den *Mount* und fuhr dann nach Cambridge,

> um zu hören, was die Leute über die Funde sagen, die Du nach Hause geschickt hast.

Woher konnte Tom Eyton überhaupt wissen, daß es in Cambridge zu Diskussionen über seine Sammlungen kam? Es gab im Brief seiner Schwester noch eine dritte erstaunliche Nachricht. Charles' Vater ließ ihn herzlichst grüßen und bat Caroline, ihm zu schreiben, er sei weder böse noch ärgerlich über die letzten fünfzig Pfund, die er von der Bank abgehoben hatte; und Charles solle sich wegen des Geldes keine Sorgen machen, sondern so gut und vorsichtig damit umgehen, als es ihm möglich sei. Dr. Darwin habe seine Tochter gefragt:
»Hast du Charles geschrieben, wie berühmt er ist?«
Charles lachte herzlich beim Gedanken an die Berühmtheit von *Mr. Dawson*, der all diese Sammlungen an Professor *Hindon* in Cambridge geschickt hatte!

2.

Richard Corfield half ihm dabei, Pferde sowie einen verläßlichen *guaso*, Mariano Gonzales, als Führer für seine Reise in die Anden zu besorgen. Gemeinsam mit Corfield und Gonzales kaufte er die Vorräte für die geplante dreiwöchige Reise, denn anders als die Gauchos in den Pampas lebte der *guaso* nicht vom Lande, sondern führte geschnetzeltes Rindfleisch, Maté, Obst und Gemüse mit sich.
Er ging an Bord der *Beagle*, um Kapitän FitzRoy von seiner Abreise in Kenntnis zu setzen. Er hatte den Kapitän dann und wann bei Abendeinladungen in Valparaíso getroffen, die dem Kapitän ebensolche Freude zu machen schienen wie Charles. Nun war FitzRoy im Gesicht aschfahl. Sie speisten schweigend. Gegen Ende der Mahlzeit sah der Kapitän Charles zum erstenmal an.
»Ich kann den Gedanken einfach nicht ertragen«, beklagte er sich, »aber ich muß ein großes Fest für alle Einwohner hier geben, die mich eingeladen haben.«
Charles kannte die Energie, die Kapitän FitzRoy in seine »Erkenntlichkeits«-Einladungen steckte. Er war bereits überanstrengt und tief deprimiert. Charles widersprach in einem, wie er hoffte, beruhigenden Ton.

»Ich sehe unter den gegebenen Umständen keine Notwendigkeit dafür, Sir.«
FitzRoy bekam einen Wutanfall und schleuderte seinen leichten Eßtischstuhl nach hinten auf den Teppich. Sein Gesicht lief rot an.
»Das paßt zu Ihrer Art, ein Mensch, der jede Gefälligkeit annimmt, ohne sich dafür zu revanchieren.«
Charles antwortete nicht. Er hatte nicht das Gefühl, beleidigt worden zu sein; der Ausbruch des Kapitäns war eine Folge seiner angegriffenen Nerven. Er verließ wortlos die Kajüte und ging sofort an Land. Es war das erste Mal in mehr als zwei Jahren, daß Charles und der Kapitän in Streit geraten waren. Er wußte, wenn er wieder an Bord zurückkäme, würde sich der Sturm gelegt haben. Er war erstaunt, als er einige Tage später wieder an Bord kam und Leutnant Wickham ihm zurief:
»Zum Teufel mit Ihnen, Philosoph, ich wünschte, Sie würden mit dem Skipper nicht streiten. An dem Tag, als Sie das Schiff verließen, war ich todmüde, und er hielt mich bis Mitternacht auf Deck fest, um Sie zu verwünschen.«
Mitte August machte sich Charles auf den Weg in die Anden. Gonzales trug eine Hose mit schwarz-grünen Kammgarngamaschen als Schutz und darüber einen lebhaft gefärbten Poncho. Sein Stolz waren seine enorm großen Sporen. Er war ein hervorragender Lassowerfer; die *bola* der Pampas war in diesem zerklüfteten Gelände nicht verwendbar. Charles trug hohe Stiefel, weite Seemannshosen, ein weißes Hemd und eine abgenutzte Windjacke von daheim. Sie ritten kräftige Pferde.
Bald kamen sie zu großen Ablagerungen von Muschelkalk, die sich einige Meter über das Meeresniveau erhoben und so ergiebig waren, daß man sie seit Jahren abbaute und zu Kalk brannte. Sie schliefen unter freiem Himmel, nachdem sie ihr geschnetzeltes Rindfleisch und Maté über einem Reisigfeuer gekocht hatten. Gonzales weigerte sich, mit Charles zu essen, und bestand darauf zu warten, bis Charles aufgegessen hatte und sich hinlegte.
»Warum, Mariano? Wir reisen gemeinsam, wir essen gemeinsam.«
Gonzales schüttelte den Kopf. »Nicht recht. Du Herr. Ich *guaso*. Mietmann essen nach Zahlmann.«
Als die Sonne aufging, tranken sie ihren Maté, dann ritten sie zum Quillote-Tal über eine weite Ebene, die durch kleinere Täler und Flüßchen unterbrochen wurde.
Diese Nacht schliefen sie in einer *hacienda* am Fuß der Anden. Am nächsten Morgen lieh der Verwalter frische Pferde und einen zusätzlichen Führer für seinen Aufstieg auf die *Campana*, die Glocke, einen nahe gelegenen, neunzehnhundert Meter hohen Berg. Der zweite *guaso* band die Pferde aneinander.
»Schlechter Weg«, sagte er. »Steil. Langsam gehen. Zurückkommen bei Licht.«
Es war ein gefährlicher Ritt, aber die geologischen Formationen entschädigten für das stundenlange Klettern. Charles blieb eine Stunde auf dem Gipfel, dann ritt er über den Südhang zurück, durch einen Bambuswald, der bis zu fünf Meter

hoch wurde, und Palmen, die in der ungewöhnlichen Höhe von fünfzehnhundert Metern gediehen.
Der *guaso* von der *hacienda* kannte eine Quelle. Sie halfterten ihre Pferde im Schein eines herrlichen Sonnenunterganges ab, die verschneiten Gipfel der fernen Anden glänzten rubinrot. Als es dunkel wurde, entfachten sie unter einem Bambusbaum ein Feuer. Charles aß Rindfleisch, Pfirsiche, Feigen und Trauben, dann zog er sich zu seinem Sattel und unter seine Pferdedecke zurück, die er ein paar Meter weiter hingelegt hatte. Erst dann aßen die *guasos*.
Charles schlief bei dem schrillen Lärm einer *bizcacha*, eines großen Gebirgskaninchens, und dem schwachen Schrei des Ziegenmelkers ein.
Bei Tagesanbruch erkletterten sie die höchste Stelle eines Bergstocks aus Grünstein, der in kantige Stücke zerfallen war. Manche hielt er für ganz frisch oder erst vor kurzem emporgehoben, andere waren alt genug, um mit Flechten bewachsen zu sein. Er war überzeugt, daß es sich um ein Gebiet mit ständig wiederkehrenden Erdbeben handelt und mied unbewußt mit seinen beiden *guasos* die vielen losen Felsen. Charles lehnte sich mit dem Rücken an einen Baumstamm und schrieb eine tiefschürfende Frage in sein Notizbuch:

> Wer bringt es über sich, nicht die gewaltige Kraft zu bewundern, die diese Berge hochgehoben hat, und noch mehr die unzähligen Zeitalter, die notwendig gewesen sein müssen, um ganze Massive zu zertrümmern, verschwinden zu lassen, einzuebnen?

Statt an diesem Abend schlafen zu gehen, wartete er in einiger Entfernung, bis die Chilenen ihr Abendbrot gegessen, die Pfannen gewaschen und in ihren Satteltaschen verstaut hatten, dann setzte er sich zu ihnen ans Feuer. Sie waren nicht sehr mitteilsam, aber sie waren gewissenhaft und wachten über seine Sicherheit. Charles sprach mit ihnen in einer Art *lingua franca* und erfuhr, daß der chilenische *guaso* zivilisierter war als die *gauchos* der Pampas, was für Charles bedeutete, daß sie etwas von ihrem ursprünglichen Charakter verloren und geduldig Rangordnung und Eigentumsverteilung in ihrer Gesellschaft akzeptiert hatten. Der *gaucho*, ein Halsabschneider und zugleich ein Gentleman, war nicht bereit, sich anzustrengen, es sei denn zu Pferde; der *guaso* konnte gleicherweise für die Arbeit auf den Feldern oder in den Goldminen gemietet werden.
Sie kamen auf dem Weg zu den Kupferminen von Jajuel, die sich in einer Schlucht der Voranden befanden, durch die Stadt Quillota. Der Leiter, ein mit einer Spanierin verheirateter Mann aus Cornwall, lud Charles ein, über Nacht bei ihm zu bleiben. An dem rohen Eßtisch fragte er Charles nach dem Tod von König George IV., von dem er erst kürzlich gehört habe:
»Da George Rex jetzt tot ist, haben wir einen anderen Rex als König?«
»Selbstverständlich«, antwortete Charles mit leisem Lächeln. »König William IV. Ich habe vor mehreren Jahren seiner Krönung in London beigewohnt.«

»In Valparaíso wissen sie es«, brummte der Mann. »Hinauf in die Anden klettert keine Neuigkeit.«
Charles hatte Blumen, Pflanzen und Zweige von Sträuchern gesammelt, die charakteristische Gerüche aufwiesen, Bambus, Palmzweige, Flechten, zahlreiche Kakteen, Akazien und auch Meeresmuscheln von bisher unbekannter Form. Unter den Vögeln fing er einen *el turco* aus der Familie der Drosseln, einen *tapaculo* oder »Bedeck dein Hinterteil«, weil er seinen Schwanz aufrecht trug, und zwei Arten von Kolibris. Er dachte an Henslows Rat und holte Spinnen unter Steinen hervor, Schlangen, Skorpione, Blutegel, gelbliche Eidechsen.
Er war erschüttert von dem harten Los der chilenischen Feldarbeiter. Im Sommer wie im Winter arbeiteten sie von Tagesanbruch bis zur Dunkelheit, wobei ihnen kaum Zeit für die Mahlzeiten blieb. Die Bezahlung betrug ein Pfund Sterling im Monat und Verköstigung: sechzehn Feigen zum Frühstück und zwei kleine Laibe Brot. Zu Mittag gekochte Bohnen, zum Abendessen geröstete Weizenkörner. Fleisch gab es nur ganz selten.
Den Bergleuten ging es noch schlechter als den Feldarbeitern. Sie bekamen fünfundzwanzig Shilling im Monat und ein wenig getrocknetes Rindfleisch, durften aber nur einmal alle zwei oder drei Wochen ihre elenden Berghütten verlassen und ihre Frauen und Kinder besuchen.
Heftiger Schneefall hinderte ihn daran, den Kamm der nahe gelegenen Bergkette zu erreichen, obwohl er hoch hinaufstieg, ehe er in Verwehungen geriet. Er verbrachte fünf Tage damit, das Gebiet rings um die Minen von Jajuel zu erforschen, an allen Flanken der riesigen Berge herumzuklettern. Zersprungene Felsen durchzogen den Grünstein, ein Beweis für die Urkräfte, denen sie ausgesetzt gewesen waren.
Charles und Mariano Gonzales setzten ihre Reise quer durch das Talbecken von San Felipe und den Cerro del Talguen an einem strahlend schönen Tag fort; sie waren unterwegs nach Santiago und zu dem Gasthaus, in dem Richard Corfield für ihn ein Zimmer reserviert hatte.
Am Abend schliefen sie in einem kleinen Rancho, wo ein weiser Chilene erklärte:
»Wenn ich Chile mit anderen Ländern vergleiche, Mr. Darwin, werde ich sehr bescheiden. Manche sehen mit zwei Augen und manche mit einem. Ich meinerseits glaube nicht, daß Chile auch nur mit einem sieht.«
Zwei Tage später kamen sie nach Santiago. Eine Woche lang ritt Charles zu geologischen Studien immer wieder in die Ebene rund um die Stadt. Abends speiste er mit Corfields englischen Freunden. Unter ihnen befand sich Mr. Alexander Caldcleugh, der im Jahr 1825 ein Buch mit dem Titel *Reisen in Südamerika in den Jahren 1819, 1820 und 1821* veröffentlicht hatte. Charles hielt das Buch für oberflächlich.
Er hatte sich entschlossen, auf einem längeren Umweg nach Süden wieder nach Valparaíso zurückzukehren. Er war auf seiner Reise bisher überall gut behandelt

worden, doch nirgends hatte er die berühmte Gastfreundschaft der Pampas gefunden. Er wunderte sich, jeden Morgen feststellen zu müssen, daß sein Gastgeber, auch wenn er reich war, eine geringe Bezahlung, nicht mehr als zwei oder drei Shilling, von ihm erwartete.

Sie ritten in das Tal des Río Cachapol zu den heißen Bädern von Cauquenes, die wegen ihrer Heilkraft berühmt waren. Er beschloß, zwei Tage zu bleiben und zu baden, als er aber bereit war weiterzureisen, wurde er noch zwei Tage lang durch heftige Regenfälle festgehalten. Seine einzige Abwechslung bestand in der Beobachtung der Kondore, die über einem bestimmten Gebiet in großer Höhe kreisten.

Gonzales erklärte:

»Puma töten Kuh. Oder eine gestorben. Wenn Kondor sich setzen, viele schreien ›Puma‹, und alle rennen, um zu jagen.«

Pumas wurden häufig von kleinen Hunden getötet, die ihnen an die Kehle sprangen.

Am 14. September kamen sie zu den Goldminen von Yaquil. Mr. Nixon, der Besitzer, sagte zu Charles:

»Diese Mine hier ist im ganzen einhundertfünfunddreißig Meter tief. Jeder Mann trägt mehr als hundert Pfund auf dem Rücken. Sie bringen ihre Lasten nach oben, indem sie auf Kerben hochsteigen, die links und rechts in die im Schacht befestigten Baumstämme eingeschnitten sind. Wir geben ihnen Brot und Bohnen. Sie ernähren sich lieber von Brot allein, aber das schwächt sie, deshalb zwingen wir sie wegen ihrer schweren Arbeit, die Bohnen zu essen, auch wenn sie sie nicht mögen.«

Charles bemühte sich, seine Stimme keineswegs kritisch klingen zu lassen. »Ist das nicht ein geringes Entgelt dafür, daß sie die schweren Lasten aus der Tiefe nach oben bringen?«

Der Besitzer blieb unbeeindruckt.

»Das wäre es sicherlich für Sie oder mich. Aber die Chilenen sind damit einverstanden. Sie brauchen dringend Arbeit und die paar Shilling, um ihre Familien zu ernähren.«

Schließlich erhielt er noch einen niederschmetternden Einblick in die Volkswirtschaft, als er erfuhr, nach welchem System das Land in Chile bebaut wurde. Der Grundbesitzer gab einem Mann ein Stück Land, das für sich zu bebauen er das Recht hatte. Dafür arbeitete der Mann aber ohne Entgelt jeden Tag seines Lebens für den Grundbesitzer. Bis er einen erwachsenen Sohn hatte, der ihn ablösen konnte, bebauten die Frauen und Kinder das eigene Stück Land. Die Familie blieb ihr Leben lang arm.

Charles fand zwei weitere Gäste im Speisezimmer vor, einen alten spanischen Rechtsanwalt und einen deutschen Naturforscher, Herrn Renous. Beide sprachen Englisch.

Renous wandte sich an den alten Spanier und fragte:
»Was halten Sie davon, daß der König von England einen jungen Mann nach Chile schickt, um Eidechsen und Käfer zu sammeln und Steine zu zerschlagen?«
Der alte Herr überlegte, dann antwortete er:
»Es ist nicht gut. Die Sache muß einen Haken haben. Kein Mensch ist so reich, daß er Leute ausschickt, um solchen Abfall einzusammeln. Mir gefällt es nicht.«
Charles lachte, während Renous sagte:
»Vor einigen Jahren ließ ich in einem Haus in San Fernando einige Raupen in der Obhut eines Mädchens, aus denen dann Schmetterlinge wurden. Darüber wurde in der Stadt geredet. Schließlich berieten die Padres und der Gouverneur und kamen zu dem Schluß, das müsse eine Ketzerei sein. Als ich nach San Fernando zurückkam, wurde ich verhaftet.«
Er blieb vier Tage bei Mr. Nixon, an zwei Tagen war er unpäßlich. Am 19. September setzte er seine Reise fort.
Dann erkrankte er ernsthaft.
Bei seinem Aufenthalt in den Goldminen hatte er ein wenig *chichi* getrunken, das ein schwacher, saurer, frisch gegorener Wein zu sein schien. In Wirklichkeit war es ein starkes Gebräu aus Melasse und Getreide, ein von den südamerikanischen Indianern destillierter Whisky. Einige Nächte später erwachte er und hatte während der langen, qualvollen Stunden bis zum Morgengrauen das Gefühl, daß sich sein Magen und Darm in Säure aufgelöst hatte. An diesem Morgen versicherte ihm sein Gastgeber, ein reicher *haciendero*, wenn er Eier und Brot äße und Maté dazu trinke, würde sein Magen in Ordnung kommen. Charles brachte kaum die Hälfte des Eies hinunter, dann mußte er hinauslaufen und sich übergeben. Er blieb zwei Tage lang im Bett, unfähig, irgend etwas bei sich zu behalten außer ein paar Tropfen Wasser. In seinen Eingeweiden brannte es wie Feuer. Er war überzeugt davon, daß er Fieber hatte. In der dritten Nacht gelang es ihm, ein wenig zu schlafen, und als er erwachte, fand er den Mut, sich auf den Weg nach Valparaíso zu machen. Er klammerte sich verzweifelt mit Schenkeln und Stiefeln an das Pferd und erreichte mit Mühe die nächste *hacienda*. Er litt unter schwerer Gastritis. Er hatte Angst. Seine einzige Hoffnung bestand darin, noch genügend Kraft zu haben, um die Stadt zu erreichen.
Nachdem er am nächsten Morgen nur ein kurzes Stück geritten war, konnte er sich nicht mehr im Sattel halten. Gonzales breitete für ihn eine Decke auf dem Boden aus und deckte ihn mit einer zweiten zu. Er aß nichts und schlief in dieser Nacht nur zeitweise zwischen Fieberanfällen. Sein Mund war trocken, seine Lippen gesprungen. Am nächsten Tag hatte er das Glück, zu einem reichen *haciendero* zu kommen, der ihn in seinem am Meer gelegenen Haus aufnahm und ihm eine dort gebräuchliche Medizin verabreichte. Er blieb zwei Tage unter der freundlichen Fürsorge seines Gastgebers und dessen Frau. Am dritten Tag stand er auf und sammelte eine Anzahl Versteinerungen aus den Ablagerungen einer Formation des Tertiärs, aus der die Ebenen am Meer bestanden.

Es war gegen Ende September, er war schon seit sechs Wochen unterwegs. Er hielt sich für gesund genug, um sich wieder auf den Weg zu machen, fühlte sich aber in der folgenden Nacht äußerst schwach, obwohl er, wie er sich ausdrückte, das ungewöhnliche Glück gehabt hatte, sauberes Stroh zum Schlafen zu bekommen. Wie relativ doch aller Komfort war!
Die Not trieb ihn vorwärts. Er und Mariano Gonzales erreichten an diesem Abend Casa Blanca, wobei der Führer Charles immer wieder mit der Hand an der Schulter oder an der Taille festhielt, weil er auf dem Pferd hin und her schwankte. Am Morgen wußte Charles, daß er am Ende seiner Kräfte war.
Er war seit sechs Tagen in einem Zustand der Erschöpfung und konnte das letzte Stück bis Valparaíso nicht mehr schaffen.
»Mariano, ich kann unmöglich auch nur noch einen einzigen Tag im Sattel bleiben. Reite nach Valparaíso, so schnell du kannst, und komm mit einem Pferd und einer Kutsche zurück.«
Er döste, fiel in eine Art Alptraum mit Rückblenden in anscheinend unzusammenhängende Episoden aus seiner Jugend; er hatte sich, mit Ausnahme einer Erkrankung an Scharlach im Alter von neun Jahren, immer einer robusten Gesundheit erfreut.
Gonzales kam mit einer Kutsche, hüllte ihn in saubere Decken, die er von Corfield erhalten hatte, und fuhr mit ihm über zerfurchte Straßen nach Valparaíso. Corfield kam herausgelaufen, warf einen Blick auf Charles und rief:
»Mein lieber Charles, Sie sind bleich wie die Wand und sehen halb so groß aus, wie Sie tatsächlich sind!«
Corfield und Gonzales entkleideten ihn, zogen ihm ein langes, warmes Nachthemd an, setzten ihm eine Nachtmütze auf und brachten ihn zu Bett. Die Köchin brachte ihm eine Tasse heiße Milch. Charles fiel in einen Schlaf, der eher Vergessen war als Ruhe.
Corfield sandte eine Botschaft an die *Beagle*, und Dr. Bynoe kam so rasch, als hätte ihn eine Kanone der *Beagle* abgefeuert. Er maß Charles' Temperatur und Puls, horchte sein Herz ab und hörte sich die Geschichte von dem unverdünnten Wein an, untersuchte seine Lunge, drückte seinen Magen und Darm ab, worauf Charles vor Schmerz aufschrie. Er ließ Charles mit warmem Wasser abwaschen, einen Barbier kommen, um ihn zu rasieren und ihm den wuchernden patagonischen Bart abzunehmen, und verabreichte ihm Kalomel.
»Es ist ein schrecklicher Zeitverlust, Ben«, stöhnte Darwin. »Ich hatte gehofft, viele Meerestiere zu sammeln.«
»Du wirst selbst zu einem Meerestier werden«, antwortete Bynoe, »wenn du nicht auf dich achtgibst. Es wird mehrere Wochen dauern, bis du wieder umhergehen kannst. Ich werde dich besuchen, sooft ich kann, und werde dir sagen, wann du aufstehen darfst.«
Dann setzte er sich an den Fuß des Bettes und erzählte Charles, daß Kapitän FitzRoy die *Adventure* verkauft hatte. Es war ihm gelungen, hundert Pfund mehr

zu bekommen, als er für sie bezahlt hatte. Dennoch hatte er, wenn man die Auslagen für die Instandsetzung sowie für Lohn und Nahrungsmittel für die zwanzig Matrosen zusammenrechnete, einen Verlust von ungefähr siebenhundert Pfund erlitten.

Charles schüttelte traurig den Kopf.

»Wie trägt er es?«

»Nicht gut. Die nächste Garnitur Seekarten kommt nur langsam voran; sie sind noch nicht soweit, daß man sie an die Admiralität in London senden kann. Er beklagt sich, daß es schwere Arbeit ist, immer nur Arbeit und kein Vergnügen; und das ist sicherlich richtig. John Wickham ist wieder auf der *Beagle,* was dir viel Freude machen wird. Aber Kapitän FitzRoy mußte wegen des herrschenden Platzmangels unseren Künstlerfreund Martens gehen lassen.«

Das Kalomel verursachte Durchfall; die Fababohnen, zu denen ihn Corfields Köchin überredete, verursachten ihm Brechreiz. Aber sein Magen schien besser zu werden. Das gab ihm neuen Auftrieb. Noch viel mehr half ihm eine Mitteilung in einem Brief von Susan. Das angesehene Britische Museum, das zunächst kein Interesse gezeigt hatte, als Charles vorschlug, ihm seine Sammlung zu schicken, war nun über den Teil des Megatheriumschädels, den er Professor Henslow geschickt hatte, entzückt. Das Museum bezeichnete es öffentlich als außerordentlichen Glücksfall, daß Darwins Schädelteil so gut zu dem Stück paßte, das es selbst besaß. Die Gelehrten waren jetzt davon überzeugt, daß die beiden Teile zu ein und demselben Tier gehörten. Charles freute sich ungemein, zugleich dachte er:

»Nicht wahrscheinlich. Es muß in Südamerika Skelette von Tausenden von Megatherien geben.«

Am nächsten Tag besuchte ihn Kapitän FitzRoy. Charles erschrak über die dunklen Ringe unter seinen Augen.

»Sie sehen überarbeitet aus, Kapitän«, rief er. »Ich wünschte, Sie könnten die Seekarten fertigstellen und sie mit einem Schnellboot nach England schicken.«

FitzRoy zog einen Stuhl heran. Seine Stimme klang heiser.

»Unannehmlichkeiten und Schwierigkeiten quälen und bedrücken mich. Ich war gezwungen, meinen Schoner zu verkaufen und alles wieder an Bord der *Beagle* zusammenzupferchen. Wir werden im Pazifik nur die Hälfte der Arbeit durchführen können, die ich mir erhofft hatte.«

Er erhob sich und ging, den Blick nach innen gerichtet, im Zimmer auf und ab, wie Charles es so oft in der Kajüte gesehen hatte; dann blieb er stehen und blickte Charles mit glasigen Augen an.

»Die Admiralität verweigert mir alles. Ständige harte Arbeit und hohe Ausgaben, das und vieles andere hat mich krank und sehr unglücklich gemacht.«

Erst am 13. Oktober konnte Charles sich im Bett aufsetzen. Es hatte sechzehn Tage gedauert, bis er so weit war. Die Offiziere der *Beagle* hatten ihn besucht, sooft sie Landurlaub hatten, ebenso Syms Covington.

Am 14. Oktober berichtete Dr. Bynoe bei seinem täglichen Besuch, daß Kapitän

FitzRoy ihm anvertraut habe, er fürchte für seinen Verstand, das sei in seiner Familie erblich, ein Onkel mütterlicherseits, Lord Castlereagh, habe vor einigen Jahren Selbstmord begangen...
Charles wurde von seinen Gefühlen übermannt. Als Bynoe fort war, bekam er richtig Angst. Während er mit dem Kapitän die Kajüte geteilt hatte, in den langen Stunden ihres Beisammenseins, hatte er gesehen, wie es mit FitzRoy bergab ging. War es möglich, daß er keinen anderen Ausweg sah, als Selbstmord zu begehen? Robert FitzRoy, sein *beau idéal* eines Kapitäns, gutaussehend, klug, ein hervorragender Fachmann, reich, aus königlicher Familie – ein wahrhaft glücklicher Mensch!
Charles warf sich hin und her, zerknüllte sein Kissen zu einer formlosen Masse und schlief in dieser Nacht nicht.
Am nächsten Tag kamen mittags Dr. Bynoe und John Wickham zu Besuch. Wickham verkündete sofort:
»Schlechte Nachrichten, Philos. Der Kapitän hat sich für dienstunfähig erkärt und ist zurückgetreten. Er hat mir das Kommando übertragen.«
»Wie hat er sich für dienstunfähig erklärt?«
»Indem er in meiner Gegenwart einen Brief schrieb. Unter normalen Umständen müßte er nach Hause geschickt werden. Diesmal geschieht das nicht. Ich habe den Brief einfach weggelegt.«
Dr. Bynoe sagte: »Wir glauben, er braucht eine Zwangspause...«
Unter dem Einfluß seiner geblähten Eingeweide und einander widersprechender Gefühle hörte Charles sich sagen: »Dann bin ich entschlossen, die *Beagle* zu verlassen.«
»Handle nicht voreilig«, mischte sich Wickham ein. »Ich glaube, ein großer Teil der Depression des Kapitäns ist eine Folge der ermüdend langen Zeit, die wir an dieser Küste zugebracht haben. In seiner geistigen Verfassung hat er gar nicht bemerkt, daß die Instruktionen der Admiralität besagen, er solle nur so viel von dieser Westküste vermessen, als *ihm Zeit zur Verfügung steht*. Ich werde vorschlagen, daß wir sofort quer über den Pazifik zu den Galápagos-Inseln, nach Tahiti, Neuseeland, Australien und durch den Indischen Ozean zur Spitze von Afrika und nach Hause segeln.«
»Ich weiß, es liegt ihm enorm viel daran, im Südpazifik Vermessungen vorzunehmen«, meinte Charles.
Wickham knirschte mit den Zähnen.
»Wenn ich Kapitän der *Beagle* werden soll, dann nur, wenn die Admiralität mich dazu ernennt, nicht, weil mein Kommandeur dienstunfähig wurde.«
»Ben, darf ich an Bord gehen?«
»Du bleibst hier.«
Als die Männer fort waren, lag Charles im Bett und beschäftigte sich in Gedanken mit seinem eigenen Gefühlsausbruch. Er war oft vor der Länge der Reise zurückgeschreckt, hätte aber die *Beagle* nie verlassen. Er war beharrlich, ja. Er wußte

auch, daß es ihn freuen würde, Shrewsbury und seine Familie wiederzusehen, daß dies aber kein Ausgleich dafür sein konnte, daß er Feuerland ertragen und dann nicht im Pazifik gesammelt und geforscht hatte. Er hätte sich – irgendwie betrogen gefühlt! Aus welchem Grund immer, er mußte zugeben, daß er, obwohl krank, nicht bereit war, nach Hause zu fahren.

Die Tage schleppten sich endlos dahin. Schließlich war er imstande, seinen Schlafrock anzuziehen und in den Garten zu gehen. Gegen Mitte der Woche brachte Bynoe eine weitere Aufmunterung.

»Wickham hat den Kapitän immer wieder gefragt, was er mit seinem Rücktritt bezwecke. Warum er sich nicht damit begnüge, den wichtigsten Teil der Vermessung hier zu erledigen und dann, wie von Kapitän Beaufort angeordnet, über den Pazifik zurückzukehren? John ist schlau; er weiß, wie sehr FitzRoy Beaufort bewundert. Der Kapitän hört ihm schon bereitwilliger zu. Er ruht sich auch aus, vergleicht keine Seekarten mehr, verlangt keine Landkarten, hält keine Inspektion des Schiffs und der Mannschaft ab.« Er fügte hinzu: »An Bord der *Beagle* herrscht allgemeine Trauer über den Entschluß des Kapitäns.«

»Ich hoffe nur, unser Missionar weiß die richtigen Gebete«, sagte Charles.

»Oder war es Wickhams vorsichtige Taktik?« fragte sich Charles, als Benjamin Bynoe und John Wickham gegen Ende der Woche in sein Zimmer gestürzt kamen und riefen: »Der Kapitän hat seinen Rücktritt widerrufen!«

»Ich habe den Brief zerrissen und ins Wasser geworfen!« rief Leutnant Wickham triumphierend.

Charles staunte, als er am nächsten Nachmittag Kapitän FitzRoy in voller Ausgehuniform in der Tür seines Schlafzimmers stehen sah: blaue Jacke mit rotem Stehkragen und Aufschlägen, zwei Reihen Goldknöpfe, den blauen Dreispitz mit Goldlitze auf dem Kopf. Er stand hoch aufgerichtet da und lächelte freundlich.

Charles sprang von seinem Stuhl auf. FitzRoy streckte die Hände aus.

»Mein lieber Fliegenfänger, ich muß mich entschuldigen, daß ich Sie nicht öfter besucht habe. Jetzt möchte ich von Ihrer Reise in die Anden hören.«

Charles fragte: »Wann segeln wir ab, Kapitän?«

»Nicht vor zehn Tagen. Die Reparaturen an der *Beagle* sind noch nicht beendet.«

Charles lachte erleichtert. »Und meine Beine zeigen noch immer die Neigung, unter mir zu schlottern.«

Als Benjamin Bynoe ihn am nächsten Tag besuchte, sagte Charles:

»Ich bin froh, daß die *Beagle* erst in zehn Tagen abfahrtbereit ist. Dann werde ich mich schon beträchtlich sicherer fühlen.«

Bynoe grinste. »Die *Beagle* könnte jederzeit auslaufen.«

Charles war verblüfft. »Warum dann...«

»Der Kapitän weiß, daß wir dir nicht zumuten können, seekrank zu werden, bevor dein Magen wieder normal funktioniert.«

In Charles' Augen brannten Tränen.

»Ich bin tief gerührt. Wenn man bedenkt, daß er die Abreise um zehn Tage verschiebt.«
»Das bedeutet, daß unser Skipper wieder guter Laune ist«, sagte Bynoe glücklich, »und wieder die Großzügigkeit zeigt, die wir all die Jahre an ihm kannten. Diese wohlwollende Geste verhilft ihm dazu, seine volle Selbstachtung wiederzugewinnen.«
»Es ist auch eine Aufmunterung für mein Gemüt, Ben«, sagte Charles leise.
H.M.S. Samarang beförderte inzwischen zwei Kisten mit Knochen und Steinen, eine Schachtel mit sechs kleinen Flaschen und einem großen Glasbehälter nach Portsmouth. Mit Hilfe von Syms bereitete er zwei weitere Schachteln vor, die *H.M.S. Challenger* mitnehmen sollte, obwohl dieses Schiff erst im kommenden Januar absegelte. Dabei handelte es sich um viele Vogelbälge, Pillenschachteln mit Insekten, einige davon besonders empfindlich, getrocknete Fadenwürmer, Pflanzen mit zusammengenähten Blättern und eine sorgfältig verkorkte Flasche mit Wasser und Gas von den heißen Bädern in Cauquenes. Er hoffte, daß jemand in Cambridge eine chemische Analyse vornehmen würde. Er sandte mit der *Challenger* auch einen Brief an Henslow und legte, fünf Minuten bevor er die Schachtel verschloß, einen Teil seines Tagebuches bei. Seinem Sachwalter schrieb er:

> Sie können sich natürlich, wenn Sie dazu Lust haben, mein langweiliges Tagebuch ansehen. Würden Sie es dann bitte mit der Postkutsche an Dr. Darwin in Shrewsbury schicken?

Er war bereit, an Bord der *Beagle* zurückzukehren.

3.

Die *Beagle* lichtete am 10. November 1834 die Anker und lief aus dem Hafen von Valparaíso aus.
Bald wurde es Dezember, dann kam Weihnachten, drei Jahre seiner Reise waren vorbei. Das Jahr 1835 begann mit einem heftigen Sturm. Die *Beagle* war zunächst südwärts nach Chiloë zurückgesegelt und lief nun nordwärts zum Ankerplatz Valdivia. Charles und Syms machten lange Wanderungen in den dortigen Wäldern, sie sammelten alles, was sie fanden, Tiere, Pflanzen, Mineralien. Auf einem dieser Ausflüge legte sich Charles kurz vor Mittag auf den Boden, um sich auszuruhen.
Kaum hatte er sich hingelegt, spürte er, wie die Erde bebte. Er war sich einer schaukelnden Bewegung bewußt, eines Wogens unter ihm, wie auf der *Beagle*

in einer Quer-Kabbelung. Es fiel ihm nicht schwer aufzustehen, aber die Schaukelbewegung unter seinen Füßen machte ihn schwindlig. Das Knirschen, Schlingern, Verschieben dauerte volle zwei Minuten.
»Das war ein Erdbeben, Syms. Kehren wir nach Valdivia zurück und sehen nach, was geschehen ist.«
Die meisten Offiziere der *Beagle* befanden sich in der Stadt. Die Holzhäuser waren heftig erschüttert worden, die Nägel zum Teil herausgerissen, aber keine der einfachen Behausungen war zusammengefallen. Erst als sie nach zehntägigen Vermessungen an der Küste nach Concepción kamen, sahen sie die wahren Folgen des Erdbebens. Die *Beagle* lief in den Hafen von Concepción, Talcahuano, ein. Sie erschraken über das, was sie auf der Insel Quiriquina sahen. Kleinere Schiffe waren an den Strand geschleudert worden. Das Erdbeben hatte alle Häuser in dem Dorf zerstört. Die Küste war mit Bauholz und zertrümmertem Mobiliar bedeckt, als ob große Schiffe gestrandet waren. Lagerhäuser waren vernichtet, Säcke mit Baumwolle umhergestreut worden. Eine Flutwelle hatte einen großen Teil der Trümmer fortgeschwemmt.
Er ging auf Suche nach Rissen in der Erde; der größte befand sich unweit der Kliffe an der Küste, er war einen Meter breit. Von den Kliffen waren Gesteinsmassen herabgestürzt; Brocken von zwei Meter Länge, die unter Wasser gelegen hatten und auf denen noch Meerestiere zu sehen waren, waren auf den Strand geschleudert worden.
Es war eine überwältigende Erfahrung. Das ehrfurchtgebietendste Schauspiel, das er je erlebt hatte. Er schrieb in sein Notizbuch:

> Wenn ich in Zukunft eine geologische Formation sehe, die von Sprüngen durchzogen ist, werde ich deren Ursache kennen. Ich glaube, dieses Erdbeben hat mehr zur Erosion oder zur Verringerung der Größe der Insel beigetragen als hundert Jahre natürlicher Verwitterung.

Am nächsten Morgen ging er mit Kapitän FitzRoy und mehreren Offizieren zwölf Kilometer am Bio-Bio-Fluß entlang zur Stadt Concepción. Auch dort lagen Trümmer und Holz auf den Straßen, Häuser waren zusammengestürzt. Nur ein Bogen und ein Stück Mauer der großen Kirche auf dem Platz standen noch aufrecht. Er konnte kaum glauben, daß das einmal eine bewohnte Gemeinde gewesen war. Da die Erdstöße um elf Uhr vierzig vormittags erfolgt waren, waren nur hundert Menschen ums Leben gekommen; aber die Bewohner gruben noch immer nach Toten.
Mr. Rous, der britische Konsul, saß beim Frühstück, als das erste Beben einsetzte. Er hatte die Mitte des Hofes erreicht, als eine Seite des Hauses donnernd einstürzte. Das Beben war so stark, daß er auf Händen und Knien kriechen mußte. Der Himmel wurde von einer riesigen Staubwolke verdunkelt; er konnte nichts mehr sehen, und sein Mund war voller Staub, als er auf die Straße gelangte...

Brände brachen aus; die Strohdächer fielen in die Flammen, die ganze Stadt brannte. Menschen, die nach ihren Angehörigen gruben, wurden halb wahnsinnig. Diebe suchten nach Wertgegenständen, die sie in den Trümmern fanden, dabei schrien sie »*Misericordia*«, während sie weiter Silber und Schmuck stahlen. Die Stadtbewohner machten Pläne für den Wiederaufbau.

»Erdbeben sind stark«, bemerkte FitzRoy, »Menschen sind stärker.«

Mr. Rous nickte zustimmend.

»Es ist ein ungeheurer Unterschied, ob ein Mensch oder alle vom Unglück getroffen werden. Wir haben alle kein Dach über dem Kopf; wir haben alle unseren Besitz verloren. Natürlich kennen die Leute die Ursache des Erdbebens: Vor zwei Jahren wurden einige alte Indianerinnen unhöflich behandelt, die dann durch Zauberei den Vulkan verstopften, und nun kommt das Erdbeben!«

Der Mann kicherte. Charles bemerkte:

»Im Grunde haben die Stadtbewohner recht; die Erfahrung hat ihnen gezeigt, daß es eine Beziehung zwischen der Nichttätigkeit von Vulkanen und Erdbeben gibt. Es besteht Grund zu der Annahme, daß die Erde bloß eine Kruste über einer flüssigen, geschmolzenen Masse ist.«

Als er zur *Beagle* zurückkehrte, schrieb er fast bis zum Morgengrauen in seinem Tagebuch und versuchte, die Verwüstung von Talcahuano und Concepción zu beschreiben. Er endete mit der Feststellung:

> Meiner Ansicht nach haben wir, seit wir England verließen, kein so interessantes Naturschauspiel gesehen. Erdbeben und Vulkanismus gehören zu den bedeutsamsten Phänomenen, denen diese Welt ausgesetzt ist.

Die *Beagle* kehrte am 11. März, einem kühlen Herbsttag, nach Valparaíso zurück. Der Kapitän entschloß sich, mehr Zeit für die Vermessung und die kartographische Aufzeichnung dieses wichtigen südwestlichen Küstengebietes aufzuwenden, da Admiral Beaufort darauf hingewiesen hatte, daß es bis jetzt nie hinreichend vermessen worden sei.

»Tatsächlich«, schrieb er, »stammen die bisherigen ungefähren Kenntnisse, über die wir verfügen, von den alten spanischen Seekarten, die, abgesehen von der Lage bestimmter Häfen, nur den Küstenverlauf so wiederzugeben scheinen, wie er sich dem Augenschein darbietet... Der derzeitige Stand der Wissenschaft macht es erforderlich, daß die jetzigen Vermessungen für alle Zeiten gültig sind. Und daß Küsten, die ständig von englischen Schiffen angelaufen werden, nicht abwechselnd falsch und richtig aufgezeichnet sind.«

Das alles gehörte zu dem ehrgeizigen Ziel Englands: dem Verkauf seiner Industrieerzeugnisse und der Einfuhr der wichtigen Rohmaterialien, die es für seine Industrie brauchte. Südamerika hatte unter der Herrschaft von Spanien und Portugal gestanden, befand sich jetzt aber in politischem Aufruhr und stand dem britischen Einfluß offen.

Charles wurde von Richard Corfield stürmisch empfangen. Corfield zahlte ihm seinen Wechsel über sechzig Pfund bar aus. Charles brauchte das Geld für Vorräte, Proviant und die Führer für seine auf einen Monat geplante Erforschung der Anden, eine Expedition, die ihm zur Verzweiflung seiner Freunde an Bord der *Beagle* sehr am Herzen lag.
Mariano Gonzales, sein ehemaliger Führer, war in Santiago. Charles machte sich in einer Kutsche auf den Weg zu ihm, mit Pferdedecken, Steigbügeln, Sporen und anderen Einkäufen. In Santiago wurde er von Alexander Caldcleugh aufgenommen, während Gonzales einen Maultiertreiber, zehn Maultiere und eine *madrina* auftrieb, eine Maultierstute, die eine große Glocke um den Hals trug. Gonzales erklärte:
»Die Maultiere alle männlich. *Madrina* weiblich. Maultiere folgen Stute, nicht Glocke. Glocke sagt, wo Stute ist. Sie kommen schnell, bleiben in Nähe.«
Sechs Maultiere waren zum Reiten, vier für Lasten bestimmt, vor allem für die Nahrungsmittel, denn sie würden in den steilen Anden nichts Eßbares finden, und wenn sie in einen schweren Schneesturm gerieten, würden sie ohne eigene Vorräte verhungern. Charles deckte sich mit getrocknetem Rindfleisch ein, mit verschiedenen Bohnensorten, Trockenfrüchten, Nüssen, Karamellen, Kaffee, Maté, Kakao, Gewürzen, Zucker und Rum. Caldcleugh stellte ihn Joaquín Prieto, dem Präsidenten von Chile, vor, der liebenswürdig einen Empfehlungsbrief in Charles' Paß schrieb.
Charles lachte über den Anblick, den sie beim Verlassen von Santiago boten: Er selbst, Gonzales und der Maultiertreiber ritten auf Maultieren, die anderen drei Reittiere waren hinter ihnen mit Stricken aneinandergebunden, und dahinter kamen die Lasttiere, deren ausgebauchte Satteltaschen unter ihren kleinen Bäuchen festgegurtet waren.
Sie ritten mehrere Stunden lang über eine sonnenverbrannte Ebene, bis sie zum Taleingang des Maipo-Flusses kamen, der von den hohen Bergen der ersten Gebirgskette eingerahmt war. Knapp vor Einbruch der Nacht passierten sie einen chilenischen Zollposten, wo ihre Satteltaschen und Feuerwaffen inspiziert wurden. Als es dunkel wurde, fanden sie ein Haus, dessen Besitzer bereit waren, ihnen zwei Zimmer für die Nacht zu vermieten. Am nächsten Abend kauften sie Brennholz bei einem Bauern und mieteten eine Weide für ihre Tiere, sie selbst biwakierten in einer Ecke des Feldes und stellten ihre Kochgeräte auf. Charles ging es wieder gut, und er war glücklich; er freute sich der Freiheit seiner Reise, auf der er am Morgen, wenn sie loszogen, nie wußte, wo er abends schlafen würde.
Bei Morgengrauen kochten sie ihr Frühstück, der Maultiertreiber klingelte mit der Glocke, die die *madrina* um den Hals trug, die Maultiere trabten geduldig heran und stellten sich in einer Reihe auf, um gesattelt zu werden.
Sie kamen nur langsam vorwärts. Während sie bergauf ritten, ragten über ihnen die steilen Hänge mehr als tausend Meter in die Höhe, völlig nackt und purpurrot

gefärbt. Als sie an Rinderherden vorbeikamen, die von den höher gelegenen Tälern wegen des herannahenden Winters bergab getrieben wurden, drängte Charles den Maultiertreiber, ein schärferes Tempo einzuschlagen. Er stieg aber oft von seinem Maultier ab, um Gesteinsproben zu sammeln, die er nicht bestimmen konnte, ebenso Gebirgspflanzen, die er in die Satteltaschen packte. Er war enttäuscht darüber, daß es kaum einen Vogel oder ein Insekt zu sehen gab. Diese erste Gebirgskette bildete ein wild zerklüftetes Panorama senkrecht aufragender Gipfel. Er hatte noch nie eine derart eindrucksvolle Bergkette gesehen.
Gegen Abend erreichten sie das Valle del Yeso, das nach Charles' Ansicht ein sehr großer See gewesen sein mußte. Sie folgten dem Lauf des Río Yeso und gelangten zu einer Wasserscheide für das Schmelz- und Regenwasser, von dem ein Teil westwärts in den Pazifischen Ozean, der andere nach Osten in den Atlantik floß. Als sie von dem Paß die dreieinhalbtausend Meter hohen Wände links und rechts emporblickten, stellten sie fest, daß sie sich auf einem steilen Zickzackweg befanden. Jenseits dieser Gebirgsketten lagen noch höhere, vielleicht fünfeinhalbtausend Meter hohe Gipfel, die mit ewigem Schnee bedeckt waren.
Der Aufstieg war langsam und ermüdend. Die Maultiere blieben alle fünfzig Meter stehen, um Atem zu schöpfen. Alle drei Männer hatten in der immer dünner werdenden Luft Schwierigkeiten beim Atmen.
»Das ist *puna*«, erklärte Gonzales. »Eine Krankheit. Wo Schnee ist, ist *puna*. Siehst du Kreuze von Gräbern? Dort Menschen sterben an *puna*.«
Obwohl ihnen das Atmen Mühe bereitete, spürte Charles nur eine gewisse Beklemmung in Kopf und Brust. Er fragte sich, wie Humboldt und seine Begleiter es auf ihrem Weg Hunderte Meilen weit nach Norden geschafft hatten, überhaupt zu atmen. Er fand auf dem Kamm eine Anzahl fossiler Muscheln, die er ausgrub und in seine Ledertasche steckte. In der Nähe des Gipfels, über Feldern von ewigem Schnee, wurde der Wind heftig und eiskalt. Charles fand die Substanz, die Arktisreisende als »roten Schnee« bezeichneten. Er nahm eine größere Menge mit, die er unter dem Mikroskop untersuchen wollte, sobald er zur *Beagle* zurückkam. Auf der Kammhöhe war die Luft glasklar, der Himmel tiefblau, die Aussicht herrlich. Es war nur gelegentlich ein Kondor zu sehen.

Sie stiegen auf der anderen Seite der Bergkette sechshundert Meter bergab und schlugen in etwas weniger als dreitausend Meter Höhe ihr Lager auf. Es gab keinerlei Vegetation. Gonzales versuchte, mit den dicken Wurzeln einer unbekannten Pflanze Kartoffeln zu kochen, aber sie blieben hart und kalt.
Charles bereitete sich ein Lager zwischen den Pferdedecken. Er hatte infolge der großen Höhe Kopfschmerzen, erwachte um Mitternacht und sah, daß der Himmel dicht bewölkt war. Er weckte den Maultiertreiber.
»Besteht die Gefahr, daß ein Sturm ausbricht?«
Der Maultiertreiber betrachtete den Himmel.
»Kein Donner, kein Blitz. Kann nicht schlecht sein.«

Ganz früh am Morgen sammelten Gonzales und der Maultiertreiber weitere Wurzeln, um Feuer zu machen. Es gelang ihnen, das getrocknete Rindfleisch und auch die Bohnen aufzuwärmen, aber den Maté mußten sie lauwarm trinken. Sie ritten zum Fluß der Portillo-Kette. Der Zickzackpfad wurde durch zahlreiche Felsvorsprünge so eingeengt, daß es für die Lasttiere schwierig war weiterzugehen. Die Männer mußten einen Teil der Vorräte abladen, damit die Satteltaschen flacher wurden.

Es war eine Erholung, wieder bergab zu steigen, wieder Vegetation und einen guten Lagerplatz im Schutz großer Felsbrocken zu finden. Die Wolken verzogen sich, der Vollmond und die Sterne glänzten noch mehr in der großen Höhe und der klaren Luft. Die Luft war extrem trocken, so daß Brot und Zucker hart wurden. Als Charles seinen Hammer herausnahm, stellte er erschrocken fest, daß der Holzstiel zusammengeschrumpft war.

Der Abstieg auf der Ostseite des Gebirgszugs in die Ebene war schwierig. In den nächsten Tagen durchquerten sie den seichten Sumpf und die trockene Ebene, die nach Norden zur Stadt Mendoza führten. Die Maultiere legten achtundsechzig Kilometer bis nach Estacado zurück. Am zweiten Tag schafften sie achtzig. Sie kamen am zweiten Abend zu den grünen Gärten des Dorfes Luxan. Im Süden erhob sich eine dunkle, rotbraune Wolke. Gonzales hielt sie für Rauch eines Pampasfeuers. Charles erkannte, daß es ein gewaltiger Heuschreckenschwarm war, der sich seiner Schätzung nach mit einer Geschwindigkeit von fünfzehn bis fünfundzwanzig Stundenkilometern bewegte und dessen riesige Masse sich von sechs Meter über dem Boden bis zu einer Höhe von sechshundert Metern erhob. Der Lärm, den er verursachte, erinnerte an eine starke Brise, die durch die Takelage eines Schiffes weht. Wenn sich die Heuschrecken niederließen, wechselten die Felder ihre Farbe von Grün zu Rotbraun; die Schwärme fraßen die Bäume vollkommen kahl. Die drei Männer sahen, wie die Dorfbewohner Feuer anzündeten und sich bemühten, die Heuschrecken mit Rauch, Geschrei und dem Schwenken von Zweigen abzulenken. Ihre Pflanzungen wurden kahlgefressen.

Luxan war ein kleiner, aber angenehmer Ort am Südende eines fruchtbaren Gebietes. Charles konnte ein Zimmer in einem Haus mieten. Er erwachte einige Stunden später mit einem Gefühl des Ekels. Auf seiner Hand saß eine *benchuca*, ein großer, schwarzer Pampaskäfer. Er sah voller Abscheu, wie das weiche, flügellose, schlanke Insekt, das etwa viereinhalb Zentimeter lang war, über seine Hand kroch, dabei sein Blut saugte und in zehn Minuten dick angeschwollen war. Er verspürte keinen Schmerz, und der Vorgang begann ihn zu interessieren. Er fragte sich, wie lange das Insekt von seinem Blut leben konnte. Zwei Wochen, einen Monat lang? Dann zerdrückte er es und wischte es weg, um weiterzuschlafen. Am nächsten Tag fand er ein lebendes Exemplar, das er aufspießte und auf Baumwolle in eine seiner kleinen Schachteln legte.

Nach zwei Tagen der Ruhe und des Schlemmens mit Wassermelonen und Pfirsichen machte sich die kleine Maultierkarawane auf den Rückweg nach Santiago.

Sie befanden sich noch weit über tausend Meter über dem Meeresspiegel, die Sonne brannte kräftig auf ihre Rücken, und sie ritten durch Wolken von feinem Staub. Vom Kamm des Uspallata-Gebirgszuges, den sie überqueren mußten, sah Charles weißes, rotes, purpurfarbenes und grünes Sedimentgestein, gemischt mit schwarzer Lava, sowie Schichten, die durch Porphyrhügel in vielen Schattierungen von Braun und Hellviolett unterbrochen waren. Er erblickte zum erstenmal Berge, die buchstäblich aussahen wie ein farbiger geologischer Schnitt.
Am nächsten Morgen machten heftiger Sturm und Staubwolken das Satteln der Maultiere schwierig; diesmal schienen sie nicht darauf erpicht zu sein, der *madrina* zu folgen. Bei Einbruch der Nacht kamen sie zum Río de las Vacas. Der Maultiertreiber bestand darauf, daß sie bis eine Stunde nach Tagesanbruch am Flußufer kampierten; um diese Zeit war die Strömung weniger reißend, und sie konnten den Fluß ungefährdet überqueren.
Der nächste Tag brachte konzentrierte Arbeit an großen Muschelablagerungen. Er gelangte zu dem Schluß, daß die Kette der Anden in einem fernen Zeitalter aus mit Wäldern bedeckten vulkanischen Inseln bestanden haben mußte. Er fand Baumstämme, die zu Kieselerde erstarrt und in den Meeressedimentschichten eingebettet waren; einer von ihnen hatte einen Umfang von viereinhalb Metern. Ein großer Teil des Gebirgszuges war vielleicht erst entstanden, seit Südamerika von Menschen bewohnt war. Vielleicht vor zehntausend, zwanzigtausend Jahren? Ihm schien diese Schlußfolgerung richtig zu sein.
Schließlich schlugen sie die Hochstraße nach Santiago ein, überquerten die Guesta de Chacabuco und verbrachten die Nacht in dem stillen Dorf Colina. Charles erwachte, weil immer wieder Schauer über seine Haut und durch seine Eingeweide liefen. Diesmal hatte er keinen sauren Wein getrunken und so ziemlich die gleiche Nahrung zu sich genommen wie all die Wochen auf ihrer Reise. Er hatte auch kein verunreinigtes Wasser getrunken. Da er sich seinen Zustand nicht erklären konnte, fragte er Gonzales:
»Hast du gesehen, daß auch andere Leute in dieser Gegend krank sind?«
»Vielleicht schwarzer Käfer, der dein Blut saugt. In Luxan viele Menschen ganze Zeit krank.«
Er versuchte sich zu erinnern; es war zwei Wochen her, seit die *benchuca* ihn gebissen hatte. Das konnte die Inkubationszeit sein. In den nächsten zwei Tagen war er völlig apathisch, sah nichts und wunderte sich über nichts. Aber als sie am 10. April mittags nach Santiago kamen, fühlte er sich bereits besser. Er beschloß, einen Tag bei Mr. Caldcleugh zu bleiben, um sicher zu sein, daß er wieder gesund war, bevor er sich auf den Weg nach Valparaíso machte. In Valparaíso angelangt, sagte er zu Richard Corfield:
»Ich wurde für meine Mühe vollauf entschädigt, aber es wird hundert Menschen und hundert Jahre brauchen, um dieses Gebirge zu verstehen.«
Er schrieb Susan, daß er seit dem Verlassen Englands noch keine so erfolgreiche Reise unternommen habe, obwohl sie sehr kostspielig gewesen sei, und brachte

seine Freude über die Erweiterung seiner geologischen Kenntnisse in Südamerika zum Ausdruck:

> Für einen Geologen gibt es solche offensichtlichen Beweise von heftigsten Erschütterungen; die Schichten der höchsten Bergspitzen wurden durcheinandergeschleudert wie die Kruste eines zerbrochenen Kuchens.

Er verbrachte die nächsten Tage damit, sich die Haare schneiden, seine Kleidung plätten, seine Wäsche waschen zu lassen, Alkohol für seine Proben zu kaufen, die Vorräte an Metallwaren und Medikamenten aufzufrischen. Er fühlte sich trotz der langen, schwierigen Expedition und seiner längeren Krankheit ausgezeichnet, seine Wangen waren gerötet, und seine Augen glänzten vor Zufriedenheit. Als er in dem großen Spiegel im Gästezimmer unerwartet sein Gesicht erblickte, wandte er sich ihm voll zu, und es wurde ihm klar, daß es nicht mehr das Gesicht des jungen Mannes war, der Plymouth verlassen hatte. Sein Gesicht war reifer geworden, seine Augen waren nicht mehr die eines arglosen Jünglings, sein Mund war so ausgeprägt, daß seine Nase nicht mehr störend wirkte. Sein Haar war ein wenig dünner geworden, seine Stirn höher und paßte nun zu dem stark knochigen Kinn.
»Ich habe mich verändert«, dachte er, »wenn ich auch die täglichen Veränderungen nicht bemerkte. Ich bin als Jüngling fortgefahren und kehre als Mann zurück. Aber als was für ein Mann?«

Die *Beagle* kam nach Valparaíso zurück. Charles ging an Bord, fand Post von daheim und verschlang die Neuigkeiten wie ein Verhungernder. Sogar seine älteste Schwester Marianne, die Dr. Harry Parker geheiratet hatte, als Charles fünfzehn war, und selbst keine Briefe schrieb, bat Caroline um ein Blatt ihres Briefes, um ihm mit ein paar Zeilen zu sagen, daß sie ihn nicht vergessen hatte. Eine Zeile in Carolines Brief veranlaßte ihn, durch den Lukenschacht nach unten in die Kapitänskajüte zu eilen. Er riß die Tür auf, ohne anzuklopfen. FitzRoy wandte sich verwundert um. Charles erklärte:
»Sie sind befördert worden! Meine Schwester las die Bekanntmachung in einer Londoner Zeitung! Endlich wissen wir, für wie wertvoll die Admiralität Ihre Land- und Seekarten hält!«
FitzRoy wurde rot; er umklammerte die Armlehne seines Stuhles. Nach einem Moment rief er:
»Mächtig gute Nachricht, Darwin. Das bedeutet, daß die Admiralität nicht mehr über mich verärgert ist und daß meine Sünden hinsichtlich der *Adventure* und der Schoner vergeben sind. Ich brauche mir keine Sorgen mehr darüber zu machen, daß ich Kapitän Beaufort beleidigt oder mir Feinde im Hydrographischen Amt gemacht habe.« Seine Augen strahlten vor Freude, seine Melancholie lag Seemeilen weit hinter ihm.

Charles bereitete seine neueste Sendung nach Hause vor. Er füllte eine Schachtel mit den empfindlichen Exemplaren, wobei er besonders vorsichtig verfuhr, die zweite mit seinen Gesteinsfunden. Sein letzter Ausflug hatte eine halbe Maultierlast an Gesteinsproben erbracht, denn er erwartete nicht, daß ohne ausreichende Beweise auch nur ein Wort seiner Theorien über die Anden Glauben finden würde.

Sie segelten die zweitausend Kilometer nordwärts nach Lima mit einem stehenden Passatwind. Charles nützte die ruhige See und verbrachte dreizehn Tage damit, seine geologischen Entdeckungen ausführlich zu beschreiben. Er war bereit, an Land zu gehen, als sie in die sieben Meilen von Lima entfernte Hafenstadt Callao einliefen. Doch Peru befand sich dauernd in einem Zustand der Revolution; vier militärische Gruppen kämpften um die Herrschaft. Mr. Belford Hinton Wilson, der etwa vierzigjährige britische Generalkonsul, warnte ihn.

»Gehen Sie nicht allein an Land, und schon gar nicht in die weitere Umgebung. Vor kurzem ritten Lord Clinton, ein Franzose und ich aus, und wir wurden von einer Abteilung Soldaten, in Wirklichkeit Räuber, überfallen, die uns so gründlich ausplünderten, daß wir nackt, nur in Unterhosen, zurückkamen. Die Räuber schwenkten patriotisch die peruanische Fahne und riefen abwechselnd ›*Viva la Patria*‹ und ›Gib mir deine Jacke‹, ›*Libertad! Libertad!*‹ und ›Runter mit deinen Hosen!‹ «

Charles mußte lachen.

»Ich habe aber gelesen, daß Lima zwar klein, doch wunderschön sei. Wie komme ich dorthin? Ich muß die Stadt sehen.«

»Es verkehrt eine gut bewachte Kutsche, zweimal täglich. Ich komme mit Ihnen.«

Zehn Tage später war er in Lima; die Stadt lag in einer kleinen Ebene, die durch das allmähliche Zurückweichen des Meeres entstanden war. Sie befand sich in einem erbärmlichen Zustand des Verfalls, die Straßen waren ungepflastert und voller Unrat. Man sah keine geschäftige Betriebsamkeit und nur wenige Kutschen, Karren und Lasttiere; doch es gab viele schöne Kirchen. Der Generalkonsul gab ein Abendessen für ihn. Die englischen und europäischen Ortsansässigen waren intelligent und belesen. Doch am besten gefielen ihm die jungen Damen, deren elastische Kleider so eng geschnitten waren, daß sie elegante kleine Schritte machen mußten und dabei die weißen Seidenstrümpfe und die sehr hübschen Füße enthüllten. Sie trugen schwarze Seidenschleier um den Kopf, die hinten an der Taille befestigt waren und ein kokettes Auge frei ließen.

»Aber dieses Auge ist so schwarz und strahlend«, erklärte er dem belustigten Wilson, »und besitzt eine solche Ausdruckskraft, daß es eine sehr starke Wirkung ausübt.«

»Bleiben Sie hier, und heiraten Sie eine von ihnen.«

»Das kann ich nicht, aber wie mir meine Schwestern schreiben, heiraten die schö-

nen englischen Mädchen so schnell, daß kaum mehr eines für mich übrig sein wird, wenn ich nach Hause komme.«
Plötzlich empfand er ein schmerzhaftes Bedürfnis nach einer warmen weiblichen Hand in der seinen, einem schönen Gesicht, das er anblicken konnte. Nur noch vier Monate, dann war er vier Jahre unterwegs. Es war eine lange Zeit, in der er in einer Männerwelt gelebt hatte ohne die Möglichkeit, jungen Frauen Liebe zu spenden oder sie von ihnen zu empfangen.

4.

Er freute sich auf den Besuch der Galápagos, der Schildkröteninseln, die ihren Namen von den riesigen Landschildkröten erhalten hatten. Bischof Berlanga hatte sie zufällig entdeckt, als er von König Karl I. von Spanien ausgesandt worden war und sein Schiff in einer Flaute tausend Kilometer vom südamerikanischen Festland abgetrieben wurde – bis zu der Gruppe vulkanischer Inseln. Charles' Hauptinteresse, sagte er John Stokes, galt »dem Ersteigen eines aktiven Vulkans«.
Nach dem unfreiwilligen Besuch des Bischofs war anderthalb Jahrhunderte lang kein Segelschiff in die Nähe der Galápagos-Inseln gekommen, obwohl sie auf den Karten von Ortelius und Mercator aus dem Jahr 1587 eingezeichnet waren. Die wenigen, die von ihnen wußten, hielten sich von ihren gefährlichen Riffen fern, sie sahen so unheimlich aus, als wären sie aus den Angeln gehoben worden und schwebten über dem Pazifik. Bis die Walfänger und Seeräuber herausfanden, daß es dort Süßwasser und buchstäblich Tausende von Riesenschildkröten gab, die am Leben blieben, wenn man sie übereinander auf dem Unterdeck aufschichtete, und die für Monate frisches Fleisch lieferten. Dann wurden die Inseln so häufig besucht, daß ein Postamt eingerichtet wurde – ein Faß in der Gabelung eines Baumes, in dem Seeleute Post hinterlassen konnten, die von dem ersten Schiff mitgenommen wurde, das in das gewünschte Land segelte. Sie hatten in acht Tagen tausendachthundert Kilometer zurückgelegt und schauten begierig nach Land aus, als der Posten aus dem Mastkorb rief: »Insel gerade voraus, Sir.« Er hatte den Gipfel des Monte Pitt erblickt, am Ende der Insel Chatham. Während die Brise und die Strömung sie vorantrieben, erschienen die Spitzen anderer Berge. Sie machten bei der Insel Hood kurz Station und ließen ein Beiboot zu Wasser, damit Chaffers und Fähnrich Mellersh Ankerplätze auskundschaften konnten. In einer Bucht der Insel Chatham wurde ein Beiboot mit Leutnant Sulivan ausgesetzt, der zehn Matrosen befehligte und die Inseln dieser Gruppe kartographisch aufnehmen sollte. Die Männer entledigten sich ihrer schweren Kleidung in der Hitze der senkrecht über ihnen stehenden äquatorialen Sonne.

Auf den ersten Blick erschienen die Inseln Charles als vollkommen öde; abschüssige symmetrische Kegel aus schwarzer Lava, zur Gänze mit blattlosem Gestrüpp und verkümmerten Bäumen bedeckt. Doch als die *Beagle* im Hafen St. Stephan von Chatham vor Anker ging, stellte er fest, daß die Bucht von Fischen und Schildkröten bevölkert war, die die Köpfe aus dem Wasser steckten. Die Besatzung hängte ihre Angelleinen über die Bordwand, und Charles fing sofort schöne, einen halben bis einen Meter lange Fische. Überall klatschte der schwere Fang auf Deck. Nach dem Mittagessen ging er mit King und Stokes an Land. Er staunte über die vielen Reptilien, die auf der Lava lebten. Es waren nicht nur sich langsam bewegende Schildkröten, die ihren kleinen Kopf auf dem kurzen, dicken Hals aus dem steinharten Panzer streckten, er sah auch glitschige Geschöpfe zu Tausenden auf den niedrigen Felsen übereinander sitzen: »Ekelhafte, schwerfällige Echsen, schwarz wie die poröse Lava, auf der sie liegen«, rief er. »Ich wußte nicht, ob es lebendige Geschöpfe waren, bis ich auf knapp einen Meter an sie herankam.«
Stokes verzog bei dem unheimlichen Anblick das Gesicht:
»Ich habe gehört, daß sie als ›Ausgeburt der Finsternis‹ bezeichnet werden.«
Charles wandte sich ab, ohne daß er versucht hätte, eine zu fangen. Er botanisierte lieber, erstieg den Abhang eines erloschenen Vulkans und sammelte zehn verschiedene Pflanzenarten, die, wie er rief, »so unscheinbar und häßlich sind, daß Professor Henslow glauben wird, ich hätte sie in der Arktis, nicht in den Tropen gefunden«.
Sie rochen auch unangenehm.
Was ihn schon am ersten Tag entzückte, war die Vielfalt von Vögeln, Arten, die er noch nie gesehen hatte.
»Alle neu, alle verschieden! Meine ornithologischen Freunde in England können sich auf einen Hochgenuß gefaßt machen.«
Die Vögel waren Menschen gegenüber so arglos und zutraulich, daß King einen mit seinem Hut tötete und Charles einen Falken von einem Ast schlug.
Die Entdeckungen des nächsten Tages, von einem anderen Ankerplatz vor Chatham aus, waren gleichfalls überwältigend: Die schwarzen Felsen am Ufer wimmelten von hellroten Krabben, der Sandstrand war von Seelöwen bevölkert, die einander zwischen eleganten Schwimmvorführungen im Meer laut zuschrien. Er und Stokes stiegen zur Spitze eines großen, aber niedrigen Kraters empor. Gegen Norden zu war das Land von kleinen schwarzen Kegeln übersät, die Charles als ehemalige Schornsteine für die unterirdischen Lavaströme beschrieb. Mit Hilfe seines Hammers überzeugte er sich rasch davon, daß der Vulkan, den sie bestiegen hatten, einmal unter dem Meeresspiegel gelegen hatte. Er schlug Proben von hartem Stein ab, der aus vulkanischem Staub bestand.
Jeder Tag auf den Galápagos brachte neue Abenteuer, während die *Beagle* von einem Ankerplatz zum anderen wechselte, um die verschiedenen Inseln zu vermessen. Oft nahm Charles seinen zusammengerollten Schlafsack und ein Zelt an Land mit, wobei ihn einer oder mehrere seiner Schiffsgefährten begleiteten. Sie

biwakierten an einem armseligen Bächlein in einem kleinen Tal, überquerten schwarzen Sand, der sogar mit festen Stiefeln schwer zu begehen war, und braunen Sand, der 54° Celsius anzeigte, als sie ein Thermometer hineinsteckten; weiter reichte die Skala des Thermometers nicht!
Auf der Insel James machten sie eine lange Wanderung. Sie gingen etwa zehn Kilometer zu einer etwa tausend Meter hohen Erhebung; es war sehr trocken, sehr heiß, die Bäume waren niedrig und beinahe blattlos, aber kräftiger, als sie bisher beobachtet hatten. In tausend Meter Höhe fanden sie die einzigen Wasserstellen der Insel. Über den höchsten Punkten hingen Wolken; die Feuchtigkeit kondensierte an den Bäumen und tropfte wie Regen nach unten. Es war wundervoll erfrischend.
Da die Matrosen zehn bis fünfzehn Schildkröten täglich an Bord brachten, versuchten Charles und Syms, auch eine zu fangen. Der Lohn für die Mühe bestand in einem kräftigen Zischen, bevor das enorme vorsintflutliche Geschöpf seinen Kopf einzog und sich unbekümmert zu entfernen begann. Charles stellte sich auf den dicken Panzer der Schildkröte, aber das hinderte sie nicht daran, langsam weiterzuwandern.
»Sie hat mich kaum bemerkt!« sagte er lachend. »Ich möchte wissen, wie alt sie ist. Angeblich können sie hundert Jahre alt werden. Der Kaktus, den sie kauen, muß Ponce de Leons Jungbrunnen sein.«
Einige Krater waren hohe Hügel, die immer grüner wurden, je höher man stieg, da sie von einem erfrischenden südlichen Passat bestrichen wurden.
Er erforschte die schwarzen Kraterkegel, die den Rauchfängen der Eisenwerke in Wolverhampton ähnlich sahen, große, kreisförmige Gruben, »die wahrscheinlich zu der Zeit, als die Lava flüssig war, durch einen Ausbruch von Gas entstanden waren«.
Er rief fröhlich:
»Es ist immer herrlich, etwas zu erblicken, das einem längst vertraut ist, aber nur durch eine Beschreibung!«
Er schlief eine Nacht am Strand, dann verbrachte er den nächsten Tag mit dem Sammeln mannigfacher Arten von schwarzem Basalt, vulkanischem Staub, alten Muscheln, Insekten, die er beschreiben, aber nicht klassifizieren konnte; Kakteen, Gestrüpp, Vögeln, den Meeresleguanen, die er zuerst abstoßend gefunden hatte, nun aber wegen der Art bewunderte, wie sie ins Meer glitten, um Nahrung zu suchen, ihrem einzigen Feind, dem Hai, aus dem Weg gingen und zurückkamen, um sich von der Sonne braten zu lassen. In der heißen Tropensonne wurde Charles' Haar rotgolden, so wie es in der Kälte von Feuerland schwarz geworden war.
Er hatte nicht geahnt, wie atemberaubend schön der Archipel war: das strahlende Blau von Himmel und Meer, das bunte Gefieder der unzähligen Vögel: Fregattvögel mit aufblähbarem, orange-rot gefärbtem Kehlsack, Pinguine, die Tölpel mit ihrer weißen Maske und den blauen Füßen; der flugunfähige Kormoran mit sei-

nen verstümmelten, nutzlosen Schwingen, der weitspannende Albatros, Lava- und Schwalbenschwanzmöwe, der Tropikvogel mit dem roten Schnabel, der Nachtreiher, Finken; die kleinen Tümpel, in denen Robbenbabys spielend umhertollten; die Meeresschildkröten, die ein Loch in den Sand gruben, um ihre Eier abzulegen; die Vögel, die ihre Eier in armselige Zweignester auf dem harten Lavaboden oder auf ihre Paarungsplätze hoch oben auf den pockennarbigen, aufgerissenen Bimssteinfelsen legten; die dicken, stummelbeinigen Schildkröten, die aussahen wie Bewohner eines anderen Planeten; der Lärm der Vögel, Reptilien, Fische und Meerestiere. Und hoch oben das grüne Laub, wo der Samen des *palo santo*, der Knopfmangrove, des *matazarno* in der Erde Halt gefunden hatte, den der Wind im Laufe der Äonen herangetragen hatte.
Die Zahl der Fischarten war unglaublich; und an der Küste gab es neben Krabben auch Seesterne, Seeigel, Seegurken, die alle in der weißglühenden Hitze schimmerten.
Er fand nur einen aktiven, rauchenden Vulkan. Als er den Rand erstieg, bemerkte er, daß es kein loderndes Feuer oder flüssige Lava gab. Offensichtlich waren weder die vielen Vulkane auf den einzelnen Inseln noch die Inseln selbst zur gleichen Zeit entstanden, denn jede Insel bestand aus vielen einzelnen, getrennten Lavaströmen, die an den Hängen der Vulkane nach unten geflossen waren. Viele von ihnen hatten das Meer erreicht. Der eigenartige, erregende Aufbau der Inseln, das turbulente Leben im Meer, in der Luft und an den von Muscheln übersäten Stränden erzeugten den Eindruck, als befänden sie sich in einem Laboratorium Gottes, bevor ER genau wußte, wie ER die Erde formen und bevölkern wollte.
Erst als die *Beagle* in einer Bucht der Insel Charles vor Anker lag, ging ihm die wahre Bedeutung der Galápagos-Inseln auf. Er entdeckte es teils selbst beim Studium der Finken, die er auf zwei verschiedenen Inseln gefangen hatte und die verschieden geformte Schnäbel aufwiesen. Für das vollständige Erwachen sorgte Nicholas Lawson, der amtierende britische Gouverneur.
Lawson befand sich im Hafen der Insel Charles, um einen Walfänger zu besuchen, und bot Charles an, ihm den Weg zu einer Siedlung von etwa zweihundert Verbannten zu zeigen, die wegen politischer Vergehen gegen die Regierung aus Ecuador ausgewiesen worden waren. Auf dem sechs Kilometer langen Marsch über einen Pfad aus aufgeschütteter Schlacke zur Mitte der Insel kamen sie an vielen Schildkröten vorbei, die sich mit einer Geschwindigkeit von sechs Kilometern in vierundzwanzig Stunden bewegten.
Lawson meinte:
»Ich behaupte, sofort feststellen zu können, von welcher Insel die verschiedenen Schildkröten hierher kamen.«
Charles blieb stehen.
»Wollen Sie damit sagen, Mr. Lawson, daß jede Insel ihre eigene Art Schildkröten hervorbringt?«
»Das steht außer Frage, Mr. Darwin. Ich lernte vor etwa einem Jahr, sie genau

zu bestimmen. Die Schildkröten der einzelnen Inseln unterscheiden sich vor allem durch ihren Panzer, der höher oder niedriger gewölbt ist und deutlich ausgebauchte Ränder vorn und hinten aufweist. Die Panzer unterscheiden sich außerdem in Farbe und Stärke. Die Schildkröten auf den einzelnen Inseln erreichen auch verschiedene Größen, haben längere oder kürzere Hälse und Beine.«
Charles war verwirrt und fragte Mr. Lawson: »Warum verändern sich ihre äußeren Merkmale und wie geschieht das?«
»Das kann ich nicht sagen, Mr. Darwin. Ich weiß nur, was ich mit eigenen Augen sehe.«
Während der Stunden, die er mit Lawson in dem *pueblo* aus behelfsmäßig auf Pfählen gebauten Hütten mit Strohdächern und kleinen Feldern mit Süßkartoffeln und Bananen verbrachte, plagte ihn das Rätsel der Schildkröten. Er setzte sich auf einen Holzblock bei einer Quelle, die die Tränke der Schildkröten war. Viele der urweltlichen Ungeheuer wanderten mit ausgestreckten Hälsen bergauf, während andere, die sich sattgetrunken hatten, zurückgingen. Er sah zu, wie die Schildkröten die Köpfe bis über die Augen in das Wasser steckten und in vollen Zügen tranken.
»Ich war nachlässig«, sagte er sich. »Ich habe meine Funde von allen Inseln in ein und denselben Sack getan, ohne ihre Herkunft genau zu bezeichnen. Wenn es Unterschiede bei den Schnäbeln der Finken und den Panzern der Schildkröten gibt, muß ich die Tiere von jeder Insel sorgfältig beschriften. Nur so kann ich Vergleiche anstellen und sehen, ob alle Arten – Vögel, Reptilien, Pflanzen – von Insel zu Insel verschieden sind. Das könnte die bedeutendste Entdeckung meiner Reise sein. Was verursacht diese Unterschiede? Das ist der Haken!«

Von den sechsunddreißig Tagen, in denen die *Beagle* Karten der Galápagos-Inseln anfertigte, verbrachte Charles zwanzig an Land. Die bis zu einen Meter langen, mit gelben, rosa und purpurn gefärbten Schuppen bedeckten Landleguane sahen so häßlich aus, daß ihre Häßlichkeit schon wieder schön wirkte, und sie hatten so viele Wechsel angelegt, daß die Männer manchmal Schwierigkeiten hatten, eine Stelle zum Aufschlagen ihrer Zelte zu finden. Diese übergroßen Echsen lebten ausschließlich von Beeren und Blättern, deretwegen sie häufig auf die Bäume kletterten, und von den saftigen Kakteen anstelle von Wasser.
Das Sammeln machte Charles fast schwindlig: über zwanzig Arten von Landvögeln, von denen er sicher war, daß sie noch nie bestimmt worden waren. Alle Pflanzen blühten, denn es war Blütezeit: harte Gräser, Kakteen, Moose, Farne, salzliebende Sukkulenten. Wenn Beiboote zur Vermessung anderer Inseln ausliefen, eines unter Chaffers und Mellersh, das andere unter Leutnant Sulivan, sammelten die Matrosen für ihn kleine Schildkröten, Schlangen, Möwen, Bussarde, Eulen, Tölpel, Waldsänger, Tauben, verschiedene Finken und alle Arten von Pflanzen. Er gab ihnen genaue Anweisungen; sie verwahrten die Ausbeute jeder Insel in einem gesonderten Sack.

Die *Beagle* geriet nur einmal in Schwierigkeiten, und zwar aus Wassermangel. Die Quelle unweit der Küste, auf die sie sich verlassen hatten, war von der Meeresbrandung überspült worden. Alle wurden auf halbe Ration gesetzt.
Sie wurden von einem amerikanischen Walfänger gerettet, dessen Offiziere ihnen freundlicherweise drei Fässer mit Wasser und einen Eimer Zwiebeln schenkten. Kapitän FitzRoy dankte den Amerikanern, dann sagte er zu Charles:
»Das ist nicht das erste Mal, daß die Amerikaner sich zumindest als ebenso gefällig, wenn nicht noch gefälliger erweisen, als es unsere eigenen Landsleute gewesen wären.«
»Was ich am meisten bewunderte, Kapitän, war die herzliche Art, mit der sie ihr Geschenk übergaben.«
»Ich möchte wissen, ob ihre Vorurteile gegen die Engländer ebenso stark sind wie die unseren ihnen gegenüber.«
Leutnant Wickham hatte ihn nach der Insel Chatham gefragt:
»Welchen Eindruck macht die Insel auf Sie?«
»Wie wir uns etwa den kultivierten Teil der Hölle vorstellen.«
Nun hatte sich der Kreis geschlossen; jede Insel, die er besuchte, war vollgestopft mit Tieren im Überfluß. Mit Ausnahme der Riesenschildkröten, die von den Walfängern und Seeräuberschiffen zu Tausenden gefangen wurden, hatten sich alle Lebensformen vermehrt, unberührt vom Menschen, seit die Inseln vor Millionen Jahren in gewaltigen Eruptionen aus dem Meer aufgetaucht waren. Er kannte keinen anderen Ort auf der Welt, wo man die Natur so sehen konnte, wie sie am Tag der Schöpfung gewesen war: unberührt, makellos, unverändert. Wie aber hatte jede dieser Inseln ihre eigenen, leicht zu unterscheidenden Arten hervorgebracht? Noch wichtiger, warum?

5.

Endlich erwies sich der Pazifik seines Namens würdig. Günstige Passatwinde brachten die *Beagle* von den Galápagos-Inseln mit Leesegeln zu beiden Seiten in weniger als vier Wochen nach Tahiti, wobei sie am Tag fast zweihundertfünfzig Kilometer auf dem blauen Ozean zurücklegten. Es war eine glückliche Zeit; Charles beschäftigte sich mit den Beschreibungen der Pflanzen, Vögel und Reptilien, die er auf den Galápagos-Inseln gesammelt hatte, und stellte eifrig Theorien darüber auf, welchem »Schöpfungszentrum« die Lebewesen des Archipels zuzuschreiben waren. Jeden Abend nach dem Dinner lasen er und FitzRoy, der sich für die Rolle interessierte, die die englischen Missionare im Südpazifik spielten, Stellen aus William Ellis' *Polynesian Researches*, das den Missionaren gegenüber positiv eingestellt war, aus F. W. Beecheys *Narrative of a Voyage to the Pacific*, das sich in der Sache neutral verhielt, und aus Kotzebues *Eine neue Reise rund um die Welt* vor, das den Einfluß des weißen Mannes auf die Eingeborenen scharf kritisierte.

Am 15. November war Charles bei Tagesanbruch auf Deck, um den ersten Blick auf Tahiti zu werfen, das Land des Sonnenscheins, des warmen Wassers und der sanften Brisen, das, wie er sagte, »für den Reisenden für immer der Inbegriff der Südsee bleiben muß«.

Die *Beagle* ankerte in der Matavai-Bucht. Vom Bug bis zum Heck waren alle Flaggen gehißt. Charles stand üppiger Schönheit und einer Wand mächtiger, zerklüfteter Berge gegenüber, die sich vor ihnen erhoben wie eine endlose Mauer. Sie wurden von den braunhäutigen Eingeborenen freundlich empfangen und zum Haus des Bezirksmissionars geführt; dann machte Charles einen Erkundungsspaziergang auf gewundenen Pfaden, die in kühlem Schatten zwischen verstreuten luftigen Häusern lagen. Er rief: »Das muß das Paradies sein!« – obgleich es eine Verletzung der 39 Glaubensartikel der anglikanischen Kirche war, hier auf Erden das Paradies zu suchen.

Das einzige bebaute Stück Boden war ein Streifen angeschwemmter Erde am Fuß der hochragenden Berge, der durch ein ringsum verlaufendes Korallenriff völlig geschützt war. Er ging durch einen Garten tropischer Gewächse: Bananen, Kokosnüsse, Orangen, Brotfrüchte, Guaven und dazwischen Anpflanzungen von Yamswurzeln, Zuckerrohr, Süßkartoffeln, Ananas. Der Garten Eden!

Am Nachmittag ließ der Kapitän die Decks klarmachen, damit die Männer von Tahiti in ihren Auslegerkanus anlegen und ihre Waren verhökern konnten. Sie schwärmten über die *Beagle* wie Bienen und verwandelten das Schiff in einen lärmenden Basar: Schweine, Körbe mit Muscheln, Obst, Angelhaken, Stoffballen. Wenn sie sahen, daß jemand Interesse zeigte, riefen sie:

»Ein Dola! Ein Dola!«

Sie wollten keine englischen Münzen annehmen, sondern nur amerikanisches Silbergeld; und merkwürdigerweise war der Preis für alles der gleiche, ein Dollar für ein Schwein oder für einen Angelhaken. Die Männer trugen lose Lendentücher aus Leinen anstatt Hosen. Charles hielt sie für die bestaussehenden Männer, die er je erblickt hatte; sie waren groß, breitschultrig, athletisch; ihre Haut war wie goldenes Kupfer und ihre Gestalt gut proportioniert. Sie waren leicht tätowiert, die Zeichnungen folgten anmutig den Linien des Körpers, was einen geschmackvollen Eindruck machte. In einer Zeichnung glaubte Charles Palmblätter zu erkennen, in einer anderen das Kapitell einer korinthischen Säule. Die Linien gingen vom Rückgrat aus und umschlossen beide Körperhälften. Er war sich darüber klar, daß der Vergleich phantastisch war, fand aber, daß die Körper dieser Männer ebenso geschmückt waren wie der Stamm eines stolzen Baumes durch eine zarte Kletterpflanze. Er mußte an die häßlich bemalten Wilden von Feuerland denken und sagte zu John Dring, einem eifrigen Vogelsammler, der als Ersatz für Rowlett an Bord gekommen war:

»Diese Männer brauchen ihre Früchte nur von den Bäumen zu pflücken und die Fische zwischen den Korallenriffen zu fangen. Mir erscheinen sie als die Seligen Gottes.«
Dring, der an diesem Morgen an Land Schweine und Obst gekauft hatte, blieb einen Augenblick stehen und erwiderte:
»Warum sind dann die Frauen von Tahiti nicht auch schön? Mir erscheinen sie sehr unscheinbar. Es bricht einem das Herz!«
Am nächsten Morgen bestieg Charles einen nahe gelegenen Berg und verwendete seinen Hammer. Er suchte einen Missionar auf, um sich die Namen zweier Führer geben zu lassen, die mit ihm und Syms eine mehrtägige Exkursion tiefer in die steilen Gebirgszüge unternehmen sollten. Auch fragte er den blonden Mann mit der sanften Wesensart und dem dicken Bauch, welchen Einfluß die Missionare auf die Eingeborenen ausübten.
»Sie waren Heiden. Zumeist nackt. Wahrscheinlich gehörten Menschenopfer zu ihren Bräuchen. Wir zogen ihnen Kleider an, machten sie zu Christen. Lehrten sie Sexualmoral. Gewöhnten ihnen ab, den Saft der Avawurzel zu trinken, der eine stark berauschende Wirkung hat. Wir lehrten sie Englisch, unterrichteten sie im Lesen der Bibel; machten ihren heidnischen Tänzen und Gesängen ein Ende, ließen nur Hymnen zu.«
»Sind sie über all das glücklich?«
»Offensichtlich. Sie sehen, wie nett und gastfreundlich alle sind. Sie kommen sonntags zur Kirche. Das ist Beweis genug.«
Syms stopfte Nahrungsmittel, eine Flasche Alkohol und Decken in einen Sack, und sie machten sich auf den Weg. Die zwei jungen Führer, die nur Lendentücher trugen, banden den schweren Sack und die Decken an die zwei Enden einer Stange, die sie abwechselnd auf den Schultern trugen. Ihr Weg führte sie durch die Wälder am Flußufer entlang; bald verengte sich das Tal, die Bergflanken wurden steiler. Nach vier Stunden ständigen Aufstiegs befanden sie sich in einer so engen Schlucht mit senkrechten Wänden, daß Syms sagte:
»Schade. Jetzt sind wir am Ende.«
»Nein, Syms. Die Führer sagen, sie können uns zum Gipfel führen.«
Der ältere der beiden rief:
»Das können wir. Schau. Gesimse. Verwenden Seil.«
Die Tahitier kletterten in den Felswänden wie Bergziegen, dann halfen sie Charles und Syms, zogen sie auf dicht mit wilden Bananen und tropischen Pflanzen bewachsene Gesimse hoch, dann weiter auf die höheren, scharfen Grate, unter denen tiefe Schluchten lagen. Sie kletterten eine dreihundert Meter hohe Wand empor und kamen zu einer herrlichen Bergschlucht.
Am Spätnachmittag erreichten sie flaches Gelände, wo sie ihr Lager aufschlugen. Als Charles den Führern gesagt hatte, sie würden selbst für ihre Verpflegung und Kleidung sorgen müssen, grinsten sie und sagten:
»Haut ist Kleidung. Nahrung genug in Bergen.«

Die Tahitier sprangen mit einem Netz in den nahe gelegenen Fluß, verfolgten die Fische in ihre Schlupfwinkel und kamen mit einem guten Fang zurück. Sie wickelten die zerteilten Fische und Bananen in frisch gepflückte Blätter, so daß kleine Päckchen entstanden, machten ein Feuer aus Zweigen, sammelten zwanzig Steine und schichteten sie auf das brennende Holz, dann legten sie jedes grüne Essenspäckchen zwischen zwei Steine. Das Ganze wurde mit einer Schicht Erde bedeckt, so daß keine Wärme entweichen konnte. Darauf breiteten sie ein Tischtuch aus Bananenblättern aus und brachen Kokosnüsse auf, um sie als Schalen für frisches Wasser aus dem Bach zu verwenden. Als Charles ihnen seine Alkoholflasche anbot, legten sie einen Finger an den Mund und flüsterten: »Missionar!«, bevor sie einen Schluck tranken. Nun waren die zwei Eingeborenen zum Essen bereit, fielen auf die Knie und murmelten christliche Gebete.
»Was bietet der Berg als Nachspeise?« fragte Charles.
»Ti. Wir schneiden Wurzel.«
Der Ti war so süß wie Sirup. Nach Beendigung der Mahlzeit rollte Syms ihre Decken aus. Sie gingen an dem Fluß entlang bis zu einem Wasserfall und zurück, dann schliefen sie ein in den Unterständen, die ihre Führer aus Bananenblättern für sie zusammengebunden hatten.

Am Sonntagmorgen lud FitzRoy Charles und mehrere Offiziere ein, ihn zur Messe in Papeete zu begleiten, die von Mr. Pritchard, dem leitenden Missionar der Insel, zuerst in tahitischer Sprache und dann auf englisch abgehalten wurde. Mr. Pritchard war gebildet, angenehm im Umgang, vernünftig; alles in allem ein guter Mensch, fand Charles. Er lernte noch einen dritten Missionar kennen, einen Mr. Nott, der seit vierzig Jahren auf Tahiti lebte und im Begriff war, die Übersetzung der Bibel in die tahitische Sprache zu beenden. Er war ein freundlicher Mann und eifriger Gelehrter.
Später mietete er ein Kanu und einige Männer und verbrachte den Rest des Tages mit dem Studium der Korallenriffe, die die Lagune begrenzten. Die Korallen waren zart wie Blumen und erstreckten sich meilenweit, sie bildeten ein Riff, dessen einzige Einfahrt Kapitän James Cook im Jahr 1769 gefunden hatte. Die Tahitier sprangen von ihrem Auslegerboot über Bord und brachen fröhlich riesige Stücke ab, damit Charles sie untersuchen konnte.
Korallenriffe schienen die Poesie in der Schöpfung zu verkörpern. Die Korallenstöcke waren unglaublich vielfältig in Größe und Aussehen. Einige ähnelten Schwämmen, andere Sternen, Blütentrauben, Hirschgehörn, Orgelpfeifen. Alles, was sich die menschliche Phantasie ausdenken konnte, war vorhanden. Besonders schön waren die Farbschattierungen der Korallen von hellem Weiß über Bernsteinbraun, Rosa, Gelb, Rosenrot, Blau, Grün, Tiefrot, Purpur bis zu Schwarz.
Als er zur *Beagle* zurückkehrte, beschriftete er die Korallen, dann schrieb er in sein Tagebuch:

> Ich bin der Ansicht, daß trotz der vielen Abhandlungen, die darüber geschrieben wurden, noch wenig über den Aufbau und den Ursprung der Koralleninseln und -riffe bekannt ist.

Er nahm den zweiten Band von Lyells *Lehrbuch der Geologie* zur Hand, der ihn 1832 in Montevideo erreicht hatte, und las:

> Die ovalen oder Kreisformen der vielen Koralleninseln im Pazifik mit den Lagunen in ihrer Mitte erwecken zwangsläufig die Vorstellung, daß sie nichts anderes sind als die Kronen von unterseeischen Vulkanen, deren Kraterränder und -böden von Korallen überwachsen wurden.

Einer Sache war er sich jetzt sicher: Charles Lyell hatte absolut unrecht! Die Korallenriffe waren auf ganz andere Art und Weise aufgebaut worden. Er war entschlossen, noch vor seiner Heimreise herauszufinden, wie das vor sich gegangen war.

Offiziere und Mannschaft waren bester Laune, als sie Tahiti verließen und Kurs auf Neuseeland nahmen. Die Königin der Inseln hatte sich ihres Rufes würdig erwiesen. Die Eingeborenen waren herzlich und gastfreundlich, sie arbeiteten hart, wenn es nötig war. John Stokes hatte bei einer tahitischen Familie gewohnt und dabei die besten Erfahrungen gemacht; Kapitän FitzRoy hatte die dreitausend Dollar geschickt angelegt, die er auf Anweisung von Kommodore Mason in Valparaíso für die Plünderung des britischen Schiffes *H.M.S. Truro* im Jahr 1831 kassiert hatte; Charles hatte sich intensiv damit beschäftigt, eine Entgegnung auf Lyells Schlußfolgerungen über die Eigenart der Korallen zu formulieren. Nach einem schmackhaften Dinner mit frischem Schweinefleisch und tahitischen Kartoffeln lehnte sich FitzRoy lässig in seinem Stuhl zurück, streckte träge die Arme über den Kopf und sagte:
»Philos, Sie arbeiten nun schon seit vier Jahren an Ihrem Tagebuch, und Sie haben mir noch nie eine Seite gezeigt. Würden Sie mich vielleicht ein paar Stellen lesen lassen?«
Der Kapitänssteward räumte den Tisch ab. Charles legte die letzten Seiten seines Tagebuchs vor dem Kapitän auf den Tisch, dann streckte er sich auf dem Diwan aus, um Playfair und Huttons *Theory of the Earth* zu lesen, eines der Bücher, die ihm sein Bruder Erasmus nach Valparaíso geschickt hatte. Er hatte die Theorien der beiden Autoren ungefähr eine Stunde lang in sich aufgenommen, als sich FitzRoy vom Tisch erhob und mit befriedigtem Lächeln, das sein verschlossenes Antlitz erhellte, sagte:
»Mein lieber Darwin, Sie haben unsere Expedition gut beschrieben. Meiner Ansicht nach wäre Ihr Bericht wert, veröffentlicht zu werden.«
Charles sprang vom Diwan auf und sah, daß es der Kapitän ehrlich meinte. Es

stimmte, daß Susan sein Tagebuch bewundert und angeregt hatte, man solle es veröffentlichen. Aber man mußte doch annehmen, daß die eigene Familie voreingenommen war. Von Kapitän FitzRoy gelobt zu werden, der die Reiseliteratur der ganzen Welt kannte, war schon etwas ganz anderes. Er hatte sein Tagebuch geschrieben, um alles, was er auf dieser außergewöhnlichen Reise unternahm, genau festzuhalten. Er hatte nie daran gedacht, es jemals zu veröffentlichen.
»Schon möglich«, gab er zu. »Ich habe vier Jahre lang neben den Bücherregalen in unserer Heckkabine gelebt, die mit Reisebüchern angefüllt sind. Ich konnte die Titel im Dunkeln von meiner Hängematte aus lesen. Wäre es anmaßend, wenn ich mir vorgestellt hätte, daß ich ein ebenso interessantes und wirklichkeitsechtes Buch schreiben könnte?«
Er wußte, daß Kapitän FitzRoys eigene Schilderung der Reise bereits weit fortgeschritten und für die Veröffentlichung bestimmt war. Das war bereits im Marineministerium vereinbart worden, bevor die *Beagle* Plymouth verließ. Kapitän FitzRoys Buch würde ein wichtiger Teil der Geschichte der Seefahrt werden. Aber das Tagebuch von Charles Darwin? Ein junger Mann von sechsundzwanzig Jahren, der im letzten Augenblick als »unfertiger« Naturforscher verpflichtet worden war?
»Schließlich bin ich ein Amateur«, sagte er sich. »Außer Briefen an meine Familie und Freunde habe ich nie etwas geschrieben. Schade!«
Plötzlich fragte er:
»Kapitän, wäre es zu früh für mich, Teile Ihres Tagebuchs zu lesen?«
»Gar nicht.« FitzRoy schloß eine Schublade seines Schreibtisches auf und nahm ein umfangreiches Manuskript heraus.
»Lesen Sie es bitte hier in der Kajüte, und sagen Sie mir, wenn ich es wieder wegschließen kann.«
Während FitzRoy seinen Pflichten nachging, blieb Charles gut zwei Stunden allein. Seine erste Reaktion war: »Wie erstaunlich gut er schreibt! Das werde ich ihm natürlich sagen.«
Was er FitzRoy nicht sagte, als der Kapitän wieder in die Kajüte kam und sein Manuskript wegschloß, war, daß das Tagebuch für Charles' Geschmack zu wenig Kraft und Farbigkeit des Ausdrucks zeigte, daß es auf einige Interessengebiete beschränkt war.
Dann lag er in der Nacht bequem in seiner Hängematte und grübelte über Kapitän FitzRoy nach:
»Ich stand in den letzten zwölf Monaten auf sehr gutem Fuß mit ihm. Es gab nur zweimal Streit in den vier Jahren – bei einem so beengten Lebensraum bemerkenswert! Er ist ein außerordentlicher, vornehmer Charakter, leider beeinträchtigt durch ein sehr unausgeglichenes Temperament. Dessen ist sich niemand mehr bewußt als er selbst, das zeigt er durch seine Versuche, sich zu beherrschen.«
Sie hatten Tahiti am 26. November verlassen. Da ihre fünfte Weihnachtsfeier an

Bord näher kam, hatten alle Heimweh, Kapitän FitzRoy ebenso wie Charles. Nachdem die Brigg mit schweren Gegenseen zu kämpfen hatte, bekamen sie günstigen Wind. Nach fünfundzwanzig Tagen erblickten sie Neuseeland und ankerten am 21. Dezember 1835 geschützt in der Bay of Islands. Charles sah durch sein Fernrohr, daß das Land zartgrün, hügelig, doch mit angenehmen Konturen war und Landzungen in die Bucht hinausreichten. Es kam nur ein Kanu mit mehreren schweigenden Eingeborenen längsseits, in deren Gesichter vom Kinn über die Nase bis zur faltigen Stirn dunkle Spiralen, Kurven, Kreise und Schnörkel eintätowiert waren.

»Kein erfreulicher Anblick«, sagte Leutnant Wickham, der sich nie ganz glücklich fühlte, wenn er nicht auf hoher See war.

Drei Walfänger lagen vor Anker; dahinter sah man kleine Gruppen von viereckigen, nett aussehenden Häusern inmitten von Blumen.

»Sieht sehr englisch aus«, sagte FitzRoy, »aber meinen Informationen zufolge leben die Eingeborenen nicht in weißgestrichenen Häusern mit Rosengärten.«

Charles bemerkte, daß alle Hügel mit steilen Terrassen versehen waren. An Land erfuhr er, daß die Terrassen Befestigungen waren. Die Maoris von Neuseeland gehörten zu den wildesten Stämmen der Erde und hatten einander Jahrhunderte lang bekriegt, wobei sie die Besiegten zu Sklaven machten.

An diesem Abend ging Charles mit Kapitän FitzRoy und Mr. Baker, einem Missionar, der an Bord gekommen war, um sie zu begrüßen, an Land. Im Beiboot berichtete Mr. Baker, der eher realistisch als verbittert wirkte, daß er hier in Kororadika, dem größten Dorf Neuseelands, wenig Erfolg hatte, obwohl einige von den heidnischen Stämmen im Landesinneren zum Christentum bekehrt worden waren. Als sie landeten, erfuhren sie, daß die englischen Einwohner zumeist Sträflinge waren, die aus England verbannt worden und aus Neusüdwales geflüchtet waren. Mr. Baker sagte ruhig:

»Es schmerzt mich, es sagen zu müssen, und ich weiß, es ist nicht die wahre christliche Gesinnung, aber diese Engländer sind zumeist wertlose Menschen, die der Trunkenheit und Lastern aller Art ergeben sind. Wir Missionare erfreuen uns nur geringer Wertschätzung.«

In Mr. Bakers Haus ersuchten sie um die Erlaubnis, daß Richard Matthews sich zu seinem Bruder in den nördlichen Teil von Neuseeland begeben durfte. Nach einer Besprechung erklärten sich die anwesenden Missionare damit einverstanden. Charles freute sich für Matthews. Er hatte nahezu drei Jahre als einsamer Mann an Bord der *Beagle* verbracht, in deren Büchern er als Vollmatrose geführt wurde, ohne aber imstande zu sein, an Bord des Schiffes einen passenden Arbeitsplatz zu finden.

Als Charles erfuhr, daß einige Missionare im Landesinneren, in Waimate, Land zum Ackerbau gekauft hatten, fragte er, ob er ihnen einen Besuch abstatten dürfe.

»Mit Vergnügen, mein lieber Junge. Sie legen einen Teil des Weges mit dem Boot zurück, dann sind es nur noch vier Stunden zu Fuß bis zur Farm. Sie müssen sich

aber Führer nehmen; in diesem unentwickelten Land findet man nur schwer den Weg.«
Der britische Resident, der als Konsul fungierte, führte Charles zu einem Häuptling und ehemals großen Krieger. Er war am ganzen Körper tätowiert. Als Charles fragte, ob er ihm zwei seiner Männer als Führer zur Verfügung stellen könne, antwortete der Häuptling:
»Ich gehe. Wieviel Pfund zahlen?«
»Keine Pfund. Zwei Dollar.«
»Zwei Dola! Viel gut!«
Ihr langer Weg führte über vulkanischen Boden, der für Ackerbau ungeeignet und von hohen Farnen und niedrigen Büschen bedeckt war. Als sie durch Eingeborenendörfer kamen, sah Charles, daß die Behausungen schmutzig waren. Mr. Baker hatte ihm gesagt:
»An Waschen denken sie nie. Von der Geburt bis zum Tod. Sie säubern auch keinen der Gegenstände, die sie benützen. Es gehört einfach nicht zu ihrer Kultur.«
Die Eingeborenen schienen mit den Bewohnern Feuerlands verwandt zu sein. Die außergewöhnliche Art, wie jeder Zentimeter ihres Gesichts tätowiert war, setzte Charles in Staunen. Ihr Gesichtsausdruck war völlig unerschütterlich, ihre Augen voller Verschlagenheit und Wildheit.
»Aber vielleicht liegt es nicht, wie Mr. Baker meint, an der unchristlichen Gesinnung«, sagte er sich. »Möglicherweise machen es ihnen die Einschnitte in ihren Gesichtern unmöglich, etwas anderes zu tun, als unbewegt zu starren.«
Das Ackerland, das von den Missionaren gerodet und bebaut worden war, bot einen schönen Anblick: Felder mit Gerste, Weizen, Klee. In den Gärten wuchsen beinahe alle Obst- und Gemüsesorten von daheim: weiße Bohnen, Gurken, Rhabarber, Äpfel und Birnen, Stachelbeeren, Johannisbeeren, Hopfen, Stechginster für Zäune und Sommereichen.
Er kam am Spätnachmittag zum Haus von Reverend Williams und fand dort eine große Gesellschaft beim Tee. Die englischen Kinder waren sauber und trugen Feiertagskleidung, sie piepsten genauso wie Vögel, die sich von verschiedenen Bäumen aus zuflöteten. Die Lebhaftigkeit der Szene erinnerte Charles an *Maer Hall* und an seine Wedgwood-Kusinen. Die Teestunde war eine Institution, der wichtigste gemeinsame Nenner, der die Engländer zusammenhielt. Alle Anwesenden waren fasziniert von dem Versuch, Richard Matthews in Feuerland anzusiedeln.
»Es war ein Mißerfolg«, schloß Charles seinen Bericht und dachte an die Gefahren und Schwierigkeiten, denen Matthews begegnet war.
»Nein, nein«, rief Williams, »es war der erste Schritt. Ähnlich wie unser erster Schritt in Neuseeland. Aber mit Gottes Segen haben wir schließlich über alle Erwartungen hinaus Erfolg gehabt.«
Am nächsten Tag war Markt in Waimate. Die Eingeborenen brachten Kartoffeln, Pferdemais und Schweine, die sie gegen Decken, Tabak und gelegentlich ein Stück Seife eintauschten. Es war ein interessanter Anblick; ein Markttag so recht nach

Charles' Geschmack. Aber der Rückweg zur Bay of Islands war eine Enttäuschung, denn es gab in den Wäldern nur wenige Vögel und noch weniger sonstige Tiere.
Wieder in Pahia, gesellte sich Charles bei der Messe zu FitzRoy.
»Unsere fünften Weihnachten fern von daheim«, murmelte er. FitzRoy nickte ruhig:
»Und unsere letzten! Das nächste Weihnachtsfest wird in England gefeiert!«
An seinem letzten Tag im Hafen, dem 29. Dezember 1835, machte Charles eine lange Wanderung flußaufwärts. Er begegnete dem Leichenbegängnis einer Häuptlingstochter; sie war vor fünf Tagen gestorben. Die Hütte, in der sie starb, war niedergebrannt und ihre Leiche in zwei Kanus eingeschlossen worden, die von den Holzbildern eingeborener Götter umgeben waren. Alles war rot bemalt. Das Haar des Mädchens war am unteren Ende der Kanus ausgebreitet, ihr Kleid an dem aufrecht stehenden Sarg befestigt worden. Die Verwandten des toten Mädchens hatten ihre Gesichter, Arme und Körper zerkratzt, so daß sie mit geronnenem Blut bedeckt waren. Ein grausiger Anblick.
Es gab zwar wenig Lohnendes für den Naturforscher Charles Darwin in Neuseeland, aber einiges für den Anthropologen, der in seinem Inneren heranwuchs.

6.

Die Fahrt nach Sydney Cove, Neu-Holland (Australien), dauerte dreizehn Tage. Es war ein schöner Hafen voller großer Schiffe, umgeben von Lagerhäusern, die denen in Plymouth ähnelten. Philip King, vor kurzem achtzehn geworden, war außer sich vor Freude. Sydney war sein Geburtsort. Nach vier Jahren würde er seinen Vater, Kapitän King, wiedersehen sowie seine Mutter und die Brüder, mit denen er seit zehn Jahren nicht zusammengetroffen war.
»Charley, du mußt dir ein wenig Zeit für uns nehmen«, sprudelte er hervor, »zu uns nach Hause kommen, meine Familie kennenlernen.«
Charles lachte. »Keine Sorge. Sobald ich einen Ausflug ins Innere gemacht habe, werde ich zwei Tage bei dir verbringen.«
Alle an Bord hatten es freudig begrüßt, daß sie in der Bucht von Sydney ankerten, denn dort mußte sie schon reichlich Korrespondenz erwarten. Als aber das Zubringerschiff von der Küste kam, war kein einziger Brief dabei. Offiziere und Mannschaft waren so bestürzt, als ob der Hauptmast gebrochen wäre. Charles ging mit Kapitän FitzRoy zurück in die Kajüte.
»Ich dachte mir schon in Neuseeland, daß wir vor dem in unseren Postinstruktionen angegebenen Termin hier eintreffen würden«, sagte Charles ärgerlich.
FitzRoy war nicht so betroffen.

»Schade. Aber wir kommen um so viele Wochen früher nach England zurück.«
Am späten Nachmittag wanderte Charles durch die breiten, sauberen Straßen. Es fiel ihm auf, was für eine freundliche Stadt es war, mit gut gebauten Häusern und Geschäften mit reichlichem Angebot. Sie ließ sich mit den Vororten Londons vergleichen. Viele große Häuser waren erst vor kurzem fertiggestellt worden, und noch viel mehr befanden sich im Bau. Sydney schien eine wohlhabende Stadt zu sein; während seines Spaziergangs kamen Gigs, vierrädrige Zweispänner und Kutschen an ihm vorbei, die von livrierten Dienern gelenkt wurden.
»Erstaunlich«, dachte er, »für eine Kolonie, die vor nur achtundvierzig Jahren gegründet wurde. Das ist ein Zeugnis für die Macht der britischen Nation. Ich kann nicht anders, ich muß mir gratulieren, daß ich als Engländer geboren wurde.«
Seine Euphorie war nicht von Dauer.
Er mietete einen Mann und zwei Pferde, um eine Entdeckungsreise zum Dorf Bathurst zu machen, ein fruchtbares Ackerbaugebiet zweihundert Kilometer weit im Landesinneren. Die Schotterstraßen waren gut, er überholte zwei vollbesetzte Kutschen von der Art, wie er sie selbst in England fuhr, und kam an unzähligen Bierschenken vorbei. Er war nicht auf eine Gruppe von Sträflingen in gelbgrau gestreifter Kleidung gefaßt, die in Ketten arbeiteten, bewacht von Posten mit geladenen Gewehren. Es war ein abschreckender Anblick. Er erfuhr, daß die Kettensträflinge wegen eines unbedeutenden Vergehens hier in Australien verurteilt worden waren. Er hatte auch von den Verbrechern gehört, die aus England in dieses Land in die Verbannung geschickt wurden. Ein großer und gefährlicher Teil der Bevölkerung.
Er widmete sich wieder mehr der Beobachtung der Landschaft, deren auffälligstes Merkmal die extreme Einförmigkeit der Vegetation war: lockerer Baumbestand, der Boden teilweise bedeckt von kärglichem Weideland. Er wunderte sich, in einem Land mit einer so reichen Hauptstadt wie Sydney eine so unfruchtbare Landschaft vorzufinden.
Bei Sonnenuntergang kam eine Gruppe von dunkelhäutigen Ureinwohnern vorbei, von denen jeder ein Bündel Speere trug. Sie waren teilweise bekleidet, und einige sprachen ein wenig Englisch. Sie schienen gutmütig zu sein. Charles wandte sich an einen prächtig gebauten jungen Mann und sagte:
»Wenn ich euch einen Shilling bezahle, zeigt ihr mir dann, wie genau ihr eure Speere werfen könnt?«
Er nahm eine Münze heraus und reichte sie dem Burschen. Die Schwarzen, die selten ein Geldstück sahen, da man sie nicht dazu überreden konnte, den Boden zu bebauen, Schafe zu halten, die man ihnen geschenkt hatte, oder Häuser zu bauen und an Ort und Stelle zu bleiben, ließen Rufe der Zustimmung hören. Sie zogen ihr Nomadenleben vor, anscheinend lebten sie von der Jagd.
Der junge Mann rief: »Stecken Mütze.«
Einer seiner Gefährten lief dreißig Meter vor und befestigte die Mütze an einem

niedrigen Ast. Nacheinander warf jeder mit blitzartiger Geschwindigkeit seinen Speer, und alle durchbohrten nacheinander die Mütze.
»Ihr seid großartige Speerwerfer!« rief Charles.
Er klatschte in die Hände, und die Ureinwohner erwiderten das Klatschen, dann gingen sie laut lachend weiter. In dieser Nacht schlief er in einem bequemen Rasthaus bei der Emu-Fähre, fast sechzig Kilometer von Sydney entfernt.
In den nächsten Tagen kam er bis zu den Blauen Bergen, stellte aber fest, daß sie nur schräg abfallende Vorhügel waren. Er grub Sandsteinproben aus. Obwohl die Straßen mit Eukalyptusbäumen bepflanzt waren, sah er weder Häuser noch bebautes Land. In dieser Nacht schlief er im *Blackheath Inn* und ging am nächsten Morgen zum Govett's Leap, von dem aus er einen eindrucksvollen Blick auf den tiefer gelegenen Wald hatte. Wieder zu Pferde, machte er einen Umweg zur Walerawang-Farm, zu der fünfzehntausend Schafe gehörten; auch der für die Verpflegung der Arbeitssträflinge erforderliche Weizen wurde hier angebaut. Charles hatte von dem Mann in Sydney, dem die Farm gehörte, einen Empfehlungsbrief für den Verwalter erhalten.
»Warum bleiben Sie nicht die Nacht über hier? Morgen gehen wir auf Känguruhjagd.«
»Das nehme ich gern an. Ich würde sehr gern ein Känguruh erlegen und das Fell mit nach England nehmen.«
Nach dem Abendessen fragte Charles ruhig:
»Mr. Browne, sind die Sträflinge, die hier arbeiten, alles Verbannte aus England?«
»Jeder einzelne.«
»Wie ich sehe, haben Sie keine bewaffneten Wachen.«
»Nicht notwendig. Ein paar laufen zwar fort, aber die meisten wollen ihre Zeit abbüßen und freie Männer werden. Viele von ihnen befassen sich dann mit dem Handel und verdienen eine Menge Geld. Sie werden zwar nicht in die ersten Kreise der Gesellschaft aufgenommen, aber sie können alles kaufen, was sie wollen.«
Charles erlegte kein Känguruh, sah aber Scharen von weißen Kakadus, die auf einem Kornfeld nach Nahrung suchten, wunderschöne Papageien, Krähen, Vögel, die wie Elstern aussahen, und später in der Dämmerung das berühmte Schnabeltier, ein seltenes eierlegendes Säugetier mit Entenschnabel, das tauchte und auf der Oberfläche eines Teiches herumspielte.
Er verbrachte zehn Tage damit, alle wilden Tiere, die er finden konnte, zu sammeln und über die merkwürdigen Tiere Australiens nachzudenken, das Schnabeltier, das Känguruh, den Koalabären, den Ameisenigel, den Plumpbeutler und den Beuteldachs. Er überlegte:
»Ein Mensch, der alles anzweifelt, was seine Vernunft übersteigt, könnte ausrufen: ›Da müssen sicherlich zwei verschiedene Schöpfer am Werk gewesen sein.‹ Vielleicht würde ein Geologe die Ansicht äußern, daß die einzelnen Schöpfungs-

perioden unterschiedlich und zeitlich voneinander getrennt waren; daß der Schöpfer in seinem Werk eine Ruhepause eingelegt habe.«
Auf dem Rückweg nach Sydney nahm ihn Kapitän King zu seinem Wohnsitz nach Dunheved mit, der etwa sechzig Kilometer außerhalb von Sydney lag. Der Kapitän dankte Charles für seine Freundlichkeit Philip gegenüber, dann erzählte er ihm, der Junge habe beschlossen, die Marine zu quittieren und mit ihnen zusammen Farmer zu werden, worüber sich die ganze Familie freue.
»Kapitän FitzRoy sagte mir, er habe Teile Ihres Reisetagebuchs gelesen«, fuhr Kapitän King fort, »und sie seien recht gut. Ich habe an meinem eigenen Tagebuch von der ersten Reise der *Beagle*, 1826 bis 1830, gearbeitet, aber nur langsam Fortschritte gemacht. Kapitän FitzRoy sagte auch, er werde vielleicht einiges von Ihrem Material mit dem seinen verbinden.«
Charles schluckte krampfhaft, sagte aber nichts.
Am nächsten Tag nahm die Familie King Charles nach Parmetta zu Kings Schwager mit. Charles befand sich dort in einem Haus, das er sogar in England als vornehm bezeichnet hätte. Er war von einer Schar attraktiver junger Mädchen umgeben, die besonders schöne Kleider aus Organdy, Musselin und Seidengaze trugen.
»Wann waren Sie zum letztenmal in London?« fragte er.
Mehrere junge Damen antworteten zugleich.
»Ach, wir sind Australierinnen. Wir wissen nichts von England.«
Und offensichtlich war es ihnen auch gleichgültig!
Wieder in Sydney, erfuhr er, daß fast jedes Thema die Stadt in zwei erbittert verfeindete Lager teilte. Die Bediensteten waren bedingt entlassene Sträflinge, ihr Haß war tief verwurzelt und wurde nur schlecht verhehlt. Die einzigen Themen, über die man sprach, waren Reichtum und Wolle. Als er durch die Stadt ging, fand er in den Buchhandlungen nichts als Schund. Er traf auch den Maler Conrad Martens, der die *Beagle* wegen Platzmangels in Valparaíso hatte verlassen müssen. Martens war auf eigene Faust nach Tahiti gesegelt. Im April 1835 war er im Hafen von Sydney angekommen, wo ihn die Bewohner als Stadtmaler in ihren Schoß aufnahmen. Charles besuchte ihn in seinem behaglichen Heim, dessen eine Hälfte er in ein Atelier umgebaut hatte. Er legte einen Arm um Charles' Schultern, eine Geste, zu der er vor zwei Jahren nicht fähig gewesen wäre.
»Ich verließ Sie und die *Beagle* sehr ungern«, erzählte er, »aber es war für mich zum Besten. Ich verkaufe gut und werde von allen angesehenen Familien herzlich aufgenommen.«
Charles ging im Atelier umher.
»Das sind Bilder, die du nach den Skizzen auf der *Beagle* gemalt hast«, rief er. »Ganz ausgezeichnet. Ich dürfte das Geld eigentlich nicht ausgeben, aber ich würde gern zwei von diesen Aquarellen nach Hause mitnehmen. Das hier mit der *Beagle*, die an der Mündung des Santa Cruz am Strand liegt, während ihr Kupferkiel repariert wird; und dieses aus Feuerland. Was sollen sie kosten?«

»Für dich, Charles, mein Freund, ein *prix d'ami.* Sagen wir, drei Guinees pro Stück.«
»Abgemacht!«
Kurz bevor die *Beagle* nach Hobart Town in Tasmanien segelte, schrieb Charles an Professor Henslow:

> ... Ich muß mich mit dem Gedanken an die Zukunft trösten, und die Gewißheit, daß ich in acht Monaten wieder sehr ruhig in Cambridge leben werde, ist grenzenlos schön. Sicherlich war ich nie zum Weltreisenden bestimmt; meine Gedanken beschäftigen sich immer mit vergangenen oder zukünftigen Ereignissen; ich kann die Freuden der Gegenwart nicht genießen, weil ich mich auf die Zukunft freue, und das ist ungefähr so albern wie der Hund, der den wirklichen Knochen um seines Schattens willen fallen ließ.

An Katty schrieb er:

> ... Ich gestehe, daß ich nie ein Handelsschiff mit Kurs nach England auslaufen sehe, ohne eine höchst gefährliche Neigung zu verspüren auszureißen. Es ist eine wahre und betrübliche Tatsache, daß mir die letzten vier Monate so lang erscheinen wie die zwei Jahre davor. Es gab noch nie ein Schiff so voller heimwehkranker Helden wie die *Beagle.* Wir sollten uns alle schämen.

Hobart auf Tasmanien war der Ort, von dem jeder Geologe träumt. Charles mietete einen Führer, der den Mount Wellington mit ihm auf der Regenseite bestieg. Dickichte mit toten Bäumen und Ästen erschwerten den Aufstieg; es dauerte fünfeinhalb Stunden, bis sie den Gipfel des neunhundert Meter hohen Berges erreichten, doch als Charles oben angelangt war, rief er:
»Das war es wert! Trotz des Stolperns bei jedem Schritt. Welch eine Vielfalt von Landzungen und glitzernden Buchten die Küste bildet!«
Er sammelte zahlreiche Gesteinsproben: Basalt, Lava, Grünstein, gelblichen Kalkstein, der Abdrücke von Blättern, Pflanzen und Bäumen enthielt, die es nicht mehr gab.
Dr. Bynoe bemerkte, daß Charles sich zu lange über sein Vergrößerungsglas beugte, und warnte ihn:
»Du solltest dich jedesmal, wenn du zwei, vier, sechs oder acht Glas schlagen hörst, aufrichten und auf Deck umhergehen. Sonst wirst du mit einem Buckel nach England zurückkehren.«
»Sieh doch, Ben, was sich in diesem Steinfragment fand: ein Rest der Vegetation Tasmaniens aus einer früheren Epoche.«
Bynoe studierte die fossilen Blätter und Zweige unter dem Vergrößerungsglas.

»Wie alt?«
»Wahrscheinlich Millionen Jahre.«
Sie segelten siebzehn Tage durch den Indischen Ozean, wobei sie an der Südküste Australiens Vermessungen vornahmen. Als Charles seine alten geologischen Notizen durchsah, stellte er fest, daß er sie völlig neu fassen mußte. Erst jetzt bemerkte er Schwierigkeiten beim Festhalten seiner Ideen auf Papier. Er murrte Sulivan gegenüber:
»Solange das Schreiben nur aus Beschreiben besteht, ist es ganz leicht. Wenn aber Überlegung ins Spiel kommt und ich einen einigermaßen flüssigen Stil erreichen muß, bedeutet das eine Schwierigkeit für mich, von der ich bisher keine Ahnung hatte.«
Sulivan war überrascht.
»Ich hätte gedacht, daß Sie das nach vier Jahren produktiven Schreibens an Ihrem Tagebuch gelernt hätten.«
»Vielleicht erlernt man das Schreiben nie ganz. Vielleicht gibt es deshalb so wenige große Schriftsteller.«
Auch Kapitän FitzRoy war damit befaßt, seine Berichte über die Reise zu Papier zu bringen. Man sah, daß er von Tag zu Tag ein glücklicherer Mensch wurde. Eines Abends nach dem Dinner sagte er:
»Ich freue mich richtig auf diese Schreibarbeit, die ich vor mir habe.«
»Vielleicht nur deshalb, weil Sie sie nicht dem Hydrographischen Amt vorlegen müssen.«
FitzRoy lächelte Charles an, was äußerst selten vorkam.
»Ich möchte, daß Sie meine letzten Kapitel lesen, Philos. Und dann möchte ich auch die Ihren lesen.«
Beide tauschten ihre Manuskripte aus. Charles fand FitzRoys Stil einfach und lesbar, wenn auch ein wenig langweilig.
FitzRoy gab ihm seine Blätter zurück.
»Darwin, diese zweihundert Seiten sind großartig geschrieben! Vieles ist faszinierend. Nun, ich möchte Ihnen etwas vorschlagen. Bitte zögern Sie nicht, es abzulehnen, wenn es Ihnen nicht richtig erscheint...«
»Alle Ihre Vorschläge sind mir willkommen, Kapitän.« Charles wußte, was folgen würde.
»Ich schlage vor, daß wir unsere Berichte gemeinsam veröffentlichen. Das heißt, daß Sie mir zugestehen, über Ihr Tagebuch zu verfügen, um Teile davon mit meinem zu verbinden.«
Kapitän King hatte recht gehabt!
Charles' Inneres verkrampfte sich. Es war die schlimmste von allen Möglichkeiten. So würde nicht nur das Erscheinen seines eigenen Buches verhindert, sondern das ganze Projekt FitzRoys war sinnlos und ein Mißgriff. FitzRoys Tagebuch war allein etwa fünfhundert Seiten lang, mehr als genug für eine Publikation. Fügte man noch mehrere hundert Seiten von Charles hinzu, würde es unhand-

lich; fügte man weniger hinzu, würde man es verderben. Auch würde kein Verleger bereit sein, eine verstümmelte Version seines Tagebuchs zu drucken, wenn das Kernstück bereits erschienen war. Noch schwerwiegender war die Tatsache, daß sich die beiden Texte ebensowenig vermischen ließen wie schwimmendes Öl und das Salzwasser darunter. Während FitzRoys Beobachterauge ausgezeichnet war, war sein Buch eher technisch, es befaßte sich mit der Leistung der *Beagle* und allem, was beim Aufnehmen von See- und Landkarten rund um die Welt erreicht worden war, wichtiges und wertvolles Material, aber trocken dargeboten. Sein eigenes Manuskript war leidenschaftlich, persönlich, befaßte sich mit vielen wissenschaftlichen Disziplinen; schuld daran war seine intensive Sammeltätigkeit und die Tatsache, daß er sich auch mit dem Leben der Völker, die er besucht hatte, mit ihren Sitten und ihren Vorstellungen befaßte. Doch es gab keine Möglichkeit, diesen Vorschlag abzulehnen! Es war Kapitän FitzRoy, der ihn zu dieser Reise eingeladen, der ihn ermuntert, protegiert und ihm ermöglicht hatte, eine in der Welt einmalige Sammlung zusammenzubringen.
Er hatte seinen Gesichtsausdruck sorgfältig beherrscht, damit FitzRoy nicht erraten konnte, welche Gedanken ihm durch den Kopf gingen. Er antwortete ruhig: »Natürlich bin ich dazu bereit, Kapitän, wenn Sie glauben, daß die oft geschwätzigen und sehr ausführlichen Teile meines Tagebuches der Veröffentlichung wert sind.«
»Ich danke Ihnen herzlich, Darwin. Ich wußte, Sie würden so reagieren.«
Als er angekleidet in seiner Hängematte lag, ohne die Kerzen in dem Kartenraum anzuzünden, fragte er sich:
»War ich ein Heuchler? Ein Feigling? Was hätte ich denn anständigerweise tun können?«
Aber er hatte ja sein Geologiebuch! Es war ein einmaliger Glücksfall, daß es unter den vielen Naturforschern, die auf Schiffen mitreisten, keinen Geologen gab. Hier konnte er unbehindert Neuland betreten. Das würde den Verlust seiner Hoffnungen für das Tagebuch mildern.
Er erhob sich aus der Hängematte, entkleidete sich.
»Ich warte mit nicht geringer Sorge auf den Augenblick, in dem Henslow mit ernstem Gesicht über den Wert meiner Notizen entscheidet. Wenn er den Kopf mißbilligend schüttelt, werde ich wissen, daß ich die Wissenschaft lieber gleich aufgeben sollte, weil die Wissenschaft mich aufgegeben hat. Denn ich habe mit jedem Funken Energie gearbeitet, den ich besitze.«

Der King-George-Sund wies eine neue Ansiedlung von etwa dreißig weiß getünchten Häusern auf inmitten von so ödem und unfruchtbarem Land, daß die Einwohner von gesalzenem Fleisch lebten. Das einzige Abenteuer, das Charles unternehmen konnte, war ein Marsch mit FitzRoy zum »Kahlen Kopf«, wo sie eine Gruppe versteinerter Bäume fanden, die noch so dastanden, wie sie einst gewachsen waren.

»Seltsam!« rief FitzRoy. »Sie sind der Geologe. Wie erklären Sie sich ein solches Phänomen, einen aufrecht stehenden, unberührten steinernen Wald?«
»Oh, er wurde berührt! Von einer Vielzahl von Naturkräften. Lassen Sie mich eine Stunde lang mit meinem Hammer arbeiten.«
Er überlegte sich seine Schlußfolgerung, dann erklärte er dem geduldig wartenden, verwunderten FitzRoy:
»Diese Bäume wurden während einer langen Zeit zu Stein verwandelt, und zwar vom Wind, der Kalksand aufhäufte, den heftige Regengüsse um die Bäume schwemmten. Auf diese Weise wurden die Stämme und Wurzeln luftdicht abgeschlossen. Mit der Zeit starben die Bäume innerhalb ihrer Ummantelung ab. In die Höhlungen wurde Kalk gewaschen, der so hart wurde wie ein Stalaktit. Durch das Wetter ist der weichere Kalküberzug verwittert, und so haben Sie nun einen steinharten Abguß von Bäumen und Wurzeln vor sich, die genaue Nachbildung eines toten Waldes.«
FitzRoys Augen glänzten vor Vergnügen über die geschickte Analyse.
»Philosoph, Ihr Freund Adam Sedgwick hatte recht. Sie sind ein ›unfertiger‹ Geologe!«
Erst drei Wochen später, auf den Keeling-Inseln, nach einer achtzehntägigen Fahrt nordwestwärts im Indischen Ozean, erhob er Anspruch darauf, als Fachmann zu gelten.
Er hatte schon lange Lyells Theorie angezweifelt, daß Korallenriffe auf dem Rand von unterseeischen Vulkanen emporwuchsen. Der Gedanke, daß eine Laguneninsel mit einem Durchmesser von fünfundvierzig Kilometern als Basis einen unterseeischen Krater von gleichen Ausmaßen hatte, erschien ihm absurd. In Tahiti hatte er Korallenriffe gesehen, die sich viele Kilometer weit erstreckten. Es war unmöglich, daß sich auf der Erde oder auch unter dem Meeresspiegel ein Vulkanrand über eine solche Entfernung erstrecken konnte. Seit den ersten Tagen seiner Studien in Südamerika hatte er versucht, eine brauchbare Theorie darüber aufzustellen, wie Korallenriffe entstanden sind. Er hatte zwar einige bruchstückartige Ideen, aber keine vernünftige, logisch zusammenhängende Theorie entwickelt. Nun kam die Erleuchtung in Form eines handfesten Beweises.
An der steilen Außenseite einer der Keeling-Inseln, einem niedrigen, kreisrunden Korallenriff, nahm Kapitän FitzRoy zahlreiche Lotungen mit einer an dem Senkblei befestigten Talgschicht vor. Innerhalb von achtzehn Metern kam das getalgte Lot immer mit dem Abdruck von Korallenpolypen wieder hoch, so sauber, als hätte man es auf einen Grasteppich fallen lassen. Ein Beweis dafür, daß die Polypen lebten.
Als die Tiefe der Lotungen zunahm, sah Charles, daß die auf dem Talg hinterlassenen Abdrücke von lebenden Korallen abnahmen, wogegen die kleben gebliebenen Sandteilchen zahlreicher wurden. Irgendwo zwischen sechsunddreißig und fünfundfünfzig Metern zeigte sich an dem Talg, daß der Boden aus einer Sedimentschicht bestand.

»Kapitän, könnten wir noch einmal Lotungen zwischen neun und achtzehn Metern Tiefe durchführen?« fragte er aufgeregt.
Nach mehreren Stunden der Versuche und Aufzeichnungen stand die unanfechtbare Wahrheit fest. Die äußerste Tiefe, in der Korallenpolypen Riffe bauen konnten, lag bei fünfundfünfzig Metern. Jedes Atoll oder Korallenriff mußte also ursprünglich auf einem Untergrund aus Sand oder Stein in vierzig bis fünfzig Metern mit dem Wachsen begonnen haben.
Er erkannte, daß Riffe von lebenden Korallen sich über Hunderte, sogar Tausende Meilen erstrecken konnten, solange es nur einen Untergrund von Land oder versunkenen Bergen innerhalb dieser beiden Tiefenmarken gab, auf dem die unzähligen Polypen aufbauen konnten, wobei sie sich in vielen Jahrtausenden immer höher übereinander türmten, tropische Buchten und Inselküsten mit gewaltigen Atollen und Lagunenrändern umgaben, wie er sie in Papeete und hier auf den Keeling-Inseln hatte studieren können. Es waren keine vulkanischen Krater unter der Wasserfläche des Ozeans, die das Fundament der Korallenriffe bildeten, sondern Berge, deren Gipfel sich einst über der Meeresoberfläche erhoben hatten und die allmählich versanken und dabei den Boden für die Ansiedlung und das weitere Wachstum der Polypen lieferten.
»Es tut mir leid für Lyell, aber wenn ich nach London zurückkomme, werde ich ihm sagen müssen, daß seine ›Vulkanrand‹-Hypothese jetzt überholt ist«, sagte Charles zu Kapitän FitzRoy. »Ich kann ihm auch noch andere Dinge über Korallenpolypen sagen, die ich beobachtet habe.«
Sein Gesicht rötete sich, er begann an den Fingern seiner Hand aufzuzählen: »Erstens, Korallen können nur in warmem Wasser leben. Zweitens, sie wachsen auf der Windseite und gedeihen dort, wo sie den Wellen, die ihnen Nahrung bringen, am stärksten ausgesetzt sind. Drittens, loses Sediment im Wasser ist für das Wachstum der Korallen schädlich. Viertens, sie vertragen kein Süßwasser. Fünftens, und das wird beträchtliche Arbeit erfordern, Riffe bestehen aus verschiedenen Korallenarten mit ganz verschiedenen Formen, Größen, Strukturen, je nach den unterschiedlichen Lebensbedingungen.«
»Das achte Weltwunder?« schlug FitzRoy vor.
»Ja, Kapitän. Wie unbedeutend sind die Pyramiden im Vergleich zu diesen durch die Tätigkeit winziger, zarter Tiere aufgetürmten Steinbergen!«
Sie unterbrachen ihre lange Fahrt über den Indischen Ozean auf der Insel Mauritius, einer früheren französischen Kolonie, seit 1810 britisch, die durch die Schönheit ihrer Landschaft bekannt war. Die Häuser lagen verstreut vor einem hellgrünen Hintergrund von Zuckerrohrfeldern; in der Mitte bewaldete Berge mit altem vulkanischem Gestein auf den Gipfeln. Die Stadt Port Louis war bezaubernd: saubere Straßen, gut ausgestattete Buchhandlungen, ein reizendes Theater, in dem Opern gespielt wurden, Geschäfte mit den feinsten französischen Luxuswaren. Charles erstieg den »Daumen«, *Le Pouce*, einen Berg, der sich hinter der Stadt achthundert Meter hoch erhob. Er lernte Kapitän Lloyd kennen, den

Generalinspekteur, bekannt durch die Vermessung des Isthmus von Panama, der ihn und Stokes einlud, zwei Tage in seinem zehn Kilometer vom Hafen entfernten Landhaus zu verbringen. Sie kamen an hübschen Gärten vorbei, an Zuckerrohr, das zwischen Lavablöcken wuchs, und ritten auf Kapitän Lloyds Elefanten. Als Charles auf der Veranda saß, bemerkte er:
»Mauritius wirkt elegant, harmonisch. Wie angenehm muß es sein, an einem so stillen Aufenthaltsort sein Leben zu verbringen!«
Kapitän Lloyds gegerbtes Gesicht verzog sich zu einer Grimasse.
»Elegant, ja. Harmonisch, nein. Seit England vor fünfundzwanzig Jahren die Insel von Frankreich übernahm, haben wir die ausgezeichneten Schotterstraßen gebaut, auf denen Sie geritten sind, und den Export von Zucker um das Fünfundsiebzigfache erhöht. Obwohl auf der Nachbarinsel Bourbon, die noch immer unter französischem Protektorat steht, die Straßen jämmerlich und die französischen Einwohner hier auf der Insel durch die gesteigerte Produktivität zu Wohlstand gelangt sind, ist die britische Regierung ganz und gar nicht beliebt. Es herrschen allgemein Eifersucht, Neid und Haß.«
Charles wurde nachdenklich, dann sagte er:
»Leider gibt es kein irdisches Paradies, in das solche Gefühle nicht Eingang gefunden hätten. Reginald Heber, ein englischer Geistlicher, der in Oxford studiert hat, schrieb einmal:

> Wenn jede Aussicht auch gefällt,
> Bleibt niedrig nur der Mensch allein.

Bevor er Mauritius am 29. April 1836 verließ, schrieb er einen Brief an seine Schwester Caroline, der seine Pläne für die Zukunft deutlich machte:

> Ich bin in gehobener Stimmung, was meine Geologiestudien betrifft, und hoffe sogar, daß meine Beobachtungen von gelernten Geologen als nützlich angesehen werden. Mir ist klar, ich werde für ein Jahr in London leben müssen; bis dahin, so hoffe ich, wird in harter Arbeit der größte Teil meines Materials ausgewertet sein.

7.

Sie umrundeten das Südende von Madagaskar und erreichten die afrikanische Küste bei Natal, segelten lange an der Südküste entlang, verloren eine Woche durch Gegenwinde vor Kap Agulhas und gingen schließlich am 31. Mai in der Simon's Bay, am äußersten Ende Afrikas, in der Kapkolonie, vor Anker.

Nach neun Monaten quälender Hoffnung auf Nachrichten von daheim nahmen alle an Bord der *Beagle* an, daß sie ein Haufen Post erwarten würde. Der Berg von Briefen schrumpfte leider zu einem mageren Dutzend zusammen, aber es war wenigstens einer für Charles von seiner Schwester Katty dabei, der nur vier Monate alt war.

Es war herzerquickend zu erfahren, daß es noch am 20. Januar allen gut gegangen war, sein Vater jeden Tag in Shrewsbury lange Spaziergänge machte. Katty hatte im *Mount* Charles' Schlafzimmer übernommen, würde es aber mit größter Freude seinem lieben früheren Besitzer zurückgeben.

Dann kam ein merkwürdiger Absatz:

> ...Wir haben William Fox eines der Büchlein mit den Auszügen aus Deinen Briefen geschickt; alle, die sie gelesen haben, finden großes Vergnügen an ihnen, Professor Henslow schickte ein halbes Dutzend an Dr. Butler; wir sandten auch eines an Deinen Freund Tom Eyton. Er sagt, er habe Dir nach Sydney geschrieben; Du wirst also schon seine Ansicht kennen.

Er starrte verdutzt vor sich hin. Ein kleines Buch von ihm? Welches kleine Buch? Auszüge aus seinen Briefen? Briefe an wen? Professor Henslow habe ein halbes Dutzend der kleinen Bücher an Dr. Butler geschickt, seine Nemesis, den Direktor der Schule in Shrewsbury, der ihn öffentlich getadelt hatte, weil er seine Zeit mit so nutzlosen Dingen wie Chemie vergeudete, und ihn vor der gesamten Schule als »wenig interessiert« bezeichnet hatte. Dann mußten es seine Briefe an Professor Henslow sein. Von dem guten Professor selbst veröffentlicht? Welche Briefe, und was stand darin?

Er setzte sich an eine Ecke des Kartentisches und schrieb voll innerer Unruhe an Katty:

> Ich bin über einen Satz in Deinem Brief ziemlich erschrocken, in dem Du von ›dem Büchlein mit den Auszügen aus Deinen Briefen‹ sprichst. Ich kann nur annehmen, daß sie sich mit einigen geologischen Details befassen. Aber ich habe Henslow immer in der gleichen unbekümmerten Art geschrieben wie Dir, und etwas zu drucken, das ohne besondere Sorgfalt oder Mühe geschrieben wurde, ist wirklich ein Spiel mit scharf geschliffenen Waffen. Wie der Spanier sagt, ›*no hay remedio*‹. Ich habe kein Mittel dagegen.

Dann packte er einen kleinen Seesack, mietete ein Gig und fuhr die fünfunddreißig Kilometer nach Kapstadt. Es war der 1. Juni 1836. Er wurde durch die vollkommen andere Vegetation abgelenkt, die er auf der Fahrt sah, und kam erst spät abends an. Er machte sich auf die Suche nach einer Pension und fand ein sauberes, luftiges Zimmer.

Am nächsten Tag ging er früh am Morgen los, um sich die Stadt anzusehen. Er war erstaunt über die vielen Ochsenwagen auf den Straßen, von denen manche von einer Herde von vierundzwanzig Ochsen gezogen wurden, die zusammen unter dem Joch gingen. Die Straßen der Stadt verliefen im rechten Winkel zueinander, wie er es von spanischen Städten gewohnt war. Die Straßen waren geschottert und mit Bäumen bestanden, die Häuser weiß getüncht. Er sah noch Spuren der alten Burensiedlung. Im Hafen wurden Häute, Talg und Wein für den Export verladen.
Er stand unterhalb des Tafelbergs und blickte mit leicht geöffnetem Mund die elfhundert Meter hohe, senkrechte Wand empor, die bis in die Wolken reichte. Sie bestand aus horizontalen Schichten und verlieh als monumentaler Hintergrund der Stadt etwas Großartiges.
Er mietete zwei Pferde und einen Hottentotten-Reitknecht als Führer ins Landesinnere. Der Hottentotte sprach Englisch und war sauber gekleidet, er trug einen langen Rock, einen Biberhut und weiße Handschuhe. Seine Haut war heller als die der afrikanischen Schwarzen. Die Landschaft bot wenig Abwechslung, es gab wenige Tiere und noch weniger Pflanzen, die man sammeln konnte, kein Baum unterbrach die Einförmigkeit der Sandsteinhügel. Er sah sehr wenige Schwarze und erfuhr, daß sie in den von der Küste weit entfernten Stammesgebieten lebten. Was er sah, waren Hunderte von Buren, die die Kapkolonie verließen; sie nahmen ihre Frauen und Kinder sowie Hausrat in großen Ochsenwagen nach Norden mit, um neue Siedlungen anzulegen, und trieben ihre Rinder- und Schafherden vor sich her. Obwohl er viel Englisch sprechen hörte, wurde ihm bald klar, daß die Buren, obwohl die holländischen Ansiedler von der britischen Verwaltung profitiert hatten, gegen die britische Herrschaft eingestellt waren, insbesondere gegen die Missionare, die die Schwarzen in Reservaten absonderten, um sie vor Ausbeutern zu schützen. Als das britische Parlament die Sklaverei aufhob, hatten die Buren das Gefühl, für ihre Verluste unzureichend entschädigt worden zu sein.
In dieser Nacht schlief er im Haus eines englischen Farmers und kehrte am nächsten Tag über den Sir Lowry's Pass, einen Einschnitt längs der Flanke eines steilen Berges, nach Kapstadt zurück. Er verbrachte einen anregenden Tag mit Dr. Andrew Smith, der eben von einer Expedition in das Innere Südafrikas zurückgekommen war und längere geologische Erkundungen unternommen hatte, sie tauschten ihre Kenntnisse über das Gestein und die Berge entfernter Orte aus. Einmal speiste er mit Thomas Maclear, dem Mitglied der Königlichen Astronomischen Gesellschaft, und lernte dann zu seiner Freude Sir John Herschel kennen, dessen Buch *Introduction to the Study of Natural Philosophy* er mit so großem Interesse in seinem letzten Studienjahr in Cambridge gelesen hatte. Kaum ein Dutzend anderer Bücher hatten ihn auch nur annähernd so beeinflußt wie Humboldts *Reise in die Aequinoktial-Gegenden des neuen Kontinents* und Herschels *Study of Natural Philosophy*. Sir John lud Charles und Kapitän FitzRoy zum Abendessen in sein Haus ein, das umgeben von Tannen und Eichen auf dem offe-

nen Land lag. Nach einem Apéritif zeigte er ihnen seinen Garten, der voll von Zwiebelgewächsen aus der Kapregion war.
Sir John Herschel war vierundvierzig, ein offenherziger Mann, der wenig redete und wenn, dann nur zur Sache. Er war in der Gesellschaft von Kapstadt als Mann bekannt, der immer klare Augen hatte, weil er zu den Sternen emporblickte, aber immer schmutzige Hände, weil er Blumenzwiebeln der Kapkolonie in seinem Garten pflanzte. Beim Nachtisch war er soweit aufgetaut, seine interessantesten astronomischen Entdeckungen aus den zweieinhalb Jahren preiszugeben, seit er England verlassen hatte. Charles erfuhr von ihm viel über die Sterne und Sternhaufen, die er vom Deck der *Beagle* aus beobachtet hatte.
Als sie auf der vorderen Veranda voneinander Abschied nahmen, wandte sich Herschel mit einer persönlichen Anteilnahme und einem Interesse, das er bisher noch nicht gezeigt hatte, an Charles und sagte:
»Wie ich höre, Mr. Darwin, waren wir Mitarbeiter beim Novembertreffen der *Cambridge Philosophical Society*.«
Charles konnte nur wiederholen: »...wir waren... wieso, Sir John?«
»Es wurden Auszüge aus einem meiner Briefe über den Sternenhimmel, den man von der Kapkolonie aus beobachten kann, vorgelesen. Offenbar wurden auch Auszüge Ihrer Briefe an Professor Henslow über die Geologie von Südamerika vorgelesen.«
Charles war stumm vor Staunen, dann gelang es ihm, zu stammeln:
»Welch eine Ehre für mich, Sir John... in Ihrer Gesellschaft vorgelesen zu werden! Es waren nur flüchtige Notizen von mir, die ich meinem Freund und Mentor geschickt hatte.«
Herschel gefiel die Bescheidenheit des jüngeren Mannes.
»Ach, ich weiß nicht«, sagte er mit leicht spöttischem Lächeln. »Wie ich höre, hat die Philosophische Gesellschaft Ihre Auszüge in einem Einzelband veröffentlicht. Könnte nicht sagen, daß die Gesellschaft sich bemüßigt sah, die meinen ebenso bevorzugt zu behandeln!«
Auf der Rückfahrt nach Kapstadt sagte Kapitän FitzRoy ernst:
»Ich gratuliere Ihnen. Ich wußte nicht, daß von Ihnen schon etwas veröffentlicht wurde.«
»Ich auch nicht, Kapitän, ich auch nicht.«

Auf der Fahrt nach St. Helena, auf halbem Weg zwischen Afrika und Südamerika gelegen, zählte Charles ungeduldig jede einzelne Meile. Er fand ein Quartier einen Steinwurf vom Grab Napoleons entfernt und schrieb:

> Was das Haus anlangt, in dem Napoleon starb, befindet es sich in einem skandalösen Zustand; die schmutzigen, leerstehenden Räume zu sehen, bekritzelt mit den Namen von Besuchern, war für mich, als erblickte ich eine böswillig verunstaltete alte Ruine.

Er verbrachte vier Tage mit Wanderungen auf der kleinen Insel, geführt von einem freundlichen alten Mann, der Sklave und als Kind Ziegenhirt gewesen war. Die Felsformationen ließen aufeinanderfolgende Veränderungen und komplizierte Einflüsse von Naturgewalten erkennen. Er kam zu dem Schluß, daß »sie ursprünglich als Ganzes aus dem Wasser gehoben worden« waren. Seine Märsche zwischen den Felsen und Bergen bereiteten ihm Vergnügen, und er schrieb einen Bericht an Professor Henslow, der vielleicht ein weiteres Glied in seiner Schicksalskette bilden konnte. Er schilderte, wie sehr er sich danach sehnte, wieder ein ruhiges Leben zu führen, ohne dauernd neue Objekte vor sich zu haben:

> Niemand kann sich das vorstellen, ehe er nicht fünf lange Jahre in einer Zehn-Kanonen-Brigg rund um die Welt getrieben wurde...

Doch als er den Brief noch einmal durchlas, war es der erste Absatz, der ihm das Hauptziel seiner Gedanken enthüllte:

> Ich möchte Sie bitten, mir einen Gefallen zu erweisen. Ich würde sehr gerne der Geologischen Gesellschaft angehören. Ich weiß es nicht, nehme aber an, daß man einige Zeit, bevor über die Aufnahme entschieden wird, als Mitglied vorgeschlagen werden muß. Sollte das der Fall sein, würden Sie bitte so freundlich sein, die entsprechenden vorbereitenden Schritte einzuleiten. Bevor ich England verließ, bot mir Professor Sedgwick freundlicherweise an, mich vorzuschlagen; sollte er zufällig in London sein, glaube ich wohl, daß er noch dazu bereit wäre.

Auch die Insel Ascension lag auf halbem Wege über den Atlantischen Ozean. Sie war nur von britischen Seeleuten bewohnt. Nichts wuchs auf der Lavaküste, aber im Innern, unweit der Kuppe der Zentralinsel, Green Hill, fand Charles Häuser, Gärten und Felder. Es gab Rizinuspflanzen, Heuschrecken, Schafe, Ziegen, Rinder und Pferde, alles gedieh prächtig. Zu sammeln gab es wenig außer Landkrabben, Mäusen und Perlhühnern. Unter der Führung von Seeleuten machte er lange Spaziergänge in das schreckenerregende Landesinnere: Lager von Bimsstein, Asche, vulkanischem Gestein und vulkanischen Bomben, die rotglühend aus dem Krater geschleudert worden waren und auf der Oberfläche verstreut umherlagen. Er hatte noch nie etwas so Abweisendes gesehen und dachte an das, was ihm die Leute auf St. Helena gesagt hatten:
»Wir wissen, daß wir auf einem Felsen leben, aber die armen Menschen auf Ascension leben auf Schlacke.«
Am 18. Juli 1836 erhielt er in Ascension einen Brief von Susan, der vom 22. November 1835 datiert war.

> Eras sagt, er habe gehört, daß einige Deiner Briefe in der Geologischen Gesellschaft in London vorgelesen wurden. Dr. Butler sandte Papa einen Auszug aus einem Brief von Professor Adam Sedgwick an ihn, in dem über Dich

> stand: »Er leistet Bewundernswertes in Südamerika und hat bereits eine unschätzbare Sammlung nach Hause geschickt. Für ihn war es das Beste in der Welt, daß er auf eine Entdeckungsreise ging. Es bestand eine gewisse Gefahr, daß aus ihm ein Müßiggänger geworden wäre, aber sein Charakter ist jetzt gefestigt, und wenn Gott ihn am Leben läßt, wird man ihn zu den großen Naturforschern Europas zählen.«

Er packte die Papierblätter, dann sank er in seinen Stuhl hinter dem Kartentisch zurück, während ein Dutzend unbestimmter Hoffnungen, Befürchtungen, Probleme durch seinen benommenen Kopf schossen.
Als er ruhiger wurde, fragte er sich: »Wie kamen diese Briefe zur Geologischen Gesellschaft in London? Welche Briefe waren es? Auf welche oberflächlichen, unausgereiften Theorien habe ich mich festgelegt?«
Dann las er noch einmal die Worte aus dem Brief von Professor Adam Sedgwick:

> *Es bestand eine gewisse Gefahr, daß aus ihm ein Müßiggänger geworden wäre ...*

Hatten die Leute diese Meinung von ihm gehabt? Weil er nicht Arzt werden wollte, sich nur unter Zwang bereit erklärt hatte, Theologie zu studieren? Er war immer auf Feldern und Hügeln umhergestreift, hatte Proben gesammelt und sich ernsthaft mit ihnen beschäftigt. War die Haltung der Geologischen Gesellschaft ihm gegenüber für die geänderte Einschätzung seiner Person verantwortlich?
Da waren seine Notiz- und Tagebücher, angefüllt mit unverdauten Beobachtungen, und neuerdings fachliche Anerkennung – wie stand es jetzt mit dem seinem Vater gegebenen Versprechen, Geistlicher zu werden?
Sein Leben war in Aufruhr wie ein tätiger Vulkan.

8.

Anstatt geradeaus nach Norden in Richtung England zu segeln, beschloß Kapitän FitzRoy wegen seltsamer Widersprüche bei der Erstellung der geographischen Länge Kurs nach Westen auf Bahia in Brasilien zu nehmen. Er fuhr dieselbe Route, auf der sie von England gekommen waren. Am 4. August schrieb Charles aus Bahia an Susan:

> Dieses dauernde Zickzack auf der Reise ist sehr bedrückend; es hat meine Gefühle entscheidend getroffen. Ich hasse, ich verabscheue das Meer und alle Schiffe, die auf ihm segeln.

Sie sollten in Pernambuco am östlichsten Teil Brasiliens zum letztenmal die Fahrt unterbrechen. Er wartete ungeduldig darauf, nach Hause zu kommen, erhielt aber ständig gute Nachrichten.
Er bekam einen Brief von Caroline, datiert vom 29. Dezember, wieder einer der Briefe, die über die weiten Meere geschwommen und dem Kurs der *Beagle* gefolgt waren. Auf dem Sofa in der Kapitänskajüte ausgestreckt, las er mit feuchten Augen:

> ... Du mußt jetzt erfahren, daß sich Dein Ruhm verbreitet. Vater erhielt am Weihnachtstag einen Brief von Prof. Henslow, der überaus freundlich von Dir sprach und sich freute, daß Du bald zurückkehren wirst, ›um den Lohn für Deine Ausdauer zu ernten und Deinen Platz unter den ersten Naturforschern unserer Zeit einzunehmen‹. Mit dem Brief schickte er Vater Abschriften von Auszügen aus Deinen Briefen an ihn, die zwecks privater Verteilung gedruckt worden waren. Das kurze Vorwort zu den Auszügen besagte, daß sie für die Verteilung ›unter den Mitgliedern der *Cambridge Philosophical Society* gedruckt worden waren wegen des Interesses, das sie durch einige Bemerkungen zu geologischen Problemen erregt hatten; sie wurden bei dem Treffen der Gesellschaft am 15. November 1835 vorgelesen‹. Vater rührte sich nicht von seinem Stuhl, bevor er jedes Wort Deines Buches gelesen hatte, und er hat sich überaus darüber gefreut. Ihm gefiel ganz besonders die einfache, klare Art, wie Du Deine Kenntnisse weitergibst. Deine offene, ungekünstelte Art zu schreiben fand er besonders erfreulich! ... Vater hat einige Exemplare der Auszüge den Freunden geschenkt, die die ganze Zeit gleichbleibendes Interesse für Dich zeigten...

Sein großgewachsener, schlanker Körper wurde wie vom Zittern eines Erdbebens erschüttert. Adam Sedgwick hatte gesagt, er würde zu den großen Naturforschern Europas zählen. Und da sagte nun Professor Henslow, er würde eine Stelle unter den großen Naturforschern dieser Zeit einnehmen!
»Herrgott im Himmel, was ist mit mir, ohne daß ich es gemerkt habe, geschehen? Kann es möglich sein? Habe ich zu meiner Berufung gefunden? Muß ich nicht mehr in einer stillen Pfarre auf dem Land lebendig begraben sein?«
Die volle Bedeutung des Briefes seiner Schwester wurde ihm klar. Sein Vater hatte jedes Wort seines Buches gelesen und seine Arbeit gelobt. Er war so stolz, daß er Exemplare davon verschenkt hatte. Bedeutete das, daß er seinem Sohn gestattete, sein ganzes Leben als Wissenschaftler zu arbeiten, und daß er es nicht wieder für ein gebrochenes Versprechen halten würde? Wenn er die Unterstützung seines Vaters hätte, würde er nicht bloß die üblichen zwei Jahre bis zum Antritt eines Postens als Geistlicher Zeit haben, sondern all die kommenden Jahre, um seine geologischen Notizbücher, sein Tagebuch, die Abhandlungen auszuarbeiten, von denen er hoffte, sie könnten veröffentlicht werden.

Die Aussicht auf ein Leben in schöpferischer Arbeit auf dem Gebiet, das er so leidenschaftlich liebte, erfüllte ihn mit unaussprechlicher Freude. Sein Vater würde ihn nicht länger für einen launischen Jungen halten und behaupten: »Dich interessiert nichts als Jagen, Hunde und Rattenfangen, und du wirst eine Schande für dich und deine Familie sein.« Man würde ihn nicht mehr für einen »Müßiggänger« halten.
»Während man aufwächst, scheint nichts geplant oder auf ein Ziel ausgerichtet zu sein«, wunderte er sich. »Doch an einem gewissen Punkt kommen alle Meßdaten zusammen, der Kapitän weiß, wo auf dem Meer er sich befindet, und kann ungefährdet den vorgesehenen Hafen ansteuern.«
Er ging hinauf an Deck. Die Nacht war hereingebrochen. Da fiel ihm ein, wie er an einem warmen, duftenden Frühlingstag unter Miltons Maulbeerbaum im Fellows' Garden des Christ's College gesessen hatte, und er las ein Gedicht von William Cowper:

Geheimnisvoll sind Gottes Wege,
Seine Wunder zu vollzieh'n.
Er setzt seine Schritte aufs Meer
Und schwebet im Sturm dahin.

Erregung überflutete sein ganzes Ich bei dem Gedanken, heimzukommen nach *The Mount*, nach *Maer Hall*, ins Christ's College, zu all den Lieben seiner Familie, seinen Freunden und Gefährten in Cambridge und London – zu seiner neuen gesellschaftlichen Stellung.

Zweiter Teil
Die Welt auf den Kopf stellen

Siebentes Buch

Das wiedergewonnene Paradies

1.

Sie waren alle an Deck, um nicht den ersten Blick auf England zu versäumen. Als sie das Land sichteten, erhob sich ein Geschrei, doch zu Charles' Überraschung erweckte der Anblick Englands keine besonderen Gefühle in ihm. Hatte er sich im voraus seelisch verausgabt?

Sie legten während einer stürmischen Nacht im Hafen von Falmouth an. Sein schäbig gewordener Mantel war gründlich durchnäßt, als er ins *Royal Hotel* kam und sich einen Platz in der *Royal Mail*-Kutsche sicherte. Die Fahrt bis London, zum *Schwan mit den zwei Hälsen*, dauerte neunundzwanzig Stunden, bevor er um Viertel vor acht Uhr morgens in die *Tally Ho!* stieg. Syms Covington hatte gefragt, ob er in Charles' Diensten bleiben könne, bis die Arbeit an den Sammlungen beendet sei. Charles gab ihm vorläufig Urlaub, dann trennten sie sich.

Es dauerte noch weitere sechzehn Stunden, in denen er hin und her geschüttelt wurde, mit Unterbrechungen schlummerte, bevor die *Tally Ho!* um Mitternacht in Shrewsbury eintraf und vor dem *Raben* auf dem Pride Hill anhielt. Seine Familie schlief sicherlich. Er selbst war völlig erschöpft, denn er war sechsundvierzig Stunden lang in Kutschen unterwegs gewesen. Am besten, er ruhte sich erst einmal aus.

Er schlief wie ein Toter, aber um sechs badete er in einer großen eisernen Wanne, rasierte sich sorgfältig und zog das letzte noch überlebende Hemd von den zwölf an, die Nancy für ihn genäht hatte. Seine schöne blaue Samtweste, die neue, weniger gut geschneiderte Samtjacke und die Hose, die er in Montevideo gekauft hatte, die braunen Stiefel, die er vor fünf Jahren angezogen hatte, um Professor Adam Sedgwick vor ihrer Wanderung durch Nordwales zu begrüßen, waren abgetragen, abgenutzt und zerknittert. Das ließ sich nicht ändern. Die Familie würde ihn in seiner schlecht sitzenden äußeren Hülle schon erkennen.

Es war ein für den frühen Oktober typischer, leicht nebliger Morgen, als er die wenigen Straßen hügelabwärts zum Severn wanderte, die Waliser Brücke überquerte und die unteren Gärten von *The Mount* mit den Herbstblumen, den Bäumen, die gerade ihre rostbraunen und purpurroten Blätter verloren, betrat.

Edward öffnete beim Geräusch des Türklopfers die schwere Haustür und stieß sofort einen lauten Schrei aus, der durch das Haus hallte. Sein Vater, der soeben von seinem »Arztspaziergang« zurückgekehrt war, umarmte ihn als erster.

»Mein lieber Charles! Endlich! Seit dem ersten September haben wir jeden Tag auf deine Ankunft gewartet!«

Seine Schwestern kamen die breite Treppe nach unten geeilt, während sie hastig ihre Morgenröcke zubanden. Er sah ihre Gesichter nur undeutlich, während sie alle zugleich versuchten, ihn zu umarmen und zu küssen. Nach einer Weile trat er zurück, um sie anzusehen. Sie schienen sich in den fünf Jahren nicht verändert zu haben. Nur bei Katty fiel ihm eine Veränderung auf, sie war vom Mädchen zur Frau gereift.

Alle bemühten sich, die Begrüßungstränen zu unterdrücken, doch es gelang keinem, nicht einmal Dr. Darwin, den Charles seit dem Tod seiner Frau nicht hatte weinen sehen.

Dann kam das Personal. Annie rief: »Mr. Charles, auf dem Schiff hat man Sie nicht gut genährt!« Joseph, der Gärtner, schüttelte ihm herzlich die Hand. Nancy, die alte Amme, umarmte ihn, ohne zu zögern. Mark, der Kutscher seines Vaters, hielt seine Frau an der Hand, die Wäscherin der Darwins, die er während Charles' Abwesenheit geheiratet hatte.

Die praktische Caroline fragte:

»Hast du gefrühstückt, Charles?«

»Soweit ich mich erinnere, habe ich das letztemal gestern morgen in London gegessen.«

Der nun siebzigjährige Dr. Robert Darwin, der nur noch wenige Patienten betreute, konnte sein Alter nicht verheimlichen. Häufige Anfälle von Gicht hatten seinen Schritt verlangsamt. Die untere Partie seines Doppelkinns war ein wenig schlaff geworden, doch er hatte von seinen dreihundert Pfund Gewicht wenig verloren. Seine Stimme tönte so kräftig wie immer durch *The Mount*.

»Kommt alle ins Speisezimmer. Annie, bereite das beste Frühstück deines Lebens für unseren verlorenen Sohn.«

Charles nahm an dem Mahagonitisch mit den massiven Klauenfüßen seinen gewohnten Platz zur Rechten seines Vaters ein. Er verschlang gierig den gedünsteten Schellfisch, vier weichgekochte Eier, Lammnieren mit Speck, dreieckig geschnittenen Toast und trank mehrere Tassen heißen Kaffee mit Milch, die Edward gleichzeitig aus Silberkannen einschenkte.

Seine Schwestern starrten ihn mit vor Glück feuchten Augen an. Keine von ihnen versuchte zu essen. Erasmus schien sich so wenig für die Familie zu interessieren, daß Charles gleichsam der einzige Bruder in ihrem Leben war. Er hatte ihnen sehr gefehlt, das wußte er aus ihren Briefen; ihre Liebe zu ihm war sehr groß. Während er sich in den Chippendalestuhl zurücklehnte, rief er:

»Wenn ich hier sitze, habe ich das Gefühl, als wäre ich nie fort gewesen und nichts hätte sich verändert.«

»Eines doch«, sagte Dr. Darwin.

»Was denn, Vater?«

»Die Form deines Kopfes hat sich verändert.«

Charles und die Schwestern blickten einen Augenblick entgeistert drein, dann brachen sie in Gelächter aus.
Charles rief: »Warum soll das nicht der Fall sein, da ich doch all die vielen Sehenswürdigkeiten und wissenschaftlichen Materialien in ihn hineingestopft habe? Die Frage ist nur, habe ich die Fähigkeiten, den Schatz auszuwerten?«
Einen Moment war es still, dann beugte sich Dr. Darwin zu ihm und legte seine gewaltige Hand auf die schlanke Hand seines Sohnes.
»Ach, ich denke, du kennst die Antwort auf diese Frage. Du weißt auch, was du mit deinen Sammlungen tun sollst. Arbeite fleißig, doch du sollst nie das Gefühl haben, du müßtest dich beeilen. Du hast viele Jahre vor dir, um die Aufgabe zu bewältigen, die dir die Natur zugeteilt zu haben scheint.«
Charles erhob sich, zögerte, dann küßte er seinen Vater auf die Stirn. Er war von einer Last befreit! Sein Vater hatte ihm sein Leben geschenkt.
Als nächstes hörte er Katty rufen:
»Es wäre angenehm, wenn Edward die Bibliothek heizt. Charles hat sicherlich viel zu erzählen, seit er seinen letzten Brief aus Brasilien abgeschickt hat.«
»Die beste aller möglichen Neuigkeiten«, sagte er. »Ich bin endgültig wieder zu Hause. Warum spielen wir nicht ein paar Partien Whist vor dem Kamin? Dann weiß ich, daß ich mich wirklich wieder im Schoß der Darwins befinde.«
Im Laufe des Vormittags ging er auf den Hinterhof und rief nach Pinscher. Der Hund kam herbeigelaufen, und sie machten sich auf ihren Spaziergang am Fluß entlang; der Hund zeigte nicht mehr Erregung oder Überraschung, als wenn er mit Charles das letztemal am Tag vorher, nicht vor fünf Jahren, spazierengegangen wäre.
Er verbrachte neun Tage damit, sich wieder an das Landleben zu gewöhnen, die Pfunde zuzunehmen, die er während der letzten Tage mit schwerem Seegang an Bord der *Beagle* verloren hatte, seine Sachen auszupacken und seine Garderobe zu erneuern. Er genoß den gedruckten Auszug seiner Briefe, den er auf seinem Schreibtisch aufstellte, wo er ihn möglichst oft sehen konnte. Er schrieb herzliche Briefe an seinen Onkel Jos Wedgwood, an William Owen in *Woodhouse*, an Professor Henslow und Kapitän FitzRoy, der noch immer in Falmouth an Bord seines Schiffes festsaß und darauf brannte, an Land zu gehen und Mary O'Brien zu heiraten, das Mädchen, mit dem er auf den Abschiedspartys getanzt hatte, die für die Offiziere der *Beagle* in Plymouth veranstaltet worden waren. Marianne, seine älteste Schwester, kam mit ihren vier Söhnen und ihrer neun Monate alten Tochter aus dem unweit gelegenen Overton, um ihn zu begrüßen.
Früh am nächsten Morgen trug Charles ein Frühstückstablett nach oben in das geräumige, mehrfenstrige Schlafzimmer seines Vaters mit der Aussicht auf den Fluß und die grünen Felsen dahinter. Er schenkte für sie beide Kaffee ein und setzte sich auf den Bettrand.
»Vater, ich habe genau Buch darüber geführt, wieviel ich auf meiner Reise ausgegeben habe. Möchtest du es mit mir durchgehen?«

»Ich halte das nicht für notwendig, Charles. Du warst ›verdammt klug‹, um einen deiner Ausdrücke aus der Zeit vor deiner Abreise zu verwenden, und hast nur für vernünftige Zwecke Geld ausgegeben.«
»Ich bin froh, daß du mir die Beträge, die ich für Expeditionen ins Landesinnere ausgegeben habe, nicht übelnimmst. Meinen Aufstellungen gemäß habe ich einschließlich der Gewehre, des Fernrohrs, Mikroskops und Kompasses, die ich vor meiner Abreise kaufte, in den fünf Jahren etwas über neunhundert Pfund ausgegeben. Ich hoffe, dir zu beweisen, daß das Geld gut angelegt wurde.«
»Mein lieber junger Sohn, ich habe meinen siebzigsten Geburtstag gefeiert; ich beabsichtige, meine letzten Jahre zu genießen und mich durch niemand und nichts aus der Ruhe bringen zu lassen. Deine Kleidung sieht abgetragen aus. Wenn du die Absicht hast, ein Geologe vom Schlage Adam Sedgwicks zu werden, wirst du neue Kleidung brauchen. Wir müssen dafür sorgen, daß du dem Ruf der Darwins Ehre machst. Hebe soviel vom Konto ab, wie du für die Fortsetzung deiner Arbeit brauchst. Dein Taschengeld von vierhundert Pfund wird weiter ausbezahlt.«
Ein warmes Glücksgefühl erfaßte Vater und Sohn. Sein Vater hatte ihn tatsächlich als Wissenschaftler bezeichnet. Und schien sich über die Veränderung seines Sohnes gewaltig zu freuen. Dr. Darwin konnte die Gedanken seines Sohnes an seinem Gesicht ablesen und fand Gefallen an der Großzügigkeit seiner Geste.
»Die Vergangenheit ist vorbei, Charles. Die fünf Jahre der Reise und Arbeit haben den gleichen Wert wie der höchste Grad, den du in Cambridge hättest erreichen können. Nun werden wir, die Mädchen und ich, dich mit liebevollem Interesse beobachten, um zu sehen, wie es weitergeht.«

Er ließ Pferd und Kutsche, die er in Bruckhill hatte mieten müssen, in den Stallungen des *Roten Löwen* und ging mit seiner Reisetasche geradewegs zu Henslows Haus in Cambridge, wohin er eingeladen worden war. Das zweistöckige Wohnhaus aus braunen Backsteinen in der Regent Street mit Bogenfenstern und dem blauen, gewölbten Eingang schien sich durch Witterungseinflüsse nicht verändert zu haben. Die Familie selbst hatte sich auf drei Mädchen und zwei Knaben vergrößert. Er betätigte den Türklopfer, fünfmal schnell, dann zweimal langsam. Harriet und John Henslow rissen gemeinsam die Tür auf und schlossen ihn wie ein Familienmitglied in die Arme. John Henslows großes, sympathisches Gesicht wirkte noch anziehender als vorher. Die grauen Strähnen in seinem dichten Kraushaar ließen ihn mit vierzig Jahren noch gewinnender erscheinen, als er es als junger Mann gewesen war.
Es war ein frohes Wiedersehen. Die beiden älteren Kinder erinnerten sich noch an Charles; mit den drei jüngeren mußte er erst Bekanntschaft schließen. Henslow war nicht müßig gewesen. Vor kurzem erst hatte er *Principles of Descriptive and Physiological Botany* veröffentlicht; das Buch galt als richtungweisend auf seinem Gebiet. Er hatte eine Pfründe in Cholsey-cum-Moulsford in Berkshire,

die ihm zusätzlich dreihundertvierzig Pfund jährlich einbrachte. Er brauchte nicht mehr sechs Stunden am Tag Privatunterricht zu erteilen, um seine Familie unterhalten zu können.

Nach dem Abendessen nahmen die beiden Männer in den abgenutzten großen Fauteuils in der Bibliothek Platz. Henslow legte frische Scheite auf das Feuer und schürte es, wie es das Ritual verlangte.

»Ich habe mich so danach gesehnt, Sie zu sehen, mein lieber Henslow«, sagte Charles. »Sie waren für mich der gütigste Freund, den ein Mensch je gehabt hat. Ich bin Ihnen wirklich sehr dankbar und werde es immer bleiben.«

»Ich brachte Sie auf die *Beagle*. Es war mir eine Verpflichtung, Ihnen zu helfen, Ihre Sammlungen intakt zu halten. Wann werde ich Ihre Pflanzen von den Galápagos-Inseln zu sehen bekommen?«

»Sobald Kapitän FitzRoy das Schiff nach Greenwich bringt. Ich möchte Ihnen die Mühe mit den Kisten abnehmen und will mich so schnell wie möglich an die Arbeit für mein Geologiebuch machen.«

»Kommen Sie für einige Zeit nach Cambridge, ordnen und stellen Sie die verschiedenen Arten zusammen, und warten Sie dann, bis Forscher, die bereits auf den einzelnen Fachgebieten arbeiten, Proben gebrauchen können. Übrigens, Sedgwick und ich haben im vorigen Monat Ihr Zeugnis für die Geologische Gesellschaft unterzeichnet. Sie werden am 2. November zum Mitglied vorgeschlagen. Sie müßten kurz darauf gewählt werden.«

Harriet Henslows Bruder, Leonard Jenyns, kam von seiner Pfarre am Rande der Fennen, um den Tag mit ihnen zu verbringen. Er war der zweite, dem man die Stellung als Naturforscher an Bord der *Beagle* angeboten hatte und der wegen familiärer und beruflicher Verpflichtungen ablehnen mußte. Keiner von beiden empfand auch nur eine Spur von Neid ihm gegenüber; sie waren zufrieden, daß die Reise erfolgreich gewesen war.

»Ich habe Ihnen ein Exemplar meines neuen Buches mitgebracht, das vor kurzem von der Cambridge University Press herausgegeben wurde, das *Manual of British Vertebrate Animals*. Es ist nicht meine Sache, von den Vorzügen meiner eigenen Arbeit zu sprechen, aber die führenden Zoologen haben ihm ein gutes Zeugnis ausgestellt. Ich habe mich mit dem Verhalten der Tiere beschäftigt, statt sie nur zu beschreiben, deshalb fürchte ich, daß es allein die Naturwissenschaftler interessieren wird...«

»Keiner von uns ist ein Charles Dickens«, meinte Charles.

Am nächsten Morgen führte ihn Henslow durch seinen Keller. Charles atmete schneller, als ihn die Erinnerung an die fünf Jahre an Bord der *Beagle* überkam. Er starrte auf die Sammlung von Kisten, Fässern, Körben; er sah vor seinen Augen wieder die Meere, Berge, Wüsten, in die er sich gewagt hatte, in seinen Ohren tönte der Lärm der zahllosen Marktplätze und das Sprachengewirr, die Stimme des Zimmermanns May, der seine ersten Kisten gezimmert hatte...

Die Kellerräume waren kühl, aber trocken. Henslow gab Charles zu allem Erläuterungen, von den Meerestieren bis zu den Gesteinsproben, und spendete ihm Lob für seine »prächtigen, außergewöhnlichen Fische, die so gut in Alkohol aufbewahrt waren«.

»Wie Sie wissen, schickte ich die Fossilien an Mr. Clift von der Surgeons Hall in London, um sie zu reinigen und zu konservieren. Ihre Sendung von Häuten langte mit Verspätung an, aber alles wurde gelüftet und ist konserviert. Ich war auf dem Land, als die aus dem Getreidespeicher entnommenen Körner ankamen, und einige von den Samen gingen zugrunde, bevor ich sie einpflanzen konnte. Um Himmels willen, was ist mit der Nummer 233? Sieht aus wie ein Haufen Ruß. Sie haben aber Ihre Vögel, Reptilien, Pflanzen und Farne gut konserviert. Wir haben nur eine sehr schöne Krabbe eingebüßt, die alle Beine verloren hat, und einen Vogel, dessen Schwanzfedern geknickt wurden...«

Charles legte seinem Mentor herzlich den Arm um die Schultern.

»Niemand sonst in der Welt hätte die vielen Muster geprüft und aufbewahrt, mein lieber Henslow.«

»Ich ziehe fünf Kinder auf«, antwortete Henslow barsch, um seine Gefühle zu verbergen. »Warum nicht noch ein sechstes?«

2.

Erasmus begrüßte ihn in seiner Wohnung in London, Great Marlborough Street 43. Charles war mit der *Star* aus Cambridge gekommen, dann mit einem Bus vom Bell Sauvage zum Ludgate Hill gefahren und war erstaunt, sich in einem der farbigsten und zwanglosesten Bezirke der Stadt zu befinden, wo die Häuser in planloser Unregelmäßigkeit nebeneinander standen, Straßen in allen möglichen Winkeln zusammenliefen, Geschäfte und Büros in grellen, fast schreienden Farben gestrichen waren.

»Es ist ganz einfach bohèmehaft«, rief Charles.

Sogar die Menschen auf den Straßen waren anders gekleidet, keineswegs im Stil des gesetzten und korrekten britischen Geschäftsmannes.

»Ras hat sich ganz nahe beim Oxford Circus und nicht weit von dem kostspieligen Cavendish Square entfernt eine Künstlerkolonie ausgesucht.«

Die Brüder gaben ihrer Freude Ausdruck, nach fünf Jahren wieder beisammen zu sein, dann traten beide zurück, um festzustellen, welche Wirkung der Lauf der Zeit auf sie ausgeübt hatte.

»Mein Gott, wie kräftig du geworden bist!« rief Erasmus. »Und die Form deines Kopfes hat sich verändert. Oder vielleicht ist nur dein Gesicht voller geworden. Und deine Augen, gütiger Himmel...«

»Arbeit, mein lieber Ras. Damit sind meine Augen und mein Kopf vollgestopft.

Aber laß mich dich ansehen: ein bißchen weniger Haare über deiner Stirn, aber noch immer gutaussehend und verschmitzt. Was machst du um ein Uhr mittags noch im Schlafrock?«

»Ich freue mich des Lebens und lasse mich vom Leben erfreuen. Ich habe herausgefunden, daß das Sich-Vergnügen, gemeinhin Müßiggang genannt, die anstrengendste Sache der Welt ist. Ich habe weder Frau, Geliebte, Kinder noch eine andere Verantwortung außer der, zum frühen Abendessen mit Tee richtig gekleidet zu sein, wenn meine Freunde langsam eintrudeln. Heute wirst du Thomas Carlyle und seine Frau Jane kennenlernen, Harriet Martineau, die in der literarischen Welt von London groß in Mode ist, den ungeheuer witzigen, himmlischen Sidney Smith...«

»Großartig von dir, Ras. Du hast literarische Salonlöwen gesammelt, während ich Krabben und Schlangen sammelte.«

Erasmus starrte ihn mit einem merkwürdigen Ausdruck an.

»Weißt du, Gas, ich glaube wirklich, du bist kleiner als bei deiner Abreise.«

»Unsinn, Menschen beginnen erst mit sechzig oder siebzig zu schrumpfen, und ich bin noch nicht einmal achtundzwanzig. Ich war genau einsdreiundachtzig groß, als ich abreiste, und das bin ich auch jetzt noch.«

»Willst du wetten? Ich habe deine Hängematte in der Heckkabine gesehen. Komm doch mal ins Hinterzimmer. Ich habe ein Maßband.«

Erasmus hatte recht, das Band zeigte, daß Charles ohne Schuhe genau einseinundachtzigeinhalb groß war.

»Hol' mich der Teufel«, flüsterte Charles. »Diese *Beagle*-Reise hat mich anderthalb Zentimeter von meiner Größe gekostet. Ich kann doch anderthalb Zentimeter nicht umsonst hergeben.«

Er begann sofort, die Museen und Wissenschaftler zu besuchen. Seine ersten Gespräche waren enttäuschend; er traf kaum jemanden, der die Schätze seiner Forschertätigkeit haben wollte. William Yarrell, der ihm vor fünf Jahren so behilflich gewesen war, hatte geschäftliche Schwierigkeiten und bemühte sich außerdem, sein neues Buch *History of the British Fishes* an den Mann zu bringen. Thomas Bell, der eben im King's College zum Professor ernannt worden war, war so beschäftigt, daß keine Aussicht bestand, ihn für die Proben zu interessieren. Das Zoologische Museum in der Bruton Street 33, das er besuchte, besaß mehr als tausend noch nicht präparierte Objekte. Das Britische Museum zog er gar nicht erst in Betracht; sein wissenschaftliches Material würde dort einfach eingelagert, vernachlässigt oder vergessen werden. Er merkte, daß keine Sammlung Interesse an unbezeichneten Proben hatte.

»Als ich nach England zurückkam«, erzählte er Erasmus, »dachte ich, ich hätte meine Arbeit erledigt. Jetzt weiß ich, daß ich kaum damit begonnen habe.«

»Das ist es, was mir an der Arbeit mißfällt«, antwortete Erasmus, »sie neigt dazu, sich immer fortzusetzen.«

»Ich muß einfach zurück nach Cambridge, dort kann ich Unterstützung bei der Ordnung meiner Sammlung finden.«
Er wurde von George Waterhouse, der vor kurzem zum Leiter der Zoologischen Gesellschaft ernannt worden war, eingeladen, an einer abendlichen Zusammenkunft teilzunehmen. Der erste, der ihn begrüßte, als er in das neben dem Berkeley Square liegende Gebäude trat, war John Gould, seit langer Zeit der Präparator der Gesellschaft, der sich interessiert zeigte, Charles' Vögel zu sehen. Das war das letzte erfreuliche Erlebnis des Abends, denn als die Mitglieder ihre Artikel vorzulesen begannen, machten sie bissige Bemerkungen übereinander. Er verlor bald die Geduld mit den Zoologen und ihrer Art, die er als streitsüchtiges Gezänk bezeichnete. Die Gesellschaft hatte kein Interesse an seinen zoologischen Sammlungen, während Professor Henslow sich gewünscht hatte, daß Charles noch mehr botanische Objekte gesammelt hätte! Kurz bevor er den heißen, stickigen Vorlesungsraum verließ, dachte er:
»Wenn ich nur gewußt hätte, daß den Botanikern so viel und den Zoologen so wenig daran liegt, hätte das Verhältnis der Proben für die beiden Fachgebiete ganz anders ausgesehen.«
Doch ebenso wie die aufgehende Sonne die Dunkelheit in Licht verwandelt und die Gezeiten des Meeres sich wieder umkehren, wenn sie den Strand hinaufströmen, machte Charles' Schicksal eine Wendung um hundertachtzig Grad. Er war früh aufgestanden und gerade mit dem Ankleiden fertig, als er hörte, daß an Erasmus' Tür geklopft wurde. Zu seiner Verwunderung sah er die kräftige Gestalt von Adam Sedgwick vor sich.
»Habe gestern Ihre Adresse erfahren und bin direkt hierher gewandert, wie die Bergziege bergauf klettert«, rief Sedgwick.
»Mein lieber Professor, welch große Freude! Sie lehrten mich auf der Wanderung durch Nordwales mehr, als Sie ahnen.«
»Wissen strömt aus mir wie Wasser aus einem Sieb. Kommen Sie, wir suchen uns das beste Frühstück in London, und Sie können mich auf Ihre Tour durch die Anden mitnehmen.«
»Mit Vergnügen. Und wenn Ihre Ohren noch nicht müde sind, möchte ich Ihnen von meinem geplanten Geologiebuch erzählen.«
Sie verbrachten Stunden am Frühstückstisch.
»Jetzt wäre es für Sie wichtig«, schloß Sedgwick, »daß ich ein Treffen mit Charles Lyell arrangiere. Wissen Sie, was er mir im Dezember schrieb? ›Wie ich mich nach der Rückkehr Darwins sehne! Ich hoffe, Sie haben nicht die Absicht, ihn in Cambridge mit Beschlag zu belegen.‹«
Charles hatte das Gefühl, daß sein Mund offenstand. Es war nicht der Fall, er war nur so verdutzt.
»Das hat Charles Lyell Ihnen geschrieben? Aber wie ... warum ...?«
»Die Ausschnitte, die Henslow und ich aus Ihren Briefen veröffentlichten, gefielen ihm. Er meint, Sie hätten einen unverbildeten Sinn für Geologie.«

Der einfache, aber herzliche Brief, von einer Frauenhand geschrieben, doch von Charles Lyell unterzeichnet, lud ihn ein, wann immer er wolle, am nächsten Nachmittag zu ihm zu kommen. Er zog die schöne dunkle Weste mit dem hohen steifen Kragen und den offenen Revers, die doppelreihige Jacke und Steghose, die ihm sein Schneider, Hamilton und Kimpton im Strand, gerade angefertigt hatte, und die neuen Stiefel von Howell an. Nancy hatte ihm zwei weiße Hemden geschickt, die sie so liebevoll für ihn nähte; Erasmus lieh ihm eine von seinen weniger auffallenden Krawatten. Er war frisch rasiert, nur die langen, lockeren Koteletten erinnerten an den Vollbart von Patagonien, und sein rötlichgoldenes Haar war von einem weit links verlaufenden Scheitel elegant zurückgebürstet. Erasmus' braune Augen glänzten vor Vergnügen.
»Bist du nicht ein gutaussehender Kerl! Bitte, zieh dich für meine Gäste ebenso gut an; bis jetzt warst du ja zu beschäftigt, um sie kennenzulernen.«
»Wieder ein Besuch, Ras. Im Augenblick muß ich den großen Mann der Wissenschaft treffen. Ich brauche dringend Hilfe für meine Sammlung.«
Es war kein langer Fußweg zur Hart Street 16, einem kleinen, zweistöckigen Haus unweit vom Bloomsbury Square, in einer wenig vornehmen Gegend, das Lyell gemietet hatte. Lyells gelehrte Kollegen wunderten sich, daß er, dessen Familie reich und dessen Frau Mary die Tochter eines reichen Kaufmanns aus Edinburgh war, sich entschlossen hatte, so einfach, ohne Pferde oder Kutsche und ohne entsprechende Dienerschaft, zu leben.
Vor dem Haus in der Hart Street zögerte Charles einen Augenblick, dann ergriff er den Türklopfer und wurde sofort von dem neununddreißigjährigen Charles Lyell selbst empfangen.
»Mein lieber Darwin, wie ich mich freue, Sie zu sehen! Ich habe Ihre Rückkehr ungeduldig erwartet. Treten Sie bitte ein. Darf ich Ihnen meine Frau Mary vorstellen? Sie erledigt meine gesamte Korrespondenz, wie Sie ja wohl aus dem Brief entnehmen konnten, den Sie gestern erhielten.«
Lyell führte Charles in einen großen Salon.
»Es ist eine angenehme, luftige Lage hier, so nahe dem *Somerset House* und dem *Athenaeum*, wie es meine Börse mir gestattet«, sagte Lyell.
Mary Horner Lyell lud Charles ein, in dem Lehnstuhl auf der anderen Seite von Lyells mit Papieren bedecktem Schreibtisch Platz zu nehmen, und fragte, ob er süßen oder trockenen Sherry bevorzuge. Sie war, als sie Lyell vor vier Jahren geheiratet hatte, erst zweiundzwanzig gewesen, hatte ihn auf seinen Reisen begleitet, wenn sie wegen geologischer Studien nach Frankreich oder Deutschland fuhren, und war, um seine durch das Lesen geschwächten Augen zu entlasten, seine Sekretärin geworden.
»Professor Henslow sagte mir, Sie schwärmen für Käfer«, sagte Lyell. »›Gründete einen Käferklub in Cambridge. Entdeckte tatsächlich einen ganz seltenen Käfer, den Stephens *Illustrations of British Insects* mit den Zauberworten anführt *Gefangen von C. Darwin, Esqu.*‹«

Charles wurde purpurrot.
»Das war das erste Mal, daß ich meinen Namen gedruckt sah. Es war berauschender als Cognac.«
»Aber nicht das letzte Mal, wette ich. Auch ich kam durch Insekten zur Wissenschaft. Ich mußte aus gesundheitlichen Gründen die Schule verlassen und nach Hampshire heimkehren. Zuerst beschränkte sich mein Interesse auf Schmetterlinge, Nachtfalter und dergleichen, weil sie am schönsten waren, aber bald gefiel es mir, die merkwürdigen Gewohnheiten von Wasserinsekten zu beobachten, und ich saß ganze Vormittage an einem Teich, fütterte sie mit Fliegen und fing sie, wenn ich konnte... Jetzt erzählen Sie mir, welche Pläne Sie haben. Ich möchte Ihnen helfen, wo und wann immer ich kann.«
Charles erzählte Lyell, daß er etwa neunhundert Seiten geologische Notizen mitgebracht habe, zusätzlich zu den geologischen Aufzeichnungen in seinem Tagebuch.
»Ich unternahm lange Überlandreisen durch die Pampas und in die Anden. Es ist eine meiner großen Hoffnungen, sobald ich die Übertragung meines Tagebuchs beendet habe, ein Buch über die Geologie von Südamerika zu schreiben.«
Lyell stimmte zu.
»Niemand hat ein Monopol auf die Geologie. Je mehr Bücher wir bekommen, insbesondere solche, die gut fundiert sind, desto stärkere Impulse wird unsere Wissenschaft erhalten. Ich beneide Sie ganz besonders darum, daß Sie Gelegenheit hatten, bis nach Tahiti und zu den anderen Atollen zu kommen, wo Sie die Korallenriffe aus erster Hand studieren konnten. Ich habe nie größere Korallenriffe gesehen. Erzählen Sie mir von ihnen.«
Charles betrachtete ernst Lyells Gesicht und studierte ihn eine Weile. Würde er ihn beleidigen, wenn er enthüllte, was er auf den Keeling-Inseln entdeckt hatte? Er beschloß, die Wahrheit zu sagen, weil es seiner nicht würdig war, den Duckmäuser zu spielen.
»Darf ich, mit allem Respekt, Ihnen meine Theorie über Korallen vortragen? Sie unterscheidet sich von Ihrer Ansicht, daß Korallenriffe auf den Rändern vulkanischer Krater unterhalb der Wasseroberfläche entstehen. Vielleicht können Sie mich auf etwaige Schwächen oder Irrtümer aufmerksam machen.«
Lyells teilnahmsvoller Blick verfinsterte sich.
»Schießen Sie los!«
Charles ging schrittweise vor, erzählte von seinen Beobachtungen an Riffen und Lagunen in der Südsee, insbesondere auf Tahiti, dann von seinen gezielten Experimenten auf den Keeling-Inseln, wo er zu seiner eigenen Befriedigung beweisen konnte, daß Korallen nur in warmem Wasser leben, daß die Polypen auf der Seeseite gedeihen, wo sie ihre Nahrung aufnehmen; daß sie unterhalb einer Tiefe von sechsunddreißig bis fünfundfünfzig Meter nicht leben können.
»In keinem Fall, Mr. Lyell, war ein Vulkanrand vorhanden. Ich halte es auch nicht für möglich, daß ein Vulkankrater die Ausmaße eines Atolls erreichen kann. Kein

Krater kann einen Durchmesser von hundert Kilometer haben wie die Merschikow-Insel. Die Vulkantheorie kann die Existenz des Barriereriffs von Neu-Kaledonien, das viele hundert Kilometer lang ist, oder des Großen Barriereriffs vor Australien, das zwölfhundert Kilometer lang ist, nicht erklären. Und angesichts der Tiefe, in der Korallenpolypen nur leben können, ist es unmöglich anzunehmen, daß unterseeische Vulkane über riesige Strecken des Ozeans die Ränder ihrer Krater bis auf sechsunddreißig Meter unter der Meeresoberfläche emporgehoben haben. Meine Theorie geht dahin, daß nicht vulkanische Krater unter der Meeresoberfläche den Untergrund für Korallenbauten bilden, sondern abgesunkene Gebirgszüge, Teile des Festlands, die früher einmal über die Meeresoberfläche hinausragten, sich aber allmählich senkten und den Boden für das Wachstum der Polypen lieferten.«

Als Charles zu Ende gesprochen hatte, herrschte Stille, während der Lyell Charles' Ausgangspunkte durchdachte. Mary saß ruhig in einer Ecke und beobachtete ihren Mann. Es schien endlos lange zu dauern, dann sprang Lyell auf und rief:

»Ich bin überwältigt vor Freude!«

Darauf tanzte er im Salon umher und nahm die ausgefallensten Stellungen ein. Mary sagte ruhig zu Charles, der in der Mitte des Raumes stand und seinen Augen nicht zu trauen wagte:

»Mein Mann bringt seine besondere Freude immer so zum Ausdruck.«

Lyell hörte mit seinen Luftsprüngen auf, schüttelte Charles unter Glückwünschen die Hand und rief:

»Ich bin absolut überzeugt von Ihrer Theorie über die Koralleninseln. Ich werde William Whewell, der im kommenden Februar meinen Platz als Präsident der Geologischen Gesellschaft übernimmt, veranlassen, sie bei unserem nächsten Treffen von Ihnen vortragen zu lassen.«

»Ich muß sagen, Mr. Lyell, daß Sie für einen Anfänger und Amateur wie mich ein Mann von erstaunlichem Entgegenkommen und herzlichem Wohlwollen sind.«

»Ich gehe in Fragen der Wissenschaft vorsichtig vor. Wäre Ihr Standpunkt nicht so einleuchtend, würde ich alle möglichen Einwände gemacht haben. Das bringt meine Schulung als Anwalt in Lincoln's Inn mit sich. Ich sehe, daß ich meine Theorie von den vulkanischen Kratern für immer aufgeben muß, obwohl es mich schmerzt, denn sie bedeutete mir sehr viel.«

Lyell war auch an Einzelheiten der zoologischen Sammlung interessiert. Charles beschrieb sie genau. Dann dachte er, es wäre ein Gebot der Höflichkeit, sich zu verabschieden. Lyell rief:

»Dieser Nachmittag war eine wahre Fundgrube für einen Wissenschaftler. Sie müssen Samstag abend um acht zu einer Teeparty kommen. Ich werde Richard Owen einladen. Er wurde gerade am Königlichen Chirurgischen Institut zum Professor für Anatomie ernannt. Er ist einer der berufensten Männer in London,

um Sie hinsichtlich der Planung und Veröffentlichung Ihres Zoologiebuches zu beraten.«
»Ich muß Samstag früh nach Greenwich fahren, um den Rest meiner Sammlung einschließlich der Pflanzen von den Galápagos-Inseln sowie meine wissenschaftlichen Instrumente zu holen. Aber ich werde sicherlich rechtzeitig zurück sein.«

3.

Es war ein fröhliches Wiedersehen mit den Freunden an Bord der *Beagle*, denn Mary O'Brien hatte bereits Kapitän FitzRoys Heiratsantrag angenommen, und sie planten eine baldige Hochzeit. Admiral Youngs Tochter hatte Leutnant James Sulivan als Bräutigam akzeptiert; sie beabsichtigten, im Januar 1837 zu heiraten. Der Erste Leutnant Wickham war glücklich, denn er hatte von der Admiralität andeutungsweise erfahren, daß er zum Kommandanten der *Beagle* auf deren nächster Vermessungsreise ernannt werden würde. John Dring, der in Valparaíso als stellvertretender Zahlmeister an Bord gekommen war, stellte Charles einem Agenten vor, der bereit war, Charles' letzte vier Kisten mit *Marsh's Wagon* an Professor Henslow zu schicken. Charles beschloß, keine Beschädigung seiner Pflanzen von den Galápagos-Inseln zu riskieren. Er beförderte sie selbst nach London und schickte sie dann mit der *Fly*-Kutsche an Henslow.
Am Abend nahm er an der von den Lyells veranstalteten Party teil. Dort traf er Richard Owen, der fünf Jahre älter war als er. Nach dem Studium in Edinburgh hatte Owen den medizinischen Kurs am St.-Bartholomew-Krankenhaus in London absolviert, eine Stellung als Assistent von William Clift angenommen, dem Konservator des Museums des Chirurgischen Instituts, und Clifts Tochter geheiratet. Er bereitete eine wichtige Reihe von Katalogen vor und war dadurch, daß er auch die Tiere sezierte, die in den Gärten der Zoologischen Gesellschaft eingingen, ein Experte geworden. Er wirkte kühl und zurückhaltend, sagte aber ruhig:
»Ich habe die fossilen Säugetiere gesehen, die Sie aus Südamerika nach Hause geschickt haben, Mr. Darwin. Mein Schwiegervater, Mr. Clift, ist von ihnen beeindruckt. Er sagt, daß zwei von diesen Köpfen zu den fossilen Skeletten passen, die er vorher gesammmelt hatte.«
»Wenn Mr. Clift sie für wertvoll hält, würde ich sie sehr gern dem Museum schenken.«
»Was mich selbst anlangt«, fuhr Owen fort, »würde ich sehr gern, wenn Ihre Sammlung greifbar ist, Ihre Tiere sezieren.«
Charles hatte den Eindruck, einen Mitarbeiter für den erst in Ansätzen vorhandenen Plan zu seinen zoologischen Veröffentlichungen gefunden zu haben, war aber nicht so dumm, davon zu sprechen, sondern antwortete nur:

»Sie werden in wenigen Monaten bereitstehen, katalogisiert und bestimmt.«
Dann stellte Lyell ihn Roderick Murchison vor, einem Geologen und Sedgwicks sowie Lyells Mitarbeiter bei Expeditionen nach Nordwales und ins Ausland. Murchison besaß akademische Grade von Oxford und Cambridge.
»Sie sind also der junge Mann, von dem meine beiden Kollegen eine so hohe Meinung haben.«
Mary Lyells Teeparty erwies sich als kleines Souper. Die Gäste bedienten sich selbst am Buffet im Speisezimmer; dort gab es Kedgeree, ein Fischgericht mit Reis, Rührei mit Schinken, Tee und einen Schokoladenpudding. Alle wollten Geschichten von Ländern hören, in denen sie nicht gewesen waren: den Anden, Patagonien, Feuerland, Neuseeland, den Keeling-Inseln, dem Kap der Guten Hoffnung und von ihrem guten Freund, Sir John Herschel, den Lyell ersucht hatte, den Vorsitz der Königlichen Gesellschaft zu übernehmen. Statt dessen war er zur Südspitze Afrikas geflüchtet. Das Gespräch kam darauf, wo Charles arbeiten sollte. Lyell ging darauf ein.
»London ist der beste Ort, wenn Sie anfangen, Ihr Geologiebuch zu schreiben. Im Augenblick aber Cambridge. Dort können Sie sich besser konzentrieren.«
»Sie spornen ein sowieso williges Pferd an«, sagte Charles grinsend.

William Yarrell, der sich bewußt wurde, daß er Charles brüskiert hatte, schickte ihm eine Einladung zum Dinner der *Linnean Society* am nächsten Abend. Die *Linnean Society* war eine der angesehensten Gesellschaften im wissenschaftlichen Leben Englands; sie war 1788 mit königlicher Genehmigung gegründet worden. Yarrell holte ihn mit einem Gig ab und brachte ihn über die Oxford Street zu dem schönen dunklen Steingebäude auf dem Soho Square.
»Hier werden Sie alle großen Männer kennenlernen«, verkündete ihm Yarrell, als sie durch den überwölbten Eingang aus weißen Steinen eintraten.
Der erste war der sechsundfünfzigjährige Professor Thomas Bell, der aber jugendlich und lässig wirkte. Er hatte in der Zahnchirurgie im Guy-Krankenhaus begonnen, sich für Zoologie interessiert und stand nun im Begriff, ein Buch zu beenden, das *Geschichte der britischen Vierfüßer* heißen sollte.
»Ich interessiere mich natürlich für Ihre Krebstiere und Reptilien, Mr. Darwin. Ich kann mir nicht vorstellen, wer Ihnen gesagt haben könnte, ich sei zu sehr beschäftigt. Ich bin sehr neugierig zu sehen, was Sie in der ganzen Welt gesammelt haben.«
Charles nippte an seinem Sherry und erzählte Bell von seiner Idee:
»Sobald ich meine Sammlung geordnet habe, möchte ich eine Reihe von Büchern über fossile Säugetiere, Vögel, Fische, Reptilien und Pflanzen veröffentlichen, jedes gemeinsam mit einem Fachmann auf dem betreffenden Sachgebiet – sobald ich sie davon überzeugt habe, daß die Exemplare neu und interessant sind. Die Geologie behandle ich selbst.«
»Vorzüglich! Ich könnte übrigens der richtige Mann für Ihre Reptilien sein.«

Am nächsten Tag nahm ihn Lyell in einer Droschke zum Abendessen in die Geologische Gesellschaft mit, die im *Somerset House* ihren geräumigen Sitz hatte. Charles betrachtete ehrfürchtig den vornehmen Eingang zu dem Gebäude: zwei breite, terrassenförmige Zugänge mit rot-grauem Marmordach, jeder mit acht kannelierten Säulen, und in der Mitte ein breiter Fahrweg. Im Inneren sah er, daß der Komplex aus zwei sehr langen, zweistöckigen Gebäuden bestand, von denen jedes über ein sechssäuliges Portal verfügte; geradeaus, unmittelbar über der Themse, befand sich das Verbindungsgebäude.
Lyell bezahlte den Kutscher. Sie gingen durch die Vorhalle mit ihrer hohen Decke, den Marmorsäulen und den aus vielen Scheiben bestehenden, halbkreisförmigen Fenstern.
»Ich bin beeindruckt«, murmelte Charles. »Die Architekten haben großzügig gebaut.«
»Warum nicht?« antwortete Lyell entschieden. »Sind wir nicht eine große Nation? Wollen wir nicht die Welt erobern? Der Wohnsitz unserer Geologischen Gesellschaft ist eben groß. Es wird Ihnen Freude machen, hier zu arbeiten und Menschen kennenzulernen.«
Er wurde von William Clift empfangen, der ihm für die geschenkten Fossilien dankte. William Whewell, der zukünftige Präsident, schüttelte ihm die Hand und sagte: »Ich erinnere mich gut an unseren Heimweg nach den Freitagabenden bei Henslow. Meinen Glückwunsch zu Ihrer Nominierung. Wir werden bis zum Jahresende über Ihre Aufnahme entschieden haben.«
Whewell und Lyell stellten ihn abwechselnd den Mitgliedern vor, die zu dem Abendessen gekommen waren, denn es war bekannt, daß die Gesellschaft einen hervorragenden Küchenchef und einen ebensolchen Weinkeller besaß. Die Männer mochten und respektierten einander. Er erinnerte sich an den Diskussionsabend in der Zoologischen Gesellschaft und fragte Lyell, der neben ihm an dem schweren Mahagonitisch saß:
»Wie kommt es, daß Männer, die mit Fischen, Vögeln, Insekten, Reptilien zu tun haben, einander nicht leiden können und miteinander streiten, während die Männer, die Gebirgszüge erforschen und Mineralien sammeln, sich wie Gentlemen benehmen?«
Lyell lachte:
»Das macht das Bergsteigen, Darwin. Die langen Expeditionen in die Alpen, die Pyrenäen, den Apennin, nach Nordwales stärken die Beinmuskeln und die Psyche.«
Als er in die Great Marlborough Street zurückkam, fand er Erasmus etwas aus den Fugen geraten vor, weil Charles noch keinen einzigen Abend zu Hause geblieben war und seine literarischen Freunde kennengelernt hatte. Er brummte:
»Mir scheint, Gas, die Geologen haben dich so fest am Haken wie du deine Fische, die du auf den Galápagos gefangen hast. Bist du glücklich?«
»Wie unsere Cousine Emma sagt, ›Glück ist wie der Himmel, mehr ein Zustand

als ein Ort‹. Ja, die Geologen haben mich anerkannt; nichts ist so aufmunternd wie ein wenig Eitelkeit.«

Er war nun schon über einen Monat wieder in England und hatte die Wedgwoods in *Maer Hall* noch nicht besucht. Er nahm sein Tagebuch mit, das achthundert Seiten umfaßte.

Die *Royal Mail*-Kutsche nach Newcastle-under-Lyme fuhr die ganze Nacht durch. Er erfrischte sich im Gasthaus, mietete ein Pferd und ritt die letzten Kilometer. Eine dünne Schneeschicht bedeckte die Büsche, die Edelkastanien mit ihren vielen Ästen. Die Linden, Ulmen, Eichen und Blutbuchen hoben sich von dem spätherbstlichen Himmel ab; einige Wildenten schwammen auf dem Teich. Die aufgestaute Erregung machte sich in einem Seufzer Luft.

Er fand Josiah Wedgwood in seiner Bibliothek. Die beiden Männer umarmten einander.

»Onkel Jos, mein Erster Lord der Admiralität!«

»Und du bist die Verkörperung meines Bruders Tom.«

Charles trat zurück und fand, daß Josiah sehr gealtert aussah, obwohl er erst siebenundsechzig war.

Von der Treppe ertönte ein Freudenschrei. Emma kam mit fliegenden Locken ins Zimmer gestürzt.

»Charles, endlich! Wir erwarteten täglich deine Ankunft.«

Ihre Umarmung war keineswegs verwandtschaftlich. Als ihre Lippen sich voneinander lösten und sie mit weit geöffneten Augen zitternd dastanden, schwankten ihre Gefühle zwischen Überraschung und Scheu hin und her. Sie setzten sich nebeneinander auf den Lederdiwan.

»Ich hoffe, du hast dein Tagebuch mitgebracht, Charles. Deine Schwester Caroline – sie ist übrigens hier, und ich habe mich noch nie über ihren Besuch so gefreut wie jetzt – hat uns von einigen deiner Abenteuer erzählt.«

»Gibt es bei ihr und deinem unentschlossenen Bruder Joe irgendwelche Fortschritte?«

»Wir hoffen weiter.« Emma lächelte verschwörerisch. »Konntest du in der *Royal Mail* schlafen?«

»Nein. Leider sind meine Beine zu lang.«

Onkel Jos bemerkte: »Dein Schlafzimmer ist für dich vorbereitet. Emma wird dir etwas zu essen und heiße Schokolade nach oben schicken. Schlaf gut, denn wir werden sehr großzügig sein und sämtliche Mitglieder der Familie einladen, damit sie dich begrüßen können.«

»Wie geht es Tante Bessy?«

»Schlecht, Charles. Wir leiden ihretwegen und mit ihr.«

»Ich werde ihr eine Weile die Hand halten.«

Erst am späten Nachmittag erwachte er erfrischt. Man brachte ihm heißes Wasser nach oben, er wusch und rasierte sich, dann zog er seine elegante neue Kleidung und die Stiefel an. Als er nach unten kam, hörte er Emma Klavier spielen. Im Salon wurde er sofort belagert, seine Schwester Caroline kam als erste zu ihm. Joe Wedgwood schüttelte ihm die Hand. Elisabeth Wedgwood küßte ihn; Harry und Frank Wedgwood waren mit ihren Frauen und Kindern gekommen. Auch Dr. Henry Holland war mit seiner zweiten Frau Saba Smith erschienen. In ebendiesem Zimmer hatte Dr. Holland ihm geraten, die Reise mit der *Beagle* abzulehnen, weil keine Einzelheiten angegeben worden waren. Als einzige fehlte seine gute Freundin Charlotte Wedgwood, die Künstlerin, die den Reverend Charles Langton geheiratet hatte. Sie hatten zwei Tage auf seine Ankunft gewartet und mußten dann nach Hause zurückkehren.

Die Familie bedrängte ihn erbarmungslos mit Fragen. Emma hängte sich bei ihm ein und flüsterte:

»Charles, ich habe angeordnet, daß das Abendessen um sechs serviert wird. Das wird uns einen langen Abend bescheren, an dem du uns aus deinem Tagebuch vorlesen kannst.«

Charles legte den Arm leicht um ihre Taille.

»Was ist aus unserer kleinen Miß Schlampig geworden? Offenbar leitest du derzeit *Maer Hall*. Ich muß sagen, das Haus sah noch nie schöner aus.«

Emma errötete vor Freude.

»Elisabeth und ich teilen uns die Arbeit. Es ist merkwürdig, wie man sich verändert, wenn man Verantwortung übernimmt.«

Als sie das aus Lammbraten, Apfelmus und Torte mit Zuckerguß bestehende Festmahl beendet hatten, schlug Onkel Jos vor, sie sollten in die Bibliothek gehen. Josiah bestand darauf, daß Charles sich in den Lederfauteuil setzte, in dem er selbst den größten Teil seines Lebens mit Lesen verbrachte. Als alle Platz genommen hatten, packte Charles sein siebenhundertsiebzig Seiten starkes Tagebuch aus, was allgemeine Verwunderung hervorrief.

»Ich werde aussuchen, was ich für die interessantesten Stellen halte.«

Es war völlig still im Raum. Charles' Stimme klang angenehm, er sprach sehr deutlich und modulationsreich. Er begann mit den ersten Seiten: die Üppigkeit des brasilianischen Urwalds, die unglaublich schöne Lage von Rio de Janeiro, wie der Mond auf das klare Wasser schien, wenn es windstill war; die Scharen von Tümmlern, die vor dem Bug ihres Schiffes kreuzten, das leuchtende Meer, das das Schiff mit seinem Bug in phosphoreszierende Wellen teilte; die stürmische Wut von Wind und Wellen am Kap Hoorn, die Eingeborenen von Feuerland und der mißlungene Versuch, dort einen Missionar zurückzulassen; die Beschreibung der Gauchos und ihrer unabhängigen Lebensweise; das katastrophale Erdbeben in Concepción; seine dreiundzwanzigtägige Reise mit Mariano Gonzalez durch die gewaltige Gebirgskette der Anden; die Absonderlichkeiten und der Reichtum an wilden Tieren auf den Galápagos, wo man die Natur genauso erleben konnte, wie sie vor Urzeiten geschaffen worden war; die Schönheit der phantastisch farbigen Korallenriffe und Fische, die zwischen ihnen lebten...

Es war Mitternacht, als er endete. Zwischen den einzelnen Episoden wurde leise geflüstert, niemand störte die Stimmung durch Fragen. Er wurde herzlich beglückwünscht.
»Wie lange habe ich gelesen?« fragte er.
»Ungefähr vier Stunden.«
»Das übrige Material ist nicht besser und nicht schlechter.«
Er erklärte, daß Kapitän FitzRoy ihn um seine Zustimmung gebeten habe, das Tagebuch in seine eigene Veröffentlichung einzuflechten.
Dr. Henry Holland sagte seine Meinung frei heraus, aber es klang nicht unfreundlich.
»Mein lieber Charles, ein Tagebuch ist immer eine Ablenkung, wenn man fern von daheim ist. Aber das ist auch schon alles. Ich muß dir in aller Aufrichtigkeit sagen, daß diese Notizen nicht wert sind, veröffentlicht zu werden. Ich bin ein erfahrener Beurteiler von Reiseliteratur; in dem, was du uns vorgelesen hast, findet sich nichts Amüsantes oder Interessantes.«
Stille senkte sich über die Bibliothek, eine Stille, in der man eine Stecknadel hätte fallen hören. Alle spürten es, außer Dr. Holland, der die Geschichte eines eigenen Reiseabenteuers zu erzählen begann. Seine Frau Saba besaß mehr Feingefühl. Sie trat zu ihrem Mann und sagte:
»Es ist spät geworden, mein Lieber. Könnten wir nicht schlafen gehen?«
Als die Hollands gegangen waren, brach in dem Raum ein Aufruhr aus:
»Ich glaube nicht, daß er das beurteilen kann... Er wollte von Anfang an nicht, daß du auf die Reise gehst... Du erweckst alles zum Leben: das Land, das Meer, die Menschen dieser exotischen Länder...« Von Emma: »Ich bin überzeugt, es wird ein schönes Buch werden.« Mehrere murmelten: »Hört! Hört!«
Charles wandte sich an seinen Onkel Jos. Josiah Wedgwoods Augen glänzten; er sah um zwanzig Jahre jünger aus als am Morgen.
»Charles, du darfst nicht gestatten, daß dein Tagebuch mit dem von Kapitän FitzRoy vermengt wird. Das würde es zerstören. Du hast hier etwas Bedeutendes geschaffen. Jede Phase deiner Forschungen ist packend dargestellt. Noch dazu hast du als Anthropologe interessante Beobachtungen über das Leben und die Eigenart fremder Völker angestellt. Es ist glänzend.«
Charles küßte sowohl seinen Onkel wie auch Emma. Er war zu sehr von Gefühlen überwältigt, um sprechen zu können. Er verneigte sich als Gute-Nacht-Gruß, ging nach oben und zu Bett. Dort starrte er, ohne etwas zu sehen, bis zum Morgengrauen zur Decke.
Nach zwei Tagen in *Maer Hall* ritten er und Caroline etwa vierzig Kilometer westwärts nach Overton, um ihre Schwester Marianne zu besuchen. Charles hatte den Parkers nie nahegestanden, war aber manchmal gekommen, um seine Neffen, Mariannes vier Söhne, zu sehen. Besonders gern hatte er den elfjährigen Packy.
Er hatte der Familie versprochen, zwei Wochen im *Mount* zu bleiben. Er wollte

ruhige Tage verbringen, aber sein Vater und die Schwestern bestanden darauf, »Begrüßungspartys aus Anlaß seiner Rückkehr« zu geben und ihn zu Besuchen bei Freunden in Shrewsbury und anderen Teilen von Shropshire mitzunehmen. Ein großer Teil der zwei Wochen »wurde leider durch Besuche bei albernen Leuten gestört, die weder für mich Interesse hatten noch ich für sie«, bedauerte er. Er beklagte sich nicht; sein Vater und seine Schwestern waren so stolz auf ihn, so darauf aus, sich mit ihm zu zeigen, daß er zum mindesten so tun mußte, als wäre er erfreut.

Er wußte, was mit ihm los war! Er wartete verzweifelt darauf, mit der *Arbeit* zu beginnen. Arbeit konnte mehr Blut aus einem Mann saugen als der *benchuca*-Käfer in Luxan.

4.

Er brauchte viel Platz, um seine mehrere tausend Stücke umfassende Sammlung unterzubringen. In einer reizvollen Sackgasse, der Fitzwilliam Street, die von der Trumpington Road abzweigte und in den Tennis Court Lane mündete, fand er Unterkunft. Er ging zum Büro der Fitzwilliam-Hausverwaltung, der viele von den Häusern gehörten.

»Wir freuen uns, Sie als Mieter zu haben«, sagte der ältliche Büroangestellte, »aber Sie müssen drei Monate Miete im voraus bezahlen. Sie können sofort einziehen.«

Das schmale, dreistöckige Haus war für seine Zwecke bestens geeignet. Er jubelte, während er durch die Räume ging und entschied, wofür er jeden verwenden würde. Der Kellerraum, der auf die Straße ging, hatte ein Fenster und einen Kamin. »Eignet sich als Küche, wo Syms meine Mahlzeiten kochen kann.« Die Hauptwohnung im ersten Stock bestand aus einem geräumigen Vorderzimmer, dessen großes Fenster die Morgensonne hereinließ. Zur Rückseite hin lag das beste Zimmer des Hauses, drei mal dreieinhalb Meter groß, mit zwei Fenstern auf jeder Seite und Blick auf einen Garten. In dem Zimmer standen ein Bett und eine mitgenommene Kommode.

»Mein Schlafzimmer«, entschied er. »Syms kann eines der Zimmer haben, die neben der Diele liegen.«

Er stieg eine schmale, steile Wendeltreppe nach oben. Dort fand er zwei kleine Vorderzimmer. In dem einen rechts konnte er seine Meerestiere unterbringen; in dem anderen seine Insekten und Reptilien. Syms müßte rohe Holztische zimmern.

Das größere Hinterzimmer würde er für die Wirbeltiere und die Wirbellosen verwenden. Im dritten Stockwerk gab es zwei Räume mit Dachfenstern.

»Einer für meine Vögel«, murmelte er laut, »der andere für die Botaniksammlung.«
Seine Muscheln würden in eines der kleineren Nebenzimmer kommen. Die Mansarde hatte ein sehr steiles Dach, enthielt aber noch zwei Zimmer.
»Natürlich für meine Steine!« rief er.
Er ließ Syms Covington aus seiner bescheidenen Herberge kommen, beauftragte ihn, im *Roten Löwen* ein Pferd und einen Wagen sowie zwei Träger zu mieten und sich mit ihm bei den Henslows zu treffen.
Syms und die Träger brauchten zwei Tage, um die zweiundzwanzig Kisten, Fässer und Körbe, die er zu Henslow geschickt hatte, sowie die fünf zusätzlichen, die er von der *Beagle* mitgebracht hatte, wieder zu packen und zu versiegeln. Die meisten Kisten mußten aus dem Keller des Henslowschen Hauses geholt werden. Die anderen befanden sich in einem Lagerhaus am Stadtrand. Das große Vorderzimmer, das er als Arbeitszimmer für die Ausarbeitung seines Tagebuchs verwenden wollte, nahm einige der schwereren Kisten und kleineren Schachteln auf. In die beiden Lagerräume hinter der Küche im Kellergeschoß kamen andere, ebenso in das kleine Zimmer neben dem Hausflur. Es gelang den zwei Arbeitern, die leichteren Fässer und Schachteln seitlich über die steile, gewundene Treppe nach oben zu jonglieren. Die übrigen wurden in einer Reihe, wie Zinnsoldaten, längs des Korridors im Erdgeschoß aufgestellt.
Die Tausende Präparate, von denen viele in Alkohol aufbewahrt wurden, in die ihnen zugeteilten Zimmer zu bringen, war eine mehr als schwierige Aufgabe. Während er die Gesteinsproben nach oben in die Mansarde trug, verfluchte er sich selbst:
»Ich Idiot! Warum habe ich die Steine nicht im Erdgeschoß gelassen? Dann müßten wir uns nicht kaputtschinden und sie drei Stockwerke hinauftragen.«
Er freute sich aber unbändig, dieses Stadium endlich erreicht zu haben. Nun konnte seine wissenschaftliche Arbeit beginnen. Syms, ein besserer Geiger als Tischler, hatte sich beim Zurechtsägen der Bretter zweimal verletzt, sein breites, flaches Gesicht verzog sich zu einem leichten Grinsen.
»Das ist wie ein kleines Museum. Wird ein Vergnügen sein, hier zu arbeiten, Mr. Darwin.«
Am Haus selbst wurde nur wenig getan. Die Gardinen an den Fenstern waren verschossen, Bettwäsche und Decken für die zwei Feldbetten waren vorhanden, aber keine Handtücher, kein Topf, kein Geschirr. Als er das den Henslows gegenüber beim Abendessen erwähnte, sagte Harriet Henslow:
»Wir können Ihnen sicher einen Topf und eine Pfanne, ein paar Teller, Löffel und Gabeln borgen.«
»Das ist sehr mütterlich von Ihnen, meine liebe Harriet. Aber sehen Sie zu, daß Sie mir die ältesten Haushaltsgeräte leihen, die Sie finden können. Ich garantiere Ihnen, daß ich sie in einem noch viel schlimmeren Zustand zurückgeben werde.«

Die nächsten Tage und Wochen erwiesen sich als Abenteuer, in dem er seine fünfjährige Reise um die Welt nochmals durchlebte. Er leerte die Kisten mit den kleinen dunkelblauen Quallen und Seescheiden von seinem ersten Fang mit dem Netz auf dem Weg von Teneriffa nach São Tiago; den Tintenfisch von den Kanarischen Inseln; Spinnen und Insekten aus Rio de Janeiro, Schmetterlinge mit leuchtenden Farben, Käfer, Ameisen; das merkwürdige Reptil, das er und FitzRoy in der Umgebung von Montevideo entdeckt hatten, das aussah wie eine Schlange, aber zwei kleine Hinterbeine oder -flossen besaß. Da war seine Vogelsammlung aus Maldonado: Papageien, Truthahneier, Spottdrosseln, Spechte; die Ente, die den Tod Edward Hellyers auf den Falkland-Inseln verursacht hatte; die Tierfelle, einschließlich des Guanakofells; Pflanzen, Finken und Fische von den Galápagos, jedes Exemplar sorgfältig mit der Angabe der Insel, von der es stammte. Die riesige Gesteinssammlung: Vulkangestein aus São Tiago, Kiesel und Muscheln aus Bahía Blanca, wo er die ersten Fossilien gefunden hatte, Lavaproben von der Reise flußaufwärts am Santa Cruz. Von der Exkursion in die Anden: rein weißer Gips aus dem Valle del Yeso, Steine vom Gipfel, die weißen, roten, purpurnen und grünen Sedimentgesteine von den Upsallatas, die schwarze Lava von den Galápagos...

Syms brachte ihm kurz nach Tagesanbruch das Frühstück. Dann zogen sie ihre grobe, warme Seemannskleidung an und arbeiteten mit größter Sorgfalt an jeder Schachtel, jeder Kiste, um nicht das geringste Fundstück zu beschädigen, und stellten die verschiedenen Gattungen und Familien zusammen.

Sobald die Kiste geleert war, wurde sie in dem für sie bestimmten Zimmer aufgestellt, um als Bank oder Tisch für die dicht gedrängten Proben zu dienen. Die Stunden verflogen. Charles meinte zu Syms:

»Es ist, als würde man die ganze Zeit um die Welt reisen. Vom ersten Augenblick an, als wir die Kiste mit dem Fang aus Rio de Janeiro öffneten, *war ich kein einziges Mal seekrank!*«

Die Weihnachtszeit kam, und Cambridge war still, das Universitätspersonal und die Studenten waren in die Feiertage gefahren. Das paßte Charles vortrefflich. Nach dem frühen Abendbrot widmete er sich seinem Tagebuch. Er hatte es mit großer Sorgfalt geschrieben; nun bestand seine Hauptarbeit darin, einen Auszug der interessantesten wissenschaftlichen Ergebnisse zu erstellen. Zu diesem Zweck entfernte er die ersten neunundzwanzig Seiten des Manuskripts, alles, was sich auf seine vorübergehende schlechte Verfassung und das Herzklopfen in Plymouth während der zwei Monate ärgerlichen Wartens bezog, ehe die Winde es der *Beagle* gestatteten, aus dem Hafen auszulaufen.

Er erhielt einen Brief von Lyell, der seine Wahl zum Mitglied der Geologischen Gesellschaft bestätigte und ihn bat, eine Abhandlung über ein Thema zu schreiben, das er mit Lyell diskutiert hatte: Beobachtungen zur Bestätigung der Hebung der Küste von Chile. Die Abhandlung war in seinem ausführlichen geologischen Notizbuch fast vollständig niedergeschrieben; er brauchte nur

Erläuterungen anzufügen und dem Artikel eine mehr wissenschaftliche Diktion zu geben. Er hielt ihn bewußt kurz, etwa sechs Seiten lang, und schickte ihn mit der *Royal Mail* Lyell ins Haus.
Zur Entspannung machte er vor dem Abendessen einen einstündigen Spaziergang mit Henslow. Es war kalt; sie trugen Mäntel, Schals und Charles' wollene Seemützen. Sie sprachen über die Wissenschaft, der Wind verwehte die Sätze:
»Ich habe eben einen Brief von Lyell erhalten, in dem er schreibt, er habe meine Abhandlung mit großem Vergnügen gelesen, aber mehrere Stellen müßten noch geklärt werden. Er will, daß ich am 2. Januar nach London komme, um eine halbe Stunde lang Korrekturen einzufügen und die Abhandlung dann beim Treffen der Geologischen Gesellschaft vorzulesen.«
»Das müssen Sie unbedingt tun!« empfahl Henslow dringend, mit so viel Nachdruck, daß der Wind keine einzige Silbe wegtragen konnte. »Ich möchte, daß sie nicht nur die Qualität Ihrer Arbeit, sondern auch Ihre Person kennenlernen.«
»Ich werde es natürlich tun. Lyell hat mich auch für das *Athenaeum* vorgeschlagen. Er sagt, ich könnte im Klub zu Abend essen, wenn ich wollte. Es gäbe im Augenblick zwar keinen freien Platz, aber ich stünde an der ersten Stelle der Liste von Bewerbern um die Aufnahme.«
»Das ist sehr gut. Das *Athenaeum* ist der beste Privatklub in London. Dort werden Sie Gelehrte, hervorragende Literaten und Künstler ebenso treffen wie Adelige und Gentlemen, Förderer der Wissenschaft, der Literatur und der schönen Künste. Sie werden in einigen Monaten Mitglied sein, sobald eines der älteren Mitglieder das Zeitliche segnet.«
Seine Arbeit am Tagebuch machte ihm noch mehr Freude, als er einen Brief von FitzRoy erhielt, der ihm die bestmögliche Nachricht brachte.

> Ich war einige Tage in London und hatte Gelegenheit, mit Henry Colburn, einem angesehenen Verleger in der Great Marlborough Street, über das Tagebuch von Kapitän King und mein eigenes zu sprechen. Er empfahl mir eine gemeinschaftliche Veröffentlichung, wobei an einen Band für King, einen zweiten für Sie und einen dritten für mich gedacht ist. Der Gewinn, falls sich einer ergibt, sollte in drei gleiche Teile geteilt werden. Soll ich das Anerbieten annehmen oder warten und die Sache mit Ihnen besprechen, wenn wir zusammentreffen?

Er schloß mit einem freundlichen Gruß:

> Ich wünsche Ihnen fröhliche Weihnachten, mein lieber Philos, als Ihr stets aufrichtiger Freund...

Charles schickte einen Brief mit seiner Einwilligung ebenso schnell ab, wie die Seeleute eine der Kanonen der *Beagle* abfeuerten.

Er kam pünktlich um fünf Uhr nachmittags, wie vorgeschlagen, zu Lyell und verbrachte eine halbe Stunde mit dem Umschreiben von Sätzen und der Umstellung von Abschnitten, da er rasch erkannte, wie recht Charles Lyell mit jeder seiner Anregungen hatte. Um halb sechs setzte er sich mit Mary Lyells Eltern zu Tisch. Mr. Leonard Horner begrüßte Charles herzlich; er kannte ihn aus Edinburgh von einem der Treffen der *Plinian Society*, wo Charles einen Artikel *Über die Ova der Flustra* vorgelesen hatte. Da er sich für diesen hochaufgeschossenen, heranwachsenden Achtzehnjährigen interessierte, hatte Horner Charles zu einem Treffen der *Royal Society* von Edinburgh mitgenommen.
Später am Abend ging Charles mit Lyell und Horner in die Geologische Gesellschaft, wo er seine Abhandlung vorlas. Es war das erste Mal seit dem Treffen der *Plinian Society* vor ungefähr zehn Jahren, daß er in der Öffentlichkeit sprach. Während ihn Mr. Lyell, der Präsident, einführte, war er nervös, aber sobald er von der Hebung der chilenischen Küste sprach, fühlte er sich wieder nach Südamerika zurückversetzt und völlig zu Hause. Seine Stimme, die während der ersten Sätze beklommen geklungen hatte, wurde volltönend und ganz deutlich, während sie den großen Vortragssaal füllte.
Er wurde mit großem Beifall aufgenommen. Lyell strahlte. Obwohl Charles nur zwölf Jahre jünger war als Lyell, war er für ihn eine Art Adoptivsohn geworden.
»Lassen Sie uns ins *Athenaeum* gehen. Wir werden ein Glas zusammen trinken.«
Charles war noch nie in dem Klub gewesen, der im Jahr 1824 von Sir Walter Scott und Thomas Moore gegründet worden war. Das stattliche Haus an der Nordostecke der Pall Mall war zu dieser späten Stunde fast leer; Charles konnte durch die eleganten Räume gehen und eine Weile in der reichhaltigen Bibliothek im ersten Stock verbringen. Nach zwei Gläsern Cognac, kurz bevor der Portier verkündete: »Feierabend, Gentlemen«, beugte sich Lyell vor und sagte mit großem Ernst:
»Charles, Sie sind jetzt in die Gesellschaft eingeführt, und ich muß Ihnen gleich zu Beginn einen ernsten Rat geben.«
»Ich bin ganz Ohr.«
»Nehmen Sie keinen offiziellen wissenschaftlichen Posten an, wenn Sie es vermeiden können, und erzählen Sie keinem, daß ich Ihnen diesen Rat gegeben habe. Ich habe mich gegen diese unselige Präsidentschaft gewehrt, solange ich konnte. Arbeiten Sie viele Jahre lang ausschließlich für sich selbst und für die Wissenschaft, und lassen Sie sich nicht vorzeitig durch offizielle Würden einfangen, ganz gleich, ob Sie es als Ehre oder Strafe ansehen. Es gibt Leute, die sich für solche Pflichten eignen, weil sie ohne die Verpflichtungen gar nichts arbeiten würden. Zu denen gehören Sie aber nicht.«
Als er nach Cambridge zurückkam, hatten das Trimester und die gesellschaftliche Saison bereits begonnen. Charles wurde zu vielen Partys eingeladen, viele fanden ihm zu Ehren statt, eine bei Adam Sedgwick, um sich für die Gastfreundschaft

zu revanchieren, die er in *The Mount* genossen hatte. Eine bei George Peacock, dem neu ernannten Professor für Astronomie. Mit Ausnahme der Party bei Sedgwick, die weit über Mitternacht hinaus dauerte, stellte Charles die Bedingung, daß er sich um zehn Uhr zurückziehen durfte, um vor dem Schlafengehen noch zwei Stunden an seinem Tagebuch zu arbeiten. Am Sonntagmorgen ging er mit den Henslows in Little St. Mary's oder in die King's College Kirche, um den Chor singen zu hören.

Abgesehen von seiner Arbeit bereitete ihm die Gesellschaft der Mitglieder des Christ's College am meisten Vergnügen. Die Würdenträger, die er gekannt hatte, waren noch im Amt: der Rektor, Reverend John Graham, der Studienleiter, die stellvertretenden Studienleiter. Die vierzehn Fellows bewohnten ein eigenes schönes Haus im hinteren Teil des Fellows' Garden, mit Miltons berühmtem Maulbeerbaum in der Mitte. Reverend Joseph Shaw, der rangälteste Dekan, lud ihn zum Abendessen in den gemeinsamen Speisesaal ein.

Am nächsten Abend betrat er den ersten viereckigen Hof in dem Augenblick, als die Glocke ertönte und der Butler die große Holztür aufstieß und verkündete, daß das Abendessen serviert sei. Der rangälteste Dekan erwartete ihn in seiner schwarzen Robe. Er nahm auf dem Podium an dem erhöhten Tisch Platz. Der Raum wirkte kalt. Er wartete ungeduldig auf das Ende des langen Tischgebets. Unter ihm saßen die Studenten und über sechzig Magister der freien Künste. Nach beendeter Mahlzeit war er froh, in den Gemeinschaftsraum zu gehen, wo sich der Fakultätsstab zu Wein, Nüssen und zwanglosen Späßen zusammensetzte. Der Raum lag unmittelbar neben dem Speisesaal; er war quadratisch und hatte eine niedrige, getäfelte Decke sowie einen großen Kamin, der den Raum bereits erwärmt hatte. Zwei große Fenster mit Fensterbänken gingen auf den zweiten Hof hinaus, und an der Wand mit der Eingangstür befand sich ein langes Buffet mit glänzenden Gläsern und Schalen mit Nüssen.

Mr. Shaw rief: »Ich spende eine Flasche zur Feier der Rückkehr des jungen Darwin.«

»Ich auch!« sagte der Rektor. »Sie spenden, wie gewöhnlich, Portwein, Shaw? Dann spende ich eine Flasche Manzanilla.«

Charles war gerührt über die herzliche Aufnahme. Keiner schien sich zu wundern, daß er wieder da war.

Es war der Beginn einer außerordentlich glücklichen Periode. Er wurde mehrmals in der Woche zum Dinner im College eingeladen, dennoch blieb er mager und sah unterernährt aus. Nach einigen aufmunternden Gläsern Wein im Gemeinschaftsraum beteiligte er sich an den Wetten und verlor gleich seine erste Wette über die Höhe der Decke.

»Ich werde noch diese Nacht meine Flasche bezahlen«, rief er.

Die Fellows begannen, ihn im Haus in der Fitzwilliam Street zu besuchen, um seine Sammlungen zu besichtigen. Er erklärte, daß er versuche, eine Systematik in seine Funde zu bringen.

»In London ist Thomas Bell bereit, sich meine Reptilien und Crustaceen anzusehen, Richard Owen meine fossilen Knochen, John Gould die Vögel. Erst heute morgen bekundete mir Leonard Jenyns sein Interesse an meinen Fischen. Wenn ich Geld für die Farbtafeln aufbringen kann, hoffe ich, daß jeder ein Buch über seine Erkenntnisse schreibt.«
Der rangälteste Dekan fragte:
»Darwin, geben Sie Ihr Tagebuch ungern aus der Hand? Ich würde gern ein paar Zeilen lesen.«
Eine Stunde später blickte Charles von seiner Arbeit auf und sah, wie ihn der Mann mit aufgerissenen Augen anstarrte.
»Wer hätte geahnt, daß ›der Mann, der mit Henslow spazierengeht‹ und noch vor fünf Jahren Kröten in den Fennen sammelte, schreiben kann wie ein Gott?«
Charles errötete. Als er am folgenden Abend zum Gemeinschaftsraum hinüberging, entdeckte er, daß er zu einem Helden geworden war. Das alles wurde natürlich John Henslow überbracht. Als Charles am nächsten Sonntagmorgen vor dem Kirchenbesuch mit ihm frühstückte, sagte Henslow ruhig:
»Charles, Sie fühlen sich im Christ's wohl, oder?«
»Überaus. Es sind prächtige Burschen.«
»Hätten Sie vielleicht Lust, sich ihnen anzuschließen? Indem Sie als Fellow unterrichten und Vorträge halten?«
Charles' Stimme zitterte.
»...Ich habe nie an den Lehrberuf gedacht.«
»Sie haben noch alles vor sich, und der Mensch braucht eine breite Basis. Es gibt keine bessere als die hier.«
Charles verschlug es den Atem.
»Glauben Sie, daß die mich haben wollen?«
Henslow lächelte. »Vielleicht nicht gleich morgen früh. Aber wenn Sie Ihr Tagebuch und das Buch über die Geologie Südamerikas veröffentlicht haben. Ein Mann, der Bücher schreibt, will anderen Wissen vermitteln. Um das Thema zu wechseln, warum wenden Sie sich wegen der zoologischen Bücher, die Sie planen, nicht um eine Subvention an den Schatzkanzler? Schließlich wäre das doch ein Höhepunkt der Arbeit, die durch ein Schiff der Königlichen Marine ermöglicht wurde. Die Geologische Gesellschaft sowie Sedgwick, Peacock und ich würden Sie unterstützen. Bitte seien Sie nicht schüchtern. Versuchen Sie es.«

Der Winter setzte mit gewaltigen Schneefällen ein. Im Haus wurde es bitter kalt. Charles schaufelte eifrig Kohlen in den Kamin im Schlafzimmer, damit das Feuer die ganze Nacht über brannte.
Anfang März hatte er seine Arbeit beendet. Professor Henslow übernahm die botanische Sammlung und stieß jedesmal, wenn er eine Pflanze samt Wurzeln, Blüten und Blättern unversehrt fand, Freudenrufe aus. Der Mineraloge William Miller fragte, ob er einige der Gesteinsproben in Cambridge behalten könne. So-

bald sich die konservierten Fische in Jenyns Pfarre in Swaffham Bulbeck in Sicherheit befanden, packten er und Syms die Reptilien und Crustaceen ein und schickten sie mit der *Marsh's Wagon* zurück zu Thomas Bell an die Londoner Universität. Dadurch wurden mehrere Zimmer leer.

Als der Rektor von Christ's College erfuhr, daß Charles im Begriff stand, nach London zu fahren, lud er ihn zum Abendessen ein. Im Gemeinschaftsraum fand er alle vierzehn Fellows sowie auch die Professoren Sedgwick und Henslow vor.

»Ich ersuche um die Erlaubnis, eine Flasche zu stiften«, rief Adam Sedgwick. »Ich glaube, derzeit ist uns allen roter Bordeaux am liebsten.«

Charles bemerkte eine spürbare Stimmungsänderung. Es wurde ihm feierlich eine Zigarre angeboten, die er anzündete. Er hatte das Rauchen bei den Gauchos der Pampas gelernt. Der Rektor stand ernst vor dem Kamin.

»Wären Sie so freundlich, Mr. Darwin, vorzutreten?«

Alle Augen waren auf ihn gerichtet, während er den Raum durchquerte und vor dem Kamin stehenblieb.

»Mr. Darwin, als nomineller Leiter des Christ's College und nach ernster Diskussion mit meinen Kollegen sind wir zu dem Schluß gelangt, daß Ihre Arbeit in den fünf Jahren, seit Sie unsere erhabenen Räume verließen, Sie zur Führung des Grades eines Magisters der Künste berechtigt. Das ist kein Ehrentitel. Er muß verdient werden. Gemäß der wohlüberlegten Beurteilung durch das Christ's College haben Sie den höheren Grad redlich verdient. Die Schriftrolle wird Ihnen morgen im Senatshaus überreicht werden.«

Charles traten Tränen in die Augen.

»Das ist eine Ehrung, von der ich nicht zu träumen gewagt hätte. Ich werde Ihre gute Meinung von mir in Ehren halten und versuchen, mich ihrer würdig zu erweisen.«

Am nächsten Morgen bekam er, während er seine Koffer packte, eine Mitteilung vom Urkundenbeamten der Universität. Der Magistergrad war nicht ganz unentgeltlich. Er mußte dem Staat sechs Pfund für Stempelgebühren und dem obersten Aufsichtführenden der Universität weitere fünf Pfund, vier Shilling und sechs Pence bezahlen. Er meinte mit einer Grimasse zu Henslow:

»Ich werde Glück haben, wenn ich diese Summe als Autorenhonorar mit meinen Büchern wieder hereinkriege.«

5.

Erasmus hatte erfreulicherweise einen Energieanfall. Er verbrachte Stunden damit, die Nachbarschaft für Charles zu durchkämmen und verschiedene Wohnungen zu besichtigen. Nach mehreren Tagen der Suche fanden sie, was Charles wollte, nur zwei Häuser von Erasmus' Haus entfernt, in der Great Marlborough Street 36, oberhalb eines Geschäftes. Die Wohnung hatte fünf Räume; in den beiden, die auf die Great Marlborough Street zeigten, hatte der frühere Mieter blaue Gardinen zurückgelassen, ansonsten war die Wohnung leer. Der Besitzer verlangte nicht ganz hundert Pfund Miete jährlich. Charles unterzeichnete einen Vertrag und bezahlte zwei Monate Miete im voraus. Er machte sich Sorgen darüber, wieviel die Einrichtung der Wohnung kosten würde.

»Dann richte nur zwei Zimmer ein, sagen wir, dein Wohn- und Arbeitszimmer und das Schlafzimmer.«

Erasmus kannte die Umgebung. Er ging mit Charles einkaufen: einen Schreibtisch, Stühle, ein bequemes Sofa, billige Teppiche, gebrauchte, aber noch ansehnliche Bücherregale, ein bequemes Bett, etwas Bettwäsche, Decken und Kissen, einen Garderobenschrank für seine Kleidung. Sein Vater hatte ihm gesagt, er solle auf Luxus verzichten, aber nicht bei den notwendigen Dingen sparen. Charles gab Syms Geld, um die Küche einzurichten; wenn er so sparsam wie möglich leben wollte, mußte er zu Hause essen. Er stellte seine Bücher auf die Regale, hängte eines von Martens' Aquarellen in seinem Wohn- und Arbeitszimmer auf, das andere in sein Schlafzimmer. Erasmus borgte ihm zwei Drucke mit englischen Landschaften. Die Räume begannen gemütlich auszusehen.

»Wenn du der Küche Covingtons überdrüssig bist«, sagte Erasmus, »meine Aushilfe macht gute Hammelkoteletts. Und es gibt immer eine Flasche Champagner, damit sie noch besser schmecken.«

»Hammelkotelett und Champagner! Mein letzter Lunch in Plymouth vor dem Auslaufen der *Beagle*. Wie sich doch das Leben im Kreis dreht!«

Syms richtete die Küche ein, kaufte sich ein Bett und eine kleine Kommode mit Schubladen für eines der Hinterzimmer und betätigte sich in der Rolle, die ihm am meisten Freude machte, als Diener und Hilfskraft. Charles stand früh auf, rasierte sich mit dem Rasiermesser mit dem Ebenholzgriff und benützte den weißen Krug mit den blauen Blümchen, den er aus seinem Zimmer im *Mount* mitgebracht hatte. Er nahm das kräftige Frühstück von Syms zu sich, das aus Porridge, einem Hering, gekochten Eiern, braunem Brot und Butter bestand, dann begab er sich an die Arbeit an seinem Tagebuch. Nach den ersten ein, zwei Wochen mit Abendeinladungen beruhigte sich sein gesellschaftliches Leben zu seiner Erleichterung. Er ging in die Zoologische Gesellschaft zu einer Verabredung mit George Waterhouse, deren Kurator, und John Gould, der Interesse an Charles' Vögeln bekundet hatte. Beim Kaffee kamen die drei Männer überein, daß Charles' Sammlung von Vogelbälgen sowie seine Säugetiere der Zoologischen Gesellschaft übergeben werden sollten, wo man sie betreuen und sie für wissenschaftliche Zwecke verwenden würde. Charles war glücklich, daß sie eine Heimstatt gefunden hatten.

Nach wenigen Wochen erklärte sich George Waterhouse bereit, sowohl die umfangreiche Säugetiersammlung zu bearbeiten als auch einige Artikel über die Insekten zu schreiben. John Gould, dessen Bücher über die Vögel Europas berühmt waren – sie waren mit hervorragenden Lithographien illustriert, die seine Frau Elisabeth gezeichnet hatte –, erbot sich, sich mit den unbekannten Vögeln zu beschäftigen. Thomas Bell, Zoologieprofessor am King's College, hatte die Reptilien begutachtet.

»Eine faszinierende Sammlung, Darwin. Sie haben ein Dutzend Exemplare mitgebracht, die mir völlig unbekannt sind.«

»Dann werden Sie also das Buch über die Reptilien übernehmen?«

Richard Owen teilte Charles mit, daß er sich für die Tiere in Spiritus nicht mehr interessiere, die er hatte sehen wollen. Er war aber von den fossilen Knochen eingenommen und wollte sie bearbeiten.

Charles' Glück hielt an. In der wissenschaftlichen Welt verbreitete sich die Nachricht, daß der junge Charles Darwin eine so große, vielfältige und interessante Sammlung mitgebracht hatte, wie sie nur je von einem Weltreisenden zusammengetragen worden war. Ein Spezialist namens N. J. Berkeley studierte Charles' Pilze und schrieb mehrere Artikel für die *Annals of Natural History*. G. B. Sowerby studierte die Muscheln und arbeitete das Material auf; Frederick William Hope, Gründer und früherer Präsident der Entomologischen Gesellschaft, bot Charles an, die Insektensammlung zu untersuchen.

Im Monat Mai trug er noch zwei Abhandlungen in der Geologischen Gesellschaft vor, die erste über die fossilen Knochen des Megatheriums, das er in Punta Alta ausgegraben hatte, die zweite über den Aufbau der Korallenriffe. Beide Abhandlungen erregten Aufsehen.

Da er nun seine fünf Mitarbeiter für das Zoologieprojekt – Jenyns, Owen, Bell, Gould und Waterhouse – beisammen hatte, befaßte er sich mit dem Problem, die Einzeldarstellungen veröffentlichen zu lassen. Da für die Texte viele Tafeln erforderlich waren, die für Goulds Vögel in Farbe sein mußten, wußte er, daß es schwierig sein würde, einen Verleger zu finden. John Gould hatte zwar seine eigenen Bücher mit Erfolg veröffentlicht. Charles besuchte Gould in seinem Haus in der Nähe des Berkeley Square und fragte ihn nach dem Verfahren.

»Es ist einfach, Darwin. Die Londoner Naturforscher haben beträchtliches Interesse für Ihre Sammlungen gezeigt. Warum lassen Sie sich nicht von ihnen helfen? Indem Sie Subskriptionen aufnehmen. Veröffentlichen Sie das Werk in kurzen Fortsetzungen, solange die Mittel reichen; auf diese Weise können Sie kein Geld verlieren.«

Charles ging mit Goulds Plan zu William Yarrell, der an seinem Schreibtisch in der Mitte seiner Buchhandlung saß. Yarrell meinte:

»Mir gefällt der Gedanke nicht, daß Sie herumgehen und sich um Subskriptionen bemühen.«

»Glauben Sie, ich sollte Henslows Idee ausprobieren und mich um eine Subvention an den Schatzkanzler wenden?«

Yarrell sprang auf.

»Natürlich! Die Schatzkammer! Sie haben jetzt Ihre Sammlungen unseren wissenschaftlichen Gesellschaften übergeben. Ihre Arbeit wurde für die britische Regierung geleistet, daher sollte sie auch die Kosten übernehmen.«
»Wie wendet man sich an den Schatzkanzler?«
»Zuerst schreiben Sie eine kurze Darstellung Ihres Planes. Dann überbringen Sie sie dem Herzog von Somerset, dem Präsidenten der *Linnean*, Lord Derby, dem früheren Präsidenten, und William Whewell, dem Präsidenten der Geologischen. Sie werden Ihnen Empfehlungsbriefe schreiben. Diese Herren und auch Ihre Mitarbeiter sind bei der Regierung angesehen, die auch weiß, wie kostspielig Farbplatten und sogar Schwarzweißzeichnungen sind. Wenn die Sache richtig dargestellt wird, könnten Sie eine Subvention von tausend Pfund erhalten.«
Charles fühlte, wie sein Herz pochte.
»Mr. Yarrell, ich hoffe, Sie sind ein Prophet.«
Die drei Männer, die ihm als Förderer vorgeschlagen worden waren, zeigten sich verständnisvoll, machten ihn aber darauf aufmerksam, daß solche Angelegenheiten einen bestimmten Weg einhalten mußten; er müsse Geduld haben und die Arbeit weiter in Gang halten.
In der Nacht zum 20. Juni 1837 starb König William IV. im Alter von zweiundsiebzig Jahren. Williams Nichte Victoria, die Tochter des Herzogs von Kent, war die rechtmäßige Erbin. Victoria, die im Kensington-Palast wohnte, hatte nicht einmal Zeit, sich anzukleiden, sie empfing den Erzbischof von Canterbury und den Haushofmeister um fünf Uhr morgens in einem Morgenrock. Der Lordkanzler vereidigte die Königin. Noch wochenlang gab es ganze Spalten in der Londoner *Times*, dem *Morning Advertiser*, *Morning Chronicle* und *Standard* über die Grazie und Würde der achtzehnjährigen Königin, über den ausgezeichneten Eindruck, den sie während der Krönungsfeierlichkeiten gemacht hatte. Man berauschte sich allgemein an dem romantischen Gedanken, daß in der Geschichte der englischen Monarchie ein neues bedeutendes Kapitel zu beginnen schien und daß ganz Großbritannien daraus Vorteile ziehen würde.
Für Charles hatte der ganze Rummel die Folge, daß jeder Fortschritt bei der Bearbeitung seines Antrags um eine Subvention auf Monate verzögert wurde.

Er bekam einen Brief vom *Mount*, in dem stand, daß es gute Nachrichten gäbe und ob er nicht nach Hause kommen wolle, um mit der Familie zusammen zu feiern?
Es war sieben Monate her, seit er seine Familie verlassen hatte! Gegen Ende Juni fand er, daß sein Tagebuch mit Ausnahme eines zusammenfassenden Kapitels, eines Ratschlags für Sammler, beendet war, daß er sich einen Besuch bei seinem Vater und den Schwestern und einen Aufenthalt im *Mount* verdient hatte.
Es war tatsächlich eine gute Nachricht. Joe Wedgwood hatte Caroline endlich einen Heiratsantrag gemacht. Joe war zweiundvierzig, Caroline siebenunddreißig. Caroline strahlte, als sie ihn in der großen Halle begrüßte.

»Wir werden am 1. August heiraten. Das sind nur noch fünf Wochen.«
Shropshire war im Sommer wunderschön. Er schlief lange, stopfte sich mit Gänse- und Entenbraten, Tauben, Hering- und Kartoffelpastete voll. Er fischte mit den Mädchen im Severn und ritt mit ihnen durch die Gegend. Nach dem Abendessen setzten sie sich an den Kartentisch und spielten Whist. Emma Wedgwood besuchte Caroline in Erwiderung von Carolines Besuch vor fünf Monaten in *Maer Hall*. Als Charles ihr die Hand reichte, um ihr beim Aussteigen aus der Kutsche der Wedgwoods zu helfen, rief er:
»Welch außergewöhnliches Glück, dich an meinen beiden letzten Urlaubstagen hier bei uns zu sehen!«
»Ist doch ein Zufall, nicht wahr?« antwortete Emma freundlich, aber mit leuchtenden Augen. Caroline spitzte den Mund zu einem beipflichtenden Lächeln.
Mitte Juli, nachdem er das Tagebuch an den Verleger geschickt hatte, begann er, sich mit einem Thema zu befassen, das ihn seit beträchtlicher Zeit beschäftigte und ihm zu denken gab. Er begann damit, seine Gedanken zu Papier zu bringen, wußte jedoch, daß es schwierig sein würde, denn er begab sich da auf ein heikles Gebiet der Forschung: die Verwandlung der Arten.
Als er aus dem Hafen von Plymouth ausgelaufen war, hatte er, wie die meisten Naturwissenschaftler, an die Unveränderlichkeit der Arten geglaubt. Gott hatte alle Geschöpfe im Himmel, auf Erden und im Meer geschaffen, »Gras und Kraut und Bäume, die Frucht tragen; große Wale, Geflügel und jedes Geschöpf, das sich beweget; Vieh und Gewürm; und Gott sprach: ›Lasset uns Menschen machen nach unserem Bilde.‹« Von diesem Tag der Schöpfung bis zum Juli 1837 hatte Gott keine neuen Arten geschaffen und Seine Schöpfung nicht verändert. Es hatte verheerende Naturkatastrophen gegeben, wie zum Beispiel die Sintflut, aber jedes lebende Wesen war noch genauso, wie Gott es geschaffen hatte!
»Das ist offensichtlich nicht wahr«, rief er jetzt.
Er erinnerte sich daran, wie die *Beagle* in einer Bucht der Insel Charles auf den Galápagos vor Anker gelegen hatte und wie er entdeckte, daß die Finken, die er auf zwei verschiedenen Inseln gefangen hatte, verschieden geformte Schnäbel hatten. Er erinnerte sich an seinen sechs Kilometer langen Spaziergang mit Nicholas Lawson und an dessen Bemerkung, daß er sagen könne, von welcher Insel jede der Riesenschildkröten stammte. Damals hatte er gefragt:
»Wollen Sie damit sagen, daß jede Insel ihre eigene Art von Schildkröten hervorbringt?«
Lawson hatte selbstsicher geantwortet:
»Das steht völlig außer Frage, Mr. Darwin.«
Dann gab es die Fossilien, die er in den Kliffen von Punta Alta ausgegraben hatte, das Megatherium, das Mastodon, das Toxodon und andere Nagetiere; einige Arten waren von der Erde verschwunden, andere hatten sich bedeutend verändert. Warum? Wann? Durch welchen Vorgang? Er wußte es nicht. Aber er spürte, er war auf der Spur von etwas – Wichtigem.

Er hatte sich auf der *Beagle* daran gewöhnt, mit Notizbüchern zu leben. Es wäre gut, wieder ein Notizbuch zum Anvertrauen seiner Gedanken zu haben.
Er ging an dem warmen Julitag inmitten der Menschenmenge durch die Great Marlborough Street zu dem von ihm bevorzugten Papierwarengeschäft, kaufte ein Notizbuch mit braunem Einband im Format zehn mal achtzehn Zentimeter mit etwa zweihundertachtzig Seiten und kehrte nach Hause zurück, um niederzuschreiben, daß ihm seit dem vergangenen März die »Merkmale der südamerikanischen Fossilien und der Tierarten auf dem Galápagos-Archipel« besonders aufgefallen waren.
Er hielt in dem Notizbuch, das er mit dem Buchstaben »B« versehen hatte, jeden Tag seine Gedanken fest, ebenso Fragen, die sich ihm stellten.
»Warum ist das Leben kurz? Warum stirbt das Individuum? Wir *wissen*, daß die Welt dem Kreislauf der Veränderung, der Temperatur und allen äußeren Einflüssen unterworfen ist, die Rückwirkungen auf die Lebewesen haben. Wir sehen, daß die Jungen von Lebewesen sich ständig verändern oder, je nach den Umweltbedingungen, der Auswahl unterworfen sind...«
Er nahm sich die *Zoonomia* seines Großvaters vor, studierte sie diesmal eingehend und stellte zu seiner Freude fest, wieviel Dr. Erasmus Darwin vom Menschen und den Lebewesen verstanden hatte. Dr. Darwin glaubte an eine gewisse Art von Entwicklung des Lebens und war überzeugt, daß die Erdkruste Millionen Jahre alt war. Er hatte aber weder die Zeit noch das Naturell gehabt, um den Beweis für diese ketzerischen Schlußfolgerungen anzutreten. Er war sowohl praktischer Arzt wie auch Dichter, von dem viele Bücher veröffentlicht worden waren. Er war aber nicht darauf aus, die Welt zu erklären, und er brachte auch keine unwiderlegbaren Beweise zur Erhärtung seiner Thesen bei.
Charles kehrte zum zehnten Kapitel von Lyells zweitem Band des *Lehrbuchs der Geologie* zurück, in dem dieser über die »Verbreitung der Arten« geschrieben hatte. Lyell bestätigte, daß sich alle Arten von Leben bei Veränderungen des Klimas oder der geographischen Lage ebenfalls veränderten, doch er hatte geschrieben:

> Es ist müßig, über die abstrakte Möglichkeit der Umwandlung einer Art in eine andere zu streiten, wenn es bekanntlich um so viel wirksamere Faktoren in ihrer Natur gibt, die immer eingreifen und das tatsächliche Zustandekommen solcher Umwandlungen verhindern müssen.

Es bereitete ihm Vergnügen, in seinem Notizbuch über die Arten eine andere Methode anzuwenden als bei der Ausarbeitung seines Tagebuchs und der ersten Probeseiten der Geologie Südamerikas. In diesen beiden Manuskripten stützte er sich auf das, was er bereits geschrieben hatte. In dem Notizbuch über die Arten suchte er nach neuen Ideen, Hypothesen, Berechnungen, nach Wechselbeziehungen und Zusammenhängen, die er weder in einem gedruckten Werk noch in den Darlegungen der am besten informierten Wissenschaftler, die er kannte, gefunden hatte. Infolgedessen war die Methode des Sichselbstbefragens sehr anstrengend, ob er nun den ganzen Tag damit verbrachte oder nur einige Stunden. Wenn er mit seinen Aufzeichnungen fertig war, fühlte er sich schwindlig.

> Fortpflanzung erklärt, warum es heute Tiere des gleichen Typus gibt wie die ausgestorbenen, was ein bewiesenes Gesetz ist. Sie sterben, ohne sich zu ändern, wie Goldene Pippinäpfel; die Herausbildung von *Arten* entspricht der von *Individuen*.
> Wenn eine *Art* eine andere *Art* hervorbringt, geschieht das nicht abrupt.

An einer späteren Stelle schrieb er:

> Vielleicht haben Astronomen früher gesagt, daß Gott jedem Planeten befahl, sich in seiner vorbestimmten Bahn zu bewegen. Das gleiche befiehlt Gott jedem Tier, das mit einer bestimmten Form in einem bestimmten Land geschaffen wurde. Aber durch eine um wieviel einfachere und höhere Macht – sobald die Anziehung nach bestimmten Gesetzen wirksam wird, sind das die unvermeidbaren Folgen – werden Tiere geschaffen, und dann wird das Aussehen ihrer Nachkommen von den Gesetzen der Fortpflanzung bestimmt.

Sein Bruder Erasmus kam vorbei, um sich über ihn zu beklagen.
»Du bist unartig, Gas. Du machst aus einer Tugend ein Laster.«
»Welches Laster?«
»Arbeit. Für dich ist sie ein Narkotikum. Eine Droge.«
»Wirklich nicht. Ich beschäftige mich mit völlig neuen Gedanken, die mich faszinieren.«
»Das ist keine Entschuldigung dafür, zu einem Einsiedler zu werden. Komm heute abend zum Essen, ich habe einige der berühmtesten Schriftsteller Londons zu Gast.«
»Ich werde dasein.«
Aber er kam natürlich nicht. Nachdem er in seinem Arten-Notizbuch geschrieben hatte, bis es dunkel wurde, konnte er sich nicht mehr entschließen, zu einer Gesellschaft zu gehen. Sein Kopf war zum Bersten voll, sein Körper übermüdet. Er aß ein Ei, etwas Toast, trank Tee, ging zu Bett und schlief sofort ein.
In seine konzentrierte Arbeit platzte ein Angebot von Präsident Whewell, er solle einer der beiden Sekretäre der Geologischen Gesellschaft werden. Es war einer der bedeutenden wissenschaftlichen Posten Englands, obwohl er nicht mit einem Gehalt verbunden war. Lyell war drei Jahre lang Sekretär gewesen, bevor er Präsident wurde. Charles dachte sofort an Lyells Warnung, er solle keine offizielle wissenschaftliche Stellung annehmen, wenn es sich vermeiden ließ.

»Ich bin stolz darauf, daß Sie mir den Posten anbieten, Mr. Whewell«, antwortete er. »Aber bin ich für diese Stellung nicht zu jung und unerfahren? Ich bin erst seit sieben Monaten Mitglied...«

»Auf diesem Posten ziehen wir junge Leute vor, Darwin.« Präsident Whewell hatte ihm beim Dinner der Geologischen Gesellschaft absichtlich den Platz neben sich angewiesen. »Sie werden rasch lernen; unsere Mitglieder sind sich darüber einig, daß Sie dazu fähig sind. Sie werden das Amt erst im Februar übernehmen. Damit haben Sie ein halbes Jahr Zeit, sich darauf vorzubereiten.«

Sein erster Schritt war, sich das Büro genauer anzusehen. Dr. John Royle, ein Chirurg, Naturforscher und vormaliger Sekretär, sagte ihm:

»Das Amt kostete mich viel Zeit, drei Tage und mehr innerhalb von zwei Wochen.«

Charles konnte nicht leugnen, daß er sich von dem Angebot geschmeichelt fühlte; konnte er aber die Zeit und Energie erübrigen, während so viel Arbeit auf seinen Schultern lag und er in seinem neuen Beruf noch einen so weiten Weg vor sich hatte?

Es war schon Mitte August, als ihn der Schatzkanzler zu sich bestellte. Er dachte: »Da habe ich eine schrecklich unangenehme Unterredung vor mir.«

Als er im Büro von Kanzler Thomas Spring-Rice eintraf, fand er dort George Peacock vor. Peacock wollte sicher sein, daß der junge Mann, den er als Naturforscher für *H.M.S. Beagle* empfohlen hatte, auch wirklich eine Subvention erhielt. Er schüttelte Charles herzlich die Hand und stellte ihn dem Kanzler vor. Thomas Spring-Rice hatte nicht die leiseste Absicht, mit Charles eine »schreckliche« Unterredung zu führen. Er strahlte ihn zufrieden an: »Herzlichste Glückwünsche, Darwin. Ich muß Sie zuerst in konventioneller Weise informieren« und begann aus seinen Notizen vorzulesen:

> »Da den Lords Commissioners des Schatzamtes Ihrer Majestät von verschiedenen Seiten dargestellt wurde, daß für die Wissenschaft der Naturgeschichte bedeutende Vorteile erwachsen würden, wenn Vorkehrungen getroffen werden könnten, die es Ihnen ermöglichen, in entsprechender Form und zu einem niedrigen Preis die Ergebnisse Ihrer Arbeiten auf diesem Gebiet der Wissenschaft zu veröffentlichen, fühlen sich die Lords berechtigt, ihre Zustimmung für die Aufwendung einer Summe, die im ganzen eintausend Pfund nicht überschreiten sollte, als Subvention für eine solche Veröffentlichung zu geben.«

In Charles' Brust schwankten die Gefühle zwischen Erleichterung und Frohlokken. Aber auch Beklemmung mischte sich darunter. Der Kanzler machte dem Durcheinander seiner Gefühle ein Ende.

»Wir erlegen Ihnen keine Beschränkungen auf, nur die Auflage, daß Sie aus den öffentlichen Geldern den größtmöglichen Nutzen ziehen. Die Zahlungen werden von Zeit zu Zeit gegen die Bestätigung erfolgen, daß die Stiche gute Fortschritte machen.«

Charles gab seiner aufrichtigen Dankbarkeit für die ihm gebotene Möglichkeit Ausdruck. Er begleitete George Peacock bis zu seinem Klub und dankte ihm dafür, daß er sein »einflußreicher Freund« gewesen war. Peacock antwortete schlicht: »Wir Wissenschaftler müssen einander helfen. Darum geht es.«

Er konnte nun einen Vertrag mit Smith Elder & Company unterzeichnen, Verlegern, die sich für wissenschaftliche Arbeiten interessierten. Es wurde vereinbart, daß Charles das Erscheinen des Werkes überwachen, die verschiedenen Bände redigieren und zu jedem Band eine geographische Einführung sowie ein Vorwort zu dem gesamten Werk schreiben sollte, das im ersten Teil *Fossile Säugetiere* enthalten sein würde. Die fünf Mitarbeiter würden ein Honorar erhalten. Charles würde keins bekommen. Zugleich erklärten sich Smith Elder bereit, seine Geologie Südamerikas herauszugeben. Für dieses Buch würde er das vorgesehene Honorar erhalten.

Er wußte nicht, was daran schuld war, aber er erwachte Anfang September mitten in der Nacht mit Magenbeschwerden und starkem Herzklopfen. Er dachte sofort an das Herzklopfen, unter dem er in Plymouth während der letzten zwei trüben, düsteren und kalten Monate gelitten hatte, in denen er auf das Auslaufen der *Beagle* wartete. Warum trat es nun sechs Jahre später wieder auf? Er fühlte sich in seiner Wohnung wohl, aß und trank mäßig. Er freute sich über die Fortschritte seiner Karriere, war sogar stolz darauf. Er kam mit seinen Notizen über die Verwandlung der Arten gut voran, er zielte mit seinen Ideen in Richtungen, in die sich nur wenige wagten. Erst an diesem Tag hatte er geschrieben:

> Wir wissen mit absoluter Gewißheit, daß Arten aussterben und andere sie ersetzen.

Was er anfänglich »*diese* Ansicht von der Fortpflanzung« genannt hatte, nannte er jetzt »*meine* Ansicht« und »*meine* Vorstellung von Fortpflanzung«. Er hatte Gott nicht aus seiner Theorie eliminieren müssen. Gott hatte die Naturgesetze geschaffen; diese Gesetze regelten den Ablauf der natürlichen Vorgänge.

Die Beschwerden hörten nicht auf. Sein einziger Trost war, daß sie sich anscheinend nicht verschlimmerten; er fühlte sich zeitweise elend, wenngleich er imstande war weiterzuarbeiten.

Ende September fühlte er sich so schlecht, daß er Henry Holland in seiner Praxis aufsuchte. Dr. Holland war Hofarzt der Königin Victoria geworden. Obwohl Victoria noch nicht gekrönt war, war er wegen seiner offiziellen Stellung der begehrteste Arzt von London.

Dr. Holland stellte fest, daß Charles an Gastritis und Entzündung des Verdauungstraktes litt. Nachdem ihm Charles seinen täglichen Stundenplan geschildert und auch erzählt hatte, daß man ihm die Sekretärsstelle angetragen habe, »die mich den ganzen Sommer verfolgt hat«, nahm Dr. Holland seinen Zwicker ab, den er an einer schwarzen Schnur um den Hals trug, und steckte ihn mit sichtlicher Selbstzufriedenheit in seine Brusttasche.

»Jetzt begreife ich und kann dich heilen. Zwei oder drei Tage ständiger Sorge verursachen in allen Verdauungsorganen einen Zustand der Unordnung und Schwäche, wie gesund sie auch vor der Erkrankung gewesen sein mögen. Sogar ständige geistige Anstrengung, die gar nicht von irgendeinem Gefühl begleitet zu sein braucht, behindert zumeist eine leichte und einwandfreie Verdauung.«

»Willst du damit sagen, daß mir geistige Anstrengung schadet?« rief Charles entsetzt. »Wie soll ich denn meine Arbeit verrichten?«

»Das wirst du nicht tun. Erst nachdem du eine Kur mit meiner bekannten Diät hinter dir hast. Im allgemeinen ist tierische Nahrung am verträglichsten; dafür müssen die zartesten Fleischteile verwendet werden. Lamm und alle Arten von Wild sind leicht verdaulich. Am schlechtesten sind fette Speisen. Am besten ist Wildbret. Frisches Brot ist schwer verdaulich. Gebratene Speisen werden nicht vertragen. Käse, Milch und Butter belasten allgemein den Magen. Frisches Gemüse ist schädlich, insbesondere Kohl, Erbsen und Bohnen, ebenso Gurken, Birnen, Melonen...«

Charles war mit Dr. Hollands Diagnose unzufrieden und wandte sich an Dr. James Clark, den er bei einem Treffen der Gesellschaft kennengelernt hatte. Er erfuhr, daß Clark an einem Buch schrieb, das den Titel *Der Einfluß des Klimas auf die Gesundheit* tragen sollte. Charles erzählte, daß er sich nicht wohl fühle und unter beunruhigendem Herzklopfen leide. Dr. Clark legte sein Stethoskop an Charles' Herz, dann an seine Lungen und an den Rücken.

»Ich finde nicht, daß Ihnen etwas fehlt, Darwin. Ihr Herzschlag ist kräftig und regelmäßig. Sie leiden nur an Ermüdungserscheinungen. Ich rate Ihnen ganz ernsthaft, die Arbeit zu unterbrechen und für einige Wochen aufs Land zu ziehen. Wir können täglich feststellen, daß durch einen oft nur kurzen Aufenthaltswechsel von der Stadt aufs Land der Allgemeinzustand gehoben und daß bei verschiedenen Krankheiten durch einen Ortswechsel eine bedeutende Besserung des Gesundheitszustandes erreicht wird.«

Zwei Tage später fuhr er mit der Kutsche von London nach *Maer Hall*. Die Wedgwoods waren überrascht und zugleich entzückt, ihn zu sehen. Er führte die Ursache für seine Unpäßlichkeit auf das bevorstehende Sekretärsamt bei der Geologischen Gesellschaft zurück.

»Es ist nicht bloß eine Ein-Jahres-Tätigkeit«, murrte Charles. »Ich werde Jahre brauchen, um ihn wieder loszuwerden.«

Emma öffnete ein Fenster der Bibliothek, um frische Luft hereinzulassen, dann glitt sie graziös neben ihn auf das Sofa und nahm sein sorgenvolles Gesicht in beide Hände. »Du bist kleinmütig, Charles, und das steht dir nicht. Nimm dir ein kräftiges Stück Schnur und knüpfe jedesmal, wenn du wieder eine wissenschaftliche Leistung zu verzeichnen hast, einen Knoten.«

»Ich würde vorschlagen«, sagte Onkel Jos, »du setzt dich an meinen Schreibtisch und schreibst deine hauptsächlichen Einwände gegen die Annahme des Sekretärspostens nieder.«
Charles betrachtete die Gesichter seines Lieblingsonkels und seiner Kusine, dann verzog sich sein mageres Gesicht zu einem verlegenen Grinsen.
»Ihr wollt mir mein Widerstreben austreiben, indem ihr mich aufzieht, nicht wahr?«
»Wir versuchen es, Charles«, sagten Emma und Josiah fast gleichzeitig.
»Ich werde Professor Henslow einen Brief schreiben und ihn ersuchen, ein unparteiisches Urteil abzugeben.«
»Du weißt, was er dir antworten wird«, sagte Josiah.
»Ja. Hör auf zu jammern und geh an die Arbeit.«
»Bravo, Charles«, rief Emma. »Jetzt machst du dich über dich selbst lustig. Das ist der Charles, den ich liebe.«
Nachdem sich Onkel Jos zurückgezogen hatte, gingen Charles und Emma in den Salon, wo sie ihm einige Musikstücke von Mozart und Haydn vorspielte. Er erzählte ihr von seinem Herzklopfen.
»Es tut mir leid, das zu hören, Charles.« In ihrer Stimme lag aufrichtige Besorgnis. »Du solltest dir mehr Zeit zum Ausruhen gönnen.«
»Nur leider macht mir das Ausruhen kein Vergnügen, Emma. Wer war es, der sagte: ›Wir leiden ebenso unter unseren Tugenden wie unter unseren Lastern‹?«
»Das sagtest soeben du. Glaubst du, daß das Leben in London zu hektisch ist?«
»Ja, aber ich brauche London wegen der Nähe der Wissenschaftler, mit denen ich mich berate, wegen der Bibliotheken in der Geologischen Gesellschaft, in der *Linnean*... wegen der Verleger...«
Er verbrachte drei Wochen der Muße im *Mount*, unternahm zu Pferde und zu Fuß und im Familienboot auf dem Severn Ausflüge in der heimatlichen Landschaft Shropshires. Seine einzige Arbeit bestand im Korrigieren der Druckfahnen des Tagebuchs und im Brüten über Henslows Korrekturen von Rechtschreibfehlern und Irrtümern, die sich immer wieder in ein so langes Manuskript einschlichen. Sein Vater fragte ihn nach Neuigkeiten über Erasmus.
»Ras nennt dich *Governor*. Er liebt gute Gesellschaft, *Governor*. Er lebt ausschließlich dafür. Aber er liebt auch Gäste, die sich Schlag Mitternacht verabschieden. Er hat es nicht gern, wenn ihm jemand am nächsten Morgen beim Frühstück gegenübersitzt.«
»Auch keine Ehefrau?«
»Ganz besonders keine Ehefrau.«
»Ich hoffe, Charles, du bist nicht auch dieser Ansicht.«
»Keineswegs. Ich bin nur zu sehr beschäftigt, um auch nur beiläufig an Heirat zu denken.«
»Du wirst bald dreißig. Es sollte bald soweit sein. Wenn du spät heiratest, entgeht dir so viel wahres, reines Glück.«

6.

Gegen Ende Oktober kehrte er erfrischt nach London zurück. Die korrigierten Druckfahnen seines Tagebuchs waren an den Verleger Henry Colburn abgegangen. Henslow und Josiah Wedgwood hatten alle seine Einwände gegen die Übernahme des Sekretärsamtes entkräftet. Es blieb ihm nur noch eine Zuflucht, Lyell. Die Lyells waren auf dem Kontinent gewesen, um geologische Studien zu treiben. Charles fand eine Nachricht in der Wohnung vor, er solle am Abend, wenn er wieder in London wäre, zum Dinner kommen. Als er die Halle von Lyells Haus betrat, klopfte ihm Lyell jovial auf die Schulter.

»Meine Glückwünsche, Charles! Sie waren meine erste Wahl für den Posten. Er wird Ihnen ein Nahverhältnis zu den Gelehrten der Welt verschaffen.«

»Aber Sie haben mich doch gewarnt, ja kein Amt zu übernehmen.«

»Allerdings. Aber da war die Geologische Gesellschaft nicht inbegriffen. Das ist der einzige Fall, bei dem Sie zulassen, daß man Sie auf dem Scheiterhaufen verbrennt.«

»Aber es wird eine Riesenarbeit sein, die neunhundert Seiten meiner geologischen Notizen in ein lesbares Buch umzuschreiben.«

»Ich kann Ihnen einen Weg nennen, wie Sie sich die Aufgabe vereinfachen können. Auch ich mußte am Ende darauf zurückgreifen, als ich versuchte, das gesamte Material von Band zwei und drei meines *Lehrbuchs* in einem Band zusammenzudrängen. Teilen Sie Ihr Projekt in mehrere Teile, und arbeiten Sie immer nur an einem davon. Das wird die Arbeit erleichtern.«

»Sie meinen, ich soll das ganze Buch in mehrere organisch zusammenhängende Abschnitte aufteilen und jeden Teil einzeln veröffentlichen, sobald er beendet ist?«

»Genau das. Jeder Band wird das Interesse für den nachfolgenden anheizen.«

Charles warf die Arme in die Höhe.

»Mein lieber Lyell, Sie haben soeben meine Arbeit auf ein Drittel vermindert. Ich werde zuerst ein Buch über Korallenriffe schreiben. Das nächste über vulkanische Inseln. Und das dritte über die Hebung und Senkung der Küste von Südamerika.«

Lyell lächelte.

»Ich habe Ihre Arbeitslast wahrscheinlich vermehrt, weil Sie jetzt auf jedem Gebiet ausführlicher sein können.«

Am ersten November, genau ein Jahr und einen Monat nachdem er in England angekommen war, brachte ihm ein Bote von Henry Colburn ein Paket sauberer, korrigierter Druckseiten des *Journal of Charles Darwin, M. A., Naturalist to the Beagle*, zusammen mit gefalteten Landkarten, die die gesamte Reise der *Beagle* rund um die Welt wiedergaben. Die sechshundert Seiten waren nicht gebunden und hatten auch keinen Umschlag, das würde warten müssen, bis die Bände von King und FitzRoy zur Veröffentlichung vorlagen. Dessenungeachtet schrieb er an Henslow:

> Neulich saß ich abends in stummer Bewunderung vor der ersten Seite meines eigenen Buches, als ich es von der Druckerei erhielt!

Er warf sich unruhig im Schlaf hin und her, stand mehrmals auf, um aus dem Fenster auf die Great Marlborough Street zu schauen, die dunkel und verlassen dalag. Er wußte nicht, warum, aber seine Gedanken kehrten zurück zum *Mount*, zu den Worten seines Vaters:
»Wann du heiraten solltest, früh oder spät? Mein Sohn, es sollte bald sein... man ist anpassungsfähiger... es entgeht dir so viel wahres, reines Glück...«
Er las bei Lampenlicht bis zum Morgengrauen, dann setzte er sich an seinen Schreibtisch. In den letzten sechs Jahren hatte er, mit Ausnahme der Briefe nach Hause, immer in dicke, feste Notizbücher geschrieben. Da sich seine kurzen Notizen jetzt mit seinem Privatleben befassen würden, nahm er zwei alte Briefumschläge, die er schon vor einiger Zeit geöffnet hatte, und schrieb auf den einen: *Wenn ich nicht heirate,* auf den anderen: *Wenn ich heirate.* Da es kein junges Mädchen gab, das er heiraten wollte oder das ihn heiraten wollte, begann er mit der negativen Seite des Problems.

> Wenn ich nicht heirate, REISEN. Europa – ja. Amerika??? Wenn ich reise, muß es ausschließlich zu geologischen Zwecken sein. Reise ich nicht, Arbeit an »Verwandlung der Arten«. Mikroskop, einfachste Lebensformen. In London wohnen. In kleinem Haus unweit Regent's Park. Pferde halten. Im Sommer Reisen unternehmen. Proben sammeln. Eine Art Zoologie. Betrachtungen über Geographie und Geologie, systematisieren und Ähnlichkeiten studieren.

Er hörte Syms in der Küche umhergehen, griff zum zweiten Briefumschlag und schrieb:

> Wenn ich heirate, Mittel beschränkt. Fühle mich verpflichtet, für Geld zu arbeiten. Londoner Leben, nichts als Gesellschaft, kein Landleben, keine Reisen, keine große zoologische Sammlung, keine Bücher. Professur in Cambridge. Entweder Geologie oder Zoologie. Aber besser als Überwintern auf dem Land – und wo? Ich könnte nicht träge Haus auf dem Land mieten und nichts tun. Wäre ich einigermaßen reich, könnte ich in London leben, mit ziemlich großem Haus. Aber könnte ich das auch mit Kindern und als armer Mann tun? Nein. Dann eben Professor in Cambridge und das Beste daraus machen. Meine Pflicht tun und in der Freizeit arbeiten. Mein Schicksal wird also Cambridge-Professor oder armer Mann sein.

Er war nicht besonders zufrieden mit seinen Analysen. Keine von beiden schien zwingend oder überzeugend zu sein. Also gut, er würde sich ein anderes Mal mit dem Heiratsproblem befassen. Statt dessen ging er in eine der »Rumpelkammern«, wo Syms einen Arbeitstisch aufgestellt hatte. Darauf lagen ein Lötrohr, eine große Kerze mit flachem Docht und einige Gesteinsproben. Bei seinem Aufenthalt in Cambridge hatte er von William Miller, Professor für Mineralogie am St. John's College, gelernt, wie man ein Mineral bestimmt, indem man heiße Luft von einer brennenden Kerze durch das Lötrohr bläst und die Minerale erhitzt, von denen einige bei einer tieferen Temperatur schmelzen, andere bei einer höheren. Miller hatte gesagt:

»Alle Minerale sind Kristalle, ausgenommen Materialien wie Korallen oder Lavagestein. Die gesamte Mineralogie ist Kristallographie. Die Zeit, die Minerale brauchen, um zu schmelzen, ist ein wesentlicher Hinweis auf ihre Eigenschaften und ihre Identität.«

Professor Miller hatte einige von Charles' Gesteinsproben in Cambridge behalten und Charles Berichte über ihren Aufbau und ihre Zuordnung geschickt.

»Es ist aber nützlich für mich, daß ich dann und wann Experimente durchführen kann, durch die ich sie selbst bestimme«, erklärte Charles Erasmus.

»Wir haben dir nicht umsonst den Spitznamen Gas gegeben«, sagte Erasmus.

Der Januar 1838 begann mit intensiver Arbeit. Er führte Monat für Monat ein Tagebuch, in dem er alle Bücher verzeichnete, die er las, um seine Erfahrungen zu ergänzen und die Pausen beim Schreiben der Geologie auszufüllen. Die Tage, Wochen und Monate verschmolzen zu einer Kette von Anstrengungen; er unterbrach die Arbeit nur, um zu essen und zu schlafen.

Im Januar beendete er seinen Bericht über die Geologie von Ascension und den Galápagos-Inseln; im Februar die Arbeit über St. Helena und die kleinen Inseln im Atlantik. Im Februar schrieb er auch die letzten Seiten seines Notizbuches über die Verwandlung der Arten voll; er kaufte sich sofort ein zweites und schrieb weiter.

Der März war größtenteils einer zoologischen Studie über Säugetiere gewidmet; er schrieb auch für die Zoologische Gesellschaft einen Artikel über Erdbeben, der ihm Lob einbrachte.

Im April half er John Gould bei der Vogelsammlung und gab den Goulds Geld von seiner Subvention für Druckplatten. John Gould hatte bereits fünfzig Skizzen von den Vögeln angefertigt. Elisabeth führte sie auf Stein aus. Die Bilder von den Platten fielen großartig aus, zumeist in natürlicher Größe.

»Ihre Monographie wird herrlich sein«, meinte Charles bewundernd.

Gould blickte von seinem Präpariertisch auf und sagte ein wenig traurig:

»Darwin, wir werden den Text für den ersten Teil und alle Farbplatten fertigmachen, aber wir reisen bald nach Australien, um zu sammeln und Skizzen sowie Notizen zu machen. Es könnte zwei Jahre dauern...«

Als Elisabeth Gould Charles' niedergeschlagene Miene sah, fügte sie rasch hinzu: »Wir haben mit George Gray gesprochen, dem Ornithologen vom Britischen Museum. Er wird die Texte für Sie beenden.«
Charles begann mit der Arbeit über das Kap der Guten Hoffnung, den King-George-Sund und Sydney. Er verwendete viel Zeit für das zweite Notizbuch über die Arten, fühlte sich aber körperlich nicht ganz wohl. Das Herzklopfen kam ebenso wieder wie starker Durchfall als Folge einer Störung im Darm. Im Mai arbeitete er vor allem an der Geologie. Er schrieb Abhandlungen über Hobart und Neuseeland, São Tiago und die Kapverdischen Inseln.
Zu seiner Überraschung fand er Vergnügen an dem Sekretärsamt, bei dem er Artikel redigierte, die von Geologen eintrafen, Auszüge für das Nachrichtenblatt machte, an Treffen teilnahm, bei denen er den versammelten Mitgliedern die Abhandlungen jener Autoren vorlas, die ihre Ämter in entfernten Teilen Englands nicht verlassen konnten. Er wurde sich bald klar darüber, daß die beiden Sekretäre die Gesellschaft leiteten. Es war eine hochinteressante Erfahrung. Anstatt sich über die verlorene Zeit, die er bei den Treffen verbrachte, zu ärgern, war er dankbar für jede Gelegenheit, aus seiner Wohnung heraus- und in die angenehme Gesellschaft gelehrter Kollegen hineinzukommen.
Er erhielt einen amüsanten Brief von Kapitän FitzRoy, der schrieb:

> Die Arbeit an meinem Buch macht ständig Fortschritte, wenn auch nicht im Eisenbahntempo. Ich bin in meinen Gewohnheiten wie auch in meinen Ansichten eher altmodisch, ergo eine langsame Kutsche.

Lyell fuhr sich mit der Hand durch das lockige Haar. »Ich wußte nicht, daß der gute Kapitän Sinn für Humor hat.« Richard Owens erste Teillieferung der *Zoologie der Reise von H. M. S. Beagle, Fossile Säugetiere* erschien. Es war ein schönes, übergroßes Folioformat mit großem, gut lesbarem Schriftbild. Charles hatte mit dem Drucker zusammengearbeitet, um das zu erreichen, denn der erste Band würde das Vorbild für die folgenden sein. Er enthielt sieben Stiche, dreizehn Seiten mit Charles' Vorrede und Einleitung sowie siebenundzwanzig mit Owens Text. Er kostete acht Shilling, wobei die bescheidene Preisliste für die einzelnen Fortsetzungen von acht bis zwölf Shilling reichte, je nach der Anzahl der Stiche und der Länge des Textes. Als Charles in Yarrells Buchhandlung kam, fragte er ängstlich wie alle Autoren bei ihrer ersten Veröffentlichung:
»Wie läuft es?«
»Was meinen Sie, wie es läuft? Es ist fort. Ich bin ausverkauft.« Charles stieß einen tiefen Seufzer der Erleichterung aus.
»Ich fühle mich wie eine Mutter, der man sagt, ihr neugeborenes Kind hat normale fünf Zehen, nicht sechs.«
»Es ist ein gutes Omen für die kommenden Fortsetzungen.«
Die Wissenschaftler der *Linnean Society*, der Zoologischen und der Geologischen

Gesellschaft freuten sich über die gute Premiere des Werks, kauften es und spendeten ihm Beifall für seine klar abgefaßten Schilderungen der Orte, von denen die Funde stammten. Die Geologische Gesellschaft verlieh Richard Owen prompt ihre begehrte Wollaston-Goldmedaille. Owen war begeistert über diese Aufnahme der »Darwinschen Fossilien«, wie er sie nannte. Auch die Regierung, die das Geld für die Stiche zur Verfügung gestellt hatte, war zufrieden über ihr gutes Einschätzungsvermögen.

Robert Brown, der Bibliothekar der *Linnean Society* und Botaniker, lud Charles an einem Sonntagmorgen zum Frühstück ein. Charles hatte ihm Stücke von fossilem Holz vom King-George-Sund zur Verfügung gestellt, die Brown aufgeschnitten und gemahlen hatte, um ihre Zusammensetzung zu bestimmen. Der nun vierundsechzigjährige Brown schlurfte in Pantoffeln durch sein Laboratorium, er hielt es nicht mehr für nötig, den jungen Mann zu spielen. Seine Unterlippe hatte er vorgeschoben wie eine Bulldogge.

Einer der Pförtner der *Linnean* brachte ein Frühstück nach oben, das sie in Browns Laboratorium, umgeben von seinen Hunderten von botanischen Präparaten, verzehrten. Brown sagte mit seiner tiefen, rauhen Stimme:

»Freut mich zu sehen, daß Sie veröffentlichen, Darwin. War auch schon an der Zeit.«

»Sie erstaunen mich, Mr. Brown! Als ich Sie vor sechs Jahren besuchte, sagten Sie, Sie wollten Ihre Worte nie in englischer Sprache gedruckt sehen, denn ein Irrtum im Druck sei irreparabel wie eine Verurteilung zum Galgen. Auch ich kann mich irren.«

Brown schob sein kantiges Kinn vor.

»Das werden Sie überleben.« Seine schweren Lider öffneten sich. »Ich wurde geboren, um für die Wissenschaft der Botanik ein solides Fundament zu legen, ebenso wie Ihr Freund Henslow. Keiner von uns beiden wird mehr veröffentlichen als beschreibende Kataloge. Sie wurden geboren, um einer großen Hörerschaft mit Ihren Entdeckungen neue Impulse zu geben. Schreiben Sie, veröffentlichen Sie. Sie werden Fehler machen. Nehmen Sie Ihr Schicksal mit Anstand hin.«

Er beschränkte sich auf eine Abendgesellschaft in der Woche und stattete an einem zweiten Abend seine Schulden an seine Gastgeber ab. Im Mai schrieb er ziemlich regelmäßig in seinem zweiten Notizbuch, fühlte sich aber einen großen Teil der Zeit nicht wohl, so daß er Mitte Juni, als seine Schwester Katty, Emma und mehrere andere Mitglieder der Familie Wedgwood von einem Urlaubsaufenthalt in Paris nach London kamen, die Mädchen nur einmal traf und da nur für ganz kurze Zeit, um sich bei ihnen zu entschuldigen. Es kränkte ihn zu erfahren, daß Emma dachte, er habe sie absichtlich vernachlässigt.

»Warum sollte ich das tun?« fragte er sich. »Ich konnte es einfach nicht ertragen, daß sie mich eine ganze Woche lang als kranken Menschen sehen sollte.«

Um gesund zu werden, fuhr er mit dem Postschiff nach Edinburgh, wo er allein eine Wanderung auf den Salisbury Craig unternahm. Er verbrachte einige Zeit in Glasgow, dann fuhr er weiter nach Glen Roy. Nach einer Woche kehrte er mit dem Schiff nach Liverpool zurück und fuhr von dort nach Shrewsbury.
»Wie gut du nach deiner Reise aussiehst!« rief Katty, als sie sein sonnverbranntes Gesicht sah. »Emma und ich machten uns deinetwegen in London Sorgen.«
»Ich werde auf meiner Rückkehr nach London im *Maer* vorbeischauen, um sie zu sehen.«
Nach dem sechzehntägigen Urlaub war er ausgeruht, aber zum erstenmal verursachte ihm der Gedanke an seine Wohnung in London Unbehagen.
»Mein Gott, wie öde sie ist! Nur Syms ist dort, um mein Essen zu kochen und mir die Gesteinsproben zu bringen, die ich für meine Kapitel brauche. Ich lebe wie ein Einsiedler in einer Höhle, nicht wie ein normaler Mensch. Ich kann den Gedanken nicht ertragen, in diese Stille zurückzukehren.«
Er hatte es in den letzten zwanzig Monaten so gewollt, aber noch weitere zwanzig? Oder gar hundertzwanzig? Er würde sich wie im Gefängnis, in der Verbannung fühlen. Er dachte an die Notizen, die er auf der Rückseite der gebrauchten Briefumschläge gemacht hatte. *Wenn ich nicht heirate. Wenn ich heirate.* Er würde es noch einmal versuchen.
Er ging in die Bibliothek, nahm zwei Blatt Papier aus der Schreibtischlade und begann zu schreiben:

Das ist die Frage

Er machte eine Pause und erinnerte sich, daß er in London zuerst geschrieben hatte *Wenn ich nicht heirate.* Diesmal hatte er mit *Heiraten* begonnen.
»Ich möchte wissen, ob dieser Umschwung etwas bedeutet?« fragte er sich; dann fing er schnell an zu schreiben:

> Kinder (wenn es Gott gefällt), ständige Gefährtin (Freundin im Alter), die sich für einen interessiert, Gegenstand, den man lieben und mit dem man spielen kann. Heim und jemand, der sich darum kümmert. Zauber von Musik und weiblichem Geplauder. Dinge, die für die Gesundheit gut sind. Mein Gott, es ist unerträglich, daran zu denken, daß man sein ganzes Leben verbringt wie eine geschlechtslose Biene, mit Arbeit, Arbeit und schließlich nichts in Händen hält. Nein, nein, das geht nicht. Stell dir nur eine nette, sanfte Frau auf einem Sofa vor einem wärmenden Feuer vor und Bücher und vielleicht Musik – vergleiche diese Vision mit der schäbigen Wirklichkeit der Gr. Marlborough Str. Heiraten, Heiraten, Heiraten.

Er verließ die Bibliothek und ging durch die in voller Sommerblüte stehenden Gärten des Anwesens. Dann kehrte er zum Schreibtisch zurück und schrieb *Nicht heiraten:*

> Keine Kinder (kein zweites Leben), niemand, der im Alter für einen sorgt. Freiheit zu gehen, wohin es einem gefällt. Freie Wahl der Gesellschaft *und wenig davon.* Gespräche mit klugen Männern in Klubs. Nicht gezwungen, Verwandte zu besuchen und in jeder Kleinigkeit nachgeben zu müssen, die Ausgaben und Sorgen für Kinder zu haben, vielleicht Streit. *Zeitverlust:* kann an Abenden nicht lesen, Fettleibigkeit und Untätigkeit, Sorgen und Verantwortung, weniger Geld für Bücher usw., wenn viele Kinder, gezwungen, sein Brot zu verdienen.

Auf die Rückseite des Blattes schrieb er seine Zusammenfassung:

> Aber falls ich morgen heirate, gibt es unendliche Schwierigkeiten und große Ausgaben, um ein Haus zu beschaffen, es einzurichten, wegen zu wenig Gesellschaft, Morgenbesuche, jeden Tag Zeitverlust... Nur Mut. Man kann dieses einsame Leben nicht endlos weiterführen, sich ein kränkliches Alter, ohne Freunde, kalt und ohne Kinder vorstellen, mit schon beginnenden Runzeln. Macht nichts, vertrau auf das Glück, blick scharf in die Zukunft. Es gibt so viele glückliche Sklaven.

Auf dem Ritt nach *Maer Hall* sah er wenig, denn seine Gedanken waren nach innen gekehrt. Er hatte sich, abgesehen von den Lyells, von Brown, Yarrell und einigen anderen Freunden unter den Wissenschaftlern, vom gesellschaftlichen Leben vollkommen ferngehalten. Seit seiner Rückkehr nach England hatte er keine reizvolle oder amüsante oder auch nur interessante junge Frau kennengelernt. Er wußte, daß es in London viele gab, er sah sie immer nur in Kutschen vorbeifahren... Mit Ausnahme der Arbeit war ihm alles andere entglitten. Er war immer ein geselliger Mensch gewesen, jetzt war er ein halber Einsiedler. Er fand auch Erasmus' Junggesellenleben nicht anziehend. Im kommenden Februar würde er – sein Vater hatte ihn daran erinnert – dreißig Jahre alt werden, kein Jüngling mehr. Wenn er nicht heiratete und Kinder bekam, würde es das Ende des Geschlechts der Darwins sein, die sich bis ins sechzehnte Jahrhundert zurückverfolgen ließen.

Was sollte er tun? Eine Anzeige in der Londoner *Times* aufgeben: Frau gesucht? Sich bei Abendeinladungen jede anwesende junge Frau anschauen, statt sich mit allen möglichen anderen Gedanken zu beschäftigen? Seine gelehrten Freunde und Bekannten ersuchen, ihm reizende junge Damen vorzustellen? Er hatte sich nur einmal verliebt, in Fanny Owen, und war an Bord der *Beagle* ziemlich sarkastisch darüber hinweggekommen. Sollte er sich von seinen gelehrten Freunden und Wissenschaftlern bei jungen Frauen einführen lassen, die sie kannten? Nach *Maer Hall* fahren und Elisabeth und Emma fragen, ob sie jemand kannten...

Der Kreislauf seiner Gedanken stoppte jäh. Emma! Allmächtiger Gott, Emma!

Mit den braunen Augen und den weichen braunen Locken, der melodiösen Stimme und der entzückenden Gestalt, der sympathischen Ausstrahlung, seine engste Freundin und Vertraute von Kindheit an.
Emma! Er hatte Emma immer geliebt. Und Emma hatte ihn auch geliebt. Als Geschwisterkinder? Aber er hatte bemerkt, wie Caroline und Emma Blicke wechselten!
»Ah, das ist meine Antwort«, rief er laut den uninteressierten Kartoffeläckern zu. Emma war ihm all die Jahre hindurch bestimmt gewesen.
Jetzt erinnerte er sich daran, daß sie vier annehmbare Bewerber abgewiesen hatte. Warum hatte sie das getan? Sie hatte ein warmes, liebevolles Herz. Sie schenkte allen möglichen Kindern und Erwachsenen ihre Zuneigung. Hatte sie geglaubt, für diese Anwärter nicht die Richtige zu sein? Nein, sie verfügte über eine sehr gesunde Selbsteinschätzung. Hatte sie gewartet? Auf wen? Er hatte nie gehört, daß jemand erwähnt worden wäre.
»Auf mich?« fragte er sich zaghaft. »Wenn ja, wie hatte sie so viel Geduld aufbringen können?«
Plötzlich brachte er sein Pferd in eine schnellere Gangart.
»Du meine Güte! Habe ich zu lange gewartet? Stehe ich draußen im Regen ohne das schützende Ölzeug des Seemannes? Ich muß es versuchen. Bald. Sofort! Ich darf mir keine Hoffnungen machen, sondern ich muß es einfach versuchen. Ich werde zweiundzwanzig Chronometer benützen und, wenn ich meine Position genau festgestellt habe, direkt in den Hafen einlaufen.«
Er kam in bester Stimmung in *Maer* an. Er und Emma waren glücklich, wenn sie beisammen waren. Dennoch fragte er sich:
»Und wenn sie mir einen Korb gibt, was dann? Schließlich kann ich mich noch nicht selbst ernähren. Mein Gesicht ist nichtssagend. Wir würden beide so schrecklich verlegen sein.«
Als er sich verabschiedete, küßte ihn Emma sittsam und sagte:
»Wir haben uns so wunderbar unterhalten, Charles. Bitte, komm bald wieder.«
»Das werde ich tun, Emma.«
Den ganzen Weg nach London zurück machte er sich schwere Vorwürfe, weil er so ein Feigling gewesen war.

7.

Als er wieder in der Great Marlborough Street war, fiel es ihm schwer, sich zu konzentrieren, denn er konnte an kaum etwas anderes denken als an Emma Wedgwood. Er trug ihr Bild tagsüber und auch den größten Teil der Nacht in sich herum. Es war töricht von ihm gewesen, ihr keinen Heiratsantrag zu machen.

Er würde es sowieso tun müssen, und zwar sehr bald, denn er war nun bis über beide Ohren in sie verliebt und zu dem Entschluß gelangt, daß sie die einzig richtige Frau für ihn war. Er war entschlossen, nach *Maer Hall* zurückzukehren, sobald er sich genau zurechtgelegt hatte, welche Worte und Sätze er sagen mußte, und sicher sein konnte, daß er nicht wieder kneifen würde.

Es gelang ihm nur durch äußerste Konzentration auf die Geologie, seine Unruhe zu dämpfen. Er begann einen Artikel über die sogenannten Parallelstraßen, die er in Glen Roy bemerkt hatte. Im Mai war der erste Teil von George Waterhouses *Säugetieren* herausgekommen, mit sechzehn Seiten und zehn Stichen. Im Juli war die erste Lieferung von John Goulds *Vögeln* mit zehn hervorragenden Farbstichen veröffentlicht worden. Seine *Zoologie* war schon weit gediehen.

Ein Exemplar von Lyells neu veröffentlichten *Elements of Geology* war für ihn persönlich in die *Society* gebracht worden. Lyell befand sich in Schottland, in Kinnordy, zu Besuch bei seinen Eltern. Nachdem Charles den Band verschlungen hatte, schrieb er sofort an seinen Freund:

> Ich habe es Wort für Wort gelesen und bin von Bewunderung erfüllt… Ich muß mit Ihnen darüber sprechen. Das Lesen eines Buches macht einem kein Vergnügen, wenn man kein eingehendes Gespräch darüber führen kann. Bei vielen Teilen war ich geradezu verdrossen bei dem Gedanken, wie sich andere Geologen bemüht haben, das zu beweisen, was in Ihrer Darstellung so offensichtlich wahrscheinlich anmutet…

Eine Zeile in Lyells Vorwort beunruhigte ihn jedoch. Er schrieb darin, daß die Veröffentlichung von Darwins Forschungstagebuch »zum großen Bedauern der wissenschaftlichen Welt« verschoben werden mußte, da Robert FitzRoy die Begleitbände nicht rechtzeitig fertiggestellt habe. Er war sich klar darüber, daß Lyell ihm ein Lob spendete, war aber bezüglich der Reaktion FitzRoys beunruhigt. Er konnte nur hoffen, daß FitzRoy das Vorwort nicht sehen würde.

Nur wenige Tage später klopfte jemand heftig an seine Eingangstür. Syms ließ Kapitän FitzRoy ein; groß, schlank, aristokratisch stand er in seiner langen dunkelblauen Jacke und Hose und der perlgrauen Weste vor Charles. Sein Kragen war nach der neuesten Mode über einem lose geknüpften Schlips umgelegt, er trug auch einen Homburg neuesten Stils. Obwohl er noch der Marine angehörte, war er auf halbes Gehalt gesetzt worden und hatte kein Kommando. Sein Gesicht war, zweifellos vor Zorn, um mehrere Nuancen dunkler als sonst.

»Kapitän FitzRoy! Wie schön, Sie nach so langer Zeit wiederzusehen«, begrüßte ihn Charles.

»Ich bin nicht zum Vergnügen hier. Ich wurde beleidigt und meine Integrität in Frage gestellt.« Er warf ein Exemplar von Lyells Buch auf den Tisch. »Sie haben doch diese bösartige Attacke gegen mich gelesen.«

»Ja, Kapitän, und sie tief bedauert.«
»Bedauert? Sie haben sie vermutlich veranlaßt.«
Charles' Augen blitzten.
»Warum sollte ich das tun?«
»Um dem Kreis der Wissenschaftler zu beweisen, daß Sie ein fanatischer Arbeiter sind, während ich träge bin und meine Pflicht versäume.«
»Das kann niemand von Ihnen annehmen, Sir. Sie sind einer der aufopferndsten und gewissenhaftesten Menschen, die ich kenne.«
»Dennoch ließen Sie zu, daß Lyell mich in einer öffentlichen Druckschrift angegriffen hat.«
»Ich gebe Ihnen mein Wort, daß ich die Vorrede nie gesehen habe. Hätte ich sie gesehen, würde ich Lyell überredet haben, jede Erwähnung unserer Bücher zu unterlassen. Syms, sieh nach, ob Cognac im Haus ist.« Zu FitzRoy sagte er beschwichtigend: »Bitte nehmen Sie doch Platz. Wir wollen das als alte Freunde erörtern. Sie wissen, daß ich Sie nie beleidigen würde. Ich weiß nicht, warum Lyell diese Zeilen schrieb, aber ich werde dagegen auftreten.«
»In welcher Form können Sie das tun?« fragte FitzRoy steif.
»Indem ich bekanntmache, daß Sie sowohl Kapitän Kings Buch als auch Ihr eigenes schreiben und daß ich, hätte ich zwei Bände zu schreiben gehabt, ein oder zwei Jahre länger gebraucht hätte.«
FitzRoy war beruhigt und nahm den Cognac von Syms entgegen, den er erst jetzt erkannte.
»Also gut. Aber Sie müssen Lyell sagen, daß ich seine Andeutungen übelnehme und verlange, daß diese Stelle in den nächsten Ausgaben unbedingt getilgt wird.«
Charles lächelte zum erstenmal, seit FitzRoy hereingestürmt war.
»Es wird keine weitere Ausgabe geben, bevor unsere drei Bücher herauskommen – in etwa einem Jahr, meinen Sie nicht auch?«
FitzRoys Stimme klang wieder normal.
»Ich muß nur noch ein paar Monate arbeiten, um beide Bände fertigzustellen. Unsere Bücher müßten nächstes Jahr um diese Zeit in den Buchhandlungen sein.«
»Wir werden auf ruhiger See vor sanftem Wind segeln«, sagte Charles.
FitzRoy trank seinen Cognac und sagte mit dem für ihn typischen, plötzlich aufflammenden Lächeln, an das Charles sich so gut erinnerte:
»Ich gerate leicht in Zorn, wie Sie Gelegenheit hatten festzustellen. Ich weiß, daß Sie mit Lyells herabsetzender Bemerkung nichts zu tun haben und daß Sie sie hätten streichen lassen, hätten Sie das Manuskript zu Gesicht bekommen. Also – bitte verzeihen Sie mir meine Anschuldigung.«
»In Ordnung.«
Sie plauderten eine Zeitlang angeregt. Dann schüttelte ihm FitzRoy die Hand und ging. Charles schrieb an Lyell:

> Ich habe mit FitzRoy gesprochen, der Ihr Buch gekauft hat. Er nahm die Vorrede ziemlich übel, beruhigte sich dann aber wieder. Einen Teil seines Gehirns müßte man behandeln...

Er schrieb weiter an seinem Artikel über Glen Roy. Es war eine lange, eingehende Abhandlung, die ihn beinahe sechs Wochen beschäftigte, wenn er auch zugleich ständig an seinem dritten Notizbuch über die Arten schrieb. Bereits im Juni hatte er an seinen Vetter William Darwin Fox geschrieben:

> Ich höre zu meiner Freude, daß Du so gut bist und meine Frage über Kreuzungen von Tieren nicht vergessen hast. Es ist mein wichtigstes Hobby, und ich glaube wirklich, daß ich eines Tages imstande sein werde, mich auf diesem schwierigen Gebiet, Arten und Abarten, zu versuchen.

Jetzt im September, da der Artikel über Glen Roy zur Veröffentlichung bereit und die zweite Nummer von Waterhouses *Säugetieren* erschienen war, konzentrierte er sich ganz auf sein Arten-Notizbuch. Er sprach mit seinen Freunden über Fachfragen wie Hybridenzucht, gab aber nicht den Zweck seines Interesses bekannt. An Lyell schrieb er:

> Ich war in letzter Zeit, was die reine Geologie anlangt, in großer Versuchung zu faulenzen, und zwar infolge der erfreulichen Zahl neuer Einsichten über Klassifizierung, Verwandtschaft und Instinkte, soweit es die Frage der Arten betrifft. Es wurde ein Notizbuch nach dem anderen mit Tatsachen angefüllt, die sich *deutlich* zu gruppieren beginnen.

Das Wetter im September und Oktober war gut und erlaubte ihm weitläufige Spaziergänge durch die Stadt. Sein Ziel war gewöhnlich eine Buchhandlung: Yarrell, John Tallis oder Hatchard. Er ging zwischen den Tischen umher und kaufte sich Lesestoff für den Abend. Neben der Arbeit an seinem Korallenbuch las er John Rays *Die Weisheit Gottes*, Listers *Wirtschaftsführung*, Hornes *Geschichte des Menschen*, Lisianskys *Reise um die Welt*, Abercrombies *Die geistige Kraft*, Harriet Martineaus *Wie man beobachtet.* Durch ein Zusammentreffen von Zufällen und aus Neugier erwarb er ein Exemplar von Thomas Malthus' *Abhandlung über das Bevölkerungsgesetz*, das im Jahr 1838 genau vierzig Jahre alt war. Malthus hatte in Cambridge studiert und über zwanzig Jahre lang am College der Ostindischen Kompanie in Haileybury unterrichtet.
Er ging nach Hause und schlug das erste Kapitel auf, das die Überschrift trug: »Wachstumsverhältnisse von Bevölkerung und Ernährung«.
Er begann zu lesen und hatte von der zweiten Seite an ein Gefühl, als hätte ihn ein Blitzstrahl getroffen, eine geistige Erleuchtung sich aufgetan, die ihn schwindeln machte. Es war volle fünfzehn Monate her, seit er seine systematische Un-

tersuchung der Entstehung, der Veränderungen und Abweichungen tierischer und pflanzlicher Arten begonnen hatte, und erst jetzt stieß er zufällig auf den Schlüssel zu dem Rätsel. Er las:

> Die Ursache, auf die ich anspiele, ist die dauernde Neigung aller Lebewesen, sich über das Maß der für sie verfügbaren Nahrungsmittel hinaus zu vermehren...
> Es wurde bemerkt..., daß die Fruchtbarkeit der Pflanzen und Tiere keine andere Grenze hat als die, welche sich aus ihrem übermäßigen Anwachsen und der wechselseitigen Einengung ihres Nahrungsspielraums ergibt...
> Das ist unbestreitbar wahr. Im Tier- und Pflanzenreich hat die Natur den Lebenssamen mit verschwenderischer Hand ausgestreut, ist aber verhältnismäßig sparsam mit dem Platz und der Nahrung umgegangen, die notwendig sind, um ihn großzuziehen. Wenn die Lebenskeime, die diese Erde enthält, sich frei entfalten könnten, würden sie im Laufe weniger tausend Jahre Millionen Welten füllen. Die Not, dieses gebieterische, alles durchdringende Naturgesetz, hält sie in den vorgeschriebenen Grenzen. Die Pflanzen und Tiere unterliegen diesem einschränkenden Gesetz, und auch der Mensch kann ihm durch keine Anstrengung der Vernunft entfliehen.
> ...Die Bevölkerung hat die dauernde Neigung, sich über das Maß der vorhandenen Nahrungsmittel hinaus zu vermehren...

Er konnte seine Freude darüber, diesen Schlüssel zu der ihm bisher verschlossenen Welt der Entstehung der Arten gefunden zu haben, nicht unterdrücken. Er wanderte durch die beiden Vorderzimmer, während Bilder von der Reise der *Beagle* und von den Studien, die er nach seiner Rückkehr angestellt hatte, an seinem geistigen Auge vorüberzogen. Er war erschöpft, konnte sich aber nicht entschließen, sich auszukleiden und zu Bett zu gehen, und warf sich auf das Sofa. Nun hatte er eine Theorie, nach der er arbeiten konnte! Er war bemüht, Vorurteile zu vermeiden, und entschlossen, vorläufig nichts darüber zu schreiben. Er würde warten, bis er seine Erkenntnis gründlich belegen konnte.

Er kam Freitag abends, am 9. November, nach *Maer Hall*. Ein Teil der Familie, darunter auch seine Schwester Katty, die zu Besuch da war, war bereits zu Bett gegangen. Emma ging in die Küche und brachte ihm etwas zu essen und einen Krug mit heißem Kakao. Müde und abgekämpft, wie er war, hatte er keine Absicht, Emma an diesem Abend einen Heiratsantrag zu machen. Er wollte den ganzen nächsten Tag mit ihr zusammensein, in den Wäldern spazierengehen, einen Schal gegen die Kälte um den Hals geschlungen. So würde er das kameradschaftliche Verhältnis wiederherstellen, das sie bei seinem Besuch im Juli so glücklich gemacht hatte.
Der Augenblick kam, als sie am Sonntag von der Kirche zurückkehrten. Der Salon

war kühl, aber angenehm. Charles und Emma saßen zusammen auf der Klavierbank. Sie spielte ihm leise einige Mozartstücke vor. Charles seufzte erleichtert, denn sie hatte genau die richtige Musik gefunden.
»Emma, darf ich mit dir sprechen?«
Sie antwortete verwundert: »Aber Charles, seit wann mußt du um Erlaubnis bitten, mit mir zu sprechen?«
»Es ist mir Ernst. Es ist etwas Wichtiges.«
»Das erkenne ich an deiner Miene.«
»Emma, wir sind seit langer Zeit befreundet...«
»Seit wir Cousin und Cousine sind.«
»Ich weiß nicht, wie du es aufnehmen wirst. Offen gestanden, ich habe fürchterliche Angst.«
Emma wandte sich ihm zu. Sie war ein wenig blaß geworden.
»Charles, als du im vergangenen Juli bei uns warst, warst du in bester Stimmung, und ich war glücklich in deiner Gesellschaft und hatte das Gefühl, wenn du mehr mit mir zusammen wärest, würdest du mich wirklich gern haben.«
Die Anspannung schwand aus seinem Gesicht. Er ergriff ihre Hände.
»Meine liebste Emma, ich hatte dich immer schon lieber als alle anderen. Jetzt weiß ich – verzeih mir, daß ich so lange gezögert und mich so spät entschlossen habe; es scheint mein Charakter zu sein –, daß ich dich schon lange liebe. Bitte, hab keine Angst, meine Gefühle zu verletzen; ich weiß, ich bin kein schöner Mann. Vor allem sag mir die Wahrheit.«
»Das verspreche ich dir, Charles.«
»Dann möchte ich dich fragen, ob du mich heiraten willst.«
Es gab kein Zögern und kein Schweigen von seiten Emmas.
»Aber natürlich will ich, Charles. Seit Jahren warte ich darauf, daß du es mir vorschlägst. Alle Mitglieder unserer Familien haben erwartet, daß wir heiraten. Wußtest du das nicht?«
»Nein. Ich wußte... gar nichts...«
Sie lachte leise darüber, wie unglücklich er aussah.
»Ich liebe dich. Du sagtest, du willst mich heiraten, aber liebst du mich?«
Sie umarmte ihn innig und küßte ihn.
»Was für eine schöne Antwort! Wir werden zusammen ein herrliches Leben haben. Hoffentlich bist du ebenso glücklich wie ich.«
»Ich bin viel zu verwirrt über diesen plötzlichen Antrag, um mein Glück ganz zu fassen. Aber das kommt noch. Du bist der aufrichtigste, ehrlichste Mann, den ich gekannt habe. Jedes deiner Worte gibt deine wahren Gedanken wieder. Du bist liebevoll und nett zu deinen Schwestern und ganz ausgeglichen.«
Nun war er an der Reihe, ihr einen innigen, leidenschaftlichen Kuß zu geben, den zweiten, den sie tauschten. Er erregte sie beide und gab ihnen die Zuversicht, daß ihre Liebe schön sein würde. Als sie sich aus seiner Umarmung löste, fragte sie:

»Sollen wir es Papa und Katty erzählen?«
Als Josiah und Katty das Zimmer betraten, sagte Emma mit strahlendem Lächeln: »Sicher merkt ihr es an unseren Gesichtern? Charles hat um mich angehalten. Wir werden heiraten.«
In Josiah Wedgwoods Augen glänzten Freudentränen, deren er sich nicht schämte. Er küßte Emma und dann Charles.
»Das ist einer der glücklichsten Augenblicke meines Lebens.« Seine Stimme klang vor Rührung heiser. »Seit Jahren habe ich gehofft und gebetet, daß es dazu kommt. Du weißt, Charles, daß ich dich immer hochgeschätzt habe.«
»Und ich habe immer mit größter Hochachtung und Zuneigung zu dir aufgeblickt, Onkel Josiah.«
Zum sonntäglichen Abendessen waren einige Verwandte der Wedgwoods eingeladen worden. Hensleigh und seine Frau Fanny waren aus London gekommen.
»Es geht wirklich vergnügt zu«, sagte Charles leise zu Emma, die neben ihm an der Tafel saß. »Wir sollten doch unsere Verlobung nicht mitten in diesem Geplauder bekanntgeben, oder?«
»Ich bin einverstanden.«
Er drückte unter dem Tisch ihre Hand.
»Ich bin so glücklich und erleichtert, daß meine Ungewißheit vorbei ist und wir einander verstehen, daß ich Kopfschmerzen habe.«
»Ich auch, mein lieber Charles.«
Er wollte sich gerade zum Schlafengehen entkleiden, als es an seiner Tür klopfte. Er öffnete und stand Hensleigh Wedgwood gegenüber.
»Komm doch in unser Schlafzimmer, da ist etwas im Gang.«
Charles ging den Korridor entlang. Er hörte aufgeregte Stimmen. Als er ins Zimmer trat, sprang Emma von einem Stuhl am Kamin auf.
»Charles, wir beide sahen beim Essen so niedergeschlagen aus, daß Tante Fanny und Harrys Frau Jessie sich fragten, was los sei. Fanny erriet es. Unser Geheimnis ist entdeckt.«
»Euer Geheimnis ist schon seit mehreren Jahren entdeckt«, rief Fanny. »Wir haben es nur bewahrt.«
Emma zog ihn auf den Stuhl neben sich.
»Charles, mein Liebster, es ist eine Heirat, die alle von uns erwarteten.«
»Dennoch werde ich morgen mit Katty nach Shrewsbury reiten, um es Vater und Susan zu erzählen«, sagte er. »Ich bin sicher, Vater wird sich ebenso darüber freuen wie Onkel Jos.«
Dann sprachen sie über die Vorteile einer langen oder kurzen Verlobungszeit.
»Kurz!« rief Charles. »Ich habe bereits eine ganze Menge Glück versäumt.«
»Lang«, sagte Emma ruhig. »Ich kann Elisabeth die Sorge für Mama nicht allein überlassen.«
»Und warum nicht?« fragte die schmerzgeplagte Elisabeth. »Ich werde mein Glück in dem euren finden.«

Am nächsten Morgen waren Josiah und Charles als erste munter. Feine Schneekristalle fielen auf *Maer.* Nachdem sie Kaffee getrunken hatten, schlug Josiah vor, die Pferde satteln zu lassen und einen Ritt in die Wälder zu unternehmen. Die Luft war schwer und kalt, und Josiahs Stimme hallte durch die weiße Stille des frühen Morgens.

»Eine brave, heitere und liebevolle Tochter ist nach einer guten Ehefrau der größte Segen, den ein Mann haben kann. Ich hätte mich von Emma niemandem zuliebe trennen können, bei dem ich mich nicht so ganz als Vater gefühlt hätte.« Sein zerfurchtes Gesicht wurde von einem herzlichen Lächeln erhellt. »Wir wollen einen Augenblick von praktischen Dingen sprechen, Charles. Ich beabsichtige, für Emma das gleiche zu tun, was ich für Charlotte und meine Söhne getan habe. Sie bekommt einen Pfandbrief über fünftausend Pfund und vierhundert Pfund jährlich, solange mein Einkommen es mir erlaubt. Ich habe Grund anzunehmen, daß das so lange sein wird, wie ich lebe.«

Charles errötete. Er hatte gar nicht an eine mögliche Mitgift für Emma gedacht.

»Das ist großzügig von dir, Onkel Jos. Ich werde deinen Rat und auch den meines Vaters brauchen, wie wir Emmas fünftausend Pfund anlegen sollen. Ich werde wohl bald Einkünfte haben, und ich hoffe, daß wir Emmas Kapital sowie dessen Erträge für unsere Kinder unangetastet lassen können, wie es mein Vater für uns tat.«

Emma war noch beim Frühstück. Sie küßten einander, ihre Augen glänzten, dann servierte ihm Emma Haferflocken, einen Hering, gekochte Eier in kleinen blauen Wedgwoodtassen, einige Scheiben Toast und Kaffee mit heißer Milch. Charles aß mit erstaunlichem Appetit.

»Emma, könnte man für uns im Kamin in der Bibliothek Feuer machen? Es ist ein so angenehmes Zimmer für ein ruhiges Gespräch.«

Als sie dann in dem mit Büchern angefüllten Raum saßen, sagte er:

»Wir werden leider einige Jahre in London leben müssen, bis ich meine geologischen Werke veröffentlicht habe. Hast du etwas dagegen?«

»Ich werde glücklich sein, wo immer wir leben.«

»Würdest du lieber im Zentrum Londons wohnen oder in einem Vorort?«

»Ich glaube, das Zentrum Londons wäre günstiger, weil du Sekretär der Geologischen Gesellschaft bist.«

»Ich wäre auch gern in der Nähe der Lyells. Er ist eine ganz außerordentliche Hilfe für mich. Es ist zwar keine vornehme Gegend, aber eine recht gute, unweit vom Britischen Museum und der neuen Londoner Universität.«

»Wenn du ein paar geeignete Häuser findest, komme ich nach London und helfe dir beim Aussuchen.«

Nach einiger Erörterung setzte Emma die Hochzeit auf den 29. Januar 1839 fest, in etwa zweieinhalb Monaten. Die Trauung würde in ihrer Kirche auf dem Hügel hinter dem Haus stattfinden.

8.

Erasmus war eher belustigt als überrascht.
»Mein Beileid, Gas. Aber du hast einfach kein Talent dazu, Junggeselle zu sein. Wenn du schon den verhängnisvollen Schritt tust, ist es besser, du bleibst mit deinen Problemen in der Familie.«
Sie wanderten durch die Straßen, durchkämmten Bloomsbury, die Gegend um das Britische Museum und die Londoner Universität, von der Euston Road bis zur Great Russell Street, von der Tottenham Court Road bis zur Gray's Inn Road. Mr. Fuller, Albany Place 8, unweit des Regent's Park, verlangte zweihundert Pfund jährlich. Sie fanden weitere Häuser auf dem Montague Place, hinter dem Museum, die zu vermieten waren, und eines auf dem Russell Square, unweit von Lyells Haus in der Hart Street; und noch mehrere andere. An Emma schrieb er:

> Die Hausbesitzer sind alle verrückt geworden, sie verlangen horrende Preise.

Schließlich erwirkte Lyell Charles' Aufnahme ins *Athenaeum* im August 1838. Er schrieb voller Freude an Emma:

> Ich gehe ins *Athenaeum* und speise wie ein Gentleman, oder vielmehr wie ein Lord, denn ich fühlte mich an dem ersten Abend, an dem ich in dem großen Salon ganz allein auf dem Sofa saß, wie ein Herzog. Ich bewundere das *Athenaeum*, man trifft dort so viele Leute, die man gern sieht.

Am Samstagabend speiste er dort mit den Lyells. Er schrieb an Emma:

> Lyell wurde ganz verwegen bei dem Gedanken, einen geologischen Fachkollegen zu haben, und schlug vor, wir sollten zum Abendessen gemeinsam ins *Athenaeum* gehen und unsere Frauen zu Hause lassen. Der Arme, er würde eher seinen eigenen Kopf aufessen, als so etwas zu tun.

Am Sonntagnachmittag nahm Erasmus Charles zum Tee zu Thomas Carlyle mit. Erasmus hatte die Carlyles zusammen mit Emma besucht, als sie im vorigen Juni in London gewesen war. Thomas Carlyle hatte Erasmus gesagt, Emma sei eines der nettesten Mädchen, die er je gesehen habe. Carlyle war dreiundvierzig und in englischen literarischen Kreisen bereits gut bekannt. Er hatte genau ein Jahr vor seinem bedeutenden Werk *Die französische Revolution* eine Art Selbstbiographie, *Sartor resartus*, veröffentlicht. Auch hatte er, als engagierter Kenner der deutschen Sprache, Goethes *Wilhelm Meister* ins Englische übersetzt. Die Carlyles waren seit zwölf Jahren verheiratet, hatten keine Kinder, aber ein nettes

Haus auf einem Grundstück in Chelsea mit Blick auf die Themse. Erasmus verehrte sie wie Helden. Jane Carlyle warf Charles bei Tee und Kuchen bedeutsame Blicke zu, aber Charles empfand sie als schwierig wegen eines »hysterischen Kicherns, das ihre Bemerkungen schwer verständlich macht«.

Es wurde beschlossen, Emma solle lieber nach London kommen und bei der Suche nach einem geeigneten Haus helfen. Sie konnte bei Fanny und ihrem Bruder Hensleigh in Notting Hill wohnen. Hensleigh hatte darauf bestanden, in dem kostspieligen Haus zu bleiben, das sie so viel kostete wie der jährliche Zuschuß, den sein Vater ihm bei der Hochzeit bewilligt hatte.

Charles holte sie auf dem Euston-Bahnhof ab. Es war ein zurückhaltendes Wiedersehen in der Öffentlichkeit. Er brachte sie mit einer Kutsche zu Hensleighs Haus. Dort nahm sie ihre breitrandige Haube ab; sie umarmten und küßten einander leidenschaftlich.

»Weißt du, was Papa uns für ein Hochzeitsgeschenk macht?« rief sie. »Ich kann mir in London ein Klavier aussuchen! Mama ist mit unserer Hochzeit sehr zufrieden, sie ist mit Plänen für Häuser, Aussteuer und Hochzeitstorte beschäftigt; ich hatte gehofft, sie würde nicht daran denken, denn es verursacht unnötige Mühe und Ausgaben.«

An jedem Morgen holte er sie früh mit einer Kutsche ab und zeigte ihr nacheinander alle Häuser, die er und Erasmus begutachtet hatten, und noch ein Dutzend dazu. Das einzige, das ihnen wirklich gefiel, lag in der Upper Gower Street 12, ein vierstöckiges rotes Reihenziegelhaus, das wie alle anderen sorgfältig instand gehalten war. Es hatte, wie Charles es beschrieb, »einen großen schönen Garten an der Hinterseite«. Die Lage war ausgezeichnet; auf der dem Garten gegenüberliegenden Straßenseite stand die Londoner Universität, zum Britischen Museum war es nicht weit. Lyells Haus lag eine oder zwei Straßen weiter; zu dem herrlichen Regent's Park mit seinem Teich zum Bootfahren waren es nur zehn Minuten.

»Die Besitzerin besteht darauf, daß wir ihre häßlichen Fensterläden, Gardinen, Teppichreste und einige alte Möbel zu einem lächerlich überhöhten Preis kaufen«, erklärte Charles Emma.

Emma gefiel die Anordnung der einzelnen Räume. Das Haus hatte ein großes Kellergeschoß, das vorne und hinten durch offene Einfassungen Licht bekam; »... geeignet für eine Küche auf der Rückseite«, entschied sie. Das Erdgeschoß enthielt eine Diele und eine Treppe sowie Vorder- und Hinterzimmer. Vor allem gefiel beiden der erste Stock: ein heller, großer Raum mit drei schönen Fenstern und Ausblick auf die Upper Gower Street, der sich als Salon eignete; ein zweites geräumiges Zimmer auf der Rückseite des Hauses, auch mit drei Fenstern, die auf den Garten mit seinen alten Bäumen und den Blumen hinausgingen. Beide Zimmer verfügten über einen grünen Marmorkamin mit dunklen Marmorsimsen.

»Das könnte unser Wohnzimmer werden«, sagte Emma, »für das Klavier.«

Die Schlafzimmer im zweiten Stock gefielen ihnen ebenfalls. »Sogar die Mansarde ist zu gebrauchen«, sagte Charles. »Ich kann dort meine Arbeitstische für die geologischen und zoologischen Proben aufstellen.«
Sie konnten bei der Hausbesitzerin nichts erreichen. Als Charles ihr eine Jahresmiete von hundert Pfund mit sofortiger Anzahlung und einen angemessenen Preis für ihr gebrauchtes Mobiliar anbot, wurde sein Vorschlag kategorisch abgelehnt. Sie gingen noch dreimal zu der Frau, um ihr einen zweijährigen Mietvertrag anzubieten, falls sie ihre Einrichtung entfernte oder den Preis auf ein vernünftiges Maß reduzierte. Sie merkte, wie gern sie das Haus gemietet hätten. »Entweder Sie nehmen es, wie es ist, oder Sie lassen es bleiben«, erklärte sie.
Traurig mußten sie darauf verzichten. Emmas zwei Wochen gingen zu Ende. Sie mußte zurück nach *Maer Hall*, um ihre Aussteuer fertigzustellen und die Hochzeit vorzubereiten. Es war der 21. Dezember.
Charles verbrachte die nächsten acht Tage damit, sich weitere Häuser anzusehen. Am neunten Tag brachte ein Bote ein Schreiben, er möge doch sobald wie möglich in die Upper Gower Street kommen; es war von der Hausbesitzerin.
Die schroffe Miene der Frau hatte sich völlig verändert.
»Mr. Darwin, ich habe mich entschieden, daß Sie und die damenhafte Miß Wedgwood die richtigen Mieter sind. Sie können das Haus für eine Miete von hundert Pfund jährlich haben. Was die Einrichtung anlangt, überlasse ich sie Ihnen zum Schätzpreis. Sind Sie der Ansicht, daß Pearsall und Jordan die Preise richtig schätzen würden?«
»Ja, die sind in Ordnung.«
»Dann gehört das Haus Ihnen.«
Er nahm einige Banknoten aus der Brieftasche, reichte sie ihr, unterschrieb den Mietvertrag und erhielt den Schlüssel zu dem Haus. Zu seiner Überraschung erbte er auch eine alte Frau, die bis zur Hochzeit seine Haushälterin sein sollte. Er eilte zurück in die Great Marlborough Street und setzte sich an den Schreibtisch.

> Meine liebe Emma, ich kann die Post nicht vorbeigehen lassen, ohne Dir mitzuteilen, daß die Gower Street uns gehört, samt gelben Gardinen und allem sonstigen Kram... Wie herrlich wird es doch sein, Dich am Kamin unseres eigenen Hauses sitzen zu sehen...

Er erwachte um fünf Uhr morgens und klingelte nach Covington.
»Tut mir leid, dir deinen Sonntag verderben zu müssen, Syms, aber fang schon an zu packen!«
»Packen, Sir, wofür?«
»Ich ziehe aus. Ich habe ein Haus in der Upper Gower Street gemietet. Du sorgst dafür, daß die Sammlung in den richtigen Behältern transportiert wird. Und ich werde meine vielen Papiere ordnen.«

Erasmus kam vorbei, um zu helfen. Bis um halb vier hatten sie zwei große Wagenladungen Umzugsgut beisammen.
»Ich bin erstaunt darüber, wieviel Gepäck du hast«, rief Erasmus.
»Ich auch.«
Die Träger schleppten die geologischen Proben über die Treppe nach unten in die Wagen und waren ebenfalls über ihr Gewicht erstaunt.
»Was haben Sie in diesen Kisten, Chef, Steine?«
Um sechs Uhr war der Umzug beendet. Charles ging in gehobener Stimmung in dem Garten umher. Um acht brachte ihm Margaret, die von der Hausbesitzerin zurückgelassene Frau, Eier, Schinken und Tee, wofür er dankbar war. Bevor er zu Bett ging, schrieb er auf ein Blatt Papier »Upper Gower Street 12!!« und berichtete Emma:

> Ich setze mich nur hin, um diesen Brief zu datieren und die unendliche Befriedigung zu genießen, meiner lieben zukünftigen Frau am allerersten Abend zu schreiben, an dem ich unser Haus betreten habe. Es gab noch nie ein so schönes Haus für mich...

Er wollte das Haus für Emma so anziehend wie möglich machen. Er ließ Reinmachefrauen kommen, um die Fenster zu putzen, ließ die Gardinen waschen, Diele und Treppe reinigen, die Wände streichen, die Fußböden schrubben und polieren, die Möbel gründlich abstauben und wachsen. Die Farben im Haus harmonierten nicht miteinander; rote Fensterläden, gelbe Gardinen, senffarbene, grellgrüne oder blaßblaue Wände.
Er nannte das Haus nach dem bunten Papagei Ara-Haus.
Die vordere Mansarde taufte er »Das Museum« wegen seiner Sammlungen. Er wählte das hintere Schlafzimmer als Arbeitszimmer, stellte seine Bücherregale und den Schreibtisch auf, hängte Martens' Aquarelle sowie einige Radierungen an die Wände und legte seine Instrumente von der *Beagle* auf einen Tisch. Es hätte ihn gefreut, wenn der Salon genauso gemütlich gewesen wäre.
Fanny Wedgwood besuchte ihn in dem neuen Haus, um ihm mitzuteilen, daß sie sich die Zeugnisse einer Köchin namens Jane angesehen habe, und riet Charles, sie zu engagieren.
»Sie wird dich jährlich vierzehn Pfund zehn sowie Tee und Zucker kosten.«
Charles stellte die Frau an und erteilte ihr Weisung, dafür zu sorgen, daß in allen vier Haupträumen am Dienstagabend Feuer in den Kaminen brannte, wenn er nach der Hochzeit mit Emma eintreffen würde. Syms Covington übersiedelte in eine eigene Wohnung; Charles versicherte ihm, er würde ihm eine Empfehlung für eine neue Stellung geben.
Er bestellte Kohle, schickte Margaret fort, um Lebensmittel einzukaufen, und machte sich dann auf den Weg nach Shrewsbury. Sein neuer Schneider, Mr. Stewart, wollte ihm für die Hochzeit eine blaue Jacke und weiße Hosen anfertigen,

aber Charles erklärte, er würde nur etwas tragen, worin er auch reisen könnte. Kleidung war unwichtig.
Er war vor kurzem zum Mitglied der *Royal Society* gewählt worden, eine Auszeichnung, die England seinen begabtesten Wissenschaftlern verlieh, die höchste Ehrung in akademischen Kreisen! Es war ein Hochzeitsgeschenk, das er stolz nach *Maer* mitnahm, um die Freude darüber mit Emma zu teilen.
Er verbrachte zwei Tage im *Mount*, dann fuhr er mit seinem Vater, Susan und Katty nach *Maer Hall*, wo er am Nachmittag vor der Hochzeit eintraf; das Haus war voll mit Verwandten. Emma war mit dem Anprobieren ihres Brautkleides so beschäftigt, daß sie ihn nur einmal umarmte und murmelte: »Ich sehe dich am Morgen in der Kirche.« Am Abend wurde die lärmende, lachende, trinkende Gesellschaft durch die Nachricht zum Schweigen gebracht, daß Emmas Mutter nicht kräftig genug wäre, um zur Kirche getragen zu werden. Außerdem hatte sich das Befinden von Carolines und Joes erstem Baby, das seit zwei Monaten krank war, verschlechtert.
Dennoch verlief die Trauung in guter Stimmung. Emma war wunderschön anzusehen in ihrem Brautkleid aus graugrüner Seide und einem reizenden weißen Strohhut, der mit goldgelben Blumen geschmückt war. Die Kirche war kalt, wirkte aber freundlich, als die Wintersonne durch die bunten Glasfenster schien. John Wedgwood, der Vikar von *Maer*, vollzog die Trauung mit klangvoller Stimme, die die kleine Kirche erfüllte.
»Teure Gemeinde, wir sind hier im Angesicht Gottes und angesichts dieser Gemeinschaft versammelt, um diesen Mann und diese Frau im heiligen Stand der Ehe zu vereinen; das ist ein ehrenvoller Stand...«
Charles war so nervös, daß er auf dem ersten der beiden Trauscheine, die er unterzeichnen mußte, einen Tintenstrich quer durch seinen zweiten Vornamen machte, wodurch er ihn teilweise ausstrich. Das darauffolgende Gelächter löste die Spannung der Zeremonie.
Später am Vormittag gingen sie alle den Hügel hinunter, Charles und Emma Arm in Arm. Dann nahmen sie Punsch und Biskuitkuchen zu sich, Emma zog sich um, setzte sich für einige Minuten mit ihren Schwestern vor das Kaminfeuer im Speisezimmer, dann ging sie nach oben ins Zimmer ihrer Mutter, um sich zu verabschieden. Zu ihrer Erleichterung fand sie sie schlafend vor, das ersparte beiden den Abschiedsschmerz. Sie ging wieder nach unten und sagte zu Charles: »Ich bin jetzt zur Abreise bereit.«
Sie wurden in der Familienkutsche zu der neuen Bahnstation in Whitmore gebracht, drei Kilometer von *Maer* entfernt. Im Zug aßen sie die mit Hühnerfleisch, Gurke und Tomate belegten Brötchen, die Elisabeth für sie gemacht hatte, und erfrischten sich mit einer Flasche kalten Wassers, die sie ihnen mitgegeben hatte.
Sie kamen ziemlich spät abends in der Upper Gower Street an. Im Salon, dem Wohnzimmer dahinter und oben in ihrem Schlafzimmer loderte Feuer im Kamin.

Sie waren überwältigt, als Edward, der langjährige Butler vom *Mount*, im Eingang erschien und sie beglückwünschte.
»Edward«, rief Charles, »was machen Sie in London?«
»Dr. Darwin hat mich geschickt. Er meinte, ich könnte mich ein paar Wochen lang nützlich machen, bis Mrs. Darwin sich eingewöhnt hat.«
Emma rief: »Ach, Edward, Sie sind so willkommen wie Blumen im Mai. Wie nett von Dr. Darwin, daß er daran gedacht hat.«
Sie gingen von einem Zimmer ins andere.
»Vielleicht liegt es daran, daß die Lampen hinuntergedreht sind und die Kaminfeuer brennen, aber das Haus wirkt sehr behaglich, und mir kommt die Einrichtung auch recht geschmackvoll vor.«
»Auch du siehst geschmackvoll aus, Mrs. Darwin.«
»Mrs. Darwin. Du meine Güte! Das klingt nach etwas ganz Besonderem.«
Edward servierte ihnen das Abendessen vor dem Kamin in Charles' Arbeitszimmer, dann wünschte er ihnen diskret Gute Nacht. Charles legte Kohle in das Kaminfeuer des Schlafzimmers, damit es die ganze Nacht brannte. Als sie in enger Umarmung beisammen lagen, sagte er an Emmas Lippen:
»Als Fanny ihren Vetter Hensleigh heiratete, wurde Fannys Zofe nach ihrer Meinung über die Hochzeit gefragt. Sie antwortete: ›Also, Madam, ich glaube, es wird keinen großen Unterschied machen.‹
Emma, meine Liebste, dieses Mädchen hatte unrecht. Es ändert die Sache vollkommen.«

Achtes Buch

»Liebe ist eine Hitze im Blut«

1.

Nach dem gemütlichen Frühstück sagte Emma, die voll angekleidet war:
»Mein lieber Charles, wir müssen einen Morgenrock für mich kaufen. Ich wollte mir in Staffordshire keinen kaufen, weil ich Angst hatte, er würde dir nicht gefallen.«
»Mir gefällst du in allem...«
Er fand die Ehe recht angenehm.
Sie gingen die Lösung ihrer Probleme behutsam an. Da es in dem Haus nur einen Lehnstuhl gab, den Emma bequem fand, Charles aber nicht, nahmen sie eine Droschke und fuhren die kurze Strecke zu Hewetson, Milner und Thexton in der Tottenham Court Road, die auch die Möbelstraße genannt wurde. Im dritten Laden fanden sie einen großen, mit rotem Samt gepolsterten Mahagonifauteuil. Charles erklärte:
»Der wurde für übergroße Leser, für Bücherwürmer gemacht. Er stützt meinen Rücken und läßt zugleich meinen langen Beinen Bewegungsfreiheit.«
Es war ein kalter Tag, die Straßen waren glitschig und verschneit. Sie gingen nur noch in eine Buchhandlung und nahmen einen Roman mit, den sie vor dem Kamin im Arbeitszimmer laut lasen.
Am nächsten Morgen wateten sie durch den geschmolzenen Schnee, um Emmas Morgenrock zu kaufen; er war aus weinrotem Satin und hatte einen Stehkragen.
»An dir ist er schön, wenn ich auch bezweifle, daß dich der Satin warm halten wird.«
»Das überlasse ich dir, Liebster.«
Das Abendessen war miserabel. Emma war von Jane, einer flotten jungen Rothaarigen, nicht sehr beeindruckt.
»Die Köchin ist nicht sehr gut«, sagte sie.
»Nicht sehr.«
»Ich werde es mit ihr auf ihrem eigenen Gebiet aufnehmen müssen. Was hat dir am wenigsten geschmeckt?«
»Die Kartoffeln. Zerkocht.«
»Also gut. Ich werde sie wegen der Kartoffeln tadeln. Das ist gerade richtig für den Anfang und wird mir etwas Geltung bei ihr verschaffen.«
Am nächsten Tag gingen sie zusammen zu Broadwoods, die Klaviere verkauften.

Emma suchte das Instrument, das Reverend Thomas Stevens für sie ausgewählt hatte; er war ein Freund der Familie Wedgwood, der ihr Klavierunterricht erteilt hatte. Sie fand das Klavier, auf dem Mr. Stevens' Visitenkarte lag. Es war aus schönem Mahagoni, ein richtiger großer Flügel. Als Emma sich setzte und Teile aus ihren Lieblingsstücken spielte, kräuselte ein Lächeln ihre Lippen.
»Ach, Charles, es hat einen so wunderbaren Klang. Keine Anschlagfehler wie das unsere in *Maer*. Du kannst dich darauf verlassen, daß Mr. Stevens für mich das beste ausgesucht hat.«
Charles gab dem Geschäftsführer den Auftrag, das Instrument so schnell wie möglich in die Upper Gower Street 12 zu liefern.
Sie hatten ein reizendes Aquarell von Barmouth bekommen, das Emmas Schwester Charlotte gemalt hatte, und sie hängten es im Wohnzimmer an der einen Seite des Kamins auf. Die andere Seite war leer. Emma wollte Charlotte nicht direkt um ein Gegenstück bitten, daher schrieb sie an Elisabeth:

> Wenn Charlotte eine Frage bezüglich des Formats ihres Barmouth-Aquarells stellen sollte, es beträgt 32 mal 20 cm. Hm!

Sie erhielten nach bemerkenswert kurzer Zeit ein zweites Aquarell von genau der gleichen Größe wie das von Barmouth. Sie hängten es auf der anderen Seite des Kamins auf. Die blaue Wand sah mit den übrigen Drucken und Zeichnungen, die Charlottes Landschaftsmalereien ergänzten, besser aus.
Ihr nächster Weg führte sie per Kutsche zu Lambert und Rawlings in der Coventry Street 11, unmittelbar am Piccadilly Circus, wo sie Silber, Geschirr und Tischbesteck kauften. Emma gefiel das Königsmuster am besten, ein Muschel-Blatt-Dessin, bei dem jeder Griff auf beiden Seiten mit einer Muschel verziert war. Sie kaufte ein Service für zwölf Personen. Dann erstanden sie eine Garnitur Fischbestecke mit Elfenbeingriffen und eine große Fischkelle samt Gabel. Für Äpfel, Birnen und anderes Obst gab es kleinere silberne Messer und Gabeln mit Perlmuttergriffen. Jede Garnitur wurde in einer eigenen samtgefütterten Kassette geliefert. Als Emma die Kosten addierte, flüsterte sie Charles zu:
»Wir haben uns halb ruiniert.«
»Erledigen wir gleich die andere Hälfte«, sagte er großzügig. »Such dir deine Silberschüsseln aus. Vater gab uns zweihundert Pfund als vorläufiges Hochzeitsgeschenk, bis wir ein Heim auf dem Land finden. Das wird sein Geschenk sein.«
Auch andere Mitglieder ihrer Familien hatten ihnen Geld geschenkt, mit dem sie Geschirr kaufen sollten. Nach einigen Stunden des Vergleichens und Prüfens hatten sie ihre Einkäufe für das Speisezimmer und die Küche beendet. Sie hatten für Silber und Bestecke hundertachtzig Pfund ausgegeben und weitere sechzig für das Geschirr. Als sie all die glänzenden, luxuriösen Dinge beisammen sahen, meinte Charles:
»Das sollte für unser ganzes Leben reichen.«

»Das wird es. Ich fühle mich jetzt irgendwie mehr verheiratet, weil ich den Tisch richtig decken kann.«
Auf der Heimfahrt in der Kutsche waren sie glücklich, lachten und küßten einander, im Bewußtsein, daß der Kutscher sie nicht sehen konnte, da er vorne auf dem Bock thronte.
Edward ließ sie ein. Auf dem Tisch in der Diele lag ein Brief. Emma rief: »Er ist von Elisabeth. Ich kenne ihre Handschrift.«
Sie öffnete den Brief, las ein paar Zeilen und brach in Tränen aus.
»Es ist Carolines Baby. Das arme Ding ist gestorben. Sie nimmt es sehr schwer. Sie wird untröstlich sein.«
»Nur bis sie ihr nächstes gesundes Kind bekommt, was sicher der Fall sein wird«, sagte er mit dem Versuch, Emma zu trösten.
Als Charles am Samstag ausging, erblickte er in der Nähe seines Hauses einen Wagen mit einem Klavier. Er folgte ihm bis zu seinem Haus und sah zu, wie die Möbelpacker, Fachleute auf ihrem Gebiet, das Klavier auf die Seite legten, um es die Treppe nach oben zu tragen und es in der Nische zwischen Hinter- und Seitenwand des Wohnzimmers im ersten Stockwerk aufzustellen. Emma setzte sich sofort hin und spielte etwas von Händel und Haydn.
»Ich werde jeden Abend ein größeres Klavierkonzert für dich geben«, rief sie. »Hat nicht William Congreve gesagt, daß Musik ein Zaubermittel ist, um das Herz der Wilden zu besänftigen?«
»Du hättest ein Klavier nach Feuerland mitnehmen sollen.«
Emma beschloß, es bei der ersten Einladung zum Abendessen zuerst einmal mit ihren Verwandten zu versuchen, und servierte Austernsuppe, Französische Seezunge und Truthahnbraten mit einer gewürzten Füllung. Am nächsten Dienstag kamen Hensleigh und Fanny am frühen Abend. Hensleigh war überglücklich.
»Eine wunderbare Neuigkeit. Ich habe die Stellung als Registrator erhalten. Ohne Vereidigungen. Ich werde fünfhundert Pfund im Jahr bekommen, dreihundert weniger, als ich bei der Polizei verdiente, aber damit können wir auskommen.«
Charles schüttelte ihm die Hand und küßte Fanny auf die Wange. Er wußte, wieviel sie im letzten Jahr mitgemacht hatte.
»Ich werde vier Tage in der Woche von zehn bis vier Uhr beschäftigt sein«, fuhr Hensleigh fort. »Das läßt mir Zeit für meine Forschungsarbeit und das Schreiben. Während des ganzen Jahres, in dem ich stellungslos war, konnte ich mich nicht auf meine Etymologie konzentrieren. Ursprung und Ableitung von Wörtern schienen mir so sinnlos, als ich keine Anstellung hatte. Jetzt habe ich sie endlich, so gering sie auch sein mag.«
Hensleigh war der Wedgwoodsohn, der Josiah am ähnlichsten war; nicht so groß, aber schlank, mit dichtem dunklen Kraushaar und weit auseinanderstehenden, intelligenten Augen. Er war seit seiner Kindheit ein Büchernarr und von seinem Vater ermutigt worden, viel zu lesen. Er hatte das Christ's College mit dem ersten Grad absolviert, und man hatte ihm die Stellung eines Fellows angeboten. Er hatte

das Angebot wegen der obligatorischen Vereidigung an der Universität Cambridge abgelehnt.
Da Hensleigh und Fanny über Nacht bei ihnen blieben, zeigte ihnen Emma ihr Schlafzimmer. Als sie wieder ins Arbeitszimmer kam, fragte Charles:
»Was meinst du, woher Hensleigh diese Abneigung gegen einen Eid hat?«
»Papa versuchte es herauszubekommen, aber Hensleigh betrachtet es als wichtigen Teil seiner Intimsphäre.«
»Das stimmt. Aber er sehnt sich brennend danach, ein Gelehrter zu werden und zu schreiben. Als Fellow in Cambridge hätte er dazu Gelegenheit gehabt.«
Edward, der in seiner besten Livree wie ein Adonis aussah, deckte den Tisch mit Wedgwood-Porzellan und Kristall. Emmas Vater und zwei Brüder hatten in der Fabrik das Blumenmotiv ausgewählt: ein roter und dunkelblauer Rand und Rosen auf weißem Untergrund.
Ihr Silberservice, die Schüsseln und Servierplatten, glänzte auf der nicht allzu eleganten Anrichte, die sie mit dem Haus übernommen hatten.
Erasmus kam um sieben, sorgfältig in ein langschößiges Jackett mit breiten Revers und Weste gekleidet. Er war zum erstenmal im Haus, kam ins Speisezimmer und rief:
»Ah, ihr bewirtet uns königlich!«
Die fünf Familienmitglieder setzten sich zu Tisch. Der Garten draußen war dunkel und ließ den Raum größer erscheinen. Edward servierte eine Schüssel mit dampfend heißer Suppe, die Platte mit den Seezungen, dann den Truthahnbraten mit der Füllung und Bratkartoffeln. Erasmus sagte mit höhnischem Grinsen:
»Ha! Eine gemeine Kopie meines Dinners in der Marlborough Street.«
Emma war belustigt.
»Ich muß zugeben, Ras, daß die Ähnlichkeit auffallend ist.«
Dann wurde eine Schüssel mit Plumpudding aufgetragen. Erasmus aß ein paar Bissen, dann kapitulierte er:
»Emma, ich muß mich geschlagen geben. Ich gestehe, ich bin besiegt.«
Charles erlaubte sich nur acht Tage Flitterwochen. Er verbrachte die Zeit mit Emma, begleitete sie bei Einkäufen, unternahm bei gutem Wetter lange Spaziergänge, ging zu Konzerten. Am neunten Tag sprang er so entschlossen aus dem Bett, daß er sie damit aufweckte. Sie rieb sich die Augen, sah ihn vor sich stehen, groß, breitschultrig, im gestreiften Nachthemd, die schlafzerzausten kastanienbraunen Haare hingen ihm in die Stirn.
»... Charles... was ist los?«
»Ich bin aufgestanden.«
»Das sehe ich. Bist du in einem Alptraum vor jemandem fortgelaufen?«
»So stehe ich immer auf, wenn ich zu arbeiten beginne.«
Er beugte sich über sie und gab ihr einen Guten-Morgen-Kuß.
Er schloß die Tür des Arbeitszimmers hinter sich und vertiefte sich in sein Buch über Korallen. Emma rief ihn um zehn zum Frühstück und servierte ihm das, was

ihm in *Maer* so geschmeckt hatte. Sie aßen und plauderten gemächlich bis elf, dann kehrte Charles an seine Arbeit zurück, schrieb und verglich bis zwei Uhr, hielt genau die fünf Stunden der Konzentration ein, die ihm Lyell als ausreichende Arbeitszeit für einen Tag angeraten hatte.

»Ich muß den Nachmittag in der Geologischen Gesellschaft verbringen«, sagte er nach dem Mittagessen zu Emma. »Dort muß schon ein Stoß Papiere darauf warten, daß ich sie lese und Auszüge mache. Ich habe diese Arbeit vernachlässigt, seit wir uns verlobt haben. Ich habe überhaupt alles liegenlassen. Mir war nicht klar gewesen, daß Liebe eine solche Hitze im Blut verursacht.«

»Du wirst es wieder aufholen«, antwortete sie ruhig. »Du wirst Zeit sparen, da du keinem anderen Mädchen den Hof machen mußt.«

»Mein Hofmachen begann und endete mit dir.«

Emma wurde ernst.

»Ich glaube, wir sollten Edward in ein oder zwei Tagen wieder nach Hause schikken. Ich weiß, wie sehr dein Vater auf ihn angewiesen ist. Ich habe *Maer Hall* geleitet, gemeinsam mit Elisabeth. Unser Haus ist im Vergleich dazu einfach. Wir hatten oft bis zu einem Dutzend Gäste. Hier bist du mein einziger Gast und ein sehr hilfsbereiter, möchte ich hinzufügen.«

»Ich werde Edward ein nettes Geschenk von uns beiden geben. Sollen wir in den Regent's Park gehen, bevor ich mich in der Geologischen Gesellschaft begrabe?«

»Ich werde meine schönste Haube aufsetzen.«

Sie hielt Wort, aber es begann zu regnen, während sie im Park spazierengingen. Sie hatten das Glück, in der Euston Road sofort eine Droschke zu finden, die Emmas Hut rettete. Charles fuhr weiter zur Geologischen Gesellschaft und vertiefte sich in den Stoß wissenschaftlicher Artikel.

Er griff auf sein viertes Notizbuch über die Arten zurück, das er im Oktober 1838 begonnen hatte. Er hatte aus Malthus zitiert:

> Es stimmt mit dem *liberalsten!* Geist der Philosophie überein, zu glauben, daß weder ein Stein fallen noch eine Pflanze wachsen kann ohne die unmittelbare Einwirkung der Gottheit. Wir wissen aber aus *Erfahrung!*, daß die Tätigkeiten dessen, was wir Natur nennen, *beinahe!* immer nach bestimmten Gesetzen durchgeführt wurden; und seit die Welt begann, blieben die Ursachen von Bevölkerung und Entvölkerung wahrscheinlich ebenso unveränderlich wie die Naturgesetze, die wir kennen. – Ich würde es nicht nur auf Bevölkerung und Entvölkerung beziehen, sondern auch auf die Ausrottung und die Erzeugung neuer Formen...

Er begann wieder ernsthaft zu lesen und verbrachte drei bis vier Stunden täglich mit Papst Eugenius' IV. *Beobachtungen über Moral* und John Philipps' *Abhandlung über Geologie*. Aber es war keineswegs alles nur Arbeit; sie gingen die kurze Strecke zu den Lyells zum Tee, wo Mary Lyell ausrief:

»Ich bin so froh, Charles, daß Sie eine Frau gefunden haben. Jetzt brauche ich nicht mehr zuzuhören, wenn Sie und mein Charles die ganze Zeit Vorlesungen über Geologie halten. Emma und ich werden uns über menschliche Beziehungen unterhalten.«

Dr. Henry Holland und seine Frau Saba gaben zu ihren Ehren eine großartige Abendgesellschaft. Holland sagte:

»Die Ehe bekommt dir, mein Junge. Emma, du hast uns einen großen Dienst erwiesen.«

Charles ließ Emma nur allein, als sein Artikel über Glen Roy in der Königlichen Gesellschaft vorgelesen wurde und als er in die Geologische Gesellschaft ging, um an der Feier zu ihrem zweiunddreißigsten Geburtstag teilzunehmen und Präsident Whewells Vortrag über fossile Muscheln zu hören.

Im Januar war der zweite Teil von John Goulds *Vögeln* mit zehn Farbtafeln veröffentlicht worden. Richard Owens zweiter Teil von *Fossile Säugetiere*, illustriert mit zehn Lithographien, lag zum Versand bereit. Der schnellste Arbeiter war George Waterhouse; er hatte bereits drei Fortsetzungen der *Säugetiere* veröffentlicht, und eine vierte war in Auslieferung.

Die Fortsetzungen, zu zehn Shilling das Stück, verkauften sich gut. Charles besuchte die Autoren häufig und führte sorgfältig Buch über die Regierungsgelder, die er ausgab.

Da er eine Abwechslung von den Korallen brauchte, stürzte er sich auf ein Kapitel über Erdbeben, das ihn im Augenblick interessierte, obwohl es erst in einen späteren Band seiner Trilogie aufgenommen werden sollte. Als Emma kam, um ihn um zwei Uhr zu seiner Mahlzeit zu holen – er sah selten auf seine goldene Uhr –, und die Berge von Notizbüchern mit den gekritzelten Hieroglyphen auf seinem Schreibtisch verstreut sah, sagte sie:

»Mein lieber guter Charles, ich wußte nie, wie angestrengt du wirklich arbeitest. Deine Besuche in *Maer Hall* waren zum Ausruhen und als Urlaub gedacht. Ich freue mich, zu sehen, wieviel Befriedigung du in deiner Tätigkeit findest.«

Er nahm sie auf die Knie und küßte sie.

»Emma, mein Liebes, es gibt nur zwei wichtige Dinge im Leben, Liebe und Arbeit. Oder Arbeit und Liebe, je nachdem, welche Reihenfolge du vorziehst.«

»Laß uns die Liebe an die erste Stelle setzen.« Sie erwiderte seinen Kuß.

Er hatte die lebenslange Gewohnheit seines Vaters übernommen, über alle Ausgaben genau Buch zu führen: so viel für Lebensmittel, für Wein und Bier, für Kohle, für seinen Frisör, für Droschken, für Bücher, für Kleidung, bis zum letzten Pfennig genau; den Lohn der Köchin und des Hausmädchens und ihres neuen Dieners, der Emma nicht sehr sympathisch war.

»Er serviert recht gut, aber das ist so ziemlich alles, was er macht, ausgenommen Margaret und Jane herumzukommandieren. Es ärgert mich besonders, daß er doppelt soviel Lohn bekommt wie unsere weiblichen Angestellten und nur halb soviel tut wie sie.«

»Wenn er dir nicht gefällt, engagiere einen anderen. Aber wir müssen auf jeden Fall fünfunddreißig Pfund im Jahr bezahlen. Das ist der normale Lohn.«
»Ich weiß, daß es in London als schicklich gilt, einen Diener zu haben«, sagte Emma, »aber ich wäre mit weiblichem Personal viel glücklicher.«
Gegen Ende Februar begann er wieder in den Buchhandlungen zu stöbern. Bei Yarrell kaufte er ein Buch über das Leben von Haydn und Mozart für Emma; für sich selbst William Helberts *Amaryllidaceae,* das sich mit Kreuzungen befaßte und in das er Randbemerkungen schrieb; die drei Bände von Carlyles *Französischer Revolution,* was Erasmus als Carlyles Freund erfreute; Wells' Vorlesungen über *Instinkt,* Clines *Über das Züchten von Tieren,* seine Abhandlung über Haustauben und, um sein Gedächtnis aufzufrischen, den ersten Band der *Zoonomia* seines Großvaters.
Am Sonntagvormittag gingen sie, ohne Rücksicht auf das Wetter, in eine nicht zu weit entfernte Kirche zum Gottesdienst. Charles wußte, daß Emma von Natur aus religiös war. Er konnte sich seinerseits an niemanden aus ihren Familien erinnern, der streng religiös gewesen wäre. Nun wurde ihm klar, daß seine Frau tief gläubig war. Er beschloß, jeden Sonntag mit ihr zur Kirche zu gehen. Anfang März gingen sie die zweieinhalb Kilometer zur Kirche des King's College, trafen aber nur ein halbes Dutzend Menschen in der Kapelle an. Gegen Mitte des Gottesdienstes begann er zu frösteln.
»Emma, es ist kalt hier. Könnten wir gehen?«
»Sobald der Gottesdienst zu Ende ist.«
Sie hatten das Glück, vor dem Somerset House, neben dem King's College, eine Droschke zu bekommen. Sie steckte ihn ins Bett, brachte ihm Tee mit Zitrone und war erleichtert, als er sich nach ein paar Tagen völlig erholt hatte.
Er gab auch Emmas Liebe zum Theater nach. Er ging mit ihr in das neue Stück »Richelieu«, dessen Hauptdarsteller der berühmte Schauspieler Macready war. Im Parkett drängten sich die Zuschauer, »die alle ihre Ohren spitzten«, flüsterte ihm Emma zu. Charles klatschte lebhaft Beifall. Auf dem Heimweg sagte er: »Das Stück war interessant und gut gespielt. Ich danke dir, daß du mich wieder zu einem Theaterbesucher gemacht hast. Ich war aus diesem Orden ausgetreten.«
Mitte März bemerkte Charles, daß seine für gewöhnlich gelassene Emma sich ärgerte.
»Ich möchte mich von Jane trennen«, erklärte sie. »Ich habe das Gefühl, daß sie zu schlau ist und uns ausnützt.«
»Macht sie lange Finger?«
»Ich möchte sie auf keinen Fall der Unredlichkeit bezichtigen. Ich will ihr ein Zeugnis geben können.«
»Du solltest niemanden in deinem Haus haben, bei dem du dich unbehaglich fühlst«, erklärte er.
Emma lächelte zufrieden.

»Danke, Charles, du alter Gentleman. Ich werde mich morgen aufraffen und ihr sagen, daß wir mit ihr nicht zufrieden sind. Deine Schwester Susan kennt eine Frau in Shropshire und meint, sie würde zu uns passen. Es wird ganz erfrischend sein, ein Mädchen vom Lande zu haben.«

»Ganz zu schweigen vom bäuerlichen Essen!«

Susans bäuerliche Sally kam sehr bald. Sie war rundlich, mittleren Alters und glücklich über ihre erste Möglichkeit, in London zu leben. Emma mochte sie gern und fühlte sich mit ihr im Haus wohl.

Ihre Glückssträhne dauerte an. Emma hatte zwei Diener ausprobiert, von denen ihr keiner zusagte.

»Ich werde noch einen versuchen«, sagte sie entschlossen zu Charles, »dann werde ich der Konvention trotzen und ohne Diener auskommen.«

Joseph Parslow wurde ihr empfohlen. Er schien von dem Augenblick an, als er durch die Eingangstür kam, in die Familie zu passen. Er war siebenundzwanzig, schlank, auf unauffällige Art freundlich, schnell auf den Beinen wie eine Katze. Er hatte sich in verschiedenen Berufen versucht, für die er kein Talent hatte, und war dann Hausdiener geworden. Die beiden Häuser, in denen er vorher gearbeitet hatte, gefielen ihm nicht; sie waren kalt, die Menschen reserviert gewesen.

»Was ich suche, Madam, ist eine Familie, an die ich mich anschließen kann. Gewissermaßen für ständig. Ein Mitglied sein. Mich bei meiner Herrschaft wohl fühlen. Anständig behandelt werden, nicht so von oben herab. Ihr Haus pflegen und den Menschen immer zu Diensten sein...«

»Joseph Parslow, Sie sind engagiert. Wenn Sie das im Ernst meinen, was Sie sagen, haben Sie eine Familie gefunden.«

Parslow kam mit Margaret und Sally gut aus, polierte das Silber, stutzte die Dochte und füllte die Lampen, servierte die Mahlzeiten, machte Botendienste für Charles, kaufte für Emma ein. Er war unermüdlich, gutmütig, liebte Charles und Emma und ihre Freunde, wenn er ihnen die Tür öffnete und im Wohnzimmer Tee servierte.

»Parslow ist ein junger Edward«, sagte Emma. »Jetzt haben wir einen gut funktionierenden Haushalt.«

Gegen Ende März kam Adam Sedgwick an einem Donnerstagnachmittag zu Besuch. Er war glücklich mit seiner Kirchenarbeit als Kanonikus von Norwich, verbunden mit einer Professur für Geologie in Cambridge. Er machte kein Hehl daraus, daß er auf seinen Schützling stolz war. Er und Emma kannten einander nicht, und so unterhielt er sie während der drei Tassen Tee mit Geschichten darüber, wie er mit dem »Alten Thor« Berge erobert habe. Er machte Emma Komplimente über ihre Gurken- und Kressesandwiches und das süße Backwerk, und als er ging, sagte Charles:

»Er ist noch immer der unermüdliche Bergsteiger und Rezitator von kilometerlangen englischen Gedichten.«

»Ein auffallend frischer Mann, aber es ist etwas Merkwürdiges an ihm.«

»Merkwürdig? Weil er ein eingefleischter Junggeselle ist. Alle eingefleischten Junggesellen sind merkwürdig. Sieh dir doch Ras an. Deshalb habe ich dich geheiratet, damit ich nicht merkwürdig werde.«

2.

Charles bekam einen Brief von John Henslow. Er und Harriet wollten nach London kommen und hatten die Absicht, sie zu besuchen. Emma hatte die Henslows nie kennengelernt, kannte aber die entscheidende Rolle, die sie in Charles' Leben gespielt hatten.

»Warum laden wir sie nicht ein, bei uns zu wohnen?« fragte sie. »Das Gästezimmer ist jetzt mit den neuen Drucken an den Wänden ganz annehmbar.«

Er schrieb die Einladung und begann sogleich, sich Sorgen zu machen.

»Wie wollen wir sie unterhalten? Könnten wir eine Gesellschaft mit Wissenschaftlern geben, an denen Henslow Gefallen findet? Vielleicht sollte ich eine Droschke für mehrere Tage mieten...?«

Emma lachte.

»Das klingt, als wärst du ein Sohn, der seine anspruchsvollen Eltern zum erstenmal in sein Haus einlädt. Keine Sorge. Es wird alles gutgehen.«

Es gab nie angenehmere Gäste. Sie kamen um vier Uhr nachmittags an. Harriet zog sich ins Gästezimmer zurück, um sich auszuruhen; Charles und Henslow verschwanden im Arbeitszimmer. Emma war frei, um die letzten Einzelheiten für ihre erste große Abendgesellschaft zu überwachen. Der Tisch war sehr schön gedeckt mit dem eleganten Wedgwoodservice, dem Silber mit dem Muschelblatt-Muster, dem glitzernden Kristall und dem feinen Damasttischtuch, gleichfalls ein Hochzeitsgeschenk. Dann konnte sie in Ruhe baden und ein schulterfreies blaues Samtkleid anziehen, das ihrem Teint schmeichelte.

Die Lyells kamen als erste und brachten Mary Lyells Schwester Leonora mit. Die Henslows und die Lyells waren alte Freunde. Bald danach kam Robert Brown; Henslow und Brown, zwei der berühmtesten Botaniker Englands, fielen höchst erfreut über einander her. Dr. William Fitton, ein hervorragender Geologe und früherer Präsident der Geologischen Gesellschaft, kam ziemlich spät, entschuldigte sich, trank rasch ein Glas Sherry, und dann ging die Gesellschaft zu Tisch. Emma bewirtete sie großartig mit ihrem Menü.

Parslow in seiner neuen Livree – schwarzer Hose und weißem Frackhemd – servierte eine Artischockenpüreesuppe, Dorsch in Austernsauce, Koteletts à la provençale und Kalbsbries in weißer Sauce; dann einen Lammrücken, gefolgt von Obst und Käse, einen Eispudding, Backwaren und Süßigkeiten auf einer Silberplatte. Dazu trank man einen guten Bordeaux.

Trotz der köstlichen Küche war die Stimmung gedrückt. Aus irgendeinem Grund sprach Lyell, der eine durchdringende Stimme besaß, wenn er daheim über Geologie diskutierte, kein einziges Mal lauter als im Flüsterton, so daß die anderen ihre Stimme senkten, um ihn nicht zu übertönen. Keiner konnte etwas hören. Robert Brown, den Humboldt die »Zierde Großbritanniens« genannt hatte, war so schüchtern, daß er sich in sich selbst zurückzuziehen und ganz zu verschwinden schien.
»Du meine Güte«, dachte Emma, »mit diesen beiden Bleigewichten wird die Abendgesellschaft zusammenfallen wie ein kaltes Soufflé.«
Die Damen retteten die Situation. Harriet Henslow verfügte über eine wohlklingende, laute, scharfe Stimme. Sie begann die neuesten Geschichten aus Cambridge zu erzählen. Mary Lyell, verwundert über das Flüstern ihres Mannes, rächte sich für all die Stunden, in denen sie stumm zugehört hatte, während er laut über geologische Details sprach, und gab ihr schlagfertige Antworten. Charles, der sah, was geschehen war, stürzte sich kopfüber in die Konversation und zog jeden seiner Freunde nacheinander ins Gespräch. Lyell und Brown mußten lauter sprechen, um gehört zu werden. Alle unterhielten sich gut und beglückwünschten Emma zu ihrer üppigen Mahlzeit.
Am nächsten Morgen nahm sich Henslow für verschiedene Besprechungen einen Tag frei. Harriet bestellte eine Droschke, um gesellschaftlichen Verpflichtungen nachzukommen. Charles war erschöpft, weil es ihn angestrengt hatte, den Damen bei der Rettung der Party zu helfen.
Zum Tee trafen sie alle wieder zusammen. Harriet und Emma hatten sofort aneinander Gefallen gefunden. Harriet meinte:
»Wissen Sie, Charles, ich hatte mir Ihretwegen Sorgen gemacht. Würden Sie sich die richtige Frau aussuchen? Oder würden Sie Junggeselle bleiben wie Adam Sedgwick? Ich muß Ihnen gratulieren.«
»Da bin ich einverstanden«, antwortete Charles aufrichtig.
Die Henslows blieben nur ein paar Tage. Am Mittwoch gaben die Lyells eine Abendeinladung, und am nächsten Tag war William Fitton der Gastgeber. Als sie im Begriff waren zu gehen, verkündete John:
»Die wirkliche Neuigkeit habe ich mir für den Schluß aufgehoben. Wir verkaufen unser Haus in Cambridge und übersiedeln in eine königliche Pfründe nach Hitcham in Suffolk, wo ich Pfarrherr der Diözese bin. Ich gehe aber jedes Frühjahr zurück nach Cambridge, um meinen Botanikkursus abzuhalten.«
Er saß auf dem Sofa, beugte sich vor und hielt die Hände ernsthaft gefaltet.
»In Hitcham gibt es viel zu tun. Die Pfarre umfaßt mehr als tausend Menschen, die arm und ungebildet sind. Taufe und Trauung werden als überflüssig oder gar als Luxus angesehen. Die Kirche bleibt leer. Die Einwohner stehen, in bezug auf Ernährung, Kleidung und die Mittel für die Einhaltung geziemender Lebensformen, weit unter dem Durchschnitt der Bauern in England. Es ist eine ernste Herausforderung. Ich bin entschlossen, sie anzunehmen. Diese Menschen müssen

für die Kirche zurückgewonnen werden. Eine Möglichkeit besteht darin, moderne landwirtschaftliche Methoden einzuführen, die den Lebensstandard heben. Da ich mich zum Mann Gottes erklärt habe, ist dies das wenigste, was ich tun kann.«
Es folgte für Charles ein glücklicher, produktiver Monat mit dem Zeichnen von Landkarten, um Teile des Keeling-Atolls und der Riffe von Mauritius darzustellen, wobei er neues Material über die Wachstumsrate und die Tiefe, in der Korallen leben, über überflutete und tote Korallenriffe vorlegte. Er arbeitete den größten Teil des Tages. Das war angenehm für Emma, denn sie blieb ungestört und hatte Zeit, sich an das Leben in London zu gewöhnen. An den Abenden las sie ihm aus den humorvollen Zeilen von *Mr. Slick of Slickville's Sayings* vor oder spielte ein beruhigendes Klavierkonzert.
Gegen Ende April brauchte er Entspannung und wandte sich seinen Forschungen auf dem Gebiet der Arten zu. Er schrieb in sein viertes Notizbuch:

> Wenn zwei Menschenrassen zusammentreffen, verhalten sie sich genauso wie zwei Tierarten: Sie kämpfen, fressen einander auf, stecken einander mit Krankheiten an usw., aber dann kommt der tödlichste Kampf, darum nämlich, welche das geeignetere System oder die besseren Instinkte (im Fall des Menschen Intelligenz) besitzt, um den Sieg davonzutragen...
> Es ist schwierig, an den schrecklichen, aber stillen Krieg organischer Wesen zu glauben, der in den friedlichen Wäldern und freundlichen Feldern vor sich geht. Wir müssen uns an die Unzahl von Pflanzen in unseren Gärten erinnern (Fluchtmöglichkeiten für fremde Keime und Insekten), die sich mit sehr wenig Pflege vermehren und sich ebenso ausbreiten können wie die wilden Pflanzen; wir sehen schon in der freien Natur, wie gut jede ihren Platz behauptet.

Dann stellte er ganz allgemein fest:

> Meinem Prinzip zufolge werden alle weniger Widerstandsfähigen vernichtet und die zufällig Widerstandsfähigen erhalten.

Er beging einen schwerwiegenden Denkfehler. Er hatte niemanden, mit dem er sein Werk über die Arten erörtern konnte, außer Charles Lyell, der bereits an Veränderungen und Abarten glaubte. Er sah keinen Grund, weshalb er Emma nicht sagen sollte, warum er Bücher über Tierzucht und Fortpflanzung kaufte, warum er Briefe an Viehzüchter schrieb, die Rassen kreuzten, um neue und nützliche Rassen zu erhalten. Manchmal, wenn er in seinem Notizbuch schrieb und in den vorhergehenden drei nachsah, um Material zu finden, erläuterte er diese noch nicht ausgereifte und erst zögernd begonnene Arbeit, die sein gesamtes Denken faszinierte.
»Es war Malthus, dem ich den letzten Anstoß verdanke«, erklärte er, »denn er

schrieb, daß es bei allen Lebewesen die beharrliche Neigung gibt, sich über das Maß der ihnen zur Verfügung stehenden Nahrung hinaus zu vermehren. Gegen meine Theorie, daß das Ausmaß der Veränderung innerhalb der historischen Zeit gering war, gibt es keine Einwände; Veränderung in einer bestimmten Form ist eine Folge von Veränderung der Lebensbedingungen. Folgendes erscheint plausibel: Wenn eine Tierart seltener wird und sich dem Aussterben nähert, so nimmt eine andere Art zahlenmäßig zu, um diese Lücke auszufüllen.«
Emma zweifelte seine Erklärungen nicht an, sondern häkelte mit gesenktem Kopf schweigend weiter, was Charles in seiner Begeisterung für Zustimmung hielt.
An einem anderen Abend sagte er ihr:
»Jeder Organismus ist zu unzähligen Veränderungen fähig, solange jede den Zeitumständen einwandfrei angepaßt ist.«
Emma antwortete noch immer nicht. Hätte er sich nicht in seinem verwickelten Problem verstrickt, so hätte er vielleicht entdeckt, daß Emmas Schweigen anders war als sonst. Was das Problem zu einem Höhepunkt brachte, war eine lange Diskussion, die er an einem Spätnachmittag mit Lyell führte: Er verzeichnete sie in seinem Notizbuch und berichtete am Abend Emma darüber:
»Lyell hat erklärt, daß Arten nie wieder auftauchen, wenn sie einmal ausgestorben sind. Er nimmt an, daß seit urdenklichen Zeiten immer wieder neue organische Formen aufgetreten sind. Meine Studien und Beobachtungen bestätigen dies. Lyell ist auch der Ansicht, daß jene Formen, die früher auf der Erde existierten, ausgestorben sind. Wie zum Beispiel das versteinerte Megatherium, das ich in Südamerika fand.«
Emma blickte mit verstörter Miene auf.
»Willst du unterstellen, daß es Gott nicht gibt?«
»Ich meine, daß Gott am Anfang bestimmte Gesetze schuf. Dann zog ER sich zurück und überließ es seinen Gesetzen, sich auszuwirken.«
Es war das erste Mal, daß er Emmas Unruhe bemerkte. Er war aber nicht auf die Konsequenzen vorbereitet. Als sie sich am nächsten Abend entkleidete, um zu Bett zu gehen, sagte sie ruhig:
»Charles, mein Lieber, ich habe einen Brief auf deinen Schreibtisch gelegt. Nun, keinen wirklichen Brief, eher eine Mitteilung. Willst du ihn lieber heute abend oder vielleicht erst morgen früh lesen?«
»Es ist das erste Mal, seit wir verheiratet sind, daß du mir geschrieben hast. Ich hole ihn lieber gleich.«
Er zog den Schlafrock an und holte Emmas »Mitteilung«, die in ihrer präzisen Art geschrieben war.
»Zu präzise«, dachte er. »Emma muß sie mehrmals umgeschrieben haben.«

> Die allgemeine Einstellung, die ich Dir gegenüber beibehalten möchte, ist das Gefühl, daß Du, solange Du gewissenhaft und ehrlich die Wahrheit zu ergründen suchst und Dich bemühst, nicht unrecht haben kannst, aber es

gibt Gründe, die sich mir aufdrängen und mich daran hindern, mir das immer wieder als Trost vorsagen zu können. Ich glaube wohl, Du hast schon oft daran gedacht, aber ich werde jetzt niederschreiben, was in meinem Kopf vorging, denn ich weiß, daß mein Liebster mir gegenüber nachsichtig sein wird...

Könnte nicht die Gewohnheit, bei wissenschaftlichen Arbeiten nur dann etwas zu glauben, wenn es bewiesen ist, Dein Denken in anderen Dingen, die nicht auf die gleiche Weise bewiesen werden können, allzusehr beeinflussen? Dinge, die, wenn sie wahr sind, wahrscheinlich unser Fassungsvermögen übersteigen? Ich würde auch sagen, daß eine Gefahr darin liegt, die Offenbarung aufzugeben, die andererseits nicht besteht, wenn Du Dich fürchtest, undankbar zu sein und von Dir zu weisen, was zu Deinem Vorteil und zu dem der ganzen Welt geschehen ist. Außerdem sollte diese Gefahr Dich noch vorsichtiger, vielleicht sogar ängstlich machen, daß Du nicht alle Sorgfalt angewandt hast, um zur Wahrheit zu gelangen...

Ich will keine Antwort auf all das – es bereitet mir Befriedigung, es niederzuschreiben. Glaube nicht, es sei nicht meine Angelegenheit und es bedeute mir nicht viel. Alles, was Dich angeht, geht auch mich an, und ich wäre sehr unglücklich, wenn ich dächte, wir gehörten einander nicht für immer an. Ich fürchte eher, mein Liebster könnte glauben, ich hätte mein Versprechen vergessen, ihn nicht zu beunruhigen, aber ich bin sicher, daß er mich liebt, und ich kann ihm nicht sagen, wie glücklich er mich macht und wie sehr ich ihn liebe und ihm für all seine Zuneigung dankbar bin, die das Glück meines Lebens jeden Tag vergrößert.

Er spürte, wie ihm die Tränen über die Wangen liefen angesichts von Emmas Liebeserklärung und ihrer Angst vor der ihm drohenden Gefahr, wenn er Gott und das Versprechen ewigen Lebens verlor. Sie hatte von ihrer Furcht geschrieben, er könnte »die Offenbarung aufgeben« und »von sich weisen, was zu seinem Vorteil und dem der ganzen Welt geschehen war«, offenbar durch Gott den Allmächtigen.

Er fühlte einen leichten Schwindel, saß unendlich lange an seinem Schreibtisch, dann ging er im Arbeitszimmer auf und ab. Als er einen Blick ins Schlafzimmer warf, sah er, daß Emma fest schlief. Sie hatte ihrer Pflicht Genüge getan. Es hatte ihr ermöglicht, Ruhe zu finden. Er küßte den Brief zum Dank für die Tiefe und Größe ihrer Liebe, dann trat er ans Fenster seines Arbeitszimmers und blickte in den dunklen Garten. Was sollte er tun? Er konnte seine Arbeit über die Entstehung und Wandelbarkeit der Arten nicht fortsetzen, wenn diese Arbeit seine Frau beunruhigte. Es wäre gefährlich für ihre Ehe und könnte vielleicht eine so tiefe Kluft zwischen ihnen aufreißen, daß es sie zerstören würde.

»Ich kann ihr eine so schwere Last nicht aufbürden. Sie verdient etwas Besseres von mir. Sie will mich nur vor der ewigen Verdammnis retten!«

Er hatte für Emma keine Opfer gebracht; er hatte nur die Aufrichtigkeit ihrer Liebe hingenommen und das angenehme Leben, das sie ihm verschaffen würde. Es gehörte sich, daß er als Geologe glücklich lebte und die Beschäftigung aufgab, die die Neununddreißig Glaubensartikel der anglikanischen Kirche in Frage stellte, an die sein Mentor, Professor John Henslow, ausnahmslos glaubte.
Das mußte das Ende seiner Häresie sein. Er war zumindest so vernünftig gewesen, seine ketzerischen Entdeckungen nicht bei der Königlichen und der Geologischen Gesellschaft zu verbreiten und vielleicht wegen seiner Arbeiten ausgeschlossen zu werden.
Emma hatte ihm seine Verantwortung bewußt gemacht. Am Morgen würde er seine Notizbücher verbrennen. Sie würde das Thema ihm gegenüber nie erwähnen. Die Tür war verschlossen. »Für immer.«
Er legte sich ins Bett und lag fröstelnd im Dunkel. Er hätte sich durch Anschmiegen an seine Frau wärmen können, hatte aber das Gefühl, kein Recht darauf zu haben. Nicht in dieser Nacht. Er spürte, wie mühsam jede Minute, jede Stunde vorbeischlich. Im Morgengrauen war er noch immer wach. Er stand auf, ging zurück in sein kaltes Arbeitszimmer, setzte sich an seinen Schreibtisch – und schrieb weitere acht Seiten in seinem Arten-Notizbuch voll.

> Man wird vielleicht behaupten, daß wilde Tiere sich meinen malthusianischen Anschauungen gemäß innerhalb bestimmter Grenzen verändern, darüber hinaus aber nicht. Dagegen Einwände finden. Analogie wird sicherlich eine Abweichung so weit gestatten wie der Unterschied zwischen den Arten, zum Beispiel Tauben; dann kommt die Frage nach den Gattungen. Es scheint, daß die Anzahl der Schwalben abgenommen hat; aus welchem Grunde?

Er erzählte Emma nicht, daß er durch eine Kraft, die stärker war als er selbst, getrieben wurde, die Lösung seiner Fragen weiter zu suchen. Er befaßte sich flüchtig mit zwei neuen Büchern, *On the Influence of Physical Agents* und *A Familiar History of Birds*. Dann konnte er nicht mehr arbeiten. Mehrere Tage vergingen in ruheloser Untätigkeit. Er glaubte nicht, daß er grübelte oder launenhaft war. Er war einfach nicht imstande zu arbeiten.
Er wurde krank. Bekam Fieber, litt unter Herzklopfen, Erbrechen.
»Was kann es sein, Charles?« fragte Emma. »Die Kost? Nicht genügend Bewegung? Sorgen um deinen Vater oder deine Schwestern? Der Haushalt?« Sie kam zu ihm, legte die Hand in die seine.
»Hast du etwas an mir auszusetzen?« Sie meinte ihren Brief an ihn.
»Ja. Ich liebe dich zu sehr.«
Emma küßte seine heiße Stirn.
»Wir werden einfach so unbeschwert leben, wie wir können, bis es vorbeigeht, genauso rätselhaft, wie es kam.«

3.

Sie befolgten den Rat, den Dr. Clark Charles ihnen vor einiger Zeit gegeben hatte. Am 26. April fuhren sie nach *Maer Hall.* Es war eine der schönsten Zeiten des Jahres in Staffordshire.
Als sie ankamen, arbeitete Elisabeth, die jetzt allein für beide leidenden Eltern sorgte, im Garten an einem Krokusbeet. Sie erhob sich mit Mühe auf die Knie.
»Ich freue mich so, euch zu sehen. Ich werde die drei Wochen in eurer Gesellschaft genießen und in der letzten Woche mit euch nach Shrewsbury fahren. Eine unserer Kusinen wird sich um Mama kümmern.«
Obwohl sein eigener Beitrag zu *The Narrative of the Surveying Voyages of Her Majesty's Ships »Adventure« and »Beagle«* offiziell erst im Sommer herauskommen sollte, hatte er die großen gebundenen Exemplare für *Maer* und *Mount* mitgebracht. Josiah Wedgwood war so in das Buch vertieft, daß er drei Tage lang kaum mit jemandem sprach.
»Es muß besonders für dich eine Befriedigung sein, Onkel Jos«, sagte Charles, »denn du hast deine Freundschaft mit meinem Vater aufs Spiel gesetzt, um mir die Reise zu ermöglichen.«
Josiah erhob sich mit einiger Anstrengung aus dem Lederfauteuil und legte Charles die Hand auf die Schulter.
»Ich wußte, daß ich Emma auf einige Jahre ihres voraussichtlichen Ehemannes beraubte. Aber ich nahm an, daß dich die Reise auf den richtigen Weg bringen würde. Und es hat sich wirklich alles so ergeben. Glück? Gottes Wille?«
Zwei Wochen später, Mitte Mai, fuhren sie die dreißig Kilometer nach Shrewsbury. Dr. Darwin untersuchte seinen Sohn und fand eine plausible Erklärung für sein ständiges Unwohlsein.
»Ich glaube, du spürst die Nachwirkung der in jeder Hinsicht zu großen Anstrengung während deiner Reise. Sagen wir, du hast während dieser fünf Jahre der Forschung so intensiv gelebt wie sonst in England in zwanzig Jahren. Du mußt darauf achten, deinen Kopf nicht allzusehr anzustrengen.«
In dieser Nacht, nachdem Emma eingeschlafen war und er ihr ruhiges Atmen hören konnte, erforschte er sein Gedächtnis. Er war während der fünfjährigen Reise auf der *Beagle* nur drei- oder viermal krank gewesen, am schlimmsten damals, als er in Valparaíso unverdünnten indianischen Whisky getrunken hatte. Zog man in Betracht, wieviel Brackwasser er getrunken und wieviel fremdartige indianische Gerichte er gegessen hatte, wie viele Insekten ihn gebissen hatten, war er sehr gesund gewesen. Warum war er jetzt, aus keinem ersichtlichen Grund, krank? Er blühte auf, wenn er arbeitete.
»Ich glaube nicht, daß Vater mit seiner Ansicht recht hat, mein Schädel sei überanstrengt«, murmelte er laut. »Ich verbrachte genügend Tage an Deck oder lesend auf FitzRoys Sofa, wo ich mich entspannte und ausruhte. Ich fühlte mich während

der Monate in Cambridge und in der Great Marlborough Street wunderbar gesund – bis zum ersten Anfall im September 1837. Was machte ich damals?«
Er stand behutsam auf, um Emma nicht zu wecken, ging nach unten und zündete in der warmen, ungelüfteten Bibliothek eine Lampe an. Er überdachte alles, woran er sich aus dieser Zeit erinnern konnte. Er hatte an seinem Tagebuch gearbeitet, die zwei Artikel für die Geologische Gesellschaft geschrieben, einen über Korallen, den anderen über ausgestorbene Säugetiere. Er bemühte sich auch, die Regierungssubvention für die Herausgabe der Zoologiebücher zu bekommen. Dann hatte er, nicht plötzlich, sondern allmählich, mit alldem aufgehört und sein erstes Notizbuch über die Arten begonnen, um seine Gedanken zu ordnen, die ihm durch die Schildkröten auf den Galápagos, die Finken von vier verschiedenen Inseln, die südamerikanischen Fossilien, die er in Punta Alta entdeckt hatte, gekommen waren. Das hatte er anregend und doch ermüdender gefunden als seine sonstige schriftstellerische Tätigkeit. Die geologischen Ansichten basierten weitgehend auf Beobachtung; sogar für die Richtigkeit seiner grundlegenden Theorie über die Entstehung von Korallenriffen, die im Widerspruch zu der Lyells stand, besaß er Beweise. Aber bei den Überlegungen darüber, wie die Arten entstanden, sich veränderten, anpaßten, entweder ausstarben oder sich ausbreiteten, befand er sich auf schwankendem Boden. Da war fast alles Annahme, Mutmaßung, Unterstellung, Hypothese. Er war zufällig auf einen Anhaltspunkt gestoßen, verfügte aber über keinen biologischen »Alten Thor«, mit dem er hätte Proben aus dem Strom des Lebens schlagen können. Außerdem pfuschte er an Problemen und Antworten herum, die von göttlicher Hand bereits aufgedeckt und für alle Zeiten gelöst worden waren.
Er trank kalte Limonade, die er im Keller gefunden hatte.
»Aber ich hatte nie die Absicht, meine Gedanken zu veröffentlichen oder mit irgend jemandem darüber zu sprechen, außer mit Lyell, der meine Fragen nicht übelnimmt. Es war für mich wirklich nur eine Erprobung meiner geistigen Leistungsfähigkeit, um mir über verschiedenes klarzuwerden.«
Er stieg wieder die breite Treppe nach oben und ging nach links ins Schlafzimmer. Aber der Schlaf wollte nicht kommen. Während er sich sanft an Emmas Rücken lehnte, dachte er weiter über seinen merkwürdigen Zustand nach.
Da fiel ihm eine Antwort ein, die ihn erleichterte.
»Aber natürlich! Mein Gefühl des Unwohlseins hat gar nichts mit meinen vier Notizbüchern zu tun. In Wirklichkeit arbeite ich an ihnen immer erst dann, wenn ich von einer anderen ununterbrochenen Arbeit buchstäblich erschöpft bin. Dann nehme ich diese Notizbücher und fülle sie mit Aufzeichnungen, nachdem ich von Geologie und Zoologie für eine Weile genug habe. *Ich flüchte mich zu den Notizbüchern über die Arten.*«
Darüber verfiel er in tiefen Schlaf. Am Morgen erwachte er erfrischt und fühlte sich ausgezeichnet. Als Emma aus dem Badezimmer mit den tiefen Blechwannen und den Kannen heißen Wassers zurückkam, verkündete er:

»Meine liebe Emma, ich bin wieder vollkommen gesund. Jetzt warte ich ungeduldig darauf, daß wir nach London zurückkehren, damit ich weiterarbeiten kann.«
Der Abschied war stürmisch; Charles sagte der Familie, sie würden im August wiederkommen.
Als sie heimkamen, erfuhren sie aus den Zeitungen, daß in London wegen eines Skandals am Hof von Königin Victoria große Unruhe herrschte. Es gab Gerüchte, daß Lady Flora Hastings, eine Hofdame der Königinmutter, sich eines unmoralischen Lebenswandels schuldig gemacht hatte. Lady Hastings war in Gesellschaftskreisen überaus beliebt. Als die Herkunft der skandalösen Gerüchte – die sich später als vollkommen falsch erwiesen – auf Königin Victoria selbst hinwies, wurden die Monarchin und ihr Premierminister, Lord Melbourne, von der Presse und der Öffentlichkeit heftig kritisiert.
Am nächsten Tag ging Charles über den Trafalgar Square, als er ein vertrautes Gesicht erblickte. Er blieb stehen und rief:
»Dr. Robert McCormick! Ich habe Sie das letztemal gesehen, als Sie dienstunfähig von Rio de Janeiro nach Hause fuhren. Das muß fast sieben Jahre her sein. Haben Sie noch immer den grauen Papagei, den Sie nach England mitgenommen haben?«
»Charles Darwin! Was Sie für ein Gedächtnis haben! Ja, der verflixte Papagei plappert noch immer wie verrückt. Darf ich Ihnen Joseph Hooker vorstellen? Er begleitet mich als Assistenzarzt auf *H.M.S. Erebus* auf eine Forschungsreise in die Antarktis.« McCormicks Gesicht zeigte ein triumphierendes Lächeln. *»Diesmal wurde ich zum Naturforscher ernannt.«*
»Ich erinnere mich, daß Ihnen die Expedition in eine kalte Klimazone zusagte, während Sie die Tropen nur mit Mühe überlebten, Doktor«, antwortete Charles. Er wandte sich an Joseph Hooker, einen nett aussehenden jungen Mann von ungefähr zweiundzwanzig Jahren, der eine Brille mit Stahlfassung trug, die seine großen, munteren braunen Augen noch ein wenig größer wirken ließ.
»Gehen Sie als Forschungshilfskraft an Bord der *Erebus*?«
»Nein, Mr. Darwin, als der Botaniker der für vier Jahre vorgesehenen Reise. Ich will den Beruf meines Vaters ergreifen. Er ist Professor für Botanik an der Universität Glasgow.«
»Dann müssen Sie die Arbeiten meines Freundes, Professor Henslow, kennen.«
»Natürlich. Ich kenne auch das Werk von Charles Darwin.«
»Mein Werk? Wieso? Ich habe doch erst wenig veröffentlicht.«
»Ich habe Ihr *Tagebuch* gelesen, das heißt die Korrekturfahnen. Charles Lyell schickte sie seinem Vater nach Konnordy, der sich freundlicherweise für meine angestrebte Laufbahn als Naturforscher interessierte und sie mich lesen ließ. Ich habe an der Universität Glasgow in Medizin promoviert und hatte damals so wenig Zeit, daß ich mit Ihren Fahnen unter meinem Kissen schlief, um sie zwischen Erwachen und Aufstehen lesen zu können. Sie haben mich tief beeindruckt... und in Verzweiflung versetzt durch die vielfachen geistigen und physischen An-

forderungen, die an einen Naturforscher gestellt werden, der in Ihre Fußstapfen treten will! Sie haben meinen Wunsch, zu reisen und Beobachtungen zu machen, angestachelt.«
Der junge Mann gefiel Charles, nicht nur wegen der Bewunderung, die er für ihn hegte, sondern weil er eine erfrischend offene, aufrichtige Art hatte.
»Besuchen Sie mich, Hooker, wenn Sie von Ihrer Reise zurückkommen. Meine Adresse erfahren Sie in der Geologischen Gesellschaft. Dr. McCormick, bringen Sie eine herrliche Sammlung zurück. Viel Glück, meine Herren.«
Am Spätnachmittag fühlte er sich von dem Verleger Henry Colburn enttäuscht. Auf der ersten Ankündigung stand sein Buch am unteren Ende des Blattes, klein gedruckt, als ob es ein Nachtrag zu den Büchern Kings und FitzRoys wäre, eigentlich das entbehrlichste von den dreien.
Henry Colburn gab sich in seinem Büro im ersten Stock in der Great Marlborough Street ausweichend. Ja, er habe fünfzehnhundert Exemplare gedruckt; nein, sie seien nicht alle gebunden. Wie viele er gebunden habe? Er sei nicht ganz sicher. Für den Anfang würden die Buchhandlungen über genügend Bände verfügen. Was würde geschehen, falls sich diese erste Quote nicht gut verkaufte? Das wisse er nicht, vielleicht würde man die restlichen Bogen einstampfen, der Lagerraum wäre knapp, es kämen andere Bücher heraus...
Als er nach Hause kam, fand er Syms Covington vor, der ihn erwartete. Er hatte Covington seit seiner Hochzeit nicht mehr gesehen, aber Syms hatte ihm einen Glückwunschbrief und ein bescheidenes Hochzeitsgeschenk geschickt. Syms hatte in einem großen Büro als Buchhalter gearbeitet.
»Aus deiner Miene ersehe ich, daß dir der Posten nicht sehr zusagt.«
»Nein, nach der Jagd- und Sammeltätigkeit mit Ihnen fühlt man sich zu sehr eingeengt. Ich habe geknausert und meinen Lohn gespart, habe schon fast die Überfahrt nach Australien zusammen. Das ist ein großes Land – und nahezu leer. Sieht mir aus wie ein Land, in dem ein Mann seinen Lebensunterhalt verdienen kann, draußen im Freien. Ich kam her, um Sie zu fragen, ob Sie so freundlich wären, mir ein Zeugnis zu schreiben?«
»Selbstverständlich.« Er schrieb:

> Ich kenne Syms Covington seit über acht Jahren; während der ganzen Zeit war sein Verhalten überaus zufriedenstellend. Er half mir als Angestellter; es war seine Hauptbeschäftigung während unserer Reise. Unter schwierigen Bedingungen benahm er sich stets umsichtig. Ich hatte ständig die Gewohnheit, ihm größere und kleinere Geldsummen anzuvertrauen...

Syms dankte ihm für den Brief.
Charles sagte:
»Wenn du in Australien bist, schreibe mir unbedingt, und erzähle mir, wie es dir geht.«

»Darauf können Sie sich verlassen, Mr. Darwin. Wenn Sie mich jemals brauchen sollten, werde ich so schnell zurückkommen, wie der Wind mich treiben kann.«
Charles kehrte zu seiner alten Arbeitseinteilung zurück, er schrieb an dem Korallenbuch sowie an seinen Arten-Notizbüchern und las unersättlich. Sir Charles Bells *The Bridgewater Treatises; The Hand, its mechanism and the vital endowment as evincing design;* Kommentare zu diesem Buch schrieb er in sein Arten-Notizbuch; Plinius' *Naturgeschichte*, den zweiten Band von Lamarcks *Philosophie Zoologique.*
Am ersten Juni brachte ihm ein Bote die gebundenen Bände von King und FitzRoy und die erste Anzeige, die im *Athenaeum* erschien, einem der angesehensten Magazine in Großbritannien. Nur die Bände von King und FitzRoy wurden zitiert und beschrieben; es war keine Kritik enthalten. Eine Notiz informierte den Leser, daß Charles Darwins Band in Kürze besprochen würde.
Später bemerkte das *Athenaeum*:

> Die Schwäche dieser Bände besteht darin, daß sie nicht aus einer einzigen Schilderung bestehen, sondern aus mehreren Tagebüchern von Personen, die dieselben Länder zusammen oder nacheinander sahen, und sie weisen gelegentlich einen gewissen Mangel an Einheitlichkeit und dauerndem Reiz auf und enthalten häufig Wiederholungen...

Charles mußte zugeben, daß diese Kritik überzeugend klang; er war nicht auf das Folgende vorbereitet:

> Wir wollen aber damit nicht andeuten, daß man auf Mr. Darwins Tagebuch hätte verzichten oder es der vorhergehenden Schilderung hätte einverleiben sollen; wir wollen nur unser Bedauern darüber zum Ausdruck bringen, daß er, indem er es an ein in sich abgeschlossenes und in der Ausführung langatmiges Werk anschloß, gezwungen war, seine Bemerkungen knapp zu halten, sich auf sein Spezialgebiet zu beschränken und sogar bei naturgeschichtlichen Themen viele Einzelheiten wegzulassen...

Dann ging das *Athenaeum* dazu über, seine Beobachtungen zu widerlegen, daß der südamerikanische Kontinent allmählich in Schüben aus den Tiefen des Ozeans emporgestiegen war. Daß mindestens eine Million Jahre vergangen waren, seit die Wogen des Meeres den Fuß der Anden bespült hatten. Das war offenkundig unmöglich, da Bischof Ussher im siebzehnten Jahrhundert feierlich verkündet hatte, daß die Welt im Jahr 4004 vor Christus erschaffen wurde. So beeindrukkend auch Mr. Darwins Beobachtungen und logische Schlüsse sein mochten, sie waren unglaubwürdig und wertlos. Schließlich wurde dem Buch, wie Charles es ausdrückte, eine »ganz gründliche Beschimpfung« zuteil: Das »Tagebuch« sei anmaßend, »aus den Abfällen und dem Unsinn der Notizblätter des Autors zusammengekleistert«.

Lyell tat Charles' Ärger lachend ab.
»Was hat Ihnen damals Henslow über den ersten Band meines *Lehrbuchs* gesagt? ›Lesen Sie das Buch, aber akzeptieren Sie auf keinen Fall die Ansichten, für die Lyell eintritt.‹ Henslow und alle, die an aufeinanderfolgende Katastrophen glauben, die von Gott zur Strafe über die Menschen kämen, befinden sich in einem schweren Dilemma, nicht wir Geologen.«
Emma hatte eigene Neuigkeiten, die sie für wichtiger hielt.
»Ich möchte, daß du es von mir erfährst, bevor die Natur es aller Welt zu verkünden beginnt«, sagte sie mit einem Lächeln in den Mundwinkeln.
Charles starrte sie mit großen Augen an.
»Ja, mein Lieber, du wirst Vater. Wahrscheinlich noch vor Jahresende.«
»Bist du sicher, Emma?«
»Also, ist das nicht die übliche Reaktion? Natürlich bin ich sicher. Das war ich schon seit der Übelkeit am Morgen in *Maer Hall.*«
Er kniete vor ihrem Stuhl hin und nahm ihr Gesicht behutsam in seine Hände.
»Emma, meine Liebste, ich freue mich so für dich. Für mich. Für uns beide.« Er küßte sie zärtlich. »Ich werde liebevoll für dich sorgen.«
»Nicht nötig«, antwortete sie. »Ich bin eine Wedgwood; mein Porzellan ist solid. Ich habe noch eine Neuigkeit. Hensleigh und Fanny haben nur vier Hausnummern von uns entfernt in der Upper Gower Street ein Haus gefunden. Aber Hensleigh will es nicht mieten, bevor du zugestimmt hast. Ich würde es als sehr angenehm empfinden, jetzt, da wir Familienzuwachs erwarten. Was meinst du?«
»Ich denke, es ist einfach fabelhaft. Weder du noch Fanny sind Nichtstuerinnen, die in den Fehler verfallen würden, sich alle Augenblicke lang zu besuchen.«
»Danke, Liebster. Das ist für mich wie ein Geschenk.«
»Du machst mir doch eines, oder?«
Trotz der »Mitteilung« von Emma und seines brennenden Wunsches, sie in keiner Weise zu verletzen, war er außerstande, seine Untersuchungen über den Ursprung, die Veränderung und die Entstehung der Arten aufzugeben. Er war von seiner Idee besessen; eine Zählung ergab, daß er, seit er sein erstes Notizbuch vor zwei Jahren im Juli 1837 begonnen hatte, Hunderte Artikel, Broschüren und Bücher gelesen und die meisten einschlägigen Zeitschriften abonniert hatte: die *Transactions of the Linnean Society*, das *Quarterly Journal of Science*, das *Edinburgh Philosophical Journal*, das *Magazine of Natural History*. Er war zwar imstande, sich auf die Korallen zu konzentrieren, dafür zu sorgen, daß die dritte Monographie der *Vögel* ihr hervorragendes Niveau behielt, Waterhouses abschließende sechzigseitige Studie der *Säugetiere* zu redigieren, doch kehrten seine Gedanken, kaum daß seine Arbeit erledigt war, zu seinen neuen Ideen zurück.
Er befand sich auf einem verräterischen Kurs, und Verräter wurden öffentlich hingerichtet wie Galileo Galilei; aber er schrieb in sein Notizbuch:

> Der schwächste Teil meiner Theorie ist die absolute Notwendigkeit, daß sich jedes organische Wesen mit einem anderen kreuzen sollte. Um dem zu entgehen, müßten wir den ungeheuerlichen Schluß ziehen, daß jedes Organ unveränderlich geworden ist – was alle Tatsachen als absurd widerlegen. Ich spreche entschieden jedem das Recht ab, gegen meine Theorie Einwände zu erheben, weil sie die Welt wesentlich älter macht, als sogar die Geologen annehmen. Wie verhält sich die Lebensdauer der Planeten zur Dauer unseres Lebens?

Im Juli schloß er sein viertes Notizbuch ab und war entschlossen, weiter Beweismaterial zu sammeln und ganz allein zu versuchen, sich zu Schlüssen durchzuringen. Er würde keine Zeile mehr zu Papier bringen, sondern ausschließlich in seinem Kopf eine Theorie formulieren, von der er wußte, daß er sie eines Tages niederschreiben würde. Auch um sie publizieren zu lassen?

Emma würde ihr Baby zur Welt bringen, ihren Familien Freude bereiten. Aber das Material, mit dem er schwanger ging – wem würde das Freude bereiten?

4.

In diesem Sommer war das Wetter herrlich. Er und Emma gingen im Garten spazieren; ihre Schwangerschaft verlief ohne Komplikationen. Emma spielte jeden Abend eine Stunde lang Klavier. Er las allein in seinem Arbeitszimmer. Er fühlte sich bei diesem Doppelleben von Gewissensbissen gepeinigt.

In den warmen Augusttagen befaßte er sich mit Reisebeschreibungen: Bücher von Turville, Marion, Dixon und Dampier. Von jedem lernte er Neues über Erdbeben, Vulkane, Geologie, ferne Länder. Er vertiefte sich in technische Zeitschriften und die sieben Bände der *Transactions of the Horticultural Society*. Manchmal las er flüchtig oder überschlug Teile, wenn das Material langweilig war oder seinem Gebiet fern lag.

Im späten August ließ er Emma in *Maer Hall* zurück und reiste nach Birmingham zur Versammlung der »Britischen Gesellschaft für wissenschaftlichen Fortschritt«, wo die meisten Gelehrten Großbritanniens versammelt waren, um Vorträge zu halten, Gedanken auszutauschen und Scharmützel auszutragen. Es waren Universitätsprofessoren und Buchhändler, Archivare, Forscher und begabte Laien, die ihren Lebensunterhalt anderweitig verdienten.

Charles kannte viele von ihnen, andere traf er zum erstenmal. Einige hatten sein *Tagebuch* bereits gelesen; sie lobten seinen Stil und die Beschreibungen fremder Länder und Völker. Seine geologischen Theorien über Senkung und Hebung, die

Ansicht, daß nicht nur große Wassermassen gestiegen und gefallen und vielleicht wieder gestiegen waren, sondern auch Landmassen, lehnten sie kategorisch ab. Sie akzeptierten seine Beobachtungen, während sie die sich zwangsläufig daraus ergebenden Hypothesen ebenso verwarfen, wie Henslow die Theorien Lyells verworfen hatte.

Er trank in einer Kneipe unweit der Versammlungshalle ein Glas Bier mit Lyell. Lyell wischte sich den Schaum aus einem Mundwinkel und sagte:

»Wie ein unbekannter Weiser einmal sagte, ›Hoffe nicht, deine Zeitgenossen zu überzeugen, die nächste Generation wird dir glauben‹.«

Nach *Maer* zurückgekehrt, saß er auf den Stufen des vorderen Hauseinganges und beobachtete die Haubentaucher auf der Jagd nach Nahrung. Dabei überlegte er:

»Ich bin im Fegefeuer. Wie kann ich geläutert werden, um in den Himmel zu kommen?«

Ende Oktober waren sie wieder in London.

Er fand eine Nachricht von Yarrell vor. Ob Charles im Laden vorbeikommen könne?

Der alte Mann trug eine Wollmütze zum Schutz vor der Kälte und strahlte.

»Ihr Buch ist ausverkauft, Darwin. Meine Glückwünsche. Ich habe eine zweite Lieferung verlangt. Auch die anderen Geschäfte sind ausverkauft.«

Charles war verblüfft. Die Besprechungen, die nach der Kritik des *Athenaeums* erschienen waren, folgten der gleichen Linie, waren nur gelegentlich günstig gewesen.

»Die Bände von King und FitzRoy gehen bei weitem nicht so gut«, fuhr der Buchhändler fort. »Jetzt ist es Zeit, daß Sie von Colburn verlangen, er solle die übrigen Bogen binden lassen. Außerdem sollten Sie eine eigene Titelseite haben. Ihr Name erscheint nur auf der Untertitelseite.«

Henry Colburn war damit einverstanden, weitere fünfhundert Bände binden zu lassen.

»Vergessen Sie nicht«, sagte er zu Charles, »es ist kein Nachdruck, sondern immer noch der erste. Wenn wir eine neue Titelseite einsetzen, wird es eine neue Ausgabe.«

Auf der neuen Titelseite stand: *Journal of Researches into the Natural History and Geology of the Various Countries Visited by H.M.S. Beagle, under the Command of Captain FitzRoy, R. N. From 1832 to 1836, by Charles Darwin, Esq., M.A. F.R.S. Secretary to the Geological Society.*

Er erteilte Auftrag, dreißig Exemplare, sobald sie fertig waren, in sein Haus zu schicken.

Endlich würde er mit seinen Veröffentlichungen Geld verdienen. Für die elf bereits erschienenen Fortsetzungen der *Zoologie der Reise von H.M.S. Beagle* würde er nichts erhalten, obwohl er Hunderte von Stunden mit dem Redigieren und dem sollte im Januar erscheinen.

Charles ging mit der Tausend-Pfund-Subvention der Regierung sparsam um, aber die Landkarten und Tafeln waren sehr kostspielig. Als er bei Lyell vor dem Kaminfeuer beim Tee saß, fragte er:

»Falls ich, wenn die gesamte Zoologie erschienen ist, noch ein paar Pfund übrig habe, kann ich sie dann, Ihrer Meinung nach, für die etwa zehn Landkarten und Holzschnitte für das Korallenbuch verwenden?«

»Ich wüßte nicht, warum nicht«, antwortete Lyell. »Der Schatzkanzler und die Wissenschaftler in London sind sich gleichermaßen einig, daß Sie bei der Beaufsichtigung der Ausgaben hervorragende Arbeit geleistet haben.«

»Ich werde natürlich um Erlaubnis ersuchen. Ich würde das Geld ungern aus eigener Tasche auslegen, zumal wenn niemand das Buch lesen will – obgleich das Interesse für Geologie zunimmt.«

»Ach, mein junger Freund, wir werden die Flamme schüren. Wir beide werden die Welt noch davon überzeugen, daß wir alle auf einer glitschigen Schlammkugel leben.«

Die Tage vergingen. Ende November richteten sie das kleine vordere Schlafzimmer für das freudig erwartete Kind ein. Margaret bat um ihre Entlassung, weil sie zu alt für ein Haus mit einem Neugeborenen sei. Mary Lyell empfahl ein hochgewachsenes, mageres, flachbrüstiges Mädchen. Emma gefiel ihr Ernst und ihr Bedürfnis, ständig an einem Platz zu leben. Josiah Wedgwood und Elisabeth kamen auf Besuch, bis das Baby geboren wurde. Erasmus wunderte sich, daß er so aufgeregt darüber war, Onkel zu werden.

»Es kam mir einfach nie in den Sinn, daß es noch einen männlichen Sproß der Darwins geben würde – ich meine, falls es ein Junge wird«, rief er.

»Aber das ist doch erst das Eröffnungsrennen in Ascot«, sprudelte Emma hervor und unterdrückte dann ein verlegenes Kichern.

Die Familie Wedgwood beschloß, an der Weihnachtsfeier in der Upper Gower Street 12 teilzunehmen. Elisabeth und Fanny kauften Kerzen und Schmuck für den Weihnachtsbaum ein, den Parslow vor dem Fenster im Wohnzimmer aufstellte. Alle halfen vergnügt mit, die kleinen Wachskerzen in den Messinghaltern an den Zweigen zu befestigen.

Am Weihnachtsmorgen leerten die drei Wedgwoodkinder ihre Strümpfe mit Freudenrufen beim Anblick jedes neuen Spielzeugs oder Naschwerks. Dann holte sich das Hauspersonal seine Geschenke unter dem Baum: ein warmer Morgenrock, eine schöne Wollweste, Taschentücher, Kölnisch Wasser. Für die Männer der Familie gab es Bücher und Zigarrenschachteln, für die Frauen Goldschmuck, ein Medaillon mit Kette, ein Armband mit Edelsteinen, für Elisabeth exotische Samen, um sie im Frühling in *Maer* einzusetzen. Nach der Kirche kamen sie zurück und sangen Weihnachtslieder, die Emma am Klavier begleitete, dann gingen sie nach unten ins Speisezimmer, wo Charles sich erhob, um die traditionelle Weihnachtsgans zu tranchieren.

Das Baby kam zwei Tage nach der Weihnachtsfeier zur Welt. Emma überstand

die Geburt unter beträchtlichen Schmerzen, aber ohne Komplikationen. Charles wischte ihr mit einem feuchten Tuch den Schweiß von der Stirn.
Sie hatten verschiedene Namen im voraus gewählt. Der passende war William Erasmus.
»Es ist ein gutes Omen, daß William Erasmus am 27. Dezember zur Welt kam, dem achten Jahrestag meiner Ausfahrt aus dem Hafen von Plymouth an Bord der *Beagle*«, rief Charles. »Alles, was ich seit jenem Tag erlebt habe, war gut.«
Emmas Vater und Schwester blieben noch einige Tage. Sie waren so glücklich mit Emma und dem Baby, daß es ihnen schwerfiel, wieder abzureisen. Obwohl William Erasmus getauft wurde, wie es das Gebetbuch der anglikanischen Kirche vorschrieb, wurden keine Paten genannt, weil weder die Wedgwood- noch die Darwinfamilie dafür waren.
Emma blieb im Januar viel im Bett. Sie hatte eine ausgezeichnete Amme engagiert und sorgte dafür, daß Eselsmilch geliefert wurde. Sie sagte zu Charles:
»Papa und Elisabeth sind zu früh weggefahren, bevor Williams Aussehen sich zum Besseren verändert hat. Jetzt sieht er sehr lieb aus mit seinem hübschen kleinen Mund. Mit seiner Nase möchte ich nicht prahlen, aber das ist harmlos, solange er ein Baby ist.«
Charles grinste schüchtern. »Die Nasen aller Darwins sind zu lang.«
Nach der Geburt seines ersten Sohnes beobachtete ihn Charles sorgfältig und machte sich Notizen über die Gefühlsreaktionen des Kindes, wann und warum es weinte, wie lang das Weinen dauerte; über das Erregungs- oder Glücksgefühl in den Augen des Kleinen, seine Reaktion auf Nahrung und Spiel, oder wenn er von seinen Eltern aufgehoben und liebkost wurde. Er hatte noch nie etwas über die Gefühlsäußerungen von Kindern vom Tag ihrer Geburt an gelesen und fand, es sei ein Gebiet, das Beobachtung und genaues Studium wert war.
Abgesehen von den Auszügen, die er für die Artikel herstellte, die an die Geologische Gesellschaft zur Veröffentlichung gingen, schrieb er kein Wort. Aus irgendeinem Grund war er bei seinem Korallenbuch an einem toten Punkt angelangt.
»Das passiert den Besten von uns«, beruhigte ihn Lyell. »Lassen Sie es ein Jahr liegen.«
Die einzige Konzentration, deren er fähig war, bestand im Lesen. Dazu streckte er sich auf einem Sofa in seinem Arbeitszimmer aus: Johannes Müllers *Handbuch der Physiologie*, Carlyles *Chartism*, das ganz England zu lesen schien, einschließlich Emma. Das Buch stellte ihre Geduld auf eine harte Probe.
»Es ist voller Leidenschaft und guter Gefühle, aber ganz unvernünftig«, rief sie.
Charles blickte verdutzt hoch:
»Carlyle ist ein angenehmer Gesprächspartner, er ist sehr natürlich...«
»...aber das, was er schreibt, ist es gar nicht.«
»Vielleicht ist es besser, wenn ich aufhöre zu schreiben. Warum bin ich nicht einfach ein angenehmer Gesprächspartner?«

Sie fragte zögernd: »Charles, mein Liebster, warum schreibst du nicht?«
»Ich weiß es nicht. Das Nichtstun schmerzt mich.«
»Das weiß ich. Dennoch macht es mich sehr glücklich, daß du weiterhin so gesellig bist wie immer.«
Er drückte sie an sich und rieb seine Wange an der ihren.

In den ersten Monaten des Jahres 1840 herrschte schlechtes Wetter, auf den Straßen lag rußfarbener Schneematsch. Sie gingen nur selten aus. Susan kam für eine Woche auf Besuch und schüttelte ihre goldenen Locken, während sie interessante Geschichten von den Leuten aus der Umgebung von Shrewsbury erzählte. Charles war weiter fasziniert von seinem Sohn; sie nannten William Mr. Hoddy-Doddy, ein Spitzname für einen kleinen, dicken Mann. Königin Victoria und Prinz Albert wurden am 10. Februar in der Königlichen Kapelle von St. James getraut. Gegen Ende März verlautete aus dem Palast, daß die Königin und Prinz Albert noch vor Jahresende Eltern eines Erben für den englischen Thron sein würden.
Charles' Sekretärsamt bei der Geologischen Gesellschaft erwies sich als Segen, die einzige Arbeit, die er schaffte, vielleicht, weil das Lesen und Auszügemachen aus wissenschaftlichen Abhandlungen anderer keine schöpferische Energie verlangte. Er half auch bei der Veröffentlichung von weiteren drei Fortsetzungen seiner *Zoologie*, zwei von Jenyns über *Fische* und dem letzten Teil der *Fossilen Säugetiere* von Richard Owen. Colburn hatte die zweite Ausgabe des *Tagebuchs* verkauft und die letzten fünfhundert Exemplare binden lassen, bei denen er das Datum der Titelseite auf 1840 änderte.
Gegen Ende März zwang er sich, am Korallenbuch weiterzuschreiben.
»Mir fehlt nur die Energie«, sagte er zu Emma, »aber wenn einem das fehlt, fehlt einem fast alles, was das Leben erträglich macht.«
»Warum machen wir nicht lange Sommerferien in *Maer Hall* und im *Mount*?« meinte sie.
»Das würde ich gern tun. Derzeit träume ich von einem Leben in der Nähe einer kleinen Siedlung in Surrey, dreißig Kilometer von der Stadt entfernt. Nehmen wir uns ungefähr Anfang Juni vor.«
»Das paßt ausgezeichnet. Meine Tante Jessie Sismondi und ihr Mann kommen auf einen Monat nach London. Sie leben in der Schweiz. Sie können hier wohnen, während wir fort sind. Ich bin sicher, das Haus ist bestens für sie geeignet.«
Sie verließen London am 10. Juni und nahmen Bessy mit, um auf den Kleinen aufzupassen. Elisabeth war außer sich vor Freude, sie bei sich zu haben.
»Du hast keine Ahnung, wie still diese Räume sind, seit ihr, du und Joe, geheiratet habt und fort seid.«
Emmas Mutter und Vater wurden durch ihre Ankunft aufgeheitert. Die Stunde, in der sie täglich auf dem alten Klavier spielte, auf dem sie gelernt hatte, ließ sie richtig aufleben, ebenso wie die Freude über ihren Enkel. Charles vertiefte sich

in Josiahs Bibliothek, die nicht nur Josiahs Bücher über Naturgeschichte enthielt, sondern auch die umfangreiche Sammlung seines Vaters, darunter die vier Originalbände Josiah Wedgwoods über Fossilien. Charles las begierig, insbesondere die Bücher, die sich auf seine Theorie über die Arten bezogen. Eine neunbändige Übersetzung von Buffons *Naturgeschichte* diente als Nachschlagewerk, während er acht Reisebücher über so verschiedene Länder wie Sibirien, die Levante, Bengalen und Nordamerika durcharbeitete. Er las Montagues *Ornithological Dictionary*, zwei Bücher über Rosen, eines über Torf sowie Jones' Werk über Fruchtformen. Er machte keine einzige Notiz, kam aber zu wichtigen Schlußfolgerungen.

»Es ist grandios, wenn man die lebenden Tiere entweder als direkte Nachkommen der Formen betrachtet, die Hunderte Meter tief in der Erde begraben liegen, oder als Miterben von noch älteren Vorfahren...

Es ist herabwürdigend, daß der Schöpfer zahlloser Weltsysteme jeden einzelnen der Zehntausende von kriechenden Schmarotzern und schleimigen Würmern erschaffen haben sollte, die sich an jedem Tag auf dieser Erde im Wasser und an Land herumgetrieben haben. Wir hören auf, uns zu wundern, daß eine Gruppe von Tieren direkt geschaffen worden sein sollte, um ihre Eier in die Eingeweide und das Fleisch anderer zu legen...

Wir können aus Tod, Hunger, Raub und dem verborgenen Kampf der Natur erkennen, daß das höchste Gut, die Erschaffung der höheren Tiere, direkt erfolgt ist...

Es liegt eine einfache Größe in der Betrachtung des Lebens mit seinen Kräften des Wachstums, der Anpassung und der Vermehrung, das ursprünglich nur einer oder einigen wenigen Formen der toten Materie eingehaucht wurde, und der Tatsache, daß, während dieser unser Planet nach bestimmten Gesetzen weiter im Weltall kreiste und Land und Wasser im Wechsel einander ablösten, ein so einfacher Anfang sich durch den Prozeß allmählicher Auslese von winzigen Veränderungen zu unendlichen, überaus schönen und höchst bewundernswerten Formen entwickelte...«

Charles' Vater und seine zwei Schwestern kamen in der Kutsche der Darwins nach *Maer*, weil sie den jüngsten Darwin sehen wollten. Susan und Katty waren vergnügt; Dr. Darwin war beeindruckt.

»Warum siehst du den Kleinen so ernst an, Vater?« fragte Charles.

»Mir ist plötzlich etwas eingefallen. Deine Schwester Marianne hat fünf Kinder, aber sie sind alle Parkers. Das ist mein erster Enkel mit dem Namen Darwin. Wahrscheinlich ist es eine altmodische Einstellung von mir, aber ich habe hart gearbeitet, um mir einen guten Namen zu machen, und ich möchte, daß er fortbesteht. Ich danke dir, Charles.«

»Es ist hauptsächlich Emmas Werk.«

Sie versprachen, mit William für zwei Wochen in den *Mount* zu kommen, damit er das Heim seines Vaters kennenlernte.

Sie erhielten einen Brief von Emmas Tante Jessie und von Jean Sismondi, dem angesehenen Schweizer Historiker:

> ... Dein Dach, liebe Emma, hat uns Glück gebracht. Während wir dort waren, ging alles ganz nach unserem Sinn. Ich möchte nur sagen, daß Parslow der freundlichste, gefälligste, arbeitsamste, nützlichste Diener ist, der je gelebt hat. Ich hoffe, du wirst dich nie von ihm trennen.
> Ich fand Sismondi eben voller Begeisterung über das Buch deines Mannes, das *Tagebuch*. Er sagte, es sei die interessanteste Lektüre, die er je kennengelernt habe; trotz seiner geringen Kenntnisse der Naturgeschichte habe er größtes Interesse dafür empfunden ...

Mitte Juli fuhr Charles mit Emma, William und Bessy über die vertraute Straße nach Shrewsbury. Unterhalb von dicht bewaldeten Hügeln lagen grüne Felder. Das Haus war von oben bis unten zu ihrer Begrüßung mit Blumen geschmückt. Dr. Darwin hatte den »Arztspaziergang« jeden Morgen vor dem Frühstück aufgegeben.
»Ich schlendere jeden Nachmittag eine Stunde durch den Garten«, erzählte er Charles. »Anscheinend sind meine Beine sich nach vierundsiebzig Jahren meiner dreihundert Pfund bewußt geworden. Aber wir wollen von deiner Gesundheit sprechen, nicht von meiner. Vielleicht ist es dein häufiges Erbrechen, das dir die Kraft raubt. Emma versichert mir, ihr hättet eine gute Köchin.«
»Weshalb dann der Brechreiz?«
»Das mußt du mir sagen. Gibt es etwas in deinem Leben, worüber du unglücklich bist? Manchmal hatte ich Patienten, die wegen einer Notlage, eines Mißerfolgs oder wegen Schwermut erbrachen ...«
»Das trifft auf mich nicht zu.«
»Dann müssen wir etwas anderes finden. Ich werde ein möglichst beruhigendes Rezept zusammenstellen.«
Anfang August verkündete Emma, daß sie wieder schwanger sei.
»Wird es nicht herrlich für William sein, einen Spielgefährten zu haben?«
Charles umarmte sie.
»Jetzt, da Leben in dir wächst, habe ich auch mehr Hoffnung für mich.«
Im Oktober wurde er durch die Postzustellung einer Nummer des *Scotsman* aus seiner Lethargie aufgeweckt. Sie enthielt einen Artikel über Glen Roy mit dem Titel »Die Entdeckung früherer Existenz von Gletschern in Schottland, insbesondere in den Highlands«. Der Autor war Louis Agassiz, Professor für Naturgeschichte in der Schweiz, dessen Werk Charles von den Monographien her kannte, die Agassiz seit 1833 laufend veröffentlichte. Durch ihn hatte sich die Zahl der identifizierten fossilen Fische auf nahezu tausend erhöht. Es beunruhigte ihn, daß Louis Agassiz behauptete, Beweise dafür zu haben, daß die Parallelstraßen des Glen Roy, die nach Charles' Ansicht ehemalige Meeresküsten waren, in Wirk-

lichkeit mit Seen gefüllte Täler waren, die von Gletschern aufgestaut wurden. Weder er noch Lyell hatte von wissenschaftlichen Behauptungen über geologische Einflüsse sich bewegender Gletscher gehört.
»Wenn Agassiz recht hat, dann ist meine Abhandlung über Glen Roy vollkommen falsch! Das wäre schrecklich. Es würde meine Urteilsfähigkeit in Zweifel ziehen und den Wert meiner übrigen Arbeit herabsetzen. Agassiz kann nicht recht haben. Ich werde meine Argumente dagegen zusammenstellen...«
Charles beschloß, nach London zurückzukehren. Dr. Darwin hatte das Zimmer neben dem Hauptschlafzimmer in ein Büro verwandelt. Er saß an seinem Schreibtisch, als Charles über die breite Treppe nach oben kam.
»Ich habe die Medizin für dich vorbereitet. Eine ordentliche Portion. Du mußt jeden Tag etwas davon einnehmen.«
»Woraus besteht dieser Zaubertrank, Vater?«
»Du wirst die meisten Bestandteile kennen: Kaliumbikarbonat für deine Magensäure; Blauholz und Zimt, um das Gebräu schmackhaft zu machen...«
Sie waren glücklich, wieder in ihrem eigenen Heim zu sein, obwohl es nur eine vierstöckige Schachtel zwischen anderen vierstöckigen Schachteln war. Das Haus war peinlich sauber, ihre Lieblingsgerichte standen auf dem Herd.
Er las weiterhin viel, zumeist über die Arten, aber auch über Volkswirtschaft, Philosophie, Christentum, Geschichte. Zum Vorlesen bevorzugten Emma und er literarische Werke: die Gedichte von Gray, Shakespeares *Sommernachtstraum*, Goldsmiths *Vikar von Wakefield*, Dantes *Göttliche Komödie*, *Gullivers Reisen*.
Er sehnte sich danach, ein fünftes Notizbuch über die Arten zu beginnen, während ihm die neuen Behauptungen durch den Kopf gingen. Es belastete ihn, sich von der Arbeit fernzuhalten, nach der es ihn am meisten verlangte. Nach den Reaktionen auf seine weniger bedeutenden geologischen Ketzerschriften konnte er nicht daran zweifeln, daß er das Risiko einging, seine wachsende Anerkennung und seine Position zu verlieren, seine ihm teure Freundschaft mit John Henslow, mit Adam Sedgwick, dem Kollegen und Bewunderer, und seine Verbundenheit mit den Mitgliedern der Geologischen und Königlichen Gesellschaft. Es würde ihm nach menschlichem Ermessen unmöglich sein, nicht zu veröffentlichen – irgendwann einmal. Das würde die anglikanische Kirche veranlassen, über ihn herzufallen, und dazu noch die Regierung, die Universitäten, die ganze Gesellschaft.
Drei kurze Artikel befriedigten ihn einigermaßen, von denen er einen später verwenden konnte, wenn er sein Buch über die Geologie Südamerikas schrieb. Einer betraf einen in einem Eisberg eingebetteten Felsblock, der die Frage der »erratischen Blöcke« aufklärte, die lange die Geologen verwirrt hatten, weil sie in Gebieten auftauchten, in die sie rechtmäßig nicht gehörten. Er verbrachte viel Zeit in der Geologischen Gesellschaft, um die Monate auszugleichen, die er auf dem Land verlebt hatte, kürzte die Abhandlungen, die sich für die *Proceedings* angesammelt hatten, beantwortete die aufgelaufene Korrespondenz. Er wollte alles in Ordnung

haben, denn am 19. Februar 1841 wollte er auf dem Jahrestreffen nach drei Jahren seinen Sekretärsposten abgeben.
Er war ziemlich erschüttert, als sein guter Freund Charles Lyell im November und Dezember 1840 der Versammlung eine zweiteilige Abhandlung vorlas, in der er Louis Agassiz' Theorie über Gletscher und ihre Rolle in der Geologie Schottlands kräftig unterstützte. Adam Sedgwick griff Agassiz' Gletschertheorie heftig an; Charles sprach nicht, sondern hörte fast bis Mitternacht der Diskussion zu, die sich, hätte sie in der Zoologischen Gesellschaft stattgefunden, in einen heftigen Streit verwandelt hätte.
An diesem Sonntag sagte Emma:
»Charles, Mary Lyell hat uns regelmäßig zum Tee eingeladen. Ich glaube, ich würde gern einmal zu einer Gesellschaft gehen.«
Er und Lyell diskutierten hitzig über Louis Agassiz und seine Gletscher. Lyell sagte:
»Als Agassiz und William Buckland ihre Wanderung durch Glen Roy und das Hochland beendet hatten, besuchte uns Buckland in Konnordy. Er zeigte mir wunderschönes Moränengeröll, Ansammlungen von Erde und Steinen, die von einem Gletscher befördert und drei Kilometer vom Haus meines Vaters entfernt abgelagert worden waren. Ich akzeptierte ihre Theorie. Sie löst eine Menge Probleme, die mich mein Leben lang unsicher gemacht hatten.«
»War das nicht eine etwas plötzliche Bekehrung?« fragte Charles ruhig.
Lyell legte sein Gesicht auf den Sitz seines Lieblingsstuhls, dann richtete er sich mit rotem Kopf auf, seine Augen glänzten boshaft.
»Ja, ebenso plötzlich wie meine Bekehrung zu Ihrer revolutionären Theorie über Korallenriffe, die mir bewies, daß ich unrecht hatte!«
»Und Sie sind jetzt überzeugt, daß ich bezüglich Glen Roy unrecht habe?«
»Genau.«
»Sie wollen, daß ich widerrufe?«
»Das werden Sie letzten Endes tun müssen. Je eher, desto besser. Ich werde Ihnen Agassiz' *Études sur les glaciers* leihen, die eben veröffentlicht wurden.«
Lyell hängte sich freundschaftlich bei Charles ein.
»In der Kunst oder Literatur braucht man nie zuzugeben, daß man unrecht hatte. In der Wissenschaft schon. Deshalb weigert sich unser Freund Robert Brown, auch nur eine einzige Zeile zu schreiben. Aber auf diese Weise kann die Wissenschaft nicht vorwärtskommen. Wir müssen das Wagnis eingehen, zu forschen und auf Grund unserer Entdeckungen Theorien aufzustellen und aus dem Fortschritt der Wissenschaft zu lernen. Mary winkt uns zum Tee. Sie hat einige von Ihren Lieblingssandwiches und einen Kümmelkuchen vorbereitet.«
Charles lächelte zaghaft, während sie zum Speisezimmertisch gingen.
»Das ist ein Gebiet, auf dem man keine Fehler machen kann. Tee mit kalter Platte, dünne Sandwiches mit Tomaten, Kresse und Gurken, warme, mit Butter bestrichene Teekuchen mit Erdbeermarmelade!«

5.

Um die Jahreswende 1841 begann er seine Notizen und Beobachtungen über die Veränderung der Arten zu sichten.
»Ich kann meine Aufregung darüber nicht unterdrücken«, sagte er sich.
Er beschloß, wieder einen Sezierraum einzurichten; vielleicht die Dachstube, die er absperren konnte. Seinem Vetter Fox, der nun schon seit mehreren Jahren Pfarrer im Delamere-Forst war, dabei Geistlicher und Naturforscher in einem, schrieb Charles:

> Ich sammle weiter alle Arten von Fakten über ›Varietäten und Arten‹ für mein zukünftiges Werk, das diesen Titel tragen soll; die geringsten Beiträge werden dankbar entgegengenommen. Beschreibungen der Nachkommen aller Kreuzungen zwischen allen Arten von Haustieren, zahmen Vögeln, Hunden, Katzen sind sehr wertvoll. Vergiß nicht, daß ich Dir sehr dankbar bin, wenn Du mir den Kadaver Deiner afrikanischen Bastardkatze nach ihrem Tod in einem Körbchen schicken könntest. Das oder irgendwelche durch Kreuzung gezeugte Tauben, Hühner, Enten usw. sind mir willkommener als die schönste Wildbretkeule oder die feinste Schildkröte.

Emmas zweites Kind kam am 2. März zur Welt, es war ein Mädchen. Sie tauften sie Anne, prompt verfälscht zu Annie. Sie war von Anfang an ein entzückendes Baby. Emma gestand Charles:
»Vor meiner Niederkunft kümmerte ich mich so wenig um Doddy, daß ich ihm völlig gleichgültig wurde. Das machte mich manchmal ziemlich traurig.«
»Ich werde ihn an deiner Stelle verwöhnen«, tröstete er sie.
Sie waren selten uneinig und gerieten noch seltener in Streit. Es gab aber einen Zankapfel, die junge Bessy, die Haushälterin, die jetzt Kindermädchen geworden war. Er beklagte sich:
»Bessy trägt ihre Haube nicht. Das gehört sich nicht.«
»Sie mag Hauben nicht. Laß sie doch. Ich will, daß sie mit den Kindern glücklich ist.«
»Es geht um Wichtigeres. Bessy sieht schmutzig aus. Kannst du sie nicht dazu überreden, ihre Sachen öfter zu waschen?«
»Sie tut es. Sie beschmutzt ihre Kleidung so schnell. Eine kleine Miß Schlampig aus London.«
Die *Zoology*-Reihe fand weiter viel Anklang. Der letzte Teil der *Vögel* kam im März heraus, die dritte Fortsetzung der *Fische* im April. Die Teillieferungen wurden in Bücher mit festem, graugrünem Einband umgewandelt, so daß Charles nun drei weitere Bücher als Herausgeber und Leiter zugeschrieben wurden:

Vögel von John Gould, *Fossile Säugetiere* von Richard Owen und *Säugetiere* von George Waterhouse. Es fehlten nur noch ein paar Lieferungen der *Fische* und *Reptilien*, dann würde die Reihe vollständig sein. Er hatte noch Geld übrig, um seine eigenen Bücher illustrieren zu können.

Der Mai war ein guter Monat. Charles trug in der Geologischen Gesellschaft seine Abhandlung über »Erratische Blöcke und ungeschichtete Ablagerungen« vor, wo sie gelobt wurde. Emma spielte wieder täglich eine Stunde Klavier, Musik erfüllte das Haus, sie widmete sich aber vor allem ihrem Sohn, dessen Liebe und Vertrauen sie wieder gewann.

Charles und Mary Lyell frohlockten. Er war eingeladen worden, eine Reihe von Vorlesungen am Lowell-Institut in Boston zu halten. Mit einem ausreichend hohen Honorar, um ihnen eine Reise durch Nordamerika zu gestatten, die sie sich immer gewünscht hatten.

»Zuerst will ich das Gebiet der Großen Seen, die Niagarafälle studieren; ich habe einige radikale Theorien über ihren geologischen Ursprung.«

»Sie haben über vieles radikale Theorien«, sagte Charles. »Das macht Sie zu einem bedeutenden Mann.«

Emma bemerkte, daß Mary, obwohl sie manchmal gestand, daß die Fachgespräche ihres Mannes sie langweilten, viel über Geologie gelernt hatte.

»Die geologischen Reisen ins Ausland sind das Beste für mich«, erzählte sie Emma. »Charles diktiert mir seine Beobachtungen, und ich notiere sie in meinem Notizbuch, aus dem er sie später abschreiben kann. Da erleben wir eine echte Partnerschaft. In London ist das Leben so unausgefüllt.«

Als Sir William Hooker zum Direktor der Königlichen Botanischen Gärten in Kew ernannt wurde und im Spätfrühling 1841 aus Glasgow übersiedelte, nahm Charles Emma und die beiden Kinder in einer Kutsche zu einem Ausflug dorthin mit. Sir William hatte Charles zufällig bei einem Treffen der Britischen Gesellschaft kennengelernt, wußte aber von der großen Bewunderung seines Sohnes Joseph für das *Tagebuch*, von dem Joseph meinte, es sei sein unfehlbarer Leitfaden an Bord der *Erebus*. Sir William war sechsundfünfzig, hatte sich aber das Aussehen und die Vitalität eines viel jüngeren Mannes bewahrt, ein ausdrucksvolles Gesicht und riesige braune Augen. Er machte mit der Familie Darwin einen Rundgang durch die sechs Hektar, zu denen nur wenige Bürgerliche Zutritt erhielten und die streng bewacht wurden.

»Das werde ich als erstes ändern«, vertraute ihnen der neue Direktor an. »Sobald ich die den Garten umgebenden Mauern niederreißen kann, wird das Publikum zugelassen. Ich bin sicher, es wird keine mutwilligen Zerstörungen geben, insbesondere wenn ich das umliegende Gebiet dazu erwerben und es in schöne Gärten mit Wegen, Brunnen und Blumenanlagen umwandeln kann.«

»Was werden Sie mit den gläsernen Ungetümen da tun?« fragte Charles und sah zu den Gewächshäusern hinüber, die vielleicht zweckmäßig, aber kein schöner Anblick waren.

»Wir werden ihnen eine neue Form geben und sie vergrößern, eine moderne Heizung einbauen, ein Netz von Warmwasserrohren für das Kakteenhaus sowie für die Gewächshäuser für Orchideen und Farne installieren – praktisch für alle tropischen Pflanzen. Dann werden wir sie miteinander verbinden, Teiche mit Wasserlilien und schöne Rasenflächen anlegen. Ich bin sicher, daß Joseph uns von der *Erebus*-Expedition eine herrliche Sammlung mitbringen wird.«
»Bitte schicken Sie ihm Grüße von mir. Ich freue mich schon auf seine Rückkehr.«
»Ich auch«, sagte er sehnsüchtig. »Ich hoffe, er wird mein stellvertretender Direktor werden. Es wäre der passendste Platz für seine Arbeit.«
Ende Mai fuhren sie wieder nach *Maer*. Sie wurden wie immer freudig empfangen. Die Familie verliebte sich sofort in Annie. Elisabeth murmelte:
»Jedes Frühjahr oder jeden Sommer bringt ihr ein neues Kind mit. Das ist aufmerksam von euch. Wir erwarten es jetzt schon.«
Emma hakte sich bei ihrer Schwester ein und lächelte ein wenig anzüglich.
»Ich würde sagen, liebe Elisabeth, deine Erwartungen werden nicht enttäuscht werden.«
Elisabeth strich über ihr krummes Rückgrat.
»Ich merke, du hast nichts von Charlotte gehört. Sie ist schwanger. Nach zehnjähriger Ehe mit Mr. Langton. Ist das nicht ein Wunder? Er gibt seine Stelle als Pastor in Onibury auf. Sie werden hier wohnen. Sie wird mir helfen, Mutter und Vater zu betreuen.«
Emma küßte ihre Schwester liebevoll.
»Ach, Elisabeth, ich habe mich wie eine Verräterin gefühlt, weil ich bequem in London lebe, während du allein mit der Pflege von Mama und Papa beschäftigt bist.«
»Jeder hat seine Rolle im Leben, Emma. Ich bin glücklich mit der Arbeit, die der Herr mir zugeteilt hat. Ich bin glücklich über dich, da du für unseren geliebten Charles sorgst und immer neue Wedgwood-Darwins zur Welt bringst.«
Gegen Ende Juni vertraute Charles, obwohl er sich in der klaren Luft von *Maer* gut erholt hatte, Emma an:
»Manchmal beginne ich gegen vier Uhr nachmittags zu frösteln.«
Eine Woche vorher hatten sie ihren Sohn in Begleitung von Bessy in einer Kutsche nach Shrewsbury geschickt.
»Warum holst du nicht William ab und besuchst deinen Vater? Er hat dir voriges Jahr geholfen.«
Dr. Darwin wollte über seine eigene Gesundheit nicht mit seinem Sohn sprechen.
»Mir geht es gut. Der Lebensfunke in mir wird noch ein paar Jahre weiterglimmen.«
Aber er hörte nachdenklich zu, als Charles seine letzten Anfälle von »Brechreiz und Frösteln« schilderte.
»Charles, ich erwarte kaum, daß du vor Ablauf einiger Jahre zu Kräften kommst.

Ich habe die Überanstrengungen unterschätzt, die du auf deiner langen Reise auf dich genommen hast. Du hast auf dieser Fahrt fünfzehn, vielleicht zwanzig Jahre an Energie verausgabt. Es könnte ebensolange dauern, bis du dich wieder erholst.«
Charles war verzweifelt. Zum Invaliden erklärt zu werden... Seine Stimme klang gepreßt.
»Vater, es kränkt mich tief, die Schlußfolgerung ziehen zu müssen, daß ›die Starken das Rennen machen‹ und ich mich damit begnügen soll, die Fortschritte der anderen zu bewundern. Ich sehne mich danach, in reiner Luft zu leben, fern von all dem Schmutz, dem Lärm und dem Elend dieses ›großen Kropfes‹ London. Gilt dein Angebot, uns ein Haus auf dem Land zu kaufen, noch immer?«
»Selbstverständlich.«
»Dann werden wir uns eines in Surrey oder Kent suchen.«
»Ich würde vorschlagen, du mietest auf mindestens sechs Jahre ein Haus in der Gegend, bevor du kaufst. So werdet ihr beide sicher sein, daß ihr euch in diesem Gebiet zu Hause fühlt.«
»Sechs Jahre! Vater, das ist zu lange. Wir wollen uns bald etwas kaufen, wenn auch nicht überstürzt.«
Nach dem Essen saßen sie im Wintergarten beisammen. Die Atmosphäre schien trotz Kattys lebhaftem Geplauder gedrückt; Susan war mürrisch. Den Anfang machte sein Vater, nachdem Bessy hereingekommen war, um zu berichten, daß Willy schlief. Als sie fort war, sagte Dr. Darwin:
»Es ist unverantwortlich, daß Bessy keine Haube trägt. Außerdem sieht sie schmutzig aus!«
»Wie die Magd eines Gemischtwarenhändlers«, platzte Susan heraus.
Sein Vater fügte ziemlich zornig hinzu: »Die Männer werden sich bei ihr Freiheiten herausnehmen, wenn sie anders gekleidet ist als andere Kammerzofen.«
Charles wollte seiner Frau nicht in den Rücken fallen.
»Wir werden das mit ihr ordnen, sobald wir wieder in London sind.«
»Sie gibt auch Doddy jeden Morgen eine halbe Tasse Sahne«, beschwerte sich Susan.
»Das ist eines der schädlichsten Dinge, die man ihm geben kann«, sagte Dr. Darwin. »Er sieht schon aus wie ein schwächliches Kind.«
»Schwächlich?« rief Charles. »Wir haben das noch nie bei ihm festgestellt.«
Susan ließ sich von dem Thema nicht abbringen. »Gestern nacht ging ich in sein Schlafzimmer, es stand kein Wasser an seinem Bett. Wirklich, Charles, Bessy müßte sorgfältig geschult werden, ein Kind zu betreuen.«
Charles murmelte müde: »Das wird geschehen.«
Am nächsten Morgen sandte die Sonne helle Strahlen in das Haus. Nach dem Frühstück schlenderte die Familie durch die in voller Blüte stehenden Blumenbeete, und jeder brachte Doddy den Namen einer anderen Pflanze bei.
Später sagte Dr. Darwin:

»Du hattest recht wegen des Hauses, das ihr kaufen wollt, Charles. Sechs Jahre sind zu lange, um zu entscheiden, ob einem eine bestimmte Gegend zusagt. Wenn ihr das Haus findet, das dir und Emma gefällt, laß es mich wissen. Das Geld liegt bereit.«
Charles legte einen Arm leicht um die breiten, aber gebeugten Schultern seines Vaters.

In London erreichte ihn eine Botschaft, die durch drei Hände gegangen war. Sie stammte offenbar von John Henslow, wurde weitergegeben von Adam Sedgwick und dann Charles Lyell übermittelt. Charles sollte seine ständige Bindung ans Christ's College regeln. Vielleicht wolle er lieber warten, bis er seine geologischen Bücher beendet habe? Aber er könne nicht länger einen Besuch in Cambridge aufschieben, um seine Verbindungen dort zu erneuern, seine Absichten klarzustellen. Einige der Herren vom Christ's College machten bereits Bemerkungen darüber, daß Charles Darwin sie seit dem Winter 1837 nicht mehr besucht habe. Das war vor fünf Jahren, wobei Cambridge von London aus in wenigen Stunden bequem mit der Kutsche zu erreichen war.
Er hatte gehört, wie stolz die Fakultät und die Verwaltung des College auf sein *Tagebuch* und seine zahlreichen Veröffentlichungen waren. Sie zeigten auch ihren Respekt für seine fünf Bände *Zoologie.* Sie freuten sich, daß er zum Sekretär der Geologischen Gesellschaft, zum Mitglied der Königlichen Gesellschaft gewählt worden war, eine sogar für Cambridge-Professoren seltene Ehrung. Es stand fest, daß er im Christ's vom Master bis zu den Fellows als Mitglied der Gemeinschaft akzeptiert worden war. Es bestand auch, laut Henslow und Sedgwick, kein Zweifel daran, daß sie erwarteten, ihn zu gegebener Zeit auf Dauer in ihrer Dienstliste vorzufinden.
Er hatte mit Emma über die Frage diskutiert, wenn auch nicht besonders ernsthaft. Nun war der Augenblick gekommen, an dem das Christ's College seine Absichten zu erfahren wünschte.
»Ich hätte keine Schwierigkeiten, in Cambridge einen Posten zu erhalten«, sagte er zu Emma, als sie in ihren Schlafröcken vor dem Kamin im Schlafzimmer saßen, »aber die Frage ist, will ich tatsächlich mein Leben an der Universität Cambridge verbringen?«
Er versank in seinen Stuhl und strich sich zerstreut mit einer Hand über die breite Stirn und durch das dunkler gewordene Haar.
»Cambridge ist eine bezaubernde mittelalterliche Stadt mit herrlicher Architektur, weiten Rasenflächen und Blumengärten. Das Gehalt beträgt zuerst nur hundert Pfund jährlich, später vielleicht zweihundert, aber da wir über eigenes Vermögen verfügen, würde ich meine Zeit nicht mit dem Erteilen von Privatstunden vergeuden müssen wie der arme Henslow. Wir hätten Verkehr mit den anderen Professoren. Ich würde den größten Teil meiner Zeit für meine eigene Arbeit frei haben. Das würde auch das College gern sehen.«

Da er ein umgänglicher Mensch war, hatte er sich seines Wissens am Christ's College keine Feinde gemacht. Mit etwas Glück und Beharrlichkeit könnte er schließlich ein anerkannter Gelehrter werden.

»Du ziehst es also ernsthaft in Betracht«, bemerkte Emma.

Er sprach leise weiter.

»Das Leben in Cambridge könnte recht angenehm sein. Dort arbeiten einige der besten Köpfe der Welt, es gibt hervorragende Bibliotheken und Forschungsprojekte. Es ist ein ausgezeichneter Ort, um Kinder aufzuziehen, mit guten Schulmöglichkeiten für sie. Du könntest mit der Zeit die *doyenne* der Cambridger Gesellschaft werden.

Ich bin aber überzeugt, so anziehend und befriedigend dieses Leben wäre, daß es *einfach nichts für mich ist.* Ich verlange und brauche Ruhe, Ungestörtheit, Einsamkeit auf dem Land, mit nur so viel gesellschaftlichem Kontakt, daß wir uns nicht einsam fühlen. Ich habe meine Gründe, die ich dir mit ein paar Worten darlegen will. Ich möchte Bücher schreiben, Theorien beweisen und veröffentlichen; damit lassen sich eine Tätigkeit am College und gesellschaftliche Verpflichtungen nicht vereinbaren.«

Emma ging darauf ein.

»Ich kann an jedem Ort mit jeder Art von Leben glücklich sein. Das einzig Wichtige für mich ist meine Familie: mein Mann, meine Kinder, unser aller Wohlergehen. Ich kann in London sein, wenn du dort leben mußt, und in Cambridge, wenn du das vorziehst, oder auch weit draußen auf dem Land, wenn das für dich und deine Arbeit das beste ist. Ich bin glücklich und werde glücklich bleiben, sogar wenn du mit uns nach Feuerland übersiedelst!«

»Nicht nach Feuerland!« rief er, über sich selbst lachend. »Aber ich brauche Abgeschiedenheit, fern vom geschäftigen Getriebe. Ich brauche die Möglichkeit, ohne Unterbrechung völlig konzentriert zu arbeiten.«

»Das habe ich bemerkt, mein Lieber.«

»Ich habe mit meinem Vater über den Kauf eines Hauses auf dem Land gesprochen. Ich leide unter diesen unerklärlichen Anfällen von Unpäßlichkeit. Wenn ich an einem College bin und einen dieser Anfälle bekomme, werde ich außerstande sein, meinen Pflichten nachzukommen. Das würde mich in Verlegenheit bringen und Schuldgefühle hervorrufen. Wenn ich nicht fest gebunden bin, nur für mich selbst arbeite, dann kann ich, wenn ich mich nicht wohl fühle, mit den Kindern spielen, unter den Bäumen spazierengehen, lesen, deinem Klavierspiel zuhören, ohne meine Pflichten zu vernachlässigen. Findest du das vernünftig?«

»Ja. Du willst Freiheit von festen Verpflichtungen, um das zu erfüllen, was du als deine wichtigeren Verpflichtungen ansiehst.«

»Stimmt. Ich will, daß meine hauptsächliche Beschäftigung im Schreiben von Büchern besteht. Klingt das anmaßend?«

»Jeder von uns muß den Weg finden, um die Arbeit, die Gott uns zugeteilt hat, am besten zu verrichten. Mein Vater wurde ein ›lesender‹ Naturforscher, dein Vater ein ›zuhörender‹ Arzt. Du wirst ein ›schreibender‹ Wissenschaftler werden. Wünschst du dir das?«

»Von ganzem Herzen.«

6.

Er nahm sein lange beiseite gelegtes Manuskript über die Korallenriffe wieder zur Hand, las durch, was er bereits geschrieben hatte, und hielt sein Material und die daraus gezogenen Schlußfolgerungen für einwandfrei.

»Dreizehn Monate versäumt!« dachte er. »Aber ich werde keine Gefühle mit Rückblicken vergeuden. Zum Jahresende werde ich das Buch abgeschlossen haben.«

Er schrieb an diesem Morgen konzentriert zwei Stunden lang über das Wachstum von Riffen. Jeden Tag vergrößerte er sein Arbeitspensum. In seinen Augen stand ein Funkeln, das ihnen einige Zeit gefehlt hatte. Als Emma eine Bemerkung darüber machte, antwortete Charles:

»Mein Vater hat mir mit seiner Prognose über meine Gesundheit Angst eingejagt. Ich muß beweisen, daß er unrecht hat. Und zugleich beweisen, daß ich kein Hypochonder bin.«

»Wer dachte, daß du einer bist?«

»Ich selbst.«

Emma setzte durch, daß Bessy eine Haube trug, kaufte ihr zwei neue Kleider und eine ganze Schachtel voller weißer Schürzen, die das Mädchen tagsüber wechseln mußte, auch wenn sie nur wenig schmutzig waren. Parslow, das genaue Gegenteil eines steifen, förmlichen englischen Butlers, machte keinen Versuch, seine Freude darüber zu verbergen, daß er ein Haus mit einer angenehmen Atmosphäre gefunden hatte. Er war den ganzen Tag über emsig beschäftigt, servierte die Mahlzeiten, entfernte Teppiche, damit der Boden gewachst werden konnte, putzte Schuhe, ging morgens zur nächsten Buchhandlung, um den Londoner *Chronicle* und die *Times* zu holen, damit Charles sie nach dem Frühstück lesen konnte.

Charles schrieb Abschnitte über die verschiedenen Korallenarten und zeichnete schematische Skizzen, um seine Bemerkungen verständlicher zu machen. An Sonntagen nach der Kirche fuhren sie mit dem Zug eine kurze Strecke nach Surrey oder Kent, um sich Häuser anzusehen, die zu verkaufen waren. Sie konnten aber nichts Passendes finden; sie waren entweder zu groß oder zu klein, viel zu kostspielig oder zu billig. Manche waren zu überladen, andere hatten so lange leer gestanden, daß sie in sehr schlechtem Zustand waren. Endlich fanden sie ein hübsches Haus, es hieß *Westcroft*, auf einem mehrere Morgen großen Grundstück in eindreiviertel Stunden Entfernung von Vauxhall Bridge und etwas weniger als zehn Kilometer von Schloß Windsor. Aber der Besitzer verlangte tausend Pfund mehr, als Charles auszugeben bereit war.

»Es ist mehr, als das Haus wert ist«, sagte er auf der Heimfahrt. »Sicherlich auch mehr, als ich meinem Vater zumuten möchte. Am Freitag werde ich mit einem Sachverständigen hinausfahren.«

Der Sachverständige erklärte den Preis für überhöht. Charles machte ein Angebot, das der Schätzung entsprach.

Der Besitzer hüllte sich nur in Schweigen.

Sie suchten während des ganzen Herbstes weiter, manchmal nahmen sie am Bahnhof eine Droschke und besichtigten mehrere Häuser an einem Tag. Nichts war befriedigend.

»Irgendwo gibt es ein Haus und den dazugehörenden Grund, die für uns bestimmt sind«, sagte Charles.

»Aber Charles, mir scheint, du wirst ein Fatalist«, neckte sie ihn.

Ende des Jahres folgte ein Ereignis dem anderen. Emma wurde zum drittenmal schwanger. Sie veranstalteten eine Feier zu Willys zweitem Geburtstag. Charles vollendete sein Korallenmanuskript und bereitete die Ablieferung vor. Er ergänzte es mit sechs Holzschnitten und drei Faltlandkarten, die die Atolle in dunkelblauer, die Riffe in hellblauer und die Saumriffe in roter Farbe zeigten. Das ermöglichte es ihm, die vorangegangene Hebung und Senkung verschiedener Teile der Erdoberfläche darzustellen.

Bevor er das Werk an Smith Elder & Company absandte, schrieb Charles eine Einleitung, in der er versuchte, die Fakten so klar wie möglich darzustellen:

> Es ist die Absicht dieses Bandes, nach meiner eigenen Beobachtung und den Werken anderer Wissenschaftler die hauptsächlichen Arten von Korallenriffen zu beschreiben, besonders die, die im offenen Meer vorkommen, und den Ursprung ihrer eigentümlichen Formen zu erklären. Ich befasse mich hier nicht mit den Polypen, die diese gewaltigen Bauwerke errichten, außer insofern, als es ihre Ausbreitung und die Bedingungen anlangt, die für ein starkes Wachstum günstig sind...

Emma fragte, ob sie die Teile des Manuskripts lesen könne. Sie schlang die Arme um seinen Hals und sagte:

»Mein Liebster, du bist ein Poet. Das dachte ich mir schon, als ich dein *Tagebuch* las, aber ich fürchtete, daß du die Felsen und Korallen anders behandeln würdest.«

»Auch in der Natur liegt Poesie, mein Liebling.«

Er korrigierte die Druckfahnen. Obwohl die Farbtafeln und Zeichnungen für die

neunzehn Teile der fünfbändigen *Zoologie* kostspielig gewesen waren, blieben etwa 140 Pfund übrig, und er erwirkte die Erlaubnis des Schatzamtes, die Summe für die Landkarten und Zeichnungen der Bücher über Südamerika zu verwenden. Doch die Illustrationen für die *Korallenriffe* allein verschlangen den Rest des Geldes. Er meinte wehmütig zu Emma:
»Das Geld der Regierung wurde viel schneller verbraucht, als ich dachte.«
»Das ist bei allen Geldern so«, antwortete sie mit leicht boshaftem Lächeln.
Für den zweiten Band über vulkanische Inseln würden Charles und der Verleger ihr eigenes Geld für die Tafeln beisteuern müssen. Die Bücher würden von den Bibliotheken und den britischen Wissenschaftlern gekauft werden, sagte ihm Yarrell.
»Leider sind es zu wenige«, stöhnte Charles. »Wir werden unsere Auflage nicht ganz verkaufen.«
»Doch, das werden Sie«, antwortete Yarrell wohlwollend, »sobald Sie die drei Bände zu einem einzigen vereinen.«
»Nun gut, ich beklage mich wirklich nicht. Hätte ich ein reicher Mann werden wollen, so wäre ich wie mein Großvater und mein Vater Mediziner geworden.«
Emma fühlte sich seit Beginn der Schwangerschaft nicht wohl. Charles verbrachte seine freien Stunden mit ihr, las ihr die neuesten Romane vor, plauderte und erzählte ihr alle möglichen Anekdoten. Sie bestand darauf, sich zum Essen anzukleiden. Willy saß oft mit ihnen bei Tisch, er benahm sich für einen Zweijährigen erstaunlich gut.
Aus unverständlichen Gründen wollte Annie nicht zu Charles kommen. Emma tröstete ihn.
»Das ist ein vorübergehendes Stadium. Ich beginne zu begreifen, daß die Kindheit eine endlose Kette einander ablösender Stadien ist. Laß sie nur.«
Er verbrachte auch Zeit damit, unbekümmert um Stimmen für Erasmus' Aufnahme ins *Athenaeum* zu werben. Er nahm an den montäglichen Abendgesellschaften teil, da die meisten Männer der literarischen und wissenschaftlichen Kreise Londons auch Mitglieder des Klubs waren. Erasmus' einzige Qualifikation bestand darin, daß er einen literarischen Salon unterhielt und daß er Charles' Bruder war. Charles ging zur Wahlversammlung mit großen Hoffnungen, denen berechtigte Befürchtungen gegenüberstanden.
»Hoffentlich fragt keiner, was Erasmus schon geschrieben hat«, meinte er zu Emma. »Es genügt eine Gegenstimme, um die Aufnahme eines Mannes zu verhindern, und es liegt ihm soviel daran. Es würde ihm den Platz in der Londoner Gesellschaft verschaffen, nach dem er sich sehnt.«
Er kam ziemlich spät nach Hause, da er seinen Bruder auf dem Heimweg abgeholt hatte. Sie lachten und unterhielten sich wie zwei junge Burschen.
»Unnötig zu fragen, was geschehen ist«, bemerkte Emma trocken. »Es steht euch im Gesicht geschrieben.«
Durch einen glücklichen Zufall bekamen sie ein ausgezeichnetes schottisches

Kindermädchen. Sie hieß Brodie. Ihr kräftiges Gesicht war mit tiefen Pockennarben bedeckt; sie hatte karottenfarbenes Haar, porzellanblaue Augen und trotz der Pockennarben ein reizendes Lächeln. Sie schien ebenso glücklich wie Parslow, eine neue Familie gefunden zu haben. Sie übernahm die Kindererziehung mit Geschicklichkeit und Güte. Annie lief nun schon zu ihrem Vater.
Da ihr vierköpfiges Personal für Haus und Kinder sorgte, fragte Emma Charles, ob sie für eine Woche nach *Maer* fahren könne. Das Baby ihrer Schwester Charlotte war im November zur Welt gekommen, sie war aber noch immer schwach.
An seinem dreiunddreißigsten Geburtstag ging Charles im Matsch des Februarschnees in die Great Marlborough Street zu einer Zusammenkunft mit dem Verleger des *Tagebuchs*. Nach einer Stunde unwichtiger Gespräche kehrte er nach Hause zurück und schrieb traurig an Susan im *Mount*:

> Da wir gerade von Geld sprechen, ich erntete unlängst den gesamten Gewinn, den ich von meinem *Tagebuch* bekommen werde, und der besteht darin, daß ich Mr. Colburn 21 Pfund 10 Shilling für die Exemplare bezahlte, die ich verschiedenen Leuten geschenkt habe. Das ist doch ein angenehmes Arrangement, oder?

In diesem Augenblick brachte ein Bote eine Nachricht von Roderick Murchison, einem ehemaligen Armeeoffizier, der Geologe geworden war, ein Freund von Adam Sedgwick und Charles Lyell. Darin stand, daß Alexander von Humboldt bei Murchison zu Gast sei und daß er den Wunsch geäußert habe, den jungen Charles Darwin kennenzulernen. Ob Charles so freundlich sein wolle, am nächsten Morgen mit ihm zu frühstücken.
»Humboldt, das Idol meiner Jugend, will mich kennenlernen!« rief Charles. »Kein Zweifel, jetzt kommt der Berg zu Mohammed!«
Murchison war ein reicher Mann, der in einem herrschaftlichen Haus mit livrierter Dienerschaft auf dem Belgrave Square wohnte. Da er Präsident der Geologischen Gesellschaft gewesen war, war er Charles gut bekannt. Der dreiundsiebzigjährige Humboldt war gutgelaunt und energisch. Er hatte einen blondgelockten Schopf, eine gewaltige Stirn, die so rund war wie eine Halbkugel, aufmerksame und durchdringende blaugraue Augen, die gewillt schienen, alles in der Natur zu erkunden und zu verstehen, einen großen, freundlichen Mund. Er war sichtlich ein Mann, der das Leben liebte und entschlossen war, für seine geliebte Wissenschaft das Beste herauszuholen. Er trug ein langes Samtjackett mit breiten Revers und eine steife weiße Krawatte, die schwungvoll geknüpft war und über seine gutgeschnittene Weste hing.
»Alles in allem ein anziehender Mann«, dachte Charles.
Humboldt schüttelte ihm lange die Hand, während er ihn zu seinem *Tagebuch*, den Bänden der *Zoologie* sowie zu den Seiten der *Korallenriffe* beglückwünschte, die ihm der Verleger in der Hoffnung auf eine positive Kritik geschickt hatte. Er

interessierte sich besonders für die Pflanzen, die Charles auf den Galápagos-Inseln gesammelt hatte.
Charles stotterte: »... Aber, Mr. Humboldt ... ich hätte doch ... ich meine, für mich sind Sie der größte Wissenschaftler ... ich bewundere Ihre ...«
Murchison hatte Charles zuvorkommend neben Humboldt placiert, so daß sie sich unterhalten konnten. Charles kam nicht mehr dazu, noch ein Wort zu sagen. Humboldt begann einen dreistündigen Monolog, der von Anfang bis Ende interessant war: über seine Reisen, seine neuesten Theorien, seine Sammeltätigkeit; er unterbrach sich kein einziges Mal, obwohl er zur gleichen Zeit ein ausgiebiges Frühstück zu sich nahm. Als Charles fortging, schüttelte ihm Humboldt wieder lange die Hand.
»Es hat mich so gefreut, Sie kennenzulernen, Darwin, und etwas über Sie zu erfahren.«
Auf dem Heimweg fragte sich Charles:
»Wie konnte er etwas über mich erfahren? Ich hatte keine Gelegenheit, den Mund aufzumachen.«

Emmas einwöchiger Aufenthalt in *Maer* hatte ihr sehr gut getan, obwohl sie dünn geworden war. Anfang Mai kehrte sie nach *Maer* zurück; sie fuhr zuerst mit beiden Kindern und Brodie mit dem Zug nach Whitmore und von dort mit einer Droschke nach *Maer Hall.* Charles blieb in London, um »einen Vertrag mit einer Druckerei abzuschließen«. Seine Schwester Katty kam zu ihm, um ihm Gesellschaft zu leisten. Ende Mai fuhr er nach *Maer Hall.*
»Bitte widme Papa soviel Zeit, wie du nur kannst«, bat sie. »Elisabeth sagt, sie hat ihn in den letzten Monaten nicht mehr als zweimal lächeln sehen.«
Sein Schwiegervater war nun dreiundsiebzig, seine Hände zitterten ständig, er litt an Schüttellähmung; seine Wangen waren hohl, seine dunklen Augen voller Schmerz und Bestürzung über seinen Zustand. Charles empfing ein halbes Lächeln, während er schüchtern seinen Arm um Onkel Jos' Schulter legte. Tante Bessy konnte ihn nach ihren zwei Schlaganfällen kaum erkennen.
Er verbrachte die ersten Wochen mit Spaziergängen durch die Felder und konzentrierte sich auf seine ersten Versuche, einen Essay über die Arten zu verfassen. Er würde mit den grundlegenden Fragen beginnen: Wie entstanden die Arten? Wie veränderten sie sich? Warum veränderten sie sich? Warum gedeihen manche, und andere sterben aus? Gibt es Gesetze, nach denen alles abläuft, Leben und Tod? Und welche Gesetze sind das?
Er blieb einen Monat in *Maer Hall*, dann fragte er Emma, ob sie ihn einige Wochen entbehren könne, in denen er ein paar der Orte in Nordwales besuchen wollte, durch die er elf Jahre vorher mit Adam Sedgwick gewandert war. Seit er Louis Agassiz' Buch gelesen hatte, wollte er die Auswirkungen der alten Gletscher studieren, von denen Agassiz behauptete, sie hätten früher alle großen Täler ausgefüllt.

Der Stalljunge der Wedgwoods fuhr ihn in der Kutsche nach Shrewsbury. Seine Familie drückte ihre Freude darüber aus, wie gut er aussah. Sie überreichten ihm auch den Steuerbescheid, den sie von der Regierung in London für ihn erhalten hatten. Es war das erste Mal seit den Napoleonischen Kriegen, daß eine Einkommensteuer erhoben wurde. Sie betrug sieben Pence pro Pfund. Charles rechnete aus, daß sein Einkommen im vergangenen Jahr 1030 Pfund betragen hatte. Seine Steuer würde also ungefähr 30 Pfund ausmachen. Er hoffte, der Steuersatz würde nicht erhöht werden, es gab so vieles, was er und Emma brauchten, besonders jetzt, da sie Kinder aufziehen mußten.
Drei Tage später brach er auf der Nordwaliser Straße, die unterhalb des Hauses vorbeiführte, auf. Sein Pferd brachte ihn zu den Orten, die er erforschen wollte. Er stellte das Tier in einem passenden Gasthaus ein und bestieg die Berge rund um Capel Curing, Caernarvon, Bangor, unternahm Tagesausflüge durch die langen Täler und suchte nach den Spuren alter Gletscher. Seine Beine waren kräftig, er geriet nie außer Atem.
»Es ist möglich, daß Agassiz hinsichtlich der Wirkungen alter Gletscher recht hat. Ich glaube aber noch immer nicht, daß er bezüglich Glen Roy recht hat.«
Zehn Tage lang verfolgte er genau die Route, die ihn Adam Sedgwick auf der damaligen Wanderung geführt hatte. Er bemühte sich, in den gleichen Gasthäusern zu übernachten, in denen er und Sedgwick ihre Abendmahlzeit eingenommen und geschlafen hatten. Manchmal erinnerte er sich noch an die Besitzer, manchmal erinnerten sie sich an ihn.
Er kehrte nach *Maer Hall* zurück, belegte ein leerstehendes Schlafzimmer mit Beschlag, stellte einen Tisch hinein und breitete seine vier Notizbücher über die Arten aus. Er war bereit, es mit der Staatsreligion aufzunehmen, sich auf dem Scheiterhaufen verbrennen zu lassen, ähnlich wie Galilei, der beweisen wollte, daß sich die Erde um die Sonne drehe. Als Dank für seine Mühen wurde er der Ketzerei beschuldigt; man ließ ihm die Wahl, seinen ketzerischen Entdeckungen abzuschwören oder hingerichtet zu werden.
Galilei hatte widerrufen. Was würde er, Charles Darwin, in einer ähnlichen Situation tun? Das war eine Frage, die nur die Zukunft beantworten konnte.
Für den ersten Teil seines Essays verwendete er den Titel: *Über die Varietätenbildung unter dem Einfluß der Domestikation und über die Prinzipien der Auslese.*

> Wenn der Organismus sich während mehrerer Generationen unter neuen oder verschiedenen Bedingungen vermehrt, ist das Variieren zahlenmäßig größer und unbegrenzt... bleibt endgültig, wenn Individuen lange neuen Bedingungen ausgesetzt waren...

Für den zweiten wählte er den Titel *Über Varietätenbildung in der freien Natur und die natürlichen Umstände der Auslese.*

> Unsere Erfahrung würde uns dazu verleiten zu erwarten, daß jeder einzelne dieser Organismen sich unter neuen Bedingungen verändern würde. Die Geologie zeigt einen ständigen Kreislauf der Veränderung, sie setzt bei jeder denkbaren (?) Klimaänderung und dem Aussterben vorher existierender Lebensformen unendliche Variationen neuer Bedingungen in Gang...

Jeden Tag schloß er die Tür des Arbeitszimmers hinter sich ab; niemand störte seine Abgeschiedenheit. Zu seiner Überraschung fühlte er sich vollkommen wohl. Es gab keine Andeutung eines Brechreizes, der ihm früher so zugesetzt hatte. In einem abschließenden Abschnitt schrieb er:

> ...Die Ähnlichkeit verschiedener Gruppen, die Einheitlichkeit des Aufbaus, die typischen Formen, die der Fötus durchläuft, die Umbildung von Organen, das Verkümmern von anderen sind keine bildhaften Umschreibungen mehr und werden verständliche Fakten. Wir betrachten ein Tier nicht mehr wie ein Wilder ein Schiff oder ein anderes großes Kunstwerk, als etwas, das ganz außerhalb unseres Fassungsvermögens liegt, in uns wird vielmehr das Interesse geweckt, es zu untersuchen...

Als der Essay nach mehreren Wochen beendet war, hatte er nur eine Länge von fünfunddreißig Seiten; aber jetzt hatte Charles einen Anfang gemacht.
»Wofür?« fragte er sich.

7.

Auf den ersten Blick war er nicht allzusehr beeindruckt von dem Haus und den fünfzehn Morgen Land, die dahinter lagen. Der Preis war annehmbar, 2200 Pfund, die er von seinem Vater mit ruhigem Gewissen verlangen konnte. Er war fünfzehn Kilometer weit mit dem Zug gefahren, zum Bahnhof Sydenham, dann hatte er eine Droschke genommen für die vierzehn Kilometer lange Fahrt in der warmen Sonne und unter dem strahlend blauen Himmel durch die grünen Täler und die herrlichen Wälder von Kent.
Er blieb einige Minuten in dem kleinen Dorf Down, das Haus, das zum Verkauf stand, lag fünfhundert Meter weiter an der Straße. Das Dorf bestand aus ungefähr vierzig Häusern und hatte einen Fleischer, einen Bäcker, einen Lebensmittelhändler, ein Postamt, eine Volksschule, eine Tischlerwerkstatt und ein kleines Wirtshaus über dem Lebensmittelgeschäft. Es lag abseits der Hauptstraße, in seiner Mitte, auf einem freien Platz, wo drei Straßen einander kreuzten, stand ein

riesiger Nußbaum, hier lag eine kleine Kirche samt Friedhof. Die Einwohner von Down gefielen ihm; sie wirkten sehr ordentlich. Die Männer griffen vor ihm an die Hüte, wie es in Wales der Brauch war.
Er bestieg wieder die Droschke und fuhr über die schmale Straße zu dem leeren Haus, das auf einer Hochfläche lag. Man nannte es jetzt *Down House,* während es früher das Große Haus geheißen hatte. Sein erster Eindruck war: ein häßlicher Ziegelbau mit einem verblassenden weißen Anstrich. Es war viel zu nahe an der Straße gebaut worden, auf dem gleichen Niveau wie diese, so daß man mit Lärm rechnen mußte.
»Aber wie stark befahren kann diese Straße sein?« fragte er sich. »Vielleicht kommt gelegentlich ein Ackergaul oder dann und wann eine Kutsche vorbei?«
Das Haus befand sich in gutem Zustand, denn man hatte vor nur wenigen Jahren 1500 Pfund ausgegeben, um es mit einem neuen Dach und anderen Verbesserungen auszustatten. Am anderen Ende lag das alte Bauernhaus, das um 1650 erbaut worden war. Die Küche, ein ziemlich großer Raum, befand sich im Kellergeschoß. Daneben lag ein kühler Raum zur Aufbewahrung von Butter, Käse, Milch und Wein. Dort war auch eine Spülküche und eine Kammer für Fleisch. Ein wenig abseits lagen ein kleines Häuschen, ein Stall mit mehreren Boxen, ein verwilderter Gemüsegarten. Die Hinterseite des Hauses mit dem Blick auf fünfzehn Morgen Land, zumeist Heuwiesen, war hübsch. Hier stand eine Baumgruppe: alte Birn-, Kirsch- und Nußbäume, Eiben, Edelkastanien, Lärchen, Fichten und Silbertannen und ein mächtiger Maulbeerbaum.
Er ging ins Haus, um sorgfältig alles für Emma zu notieren. Die Halle war geräumig. Einer der recht großen Räume mit Blick auf die Straße konnte für ihn als Arbeitszimmer dienen. Der Raum daneben eignete sich gut als Speisezimmer. Durch die Fenster des Wohnzimmers sah man Bäume und Felder. Sie würden für eine Weile genügen; man konnte sie später zu schönen Bogenfenstern vergrößern.
»Was mir am meisten gefällt«, erklärte er Emma, als er gegen Abend nach Hause kam, »ist die Zahl der Schlafzimmer. Es sind so viele, daß wir Hensleigh und Fanny Wedgwood, Susan, Katty, Elisabeth und Erasmus zugleich unterbringen können.« Er zögerte einen Augenblick. »Die Lage ist ideal, so ruhig und doch in der Nähe von London. Die Landschaft von Kent ist herrlich. Das Haus läßt etwas zu wünschen übrig, aber das könnten wir verbessern und es wirklich zu unserem Heim machen.«
»Morgen fahre ich mit dir hinaus. Es wäre eine ungeheure Erleichterung, wenn das Haus unseren Wünschen entspräche.«
Der Morgen brach düster und kalt an, mit einem starken Nordostwind. Emma bestand darauf hinauszufahren. Sie nahmen eine kleine Reisetasche mit, um über Nacht in Down bleiben zu können. Emma war von der Landschaft unmittelbar um das Haus enttäuscht.
»Charles, ist diese Gegend nicht ziemlich – öde?«

»Ja. Alle Kalksteingebiete sind so. Ich bin an Cambridgeshire gewöhnt, wo es zehnmal schlimmer ist.«
Aber das Haus und die Wiesen gefielen ihr sogar besser als ihm. Es lag so, wie sie es mochte, nicht zu nah und doch nicht zu weit von den anderen Häusern.
Am nächsten Tag schien die Sonne. Nach einer zweiten Besichtigung des Hauses und des Geländes fuhren sie in ihrer Kutsche zurück zur Bahnstation. Emma war von der Gegend entzückt.
»Ich revidiere meine frühere Ansicht, Charles. Die grüne Hügellandschaft, die schmalen Straßen mit den hohen Hecken geben mir ein Gefühl des Friedens. Vielleicht ist *Down House* doch das richtige für uns.«
Dr. Darwin war sofort einverstanden, den Besitz in Down zu kaufen, da Charles ihm versicherte, daß der Preis für das Haus, die Nebengebäude und die sechs Hektar Land »billig« war. Charles erreichte eine Ermäßigung des Preises auf 2020 Pfund, damit blieben ihm 180 Pfund für Zimmermannsarbeiten, die nötig waren, um in seinem Arbeitszimmer Bücherregale und Aktenschränke einzubauen.
Der Kauf war getätigt, die Papiere unterzeichnet, das Geld in wenigen Wochen ausbezahlt. Charles sagte:
»Liebe Emma, das Haus gehört nun uns, aber meinst du nicht, wir sollten mit dem Umzug warten, bis das Baby geboren ist und du dich erholt hast?«
»Ich würde es lieber so bald wie möglich tun und das Baby im neuen Haus zur Welt bringen. Ich glaube, es wäre für mich in jeder Hinsicht leichter, wenn wir eingerichtet wären und ich mich dann in aller Ruhe erholen könnte.«
Er traf Abmachungen mit einer Transportfirma, die ihre Sachen packen und nach Down bringen sollte. Da es noch eine Woche dauerte, bis die Spediteure den Umzug durchführen konnten, saß Charles die letzten Male an seinem Schreibtisch in der Upper Gower Street und schrieb einen Artikel über die Wirkungen von Gletschern auf das Gebiet von Nordwales, wobei er einräumte, daß es dort tatsächlich Gletscher gegeben hatte, aber bei der Ansicht blieb, daß die Reeden und Uferbänke von Glen Roy eine andere Ursache hatten als die eiszeitlichen Seen. Die Artikel wurden vom Londoner, Edinburgher und Dubliner *Philosophical Magazine and Journal of Science* bereitwillig angenommen, was Charles freute, weil diese Veröffentlichung seinen Leserkreis vergrößern würde. Auch von Smith Elder & Company kamen gute Nachrichten. Die *Korallenriffe* wurden ernsthaft besprochen, und für ein Fachbuch war der Verkauf gut. Die Verleger versicherten ihm, daß sie sich darauf freuten, sein Buch über vulkanische Inseln herauszubringen.
Charles ordnete seine Papiere und legte sie sorgfältig ab, bevor sie in Schachteln verpackt wurden. Seine Bücher wickelte er mit liebevoller Fürsorge in alte Zeitungen. Die restlichen Proben verpackte er gesondert, aber es gab einiges, was er nicht mehr brauchte. Deshalb schickte er ein Paket mit Farben, die die Feuerländer zum Bemalen ihrer Körper verwendeten, zwei Speere und die Rückenfinne eines Pazifikdelphins an Professor Henslow für seine Sammlung.

Am Nachmittag, während Emma schlief, addierte Charles seine sorgfältig geführten Abrechnungen, die jeden September abgeschlossen wurden. Als er all die Hunderte Einzelposten zusammenzählte, stellte er fest, daß er für das letzte Jahr in der Upper Gower Street 12 insgesamt 1062 Pfund ausgegeben hatte, das waren 67 Pfund mehr als im Jahr vorher. Aber ihr Einkommen war so hoch gewesen, daß sie noch 475 Pfund 11 Shilling Guthaben auf ihrem Bankkonto hatten. Nahm man seine Ersparnisse aus dem Vorjahr hinzu, konnte er Staatsanleihen im Wert von 600 Pfund für 538 Pfund 5 Shilling kaufen, die ihm ungefähr weitere 50 Pfund im Jahr einbrachten. Er sagte sich streng, daß der Umzug nach *Down House* und dessen Verwandlung von einem häßlichen Entlein in einen weißen Schwan noch viele Ausgaben verursachen würde; aber sie durften kein Pfund mehr für das Haus und dessen Ausstattung ausgeben, als sie einnahmen. Schulden waren ihm verhaßt. Aus *Maer Hall* kamen traurige Nachrichten. Man konnte Onkel Jos' Schüttellähmung nicht mehr unter Kontrolle halten; er war ans Bett gefesselt. Dr. Darwin reiste alle paar Tage aus Shrewsbury an, um ihm zu helfen, so gut er konnte.
Charles mietete die größte, bequemste Kutsche, die er finden konnte, und Emma fuhr am 14. September 1842 mit dem fast dreijährigen William und der achtzehn Monate alten Annie zu ihrem Haus nach Down. Brodie, das schottische Kindermädchen, das für die Familie unersetzlich geworden war, Parslow, der das Einrichten des neuen Hauses leiten sollte, und Sally, die Köchin, begleiteten sie. Bessy wollte in London bleiben. Sie sorgte noch einige Tage für Charles, während er vielerlei erledigen mußte, bevor er das Haus der Besitzerin übergab.
Das Schlafzimmer unmittelbar über dem Wohnzimmer, in das Emma einzog, war freundlich und gemütlich, nur waren die Fenster mit dem Blick auf die Felder zu klein, um viel Licht oder Sonne einzulassen. Charles beruhigte sie.
»Keine Sorge, ich habe schon Pläne für diesen Flügel. Im nächsten Jahr um diese Zeit werden wir von Licht und Luft umflutet sein und einen schönen Blick auf die Hügel haben.«
Emma bekam, genau neun Tage nachdem sie in ihr neues Haus eingezogen waren, ihr drittes Kind, ein Mädchen, das sie Mary Eleanor tauften. Dr. Edgar Cockell, Mitglied des Königlich Chirurgischen Instituts, der vor zwei Jahren aus London nach Down umgezogen war, hatte Charles auf der kleinen Dorfstraße getroffen und sich ihm vorgestellt. Sie stellten fest, daß sie gemeinsame Bekannte besaßen. Charles zog ihn zu Emmas Entbindung hinzu.
Die Geburt verlief normal. Emma litt weniger als bei den anderen zwei Geburten, vielleicht weil mit den schrecklichen Schmerzen soviel Erleichterung verbunden war. Aber Mary Eleanor war von Geburt an kränklich. Sie hörte nie auf zu weinen, außer wenn sie schlief. Dr. Cockell besorgte ihnen eine gute Amme im Dorf, doch das Kind wollte nur wenig Nahrung zu sich nehmen. Der Arzt besuchte Emma und das Baby täglich, konnte aber nicht feststellen, was mit dem Kind nicht in Ordnung war.

»Charles, ich mache mir Sorgen«, sagte Emma. »Sie ist so blaß. Sie nimmt absolut nicht zu; ihr Gesicht ist so schmal. Ich glaube nicht, daß sie sich auch nur einen Augenblick wohl fühlt...«

Charles setzte sich auf den Bettrand und küßte sie tröstend auf die Stirn.

»Es gibt noch einen Doktor in der Nähe. Ich werde ihn zu einer Konsultation kommen lassen.«

Emmas Zustand besserte sich stündlich. Der des Babys nicht. Die Kleine litt an einer Störung der inneren Organe. Um seinen Gedanken eine andere Richtung zu geben und sich nicht unaufhörlich Sorgen zu machen, entfaltete Charles eine fieberhafte Tätigkeit. Er engagierte einen Zimmermann, nahm im Arbeitszimmer Maß und zeichnete Skizzen für Regale verschiedener Höhe für seine Bücher. Er engagierte auch einen Gärtner und Kutscher names Comfort. Der Mann grub sehr bald den jämmerlichen Gemüsegarten um und verlegte ihn an eine bessere Stelle, wo er eine Fuhre fetten Ackerboden aufbringen ließ. In den darauffolgenden Tagen kaufte Charles einen Phaeton, einen leichten Zweispänner, und Pferde, Kühe und Schweine, die Comfort betreute, und besorgte einen Sattel, Zaumzeug, Getreide, Hafer und eine große Schere für Comfort.

Nach fast einem Monat starb Mary Eleanor. Sie bestatteten sie auf dem kleinen Friedhof neben der Flintkirche im Dorf. Charles war tief betrübt und hatte Angst vor dem Begräbnis. Emma ertrug den Schlag mit trauriger Gelassenheit. Sie war es, die ihren Mann mit den Worten tröstete, die er zu ihr gesagt hatte, als Carolines Baby gestorben war:

»Du wirst nur untröstlich sein, bis wir unser nächstes gesundes Kind bekommen, das muß geschehen. Unser Schmerz wäre viel größer gewesen, wenn die Kleine länger gelebt und noch mehr gelitten hätte. Wir haben unsere beiden lieben Kinder. Wir dürfen sie nicht unter diesem Schlag leiden lassen. Ich fühle mich gesund und kräftig. Ich komme nach unten zum Essen.«

»Das ist eine sehr gute Nachricht. Wir haben uns noch nicht viel mit dem neuen Haus beschäftigt, sind noch kaum mit ihm vertraut geworden. Nun müssen wir beginnen, in ihm zu leben und uns daran zu freuen, es wirklich zu unserem Heim zu machen.«

Emma zog einen Schlafrock an, Charles führte sie nach unten. Sie gingen Arm in Arm durch die Räume und legten fest, wo sie neue Teppiche und Möbel brauchen würden, welche Räume sie neu streichen oder neu tapezieren lassen wollten. Dann machte Charles mit ihr einen kurzen Spaziergang über den Fußweg, der durch ihren Grund führte. Obwohl es bereits Ende Oktober war, war das Wetter noch warm.

»Das wird die eigentliche Vorderseite des Hauses sein«, sagte Charles zu ihr, »wo wir bei gutem Wetter im Garten unter den Bäumen sitzen können. Ich habe Pläne für die angrenzenden zwei Morgen. Wir werden Sträucher pflanzen, einen Rasen anlegen, und im nächsten Frühjahr werden wir in allen drei Stockwerken Bogenfenster einbauen lassen. Das wird unser Wohnzimmer und Schlafzimmer geräumiger erscheinen lassen und uns eine herrliche Aussicht auf die Landschaft verschaffen. Zugegeben, das Haus war häßlich, als wir es kauften. Öde. Jetzt werden wir die Möglichkeit haben, es ebenso schön zu gestalten wie *Maer Hall* oder *The Mount*, und es wird unser Haus sein... Und alles, was geschieht, wird gleichfalls schön sein.«

Er schloß sie in die Arme und küßte sie. Langsam gingen sie zurück zum Haus, jeder hatte einen Arm um die Taille des anderen gelegt, in ihren Augen glänzte Liebe und Zärtlichkeit und die zuversichtliche Hoffnung auf Erfüllung in den Jahren, die noch vor ihnen lagen.

Neuntes Buch

Die Fülle des Lebens

1.

Down House sollte das Heim einer Familie werden. Doch sein schöpferischer Kern war Charles' Arbeitszimmer, ein geräumiges Zimmer mit einem schön verzierten weißen Marmorkamin, einem großen marmornen Kaminsims und einem breiten, goldgerahmten Spiegel darüber. An der Wand gegenüber standen Bücherregale; in der Ecke neben der Tür befanden sich etwa dreißig Schubladen verschiedener Größe für Notizen, Zeitungsausschnitte und Korrespondenz. Emma verkleidete die Fensterwand und die Wand um und über dem Kamin mit einem hellgrau und blau gemusterten Stoff.

Als Charles um acht Uhr morgens ins Arbeitszimmer kam, um seinen ersten Arbeitstag zu beginnen, glühten im Kamin bereits die Kohlen, die Parslow eine Stunde vorher angezündet hatte, um die kühle Herbstluft aus dem Raum zu vertreiben.

»Wo soll Ihr Schreibtisch aufgestellt werden, Mr. Darwin?« fragte Parslow. »Zwischen den zwei großen Fenstern, so daß die Straße hinter Ihnen ist?«

»Neues Haus, neue Gewohnheiten, Parslow. Ich will den Schreibtisch überhaupt nicht hier im Zimmer haben. Ich werde in meinem Lieblingsfauteuil aus der Upper Gower Street schreiben.«

Parslow schnitt ein Brett zurecht, das über die beiden Armlehnen des Fauteuils gelegt wurde, und überzog es mit grünem Tuch. Er stellte den Stuhl in die hintere Ecke der Kaminwand neben eine weitere Gruppe von Aktenschränken, hohen Bücherregalen und einem niedrigen, eingebauten Schrank mit einer vorstehenden Platte, auf der eine grüne Glaslampe Platz hatte. Auf einem rautenförmig gemusterten Teppich stand Charles' vergilbter Erdglobus, ein runder Tisch mit dem Dutzend Schubladen, in denen seine Schätze von der *Beagle* lagen: interessante Steine, Pulvermixturen, Tuben, Flaschen mit Chemikalien.

Emma trat ein, um ihm Glück zu wünschen.

»Wie ich sehe, hast du dir deine Ecke von der Heckkabine nachgebaut«, bemerkte sie.

»Das stimmt! Nun ja, ich habe in diesem beengten Raum gute Arbeit geleistet.«

»Du wirst dich hier wohl fühlen, Charles.«

»Hoffentlich für viele Jahre. Dein neuer Wandbehang verleiht dem Raum eine Atmosphäre des Schwebens – auf einer stillen See.«

Emma lächelte erfreut.
Sie brachte die Familie im Rest des Hauses unter. Das Wohnzimmer und das Elternschlafzimmer wirkten nun weniger alltäglich, denn sie bezog die Wände mit einem schönen Stoff, stellte ihre exquisiten Wedgwoodvasen auf die Kaminsimse, legte helle Teppiche auf die Fußböden, vermehrte ihre Besitztümer aus der Upper Gower Street durch Kaffeetischchen und Stühle und hängte Conrad Martens' Aquarelle von der *Beagle* an die Wand. Der äußere Verputz des Hauses erhielt einen perlgrauen Anstrich.
»Ich habe nur ein Problem«, verriet sie Charles, »die Küche im Keller; wir müssen irgendwann unsere Küche oben haben. Ich denke an die Zukunft.«
»Wirklich, Liebste?« Er starrte aus dem Fenster. »Auch ich habe ein Problem. Die Straße vor meinem Arbeitszimmer. Wer immer zu Pferd oder auf einem Bauernwagen oder in einer Kutsche vorbeifährt, kann hereinsehen.«
»Beabsichtigst du, dein Arbeitszimmer zu heben oder die Straße zu senken?«
Er kicherte. »Die Straße zu senken. Um einen guten halben Meter. Und auch eine Mauer zu errichten.«
»Was unternimmt man, um in Kent eine Straße zu senken? Wendet man sich nach Maidstone, der Kreishauptstadt, um eine Erlaubnis dafür zu erwirken?«
»Wir verwenden dafür einige Schaufeln.«
Emma sah ihn fragend an.
»Könnte nicht jemand dagegen Einwände erheben?«
»Nicht, wenn wir die Straße in besserem Zustand hinterlassen wie jetzt.«
Sie legten ihren Tagesablauf fest. Charles stand vor sieben vorsichtig auf, um Emma nicht zu wecken, rasierte sich, zog sich an, nahm seinen Mantel und machte einen Spaziergang durch die Gärten und Felder. Um viertel vor acht aß er ein leichtes Frühstück, und um acht schloß er die Tür seines Arbeitszimmers hinter sich. Er begann, über vulkanische Inseln zu schreiben. Bis halb zehn klopfte niemand an seine Tür, und auch er blickte von seiner Arbeit nicht auf. Dann ging er durch die Halle zum Wohnzimmer, wo Emma ihn erwartete.
»Wo sind die Kinder?«
»Bessy geht mit ihnen spazieren. Es ist trocken draußen, und sie sind warm angezogen.«
»Sind Briefe gekommen?«
»Einer von *Maer Hall*, einer vom *Mount*.«
Um halb elf ging er wieder in sein Arbeitszimmer und nahm seine Arbeit dort auf, wo er sie unterbrochen hatte, zitierte aus den Werken anderer Reisender oder Geologen, stellte Theorien und Hypothesen auf. Wenn er um zwölf Uhr aufhörte, konnte Emma aus seiner Miene entnehmen, wie er vorangekommen war.
»Heute war ein guter Arbeitstag.«
»Ausgezeichnet. Jetzt wollen wir ein wenig spazierengehen, durch das viele Sitzen hast du keinen Appetit auf das Essen. Es gibt Lammpastete mit Kapernsauce und Fruchtpudding.«

Er nahm die Pelerine, einen weichen schwarzen Hut und den Spazierstock, und sie gingen flott die drei Kilometer bis zum Ende ihres Grundstücks, dann über Fußwege in die Cudham-Wälder in einem langgestreckten grünen Tal.

Um ein Uhr wurde das Essen serviert, die Hauptmahlzeit des Tages, gewöhnlich mit einem Glas leichtem Wein. Nach dem Essen las Charles die Londoner *Times*, die Parslow mit der Post aus dem Dorf geholt hatte, dann befaßte er sich mit seiner Korrespondenz, die schnell größer wurde infolge der Antworten auf seine Fragen an Bauern und Viehzüchter.

Um drei ging er in sein Schlafzimmer, faulenzte auf dem Sofa, rauchte eine der zwei Zigaretten, die er sich täglich zugestand, ruhte sich aus, schlummerte gelegentlich und kehrte dann auf eine Stunde in sein Arbeitszimmer zurück. Diese Arbeitseinteilung mit Unterbrechungen hatte ihm Charles Lyell empfohlen.

Später nahm er nur Tee mit einem Ei oder einem Stück Fleisch zu sich. Dann kam der eigentliche Wettkampf des Tages, zwei Partien Backgammon mit Emma, ein Zeitvertreib, zu dem sie in der Upper Gower Street nicht gekommen waren. Wenn sie gewann, war er ernsthaft verärgert.

Nach der Backgammon-Partie spielte Emma eine Stunde Klavier, dann las er deutsche oder französische wissenschaftliche Bücher und Zeitschriften, während sie häkelte, bis sie um halb elf zu Bett gingen.

Jede zweite Woche fuhr er nach London, um an den Versammlungen der Geologischen Gesellschaft, deren Rat er angehörte, und der Königlichen Gesellschaft teilzunehmen, wo er den Kontakt mit seinen Kollegen pflegte.

Wenn er in London war, wohnte er bei Erasmus. Sie aßen zusammen oder trafen einander zum Tee im *Athenaeum*.

Emma ließ sich nicht überreden, mit ihm nach London zu kommen. Er war besorgt, sie könnte das Leben in ihrem Haus auf dem Lande langweilig finden. Die Dorfbewohner wußten, wer sie waren, aber sie freundeten sich mit niemandem in Down an. In England ging man auf dem Land nur langsam Freundschaften ein, nur vorsichtig, im Laufe von etlichen Jahren.

»Ich fragte dich das schon, Emma, als wir in London wohnten, und jetzt ist es noch hundertmal wichtiger: Bist du glücklich in diesem einsamen Flecken, ohne Verwandte oder Freunde in der Nähe, die Fröhlichkeit bringen?«

Emma lache leise, guttural.

»Es gibt so viele Arten von Glück, mein lieber großer Junge. Ich möchte mich auf keine von ihnen für immer festlegen.«

Im November kam dann beträchtlich mehr Bewegung ins Haus. Hensleigh war schwer erkrankt, ohne daß man feststellen konnte, woran. Fanny pflegte ihn. Emma sagte:

»Es ist zuviel für Fanny, Hensleigh zu pflegen und für fünf Kinder zu sorgen, mit nur einem einzigen Kindermädchen als Hilfe. Glaubst du, Charles, wir könnten zwei oder drei von den Kindern für einige Zeit zu uns nehmen? Es würde ihnen das Leben erleichtern.«

»Natürlich. Comfort wird deinen Brief in die Stadt bringen und ihn mit der Nachmittagskutsche abschicken.«
Zwei Tage später traf das Kindermädchen der Wedgwoods, Isabella, mit Snow, der neunjährigen Tochter, Bro, dem achtjährigen, und Erny, dem fünfjährigen Sohn der Familie Wedgwood ein. Die Darwinkinder waren begeistert. Emma gab den Kindern die zwei Schlafzimmer gegenüber von ihrem eigenen, auf der anderen Seite des Korridors. Alles ging gut, bis Emma der vierzehnjährigen Bessy Harding, die sie vor einiger Zeit engagiert hatte, erlaubte, alle fünf Kinder zu einem Spaziergang durch das nahe gelegene Tal und den Cudham-Wald mitzunehmen. Der Boden war schlammig, die Wälder waren recht dunkel; die junge Bessy war nicht imstande, die fünf Kinder beisammenzuhalten, zum Teil weil sie die zweijährige Annie trug. Snow und William verirrten sich, aber Snow besaß Orientierungssinn. Sie brachte William nach Hause. Die anderen waren schon überfällig. Emma und Charles machten sich mit Parslow und Comfort auf die Suche nach ihnen, alle erwarteten, die Kinder irgendwo weinend in einer Pfütze zu finden. Statt dessen sagte der Besitzer eines Bauernhauses, an dem sie vorbeikamen, daß die Kinder sie nach der Richtung gefragt hätten, und bald darauf fanden sie Bessy, die immer noch Annie trug, vor einem anderen Bauernhaus mit den beiden Knaben.
Sie kehrten nach *Down House* zurück und hüllten sie vor dem knisternden Kaminfeuer im Wohnzimmer warm ein.
Für ihr erstes Weihnachtsfest in *Down House* fand Comfort im Wald eine schön gewachsene Tanne, die er im Wohnzimmer aufstellte. Am Weihnachtsabend schmückten Charles und Emma die Bilder mit Stechpalmenzweigen, ebenso den Kaminsims. Da die drei Wedgwoodkinder noch zu Besuch bei ihnen waren, hingen fünf Strümpfe mit Geschenken an ihm. Charles überraschte Emma mit einer Brosche, die er bei einem seiner Besuche in London für sie gekauft hatte. Emma hatte zwei Bücher kommen lassen, von denen Charles bewundernd gesprochen hatte. Draußen herrschte kaltes, aber klares Wetter.
Als Hensleigh Wedgwood Anfang Januar wieder zu arbeiten begann, kehrten seine drei Kinder nach Hause zurück. Emma verkündete, daß ihre Familien meinten, die Darwins hätten sich nun eingewöhnt und man könne sie besuchen.
Charles freute sich, ein Exemplar des *Edinburgh New Philosophical Journal* zu erhalten. Es enthielt eine lange Besprechung seiner »Korallenriffe« von einem kompetenten Kritiker, Charles Maclaren, der schrieb:

> Diese Theorie erklärt alle Phänomene, die dabei zu berücksichtigen sind, besser als jede andere, die bisher aufgestellt wurde...

Dann gab er den hauptsächlichen Inhalt des Buches sinngemäß wieder, bevor er gegen einige Auffassungen Einwendungen erhob.
Charles, der nie einer Herausforderung auswich, schrieb an Maclaren. Sein Brief

war bescheiden, er räumte sogar ein, daß einer von Maclarens Einwänden »gewichtig und verblüffend« war.
Sowohl die Besprechung als auch seine Antwort darauf wurden in den wissenschaftlichen Kreisen Englands gelesen und lenkten die Aufmerksamkeit auf das Buch. Bei seinem nächsten Londoner Besuch beglückwünschten ihn seine Freunde. Lyell, der von seiner Reise nach Nordamerika mit beträchtlicher Begeisterung für das Land zurückgekommen war, freute sich am meisten darüber.
»Das ist ein hervorragender Start für Ihre Trilogie, Darwin«, sagte er, als er Charles zu einem Nachttrunk ins *Athenaeum* mitnahm. »Wie geht es den vulkanischen Inseln?«
Charles nahm einen Schluck von seinem Cognac.
»Ich dürfte Ende dieses Jahres damit fertig sein und das Buch Anfang nächsten Jahres in den Buchhandlungen haben.«
Anfang März war es überraschend warm. Charles ließ die Zimmerleute und Maurer kommen, um an das Wohnzimmer, das Hauptschlafzimmer und das Schlafzimmer darüber breite Erker mit großen Fenstern anzubauen. Dieser Zubau erweiterte die Zimmer um fast ein Drittel, verbesserte den Lichteinfall und verwandelte das bescheidene Wohnzimmer in einen richtigen Salon. Die Ziegelbögen wurden mit Mörtel verputzt und ebenso gestrichen wie der Rest des Hauses. Comfort pflanzte Kletterglyzinien, die hellviolette Blüten hatten und die neuen Mauern überwuchern sollten. Emma fand in der nahe gelegenen Stadt Orpington einen Gardinenmacher. Sie wählte Spitzengardinen und Samtvorhänge mit einem Blumenmuster für die neuen Bogenfenster. Sie wurden tagsüber mit Kordeln zusammengehalten, um möglichst viel Licht und Sonne hereinzulassen, und nachts zugezogen, um die Kälte abzuhalten.
»Unser häßliches Entlein macht sich allmählich«, rief sie glücklich.
Eine zweite Gruppe von Arbeitern baute im Erdgeschoß eine große Küche, wie Emma vorgeschlagen hatte. Andere Arbeiter aus Down senkten die Straße vor dem Haus um etwa sechzig Zentimeter, wie Charles es wünschte. Niemand erhob einen Einwand dagegen, da Straßenbenützern keine Schwierigkeiten bereitet wurden. Das ausgehobene Erdreich wurde in Schubkarren in den hinteren Teil des Gartens geschafft, wo es aufgeschichtet wurde und zwei dekorative Hügel bildete. Das Arbeitszimmer wirkte behaglicher, nachdem die Landstraße gesenkt worden war. Dann ließ Charles an der Straßenseite eine drei Meter hohe Mauer aus dem farbigen Flint der Gegend errichten. Sie hielt den kalten Wind ab und sorgte für mehr Ungestörtheit. Er war begeistert über die Veränderungen, bis ihm die Abrechnungen zeigten, daß die Vergrößerung der drei Räume, die neue Küche mit ihrem großen Herd und das Senken der Straße sowie die Errichtung der Mauer ihn über vierhundert Pfund gekostet hatten.
An der Seite des Hauses, wo es gute Erde gab, wurde ein Küchengarten angelegt, damit die Darwins ihr eigenes Gemüse und ihre eigenen Kartoffeln essen konnten. Sie bekamen von ihren Kühen genügend Milch für die Kinder, ebenso Butter

und Käse. Das alles wurde zusammen mit Charles' Weinen in dem Kühlraum des Kellers aufbewahrt.
Er kehrte in sein Arbeitszimmer zurück. Das Manuskript über die vulkanischen Inseln machte erfreuliche Fortschritte. Er versenkte sich wieder in seine Lektüre, kaufte Richard Hinds' *The Regions of Vegetation*, das vor kurzem herausgekommen war, machte Auszüge aus mehreren Bänden der *Linnean Society Transactions* und Notizen über William Spencers Buch über Insekten.
Als er im April nach London fuhr, besuchte er die FitzRoys in ihrem eleganten Haus auf dem Belgrave Square, um sich von der Familie zu verabschieden, denn Kapitän FitzRoy war vor kurzem zum Gouverneur von Neuseeland ernannt worden. Er und FitzRoy waren seit der Szene in der Great Marlborough Street, als FitzRoy sich über Lyells Bemerkungen über die *Tagebücher* geärgert hatte, freundschaftlich miteinander ausgekommen. FitzRoy hatte sich als Kandidat für Durham aufstellen lassen und war ins Parlament gewählt worden. Charles hatte sich amüsiert, als er von einem Vorfall erfuhr, der sich dabei ereignet hatte. Es war zu einem erbitterten Wechsel von Briefen und Pamphleten zwischen FitzRoy und einem Mr. William Sheppard gekommen, der mit einem »Duell« auf der Mall vor dem United Services Club endete. Sheppard ging, eine Peitsche schwingend, auf FitzRoy zu und rief:
»Kapitän FitzRoy, ich werde Sie nicht schlagen, aber betrachten Sie sich als mit meiner Reitpeitsche gezüchtigt.«
FitzRoy schlug Sheppard mit seinem Regenschirm zu Boden!
Erstaunlicherweise hatte sich FitzRoy, nachdem er so viele Jahre auf See zu Hause gewesen war, im Parlament bewährt, wurde Mitglied in wichtigen Komitees und setzte Gesetze bezüglich der Königlichen Marine durch.
Nach dem Tee mit FitzRoy und dessen Frau Mary ging Charles vom Belgrave Square zu Erasmus' neu gemietetem Haus in der Park Street. Es wirkte irgendwie anmutig, denn Erasmus hatte seine Fenster mit lebhaften Chintzgardinen versehen.
Emma war schon mehrere Monate schwanger und ging mit Charles spazieren, während er geologische Studien anstellte und Beschreibungen der Landschaft ihrer Umgebung verfertigte. Er machte auf interessante Aspekte des Terrains aufmerksam, während sie durch das hügelige Kalkgebiet und Talsohlen wanderten, die aller Wahrscheinlichkeit nach einstige Meeresbuchten waren.
»Hast du die Absicht, über Kent zu schreiben?« fragte sie.
»Ich will nur nicht aus der Übung kommen.«

Anfang Juli bekam Emma einen Brief von Elisabeth, die ihr mitteilte, daß ihr Vater zusehends verfiel. Als sie nach der strapaziösen zehnstündigen Reise über London in *Maer Hall* ankamen, war Onkel Jos nur imstande, einige Worte zu sprechen, aber seine Augen drückten seine Erleichterung aus, die beiden an seinem Bett zu sehen. Vier Tage später verschied er im Schlaf im Alter von vierundsiebzig Jahren. Der Trauergottesdienst wurde in der Kapelle oberhalb von *Maer Hall* abgehalten, wo Charles und Emma geheiratet hatten. Als Charles mit den Familien Wedgwood und seiner eigenen zum Haus zurückkehrte – Dr. Darwin hatte noch immer alle paar Tage die dreißig Kilometer lange Fahrt vom *Mount* gemacht, um zu versuchen, Josiah in seinen letzten Tagen Erleichterung zu verschaffen –, saßen sie im Freien unter den schattigen Bäumen und tranken kühle Limonade. Joe Wedgwood sagte:

»Er hat sich nie so recht für die Keramikwerke begeistert. So wenig es bei mir der Fall ist. Sein Glück waren seine Bücher und seine Familie.«

Charles fügte hinzu: »Er war im Grunde ein Naturforscher und immer empfänglich für die Schönheiten von *Maer* mit seinen Wäldern.«

Nach einem kurzen Besuch im *Mount* waren sie Mitte Juli wieder in Down. Eine Woche später kam Elisabeth zu Besuch. Da Emma Gesellschaft hatte, beschloß Charles, im August an dem Treffen der *British Association* in Cork in Irland teilzunehmen. Er lernte eine Anzahl jüngerer Leute kennen, neue Kollegen, mit denen er korrespondieren konnte, wenn er besondere Informationen benötigte.

Der Spätsommer war heiß. Er ließ am anderen Ende seines Besitzes Grabungen durchführen, wo die Arbeiter eine vier Meter tiefe Tongrube sowie eine große Sandgrube fanden.

»Was macht der Sand hier?« fragte er sich. »War das Gebiet ein Strand gewesen, als Kent unter Wasser lag?«

Ein Schotte namens Kemp schickte ihm ein Paket mit Samen, die er in der untersten Schicht einer sehr tiefen Sandgrube gefunden hatte, mit dem Kommentar: »Kein Geologe wird jemals erraten können, wie viele tausend und abertausend Jahre vergangen sind, seit diese Samen mit Pflanzenteilen in den Boden eingebettet wurden.«

Charles schickte Henslow einige von den Samen und andere an die Gartenbaugesellschaft. Zu jedermanns Verwunderung gingen sie auf. Das Gewächs erwies sich als eine Ampferart, die weder Charles noch Henslow noch die Gartenbaugesellschaft je gesehen hatte. Sie waren sich alle einig, daß das, was da vor ihren Augen wuchs, keine einheimische Pflanze war. Wenn sie aber nicht einheimisch war, woher kam sie dann? Hatte es vor Äonen in England ganz andere Pflanzen gegeben? Er entsann sich der tropischen Muschel, die ihm der Arbeiter vor Jahren aus einer Kiesgrube gebracht hatte. Wenn es unter Englands Erdoberfläche tropische Muscheln gab, mußte auf dieser Insel einmal tropisches Klima geherrscht haben. Die Überreste früherer Zeiten nahmen zu. Louis Agassiz hatte fossile Fische gefunden, die viele tausend Jahre alt waren. Das gesamte Leben entwickelte sich, vielleicht auch die Kontinente und das Meer. Er war fasziniert.

Im September gebar Emma ihr drittes Mädchen. Sie tauften es Henrietta.

Susan kam auf einen Monat aus Shrewsbury, worauf Charles sich an die Arbeit über die vulkanischen Inseln machte und das Manuskript abschloß. Er schrieb an Lyell:

Ich hoffe, Sie werden mein Buch lesen, denn wenn Sie es nicht tun, kann ich mir nicht vorstellen, daß es ein anderer liest.

Im Oktober beschloß er, da Emma Susan zur Gesellschaft hatte, einige Tage mit seinem Vater und Katty in Shrewsbury zu verbringen. Dr. Darwin war nun siebenundsiebzig, rüstig und gesund, er ging nicht mehr soviel umher wie früher, neigte aber noch immer nicht dazu, sich über irgend etwas aufzuregen. Als Charles ihm von einer gelegentlichen Gefühllosigkeit in den Fingerspitzen erzählte, sagte er mit unbekümmertem Lächeln:
»Ja, ja, wirklich, tss-tss, neuralgisch, wirklich. Es wird vorbeigehen.«
Charles zeigte ihm seine Buchhaltung und wieviel Geld er für den Umbau von *Down House* ausgegeben hatte.
»Vielleicht war ich verschwenderisch? Ich möchte keinesfalls Gefahr laufen, mich zu ruinieren...«
Sein Vater tat die Frage mit einer Handbewegung ab.
»Quatsch und Unsinn, Charles. Du gibst noch immer nicht mehr aus, als du verdienst; wie kannst du dich ruinieren? Es reicht für uns alle. Befasse dich lieber mit deinen wissenschaftlichen Büchern, und laß die Buchhaltung.«
Es gab keinen bewölkten Tag in diesem Herbst. Charles beobachtete, wie sich die Vögel in Gruppen von zehn bis dreißig in den Bäumen sammelten. Sein Vetter, Reverend William Darwin Fox, kam zu Besuch. Die Familie besuchte ihn jetzt regelmäßig. Wenn Emma den Eindruck hatte, daß Brodie und Parslow wegen der mangelnden Unterhaltung ein wenig gelangweilt wirkten, schickte sie sie mit der Kutsche in das sechs Kilometer entfernte Bromley, um sich ein Konzert anzuhören oder ein Theaterstück anzusehen. Sie lernten Lady Lubbock kennen, deren Familie einen Besitz in der Nähe hatte, *High Elms.* Gelegentlich statteten sie einander Besuche ab.
»Kurz, wir fassen festen Fuß«, erklärte Charles. »Ich bin zufrieden, daß hier unser sicherer Hafen ist.«

2.

Nach der Jahreswende 1844 lieferte Charles seinen Verlegern das Manuskript über die *Vulkanischen Inseln* ab. Nachdem er im Februar die letzten Druckfahnen korrigiert hatte, holte er seine fast neunhundert Seiten umfassenden Beobachtungen über die Geologie der Orte heraus, die er während der Reise der *Beagle* besucht hatte.
»Das sind ja schon fast eineinhalb Bände«, rief er laut. »Das muß aber vollständig neu bearbeitet werden.«

Er las in den Aufzeichnungen, dann legte er die Pakete zusammengebunden weg.
»Es ist zu früh, um damit anzufangen«, erklärte er Emma, als sie ihm auf dem Klavier vorspielte. »Ich brauche ein wenig Zeit zwischen zwei Büchern.«
»Warum solltest du dich beeilen?« fragte sie, während sie die Finger leicht auf den Tasten liegen ließ. »Du hast noch Zeit für Dutzende von Büchern.«
Er sagte ihr nicht, daß er darauf brannte, sich wieder mit der Verwandlung der Arten zu befassen. Diesmal wollte er ein Buch schreiben, das nicht nur auf den Entdeckungen basierte, die er auf seiner Reise um die Welt gemacht hatte, sondern auf seinen Beobachtungen in den letzten Jahren. Lyell wußte einiges wenige darüber, ebenso sein Vetter Fox. Er wählte einen neuen, jüngeren Freund als Vertrauten, Joseph Hooker, der ihm von Dr. Robert McCormick vorgestellt worden war, als Hooker im Begriff stand, sich für die Reise an Bord der *Erebus* einzuschiffen. Hooker blieb vier Jahre lang weg, hatte aber Charles einen fabelhaften Brief über seine wachsende Sammlung geschrieben. Charles war der Ansicht, daß Hooker, der acht Jahre jünger war als er, über die Begeisterung, die Hingabe und die scharfsinnige Auffassungsgabe verfügte, um ein hervorragender Naturforscher zu werden. Die beiden wechselten seit Hookers Rückkehr Briefe, wobei Charles ihn ermutigte, ihm alles über die Pflanzen und Blumen zu schreiben, die er auf seiner Reise gesammelt hatte.
»Ist er dir etwa sympathisch«, zog ihn Emma auf, »weil er dein *Tagebuch* so bewundert hat, daß er mit den Druckfahnen unter seinem Kissen schlief?«
»Es trägt dazu bei. Ich werde ihn einladen, mit mir bei Ras zu speisen, wenn ich das nächstemal nach London fahre.«
Er hatte am 11. Januar 1844 ganz offen an Hooker geschrieben:

> Ich habe mich die ganze Zeit seit meiner Rückkehr mit einer sehr vermessenen Thematik beschäftigt, und ich kenne keinen Menschen, der sie nicht als sehr töricht bezeichnen würde. Ich war so von der Verbreitung der Lebewesen auf den Galápagos und von den charakteristischen Merkmalen der fossilen Säugetiere Südamerikas beeindruckt, daß ich beschloß, wahllos alle Arten von Fakten zu sammeln, die irgend etwas damit zu tun haben könnten, was Arten eigentlich sind. Ich las zahllose Bücher über Acker- und Gartenbau. Endlich zeigte sich ein schwacher Lichtschimmer, und ich bin beinahe überzeugt (im Gegensatz zu der Meinung, die ich zu Beginn meiner Arbeit hegte), daß die Arten nicht (es ist fast wie ein Mordgeständnis) unveränderlich, unwandelbar sind... Ich glaube, ich habe herausgefunden (das ist die Anmaßung!), auf welch einfache Weise die Arten sich verschiedenen Zwecken vortrefflich anpassen. Sie werden jetzt aufseufzen und sich denken: »Mit was für einem Menschen habe ich meine Zeit vergeudet und korrespondiert?« Vor fünf Jahren hätte ich auch so gedacht...

Vor Ende des Monats erhielt er von Joseph Hooker eine ermutigende Antwort:

> ... Die Vegetation war zweifellos früher einmal an der gleichen Stelle ganz anders, als sie jetzt ist... Meiner Ansicht nach könnte es an verschiedenen Orten eine Reihe von Schöpfungen und auch eine allmähliche Veränderung der Arten gegeben haben. Ich werde mit Vergnügen Ihre Ansicht darüber hören, wie diese Veränderung stattgefunden haben könnte, da mich keine der derzeit herrschenden Lehrmeinungen zu diesem Thema befriedigt.

Charles wußte aus seiner umfassenden Lektüre, daß der französische Naturforscher Buffon bereits 1740 angenommen hatte, die Erde könnte siebzigtausend Jahre alt sein. Der deutsche Philosoph Immanuel Kant glaubte im Jahr 1755, daß die Erde Millionen Jahre alt sein könnte. Keiner von beiden hatte versucht, seine Ansichten zu beweisen. Der erste, der eine verständliche Theorie darüber aufgestellt hatte, war der französische Naturforscher Lamarck, der 1809 über das Wesen der Veränderung aller Organismen, von den Pflanzen über die Tiere bis zum Menschen, schrieb. Charles hatte von Lamarcks Theorie zuerst durch seine Lehrer im Naturhistorischen Museum der Universität Edinburgh gehört. Er hatte schon lange erkannt, daß Lamarck dort unrecht hatte, wo er die Entwicklung einem natürlichen Instinkt zuschrieb, der in allen Organismen verankert sei: einem unwiderstehlichen Trieb zur Vervollkommnung der eigenen Art.
Während des kalten, stürmischen Wetters im Januar und Februar las ihm Emma mehrere Romane der schwedischen Autorin Fredrika Bremer sowie einen Teil von Lord Chesterfields Briefen vor. Zu seinem fünfunddreißigsten Geburtstag schenkte sie ihm Henry Hallams *Constitutional History of England*. Er schenkte ihr zum fünften Jahrestag ihrer Hochzeit, den sie mit einem Festessen zusammen mit den zwei älteren Kindern feierten, während die vier Monate alte Henrietta neben dem Tisch in ihrem Bettchen lag, eine schöne Ausgabe von Sir Walter Scotts Waverley-Romanen. Parslow hatte den Tisch mit ihrem schönsten Silber und Wedgwood-Geschirr gedeckt. Sally arbeitete zwei Tage lang an der Vorbereitung des Festmenüs, bestehend aus klarer Suppe, Austernsoufflé, Poulards à la Marengo, Lammbraten mit Pfefferminzsauce, neuen Kartoffeln mit Butter, Ananas und Reis. Sie konnten von jedem Gericht nur kosten. Sally hatte auch einen besonderen Dundee-Kuchen mit Korinthen, gehackten Rosinen, Zitronen- und Orangenschalen, Muskat, Cognac und Mandeln gebacken.
»Das Mischen und Backen hat zweieinhalb Stunden gedauert«, sagte sie triumphierend, »war es aber wert.«
Zwischen den auf den Kuchen gestreuten Mandeln standen sechs Kerzen.
»Eine für weiteres Gedeihen«, sagte Emma leise. »Ich nehme an, das werde ich tun. Drei Kinder sind kaum unser volles Kontingent. Es würde mir aber guttun, mich ein Jahr lang auszuruhen.«

Fanny Wedgwood würde bald ihr sechstes Kind bekommen. Emma bat Charles um sein Einverständnis, ihre fünf Kinder nach *Down House* zu nehmen. »Meine Liebe, diese fünf sind nicht nur deine Neffen und Nichten, sondern auch meine durch meine Mutter, die eine Wedgwood war.«
Hensleigh schickte sie in einer großen Kutsche mit ihrer Gouvernante zu ihnen. William und Annie waren glücklich, als eine ganze Schar von Spielgefährten ankam. Sie liefen mit Wollschals und Wollmützen ins Freie und spielten »Hier geh'n wir rund um den Maulbeerbusch« rund um den Maulbeerbaum, der vor den Bogenfenstern stand. Bei schlechtem Wetter bereitete Emma in einem Spielzimmer im oberen Stockwerk Spiele für sie vor. Sie merkte, wie gut das alte Haus gebaut war, als das Geschrei, die Rufe und das Lachen von sieben spielenden Kindern Möbel, Fußboden und Wände des Zimmers erzittern ließen, ohne daß in den übrigen Räumen des Hauses etwas zu hören war.
Charles wurde von dem Spiel der Gefühle gefesselt, das er bei seinen Kindern und denen der Wedgwoods beobachtete, und schrieb seinen Freunden, sie sollten ihre Kinder auch beobachten. Sein Notizbuch füllte sich; dann befaßte sich sein stets suchender Geist mit den Tieren. Hatten nicht auch Tiere Gefühle? Freude am Essen, am Spiel, Liebe zu ihren Besitzern und Hütern, zueinander, Wachsamkeit Angriffen gegenüber, Angst, Schmerz? Er begann, Notizen über die Verhaltensweisen zu machen, die er während seiner Landausflüge von der *Beagle* und im Londoner Zoo bei Tieren beobachtet hatte. Er suchte in seiner Bibliothek Aufzeichnungen darüber. Er hatte das sichere Gefühl, daß es aufschlußreiches Material und vielleicht auch einen stichhaltigen Zusammenhang zwischen den Gefühlen von Kindern und Tieren geben würde.
Er schrieb jetzt ständig über die Arten, auf losen Blättern, manchmal unterteilte er ein breites Blatt in drei Spalten, wobei er nur nach dem Gedächtnis arbeitete.
Er behielt die grundlegenden Kapitelüberschriften des Essays bei, den er in *Maer Hall* geschrieben hatte, dehnte den Bereich aber weiter aus:

> ...Die Auswirkungen der äußeren Lebensbedingungen auf Größe, Farbe und Form, die sich während eines einzelnen Lebens nur selten und undeutlich zeigen, werden offenkundig nach mehreren Generationen; die leichten Unterschiede, die sich oft kaum beschreiben lassen und für die Rassen aus verschiedenen Ländern, ja sogar aus Bezirken desselben Landes charakteristisch sind, scheinen auf einen solchen fortlaufenden Prozeß zurückzugehen.
> ...Da die verschiedenen Völker von ihren Haustieren verschiedene Eigenschaften verlangen und an ihnen schön finden, würde jedes Volk langsam, wenn auch unbewußt, eine andere Rasse heranzüchten.

Er erweiterte das zweite Kapitel wie folgt:

De Candolle erklärt in einem überzeugenden Passus, daß die gesamte Natur sich im Krieg befindet, jeder Organismus mit einem anderen oder mit der Umwelt. Sieht man das friedliche Antlitz der Natur, könnte man das vorerst sehr wohl bezweifeln; eingehendere Überlegungen werden jedoch unwiderleglich beweisen, daß es nur allzu wahr ist. Der Krieg ist aber kein Dauerzustand, flammt nur in geringem Ausmaß für kurze Perioden und gelegentlich heftiger bei zeitlich entfernteren Perioden wieder auf; daher werden seine Auswirkungen leicht übersehen. Es ist die in den meisten Fällen mit zehnfacher Stärke angewandte Lehre von Malthus... Sogar die sich langsam vermehrende Menschheit hat sich innerhalb von 25 Jahren verdoppelt, und wenn sie die zur Verfügung stehenden Nahrungsmittel leichter vermehren könnte, würde sie sich in noch kürzerer Zeit verdoppeln. Was aber Tiere anlangt, die über keine künstlichen Mittel verfügen, muß *im Durchschnitt* die Menge der Nahrung für jede Art konstant sein, während die Wachstumsrate aller Organismen dazu neigt, geometrisch und in einer überwiegenden Mehrzahl der Fälle einfach ungeheuer zu sein...

Er dachte: »Alles, was geboren wird, wird geboren, um zu fressen und gefressen zu werden.«

Gegen Ende März begann das Land rund um Down zu blühen. Der Verkehr auf den Wegen wurde stärker, die Dorfbewohner wurden heiterer und gastfreundlicher.

Die Darwins nahmen mehrere Einladungen zum Essen an. Charles freute sich für Emma, daß sie ein wenig Gesellschaft von Erwachsenen hatte.

Im April pflanzte Charles Lilien, Rittersporn, Verbenen, »wissenschaftlich und unwissenschaftlich«. Comfort arbeitete neben ihm.

Im warmen Juniwetter saßen sie auf Bänken in dem abgesonderten Teil vor dem Erker des Wohnzimmers, Parslow servierte den Tee, die Kinder versammelten sich im purpurroten Leuchten des Sonnenuntergangs um die Johannisbeertorte.

Bis zum 4. Juli hatte er nahezu einhundertneunzig Seiten seiner Abhandlung über die Arten beendet.

Er verwendete viele seiner früheren Formulierungen, fügte aber neue Beobachtungen und Erkenntnisse hinzu:

...Wie interessant werden doch alle Instinkte, wenn wir ihren Ursprung als vererbte Gewohnheiten oder als geringfügige angeborene Abänderungen früherer Instinkte betrachten, die von den dank ihnen erhalten gebliebenen Individuen für immer beibehalten werden! Wenn wir jeden komplexen Instinkt und Mechanismus als Endprodukt einer langen Geschichte von Erfahrungen betrachten, deren jede für ihren Besitzer überaus nützlich ist, fast ebenso, wie wenn wir eine große mechanische Erfindung als

Endprodukt der Arbeit, der Erfahrung, des Verstandes und sogar der Fehler vieler Arbeiter betrachten...

... Denn wir sehen in alldem die unvermeidlichen Folgen eines großen Naturgesetzes, der Vermehrung organischer Wesen, die nicht unveränderlich erschaffen wurden...

Obwohl er in seinem behaglichen Schlupfwinkel frohlockte, beschloß er: »Ich habe nicht die Absicht, dieses Werk in seiner jetzigen Form zu veröffentlichen, doch ich muß es für den Fall meines Todes schützen. Warum denke ich gerade in diesem Augenblick an den Tod, während ich mich seit Monaten wieder wohl fühle? Doch wir sind alle sterblich. Menschen gehen in England schlafen und erwachen in der Unterwelt. Und dann...«

Am nächsten Morgen um acht setzte er sich in seinen großen Lehnstuhl im Arbeitszimmer, legte das mit Stoff bezogene Brett über die Armlehnen und begann, einen Brief an Emma zu schreiben:

Ich habe eben die Skizze meiner Theorie über die Arten beendet. Wenn meine Theorie, wie ich glaube, mit der Zeit wenigstens von einem kompetenten Fachmann akzeptiert wird, wird das einen beträchtlichen Fortschritt in der Wissenschaft bedeuten.

Ich schreibe das daher für den Fall meines plötzlichen Todes als meinen feierlichen und letzten Wunsch nieder. Ich bin sicher, daß Du ihn ebenso berücksichtigen wirst, als wäre er rechtmäßig in mein Testament aufgenommen worden. Du wirst 400 Pfund für die Veröffentlichung dieses Textes vorsehen und weiters selbst oder durch Hensleigh dafür sorgen, daß er verbreitet wird. Ich wünsche, daß meine Skizze mit dieser Summe einer kompetenten Person übergeben wird, um den Betreffenden zu veranlassen, sich mit ihrer Verbesserung und Erweiterung zu befassen... Ich wünsche auch, daß Du ihm alle Aufzeichnungen aushändigst, die auf acht oder zehn braune Papiermappen verteilt sind. Was die Redaktion anlangt, wäre Lyell der geeignetste, falls er es übernehmen will, insbesondere mit Unterstützung von Hooker...

Er legte den Brief in die verschlossene Schublade, die erst nach seinem Tod geöffnet werden sollte und in die er auch sein Testament zu legen gedachte. Nachdem er das getan hatte, brachte er das Manuskript zu einem Drucker namens Fletcher, der es setzen sollte.

Charles war mit seiner Arbeit beschäftigt. Emma befaßte sich mit der Erziehung ihrer Kinder. William war vier Jahre, Annie drei und Henrietta, die sie Etty nannten, neun Monate alt. Obwohl Emma und Charles in Familien aufgewachsen waren, die die Fehler und Streiche der Kinder nicht bestraft hatten, waren die Kindermädchen und Gouvernanten in allzu vielen Häusern in England bösartige

Sadistinnen, die sich für ihre eigenen Enttäuschungen und ihr Unglück an ihren Zöglingen schadlos hielten, sie schlugen, in Schränken oder dunklen Zimmern einschlossen. Emma hatte gelobt, als ihr erstes Kind geboren wurde:
»Nichts von alldem wird unseren Kindern jemals zustoßen.«
Tagsüber ging sie zu den Kindern ins Spielzimmer, erzählte ihnen Geschichten oder las ihnen vor. Sie hatte Brodie bei ihrer Einstellung ausdrücklich gesagt:
»Wenn Sie Kinder nicht lieben oder diesen Posten nur aus Verzweiflung annehmen, dann fangen Sie bitte erst gar nicht an.«
»Bei mir ist das nicht so«, hatte ihr Brodie in ihrer gutturalen schottischen Aussprache geantwortet. »In einem angenehmen Haus zu arbeiten, mit Respekt behandelt zu werden, das ist für mich Goldes wert.«
»Also gut, Brodie, ich engagiere Sie für vierzig Pfund im Jahr. Aber vergessen Sie nicht, für die Bestrafung der Kinder bin nur ich allein zuständig.«
Emma brachte die Kinder zum Frühstück ins Speisezimmer. Wenn sie am Abend noch nicht müde waren, setzte sie sie auf Kissen an den Eßtisch, wo sie ein Ei oder ein Stück Kuchen aßen und Tee tranken. Die Hauptmahlzeit um eins nahmen sie zusammen mit ihrem Vater ein, wenn er nicht zu abgespannt war. Wenn sie vorher allein aßen, saß Emma bei ihnen.
Die Atmosphäre in *Down House* war ebenso ruhig und fruchtbar wie die Landschaft.
Obwohl Charles mehrere Jahre durch die Fennen von Cambridgeshire gewandert war und während der Reise der *Beagle* Pflanzen und Blumen gesammelt hatte, hielt er sich auf dem Gebiet der Botanik für einen Amateur. Es war eine Schwäche, die er würde beheben müssen, weil ein beträchtlicher Teil seiner Beweise für die Entwicklung der Arten aus der Pflanzenwelt kam. Da er Joseph Hooker für den gescheitesten jungen Botaniker in Großbritannien hielt, wandte er sich nun um Hilfe an ihn.
Er fragte Erasmus, ob er Hooker zum Frühstück in die Park Street einladen könnte. Erasmus ließ von seinem Dienstmädchen ein Frühstück mit gegrillten Nieren und Schinken, Rührei, Kresse und Erdbeeren vorbereiten. Für Erasmus war es zu früh, um daran teilzunehmen; außerdem verstand er nicht viel von dem, worüber sich seine beiden Gäste unterhielten. Er entschuldigte sich und ging wieder zu Bett. Nach dem Essen zogen sich Charles und Hooker aus dem kleinen Speisezimmer in den Salon des Hauses in dem feinen Mayfair zurück.
Trotz des Altersunterschiedes von nur acht Jahren hatte Charles das Gefühl, daß Joseph Hooker einer jüngeren Generation angehörte. Er trug eine Brille mit Stahlrahmen, deren Bügel unter seinem dichten schwarzen Haar verschwanden. Hooker sah aus wie ein Student, der im Begriff stand, ein Gelehrter zu werden. Seine Kleidung wirkte jugendlicher; er hatte eine zarte Konstitution, eine Neigung zu Schwindsucht war in seiner Familie erblich. Als Kind hatte man ihn infolge seiner Heiserkeit »krächzender Joe« genannt. Dennoch hatte er die lange, stürmische Seereise an Bord der *Erebus* gut überstanden. Es war das erste Mal,

daß Charles einen jungen Mitarbeiter hatte. Für ihn war es ein erfrischendes Erlebnis.
Die beiden Männer sprachen den ganzen Vormittag über Botanik. Als Kind hatte Joseph Hooker Moos gesammelt, so wie Charles Käfer, und wenn er vom Botanisieren im Hochland heimkam, baute er einen Miniaturberg aus Steinen und setzte seine Sammlungsstücke in Höhen ein, deren relative Lage jener entsprach, in der er sie gefunden hatte.
»Damals erwachte meine Liebe zur geographischen Botanik«, sagte er zu Charles. »Ich strebe nicht nach Ruhm unter meinen Zeitgenossen noch bin ich dazu geschaffen, mich beliebt zu machen. Ich leide an nervösen Herzbeschwerden, die mir schon in der Schulzeit Herzklopfen verursachten, wenn ich während des Unterrichts aufstehen mußte, um zu übersetzen.«
Charles dachte:
»Er ist ein wunderbarer Kamerad und sehr gutherzig. Man merkt sofort, daß er durch und durch ehrlich ist. Seine Intelligenz ist sehr scharf, und er besitzt ein großes Einfühlungsvermögen.«
Charles wußte, daß Lyell ein Exemplar des *Tagebuchs* an Hooker geschickt hatte. Hooker hatte Lyell geschrieben:

> Ihr freundliches Geschenk ist jetzt ein schon sehr zerlesenes Buch, denn alle Offiziere verlangten es von mir.

Seiner Mutter hatte Hooker geschrieben:

> ... Wolken und Nebel, Regen und Schnee rechtfertigten alle Bemerkungen Darwins. Alles ist so wahr und so lebendig geschildert, daß Mr. Lyells freundliches Geschenk nicht nur unentbehrlich, sondern ein herrlicher Wegbegleiter und Führer geworden ist.

Jetzt erzählte er Charles, wie ihm der Posten des Botanikers an Bord der *Erebus* beinahe verweigert worden wäre, weil Kapitän Ross »jemand in der Welt Bekannten, jemanden wie Mr. Darwin« haben wollte.
»Da unterbrach ich ihn mit den Worten: ›Was war Mr. Darwin, bevor er in die Welt hinausfuhr? Ich würde sagen, er kannte sein Fach besser als ich jetzt, aber kannte die Welt ihn? Auf der Reise mit FitzRoy machte er sein Glück.‹«
Sie waren nur zweimal verschiedener Meinung, und beide Male debattierten sie mit großer Erregung. Als Charles die Ansicht äußerte, daß Pflanzen, deren Abdrücke in Steinkohle gefunden wurden, in seichten Gewässern des Meeres gelebt hätten, bestritt dies Hooker wütend. Als Hooker sagte, daß vielleicht früher einmal zwischen Australien und Südamerika ein Kontinent existiert haben könnte, wies Charles diesen Gedanken verächtlich zurück. Beide erholten sich rasch von ihren Zornesausbrüchen und lachten über ihr Ungestüm.

»Es ist besser so«, sagte Charles, »jetzt wissen wir, daß wir nie aus Höflichkeit übereinstimmen werden. Das wäre für ein Porridge gut, wir aber wollen ein köstliches Roastbeef.«

Er machte gute Fortschritte mit der Geologie von Südamerika. Lyells Ermutigung trieb ihn vorwärts. Er setzte seine eifrige Lektüre fort, aber aufs Geratewohl: Bücher über Rotwildjagd und Lachsfischen, über ein ausgestorbenes Riesenfaultier, über Landwirtschaft, Linnés Betrachtungen über das Studium der Natur, die er als »wichtig« bezeichnete.

Da nun der Ausbau von *Down House* fertig war, ließ er einen Vertreter der Versicherungsgesellschaft *Sun* kommen, der den Besitz genau in Augenschein nahm, bevor eine Police ausgestellt wurde. Charles bezahlte 4 Pfund 16 Shilling jährlich für eine Versicherungssumme von 2100 Pfund.

Als er das nächstemal nach London fuhr, speiste er bei den Lyells in der Hart Street. Lyells neues Buch, *Travels in North America,* befand sich in Druck.

»Ein interessantes Land, die Vereinigten Staaten«, meinte er. »Die Leute sind sehr guter Laune und zu Späßen aufgelegt.«

»Ich erinnere mich noch gut an die amerikanischen Seeleute, die die *Beagle* mit frischem Wasser und anderem bei uns knapp gewordenen Proviant versorgten. Unglaublich großzügig.«

»Das fand ich auch. Die meisten von ihnen sind fünfzehn bis zwanzig Jahre jünger als die, die in England oder in Europa die gleichen wichtigen Positionen einnehmen. Ich wundere mich, wie wenig in England über die Verhältnisse in den Vereinigten Staaten bekannt ist, wo es so viel gibt, was nachahmenswert ist oder vermieden werden muß. Sie und Emma sollten einmal Nordamerika besuchen; die Veröffentlichung Ihres *Tagebuchs* in den Vereinigten Staaten sichert Ihnen einen freundlichen Empfang.«

Charles riß die Arme in gespieltem Entsetzen hoch.

»Was, ich soll noch einmal den Atlantik überqueren?«

Sie gingen dazu über, die Geologie der Vereinigten Staaten zu erörtern und über Charles' Geologie von Südamerika zu sprechen, von der er bereits sechzig Seiten fertig hatte. Er sagte zu Lyell:

»Ich habe immer das Gefühl, als kämen meine Bücher zur Hälfte aus Ihrem Gehirn und daß ich das nie entsprechend anerkenne. Ich denke immer, das große Verdienst des *Lehrbuchs* besteht darin, daß es die Geisteshaltung des Lesers verändert und daß ich somit, wenn ich etwas erblicke, das Sie nie gesehen haben, es dennoch zum Teil mit Ihren Augen sehe.«

»Seien Sie sehr vorsichtig, mein lieber Darwin, sonst wird einmal, besonders nach der Veröffentlichung Ihres Buches über die Entstehung der Arten, ein junger Wissenschaftler Ihnen dieses reizende Kompliment an den Kopf werfen.«

Charles verriet Lyell nicht, daß er nicht die Absicht hatte, sein Buch über die Arten zu veröffentlichen. Er würde regelmäßig daran arbeiten und weiter Beweise sammeln, so daß niemand imstande sein würde, seine Behauptungen zu widerlegen. Er wollte sich aber nicht mit dem Establishment anlegen. Dem, der das offenbarte Wort der Bibel in Zweifel zog, würde nicht mit Logik oder Vernunft geantwortet werden, sondern vielmehr durch den Glauben, »welcher höher ist denn alle Vernunft«. Das Projekt aber aus Angst vor dieser Reaktion aufzugeben, wäre Feigheit gewesen. Er würde die Arbeit zu Ende führen, selbst wenn sie ein Leben lang dauern sollte – und würde für ihre Veröffentlichung nach seinem Tod sorgen. Dann sollte der Orkan losbrechen.

3.

Aus einem für Charles unerklärlichen Grund wurde die Veröffentlichung seiner *Vulkanischen Inseln* auf November verschoben, obwohl Druckbögen von Lyell und von Mary Lyells Vater, Leonard Horner, viel früher gelesen worden waren. Horner schrieb Charles einen schmeichelhaften Brief. Charles sagte zu Emma: »Wenn ein Drittel dessen, was Horner sagt, wirklich wahr wäre und nicht das Urteil eines Voreingenommenen, müßte ich mit meinem Bändchen zufrieden sein.« An Horner schrieb er:

> So klein es war, es kostete mich viel Zeit. Die Freude der Beobachtung entschädigt mich vollauf; nicht so die der Abfassung. Nur die Hoffnung, daß das Werk wenigstens zu etwas nützlich sein wird, wiegt die Schinderei auf, schlechtes Englisch in etwas Lesbares zu verwandeln.

Emma war erzürnt.
»Was meinst du eigentlich mit ›schlechtem Englisch‹? Fachwissenschaftlich, ja. Aber bitte vergiß nicht, was ich sagte, als ich deine *Korallenriffe* las. Ich nannte dich einen Poeten. Ich würde mich freuen, wenn du das nie vergäßest.«
»Ich werde mich bemühen«, antwortete er sanft, belustigt über das Feuer in ihren Augen.
In den Monaten, in denen er das Manuskript über die Arten geschrieben hatte, hatte er sich wohl gefühlt. Nun begann er sich wieder unwohl zu fühlen, dann ein wenig unpäßlich, besonders nachts, wenn er mehrmals durch Krämpfe geweckt wurde.
»Was hat sich in meinem Verhalten geändert, daß ich jetzt diese Schmerzen habe?« fragte er Emma, als sie bei einem leichten Abendessen saßen.
Sie dachte einen Augenblick nach.
»Ich habe keine Ahnung. Du gehst täglich eine Stunde im Wald spazieren, du arbeitest in der warmen Sonne im Garten. Ich serviere dir die gleiche Kost.«

»Um Himmels willen, was geht in mir vor?« rief er.
Im Oktober erschien anonym ein Buch mit dem Titel *Vestiges of the Natural History of Creation (Spuren der Naturgeschichte der Schöpfung).* Es verursachte einen Aufruhr. Auch Charles brachte das Buch in beträchtliche Verwirrung. Hatte dieser anonyme Autor sich sein Manuskript über die Arten widerrechtlich angeeignet? Unsinn! Auch die baldige Verurteilung von *Vestiges,* wie man das Buch allgemein nannte, freute ihn nicht sehr. Ein Kritiker verglich es mit einer vollendeten Hure, die so süß zu singen verstand wie eine Sirene, die aber in Wirklichkeit »ein widerliches, dreckiges Weibsstück war, dessen Berührung Anstekkung, dessen Atem Vergiftung bedeutet«. Das *British Quarterly* verdammte es als abscheuliche Ketzerei; das *Athenaeum* zählte es zu solchem Humbug wie Alchemie, Astrologie, Hexerei, Mesmerismus und Phrenologie. Charles las das Buch sorgfältig und heftete Zettel mit Fragen und Bemerkungen an die Seiten. Er hielt das Buch für gut geschrieben, aber auf dem Gebiet der Geologie war es fehlerhaft und auf dem der Zoologie noch schlechter. Er war abwechselnd belustigt und entsetzt, als er hörte, daß *Vestiges* unter anderen auch ihm zugeschrieben wurde.
»Das Buch ist schwach und ohne Beweiskraft«, sagte er zu Hooker, der Anfang Dezember zu Besuch nach *Down House* kam und den ersten Teil seines eigenen Buches, *Flora Antarctica,* mitbrachte, »aus dem gleichen Grund wie das Buch meines Großvaters, die *Zoonomia.* Beide Männer haben die zur Verfügung stehende Literatur gelesen, aber keiner unternahm eingehende Studien und Beobachtungen, wie ich es an Bord der *Beagle* tat. *Vestiges* ist eine Schreibtischstudie.«
»Mich hat das Buch eher belustigt als irritiert«, antwortete Hooker.
»Ich gebe zu, daß der Gedanke, ein Fisch verwandle sich in ein Reptil, absurd ist.« Er zögerte, dann faßte er einen kühnen Entschluß.
»Mein lieber Hooker, ich besitze ein eigenes Manuskript über die Entstehung der Arten. Es ist etwa zweihundertdreißig Seiten lang, niemand hat es bis jetzt gesehen, mit Ausnahme des Druckers, der mir eine Kopie machte. Möchten Sie das Manuskript lesen? Sie könnten es dann mit *Vestiges* vergleichen. Ich weiß, ich kann mich auf Ihre absolute Verschwiegenheit verlassen.«
»Das können Sie.«
Hooker las das Manuskript in dem verschlossenen Arbeitszimmer. Am Nachmittag des zweiten Tages unternahmen sie einen langen Spaziergang. Hookers Stimme war sanft, wenn auch volltönend.
»Mich freuten besonders Ihre Hinweise auf meinem Gebiet, zum Beispiel ›Will jemand abstreiten, daß wir, wenn der Gartenbau in den nächsten Jahrhunderten weitere Fortschritte macht, zahlreiche neue Arten Kartoffeln und Dahlien haben werden...?‹«
»Wie steht es mit meinen Prinzipien der Auslese, dem allmählichen Auftauchen neuer Arten, dem Aussterben alter Arten?«

Hooker holte tief Atem.
»Ich stimme Ihren Annahmen zu – bis zu einem bestimmten Punkt. Sie haben natürlich recht bezüglich der unendlichen Variabilität der Arten sowie der Weise, wie sie sich weiterentwickeln und einordnen. Ich lasse die Beziehungen verschiedener Arten untereinander gelten, ihre Verwandtschaft mit ihren fossilen Vorfahren. Wenn ich aber zu Ihrem Kernproblem komme, der Verwandlung einer Art in eine andere, da bin ich nicht überzeugt.«
Die fahle Wintersonne ging unter. Charles wickelte sich den Wollschal fester um den Hals.
»Das wird noch kommen, mein Lieber, zur rechten Zeit.«
Sie kehrten zurück zu dem lodernden Feuer im Wohnzimmer, wo Emma und Susan sie schon mit Teekannen erwarteten.

Neujahr 1845 erfuhr er, daß Emma wieder schwanger war. Im Februar fuhr sie nach *Maer Hall*, um ihre Mutter und ihre Schwestern zu besuchen, Charles blieb mit den drei Kindern zu Hause.
Trotz häufiger Verdauungsbeschwerden beendete er seinen ersten Entwurf der Geologie von Südamerika Ende April. Zugleich verdiente er seine erste ansehnliche Summe Geld durch seine Bücher, hundertfünfzig Pfund für den Verkauf der Rechte an den Verleger John Murray zur Veröffentlichung des *Tagebuchs* in dessen Reihe *Colonial and Home Library*.
»Ich werde aber für die hundertfünfzig Pfund von John Murray arbeiten müssen«, sagte er Emma, »da wir beide glauben, das Buch könnte eine gründliche Überarbeitung und Kürzung vertragen.«
Das *Tagebuch* sollte durch einen billigen Preis in die Hände des breiten Publikums gelangen. Es würde ein schlechter Druck mit kleinen Buchstaben und schmalen Rändern sein. Murray verzichtete auf die Landkarten, was Charles bedauerte, aber die Anzahl der Holzschnitte wurde erhöht. Die Reihe hatte eine große Leserschaft. Es war eine Gefälligkeit, die er Lyell schuldete, der Murray zugeredet hatte, das Buch zu kaufen.
Er machte sich sofort an die Bearbeitung, fügte einiges über die Feuerländer hinzu, strich die Hälfte der Beschreibungen des Klimas und der Gletscher. Sein wertvollster Zusatz, fand er, war eine vorsichtige Diskussion des Aussterbens von Arten; denn er hatte eine Menge gelernt, seit das *Tagebuch* vor sechs Jahren erschienen war.
Die Lyells sollten zu Besuch nach *Down House* kommen. Charles erhielt mit der Post Lyells *Travels in North America*, die er sofort las. Sein kritisches Auge erkannte Schwächen im Aufbau sowie moralische Entgleisungen; Lyell schien zum Beispiel die Sklaverei zu rechtfertigen. Charles sagte das Lyell, als sie beide in den Wäldern spazierengingen. Lyell war erschrocken. Im Lauf des Jahres wollten die Lyells eine zweite Reise in die Vereinigten Staaten unternehmen und sich neun Monate dort aufhalten. Er versprach, sich die Sache genauer anzusehen.

»Mary hat mich daran gehindert, zuviel zu arbeiten«, erzählte ihm Lyell. »Hält Emma die Zügel auch straff?«
»Unnötig. Meine miserable Verdauung besorgt das schon.« Er warf einen kurzen Blick auf Lyells Gesicht. »Ich weiß, viele meiner Freunde halten mich für einen Hypochonder.«
»Nein, Darwin, wir halten Sie nicht für einen Hypochonder. Wir wundern uns nur, daß die Ärzte die Ursache Ihrer Anfälle nicht diagnostizieren können.«
»Ebensowenig wie ich!«
Bald nach der Rückkehr der Lyells nach London wurde Emma von ihrem zweiten Sohn, George Howard Darwin, entbunden, der am 9. Juli 1845 zur Welt kam. Sie brauchte lange, um wieder zu Kräften zu kommen. Charles war ebenso zärtlich zu ihr, wie sie bei seinen Anfällen Geduld mit ihm zeigte. Beide liebten das pausbäckige Baby, und sie waren glücklich, als Emma wieder mit Charles spazierengehen konnte.
Ende August schickte er sein revidiertes *Tagebuch* an John Murray, dann arbeitete er fleißig weiter an der Ausfeilung seiner Geologie Südamerikas. Erasmus kam zu einem zweiten Besuch. Die Kinder liebten ihn heiß, hefteten sich den ganzen Tag an seine Fersen. Emma meinte:
»Ras erträgt die Kinder mit bewundernswerter Geduld.«
Tatsächlich war Erasmus gut in Form. Am frühen Morgen des nächsten Tages führte er Charles zu dem Erdhügel unter den Eiben, auf dem das Immergrün, das sie gepflanzt hatten, nur schlecht gedieh.
»Ich habe dir das vor einem Jahr prophezeit«, rief Erasmus. »Ich habe immer betont, daß dieser Hügel die Gegend verschandelt, weil er einen Teil des Feldes verdeckt. Er muß einfach weg.«
Zu Charles' Verwunderung legte Erasmus Jacke, Weste und Krawatte ab, nahm eine Schaufel, begann den Erdhügel abzutragen und beförderte die Erde in einem Schubkarren zu einer Stelle zwischen zwei Linden in einiger Entfernung von der Hintertür.
»Ras, du überraschst mich. Ich habe dich nicht mehr arbeiten sehen, seit wir Kinder waren.«
»Jeder muß mithelfen. Der neue Hügel wird einen Teil des unerträglichen Windes von Norden abhalten, und du wirst dennoch deine schöne Aussicht haben.«
In den folgenden Tagen plante Erasmus die Neugestaltung, grub, schlug Pfähle ein. Keine Arbeit war ihm zuviel.
»Du strotzt ja richtig vor Gesundheit«, meinte Emma. »Warum ziehst du nicht zu uns?«
Erasmus seufzte wehmütig.
»Wenn ich erst einmal deinen Garten in Ordnung gebracht habe, würde ich mich zu Tode langweilen. Lade mich nur einmal im Sommer hierher ein. Da werde ich den Kohlenstaub in meiner Lunge los.«
John Murray veröffentlichte Charles' *Tagebuch* in drei Teilen im Juli, September

und Oktober. Die Abschnitte verkauften sich nur mäßig gut. Dann ließ er fünftausend Exemplare des kompletten Buches binden. Colburn hatte etwa vier Jahre gebraucht, um seine fünfzehnhundert Exemplare zu verkaufen.

»Das ist ein gewaltiger Anstieg der Auflagenzahl«, rief Charles. Dann fügte er bedauernd hinzu: »›Billig‹ nennt er die Reihe in seinen Ankündigungen. Ich wünschte, er hätte statt dessen das Wort ›wohlfeil‹ verwendet.«

Er fuhr nach London, um die Buchhandlungen zu durchstreifen und mit Lyell im *Athenaeum* zu speisen. Sie wählten einen Ecktisch und ließen sich in die tiefen Lederfauteuils fallen.

»Ich habe meine Lektüre und das Sammeln von Fakten über die Veränderung von Haustieren und Zuchtpflanzen fortgesetzt«, erklärte Charles. »Zu der Frage, was eine Art eigentlich ausmacht, besitze ich zahlreiche Unterlagen, und ich glaube, ich kann wichtige Schlußfolgerungen ziehen.«

»Daß alle Arten mutationsfähig, im Laufe der Jahrtausende Veränderungen unterworfen sind?«

»Genau. Und daß verwandte Arten gemeinsame Nachkommen der gleichen Ausgangsform sind.«

»Beabsichtigen Sie noch immer nicht, diese Entdeckungen zu veröffentlichen?«

»Noch lange Zeit nicht, wenn überhaupt jemals. Ich arbeite jetzt seit neun Jahren an dem Thema; es macht mir großes Vergnügen.«

Lyell zog die Stirn in Falten.

»Vergnügen? Sind Sie sich dessen sicher?« Er trank sein Glas Wein aus und fragte: »Wie nimmt Emma diesen fortgesetzten Angriff gegen die Offenbarung auf?«

Charles forschte sorgfältig in seinen Gefühlen.

»Sie muß ahnen, woran ich arbeite, denn sie sieht den endlosen Strom von Briefen, Fachzeitschriften und Büchern von Züchtern, Botanikern, Zoologen – und ich bin doch Geologe! Dennoch sagt sie kein Wort. Ich bringe das Thema nie zur Sprache.«

Auf einem dieser eintägigen Besuche in London erfuhr er, daß es Kapitän FitzRoy nicht gelungen war, sich mit den Siedlern in Neuseeland zu vertragen, und daß er nach weniger als zwei Jahren als Gouverneur abberufen worden war. Trotz der Isolierung auf ihrem zurückgezogenen Landsitz wußte Charles aus der täglichen Lektüre der Londoner *Times*, daß England die schlimmste wirtschaftliche Krise seit langem durchmachte. Die Löhne waren auf den tiefsten Stand seit Jahren gefallen. Die verhaßten Korngesetze, gegen die sowohl die Darwins als auch die Wedgwoods gekämpft hatten, hielten die Einfuhrzölle so hoch, daß kein Getreide eingeführt wurde, und die Inlandspreise waren überhöht. Die Armen lebten in großer Angst, denn ihre Einkünfte reichten kaum aus, um ihre Familien zu ernähren. Die landwirtschaftliche Produktion war durch die industrielle Revolution bedeutend verlangsamt worden. Bauern, besonders die jungen, verließen ihre Höfe und strömten in die Städte, um in den Fabriken anständig Geld zu verdienen. Um die Dinge noch zu verschlimmern, gab es eine Getreidemißernte, und ein Pilz befiel die Kartoffeln, die zum größten Teil vernichtet wurden. Als Charles seine Kartoffeln untersuchte, stellte er fest, daß ein großer Teil von ihnen im Boden verfault war.

»Wie sollen wir im nächsten Jahr eine Ernte bekommen«, klagte Emma, »wenn wir keine Saatkartoffeln haben?«

»Ich habe einen kleinen Vorrat aufgehoben. Ich trockne heute Sand im Backofen und werde sie in mit Sand gefüllten Körben aufbewahren.«

Er erzählte Emma nicht – sie interessierte sich kaum für die Tageszeitungen –, daß England nach Ansicht einiger Journalisten noch nie einer Revolution näher gewesen war als jetzt. Er schrieb an John Henslow:

> Mein Arbeiter hier beklagte sich, daß seine Familie, wenn das Mehl wieder steigen würde, fünfzehn Pence mehr von seinem Wochenlohn von zwölf Shilling für Brotmehl ausgeben müßte. Das wäre fast so schlimm, wie wenn einer von uns zusätzlich 50 oder 100 Pfund fürs Brot bezahlen müßte. Diese schändlichen Korngesetze müssen fallen!

Es war für das ganze Land ein trostloser Winter, aber im darauffolgenden Juni wurden die Korngesetze abgeschafft. Charles berichtete:

»Der Pilz hat erreicht, was zwanzig Jahre der Propaganda nicht durchsetzen konnten.«

Der Gesundheitszustand von Emmas Mutter verschlechterte sich zu Beginn des Jahres 1846. Sie fuhr nach *Maer Hall*, um ihr Mut zuzusprechen. Als sie nach *Down House* zurückkam, fuhr Charles zum *Mount*, weil Dr. Darwins Kräfte immer mehr abnahmen. Bessy Wedgwood starb Ende März. Elisabeth schrieb:

> Wie dankbar bin ich doch, daß ihr Tod so sanft war! Am Abend hörte ich sie sagen: ›O Herr, lasse jetzt Deine Dienerin in Frieden hinscheiden.‹ Ich glaube, wir werden uns entschließen müssen, den Haushalt aufzulösen und *Maer* zu verkaufen.

Bei dem Gedanken war Emma erschüttert.

»*Maer Hall* wird aus unserem Leben verschwinden«, klagte sie. »Es war ein herrliches Haus zum Aufwachsen.«

Dr. Darwin war robuster als Tante Bessy. Er erholte sich und führte wieder sein gewohntes Leben, während Susan und Katty für ihn sorgten.

William war im siebenten Lebensjahr. Da vier Kinder in *Down House* aufwuchsen, war es klar, daß man ein Schulzimmer brauchte und eine Gouvernante für den Unterricht.

Charles sagte: »Mit dem Schulzimmer hast du recht. Wir werden zwei Nebenge-

bäude so umbauen, daß wir ein weiteres Stockwerk darübersetzen können mit einem großen Raum, von dem man den Garten überblickt, und dahinter die Zimmer für die Gouvernante.«
»Wenn du schon dabei bist«, fuhr Emma fort, »Sally beklagt sich, wie unangenehm es ist, daß alle, die hereinkommen, Lieferjungen und Arbeiter, immer durch ihre Küche gehen müssen. Könnten wir nicht die jetzige Tür zumauern und neben der Speisekammer eine neue durchbrechen?«
»Parslows Anrichteraum ist auch zu klein. Ich werde etwas mehr Platz für ihn schaffen.«
»Können wir uns das alles leisten?«
»Gerade noch. Ich hoffe, das Kollegium in Shrewsbury wird mich nicht wegen übertriebener Verschwendung verurteilen.«
Dr. Henry Holland hatte bei einem von Charles' Besuchen in London empfohlen, er solle seine gelegentliche Zigarre und die täglichen zwei Zigaretten aufgeben, weil sie seiner Gesundheit schadeten. Infolgedessen hatte er zu schnupfen begonnen, was ihm gefiel. Es klärte seinen Kopf und schien seinen Geist zu schärfen.
»Kein Zweifel«, sagte Emma, als er wieder erkrankte, »der Schnupftabak schadet dir ebenso wie die Zigaretten. Ich möchte, daß du ihn mir und auch dir zuliebe für einen Monat aufgibst.«
Er gab das Schnupfen auf, ging aber herum und murmelte:
»Meine grausame Frau! Sie hat mich überredet, mit dem Schnupfen aufzuhören, und infolgedessen bin ich jetzt ganz lethargisch, blöde und melancholisch.«
Am Ende des Monats schlossen sie einen Kompromiß.
»Warum kann ich die Schnupftabakdose nicht hinaus in die Diele stellen?« fragte er. »Mein Schreibbrett wegzustellen und durch das Arbeitszimmer in die Diele zu gehen wird mir so viel Mühe machen, daß ich mein Quantum stark einschränken werde.«
»Auf ein Drittel? Also gut. Das kann dir nicht schaden. Aber ich werde deinen Kindern nicht erzählen, daß du das Objekt der Versuchung außer Reichweite stellen mußtest.«
Joseph Hooker kam auf einen längeren Besuch, er brachte seine Arbeit mit. Er war Charles' engster Freund und Vertrauter geworden. Charles teilte ihm seine neuesten Ideen über Leben und Sterben der Arten mit. Da Hooker blaß und mager aussah, meinte Charles:
»Sie sollten eine Frau nehmen, damit Sie nicht soviel arbeiten.«
Hooker lächelte matt.
»Ich bin erst achtundzwanzig. Und Sie selbst haben erst mit dreißig geheiratet. Ich möchte noch eine Forschungsreise unternehmen, bevor ich einen Hausstand gründe.«
Als Hooker nach Kew zurückkehrte, faßte Charles einen Entschluß.
»Ich habe beschlossen, einen Spazierweg anzulegen«, sagte er zu Emma, »in der Art des ›Arztspaziergangs‹ in Shrewsbury. Am Ende unseres Grundstücks, an der

Grenze, die uns von dem Gut der Lubbocks trennt. Ich habe das Gefühl, ich brauche einen Spazierweg, der ausschließlich von mir benutzt wird. Nenn ihn den ›Denkerweg‹, wo ich Mut schöpfe, Fragen zu stellen und nach Antworten zu forschen. Bücher werden zuerst im Kopf ausgedacht, bevor sie zu Papier gebracht werden.« Er schob die Schultern vor. »Die erste Hälfte wird über freies Feld führen, die zweite durch den Wald hinter den Futterwiesen, eine Art Rundweg. Wir haben im Wald eine Sandgrube entdeckt. Sand haben wir also genug. Sobald Comfort und ich die Route festgelegt haben, werde ich zwei Arbeiter anstellen, um das Gebiet von Steinen, Baumstümpfen und Unkraut zu befreien, es ein wenig zu planieren und dann eine Sandschicht aufzubringen.«

»Dein Denkimperium. Wie groß ungefähr?«

»Sagen wir, etwa zweieinhalb Meter breit und alles in allem ungefähr fünfhundert Meter lang.«

Er stellte fest, daß er für den Pfad, wie er ihn sich vorstellte, jenseits des Waldes nicht genug Land besaß. Er müßte ein paar Meter vom Besitz seines Nachbarn in Anspruch nehmen. Sir John Lubbock, sein Nachbar, war Bankier, Astronom und Mathematiker. Der Streifen Wegs war von Lubbocks weitläufigem Landsitz *High Elms* weit entfernt und wurde nicht benutzt, obwohl er über einem hübschen grünen Tal lag, wo Lubbocks Vieh weidete. Die Darwins und die Lubbocks hatten Bekanntschaft geschlossen und sich einige Male gegenseitig besucht. Lady Lubbock hatte sich mit Emma besonders angefreundet.

»Ich möchte aber keine Nachbarn um Gefälligkeiten bitten«, sagte Charles.

»Biete ihnen eine jährliche Pacht an«, antwortete Emma sachlich.

Charles besuchte *High Elms* und legte sein Problem dar.

»Könnte ich dieses Stück Boden von Ihnen pachten?« fragte er. »Wir werden eine angemessene Gebühr bezahlen.«

»Ich glaube, das Gebiet gehört zum Besitz meiner Frau«, antwortete Sir John. »Lassen Sie mich sie fragen.«

Zwei Tage später ritt Lubbock auf seinem Lieblingshengst nach *Down House* und sagte Charles und Emma beim Tee:

»Lady Lubbock läßt sagen, dieser schmale Streifen steht jederzeit zu Ihrer Verfügung. Sie lehnt einen Pachtzins ab, aber ich nehme an, Sie wollen lieber eine einmalige Summe zahlen, damit Sie sich nicht verpflichtet fühlen.«

Sie übernahmen von den Lubbocks einen Morgen und zwölf Ruten Boden. Den offenen Teil zwischen beiden Besitzungen ließ Charles von dem Gärtner mit Stechpalmen, Haselsträuchern, Erlen, Linden, Weißbuchen, Liguster und Hartriegel bepflanzen. Am Ende dieses Teils des Sandwegs, wie ihn die Familie später nannte, ließ Charles vom Zimmermann ein Sommerhäuschen bauen.

Endlich war der Sandweg, zu Charles' größter Zufriedenheit, fertiggestellt.

»Jetzt«, erklärte er Emma voller Freude, »muß ich eine Methode ersinnen, um festzuhalten, wie oft ich die Runde gemacht habe.«

»Könntest du nicht einfach so lange gehen, bis du müde bist?«

»Das wäre zu einfach. Ich muß eine Formel ausarbeiten.«
Emma lachte, aber ihm war es Ernst. An der Ecke, wo die offene Seite des Sandwegs den Wald erreichte, legte er eine Reihe kleiner Flinte, zwischen einem und sieben, bereit. Nach jeder Runde stieß er einen Stein mit dem Fuß weg. Wenn er den letzten weggestoßen hatte, ging er über den sanften Hang zu dem kleinen Tor in der Hecke und zurück nach Hause durch die Gemüse- und Blumenbeete zu seinem Mittagessen. Er liebte diesen Weg ungeheuer und versäumte nie seinen täglichen Spaziergang, gleichgültig, wie müde er sich fühlte.
»Eines ist mir ein Rätsel«, meinte Emma, während sie ihn auf seinem Spaziergang begleitete. »Wieso weißt du im voraus, wie viele Steine du bereitzulegen hast?«
»Das hängt von verschiedenen Faktoren ab«, sagte Charles mit gespieltem Ernst. »Ebenso wie Kapitän FitzRoy seine Variablen abwägen mußte, um zu entscheiden, ob er eine Bucht suchen und beidrehen oder einem Sturm trotzen sollte. Es ist eine mathematische Gleichung. Wie lang muß ich gehen, um die durch intensive Denkarbeit im Körper verursachten Gifte loszuwerden? Wie gut ist das Wetter? Wie gut roch Sallys gebratene Lammkeule, als ich aus der Gartentür trat? Verstehst du, meine Liebe, ich muß eine bestimmte Routine haben. Es entspannt mich und gibt mir zugleich ein System. Ist das plausibel?«
»Für dich, ja. *Ich* bin immer froh, wenn wir zum letzten Flint kommen.«

4.

Im Juni fuhr Emma mit William und Annie zu Besuch zu ihren Tanten Elisabeth und Charlotte, die nun in Penally an der Darmarthen-Bucht in Südwales wohnten, und ließ Charles mit den zwei jüngsten, Henrietta und dem Baby George, das fast ein Jahr alt war, zurück. Etty, mit der er zwischen seinen Arbeitsstunden spielte, erwies sich als reizend, obwohl sie oft lieber mit ihren Puppen spielte. Trotz eines merkwürdigen Gefühls in seinem Inneren schrieb Charles täglich fünf Briefe an seine Briefpartner. Er blätterte viel in Wagners *Elements of the Comparative Anatomy of the Vertebrate Animals*, Steenstrups *On the Alternation of Generations*, der *Expedition* des Amerikaners John Charles Fremont, der *History of British Fossil Mammals and Birds* seines Freundes Richard Owen. Abends las er zur Entspannung Carlyles *Oliver Cromwell's Letters and Speeches* und bewunderte Carlyles fruchtbringende Forschungen und seinen Stil. Was sein eigenes Werk anlangte, fühlte er sich, verglichen mit Carlyle, wie eine Schildkröte von den Galápagos gegenüber einem Hasen. Er schrieb an Emma:

> Ich bin ein undankbarer alter Nörgler, wenn ich mich beklage, denn ich saß im Sommerhaus, beobachtete das Gewitter und dachte, was für ein

glücklicher Mann ich bin, so gut situiert in Hinsicht auf mein Erdenleben, mit so lieben kleinen Kindern und vor allem mit so einer Frau.

Die Lyells kehrten aus den Vereinigten Staaten zurück und übersiedelten von der Hart Street in die Harley Street, eine vornehme Gegend. Die siebente Auflage seines *Lehrbuchs der Geologie* kam heraus, eine Huldigung an Lyells Autorität auf dem Gebiet. Er ersuchte Charles um Hilfe bei seinem bevorstehenden Projekt *Changes of the Organic World Now in Progress.*
Sir William Hooker befand sich mitten im Bau des Großen Palmenhauses, das das größte Gewächshaus der Welt werden sollte. Joseph Hooker gab einen weiteren Teil seiner *Flora Antarctica* heraus, die Charles für seine eigene Arbeit sehr nützlich fand. Er sandte Hooker einen anerkennenden Brief und fügte hinzu:

> Sie werden diesen Brief ungewöhnlich finden angesichts der Tatsache, daß er von einem Mann kommt, der kaum ein Gänseblümchen von einem Löwenzahn unterscheiden kann!

Er beschloß, am Treffen der *British Association* im September in Southampton teilzunehmen, und fragte Emma, ob sie ihn begleiten wolle. Emma überlegte einen Augenblick, dann fragte sie:
»Könnten wir auch einige Ausflüge machen, nach Portsmouth und auf die Insel Wight...?«
Zu ihrer Freude trafen sie in Southampton die Lyells sowie Leonard Jenyns, der Charles ein Exemplar seiner neu erschienenen *Observations in Natural History* schenkte. Charles sah eine Anzahl seiner Freunde aus Edinburgh wieder und eine Gruppe irischer Naturforscher. Diejenigen Teilnehmer, die in der Nähe lebten, nahmen die Darwins zum Besuch von Sehenswürdigkeiten und zu Abendgesellschaften in ihren Häusern mit, bei denen diskutiert wurde. Als eine besonders trockene Abhandlung vorgetragen wurde, wandte sich Charles an Emma.
»Ich fürchte, das ist für dich sehr ermüdend.«
»Nicht mehr als alles übrige«, antwortete sie resigniert.
Charles lachte herzlich darüber und erzählte die Geschichte seinen engsten Freunden. Er unternahm mit ihr die Ausflüge, die er ihr versprochen hatte. Auf der Heimreise bemerkte er:
»In dieser Woche habe ich mich gut unterhalten.«
Emma betrachtete das Gesicht ihres Mannes, seine geröteten Wangen, den Glanz in seinen Augen, die Gesundheit, die er ausstrahlte.
»Vielleicht sollten wir den Rest unseres Lebens damit verbringen, an trockenen Gelehrtentreffen teilzunehmen«, sagte sie, »und Ausflüge machen. Du würdest keinen Augenblick mehr krank sein.«
»Ich weiß, du sagst das im Scherz«, erwiderte er. »Für mich wäre das Leben ohne Arbeit unerträglich.«

Gegen Ende des Jahres sollten die *Geologischen Beobachtungen über Süd-Amerika* veröffentlicht werden. Er schüttelte ungläubig den Kopf darüber, daß zehn Jahre vergangen waren, seit er die Arbeit begonnen hatte. Henslow hatte schon früh vorhergesagt, das Beschreiben würde doppelt so viele Jahre erfordern als das Sammeln und Beobachten. Er hatte recht gehabt. Es war ein produktives Jahrzehnt gewesen, aber wie stand es mit der Zukunft? Er fragte sich:
»Wie will ich sie verbringen, und was kann ich vollbringen?«

Seine Gedanken wandten sich den Rankenfüßern zu, wissenschaftlich *Cirripedia* genannt. Er hatte an der chilenischen Küste eine seltsame Form gefunden, die sich von allen anderen ihm bekannten unterschied. Um den Aufbau dieser Art, die zu den Entenmuscheln gehörte, zu verstehen, beschloß er, möglichst viele andere Arten zu sezieren. Über diese Tiere war praktisch nichts bekannt. Erst als Joseph Hooker einige Tage zu Besuch kam, begann er, einen Arbeitsplan zu entwerfen.
»Ich werde für die Rankenfüßer mehrere Monate brauchen, vielleicht ein Jahr«, sagte er Hooker. »Dann werde ich mir meine durch zehn Jahre gesammelten Notizen über Arten und Varietäten ansehen. Ich nehme an, das Niederschreiben wird noch weitere fünf Jahre erfordern. Nach der Veröffentlichung, das wage ich zu sagen, werden mich alle vernünftigen Naturforscher nur noch scheel ansehen.«
»Ihre Freunde, die Zeugen der Gründlichkeit Ihres Vorgehens waren«, antwortete Hooker, »werden Ihnen folgen. Ihre persönlichen Feinde oder die Gegner Ihrer Ideen werden Ihre Feinde bleiben.«
Der Oktober 1846, der Beginn seines zweiten Berufsjahrzehnts, begann mit einem frischen, klaren Tag. Charles pfiff seinem Hund, schlenderte hinunter zum Sandweg und legte sieben Steine zurecht, denn er fühlte sich in guter Stimmung. Beim Essen um ein Uhr erzählte er Emma:
»Ich habe an der chilenischen Küste eine seltsame Entenmuschel gefunden. Sie unterscheidet sich von allen anderen insofern, als sie ein Organ entwickelt hat, das es ihr ermöglicht, die Schale einer Muschel anzubohren, die wahrscheinlich ihre einzige Nahrungsquelle ist. Ohne dieses Bohrwerkzeug wäre die Art ausgestorben. Ich werde sie unter dem Mikroskop sezieren, um zu sehen, wie sie aufgebaut ist.«
Auf dem zweiten Fensterplatz, etwas entfernt von seinem Schreibstuhl, stellte er sein Mikroskop und seine Geräte auf: eine lange, schonende Sezierschere mit einem Rad, eine dreieckige Feile mit nadelscharfer Spitze, ein Bündel winziger Pinsel, einen langen Elfenbeinstab, an dessen Ende ein Stahlhaken eingebettet war, eine Sonde, ein kleines Messer. Die Art, die ihn interessierte, war in Alkohol konserviert worden, zusammen mit einem Dutzend bekannterer Arten, die er gesammelt hatte. Er ging nach unten in den Kohlenkeller, holte eine der wenigen Flaschen mit wissenschaftlichen Präparaten, die er zehn Jahre lang aufbewahrt

hatte, nahm sie mit nach oben in sein Arbeitszimmer und zog die kleine Entenmuschel aus der Flasche. Sorgfältig entfernte er die Schale, stellte fest, daß das Innere immer noch weich war, und legte es in eine durchsichtige Glasuntertasse mit Wasser. Dann stellte er diese auf den kaum drei Zentimeter breiten Objektträger des Mikroskops, legte das rechte Auge an das Mikroskop und stellte den Reflexspiegel so ein, daß er möglichst viel Licht bekam.

Das Ergebnis war enttäuschend; das weiche Innere der Entenmuschel war zwar kaum zweieinhalb Millimeter lang, aber immerhin dick genug, um undurchsichtig zu sein. Er konnte die einzelnen Organe auf der wackligen Unterlage nicht scharf genug einstellen. Das Mikroskop reichte für seine Bedürfnisse nicht aus.

Der einzige Ort, wo er ein Mikroskop mit größerem Objektträger finden konnte, war London. Parslow packte seine alte blaue Reisetasche; er würde bei Erasmus übernachten. Comfort fuhr ihn zum Bahnhof nach Sydenham. In London nahm er an der Bridge Station eine Droschke, die ihn nach Covent Garden brachte, auch zur Garrick Street, zur Newgate und Coleman Street, wo sich die Optikerläden befanden.

Er ging in ein halbes Dutzend der besten Geschäfte und erklärte, was er brauchte. Die Geschäftsleute waren höflich, bedauerten jedoch.

»Wir haben nur das gleiche Mikroskop, das Sie schon 1831 hatten, Mr. Darwin. Wir kennen kein verbessertes Modell.«

In einem der größeren Geschäfte, Smith and Beck in der Coleman Street 6, unweit der Bank von England, boten die Besitzer an, ihm alles zu bauen, was er entwerfen würde, wenn er ihnen genaue Baupläne lieferte.

»Danke, meine Herren, aber ich habe keine Pläne und bin leider nicht imstande, sie zu zeichnen.«

Bei Einbruch der Dunkelheit kehrte er entmutigt zu Erasmus zurück. Er kam in die Park Street und fand in Erasmus' Salon eine Gesellschaft vor, im Kamin brannte ein Feuer, auf den Tischchen standen Teller mit Sandwiches, braunem Brot mit Butter, gekochtem Fleisch, einem Chaudfroid aus Hühnerfleisch, Marmeladen, warmen Teekuchen, Kannen mit Tee und heißem Wasser, die mit Hauben zugedeckt waren. Im Salon ging es lärmend und gutgelaunt zu.

»Gas!« rief Erasmus, der Charles am Eingang begrüßte. »Du bist genau am richtigen Tag gekommen. Mein Hausmädchen hat mir Ehre eingelegt. Sie muß geahnt haben, daß du kommst. Ich werde dich meinen Gästen vorstellen.«

Erasmus' Gesicht leuchtete in dieser glücklichsten Stunde des Tages. Charles wurde zwei Schriftstellerinnen vorgestellt, deren Namen er von Romanen kannte, die Emma ihm vorgelesen hatte, wobei sie ganze Seiten übersprang, dann mehreren Männern, darunter einem Architekten und einem Bildhauer. Er setzte sich auf einen Stuhl in einer Ecke, trank eine Tasse Tee und hörte mit halbem Ohr den Gesprächen zu, die um ihn herum geführt wurden. Als der letzte Gast gegangen war, fragte Erasmus:

»Warum so finster, Charley?«

Charles erzählte es ihm.
»Verlier nur nicht den Mut. Morgen gehen wir zum Lunch ins *Athenaeum* und dann zum Abendessen in eine von deinen Gesellschaften. Wir werden jedem erzählen, was du suchst. Ein Spionagenetz einrichten, um das beste Mikroskop zu finden, das es gibt.«
Er merkte sich nicht, wie viele Wissenschaftler er und Erasmus am nächsten Tag fragten, vielleicht waren es zwanzig. Keiner hatte von einem anderen Mikroskop gehört als dem einfachen, das sie alle verwendeten. Sie tranken spät abends noch ein Glas Portwein im *Athenaeum,* als William Carpenter eintrat, der im Alter von dreiunddreißig schon als »ein großer Physiologe« bezeichnet wurde.
»Darwin, ich habe von Ihrer Suche gehört. Vor wenigen Tagen stieß ich zufällig auf Pläne, die vor kurzem aus Paris gekommen waren, ein Mann namens Chevalier hat sie gezeichnet. Ich habe nur einen Blick darauf geworfen, aber ich glaube, sie könnten das sein, was Sie suchen.«
Am nächsten Tag machte der Bibliothekar in einer der historischen Gesellschaften die Pläne ausfindig, rollte sie auf und beschwerte jedes Ende mit einem dicken Buch. Charles las Chevaliers französische mit Tinte geschriebene Bemerkungen zu den neuen Konstruktionselementen. Er war ein Künstler, der sich für wissenschaftliche Skizzen interessierte und die Pläne im Auftrag eines Mr. Brucke gezeichnet hatte.
»Es ist wunderschön!« rief Charles. »Auf diesem Objektträger wird eine Untertasse mit einem Innendurchmesser von drei Zoll Platz haben. Und er ist stabil.«
Er bat um die Erlaubnis, sich die Pläne ausborgen zu dürfen, damit Smith and Beck sie kopieren konnten.
Die Besitzer von Smith and Beck ließen einen Zeichner aus ihrer Werkstätte kommen und breiteten die Zeichnungen auf dem Schaukasten aus, von dem sie Brillen und Augengläser entfernten. Charles gab noch einige zusätzliche Anregungen. Als der Zeichner die Kopie fertig hatte, fragte Charles:
»Wie lange wird die Anfertigung dauern?«
»Schwer zu sagen, Mr. Darwin. Wir müssen Gußformen herstellen, die neue Linse schleifen und anpassen. Drei bis vier Monate.«
Charles stöhnte. »Und die Kosten...?«
»Das können wir auch nicht sagen. Aber wir werden über Material- und Arbeitskosten genau Buch führen und dann unseren üblichen Gewinn aufschlagen. Einverstanden?«
»Einverstanden.«
Während der Wartezeit lud er James Sulivan, seinen Kameraden von der *Beagle*, und seine Frau für einige Tage nach *Down House* ein, auch George Waterhouse, der die *Säugetiere* geschrieben hatte, und Thomas Bell, der die *Reptilien* bearbeitet hatte. Sulivan war zum Kommandeur der Brigg *Philomel* ernannt worden und hatte Jahre mit der Vermessung der Falklandinseln verbracht, wo er an Land gewohnt hatte.

Joseph Hooker kam häufig und brachte immer seine Arbeit mit. Im Februar hatte er einen Posten als Botaniker für eine Untersuchung der britischen Flora in ihrer Abhängigkeit von geologischen Gegebenheiten angenommen. Das Gehalt betrug hundertfünfzig Pfund sowie Reisezulagen. Er erledigte einen großen Teil der Arbeit zu Hause. Jeden Morgen nach dem Frühstück begaben sich die beiden Männer in Charles' Arbeitszimmer, wo Charles sagte:

»Jetzt werde ich Sie eine halbe Stunde lang ausfragen.«

Er holte ein halbes Dutzend Zettel, auf denen botanische Fragen standen. Hooker sagte:

»Ich gehe immer mit dem Gefühl weg, daß ich Ihnen nichts mitgeteilt habe und mehr mitnehme, als ich überhaupt tragen kann.«

Kurz nach Neujahr 1847 kam Erasmus für ein Wochenende und brachte triumphierend das neue Mikroskop mit.

»Smith and Beck ersuchen um deine Einwilligung, ein zweites Modell herstellen zu dürfen, und bitten, du sollst es den Naturforschern, die du kennst, empfehlen. Dein verschrobener Freund Robert Brown, der bei Smith and Beck war, als ich es abholte, trug mir auf, dir zu sagen, es ist ein herrliches Spielzeug.«

Sie gingen ins Arbeitszimmer, wo Charles liebevoll das glänzende Mikroskop aus seiner Holzschachtel hob. Er legte eine Entenmuschel in einen Teller mit Wasser, plazierte sie auf dem drei Zoll langen Objektträger und stellte die Linse ein.

»Es ist tatsächlich ein herrliches Spielzeug!« rief er. »Es läßt sich bedeutend leichter einstellen. Ich sehe Einzelheiten, von denen ich nie wußte, daß es sie gibt. Auch sonst niemand! Sieh dir die schönen Zähne an, die zart purpurrote Färbung. Ich habe ein Gefühl, wie Galilei es gehabt haben muß, als er zum erstenmal den Himmel durch ein Fernrohr betrachtete.«

»Willst du damit die Entenmuscheln mit den Sternen am Himmel vergleichen, Gas?« fragte Erasmus.

Charles legte den Kopf schief.

»Vielleicht nicht, Ras. Das Studium der Entenmuscheln ist kein Selbstzweck. Wenn ich genügend Entenmuscheln aus allen Teilen der Erde seziere, könnten sie mir vielleicht enthüllen, wie die Natur allmählich Veränderungen vollzieht und neue Arten entstehen.«

Er ließ den Zimmermann aus Down kommen, um ein Fensterbord einbauen zu lassen. Als es fertig war, maß es auf der Zimmerseite einen Meter in der Breite, ragte einen halben Meter über die Fensterbank vor und maß am Fenster über eineinviertel Meter.

Er stellte das Mikroskop auf, das eine stabile Eichenplatte als Basis erhalten hatte. Eine seiner eigenen Verbesserungen war ein an einem senkrechten Stab befestigter kleiner Querträger für die Vergrößerungsgläser; er konnte gedreht sowie vor- und rückwärts bewegt werden. Aus seinem Schlafzimmer holte er einen Drehstuhl, den sein Vater ihm als Geschenk nach *Down House* geschickt hatte. Es erwies sich, daß er gerade die richtige Höhe für die Arbeit am Mikroskop hatte.

Charles las die vorhandene Literatur über Rankenfüßer. Sie war unzureichend. Er fand zweierlei heraus. Erstens, daß, mit ganz wenigen Ausnahmen, kein Forscher sich die Mühe gemacht hatte, die Weichteile der Rankenfüßer zu untersuchen, sondern sie nach ihrem Äußeren und nach Unterschieden in ihren Schalen benannt und klassifiziert hatte. Zweitens, daß die Nomenklatur der Hunderte, vielleicht Tausende von Varietäten ein Chaos bildete, wobei dieselbe Art von verschiedenen Forschern unterschiedliche Namen erhalten hatte. Charles erklärte: »Ich beabsichtige, beides zu berichtigen, auch wenn ich ein Jahr dazu brauche. Es ist eine lohnende Arbeit.«

5.

Die Erde drehte sich um ihre Achse, die Darwins drehten sich im engen Bereich ihres Familienlebens, und Charles konzentrierte sich auf die Arbeit an seinen Entenmuscheln. Obwohl er auf einem bisher vernachlässigten Gebiet arbeitete, sezierte, Entdeckungen machte, winzige Einzelheiten beschrieb und katalogisierte, war es eine weitgehend mechanische Arbeit, die ihn ganz in Anspruch nahm, solange er an seinem Mikroskop saß, die aber keine Anforderungen an ihn stellte, sobald er die Tür des Arbeitszimmers am Ende des Tages hinter sich geschlossen hatte.

Er beobachtete, wie sich die Persönlichkeit jedes einzelnen Kindes entwickelte, die auffallend verschieden waren. Der achtjährige William war vollkommen selbständig, er neigte dazu, seine Gedanken für sich zu behalten. Die fast siebenjährige Annie war Charles' Liebling, ein sensibles, liebevolles und fröhliches Kind. Wenn er nicht arbeitete, setzte sie sich auf seinen Schoß und verbrachte eine halbe Stunde damit, »sein Haar schönzumachen«. Sie begleitete ihn auf seinen Spaziergängen, manchmal hielt sie ihn an der Hand, dann wieder tanzte sie in Pirouetten vor ihm her. Die Eltern waren sich darüber einig, daß sie der Liebling des Hauses war.

Henrietta, »Etty«, wurde bald vier, sie war genau das Gegenteil. Ein ruhiges, lernbegieriges Kind, das schon lesen konnte, gern neben Emma saß, wenn sie Charles vorlas, und beide damit überraschte, wie genau sie der Geschichte zu folgen vermochte. Sie war auch das einzige eifersüchtige Kind. Sie war unglücklich, als George auf die Welt kam und sie nicht mehr so aufmerksam von Brodie behandelt wurde, die den überwiegenden Teil ihrer Zeit dem jüngsten Kind widmete.

Down House wurde der Mittelpunkt für die Familienangehörigen der Darwins und Wedgwoods, wie es *Maer Hall* gewesen war. Es gab fast immer einen aus der Familie, der zu Besuch kam: Emmas Schwester Elisabeth, ihr Bruder Hensleigh mit Fanny und ihren Kindern, ihre Brüder Frank und Harry mit ihren

Frauen und Kindern, Joe Wedgwood und Charles' Schwester Caroline, die mit ihren drei Kindern nach Leith Hill Place, unweit von Wotton in Surrey, übersiedelt waren, das nicht weit entfernt lag, ihre Schwester Charlotte und der Reverend Mr. Langton mit ihrem einzigen Kind, Edmund. Charles' Schwestern Katty und Susan kamen abwechselnd aus Shrewsbury. Charles war über all das glücklich; die Familienbande waren seine Wurzeln im Boden. Sie störten seine Arbeit nicht, er brauchte auch bei Tisch nicht zu sprechen, wenn er nicht wollte.

»Du bist die *mater familias* geworden«, bemerkte er zu Emma. »Beide Familien kommen mit ihren Sorgen und Problemen zu dir, damit du sie löst.«

»Ich teile aber auch ihr Glück und ihre Freuden.« Ihr Lächeln war matronenhaft. »Ich bin gern die Ersatzmutter für die Darwins und Wedgwoods, obwohl ich nach Katty die jüngste von allen bin.«

»Weisheit hat mit dem Alter nichts zu schaffen.«

»Ich besitze keine Weisheit, bloß Geduld und Zuneigung.«

Es stellten sich Veränderungen im Äußeren der beiden ein, als sie sich dem Ende ihres vierten Lebensjahrzehnts näherten. Die hellrote Farbe war aus Charles' Haar verschwunden, es wurde dunkel. Sein früher reichlicher Haarwuchs war nun im Alter von fast achtunddreißig Jahren stark zurückgegangen. Dafür trug er einen langen, breiten und dichten Backenbart.

»Ich hätte in acht Jahren nicht so stark altern dürfen«, meinte er murrend zu Emma. »Als du mich geheiratet hast, war ich ein freundlich aussehender junger Mann mit vollem Haar und frischem Teint. Sieh mich jetzt an, da ich mich den Vierzig nähere: buschige Augenbrauen, beinahe kahlköpfig...«

»Das ist eine Folge des eifrigen Denkens«, neckte sie ihn. »Ich glaube, du siehst jetzt viel besser aus als zur Zeit unserer Hochzeit. Dein Gesicht hat mehr Ausdruckskraft, und dein Kopf, von dem dein Vater sagte, er habe seine Form an Bord der *Beagle* verändert, wirkt massiger. Früher sahst du nett aus. Jetzt wirkst du kraftvoll.«

»Ach, Liebste. Du bist so reizend, so blind.«

Emma hatte bis 1847 fünf Kinder geboren, war aber kaum gealtert. Ihr Haar hatte noch immer seinen braunen Glanz, ihre Haut war glatt und hatte eine gesunde Farbe. Ihre leuchtenden Augen zeigten noch immer die samtige Weichheit, die zu ihrem lebhaften Charakter paßte. Sie hatte ein Gesicht, das die Menschen Tag um Tag, Jahr um Jahr gern sahen. Sie hatte auch ihre gute Figur nicht verloren.

Wenn Charles' Gesicht kraftvoller geworden war, wie Emma sagte, ließ sich das von seiner körperlichen Gesundheit nicht behaupten. Er war bei weitem nicht mehr der Mann, der imstande war, vierzehn Stunden am Tag zu reiten, auf feuchtem Boden mit seinem Sattel als Kopfkissen zu schlafen, Guanakofleisch zu essen – alles noch gesteigert durch das berauschende Gefühl von Freiheit und Unabhängigkeit. Er sagte zu Joseph Hooker:

»Über meine Gesundheit gibt es nichts Neues, es geht mir immer so ziemlich gleich, manche Tage etwas besser, manche etwas schlechter.«

Er war immer in Sorge, daß ihn seine Freunde für einen Hypochonder hielten. Dr. Henry Holland bemerkte:
»Emma, du bist die perfekte Krankenschwester für den idealen Patienten.«
»Beschuldigst du uns, daß wir Charles' Leiden überbewerten?« fragte sie energisch.
Charles war an die alberne Art ihres Vetters gewöhnt. Er hatte früher schon zu Emma gesagt:
»Unser entfernter Verwandter scheint dazu bestimmt zu sein, in unserem Leben die Rolle des Widersachers zu spielen. Wenn ich auf ihn gehört hätte, wäre ich jetzt in irgendeiner Pfarre begraben und würde Jagd auf Käfer machen.«
Er besaß nur noch wenige Exemplare seiner Entenmuschel-Sammlung, die er Richard Owen übergeben hatte. Die Entenmuscheln, die er in den tropischen und wärmeren Meeren gesammelt hatte, besaßen eine kleine rautenförmige oder ovale Mundöffnung, ihre Farbe war fast weiß oder purpurrot, gelegentlich schwarz oder auch blaß pfirsichfarben. Die Kalkschalen waren fast dreieckig. Die weichen Körper waren unterteilt durch dicke Wände und wiesen viele Röhren auf. Aber er wurde immer unglücklicher wegen der Exemplare, die er weggegeben hatte.
»Ich werde Owen fragen, ob er mir meine Sammlung zu Studienzwecken zurückgeben könnte«, beschloß er.
Im Februar unterbrach er für kurze Zeit die Arbeit, um seinen Vater in Shrewsbury und auf der Zwischenstation in London die Society zu besuchen. Die Zeitungen verkündeten mit großer Befriedigung, daß das Unterhaus das Zehnstundengesetz verabschiedet hatte, das die Arbeit von Frauen und Kindern in den Fabriken auf zehn Stunden täglich beschränkte, wahrscheinlich das fortschrittlichste Gesetz, das seit Abschaffung der Korngesetze beschlossen worden war.
Als er nach Hause kam, vertraute ihm Emma an, daß sie wieder schwanger war.
»Es ist fast zwei Jahre her, seit George geboren wurde«, sagte sie. »Wir wollten eine große Familie, deshalb sollten wir Gott danken, daß wir sie auch bekommen.«
Er küßte sie auf die Stirn und murmelte:
»Wir haben leider keine Wahl, es sei denn, ich lege Profeß ab und trete in ein Kloster ein.«

Da er seine Arbeit für den nächsten Tag schon neben dem Mikroskop zurechtgelegt hatte, schweiften seine Gedanken ab. Zehn Jahre zuvor hatte er in sein Notizbuch geschrieben:

> Wenn wir den Mutmaßungen freien Lauf lassen, dann könnten die Tiere und wir unseren Ursprung auf einen gemeinsamen Vorfahren zurückführen. Vielleicht sind wir alle miteinander verwandt... Es drängt uns, den Versuch zu unternehmen, die Gründe für die Veränderung zu finden.

Als er über die immer seltener werdenden Nandus in Patagonien nachdachte, fiel ihm auf, daß »gut angepaßte Varietäten dazu neigen, erhalten zu bleiben, und nicht angepaßte, auszusterben«.
Im Juni fuhr er zum Treffen der *British Association* nach Oxford. Dort schienen sich alle Kollegen versammelt zu haben: Adam Sedgwick, George Peacock, Richard Owen, Charles Lyell, Whewell, Buckland, Murchison, Michael Faraday, Sir John Herschel sowie John und Harriet Henslow mit ihrer ältesten Tochter Frances, die jetzt zweiundzwanzig und zu einer Schönheit herangereift war. Das fand zumindest Joseph Hooker, denn er sagte zu Charles, als sie gemeinsam zu Lyells Vortrag gingen:
»Merkwürdig, ich habe Frances oft im Haus der Henslows gesehen, und sie gefiel mir immer. Aber gestern beim Abendessen wurde mir der Liebreiz ihres Wesens plötzlich bewußt, es war wie ein Blitz zwischen die Augen – oder war es wie ein Schlag in die Magengrube? Nein, es war wie eine Offenbarung. Ich wußte mit absoluter Sicherheit, daß ich sie liebe und sie heiraten will. Heute morgen sprach ich mit ihr. Die Henslows sind einverstanden.«
»Das kann ich mir denken. Sie bekommen den brillantesten jungen Botaniker im ganzen Land.«
»Wir werden aber erst in einigen Jahren heiraten. Die Admiralität plant eine wissenschaftliche Reise nach Borneo und wird mich vielleicht zum Naturforscher ernennen. Das Ministerium für Wald- und Forstwirtschaft hat mir eine Fahrt nach Indien angeboten.«
Hooker verkündete die Neuigkeit, daß die Königlichen Botanischen Gärten in Kew nun für das Publikum zugänglich seien, ebenso wie Sir William Hookers neues Museum für Wirtschaftliche Botanik. John Henslows Botanischer Garten außerhalb von Cambridge war endlich gegründet und die ersten Bäume waren gepflanzt worden.
Charles hielt in der geologischen Abteilung einen Vortrag, ebenso Adam Sedgwick und Robert Chambers, der nach Charles' Ansicht der Autor des heftig angefochtenen Buchs *Vestiges* war. Als er nach Hause kam, erzählte er Emma:
»Die Versammlungen bereiteten mir Vergnügen, aber am meisten gefiel mir die Art, wie die Spezialisten für Krebstiere die Nachricht aufnahmen, daß ich mich auf das Sezieren und Beschreiben aller Arten der Rankenfüßer konzentriere. Henri Milne-Edwards, der Autor von drei Bänden über *Crustacea*, dem ich schon lange viele Anregungen verdanke, bot mir an, seine Sammlung zu benutzen, und wollte allen erzählen, daß ich Exemplare benötige, die man mir borgen sollte.«
Emmas Zustimmung klang höflich, aber zurückhaltend.
»Verzeih mir, wenn mich Babys im Augenblick mehr interessieren als Entenmuscheln.«
Am 8. Juli kam eine Tochter zur Welt, der sie den Namen Elisabeth gaben, ihre dritte Tochter nach zwei Jungen. Emma fühlte sich gleich nach der Entbindung wieder ganz wohl. Charles kehrte zu seiner Arbeit zurück. Er bemerkte:

»Als ich mein Buch über Korallenriffe abschloß, beklagte ich mich, daß kein Mensch es lesen würde. Wer in aller Welt wird jetzt mein Buch über die Anatomie der *Cirripedia* lesen?«

Bei den ersten vier von ihm veröffentlichten Büchern und den fünf, die er herausgegeben hatte, war die wissenschaftliche Stichhaltigkeit nur in wenigen Fällen angezweifelt worden, und wenn, dann in ruhiger, wissenschaftlicher Form. Nun wurde im September 1847 in den *Transactions of the Royal Society of Edinburgh* ein Artikel über Glen Roy veröffentlicht, der einen so schweren Angriff auf Charles' seinerzeitigen Artikel für die *Royal Society* und auf seine persönliche Integrität als Wissenschaftler darstellte, die ihm besonders am Herzen lag, daß ihm darauf, wie er Hooker gestand, »furchtbar übel wurde«.

Die Kontroverse war keineswegs welterschütternd, doch Charles verfluchte den Tag vor neun Jahren, an dem er nach Schottland gefahren war.

»Ich kann Kritik nicht vertragen«, jammerte er. »Das ist mein schwacher Punkt. Ich sollte robuster sein, kämpfen, wenn ich angegriffen werde.«

Er zog sich in sein Arbeitszimmer zurück und schrieb einen neun Seiten langen Brief mit Widerlegungen an den Herausgeber des *Scotsman*. Die Seiten waren schwarz von Korrekturen, er schrieb fast jeden Satz noch einmal um. Der Herausgeber des *Scotsman* veröffentlichte den Brief nicht.

Im Oktober kamen Charles und Mary Lyell auf eine Woche zu Besuch, Lyell brachte eine Sammlung Entenmuscheln für Charles mit, Mary ein schönes, bereits gerahmtes Bild von Lyell. Charles hängte es sofort über dem Spiegel in der Mitte der Kaminwand auf. Er führte sie in sein Arbeitszimmer, um ihnen das Ergebnis zu zeigen.

»Ich freue mich ungemein, es zu besitzen, und danke Ihnen dafür.«

Lyell las Charles' Notizen über die *Cirripedia*, sah ihm zu, während er ein Exemplar unter Wasser sezierte.

»Gute Arbeit, Darwin. Sie werden ein Fachmann im Gebrauch von Seziermessern. Was ich aber am meisten bewundere, ist die unendliche Genauigkeit Ihrer Beschreibungen. So arbeitet ein Spezialist, ein gründlicher Wissenschaftler, den jeder bewundern muß. Es ist Forschung in vollendeter Form.«

Charles entfuhr unwillkürlich ein Seufzer, er befestigte den Schutzdeckel auf dem Mikroskop und sagte:

»Wollen wir unsere Mäntel holen und ein paar Runden auf dem Sandweg machen?«

Irgendwann bei der achten Runde sagte Charles:

»Lyell, ich habe mir nie vorgestellt, wie viele verschiedene *Cirripedia*-Arten es auf Erden gibt. Ich nahm an, Hunderte. Aber Tausende? Sie alle zu sezieren und zu beschreiben wird mich Jahre meines Lebens kosten.«

»Sind die Jahre Ihres Lebens nicht dazu da?«

Charles kaute eine Weile an dieser Frage. Es wurde kalt, Regen lag in der Luft.

»Zugegeben, die Rankenfüßer sind langweilig«, fuhr Lyell fort. »Aber die Natur hat sie aus irgendeinem Grund oder zu irgendeinem Zweck geschaffen. Wenn Sie die Anpassung ihrer Anatomie an Klima, verschiedenartige Meere, unterschiedliche Nahrung studieren, könnten sie vielleicht etwas entdecken, was für Ihre mystische Theorie, die Verwandlung der Arten, von Bedeutung ist...«

Er machte eine Pause, lang genug, um einen Arm derb, aber herzlich um Charles' Schulter zu legen.

»...wobei ich nur die Hälfte von dem glaube, was Sie sagen!«

Als er mit dem Sezieren von Lyells Entenmuscheln fertig war, fuhr er nach London, um mit Richard Owen zu sprechen. Owens Büroräume im Königlichen Chirurgischen Institut bildeten einen frappanten Gegensatz: Ein Raum war ein warmes, mit Bücherregalen ausgestattetes Studierzimmer, das nach Gelehrsamkeit und Pfeifentabak roch. Das andere war ein kaltes Laboratorium mit Operationstisch und Skalpellen, gebogenen Messern und scharfen Scheren, die man zum Sezieren lebender und toter Tiere brauchte. Erstere befanden sich in Käfigen, letztere in mit Eis gefüllten Schubladen. Charles fragte:

»Owen, könnte ich mir die Entenmuschelsammlung wieder ausborgen, die ich dem Institut geschenkt habe? Ich brauche viel mehr Arten, um die Unterschiede in ihrem Aufbau zu erklären.«

»Sicherlich. Ihre Sammlung befindet sich im Museum, wo sie nur dazu da ist, um zu verstauben.«

»Ich habe mich falsch ausgedrückt, als ich sagte ›ausborgen‹. Sie werden beim Sezieren zerstört werden; ich habe keine andere Möglichkeit.«

Owen lächelte.

»Ihre Monographie wird eine ausreichende Gegenleistung darstellen.«

Charles war erstaunt, wieviel Zeit er aufwenden mußte, während der sein Blick vom Mikroskop zu seinen Aufzeichnungen und zurück wechselte. Er führte in seinem Tagebuch genau Buch über die für jede Art benötigte Zeit.

»Widerwillig mußte ich mich dazu bequemen, den verschiedenen Schalen und Platten und einigen Weichteilen Namen zu geben«, erzählte er Emma.

»Hat sie denn noch niemand benannt?«

»Es hat sie noch niemand *gesehen.*« Eines der Krebstiere beschäftigte ihn sechsunddreißig Tage lang, dann hielt er das Ergebnis in einer zweiundzwanzig Seiten langen Beschreibung fest. Ein anderes erforderte eine neunzehntägige Untersuchung, aber das lohnende Resultat waren siebenundzwanzig Seiten mit neuem Material.

»Bei diesem Arbeitstempo wird es nie ein Ende geben«, brummte er, als er im Wohnzimmer vor dem Holzfeuer saß. »Jetzt bringe ich mit den kleinen Biestern schon über ein Jahr zu.«

»Arbeit ist Arbeit«, erwiderte Emma. »Du magst doch das, was du tust?«

»Meine geliebten Rankenfüßer? Ich bin geradezu gefesselt.«

6.

Nachdem mehrere Versuche von seiten der Admiralität, Joseph Hooker zu botanischen Studien nach Borneo, den Malaiischen Inseln oder Indien zu schicken, mißlungen waren, brachte ein Brief Alexander von Humboldts die ins Stocken geratene Angelegenheit plötzlich in Fluß. Der alternde, aber immer noch sehr aktive Humboldt legte überzeugend dar, welchen Nutzen eine Expedition nach Indien und auf den Himalaya der Wissenschaft bringen würde. Fossile Ablagerungen bewiesen unwiderlegbar, daß dieser gewaltige Gebirgszug mit den höchsten Bergen der Erde einmal vom Meer überflutet gewesen war. Daraufhin bewilligte der Schatzkanzler Hooker für die Mission nach Indien eine Subvention von vierhundert Pfund. Hooker, der von der Marine noch immer auf Halbsold gesetzt war, erhielt freie Überfahrt an Bord der *Sidon,* auf der der neue britische Generalgouverneur von Indien zu seinem Posten reiste. Charles sagte zu seinem jungen Freund:

»Ich gratuliere Ihnen herzlich. Es wird eine prächtige Reise sein, aber ich wünschte, sie wäre schon vorüber. Sie werden mir schrecklich fehlen.«

Es kam ein Brief von Sir John Herschel, der ihn bat, bei ihm zu dinieren, wenn er das nächstemal nach London käme. Herschel hatte ihn als erster davon informiert, daß die *Cambridge Philosophical Society* seine kleine Monographie veröffentlicht hatte. Sir John war im Jahr 1838, zwei Jahre nach der *Beagle,* aus Kapstadt nach England zurückgekehrt und hatte die nächsten neun Jahre damit verbracht, sein Hauptwerk, *Cape Observations,* zu schreiben. Er sollte in Kürze Präsident der Königlichen Astronomischen Gesellschaft werden. Als Charles Herschel sah, erinnerte er sich sehnsüchtig an seine fünf Jahre auf See.

»Ich habe Sie hierher gebeten, um eine wichtige Arbeit für die Lords Commissioners der Admiralität zu übernehmen«, sagte Sir John beim Abendessen. »Sie haben mich ersucht, ich zitiere, ›ein Handbuch wissenschaftlicher Untersuchungen für die Offiziere der Marine Ihrer Majestät und für Naturforscher und Reisende im allgemeinen‹ zusammenzustellen. Es wird in viele Kapitel unterteilt, die zum Beispiel Astronomie, Hydrographie, Meteorologie und natürlich auch Zoologie behandeln. Über letzteres schreibt Ihr Freund Richard Owen und über Botanik Sir William Hooker. Wir sind uns alle einig, daß Sie der Mann sind, der den Abschnitt über Geologie schreiben sollte. Was sagen Sie dazu?«

Obwohl es bereits zwei Jahre her war, seit er sein Manuskript über die Geologie von Südamerika beendet hatte, glaubte er nicht, daß es schwierig sein würde, alles in etwa fünfundzwanzig oder dreißig Seiten zusammenzufassen, die Generationen von Offizieren und Naturforschern nützlich sein könnten.

»Die Admiralität wird das Buch herausgeben«, sagte Sir John. »John Murray hat den Vertrieb übernommen. Es sind keine Tantiemen oder Honorare vorgesehen. Ich bezweifle, daß Sie das stören wird.«

»Ich schulde der Admiralität sehr viel; praktisch alles. Ich bin stolz, mit Ihnen, Richard Owen und Sir William Hooker an demselben Buch mitzuarbeiten.«
Während er in dem ratternden, rauchspeienden Zug durch die winterliche Landschaft von Kent fuhr, sagte er sich halblaut zur Begleitung der ratternden Räder: »Das entschädigt mich für den Angriff in den *Transactions of the Royal Society of Edinburgh*. Das war schmerzlich; dies hier heilt es wieder.«
Das Kapitel schrieb er einfach aus dem Kopf. Er brauchte nur zwei oder drei Wochen, um es zu Papier zu bringen, fürchtete jedoch, daß es zu viel Material enthielte. Aber Sir John war mit seinem Fleiß und der Qualität der Arbeit sehr zufrieden. Der geistige Auftrieb, den ihm diese Tätigkeit verlieh, veranlaßte ihn, sich sofort in eine Abhandlung zu stürzen, die Lyell und die Geologische Gesellschaft schon lange haben wollten: *Über die Verschiebung erratischer Blöcke von einem tieferen auf ein höheres Niveau.*
Am 19. April 1848 dinierte er in der Geologischen Gesellschaft mit Lyell, Murchison, Horner und Whewell. Er war seit einiger Zeit nicht in der Gesellschaft gewesen, und man hänselte ihn gutmütig, er sei »ein Landedelmann im Ruhestand geworden, den das Landleben eingeschläfert« habe.
»Sie würden nicht glauben, daß Darwin im Ruhestand lebt«, protestierte Lyell, »wenn Sie sein Arbeitszimmer sehen könnten. Wenn er einmal seine Höhle verläßt, wird er die Weltautorität für Rankenfüßer sein.«
Sein Vortrag wurde beifällig aufgenommen, die meisten im Vorlesungssaal anwesenden Mitglieder schüttelten ihm herzlich die Hand.
Auf dem Rückweg zu Lyells Haus in der Harley Street fragte Lyell ruhig: »Würden Sie nicht lieber in der Stadt leben, Darwin? Es spricht viel für London. Wie zum Beispiel Ihre heutige Anerkennung. Die sollte doch Ihr Herz erwärmt haben.«
»Das stimmt. Ich muß zugeben, London hat seine Reize und Vorteile. Aber ich bin völlig auf das Landleben festgelegt. Sie werden sehen, es wird sich für mich zum besten entwickeln.«
Am nächsten Morgen frühstückte er mit Erasmus, dann suchte er John Gray auf, den Kustos der zoologischen Abteilung im Britischen Museum. Das Museum besaß eine große Sammlung Cirripedien, die im Laufe der Jahre von Forschern, darunter Gray selbst, zusammengetragen worden war, aber sie war nicht geordnet und konnte daher nicht katalogisiert werden.
»Wir brauchen sie hier eigentlich nicht«, sagte Gray, »niemand macht sich jemals die Mühe, sie zu ordnen. Ich werde dem Bevollmächtigten vorschlagen, sie Ihnen zu überlassen.«
Er fuhr im Frühling noch einmal nach London, um einem Vortrag von Gideon Mantell über Fossilien beizuwohnen. Er traf Lyell zum Aperitif und Abendessen in den Räumen der Königlichen Gesellschaft im *Somerset House.* An der Tafel saß Richard Owen ihnen gegenüber. Charles wußte, daß Owen sich für die führende englische Autorität auf dem Gebiet der Fossilien hielt.

Charles fand Gefallen an Gideon Mantells Vortrag, den er nicht nur für gut abgefaßt hielt – eine Seltenheit in wissenschaftlichen Kreisen –, sondern auch für logisch durchdacht. Zu seinem Schrecken sprang Richard Owen auf, als Mantell wieder Platz nahm; sein Gesicht war rot vor Zorn, und er begann, Mantell anzuschreien.
»Dieser Vortrag ist unter jeder Kritik! Ihre Forschungen sind oberflächlich und Ihre Schlußfolgerungen falsch. Ich mißbillige es, wenn jemand sich ins Rampenlicht drängt, das ist der Königlichen Gesellschaft unwürdig. Es sollte sofort abgeschafft werden!«
Dr. Gideon Mantell, ein achtundfünfzigjähriger praktischer Arzt, in England angesehen wegen seiner Arbeit *The Wonders of Geology, The Medals of Creation* und weil er ein Museum errichtet hatte, das seine hervorragende Fossiliensammlung enthielt, saß wie versteinert da. Die Mitglieder der Königlichen Gesellschaft schwiegen verlegen.
Schweigend gingen Charles und Lyell zum *Athenaeum*. Bei einem Glas Portwein sagte Charles endlich:
»Zu welch bedauernswerten Vorfällen doch Berühmtheit führt! Die Wahrheitsliebe allein würde einen Menschen nie veranlassen, einen anderen so erbittert anzugreifen.«
Lyell musterte Charles aufmerksam und fragte:
»Sie sind mit Owen befreundet, nicht wahr?«
»Ja.«
»Er hat Sie in *Down House* besucht?«
»Mehr als einmal.«
»Aber Sie haben ihm nichts von Ihrer Theorie über die Arten anvertraut?«
»Gewiß nicht. Warum fragen Sie?«
»Hüten Sie sich vor Owen. Er wird über Sie herfallen. Er fällt über jeden her. Er kann nicht anders.«

Charles brachte seinen älteren Kindern bei, wie man ein Mikroskop verwendet; das faszinierte sie, besonders wenn sie ein sonst verborgenes Organ betrachteten, das vom Skalpell ihres Vaters freigelegt worden war. William, der Einzelgänger, durchstreifte die Gegend und lernte jedes Haus im Umkreis von mehreren Kilometern kennen. Eines Tages kam er zurück und wunderte sich über etwas.
»Papa, kennst du Mr. Montpicher, der südlich vom Dorf wohnt? Er sitzt den ganzen Vormittag am offenen Fenster seines Häuschens, pafft seine Pfeife und tut sonst nichts.«
»Vielleicht ist er im Ruhestand, Willy.«
»Aber wann arbeitet er an seinen Krebstieren?«
Emma lachte herzlich.
»Siehst du, Charles. Die Kinder beobachten dich seit zwei Jahren, und nun meinen sie, jeder Mensch müsse Rankenfüßer sezieren. Sie kennen nichts anderes.«

»Sie werden schon noch darauf kommen, wenn ich erst einmal diese ewig lange Arbeit beendet habe. Aber ich zweifle daran. Ich bekam einen Brief von einem Mr. Stutchbury aus Bristol, der mir seine Sammlung Cirripedien anbietet, die er im Lauf seines Lebens angelegt hat und die herrlich sein soll.«
Es wurden ihm noch andere Sammlungen zur Verfügung gestellt. Hugh Cuming, ein Naturforscher und Segelmacher, schickte Charles eine schöne Auswahl; Reverend R. T. Lowe sandte seine Sammlung aus Madeira; August Gould schickte seine eigenen Exemplare aus Boston, ebenso Louis Agassiz, der vor kurzem zum Professor für Zoologie in Harvard ernannt worden war. Sogar Syms Covington, der in Australien arbeitete, schickte eine Geschenkschachtel mit Cirripedien. Aus Frankreich und Deutschland regnete es Briefe von Leuten, die ihm die Früchte ihrer Erfahrungen zukommen lassen wollten, gefolgt von Schachteln, Körben, einem Glas mit weiteren hundert Arten, die er noch gar nicht kannte. Er studierte jede Gruppe in allen Stadien ihrer Entwicklung. Durch fleißiges Sezieren bewies er, daß Rankenfüßer trotz ihres Aussehens keine Muscheln, sondern Krebstiere waren.
Die Post brachte neue Nachrichten. Kapitän FitzRoy war, ungefähr drei Jahre nach seinem Fiasko als Gouverneur von Neuseeland, zum Direktor der Marinewerft in Woolwich ernannt worden. Charles Lyell sollte von Königin Victoria im Königlichen Schloß Balmoral geadelt werden. Nun würde man ihn Sir Charles Lyell und seine Frau Lady Mary nennen. Die Darwins machten eine Flasche Champagner auf und brachten einen Trinkspruch auf sie aus.
Charles verbrachte täglich mehrere Stunden im Freien. Seine Wanderungen auf dem Sandweg trugen Früchte, neue Ideen keimten auf wie Blumen auf dem Feld.
Emma brachte im August Francis, ihren dritten Sohn, zur Welt.
Warum hatte er sich seit Anfang Juli, wie er in sein Tagebuch schrieb, »ungewöhnlich schlecht« gefühlt? Schwindelgefühl im Kopf, Depressionen, Zittern, schwarze Flecken vor den Augen, Anfälle von Übelkeit und Erbrechen.
Trotz Emmas ständiger Aufmerksamkeit und ihrer sorgfältig zubereiteten milden Kost verschlechterte sich sein Zustand. Sein Nervensystem versagte, seine Hände zitterten, verschiedene Muskeln zuckten unwillkürlich. Gegen Ende des Jahres war er ständig leidend. Er kam insgeheim zu dem Schluß:
»Ich gehe den Weg allen Fleisches.«
Er war so rücksichtsvoll, Emma nichts davon zu sagen, daß er der Ansicht war, er würde bald sterben, nahm aber sein Manuskript über die Arten und den Brief an Emma aus der versperrten Schublade und legte sie an einen Platz, wo sie beides leichter finden würde.
Ein Brief von seiner Schwester Katty riß ihn aus seiner Lethargie. Dr. Darwin konnte nicht mehr gehen. Er saß in einem Rollstuhl und schlief auf einem Bett in der Bibliothek. Der Gärtner schob ihn jeden Morgen hinaus in das Gewächshaus, denn er schien sich unter dem Bananenbaum am wohlsten zu fühlen, den er gepflanzt hatte, nachdem er Charles' Beschreibung dieser Bäume aus Bahia er-

halten hatte. Kattys Brief überzeugte Charles, daß sein Vater bald sterben würde. Er reiste sofort los. Er ließ nicht zu, daß Emma ihn begleitete, denn das Baby war erst einige Monate alt. Er verbrachte die Nacht bei Erasmus in London und kam am nächsten Nachmittag nach Shrewsbury. Er war so besorgt um seinen Vater, daß er auf der langen Reise vergaß, sich um sich selbst Sorgen zu machen.

Er erschrak beim Anblick von Dr. Robert Darwin, der im Rollstuhl in der Bibliothek eine kärgliche Mahlzeit mit Tee zu sich nahm, während Susan daneben saß und ihm aus den Werken eines seiner Lieblingsdichter vorlas. Seine mächtige Gestalt hatte viel von ihrem Umfang eingebüßt. Als Charles ihn auf beide Wangen küßte, traten Tränen in die Augen des alten Herrn.

»Ich habe die Absicht, zwei Wochen zu bleiben, Vater. Ich habe wunderbare Neuigkeiten. Hauptziel der Ray-Gesellschaft, die vor vier Jahren zu Ehren von John Ray, dem berühmten englischen Naturforscher, gegründet wurde, ist die Veröffentlichung von wissenschaftlichen Berichten und Büchern. Die Gesellschaft ist bereit, mein Buch über die Rankenfüßer herauszubringen, sobald es fertiggestellt ist. Sie haben über siebenhundertfünfzig Mitglieder, darunter einige der hervorragendsten Wissenschaftler Großbritanniens. Um die Wahrheit zu sagen, ich war nie sicher, daß mein Buch je veröffentlicht werden würde.«

Ein Lächeln erhellte Dr. Darwins Gesicht. Er streckte den Arm aus, um seinen Sohn zu berühren, er war zu sehr von Gefühlen überwältigt, um sprechen zu können. Später am Abend, als er eingeschlafen war und Susan über ihn wachte, unterhielten sich Charles und Katty am Speisezimmertisch, während seine alte Freundin Annie das Abendessen zubereitete.

»Was meinst du, Katty?«

»Man kann nichts sagen, Charley. Vater ist vollkommen gefaßt und gelassen. Er ist so freundlich und geduldig, so interessiert an allen Menschen, dem Personal, den Kindern des Personals. Susan blieb die ganze vergangene Nacht auf. Sie verfügt über die erstaunliche Fähigkeit, auch das Schwerste zu ertragen, alle seine Anordnungen erteilt er ausschließlich ihr.«

Die zwei Wochen gingen schnell vorbei, denn Dr. Darwin schien durch die Anwesenheit seines Sohnes Auftrieb zu bekommen. Seine Kräfte nahmen zu, während er zuhörte, wie Charles vom Sandweg, von Emma und den Kindern erzählte, wie eng sich Annie an ihn angeschlossen hatte, und von dem neuen Mikroskop. Charles fühlte sich wohl; er sagte sich, daß es seine Pflicht sei, damit sein Vater sich seinetwegen keine Sorgen machte.

Doch all seine Beschwerden kehrten zurück, sobald er sein Arbeitszimmer in *Down House* betrat und wieder zu arbeiten versuchte. Er konnte nichts voranbringen. In seinem Unterbewußtsein machte sich der entmutigende Gedanke breit, daß eine schlechte Nachricht bevorstünde. Sie kam nur neunzehn Tage nach seiner Heimkehr. Dr. Darwin war im Alter von zweiundachtzig Jahren still entschlafen.

Charles weinte, ohne sich seiner Tränen zu schämen. Die älteren Kinder, besonders Annie, die das Wesen des Todes zu begreifen vermochte, kamen zu ihm, küßten ihn und weinten mit ihm. Er hatte seinen Vater geliebt, besonders seit er imstande gewesen war, den alten Mann davon zu überzeugen, daß er noch für anderes als für die Jagd, Hunde und Rattenfang etwas übrig hatte und seiner Familie keine Schande machen würde. Der Brief von Katty besagte:

Gott tröste Dich, mein liebster Charles, er hat Dich so sehr geliebt.

Er war zwei Tage lang zu krank, um das Bett zu verlassen.
»Aber ich muß zum Begräbnis in Shrewsbury sein«, sagte er zu Emma.
»Fühlst du dich stark genug?«
»Die Stärke kommt mit der Tat. Bitte laß mir von Parslow meine Kleider herauslegen.«
Die Fahrt nach London tat ihm gut. Er fühlte sich nicht erschöpft, bis er in die Nähe von Erasmus' Haus kam. Erasmus war bereits in Shrewsbury, aber sein Hausmädchen bereitete Tee und Toast für Charles.
Am nächsten Tag nahm er die erste Postkutsche. Es war zu spät für den einfachen Gottesdienst auf dem Kirchhof Montford, wo Dr. Darwin neben seiner Frau zur letzten Ruhe gebettet wurde. Charles war aber im *Mount* und erwartete die Familie und die Freunde seines Vaters, denen eines der jungen Hausmädchen Kaffee servierte, als sie ins Haus zurückkehrten. Im *Shrewsbury Chronicle* erschien ein lobender Nachruf auf Dr. Robert Darwin, der ein Trost für die trauernden Hinterbliebenen war. Charles sah aber, daß Susan und Katty verzweifelt waren. Dr. Darwin war ihr ganzer Lebensinhalt gewesen, und sie waren nun wie zwei Segelschiffe ohne Ruder, die auf dem Meer trieben. Charles beschloß, eine Woche bei seinen Schwestern zu bleiben und sie zu überreden, den Rest ihres Lebens im *Mount* zu wohnen. Als Dr. Darwins Testament verlesen wurde, erfuhren sie, daß sie ein beträchtliches Vermögen geerbt hatten, um dort standesgemäß leben zu können. Erasmus' Anteil an der Erbschaft war reichlich bemessen. Sein Lebensunterhalt war gesichert. Charles erhielt etwas mehr als vierzigtausend Pfund, genug Geld, um seine Kinder auf die Schule zu schicken, ihnen einen Start im Berufsleben zu ermöglichen, *Down House* zu vergrößern und zu verschönern. Dr. Darwin hatte alle seine Kinder sehr gut bedacht.

7.

Zu Beginn des Jahres 1849 erfuhr Charles durch Sulivan und William Fox von Dr. James Gullys Wasserkur in Malvern. Interessiert ließ er sich aus London Dr. Gullys Buch *Die Wasserkur bei chronischen Leiden* kommen, las es genau und kam zu dem Schluß, daß Dr. Gully sehr vernünftige Ansichten vertrat. Er zog weitere Erkundigungen ein und erfuhr, daß fast allen, die die Kur gemacht hatten, geholfen worden war.

»Ich glaube, ich sollte es versuchen«, sagte er Emma.

»Wenn es anderen hilft.«

»Aber wir müßten sechs bis acht Wochen in Malvern bleiben, damit sie für mich von wirklichem Nutzen ist.«

Das war kein Problem. Nach längerem Briefwechsel mieteten sie ein Haus in Malvern und setzten Dr. Gully von Charles' bevorstehender Ankunft in Kenntnis. Sie machten die lange Reise nach Norden in Richtung Shrewsbury größtenteils mit dem Zug, dann mit der Cheltenham-Kutsche; ihre drei Söhne, ihre drei Töchter, Parslow, Brodie, Sally, Miß Thorley, die Gouvernante, und eine Haushälterin begleiteten sie. Comfort blieb zurück, um sich um den Garten zu kümmern. *The Lodge*, ihr Haus in Malvern, erwies sich als rustikal, aber komfortabel, es besaß genügend Schlafzimmer für alle. Es war auch ein kleines Feld und Wald dabei.

»Das ist für die Kinder ein großartiger Platz zum Spielen«, rief Charles.

Am nächsten Morgen ging er zu seiner ersten Verabredung mit Dr. Gully. Der Arzt war nur wenige Monate älter als Charles und schon kahlköpfig. An den Wänden des luxuriösen Sprechzimmers hingen Diplome von verschiedenen medizinischen Fakultäten, darunter von Edinburgh und Paris, und von angesehenen medizinischen Gesellschaften. Seine erste Praxis in London war erfolgreich gewesen. Er hatte zahlreiche Arbeiten über verschiedene medizinische Themen veröffentlicht. Dr. Gully war aber von der Praxis der medizinischen Behandlung enttäuscht worden, die er für »unfruchtbar und wirkungslos, wenn nicht gar schädlich« hielt. Als sein Freund und Kollege James Wilson vom Kontinent zurückkam, »voll Begeisterung für die Hydrotherapie« und die wunderbare Wirkung von Wasserheilmethoden bei akuten und chronischen Leiden, ließ sich Dr. Gully überzeugen. Gemeinsam mit Wilson eröffnete er eine hydrotherapeutische Anstalt in Malvern, die großen Anklang fand.

Die Anstalt war ursprünglich ein wegen der Heilkraft seines Wassers berühmtes Benediktinerkloster gewesen, das sogar Königin Victoria und Tennyson besucht hatten. Es bestand aus einem großen Tudor- und einem Holyrood-Haus, die die sogenannte »Seufzerbrücke« verband, wahrscheinlich weil Dr. Gully die Unverheirateten jeden Geschlechts in einem eigenen Haus unterbrachte. Hinter der kleinen Gemeinde, in deren Mitte die Klosterkirche stand, lagen die Malvern-Hügel.

Dr. Gully untersuchte Charles und äußerte sich unverbindlich:

»Ich verschreibe Ihnen eine kalte Abreibung am Morgen, zwei kalte Fußbäder täglich und einen kalten Umschlag auf den Magen. Hier habe ich auch eine Diät für Sie zusammengestellt. Wir wollen vorsichtig beginnen.«

»Glauben Sie, daß es mir helfen wird, Doktor?«

»Das wird sich mit der Zeit erweisen, Mr. Darwin, das wird sich mit der Zeit erweisen.«
Er fühlte sich jeden Tag etwas besser, aß etwas mehr, machte mit den Kindern lange Spaziergänge über die Hügel und sammelte Pflanzen für Hooker.
Die einzige unangenehme Folge der Kur war eine heftige Reizung seiner Haut am ganzen Körper, die jeden Abend auftrat, so daß er nach sieben Uhr keine Minute lang still sitzen konnte. Dr. Gully verordnete eine Schwitzkur, die Erfolg hatte. Emma freute sich über Charles' Fortschritte.
»Du bist schon kräftiger, mein Lieber, und deinem Magen geht es etwas besser. Auf jeden Fall ißt du mehr.«
Nach vierzehn Tagen erklärte Dr. Gully:
»Ich glaube, ich kann Ihnen noch viel mehr helfen. Das sage ich selten einem Patienten. Jetzt sind Sie soweit, daß Sie eine volle Behandlung vertragen.«
Die »volle Behandlung« bestand darin, daß er um Viertel vor sieben aufstand und im Badehaus mit einem groben Handtuch und kaltem Wasser abgerieben wurde; »worauf ich aussehe wie ein Hummer«, sagte er zu Emma. Er hatte einen ruhigen Badewärter, der ihn hinten abrieb, während Charles seine Vorderseite schrubbte. Dann mußte er ein Glas Wasser trinken, sich möglichst schnell ankleiden und zwanzig Minuten lang spazierengehen. »Das alles gefällt mir sehr«, sagte er seiner Familie.
Die nächste Kuranweisung lautete, daß er einen Umschlag aus nassem, zusammengefaltetem Leinen, den er mit wasserdichtem Gummi abdeckte, auflegen mußte. Der Umschlag wurde alle zwei Stunden in kaltes Wasser getaucht. Charles trug ihn den ganzen Tag am Leib, außer nach dem Mittagessen. Nach dem Spaziergang am frühen Morgen kam er nach Hause zurück, rasierte sich, nahm das Frühstück zu sich, das nur aus Toast, einem Ei oder Fleisch bestand. Flüssigkeit war nicht erlaubt. Als Charles den trockenen Toast nicht hinunterbrachte, bewilligte Dr. Gully ihm ein wenig Milch, in die er den Toast tauchen konnte. Er durfte weder Zucker noch Gewürze, Butter, Tee oder Speck zu sich nehmen...
»...oder sonst irgend etwas Gutes«, murrte er. »Ich muß aber sagen, ich fühle mich besser. Meine Hände haben aufgehört zu zittern, meine Muskeln auch, und mein Magen scheint sich gleichfalls beruhigt zu haben.«
Zu Mittag mußte er die Füße zehn Minuten lang in kaltes Wasser stecken, dem Senf beigefügt war. Dann rieb ihm der Badewärter die Füße kräftig ab. Die Kälte verursachte ihm Schmerzen in den Füßen, aber sie fühlten sich alles in allem weniger kalt an als während der Zeit, in der er zu Hause krank gewesen war. Er ging zwanzig Minuten lang spazieren, aß dann mit Emma und den Kindern, ruhte sich bis fünf Uhr aus und erhielt wieder eine Kaltwasseranwendung für seine Füße. Dr. Gully empfahl ihm zu reiten, deshalb kaufte er sich eine sanfte Stute und ritt nachmittags eine Stunde lang aus. Das Abendessen um sechs Uhr war wie sein Frühstück zusammengestellt.

Er machte so gute Fortschritte, daß Dr. Gully die Behandlung weiter intensivierte. Er wurde jeden Morgen um sechs mit einer Wärmflasche an den Füßen eineinhalb Stunden lang in eine Decke gehüllt und dann mit einem kalten, tropfnassen Laken abgerieben. Ende April ging es ihm schon so gut, daß er seinem Vetter Fox schrieb:

> Ich werde zu Hause die Kaltwasserbehandlung unter seiner Anleitung viele Monate lang fortsetzen. Was mich betrifft, glaube ich, daß ich sehr gute Fortschritte mache, aber ich habe genug von meinem derzeit untätigen Leben, und die Wasserkur hat die ganz erstaunliche Nebenwirkung, Indolenz und Denkfaulheit zu verursachen; bis ich es selbst erlebt habe, hätte ich es nicht für möglich gehalten. Ich nehme jetzt zu, nachdem ich seit dreißig Tagen keine Übelkeit mehr verspürt habe, das ist dreimal so lang als die längste Pause im Lauf des vergangenen Jahres, und gestern legte ich in vier Spaziergängen zwölf Kilometer zurück: Ich bin zu einer bloßen Geh- und Eßmaschine geworden.

Bei dem zunehmend guten Wetter füllte sich Malvern immer mehr mit Patienten. Charles erfuhr, daß Dr. Gully im vergangenen Sommer hundertzwanzig Patienten gehabt hatte.

»Er muß ein Riesenvermögen machen«, meinte er.

»Er ist sein Geld wert«, stellte Emma entschieden fest.

»Dr. Gully sagte mir, er zweifle nicht daran, daß er mich mit der Zeit vollkommen heilen könne. Ich habe bereits genügend Erfahrung, um sicher zu sein, daß diese Wasserkur keine Scharlatanerie ist. Sie ist ein großes, starkes Agens, das die körperliche Konstitution stärkt. Aber wie freue ich mich darauf, mit wiederhergestellter Gesundheit nach *Down House* zurückzukehren und die Arbeit an meinen geliebten Rankenfüßern wieder aufzunehmen!«

Anfang Juli 1849 kehrten Charles und seine Familie nach *Down House* zurück. Charles ließ die Stute von einem Bauernjungen nach Down reiten, setzte dort fast täglich seine Ausritte fort und unterrichtete William im Reiten ohne Sattel. Er ließ den Zimmermann aus dem Dorf kommen, um eine Dusche im Freien zu bauen, wo er, in Anlehnung an Dr. Gullys Kur, kaltes Wasser aus Krügen und Kannen, die ihm Parslow brachte, über sich goß.

Er beschloß, einen Gesundheitskalender zu beginnen, seinen Zustand bei Tag und in den langen Nächten, in denen er oft wach lag, genau zu beobachten.

»Ich war in meinen Beobachtungen viel zu lässig«, sagte er zu Emma, »ich habe keine regelmäßigen, kontinuierlichen Aufzeichnungen gemacht. Das werde ich jetzt tun. Ich werde mich mit wissenschaftlicher Methode damit beschäftigen. Ich werde eine Gesetzmäßigkeit herausfinden und feststellen, was mir schadet und was mir hilft.«

Emma hatte eben eines von Mendelssohns *Liedern ohne Worte* für ihn gespielt und wollte ihm nun aus Dickens' *David Copperfield* vorlesen.
»Du kannst ebensogut tägliche Tabellen führen wie seinerzeit dein Vater. Du hast sogar viermal im Jahr Größe und Gewicht deiner Kinder, mit und ohne Kleider, festgehalten. Auch bei Henslows Kindern. Du bist ein berufsmäßiger Tagebuchführer, und ich bin sicher, dein Gesundheitstagebuch wird dir helfen.«
»Ich habe das Gefühl, du nimmst mich auf den Arm.«
»Du kennst mich doch. Die kleine Miß Schlampig. Alle meine Aufzeichnungen befinden sich in meinem Kopf.«
Er fühlte sich von Monat zu Monat ein wenig besser. Er setzte seine kalten Güsse, ob nun Frost war oder nicht, fort, wandte täglich ein tropfnasses Laken an und fand die Behandlung wundervoll erfrischend.
Dr. Gully gestand ihm täglich nur zweieinhalb Stunden Arbeit an seinen Krebsen zu. Er konzentrierte sich so sehr, daß er sogar nach diesem kurzen Tagewerk erschöpft war. Er schrieb an Joseph Hooker, der noch immer in Indien die dortige Flora erforschte:

> Sie fragen mich nach meiner Wasserkur. Am meisten verdrießt es mich, daß ich gezwungen bin, auf jede Lektüre mit Ausnahme der Zeitung zu verzichten, denn die zweieinhalb Stunden mit den Rankenfüßern sind wirklich das Äußerste, was ich an geistiger Tätigkeit vollbringen kann. Infolgedessen bin ich mit der Lektüre aller wissenschaftlichen Bücher schrecklich im Rückstand... Ich gestehe, ich fühle bei der Arbeit oft einen gewissen Überdruß und stelle mir mitunter die Frage, welchen Sinn es hat, wenn ich eine oder zwei Wochen damit verbringe, mich zu vergewissern, daß bestimmte kaum erkennbare Unterschiede ineinander übergehen und Varietäten darstellen, nicht neue Arten... Und was für eine erbärmliche Arbeit ist es, nach Namensprioritäten zu suchen. Ich habe eben zwei Arten abgeschlossen, die über insgesamt sieben Gattungs- und vierundzwanzig Artennamen verfügen!

Trotz seiner Klagen machte er einige außerordentliche Entdeckungen. Im Gegensatz zur Meinung früherer Kenner, die behaupteten, Cirripedien besäßen Speicheldrüsen, handelte es sich in Wahrheit um Eierstöcke. Frühere Forscher hatten behauptet, die Cirripedien hätten keinen Kopf. Er bewies, daß alle Cirripedien drei ehemalige Kopfsegmente aufwiesen.
Eine weitere erstaunliche Beobachtung war, daß alle Rankenfüßer mit Ausnahme einer Gattung bisexuell und die Männchen mikroskopisch klein waren. Er schrieb:

> Hier kommt nun ein merkwürdiger Sachverhalt: Das Männchen oder manchmal auch zwei Männchen werden in dem Augenblick, in dem sie

aufhören, frei bewegliche Larven zu sein, zu Schmarotzern innerhalb des Sacks des Weibchens, sie sitzen im Fleisch ihres Weibchens fest und sind halb eingebettet, wo sie ihr ganzes Leben verbringen und sich nicht mehr bewegen können.

Während er mit seiner Arbeit nur langsam vorankam, zeigten die Nachrichten, die er von John Henslow erhielt, welche Fortschritte sein Freund in seiner verarmten, analphabetischen, gottlosen Pfarrgemeinde in Hitcham gemacht hatte. Er hatte ein Schulhaus gebaut und einen Lehrer angestellt. Er lehrte die Bauern, wie sie mehr Ertrag aus ihrem Land erwirtschaften konnten, verschaffte den verarmten Landarbeitern etwa fünfzig Parzellen von je tausend Quadratmetern, unternahm mit seinen Pfarrkindern naturgeschichtliche Ausflüge; und schließlich brachte er es zuwege, daß die Pfarrgemeinde zu Hochzeiten, Taufen, Totenmessen und Feiertagspredigten in die Kirche kam.
»Das ist wirklich ein großer Mann«, dachte Charles anerkennend.
Dr. Henry Holland und seine Frau kamen auf ein Wochenende nach *Down House;* er hatte von Charles' Wunderkur gehört. Bei einem Abendessen sagte er:
»Du siehst tatsächlich gut aus. Du hast eine gute Gesichtsfarbe, deine Augen sind klar und glänzen. Jetzt erzähl mir von deiner Wasserkur.«
Als Charles seinen Bericht beendet hatte, erklärte er:
»Nicht die kalten, nassen Laken und die kalten Fußbäder haben dich kuriert, mein lieber Charles. Du hast dich selbst geheilt. Indem du dir nahezu vier Monate Ferien in einem schönen Ort gegönnt hast. Hast du dort überhaupt gearbeitet?«
»Nicht im mindesten.«
»Hast du Studien betrieben?«
»Nein.«
»Du hast dich um nichts gekümmert, hast dir keine Sorgen gemacht? Du hast nicht versucht, neue wissenschaftliche Theorien zu entwickeln?«
»Im Gegenteil, die Wasserkur verursacht einen völligen Stillstand im Denken.«
»Du hast keine große Korrespondenz geführt?«
»Nur ein paar kurze Briefe an Henslow, Hooker und Susan.«
»Du bist viel zu Fuß gegangen?«
»Zehn Kilometer täglich.«
»Gingst früh zu Bett? Schliefst die ganze Nacht?«
»Ja.«
»Nach ein oder zwei Wochen hattest du nie wieder unter Brechreiz zu leiden?«
»Niemals. Ich erinnerte mich an die Gamlingay-Ausflüge in den Fennen mit den Studenten Henslows: Damals wußten wir nicht, daß wir einen Magen hatten, nur den Mund und die Kauwerkzeuge.«
Auf Dr. Hollands Gesicht erschien ein triumphierendes Lächeln.
»Erkennst du nicht die Bedeutung dessen, was du sagst? Diese kalten nassen La-

ken, die Eimer mit kaltem Wasser für deine Füße waren bloß Theaterrequisiten.«
»Willst du damit andeuten, Dr. Gully sei ein Schwindler?«
»Keineswegs. Ich kannte James Gully, als er noch in London praktizierte. Er ist ein ehrlicher Mensch, der unbedingt an den Wert der Wassertherapie glaubt. Warum nicht, wenn Hunderte Menschen wie du kuriert werden, indem sie in seinem Kurort lange Ferien machen? Es ist eine Frage seiner Leichtgläubigkeit. Er glaubt auch an Mesmerismus, Spiritismus und Homöopathie.«
»Was willst du mir damit sagen, Henry?«
»Daß diese vier Monate völliger Ruhe und Entspannung in schöner Umgebung ohne die Belastung durch Sorge oder Angst, die langen Spaziergänge und Ausritte, der Wegfall des Alltagstrotts und der Arbeit die Ursachen für deine Genesung waren.«
Charles antwortete ein wenig ärgerlich und sarkastisch, eine ungewöhnliche Emotion bei ihm:
»Als ich dich vor etwa zehn Jahren konsultierte, sagtest du: ›Ich werde dich wieder auf die Beine bringen.‹ Du gabst mir zwei Rezepte für Medikamente, die ich deinen Anweisungen gemäß einnahm, und ich blieb genauso krank wie zu dem Zeitpunkt, als ich dich aufsuchte.«
Saba Holland legte eine Hand beschwichtigend auf den Arm ihres Mannes, doch Henry Holland polterte weiter:
»Natürlich bliebst du krank. Weil du sofort weitergearbeitet hast!«
»Ich erlaube mir, anderer Meinung zu sein. Die Wasserkur ist sicherlich eine große Entdeckung. Es tut mir sehr leid, daß ich nicht irgendwie gezwungen war, sie vor fünf oder sechs Jahren durchzuführen.«
»Schade. Du wirst noch zu deinen Lebzeiten sehen, daß Hydrotherapie ebenso in Mißkredit gerät wie heute Mesmerismus.«
Am Abend sagte Emma im Schlafzimmer entschieden:
»Es ist ein Glück, daß Henry Holland sowohl mit den Wedgwoods als auch mit den Darwins verwandt ist, sonst könnten wir einander gegenseitig seinetwegen Vorwürfe machen.«
Charles nahm Emma in die Arme; er hatte seine gute Laune wiedergefunden.
»Kümmere dich nicht um ihn.«

Im Februar 1849 war Sir Charles Lyell wieder zum Präsidenten der Geologischen Gesellschaft gewählt worden. Charles Darwin wurde einer der Vizepräsidenten des Sommertreffens der Britischen Vereinigung für wissenschaftlichen Fortschritt. Als Emma und Charles die Lyells in Birmingham trafen, neckte ihn Lyell:
»Sie müssen äußerst vorsichtig sein, Darwin, sonst werden Sie noch mein Nachfolger als Präsident der Geologischen Gesellschaft und dann bald danach auch noch geadelt.«

Emma feierte den ersten Monat des Jahres 1850, indem sie ihr siebentes Kind zur Welt brachte. Charles hatte von der Entdeckung und Verwendung von Chloroform als Narkotikum gehört. Da der Arzt in Down dieses Medikament noch nicht zur Vermeidung der Schmerzen bei der Geburt verwendet hatte, ließ Charles Chloroform aus London kommen. Der Arzt war damit einverstanden und diskutierte mit Charles darüber, wieviel Tropfen auf den Gazebausch gegossen und wie oft die Tropfen erneuert werden sollten. Emma bekam jedoch ihre Wehen ziemlich plötzlich. Es dauerte einige Zeit, bis der Arzt gerufen werden und nach *Down House* kommen konnte. Emma bat Charles, das Chloroform zu verwenden. Er nahm einen Gazebausch, gab zehn Tropfen darauf und drückte Emma den Bausch auf Nase und Mund.

Sie entspannte sich, der Schmerz ließ nach. Charles goß langsam einen Tropfen nach dem anderen auf den Bausch. Der Arzt traf zehn Minuten vor der Entbindung ein. Emma erwachte, man zeigte ihr ihren vierten Sohn, und sie sagte: »Ich erinnere mich an nichts seit dem Einsetzen der Wehen, bis ich hörte, daß das Kind auf der Welt sei.«

»Ist das nicht fabelhaft?« rief Charles.

Als ihm der Arzt zu der Anwendung des gefährlichen Präparates gratulierte, die er noch nie miterlebt hatte, antwortete Charles mit falscher Bescheidenheit:

»Ich stamme doch aus einer Arztfamilie!«

Der Junge erhielt den Namen Leonard. Mehrere Familienmitglieder deuteten an, daß Emma nun ihrer patriotischen Pflicht Genüge getan habe und keine Kinder mehr bekommen sollte. Dr. Robert und Susannah Darwin hatten sechs Kinder gehabt, Onkel Jos und Tante Bessy neun. Emma und Charles fanden sich mit Henry Hollands Erklärung ab:

»Die Natur hat ihren eigenen Plan für Mütter. Eine gewisse Anzahl, ja; danach keine mehr.«

Charles kam von sechs Spazierrunden auf dem Sandweg zurück und fand eine Gruppe von Männern aus Down in ihrer Sonntagskleidung vor, die ihn erwartete. Sie hatten den Freundschaftsklub Down gegründet, der Geld sammelte, um seine Mitglieder zu unterstützen, wenn sie krank oder dauernd arbeitsunfähig wurden, oder für ihr Begräbnis, wenn sie starben.

Ob der ehrenwerte Mr. Darwin ihr Schatzmeister werden und ihre Bücher führen wolle?

Er zögerte keinen Augenblick.

»Das mache ich gern. Buchhaltung ist eine der wenigen Tugenden, die mir mein Vater eingebläut hat. Bringen Sie mir nächsten Sonntag Ihre Bücher. Dann können Sie mich offiziell zu Ihrem Schatzmeister ernennen.«

Charles erhielt die Nachricht, daß Kapitän FitzRoy sich vom aktiven Dienst in der Marine zurückgezogen hatte; als Ursache dafür wurden gesundheitliche Gründe und die Notwendigkeit, sich um private Angelegenheiten zu kümmern, angegeben. Er war im Vorjahr von seiner Stellung in der Marinewerft Woolwich

versetzt und zum Kommandanten der *Arrogant*, des ersten Schiffes der Marine mit Schraubenantrieb, ernannt worden.
»Da ist wieder etwas schiefgegangen«, argwöhnte Charles bedauernd.
Er bemühte sich gemeinsam mit Francis Beaufort, der noch immer der Hydrograph der Königlichen Marine war, Robert FitzRoy zum Mitglied der Königlichen Gesellschaft wählen zu lassen.
Dann kam ein erfreuliches Ereignis. Die Universität Oxford führte ihre ersten wissenschaftlichen Würden ein. Die Universität Cambridge folgte ihrem Beispiel, eine Bestätigung dafür, daß die Wissenschaft nicht mehr als suspekt, ketzerisch, ohne praktischen Wert verachtet wurde. Die Wissenschaft war nicht nur von hohem Wert, sie war unentbehrlich! Charles' bedeutende Freunde und er selbst waren im Begriff, die Welt zu verändern.

8.

Im Sommer 1850 – Emma war zweiundvierzig und Leonard noch ein Kleinkind, das man tragen mußte – merkte Emma, daß sie wieder schwanger war. Zur gleichen Zeit erkrankte Annie. Ihre Gesundheit war in den letzten Jahren wiederholt »schwach« gewesen, wie die Familie es ausdrückte, aber sie hatte sich immer halbwegs erholt. Emma und Charles hatten sich auf Grund der Vitalität des Kindes keine allzu großen Sorgen ihretwegen gemacht. Diesmal erholte sie sich nicht so rasch wie früher. Das Fieber stieg weiter an, ihr Appetit ließ nach; der Arzt konnte die Ursache nicht feststellen.
»Ich nehme an, es ist eine Infektion. Aber wovon? Sie hat keine offenen Wunden oder eiternden Entzündungen. Ich werde ihr eine Medizin verschreiben, die das Fieber senkt.«
Annies Augen wurden glasig. Sie aß wenig, beklagte sich aber nie. Dann überwand sie das Fieber, konnte aufstehen, aß besser und spielte draußen mit den anderen Kindern. Sie wurde aber nach jedem neuen Fieberanfall teilnahmsloser.
»Wir haben den Zustand zwar gebessert, aber die Ursache nicht beseitigt«, sagte der Arzt. »Wir müssen sie weiter beobachten.«
Charles und Emma beschlossen, mit der Familie nach Ramsgate, einem Seebad am Südostende von England, auf Urlaub zu fahren. Die Spaziergänge mit ihrem Vater am Strand schienen Annie zu helfen. Aber die Besserung hielt nicht an, nachdem sie nach *Down House* zurückgekehrt waren. Das Fieber kam und ging, sie vermochte sich nicht richtig zu erholen. Anfang März 1851 gab es keinen Zweifel mehr, daß Annies Erkrankung ernst war.
»Soll ich mit ihr nach Malvern zur Wasserkur fahren«, fragte Charles Emma, »sie von Dr. Gully behandeln lassen?«

»Er ist der einzige Arzt, der dir geholfen hat.«
»Der Versuch ist die Mühe wert«, pflichtete er ihr bei. »Ich werde Etty mitnehmen, damit sie ihr Gesellschaft leistet, und auch Brodie. Miß Thorley kann uns nachkommen. Du stehst leider zu kurz vor der Entbindung, um die Reise mitzumachen.«
Charles und seine vierköpfige Begleitung erhielten mehrere Zimmer im Hauptgebäude.
»Ich werde für sie tun, was ich kann«, sagte Dr. Gully teilnahmsvoll. »Wir werden ganz vorsichtig mit der Kur beginnen, ich werde sie jeden Tag beobachten.«
Ermutigt durch Dr. Gullys Versprechen und die Ankunft der Gouvernante, die auf die beiden Mädchen achtgeben würde, fuhr Charles nach London, wo er zwei Tage bei Erasmus blieb. Am Sonntag, den 30. März dinierten er und Erasmus mit Hensleigh und Fanny Wedgwood in ihrem neuen Haus in Chester Terrace, das für ihre Kinder besser geeignet war als das Haus in der Upper Gower Street. Auch das Ehepaar Carlyle war anwesend und noch andere Freunde und Verwandte. Ruskins *Stones of Venice* war das Buch des Tages, das allgemein gelobt wurde. Auf Erasmus' Frage antwortete Carlyle sarkastisch:
»Das ganze Buch ist eine einzige Moralpredigt: daß man ein ›guter und lauterer Mensch‹ sein müsse, um auch nur ein einfaches Wohnhaus zu bauen.«
Am nächsten Tag kehrte er nach *Down House* zurück, beruhigte Emma hinsichtlich Annies Gesundheit und machte sich wieder an die Arbeit. Nach sechzehn Tagen erhielt er ein Telegramm, das von Malvern nach London geschickt und dann durch Eilboten nach *Down House* gebracht worden war:
Annie hatte einen Brechanfall erlitten, den Dr. Gully anfänglich für unbedeutend gehalten hatte. Doch dann hatte sie hohes Fieber bekommen. Charles solle sofort nach Malvern kommen.
In London schloß sich ihm Fanny Wedgwood an. Als Charles in Annies Zimmer trat, erkannte er das Kind nicht wieder, so abgemagert war es.
Annie schlug die Augen auf und sagte ganz herzlich »Papa«.
Brodie fuhr mit Etty in der Cheltenham-Kutsche nach London. In dieser Nacht sah Dr. Gully um halb zwölf die schlafende Annie und sagte:
»Sie ist über das Schlimmste hinweg.«
Mit dieser Hoffnung ging Charles im Zimmer nebenan zu Bett. Am nächsten Morgen fand er seine Tochter in viel zu ruhigem Zustand und war verzweifelt, als der Arzt ihm sagte, ihr Puls gehe unregelmäßig. Sie nahm aber jede Stunde ein wenig Haferschleimsuppe zu sich. Am Nachmittag trank sie ein wenig Wasser. Sie beklagte sich noch immer nicht. Als Charles ihr sagte, er glaube, es würde ihr bald besser gehen, antwortete sie sanft:
»Danke.«
Dann bat sie Fanny um eine Orange. Als Fanny ihr ein wenig Tee gab und fragte, ob er gut sei, antwortete Annie:
»Er ist herrlich. Wo ist Etty?«

Als Charles ihr am nächsten Tag ein wenig Wasser zu trinken gab, sagte sie: »Ich danke dir sehr.«

Das waren die letzten Worte, die sie zu ihrem Vater sprach. Annie starb am 23. April um Mitternacht.

Charles und Emma wechselten tröstende Briefe. Er schickte Miß Thorley nach London. Fanny Wedgwood blieb zum Begräbnis. Annie wurde auf dem kleinen Friedhof in Malvern bestattet. Dann kehrte Charles umgehend nach Hause zurück, um Emma beizustehen. Sie waren untröstlich.

Miß Thorley, die Gouvernante, kehrte nach *Down House* zurück, aber Brodie, die nacheinander alle Babys betreut hatte, war zu tief getroffen, um bei der trauernden Familie Darwin zu bleiben. Sie fuhr heim nach Portsoy in Schottland und kam nur mehr gelegentlich auf Besuch nach *Down House*.

Nicht ganz einen Monat nach Annies Tod kam Emmas fünfter Sohn zur Welt, der den Namen Horace erhielt. Ihre Schwester Elisabeth kam, um ihr Gesellschaft zu leisten. Charles hoffte, daß die Geburt des Kindes ihre Trauer ein wenig lindern würde.

Als bei der Paläontologischen Gesellschaft in London bekannt wurde, daß Charles an einer Abhandlung über fossile Rankenfüßer arbeitete, machte ihm die Gesellschaft das Angebot, sie in ihrer jährlich erscheinenden Zeitschrift zu veröffentlichen. Charles hatte den ersten Teil im Jahr 1850 fertiggestellt, aber die achtundachtzig Seiten mit dem abschreckenden Titel *Monographie über die fossilen Lepadidae oder gestielten Cirripedien Großbritanniens* wurden erst im Juni 1851 abgedruckt. Im gleichen Jahr veröffentlichte die Ray Society für ihre Mitglieder die erste Hälfte seines Werkes über Rankenfüßer mit genauen anatomischen Tafeln. Es gelangten keine Exemplare in die Buchhandlungen, es gab nur wenig oder besser gar keine Reklame in der Öffentlichkeit, der Text war für den Durchschnittsleser allzu speziell. Doch wurde das Werk in wissenschaftlichen Kreisen hoch gelobt. Es gelang ihm, zweiundzwanzig Exemplare von der Society zu erhalten als einzigen Lohn für seine Arbeit; er verteilte sie unter den großzügigen Sammlern und Forschern, die ihm geholfen hatten.

»Die Ausstellung der Erzeugnisse des Fleißes aller Nationen« im Crystal Palace im Hyde Park war von Prinz Albert erdacht und von Königin Victoria genehmigt worden. Als jedoch die riesigen Galerien, die sich über fast fünf Hektar erstreckten, fast vollendet waren, eröffneten die Londoner Presse und ein Teil der englischen Kritiker eine Schimpfkampagne: Man habe den Hyde Park zugrunde gerichtet... Er würde das Nachtlager aller Vagabunden Londons werden... Fremde Besucher würden sich verschwören, um die Königin zu ermorden... Ratten würden die Beulenpest verbreiten... Papisten würden eindringen und ketzerische Lehren verbreiten... Das ganze Gebäude würde beim ersten Gewittersturm einstürzen.

Das alles belustigte Charles. Sowohl Lyell als auch Hooker hatten ihm versichert, daß der Bau völlig sicher sei und daß Hunderttausende durch die Galerien wanderten, in denen die Spitzenleistungen der modernen Zivilisation ausgestellt waren. Er sagte zu Emma:

»Wir werden eine Woche bei Ras verbringen und uns den Kristallpalast ansehen. Wir nehmen zwei Kinder mit. Sie werden begeistert sein.«

Ende Juli fuhren sie mit Henrietta und George nach London. Erasmus engagierte ein zweites Hausmädchen, damit sich die Familie seines Bruders nicht zu sehr von den Kindern belästigt fühlte. Am nächsten Morgen brachen sie in zwei Droschken auf, Charles trug einen Seidenzylinder, einen langen dunklen Rock und eine helle Hose; Emma hatte einen neuen Hut auf und trug einen großen Schal um die Schultern, und auch die Kinder waren wie Dreimastsegler aufgetakelt.

Charles war begeistert von dem Farbenreichtum der Galerien. Es waren über hunderttausend Schaustücke aus der ganzen Welt zu sehen, aus der Türkei, Tunesien, Rußland, den Vereinigten Staaten. In der Bildhauergalerie sahen sie den *Griechischen Sklaven* des Amerikaners Hiram Powers, Bostons *Verwundeten Indianer*, den belgischen *Kreuzfahrerkönig* und die *cause scandale* der Ausstellung, die Skulptur eines nackten Bacchus, der stockbetrunken, vergnügt und wollüstig auf einem Bett von Weinblättern lag.

»Der französische Beitrag«, sagte Emma und führte die Kinder rasch an dem nackten Mann vorbei.

Die fast achtjährige Etty und der sechsjährige George interessierten sich viel mehr für die ausgestopften Tiere, eine auf Stühlen sitzende Katzenfamilie, die Tee trank, und einen Frosch, der einen anderen rasierte. Dann machten ihnen Kuchen und Eis noch mehr Vergnügen. Charles führte seine Familie von einer Galerie in die andere und erklärte die neuesten Erfindungen, die Preise erhalten hatten: die von einem »Puffing Billy« gezogene Mähmaschine, ein Messer mit achtzig Klingen und aus Philadelphia eine schwimmende Kirche für Seeleute. Die Erfindung, an der alle vier Darwins den meisten Spaß hatten, war ein stummes Weckbett: Der Besitzer stellte den Wecker auf die gewünschte Stunde ein; beim Wekken wurde der Schläfer aus dem Bett geschleudert und in ein kaltes Bad getaucht.

Sie verbrachten den ganzen Tag im Kristallpalast. Schließlich wurden die Kinder müde.

Charles besuchte im Lauf der Woche noch mehrmals die Ausstellung in Begleitung von Lyell und Hooker. Charles und Joseph Hooker trafen sich in den Gärten des Ausstellungspavillons und erneuerten begeistert ihre Freundschaft. Hooker hatte vier Jahre der Entbehrungen und Forschungen in Indien und im Himalaya verbracht und war sogar verhaftet worden. Er war durch die gewaltigen Gebirgszüge gewandert, hatte Gebiete aufgesucht, die noch nie zuvor von Europäern betreten worden waren. Der Mann, der so schwächlich zu sein schien, hatte ebenso wie Charles auf seiner fünfjährigen Reise große Reserven an Kraft, Mut und Ausdauer gezeigt. Er hatte eine wunderbare Pflanzensammlung mitgebracht, die viele bisher völlig unbekannte Arten enthielt. Nach Hookers Rückkehr waren er und Henslows Tochter Frances in aller Stille in Hitcham getraut worden. Sie lebten jetzt in Kew.

Charles traf unerwartet John Henslow, der eine Gruppe von Mitgliedern seiner Gemeinde betreute, die er von Hitcham mitgenommen hatte. Er verwendete dazu das Geld, das er durch Abschaffung der alljährlichen Saufpartien ersparte, an denen die Männer der Gemeinde vor Henslows Ankunft teilgenommen hatten. Es war nur einer von vielen Ausflügen, die er mit Gruppen von Angehörigen seiner Pfarre unternahm, um ihren geistigen Horizont zu erweitern. Sie waren ordentlich gekleidet und benahmen sich so, als wären sie neu geboren worden, was in gewissem Sinne auch zutraf, denn Henslow hatte den Kampf mit den Großgrundbesitzern gewonnen, die ihren ehemaligen Bauern Grund verkauft hatten, so daß diese sich jetzt selbst unterhalten konnten.

Der prächtige Haarschopf des nun fünfundfünfzigjährigen Henslow wurde allmählich weiß. Charles meinte:

»Neben dem, was Sie erreicht haben, mein lieber Henslow, wirken meine zu Papier gebrachten Worte recht unbedeutend.«

Henslow antwortete streng:

»Jeder von uns vollbringt Gottes Werk seiner Veranlagung gemäß.«

Im Kristallpalast lernte Charles als Begleiter von Joseph Hooker den sechsundzwanzigjährigen Thomas Huxley kennen, der als Hilfsarzt an Bord der *Rattlesnake* eine vierjährige Kreuzfahrt durch den Indischen Ozean und die Gewässer Australiens mitgemacht hatte. Auf dem letzten Teil der Reise hatte er drei Artikel über zoologische Themen geschrieben und nach London geschickt, die Charles in den *Proceedings of the Zoological Society*, den *Philosophical Transactions of the Royal Society* und den *Annals and Magazine of Natural History* gelesen hatte. Alle drei Aufsätze waren so scharfsinnig, klar und unvoreingenommen abgefaßt, daß Huxley bei seiner Rückkehr nach London feststellte, daß er dort bereits allgemein bekannt war.

Joseph Hooker stellte Thomas Huxley Charles mit großer Wärme vor.

»Ich weiß, Darwin, daß Sie sich nicht leicht mit Menschen anfreunden, aber Huxley ist ein Mann, der Ihnen in jeder Hinsicht gefallen wird.«

Huxley errötete, während er die Hand ausstreckte.

»Ich kenne niemanden in England, Mr. Darwin, den ich mehr bewundere als Sie. Ich habe Ihre Bücher seit Erscheinen des *Tagebuchs* gelesen, einschließlich Ihres letzten Buchs über die Rankenfüßer.«

Thomas Huxley hatte die gleiche Größe und Gestalt wie Charles. Seine Ausstrahlung fesselte alle.

»Ich freue mich sehr, Sie kennenzulernen, Huxley. Nach allem, was meine Freunde mir von Ihnen erzählt haben, war ich sehr gespannt auf Sie.«

Hooker entschuldigte sich, und Charles lud Huxley ein, mit ihm Eis zu essen.

»Meine Kinder sagen jedenfalls, es sei ausgezeichnet.«

Als die kühle Eiscreme serviert worden war, betrachtete Charles den jungen Mann, der ihm an dem runden Tischchen gegenübersaß.
»Erzählen Sie mir von sich, Huxley. Wo sind Sie zur Schule gegangen?«
Huxley grinste.
»Gar nicht. Mein Vater war zwar Hilfslehrer an einer Schule in Ealing, wo ich zur Welt kam, aber ich besuchte nur zwei Jahre lang die Schule, von meinem achten bis zum zehnten Lebensjahr. Dann verlor mein Vater seine Stellung. Wir übersiedelten in ein anderes Dorf, wo wir sehr bescheiden lebten. Die Gesellschaft, in die ich in der Schule geriet, war die schlimmste, die ich je kannte.« Huxleys Lächeln strahlte wie die Sonne zu Frühjahrsbeginn. »Da dürfte ich instinktiv erkannt haben, daß ich mich selbst bilden müsse. Mit zwölf Jahren wachte ich bei Morgengrauen auf, zündete eine Kerze an, nahm eine Decke um die Schultern, las Huttons *Geologie* – und Lyells *Lehrbuch der Geologie.*«
Charles dachte an seine zwei Jahre im Museum von Edinburgh und an die dreieinhalb Jahre in Cambridge.
»Aber Sie müssen doch eine wissenschaftliche Ausbildung gehabt haben.«
»Nur oberflächlich. Meine beiden Schwestern haben Ärzte geheiratet. Einer von ihnen nahm mich auf seine Visiten mit. Dadurch erhielt ich ein dreijähriges Stipendium am Charing-Cross-Hospital, dann war ich einige Zeit an der Londoner Universität, wo ich meinen medizinischen Grad erlangte. Und so wurde ich Hilfsarzt an Bord der *Rattlesnake* und hatte die Möglichkeit, ferne Länder zu besuchen. Ich bin kein Sammler, wissen Sie. Eigentlich wollte ich Maschinenbauingenieur werden. Das bin ich ja praktisch auch als Zoologe. Ich studiere die innere Konstruktion von wirbellosen Tieren, wie Sie es bei den Cirripedien taten.«
»Und was haben Sie jetzt vor?«
Zum erstenmal machte Huxley ein langes Gesicht.
»Richard Owen war so freundlich, sich bei der Admiralität für mich zu verwenden, so daß ich eine Anstellung bekam, damit ich mein Werk über die Expedition der *Rattlesnake* beenden kann. Das Gehalt ist bescheiden; ich wohne bei meinem Bruder. Ich konnte keinen anderen Posten finden, obwohl ich es bei allen Universitäten und Institutionen versuchte, die Lektoren beschäftigen. Noch schlimmer wurde meine Lage dadurch, daß ich mich in ein Mädchen verliebt habe, das mit seinen Eltern nach Sydney ausgewandert ist. Wir sind seit über drei Jahren verlobt. Wieviel Jahre noch vergehen werden, bevor ich sie aus Australien zurückholen kann, weiß ich nicht.«
Charles wollte in keinen falschen Optimismus verfallen.
»Ein paar Jahre. Wenn Sie Ihre Bücher über die Reise der *Rattlesnake* veröffentlicht haben, wird man Sie sicherlich irgendwo anstellen.«
Sie kamen auf die Arten zu sprechen. Huxley glaubte an ein Nebeneinander ohne verwandtschaftliche Beziehungen der einzelnen Lebensformen und an das Nichtvorhandensein von Übergangsformen. Charles antwortete freundlich:
»Das ist keineswegs meine Ansicht.«

Eine Stunde später kam Hooker zurück. Charles reichte Huxley die Hand: »Ich hoffe, Sie wiederzusehen.«
»Oh, das werden Sie!« rief Huxley. »Ich bin oft im Hause Ihres Bruders Erasmus. Die Carlyles nehmen mich mit. Sie verbessern meine Deutschkenntnisse.«
Während Hooker und Huxley sich entfernten, dachte Charles:
»Der junge Mann gefällt mir. Er hat mich sehr beeindruckt. Ich habe das Gefühl, daß wir Bundesgenossen werden.«
Tatsächlich trafen sich Charles und Thomas Huxley bei Erasmus, bei den Lyells in London und bei den Hookers in Kew. Wenn Charles ein Problem auf zoologischem Gebiet hatte, wandte er sich an Huxley. Sein Verstand drang sofort zum Kern des Problems vor. Oft drehte sich ihr Gespräch um Richard Owen, Englands berühmtesten Anatomen und Zoologen. Huxley hatte versucht, Owen für seine Unterstützung bei der Aufnahme in die Königliche Gesellschaft zu danken, aber Owen hatte erwidert: »Sie haben nur einem zu danken, sich selbst und der Qualität Ihrer Arbeit.« Huxley sagte zu Charles:
»Owen zeigt sich mir gegenüber erstaunlich zuvorkommend, aber er ist ein komischer Kauz, so übertrieben höflich, daß ich mich in seiner Gesellschaft nicht ganz wohl fühle.«
Nach einer Zusammenkunft ging Charles mit Huxley auf einen Nachttrunk ins *Athenaeum*. Bei einem Glas Cognac meinte Huxley:
»Es ist eine merkwürdige Sache mit Richard Owen; er wird gefürchtet und zugleich gehaßt. Ich habe miterlebt, wie er anderen einige sehr böse Streiche gespielt hat. Mir scheint, er ist nicht so groß, wie er selbst glaubt.«
»Er hat doch nicht Ihnen einen seiner bösen Streiche gespielt?«
»Noch nicht.«
Er mußte nicht lange warten. Huxley schrieb eine Abhandlung für die Königliche Gesellschaft, *Über die Morphologie von Weichtieren*, die er für die beste Abhandlung hielt, die er je geschrieben hatte. Richard Owen versuchte, ihr Erscheinen in den *Philosophical Transactions* zu verhindern. Huxley meinte:
»Er ist entschlossen, keinen anderen neben sich zu dulden. Warum ist er so eifersüchtig? Ich sehne mich so danach, Menschen bedingungslos vertrauen zu können.«
Charles ging Huxleys Schmerz sehr nahe.
»In den letzten zwanzig Jahren wurde Owen als *die* Autorität auf diesem Gebiet betrachtet«, erklärte er. »Es gab niemanden, der ihm auf die Füße getreten wäre, bis Sie auftauchten. Leider betrachtet er die Natur als sein Monopol...«
»...und uns alle als Wilderer in seinem Revier!«
»Stimmt. Aber Sie sollten sich keine übermäßigen Sorgen machen. Er kann Ihren Aufstieg nicht verhindern. Unter uns, meine Freunde und ich haben Sie für die Königliche Medaille vorgeschlagen.«
Einen Augenblick sah es aus, als ob Thomas Huxley weinen wollte. Er ergriff Charles' Hand mit beiden Händen und rief:

»Mit Männern wie Ihnen und Joseph Hooker und Charles Lyell kann ich einem Dutzend Leuten vom Schlage Richard Owens Widerstand leisten.«
»Vielleicht werden Sie tatsächlich dazu gezwungen sein«, antwortete Charles und zog eine Grimasse. »Und möglicherweise auch ich.«

Er hatte vielleicht noch ein oder zwei Jahre Arbeit an seinen, wie er sie genannt hatte, »geliebten Rankenfüßern« vor sich, aber jetzt nannte er sie immer häufiger »meine verhaßten Rankenfüßer«. Es war nichts zu machen, er hatte noch zwei Bände zu schreiben. Der einzige Trost: Ihre Veröffentlichung war gesichert. Er tat sein Bestes, um seine Gereiztheit vor seiner Familie zu verbergen, und machte sich auf die Suche nach der besten Schule für William, der nun bald zwölf wurde. Nach eingehender Überlegung entschloß er sich für Rugby, das auf der Straße nach Shrewsbury lag. Die beiden älteren Söhne Hensleigh Wedgwoods waren bereits dort. Die Kosten betrugen 110 bis 120 Pfund im Jahr.
Zweimal innerhalb von vierundzwanzig Stunden machte er Notizen in seinem Gesundheitstagebuch, einmal über die Tages- und einmal über die Nachtstunden, wie viele »Blähungsanfälle« er gehabt hatte, einschließlich der Male, in denen er durch *»ft.«* – Darwins Abkürzung für *flatulence* (Blähung) – aufgewacht war, wie oft er Kopf- und Zahnschmerzen, Erkältungen, Ausschlag, Blasen gehabt hatte; die Medikamente, die er einnahm, seine hydrotherapeutischen Behandlungen; wie oft er unter Aufstoßen, Depressionen, Angst, Frösteln, Schwächegefühlen, Beklemmungen gelitten, wann er sich abgespannt und müde gefühlt hatte. Seit dem Juli 1849 führte er Tagebuch über seinen körperlichen Zustand. Am Ende jedes Monats verzeichnete er auch, wie viele Tage er sich wohl gefühlt hatte. Diese günstigen Tage schwankten zwischen zwei bis fünf in schlechten Perioden und erreichten sogar zwanzig bis neunundzwanzig. Nach einem guten Tag machte er einen Doppelstrich.
Mit der Zeit wandte er Dr. Gullys Hydrotherapie nur mehr unregelmäßig an, verzichtete völlig auf die Duschen und Fußbäder. Er war aber bei seinem Wunsch nach Gesundheit noch immer leichtgläubig und versuchte immer neue »Kuren«, von denen er in den Londoner Zeitungen las.
Die Bäume am Rande des Sandwegs gediehen wunderbar; Stechpalmen, Brombeersträucher und Liguster waren mittlerweile Hecken. Die Kinder wuchsen schnell heran. Der Stoß der Manuskripte wurde zusehends höher. Sie dankten Gott, daß Emma nicht ebenfalls »wuchs«. Sie hatten jetzt sieben Kinder.
Die Stunden wurden zu Wochen, die Wochen zu Monaten, die Monate allmählich zu Jahren. Sie besuchten William in Rugby. Er war ein guter Schüler, so gut wie es ein Junge sein konnte, den man seinem Heim und seiner Familie entrissen und in eine Gruppe älterer Rowdies versetzt hat. Die daheim gebliebenen sechs Kinder waren gesund und kräftig, die älteren lernten bei Williams früherem Lehrer, dem Charles jährlich 150 Pfund dafür bezahlte, »daß er nichts als lateinische Grammatik unterrichtete«.

Down House war voller Verwandter und Freunde. Er hieß sie willkommen, aber die Strapazen des ständigen Kontaktes mit vielen Menschen führten dazu, daß er oft unter Schmerzen litt und es mit seiner Gesundheit bergab ging. In diesem Zustand wollte er nur im engsten Familienkreis sein. Wenn er sich dann nach einiger Zeit wie ein Einsiedler fühlte, sandte er Notsignale aus, wie das an Joseph Hooker, ihn bei der Aufnahme in den Philosophischen Klub zu unterstützen, der in London gegründet werden sollte:

> Erst vor zwei oder drei Tagen bedauerte ich meiner Frau gegenüber, daß ich fast alle meine Bekannten im Stich lasse und von ihnen im Stich gelassen werde. Ich denke an den Klub, der, soweit es möglich ist, genau meinen Bestrebungen entspräche, alte Bekanntschaften aufrechtzuerhalten und neue zu schließen...

Im November 1853 wurde ihm für seine Publikationen die Königliche Medaille verliehen, die größte Ehrung, die ihm von seinesgleichen zuteil werden konnte. Er schrieb an Joseph Hooker:

> In einem oder zwei Jahren werde ich, wenn ich keinen Zusammenbruch erleide, an meinem Buch über die Arten arbeiten.

Er wußte, daß er nicht zusammenbrechen würde.
Und wenn er endlich seine letzten beiden Bände über die Rankenfüßer beendet hatte, würde er ein freier Mann sein.
»Werde ich das wirklich sein? Oder werde ich einfach in ein anderes Gefängnis übersiedeln? Ohne Gitter, aber immer noch ein Ort, in den ich mich selbst sperre. Vielleicht für den Rest meines Lebens.«

Zehntes Buch

»Alle Genies sind in der einen oder anderen Hinsicht Dummköpfe.«

1.

Im Mai 1855 war der zweite Band der *Cirripedia* erschienen, und nun wurde auch der zweite Band der *Fossilen Cirripedia* von der Paläontologischen Gesellschaft herausgegeben. »Ich fühle mich unaussprechlich erleichtert, mit meinem letzten Rankenfüßer endlich fertig zu sein«, gestand Charles Emma. »Sollte ich noch zufällig auf einen stoßen, so werde ich mich einfach umdrehen und weggehen.«
Emmas Stricknadeln klapperten wie gewohnt, während sie vor dem Kaminfeuer im Schlafzimmer saßen, um sich zu wärmen.
»Jetzt bin ich begierig darauf, mein nächstes Projekt in Angriff zu nehmen.«
»Was könnte das wohl sein?«
Er erschrak; sie hatte sich nie nach seinen Arbeitsplänen erkundigt. Seit er vor sechzehn Jahren ihren Brief gelesen hatte, hatte er nie wieder mit seiner Frau über seine Theorie von der Entstehung der Arten gesprochen. Es war nicht länger möglich, ihr seine Absicht zu verbergen. Er wollte Emma nicht unglücklich machen; aber er hielt Heucheln für ein noch bedenklicheres Unrecht.
Er wandte sein Gesicht Emma zu, schob ihre Stricknadeln zur Seite und nahm ihre Hände in die seinen.
»Meine Liebste, ich werde dir sagen, welche Pläne ich für die nächsten Jahre habe. Die volle Wahrheit, wie ich sie vor mir sehe. Ich hoffe und bete, daß du nicht bekümmert sein wirst.«
»Ich verspreche, ich werde mich nicht beunruhigen lassen.«
»Ich glaube, du wirst meine Ansichten nicht für unvernünftig und töricht halten. Ich bin langsam und gewissenhaft zu ihnen gelangt. Doch diese Ansichten müssen auf Widerstand stoßen. Um dir ein Beispiel zu nennen: Als ich meinen Freund, den Botaniker Hugh Falconer, das letztemal in London traf, griff er mich heftig, wenn auch nicht bösartig, an und sagte mir: ›Sie werden mehr Unheil anrichten, als zehn Naturforscher Gutes tun können. Ich merke, daß Sie Hooker bereits angesteckt und halb verdorben haben!‹«
Emma ließ keine Reaktion erkennen.
»Ich möchte mich klar ausdrücken.« Er machte eine kurze Pause. »Nehmen wir zum Beispiel das Thema rudimentärer, geschrumpfter oder verkümmerter Organe. Organe oder Körperteile, die den deutlichen Stempel der Zwecklosigkeit tragen, sind in der gesamten Natur verbreitet. Es wäre unmöglich, eines der höher

entwickelten Tiere zu nennen, in dem sich nicht der eine oder andere Teil in rudimentärem Zustand befindet. Bei den Säugetieren zum Beispiel besitzen die Männchen rudimentäre Zitzen. Bei Schlangen ist ein Lungenflügel verkümmert. Bei Vögeln kann der ›Afterflügel‹ als verkümmerte Zehe betrachtet werden, da er nicht zum Fliegen verwendet werden kann. Was ist seltsamer als das Vorhandensein von Zähnen beim Walfötus, der, sobald er erwachsen ist, keinen einzigen Zahn mehr aufweist? Oder die Zähne in den Oberkiefern ungeborener Kälber, die das Zahnfleisch nie durchstoßen?

Es ist wunderbar, was das Prinzip der Auslese durch den Menschen, das heißt das Auswählen der erwünschten Eigenschaften und deren Züchtung, zu bewirken vermag. Sogar Züchter selbst waren über ihre Erfolge erstaunt. Ich bin überzeugt davon, daß die absichtliche Auswahl die Hauptursache für das Entstehen unserer Haustierrassen war. Durch seine Fähigkeit, sehr geringe oder auch größere Variationen auszuwählen, paßt der Mensch lebende Wesen seinen Wünschen an. Man kann von ihm sagen, daß er Schafe so züchtet, daß die Wolle des einen zum Weben von Teppichen, die des anderen zur Herstellung von Kleiderstoffen geeignet ist.«

»Diese Art der Tierzucht hat erst in letzter Zeit stattgefunden, nicht wahr?« fragte sie.

»Ja. Dennoch läßt sich meiner Meinung nach beweisen, daß eine unfehlbare Macht, die *natürliche Auslese*, am Werk ist, die schon lange ausschließlich zum Besten jedes organischen Wesens eine Auswahl trifft. Bedenke, daß jedes Wesen, auch der Elefant, sich in einem solchen Tempo vermehrt, daß die Erdoberfläche in einigen Jahren, spätestens in wenigen Jahrhunderten, nicht einmal die Nachkommenschaft auch nur einer Art ernähren könnte. Ich mußte mich immer wieder daran erinnern, daß die Verbreitung jeder einzelnen Art in irgendeinem Stadium ihres Lebens behindert wird. Nur wenige der alljährlich geborenen Individuen bleiben am Leben, um ihre Art fortzupflanzen. Welch winziger Unterschied entscheidet oft darüber, wer überlebt und wer umkommt!«

Emma wurde blaß.

»Ist all das mit dem Christentum vereinbar?«

»Ja. Es zieht die Existenz Gottes nicht in Zweifel. Die Natur folgt einfach seinen Gesetzen.«

»Schreibst du Gott nicht Grausamkeit zu, wenn du sagst, daß nur eine geringe Zahl jener, die geboren werden, am Leben bleibt?«

»Es wäre viel grausamer, wenn alles, was im Pflanzen- oder Tierreich geboren wird, am Leben bliebe. Unsere Erde wäre vor Millionen Jahren daran erstickt. Nur durch die natürliche Auslese, durch das Absterben der weniger Lebenstauglichen, kann unsere Welt bewohnbar bleiben.«

Emma war sehr religiös. Sie ging regelmäßig zur Kirche und nahm das Sakrament von Reverend Innes entgegen. Sie las ihren Kindern die Bibel vor und mißbilligte an Sonntagen alle gesellschaftlichen Betätigungen, die die Benützung der Familienkutsche erforderten. Es war für sie sogar eine Gewissensfrage, ob sie am Sonntag sticken, stricken oder Patience spielen solle, obwohl sie der Ansicht war, es wäre für England, vom moralischen Standpunkt aus gesehen, besser, wenn man an den Sonntagen einige Vergnügungen zuließe. In ihrem Eheleben bekümmerte es sie, daß Charles ihren bedingungslosen Glauben nicht teilte. Doch dieses schmerzliche Gefühl war vorübergegangen. Ihrer Ansicht nach führte Charles ein so beispielhaftes Leben, daß in seinem Wesen ein Gefühl für Gott vorhanden sein mußte.

»Es fällt mir schwer zu akzeptieren, daß alle Lebewesen nicht so sind, wie Gott sie erschaffen hat, und nicht von Ihm gesegnet und dazu bestimmt sind, sich zu vermehren.«

»Ich weiß. Es war auch für mich schwer, bis die Beweise unwiderlegbar wurden. Lyell stimmt mit mir nicht völlig überein, ebensowenig Hooker.«

»Ich muß deine Überzeugung respektieren. Wie aber wirst du eine so unannehmbare These untermauern?«

»Um über die Wandlungsfähigkeit der Arten, ihre Veränderungen, ihr Wachstum, ihren Tod zu schreiben, muß ich mich mit allen Lebewesen beschäftigen: mit Pflanzen und Tieren, Insekten, Fischen, Vögeln, Reptilien, mit der Erdkruste und ihren Gebirgszügen, Tälern, Plateaus, den sie umschließenden Meeren. Es ist eine unlösbare Aufgabe, kein Mensch allein kann alle Geheimnisse der Welt kennen. Aber jemand muß damit beginnen! Es gibt ein hebräisches Sprichwort, das lautet: ›Es obliegt dir nicht, das Werk zu vollenden, aber es steht dir auch nicht frei, ganz davon abzulassen‹ ...« Plötzlich verließ ihn der Mut; er war verzagt. Auf Emmas Stirn bildeten sich Falten der Konzentration. Ihre Stimme klang nicht ablehnend.

»Du hast das Gefühl, für diese Aufgabe auserwählt zu sein?«

»Ich habe mir die Aufgabe selbst gestellt«, antwortete er mit einem sich selbst verspottenden Lächeln um die Mundwinkel.

»Da du Sprichwörter zitierst, tröste dich mit dem Zitat aus Matthäus: ›Wenn es möglich ist, so gehe dieser Kelch an mir vorüber. Doch nicht wie ich will, sondern wie du willst.‹«

Er hob sie von ihrem Stuhl hoch und küßte sie.

Er setzte sich in seiner Ecke zurecht. Es war schön, sich wieder im Arbeitszimmer niederzulassen. Im vergangenen Januar, als zwei ihrer Söhne an Fieber und Bronchitis erkrankt waren, hatten die Darwins ein Haus in London gemietet, York Place 17 in der Baker Street, teils zu ihrem Vergnügen, teils zur Luftveränderung, von der sie hofften, sie würde den Jungen helfen. Kaum waren sie in das Mietshaus eingezogen, brach über die Stadt eine so grimmige Kälte herein, daß sie die Hälfte der Zeit nicht ausgehen konnten. Es war der Winter des Krimkrieges, in dem die Engländer und Franzosen gegen die Russen kämpften. England war erschüttert über den Verlust so vieler junger Männer. Und obwohl Tennysons Ge-

dicht vom *Angriff der Leichten Brigade* den Leuten wieder Mut gemacht hatte, bemerkte Lyell:
»Erinnern Sie sich, was der französische General Bosquet sagte? ›Dieser Angriff war prachtvoll, aber Krieg ist das nicht.‹«
Die Empörung über die schlechte Kriegführung veranlaßte Lord Aberdeen zum Rücktritt. Lord Palmerston wurde Premierminister. Endlich wurde die Zeitungssteuer aufgehoben, und auch die ärmeren Leute konnten sich eine Zeitung leisten, besonders das neu gegründete Massenblatt *Daily Telegraph*. Die Herren Straham, Paul und Bates, bedeutende Bankiers, wurden erwischt, als sie sich Obligationen im Wert von zweiundzwanzigtausend Pfund aneignen wollten. Da sie gebildete Männer waren, die – wie das Gericht sagte – vernünftiger hätten sein müssen, wurden sie zu vierzehnjähriger Verbannung nach Australien verurteilt.
»Australien!« rief Charles, der sich an das Land von seinem Besuch mit der *Beagle* erinnerte. »Ein gutes Land. Mit großen Möglichkeiten. Es wird ihnen dort gutgehen. Sie werden riesige Schafsfarmen besitzen, hübsche Australierinnen heiraten. Man hätte sie zur Verbannung in die ärmsten und heruntergekommensten Teile Londons verurteilen sollen: Bermondsey, Holborn, das East End. Das wäre eine wirkliche Strafe gewesen!«
Es gab auch gute Nachrichten. Florence Nightingale landete mit einer Gruppe Krankenschwestern in Skutari, um sich um die Kranken und Verwundeten des Krimkrieges zu kümmern. Zum erstenmal tauchten auf den Straßen Londons Postkästen auf. Man brauchte nicht mehr auf ein Postamt zu gehen, um einen Brief abzuschicken.
Als das Wetter es zuließ, besuchten sie Joseph und Frances Hooker in Kew. Sie gingen mit der zwölfjährigen Henrietta zu den von Louis Jullien geleiteten Konzerten. Am ersten Sonntag in London mieteten sie einen geschlossenen, vierrädrigen Wagen, der sie zum Lunch zu dem eleganten dreistöckigen Haus brachte, das Erasmus vor einiger Zeit gekauft hatte. Es lag in der Queen Anne Street 6, unweit des Cavendish Square mit seinem reizenden Park sowie der Harley Street, in der die besten oder zumindest die kostspieligsten Ärzte ihre Sprechstunden hatten.
Die Darwins standen in der durchdringenden Februarkälte eine Minute bewundernd vor Erasmus' Haus. Emma murmelte durch einen um ihren Mund geschlungenen Wollschal:
»Unser Bruder ist in der Welt nach oben gekommen. Er genießt seine Erbschaft.«
»Tatsächlich. Die jüngeren Parlamentsmitglieder kommen recht oft zu seinem Sonntagslunch. Seit er sich mit dem Bühnenautor Charles Reade angefreundet hat, gehören einige unserer elegantesten Schauspieler und schönsten Schauspielerinnen zu seinen häufigsten Gästen. Seine Vorliebe gilt noch immer den Autoren.«

Sie stiegen die Vordertreppe nach oben. Ein Butler in elegantem schwarzem Anzug, gestärktem weißem Hemd und weißer Binde ließ sie beim ersten Ton des Türklopfers ein. Er nahm ihre Mäntel in Empfang. Sie gingen in den hohen, geräumigen Salon zu dem Marmorkamin mit dem geschnitzten Holzrahmen, an dessen Seite sich mit Kohle gefüllte Messingkübel befanden. Emma stand mit dem Gesicht zum Feuer und streckte die Arme aus, um sich zu wärmen. Charles wandte dem Kamin den Rücken zu. Emma sagte:

»Wie sich der Geschmack ändert! Ras' früheres Haus besaß eine helle Atmosphäre. Seit Königin Victoria im Stil den Ton angibt, ist der Salon viel dunkler geworden. Die Fenster sind mit schweren Plüschgardinen verhängt, die Tapete ist aus dunklem Satin mit schwarzem Muster.«

Erasmus trat ein, er roch nach Eau de Cologne und trug einen eleganten blauen Samtsmoking und eine gut geschnittene graue Hose, die genau saß, da sie durch Stege unter seinen auf Hochglanz polierten Stiefeln gehalten wurde.

»Entzückend, Ras«, murmelte Emma. »Du hast einen guten Geschmack.«

»Ich verstehe nicht«, sagte Charles, wobei er Ernst vortäuschte, »wo du bei all diesen modernen Möbeln noch deine vielen Gäste hintun willst.«

»Die Stühle sind entbehrlich. Die Diwane sind zusammenlegbar.« Erasmus' für gewöhnlich melancholisches Gesicht verzog sich zu einem Grinsen. »Du wirst sehen, wie wunderbar alles funktioniert. Außerdem werden meine Gäste nach Anhören der zweistündigen Predigt in der All-Souls-Kirche halb verhungert sein.«

Als erster erschien Thomas Huxley. Er verbeugte sich höflich vor Emma und schüttelte Charles die Hand.

»Welche Nachrichten haben Sie von Ihrer Verlobten, Miß Heathorn?« fragte Emma besorgt.

Huxleys breites, hübsches Gesicht lächelte strahlend.

»Sie und ihre Eltern befinden sich per Schiff auf der Heimreise aus Sydney. Nachdem wir sieben Jahre gewartet haben, finde ich, sollten wir sofort heiraten. Ich kann sie jetzt, wenn auch nur bescheiden, ernähren. Ich beziehe zweihundert Pfund jährlich als Dozent an der Bergbauschule der Regierung, zusätzlich zu meinem Honorar vom Geological Survey.«

Seine großen Augen wurden trüb, sein Gesicht nahm einen gequälten Ausdruck an.

»In Wirklichkeit bin ich halb tot vor Angst. Netties Vater schrieb mir, daß ihre Gesundheit gelitten habe. Die australischen Ärzte glauben anscheinend nur an Aderlaß und das Verabreichen von Kalomel.«

Erasmus' Gäste trafen ein. Es war eine Modenschau, wie sie die Darwins selten sahen. Die Frauen hatten kunstvoll gearbeitete Kleider an. Die Wagemutigsten trugen die neuen, helleren Farben, Blau, Rosa und Gelb. Die meiste Aufmerksamkeit erregten noch modischere Seidenröcke über Krinolinen.

»Auf mein Wort«, sagte Emma zu Charles, »diese eleganten Frauen geben mir das Gefühl, daß ich eine Landpomeranze bin.«

»In der Natur«, murmelte Charles, »ist es der männliche Pfau, der das farbenprächtigste Gefieder besitzt. Sieh dir doch die zweireihigen, taillierten Röcke an, in denen die Männer ankamen, die Fräcke mit den abgeschrägten Vorderseiten. Die Kleidung kennzeichnet den Gentleman, oder zumindest sein Äußeres. In wenigen Stunden werden wir wissen, was sich unter diesen eleganten Anzügen befindet. Du mußt zugeben, sie sind dekorativ.«
Er ging von einer Gruppe zur anderen und hörte den Gesprächen zu. Sie waren fröhlich, lebendig, witzig, manchmal auch frech, gelegentlich unmoralisch, wenn die neuesten Bücher, Theaterstücke, Musikereignisse zerpflückt, die Politik von Whitehall scharfsinnig analysiert, der neueste Klatsch über den Hof und die Skandale unter dem Adel offen kolportiert wurden.
Es wurde zu Tisch gebeten. Erasmus' Speisezimmer war ebenfalls elegant, mit vertikal gestreifter Tapete und Gardinen aus grün gestreifter Seide. Er beschäftigte gut geschultes Personal, das am Buffet Horsd'œuvres, Steinbutt mit Garnelensauce, Hühnerfrikassee, kalten Fasan, Kalbfleisch in Gelee, Salat, Apfeltorte mit Sahne, Obstgelee, Karamelcreme servierte.
»Ganz anders als das ›Hausmädchen‹, das eine Lammkeule servierte!« flüsterte Charles Emma zu.
Die Kälte draußen, die fröhliche Konversation im Salon, die Tatsache, daß es drei Uhr nachmittags war, verliehen Erasmus' Gästen gewaltigen Appetit. Charles und Emma stellten zu ihrer Überraschung fest, daß sie ebenfalls begeistert aßen. Später begleitete Erasmus sie zur Tür.
»Du hast den Ehrgeiz deines Lebens erfüllt, Ras«, sagte Charles.
»Also, Gas, behandle mich nicht so von oben herab. Ich bin genauso ein Perfektionist wie du. Ich arbeite peinlich genau daran, jede Einladung bei mir zu einem denkwürdigen Ereignis zu machen. Die richtigen Leute, das richtige Essen und Trinken, die richtige Atmosphäre, in der Konversation und Freundschaft gedeihen können. Du würdest staunen, wie viele erstrangige, schöpferische Männer und Frauen hier zum erstenmal zusammentreffen und Beziehungen anknüpfen, die ihr Leben bereichern.«
»Dessen bin ich sicher, Ras«, sagte Charles versöhnlich.

2.

Mitte Februar kehrten sie nach *Down House* zurück, bevor der Schnee geschmolzen war. Charles schrieb einen Artikel über die Wirkung sich bewegender Gletscher, die auf ihrem Weg Gräben und Schrunden in der Landschaft hinterließen. Er wurde im *Journal of Science* veröffentlicht. Dann vertiefte er sich in das neue Buch seines Freundes Thomas Wollaston über die Insekten Madeiras, bei dem er

die Beschreibungen bewundernswert, die Argumentation aber lückenhaft fand. Wollaston war Entomologe und Konchyliologe; er hatte das Jesus College in Cambridge absolviert. Er versteifte sich auf Hypothesen über Insekten mit rudimentären Flügeln, die Charles ihm nicht auszureden vermochte. Als Joseph Hooker zu Besuch kam, zeigte ihm Charles das umstrittene Kapitel.
»Ist das nicht eine nette Folge von Annahmen?«
»Wirklich nett. Und keine ist richtig.«
Die Insekten mit rudimentären Flügeln erinnerten Charles an die flugunfähigen Kormorane auf den Galápagos-Inseln. Er hatte sich, ebenso wie Kapitän FitzRoy, John Wickham und Dr. Bynoe, über diese Vögel, die nicht mehr fliegen konnten, sehr gewundert. Niemand auf der *Beagle* hatte eine Erklärung dafür, und erst jetzt, durch seine Forschungen über rudimentäre Organe, war ihm die Erklärung eingefallen.
Er erzählte Hooker von dem Tag auf Albemarle, den er in seinem Arbeitszimmer deutlich wieder vor sich sah. Der Wasserstand in den Tanks des Schiffes war so gesunken, daß alle auf halbe Ration gesetzt wurden, zwei Liter täglich pro Mann, eine harte Maßnahme am Äquator mit seiner senkrecht stehenden Sonne. Charles war an Land gegangen, entschlossen, frisches Wasser zu finden, war aber nur auf Salzwasser gestoßen. Auf Albemarle hatte er gesehen, wie die Kormorane auf den niedrigen Felsen Nahrung suchten; ihre Flügel waren zu Stummeln verkümmert mit einem struppigen Federnbesatz. Es gab auf den Felsen reichlich Nahrung für sie; sie brauchten nicht über das Wasser zu fliegen, um zu fischen, es gab auch keine Räuber, keine großen Raubvögel. Die Flügel der Kormorane waren verkümmert, weil sie sie nicht brauchten! Sie waren geschrumpft, wie jedes unbenutzte Organ eines Lebewesens allmählich verschwindet.
Joseph Hooker zupfte an seinen Augenbrauen, die üppig wuchsen wie die tropischen Pflanzen in Kew.
»Unmöglich, Sie in diesem Punkt zu widerlegen.«
»Nein, Hooker, das können Sie nicht. Gott hätte keinen Vogel mit Stummelflügel erschaffen, so daß er nicht fliegen kann! Die Zeit und die veränderte Lebensweise haben den flugunfähigen Kormoran geschaffen.«
Er verbrachte nur einen Teil seiner Zeit in seinem Arbeitszimmer. In der übrigen Zeit arbeitete er im Freien an den Skeletten von Küken, Enten, Truthähnen und versuchte herauszufinden, wie viele Varietäten es von jeder Art gab. Er schrieb seinem Vetter Fox:

> Ich wäre Dir sehr dankbar für ein sieben Tage altes Entchen und einen der alten Vögel, wenn einer eines natürlichen Todes stirbt.

Er entwickelte eine Methode, die Glieder zu messen, indem er die Gelenke befühlte. Er machte Aufzeichnungen über die Skelette von wilden Truthähnen, ließ aber auch Zug- und Rennpferde sorgfältig messen. Er erfuhr, daß einer seiner

Kollegen vierzig Abarten der gewöhnlichen Ente gesammelt hatte. Er begann, den Aufbau der Augen und Ohren von Hunderten Vögeln, Hühnern, Reptilien und anderen Tieren zu untersuchen, wobei ihm ständig bewußt war, wie kompliziert sie gebaut waren.

Er fing an, Enten auf einem Holzfeuer zu kochen, das der neue Gärtner, der junge Lettington, der die Stelle des nun im Ruhestand befindlichen Comfort einnahm, in ihrem außerhalb der Umzäunung gelegenen Schuppen unterhielt. Seine sieben Kinder – William war aus Rugby auf einige Zeit zu Besuch gekommen – interessierten sich wieder für seine Forschungen. Sie hatten lange vor ihrem Vater die Geduld an der Arbeit mit den Entenmuscheln verloren. Sie hänselten ihn, indem sie riefen:

»Ach, der Duft einer gekochten, gut abgelagerten Ente!«

Statt sich über den Gestank zu beschweren, fragte Emma, ob er nicht am anderen Ende des Küchengartens einen kleinen Kochschuppen bauen wolle.

»Ich trete jetzt in eine neue Phase ein, in das Studium der Tauben. Yarrell wird mich ausbilden, damit ich nicht allzusehr betrogen werde, wenn ich bei den Züchtern Tauben kaufe. Nein«, lachte er, »ich werde sie nicht kochen.«

Er kaufte bei dem größten Händler in London, Bailey, mehrere Paare Pfauentauben und Kropftauben. Obwohl er für Tauben nie viel übrig gehabt hatte, war er jetzt begeistert von ihnen und ließ, zur Freude der Kinder, einen Taubenschlag bauen.

Im Frühjahr wurde Joseph Hooker zum stellvertretenden Direktor der Königlichen Botanischen Gärten in Kew ernannt. Joseph und seine Frau, Frances Henslow, die schon zwei Kinder hatten und ein drittes erwarteten, erhielten das Pförtnerhaus beim Eingang zu den Gärten als Wohnung. Charles sagte Hooker, der schlank war und mit den großen Augen hinter seiner randlosen Brille noch gelehrter aussah:

»Ich freue mich aufrichtig und herzlich über Ihre Ernennung. Sicher ist Ihr Gehalt noch gering, aber Sie werden in einigen Jahren noch zum Direktor ernannt werden.«

Anfang Juni stellten Charles und Miß Thorley, die langjährige Gouvernante der Kinder, eine Sammlung aller Pflanzenarten zusammen, die auf einem Feld wuchsen, das man hatte brachliegen lassen, nachdem es vorher mit Nutzpflanzen bebaut gewesen war.

Dann sammelten sie sorgfältig die Pflanzenarten in einem daneben liegenden bebauten Feld, um herauszufinden, welche neu gewachsen und welche verschwunden waren.

Als Charles es schaffte, die erste Grasart unter den zahlreichen Gräsern zu bestimmen, rief er: »Hurra! Hurra! Ich hatte nie erwartet, jemals ein Gras identifizieren zu können. Das muß ich Hooker berichten.«

Er hatte während der Reise der *Beagle* und später aufgrund seiner Lektüre festgestellt, daß es auf entlegenen Inseln Pflanzen, Tiere und Vögel gab, obwohl keine

Pflanze und kein Tier, abgesehen von den großen Vögeln, dorthin hätten gelangen können. Die übliche Erklärung war:
»Spontane Schöpfung aller Lebensformen in allen Gebieten der Erde durch Gott.«
Das glaubte Charles nicht. Er hatte mancherlei Theorien aufgestellt und war zu Teilantworten gelangt: Samen und Eier wurden auf Baumstämmen übers Meer befördert auf zufällig entstandenen Flößen aus Bäumen oder Unkraut, in den Klauen oder Eingeweiden der Vögel, die die Verdauungsreste von auf dem Festland zu sich genommener Nahrung auf den Inseln ausgeschieden hatten.
Er fragte Hooker:
»Können Samen und Eier Hunderte von Kilometern weit im Salzwasser treiben und tage-, wochen- und monatelang am Leben bleiben, bis sie an einer fernen Küste angetrieben werden?«
»Möglich«, sagte Hooker, »aber es liegt an Ihnen, das zu beweisen.«
»Ich bin fest entschlossen, das zu beweisen. Ich weiß, Sie werden nicht über mich spotten, sondern die Experimente als guter Christ beurteilen. Ich werde mir Samen aller Art, auch frisch gelegte Eier, besorgen, sie in Flaschen und Kübel mit Salzwasser tun und darüber Buch führen, wie lange sie am Leben bleiben und noch austreiben können. Das heißt, es sei denn, Sie erheben Einwände dagegen.«
»Hol mich der Teufel, nein!« rief Hooker. »Haben Sie etwas dagegen, wenn ich gleichartige Experimente in Kew Gardens durchführe? Ich möchte sehen, ob Samen schwimmen.«
»Experimentieren Sie zugleich mit mir. Sie müssen schwimmen, und sie werden schwimmen.«
Er kaufte Flaschen und alte Holzbottiche in allen Größen, stellte sie in Reihen im Gemüsegarten auf, füllte sie mit Salzwasser, sorgte für eine gleichbleibende Temperatur von zwei- bis dreiunddreißig Grad Celsius, die, wie er annahm, durchschnittliche Jahrestemperatur des Wassers der Ozeane. Den Kindern gefiel das neue Spiel. Sie versahen jede Flasche und jeden Bottich mit Etiketten, auf denen vermerkt war, welche Samen das betreffende Gefäß enthielt. Emma machte sich erbötig, täglich Aufzeichnungen über den Zustand der Samen zu führen. Sie ahnte nicht, daß das eine der Grundlagen der Arbeit ihres Mannes über die Entstehung der Arten war.
Er begann mit Samen von Rettich, Kresse, Kohl, Kopfsalat, Karotten, Sellerie und Zwiebeln. Sie wurden eine Woche lang in den Bottichen aufbewahrt, dann herausgenommen und in die Erde gesteckt. Die Kinder kamen immer wieder in sein Arbeitszimmer gelaufen und riefen:
»Papa, Papa, komm und schau, die Sellerie und die Zwiebeln wachsen.«
Er sah, wie Kresse und Kopfsalat gut wuchsen, aber der Kohl entwickelte sich unregelmäßig.
»Ich glaube, von dem sind viele Samen tot.«
Die Kinder seufzten enttäuscht.

Nach drei Wochen gediehen Kresse und Kopfsalat immer noch kräftig. Charles sagte:
»Auf mein Wort, ich kann kaum an unseren Erfolg glauben.«
Die Kinder fragten: »Wirst du Dr. Hooker schlagen?«
Die nächste Gruppe von Samen, die er in Salzwasser legte, waren Spinat, Hafer, Gerste, Rüben und Kanariensamen. Ein Teil blieb zwei Wochen lang im Wasser, der andere drei, dann nahm er sie heraus und pflanzte sie ein. Er wußte, daß diese Zeitabschnitte zu kurz waren, als daß in ihnen die Samen zu fernen Stränden hätten treiben können. Als aber die widerstandsfähigen Sellerie- und Zwiebelsamen noch nach fünfundachtzig Tagen Lagerung im Salzwasser keimten, rief er: »Das ist ein Triumph! Es bedeutet, daß bestimmte Lebensformen über die Meere treiben und sich auf Inseln und anderen Kontinenten ansiedeln können.«
Er schrieb an Henslow, seinen alten Lehrer, er solle den kleinen Mädchen seiner Pfarrgemeinde sechs Pence bieten, damit sie Samen für ihn sammelten. Es kam eine ganze Menge, die er in Briefmarken bezahlte. Er führte gemeinsam mit der Zoologischen Gesellschaft in London ein weiteres Experiment durch. Er schrieb an Hooker:

> Die Fische in der Zoologischen Gesellschaft fraßen große Mengen der mit Salzwasser durchtränkten Samen. Ich hatte mir vorgestellt, sie seien von einem Reiher geschluckt, Hunderte Kilometer weit mitgetragen, an den Ufern eines anderen Sees ausgeschieden worden und hätten prächtig gekeimt. Leider spien die Fische alle Samen heftig aus.

Sein Vetter Fox schickte ihm Fächer- und Kropftauben. Er verbannte Emma aus dem unwirtlichen Arbeitsschuppen, gestattete aber, daß die Kinder blieben. Er schrieb an Fox:

> Ich habe eine böse Tat verübt, ich habe eine engelgleiche kleine Fächertaube und eine zehn Tage alte Kropftaube ermordet. Bei der ersten versuchte ich es mit Chloroform und Äther. Bei der zweiten steckte ich eine halbe Stunde, bevor ich die Taube hineintat, Zyankalistückchen in eine große feuchte Flasche, und das so entstandene Blausäuregas wirkte sehr schnell tödlich.

Er mußte herausfinden, ob frisch gelegte Eidechsen- und Schlangeneier lang genug im Seewasser schwimmen konnten, um andere Küstenländer zu erreichen. Er fragte Fox:

> Da Du auf sandigem Boden wohnst, gibt es bei Euch Eidechsen? Wenn es sie gibt, würdest Du es lächerlich finden, den Jungen in eurer Schule eine Belohnung für Eidechseneier anzubieten? Einen Shilling pro halbes Dut-

zend, und wenn sie selten sind, noch mehr, bis Du zwei oder drei Dutzend beisammen hast, die Du mir schicken kannst? Wenn irrtümlich Schlangeneier gebracht werden, wäre das sehr gut, denn die brauche ich auch, und es gibt hier weder Eidechsen noch Schlangen.

Im Laufe von Wochen und Monaten schrieb er Hunderte Seiten Papier und sogar alte Briefumschläge mit Notizen über die Ergebnisse seiner Experimente voll. Die Dutzende Ablageladen, die er in seinem Arbeitszimmer hatte einbauen lassen, füllten sich.
Er knüpfte eine fruchtbare Beziehung an, als er den Amerikaner Asa Grey in Kew kennenlernte, der ihm von Joseph Hooker vorgestellt wurde. Gray, Botanikprofessor an der Universität Harvard und Autor des *Handbuchs der Botanik der nördlichen Vereinigten Staaten*, lieferte ihm wertvolle Informationen über dort heimische Pflanzen. Er fuhr auch nach London, um der Gesellschaft der Taubenliebhaber von Southwark beizutreten, die um sieben Uhr in der Yorkshire Grey Tavern, Park Street 4 auf dem Borough Market, zusammenkamen.
Er fuhr nach Norden, nach Rugby, um William zu besuchen, der an Masern erkrankt war, und sagte seinem ältesten Sohn:
»Ich habe eine merkwürdige Gruppe von Männern in einem seltsamerweise von einer Frau, einer Miß Victoire Arden, geführten Gasthaus kennengelernt.«
»Was mag Miß Arden mehr«, fragte William mit boshaftem Grinsen, »die merkwürdigen Männer oder die Tauben?«
»Die merkwürdigen Männer; sie geben mehr Geld für Bier aus als für Tauben. Ich werde am Sonnabend noch eine ganze Menge Tauben nach Hause mitnehmen, denn das ist eine edle und erhabene Beschäftigung, interessanter als das Sammeln von Nachtfaltern und Schmetterlingen, auch wenn du anderer Meinung bist.«
Seine Söhne waren Schmetterlingsfänger. Wie die meisten jungen, leidenschaftlichen Schmetterlingssammler verachteten sie die Käfersammler. Es war auch eine Möglichkeit, ihren Vater auf den Arm zu nehmen. Er hatte durch Unterweisung und eigene Begeisterung in seinen Kindern eine Vorliebe für die Natur geweckt, war aber nicht so dumm, ihnen gesammelte Tiere zu schenken. Junge Leute müssen selbst sammeln, damit es bei ihnen zu einer Leidenschaft wird. Emma hatte ihre Kinder zu Pflichtbewußtsein und gutem Benehmen erzogen, doch jedes Kind hatte einen natürlichen Sinn für Unabhängigkeit entwickelt. Als Charles einmal ins Wohnzimmer kam, sah er den fünf Jahre alten Leonard, der auf dem roten Samtsofa auf und nieder hüpfte.
»Leonard, ich habe dir gesagt, ich will dich nicht auf diesem Sofa herumhopsen sehen.«
»Also, Papa, wenn du mich nicht sehen willst, mußt du aus dem Zimmer gehen.«
Im Sommer und im Herbst beschäftigte er sich mit Hähnen und Hennen und versuchte, die Unterschiede im Knochenbau, im Gewicht und in der Zahl der

Schwanzfedern festzustellen. Er bot einem Mr. Baker, einem Züchter und Händler, Geld für tote Tauben, Kaninchen und Enten an. Sein verläßlichster Lieferant war aber sein Vetter Fox, der ihm trotz seiner ständigen Beschwerden durch Hexenschuß gute alte Kotschinchina-Enten, Dorking- und malaiische Hühner schickte.
Charles schrieb auch zwanzig Briefe an bekannte Züchter und an Abdecker, um Geflügel- und Taubenbälge zu kaufen.
Er überlegte: »Vor ungefähr dreißig Jahren wurde viel davon gesprochen, daß Geologen nur beobachten und keine Theorien aufstellen sollten, und ich erinnere mich, daß jemand sagte, unter diesen Umständen könne man ebensogut in eine Kiesgrube steigen, die Steine zählen und die Farben beschreiben. Merkwürdigerweise begreift niemand, daß jegliche Beobachtung eine Ansicht bestätigen oder widerlegen muß, wenn sie irgendwie von Nutzen sein soll.«

3.

Im Herbst 1855 griff er zu dem kürzlich eingetroffenen Exemplar der *Annals and Magazine of Natural History*, die er abonniert hatte, und begann einen Artikel von Alfred Russel Wallace mit dem Titel *Das Gesetz, das das Entstehen neuer Arten regelt* zu lesen. Er nahm eine Prise Schnupftabak aus der grün-braunen Keramikdose in der Diele und las:

Die geographische Verbreitung,
abhängig von geologischen Veränderungen

Jeder Naturforscher, der seine Aufmerksamkeit dem Thema der geographischen Verbreitung von Tieren und Pflanzen widmet, muß sich für die außergewöhnlichen Fakten interessieren, die sie aufzeigt...
...Daß ein Land über Arten, Gattungen und ganze Familien verfügt, die für dieses Land charakteristisch sind, ist ein zwingender Hinweis darauf, daß es so lange Zeit isoliert war, daß viele Arten-Reihen entstehen konnten, die wiederum aus früher existierenden entstanden sind. Sie starben aus, wie schon viele der vorher entstandenen Arten, und so kommt es vor, daß die Gruppen nun als Einzelfall erscheinen...

Er erhob sich von seinem Schemel und ging völlig verwirrt im Zimmer auf und ab. Als er zum Inhaltsverzeichnis zurückblätterte, sah er, daß der Artikel von einem jungen Mann geschrieben worden war, an den er sich undeutlich von einer kurzen Begegnung vor etwa zwei Jahren im Britischen Museum erinnerte. Er hatte im Hause Lyells auch ein oder zwei Kapitel von Wallaces *Reisen auf dem*

Amazonas gelesen und Wallace für einen scharfsinnigen, gut ausgebildeten Naturforscher gehalten. Der jetzt zweiunddreißigjährige Alfred Russel Wallace wollte sich damals gerade zu einer Expedition nach Singapur, Bali, Celebes und Malakka einschiffen, das Gebiet des Malaiischen Archipels, das von Naturforschern noch nicht erkundet oder wissenschaftlich erfaßt worden war. Charles erinnerte sich, daß Wallace gesagt hatte:
»Ich habe aufgrund meiner Studien in der Abteilung für Insekten und Vögel hier im Museum beschlossen, Singapur als Ausgangspunkt für meine naturgeschichtlichen Sammlungen zu wählen. Ich würde gerne einige Jahre dort bleiben, wie Sie es an Bord der *Beagle* und Hooker an Bord der *Erebus* taten. Ich bin nicht verheiratet, daher ist meine Zeit nicht beschränkt.«
Auch an den Werdegang von Alfred Wallace erinnerte sich Charles. Er wußte noch, daß Wallace, da er kein Geld besaß, dem damaligen Präsidenten der Königlichen Geographischen Gesellschaft, Roderick Murchison, seine Pläne dargelegt hatte und daß ihm durch Murchisons Verwendung bei der Regierung die Fahrkarte auf einem Schiff der *Pacific and Orient Line* zur Verfügung gestellt wurde, das Anfang 1845 nach Singapur auslief.
Charles nahm den Artikel wieder zur Hand. Er war nur achtzehn Monate nach Wallaces Abreise aus England veröffentlicht worden!
»Unglaublich, daß er so viel in so kurzer Zeit erkannt haben sollte«, erklärte er mit klopfendem Herzen, dann las er den Schlußabsatz der neunzehn Seiten langen Abhandlung von Wallace:

> Es wurde, wenngleich nur kurz und unvollständig, dargelegt, wie das Gesetz, daß jede Art zeitlich und räumlich im Einklang mit einer vorher existierenden, nah verwandten Art entstanden ist, mit einer riesigen Zahl von voneinander unabhängigen und bisher nicht geklärten Fakten zusammenhängt und sie verständlich macht...

Er wollte seinen Augen nicht trauen. Alfred Wallace hatte diese revolutionäre Theorie aufgestellt und sie beinahe mit Charles' eigenen Worten erklärt. Während des Lesens war er ärgerlich, verblüfft, enttäuscht, zornig, dann frustriert gewesen. Er verließ das Arbeitszimmer und begab sich zum Sandweg. Er machte zwei Runden, bevor er ein Gefühl der Erleichterung verspürte. Wallace hatte die Fakten beobachtet und sie zu einer Theorie verarbeitet, war aber nicht auf den Mechanismus der natürlichen Auslese gekommen.
Er schnitt mit der Schere die anderen Artikel aus und ließ nur Wallaces Artikel in dem Einband. Er legte ihn in eine Lade ab. Damit verdrängte er den Artikel aus seinem Gedächtnis.
Aber nicht für lange Zeit.
Als er in London vor einer Versammlung der Society mit Lyell speiste, fragte Lyell:

»Haben Sie den Artikel von Alfred Wallace in den *Annals* gelesen?«
»Ja.«
»Gut geschrieben, finden Sie nicht?«
»Hervorragend.«
»Beunruhigt Sie einigermaßen, oder?«
»Sehr sogar. Er hat aber keine Ahnung, was die Veränderung der Arten verursacht.«
»Und Sie?«
»Darauf werde ich später antworten.«
»Nachdem ich Wallaces Artikel gelesen hatte, habe auch ich ein Notizbuch über die Arten begonnen.«
»Wirklich!... Nach all den Jahren, in denen ich mit Ihnen über die Arten diskutiert habe, legten Sie erst nach der Lektüre von Wallaces Artikel ein Notizbuch an?«
»Als Sie allein auf weiter Flur waren, hielt ich es nicht für notwendig. Jetzt, da Sie zu zweit sind...«
Der zweite Wink kam von einem befreundeten Naturforscher, Edward Blyth, dem Kurator des Museums der Asiatischen Gesellschaft von Bengalen, einer Autorität für indische Vögel und Säugetiere. Blyth fragte in einem Brief, in dem er Charles Informationen über die indische Flora schickte:

> Was halten Sie von Wallaces Artikel in den *Ann. M. N. H.?* Gut! Im großen ganzen!... Wallace hat, glaube ich, die Sache gut dargestellt; und seiner Theorie nach haben sich die verschiedenen Haustierrassen deutlich zu *Arten* entwickelt.

Für Charles war dieser Brief sogar noch beunruhigender als sein Gespräch mit Lyell, denn Blyth bezeichnete Wallaces Schlußfolgerung als »einen Triumph für Freund Wallace, weil er darauf gekommen ist«.
Würde Wallace auch auf das Prinzip der natürlichen Auslese kommen? Stand Charles im Begriff, die Priorität für seine wichtigste These zu verlieren?
»Natürlich nicht!« rief er halblaut den Bücherregalen seines Arbeitszimmers zu. »Das ist völliger Unsinn. Und auch reine Egozentrik. Wallace ist ein leidenschaftlicher, begabter junger Naturforscher. Ich werde ihm helfen, so gut ich kann, so wie mir Lyell geholfen hat.«

Der Januar 1856 war ein unangenehmer Monat für die Familie. Emma wurde von ungewohnten Kopfschmerzen geplagt. Die Kinder waren erkältet und mußten im Haus bleiben. Der Schnee lag hoch auf den Feldern, so daß Charles nur wenig in den Schuppen außerhalb der Umzäunung arbeiten konnte. Er zog sich ins Arbeitszimmer vor Parslows wärmendes Kaminfeuer zurück, versah neu angekommene Bücher mit Anmerkungen, schrieb Briefe und sammelte Einzelheiten über die Unterschiede von Eiern, die Farben der Enten- und Schafarten der Welt. Nur er wußte von seinem großen Vorhaben. Manchmal schwankte, grübelte er, weil er auf dem einen oder anderen Gebiet seiner Forschungen keinen Erfolg hatte. Doch sein grundlegender Glaube an seine Auffassung von der Entwicklung, Veränderung und Anpassung der Arten seit Entstehen der Erde, seit ihren ersten Lebensformen vor Millionen von Jahren, geriet selten ins Wanken. Er glaubte fest daran, daß seine Theorie stichhaltig war. Aber er würde vorsichtig, unvoreingenommen sein und jeden Dogmatismus vermeiden.

Aus London traf eine schmerzliche Nachricht ein, als eine in Hampstead Heath gefundene Leiche sich als die von John Sadleir, einem Parlamentsmitglied, erwies, der Selbstmord begangen hatte, weil er an Veruntreuungen bei Bankgeschäften beteiligt war, die sich insgesamt auf eine Summe von einer halben Million Pfund beliefen. Damit begann eine Reihe von Entlarvungen von Persönlichkeiten aus den obersten Gesellschaftskreisen, die schuldig befunden wurden, sich an öffentlichen Geldern vergriffen zu haben. Einige Zeit später brachte ein gewisser Leopold Redpath eine Viertelmillion Pfund Sterling aus dem Besitz der Great Northern Railroad durch Unterschlagung an sich. Charles hätte sich beinahe die Finger verbrannt, denn er hatte ernstlich daran gedacht, mit ihren Ersparnissen Aktien der Great Northern Railroad zu kaufen.

»Ich werde warten, bis sie sich von ihren Verlusten wieder erholt hat«, meinte er. »Aber es ist eine gute Investition, und wir werden uns Aktien kaufen.«

Ende März wurde der Friedensvertrag unterzeichnet, der den Krimkrieg beendete; doch bald darauf kam es zu einer Kriegserklärung gegen Persien, gefolgt von der Beschießung Kantons, dem Beginn eines Eroberungskrieges gegen China durch die Königliche Marine.

»Das alte Sprichwort ›Nichts ist sicher außer Tod und Steuern‹ muß auf Tod, Steuern und Krieg erweitert werden«, murrte Charles. Würde Malthus behaupten, daß Kriege notwendig seien, um die Bevölkerungszahlen niedrig zu halten?

Im letzten Teil des Monats April 1856 beschloß er, aufs Ganze zu gehen. Er lud Charles Lyell, Joseph Hooker, Thomas Huxley und Thomas Wollaston mit ihren Frauen nach *Down House* ein. Es waren wochenlange Korrespondenzen notwendig gewesen, um die vier Männer gemeinsam an einen Tisch zu bringen. Er schickte Lexington mit der Kutsche zum Bahnhof nach Sydenham, wo er einen zweiten Wagen gemietet hatte, um sie alle nach *Down House* zu bringen. Er erwartete von seinen vier Freunden keine Zustimmung, eher herausfordernde Kritik an seiner Grundthese.

Lyell hatte bisher nur eine Abhandlung veröffentlicht, aber sein *Lehrbuch der Geologie* hatte die neunte, erweiterte Auflage erreicht. Joseph Hooker setzte seine Arbeit über die Flora Tasmaniens fort. Thomas Huxley war nicht ganz ein Jahr verheiratet. Ein prominenter Arzt hatte seiner Frau Henrietta damals nur noch sechs Monate zu leben gegeben. Doch die Ehe mit dem robusten und zugleich sanften Thomas Huxley hatte sie geheilt. Er war nun schon seit zwei Jahren Dozent an der staatlichen Bergwerksschule in der Jermyn Street und bekleidete eine leitende Position bei der Geologischen Landvermessung. Er hatte den Lehrstuhl für Naturgeschichte an der Universität Edinburgh abgelehnt, weil er lieber in London arbeiten wollte, und war vor kurzem ersucht worden, Vorlesungen am Königlichen Institut zu halten. Der vierunddreißigjährige Thomas Wollaston hatte sich dem Studium der Käfer von Madeira, den Kapverdischen Inseln und St. Helena gewidmet, um Beweise für seine Hypothese vom versunkenen Kontinent Atlantis zu finden, eine seiner Lieblingsideen. Er hatte schon als Student am Jesus College in Cambridge seine erste wissenschaftliche Abhandlung geschrieben.

Am späten Freitagnachmittag waren die Gäste mit ihrem Gepäck an der Treppe von *Down House* angelangt. Emma hatte die Kinder zu zweit zusammengelegt, um vier Schlafzimmer für die Gäste zur Verfügung zu haben. Sie hatte auch noch eine Frau aus dem Dorf engagiert, die in der Küche helfen sollte. Als alle Gäste sich frischgemacht hatten und nach unten ins Wohnzimmer gekommen waren, um sich ein Glas Sherry zu genehmigen, sagte sie zu ihnen:

»Ich dachte mir, daß Sie an einem so arbeitsreichen Tag keine Zeit für ein kräftiges Mittagessen hatten. Wenn Sie ins Speisezimmer hinüber kommen wollen, können Sie das Versäumte nachholen.«

Die Tafel war schön gedeckt, und es brannten ein halbes Dutzend Kerzen. Sally hatte gegrillten Lachs, Curry-Kalbfleisch mit Kartoffelbällchen und Apfelpudding zubereitet. Die Gäste ließen sich alle Gänge schmecken. An diesem Abend sprachen und lachten alle zugleich und waren in festlicher Stimmung. Kaum hatten sie den Lachs hinter sich, begannen sie eine Diskussion über die Eiszeit. Ob es Pflanzen aus dem Norden möglich gewesen war, nach Süden bis zum Äquator zu wandern, wie es auch Menschenstämme getan hatten. Ob nur jene Lebewesen nach dem Schmelzen des Eises überlebt hatten, die imstande gewesen waren, die Berge emporzusteigen wie in Ceylon, Java und Brasilien. Die Frauen machten neben den erhitzten Debatten der Männer friedlich Konversation.

Nach dem Essen kehrte die Gesellschaft ins Wohnzimmer zurück, wo Emma für sie Klavier spielte. Charles hatte zwei Backgammon-Tische aufgestellt, an denen die Teilnehmer am Spiel einander abwechselten. Sie gingen früh zu Bett, denn Charles hatte seine Kollegen gebeten, um sieben Uhr zum Frühstück nach unten zu kommen. Um acht Uhr zogen sich die fünf Männer in das Arbeitszimmer zurück, dessen Tür geschlossen wurde. Da der achtundfünfzigjährige Charles Lyell das älteste Mitglied der Gruppe war, bestand Charles darauf, daß er im Lehnstuhl in der Ecke Platz nahm. Der siebenundvierzigjährige Darwin setzte sich rechts von Lyell, der neununddreißigjährige Hooker zu seiner Linken nieder, und Huxley, der mit dreißig Jahren der jüngste war, begnügte sich mit dem gepolsterten Schemel, den Charles all die Jahre beim Sezieren der Rankenfüßer benutzt hatte.

»Zuerst möchte ich Sie um Ihre Ansicht über die geographische Verteilung von

Pflanzen- und Tierarten auf der Erde fragen«, begann Charles. »Ich glaube, es gibt eine Erklärung für die Ähnlichkeit von Lebewesen auf weit voneinander entfernt liegenden Kontinenten oder Inseln.«
»Die gibt es tatsächlich«, antwortete Joseph Hooker, »aber es ist nicht Ihre Theorie von den über die Meere schwimmenden Samen. Irgendwann in der Geschichte der Erde gab es riesige Kontinente, die so weit entfernte Landmassen wie Neuseeland und Südamerika miteinander verbanden. Es gab andere Kontinente, die es jetzt nicht mehr gibt und die einen Ring um die Erde bildeten. Hunderte kleine Inseln sind nichts anderes als die Spitzen versunkener Kontinente.«
»Dem pflichte ich bei«, erklärte Wollaston entschieden. »Ich bin davon überzeugt, daß Platons Kontinent Atlantis eine zusammenhängende Landmasse war, die es den verschiedenen Käferarten ermöglichte, sich frei zu bewegen, so daß sie jetzt in weit voneinander entfernten Gebieten gefunden werden.«
Charles beschloß, Hooker zu antworten.
»Meine Experimente mit Samen haben bewiesen, daß manche sogar achtzig Tage lang in Salzwasser lebensfähig bleiben und keimen, wenn sie an Land gespült werden. Das gilt auch für die Eier von Eidechsen und Schlangen. Ich habe gesehen, daß die Exkremente weitfliegender Vögel Samen enthalten, die keimen, sobald sie auf fruchtbaren Boden gelangen, unabhängig davon, wie weit sie von ihrer Heimat entfernt sind. Das gleiche gilt für große Vögel, die mit schlammbedeckten Klauen fliegen. In diesem Schlamm finden sich Samen.«
»Klingt plausibel«, brummte Huxley, »oder zumindest vernünftiger, als jedesmal einen Kontinent zu erfinden, wenn uns das Auftauchen einer Pflanze, eines Vogels oder Reptils in einer Entfernung von Tausenden Kilometern von seinen nächsten Artverwandten verwirrt.«
»Machen wir doch mit Ihrer Artentheorie weiter«, schlug Lyell vor. »Wie steht es mit den Menschen, Darwin?«
Erschrocken antwortete Charles:
»Was soll mit ihnen sein?«
»Sind sie keine Art?«
»Doch, natürlich.«
»Wie sieht dann die Geschichte ihrer Entwicklung aus?«
»O nein!« rief Charles heftig. »Der Mensch ist ein unantastbares Gebiet.«
»Wieso?« fragte Lyell höflich. »Könnten wir nicht von einem Orang-Utan abstammen? Der von Borneo oder Sumatra kam? Eines Tages werden Sie gezwungen sein, sich mit der Abstammung des Menschen zu befassen. Deshalb kann ich Ihre Einstellung nicht akzeptieren, denn der Mensch paßt nicht in Ihr Modell. Allgemein wird angenommen, daß alle Varietäten der menschlichen Familie von einem einzigen Paar abstammen, eine Lehre, gegen die es, wie mir scheint, keinen begründeten Einwand gibt.«
Charles schnappte nicht nach dem Köder, sondern fragte:
»Gibt es jemanden hier im Raum, der sich meiner Theorie anschließt, daß der

Kampf ums Dasein *eine Erklärung* für die Entwicklung der modernen Lebensformen gibt?«
Seine vier Gäste blickten einander an. Dann sagten Lyell und Hooker, daß Charles viel Beweismaterial brauchen würde, um seine Behauptung vom Aussterben früherer Arten zu beweisen. Thomas Huxley erklärte, daß er sich mit diesem Gebiet noch eingehender beschäftigen müsse. Thomas Wollaston war der einzige, der durch Charles' Erklärungen beunruhigt war. Charles' Einstellung verstieß gegen die Aussagen der Bibel. Er reagierte ein wenig vorwurfsvoll.
»Es stimmt, unsere Welt und ihre Lebewesen haben sich verändert. Wir sind uns alle darüber einig, daß es eine Eiszeit gegeben hat und vor ihr viele Zeitalter. Doch für sie gibt es logische Erklärungen. Als Gott aus Gründen, die nur Er selbst kennt, beschloß, weitreichende Veränderungen herbeizuführen, schuf Er einfach neue Kontinente, Meere, Fische, Vögel, Blumen, Bäume. Wenn Er am Anfang in sechs Tagen die Welt erschaffen konnte, warum sollte er dann später nicht neue Formen schaffen können, ganz nach seinem Wunsche? Das hat doch Hand und Fuß.«
Ihre Diskussion dauerte bis zur Mittagszeit, dann führte Charles seine Freunde zu einem Spaziergang von fünf Runden auf den Sandweg. Nach dem Essen trennten sie sich, um sich auszuruhen. Um drei Uhr kamen sie wieder im Arbeitszimmer zusammen, wo Charles ihnen von seiner Arbeit mit fünfzehn Varietäten der gemeinen Tauben berichtete.
»Auf diesem Gebiet haben Männer wie Henslow, Brown, Sie, Hooker, und Asa Gray in Harvard die Klassifizierung durchgeführt. Es ist eine gewaltige Aufgabe, denn auf der Erdoberfläche, in der Luft und auf den Meeren gibt es Hunderttausende winziger Veränderungen bei allen Lebewesen, verursacht, behaupte ich, durch die harte, oftmals grausame Notwendigkeit, sich zu verändern, sich der unmittelbaren Umgebung anzupassen, um zu überleben. Meine Vorstellung von der natürlichen Auslese steht und fällt mit der Klassifikation.«
Am Sonntagmorgen ersuchte Charles Lyell, während die anderen Reverend Innes' Messe in der Dorfkirche beiwohnten, er solle bei ihm bleiben, damit er ihm seine immer gewichtiger werdenden Beweise vorlegen könne.
»Muß man die natürliche Auslese nicht als die Erhaltung der für den Kampf ums Dasein am besten gerüsteten Art definieren, Lyell? In diesem Kampf hat eine Varietät einer Art die beste Aussicht zu überleben, wenn sie sich an Veränderungen im Nahrungsangebot, natürliche Feinde, Umwelt, Übervölkerung etc. organisch angepaßt hat. Jene Varietäten oder Arten, die die unumgänglich notwendigen Anpassungen nicht durchführen, sterben aus. Sie haben in Ihrem Leben genügend Fossilien gesehen. Warum sind sie ausgestorben, während andere Varietäten überlebt haben?«
Lyell suchte nach einem geeigneten Stuhl, um sein Gesicht darauf zu stützen, dann entschloß er sich, im Zimmer auf und ab zu gehen.
»Ich habe viel Wissen und Erfahrung aus Ihrem Buch gewonnen«, konstatierte

Charles mit Nachdruck. »Ein großer Meister erzieht keine begriffsstutzigen Schüler.«
Lyell errötete, wie es sich gehörte. Er schob die Schultern vor.
»Darwin, ich möchte Ihnen dringend empfehlen, umgehend Ihre Ansichten in einem Buch darzulegen, das viel mehr ins Detail geht als die Essays, die Sie vor mehreren Jahren geschrieben haben.«
Charles antwortete nicht.
Lyell ließ nicht locker:
»Verwenden Sie das Material, das Ihre Ausgangspunkte am besten wiedergibt. Sie sollten sehr bald beginnen, bevor jemand auftaucht, dem das Verdienst dafür zugesprochen wird.«
Charles antwortete zögernd:
»Sicherlich würde ich mich ärgern, wenn jemand meine Erkenntnisse vor mir veröffentlichte.«
Nach dem Mittagessen war noch Zeit für eine weitere Sitzung im Arbeitszimmer, bevor man die Gäste zum Bahnhof bringen mußte.
»Was ich brauche«, wandte er sich an die Männer, »sind Reaktionen auf meine Theorie. Bitte seien Sie so freundlich, mir harte Fragen zu stellen.«
Sie taten es und fragten: Über welche Stadien erwarb ein insektenfressendes Landtier die weitgespannten Flügel der Fledermaus? Was ist mit dem Pinguin, der seine Flügel ausschließlich als Paddel beim Schwimmen verwendet? Wie sind die einstigen fliegenden Reptilien zu erklären? Oder die Häufigkeit, mit der bei niederen Tieren die gleiche Flüssigkeit und dasselbe Gewebe für Verdauung, Ernährung und Atmung verwendet wird? Wie konnten sich sechshundert Raupen in einem Teil des Amazonasgebietes zu sechshundert verschiedenen Schmetterlingsarten entwickeln?
Ruhig antwortete er, wobei er seine Theorie der natürlichen Auslese, um zu überleben, und der Wandlungsfähigkeit der Arten darlegte. Ruhig hörte er ihre Widerlegungen an.
Als er seinen Gästen in die Kutschen half, sagte er ihnen:
»Es war eine belebende Erfahrung. Ich habe Ihnen sehr zu danken, besonders für Ihre Geduld.«
Joseph Hooker ließ seine Frau in die vor dem Haus stehende Kutsche einsteigen, drehte sich um und meinte:
»Wie ich schon einmal sagte, ich gehe immer mit dem Gefühl fort, daß ich nichts beigetragen habe und dafür mehr von hier mitnehme, als ich mit Mühe schleppen kann.«
»Drängen auch Sie mich, mein Werk über die Arten zu veröffentlichen?«
»Ja, das tue ich, Darwin.«
»Aber wie? Ich will einen Verleger oder ein Kollegium nicht mit ketzerischen Schriften belasten, für die sie vielleicht geschmäht werden.«
»Alle neuen Ansichten werden geschmäht«, antwortete Hooker. »Verleger und

wissenschaftliche Gesellschaften wissen das; sie haben das Recht, abzulehnen. Oder sie können eine Notiz anfügen, in der sie feststellen, daß die zum Ausdruck gebrachten Ansichten die des Autors, nicht aber die der Gesellschaft oder des Verlegers sind.«

»Ich weiß nicht, ob ich den Mut habe, mit ›einem gewaltigen Buch‹, wie Lyell es nennt, zu beginnen. Für mich wäre es leichter, mit dem Gedanken an einen dünnen Band zu beginnen...«

»Beginnen Sie, wie immer Sie wollen«, drängte ihn Hooker, *»aber beginnen Sie sofort!«*

4.

Er stellte sein Material zusammen, eine Aufgabe, die über zwei Wochen erforderte, und setzte sich am 14. Mai in den großen Fauteuil mit dem Schreibbrett quer über den Armlehnen. Er hatte für seine Notizen alle möglichen Stückchen Papier verwendet. Das hier sollte aber ein einwandfreies Manuskript werden. Er holte sich aus dem Schrank Papier im Format acht mal zwölf Zoll, griff zu Feder und Tintenfaß und begann zu schreiben:

> Niemand sollte sich darüber wundern, daß hinsichtlich der Entstehung der Arten und Varietäten noch vieles ungeklärt bleibt, wenn er unsere tiefreichende Unwissenheit hinsichtlich der gegenseitigen Beziehungen der vielen um uns lebenden Wesen berücksichtigt. Wer kann erklären, warum die eine Art weit verbreitet und sehr zahlreich, eine andere, verwandte Art dagegen nur wenig verbreitet und selten ist? Doch diese Beziehungen sind von größter Bedeutung, denn sie bestimmen das derzeitige Wohlergehen und, wie ich glaube, den künftigen Erfolg und die Entwicklung jedes Bewohners dieser Welt. Noch weniger wissen wir von den wechselseitigen Beziehungen der unzähligen Bewohner der Welt während der vielen vergangenen geologischen Epochen in ihrer Geschichte...

Die Feder glitt rasch über die sich immer mehr anhäufenden Seiten. Er beschrieb das Blatt nur auf einer Seite, ging aber manchmal zurück und schrieb dann Ergänzungen zwischen den Zeilen. Wenn ihm ein Gedanke nicht gefiel, strich er ihn mit der Feder durch. Er verwendete Symbole für Einschaltungen, schrieb Sätze an den Rand, manchmal drehte er das Blatt um und fügte noch einen Absatz hinzu. Er kritzelte Bleistiftnotizen als Gedächtnisstütze für sich selbst hinein, zum Beispiel »Das soll Huxley lesen.« Er heftete oder klebte auch Papierstreifen auf die Seiten.

Wie er selbst sagte, war seine Handschrift »schrecklich undeutlich«, aber er wußte, daß er logisch dachte und seine Gedanken zusammenhängend aufbaute. Ein Schreiber konnte alles später noch einmal abschreiben. Er war sich auch darüber im klaren, daß seine Orthographie und die Interpunktion gelegentlich mangelhaft waren. Das störte ihn nicht. Seine einzige Aufgabe bestand darin, triftige und klare Argumente vorzubringen, während er zugleich die Haken, Vorbehalte und Schwierigkeiten aufzeigte, die sich dem Beweis seiner Theorie in den Weg stellten. Er schrieb Fox, wie viele Folioseiten bereits als Resultat einmonatiger Anstrengung vorlagen. Als Fox mit großer Begeisterung über den Wert des Beitrags antwortete, erwiderte er:

> ... Was Du über meinen Essay sagst, ist meiner Meinung nach vollkommen richtig; es verursachte einen neuen Anfall von Geschwafel. Ich hoffe, es wird mir gelingen, ihn in Grenzen zu halten.

Seine Lektüre verursachte ihm mehr Ärger als Erbauung. Thomas Wollastons jüngst veröffentlichte *Veränderung der Arten* stützte sich mehr auf die Theologie als auf die Natur. Wollaston brandmarkte auch jeden, der über seine Schlußfolgerungen hinausging, als »äußerst schädlich« ... »absurd« ... »unzurechnungsfähig«.

»Sie sind wie Calvin, der einen Ketzer verbrennt«, sagte ihm Charles, als sie einander das nächstemal in London trafen.

»Charakteristisch für Sie ist Ihre fanatische Ehrlichkeit«, erwiderte Wollaston.

Charles erhielt einen Brief von Samuel Woodward, einem Assistenten an der Abteilung für Geologie und Mineralogie des Britischen Museums, der vor einiger Zeit ein hervorragendes Buch über Muscheln veröffentlicht hatte. Woodward behauptete gleichfalls, alle Inseln im Pazifik und Atlantik seien die Überreste von Kontinenten, die in einer Zeit, als bereits alle Arten existierten, versunken seien. Charles explodierte geradezu. Er erklärte Lyell:

> Wenn man alle Kontinente, die in den letzten Jahren von Woodward, Hooker, Wollaston und Ihnen geschaffen wurden, zusammenzählt ..., so ergibt das eine ganz schöne Landfläche!

An Hooker schrieb er:

> Ich muß aufhören mich zu ärgern und mich bemühen, demütig zu werden, und zulassen, daß Ihr Kontinente so mühelos herstellt wie eine Köchin Pfannkuchen!

Es war nun fünfeinhalb Jahre her, seit Emma ihren Sohn Horace zur Welt gebracht hatte. Sie und Charles waren überzeugt, daß Henry Holland recht hatte,

wenn er sagte, daß die Zeit gekommen war, zu der die Natur es bei ihr zu keiner Empfängnis mehr kommen ließ.
Im Juni 1856, mit achtundvierzig Jahren, stellte sie fest, daß sie wieder schwanger war.
Sie saßen gemeinsam unter dem Fensterbogen ihres Schlafzimmers. Er legte den Arm um ihre Schulter. Ihm fiel ein halbes Dutzend Sätze der Entschuldigung ein; schließlich sagte er:
»Wir werden alles nur Mögliche tun, um das Leben für dich leichter und glücklicher zu gestalten.«
Sie lehnte ihren Kopf an seine Schulter.
»Es ist nicht meine Art, wider Gottes Willen zu hadern.«
Mitte Juli, als er erst zwei Monate geschrieben hatte, löste er ein schwieriges Problem. Er schrieb an Lyell.

> Ich habe soeben meine eingehende Beweisführung über die Kälte in tropischen Regionen während der Eiszeit und die daraus resultierende Abwanderung der Organismen beendet... Sie steht im Einklang mit der Veränderung der Arten.

Hooker gegenüber bemerkte er:

> Welch ein Buch könnte ein Kaplan des Teufels über die plumpen, verschwenderischen, fehlerhaften, zutiefst und entsetzlich grausamen Werke der Natur schreiben!

Zu Joseph Hooker hatte sich eine eigenartige Beziehung entwickelt. Sie liebten und bewunderten einander, waren so oft wie möglich beisammen, schrieben einander alle paar Tage lange Briefe. Doch jeder bekämpfte weiterhin die Ansichten des anderen. In seinem bequemen Fauteuil zusammengekauert, bombardierte Charles den stets geduldigen Hooker mit Fragen:

> Sie sprechen ganz richtig über vielfache Schöpfungen durch einen direkten Akt Gottes, im Gegensatz zu meinen Ansichten. Wenn ein einziger solcher Fall bewiesen werden könnte, wäre ich besiegt. Aber ich bemühe mich, möglichst stichhaltige Beweise gegen mich zu liefern.
> Fast wage ich nicht, Sie um einen überaus großen Gefallen zu bitten, den größten, den ein Mann von einem anderen erbitten kann: nämlich meine (ungefähr vierzig, aber rein geschriebenen) Seiten über die alpine und die arktische sowie antarktische Flora und Fauna und die durch besondere Kälte gekennzeichnete Erdperiode zu lesen. Es wäre wirklich von großem Vorteil für mich, denn sonst begehe ich mit größter Wahrscheinlichkeit botanische Fehler.

Seine vierzig Seiten machten umfangmäßig fast die Hälfte des Manuskripts aus, von dem er ursprünglich gedacht hatte, es würde einen »dünnen Band« ergeben. Die Wochen vergingen, und er sah zu, wie der Stoß seiner Manuskriptblätter immer dicker wurde.

»Also gut«, beschwichtigte er sich selbst, »die Art meines Materials gestattet es nicht, es zu einem dünnen Buch zusammenzupressen.«

Lyell wies in einem seiner Briefe darauf hin, daß er »im Schnellzugtempo von seiner früheren Ansicht über die Wandlungsfähigkeit der Arten abkam«.

Mitte Juli ermächtigte er Charles, in der Vorrede zu seinem Buch die Tatsache zu erwähnen, daß er mit dem Werk einverstanden sei. Charles war außer sich vor Freude. Sir Charles Lyells Billigung seiner Ansicht von der Entstehung der Arten würde ein Schock für seine wissenschaftlichen Kollegen sein! Es war eine Empfehlung seines Buches. Aber wann würde es endlich erscheinen? Er hatte bereits mehr als hundert Seiten geschrieben!

Alle Zeit, die er erübrigen konnte, verbrachte er im Garten mit den Kindern, sogar der fünfjährige Horace arbeitete als sein Helfer und versuchte, Blumen zu kreuzen. Charles hatte wenig Glück mit den Gartenwicken. Er beklagte sich bei Joseph Hooker, der den Darwins den neuen See zeigte, der in Kew angelegt worden war und von der Themse gespeist wurde:

»Ich war so ahnungslos und wußte nicht einmal, daß man bei Gartenwicken nicht den Staubbeutel entfernen darf, da sie sonst eingehen.«

»Das weiß auch sonst niemand. Aber ich werde Ihnen helfen. Ich werde in Kew Hybriden züchten. Übrigens stellte ich fest, als ich Ihre Seiten zu Ende gelesen hatte, daß alle Individuen der gleichen Art, von der Sie sprechen, sich kontinuierlich verbreitet haben.«

»Kurz gesagt, sie haben – sich entwickelt?«

»Es sieht ganz so aus.«

Charles' schmales Gesicht verzog sich zu einem zufriedenen Grinsen.

»Es tut mir gut zu sehen, daß Sie, wenn auch nur in Details, Ihre frühere Ansicht revidieren.«

So ermutigt, fand er, es wäre gut, wenn er eine kurze Erklärung darüber abgeben würde, was er für sein Lebenswerk hielt. Dafür wählte er einen Brief an Asa Grey, der Amerikas bedeutendster Botaniker geworden war. Er schrieb seinem Freund:

> ...Entweder wurden die Arten unabhängig voneinander geschaffen, oder sie stammen von anderen Arten ab... Ich glaube, es kann als wahrscheinlich angenommen werden, daß der Mensch die unterschiedlichsten Varietäten dadurch erzielt, daß er jene auswählt, die zur Erhaltung der Art am geeignetsten sind, und die anderen vernichtet... Als ehrlicher Mensch muß ich Ihnen sagen, daß ich zu der ketzerischen Schlußfolgerung gelangt bin, daß es so etwas wie unabhängig von einander geschaffene Arten nicht gibt, daß Arten deutlich unterschiedene Varietäten sind...

Ich muß noch ein Wort zu meiner Rechtfertigung sagen (denn ich bin sicher, daß Sie dazu neigen werden, mich und meine verrückten Einfälle zu verurteilen), daß alle meine Ansichten darüber, wie Arten sich verändern, das Ergebnis eines langen Studiums der Werke von wissenschaftlich gebildeten Landwirten und Gärtnern (aber auch der Gespräche mit ihnen) sind. Und ich glaube, ich erkenne sehr klar, welche Methoden die Natur verwendet, um ihre Arten zu verändern und sie den erstaunlichen und überaus schönen Zufällen *anzupassen*, denen jedes Lebewesen ausgesetzt ist...

Als sie sich das nächstemal trafen, sagte er zu Hooker:
»Wie wird sich die Naturwissenschaft verändert haben, wenn wir bereits im Grab liegen und die Gesetze der Veränderung einer der wichtigsten Bestandteile der Wissenschaft geworden sind!«
Teilweise als Folge seines Briefes erhielt er eine Einladung von Asa Grey, er solle in die Vereinigten Staaten kommen, um Vorlesungen über seine Forschungen zu halten, für freie Hin- und Rückfahrt würde gesorgt werden.

Emma verbrachte einen unangenehmen Sommer. Er las ihr jeden Abend vor. Zum Glück war es, was die Unterhaltungsliteratur betrifft, ein gutes Jahr. Er kaufte in den Londoner Buchhandlungen *Callista* von John Henry Newman, *Aurora Leigh*, einen Roman in Versen von Elizabeth Barrett Browning, *John Halifax, Gentleman*, von Dinah Maria Mulock, *The Shaving of Shagpat* von George Meredith.
Wenn sie frische Luft und Bewegung brauchte, nahm er sie zu Spaziergängen auf dem Sandweg mit. Sie erhielten gute Nachrichten über ihren zweiten Sohn, George, der jetzt elf Jahre alt war; er war ein besonders guter Schüler in der Schule von Clapham, die von Reverend Pritchard geführt wurde, einem Bewunderer der Wissenschaften. George, den sein Vater als »begeisterten Entomologen« bezeichnete, beschränkte sich nicht nur auf das Studium von Griechisch und Latein, sondern lernte auch Arithmetik, Zeichnen und moderne Sprachen und wurde ermutigt, eine Sammlung von Käfern und anderen Insekten anzulegen. Er durfte jeden Monat auf einen Tag nach Hause fahren.
Charles ging nicht aus dem Hause. Zusätzlich zu seinem immer umfangreicher werdenden Manuskript ließ er Pflanzen in Salzwasser schwimmen und arbeitete mit seinen Tauben und Kaninchen. Er machte Notizen über die Unterschiede im Knochenbau von zahmen Kaninchen und fand es merkwürdig, daß es noch kein Zoologe jemals der Mühe wert gefunden hatte, sich bei Haustieren und zahmen Vögeln die sehr deutlichen Unterschiede im Knochenbau anzusehen.
Er arbeitete den ganzen Tag und hatte sich seit beträchtlicher Zeit nicht mehr unpäßlich gefühlt; sein einziges körperliches Leiden war ein Hexenschuß.
In den Herbstmonaten schrieb er weitere Hunderte von sorgfältig ausgearbeite-

ten Seiten und eine so unglaubliche Zahl langer Briefe mit Fragen an Züchter und weitgereiste Personen, daß die Korrespondenz allein fast jeden anderen Mann erschöpft hätte.
Er hatte mit dem Thema begonnen, über das er am besten Bescheid wußte, Varietätenbildung unter dem Einfluß der Domestikation. Er setzte dabei auseinander, wie Züchter ihre Rassen von Rindern, Schafen, Rennpferden, Pfauen- und Kropftauben nach einem Ausleseprinzip modifiziert hatten.

> Derzeit unternehmen hervorragende Züchter Versuche der methodischen Auslese mit einem bestimmten Ziel im Auge, um eine neue Abart oder Unterart zu erhalten, die der bisherigen Art überlegen ist.

Das gleiche galt für die Flora, wo die Größe und Schönheit von Rosen, Dahlien, Stiefmütterchen und anderen Blumen im Vergleich zur Stammzucht beträchtlich gesteigert waren. Das Gemüse im Küchengarten, die Birn- und Apfelbäume, die Erdbeeren waren durch die wunderbare Geschicklichkeit der Gärtner verbessert worden. Wenn zufällig eine ein wenig bessere Varietät auftauchte, wurde diese ausgewählt und gezüchtet.
Am 13. Oktober hatte er das Kapitel über Varietätenbildung unter dem Einfluß der Domestikation sowie einen Teil seiner Ausführungen über die geographische Verteilung abgeschlossen. Da er eine Bestätigung brauchte, ging er mit diesem Teil des Manuskriptes zu Hooker, bei dem er einen angenehmen Abend verbrachte, bevor er um halb zehn zum Bahnhof eilte und gerade noch den Zug nach Hause erreichte. Hooker schrieb ihm einen langen Brief:

> Ich habe Ihr Manuskript zu Ende gelesen, das mir sehr gut gefallen und mir neues Wissen vermittelt hat. Ihre Beweise sind sehr stichhaltig und geben mir eine viel deutlichere Vorstellung von der *Veränderung*, als ich vorher hatte... Sie werden die erste Hälfte klarer darlegen können, wenn Sie sie noch etwas ausfeilen. Ich habe an einigen Stellen mit Bleistift Änderungen in Details bei Worten usw. eingefügt, um Ihnen besser folgen zu können; manches liest sich ein wenig mühsam. Ich hatte mir einige Seiten Notizen für eine Diskussion gemacht, von denen viele sich erledigten, als ich im MS weiterlas...

Charles befaßte sich mit Falken; dann wandte er seine Aufmerksamkeit wieder der Verbreitung von Pflanzensamen über die Weltmeere zu. Die Samen, die ein Adler achtzehn Stunden lang in seinem Magen gehabt hatte, waren noch so frisch, daß Charles sie einpflanzte. Zwei Hafer-, ein Klee- und ein Rübensamen gingen auf. Während seiner Spaziergänge untersuchte er die Exkremente von kleinen Vögeln und fand sechs verschiedene Arten von Samen in ihnen. Ein Rebhuhn, das er entdeckte, hatte so viel trockene Erde an einem Fuß, daß es eine

Menge Samen mitführte. Wenn er an die Millionen Zugwachteln dachte, hielt er es wirklich für merkwürdig, daß die Samen von Pflanzen nicht über die Meeresarme transportiert worden sein sollten. Ein anderer Samen hatte noch gekeimt, nachdem er sich zweieinhalb Stunden im Magen einer Eule befunden hatte. Seine Freunde unter den Ornithologen versicherten ihm, daß eine Eule die Samen »über große Entfernungen, in einem Sturm vielleicht auch fünfhundert Meilen weit« befördern konnte.

Als er das hörte, stieß er ein triumphierendes »Hurra!« aus.

Am 6. Dezember brachte Emma ihr zehntes Kind zur Welt, wieder einen Jungen, den sie Charles Waring tauften. Ihr Arzt verwendete bei der Geburt das nun in England allgemein übliche Chloroform.

Mitte Dezember hatte Charles sein drittes großes Kapitel beendet, dem er den Titel *Die Kreuzungsmöglichkeiten aller Organismen; Die Empfänglichkeit der Fortpflanzung für Veränderung* gab. Ein Grund, weshalb er rasch vorankam, war, daß er Notizen verwenden konnte, die er in dem Notizbuch des Jahres 1837 gemacht hatte, sowie nützliche Hinweise aus seinem zweiten Notizbuch von Februar bis Juli 1838.

»Ich plagiiere mich selbst«, meinte er. »Ich könnte diese Stellen heute nicht schreiben, warum also soll ich nicht gleich die Originale verwenden?«

Eines Abends, als sich Emma wieder wohl fühlte, setzte er sich an den Rand ihres Bettes und faßte ihre Hand.

»Ein halbes Dutzend Söhne! Gütiger Himmel, wenn man an all den Ärger mit der Schule und die Berufswahl nachher denkt.«

»Ganz zu schweigen von der Mitgift für unsere beiden Mädchen!« neckte sie ihn leise. »Glaubst du, daß wir uns das alles leisten können?«

Er brachte seine Unterlagen nach oben und drehte den Docht ihrer Petroleumlampe hoch. Er hatte die Buchhaltung seit ihrem ersten Jahr in der Upper Gower Street geführt.

»Wir werden es schon schaffen. Unser Einkommen betrug 1854 4603 Pfund, wovon wir 2127 Pfund für Investitionen sparten. 1855 nahmen wir etwas weniger ein, 4267 Pfund, aber wir sparten und investierten sogar noch mehr, 2270 Pfund. Im letzten Jahr hatten wir ein Einkommen von 4048 Pfund und konnten 2250 Pfund investieren. Unser Einkommen wird, falls ich mich nicht geirrt habe, mit der Zeit steigen, wenn die Kinder älter werden und unser Jahresüberschuß selbst Zinsen trägt.«

»Ich danke dir von Herzen für diese Beruhigung«, murmelte Emma mit gespielter Erleichterung. »Ich hatte schon gefürchtet, wir würden ungebildete Darwins aufziehen.«

»Das würde mich mehr schmerzen als sonst irgend etwas.« Sie lachten beide.

Charles verbrachte den Januar 1857 damit, sein viertes Kapitel, und zwar *Varietäten in der freien Natur*, fertigzustellen. Die Anstrengung und Mühe erschöpfte ihn völlig. Er gestand Emma:

»Ich fühle mich nicht mehr so wohl wie früher.«
»Du arbeitest zu angestrengt.«
»Gibt es eine andere Möglichkeit? Das Buch wird sehr umfangreich. Ich beabsichtige, mein Manuskript so fehlerlos abzuliefern, wie ich nur kann.«
Emma machte den Vorschlag, er solle im hydrotherapeutischen Bad in Moor Park, das nur etwa sechzig Kilometer weit entfernt war, Urlaub machen, anstatt bis zum Frühjahr zu warten.
»Wie ich meine Schriften und Experimente im Stich lassen könnte, weiß ich nicht.«
Sie musterte sein Gesicht genau.
»Mein lieber Charles, sollte da nicht bei alldem ein gewisser Egoismus mit im Spiel sein? Strebst du vielleicht durch dein Buch nach großem Ruhm?«
Charles zog eine Schulter hoch, als wollte er fragen: »Wer kann das sagen?«
»Ich bin zutiefst an meinem Thema interessiert, das ist alles. Dennoch wünschte ich, ich könnte dem gegenwärtigen oder postumen Ruhm weniger Wert beimessen, als ich es tue. Aber nicht auf übertriebene Art, so glaube ich wenigstens. Wie ich mich kenne, würde ich ebenso angestrengt, wenn auch mit weniger Lust, arbeiten, wenn ich wüßte, daß mein Buch für immer anonym veröffentlicht würde.«
Sein Wunsch, der Rivalität und der Eifersucht der anderen Wissenschaftler in London zu entgehen, war einer der Gründe dafür gewesen, daß er sich aufs Land zurückgezogen hatte. Da brach im Jahr 1857 ein heftiger Streit zwischen Richard Owen und Thomas Huxley aus. Nach Huxleys Rückkehr von seiner vierjährigen Reise an Bord der *Rattlesnake* hatte Owen dem Ersten Lord der Admiralität geschrieben, um Huxley eine bezahlte Stelle auf der *Fisguard* zu verschaffen.
»Owen ist meiner Ansicht nach großartig«, hatte Huxley zu Charles gesagt, »von der Art, wie er seine Zigarren raucht, bis zu seinem famosen Gesang.«
Owen hatte sich auch gemeinsam mit Charles und anderen bemüht, Huxley zum Mitglied der Royal Society wählen zu lassen. Dennoch sah sich Charles gezwungen, Huxley den Rat weiterzugeben, den er selbst von Lyell erhalten hatte:
»Hüten Sie sich vor Owen. Er wird über Sie herfallen. Das macht er mit jedem. Es ist seine Natur.«
Huxley hatte nicht lange gebraucht, um den zwiespältigen Charakter Richard Owens kennenzulernen, der von den meisten Zeitgenossen gefürchtet und gehaßt wurde, weil er bösartige Ränke schmiedete und seine Untergebenen schikanierte. Owen war ein hervorragender Mann und verhehlte nicht, daß er es auch wußte. Er war zuvorkommend zu Huxley, bis er merkte, daß der Jüngere fähig war, ihn aus seiner unbestrittenen Stellung als Autorität auf dem Gebiet der Zoologie zu verdrängen. Es kam zum ersten Zwischenfall, als Owen die Veröffentlichung von Huxleys *Über die Morphologie der Kopffüßer* in den *Transactions* der Royal Society verhinderte.
Charles hatte beobachtet, wie der wachsende Gegensatz zwischen den beiden

Männern sich im ersten Halbjahr zugespitzt hatte, als Owen seine Stellung in der Bergwerksschule ausnützte, um sich den Titel eines Professors der Paläontologie anzumaßen, wodurch er Huxleys dortige Stellung ernstlich untergrub. Huxley brach alle Beziehungen zu Owen ab und erklärte:
»Owen ist entschlossen, weder mich noch sonst jemanden vorwärtskommen zu lassen, wenn er es verhindern kann. Er soll sich in acht nehmen. Auf meinen Fachgebieten bin ich ihm überlegen und durchaus bereit, mit einem halben Dutzend Drachen zu kämpfen. Er verfügt zwar über eine gefährlich spitze Feder, aber ich schmeichle mir, daß ich es, wenn notwendig, auch auf diesem Gebiet mit ihm aufnehmen kann.«
Charles erkannte, daß zwischen diesen beiden Gegnern, dem kampferprobten alten Haudegen und dem jüngeren Mann, der seinen Aufstieg in eine Führungsposition rücksichtslos durchsetzen wollte, eines Tages ein gewaltiger Kampf ausbrechen würde, der die gesamte Welt der Wissenschaft erschüttern und in der Geschichte einen unauslöschlichen Eindruck hinterlassen würde. Er konnte aber nicht wissen oder auch nur im entferntesten ahnen, daß er nicht nur Mittelpunkt des Orkans sein, sondern ihn auch entfesseln würde.

5.

Er hatte Konteradmiral Robert FitzRoy und seine Frau wiederholt zu Besuch nach *Down House* eingeladen. FitzRoys erste Frau, Mary O'Brien, war gestorben und hatte ihn mit vier Kindern zurückgelassen. Dann hatte er die Tochter seines Vetters geheiratet. Die FitzRoys nahmen die Einladung an. Beide Männer zogen sich ins Arbeitszimmer zurück, Charles schob einen bequemen Lehnstuhl für FitzRoy herbei, der sehr gealtert war. Sein Haar war grau und der Blick seiner Augen hart geworden. Trotzdem sah er noch gut aus.
»Erinnern Sie sich an den Ausflug, Darwin, den wir im April 1834 in unseren Beibooten den Santa Cruz flußaufwärts unternahmen? Als wir durch Ebenen kamen, die aus Geröll, eingebettet in Diluvialschutt von etwa dreißig Metern Mächtigkeit, bestanden, sagte ich damals zu Ihnen: ›Das hätte nie durch eine vierzigtägige Sintflut entstehen können.‹«
»Ich erinnere mich. Die Geschichte steht im letzten Kapitel Ihres Buches.«
»Das kam daher, daß ich nur sehr wenig von der Bibel wußte. Ich habe von einigen Ihrer Theorien gehört. Sie bestreiten die buchstabengetreue Wahrheit des Buches Genesis?«
»Die Natur selbst widerlegt es. Ich halte nur schriftlich fest, was ich beobachte. Die Natur lügt niemals.«
»Aber die Bibel tut es, wollen Sie damit sagen. Das ist unerhört!«

»Überall in der Welt gibt es immer mehr Beweise dafür, daß unser Planet viele Millionen Jahre alt ist. Daß sich das gesamte Leben auf ihm entwickelt, verändert, den Gegebenheiten der Übervölkerung, der Nahrungsversorgung, des Klimas angepaßt hat. Viele Arten konnten sich nicht rechtzeitig anpassen und sind daher ausgestorben. Sie haben die fossilen Knochen in Punta Alta gesehen. Manche Arten haben sich aus Notwendigkeit so radikal angepaßt, daß ihre inneren Organe – von ihrem Äußeren ganz zu schweigen – sich im Laufe der Jahrtausende so verändert haben, daß sie kaum wiederzuerkennen sind. Alles, was heute an Leben auf der Erde existiert, stellt das Überleben der am besten Angepaßten dar.«
FitzRoys Gesicht lief rot an.
»Und schließen Sie daraus, daß der Mensch zuerst im Zustand eines Kindes oder eines Wilden geschaffen worden sein kann? Das hält mein Verstand nicht für möglich. Er wäre bereits nach wenigen Stunden zugrunde gegangen. Der einzige Gedanke, der sich mit der Vernunft vereinbaren läßt, ist, daß der Mensch körperlich und geistig vollkommen geschaffen wurde und dank der göttlichen Inspiration wußte, welche Rolle ihm zugedacht war. Den ersten Auswanderern, die Kleinasien in zivilisiertem Zustand verließen, mangelte es bald an Schreibmaterial, ihre Kinder lernten nur, für ihre täglichen Bedürfnisse zu sorgen, und ihre Enkel und Urenkel degenerierten immer mehr, verloren die letzten Überbleibsel ihrer früheren Vollkommenheit und wurden zu Wilden!«
Sein Gesichtsausdruck wurde grimmig.
»Haben wir auch nur den geringsten Grund für die Annahme, daß wilde Tiere oder Pflanzen sich seit ihrer Erschaffung zu ihrem Vorteil verändert haben? Kann ein vernünftiger Mensch glauben, daß das erste Exemplar einer Rasse, Gattung oder Art das minderwertigste war? Wie können sich falsche Philosophen auch nur einen Augenblick lang vorstellen, daß es getrennte Entwicklungen wilder Rassen, zu verschiedenen Zeiten und an verschiedenen Orten gab?…«
Er konnte sich nicht mehr beherrschen.
»Der mosaische Bericht von der Schöpfung hängt mit dem von der Sintflut eng zusammen. Moses' Wissen war übermenschlich. Seine Erklärung, daß das Licht vor der Sonne und dem Mond geschaffen wurde, war von Gott inspiriert…«
Charles hatte nicht die Absicht, mit einem Gast seines Hauses zu streiten, ganz abgesehen davon, daß er sein ehemaliger Kapitän und Freund war. Er sagte in versöhnlichem Ton:
»Mein Freund, ich möchte der herrlichen Poesie des Alten Testaments keinen Abbruch tun. Ich schätze es aus dieser Sicht ebenso wie jeder andere Mensch…«
Es hatte keinen Sinn. FitzRoy redete sich noch eine volle Stunde lang in Fahrt, mit viel Wind in den Segeln, zitierte Bibelstellen mit Angaben des Kapitels und Verses, um zu beweisen, daß das Buch Genesis bis in jede Einzelheit unantastbar war. Die Handlungen Gottes waren vollkommen. Charles versank tiefer und tiefer in seinem Stuhl und benutzte ihn gleichsam als schützende Höhle in diesem Sturm.

Plötzlich beendete FitzRoy seine Predigt. Charles sprang auf.
»Kommen Sie, Sir, wir wollen einen Spaziergang machen. Die Landschaft von Kent ist eines der sanftesten grünen Hügelgebiete in England. Dann können wir zum Kamin im Wohnzimmer und zu warmem Butterkuchen mit Tee zurückkehren. Ich würde gern Ihre Gattin Maria näher kennenlernen.«
Seine Liebenswürdigkeit rettete die Situation. Er hielt die Konversation während des Tees und des Abendessens in Gang. Emma spürte, daß etwas nicht stimmte, und trug ebenfalls durch Konversation dazu bei, die Harmonie aufrechtzuerhalten. Am nächsten Morgen kehrten die FitzRoys nach London zurück. Charles ließ sie in seiner Kutsche zu dem neueren und näher gelegenen Bahnhof Beckenham bringen. FitzRoy schüttelte vor dem Eingang kurz und ernst die ihm von Charles entgegengestreckte Hand. Als sie fort waren, beschlich Charles das unbehagliche Gefühl, daß er sein *beau idéal*, Robert FitzRoy, nie wieder sehen sollte.
Die Arbeit machte Fortschritte. Am 3. März 1857 beendete er sein fünftes Kapitel *Kampf ums Dasein* und nur vier Wochen später den sechsten, entscheidenden Teil *Natürliche Zuchtwahl*. Daß er sein tägliches Arbeitspensum nicht konstant einhalten konnte, betrübte ihn. Emma gegenüber klagte er:
»Morgens weiß ich nie, wie viele Seiten ich bis zum Abend schaffen werde.«
»Warum wendest du nicht deine Sandwegtechnik an?« meinte Emma. »Überlege, bevor du beginnst, wie viele Seiten du schreiben willst, lege eine Anzahl Flinte zurecht und stoße jedesmal einen zur Seite, wenn du eine Runde hinter dir hast. Wenn keine Steine mehr da sind, ist dein Tagwerk getan.«
»Emma, du bist ein Genie. Wenn es nur ebenso leicht wäre, eine Idee darzustellen wie eine Runde auf dem Sandweg zu absolvieren!«
Doch Emmas Idee funktionierte für ihn, zumindest bildlich gesehen. Jedesmal, wenn er das Gefühl hatte, eine Behauptung bewiesen und mit einem in der Fußnote angegebenen Referenzwerk untermauert zu haben, stieß er im Geiste ein Steinchen von der Arbeitsmenge weg, die er sich selbst vorgegeben hatte.
Weder Charles noch Emma erinnerten sich, wann sie zum erstenmal bemerkt hatten, daß mit ihrem Baby etwas nicht stimmte. Es war nicht krank und litt auch keine Schmerzen, denn es weinte selten. Ihr Jüngster nahm Nahrung zu sich und wuchs körperlich augenscheinlich in normalem Tempo. Er war jedoch lethargisch, bewegte seine Finger nicht vor seinen Augen, um sie zu beobachten, wie es die anderen Kinder getan hatten. Seine Augen glänzten auch nicht, wenn Charles oder Emma ihn hochnahmen, um ihn zu liebkosen.
»Sein Gesicht ist ausdruckslos«, sagte Charles, während sie zu beiden Seiten des Kinderbettes standen. »Ich habe das Spiegelbild der Gefühle auf den Gesichtern unserer Kinder beobachtet und mir Notizen über die Ausdrucksvielfalt gemacht. Ich wünschte, Miss Thorley wäre noch bei uns. Mir gefällt diese neue Gouvernante, Miss Pugh, nicht.«
»Es ist gar nicht Miss Pugh, sondern das Kindermädchen, das sich um unser Baby kümmert«, protestierte Emma.

»Ich weiß, daß sich Kinder unterschiedlich schnell entwickeln. Vielleicht findet der Kleine das Kinderbett beengend. Wir müssen ihn an einem warmen Tag auf einen Teppich legen, auf dem er sich bewegen kann.«

»Ich werde Spielzeug, das Musik macht, und grell gefärbte Karten am Bettchen aufhängen, um sein Interesse zu wecken«, schlug Emma vor. »Kann sich ein vier Monate altes Kind langweilen?«

»Das war bei keinem von unseren Kindern bisher der Fall.«

Auch Henrietta machte ihnen Sorgen. Sie neigte dazu, zu kränkeln. Manchmal wirkte sie teilnahmslos und hatte keinen Appetit. Da Annies Verlust ihnen noch frisch im Gedächtnis haftete, erhielt Etty liebevolle Fürsorge und ständige Aufmerksamkeit. Als man ihr einmal sagte, sie müsse im Bett frühstücken, gefiel ihr der Gedanke so gut, daß sie es von nun an immer so hielt. Ihren Eltern erklärte sie:

»Auch wenn ich heirate, werde ich im Bett frühstücken.«

In der letzten Aprilwoche fuhr Charles in das hydrotherapeutische Bad in Moor Park, unweit von Aldershot in Surrey. Die Behandlung war nicht anstrengend, täglich eine leichte Dusche und ein Sitzbad. Dr. Lane war noch sehr jung, nach Charles' Ansicht sein einziger Fehler. Dafür war er sehr belesen, und Charles mochte ihn lieber als Dr. Gully, weil Lane nicht an so viele exzentrische Theorien glaubte und auch nicht zu erklären versuchte, was weder er noch irgendein anderer Arzt erklären konnte.

Die Landschaft bot sich geradezu an für Spaziergänge. Am Ende der ersten Woche war Charles überrascht, wie gut ihm die verflossenen Tage getan hatten, und davon überzeugt, daß die Wasserkur das einzige wirksame Gegenmittel bei chronischen Krankheitsfällen war. Er fühlte sich so wohl, daß er am 1. Mai, dem Beginn seiner zweiten Woche in Moor Park, beschloß, den Brief zu beantworten, den er von Alfred Russel Wallace erhalten hatte und der am 10. Oktober des vergangenen Jahres in Celebes abgefaßt worden war. Er schrieb an Wallace:

> Sehr geehrter Herr,
> ... ich sehe deutlich, daß wir ganz ähnliche Gedanken hatten und in gewissem Maß zu den gleichen Schlüssen gelangt sind. Hinsichtlich des Artikels in den *Annals* halte auch ich fast jedes Wort Ihrer Abhandlung für richtig. Ich nehme an, Sie werden mir zustimmen, daß es sehr selten vorkommt, daß die eigenen Ansichten ziemlich genau mit irgendeiner fremden theoretischen Abhandlung übereinstimmen. Denn es ist traurig zu sehen, wie jeder aus den gleichen Fakten seine eigenen unterschiedlichen Schlußfolgerungen zieht. Diesen Sommer sind es 20 (!) Jahre her, seit ich mein erstes Notizbuch mit der Frage eröffnete, wie und in welcher Weise Arten und Varietäten sich voneinander unterscheiden. Ich bereite jetzt mein Werk zur Veröffentlichung vor, finde das Thema aber so umfassend, daß ich nicht annehme, es vor zwei Jahren in Druck geben zu können, obwohl ich

schon viele Kapitel geschrieben habe. Ich weiß nicht, wie lange Sie im Malaiischen Archipel zu bleiben gedenken; ich wünschte, ich könnte durch die Veröffentlichung Ihrer dortigen *Reisen* profitieren, bevor meine Arbeit erscheint, denn Sie werden zweifellos eine ganze Reihe von Fakten sammeln...

In der zweiten Woche seines Aufenthaltes wanderte er ziemlich viel durch die Landschaft von Surrey und beobachtete, wie die Tiere die Vegetation beeinflußten. Acht oder zehn Jahre früher war ein Teil des Gemeindegebietes, auf dem sich Gruppen alter Waldkiefern befanden, eingezäunt worden. Innerhalb des Zaunes sproßten junge Bäume, die aussahen, als wären sie von Menschenhand gepflanzt, da so viele gleich alt waren. Im noch nicht eingezäunten Teil des Gemeindegebietes konnte er meilenweit keinen einzigen jungen Baum finden. Er ging ein Stück weiter, hielt im Heidekraut genau Nachschau und fand wieder Zehntausende junger Waldkiefern, dreißig auf einem Quadratmeter, deren Spitzen von dem Vieh abgefressen worden waren, das gelegentlich auf dieser Heide graste. Er bemerkte zu Joseph Hooker:

»Was für ein erstaunliches Spiel von Kräften das ist, die Art und Anteil jeder Pflanze auf einem Quadratmeter Rasen bestimmen! Und da wundern wir uns, wenn ein Tier oder eine Pflanze ausstirbt!«

Am Ende der zweiten Woche fühlte er sich ausgeruht und erholt und nahm Abschied von Dr. Lane und dessen Familie.

Seine Kutsche war am Abend vorher gekommen, um ihn abzuholen; als er aber wieder nach *Down House* kam, hatte er sich erkältet.

Am nächsten Tag fühlte er sich ebenso unpäßlich wie vor seiner Abreise nach Moor Park. Er erbrach wieder. Emma gegenüber mußte er zugeben:

»Unser Vetter und Gegner Dr. Henry Holland scheint recht behalten zu haben. Es ist auffallend, wie wohl ich mich fühle, wenn ich auf Urlaub bin. In einem netten Badeort, mit freundlichen Gastgebern und einer zum Wandern einladenden Landschaft. Kaum beginne ich wieder zu arbeiten, geht es mit meiner Gesundheit bergab.«

»Was willst du tun?«

»Ich fürchte, mein Kopf wird das Nachdenken nicht aushalten, aber ich führe lieber das Leben eines unglücklichen armen Kranken als das eines untätigen Gutsherrn.«

Seine Interessen waren weit gesteckt. Er versuchte herauszufinden, ob eine Schweinerasse, die mit chinesischen oder neapolitanischen Schweinen gekreuzt wurde, sich reinrassig vermehren konnte. Dann betrieb er Studien über Färbung und Merkmale der frühen Vorfahren von Pferd, Esel und Zebra. Auf der Wiese vor seinem Haus gingen von sechzehn Samenarten, die er gesät hatte, fünfzehn auf; er markierte auf einer Bodenfläche von sechzig mal neunzig Zentimetern täglich jeden Pflanzensämling, der innerhalb von drei Monaten ans Licht kam.

Dreihundertsiebenundfünzig waren bereits, hauptsächlich von Schnecken, liquidiert worden.
Wer aber fraß die Schnecken? Kleine Landtiere, Reptilien, Vögel...? Es war tatsächlich ein *Kampf ums Dasein*, wie er sein fünftes Kapitel betitelt hatte. Beim Durchblättern dieses Abschnitts entdeckte er den Untertitel *Gegenseitige Beeinflussung der Population bei Tieren und Pflanzen*. Er las in seinen eigenen Aufzeichnungen:

> Wir haben uns bis jetzt fast ausschließlich damit befaßt, wie Tiere die Vermehrung anderer Tiere verhindern. Aber Pflanzen und Tiere stehen in sogar noch wichtigerer Wechselbeziehung zueinander, ebenso wie Pflanzen zu Pflanzen... Alle Tiere leben entweder unmittelbar oder mittelbar von Pflanzen, und ihr Atem wiederum ist die wichtigste Nahrung der Pflanzen, so daß die Beziehung zwischen dem Pflanzen- und dem Tierreich in großem Maßstab ganz offensichtlich ist. Man würde zunächst annehmen, daß grasfressende Tiere alle Pflanzen in fast gleicher Weise fressen; am Beispiel schwedischer Pflanzen wurde jedoch festgestellt, daß Rinder 276 Arten fressen und 218 Arten meiden; Ziegen fressen 419 Arten und verschmähen 126, Schweine nehmen 72 an und lehnen 271 ab usw. Südlich vom La Plata war ich ebenso wie andere erstaunt über die Veränderung, die das Bild der Prärie als Folge des Abweidens durch das Vieh erfuhr. Ich konnte es einige Zeit nicht glauben, sondern nahm an, daß im geologischen Charakter des Landes eine Veränderung erfolgt war. Man weiß kaum, von welchen Pflanzen die vielen kleinen Nagetiere leben, doch jedermann hat sicher schon von der Vernichtung ganzer Pflanzungen durch Mäuse und Kaninchen gehört... Ich habe mir manchmal gedacht, daß die so häufig anzutreffende Stachelbewehrung der Buschgewächse in Wüstengebieten hauptsächlich dem Schutz vor Tieren dienen soll... Es wurde auch von Forskahl im Detail bewiesen, daß jene Pflanzen, die vom Vieh nicht angenommen werden, dafür in hohem Maß von Insekten geschädigt werden; manchmal leben 30 bis 50 Arten von einer einzigen Pflanze. Ich nehme an, daß eine sowohl Insekten als auch Vierfüßern zur Nahrung dienende Pflanze aussterben würde...

Im Juni 1857 erhielt Charles eine angenehme Beschäftigung; Reverend Innes und die Lubbocks, Vater und Sohn, kamen nach *Down House*, um ihn zu fragen, ob er ein vor kurzem frei gewordenes Amt, das des Friedensrichters, übernehmen würde. Charles war überrascht:
»Ich? Ein Richter? Ich verstehe ja nichts von Gesetzen!«
Sir John Lubbock lächelte:
»Sie werden über keine schweren Verbrechen zu entscheiden haben, keine Rechtsprechung über große Besitzstreitigkeiten auszuüben haben. Meist sind es nur

Streitigkeiten zwischen Nachbarn über Grenzverläufe, Zäune, verirrtes Vieh, Wildern und ähnliches. Ich bezweifle, daß Sie das Gesetz ernsthaft zu Rate ziehen müssen, eher Ihren gesunden Menschenverstand; Sie hören sich die Berichte von beiden Seiten an und helfen dann den Parteien, zu einem annehmbaren Kompromiß zu gelangen.«

Charles fühlte sich ein wenig geschmeichelt.

»Wo wäre mein Amtssitz?«

»In Bromly«, antwortete der Vikar. »Das ist der nächste Ort. Vielleicht manchmal in Maidstone, dem Amtssitz in der Grafschaft Kent. Wir haben uns darauf geeinigt, die Streitigkeiten aus diesem Gebiet zusammenkommen zu lassen und die Verhandlungen für den Tag anzusetzen, an dem Sie verfügbar sind.«

Charles zögerte nicht mehr, denn er hatte ein Gefühl der Zugehörigkeit zu dem von ihm gewählten Bezirk entwickelt und Gefallen an seinem Amt als Schatzmeister des Freundschafts-Clubs von Down gefunden. Er hatte dessen Gelder so sorgfältig verwaltet wie seine eigenen, so daß die Mitglieder in den sieben Jahren seiner Betreuung eine recht stattliche Summe zusammengebracht hatten.

»Ich nehme natürlich an«, sagte er zu Innes und den Lubbocks. »Wann soll ich vereidigt werden?«

»Der 3. Juli wurde als vorläufiges Datum festgesetzt.«

Emma und die Kinder waren freudig erregt. Sie bestanden darauf, *geschlossen* in ihrer Sonntagskleidung zu der Zeremonie zu kommen.

Charles freute sich über sein Amt. Seine Pflichten beanspruchten ihn nicht allzusehr und störten ihn auch nicht in seiner Arbeit. Mit der Würde war kein Gehalt verbunden, sie war rein ehrenamtlich, aber sie brachte ihm doch einen immateriellen Gewinn, weil er nun kein Unbekannter mehr war, der auf irgendeinem unverständlichen Gebiet arbeitete, sondern ein vertrautes Mitglied der Gemeinde, vor dem die Männer höflich an den Hut griffen und die Frauen der Umgebung knicksten. Er machte sich bei der Ausübung seines Amtes keine Feinde und blieb bis ans Ende seiner Tage Friedensrichter.

Er brachte Henrietta zu Dr. Lanes Familie nach Moor Park, wo sie den Sommer über bleiben sollte, und als er sie besuchte, lernte er dort Billardspielen. Er war bezaubert von dem Spiel, dem ersten, das ihn seit den Partien von Einundzwanzig im Christ's College richtig fesselte. Er war von der präzisen Geschicklichkeit, die es verlangte, so hingerissen, daß er gelobte, in *Down House* einen Billardtisch aufzustellen.

Der kleine Charles war weiterhin weder an Emmas Liedern, Spielen und Spielsachen interessiert, noch zeigte er Freude daran. Er machte auch keine Anstalten, nach etwas zu greifen oder zu plappern, wie es die meisten Kindern tun. Legte man ihn auf einen Teppich, so versuchte er nicht zu kriechen oder sich aufzustellen, indem er sich an seinem Bettchen festhielt. Noch beunruhigender war, daß seine Augen fast völlig ausdruckslos blieben. Charles und Emma machten sich große Sorgen, wenn sie auch sowenig wie möglich darüber sprachen. Der Arzt,

der als Geburtshelfer fungiert hatte, blieb dabei, daß es keinen Grund zur Besorgnis gebe.
»Er ist körperlich normal und wächst recht gut. Er wird gehen und sprechen, sobald er in diese Stadien kommt.«
Die Wochen und Monate vergingen, Charles wurde achtundvierzig Jahre alt und bemühte sich, die Königliche Medaille zu erhalten, die eher jungen Wissenschaftlern zur Förderung ihrer Experimente als älteren Gelehrten zur Belohnung verliehen wurde. Er stellte eine Untersuchung darüber an, wie wenig tauglich Insekten zur Befruchtung weiblicher Stechpalmen und anderer Pflanzen sind. Als Joseph Hooker ihn darauf aufmerksam machte, daß eine seiner Pflanzenlisten unvollständig sei, antwortete er resignierend:
»Manchmal verachte ich mich als schlechten Verfasser ebenso aufrichtig, wie Sie es tun könnten, obwohl ich nicht meine gesamte Arbeit verachte.«
Beim Einteilen der Flora von Neuseeland entwickelte er eine, wie er glaubte, zweckmäßige Technik der Klassifizierung, worauf ihm aber sein kluger Nachbar und inoffizieller Schüler, der Sohn von Sir John Lubbock, dreiundzwanzigjähriger Bankier und Naturforscher, bewies, daß er einige Arten durcheinandergebracht hatte. Charles war niedergeschlagen:
»Vor was für einem bedauerlichen Schnitzer haben Sie mich bewahrt! Am liebsten würde ich alle meine Manuskripte zerreißen.«
Dem stets regen und umsichtigen Thomas Huxley, der ihn dabei ertappte, wie er mit einer seiner Lieblingstheorien falsch argumentierte, erklärte er:
»Schade! Ein Wissenschaftler sollte keine Wünsche haben, sondern nur ein Herz aus Stein.«
Als Charles dann an der Reihe war, den für gewöhnlich überaus gründlichen Huxley bei einer irrigen Annahme zu ertappen, rief er lachend:
»Es erheitert mich, zu einem Schreckgespenst für Sie geworden zu sein; da haben Sie einen sehr scharfen und guten Satz geschrieben, und nun taucht mein Gesicht wie ein abscheulicher Geist dahinter auf.«
Er mußte erfahren, daß er seinen amerikanischen Freund Asa Gray durch die Äußerung beleidigt hatte, Gray könnte ihn verachten, wenn er von seinen Theorien hören würde. Gray fand, daß damit seine Loyalität und Freundschaft in Zweifel gezogen worden sei, und beschwerte sich bei Charles. Charles antwortete:

> Mein lieber Gray,
> ich habe den genauen Wortlaut vergessen, den ich einmal verwendet habe. Aber ich dürfte meine Befürchtungen geäußert haben, daß Sie mich zutiefst verachten werden, wenn Sie erfahren, zu welchen Ansichten ich gelangt bin... Ich war mir keineswegs sicher, ob Sie mich weiter der Beachtung oder Unterstützung für wert halten würden...
> Da Sie für das Thema Interesse zeigen und es von *ungeheurem* Vorteil für mich ist, Ihnen schreiben und Ihre Meinung hören zu können, werde ich

> einen ganz kurzen Auszug meiner Ansichten darüber beifügen, wie die Natur die Arten erzeugt...

Er setzte seine Gedanken auf zehn vollen, dicht beschriebenen Seiten fort und endete mit:

> ...Dieser kleine Auszug betrifft nur die akkumulierende Wirkung der natürlichen Auslese, die ich für das bei weitem wichtigste Element bei der Entstehung neuer Lebensformen halte...

6.

Für Charles blieb die stille Stunde nach dem Mittagessen die zwangloseste Zeit des Tages. Bei der Lektüre der Londoner *Times*, die täglich gegen Mittag im Postamt Down eintraf, ruhte er sich im Wohnzimmer aus. Durch die Berichte der *Times* konnte er die unaufhörlichen Kriege, die in fernen Ländern ausgefochten wurden, und das schändliche Verhalten der Regierungen verfolgen. Als Königin Victoria im Juni 1857 vor einer riesigen Menge im Hyde Park erschien und einundsechzig Überlebenden aus dem Krimkrieg das neu gestiftete Victoriakreuz »Für Tapferkeit« verlieh, warf Charles die Zeitung zu Boden und schrie:
»Und wer dekoriert die Toten? All die Männer, die in diesem selbstmörderischen Krieg getötet wurden?«
Doch meist gab es auch ein Quentchen erfreulicher Nachrichten. Der Leseraum des Britischen Museums wurde mit Sitzplätzen für über dreihundert Leser eröffnet, zwei Reihen davon waren für Frauen reserviert. Das erste Scheidungsgericht wurde eingesetzt. Es wurden neue Schulen für mittellose Schüler eröffnet. Auf der Themse war das Dampfschiff *Great Eastern* vom Stapel gelaufen, fünfmal größer als das größte bisher existierende Schiff. Es hieß, es könne den Atlantik so ruhig überqueren, daß Seekrankheiten ausblieben.
»Vielleicht wirst du jetzt Asa Grays Einladung annehmen, die Vereinigten Staaten zu besuchen und an ihren Universitäten Vorlesungen zu halten«, war Emmas Kommentar.
Als er Ende September das Kapitel VII, *Gesetze der Variabilität*, beendet hatte, breitete er seine Rechnungsbücher auf dem Tisch aus, um zu sehen, ob an eine Erweiterung von *Down House* zu denken war. Ihr Einkommen hatte in den Jahren seit 1851 4000 Pfund beträchtlich überschritten. Ihr Portefeuille an Investitionen betrug annähernd 50000 Pfund. Als Charles von den Zahlen aufsah, meinte er: »Ich bin ein sparsamer Mensch, aber ich glaube, wir können uns die neuen Räume leisten. Was meinst du?«

Emma antwortete mit einem feinen Lächeln:
»Vorausgesetzt, du nimmst nicht an, daß wir unser gesamtes Guthaben für die kommenden Prozesse brauchen.«
»Wer in aller Welt will uns verklagen?«
»Jeder, angefangen von unserem himmlischen Vater bis hinunter zum letzten Diakon der anglikanischen Kirche.«
Charles brach in schallendes Gelächter aus. Er umarmte seine Frau. »Wie wunderbar, Emma, daß du deinen Sinn für Humor sogar für Dinge bewahrt hast, die du mißbilligst.«
»Da ist er ja am nötigsten.«
Lag etwa eine Andeutung von Grimm in ihrer Erwiderung?
Charles ließ den Zimmermann kommen, um einen neuen, behaglichen, sechs mal neun Meter großen Salon mit drei ansehnlichen Fenstern zu bauen; er ließ die Eingangstür um ein Stück zurücksetzen, so daß Platz für ein Vestibül gewonnen wurde, bevor man in die Halle kam. Sie teilten den Platz über dem neuen Salon in zwei gleich große Schlafzimmer, und im Stock darüber in zwei zusätzliche Kinderzimmer. Als der Anbau verputzt und die Innenausstattung komplett war, errechneten sie, daß sie 500 Pfund ausgegeben hatten.
»Das ist es sicherlich wert!« stellte Emma zufrieden fest, als das neu überzogene Sofa und vier verschiedenfarbige, bequeme Fauteuils rund um den Tisch mit der Marmorplatte plaziert worden waren. Über dem marmornen Kaminsims hing ein länglicher goldgerahmter Spiegel, neben dem Sofa standen ein kleiner Tisch und eine Lampe. Emma hatte hellgrau und rosa gestreifte Tapeten für den Salon ausgesucht.
»Ich will damit nicht angeben«, sagte Emma, »aber wir haben jetzt einen wirklich schönen und geräumigen Salon. Noch ein paar Bilder, ein kleines Bücherregal an der Wand für unsere in Leder gebundenen Bücher...«
Sie waren sich einig, daß *Down House* und das Gelände ringsum ebenso schön geworden waren wie *Maer Hall* oder *The Mount*, aber eine eigene, charakteristische Atmosphäre besaßen. Das war ihrer beider Absicht gewesen.

Als Charles Waring zehn Monate alt geworden war und noch immer nicht versucht hatte, zu gehen oder zu sprechen, ersuchten die Darwins Dr. Henry Holland, bei der ersten Gelegenheit nach *Down House* zu kommen. Sir Henry war schon lange geadelt worden und als Leibarzt von Königin Victoria beschäftigter denn je. Er benützte einen Staatsfeiertag, um den Zug nach Beckenham zu nehmen, wo ihn Charles mit seiner Kutsche abholte. Während der neun Kilometer langen Fahrt nach *Down House* stellte Sir Henry viele Fragen, dann verbrachte er mit dem kleinen Jungen eine Stunde oben in einem der Zimmer. Als er nach unten kam, erwarteten ihn Charles und Emma blaß und schweigend im neuen Salon. Sie blickten gespannt auf, als er eintrat. Ihr für gewöhnlich linkischer Vetter hatte eine mitfühlende Miene aufgesetzt.

»Ich muß euch leider eine traurige Mitteilung machen«, sagte er. »Das Kind ist bedenklich zurückgeblieben. Ich meine, geistig.«
»Aber wieso? Warum?« rief Emma verzweifelt.
»Das Wieso und das Warum sind die gleiche Frage, meine liebe Kusine. Sein Gehirn hat sich entweder nicht richtig ausgebildet oder erlitt Schaden. Ist während der Geburt etwas Ungewöhnliches vorgefallen?«
»Unser hiesiger Doktor bezeichnete die Geburt als explosiv«, antwortete Emma mit Tränen in den Augen.
»Es gibt hundert Ursachen, von denen wir nichts wissen. Leider kann ich nicht in den Kopf des Kleinen hineinsehen.«
»Wie lautet die Prognose?« fragte Charles. »Womit müssen wir uns abfinden?«
»Ihr müßt ein Kind sorgsam betreuen, das euch vielleicht niemals erkennen wird. Auch müßt ihr euch in Gottes Willen fügen.«
»Das kann ich tun.« Emma weinte. »Aber gibt es gar keine Hoffnung?«
»Hoffnung gibt es immer. Manchmal geschehen Wunder. Aber ihr müßt euch mit der Gegebenheit abfinden. Ihr habt wie viele, sechs, sieben Kinder? Alle sind gesund, normal, glücklich. Seid dankbar dafür, was euch beschert ist. Denkt nicht über das nach, was nicht geändert oder verbessert werden kann.«
»Wir werden es versuchen, Vetter Henry«, sagte Charles bedrückt. »Emma und ich sind dir unendlich dankbar, daß du die Reise hierher gemacht hast. Ich werde dich zum Bahnhof begleiten.«
»Unnötig. Ich werde auf der Fahrt schlafen.«
Er küßte Emma, schüttelte Charles die Hand und entfernte sich; er ließ ein verwirrtes, verängstigtes und tief trauriges Elternpaar zurück, das sich nun die stumme Frage stellte:
»Welche Sünde haben wir begangen, daß unser Kleinster ein so tragisches Schicksal erleiden muß?«

Weil Charles im Oktober 1856 auf Alfred Wallaces Brief aus Celebes so herzlich geantwortet hatte, schickte ihm Wallace mehrmals lange, detaillierte Mitteilungen. Charles entnahm ihnen, daß Wallace Charles Darwin für einen Kollegen und Freund hielt, besonders da Charles bereit war, mit ihm – wenn auch mit Einschränkungen – über seine Theorie von den Arten zu diskutieren. Ende 1857, als Charles bereits eineinhalb Jahre an seinem Buch gearbeitet hatte, erkannte er, wie recht Lyell, Hooker und Huxley gehabt hatten, als sie ihn drängten, seine Erkenntnisse niederzuschreiben. Wallaces letzter Brief, geschrieben am 27. September 1857, lautete:

> Mit der Erklärung und Erläuterung jenes Artikels in *Annals and Magazine of Natural History* nehme ich natürlich nur den eingehenden Beweis vorweg, dessen Plan ich vorbereitet und schon so gut wie niedergeschrieben habe…

Wallace besaß Beweise für seine Theorie über die Arten, er hatte sie bereits niedergeschrieben! Aber sicher nicht über die natürliche Auslese oder die Erhaltung der für den Daseinskampf besser gerüsteten Rassen? Es wäre ein geradezu absurder Zufall, wenn nach mehreren tausend Jahren, in denen die Menschen über die Gesetze der Natur nachgedacht und geschrieben hatten, zwei Individuen im gleichen Augenblick der Geschichte zu den gleichen Schlußfolgerungen gelangt sein sollten. Wenn Wallace tatsächlich zu den gleichen Ergebnissen gekommen war wie Charles Darwin und sein Essay bereits geschrieben war, könnte da nicht in einigen Monaten eine Zeitung *Down House* erreichen, auf deren Seiten Wallace die Lösung des »Rätsels aller Rätsel« festgehalten hat?
»Ich muß Alfred Wallace sofort antworten«, sagte er sich. »Und ganz deutlich meine Bewunderung für ihn zum Ausdruck bringen. Ein tapferer Bursche, der die Absicht hat, noch drei oder vier Jahre in diesem primitiven Land zu bleiben!«

22. Dezember 1857

> Sehr geehrter Herr,
> ich danke Ihnen für Ihren Brief vom 27. Sept. Ich freue mich sehr zu hören, daß Sie sich mit der Verbreitung (von Tieren und Pflanzen) in Übereinstimmung mit theoretischen Überlegungen befassen. Ich glaube fest daran, daß es keine weiterführende Beobachtung ohne vorherige Theorienbildung gibt. Nur wenige Forschungsreisende haben sich mit Dingen beschäftigt wie denen, an denen Sie nun arbeiten; und tatsächlich hinkt die Bearbeitung des Themas von der Verbreitung der Tiere weit hinter dem von der Verbreitung der Pflanzen her. Sie äußern Ihr Erstaunen darüber, daß von Ihrem Artikel in den *Annals* sowenig Notiz genommen wurde. Mich hat es nicht überrascht, denn nur sehr wenige Naturforscher kümmern sich um etwas anderes als um die bloße Beschreibung der Arten. Sie dürfen aber nicht annehmen, daß Ihr Artikel keine Aufmerksamkeit erregt hat: Zwei hervorragende Männer, Sir C. Lyell und Mr. E. Blyth aus Kalkutta, haben mich ausdrücklich darauf aufmerksam gemacht. Obwohl ich mit Ihren darin gezogenen Schlußfolgerungen übereinstimme, glaube ich, daß ich viel weiter gehe als Sie...

Er hatte für sein Kapitel über Kreuzungen drei Monate gebraucht. Anfang 1858 hatte er mit dem Kapitel *Geistige Kräfte und Instinkte von Tieren* begonnen. Es gab Berge von Material, die er sichten und überprüfen mußte; nicht nur die Aufzeichnungen seiner jahrelangen Beobachtungen, sondern auch die Veröffentlichungen von Autoren in mehr als einem Dutzend Sprachen. Zu Emma sagte er:
»Ich halte dieses Kapitel für sehr verwirrend. Die Autoren haben sich bisher auf keine Definition des Wortes Instinkt geeinigt. Das ist keineswegs überraschend, da fast alle Neigungen und Veranlagungen wie Mut, Feigheit, Mißtrauen oft als instinktiv bezeichnet werden.«

Je mehr er sich damit beschäftigte, desto schlechter fühlte er sich, besonders nachts, wenn er nicht schlafen konnte. Hooker klagte er:
»Ach, die Gesundheit! Sie ist mein tägliches und nächtliches Gespenst und verhindert alle Freude am Leben.«
Dann fügte er, da er sich nicht bemitleiden wollte, hinzu:
»Aber ich bitte wirklich um Entschuldigung, es ist äußerst albern und wehleidig von mir, so zu jammern. In dieser Welt hat jeder seine Last zu tragen.«
Gegen Ende Januar starb Harriet Henslow. Ihr Tod betrübte Charles zutiefst, denn sie war während der Jahre in Cambridge eine Ersatzmutter für ihn gewesen. Er schieb an Henslow:

> Jene weit zurückliegenden Tage, in denen ich als Student so oft in Ihrem und der lieben Mrs. Henslow Haus weilte, gehören sicherlich zu den glücklichsten und besten Zeiten, die ich je erlebt habe.

Er schickte auch einen liebevollen und tröstenden Brief an die Hookers und besonders an Frances, die er bereits seit ihrem achten Lebensjahr kannte.
Um sich von seiner schlechten körperlichen Verfassung abzulenken, las er viel in der neuen volkstümlichen Literatur und studierte die Londoner *Times*. Jede Woche, wenn der Kurier von Down nach London fuhr, gaben ihm die Darwins eine Liste von Büchern mit, die er kaufen oder von einer Leihbibliothek mitbringen sollte. Die Mitglieder ihrer Familie – Erasmus und die Hensleigh Wedgwoods in London, Susan und Katty in *The Mount,* Elizabeth Wedgwood sowie Charlotte und Charles Langton im nahe gelegenen Hartford – brachten oder schickten auch weiterhin jedes Buch, das ihnen selbst gefiel, nach *Down House.* Sie erhielten auch Klavierauszüge von Opern, Donizettis *Lucia,* Méhuls *Cora* sowie Webers Rondo und Haydns Sonaten. Auf diese Weise hielten die Darwins auf dem Land Schritt mit dem Londoner Kulturleben.
Als Kommentator der Neuigkeiten konnte Charles seiner Familie einen Überblick über das Leben und Treiben in aller Welt geben, von den Weisen bis zu den Wilden. Die bisher für Parlamentsmitglieder obligatorischen Vermögensnachweise wurden abgeschafft; das Parlament erließ ein Gesetz, das für eine bessere Verwaltung Indiens sorgte, indem die Kontrolle der Verwaltung der Ostindischen Kompanie entzogen und dem Kabinett der Königin übertragen wurde. Königin Victorias Älteste wurde in der Königlichen Kapelle des St. James's Palace mit Prinz Friedrich Wilhelm von Preußen getraut.
Lord Elgin wurde zum Gesandten in Japan ernannt und unterzeichnete ein Abkommen mit diesem Land, das dem britischen Handel fünf japanische Häfen öffnete. England unterzeichnete den Friedensvertrag von Tientsin mit dem Kaiser von China, der die Einreise englischer Staatsbürger nach China erlaubte. Der Kaiser erklärte sich auch bereit, einen Teil der Kosten zu erstatten, die England durch die Kriegführung gegen China entstanden waren.

Henrietta, die bald fünfzehn wurde, erhielt nun zusammen mit ihrer jüngeren Schwester Elisabeth von einer neuen Gouvernante in dem lichten, luftigen Schulzimmer, das im Jahr 1845 über der Küche gebaut worden war, Unterricht. Emma und Charles versuchten, einen genauen Stundenplan für die beiden Mädchen aufzustellen, denn sie wollten ihnen eine ebenso gute Erziehung angedeihen lassen wie ihren Brüdern, die in Internaten untergebracht waren. Als Henrietta erklärte, sie sei zu unpäßlich, um zu studieren, versicherte ihnen Sir Henry Holland, das sei eine bei heranwachsenden verbreitete Art von Krankheit, ein nur vorübergehender Zustand. Etty würde hundert Jahre alt werden.

Charles' Kapitel über Instinkte war eines der aufregendsten und verwirrendsten, das er zu schreiben hatte. Viele erstaunliche Einzelheiten teilte er seiner Familie mit: das unglaubliche mathematische Wissen der Honigbienen beim Bau der Waben; das Verständigungssystem unter Ameisen, ihre Fähigkeit, bei einem tödlichen Kampf mit Angehörigen fremder Ameisenstaaten ihre eigenen Kameradinnen zu erkennen; die Klugheit der Schnecken auf der Suche nach besseren Futterplätzen, ihre Fürsorge schwächeren Artgenossen gegenüber, die sie auf ihrer vorher gezogenen Schleimspur entlang zum Futter führten; das Verhalten der Auster, die ihre Muschel verschloß, wenn sie aus dem Wasser genommen wurde, um noch länger am Leben bleiben zu können; wie junge Schäferhunde schon ganz instinktiv rund um die Herde liefen und sie zusammenhielten; von der erstaunlichen Wanderung junger Vögel weit über die Meere und den Wanderzügen der Lachse vom Salz- ins Süßwasser, um an den Stätten ihrer Geburt zu laichen, und von vielem anderen mehr.

Anfang März schloß er sein Kapitel *Instinkte* ab.

Gelegentlich fuhr er nach London, wo er mit seinen Freunden und Erasmus im *Athenaeum* zu Abend aß. Im Augenblick war in seinem Kreis Buckles *Geschichte der Zivilisation* Gesprächsthema, die Charles »überaus gescheit« fand.

Gegen Ende April hatte sein Manuskript bereits einen Umfang von fast zweitausend Seiten erreicht, und er fühlte sich regelrecht erschöpft.

Es war wieder Zeit für eine Hydrotherapie.

7.

Die *Linnean Society* hatte ihre letzte Frühjahrsversammlung für den 17. Juni angesetzt; es sollten fünf Vorträge gehalten werden. Als aber Robert Brown, ihr Bibliothekar und späterer Präsident, am 10. Juni starb, wurde die Versammlung auf den 1. Juli verschoben. An diesem Tag sollte für Brown, mit dem sich Charles vor der Reise der *Beagle* angefreundet hatte, ein Nachruf gehalten und ein neues Mitglied in den Rat gewählt werden.

Acht Tage nach Browns Tod, am 18. Juni, erhielt Charles eine dicke Briefsendung von Alfred Wallace mit dem Poststempel von Ternate, einer kleinen malaiischen Insel. Dem Brief lag ein langer Artikel bei: *Über die Tendenz von Varietäten, sich unbeschränkt vom ursprünglichen Typus zu entfernen.*
Die Worte verschwammen vor Charles' Augen, während er die ersten Seiten überflog. Mit schwerem Herzen – oder war es der Magen? – sank er in den nächsten Stuhl und las Wallaces Artikel, den er nur undeutlich aufnehmen konnte:

> ...Das Leben der wilden Tiere ist ein ständiger Kampf ums Dasein... Es gibt ein allgemeines Prinzip in der Natur, das dazu führt, daß viele *Varietäten* die Art, von der sie abstammen, überleben und sukzessiv Varietäten hervorbringen, die sich immer weiter vom ursprünglichen Typus entfernen...... Eine einfache Rechnung zeigt, daß jedes Paar Vögel sich in fünfzehn Jahren zu einer Population von nahezu zehn Millionen Einzeltieren vermehren würde, während wir keinen Grund zu der Annahme haben, daß die Zahl der Vögel sich in fünfzehn oder hundertfünfzig Jahren überhaupt vergrößert! Bei einer solchen Tendenz zur Vermehrung muß die Population ihre Grenzen erreicht haben und stationär geworden sein... Es ist der Kampf ums Dasein, in dem die schwächsten und unvollkommensten Individuen immer unterliegen müssen...

Hätte Wallace Charles' Manuskript aus dem Jahr 1844 als Vorlage gehabt, hätte er keinen besseren Auszug schreiben können.
Was Charles befürchtet hatte, war eingetreten. Er stöhnte, fühlte eine Welle von Emotionen in sich hochsteigen, von tiefster Ungläubigkeit bis zu wildem Zorn, dann das verzweifelte Gefühl des Verrats durch ein grausames Geschick. Nur mit größter Willensanstrengung konnte er seine Gefühle beherrschen. Er hob den Begleitbrief auf, der auf den Boden gefallen war, und las, daß Wallace hoffte, der Artikel würde ihm gefallen und er würde ihn gutheißen. In diesem Fall solle er ihn doch bitte an Charles Lyell weitersenden, der seinen ersten Artikel in den *Annals* günstig beurteilt hatte.
Er verließ sein Arbeitszimmer und ging durch die Gärten und Felder zum Sandweg. Er legte keine Flinte auf, um zu bestimmen, wie viele Runden er durch dieses Waldkarree zu absolvieren hätte, aber er ging erst wieder nach Hause, als er sich körperlich erschöpft fühlte. Er sah sein Lebenswerk in Gedanken ebenso untergehen wie *H.M.S. Thetis.*
Emma erkannte sofort, daß etwas nicht in Ordnung war.
»Charles, was ist passiert?«
Sie saßen auf der versteckten Bank in der Sonne; er erzählte ihr von Wallaces Artikel.
»Seine Bezeichnungen stehen sogar als Titel über meinen Kapiteln!« rief er.
»Wie ist das möglich? Hast du ihm denn Einzelheiten aus deinem Werk geschrie-

ben? Könnten Lyell oder Hooker deine Ideen unabsichtlich enthüllt haben?«
»Er würde mich wohl kaum plagiieren und mir dann das Manuskript schicken, um meine Ansicht darüber zu erfahren.«
»Was wirst du tun?«
»Den Artikel wunschgemäß an Lyell schicken.«
Zusammen mit dem Manuskript übersandte er Lyell einen Brief:

> Ihre Worte haben sich nur allzusehr bewahrheitet – daß man mir zuvorkommen würde. Das sagten Sie mir, als ich Ihnen hier ganz kurz meine Ansichten über die ›natürliche Auslese‹ darlegte, die vom Kampf ums Dasein bestimmt werde. Bitte schicken Sie mir das MS zurück. Er sagt zwar nicht ausdrücklich, ich möge es veröffentlichen, aber ich werde natürlich sofort schreiben und ihm anbieten, es an eine Zeitung zu schicken. Damit ist es um die Ursprünglichkeit meiner Idee, ganz gleich, was sie wert ist, geschehen...
> Ich hoffe, Sie sind mit Wallaces Skizze einverstanden, damit ich ihm mitteilen kann, was Sie dazu sagen.

Er war aus der Fassung geraten und äußerst reizbar, außerstande zu arbeiten oder stillzusitzen, ordentlich zu essen oder zu schlafen. Er litt außerdem unter schlimmerem Brechreiz als zuvor.
Am Sonntag vormittag stiegen Charles Lyell und Joseph Hooker vor *Down House* aus einer Kutsche. Lyell hatte Hooker ersucht, ihn nach Down zu begleiten, und darauf hingewiesen, daß ihr guter, großer Freund sich in einer Krise befand; sie mußten eine Lösung finden, die sowohl Charles Darwin als auch Alfred Wallace gerecht wurde. Charles war so erstaunt, sie an der Eingangspforte zu sehen, daß ihm das Bild der beiden Männer für immer so lebhaft im Gedächtnis blieb, als stünde es als Daguerreotypie auf seinem Kaminsims.
»Ich werde nicht fragen: ›Was verschafft mir diese Ehre?‹«, sagte Charles. »Beim zwölften Versuch würde ich es sicher erraten.«
»Sie wären ein Dummkopf, wenn Sie das nicht könnten«, knurrte Lyell. »Aber alle Genies sind ja Dummköpfe in dem einen oder anderen Sinn.«
»Wir sind zu keiner theoretischen Diskussion hierher gekommen«, warf Hooker ein, dessen Stimme heiserer klang als gewöhnlich. »Ich habe Wallaces Arbeit gelesen. Im Zug von London hierher haben Lyell und ich einen brauchbaren Plan ausgearbeitet.«
Charles brachte nur mit Mühe einige Worte hervor.
»Es ist überaus freundlich von Ihnen beiden, daß Sie mir aus meiner lächerlichen Notlage helfen. Ich werde Kaffee ins Arbeitszimmer bringen lassen.«
Im Arbeitszimmer holte Charles tief Luft.
»In Wallaces fünfzehn Seiten langem Artikel steht nichts, das nicht eingehender in meiner Skizze aus dem Jahr 1844 ausgeführt wurde, die zweihundertdreißig

Seiten lang ist und die Hooker vor etwa einem Dutzend Jahren gelesen hat. Vor einem Jahr etwa schickte ich eine kurze Zusammenfassung meiner Ansichten an Asa Gray, so daß ich wahrheitsgetreu beweisen kann, daß ich kein Wort von Wallace übernommen habe. Ich würde jetzt sehr gern eine Aufzeichnung meiner allgemeinen Ansichten von etwa zwölf Seiten Umfang veröffentlichen; kann ich das aber rechtschaffenermaßen noch tun? Wallace könnte dann sagen: ›Sie hatten nicht die Absicht, eine Zusammenfassung Ihrer Ansichten zu veröffentlichen, ehe Sie einen Abriß meiner Lehrmeinung erhielten. Ist es anständig von Ihnen, es sich zunutze zu machen, daß ich Ihnen, wenn auch unaufgefordert, meine Ideen mitgeteilt habe, und so zu verhindern, daß ich Ihnen zuvorkomme?‹ Was ich mir zunutze machen würde, ist die Tatsache, daß ich mich zu einer Veröffentlichung entschließen würde, weil ich privat erfahren habe, daß Wallace auf meinem Gebiet arbeitet. Ich würde lieber mein ganzes Buch verbrennen, ehe er oder jemand anderer annimmt, ich hätte niederträchtig gehandelt. Sind Sie nicht der Ansicht, daß mir dadurch, daß er mir seinen Artikel geschickt hat, die Hände gebunden sind?«

»Sicherlich nicht«, sagte Hooker scharf. »Sie sind der Ältere und haben auf diesem Gebiet zwei Jahrzehnte vor Wallace Pionierarbeit geleistet.«

Charles dankte ihm mit beifälligem Nicken, fuhr aber fort:

»Obwohl Wallace nichts von einer Veröffentlichung schreibt, wäre es hart für mich, auf diese Weise meine seit vielen Jahren bestehende Priorität zu verlieren, aber ich bin keineswegs sicher, daß das die Rechtslage in diesem Fall ändert.«

Lyell und Hooker waren merkwürdig unbeeindruckt.

»Haben Sie Ihre Skizze aus dem Jahr 1844 bei der Hand?« fragte Hooker.

»Natürlich. Die von Ihnen mit Bleistift geschriebenen Bemerkungen stehen noch darauf.« Er ging zu einer Schublade. »Hier ist sie.«

Hooker nahm das Papier und vertiefte sich in die Seiten. Lyell fragte:

»Könnte ich den Brief sehen, den Sie an Asa Gray geschrieben haben?«

Charles nahm eine Kopie des Briefes aus einem Ordner und reichte sie Lyell, der zu lesen begann.

Charles murmelte:

»Ich kann mich nicht entschließen...«

»Seien Sie still«, sagte Lyell, »sonst wird Ihr Vater noch recht behalten mit seiner Voraussage, daß Sie zu nichts nutz sein würden als für die Jagd, die Hunde und das Fangen von Ratten.«

Charles lachte zum erstenmal seit Tagen. Dann begann er, im Zimmer auf und ab zu gehen, und ließ sich schließlich in seinen Fauteuil sinken. Lyell und Hooker sahen einander an und nickten.

»Es wird schon klappen«, rief Hooker.

»Keine Frage«, stimmte Lyell zu. »Diese Abhandlung für Asa Gray und dazu die Darstellung aus dem Jahr 1844 sind eine großartige Kombination.«

»Wofür?« fragte Charles.

»Für den Vortrag bei der Versammlung der *Linnean Society* am 1. Juli.«
»Das kann ich nicht«, rief Charles. »Dafür würde ich Monate brauchen...«
Lyell ignorierte den Protest.
»Wir werden bei der Versammlung auch Wallaces Artikel vorlesen...«
»Wir haben nicht seine Einwilligung«, stotterte Charles, »und mein Artikel wird zu spät kommen.«
»Keineswegs«, antwortete Hooker sanft. »Lyell und ich werden aus Ihrer Abhandlung aus dem Jahr 1844 und dem Brief an Asa Gray eine zusammenhängende, überzeugende Darstellung ableiten. Wir werden dafür sorgen, daß sie ungefähr so lang ist wie die von Wallace.«
Charles saß mit offenem Mund da.
»Sie beabsichtigen... diese ganze Arbeit... für mich zu machen?«
»Es wird uns nicht umbringen«, sagte Hooker. »Sie haben uns nun schon lange genug mit den Arten in den Ohren gelegen.«
Charles schwieg eine Weile, dann murmelte er:
»Sie sind die beiden besten Menschen, die ich kenne. Wie sollen wir der *Linnean Society* diesen merkwürdigen Zufall erklären?«
»Wir werden ihnen einfach die Wahrheit sagen«, bot sich Lyell an. »Hooker und ich haben unsere Erklärung im Zug geschrieben.« Er nahm ein gefaltetes Stück Papier aus der Tasche und begann vorzulesen:

> Die beiliegenden Artikel, die wir die Ehre haben der Linnean Society zu übermitteln und die sich auf das gleiche Thema, d. h. auf die Gesetze beziehen, die für die Entstehung von Varietäten, Rassen und Arten gelten, enthalten die Ergebnisse der Ermittlungen zweier unermüdlicher Naturforscher, der Herren Charles Darwin und Alfred Russel Wallace.
> Da diese Herren, unabhängig voneinander und ohne einander zu kennen die gleiche sehr scharfsinnige Theorie über das Auftauchen und Fortbestehen von Varietäten und spezifischen Formen auf unserem Planeten aufgestellt haben, können beide mit Recht das Verdienst für sich beanspruchen, auf diesem wichtigen Forschungsgebiet unabhängige Wissenschaftler zu sein. Da keiner von beiden seine Theorien veröffentlicht hat, obwohl Mr. Darwin seit vielen Jahren von uns gedrängt wurde, dies zu tun, und beide Autoren ihre Abhandlungen vorbehaltlos in unsere Hände gelegt haben, sind wir der Ansicht, es würde den Interessen der Wissenschaft am besten dienen, wenn eine Quintessenz davon der Linnean Society vorgelegt würde.

Charles überlegte sich diesen Vorschlag sehr gründlich und fand dann Gefallen daran.
»Fabelhaft! Ich brauche nur ein wenig Zeit, um meine frühere Darstellung zu korrigieren...«

»Sie müssen sich beeilen«, warnte ihn Hooker. »Wir haben bis zur Versammlung am 1. Juli nur wenige Tage Zeit.«

»Ich werde Ihnen das Paket mit Parslow nach Kew schicken.«

Parslow klopfte, um mitzuteilen, daß das Essen serviert sei.

»Parslow, gehen Sie in den Keller, und bringen Sie uns die zwei besten Flaschen Champagner, die wir haben«, trug ihm Charles auf.

Zu Emma und seinen Freunden sagte er, während sie in das sonnige Speisezimmer hinübergingen:

»Ich weiß nicht, wie künftige Generationen uns beurteilen werden, aber wir wollen auf jeden Fall die Gegenwart feiern.«

Mit dem Erwachen am Montag begann eine chaotische Woche. In Down war Scharlach ausgebrochen. Mehrere Kleinkinder des Dorfes waren daran erkrankt. Als die Darwins ihre eigenen Kinder untersuchten, stellten sie fest, daß das Baby Fieber hatte; Henriettas Halsschmerzen hatten sich zu einer ausgewachsenen Diphtherie entwickelt. Sie ließen den Arzt holen, während Emmas Schwester Elisabeth, die zu Besuch gekommen war, den Vorschlag machte, die anderen Kinder nach Hartford mitzunehmen.

Charles hielt Wache bei dem einen Kind, dann bei dem anderen. Erst am Donnerstag wagte er sich wieder in sein Arbeitszimmer. Er brachte es nicht über sich, seine Papiere anzusehen.

»Trink eine Tasse Kaffee mit mir«, schlug er Emma vor.

Am nächsten Tag erfuhren sie, daß ein Kind in Down an Scharlach gestorben war. Ihre Besorgnis wuchs zur Angst. Dennoch nahmen sie Elisabeths Vorschlag nicht an; die übrigen sechs Kinder, vom achtzehnjährigen William bis zum siebenjährigen Horace, erfreuten sich guter Gesundheit.

Nicht so ihr Kindermädchen, das Henrietta betreute. Sie erkrankte an eitriger Rachen- und Mandelentzündung. Charles ließ sie nach Hause gehen und engagierte einstweilen ein anderes Kindermädchen. Am selben Abend war Henriettas Fieber gesunken, und sie atmete freier; das Baby dagegen hatte hohes Fieber.

Es war ein trauriger Sonntag. Emma sagte:

»Ich möchte unter allen Umständen zum Gottesdienst nach Down fahren und für meinen Jüngsten beten.«

»Das darfst du nicht riskieren!« entgegnete Charles entsetzt. »In Down ist ein halbes Dutzend Kinder an Scharlach erkrankt.«

Eine ganze Woche war inzwischen seit Lyells und Hookers Besuch vergangen. Der Arzt kam kurz vor Sonnenuntergang erschöpft zur nächsten Visite. In der ganzen Gegend war eine Scharlachepidemie ausgebrochen. Als er aus dem Zimmer des kleinen Charles trat, sah er sehr besorgt aus.

»Leider muß ich Ihnen mitteilen, daß der Kleine Scharlach hat. Wir können nur wenig tun. Ich fürchte, daß Ihr Kindermädchen auch daran erkrankt ist. Ich empfehle dringend, daß niemand sein Zimmer betritt. Scharlach ist äußerst ansteckend.«

Es war eine lange, schreckliche Nacht. Charles und Emma wachten immer wieder auf, gingen zur Tür des Zimmers, in dem der Kleine lag, und horchten auf Geräusche.
Der Arzt kam am frühen Montagmorgen wieder. Auch das Kindermädchen war tatsächlich an Scharlach erkrankt und mußte in ein anderes Schlafzimmer gebracht werden.
»Ich werde bei dem Kleinen bleiben«, bot sich der Doktor an. »Ich war der Krankheit schon so oft ausgesetzt, daß ich immun sein muß.«
Der Tag brachte Verzweiflung und Bitterkeit; das Baby starb in der darauffolgenden Nacht. Die Darwins bestatteten das Kind am nächsten Morgen auf dem kleinen Friedhof in Down, wo sie vor sechzehn Jahren die drei Wochen alte Mary Eleanor beigesetzt hatten.
Sie kehrten unaussprechlich traurig nach Hause zurück, wie so viele Familien in der Umgebung. Die anderen Kinder hatten wegen der Epidemie dem Begräbnis nicht beiwohnen dürfen. Charles versammelte sie rund um den Marmortisch im Salon. Emma wollte ihnen nicht mehr Schmerz als notwendig zufügen.
»Es ist Gottes Wille«, sagte sie ihren Kindern. »Wir müssen es mit Fassung tragen. Der kleine Charles ist von uns gegangen; die verbliebenen Familienmitglieder sind hier versammelt, um einander Liebe und Trost zu spenden.«
Sie beschlossen, die Kinder zu ihrer Tante Elisabeth zu schicken, und wollten später nachkommen.
Am Nachmittag desselben Tages erhielt Charles eine dringende Botschaft von Hooker, der ihn daran erinnerte, daß in zwei Tagen die Versammlung der *Linnean Society* stattfinden würde und daß er alle Papiere sofort an Hooker schicken müsse, wenn er und Lyell den gemeinsamen Bericht über Darwin und Wallace vorbereiten sollten. Nach einer Stunde der Unschlüssigkeit machte Charles ein Paket aus Wallaces Artikel, seinem eigenen Essay vom Jahr 1844 und seinem Brief an Asa Gray. Er ließ Parslow kommen.
»Bitte machen Sie sich sofort fertig. Ich möchte, daß Sie persönlich ein Paket zu Dr. Hooker in die Kew Gardens bringen.«
Charles setzte sich in seinen Schreibstuhl und datierte den kurzen Brief mit 29. Juni 1858.

> Mein lieber Hooker,
> ich nehme an, es kommt alles zu spät. Es kümmert mich kaum. Es ist zu großzügig von Ihnen, soviel Zeit und Mühe zu opfern ... Ich kann es wirklich nicht ertragen, meine Skizze anzusehen. Verschwenden Sie nicht viel Zeit darauf. Es ist erbärmlich von mir, daß ich mir solche Sorgen um meine Priorität mache.
> Gott segne Sie, mein lieber, gütiger Freund. Ich kann nicht weiterschreiben.

Die Stunden bis zum ersten Juli und bis zur Versammlung der *Linnean Society* dehnten sich endlos. Er konnte nicht im Haus bleiben und lief den Sandweg entlang wie ein Pferd mit Kletten unter dem Sattel. Emmas tapfere Bemühungen, ihn abzulenken, blieben vergeblich. In seinem Kopf drängten sich unzählige Fragen. Wie würden die Mitglieder auf seine und Wallaces Abhandlungen reagieren? Sie waren beide revolutionär und bestärkten einander. Würden sie sich zornig erheben und ihn als Frevler brandmarken? Oder als Dummkopf? Würden sie argwöhnen, daß er und Wallace in geheimem Einverständnis handelten? Würden sie seinen Austritt aus der Society verlangen? Er hatte gehofft, seine Schlußfolgerungen noch einige Jahre geheimhalten zu können, bis er seine These so untermauert hatte, daß sie unanfechtbar wäre. Aber das Schicksal hatte ihn in der Gestalt von Alfred Russel Wallace unter Druck gesetzt.

Allmählich empfand er die Wartezeit unerträglicher als selbst die schlimmsten Ergebnisse. Er würde nicht zu der Versammlung nach London fahren. Er hielt es nicht für schicklich, da sein kleines Kind erst vor zwei Tagen begraben worden war. Statt dessen überredete er Emma, etwas mehr für ihn zu musizieren, legte seine Bücher beiseite, ging zu Bett und wälzte sich beinahe die ganze Nacht herum. Wie schnell würden Lyell und Hooker schreiben, ihm berichten?

Am 2. Juli kam Joseph Hooker etwas bleich in einer Kutsche angefahren.

»Hooker, warum haben Sie mir nicht mitgeteilt, daß Sie kommen? Ich hätte Ihnen meinen Zweispänner entgegengeschickt.«

»Ich wollte Ihnen möglichst schnell einen Bericht bringen.«

Ein Frösteln überlief Charles.

»Schonen Sie mich nicht«, sagte er offen heraus.

»Es geschah gar nichts.«

»Was meinen Sie? Wurden die Abhandlungen nicht vorgelesen?«

»Doch, sie wurden vorgelesen. Ihre als erste. Lyell und ich versuchten darauf hinzuweisen, daß größte Aufmerksamkeit für diese Abhandlungen notwendig wäre, da sie von großer Tragweite für die Zukunft der Naturgeschichte seien. Es gab jedoch nicht einmal den Ansatz zu einer Diskussion.«

»Keine Diskussion?« Charles war bestürzt. »War kein Interesse vorhanden?«

»Doch, ich denke schon. Aber das Thema war zu ungewöhnlich und zu suspekt für die Anhänger der alten Schule, was sie hinderte, gleich in den Kampf einzutreten, bevor sie sich gewappnet hatten. Es gab vereinzelte Gespräche nach dem langen Abend, aber Lyells Billigung und – in geringerem Maß – auch die meine beeindruckten die Mitglieder der Society ziemlich, die sonst gegen die neue Lehrmeinung losgezogen wären. Beim Abschluß der Versammlung gab es vereinzelt schwachen Beifall. Dann gingen alle nach Hause.«

Hooker schüttelte gedankenverloren den Kopf.

»Es war, als ob die blutige Französische Revolution stattgefunden und sich dabei keiner der Stammgäste der Pariser Cafés bemüßigt gefühlt hätte, von seinem Kaffee und Brioche aufzublicken.«

Charles war starr vor Staunen, dann brach er in hemmungsloses Gelächter aus. Als er sich endlich beruhigt hatte, stieß er die Worte hervor:
»Tage des inneren Ringens vergeudet! Ich hätte ebensogut mit John Henslow in den Fennen Kröten für Krötenpastete sammeln können!«
Hooker fand das nicht lustig.
»Lyell und ich kamen gestern überein, daß Sie jetzt außer dieser ersten kurzen Abhandlung unbedingt etwas drucken lassen müssen. Eine Übersicht über Ihr Material, die auf den besten Beispielen zum Beweis Ihrer Thesen aufgebaut und vervollständigt ist. Sie müssen Ihren Rechtsanspruch auf diesem Gebiet beweisen.«
Das ernüchterte Charles rasch.
»Das werde ich tun.«

Elftes Buch

»Ein erfreulicher Stammbaum für die Menschheit«

1.

Am 9. Juli 1858 machten sich Emma und Charles auf den Weg zu ihren Kindern in Elisabeths Haus in Hartfield. Die Darwins verbrachten eine Woche voller Sonnenschein in Sussex, dann fuhren sie zur Isle of Wight, die vor der Südküste von England liegt und mit mildem Klima, einer schönen Landschaft und hohen Kalkhügeln gesegnet ist. Charles hatte im *King's Head Hotel* in Sandown, einem der reizvolleren Seebäder, Zimmer bestellt. Die neun Mitglieder der Familie Darwin mit einer Gouvernante, die sich um die vier jüngeren Kinder kümmerte – den siebenjährigen Horace, den achtjährigen Leonard, den zehnjährigen Francis und die elfjährige Elisabeth –, bewohnten sechs Zimmer in einer Flucht am Ende eines Korridors im Erdgeschoß, darunter war ein Wohnzimmer für die Familie. Sie nahmen ihr Mittagessen auf der weitläufigen Holzveranda ein und kehrten in den kühlen Abendstunden ins Haus zurück. Die fünf Jungen unter der Führung des achtzehnjährigen William, der sich bald einen Monat lang auf eine Wanderung nach Europa begeben würde, bevor er ins Christ's College eintrat, liefen den Strand entlang, fuhren mit dem Boot hinaus und fischten. Ihre Gesichter waren von der Sonne gebräunt. Charles und Emma erholten sich von den seelischen Anspannungen durch Krankheit und Tod in der ruhigen, gesundheitsspendenden Atmosphäre, machten Spaziergänge mit ihren beiden Töchtern oder saßen auf der Schattenseite der Veranda, während Charles ihnen vorlas.

Charles fand Gefallen an diesen Tagen der Ruhe nach der Überanstrengung und fühlte sich so wohl wie in Moor Park. Nach einigen Tagen brachte ein Hotelangestellter ein Paket von Joseph Hooker, das aus London gekommen war. Charles öffnete es und fand die Probeabzüge von seiner und Wallaces Abhandlung vor, wie sie von Lyell am 1. Juli der *Linnean Society* vorgetragen worden waren. Die Herstellung hatte bis zu den Probeabzügen nur neunzehn Tage gedauert.

Er ließ sich auf einem Stuhl im Wohnzimmer nieder und nahm Lyells und Hookers Einleitung zur Hand, die er als Musterbeispiel väterlicher Förderung eines eigensinnigen Kindes im Gedächtnis hatte.

Charles legte die Fahnen mitten auf den Tisch und bereitete Feder und Tinte vor, um die Korrekturen anzubringen. Schließlich stellte er fest, daß Lyell und Hooker sein Material so gewissenhaft redigiert hatten, daß es nichts mehr zu korrigieren gab... außer seinem eigenen Stil.

»Ich ärgere mich sehr über meinen schlechten Stil«, bekannte er. »Ich kann ihn nicht verbessern, ohne alles umzuschreiben, was weder fair noch der Mühe wert wäre.«

»Du trägst diese Haltung, wie gewisse Mönche ein härenes Hemd tragen«, sagte Emma.

Charles errötete und legte seinen Arm um sie.

Er meinte:

»Ich werde Besseres leisten, wenn ich den dreißig Seiten langen Auszug aus meinem Manuskript schreibe, das nun schon zweitausend handgeschriebene Seiten umfaßt. Obwohl ich nicht weiß, wie ich das schaffen werde.«

»Kann das *Journal* nicht mehr Platz zur Verfügung stellen?«

»Möglicherweise. Ich könnte die zusätzlichen Druckkosten übernehmen, wenn der Auszug zu lang ist.«

Er schickte die Probeabzüge an Hooker zurück und ersuchte um ein Exemplar, das er Wallace schicken wollte.

Täglich arbeitete er nun zwei Stunden an dem Auszug aus seinem Kapitel *Varietätenbildung unter dem Einfluß der Domestikation*. Er fand die Arbeit amüsant, aber unbefriedigend, da er nicht genügend Platz hatte, um die Quellen für seine Schlußfolgerungen anzugeben.

Nach zehn Tagen Aufenthalt im *King's Head Hotel* und am Meer fuhren sie mit der Kutsche nach Shanklin, wo es eine ganze Reihe einfacher Häuser am Strand gab.

Sie fanden im *Norfolk House* Unterkunft. Charles arbeitete weiter an der Kurzfassung seines Manuskriptes. Gelegentlich spürte er, daß sein Magen knurrte, aber es war nichts, worüber man sich Sorgen machen mußte. Während er mit Emma Arm in Arm den Strand entlang ging und sie zusahen, wie orange- und purpurfarbene Wolkenstreifen langsam im Sonnenuntergang verblaßten, sagte er:

»Ich bin Hooker und Lyell besonders dankbar dafür, daß sie mich zu dieser Arbeit des Kürzens veranlaßt haben. Wenn sie abgeschlossen ist, werde ich mein großes Werk leichter fertigstellen können. Aber ich habe das von Hooker genannte Limit von dreißig Seiten schon um fünf überschritten und noch acht oder neun lange Kapitel vor mir. Dabei bemühe ich mich, nichts hineinzunehmen, was nicht von wissenschaftlichem Interesse ist oder für mich eine Neuentdeckung war.«

Am 5. August erhielt er eine Mitteilung von Hooker, die ihm einen Stein von der Seele nahm. Hooker hatte mit George Busk gesprochen, dem stellvertretenden Sekretär der zoologischen Abteilung der *Linnean Society*, der ihm mitteilen ließ, Charles könne seinen Auszug erweitern, falls die zusätzlichen Seiten für seinen Zweck unbedingt erforderlich seien.

Hooker schlug auch vor, daß vielleicht jedes Kapitel vorgelesen und im Laufe von ein bis zwei Jahren einzeln im *Journal* veröffentlicht werden könnte.

Voller Erleichterung schrieb Charles an Hooker:

> Der Auszug wird sich, in mehrere Abschnitte unterteilt, sehr gut machen. So habe ich eben *Varietätenbildung unter dem Einfluß der Domestikation* auf vierundvierzig MS-Seiten beendet, das würde sich für einen Abend in der Linnean eignen. Es täte mir aber sehr leid, wenn später nicht alles gemeinsam veröffentlicht werden könnte.

Am 13. August kehrten die Darwins, von Meer und Sonne erfrischt, nach Hause zurück und nahmen ihr normales Leben wieder auf. Sie arbeiteten im Garten, saßen an warmen Abenden im Freien, und Charles machte zweimal täglich seinen Spaziergang auf dem Sandweg. Er erhielt ein Exemplar von Thomas Huxleys Vortrag in der Königlichen Gesellschaft mit dem Titel *Über die Theorie des Schädels von Wirbeltieren,* in dem Huxley Richard Owen aus dem Sattel hob und, wie manche behaupteten, »ein großes Loch in Owens gediegene Reputation schlug«. Niemand konnte Owens Leistungen schmälern, er hatte aber den Fehler begangen, sich auf die Theorie festzulegen, daß der Schädel eine Erweiterung der Wirbelsäule sei. Huxley, der dem Werk anderer Embryologen folgte, bewies, daß die Knochen des Schädels von Strukturen stammten, die in ihrer Entwicklung den Wirbeln vorausgegangen waren.
Charles hörte, daß Huxley unentgeltlich Kurse für Arbeitergruppen abhielt, die keine anderen Möglichkeiten hatten, sich zu bilden. Seine Begründung:
»Ich will der arbeitenden Klasse vor Augen führen, daß die Wissenschaft und ihre Methoden für sie wichtige Fakten sind.«
Vier Tage nach seiner Rückkehr begann Charles, das Kernstück seiner These, *Natürliche Auslese,* zu entwerfen. Obwohl er einerseits alle Quellen, Fußnoten und peripheres Material wegließ, fügte er andererseits Absätze und Seiten mit neuen Beweisen und Folgerungen hinzu. Als dann seine Abschnitte *Über die Möglichkeit der Kreuzung aller Organismen* und *Varietäten in der freien Natur* vorlagen, kam ihm der Gedanke an ein kleines Buch.
Nachdem sein und Wallaces Artikel im *Journal of the Linnean Society* gegen Ende August veröffentlicht und schweigend übergangen worden waren, fragte er sich:
»Wer in aller Welt wird dann mein neues, längeres Referat lesen? Wozu schreibe ich es überhaupt?«

Joseph Hooker fühlte sich sehr angeregt durch den Umstand, daß er in dem Schlafzimmer über Charles' Arbeitszimmer arbeiten konnte; er konzentrierte sich auf den letzten Teil seines Buches über die Botanik der Antarktis-Reise und vervollständigte Abschnitte über die Flora von Tasmanien und die Pflanzen Ceylons; danach plante er gemeinsam mit seinem Freund George Bentham eine mehrbändige Enzyklopädie über die samentragenden Pflanzen der Welt. Als sie vor dem Essen zum Sandweg gingen, um sich ein wenig Bewegung zu verschaffen, meinte Charles:

»Da Sie nur einzelne Abschnitte meines Manuskripts kennen, haben Sie vielleicht den Eindruck, daß meine Überlegungen ein heilloses Durcheinander sind.«
Hooker blieb auf dem sonnenbeschienenen Weg stehen und sah Charles arglos an.
»Mein lieber Darwin, wie könnte ich jemals annehmen, daß Sie ein heilloses Durcheinander anrichten?«
Charles entschuldigte sich.
»Ich habe mich tatsächlich so daran gewöhnt, auf Widerstand und sogar Verachtung zu stoßen, daß ich einen Augenblick lang vergaß, eine der wenigen lebenden Seelen vor mir zu haben, bei denen ich immer Verständnis und Hilfe finde.«
Hooker nahm mißbilligend seine Brille ab und putzte sie.
»Zuerst konnte ich Ihre Theorie von der natürlichen Auslese nicht hinnehmen, aber ich habe mich weitgehend dazu bekehrt. Die Lektüre des gesamten Buches sollte meine letzten Zweifel beheben. Wie lang werden Sie noch brauchen?«
»Drei oder vier Monate. Wenn ich meine Ansichten klar darlegen will, kann ich es nicht kürzer fassen.«
Charles schrieb nun rascher, er war bestrebt, seine Arbeit zu veröffentlichen, sich und, was noch wichtiger war, seine Ansicht über die Entwicklung aller lebenden Wesen durchzusetzen. Alle Lager waren an ihrem Platz, so daß die Maschine glatt lief. In seinem Manuskript schlug sich das eingehende Studium der Lebewesen während seiner Jahre an Bord der *Beagle* und die Herausgabe der *Zoologie*-Bücher nieder, während er die drei Meter hohe Mauer seiner Theorie Stein um Stein errichtete. Er faßte die Ergebnisse seiner jahrelangen Arbeiten zusammen: das Sezieren und Klassifizieren von Rankenfüßern; das Studium von Schmetterlingen und Käfern, der Instinkte der Tauben, der Anatomie von Kaninchen, Enten und Geflügel, der Größe von Pferden; das Ausbringen von Samen, die er in Salzwasser schwimmen ließ, weil er Vermutungen über den Weg allen Wachstums in entfernte Länder anstellte; die wissenschaftlichen Beobachtungen von Naturforschern aus allen Ländern, mit denen er in ständigem Briefwechsel stand; die Annalen der Zuchtkreuzungen. All die Jahre seines schwer erworbenen, doch liebevoll gepflegten Wissens und seiner Wahrnehmungen standen ihm deutlich vor Augen. Er stand im Mittelpunkt der Welt, die Radspeichen seiner schöpferischen Kraft wiesen in alle Richtungen.
Ende Oktober hatte er Abschnitt V *Gesetze der Variabilität* beendet und bereitete nun den Abschnitt VI *Schwierigkeiten der Theorie* vor. Der Streß beim Eindringen in den Dschungel von Hindernissen führte bei ihm zu einer nervösen Magenstörung, die er als »schlimm genug« bezeichnete.
Emma schlug vor, er solle sich eine Woche in Moor Park gönnen.
Dr. Lane hieß ihn willkommen. Charles unternahm lange Spaziergänge, faulenzte, unterzog sich einer leichten Hydrotherapie und arbeitete an dem Auszug für den Abschnitt *Instinkt*. Am 1. November kehrte er wieder nach Hause zurück und bezeichnete sein Befinden auf Emmas Frage als »bemerkenswert normal«.

Anfang November erhielt Charles Lyell von der Königlichen Gesellschaft die Copley-Medaille, die höchste Ehrung in der wissenschaftlichen Welt Englands. Hooker erbot sich, die Laudatio zu halten. Charles brachte den Abend damit zu, Notizen über die Verdienste seines Freundes zu machen. Er stellte den Rohentwurf am nächsten Tag fertig und schickte ihn an Hooker.
Es gelang seinem Sohn William schließlich, die Zimmer zu bekommen, die Charles im Christ's College bewohnt hatte; er konnte auch Charles' ehemaligen Hausdiener Impey übernehmen. Das gab Charles ein Gefühl der Kontinuität, ebenso wie das Käfersammeln seines dritten Sohnes Francis. Dann freute er sich bereits auf den Besuch von John Henslow gegen Ende des Monats. Da Frances Henslow mit Joseph Hooker verheiratet war – sie hatte die halbe Nacht an der Herstellung einer annehmbaren Kopie der Abhandlung über die Arten gearbeitet, die Lyell dann vorlas –, war die Bindung noch enger geworden. Henslows wissenschaftliche Vorlesungen in Suffolk hatten ein solches Echo gefunden, daß er von Seiner Königlichen Hoheit, dem Prinzgemahl, eingeladen wurde, im Buckingham Palace für die Mitglieder der Königlichen Familie einen kurzen Botanikkurs abzuhalten. John Henslow wußte sicherlich von dem Buch, das Charles über die Entstehung der Arten durch natürliche Auslese vorbereitete. Henslow war ein frommer Mann, ein Pfarrer der anglikanischen Kirche; betrachtete er es als Lossagung seines gescheiten jungen Krötenpastetenmachers, dessen beginnende Karriere er damit eingeleitet hatte, daß er ihn auf der *Beagle* um die Welt schickte?
Anders als der Kapitän der *Beagle*, FitzRoy, war der nun zweiundsechzigjährige John Henslow – seit dem Tod seiner Frau ein einsamer Mann, mit weißen Haaren und dunklen Schatten um die Augen – nicht zu einem Meinungsstreit gekommen, sondern um sich in der warmen Zuneigung von Charles und Emma zu sonnen. Sie verbrachten mehrere angenehme Tage miteinander, bevor Henslow beim Morgenkaffee im Arbeitszimmer auf das eigentliche Thema zu sprechen kam. Charles forschte so intensiv in Henslows Gesicht, daß Henslow lächelte.
»Verlassen Sie sich darauf, nichts kann unsere Freundschaft beeinträchtigen. Ich werde, so gut ich kann, für Sie eintreten, wenn Sie angegriffen werden.«
Charles stieß einen Seufzer der Erleichterung aus.
»Mein lieber Henslow, ich weiß nicht, was ich an Ihrer Persönlichkeit am meisten bewundern soll.«
Bis zum letzten Tag vor Weihnachten hatte er dreihundert Seiten niedergeschrieben; für einen vollen Band würden noch weitere hundertfünfzig erforderlich sein. Er feierte die Fertigstellung seines Kapitels über Kreuzungen und geologische Abläufe, indem er sich den ganzen Weihnachtstag frei nahm und ihn mit der Familie verbrachte. Auch seine beiden älteren Söhne waren von der Schule nach Hause gekommen. Parslow, der jetzt verheiratet war und eigene Kinder hatte, stellte einen Christbaum im Salon auf, dekorierte den Kamin und die Bilder mit Stechpalmenzweigen und plazierte die Geschenke unter dem Baum. Charles war

zu beschäftigt gewesen, um irgendwelche Geschenke zu kaufen, er war deshalb ganz niedergeschlagen.
»Mach dir keine Sorgen«, beruhigte ihn Emma. »Ich habe dem Down-Kurier eine Liste mitgegeben, und er hat für uns in London eingekauft. Möglich, daß sogar ein kleines Geschenk für dich dabei ist.«
Beim Weihnachtsessen, dessen Höhepunkt ein großer Truthahn und ein Plumpudding bildeten, erzählte Charles, wieviel von seinem Werk bereits fertig war.
»Das *Journal* der *Linnean Society* kommt dafür nicht mehr in Frage. Meine Arbeit ist viel zu lang.«
»Heißt das, daß du es selbst veröffentlichen willst?«
»Keine gute Idee. Man braucht ein angesehenes Verlagshaus für den Vertrieb der Bücher.«
»Joseph Hooker hat dir angeboten, dir eine Subvention von der Königlichen oder von der Geologischen Gesellschaft zu verschaffen. Oder von der Regierung. Du hast doch tausend Pfund für deine *Zoologie der Beagle* bekommen!«
»Unmöglich! Weder die Gesellschaften noch unsere Regierung würden sich mit dem Inhalt in Schwierigkeiten bringen wollen.«
Mitte Januar 1859 erfuhr er zu seiner Überraschung, daß ihm die Geologische Gesellschaft die Wollaston-Medaille verliehen hatte, mit der jeweils der Mann geehrt werden sollte, der die Forschungen über den mineralischen Aufbau der Erde am meisten vorangetrieben hatte. Zu den früheren Empfängern der Medaille gehörten unter anderen Louis Agassiz, Richard Owen und Adam Sedgwick. Lyell erbot sich, die Laudatio zu halten, eine großzügige Geste, da er selbst den Orden nie erhalten hatte!
Nun besaß Charles die Königliche und die Wollaston-Medaille, die zweit- und drittwichtigsten Medaillen in der britischen wissenschaftlichen Welt.
Er war darüber beunruhigt gewesen, wie Alfred Wallace es aufnehmen würde, daß ihre beiden Artikel zusammen vorgelesen worden waren. Nun trafen zwei Briefe aus Ternate ein, einer war für ihn selbst und einer war für Hooker bestimmt. Er öffnete den an ihn adressierten Brief sofort. Wallace war mehr als entzückt über das Geschehene. Der entscheidende Absatz stand aber in dem Brief an Hooker:

> Gestatten Sie mir vor allem, Ihnen und Sir Charles Lyell aufrichtig für Ihre freundliche Stellungnahme bei dieser Gelegenheit zu danken. Ich kann mich in dieser Angelegenheit nur als besonders bevorzugt betrachten, denn es war bei derartigen Fällen nur allzuoft üblich, dem ersten Entdecker eines neuen Faktums oder einer neuen Theorie das *gesamte* Verdienst zuzuschreiben und nur wenig oder gar nicht dessen zu gedenken, der unabhängig davon ein paar Jahre oder ein paar Stunden später zu dem gleichen Ergebnis gelangt war…

Charles sagte zu Hooker:
»Er muß ein überaus liebenswürdiger Mann sein.«
Emma hatte zu Beginn des neuen Jahres begonnen, die Feier ihres zwanzigsten Hochzeitstages am 29. Januar zu planen, die sie als reines Familienfest gestalten wollte. Er fiel zum Glück auf einen Sonnabend, so daß sie alle über das Wochenende einladen konnte. Ihre Schwester Elisabeth und die Langtons kamen gemeinsam aus Hartfield. Charles' Schwestern aus *The Mount* holten Erasmus in London ab. Hensleigh und Fanny Wedgwood brachten ihre älteren Kinder mit, ebenso wie die übrigen Wedgwood-Brüder.
Als Charles sah, welche Ausmaße die Vorbereitungen annahmen – Emma hatte sogar Puppenspieler für die Kinder engagiert, die im Schulraum untergebracht werden sollten – und er die enormen Mengen von Lebensmitteln und Getränken bemerkte, die nach *Down House* gebracht wurden, staunte er:
»Das wird ja eine Riesensache werden. Warum feiern wir nicht, da am 12. Februar mein fünfzigster Geburtstag ist, beide Ereignisse zugleich?«
»Eine großartige Idee. Ich werde zwei Torten backen lassen, eine für Sonnabend zu unserem zwanzigsten Hochzeitstag und die zweite für Sonntag zu deinem fünfzigsten Geburtstag.«
Als sie rund um die Festtafel saßen, stellte Charles fest:
»Jetzt sind wir die ältere Generation. Die Kinder wachsen heran; wir haben die Plätze meines Vaters, Onkel Jos' und Tante Betsys eingenommen.«
Zu Hooker sagte er:
»Wie froh werde ich sein, wenn der Auszug fertig ist und ich mich ausruhen kann!«

2.

Er beschloß, sich selbst nachträglich zum Geburtstag einen Billardtisch zu schenken, der in dem alten Speisezimmer, neben seinem Arbeitszimmer, stehen konnte. Charles fand bei Hopkins and Stephens in London, was er suchte: mit einem lindgrünen Filzbezug, mit Randleisten aus dem härtesten Holz, das es gab und mit einem Unterbau aus blank poliertem Rosenholz. Der Preis betrug 53 Pfund und 18 Shilling, worüber er erschrak.
»Wir werden etwas von unserem Besitz verkaufen müssen, um das Geld aufzubringen«, sagte er zu Emma.
»Aber warum denn, Charles? Unser Einkommen im letzten Jahr betrug fast 5000 Pfund. Wir hatten einen Überschuß von nahezu 1200 Pfund. Unsere Wertpapiere allein müssen 70000 Pfund wert sein.«
»Wir dürfen unser Kapital wegen eines solchen Luxus, wie es ein Billardtisch ist,

nicht angreifen. Ich möchte die goldene Uhr meines Vaters und auch ein paar Stücke deines Wedgwood-Porzellans verkaufen.«
Seine Knausrigkeit schmerzte Emma. Sie liebte das Porzellan, aber sie schätzte es bei weitem nicht so wie den Frieden in der Familie.
»Wie du wünschst, mein Lieber.«
Er ging daran, sein letztes Kapitel abzuschließen. In seiner Zusammenfassung schrieb er herausfordernd:

> ... Die verschiedenen Fakten, die in diesem Kapitel erwogen wurden, scheinen mir so deutlich zum Ausdruck zu bringen, daß die zahllosen Arten, Gattungen und Familien, die diese Welt bevölkern, alle innerhalb ihrer eigenen Klasse oder Gruppe von gemeinsamen Eltern abstammen und alle im Lauf ihrer Vererbung verändert wurden. Ich würde mir deshalb ohne Zögern diese Ansicht zu eigen machen, selbst wenn sie nicht durch andere Fakten und Argumente gestützt würde.

Er kehrte zu den ersten Kapiteln zurück, von denen er jetzt eine recht gute Abschrift besaß, um Korrekturen anzubringen und an seinem Stil zu feilen. An Fox schrieb er:

> Jetzt korrigiere ich endlich meine Kapitel für den Druck und hoffe, in einem Monat Probeabzüge zu bekommen...

Er unterbrach sich jäh, legte sein Schreibbrett zur Seite und ging im Arbeitszimmer auf und ab.
»... für den Druck ... Probeabzüge ... Welcher Druck? Welche Probeabzüge? Ich kann weit und breit keinen Verleger erblicken, selbst wenn ich das Fernrohr von der *Beagle* benutzte.«
Genau vier Tage später überraschte ihn das Schicksal. Er entnahm einem Brief von Lady Mary Lyell, daß Lyell über das Buch mit John Murray gesprochen hatte, der die Rechte für sein *Journal* für die *Home and Colonial Library* gekauft hatte und damit gute Geschäfte machte. Charles beschloß, am nächsten Tag nach London zu fahren.
Er klopfte mehrmals an die Tür in der Harley Street 53. Ein Hausmädchen öffnete und führte ihn in Lyells Arbeitszimmer. Als Lyell aufblickte und ihn sah, huschte es wie ein Lichtstrahl über sein Gesicht.
»Ach, Darwin, Sie kommen genau zum richtigen Zeitpunkt. Gedulden Sie sich nur zehn Minuten, bis dieser Absatz beendet ist. Ich lasse Ihnen einstweilen ein Glas Sherry bringen.«
Als Lyell fertig war, bot er Charles einen bequemen Stuhl an.
»Ich entnahm dem Schreiben von Lady Lyell, daß Sie mit John Murray über mich gesprochen haben.«

»Das tat ich.«
»Weiß er etwas über den Inhalt des Buches?«
»Ich nehme an, ich habe ihm einen leidlichen Eindruck davon vermitteln können.«
»Er ist bereit, es zu veröffentlichen?«
»Durchaus bereit. Er möchte aber erst etwas von dem Manuskript sehen.«
»Natürlich. Ich werde ihm in etwa zehn Tagen die ersten drei Kapitel schicken können.«
»Das paßt ausgezeichnet. Murray ist bei weitem der geeignetste Verleger für wissenschaftliche Werke. Sie wissen sicherlich noch, daß er schon im Jahr 1830 meinen ersten Band des *Lehrbuchs der Geologie* herausgebracht hat.«
»Soll ich ihm Ihrer Meinung nach mitteilen, daß mein Buch nur so unorthodox ist, wie es das Thema unbedingt erfordert? Daß ich mich in keinerlei Diskussion über die Genesis einlasse, sondern nur Fakten bringe und jene Schlußfolgerungen daraus ziehe, die mir richtig erscheinen...?«
Lyell lächelte nachsichtig über das Gefühlsgemisch aus Hoffnung, Erregung und Besorgnis seines Freundes.
»Ich würde ihm nichts sagen. Lassen Sie das Manuskript für sich selbst sprechen.«
Charles klammerte sich an die Aussicht auf Veröffentlichung wie ein Ertrinkender an einen Strohhalm.
»Können Sie mir raten, ob ich die Publikationsbedingungen vorschlagen soll, oder soll ich ihn ersuchen, sie mir zu nennen?«
»Warten wir ab, wie Murray auf das Manuskript reagiert. Er scheint mit hellseherischer Begabung schätzen zu können, wie viele Exemplare er von einem Buch verkaufen wird.«
»Ja, natürlich. Würden Sie so freundlich sein, sich meine Titelseite anzusehen?«
Lyell betrachtete sie. *Auszug eines Essays über die Entstehung von Arten und Varietäten,* las er. Er bückte sich, wie gewohnt, vor einem Stuhl und begrub das Gesicht in dessen gepolsterter Sitzfläche. Nach einer, wie es Charles schien, endlosen Zeit richtete er sich auf.
»Sie sollten das Wort *Auszug* nicht im Titel verwenden. Es wird Leser abschrekken. Sie werden glauben, es handle sich nur um eine Zusammenfassung.«
»Es ist die einzig mögliche Entschuldigung dafür, daß ich Hinweise und Fakten nicht vollständig aufführe.«
»Eine Entschuldigung ist nicht erforderlich. Lassen Sie Murray entscheiden. Wenn Murray es weglassen will, können Sie sicher sein, daß das Wort *Auszug* Ihren Leserkreis einengen würde.«
Am nächsten Tag schrieb Charles an Murray und gab ihm die Titel seiner einzelnen Kapitel bekannt. Murray antwortete sofort und bot ihm günstige Bedingungen an. Charles zeigte den Brief voller Erregung Emma, die mit Henrietta im von der Frühlingssonne erhellten Salon saß.

»Emma, hör dir das an! Murray ist einverstanden, es zu veröffentlichen! Ohne mein Manuskript gesehen zu haben! Er schlägt mir Gewinnteilung vor.«
Er dämpfte ein wenig seine allzu deutliche Freude.
»Ich werde ihm sagen, ich nehme sein Angebot nur unter der Bedingung an, daß er nach dem Lesen des ganzen Manuskripts freie Hand hat, sein Angebot zurückzuziehen.«
In seinem Brief an Murray fügte er noch hinzu:

> ...Es mag Selbstüberschätzung sein, aber ich glaube, daß das Thema das Publikum interessieren wird, und ich bin sicher, daß meine Ansichten neuartig sind.

John Murray las die drei Kapitel und zeigte sie dann einem seiner Berater, dem Reverend Whitwell Elwin, dem Herausgeber der *Quarterly Review*. Elwin sprach sich dafür aus, Charles solle das Buch wegwerfen und über Tauben schreiben. Als nächstem übermittelte Murray die drei Kapitel George Pollock, einem befreundeten Rechtsanwalt, der fand, daß das Buch »wahrscheinlich das Verständnis jedes gegenwärtig lebenden Wissenschaftlers« übersteige, aber dazu riet, es zu veröffentlichen, weil »Mr. Darwin die überaus schwierigen Fragen, die er aus dem ehrlichen Bestreben heraus, seine Thesen zu prüfen, sich selbst gestellt hatte, so glänzend gelöst« habe.
Murray selbst gefielen die Kapitel, und da sich Lyell und Hooker ihm gegenüber so stark dafür einsetzten, sagte er Charles, er wolle nicht mehr Teile des Manuskripts lesen, würde aber gern das ganze Buch so schnell wie möglich in die Druckerei schicken. Er gab zwölfhundertfünfzig Exemplare für die erste Auflage in Auftrag, strich jedoch das Wort *Auszug* aus dem Titel. Dieser lautete nun: *Über die Entstehung der Arten im Tier- und Pflanzenreich durch natürliche Züchtung oder Erhaltung der vervollkommneten Rassen im Kampfe ums Dasein.*
»Das ist eine hohe Auflage für ein wissenschaftliches Buch«, freute sich Charles. »Henry Colburn hat nur fünfhundert Exemplare vom *Journal* binden lassen.«
»Das war vor zwanzig Jahren, mein Lieber«, erwiderte Emma. »Als du noch unbekannt warst. Hast du nicht zu Joseph Hooker gesagt, du glaubst, daß dein Buch in einem bestimmten Maß bei Wissenschaftlern wie bei Laien gleich populär werden wird?«
Charles errötete.
»Wenn du willst, werde ich es lesen und die Druckfehler korrigieren«, bot sie ihm an.
Er starrte seine Frau entgeistert an. Sie machte sich erbötig, Probeabzüge zu korrigieren, deren Inhalt sie mißbilligte und in denen fast jede Schlußfolgerung zu den für sie gültigen Maximen im Widerspruch stand! Er zog sie von ihrem Stuhl hoch, umarmte sie, küßte sie herzhaft auf den Mund und drückte sie fest an sich.

»Meine liebe Miß Wedgwood, ich bin seit zwanzig Jahren mit dir verheiratet, aber ich habe dich noch nie so bewundert oder geliebt.«

Auf dem Tisch in seinem Arbeitszimmer lagen Stöße von Manuskripten. Er wanderte hin und her, Gefühle größten Selbstvertrauens wechselten mit äußerster Niedergeschlagenheit, Anwandlungen von Freude mit solchen der Melancholie. In der Öffentlichkeit prophezeite er, daß sein Buch erfolgreich und populär werden würde, dann wieder war er überzeugt, es werde ein Fehlschlag werden und niemand werde es kaufen oder lesen.

Es gab kaum einen Brief an seine Freunde, in dem er nicht klagte, daß er nur mehr wenig Kraft besitze, daß er ein Invalide sei. Obwohl er zwischendurch gesteigerte Perioden von Aktivität hatte, in denen er schrieb, forschte, plante. In solchen Zeiten brauchte er oft weniger als einen Monat, um ein langes, ausführliches Kapitel über ein Fachgebiet, auf dem er noch nie gearbeitet hatte, konsequent aufzubauen und zu Papier zu bringen.

Bei Charles paarte sich nüchterner Wirklichkeitssinn mit großer Einfalt. Im Grunde seines Herzens mußte er Dr. Henry Holland mit seiner Behauptung recht geben, daß Ruhe und Abwechslung seiner Gesundheit zuträglicher seien als die Wasserkuren, denen er sich in den hydrotherapeutischen Badeorten unterzog; er mußte zugeben, daß Charles Lyell recht hatte, wenn er sagte, eine Urlaubsreise mit Emma auf den Kontinent, nach Italien, Spanien oder Frankreich, würde ihm genausoviel Ruhe und Entspannung bringen. Sooft er glaubte, den Geist aufgeben zu müssen, kehrte er nach wenigen Tagen oder Wochen in bester Verfassung wieder an die Arbeit zurück.

Er hatte ein starkes Bedürfnis nach Freundschaft, dennoch mied er jeden gesellschaftlichen Verkehr; er verschanzte sich in der Einsamkeit von *Down House*, fuhr aber unter unzähligen Vorwänden nach London. Er fühlte sich verpflichtet, jede Periode von Untätigkeit als Inkubationszeit zu bezeichnen. Er zitterte vor der Reaktion von Kritikern auf sein Werk und nahm sie zu wichtig, indem er lange Briefe mit Widerlegungen und Erklärungen schrieb, obwohl er voll davon überzeugt war, daß Kritiker vergessen werden, während ein schöpferisches Werk die Zeiten überdauert. Lob ließ ihn himmelhoch aufjauchzen, negative Kritik stürzte ihn in abgrundtiefe Verzweiflung. Er war auf den Beifall seiner Zeitgenossen und seinesgleichen aus, lieferte ihnen aber mit seinem Streben nach dem Unkonventionellen, dem Radikalen, dem schwer zu Glaubenden, dem Unverständlichen Angriffsziele in Fülle.

Wußte er, daß er sich immerfort im Kreis bewegte wie die Zeiger auf der Großvateruhr in der Halle? Er sagte einmal:

»Lieber will ich ein unglücklicher Invalide sein als das Leben eines untätigen Gutsherrn führen.«

Warum machte ihn seine Arbeit dann krank? Fast alle Menschen arbeiteten, hatten manchmal schwierigere und aufreibendere Beschäftigungen, als seine es war, und nur selten einen Beruf nach eigenem Geschmack. Im Dunkel einer unruhigen Nacht geriet er in Angst und Sorge darüber, welche Emotionen seine Theorien, wie er sie in die Notizbücher der Jahre 1837, 1839 und 1844 geschrieben hatte, in einer christlichen Nation wie der britischen auslösen würden, in deren Geschichte es so häufig religiös motivierte Aufstände gegeben hatte. Er war als freundlicher, friedfertiger und unbekümmerter Junge aufgewachsen, war in der Schule in Shrewsbury, im Christ's College und auch an Bord der *Beagle* beliebt gewesen. Er war ohne den geringsten Funken Streitlust zur Welt gekommen. Er hatte nicht einmal an Kampfsportarten teilgenommen, war lieber den Severn entlang spazierengegangen, geritten und hatte in den Fennen von Cambridgeshire Kröten gefangen. Obwohl er wie Agassiz zu der Überzeugung gelangt war, daß die Natur niemals log, hatte sie doch den nach seiner Meinung entsetzlichen Fehler begangen, ihm die Rolle des Antichristen zuzuteilen! Nicht, daß er es tatsächlich gewesen wäre; aber alle Welt würde ihn dafür halten, und das lief aufs gleiche hinaus.

Die Schwindelgefühle, das Herzklopfen, die Blähungen, der Brechreiz, das war der Preis, den er dafür bezahlen mußte, daß er die Welt veränderte. Bei der präzisen Planung seiner Ausgaben, der er sich unterworfen hatte, betrachtete er das nicht als zu hohen Preis. Die meisten englischen Wissenschaftler und einige seiner Freunde würden ihn deswegen als unheilbaren Hypochonder bezeichnen. Sei's drum. Er wußte, daß er der Entstehung des Lebens nachgehen würde, solange er lebte. Sein Gehirn spürte den letzten Geheimnissen der Natur nach; sein Körper aber nahm ihm diese Beschäftigung zutiefst übel! Dagegen half keine Kur. Seine andauernden körperlichen Leiden würden sich aber in keiner Verringerung der unglaublichen Menge seiner wissenschaftlichen Forschungsarbeit, der gewaltigen Korrespondenz, der veröffentlichten Manuskripte auswirken, sowenig ihn sein Geiz daran gehindert hatte, acht Jahre seines Lebens sowie sein Kapital in vier Bände über die Rankenfüßer zu investieren. Wenn sein Mut dahinschwand wie das Wasser im Santa Cruz von Patagonien, wo sie die *Beagle* zu notwendigen Reparaturarbeiten am Kupferboden an Land gebracht hatten, würde ein einziger wirklicher Erfolg genügen, um sein Schiff wieder flottzumachen.

Was für eine Art von Mensch war er demnach? Er wollte es nicht wissen.

3.

Alle strengten sich an. Frances Hooker, als echte Tochter Joseph Henslows, machte jedesmal, wenn das Manuskript in einem zu schlechten Zustand war, um von Hooker redigiert zu werden, aus einem »verschmierten Exemplar eine gute Kopie«. Hooker benützte die Reise nach *Down House* zu einer abschließenden

Diskussion über die geographische Verteilung der Arten. Als sie die neunzig Seiten des Kapitels auf dem Eßtisch ausbreiteten, sagte Charles:
»Ich möchte wissen, gegen welche Abschnitte Sie die meisten Einwände haben. Auch wüßte ich gern, ob ich Gedanken von Ihnen übernommen habe, die Sie in Ihre eigene Veröffentlichung aufnehmen wollen.«
»Sie haben hauptsächlich Dinge aus meinen bereits veröffentlichten Werken verwendet. Dazu sind sie ja da. Aber unsere Meinungen gehen in mehreren Punkten auseinander. Die wollen wir uns vornehmen und unsere Ansichten abwägen...«
Gegen Ende März sah er allmählich klarer. Eine Freundin Emmas aus der Familie Wedgwood, Miß Georgina Tollet, war zufällig in die Queen Anne Street 14 eingezogen, zwei Häuser von Erasmus entfernt, in dessen Salon sie verkehrte. Sie war bei Autoren sehr beliebt wegen ihrer Bereitwilligkeit, Manuskripte auf Fehler in Orthographie und Grammatik durchzulesen, ein Gebiet, für das sie ausgebildet worden war. Da Charles sie in *Maer Hall* und bei Erasmus getroffen hatte, war er so kühn, sie zu fragen, ob sie seine Arbeit durchlesen würde.
»Es wäre mir eine Ehre, Mr. Darwin. Aber Sie müssen sich im klaren sein, daß ich von Wissenschaft wenig verstehe. Meine Stärke ist der Stil.«
»Was ich suche, Miß Tollet, ist Klarheit.«
John Murray schickte ihr die ersten drei Kapitel. Während sie sich der Aufgabe unterzog, Charles' Englisch zu vervollkommnen, schickte Charles Kapitel IV, *Natürliche Auslese*, an Murray und schrieb:

> Ich nehme an, Sie werden diesen Teil lesen wollen, der den Grundpfeiler meines Werkes darstellt.

John Murray fand die *Natürliche Auslese* faszinierend. Er schickte das Kapitel an Miß Tollet, die Charles mitteilte, sie habe bisher nur drei unklare Sätze gefunden, die sie korrigiert habe. Aber Joseph Hooker, der noch an Charles' letztem Kapitel arbeitete, schrieb, daß er immer noch viele stilistische Unklarheiten finde und daß Charles sie so lange umschreiben müsse, bis er seine Ansicht eindeutig zum Ausdruck gebracht habe.
Charles wußte, daß Hooker ein Perfektionist war, ebenso unnachsichtig in seinen Anforderungen sich selbst wie seinen Freunden gegenüber. Er machte sich deshalb keine großen Gedanken darüber; als aber Frances Hooker zugab, daß auch sie viele Stellen unklar fand, bekam er es mit der Angst. Er arbeitete so heftig daran, die äußerst kniffligen Begriffe klarzustellen, daß seine Gesundheit ihn im Stich ließ – aber erst, nachdem er den Rest seines Manuskripts an John Murray abgeschickt hatte.
»Es ist Zeit für Moor Park«, ordnete Emma an. »Nimm dir George Eliots Buch *Adam Bede* mit. Du wirst feststellen, daß es sogar noch besser geeignet ist als Billard, um dich geistig zu entspannen.«
Das *Journal of the Linnean Society*, das seinen und Wallaces Artikel enthielt, war

bisher unbeachtet geblieben. Nun hielt er eine erste Kritik in den Händen und wünschte, er hätte sie nicht erhalten. Emma unterrichtete im Schulzimmer. »Da hast du einen Vorgeschmack darauf, wie die Zukunft aussehen wird«, rief er, als er hereinplatzte, und zeigte ihr Reverend Samuel Houghtons Ansprache vor der Geologischen Gesellschaft in Dublin, in der es unter anderem hieß:

> Diese Theorie der Herren Darwin und Wallace wäre der Erwähnung kaum wert, stünde hinter ihr nicht die Autorität der Namen Charles Lyell und Joseph Hooker, unter deren Patronat sie erschienen ist.

Die Schönheit von Moor Park, die Ruhe, gelegentliche Duschen, Spaziergänge und *Adam Bede* förderten die Heilung. Wenn Dr. Lane Zeit hatte, spielte er mit Charles Billard. Der Rekonvaleszent brauchte nur eine Woche, um sich so wohl zu fühlen, daß er wieder nach Hause fuhr.
Als kurz darauf die Probeabzüge kamen und er sie in seinem großen Fauteuil zu lesen begann, war er nicht nur erschrocken, sondern entsetzt. Der Unterschied zwischen den vertrauten, mit der Hand geschriebenen Seiten, die er Murray geschickt hatte, und dem unpersönlichen Bild der Probeabzüge, die er da vor sich hatte, erschien ihm so groß wie zwischen der Mittagssonne und einem Gewitter um Mitternacht. Er schrieb Murray so ergeben, wie es ihm nur möglich war:

> Ich komme mit den Abzügen nur sehr langsam voran. Ich erinnere mich, daß ich Ihnen schrieb, es würde nicht viel Korrekturen geben. Das war ein höchst bedauerlicher Irrtum. Ich finde den Stil unglaublich schlecht. Wieso ich so schlecht schreiben konnte, ist mir ganz unfaßbar…

Er verbrachte die folgenden Wochen damit, die Zwischenräume zwischen den Zeilen der Probeabzüge mittels Tinte und Feder mit Text zu füllen und so viele Zusätze am oberen, unteren und seitlichen Rand anzubringen, daß er die Seiten schließlich für unleserlich hielt. Er bot John Murray ein Arrangement an, demzufolge alle Spesen, die über die üblichen Korrekturen hinausgingen, von seinem Gewinn in Abzug gebracht werden sollten.
Ende Juni schrieb er verzweifelt an Hooker:

> …Die Seiten sind beinahe schwarz vor Korrekturen, und ich muß noch Papierstreifen anheften, so miserabel finde ich den Stil. Sie sagen, Sie hätten sich vorgestellt, daß mein Buch unterhaltsam sein könnte; ich bin von dieser Vorstellung ganz abgekommen. Ich fürchte allmählich, daß die Leser es unerträglich trocken und verwirrend finden werden…

Im Juli litt er wieder an Brechreiz, wofür er »die verdammten Probeabzüge« verantwortlich machte. Er hielt bis zum 19. Juli durch und korrigierte fast die Hälfte der Bogen, dann fuhr er wieder auf eine Woche nach Moor Park. Diesmal nahm er ein paar Bogen von Hookers Einleitung zur *Flora Tasmaniens* mit, um sie zu korrigieren, sowie sieben Bogen seines eigenen Manuskripts. Als Lektüre für den Abend hatte er Henry Kingsleys *Geoffrey Hamlin* und Fitzgeralds Übersetzung des *Rubayat* von Omar Khayam eingepackt, die beide kürzlich erschienen waren. Nach wenigen Tagen schrieb er an Murray:

> Ich glaube, ich habe mit unendlicher Mühe den Stil recht gut und klar gestaltet. Ob aber das Buch so viel Erfolg haben wird, daß er Sie zufriedenstellt, kann ich nicht voraussagen. Ich hoffe es jedenfalls von Herzen.

Murray antwortete, er habe so gründlich korrigiert, daß er das Buch fast neu geschrieben habe. Charles wußte, daß das stimmte, es war unbedingt notwendig gewesen. Schließlich kam mit dem 10. September der Tag, an dem er den letzten Probeabzug überarbeitet hatte, und es blieb kaum mehr zu tun als nur noch die Erstellung der Inhaltsangabe. In einem Brief an Lyell machte er ein unerwartetes Geständnis:

> ... Ich kann meine Überzeugung, daß meine Ansichten allgemein richtig sind, nicht nachdrücklich genug zum Ausdruck bringen, und ich habe mich, weiß Gott, nie vor einer Schwierigkeit gedrückt. Ich harre Ihres Urteils voll ängstlicher Erwartung, nicht daß ich enttäuscht wäre, wenn ich Sie nicht überzeugt hätte – denn ich erinnere mich, wie viele Jahre ich brauchte, um so weit zu kommen. Aber ich werde höchst erfreut sein, wenn Sie sich mir anschließen, besonders wenn ich einen gewissen Anteil an Ihrer Bekehrung habe. Dann werde ich das Gefühl haben, daß mein Lebenswerk getan ist, und es wird mich wenig kümmern, ob ich in diesem Leben noch irgend etwas zuwege bringe...

Am zweiten Oktober fuhr er allein nach Ilkley, einem Heilbad mit Mineralquellen nördlich von Leeds. Obwohl er sich für die Reise drei Tage Zeit ließ und die Hoteldirektion ihm ein bequemes Appartement, bestehend aus Wohn- und Schlafzimmer, reserviert hatte, gefiel es ihm dort nicht. Die Verpflegung war gut, sein Appetit stieg, er nahm Bäder, ging spazieren – dann verstauchte er sich den Fuß, was ihn zwang, im Zimmer zu bleiben. Das Bein schwoll an, darauf bekam er einen Ausschlag, dann Geschwüre. Überdies wurde das Wetter bitter kalt. Sein einziger Trost war die Korrespondenz, die man ihm von *Down House* nachschickte. Er erhielt Briefe von Lyell, Hooker und Huxley, die er ausführlich beantwortete. Er ersuchte Huxley um eine Liste ausländischer Wissenschaftler, denen er Exemplare seines Buches schicken wollte, obwohl er nicht wußte, ob er sich das leisten konnte, da ihm Murray noch keinen Preis genannt hatte. Schließlich traf seine Familie ein, und es gelang, ein passendes Haus für sie zu finden;

aber Charles' Pechsträhne war noch nicht zu Ende. Sein Gesicht schwoll so an, daß seine Augen fast geschlossen waren.
Dr. Edmund Smith, der dortige Arzt, sagte ihm, er mache eine ungewöhnliche Krisis durch.
»Ich habe eher das Gefühl, ich lebe in der Hölle«, knurrte er.
Emma sah die ratlose Miene von Dr. Smith, die zu sagen schien: »Was kann diesem Mann nur fehlen?« Auch Charles mußte den flüchtigen Blick bemerkt haben, denn als der Arzt fortging, meinte er:
»Ich glaube nicht, daß Dr. Smith sich für seine Patienten ebenso interessiert wie für sein Honorar.«
Henrietta war der gleichen Meinung über Ilkley wie ihr Vater.
»Dieser Ort ist ein fürchterlicher Eiskeller.«
Emma tat ihr Bestes, um die düstere Stimmung zu vertreiben. Charles wurde sich darüber klar, daß seine erheblichen Beschwerden eine Folge des Wartens waren: Angst vor der Möglichkeit, daß sein Buch ein völliger Mißerfolg werden könnte, der jede Aussicht auf Veröffentlichung seines viel umfangreicheren Buches über die Arten vereiteln würde; daß es übersehen oder vollkommen ignoriert, wenn nicht angefeindet, verleumdet oder herabgesetzt werden und er selbst in einer Sintflut von Verachtung und Verdammung untergehen würde.
Charles Lyells Rede vor der *British Association* in Aberdeen im September 1859 war für ihn eine Quelle des Trostes:

> In Kürze wird ein Werk von Charles Darwin erscheinen, das das Ergebnis von zwanzig Jahren des Beobachtens und Experimentierens auf den Gebieten der Zoologie, Botanik und Geologie darstellt. Er gelangte dadurch zu dem Schluß, daß jene Kräfte der Natur, die die Rassen und bleibenden Varietäten bei Tieren und Pflanzen entstehen lassen, die gleichen sind wie jene, die in viel längeren Zeitabschnitten die Arten hervorbringen und in einer noch längeren Folge von Zeitaltern zu den Unterschieden zwischen den Gattungen führen. Meiner Meinung nach ist es ihm gelungen, durch seine Forschungen und Überlegungen Licht in viele Rätsel und Phänomene zu bringen, die mit der Verwandtschaft, der geographischen Verbreitung und der geologischen Abfolge von organischen Wesen zusammenhängen, für die es bisher weder eine Erklärung noch den Versuch einer Erklärung durch eine andere Hypothese gegeben hat.

Lyells öffentliches Eintreten für Charles verlieh ihm das Gefühl, verwöhnt zu werden. Worauf er nicht näher eingehen wollte, war das Ende eines langen Briefes, in dem Lyell ihm mitteilte:

> Ich sehe noch immer die Notwendigkeit des ständigen Eingreifens einer schöpferischen Macht.

Charles war verdutzt. Lyell war noch immer nicht bekehrt, brauchte immer noch eine Art persönlicher Gottheit, die die Entscheidungen traf. Er antwortete ihm sofort:

> Ich kann diese Notwendigkeit nicht einsehen. Ich glaube, wenn man das gelten ließe, würde die Theorie der natürlichen Auslese dadurch wertlos. Nehmen Sie ein einfaches archetypisches Geschöpf als gegeben an, wie den im Schlamm lebenden Schuppenmolch, oder ein Tier, das sowohl über Kiemen als auch Lungen, über fünf Sinne und eine Spur von Verstand verfügt. Ich bin sicher, daß die natürliche Auslese das Entstehen jedes Wirbeltieres erklärt!

Gegen Ende der ersten Novemberwoche dämmerte der Tag heran, an dem er in Ilkley ein Vorausexemplar der *Entstehung der Arten* von John Murray erhielt. Zärtlich strich er über das Buch, das in grünes Leinen gebunden war, fünfhundert gediegene und, wie er fand, schön gedruckte Seiten enthielt. Murray teilte ihm in seinem Brief mit, daß die elfhundertzweiundneunzig Exemplare der ersten Auflage – nach Verteilung von achtundfünfzig Exemplaren an Charles, die Kritiker und an die *Stationer's Hall* zum Schutz gegen Nachdrucke – im Handel bei Murrays Herbstverkauf völlig ausverkauft worden waren. Murray fügte hinzu: »Wir brauchen sofort eine zweite Auflage!«
Die Nachricht machte Charles zum glücklichsten Menschen.
Sie machte ihn auch wieder gesund. Die Schwellung seiner Augenlider und seines Gesichts verschwand, die Geschwulst an seinem Bein verging, sein verstauchter Fuß heilte. Das Wetter wurde wärmer, so daß er mit seinen Kindern lange Ausflüge unternehmen konnte. Er entfesselte einen Wirbelsturm an Aktivität, schrieb an Murray, daß er sich an den hohen Kosten für den Neusatz beteiligen wolle – es waren 72 Pfund, 8 Shilling –, bestellte weitere zwanzig Exemplare für sich und legte eine lange Namensliste von Leuten an, denen das Buch geschickt werden sollte.
Mitte November wurde seine Stimmung durch einen Brief des jungen John Lubbock noch weiter gehoben, der das Buch überaus lobte. Auch dieser Brief gab ihm das Gefühl, »verhätschelt zu werden«; dennoch schrieb er in einem Anflug von Bescheidenheit an Lubbock:

> Ich freue mich, daß Sie mein Buch gelesen haben, fürchte aber, Sie überschätzen es.

Zwei Tage später erhielt er eine Zuschrift von William Carpenter, dem Physiologen, dem er die Pläne für sein neues Mikroskop verdankte. Carpenter erbat Charles' Genehmigung, das Buch für das *National* zu rezensieren. Charles antwortete, er würde die Rezension begrüßen.

Als Dr. Smith Charles das nächstemal untersuchte, stellte er die positive Veränderung seines Patienten fest.

»Na also!« rief er. »Habe ich Ihnen nicht versichert, daß Ihre Krisis vorbeigehen und es Ihnen danach um so besser gehen würde?«

»Das ist richtig, Doktor, das haben Sie gesagt.«

Drei Tage später erhielt er die erste Kritik, die im *Athenaeum* vom 19. November erschienen war. Der anonyme Kritiker war feindselig eingestellt; er überging jedes Argument zugunsten von Charles' These, sprach von der »offensichtlichen Selbstzufriedenheit des Autors« und davon, daß er alle schwachen Punkte seiner Theorie »mehr oder minder anmaßend« abtue. Nach Erwähnung der theologischen Konsequenzen des Buches überantwortete er den Autor »der Gnade der Geistlichkeit, des Colleges, des Leseraums und des Museums«.

Bekümmert schrieb Charles an Hooker mit der Bitte, in Erfahrung zu bringen, wer der Kritiker war:

> ...Die Art, wie er die Unsterblichkeit ins Spiel bringt, die Priester gegen mich aufhetzt und mich ihrer Gnade überantwortet, ist niederträchtig. Er würde mich auf keinen Fall verbrennen, wird aber das Holz dafür vorbereiten und den schwarzen Bestien sagen, wie sie mich erwischen können...

Wenige Stunden später bekam er einen Brief von Konteradmiral Robert FitzRoy. Dieser war jetzt Statistiker am Meteorologischen Institut des Handelsministeriums, das Berichte von Schiffskapitänen über vorherrschende Winde, atmosphärische Druckverhältnisse, Temperatur und Luftfeuchtigkeit sammelte. Charles hatte ihn seit der Verstimmung anläßlich seines letzten Besuchs in *Down House* weder gesehen noch von ihm gehört. FitzRoy schrieb jetzt sofort, um seiner Bestürzung über Charles' extreme Ansichten Ausdruck zu verleihen:

> Ich nehme an, Ihre Zeit war seit einigen Jahren durch Ihre Steckenpferde, Ihre Tauben, das Kaninchenzüchten und Ihre mikroskopischen Untersuchungen so sehr in Anspruch genommen, daß Sie kaum ein Fernrohr verwendet haben, um zu einem weiten Gesichtsfeld und einem umfassenden Eindruck zu gelangen, und daß Sie die neueren Werke von Fachleuten kaum gelesen haben, ausgenommen jene Teile daraus, die Sie in Ihrem Werk verwenden konnten. Das war ja Ihre Gepflogenheit, und die Folge waren einseitige anstatt unparteiische Ergebnisse.
>
> Ich zumindest finde den Gedanken, vom Affen abzustammen, alles andere als ›erhebend‹, auch wenn es sich um den ältesten Vertreter dieser Spezies handelt...

Einen Augenblick lang zitterte Charles' Hand. Sein Buch stellte niemals die Abstammung des Menschen zur Diskussion! Er hatte gefragt: »Warum haben Affen

die intellektuellen Fähigkeiten des Menschen nie erreicht?« und erklärt: »Es könnten verschiedene Ursachen angegeben werden, da sie aber alle auf Vermutungen beruhen, hätte es keinen Sinn, sie anzuführen.«
Er kehrte zur Kritik des *Athenaeum* zurück, offensichtlich die Quelle FitzRoys, und fand die Anstoß erregenden Zeilen:

> ... In Disraelis brillanter Erzählung neigt Lady Constance Rawleigh zu der Auffassung, daß der Mensch vom Affen abstammt. Diese in den *Vestiges* angedeutete vergnügliche Idee wird von Mr. Darwin in eine Art Credo verwandelt. Seiner Ansicht nach wurde der Mensch gestern geboren – er wird morgen verschwinden. Anstatt unsterblich zu sein, ist unsere Existenz zeitlich begrenzt, gewissermaßen zufällig.

»Na ja«, sagte er halblaut und resignierend, »über diese Idee wurde nun schon seit einiger Zeit gesprochen. Zweifellos werden mir manche das Verdienst zuschreiben, ihr einziger Urheber zu sein.«
Am 24. November, dem Erscheinungsdatum, war die Familie noch immer in Ilkley. Es war ein Freudentag; John Murray druckte eine zweite Auflage von dreitausend Exemplaren, es kamen Glückwunschbriefe von Lyell und Hooker und ein schöner, uneingeschränkt zustimmender Brief von Thomas Huxley.
»Unsere engste, vertraute Familie«, erklärte Charles, nachdem er Emma die Briefe vorgelesen hatte. »Mit diesen dreien als unserer Phalanx werden wir durchhalten.«
Es kam ein mißbilligender Brief von dem früher so herzlichen Sir John Herschel, in dem es hieß, er habe das Buch erhalten, stelle sich jedoch auf die Seite seiner Gegner.
Charles war erstaunt.
»Herschel hat mitgeholfen, die Wissenschaft der Astronomie zu schaffen, gestattet aber nicht, daß jemand eine andere Wissenschaft begründet. Wißt ihr, was ich glaube? Ich glaube, das Gehirn der Menschen ist in Abteilungen, in Schubladen eingeteilt. Öffne die eine, und sie ist aufnahmebereit, intelligent. Öffne die andere, und sie ist halsstarrig, engherzig. Ich möchte wissen, ob wir jemals das menschliche Gehirn verstehen werden.«
»Genug, um zu überleben«, antwortete Emma sarkastisch, »aber nicht genug, um uns richtig zu freuen.«
Eine ermutigendere Überraschung kam von Hewett C. Watson, dem angesehenen Botaniker:

> Sobald ich begonnen hatte, die *Entstehung* zu lesen, ließ es mir keine Ruhe, bis ich das Ganze durchgelesen hatte... Ihre Leitidee, d. h. ›natürliche Auslese‹, wird sicher in der Wissenschaft als feststehende Wahrheit anerkannt werden. Sie weist die Charakteristika aller großen, natürlichen

Wahrheiten auf, sie erklärt, was dunkel, vereinfacht, was kompliziert war, und erweitert früheres Wissen beträchtlich. Sie sind der größte Revolutionär der Naturgeschichte dieses Jahrhunderts, wenn nicht sogar aller Jahrhunderte...

4.

Von Ilkley aus fuhren sie nach Shrewsbury. Es war ein gutes Gefühl, wieder in *The Mount* zu sein. In dem Haus, wo er zur Welt gekommen war, durch die vertrauten Räume zu gehen, deren Einrichtung sich seit seiner frühesten Erinnerung nie geändert hatte. Die riesige Bibliothek mit ihren Marmorsäulen machte einen herrschaftlichen Eindruck, daneben wirkte *Down House* wie ein einfaches Landhaus. Er hatte Susan und Katty ein Exemplar der *Entstehung der Arten* geschickt, das seine Schwestern zu seinen anderen Büchern auf den Intarsientisch gestellt hatten. Aber weder Susan noch Katty hatten das Buch schon gelesen.

Er schlief gut, aß Gänsebraten und Kartoffelpastete im Speisezimmer mit Blick auf den Severn, brachte einige Korrekturen und Zusätze für John Murrays nächste Auflage an und ging mit seinen beiden Söhnen auf den Wegen seiner Kindheit spazieren. Es war eine geruhsame Woche, in der er abschalten konnte. Er schrieb an Erasmus, daß die Familie am 6. Dezember nach London kommen und einige Tage bei ihm Aufenthalt nehmen würde. Erasmus antwortete sofort, daß er für Charles' beste Freunde am 7. Dezember eine Abendgesellschaft geben würde.

Erasmus küßte seine Nichten und Neffen liebevoll, gab Emma einen freundschaftlichen Kuß auf die Wange, dann umarmte er seinen jüngeren Bruder und drückte ihn fest an sich.

»Also, Gas, du hast es geschafft! Jeder Satz ist auf den Chemieunterricht zurückzuführen, den ich dir in dem kleinen Werkzeughaus in *The Mount* erteilt habe. Erinnerst du dich an den Tag, an dem wir die Nachbarschaft mit unserer Schwefelsäure verstänkert haben?«

Während die Dienerschaft Emma und die Kinder in ihre Zimmer führte, setzten sich Charles und Erasmus in bequeme Lehnstühle nebeneinander.

»Hast du die *Entstehung* ganz gelesen, Ras?«

Erasmus lehnte sich zurück.

»Ich glaube, es ist das interessanteste Buch, das ich je gelesen habe. Ich kann es nur mit meiner ersten Bekanntschaft mit der Chemie vergleichen. Es ist, als schaue man in eine neue Welt – oder hinter die Kulissen einer alten. Für mich ist die Beziehung von Inseln zu Kontinenten der überzeugendste Beweis, wie auch die Beziehung der ältesten Formen zu den existierenden Arten...«

Für Charles waren zwei Einladungen eingetroffen, eine von Dr. Henry Holland,

die andere von Richard Owen. Henry Holland empfing ihn in seinem luxuriösen Büro in der Harley Street.
»Hallo, Charles, du siehst gut aus. Ilkley muß ein besseres Heilbad sein, als ich dachte. Ich habe noch nicht viel mehr als die Hälfte deines Buches gelesen, deshalb kann ich kein endgültiges Urteil fällen ... Jedenfalls wollte ich dir die Hand schütteln, Vetter, und dir zu dem Buch gratulieren, ob sein Inhalt nun richtig ist oder nicht.«
Charles verließ das Büro halb belustigt, halb verärgert. Er nahm eine Droschke zum Britischen Museum, wo er Richard Owen in seinem Büro fand.
Owen begrüßte ihn höflich, mit einer Zuvorkommenheit, von der Charles immer geargwöhnt hatte, daß sie nur eine bittere, spöttische Einstellung überdeckte. Dann lief Owens Gesicht rot an:
»Ich nehme Ihnen zutiefst übel, daß Sie mich zu den Verteidigern der Unveränderlichkeit zählen.«
»Ich und mehrere andere hatten, offen gesagt, diesen Eindruck.«
»Auch Ihr Huxley, nehme ich an. Meine überragende Stellung unter den Wissenschaftlern und Naturforschern Londons darf nicht in Frage gestellt werden. Im Grunde stehe ich größtenteils auf Ihrer Seite, Darwin.«
»Es gibt niemanden, dessen Billigung ich höher bewerten würde«, antwortete Charles.
Owens Zorn war wie weggeblasen.
»Ihre Erklärung ist die beste, die jemals über die Entstehung der Arten veröffentlicht wurde. Aber Sie dürfen nicht annehmen, daß ich in jeder Hinsicht Ihrer Meinung bin.«
»Es ist ebensowenig wahrscheinlich, daß ich in jeder Hinsicht recht habe.«
»Dann würde ich sagen: Wir wollen nicht wissen, was Darwin glaubt, sondern was er beweisen kann.«
»Ich gebe durchaus zu, daß ich wahrscheinlich in dieser Hinsicht sehr gesündigt habe; aber ich verteidige meine Behauptung, daß es möglich ist, eine Theorie aufzustellen und dann erst zu prüfen, wie viele Fakten diese Theorie erhärten.«
Diese Ansicht lehnte Owen kalt ab.
»Ein anderer meiner Einwände besteht darin, daß Ihr Buch alles zu erklären versucht. Das ist im höchsten Grad unwahrscheinlich.«
»Zugegeben. Man kann es nur versuchen. Ich bin meinen Fakten selten mehr als einen Schritt voraus und habe eben deshalb, weil ich meinen Fakten einen Schritt voraus bin, Fortschritte erzielt. Ich bin davon überzeugt, daß es keine Beobachtungen geben würde, wenn ich nicht auf Grund vorliegender Tatsachen Theorien aufgestellt hätte. Wenn ich Theorien aufstelle, ohne mich auf Tatsachen zu stützen, bin ich darauf bedacht, mich zu warnen: ›Vorsicht – reine Hypothese!‹«
Owen schien das für eine Entschuldigung zu halten. Er wurde sanfter, schüttelte Charles mit einer gewissen Wärme die Hand und beendete dann das Gespräch mit dem Satz: »Der Reiz des Buches liegt darin, daß es typisch für Darwin ist.«

Als Charles zu Erasmus' Haus zurückfuhr, wurde ihm wieder bewußt, wie beleidigend Owens Schmeichelei sein konnte.
Charles Lyell und seine Frau waren bei Erasmus, als Charles und Emma von einem Besuch bei Hensleigh und Fanny Wedgwood zurückkamen. Mary Lyell lächelte herzlich, Lyell selbst umarmte Charles und rief:
»Ich bin richtig froh, daß Hooker, Huxley und ich Sie zu der Veröffentlichung des Buches überredet haben und daß Sie nicht auf eine Zeit gewartet haben, die wahrscheinlich nie kommen wird, selbst wenn Sie hundert Jahre alt werden.«
Charles fühlte, wie ihm die Röte in die Wangen stieg.
»Ich hätte das Manuskript nach meinem immer kurz bevorstehenden Tod Ihnen und Hooker zur Veröffentlichung übergeben lassen.«
Mary Lyell lachte ihn aus.
»Ihr chronisch kranken Männer gebt immer so gut auf euch acht, daß ihr ewig am Leben bleibt.«
Erasmus' Butler servierte ihnen Champagner. Lyell stieß mit Charles an und nahm einen kräftigen Schluck.
Als Thomas und Nettie Huxley eintrafen, sagte Huxley begeistert:
»Seit ich vor neun Jahren van Baers Essay über Embryologie las, hat kein naturgeschichtliches Werk einen so großen Eindruck auf mich gemacht wie Ihr Buch. Was Ihre Lehre anlangt, bin ich bereit, dafür auf den Scheiterhaufen zu steigen. Ich hoffe, daß Sie sich durch die Schmähungen und falschen Darstellungen, die Ihnen, wenn ich nicht sehr irre, bevorstehen, in keiner Weise ärgern oder beunruhigen lassen werden. Ganz gewiß haben Sie die bleibende Dankbarkeit aller denkenden Menschen verdient. Was die Köter betrifft, die bellen und kläffen werden, dürfen Sie nicht vergessen, daß zumindest einige Ihrer Freunde von einer gewissen Kampfbereitschaft erfüllt sind, die Sie zwar oft und mit Recht getadelt haben, die Ihnen aber vielleicht sehr zustatten kommen wird. Ich schärfe schon jetzt meine Zähne und Klauen und mache mich sprungbereit.«
Als letzte kamen Joseph und Frances Hooker. Hooker hatte seine sonst so ernste Miene abgelegt. Seine Augen glänzten, und man merkte ihm seine Freude an, während er Charles an den Schultern faßte.
»Wie ganz anders als das Manuskript liest sich doch das Buch! Wir waren bei den Lyells, als wir beide die *Entstehung* lasen. Lyell war ganz begeistert, und ich halte es für ein wirklich herrliches, großartig geschriebenes Buch. Es wird Erfolg haben. Das Lob, das Sie mir in der Einleitung zollen, und den Dank für meine Hilfe nehme ich als wärmsten Beweis der Zuneigung von einem ehrlichen, wenn auch irregeleiteten Mann an.«
Während Hooker die anderen begrüßte, nahm Charles Frances Hooker beiseite.
»Hat Ihr Vater das Buch gelesen?«
»Ja, das hat er.«
»Wie hat mein alter Lehrer es aufgenommen? Ich fürchte, in diesem Fall ist er mit seinem Schüler nicht einverstanden.«

»Mit manchen Teilen ja, mit anderen...«
»Haßt er mich deshalb?«
»Er liebt Sie wie einen Sohn – und verzeiht Ihnen Ihre Sünden wider Gott.«
Charles musterte Frances' Gesicht, das dem ihres Vaters glich.
Das Abendessen wurde angekündigt. Der Butler füllte die Gläser mit gekühltem Wein. Erasmus erhob sich mit verschmitzter Miene und hob sein Glas zu einem Trinkspruch.
»Auf die Entstehung unserer Art!«
Charles Lyell antwortete:
»Wie der Amerikaner Emerson sagte: ›Nehmt euch in acht, wenn der Herrgott einen Denker auf diesen Planeten schickt.‹«
Zwei Tage später kehrte die Familie nach *Down House* zurück. John Milton, gleich Charles Absolvent von Christ's College, hatte in seinem vor zweihundert Jahren veröffentlichten *Verlorenen Paradies* geschrieben:
»Die ganze Hölle brach los.«
Das geschah denn auch.

Der wirkliche Schock kam von Adam Sedgwick, Charles' langjährigem Freund. Sedgwick war nun Kanonikus von Norwich und eine bedeutende Persönlichkeit der anglikanischen Kirche wie auch der Universität Cambridge. Sein Brief war offensichtlich die Generalprobe für einen Artikel, den Sedgwick in einer einflußreichen britischen Zeitung veröffentlichen wollte.
Nachdem er sich zuerst auf ihre Freundschaft berufen hatte, schrieb Sedgwick:

> Wenn ich Sie nicht für einen ausgeglichenen und wahrheitsliebenden Mann hielte, würde ich Ihnen nicht sagen, daß... ich Ihr Buch mit mehr Unbehagen als Freude gelesen habe. Es gibt Teile, die ich sehr bewunderte, und Teile, bei denen ich lachte, bis mich die Seiten schmerzten; andere Teile las ich mit wirklichem Kummer, weil ich sie für völlig falsch und beklagenswert nachteilig halte. Sie haben meiner Meinung nach ein ebenso gefährliches Räderwerk in Gang gesetzt wie Bischof Wilkins mit seiner Lokomotive, die uns zum Mond bringen sollte.
> ... Ich bezeichne das Kausalprinzip als den Willen Gottes; und ich kann beweisen, daß Er zum Vorteil seiner Geschöpfe handelt. Hier sind wir uns in der Sprache und noch mehr in der Logik absolut uneins. Es gibt ebenso eine moralische oder metaphysische Seite der Natur wie eine physische. Ein Mensch, der das leugnet, befindet sich tief im Sumpf der Torheit... Sie haben diese Verbindung nicht beachtet, und wenn ich das, was Sie sagen wollen, richtig verstehe, haben Sie in ein oder zwei gewichtigen Fällen Ihr Bestes getan, um sie zu sprengen.
> Manche Stellen in Ihrem Buch haben meinem moralischen Empfinden einen schweren Schock versetzt...

Charles legte den Brief tief betroffen weg. Emma kränkte der gehässige Angriff so sehr, daß sie ihn nicht einmal den älteren Kindern zeigen wollte. Als sie zu Bett gingen, sagte Charles völlig niedergeschlagen zu seiner Frau:
»Am meisten verletzen mich seine Worte: ›Teile davon bewunderte ich sehr, bei anderen Teilen lachte ich, bis mich die Seiten schmerzten.‹ Diese Zeile soll mich trotz der Zuneigung, die er für mich heuchelt, als Narren, als lächerlichen Kerl hinstellen, der Jahre seines Lebens damit verbringt, etwas zu veröffentlichen, das Sedgwick für ›völlig falsch und beklagenswert nachteilig‹ erklärt. Er weiß, daß ich mein ganzes Leben lang ein ernsthafter Naturforscher war. Es gibt keine größere Beleidigung als die der Lächerlichkeit.«
Er brauchte zwei volle Tage, in denen er zahllose Antworten im Geist entwarf, aber nichts zu Papier brachte, bis er eine einfache Erwiderung erteilen konnte:

> Ich glaube nicht, daß Sie wünschen können, irgend jemand solle die Ergebnisse verheimlichen, zu denen er gelangt ist, nachdem er seinen besten Fähigkeiten entsprechend gearbeitet hat. Ich glaube nicht, daß mein Buch nachteilig sein wird, denn es beschäftigen sich so viele damit, daß ich, falls ich unrecht hätte, sehr bald vernichtet sein würde; sicherlich werden Sie zugeben, daß die Wahrheit sich nur durchsetzen kann, indem sie aus jedem Angriff siegreich hervorgeht.

Die nächste Konfrontation kam in der *Edinburgh Review*. Es war wieder eine anonyme Kritik. Aber Charles, Lyell, Hooker und Huxley waren, als sie im *Athenaeum* über den äußerst langen Artikel sprachen, übereinstimmend der Meinung, alles weise darauf hin, daß der Angriff das Werk Richard Owens sei. Sie fragten sich, warum er sich entschlossen hatte, anonym anzugreifen.
Joseph Hooker lächelte müde.
»Die menschliche Natur ist ungeheuer schwer zu verstehen, viel schwerer als die Natur von Pflanzen oder Tieren.«
»Der Artikel ist äußerst gehässig und schlau«, murmelte Charles, »ich habe das Gefühl, er wird sehr viel Schaden anrichten. Er ist abscheulich schonungslos Ihnen gegenüber, Huxley, und bitterböse Ihnen gegenüber, Hooker. Sie, Lyell, hat er aus seinem Bannstrahl ausgeklammert. Sie sollten sich geschmeichelt fühlen.«
»Keineswegs«, antwortete Lyell mit seinem breiten Grinsen. »Ich fühle mich ausgeschlossen. Die härteste Kritik an Richard Owen besteht darin, daß er in all den Jahren niemals einen Schüler oder Anhänger erzogen hat.«
Charles schlug eine Seite des *Edinburgh Herald* auf und las seinen Kollegen vor:

> ...Die wissenschaftliche Welt hat mit großem Interesse die Fakten erwartet, die Mr. Darwin schließlich geeignet erscheinen würden, um seine Theorie über diese entscheidende Frage der Biologie zu stützen, sowie die

Methode induktiver Forschung auf diesem Gebiet, die schließlich dazu führen wird, Licht auf dieses ›Rätsel der Rätsel‹ zu werfen. Wir haben nun die hauptsächlichen, wenn nicht sogar alle der eigenwilligen Beobachtungen zitiert, die von dem Autor in dem uns vorliegenden Buch angeführt wurden, und der Leser kann sich unsere Enttäuschung vorstellen. Da diese Beobachtungen nicht nur keineswegs überzeugend sind, sondern der Hypothese nicht einmal Farbe verleihen...

Huxley rief:
»Eifersucht! Pure Eifersucht! Sein gesamter Organismus ist so voller Eifersucht wie ein Tuberkel voller Bazillen.«
Die Angriffe folgten einander hitzig und heftig, oft an unerwarteten Stellen. Eine vernichtende Kritik in den *Daily News* beschuldigte Charles, von seinem Lehrer, dem Autor von *Vestiges*, gestohlen zu haben. Die *Gardeners' Chronicle* brachte einen unfreundlichen Artikel, der Charles überraschte, da er der Redaktion seit Jahren kurze Beiträge geliefert hatte. Dann folgte eine Breitseite in den *Proceedings of the Royal Society of Edinburgh*, eine nicht sehr klar Stellung beziehende Besprechung im *Canadian Naturalist* sowie eine in der *North British Review*. Sie stammte von einem Reverend John Duns, einem Geistlichen der Freien Kirche, der sich aus Liebhaberei mit Naturgeschichte befaßte.
»Ich bin sprachlos, welchen Eindruck mein Buch auf viele gemacht hat«, erklärte Charles Emma. »Die Angriffe werden mehr theologisch als wissenschaftlich geführt. Das war zu erwarten. Doch bekam ich einige herzhafte Fußtritte sogar von meinen besten Freunden. Asa Gray schreibt, der schwächste Punkt meines Buches sei der Versuch, die Bildung von Organen, von Augen und Ohren, durch natürliche Auslese zu erklären. Sogar Hooker sagt mir, ich mache aus der natürlichen Auslese ein Steckenpferd und reite wahrscheinlich zu sehr darauf herum.«

Sowohl Charles als auch sein Buch wurden von Glasgow bis Plymouth von den Kanzeln herab angegriffen und verdammt. Er war, so schien es, über Nacht berühmt und berüchtigt geworden. Man diskutierte auf den Abendgesellschaften in Großbritannien heftig über die *Entstehung*; häufig waren es Leute, die nie eine Zeile des Buches gelesen hatten. Doch erhielt der Autor einen bewundernden Brief von Charles Kingsley, dem berühmten Geistlichen und Romancier, der kürzlich zum Kaplan von Königin Victoria ernannt worden war:

Sehr geehrter Herr,
ich muß Ihnen für die unerwartete Ehre der Zusendung Ihres Buches danken. Daß der Naturforscher – den ich unter allen lebenden Naturforschern am meisten kennenzulernen wünsche, weil ich von ihm lernen möchte – einem Wissenschaftler wie mir sein Buch schickt, spornt mich zumindest an, sorgfältiger zu beobachten und vorsichtiger zu denken.

> ...Das, was ich bis jetzt von Ihrem Buch gelesen habe, beeindruckt mich tief, sowohl durch die Menge der Fakten und das Prestige Ihres Namens als auch durch die klare Erkenntnis, daß ich, wenn Sie recht haben, vieles aufgeben muß, an das ich geglaubt und das ich geschrieben habe.
> Das kümmert mich wenig. Laßt Gott wahrhaft sein und jeden Menschen einen Lügner! Laßt uns wisssen, was ist... und der schändlichen, durchtriebenen Auseinandersetzung auch durch all die unvermuteten Sümpfe und Dickichte folgen, in die sie uns führt, wenn wir nur letzten Endes die Wahrheit finden...

Er erhielt auch Unterstützung von Reverend Brodie Innes in Down. Innes hielt seinem Freund mit grimmiger Entschlossenheit die Treue und setzte jedes Gemeindemitglied außer Gefecht, das eine Diskussion über das Buch entfesseln wollte. Sie saßen nach einem kleinen Abendessen in *Down House* beisammen.
»Schon bevor ich Sie kannte, Mr. Darwin«, bekundete Innes, »äußerte ich öffentlich die Ansicht, daß Naturgeschichte, Geologie und Wissenschaft im allgemeinen ohne Bezugnahme auf die Bibel studiert werden sollten. Daß das Buch der Natur und der Religion parallele Wege eingeschlagen haben, die einander nie kreuzen werden.«
Charles nickte zustimmend, dann reichte er Innes das beleidigende Pamphlet eines Geistlichen. Innes begann über die gegen Charles' Person erhobenen Beschuldigungen zu lachen. Er brach jäh ab, als er Charles' Gesichtsausdruck sah.
»Ach, Mr. Darwin, Sie sind über dieses Pamphlet verärgert?«
»Richtig. Ich habe weder die Religion noch die Geistlichkeit jemals direkt angegriffen. Warum schmähen sie mich?«
»Weil sie Angst haben. Sie fürchten, Ihr Buch könnte sie ihre einträglichen Pfarren kosten.«
Huxley reagierte auf Charles' empörte Ausrufe:
»Ach, Sie schenken aber auch der großen Popularität, die die *Entstehung* erhält, nicht genügend Beachtung. Sie stachelt doch erst die Diskussion an. Auch negative Beurteilung bringt wiederum Kommentare hervor.«
Auf dieses Plus hätte Charles lieber verzichtet.

5.

Der ungestüme Wechsel im Wetter der Kritik, vom Gewitter über den Sonnenschein bis hin zum Wirbelsturm, versetzte ihn zurück in die Zeit seiner Reise mit der *Beagle*. Der heftige Wellengang der theologischen und wissenschaftlichen Meere machte ihn seekrank.

Emma ärgerte sich über die ablehnenden Kritiken ebenso wie Charles. Die Angriffe auf seine Fähigkeiten als objektiver Wissenschaftler und auf seinen Charakter verletzten sie, denn man belegte ihn mit beinahe allen Schimpfnamen des englischen Wortschatzes. Über gute Kritiken war sie ebenso glücklich wie er. Innerlich stimmte sie jedoch mit den Vorwürfen überein, die von den Theologen erhoben wurden, denn sie war überzeugt, daß Charles' Gedanken den Glauben der Menschen an Gott untergraben würden.

»Wenn sie den verlieren«, sagte sie sich, »werden sie alle Hoffnung verlieren. Ohne Glauben können die Menschen nicht leben. Das Leben wäre ohne Glauben zu schwierig, beinahe unmöglich. Ich wäre vollkommen verzweifelt, wenn ich den Materialismus über das Geistige siegen sähe.«

Charles war für ihr Dilemma nicht unempfindlich. Er hatte das schon immer befürchtet, trotz der Tatsache, daß sie ihm freiwillig angeboten hatte, seine Probeabzüge zu korrigieren. Aber er wußte nicht, wie sehr sie unter dem litt, was er geschrieben hatte, denn je schlimmer sie sich fühlte, desto entschlossener hielt sie die Familienfront aufrecht und unterstützte ihren Mann, wo sie konnte. Ihre Dankbarkeit Charles' streitbarer Phalanx, Lyell, Hooker, Huxley, Lubbock und seinem Bruder Erasmus, gegenüber war grenzenlos. Dennoch mischte sich in ihre Dankbarkeit die Pein des Zweifels, des Widerstrebens. Ihrer Gesundheit zuliebe mußte sie ihrer Überzeugung treu bleiben, doch zugleich mußte sie um Charles' Gesundheit besorgt sein.

Sie schrieb ihm einen Brief, zerriß ihn. Schrieb einige Tage später einen anderen, warf ihn in den Papierkorb. Die in verschiedenen Stimmungen geschriebenen Versuche drückten einerseits nicht ihren Wunsch aus, ihn zu trösten, und machten anderseits nicht ihr Gefühl deutlich, daß er seine Gedanken nach oben zu Gott richten müsse. Schließlich legte sie einen Brief in sein Arbeitszimmer, während er sich auf dem Sandweg befand. Es war der zweite Brief, den sie Charles hinlegte. Der erste war der vor einundzwanzig Jahren gewesen, bald nach ihrer Hochzeit. Im Grunde enthielt er die gleiche Botschaft.

> Ich kann Dir nicht sagen, welches Mitgefühl ich in diesen Wochen für Deinen Schmerz empfinde, wenn Du so viele Enttäuschungen erlebst. Auch nicht, wie dankbar ich Dir für die freundlichen und liebevollen Blicke bin, die Du mir schenktest, während ich wußte, wie unglücklich Du warst.
> ... Sicherlich weißt Du, wie sehr ich Dich liebe, und glaubst mir, daß mir Dein Leiden fast ebenso nahe geht, als wäre es mein eigenes, und die einzige Erleichterung für mich ist, es als den Willen Gottes hinzunehmen und zu glauben, daß all das Leiden und die Krankheit uns helfen sollen, unseren Glauben zu stärken und in uns die Hoffnung auf ein zukünftiges Dasein zu wecken. Wenn ich Deine Geduld sehe, Dein tiefes Mitgefühl für andere, Deine Selbstbeherrschung und vor allem Deine Dankbarkeit für das Geringste, was getan wird, um Dir zu helfen, kann ich mir nur sehnlichst

wünschen, daß diese wertvollen Gefühle um Deines täglichen Heiles willen dem Himmel angeboten werden… Es ist das Gefühl, nicht die Vernunft, das einen zum Gebet treibt…

Was ihm große Freude bereitete, war die Tatsache, daß französische und deutsche Übersetzungen in Arbeit waren. Der amerikanische Verleger Appleton verkaufte seine Ausgabe ebenfalls mit Erfolg. Er hatte bereits eine erste Auflage von zweitausendfünfhundert Exemplaren drucken lassen, doppelt soviel wie John Murray. »Ein wagemutiges Volk, diese Amerikaner«, dachte er. Seine Ansicht wurde bestätigt, als er von Appleton zweiundzwanzig Pfund erhielt. Das war mehr, als er je in einem fremden Land zu verdienen erwartet hatte. Murray erzählte Lyell vertraulich, daß in den letzten achtundvierzig Stunden fünfzig Exemplare der *Entstehung der Arten* verkauft worden waren.

Charles hatte den Eindruck, daß auf hundert Verurteilungen und Herabsetzungen seiner Person und seines Buches nur eine Anerkennung kam. Das ging aus den an ihn gerichteten Briefen hervor. Fast jeder hatte zumindest einen Teil seines Buches gelesen, aber keiner verhielt sich neutral. Fiel den Menschen Beschimpfung leichter als Lob?

Charles Lyell verriet ihm ein einfaches Rezept, mit dem er die Hiebe ertragen konnte.

»Versuchen Sie nicht, Ihre Zeitgenossen zu überzeugen. Die nächste Generation wird Ihnen glauben. In unserer Zeit befürchten die Leute, daß Sie Gott und die Kirche angreifen. Es ginge Ihnen wesentlich besser, wenn Sie Ihre Energie darauf verwendet hätten, das britische Weltreich zu attackieren.«

Charles fuhr nun, da er zum nationalen Skandal geworden war, häufiger nach London, um die Stimmung in den vielen Gesellschaften zu erkunden, denen er angehörte: der Royal, Linnean, Zoologischen, Entomologischen, Königlichen Geologischen und der Geographischen. Er hörte sich überall vorsichtig um. Abgesehen von der Entomologischen Gesellschaft, die ihn korporativ ablehnte, fanden die meisten seiner Kollegen, daß seine Ansichten seine Angelegenheit seien, daß sie untersucht und kritisch bewertet werden sollten. Er empfand dies als eine wirklich großartige Haltung. Diejenigen, die sein Buch erwähnten, sagten bloß, daß sie es lasen, fanden es interessant und beglückwünschten ihn zu dem Erfolg, daß er sich mit einem hochspezialisierten Werk beim allgemeinen Leserpublikum Aufmerksamkeit verschafft hatte. Jene, die das Werk nicht gelesen hatten, behandelten ihn genauso, wie sie es vor der Veröffentlichung getan hatten.

»Man liebt mich nicht«, sagte er zu Charles Lyell, als sie den *Athenaeum Club* verließen, »man haßt mich aber auch nicht. Ich halte das für einen sehr befriedigenden Zustand.«

»Im Grunde sind wir zivilisierte Menschen«, antwortete Lyell und verzog das Gesicht. »In London kann jemand Ihren Standpunkt ablehnen und Ihnen dennoch nicht heißen Tee auf die Hose schütten.«

Charles kehrte an seine Arbeit zurück. In den letzten Monaten war eine Fülle von Informationen nach *Down House* geströmt: Briefe von Fachleuten, Artikel in wissenschaftlichen Zeitungen, neu erschienene Bücher, die unmittelbaren Bezug zu den elf Kapiteln des zweitausend Seiten langen Manuskriptes hatten, aus dem er die *Entstehung der Arten* exzerpiert hatte.
Er begann, das eingegangene Material zu verarbeiten, und fühlte sich dabei ganz wohl. Der Brechreiz war verschwunden, ebenso die Blähungen, die ihn jede Nacht mehrmals geweckt hatten.
»Warum geht es mir um so viel besser?« fragte er sich, als er an einem kalten Januarnachmittag den sechsten Flint bei einem Achtrundenspaziergang auf dem Sandweg mit dem Fuß zur Seite stieß. »War der höllische Krawall, den ich mir nach der Veröffentlichung erwartet habe, in Wirklichkeit gar nicht so schlimm? Bin ich erleichtert, weil ich Farbe bekannt habe? Oder hat mich die Erregung des Kampfes gepackt, bin ich mit meinen langen Briefen sowohl an meine Verleumder als auch an meine Förderer so beschäftigt, daß ich darüber meine Unpäßlichkeiten vergesse?«
Als Antwort auf so unorthodoxe Gedanken spielte sein Magen wieder verrückt. Da ihm Dr. Frederick W. Headland, praktischer Arzt in London, empfohlen worden war, dessen Buch *An Essay on the Actions of Medicine in the System* einen Preis erhalten hatte, fuhr er zu einer Konsultation in die Stadt. Dr. Headland verordnete ihm, täglich genügend Wein zu trinken, sich aller Süßigkeiten zu enthalten – insbesondere der Schokoladenbonbons, die er und Emma so gern naschten –, und stellte ihm ein Rezept aus.
Die Verschreibung hatte ausgezeichnete Wirkung.
In der anhaltenden Märzkälte bekam er eine leichte Rippenfellentzündung mit Husten, Atembeschwerden und Fieber. Aber er erholte sich schon nach wenigen Tagen und schrieb an Hooker:
»Sie fiel mich an wie ein Löwe und trollte sich wie ein Lamm.«
Er erfreute sich ausgezeichneter Gesundheit bis zur Versammlung der »Britischen Gesellschaft für wissenschaftlichen Fortschritt« in Oxford, die für den 27. Juni 1860 angesetzt war. Bischof Samuel Wilberforce, dem unter anderem seine honigsüße Stimme den Spitznamen »Soapy Sam« eingetragen hatte, wollte dort »Darwin zerschmettern«.
Da er sich so wohl fühlte, sein Verstand klar und auf Arbeit erpicht war, faßte Charles einen Entschluß, der seine Produktivität in den folgenden zweiundzwanzig Jahren bestimmen sollte. Bis zum Januar 1860 hatte er versucht, das zweitausend Seiten lange Manuskript druckreif zu machen. Doch dann verwarf er das als unpraktisch, und er plante statt dessen, jedes Kapitel des langen Werkes einschließlich Fußnoten in einem Einzelband herauszubringen, jeden mit einer Einleitung und Inhaltsangabe. Auf diese Weise würde er imstande sein, seine Forschungen abzuschließen und alle Kapitel des ursprünglichen Manuskriptes zu erweitern.

In den Spätwinter- und ersten Frühjahrsmonaten gab es reichlich Gesellschaft in *Down House.* John Henslow freute sich, mit seinem exzentrischen Lieblingsschüler beisammen zu sein. Sie machten Spaziergänge in den Wäldern und sammelten seltene Moose und Farne.
Henslows langes Haar war nun schneeweiß. Obwohl er erst vierundsechzig war, hatte er schon etwas eingefallene Wangen. Für Charles war er noch immer einer der bestaussehenden Männer, freundlich, hilfsbereit und fromm. Ein »seltener Vogel« in einer Welt voller Konflikte und Aufruhr.
Henslow verhalf Charles zu der seelischen Ausgeglichenheit, die er brauchte, um seinen Gleichmut in dem ringsum tobenden Sturm zu bewahren. Als Dr. William Whewell, nun Leiter des Trinity College in Cambridge, nicht gestattete, daß ein Exemplar der *Entstehung der Arten* in die Bibliothek aufgenommen wurde, war Charles empört.
»Es fällt mir schwer, die Dualität im Charakter des Menschen zu verstehen. Er schrieb mir, obwohl er das Buch geprüft hat – das schlimmste Vergehen an einer großen Universität –, einen freundlichen Brief: Er sei noch nicht bekehrt, aber was ich geschrieben habe, enthalte soviel Gedanken und Fakten, daß man nur nach sorgfältiger Auswahl des Grundes und der Art der Abweichung widersprechen könne.«
Henslow nickte.
Charles fragte:
»Wie nehmen meine alten Freunde im Christ' College dieses schimpfliche Verhalten eines ihrer Absolventen auf?«
Henslows schwächer werdende Augen zwinkerten.
»Philosophisch. Mit einem gewissen Stolz. Warum machen Sie nicht mal einen Besuch dort?«
»Es ist dreiundzwanzig Jahre her, seit man mir den Magistertitel verliehen hat.«
»Warum wollen Sie nicht dort sein, wenn Adam Sedgwick seine Universitätsvorlesung gegen die *Entstehung* hält? Sie sind am ehesten dazu berufen, ihm zu antworten.«
Charles war über den Vorschlag entsetzt.
»Ich habe nicht den Mut, meine Ideen in der Öffentlichkeit zu vertreten. Nur in der Stille meines Arbeitszimmers.«
Henslow murmelte: »Dann werde ich es tun.«
Emma freute sich besonders, die Lyells bei sich zu haben. Mary war seit den dreieinhalb Jahren in der Upper Gower Street, als die Lyells in der Hart Street ganz in ihrer Nähe gewohnt hatten, ihre gute Freundin geblieben.
Lyell platzte geradezu vor Erregung über sein neues Projekt.
»Darwin, ich habe mich entschlossen. Ich werde ein Buch über die Abstammung des Menschen schreiben. Der vorgesehene Titel lautet *Geologische Beweise für das Alter der Menschheit.*«
Charles war ebenso erfreut wie verblüfft.

»Gelobt sei Gott der Herr! Sie haben mich von dieser beängstigenden Last befreit. Es ist sehr mutig von Ihnen, und ich schätze Sie deshalb. Zweifellos wird Ihr Buch eine große Diskussion entfesseln; aber es wird die Welt erschrecken. In diesem Raum haben Sie mich gewarnt, etwas über den Menschen zu schreiben. Ich habe den Eindruck, ich muß diese Warnung hundertfach zurückgeben.«
»Der Gefahren bin ich mir bewußt. Es ist der letzte Vorposten auf dem Weg zur Hölle. Ich werde mich absichern, indem ich Sie bitte, jede Seite des Manuskriptes zu lesen.«
Charles zuckte zusammen.
»Ich glaube, der Mensch befindet sich in der gleichen unangenehmen Lage wie die Tiere. Man kann tatsächlich kaum daran zweifeln... Unser Vorfahre war ein Tier, das Wasser einatmete, eine Schwimmblase, einen langen Fischschwanz, einen unvollkommenen Schädel besaß und zweifellos ein Zwitter war. Ein schöner Stammbaum für die Menschheit!«
Es war ein Vergnügen, Joseph Hooker und Thomas Huxley mit ihren Frauen als Gäste in *Down House* zu haben. Emma, Frances Hooker und Nettie Huxley trugen gemeinsam Lasten und Freuden. Die drei Männer waren eines der kreativsten Trios, das man in der britischen Wissenschaft finden konnte, denn alle drei studierten die verborgenen Geheimnisse der Natur und forschten nach grundlegenden Ursachen. Als die Männer um den Tisch im Salon saßen, während die Frühjahrssonne noch warm schien und die Blumenbeete ihre ersten Farbflecken zeigten, sagte Hooker:
»Ich erwarte, daß in nächster Zeit ein großer Umschwung zu Ihren Gunsten erfolgen wird, als Gegenreaktion auf das sinnlose Gebrüll, das sich jetzt erhoben hat; und daß es ebenso viele Bekehrte geben wird, die sich Ihnen aus *keinem* besonderen Grund anschließen werden, wie es jetzt Gegner aus *keinem* besonderen Grund gibt. Owen hat sich bei den unabhängigen Gelehrten sehr geschadet, sowohl durch seinen grundlosen Versuch, Huxley zu beleidigen, als auch durch sein äußerst niederträchtiges Verhalten Ihnen, seinem angeblichen Freund, gegenüber.«
Hooker hatte unrecht oder zumindest voreilig geurteilt. Sein einführender Essay zur *Flora Tasmaniens* war von den Kritikern günstig aufgenommen worden. Nun hatten sich Charles' Widersacher geeinigt, auf keinen Fall die Aufmerksamkeit in irgendeiner Weise darauf zu lenken, weil Teile davon die Sache der natürlichen Auslese stützten.
»Es ist unglaublich schäbig«, rief Charles. »Ich betrachte ihre Angriffe als Beweis dafür, daß unsere Arbeit wert ist, getan zu werden. Wir dürfen die Hoffnung nicht aufgeben. Ich glaube, die Zeit wird kommen – obwohl ich sie nicht erleben werde –, in der wir für jedes der großen Gebiete der Natur einen ziemlich genauen Stammbaum besitzen werden.«
Die drei Männer gingen hinaus in die frische Aprildämmerung zum Sandweg, um einen Sieben-Runden-Spaziergang um das dunkler werdende Rechteck des

Waldes zu machen. Als sie in gleichmäßigem Schritt dahinwanderten, sagte Huxley:

»Was sich jetzt abspielt, ist ein mörderischer Krieg, in dem eher persönliche Gefühle als logische Argumente das Feld beherrschen. Nichts kann einen beschränkten Geist erweitern, es sei denn eine Portion geballter äußerer Kraft. Die Ironie ist, daß unsere Gegner miteinander zu streiten beginnen, indem sie einander beschuldigen, die falschen Waffen gegen uns zu verwenden.«

»Dennoch ist es schmerzlich«, meinte Charles, »in einem solchen Ausmaß gehaßt zu werden, wie Owen mich haßt. Die Londoner sagen, er ist verrückt vor Neid, weil man von meinem Buch spricht. Was für ein seltsamer Mensch, der einen Naturforscher wie mich, der ihm unendlich unterlegen ist, beneidet! Es ist so, wie John Henslow sagt: ›Ich glaube nicht, daß es einem Naturforscher ansteht, auf einen Kollegen böse zu sein.‹«

Hooker nahm seine Brille ab und schwenkte sie um den Finger.

»Botanik ist kein umstrittenes Feld. Benthams und meine Enzyklopädie werden nur Fakten enthalten. Fakten sind nicht anzweifelbar.«

»Ach!« rief Huxley. »Die Fakten des einen sind für den anderen Einbildung.«

Hooker fragte:

»Sie kommen doch mit uns zur Versammlung der British Association nach Oxford, oder? Lyell hat versprochen, dort zu sein.«

»Nein, ich komme nicht.«

Charles' Stimme ließ keinen Zweifel aufkommen.

6.

Für jedes Gift gibt es ein Gegenmittel. Als Louis Agassiz, weltberühmter Naturforscher und jetzt Professor in Harvard, erklärte, die *Entstehung der Arten* sei »schwach, sehr schwach«, und einen Artikel für das *American Journal of Science and Arts* schrieb, in dem er seinem Ärger über das Buch und auch seinem Widerwillen Luft machte, schrieb Asa Gray, gleichfalls Professor in Harvard, eine brillante Antwort und bot überdies an, Charles' Korrekturen für die zweite englische Auflage in Appletons zweite amerikanische Auflage zu übertragen.

Als sein Freund Thomas Wollaston in den *Annals and Magazine of Natural History* einen heftigen Angriff vom Stapel ließ und William H. Harvey, der Botaniker, Charles in der *Gardeners' Chronicle* verurteilte, erschien in der *New York Times* ein langer Artikel, der Charles unterstützte. Als der Geologe Sir Roderick Murchison Charles sagte, er sei von der *Entstehung der Arten* enttäuscht, traf ein Brief von dem Geistlichen und Naturforscher Leonard Jenyns ein, in dem er schrieb, er stimme mit Charles »viel weiter überein«, als er erwartet habe.

Während sich Richard Owen hinter dem Schild der Anonymität versteckte und seinen brutalen Angriff in der *Edinburgh Review* veröffentlichte, kamen sehr begeisterte und eingehende Besprechungen von William Carpenter, dem Physiographen, im *National* und eine völlig ehrliche und gerechte Besprechung in der *Bibliothèque universelle* in Genf durch Professor F. J. Pictet, einem Paläontologen, die für die Belebung des Interesses in Frankreich und Deutschland von großer Bedeutung sein sollte. Alfred Wallace schrieb aus Malaysia, wo er eben das Buch zu Ende gelesen hatte, einen überaus lobenden Brief. Charles sagte zu seinen Freunden:

»Wallaces Brief war zu bescheiden und bewundernswert frei von Neid oder Eifersucht.«

Jeder Kritiker hatte seinen eigenen Vogel. Die Angriffe von Samuel Haughton aus Dublin und William Harvey, Professor für Botanik am Trinity College in Dublin, brachten Charles zu der Überzeugung, daß er ein sehr schlechter Erklärer sein mußte. Dann erfuhr er, daß der große Henry Thomas Buckle, Autor der *Geschichte der Zivilisation in England*, das Buch überaus guthieß. Er faßte wieder neuen Mut. Der *Christian Examiner* in Boston widmete ihm viel Platz und gute Noten, aber in *Fraser's Magazine* erfuhr er, daß der Kritiker die Urteilsfähigkeit aller Naturforscher gering schätzte.

Es schien aber kein Gegenmittel für die Tatsache zu geben, daß Adam Sedgwick rasend geworden war. Er hatte, noch immer anonym, einen beleidigenden Artikel im *Spectator* veröffentlicht:

> ... Ich kann nicht schließen, ohne meinen Abscheu vor der Theorie zum Ausdruck zu bringen: wegen ihres unerschütterlichen Materialismus; weil sie den induktiven Weg verlassen hat, den einzigen Weg, der zu naturwissenschaftlicher Wahrheit führt; weil sie den Endzweck aller Dinge bestreitet und dadurch auf den verderbten Verstand ihrer Verfechter hinweist.
>
> Nicht daß ich glauben würde, Darwin sei ein Atheist, obgleich ich seinen Materialismus nur als atheistisch bezeichnen kann...
>
> Jede Reihe von Fakten wird durch eine Reihe von Annahmen und Wiederholungen des einen falschen Prinzips näher bestimmt. Man kann aus einer Reihe von Luftblasen kein gutes Seil machen.

Huxley fragte:

»Wie fühlt man sich, wenn man an einem Tag in den Himmel gelobt und dann am nächsten Tag gegeißelt wird?«

Charles suchte nach einem Vergleich.

»Wie die Seeleute auf der *Beagle*, die sich vergnügt betranken, sobald wir in einen Hafen kamen, und dann vom Bootsmaat zur Strafe für ihr Vergnügen mit einer neunschwänzigen Katze auf den nackten Rücken gepeitscht wurden.«

Der Sturm über die *Entstehung der Arten* war weitgehend auf wissenschaftliche und theologische Kreise beschränkt geblieben. Adam Sedgwick verwandelte ihn in einen Orkan, mit dem Ziel, das Buch zu versenken wie ein Schiff. Charles erfuhr von Henslow, daß Sedgwick vor der Philosophischen Gesellschaft von Cambridge einen Angriff vom Stapel lassen würde.
»Das ist aber eine Überraschung!« sagte er zu Emma. »Es war Sedgwick, der meine Karriere lancierte, indem er der Philosophischen Gesellschaft meine Briefe von der *Beagle* präsentierte und sie veröffentlichte. Und jetzt beabsichtigt er, mich mit Hilfe der gleichen Gesellschaft zugrunde zu richten.«
Die Auseinandersetzung fand vor einer großen, auserlesenen Zuhörerschaft statt. Henslow berichtete darüber an Joseph Hooker, der den Brief an Charles weiterleitete. Er las ihn laut, während er mit Emma die Mittagssonne eines angenehmen Maitages vor dem Haus genoß. Sedgwicks Ansprache war

> ...stark genug, um alle zu verunglimpfen, die Hypothesen an die Stelle strenger Induktionsschlüsse setzen, und, wie er sich hinsichtlich einiger Vermutungen Darwins ausdrückte, gegen die sich sein Empfinden für richtig und falsch sträube. Dr. William Clark, Professor der Astronomie, der nach ihm kam, trat so unnötig scharf gegen Darwins Ansichten auf, daß ich mich erhob, weil Sedgwick auf mich angespielt hatte, und für Darwin eintrat, so gut ich konnte. Ich verwahrte mich dagegen, daß er von anderen als wahrhaftigen Motiven beseelt sei, und erklärte, daß er selbst glaube, er werte unsere Ansichten über den Schöpfer auf und vermindere sie nicht, weil er ihm die Macht zuschreibe, der Welt der Organismen Gesetze aufzuerlegen, nach denen Sein Werk getan werde...

Der Stein, den Adam Sedgwick in die akademischen Meere geworfen hatte, schlug Wellen, die sich sehr weit ausbreiteten. Während Henslow Charles in seinen Vorlesungen in Cambridge verteidigte, machte sich Reverend Baden-Powell, Geometrieprofessor in Oxford, Charles' Schlüsse zu eigen, um seine eigenen wissenschaftlichen Ansichten zu beweisen. Empört ließ Sedgwick seinen Zorn an Powell aus. Richard Owen, der versuchte, diese Propaganda für Charles zu dämpfen, erklärte überall in London:
»Die *Entstehung* ist nur das Buch des Tages. Nächste Woche oder nächsten Monat wird es ein ganz anderes Buch des Tages geben.«
Huxley rief triumphierend:
»Das Buch von heute... und morgen... und übermorgen!«
Als Charles beschuldigt wurde, ein Atheist zu sein, erwiderte er in einem Brief an Asa Gray:

> Der theologische Aspekt der Diskussion ist schmerzlich für mich. Ich bin bestürzt. Ich hatte nicht die Absicht, atheistisch zu schreiben. Ich gebe zu,

daß ich nicht so deutlich wie andere – obwohl ich wünschte, ich könnte es – Beweise für eine wohltätige Absicht erkennen kann. Dazu scheint es mir zuviel Elend in der Welt zu geben. Ich kann mir nicht einreden, daß ein wohltätiger und allmächtiger Gott vorsätzlich die Schlupfwespen mit der ausdrücklichen Absicht geschaffen hätte, daß sie sich im Inneren der lebenden Körper von Raupen ernähren, oder daß Katzen mit Mäusen spielen sollten... Ich neige dazu, alles als das Ergebnis von genau geplanten Gesetzen zu betrachten, wobei die Einzelheiten, ob gut oder schlecht, dem überlassen bleiben, was wir vielleicht Zufall nennen. Nicht, daß dieser Begriff mich in irgendeiner Weise zufriedenstellen würde. Dafür ist das ganze Thema für die menschliche Intelligenz zu unergründlich. Ebensogut könnte ein Hund sich Gedanken über die Vorstellungen Newtons machen...

Von Asa Gray erfuhr er, wie hitzig die Schlacht in den Vereinigten Staaten tobte. Aber der junge John Lubbock kam zu Pferd von *High Elms* und berichtete, sein Vater habe gesagt, es stehe ein ausgezeichneter Artikel in der französischen *Revue des deux mondes*.

»Bald wird Europa die *Entstehung* ebenso kennen wie England und die Vereinigten Staaten. Übrigens hat Vater von einem Verleger im *Athenaeum* gehört, daß Ihr früherer Kapitän Robert FitzRoy hofft, sich beim Treffen der British Association in Oxford mit Bischof Wilberforce zu verbünden, um...«

»...mich in Stücke zu reißen?«

»Natürlich werden Sie FitzRoy antworten.«

Als Lubbock fortgeritten war, ließ sich Charles im Arbeitszimmer in seinen Stuhl sinken.

»Denen antworten, da soll mich lieber der Teufel holen!« schwor er.

Die 1860 in Oxford angesetzte Versammlung der British Association versprach aufsehenerregend zu werden. Zwei der bereits in Aussicht gestellten Artikel machten klar, daß im Mittelpunkt »das Buch des Tages« stehen würde, von dem sogar seine Gegner zugaben, daß es die bedeutendste Publikation sei, die in den letzten Jahren die Welt der Wissenschaft bereicherte. Der Oxforder Professor für Landwirtschaft, Charles Daubeny, ein gelehrter und beliebter Mann, sollte eine Abhandlung mit dem Titel *Über die entscheidenden Gründe der Sexualität von Pflanzen mit besonderer Bezugnahme auf Mr. Darwins Werk über die Entstehung der Arten* vorlesen. Die zweite Abhandlung von William Draper, dem ehemaligen Professor für Chemie und Physiologie und derzeitigen Präsidenten der medizinischen Fakultät der Universität der Stadt New York, trug den Titel *Die geistige Entwicklung Europas, betrachtet unter Bezug auf Mr. Darwins Ansichten.*

Richard Owen würde anwesend sein. Auch der Bischof von Oxford, Samuel Wil-

berforce, der angekündigt hatte, er würde auf die Hauptansprache am Sonnabend antworten; er würde die offizielle Stellungnahme der Kirche vertreten.
Emma betrachtete ihren Mann voller Teilnahme.
»Da du nicht nach Oxford fährst, möchtest du nicht ein paar Tage Hydrotherapie versuchen? Dr. Lanes neue Anstalt in Richmond ist jetzt so nah, es sind nur fünfundzwanzig oder dreißig Kilometer von hier.«
Dr. Lane und seine Frau freuten sich, ihn zu sehen. Er machte einen kurzen Spaziergang, unterzog sich ein wenig der Wasserkur – und fühlte sich elend. Er aß wenig, litt unter Schlaflosigkeit und fand, daß sich die Stunden endlos in die Länge zogen. Er versuchte sich abzulenken, indem er Dr. Lanes Exemplar der Londoner *Times* las, aber die Zeitung enthielt kaum etwas Anregendes.
Er legte die Zeitung weg und versuchte statt dessen, zwei in jüngster Zeit erschienene Romane zu lesen, *Die Mühle am Bach* von George Eliot und *Große Erwartungen* von Charles Dickens. Obwohl er beide Romane für gut befand, konnte er sich nicht länger als jeweils einige Minuten konzentrieren. Tief verzweifelt gelangte er zu dem Schluß, daß seine Anfälligkeit für Krankheiten erblich sei und daß er sie seinen Kinder weitergegeben habe.
Die Darwinkinder hatten ihr Teil an Kinderkrankheiten hinter sich: Masern, Mumps, Keuchhusten, Diphtherie...
Dennoch erinnerte er sich, wie kräftig, gesund und unermüdlich er in seiner Jugend gewesen war, als er meilenweite Spaziergänge gemacht und ganze Tage lang gesammelt hatte; wie aktiv er während seiner Jahre in Cambridge und auf der Reise mit der *Beagle*, auf seinen Landausflügen und Bergbesteigungen, auf den Pampas von Patagonien, den Anden Chiles, in den Wäldern Brasiliens gewesen war. Er erinnerte sich seiner langen Arbeitstage, als er mit siebenundzwanzig Jahren nach London zurückgekehrt war, an seine herkulischen Arbeiten in dem kleinen Haus in der Fitzwilliam Street in Cambridge, wo er seine Sammlungen sortiert und klassifiziert hatte, aber gesund und ausdauernd geblieben war, bis er begonnen hatte, die verborgenen Geheimnisse der Natur zu erforschen und seine Notizbücher anzulegen.
Wenn seine Krankheit angeboren war, woher kam sie? Gewiß nicht aus der Darwinlinie. Dr. Erasmus Darwin und Dr. Robert Darwin hatten sich guter Gesundheit und Langlebigkeit erfreut. Dann also von mütterlicher Seite, von den Wedgwoods? War nicht seine Mutter, noch ehe er neun Jahre zählte, bettlägerig geworden und gestorben? Doch Onkel Jos Wedgwood hatte keine frühzeitigen Anzeichen von Krankheit gezeigt.
Am fünften Tag seines Aufenthaltes in Richmond erhielt er einen Brief von Joseph Hooker, der am gleichen Morgen in den Botanischen Gärten von Oxford geschrieben und mit der Postkutsche nach Sudbrooke Park geschickt worden war. Als Charles ihn zu Ende gelesen hatte, waren seine Übelkeit und seine Kopfschmerzen wie weggeblasen. Er war von Hookers Kühnheit überwältigt. Als er den Brief ein zweites Mal las, frohlockte er geradezu:

> ... Huxley und Owen hatten vor meiner Ankunft in der Abteilung D eine heftige Debatte über Sie ausgefochten. Huxley triumphierte; von da an wurden Sie und Ihr Buch das Gespräch des Tages ... Am Sonnabend sollte Soapy Draper von der New Yorker Universität antworten. Die Versammlung war so gut besucht, daß sie in die Bibliothek verlegt werden mußte, in der sich dann zwischen 700 und 1000 Menschen drängten ...
> Also gut, Sam erhob sich und deklamierte eine halbe Stunde mit unnachahmlichem Schwung, voller Niedertracht, Unwissenheit und Unbilligkeit. Ich merkte, daß ihm das alles von Owen eingepaukt worden war, er aber nichts verstand. Er sagte nicht ein Wort, das über das hinausging, was in den Kritiken stand; er verspottete Sie arg und Huxley grausam. Der Kampf wurde hitziger. Lady Brewster fiel in Ohnmacht, die Erregung wuchs, während andere sprachen; mein Blut begann zu kochen ... ich schwor mir, ich würde diesen Sam erbarmungslos vernichten, wenn ich ihm erst meine Meinung sagen konnte. Ich meldete mich also bei Henslow, dem amtierenden Vorsitzenden, zu Wort, und war bereit, den Fehdehandschuh aufzunehmen. Da trat ich also Sam entschlossen gegenüber und machte ihn unter nicht enden wollendem Beifall fertig. Ich bewies, daß er erstens das Buch nie gelesen haben konnte und zweitens keine Ahnung von den Grundlagen der botanischen Wissenschaft hatte ...
> Sam konnte kein einziges Wort erwidern, und die Versammlung wurde umgehend aufgelöst, wobei Sie nach vierstündigem Kampf als Sieger hervorgingen. Huxley, der mich noch niemals (Gott sei Dank) persönlich gelobt hat, sagte mir, es sei großartig gewesen und er habe vorher nicht gewußt, aus welchem Stoff ich gemacht sei. Die höchsten Würdenträger in Oxford beglückwünschten mich und bedankten sich bei mir.

In dieser Nacht schlief Charles zum erstenmal seit Wochen friedlich, nahm ein herzhaftes Frühstück zu sich und machte einen langen Spaziergang auf Landwegen. Er hörte kein weiteres Wort über das Treffen in Oxford, bis er vier Tage später nach Hause kam. Sir John Lubbock lud die Darwins zum Tee ein.

7.

Ihr Gärtner und Kutscher fuhr sie die wenigen Meilen nach *High Elms*, einem Besitz von fünfeinhalbtausend Hektar. Das Herrenhaus war ein zweistöckiger, rechteckiger Kasten; das Erdgeschoß mit Salon und Bibliothek hatte eine Höhe von sechs Metern. Die Lubbocks waren seit mehreren Generationen im Bankgeschäft in der Lombard Street etabliert.

John Lubbock junior hieß sie willkommen. Für einen Sechsundzwanzigjährigen war er ein bemerkenswerter Mann. Man hatte ihn mit vierzehn aus der Schule in Eton genommen und in die Bank gesteckt, weil mehrere von Sir Johns Partnern erkrankt waren. Es stand ohnehin fest, daß sein Sohn eines Tages das Geschäft leiten würde. Sir John war auch ein erfahrener Naturforscher; sein Sohn bildete sich in Anthropologie und Archäologie aus, betrieb Forschungen und arbeitete an zwei Manuskripten, *Prähistorische Zeiten, veranschaulicht durch antike Überreste* und *Die Sitten und Bräuche heutiger Wilder*.

Die Lubbocks, Vater und Sohn, hatten gleichfalls an der Versammlung in Oxford teilgenommen. Sie waren begierig zu erfahren, was Hooker Charles von dem Treffen berichtet hatte, und wollten nun selbst berichten.

Sohn Lubbock schlug sein Notizbuch auf und begann:

»Am Donnerstag wurde in Oxford Ihr Freund, Professor Henslow, zum Vorsitzenden der Abteilung für Zoologie und Botanik ernannt. Dann mußten wir uns einen weitschweifigen Vortrag von Reverend Carpenter *Über den Fortschritt der Naturwissenschaft in den Vereinigten Staaten und Kanada* anhören. Darauf verlas Dr. Daubeny seinen Artikel. Und Professor Henslow ersuchte Thomas Huxley um einen Kommentar zu den beiden Vorträgen. Er lehnte es ab, weil er meinte, daß eine breite Zuhörerschaft, bei der das Gefühl zu sehr mit dem Intellekt in Konflikt geraten würde, nicht das Publikum sei, vor dem eine solche Diskussion geführt werden sollte...«

»Das klingt nicht nach Huxley«, bemerkte Emma.

»Man hatte ihn noch nicht herausgefordert«, sagte Sir John.

»Als nächstes hörten wir uns einen Mr. Dowden aus Cork an, der mehrere Anekdoten von einem Affen erzählte, um zu zeigen, daß, wie hoch entwickelt die Vierhänder, Primaten, Menschenaffen, Gorillas, Paviane, Lemuren auch sein mögen, sie in geistiger Hinsicht dem Hund, dem Elefanten und anderen Tieren weit unterlegen seien.«

»Unserer Meinung nach könnte es ein Signal gewesen sein«, warf Sir John ein.

»Dann erhob sich ein Dr. Wright, um über die Gewohnheiten des Gorillas zu berichten. Wright hatte sich kaum gesetzt, als auch schon Richard Owen auf dem Rednerpodium stand. Zuerst tat er ganz sanft und freundlich und sagte den Zuhörern, er wolle das Thema als Philosoph behandeln. Er zollte Mr. Darwin alles Lob für den Mut, mit dem er seine Theorie aufgestellt habe, war aber der Ansicht, sie müsse durch Fakten bewiesen werden, um hinsichtlich ihres Wahrheitsgehalts Schlußfolgerungen zuzulassen.

Das war der Punkt, bei dem Owen zum Angriff überging! Er behauptete, die gesamte *Entstehung* könne ad absurdum geführt werden, indem man bewiese, daß Sie mit Ihrer Feststellung, der Mensch stamme vom Affen ab, unrecht hätten...«

»Ich habe nichts dergleichen behauptet!« Charles war wütend. »Ich habe mit Absicht den Bereich dieser Mutmaßungen gemieden und nur festgestellt, daß ich in ferner Zukunft freie Bahn für weit wichtigere Forschungen sehe. Daß in das Dunkel um den Ursprung des Menschen und um seine Geschichte Licht gebracht werden wird.«

»... Owen bezog sich auf den Aufbau der höchsten Vierhänder im Vergleich zum Menschen. Das Gehirn des Gorillas zum Beispiel zeige im Vergleich zum Gehirn des Menschen mehr Unterschiede als im Vergleich zum Gehirn der niedrigsten und problematischsten Form der Vierhänder.«

»Da hatte nun Huxley seine Herausforderung!« bemerkte Charles.

»Genau!« sagte der jüngere Lubbock. »Owen behauptet, Englands größter Anatom und Zoologe zu sein. Huxley, der um zwanzig Jahre jünger ist als Owen, ersuchte um die Erlaubnis zu antworten. Er widerlegte ganz und gar die Behauptung, daß der Unterschied zwischen dem Gehirn des Gorillas und dem des Menschen so groß sei, wie Professor Owen es dargestellt habe, und bezog sich auf die Sezierungsergebnisse von Tiedemann und anderen. Aufgrund seines Studiums des Gehirnaufbaus der Vierhänder behauptete Huxley im Gegensatz zu Owen, daß der Unterschied zwischen dem Menschen und dem höchstentwickelten Affen nicht so groß sei wie der zwischen dem höchst- und dem niedrigstentwickelten Affen. Daß das charakteristische Merkmal, das den Menschen vom Affen unterscheidet, die Gabe des Sprechens ist.«

Charles lehnte eine dritte Tasse Tee ab und beugte sich vor, begierig, den Rest des Berichtes zu hören.

»Das war der Prolog«, fuhr Sir John fort. »Das wirkliche Drama folgte erst, wie Hooker Ihnen schrieb, beim Treffen am Sonnabend, als Bischof Sam Wilberforce der Hauptsprecher war. Da er vorher angekündigt hatte, er würde ›Darwin vernichten‹, waren seine Anhänger in voller Zahl erschienen. Es müssen an die tausend Menschen gewesen sein, sie standen gedrängt in den Gängen.

Er verspottete Sie arg und Huxley grausam, wobei Huxley nur wenige Meter von ihm entfernt saß. Dann beging er, aufgestachelt durch den Beifall der Zuhörer und das Schwenken der weißen Taschentücher, einen schweren Schnitzer. Er wandte sich an Huxley und fragte, überheblich lächelnd:

›Darf ich fragen, Mr. Huxley, ob Sie Ihrer Meinung nach durch Ihren Großvater oder durch Ihre Großmutter von einem Affen abstammen?‹

Huxley wandte sich an den Mann, der neben ihm saß, schlug sich mit der Hand aufs Knie und rief: ›Gott hat ihn mir in die Hände geliefert.‹

Dann erhob sich Huxley und sagte:

›Ich behaupte, der Mensch hat keinen Grund, sich dessen zu schämen, daß er einen Affen zum Großvater hat. Wenn es einen Vorfahren gäbe, dessen ich mich schämen würde, wäre es eher ein Mensch, nämlich ein Mensch mit ruhelosem und vielseitigem Intellekt, der, nicht zufrieden mit seinem Erfolg in seinem eigenen Tätigkeitsbereich, sich in wissenschaftliche Fragen einmischt, von denen er im Grunde gar nichts versteht. Er will sie nur durch sinnlose Rhetorik unverständlich machen und die Aufmerksamkeit seiner Zuhörer von dem tatsächlich umstrittenen Punkt durch beredte Abschweifungen und geschickte Berufung auf religiöse Vorurteile ablenken.‹

Huxley wurde von den Studenten beklatscht und Wilberforce durch Pfuirufe verhöhnt.

Als sich dann die verschiedenen Geistlichen und Dilettanten erhoben, um religiöses Dogma zu deklamieren, brachte sie der Vorsitzende Henslow rasch mit den Worten zum Schweigen:

›Bei dieser Versammlung sind nur wissenschaftliche Bemerkungen gestattet!‹«

Wie unnachahmlich hatte auch Henslow auf die Herausforderung von Wilberforce reagiert!

»Den Rest wissen Sie aus Hookers Brief«, schloß Sir John. »Auf einem am selben Abend von Professor Daubigny gegebenen Empfang war das einzige Gesprächsthema die Konfrontation zwischen Huxley und Wilberforce. Jemand fragte, ob Huxley sich damit in nicht wiedergutzumachender Weise geschadet habe. Aber der Vizekanzler von Oxford erklärte, der Bischof habe nur erhalten, was er verdient habe.«

Charles war begeistert. Wie sollte er seinen guten Freunden danken? Doch Dankbarkeit war sichtlich weder notwendig noch erwünscht. Die Mitglieder einer eng verbundenen Gruppe dankten einander nicht für Treue und Ergebenheit. Diese Eigenschaften waren innerhalb dieser Familie selbstverständlich.

Thomas und Nettie Huxley kamen auf ein langes Wochenende nach *Down House.* Während die beiden Männer rund um den Sandweg gingen, diskutierten sie so erregt über das Treffen in Oxford, daß sie gar nicht merkten, wie viele Runden sie schon gemacht hatten.

Charles konstatierte, daß Huxley ziemlich selbstbewußt in einer oft feindseligen und zänkischen Welt stand. »Ganz richtig«, überlegte er, »wird er als gefährlicher Diskussionsgegner eingeschätzt und hat sich in der Welt der Wissenschaft einen Ruf erworben, indem er verhinderte, daß die Entwicklungstheorie unter falschen Darstellungen und Spott begraben wurde.«

Huxleys Augen glänzten vor Zufriedenheit. Als sie in der heißen Julisonne in den offenen Teil des Sandwegs kamen, sagte Charles:

»Sie haben ausgezeichnet gekämpft.«

»Ich habe Ihnen schon vorher versichert, daß ich scharfe Krallen habe.«

Als sie an dem kleinen Gatter anlangten, fragte Huxley:

»Haben Ihnen die Lubbocks von den Possen Kapitän FitzRoys bei dem schicksalsschweren Treffen erzählt?«

»... FitzRoys?«

»John Henslow versuchte ihn daran zu hindern, zum Auditorium zu sprechen. Vergebens. Zuerst nannte er Sie ›mein armer Freund und Tischkamerad während der fünf Jahre auf der *Beagle*‹, dann erzählte er, wie Sie ständig disputierten und über die Struktur der Erde und ihre Pflanzen und Geschöpfe stritten.«

Charles blieb jäh stehen.
»Wir hatten in den fünf Jahren genau zweimal Streit: das erstemal über die Sklaverei, das zweitemal über die nötige Gastfreundschaft an Bord eines Schiffes...«
»Sein Geist ist festgefahren«, sagte Huxley kopfschüttelnd. »Er stand auf dem Rednerpodium, hielt eine dicke Bibel über seinen Kopf und bat die Zuhörer, eher das Wort Gottes als das des Menschen zu akzeptieren; flehte uns an, mit Abscheu den Versuch zurückzuweisen, anstelle der Offenbarung des Allmächtigen selbst – nämlich der Erschaffung der Welt – eine menschliche Mutmaßung zu setzen.«
Charles ging schweigend und resigniert weiter. Er erinnerte sich der großen Abenteuer und Gefahren, die er und FitzRoy geteilt hatten. Er war FitzRoy für immer dankbar, weil ihm der Kapitän die Möglichkeit geboten hatte, Naturforscher zu werden.
Huxley wollte Charles' Stimmung bessern, bevor sie ins Haus traten, und rief:
»Jetzt werde ich Ihnen den besten Witz des Treffens erzählen. Die Lubbocks haben Ihnen geschildert, wie ich Wilberforce antwortete: daß ein Mensch keinen Grund habe, sich dessen zu schämen, daß sein Großvater ein Affe sei; daß er sich vielmehr schämen müsse...«
»Ich entsinne mich.«
»England hat meine kleine Rede so interpretiert: ›Lieber einen Affen zum Großvater als einen Bischof!‹«
Charles blieb an der Gartentür stehen und brach in herzliches Lachen aus:
»Mein lieber Huxley, dieses abgewandelte Zitat hat uns beiden einen Platz in der Geschichte gesichert.«

Zwölftes Buch

»Ich bin wie ein Spieler und liebe ein tolles Experiment«

1.

Im Jahr 1860 glich *Down House* einer belagerten Zitadelle. Charles ließ vor seinem Arbeitszimmer einen Spiegel anbringen, so daß er sehen konnte, wer durch die Einfahrt hereinkam. Er ließ nicht täglich seine Post in Down abholen, wurde aber die Sendung zu umfangreich, brachte eine freundliche Seele die eingegangenen Briefe herüber. Jeder Monat schien mehr Briefe zu bringen. Viele stammten von Familienmitgliedern, denn der Lieblingsvers der Darwins lautete:

> Schreib 'nen Brief, schreib 'nen Brief,
> Der läßt rollen, was nicht lief.

Doch der Großteil der Briefe kam von Fremden. Obwohl er gelobt hatte, nur die Briefe zu lesen, die von Freunden kamen, wurde er wortbrüchig. Er las alles, sogar bitterböse feindselige Tiraden. Emma und seine beiden Töchter Henrietta und Elisabeth lasen die Post gleichfalls. Er fühlte sich allmählich als fronterfahrener Kämpfer mit einer Brust voller Orden für Tapferkeit vor dem Feind. Nur gelegentlich ließ er die glühende Lava des Zorns unter seinem sonst so ruhigen Äußeren hervorbrechen. An William Harvey, den irischen Botaniker, der es zu seinem Anliegen machte, ihn und die *Entstehung der Arten* durch eine Reihe unsachlicher Veröffentlichungen in Verruf zu bringen, schrieb er schließlich:

> ...Ich nehme an, Sie würden lieber ein Brechmittel nehmen als einen Teil meines Buches noch einmal lesen.

»Am liebsten würde ich mich auf die elysischen Gefilde zurückziehen«, bekannte er der Familie. Er saß in einem Schaukelstuhl in der Nähe des Holzfeuers, die Knie hochgezogen. »Ich weiß, wie man dort hinkommt. Indem man Naturgeschichte schreibt, die nicht umstritten ist. Wie etwa die Veränderung von Tieren und Pflanzen unter dem Einfluß der Domestikation. Oder eine These über die Befruchtung von Orchideen durch allerlei geflügelte Insekten...«
»Ist das dann nicht eine kühne Annahme?« fragte Emma.
Sein Lächeln war beinahe eine Grimasse.
»Ich bin wie ein Spieler und liebe ein tolles Experiment.«

John Murray hatte im Herbst siebenhundert Exemplare von der zweiten Auflage der *Entstehung* verkauft, jedoch nur die Hälfte davon vorrätig gehabt. Charles machte sich rasch an die Korrekturen für die dritte Auflage und besuchte, als er sie ablieferte, Lyell. Als das Hausmädchen Charles ins Arbeitszimmer führte, blickte Lyell mit ärgerlich gerunzelter Stirn hoch:

»Zum Teufel mit Ihnen, Darwin! Der Geologieprofessor von Oxford, John Phillips, hat Sie angegriffen, indem er Stellen aus meinem *Lehrbuch der Geologie* zitierte. Ich werde in meiner nächsten Auflage einiges ändern müssen, um zu beweisen, daß Sie angekommen sind, während ich auf halbem Weg eingeschneit festsaß.«

Charles grinste hilflos:

»Hooker sagt, Sie seien der einzige sechzigjährige Philosoph, der seine Haltung mit gutem Grund ändern könne.«

Lyell brummte über das zweifelhafte Kompliment, ging zu seinem Schreibtisch und zeigte Charles die Flintwerkzeuge, die er im Sommetal bei Amiens und im Seinetal ausgegraben hatte.

»Diese Werkzeuge beweisen, daß die menschliche Rasse bis in die Zeit des Sibirischen Nashorns und anderer ausgestorbener Tiere zurückreicht... Aber Sie haben sichtlich etwas auf dem Herzen?«

Charles ließ sich neben dem Kaminfeuer nieder und murmelte:

»Ich brauche Ihren Rat. Ich dachte mir, es wäre eine gute Idee, in die dritte Auflage der *Entstehung* einen Satz Fußnoten einzuschalten, die ausschließlich den Irrtümern meiner Kritiker gewidmet sind.«

»Keineswegs! Warum wollen Sie Ihre Gegner unsterblich machen?«

Charles schüttelte verwirrt den Kopf.

»Sie haben natürlich recht. Ich könnte vielleicht auf die Kritiken mit einigen eingestreuten Absätzen antworten. Das würde nur etwa zwanzig Seiten mehr ausmachen.«

Das Treffen in Oxford hatte das Thema Evolution vorangetrieben, indem es die Diskussion an die Öffentlichkeit trug. Ein neues Wort bereicherte die englische Sprache: Darwinismus. Es verbreitete sich in ganz Großbritannien, dann auch in den akademischen Kreisen der Vereinigten Staaten und Europas. Gerade wurde eine zweite deutsche Auflage der *Entstehung* gedruckt. Ein deutscher Naturforscher, der *Down House* besuchte, erzählte Charles, daß die deutschen Wissenschaftler fasziniert seien, aber Angst hätten, ihre Positionen zu verlieren, wenn sie für die natürliche Auslese einträten. Die französische Übersetzung war herausgekommen. Berichte aus Holland spiegelten großes Interesse wider.

Auf Charles' Vorschlag ließ Asa Gray seine drei Artikel aus dem angesehenen *Atlantic Monthly* zu einer Monographie binden. Er schickte Charles zweihundert Exemplare davon, da dieser sich an den Kosten der Publikation beteiligt hatte. Charles verteilte seine Exemplare an die Zeitungen, Magazine und wissenschaftlichen Zeitschriften.

John Henslow, der in der Dezemberausgabe 1860 des *Macmillan's Magazine* beschuldigt worden war, ein Anhänger der Evolution zu sein, veröffentlichte im gleichen Magazin einen Auszug aus einem Brief, den er von Reverend Leonard Jenyns erhalten hatte. Darin hieß es, er sei zwar mit Darwin nicht vollkommen einverstanden, aber

> doch so weit mit ihm einig, daß er sich vorstellen könne, daß viele der kleineren Gruppen, sowohl Tiere wie Pflanzen, in einem weit zurückliegenden Zeitalter gemeinsame Vorfahren gehabt haben könnten.

Charles freute sich.
»Das zeigt den Außenstehenden«, meinte er zu Emma, »daß es eine zunehmende Einigkeit in unserer wissenschaftlichen Familie gibt.«
Seine »wissenschaftliche Familie« war oft krank vor Überarbeitung. Hooker war häufig erschöpft; Huxley mußte mit einer Mischung aus Erschöpfung und Influenza zehn Tage im Bett bleiben. Die Lyells fuhren aus gesundheitlichen Gründen nach Batavia. Er selbst wechselte von einem Thema zum anderen wie ein Insekt beim Befruchten von Orchideen – für die er sich nun ernsthaft interessierte – von einer Blüte zur anderen. Er begann, die Zwergorchideen zu studieren, die in Kew wuchsen und die Hooker ihm von dort schicken konnte. Andere Kollegen, an die er sich wandte, besorgten ihm Orchideen aus Peru, Ecuador, Brasilien, Madagaskar, von den Philippinen und von Orten, die zwölfhundert bis zweieinhalbtausend Meter hoch lagen, frostfrei und von Nebel bedeckt waren. In den üppigen Urwäldern Brasiliens konnte man dreißig bis vierzig verschiedene Arten an einem einzigen Baum finden. Er konzentrierte sich auf die Kelchblätter und die Pollen, die durch eine besondere Blütenform geschützt waren.
Er hatte seine Familie von September bis November nach Eastbourne gebracht, weil Henrietta, mit der er sonst jeden Tag eine Stunde Backgammon gespielt hatte, krank war. Wenn er nicht mit Emma Nachtwache hielt, studierte er ein merkwürdiges Phänomen einer bestimmten Sonnentauart, von dem die Naturforscher bisher wenig Notiz genommen hatten. Manchmal glaubte er, die insektenfressende Pflanze sei ein getarntes Tier, nach der Art zu urteilen, wie ihre Blätter Fliegen und Insekten fingen und sie verzehrten. Er brachte in Erfahrung, daß in den Sumpfgebieten der Vereinigten Staaten eine Pflanze namens »Venusfliegenfalle« wuchs, deren kreisförmige Blätter zusammenklappten wie eine Bärenfalle, wenn eine Beute ihre Haare berührte. Der Wasserschlauch und andere insektenfressende Pflanzen funktionierten wie eine Mausefalle; Krustentiere und sogar kleine Frösche lösten den Mechanismus der sackartigen Kammer aus, deren Tür sich öffnete und die Beute einfing.
Seltsame Welt! Erstaunliche Welt!
Er studierte die Stempel und Pollen der Primel und der Himmelschlüssel und stellte fest, daß auch sie zur Befruchtung die Hilfe von Insekten brauchten.

Wieder zurück in *Down House*, faszinierte ihn die Entwicklung des Hundes aus verschiedenen Varietäten von Wolf und Schakal sowie anderen Arten. Auch hier schien es sich um ein von der Forschung noch unberührtes Gebiet zu handeln. Als Antwort auf die Flut von Briefen, in denen er gefragt wurde, was er als nächstes vorhabe, schrieb er:
»Ich bin bei den Hunden.«

Mit zunehmendem Alter wurde die Zeit kürzer. Früher hatte er das Verstreichen von Monaten als episodisch betrachtet; nun nahm er gegenüber der zeitlichen Einheit eines Jahres eine philosophische Haltung ein. Sein erster Schritt bestand darin, einen dreißig Seiten langen historischen Abriß für die dritte Auflage der *Entstehung* zu schreiben, in dem er den Naturforschern Anerkennung zollte, die erste, fragmentarische Schritte in dieser Richtung gemacht hatten: Männern wie Lamarck, Geoffroy Saint-Hilaire, W. C. Wells, von Buch, Herbert Spencer und zeitgenössischen Repräsentanten wie Richard Owen, dem Autor von *Vestiges*, von dem man noch immer annahm, es sei Robert Chambers, und Alfred Wallace. Seinen Großvater Dr. Erasmus Darwin ließ er aus dem Spiel, weil er den Vorwurf fürchtete, er betreibe hier Nepotismus. Dieser Überblick vermittelte dem Leser einen historischen Hintergrund und eine Perspektive für sein eigenes Werk.
Auch Thomas Huxley suchte nach einer Perspektive. Um seinen Schmerz über den Tod seines vierjährigen Jungen zu betäuben, stürzte er sich in eine neue Aufgabe als verantwortlicher Redakteur der *Natural History Review*. Er brachte sein erstes Exemplar nach *Down House*, um es Charles zu lesen zu geben. Huxley war der anerkannte Dynamo der britischen wissenschaftlichen Welt geworden. Zusätzlich zu seiner Stellung als Sekretär der Geologischen Gesellschaft, der Versorgung Lyells mit anatomischen Informationen für dessen *Antiquity of Man*, seinen wöchentlichen Vorträgen für Arbeiter über *Die Beziehung des Menschen zum Tierreich*, kandidierte er auch für zwei wichtige Collegeposten.
Charles las in der *Review* Huxleys Artikel *Über die zoologische Beziehung des Menschen zu den niederen Tieren* und gratulierte ihm zu dessen Vortrefflichkeit. Dann meinte er:
»Als Schwarzseher befürchte ich aber fast, daß der sachliche Gehalt der Artikel das Durchschnittsniveau der Leser übersteigen wird.«
»Das tun Ihre Bücher auch!« erwiderte Huxley. »Ich habe nicht bemerkt, daß Sie das irgendwie gestört hätte.«
Joseph Hooker war tief in seinen Manuskripten vergraben. Neben der Vorbereitung des ersten Bandes seiner Enzyklopädie *Genera Plantarum* über die samentragenden Pflanzen verbrachte er seine Tage damit, mit seinem Vater in Kew umherzuwandeln, wobei er vergeblich versuchte, Sir William Hookers schwindendes Verständnis für die Verwaltung der Gärten neu zu wecken. Als Charles Hooker besuchte, meinte er:
»Versuchen Sie doch, gelegentlich nicht zu arbeiten.«

»Das tue ich, wenn ich schlafe. Es gibt mir aber keine Bewegungsfreiheit.«
»Ich weiß. Auch ich kann nicht untätig sein, so sehr ich es mir manchmal wünschte. Ich fühle mich nur wohl, wenn ich arbeite. Das Wort ›Ferien‹ gehört für mich einer fremden Sprache an.«
Der älteste ihres Kreises, Sir Charles Lyell, hatte sich mit dreiundsechzig Jahren in sein schwierigstes und für Charles bedeutungsvollstes Buch gestürzt: *Die geologischen Beweise für das Alter der Menschheit.* Dafür wertete er das Material aus, das er ein Leben lang gesammelt hatte, schrieb Kapitel über dänische Muschelhügel, Bohrmuscheln in Ägypten, Meeresschnecken, Feuersteinwerkzeuge, das Alter des fossilen Menschen von Natchez...
Zu Charles' Verwunderung schickte ihm Lyell keine Seite seines neuen Werkes, obwohl er Charles im Vorjahr gefragt hatte, ob er das Manuskript lesen und ihm Vorschläge dazu machen würde. Lyell diskutierte auch seine Thesen nicht mit ihm, wenn sie zusammen waren. Charles fragte sich, warum sein Freund seine Absicht geändert habe, war aber durch Lyells Zurückhaltung nicht beunruhigt. Sicher würde Lyell darauf hinweisen, daß der Mensch denselben Gesetzlichkeiten der Entwicklung unterlegen habe und noch unterliege wie alle anderen Lebewesen auch, ein Gesichtspunkt, den Charles in seiner *Entstehung der Arten* tunlichst verschwiegen hatte. Lyells Adelstitel und seine Stellung an der Spitze der britischen Wissenschaft würden ihm gestatten, eine These zu veröffentlichen, ohne daß man ihn, wie Charles, der Niedertracht bezichtigte.
Er meinte es als großes Kompliment, als er zu Lyell sagte:
»Ihr Werk wird eine große Diskussion entfachen, doch es wird die Welt zunächst noch mehr erschrecken als mein Buch über die *Entstehung.*«
»Ich beabsichtige nicht, die Welt zu erschrecken«, antwortete Lyell mit ruhiger Würde. »Ich versuche, die Leute zu informieren. Die harten Fakten sind unbestreitbar, aber die Schlußfolgerungen werden von mir stammen. Und was ich über Sie zu sagen habe, wird erst im letzten Kapitel zum Ausdruck kommen.«
Zu den Neujahrsferien waren alle fünf Söhne von der Schule nach Hause gekommen, damit begann das Jahr 1861 recht fröhlich.
Charles arbeitete weiter an seinem Werk über das *Variieren der Thiere und Pflanzen im Zustande der Domestication,* hatte aber das Gefühl, daß sein Manuskript wieder zu lang und zu ausführlich werden würde. Er vollendete eine Studie über alle vorkommenden Arten von Schweinen, Rindern, Schafen und Ziegen, ihren Ursprung und die durch Züchtung erzielten Ergebnisse, fand jedoch, daß die Befruchtung der Orchideenarten eine solche Vielzahl von Wundern barg, daß die Aufzeichnungen darüber zu einer reinen Freude für ihn wurden. Seine Bewunderung für den Erfindungsreichtum der Natur gerade innerhalb der Orchideenfamilie war so groß, daß er nie ein Gefühl von Ermüdung empfand, auch wenn er jeden Tag mehrere Stunden lang daran schrieb. Seine gehobene Stimmung wuchs dabei mit dem Stoß der Manuskriptseiten vor ihm. Er wagte sogar, eine Hypothese aufzustellen, die er noch nicht beweisen konnte. An einer Stern-

orchidee aus Madagaskar, die ihm ein Freund geschickt hatte, entdeckte er ein dreißig Zentimeter langes Nektarium, das nur in seinem alleruntersten Teil Nektar enthielt. Wie konnte irgendein Insekt tief genug hineinschlüpfen, um an den Nektar zu gelangen? Charles zog den logischen Schluß, daß es nur ein Schwärmer mit einem dreißig Zentimeter langen Rüssel tun konnte. Zwar hatte niemand je einen Falter mit einem dreißig Zentimeter langen Rüssel gesehen, aber das spielte keine Rolle. Wenn es keinen solchen Falter geben würde, wäre die Sternorchidee aus Madagaskar längst ausgestorben.

Er rechnete damit, daß seine Monographie etwas mehr als hundert Seiten umfassen würde; zu ihrer Veröffentlichung hatte sich das *Journal of the Linnean Society* bereit erklärt. Er fuhr nach London, um zusammen mit Thomas Bell zu speisen, der für die *Zoologie der Beagle* ein Buch über Reptilien geschrieben hatte, und erreichte noch den letzten Zug nach Hause. Emma erwartete ihn.

»Wie ist der Abend verlaufen?« fragte sie.

»Ein Abendessen außer Haus ist für mich etwas so Ungewöhnliches, daß es mir großes Vergnügen gemacht hat.«

»Das freut mich. Vielleicht hast du zu viele Zäune um dich errichtet.«

Er erfuhr, daß Syms Covington im Alter von siebenundvierzig Jahren an Paralyse gestorben war. Der vollkommen unerwartete Verlust seines einstigen Mitarbeiters auf der Reise der *Beagle* und während der Jahre in Cambridge und in der Marlborough Street betrübte ihn. Sie hatten gelegentlich Briefe gewechselt. Charles hatte ihm ein neues Hörrohr geschickt. Syms hatte für ihn Rankenfüßer aus verschiedenen Teilen Australiens gesammelt.

Fast unmittelbar danach hörte er, daß Joseph Hooker und Frances sich in der Pfarre in Hitcham aufhielten, um John Henslow auf seinem Sterbebett zu pflegen. Hooker war völlig niedergeschlagen, denn er liebte seinen Schwiegervater nicht nur als Botaniker und Geistlichen, sondern auch als Menschen sehr. Charles wollte nach Hitcham reisen, um von Henslow Abschied zu nehmen.

»Das bin ich John Henslow schuldig«, erklärte er seiner Frau.

Bis Hitcham waren es ungefähr hundertsechzig Kilometer. Er würde mit der Kutsche nach Beckenham fahren, den Zug nach London, dann die Kutsche nach Ipswich nehmen und schließlich mit einer Droschke nach Hitcham fahren müssen. Eine zwölfstündige Reise!

Er konnte sich nicht entschließen, die Strapaze auf sich zu nehmen. Doch er fragte sich, warum es ihm an der körperlichen Kondition für die Fahrt mangelte, und schrieb an Hooker:

> ...Ich würde es mir nie verzeihen, wenn ich nicht sofort käme, falls Henslows Wunsch, mich zu sehen, mehr wäre als ein flüchtiger Gedanke.

Offensichtlich faßte John Henslow das als Abschiedsgruß auf.

Als Henslow Mitte Mai starb, überkam Charles eine Welle von Schuldgefühlen.

Glücklicherweise bot sich ihm die Möglichkeit zur Wiedergutmachung: Reverend Leonard Jenyns begann, Henslows Biographie zu schreiben, und wandte sich an Charles mit der Bitte, seine Erinnerungen an Henslow aus den ersten Jahren in Cambridge zu Papier zu bringen. Charles entledigte sich der Aufgabe sofort:

> »Nichts könnte einfacher, herzlicher und schlichter sein als die Ermutigung, die er allen jungen Naturforschern zuteil werden ließ... Er verstand es ausgezeichnet, junge Leute so zu behandeln, daß sie sich bei ihm wie zu Hause fühlten, obwohl wir alle angesichts der Fülle seines Wissens von Ehrfurcht erfüllt waren...«

Das *Gedenkbuch* von Jenyns sollte im folgenden Jahr von John Van Hoorst in der *Paternoster Row* veröffentlicht werden. Damit war Reverend John Stevens Henslow ein Platz in der Geschichte gesichert. Für Charles ein großer Trost.

2.

Von einem Bewunderer Charles', dem Botaniker Hewett C. Watson, traf ein Brief ein. Er war dabei, die dritte Auflage der *Entstehung* zu überprüfen, um eine Kritik darüber zu schreiben. Als Watson die neue Einleitung gelesen hatte, stellte er fest, daß Charles die Worte »ich«, »mich« und »mein« in den vier ersten Absätzen dreiundvierzigmal verwendet hatte.

»Ach, dieses elende ›ich‹«, stöhnte Charles, als Emma und die Kinder ihn neckten. »Bin ich wirklich ein solcher Egoist?«

»Nein, mein Lieber, du bist ganz bescheiden und zurückhaltend«, antwortete Emma trocken, »du glaubst nur, daß du der einzige Mensch auf Erden bist, der weiß, wie jede Art entstanden ist.«

Nettie Huxley, die wieder einen Sohn zur Welt gebracht hatte, war noch immer wegen des Todes ihres Vierjährigen unglücklich und unpäßlich. Emma hatte sie überredet, mit ihren Kindern für vierzehn Tage nach *Down House* zu kommen.

Hugh Falconer, der zu Charles einmal gesagt hatte: »Sie werden mehr Schaden anrichten, als zehn Naturforscher Gutes tun können«, bereiste Italien und Deutschland. Er berichtete:

> ...Überall wurde über Ihre Ansichten und Ihr bewundernswertes Essay gesprochen; man war natürlich oft anderer Ansicht, je nach Einstellung zum Thema, aber das Werk, die Ehrlichkeit seiner Zielsetzung, die Bedeutung seiner Aussage, seine treffliche Erläuterung und die mutige Darlegung wurden immer mit höchster Bewunderung erwähnt...

Sollten die Wunder nie aufhören? Hatte sein Buch die Krise überstanden und wurde jetzt vorurteilsfrei aufgenommen?
Nach wie vor fand er Gefallen daran, über Orchideen zu schreiben, während er weiterhin den Befruchtungsvorgang studierte. Dazu sammelte er so viele Varietäten wie möglich. Er verwendete eine Lupe und ein Taschenmesser, um die Pollenkörnchen zu untersuchen. Er beobachtete, wie Bienen sich bis zum versteckten Nektar tief im Blüteninneren durchzwängten und beim Rückzug aus dem winzigen Becken die Pollenkörnchen auf ihrem Rücken anhäuften, sich nach einer Pause der nächsten Blüte näherten, auf der sie nun ganz automatisch ihre Last abluden. Jede Orchideenart zeigte ihre spezifische kleinere oder größere, tiefe oder flache Beckenform, so daß nur eine bestimmte Insektenart zu ihren Pollen gelangen konnte.
»Die Orchideen scheinen fast genialer als die Menschen zu sein«, überlegte Charles.
»Was geschieht eigentlich mit den Orchideen, die keine Insekten in ihr Nektarversteck locken können?« wollte William wissen, der über die Sommerferien vom King's College nach Hause gekommen war.
»Sie sterben aus.«
Im Juli war Henrietta wieder unpäßlich. Emma beschloß, ihrer Gesundheit zuliebe für sechs Wochen ans Meer zu fahren. Sie mieteten ein Haus in Torquay, an der Südwestspitze von England, mit einer herrlichen Aussicht auf die sichelförmige Bucht. Henrietta ging es sofort besser, es war eine glückliche Zeit. Erasmus und Hope, die Tochter der Hensleigh Wedgwoods, kamen, um Henrietta Gesellschaft zu leisten.
Charles hatte lange den Verdacht verdrängt, daß sein Artikel über Glen Roy, den er vor zweiundzwanzig Jahren veröffentlicht hatte, ein Riesenschnitzer gewesen war. Lyell hatte Agassiz beigepflichtet, daß Charles mit der Behauptung unrecht habe, einige Formationen seien ehemalige Meeresstrände, die auf die jetzige Höhe gehoben worden waren. Wegen seiner Neigung zum Starrsinn hatte Charles nicht nachgeben wollen. Nun stieß er auf einen Mann, der bereit war, den Ausflug nach Schottland zu unternehmen, um den Streit zu klären. Der Mann kam mit dem Beweis zurück, daß die Formationen infolge eines durch einen Gletscher aufgestauten Sees entstanden waren. Charles sagte zu Emma:
»Ich bin zerschmettert. Leider! Leider! Das sollte mich Bescheidenheit lehren.«
»Das wird es tun, für ein bis zwei Tage.«
Als er das nächstemal nach London kam, beichtete er Lyell seinen Irrtum. Sie gingen in der Sonne des späten Augusttages von der Waterloo Bridge bei Charing Cross an der Themse entlang, vorbei am Parlament und der Westminster-Abtei.
»Ein einziger ernster Fehler in all diesen Jahren? Mein lieber Darwin, Sie sind ein Stümper! Warten Sie, bis Sie mein ehrwürdiges Alter erreicht haben und wie viele Fehler Sie dann widerrufen müssen. Das ist nun einmal aus einem Forscherleben nicht wegzudenken.«

»Sie sind überaus nachsichtig. Wie kommt das *Alter der Menschheit* voran?«
»Es macht einen alten Mann aus mir.«
Charles setzte das Gespräch fort.
»Mir scheint, Sie glauben wie Asa Gray, ich hätte nicht genügend berücksichtigt, daß alle Veränderungen von einer höheren Macht gelenkt werden.«
Lyell nickte zustimmend.
»Sir John Herschel hat hinsichtlich der *Entstehung* geäußert, daß immer auf das höhere Gesetz der durch die göttliche Vorsehung bewirkten Ordnung hingewiesen werden sollte. Aber weder Herschel noch irgendein anderer Astronom behauptet, daß Gott die Bahn jedes Kometen, Planeten oder fallenden Sterns lenkt.«
Lyell antwortete fast schroff:
»Das ist nur allzu wahr.«
Charles blieb hartnäckig:
»Ich glaube, logischerweise können Sie nicht argumentieren, daß der Schwanz des Spechtes durch ›von der Vorsehung bestimmte‹ Veränderungen geformt wurde. Sagen Sie mir aufrichtig, ob Sie glauben, daß die Form meiner Nase ›auf eine der Vernunft entspringende Ursache‹ zurückzuführen ist?«
Lyell lachte, seine gute Laune war wiederhergestellt.
»Nein, Darwin, Gott hat seine Arbeit nicht unterbrochen, um Ihren Rüssel zu entwerfen. Oder meinen. Ich werde daran denken, wenn ich mein abschließendes Kapitel über Sie schreibe. Befruchten Sie immer noch Orchideen mit Ihrem Taschenmesser?«
»Ich befruchte und kreuze Manuskriptseiten mit Tinte und Feder.«
Er schloß seine Abhandlung über die Orchideen ab. Obwohl er sein Material gekürzt und eine Menge bestätigender Einzelheiten weggelassen hatte, waren es immer noch einhundertvierzig Seiten. Zu lang für das *Journal* der *Linnean Society* wie üblich! Was sollte er tun?
Eines Abends, Ende Oktober, ging Charles zu seiner gewohnten Zeit, um halb elf, zu Bett. Er konnte nicht einschlafen, wälzte sich ständig herum, ohne zu merken, daß er damit auch Emma wach hielt. Endlich sagte sie:
»Charles, was du brauchst, ist eine Hängematte, kein Bett.«
»Ich versuche, mir über etwas klarzuwerden.«
»Hat das nicht Zeit bis zum Morgen?«
Nach dem Frühstück suchte er sie im Garten, wo sie gerade Blumenzwiebeln ausgrub.
»Willst du mich auf den Sandweg begleiten?«
»Wie viele Runden?«
»Sagen wir, fünf.«
Nachdem die fünf Flinte am Beginn des bewaldeten Gevierts ausgelegt worden waren, überließ er es ihr, von selbst auf den Grund seiner Unruhe zu kommen.

»Warum soll ich aus den Orchideen nicht ein kleines Buch machen? Ich habe schon so viele Einzelheiten weggelassen, die für meine These wertvoll sind. Sollte John Murray es veröffentlichen wollen, könnte es ein Buch von annehmbarem Umfang werden, das nicht nur Neues brächte, sondern auch im Detail genau wäre. Könnte Murray genug davon verkaufen, um die Unkosten hereinzubringen? Ich neige immer dazu, meine Gänse für Schwäne zu halten, davon auszugehen, daß Themen, die mich interessieren, auch andere interessieren. Das Thema der Fortpflanzung macht die meisten Menschen neugierig, auch wenn es sich nur um Blumen handelt. Schlimmstenfalls kann es kein großer Verlust werden, obwohl ein großer Verkaufserfolg nicht zu erwarten ist. Ich glaube, ein kleiner Band wird der *Entstehung* gut tun.«

John Murray war der Ansicht, das Buch würde bei Naturforschern Anklang finden. Er erklärte sich bereit, das Risiko zu übernehmen, die Illustrationen zu bezahlen und Charles die Hälfte des Gewinns zu geben – ein großzügiges Angebot. Charles versicherte, daß er sein erweitertes Manuskript in etwa zwei Monaten fertigstellen könne.

Der *Linnean Society* schuldete er einen kurzen Artikel, den er nun schrieb und selbst bei einer Versammlung der Society vorlas. Als er zum Schluß mit zurückhaltendem, aber freundlichem Applaus bedacht wurde, kam Joseph Hooker als erster, um ihn zu beglückwünschen.

»Sie haben einen gewaltigen Eindruck gemacht.«

»Bei Gott, ich muß aufhören, sonst werde ich noch ein Botaniker.«

Charles war so erschöpft, daß er den Heimweg nur mit Mühe schaffte und bis zum nächsten Abend das Bett nicht verlassen konnte. Er schrieb an Hooker:

> Ich glaube keineswegs, daß ich in der Linnean einen »gewaltigen Eindruck« gemacht habe, aber die Linnean hat, bei Gott, auf mich einen gewaltigen Eindruck gemacht. Leider werde ich es aufgeben müssen, in der Öffentlichkeit einen Artikel vorzulesen oder zu sprechen. Ich kann nichts wie andere Menschen tun.

Er wurde zum Ehrenmitglied der Königlichen Medizinischen Gesellschaft von Edinburgh ernannt und sagte zu Emma:

»Weißt du noch, was für ein brillanter Student ich an der medizinischen Fakultät der dortigen Universität gewesen bin? Nach den ersten trockenen Vorlesungen von Dr. Duncan über *materia medica* um acht Uhr morgens, Dr. Monroes langweiligen Anatomievorlesungen und zwei Operationen im Kinderspital verbrachte ich den Rest meiner Zeit mit dem Sammeln von Austern auf den Fischerbooten in Newhaven, von Seehasen auf den schwarzen Felsen von Leith, Seesternen und Meerestieren aus dem Firth of Forth.«

Wieder kamen Weihnachten und das Neue Jahr, und die Kinder versammelten sich in *Down House.* Charles und Emma tauschten beliebte Romane aus.

Das Jahr 1862 begann mit einer Art Triumph. Thomas Huxley, der eingeladen worden war, am Philosophischen Institut von Edinburgh eine Vorlesung zu halten, wählte als Thema *Über die Beziehung des Menschen zu den niederen Tieren.* Lyell, der im allgemeinen sanftmütig war und dessen angestammtes Elternhaus, *Kinnordy*, in Schottland lag, riet von diesem Thema ab.
»Ich prophezeie, daß Sie gesteinigt und aus dem Stadttor gejagt werden.«
Charles schloß sich Lyells Warnung an, aber Huxley, der Mann mit den scharfen Klauen, ließ sich nicht abbringen. Er erklärte seinen aufmerksamen Zuhörern in Edinburgh:
»...Jeder Nachdenkende wird, sobald er dem blind machenden Einfluß traditioneller Vorurteile erst einmal entronnen ist, im primitiven Stammbaum des Menschen den besten Beweis für seine herrlichen Fähigkeiten erkennen; seine großen Fortschritte in der Vergangenheit werden ihn in der berechtigten Hoffnung bestärken, daß er eine edlere Zukunft erreichen kann.«
Es erwies sich, daß die beiden Charles unrecht hatten. Die Zuhörer in Edinburgh spendeten Huxley aufrichtigen Beifall. Als er am nächsten Sonntag nach *Down House* fuhr, um Charles zu fragen, ob er die Vorträge als Grundlage für ein Buch *Der Platz des Menschen in der Natur* verwenden solle, mußte er sich von Charles zuerst beglückwünschend die Hand schütteln lassen.
»Bei Gott, Sie haben die Frömmelei in ihrer Hochburg angegriffen.«
»Ich wurde behandelt wie ein König«, antwortete Huxley, dessen düsteres Gesicht ein Lächeln erhellte. »Ich habe ihnen reinen Darwinismus vorgesetzt.«
Doch innerhalb einer Woche verwandelte sich der Beifall ins Gegenteil. Der *Witness* vom 11. Januar geriet darüber in Harnisch, daß die Zuhörer Huxley Beifall gespendet hatten, seiner

> ...bibelfeindlichen und höchst herabwürdigenden Theorie... die in gotteslästerlichem Widerspruch zum Inhalt und zur Lehre der Bibel steht, anstatt geschlossen den Saal zu verlassen und damit ihren Unmut über den abscheulichen Frevel zum Ausdruck zu bringen, der an jedem einzelnen von ihnen und an der ganzen Menschheit, die ›nach Gottes Ebenbild geschaffen ist‹, begangen wurde...

Die Naturforscher Londons erfuhren von der Verteufelung Thomas Huxleys im *Witness*, und nur wenige waren mit diesem Ton einverstanden. Als Sekretär der Geologischen Gesellschaft fiel Huxley in Abwesenheit ihres Präsidenten, Leonard Horner, die Pflicht zu, die Jahresansprache zu halten.
Charles wohnte der Versammlung im Burlington House nicht bei, doch Lyell brachte ihm einen Bericht.
»Ich habe nie eine Ansprache gehört, der mit so viel Interesse gelauscht wurde oder die solchen Beifall erhielt, obwohl es privat viele Proteste gegen einige seiner kühnen Ansichten gab.«

»Seine oder meine?«
Charles' Frage hatte zum Hintergrund, daß man Huxley seit neuestem als »Darwins Bulldogge« bezeichnete.
»Der Kern seiner Behauptungen stammt aus der *Entstehung*«, antwortete Lyell, »bereichert durch seine eigenen Gedanken und Studien. Huxley erklärte, wenn wir bis zu den wirbellosen Tieren früherer Zeiten zurückgehen, stellen wir fest, daß wir vom Beginn des Lebens auf der Erde wenig wissen; oft können Ereignisse, die in der Geologie dem gleichen Zeitalter zugeordnet werden, in einem zeitlichen Abstand von zehn Millionen Jahren stattgefunden haben.«
Der Lebenszyklus forderte seinen Tribut; es gab den Kampf, der zum Sieg führte, dann wieder machte der Tod seinen Schnitt. Charles' Schwester Marianne war gestorben, Susan wurde als Tante Hüterin der Parkerkinder. Nun zog sich Charlotte, Emmas Schwester, die vor dreißig Jahren Reverend Charles Langton geheiratet hatte, eine Krankheit zu, die nicht diagnostiziert werden konnte, und starb im Januar. Im Februar erkrankte der jüngste Sohn der Darwins, Horace, der noch nicht elf war, an einem merkwürdigen Zucken der Arme, der Beine und des Halses. Eine Zeitlang fürchteten Charles und Emma, mit dem Gehirn des Jungen sei etwas nicht in Ordnung, eine Art Lähmung. Die ansässigen Ärzte konnten keine Ursache für die Störung finden, ebensowenig Dr. Holland, den man in höchster Eile aus London geholt hatte. Ende April hörten die Zuckungen auf, doch Horace blieb ein Jahr lang ein Invalide mit schweren Verdauungsstörungen.
»Eindeutig ererbt«, murmelte Charles.
»Erworben«, widersprach Emma.
Alfred Russel Wallace war am ersten April nach acht Jahren des Reisens und Sammelns im Malaiischen Archipel, in Sumatra, Java, Borneo, Celebes, den Molukken, Timor und Neuguinea zurückgekehrt. Charles hielt ihn für eine heroische Natur, da er es so viele Jahre in fernen, primitiven und häufig feindseligen Ländern ausgehalten hatte. Er lud Wallace nach *Down House* ein. Wallace antwortete sofort und dankte ihm für die Einladung:

> ... Ich werde derzeit ärztlich behandelt; aber ich werde kommen, sobald ich dazu imstande bin.

John Murray druckte zweitausend Exemplare des Titels *Die verschiedenen Vorrichtungen zur Befruchtung von britischen und ausländischen Orchideen durch Insekten.* Er versah das Buch mit einem schönen Leineneinband, auf dem eine goldene Orchidee prangte. Charles schrieb in seiner Einführung:

> Das Ziel des vorliegenden Werkes ist es, zu zeigen, daß die Vorrichtungen, durch die Orchideen befruchtet werden, ebenso mannigfaltig und fast ebenso vollkommen sind wie die bewundernswerten Anpassungen in der Tierwelt...

Er hatte jahrelang Orchideen untersucht, die eigentliche Niederschrift hatte neun Monate beansprucht. Diese Arbeit hatte er unterbrochen, um die zweite deutsche Auflage der *Entstehung der Arten* herauszugeben und eine Abhandlung über die bemerkenswerte Verwandtschaft zweier Primelarten zu verfassen. In gewissem Sinn war das Orchideenbuch am angenehmsten zu schreiben gewesen, weil Emma und die Kinder davon gleichermaßen fasziniert waren und Charles oft baten, ihnen das Manuskript vorzulesen.

Das Buch wurde am 15. Mai veröffentlicht. Es verkaufte sich gut, Murrays Preis von neun Shilling war attraktiv. Charles hatte einigen Spott erwartet, weil er annahm, es gäbe ein Insekt mit einem »dreißig Zentimeter langen Rüssel«. Und das geschah auch. Bis ein Missionar in Madagaskar schließlich einen Falter beobachtete, der mit genau so einem Rüssel in eine Sternorchidee eindrang und mit dem besagten Pollen herauskam, um andere Sternorchideen zu befruchten.

Obwohl ihn das *Athenaeum*, wie er es ausdrückte, mit »freundlichem Mitleid und Verachtung« behandelte, versicherten ihm die Botaniker, daß der Kritiker von dem Thema nichts verstehe. Die übrigen Kritiken waren hervorragend, das *Parthenon* war wohlwollend gesinnt, die Besprechung in der *London Revue* war ausgezeichnet. Sogar der *Literary Churchman* drückte seine Bewunderung aus.

Asa Gray schickte ihm herzliche Glückwünsche aus Harvard und meinte, wenn das Orchideenbuch vor der *Entstehung* erschienen wäre, hätten ihn die Theologen eher heiliggesprochen als in Acht und Bann getan.

Charles Lyell war begeistert und erklärte es »nächst der *Entstehung*« als »das wertvollste Buch aus Darwins Feder«.

Die meisten Naturforscher waren so angetan davon, daß Charles bekannte: »Ich bin völlig erstaunt über den Erfolg meines Buches.«

Er schrieb an Asa Gray:

> ... Ich bin in letzter Zeit zu der Ansicht gelangt, daß ich ein Narr war, unbedingt in verständlicher Form zu schreiben. Ich kann es mir jetzt leisten, meine Kritiker in aller Seelenruhe zu verachten.

Asa Gray veröffentlichte eine überschwengliche Besprechung des Orchideenbuches im *American Journal of Science and Arts*. Er neckte Charles auch mit der Bemerkung:

> Es fällt mir auf, daß Sie als Hauptziel mit dem Orchideenbuch verfolgten, die Flanke des Feindes anzugreifen.

Das stimmte sicherlich, denn die britische Presse zitierte Charles' Ausspruch:

> Ich halte das Studium der Orchideen für äußerst nützlich, da es mir zeigte, wie nahezu alle Teile der Blume der Befruchtung durch Insekten angepaßt

und somit bis zu den geringfügigsten Details des Aufbaus das Ergebnis der natürlichen Auslese sind.

Die *Befruchtung der Orchideen* vermehrte Charles Darwins Ruf als genauer und kühner Berichterstatter über bis dahin verborgene oder vernachlässigte Vorgänge in der Natur. Das Buch trug dazu bei, dem Stachel der Kritiken an der *Entstehung* etwas von seinem Gift zu nehmen. Obwohl er Alfred Wallace aus reiner Gewohnheit sagte: »Meine Gesundheit ist sehr labil und wird es immer sein; ich bin ein unglückliches Geschöpf, ein richtiger Hypochonder«, fühlte er sich wohl genug, um sich auf ein völlig neues Wagnis einzulassen: die Bewegungen und Gewohnheiten von Kletterpflanzen. Ein weiteres Gebiet, das fast unberührt war. Er hatte vor mehreren Jahren einen kurzen Artikel von Asa Gray darüber gelesen
Lyell war der Ansicht, es sei an der Zeit, daß Charles geadelt würde.
»Das wäre genauso, als würde der Premierminister der Königin empfehlen, die *Entstehung* zu adeln«, antwortete Charles. »Kabinette wurden sogar wegen geringerer Ursachen gestürzt.«
»Warten wir es ab«, antwortete Lyell geduldig. »Auch Hooker sollte diese Ehrung erhalten. Sobald er Direktor der Kew Gardens geworden ist. Huxley? Niemals. Er ist überaus brillant, aber zu verletzend. Er versteht es nicht, die Räder seines Karrens zu schmieren.«
»Das ist ein Merkmal seines Genies«, sagte Charles. »Nicht im Traum würde er daran denken, Leuten so zu schmeicheln, wie ich es tue.«

3.

Die günstige Aufnahme des Orchideenbuches milderte Charles' Unruhe. Seine Depressionen schwanden, er wurde wieder gesund, frei von Schwindelgefühlen, Herzklopfen und Blähungen. Warum bekam er dann ein Ekzem an der Hand? Konnte es eine Reaktion auf Richard Owens erneute Angriffe gegen ihn sein? Lyell, Darwin, Hooker und Huxley trafen sich zum Abendessen im Athenaeum Club und kamen bei einer Flasche Wein zu dem Schluß, daß Owen sich wie ein Verrückter benahm.
Oder war das Ekzem eine Folge der Chemikalien, die er bei seinen Experimenten verwendete? Er erinnerte sich, als Student im Christ's College einen ähnlichen Ausschlag bekommen zu haben.
Ihre Runde hatte Grund zu feiern, als Thomas Huxley die angesehene Hunter-Professur im Königlichen Chirurgen-College erhielt. Dort konnte er seinen Studenten die Darwinsche Entwicklungstheorie beibringen. Er hatte nun einen Posten, von dem aus er als »Darwins Bulldogge« fungieren konnte.

In *Down House* gab es wenig Freude. Der zweitjüngste Sohn Leonard, der auf die Schule in Clapham kommen sollte, wo sein Bruder George bereits die erste Klasse besuchte und auf ihn achtgeben konnte, bekam einen Ausschlag, dann eine Halsentzündung, aus der sich schließlich Scharlach entwickelte. Emma und Charles ließen Dr. Engleheart aus Down kommen. Sie verzweifelten fast am Zustand ihres Sohnes und flößten ihm Tag und Nacht alle dreiviertel Stunden einen Löffel Portwein ein, um ihn am Leben zu halten. Dr. Engleheart kam mehrmals täglich, aber erst nach einiger Zeit gelang es Leonard, etwas weichen Porridge zu schlucken.

»Ich glaube, er hat die Krise überstanden«, sagte Emma, die das Zimmer mit einem großen Strauß bunter Juniblumen belebte.

Am selben Abend fragte Leonard zur Verwunderung seiner Eltern mit geschlossenen Augen: »Sind meine Briefmarken in Ordnung?«

»Ja«, antwortete Charles. »Professor Gray hat dir eine aus Amerika geschickt. Du wirst sie morgen sehen.«

»Ich würde sie schrecklich gern gleich jetzt sehen.«

Charles holte die Marke. Leonard öffnete ein Augenlid, was ihm sehr schwer fiel, betrachtete die neue Marke und sagte dann mit einem Seufzer der Befriedigung: »In Ordnung.«

Eine Stunde später brachte Charles weitere Briefmarken, die vor kurzem aus Amerika gekommen waren. Leonard stützte sich auf und sagte:

»Du mußt Professor Gray sehr danken.«

Am nächsten Tag ging es Leonard bedeutend besser. Charles und Emma entspannten sich in einer schattigen Ecke des Gartens.

Da sich Leonards Befinden weiter besserte, lud Charles Alfred Wallace erneut nach *Down House* ein. Er kam in der ersten Augustwoche. Charles empfand sofort bei seiner Ankunft große Sympathie für den jüngeren Mann; er hielt ihn nicht nur für ebenbürtig, sondern auch von entscheidender Bedeutung für die Entwicklung der Naturwissenschaften und glaubte, daß Alfred Wallace gut zu ihrer Viererrunde passen würde.

Wallace war groß – über einsachtzig, schlank, breitschultrig, aber schmalhüftig, mit langen, kräftigen Beinen, die ihn schon über gewaltige Gebirgszüge getragen hatten. Wallaces tiefliegende blaue Augen wurden etwas verdeckt von einer sehr kleinen randlosen Brille, die sogar noch kleiner war als die Hookers. Der neununddreißigjährige Wissenschaftler trug eine graue Weste mit breitem Revers, einen langschößigen dunklen Rock und eine helle Hose.

Charles ließ von Parslow einen Krug mit kalter Limonade bringen. Als Wallace seinen Durst gestillt hatte, sagte Charles:

»Wallace, in unseren naturgeschichtlichen Zeitschriften wurden bereits fünfunddreißig Artikel von Ihnen veröffentlicht, bevor Sie nach England zurückkehrten! Ich bewundere Ihren klaren Stil. Ich habe verteufelte Schwierigkeiten, wenn ich mit einem einfachen Satz etwas schriftlich erklären soll.«

Wallace errötete erfreut und beteuerte:
»Ich wäre froh, wenn ich im Lauf meines Lebens zwei Bücher von der Qualität Ihres *Tagebuchs* und der *Entstehung der Arten* hervorbrächte.«
»Ich bin neugierig: Wie kamen Sie auf die Theorie der natürlichen Auslese, die nun mit uns beiden identifiziert wird?«
Wallace trank noch einen Schluck Limonade und wischte seine kleine Brille mit einem Taschentuch ab.
»Es ist kaum zu glauben, Mr. Darwin, aber damals, im Februar 1858, war ich auf den Molukken und litt unter einem schweren Malariaanfall. Eines Tages, während ich in Decken gehüllt im Bett lag, obwohl draußen das Thermometer über 30 Grad anzeigte, fiel mir das Problem wieder ein, und irgend etwas veranlaßte mich, an die ›positiven Hemmungen‹ zu denken, die Malthus in seinem Werk *Über die Bedingungen und Folgen der Volksvermehrung* beschreibt, ein Buch, das ich mehrere Jahre vorher gelesen hatte und das einen tiefen, bleibenden Eindruck auf mich ausgeübt hat.«
»Ebenso wie bei mir.«
Wallace fügte fast schüchtern hinzu:
»Es fiel bei mir auf den richtigen Nährboden. Ich hatte etwa im Jahr 1847 Ihr *Tagebuch* gelesen. Als Tagebuch eines wissenschaftlichen Reisenden rangiert es unmittelbar hinter Humboldts Bericht, als Werk von allgemeinem Interesse ist es ihm vielleicht sogar überlegen...«
Charles errötete. Wallace war einer der wenigen Menschen, die genauso sprechen, wie sie schreiben, freimütig, mit gut gebauten Sätzen.
»...Diese Hemmungen – Krieg, Krankheit, Hunger und dergleichen – müssen, so schien es mir, auf Tiere ebenso Einfluß haben wie auf Menschen. Und diese Ursachen oder ihre Äquivalente wirken ständig, und da Tiere sich gewöhnlich schneller fortpflanzen als die Menschheit, muß die Vernichtung in jedem Jahr gewaltig sein, um die Zahl der Exemplare bei jeder Art in Grenzen zu halten. Plötzlich wurde mir bewußt, daß dieser Prozeß notwendig ist, um die Rasse zu verbessern, denn in jeder Generation würden die schwächeren Artangehörigen unvermeidlich getötet werden und die stärkeren bleiben – das heißt, die besten würden überleben.«
Es war nun zwölf Uhr mittags. Charles fragte Wallace, ob er einen Spaziergang auf dem Sandweg machen wolle.
»Sehr gern. Er ist in London ziemlich berühmt, man nennt ihn den ›Weg in die Zukunft‹.«
»Tatsächlich? Viele meiner besten Ideen entwickeln sich dort.«
Beim Mittagessen kam Wallace bei Emma und den jungen Leuten gut an, denen seine bescheidene Art und sein herzliches Lachen gefiel.
»Ich werde einige Zeit brauchen«, sagte er, »bis ich von meinen Artikeln und Büchern gut leben kann. Ich habe mich lange einsam gefühlt. Jetzt hätte ich gern eine Frau, Kinder und ein Heim.«

Als es Leonard so gut ging, daß man eine Reise wagen konnte, machte sich die Familie auf den Weg nach Bournemouth in die Sommerferien; aber als sie nach Southampton kamen, wo ihr Sohn William nach seiner Promotion im Christ's College als Partner in eine Bankfirma eingetreten war, erkrankte Emma an Scharlach. Charles schickte die gesunden Mitglieder der Familie nach Bournemouth, wo er ein Haus gemietet hatte, während er mit Emma, Leonard und einer älteren Haushälterin in Williams Haus, Carlton Terrace 1 in Southampton, zurückblieb.

Charles engagierte eine Krankenschwester, verbrachte aber den Großteil des Tages und auch einen Teil der Nacht damit, Emma zu pflegen. Die Sorge erst um Leonard, dann um Emma hatte ihn schwer angeschlagen. Seit Wochen hatte er sich um nichts anderes mehr kümmern können als um seine Kranken. Zum Glück erwies sich Emmas Scharlach als leichter Fall. Charles brachte Frau und Sohn nach Bornemouth, aber erst nachdem er ein zweites Haus gemietet hatte, eines für die Kranken, bei denen er blieb, das andere für die Gesunden.

Nachdem Emma sich erholt hatte und die Familie wieder vollzählig war, genossen sie Sonne, Sand und Meer in Bournemouth. Ende September kehrten sie nach Hause zurück.

Kurz vor Weihnachten kam Sir John Lubbocks trefflicher Gärtner Horwood mit einem Karren voller Pflanzen und Blumenzwiebeln aus Lubbocks Treibhaus, ein Geschenk von den Lubbocks. Charles sagte wehmütig:

»Wissen Sie, Horwood, daß ich mir immer ein eigenes kleines Treibhaus gewünscht habe?«

Horwood war nicht nur ein geschickter Gärtner, dessen Pflanzen viele Preise gewonnen hatten. Er war auch ein guter Beobachter.

»Hab' nur drauf gewartet, Mr. Darwin, daß Sie es vorschlagen. Habe bereits Sir Johns Erlaubnis, Ihnen zu helfen. Ich werde Ihre Pläne zeichnen, wenn Sie wollen. Mit ein wenig Geduld werden wir es schaffen.«

Horwood kam jeden Tag auf eine Stunde herüber. Sie beschlossen, das Treibhaus unweit eines Brunnens zu bauen, nahe beim Haus, neben dem Küchengarten und hinter der Sonnenuhr, nach der Charles seine goldene Uhr und die Großvateruhr in der Diele stellte. Es sollte fünfzehn Meter lang und drei Meter breit werden und ein Blechdach haben, das gegen den Pfad hinab fiel. Für Licht und Sonnenwärme sollten Glasquadrate im Dach und in der Vorderwand sorgen. Zwei Reihen Regale und geschützte Pflanzungsflächen zu beiden Seiten des Mittelgangs waren vorgesehen; die Heizung sollten Öfen übernehmen.

Charles freute sich wie ein Schuljunge während der Tage des Bauens. Horwood erwies sich als ausgezeichneter Bauleiter. Als das Glashaus Mitte Februar fertig war, ritt Charles zu den Lubbocks hinüber.

»Mein kleines Treibhaus ist fertig«, verkündete er. »Ich möchte Ihnen dafür danken, daß sie Horwood erlaubt haben, die Arbeit zu leiten. Ohne seine Hilfe hätte ich wahrscheinlich nie den Mut gehabt, es zu versuchen; und wenn, wäre es

wahrscheinlich nicht gelungen. Das Treibhaus wird für mich nicht nur ein Zeitvertreib sein, sondern mir auch viele Experimente erlauben.«
Als Charles Joseph Hooker wiedersah, erzählte er ihm ganz begeistert:
»Ich brenne darauf, mein neues Treibhaus mit Pflanzen auszustatten.«
»Wir haben jede Menge Treibhausgewächse und Moos.«
»Kann ich Ihnen an einem frostfreien Tag frühmorgens meinen Lastkarren schikken, der vor Einbruch der Nacht wieder hier wäre? Ich habe keine Ahnung, ob es Treibhauspflanzen schadet, wenn sie während der Fahrt hierher etwa fünf Stunden der Kälte ausgesetzt sind.«
»Wir werden alles sorgfältig zudecken«, sagte Hooker, »so daß sie warm bleiben und nicht zu Schaden kommen.«
Als Charles' Schwester Susan hörte, daß Hooker ein eifriger Sammler von Wedgwood-Porzellan geworden war und so viele Stücke kaufte, wie sein bescheidenes Einkommen ihm gestattete, schickte sie ihm mehrere ältere Schaustücke und Vasen aus dem *Mount*. Joseph Hooker war über das Geschenk außer sich vor Freude. Charles schrieb ihm dazu:

> Sie können sich nicht vorstellen, welche Freude mir Ihre Pflanzen machen. Viel mehr, als Susans Wedgwood-Porzellan Ihnen geben kann. Horwood und ich pflegen sie wie einen Schatz...

Charles Lyells Buch *Geologische Beweise für das Alter des Menschengeschlechts* wurde Anfang Februar 1863 veröffentlicht. Als Charles ein Exemplar von Lyell erhielt, schlug er sofort das letzte Kapitel auf, stellte jedoch erschrocken fest, daß weder er noch sein Werk erwähnt wurden. Er fand nur ein kurzes Zitat aus einer Besprechung der *Entstehung der Arten* in *Frazer's Magazine*. Die Schlußbemerkung war Asa Gray gewidmet, der erklärt hatte, daß »die Lehre von der Veränderung und natürlichen Auslese nicht mit der Absicht verbunden ist, die Grundlage der natürlichen Theologie zu schwächen«. Lyell beendete sein Buch mit den Worten:

> Wer behauptet, daß die Entstehung eines Individuums sowie die Entstehung einer Art oder Gattung nur durch direkte Einwirkung einer schöpferischen Kraft erklärt werden kann, mag seine Lieblingstheorie als vereinbar mit der Lehre von der Verwandlung der Arten beibehalten.

Charles konnte einfach nicht fassen, was er da las.
»Nein«, sagte er sich todunglücklich, »so etwas wie objektive Wahrheit gibt es nicht. Jeder kann glauben, was er will, ungeachtet der Tatsachen, die er vor Augen hat.«
Gänzlich verwirrt rief er sich Lyells seinerzeitige Erklärung ins Gedächtnis zurück:

»Ich spare mir meinen Hinweis auf Sie für das Schlußkapitel auf.« Charles stand auf und ging hinaus an die frische Luft. Er wandte sich der heilsamsten Beschäftigung zu, die er im Lauf der Jahre in solchen Situationen gefunden hatte: Er jätete Unkraut im Garten. Damit wurde er gleichzeitig auch den Nebel in seinem Gehirn los. Nach einer halben Stunde fühlte er sich besser und begann, auf der ersten Seite zu lesen.

Es stand außer Frage, daß Lyell eine gründliche Übersicht über die Abstammung des Menschen anhand *geologischer* Beweise zusammengestellt hatte. Er gab faire Berichte über die Arbeiten und Ansichten von Hooker, Huxley und Wallace. Kapitel XVI war *Mr. Darwins Theorie von der Entstehung der Arten durch natürliche Auslese* gewidmet, es enthielt auch eine sachliche Stellungnahme zu Charles' Standpunkt.

»Erst am Ende des Buches macht Lyell plötzlich eine Kehrtwendung«, konstatierte Charles mit einer gewissen Bitterkeit. »Er drückte sich vor der Herausforderung, eine klare Stellungnahme abzugeben.«

Dann schweiften seine Gedanken ab, und er mußte laut lachen.

»Emma wird erleichtert sein! Ihr war bange bei dem Gedanken, daß Lyell sich meiner Ansicht anschließen könnte.«

In den nächsten Wochen las Charles mehrere Kritiken über Lyells Buch. Es war ein durchschlagender Erfolg. Er freute sich für seinen Freund, blieb aber enttäuscht darüber, daß Lyell ihm nicht die Möglichkeit eingeräumt hatte, seine Auffassung über den Ursprung des Menschen darzulegen, und sich lediglich auf die geologischen Voraussetzungen beschränkt hatte.

An einem stürmischen Märztag kamen die Lyells zu Besuch. Sie wurden über Charles' Arbeitszimmer einquartiert. Mary Lyell nahm den Tee mit Emma im Salon ein, während die beiden Männer durch die Fenster des Speisezimmers auf den Garten und die dahinterliegenden Weideflächen hinaussahen.

Lyell hatte kürzlich einen Sitz im Parlament als Vertreter der Universität London abgelehnt.

»Ich glaube, ich kann mich durch die Weiterführung meiner geologischen Forschungen nützlicher machen«, erklärte er.

»Das glaube ich auch. Einen solchen Entschluß faßte auch ich einmal, als eine Anstellung am Christ's College zur Debatte stand.«

Charles wußte, daß Lyell eine Reaktion auf sein Buch erwartete, zögerte aber, darüber zu sprechen, weil er Angst hatte, seinen Freund zu kränken.

»Ich habe Ihr Buch mit sehr viel Interesse gelesen«, sagte er schließlich, »doch habe ich kaum irgendwelche lohnenden Bemerkungen darüber zu machen.«

»Aber, aber!« Lyell schüttelte den Kopf. »Seit über zwei Jahrzehnten kenne ich Ihr Mienenspiel. Ich sehe deutlich, daß Sie eine ganze Menge lohnender Bemerkungen zu machen haben.«

Charles schluckte.

»Da Sie mich dazu auffordern, will ich als erstes das vorbringen, was ich ungern

sage. Ich war sehr enttäuscht, weil Sie darüber, was Sie über die Abstammung des Menschen denken, kein Urteil abgaben und es nicht eindeutig ausdrückten.«
Lyell antwortete gelassen:
»Ich wußte, Sie würden enttäuscht sein, daß ich Sie nicht entschiedener unterstützte. Ich kann nur sagen, daß ich meine derzeitige Überzeugung voll zum Ausdruck brachte.«
»Wollen Sie, daß wir uns ein wenig auf dem Sandweg auslaufen?« schlug Charles vor. »Die frische Luft wird uns vielleicht einen klareren Kopf bescheren.«
»Ich habe mich auf den Spaziergang schon gefreut.«
Charles legte die Flinte an die Ecke des Waldstücks, bevor er begann:
»Ich glaube, der Kritiker des *Parthenon* hatte recht, als er sagte, Sie lassen die Leser im dunkeln.«
Lyell war über diese Anspielung nicht erfreut.
»Wirklich? Sowohl Sie als auch Huxley sind auf dem Gebiet des Unbekannten weiter gegangen...«
Charles unterbrach ihn.
»Zweifellos kann der Leser annehmen, daß Sie von mir, Hooker und Wallace mehr halten als von Lamarck, weil Sie uns mehr Platz widmen. Ich dachte aber immer, daß Ihr Urteil ein Markstein in der Entwicklung sein würde.«
Lyell sah Charles zu, wie er einen Flint mit dem Fuß wegstieß.
»Tatsächlich«, sagte er, »ging ich mit meiner Überlegung hinsichtlich der Veränderungsprozesse bei allen Lebewesen über meine Überzeugung hinaus. Vielleicht werde ich aus diesem Grund mehr Leute zu Ihnen und Hooker hinführen als jemand wie der junge Lubbock, der verhältnismäßig wenig mit alten und lang gehegten Vorstellungen behaftet ist.«
Charles war erstaunt über Lyells Eingeständnis. Er wollte aber seinen Kollegen nicht ärgern und schlug vor, nun zum Essen ins Haus zurückzukehren. Beide Frauen wunderten sich, daß ihre Männer während der Mahlzeit nicht über wissenschaftliche Fragen diskutierten. Keiner von beiden wollte merken lassen, daß es zum erstenmal in ihrer Beziehung eine Unstimmigkeit gegeben hatte.
»Wollen wir die Billardkugeln ein wenig bewegen?« fragte Charles.
Sie spielten planlos, das Klicken der Kugeln machte ihnen nur wenig Freude.
»Ich verstehe durchaus, Lyell«, sagte Charles in halb entschuldigendem Ton. »Von nun an werde ich nur an die bewundernswerte Kunstfertigkeit denken, mit der Sie die wichtigsten Punkte herausgehoben und erklärt haben. Kein Lob kann Ihrem unnachahmlichen Kapitel über die Entwicklung der Sprache im Vergleich zu den Arten gerecht werden.«
Lyell war zu scharfsinnig, um sich mit solch einem halben Lob abfinden zu lassen, und schon gar nicht von dem Naturforscher, den er am meisten bewunderte. Er legte seinen Billardstock weg und sagte mit Bestimmtheit:
»Es kümmert mich nicht, was die Leute in bezug darauf erwartet haben, wie weit ich mich Ihrer Ansicht anschließen werde. Auf keinen Fall möchte ich aber mir

selbst widersprechen. Da ich meine Ansicht nur allmählich ändere, kann ich auch nicht erwarten, daß andere sofort umfallen. Wenn ich gewisse Kapitel meines frühen *Lehrbuchs der Geologie* noch einmal lese, bin ich immer in Gefahr, etwas von meinem Vertrauen in die neue Lehrmeinung zu verlieren. Ich sehe zu viele Schwierigkeiten, mich in das Lager der Neubekehrten zu begeben, deren Glauben oft über den ihres Lehrers hinausgeht. Hooker meint, daß man auf dem Gebiet der Wissenschaft allzu deutliche Hinweise, was man glauben müsse, nicht gern habe, während man in der Religion solche Vorschriften erwarte.«
Auch Charles legte sein Queue weg und trat zu Lyell.
»Ich weiß, Sie werden es mir verzeihen, wenn ich völlig freimütig spreche, denn Sie wissen, wie sehr ich Sie als meinen geehrten Führer respektiere.«
Lyell versuchte, die gefühlsbetonte Szene mit etwas Humor zu überspielen.
»Haben Sie gelesen, daß die *Saturday Review* mein Buch ›Lyells Trilogie über das Alter des Menschengeschlechts, des Eises und Darwins‹ nannte?«
»Und haben Sie schon etwas so Erbärmliches gelesen wie die Besprechung Ihres Buches sowie Huxleys *Der Platz des Menschen in der Natur* im *Athenaeum*?« steuerte Charles bei. »Allem Anschein nach war es Ihre Absicht, den Menschen alt zu machen, und Huxleys, ihn herabzusetzen. Der elende Schreiber hat keine Ahnung davon, was die Entdeckung der wissenschaftlichen Wahrheit bedeutet.«
Lyell lächelte.
»Gehen Sie davon aus, daß Kritiker die natürlichen Feinde von Buchautoren sind. Dazu geschaffen, die Zahl der Schreibenden möglichst klein zu halten.«
Sie lachten beide. Lyell erleichterte sein Gewissen, indem er gestand, daß er vor der vollen Herausforderung zurückgeschreckt sei; Charles unterdrückte seine Bitterkeit darüber, daß sein Freund nicht imstande gewesen war, über die Grenzen seines eigenen Charakters hinauszuwachsen – bis sie ins Arbeitszimmer zurückkehrten.
Charles beugte sich in seinem Stuhl vor, als wollte er die Kluft körperlich überbrücken.
»Ich fürchte, Sie sind noch immer ein wenig verärgert über mich.«
Lyell lächelte freundlich.
»Ich könnte nie länger als einen flüchtigen Augenblick auf Sie böse sein. Ich hege ähnliche Gefühle für Sie wie schon vorher John Henslow. Sie sind in vieler Hinsicht wie ein Sohn und Erbe, den ich nie hatte. Unter diesen Umständen könnte ich mich nie mit weniger als Ihrer vollen Aufrichtigkeit zufriedengeben.«
Charles nahm eine Prise Schnupftabak aus der Dose, die er aus der Halle mitgebracht hatte.
»Ich bin immer noch der Meinung, daß eine klare Äußerung Ihrerseits für die Öffentlichkeit überzeugend gewesen wäre.« Dann hatte er einen amüsanten Einfall und fragte belustigt:
»Sie würden mich nicht Ihr letztes Kapitel über den Ursprung des Menschen neu schreiben lassen, oder?«

»Das werden Sie, verdammt noch mal, nicht tun!« rief Lyell. »Sie werden Ihr eigenes Buch schreiben. Wenn Sie die Beschimpfungen wegen der *Entstehung der Arten* überstanden haben, und das haben Sie, werden Sie auch den Tumult wegen der Abstammung des Menschen vom Affen überleben.«
»Ich wünsche mir fast ebensosehr um Ihret- wie um meinetwillen, daß Ihr Glaube ein Stadium erreicht hätte, das Ihnen erlaubt, mit Entschiedenheit zu sagen: Die menschlichen Rassen wurden nicht getrennt voneinander geschaffen. Ebensowenig der Mensch selbst. Er hat sich entwickelt wie andere Lebewesen.«
Lyell saß mit starrer Miene da. Dann sagte er sehr bestimmt:
»Das ist Ihr Feld und Ihre Pflicht. Es wird der Tag kommen, an dem Sie sich dieser Aufgabe werden unterziehen müssen.«
Als Charles in der Kutsche vom Bahnhof Beckenham zurückfuhr, wohin er die Lyells gebracht hatte, fand das Pferd seinen Weg allein, vorbei an der Kirche und dem kleinen Friedhof in Down, bog ab und zog das Gefährt langsam die leichte Steigung zum Haus der Darwins hinauf; da wußte er, daß er dem Leitsatz seines Onkels Jos folgen würde:
»Tu, was du mußt, und laß dich vom Schicksal überraschen.«

4.

Er behielt seine Stellung als Richter, obwohl er nur selten zu einer Verhandlung nach Bromley gerufen wurde. Er führte weiter die Buchhaltung des Freundschafts-Clubs von Down. Er lud weiter Freunde nach *Down House* ein und arbeitete gern in der warmen, feuchten Luft des Treibhauses, in dem sich die Düfte der Blumen, Sträucher und Pflanzen, mit denen er experimentierte, mischten. Da er sich aber außerstande fühlte, etwas zu Papier zu bringen, erwies sich das Jahr 1863 als das schwierigste, das er durchzumachen hatte. Seine Gesundheit ließ ihn völlig im Stich. Er war zwar daran gewöhnt, daß er sich in bestimmten Abständen elend fühlte, unter Brechreiz, Magenbeschwerden, Ermüdung und Schlafstörungen litt. Aber jetzt war er nicht nur ständig krank, sondern konnte sich nicht einmal in seinem Arbeitszimmer aufhalten oder die Feder führen, um zu schreiben.
Anfang Mai fuhr er mit Emma für zwei Wochen nach Hartfield, weil er hoffte, daß sich sein Zustand bessern würde. Er wohnte im Haus von Reverend Charles Langton und dann bei seiner Schwester Caroline und Joe Wedgwood. Die Ruhe und die Veränderung halfen ihm nicht. Als er wieder in *Down House* war, legte er sich acht Tage ins Bett. Den Gedanken, nach Malvern zu fahren, gab er auf, als er hörte, daß Dr. Gully zu krank sei, um ihn zu behandeln.
Emma verwendete manchmal die Bezeichnung »Beklemmung« für seinen Zu-

stand. Doch er verspürte keine. Sein Vater und eine Reihe von Ärzten einschließlich Gully hatten ihn für organisch gesund erklärt. Und er war nie ein Hypochonder gewesen.

Nie? Der Vorhang öffnete sich einen Spalt.

Er wußte, daß er Zyklen durchmachte, obwohl keiner dahinterkam, was die Ursache war. Er dachte zurück an all die Kuren, die er schon ausprobiert hatte. Manche waren vorübergehend erfolgreich gewesen.

Ein um wieviel besseres Leben hätte er als Geistlicher geführt, in einer ruhigen Landpfarre, wo er Käfer und Schmetterlinge sammeln konnte! Es hätte keine *Beagle*, kein *Journal* gegeben. Nur Frieden und Anerkennung, vielleicht in der schönen Kirche oberhalb von Maer, mit Emma und dem bezaubernden Wohnsitz *Maer Hall*.

Welche teuflische Vorherbestimmung hatte ihn in diese höchst umstrittene Position gebracht? War die *Entstehung der Arten* der Anfang seiner Beschwerden? Eigentlich nicht.

Seiner Frau, den Kindern und dem Personal gegenüber verhielt er sich ruhig und geduldig. In den seltenen Fällen, in denen ihn schwerste körperliche Leiden oder Depressionen übermannten, griff er zu Miltons *Verlorenem Paradies* und dachte über die Zeilen nach:

> Ein eigner Ort ist das Gemüt, und es vermag zu machen
> aus der Hölle einen Himmel, aus dem Himmel eine Hölle.

Emma legte für ihre Kinder und Bedienten eine Reihe von Verhaltensregeln fest. »Wir müssen das alles gleichmütig hinnehmen. Wir müssen uns bemühen, zueinander freundlich zu sein. Es ist ein Zustand, mit dem wir leben und mit dem wir uns abfinden müssen. Wir sprechen und debattieren nicht darüber, wir analysieren es nicht, ja wir bemerken es gar nicht. Gesundheit ist wie das Wetter, etwas, das wir weder vorhersagen noch beeinflussen können. Vaters Anfälle dürfen kein Beispiel sein. Ich wünsche nicht, daß in *Down House* Hypochonder heranwachsen – aus reinem Nachahmungsbedürfnis.«

Charles selbst beschrieb seinen Freunden seine Unpäßlichkeiten in allen Einzelheiten. Er empfand es als therapeutisch, offen von seinen Beschwerden zu sprechen, wobei er selbst klinische Details wie Erbrechen, Gallenschmerzen, Durchfall oder Darmträgheit schilderte. Das brachte ihm die gleiche Erleichterung wie eine Beichte.

Obwohl er versuchte, den Gedanken zu verdrängen, war er sich bewußt, daß er das Buch über die Abstammung des Menschen schreiben mußte. Daß er unwiderlegbar beweisen mußte, daß der Mensch sich wie das Pferd und alle anderen Lebewesen entwickelt hatte und nicht »nach Gottes Ebenbild geschaffen« worden war. Auch wenn es schwerere Beben und Feuersbrünste zur Folge haben würde, als er sie in Chile erlebt hatte. Aber wann und wie sollte er schreiben?

Charles wurde für die Copley-Medaille nominiert, die höchste Auszeichnung in der wissenschaftlichen Welt Englands. Er wurde von seinen Freunden in der Königlichen Gesellschaft eifrig unterstützt und von den älteren Mitgliedern heftig abgelehnt. Konteradmiral FitzRoy verbreitete das Gerücht, er habe den an Seekrankheit leidenden Charles ersuchen müssen, die *Beagle* zu verlassen. Erasmus kam zu Besuch nach *Down House* und berichtete von dem Klatsch. Charles war wütend.

»FitzRoy hat mich niemals überredet, die Reise wegen Seekrankheit aufzugeben, noch dachte ich je daran, es zu tun, obwohl ich sehr darunter litt; ich glaube aber nicht, daß das die Ursache meiner späteren Kränklichkeit war, die mich so viele Jahre gekostet hat.«

Als Erasmus wieder einmal miterlebte, wie Charles unter Brechreiz litt, sagte er mit leiser Ironie:

»Vielleicht solltest du besser auf Vaters Mittel, Rosinen und Zwieback, zurückgreifen. Zu deinem nächsten Geburtstag werde ich dir eine Hängematte kaufen.«

Die Copley-Medaille erhielt ein anderer, Charles wurde von zu vielen abgelehnt.

Was ihn an seinen Schreibtisch zurückbrachte, war eine weitere Entdeckung, eine faszinierende Eigenart bestimmter Kletterpflanzen. Er hatte die Pflanze *Echinocystis lobata* in seinem Arbeitszimmer stehen und bemerkte zu seiner Verwunderung, daß sich der obere Teil jedes Zweiges ständig langsam herumdrehte und dabei einen Kreis beschrieb. Manchmal drehte er sich zwei- oder dreimal herum, dann entwand er sich gleichsam und drehte sich in umgekehrter Richtung. Zwischen diesen Bewegungen ruhte er sich meist eine halbe Stunde aus.

Alle Kinder, mit Ausnahme von William, waren den Sommer über zu Hause. Sie waren fasziniert von Charles' Tätigkeit und fragten ihn, ob sonst schon jemand das Phänomen bemerkt habe. Er erzählte ihnen, daß zwei Deutsche und auch Asa Gray diese Aktivität erwähnt hatten, aber der Vorgang selbst war bisher völlig unerforscht.

»Ich werde ein kleines Buch darüber schreiben. Ein friedliches, aber aufsehenerregendes.«

»Das ist hübsch, Vater. Doch wie funktioniert es?« wollte sein Jüngster wissen.

»Die Pflanze beschreibt alle eineinhalb bis zwei Stunden eine Kreisdrehung von dreißig bis fünfzig Zentimetern Durchmesser. Sobald die Ranke irgendeinen Gegenstand berührt, umfaßt sie ihn und klettert daran hoch. Der Gärtner der Lubbocks meint, die Ranken könnten sehen, denn wo immer er eine Pflanze hinstellt, findet sie sehr bald in der Nähe irgendeine Stütze. Die Ranken besitzen auch ein gewisses Wahrnehmungsvermögen, denn sie fassen einander nicht gegenseitig.«

In dieser neuen Periode voller Energie und Konzentration arbeitete er auch an seinem Buch *Das Variieren der Thiere und Pflanzen im Zustande der Domesti-*

cation weiter und begann am 16. Juni mit dem Kapitel *Auslese*, das er am 20. Juli beendete. Hooker gestand er:
»Meine Ranken beginnen mich sehr zu interessieren; es ist genau die Art von pedantischer Arbeit, die mir liegt und mich beruhigt, während ich schreibe.«
Emma war erleichtert, weil er mit seinen Kletterpflanzen sowohl im Arbeitszimmer als auch im Treibhaus Entspannung fand, und machte sich an die Verwirklichung eines Planes, den sie schon lange hegte: die allgemein gebrauchten kleinen Stahlfallen für Tiere durch eine humane Falle zu ersetzen. Die kleineren Tiere, die sich in den Fallen fingen, litten acht oder zehn Stunden lang, bevor sie starben. Emma schrieb einen langen Artikel, den *Gardeners' Chronicle* veröffentlichte, und interessierte dann die Gesellschaft für die Verhütung von Grausamkeiten an Tieren, indem sie einen Preis für die humanste Falle aussetzte, die erfunden würde. Sie sammelte Geld für den ausgesetzten Preis.
Ihre Familie war stolz auf sie.
Die Überraschung des Sommers war, daß Katty und der durch den Tod von Charlotte Wedgwood verwitwete Reverend Langton sich verlobten und im Oktober heiraten sollten. Die Nachricht von der Verlobung verblüffte die Familie Darwin.
»Das ist ein nicht ungefährliches Experiment«, sagte Emma. »Aber sie müssen einander während der gegenseitigen Besuche im Lauf der Jahre doch kennengelernt haben? Sie werden sich sicher kameradschaftlich beistehen.«
»Warum hat Katty jahrelang gewartet, bis sie dreiundfünfzig geworden ist? Sie hatte doch vermutlich schon ein Dutzend Möglichkeiten, sich gut zu verheiraten.«
»Natürlich werden wir zur Hochzeit gehen«, bestimmte Emma. »Sie sollen von unseren Befürchtungen nichts ahnen.«
»So bleibt also Susan allein in *The Mount*«, meinte Charles bedauernd.
»Wir werden sie einladen, nach *Down House* zu kommen und bei uns zu leben«, schlug Emma vor.
Charles' »Steckenpferd«, wie er es nannte, waren die Kletterpflanzen. Es war aufregend, den *Apocynaceae* zuzusehen, die mit ihren fünfundvierzig Zentimeter langen Trieben ständig nach etwas suchten, um sich daran emporzuranken. Er fand heraus, daß er die Enden der Ranke schon durch eine Bleistiftberührung in jede gewünschte Form bringen konnte. Er hatte bereits die Passionsblume untersucht und setzte sich häufig mit Joseph Hooker in Verbindung, um ihn nach Pflanzen mit eigenartigen Ranken zu fragen, die er ihm überlassen oder verkaufen könnte.
War er nicht in der Verfassung zu schreiben, so diktierte er seinen Frauen. Seine einzige Mußestunde kam abends, wenn er sich auf der Chaiselongue ausstreckte und Emma zuhörte, die auf dem Klavier seine Lieblingsarien aus Opernstücken spielte. Zu Mittag las er die Londoner *Times*, die ihn oft wütend machte, vor allem, weil sie im amerikanischen Bürgerkrieg für den Süden und folglich für die Sklaverei eintrat.

Den ganzen September und den halben Oktober über fuhr er zur hydrotherapeutischen Behandlung nach Malvern. Sie half ihm nicht. Bis in den April 1864 hinein war er krank. »Wohin entschwinden die Wochen und Monate?« fragte er sich. »Mich schaudert bei dieser schrecklichen Zeitvergeudung, wo noch so viel Arbeit zu vollenden ist. Ich glaube, ich werde nie wieder gesund werden. Mein Leben wird im frühen Alter von fünfundfünfzig Jahren zu Ende sein.«
Am 13. April erwachte er nach einer Nacht, in der er gut geschlafen hatte, fühlte sich wohl und setzte sich sofort nach dem Frühstück an die Arbeit; er schrieb *Über die Bewegungen und Gewohnheiten von Kletterpflanzen.* Er fühlte sich jetzt kräftig genug, um sich vier Monate lang konzentrieren und die Monographie beenden zu können. Nach dem Schatten, der über *Down House* während Charles' völliger Arbeitsunfähigkeit gelegen hatte, war es eine erfreuliche Zeit für die Familie. Er sagte zu Emma:
»Das Schreiben dieser einhundertachtzehn Seiten war für mich reine Unterhaltung. Ich wünschte, jede Niederschrift könnte so amüsant sein.«
»Wenn du bei deinen Steckenpferden bleibst, kann es das.«
Die *Linnean Society* veröffentlichte seine Studie in ihrem *Journal* und druckte ziemlich viele Exemplare der Monographie, die zum Preis von fünf Shilling verkauft werden sollten. Charles ließ für sich zweihundert Exemplare drucken, um sie an den Kreis seiner Korrespondenten in aller Welt zu verschicken. Die Aufnahme seiner *Kletterpflanzen* war ebenso erfreulich, wie es das Schreiben gewesen war. Die Naturforscher waren beeindruckt.
Da er nun seine Briefe selbst schreiben konnte, nahm er den Briefwechsel mit seinen engen Londoner Freunden wieder auf. Lyells *Geologische Beweise für das Alter des Menschengeschlechts* waren nun schon in die dritte Auflage gekommen. Mittlerweile war Lyell zum Präsidenten der British Association gewählt und zum *Baronet* ernannt worden. Während eines Aufenthalts in Berlin war Lyell mit Englands Princess Royal zusammengetroffen, die mit dem Kronprinzen von Preußen verheiratet war; sie hatte ihm erklärt, daß durch Darwins *Entstehung der Arten* die alten Ansichten eine Erschütterung erfahren hätten, von der sie sich nie erholen würden.
Thomas Huxley hatte mit seinen *Zeugnissen für die Stellung des Menschen in der Natur* einen Verkaufserfolg erzielt, der bald eine zweite Auflage notwendig machte. Er beklagte sich bei Charles:
»Obwohl ich arbeite wie ein Pferd oder – wenn Ihnen das lieber ist – wie ein Esel, bin ich schrecklich im Rückstand. Wenn ich morgens aufwache, sagt mir jemand ins Ohr: ›A ist nicht gemacht und B ist nicht gemacht und C ist nicht gemacht und D ist nicht gemacht.‹ Ich fühle mich wie jemand, dessen Gläubiger alle vor der Tür stehen und auf ihn warten.«
Charles freute sich, wieder mit dem jungen Huxley zusammen zu sein.
»Erzählen Sie mir alles, was Sie tun.«
»Ich redigiere Vorträge über den Schädel der Wirbeltiere und veröffentliche sie

in der *Medical Times*. Ich schreibe Vorlesungen über elementare Physiologie um, mache mir Gedanken zu meiner vierundzwanzig Vorlesungen umfassenden Vortragsreihe über Säugetiere, die ich nächstes Frühjahr im Königlichen Chirurgen-College halten werde. Ich arbeite an einem *Handbuch der vergleichenden Anatomie* – der Teufel soll es holen, ich sitze schon seit sieben Jahren daran. Schließlich werde ich in der Öffentlichkeit und privat traktiert, weil ich das bin, was man als ›Darwinisten‹ bezeichnet.«

Charles gluckste vor Lachen.

»Sie sollten bei der Auswahl von Personen, für die Sie eintreten, vorsichtiger sein.«

Thomas Huxleys Buch *Sechs Vorlesungen für Werktätige über unsere Kenntnis von den Ursachen der Erscheinungen organischer Natur* war soeben veröffentlicht worden. Charles las in dem Exemplar, das ihm Huxley geschickt hatte:

> Ich glaube, wenn man den theoretischen Teil aus der *Entstehung der Arten* streicht, bleibt noch immer eine der größten Enzyklopädien auf dem Gebiet der Biologie zurück, die jemals herausgebracht wurden; und ich glaube, wenn man sie als Darstellung einer Hypothese auffaßt, ist sie geeignet, während der nächsten drei oder vier Generationen ein Leitfaden für biologische und psychologische Betrachtung zu sein.

Joseph Hooker hatte seine Darstellung der Botanik von Syrien und Palästina für Smith's *Dictionary of the Bible* fertiggestellt. Er tat sein Bestes, um die Kew Gardens davor zu bewahren, durch unfähige Gärtner und unehrliche Buchhalter – die sein alternder Vater nicht als solche erkannte – Schaden zu nehmen. Joseph und Frances hatten einen schweren Schicksalsschlag zu verkraften: Sie hatten ihre sechsjährige Tochter Minnie verloren. Joseph, der ebenso niedergeschlagen war, wie es Charles beim Tod Annies gewesen war, schrieb ihm:

> ...Ich habe mich sehr bemüht, keinen Unterschied zwischen ihr und den anderen Kindern zu machen, aber sie war mein Liebling, die Gefährtin meiner Spaziergänge, das erste meiner Kinder, das Liebe zu Musik und Blumen zeigte, und das reizendste, liebevollste kleine Ding, das ich jemals kannte. Es wird lange dauern, bis ich nicht mehr den Klang ihrer Stimme in den Ohren haben oder fühlen werde, wie sich ihr Händchen in meine Hand schmiegt; der Kamin und der Garten, wo immer ich hingehe, jeder Platz ist mit ihr verbunden...

Charles antwortete:

> Ich verstehe Sie. Annie war ebenso meine Kameradin unter den Kindern. Warum verlieren wir immer den Menschen, der uns am nächsten steht?

Alfred Wallace hatte sich in die Tochter eines seiner Schachfreunde verliebt, machte ihr aber so schüchtern den Hof, daß die junge Frau keine Ahnung von seiner Werbung hatte. Nach einem Jahr machte er ihr schriftlich einen Heiratsantrag, den sie ablehnte. Doch er ließ sich nicht abweisen. Schließlich nahm sie an. Es war bereits das Hochzeitsdatum festgesetzt worden, als sie im letzten Augenblick die Verlobung löste mit der Begründung, sie habe erfahren, daß Wallace schon einmal verlobt gewesen sei. Wallace war nicht so dumm, das zu glauben, auch nicht so beschränkt, um nicht zu merken, daß sie offenbar nichts für ihn empfand. Er wohnte noch immer bei seiner Schwester und lebte bescheiden von den zwei Büchern, die er veröffentlicht hatte, sowie von Artikeln für Magazine. Er hatte genügend Material aus seinen Aufenthalten in unbekannten Ländern mitgebracht, um einer der führenden Naturforscher zu werden.

Charles hatte während der Monate seiner Krankheit beschlossen, sich einen Bart wachsen zu lassen. Nun war er buschig geworden. Er stutzte ihn schön zu einer ovalen Form unter dem Kinn und ließ sich auch einen Schnurrbart wachsen, dessen Haare heller waren als das dunkle Haar an seinen Schläfen und am Hinterkopf. Seine braunen Augen schienen unter den dichten Brauen noch tiefer zu liegen. Emma und die Kinder fragte er stolz:

»Sehe ich nicht ehrwürdig aus?«

»Man wird dich den Bischof von Cambridge nennen«, sagte Henrietta. »Wie Bischof Wilberforce von Oxford.«

»Aber niemals den salbungsvollen Charles!«

Er begann die Zeit in *Intervalle* einzuteilen. In kurze und lange Intervalle. Intervalle des Wohlbefindens und der Produktivität, aber auch in Intervalle der Untätigkeit. Er hegte allmählich den Verdacht, daß die geschlechtliche Auslese den stärksten Einfluß auf die Veränderung der Menschenrasse hatte, und notierte:

> Ich kann beweisen, daß die verschiedenen Rassen sehr unterschiedliche Schönheitsideale haben. Bei den Wilden können sich die kräftigsten Männer die Frauen aussuchen, sie werden im allgemeinen die meisten Nachkommen haben.

Dann wieder haderte Charles mit sich, daß dies Unfug sei. »Wenn ich die Richtung ›sexueller‹ Auslese weiter verfolge, werde ich den größten Teil unserer Gesellschaft gegen mich haben, in der das gefürchtete Wort nie ausgesprochen wird, nicht einmal in den gewagtesten Romanen. Ich werde meine Verbrechen damit verhundertfachen.«

Kurz darauf erhielt er mit der Post ein Exemplar von Alfred Wallaces Artikel *Die Entwicklung der Menschenrassen unter dem Einfluß des Gesetzes der natürlichen Auslese*, der in der *Anthropological Review* erschienen war. Er war über Wallaces Haltung ebenso beunruhigt und enttäuscht wie über die Lyells. Wallace hatte geschrieben:

...Der Mensch ist tatsächlich ein besonderes Wesen, da er nicht von den großen Gesetzen beeinflußt wird, die alle anderen organischen Wesen unwiderstehlich verändern... Der Mensch ist nicht nur selbst der natürlichen Auslese entgangen, er ist sogar tatsächlich imstande, der Natur einen Teil dieser Macht, die sie vor seinem Auftreten unbeschränkt ausübte, zu entreißen...

Sollte Wallace das wirklich glauben? Er war noch jung und anpassungsfähig. Wenn Charles seine neue Vorstellung über sexuelle Auslese an Wallace weitergab, würde ihm das vielleicht den Weg weisen, auf dem er die Entstehung des Menschen bis zu seinen Anfängen zurückverfolgen konnte? Würde Wallace dadurch bekehrt werden? Er schrieb an Wallace:

Ich habe einige Notizen über den Menschen gesammelt, glaube aber nicht, daß ich sie jemals verwenden werde. Wollen Sie demnächst einmal meine Hinweise und Anmerkungen haben? Ich weiß natürlich kaum, ob sie von irgendwelchem Wert sind...

Im Herbst arbeitete er wieder an seinem Buch *Das Variieren der Thiere und Pflanzen im Zustande der Domestication* und beendete ein weiteres langes Kapitel, fühlte sich aber hinterher erschöpft. Daß es seinen Kindern gutging, milderte zwar nicht seine physischen Beschwerden, hob aber seine Stimmung. Der jetzt vierundzwanzigjährige William war mit seinem Los als Bankier zufrieden. In diesem Sommer hatte er seine vier Brüder George, Francis, Leonard und Horace zu den Ferien nach Southampton eingeladen. Er bewirtete sie mit Rotweinbowle und üppigem Frühstück. An einem schönen Sonntag fuhr er mit ihnen auf die Isle of Wight, wo sie nach Bonchurch und Ventnor wanderten. Braungebrannt und quietschvergnügt kehrten die vier nach *Down House* zurück. Emma schrieb an William:

...Wie gut gelang es Dir, ihnen einen fröhlichen Aufenthalt zu bieten!

Charles war mit William überaus zufrieden, denn es war sein sehnlichster Wunsch, daß seine Kinder eine enge, liebevolle familiäre Beziehung untereinander aufrechterhalten sollten. Auch sein Sohn George, der jetzt neunzehn war, machte ihm Freude. Er hatte am Trinity College in Cambridge sein Vorexamen bestanden. George hatte eine Vorliebe für Mathematik; er wollte versuchen, ein Stipendium am Trinity zu erhalten.

Der sechzehnjährige Francis hatte beschlossen, Arzt zu werden und in die Fußstapfen von Groß- und Urgroßvater zu treten. Er war der Künstler unter den fünf Söhnen. Seine Vorliebe galt der Musik, als Autodidakt lernte er Flöte, Oboe und Fagott spielen. Er schrieb hübsche Verse und zeichnete lustige Karikaturen für

Familienspiele. Er war ein charmanter Junge mit einem ausgeprägten Sinn für Humor, litt aber gelegentlich unter Depressionen. Von allen fünf Darwinsöhnen interessierte er sich am meisten für die Arbeit seines Vaters, ließ sich erklären, wie man das Mikroskop benutzt und wie man Pflanzen durch Befruchtung kreuzt. Er las die Bücher seines Vaters und verlangte Erklärungen über Dinge, die er noch nicht begreifen konnte, weil er zu jung war.

Der vierzehnjährige Leonard begeisterte sich für Photographie und machte so gute Aufnahmen von seinem Vater, daß Charles seinen Freunden Abzüge sandte. Horace, mit dreizehn der Jüngste, wohnte im Internat, wo er gute Erfolge hatte. Elisabeth, die jüngste Tochter, war jetzt siebzehn, etwas pummelig und wenig ansehnlich, lange nicht so intelligent wie Henrietta, aber feinfühliger. Sie war zwar in praktischen Dingen ein bißchen hilflos, doch ihre Menschenkenntnis war ausgeprägter als die Henriettas. Henrietta hatte Elisabeth oft vor den Kopf gestoßen und ihre Stellung als ältere und klügere Schwester betont.

Die einundzwanzigjährige Henrietta stellte ihre Unabhängigkeit heraus, indem sie Thomas Huxleys Bücher las und Kritik daran übte. Sie unternahm allein Besuche bei Erasmus und den Hensleigh Wedgwoods sowie bei den Langtons, die in Wiltshire lebten.

Die Kinder fanden, daß sie nun schon zu erwachsen waren, um ihre Eltern »Mama« und »Papa« zu nennen. Sie entschieden sich für »Mutter« und »Vater«. Das gefiel Charles gar nicht:

»Es wäre mir lieber, ihr würdet mich Hund nennen.«

Die Namen blieben. William war als Kind Willy genannt worden; nun wollte er seinen richtigen Namen haben und erhielt ihn. Henrietta blieb Etty. Aus Elisabeth wurde Bessy, aus Francis Frank und aus Leonard Lenny. Weder George noch Horace ließen sich zu Änderungen überreden.

Da die Kinder nun im wesentlichen selbständig waren, hatte Emma mehr Freizeit. Im Frühjahr und Sommer unternahm sie allein Fahrten mit dem Ponywagen. Sie stattete auch allein Besuche in der Nachbarschaft ab, zum Beispiel in der Familie des Dorfdoktors, der Leonard während seiner Krankheit behandelt hatte. Der Arzt befand sich immer in finanziellen Schwierigkeiten, weil er seinen ärmeren Patienten gegenüber zu großzügig war. Als sie sah, in welch beengten Verhältnissen er lebte, schlug sie Charles vor, er solle dem Mann Geld für künftige ärztliche Behandlungen vorschießen. Sie besuchte auch gern die Lubbocks in *High Elms*. Manchmal kam sie zum Tee in das Haus von Reverend Brodie Innes und lud den Vikar mit seiner Frau für den Sonntag nach *Down House* zum Mittagessen ein.

Die Zeit für die nächste Verleihung der Copley-Medaille nahte wieder. Charles wurde aufgefordert, zusätzliches Material einzuschicken, lehnte es jedoch mit den Worten ab: »Einmal durch diese Mühle hat mir genügt.« Hugh Falconer trat für ihn ein, indem er aus Europa, wo er sich auf Reisen befand, einen Brief schrieb, in dem er Charles als Kandidaten für die Medaille vorschlug:

> Ich bin der Ansicht, daß Mr. Darwin nicht nur einer der hervorragendsten Naturforscher seiner Zeit ist, sondern daß er später als einer der größten Naturforscher aller Länder und aller Zeiten gelten wird.
>
> ... Mr. Darwins großes Essay über die *Entstehung der Arten durch natürliche Auslese*, dieses gewichtige rätselhafte Thema, war vorher so oberflächlich oder so grotesk behandelt worden, daß man es kaum ernsthafter philosophischer Untersuchungen für wert hielt. Mr. Darwin veröffentlichte seine Ansichten nach zwanzig Jahren eingehenden Studiums und Forschens. Es genügt festzustellen, daß sie sofort die Aufmerksamkeit der gesamten zivilisierten Welt erregten. Daß die Bemühungen eines einzigen Mannes bei einem Thema von so großer Reichweite, das noch dazu solche Schwierigkeiten birgt, erfolgreich waren, ist mehr, als man billigerweise erwarten konnte...

Dieser Brief wie auch andere verschafften Charles die Medaille.
Er beschloß aber, nicht an der Versammlung teilzunehmen, bei der die Medaille verliehen werden sollte, weil einige der älteren Mitglieder der Society sich gegen die Verleihung an ihn ausgesprochen hatten. Lyell bot sich an, die Laudatio nach dem Dinner zu halten, was Charles dankbar annahm. Bei der Zuerkennung kam es fast zu einem Skandal. Joseph Hooker überbrachte Charles den Bericht.
»Präsident Edward Sabine sagte in seiner Ansprache, daß bei der Verleihung der Copley ›ausdrücklich davon abgesehen worden‹ sei, Ihre *Entstehung* zu berücksichtigen. Huxley stand auf und fragte, wie das möglich wäre. Er bestand darauf, daß das Protokoll der Beratung vorgelegt und verlesen würde, in dem von einer solchen Nichtberücksichtigung keine Rede war.
Lyell bemühte sich vorbildlich, diese Verunglimpfung der *Entstehung* durch Sabine gutzumachen, indem er sich zu dem Buch bekannte. Er erklärte: ›Ich wurde durch die *Entstehung* gezwungen, meinen alten Glauben aufzugeben, ohne einen Weg zu einem neuen zu sehen.‹ Er sandte Ihnen eine Botschaft: ›Ich glaube, Sie wären damit zufrieden gewesen, wie weit ich mich für Sie erklärte.‹«
»Versprach Sabine, seine Bemerkungen in der gedruckten Ausgabe seiner Ansprache zu berichtigen?«
»Er deutete an, daß er es tun würde.«
Er tat es nicht. Als Charles das gedruckte Exemplar von Präsident Sabines Rede erhielt, stellte er fest, daß Sabine den Satz eingefügt hatte:

> Allgemein und insgesamt haben wir die *Entstehung der Arten* ausdrücklich aus der Begründung für unsere Zuerkennung ausgeklammert.

Diese Unaufrichtigkeit nahm der Medaille einiges von ihrem Glanz. Emma meinte:
»Sabine versucht nur, die älteren Mitglieder zu beschwichtigen, die gegen dich

gestimmt haben. Ich nehme an, es gehört zu den Funktionen eines Präsidenten, den Frieden in der Familie zu erhalten.«
»Um jeden Preis?« fragte Charles zornig. »Das geschriebene Protokoll absichtlich zu fälschen? Das ist eine Irreführung!«
Als er mehrere Zuschriften von Kollegen erhielt, die, wie er Emma gestand, »mein Herz erwärmten«, sagte er:
»Ich wundere mich oft darüber, daß ein so alter, verbrauchter Kerl wie ich noch nicht ganz vergessen ist.«
Emma war seine Gepflogenheit, sich selbst herabzusetzen, gewohnt:
»Alt? Verbraucht? Angesichts der Kritiken von einem halben Dutzend Büchern, die in deinem Arbeitszimmer herumliegen?«
Charles seufzte.
»Du hast natürlich recht. Wahrscheinlich werde ich ewig leben.«

5.

Er hatte nicht erwartet, daß die Zuerkennung der Copley-Medaille einen neuen Angriff seiner Gegner auslösen würde, die durch die Verleihung an Boden verloren hatten. Sie entfesselten eine Kampagne von Artikeln und Hetzpredigten gegen ihn, ja sie veröffentlichten sogar Bücher, die sich gegen ihn richteten. Für Charles war das schwer zu ertragen, aber die Copley und das neuerliche Bombardement machte die *Entstehung der Arten* nun in Kreisen bekannt, die das Buch noch nicht erreicht hatte. Möglicherweise war die Attacke auf lange Sicht gesehen eher förderlich.
Henrietta hatte begonnen, wissenschaftliches Material zu lesen. Sie stürzte sich sofort auf die Manuskripte von Huxley, Hooker und Wallace, die in *Down House* eintrafen, und machte Bemerkungen über ihre Ausdrucksweise. Besonders Huxley amüsierte sich darüber. Nachdem Henrietta seine *Vorlesungen über die Grundlagen der vergleichenden Anatomie* gelesen hatte, erklärte sie ihm:
»Ich wünschte, Sie würden ein Buch schreiben.«
»Ich habe eben ein großes Buch über den Schädel geschrieben, Miss Etty.«
»Das nenne ich kein Buch. Ich meine etwas, das die Leute lesen können. Glauben Sie, Sie könnten eine volkstümliche Abhandlung über Zoologie schreiben?«
»Miss Etty, mein letztes Buch *ist* ein Buch, hören Sie mal! Oder bezeichnet die Dame es etwa als Pamphlet?«
»Nur als Monographie.«
Charles, der in einem Fauteuil daneben saß, sagte:
»Mitunter glaube ich, volkstümliche Abhandlungen sind für den Fortschritt der Wissenschaft fast ebenso wichtig wie schöpferische Werke.«

»Ich habe eben eine Reihe von Vorlesungen für Arbeiter über die verschiedenen Rassen der Menschheit beendet. Sie würden nach Miss Ettys Auffassung ein Buch ergeben.«

Das Jahr 1865 war für viele von Charles' Kollegen verhängnisvoll. Drei Monate nachdem er die Copley für Charles durchgesetzt hatte, starb Hugh Falconer Ende Januar, unmittelbar nach seiner Rückkehr aus Europa. Charles' Nachbar und Freund, Sir John Lubbock, starb im Juni an Herzversagen. Sir William Hooker verschied im August. Vizeadmiral Robert FitzRoy hatte am 30. April Selbstmord begangen. Daß FitzRoy sich die Kehle durchschnitten hatte, setzte Charles am meisten zu.

»Es ist ein weiter Weg von meinem *beau idéal* eines Kapitäns bis zu seinem Tod von eigener Hand«, sagte er in Emmas Beisein. »Doch ich fürchtete oft für ihn. Sein Onkel, Lord Castlerough, hatte ungefähr im gleichen Alter Selbstmord begangen; das nagte manchmal an FitzRoys Gemüt.«

Die Wahrheit kam nach dem Begräbnis zutage. FitzRoy hatte sein ganzes Vermögen durchgebracht. Es mußte eine Sammlung veranstaltet werden, um seine Schulden zu bezahlen. Er war überarbeitet, krank, verzweifelt gewesen, weil er mit seiner Aufgabe am Meteorologischen Amt unzufrieden war. Aber am meisten hatte ihn enttäuscht, daß sein bedeutendster Beitrag seit der Rückkehr der *Beagle* im Jahr 1836 verworfen worden war. Er war durch das Studium aller Wetterkarten, die er gesammelt hatte, zu dem Schluß gelangt, daß man das Wetter vorhersagen könne. Die Londoner *Times* hatte seine – wie sie es nannte – »rätselhaften Äußerungen« lächerlich gemacht. Es folgte scharfe Kritik, dann wurde er vergessen. Robert FitzRoy war weiterhin einer von Charles' hartnäckigsten und zungenfertigsten Angreifern geblieben.

»Der arme FitzRoy. Er bekam die gleichen bitteren Schmähungen zu spüren, mit denen er mich bedachte«, sagte Charles. »Nein, ich freue mich nicht darüber, daß ich einen Feind weniger habe«, entschied er, als wolle er seine eigene Frage beantworten. »Ich denke an die wunderbaren Jahre auf der *Beagle,* in denen er mir freundschaftlich zugetan war und meine Forschungen unterstützte. So werde ich ihn in Erinnerung behalten.«

Charles wußte nie, wann neue Ideen entstehen würden, aber er konnte ihren Beginn und ihre Entwicklung genau festhalten. Er hatte mehrere Jahre lang Knospen- und Samenvariation, Vererbung, Rückartung und spezielle Eigenarten der Fortpflanzung für seine *Veränderungen* studiert. Es war für ihn zur Passion geworden, alle zusammengetragenen Fakten zu einer Art Hypothese zu verbinden. Nun prägte er das Wort *Pangenesis*, um das Phänomen der Vererbung zu erklären: daß jede Einheit oder Zelle eines Organismus sich fortpflanzt, indem sie ihren Teil zu einem Keim oder einer Knospe beiträgt.

Als er seine Idee der Pangenesis auf dreißig Seiten niedergeschrieben hatte, fuhr er nach London, um mit Huxley zu sprechen und ihn zu bitten, das Manuskript zu lesen.

»Von jemandem, der so hart arbeitet wie Sie, erbitte ich da einen großen Gefallen. Die Pangenesis ist eine sehr voreilige und undurchdachte Hypothese, aber sie hat mir einiges wesentlich erleichtert, da ich eine ganze Anzahl von Fakten damit erklären kann.«

Als Huxley eingewilligt hatte, rief Charles:

»Wunderbar. Ich muß mich selbst einen Helden nennen, wenn ich meine Hypothese der Feuerprobe Ihrer Kritik aussetze.«

Huxleys Urteil über das Manuskript war: »Es beruht gedanklich zu sehr auf den französischen Naturforschern Buffon und Bonnet.«

»Ich beuge mich Ihrem Urteil«, murmelte Charles enttäuscht, »und werde auf eine Veröffentlichung verzichten. Die ganze Sache ist viel zu theoretisch. Und doch glaube ich, daß man sich eine solche Auffassung zu eigen machen sollte.«

Huxley entschuldigte sich.

»Ich hatte keineswegs die Absicht, Sie mit meinem Einwand von einer Veröffentlichung abzuhalten. Diese Verantwortung möchte ich wirklich nicht tragen. Wenn jemand ein halbes Jahrhundert später in Ihren Papieren herumstöbern und die *Pangenesis* finden würde, könnte er mit Recht sagen: ›Seht doch diese weitsichtige Vorwegnahme unserer heutigen Theorien. Und dieser Esel Huxley hat ihn daran gehindert, sie zu veröffentlichen.‹ Machen Sie Ihre Ansichten bekannt, weniger in Form fertiger Schlußfolgerungen als in der hypothetischen Weiterentwicklung des einzigen derzeit verfügbaren Anhaltspunktes. Geben Sie den Philistern sowenig Gelegenheit wie möglich, Sie zu schmähen.«

Charles studierte die Bücher von Bonnet und Buffon und stellte fest, daß sie andere Wege eingeschlagen hatten. Er zollte ihren Versuchen jedoch in einer längeren Fußnote Anerkennung.

Charles hatte einen ausgeprägten Abscheu vor Grausamkeit jeder Art. So war die Sklaverei den Familien der Darwins und Wedgwoods seit langem verhaßt gewesen. Die Darwins hatten sich gefreut, als im Jahr 1863 Abraham Lincolns Proklamation der Befreiung aller Sklaven in den Londoner Zeitungen veröffentlicht wurde. Sie waren über alle Maßen erleichtert, als der amerikanische Bürgerkrieg am 14. April 1865 zu Ende ging, nachdem General Lee in Appomattox vor General Grant kapituliert hatte. Aber die Londoner *Times* brachte anderweitig schlechte Nachrichten.

Das historische Savile House auf dem Leicester Square brannte im Februar ab. Ein Streik der Schiffszimmerleute fügte den Schiffswerften auf der Themse schwere Verluste zu, was wiederum zu weitverbreiteter Not führte. Die Fenier, ein irischer Geheimbund, dessen Ziel es war, Irland von der englischen Herrschaft zu befreien, planten die ersten Aufstände gegen die in Irland stationierten Briten. Die Regierung in London erfuhr von dem Plan, besetzte das Büro der Fenier und verhaftete die Rädelsführer.

Als Charles hörte, daß ein Nachbar einige Schafe hatte verhungern lassen, sorgte er dafür, daß der Mann wegen grober Fahrlässigkeit verurteilt wurde.

Er hatte den Bitten Emmas nachgegeben, keine Zeitung mehr zu lesen, da ihn die vielen schlechten Nachrichten zu sehr aufregten. Aber auch ohne Zeitung erfuhr er, daß aus Holland importiertes Vieh eine Krankheit eingeschleppt hatte, die auf dem Kontinent unter dem Namen Rinderpest bekannt war. Sie verbreitete sich nun mit beängstigender Geschwindigkeit auf der britischen Insel. Die Darwins hielten in *Down House* nur zwei Kühe, um die Familie mit Milchprodukten zu versorgen, aber auf den üppigen Weiden von Kent graste viel Vieh. Bis Ende 1865 waren 73559 Tiere von der Pest befallen worden, 55422 verendeten oder mußten geschlachtet werden. Verzweiflung und Angst machten sich breit, denn der Verlust der Herden mußte für England katastrophale Folgen haben. Die Viehzüchter taten sich mit Wissenschaftlern zusammen, von denen Charles mehrere kannte. Sie fanden ein Mittel, um die gefürchtete Seuche zu stoppen. Als der Schrecken ausgestanden war, meinte Charles mit einem gewissen Triumph:

»Das Parlament hat die Wissenschaft immer vernachlässigt. Vielleicht war das eine heilsame Lektion. Wir brauchen Gesetze zur finanziellen Unterstützung der Forschung, vor allem auf dem Gebiet der Medizin im allgemeinen sowie der Kontrolle von Krankheiten bei Menschen und Tieren.«

Die gesamte Familie Darwin hatte sich wegen der nicht abreißenden Krisen Sorgen gemacht. Doch als gegen Ende des Jahres 1865 der Aufstand in Jamaika ausbrach, führte das zu einer seltenen Meinungsverschiedenheit in *Down House*. Anlaß zu dem Aufstand war, daß eine Gruppe von rund einhundertfünfzig Schwarzen versucht hatte, einen eingeborenen Gefangenen zu befreien. Achtundzwanzig Rädelsführer wurden verhaftet, worauf die Schwarzen die Weißen überfielen, eine Reihe von ihnen töteten und verwundeten und ihre Besitztümer verwüsteten. Der englische Gouverneur von Jamaika, Edward Eyre, ließ die Aufrührer durch seine Truppen erschießen und aufhängen. Die Unruhe griff auf England über, als Gouverneur Eyre den angeblichen Anführer der Aufrührer, George W. Gordon, ein schwarzes Mitglied des Repräsentantenhauses, verhaftete, ihn widerrechtlich verurteilen und unverzüglich hängen ließ. Die Hinrichtung Gordons, der offensichtlich nichts mit dem Aufstand zu tun gehabt hatte, sowie Gouverneur Eyres nachfolgende Racheaktionen an allen Schwarzen spalteten England in zwei feindliche Lager, von denen das eine Eyres Handlungen guthieß, während das andere dagegen war. Als William zu Besuch nach Hause kam, erzählte er bei Tisch:

»Wir hatten unlängst in Southampton eine öffentliche Versammlung zugunsten von Gouverneur Eyre. Unser Sprecher klagte das Komitee an, das Eyre angeprangert hat. Southampton tritt entschieden für den Gouverneur ein. Ich muß sagen, ich schließe mich an.«

Charles' Augen blitzten vor Zorn. Er wandte sich wütend an William und schrie empört:

»Dann fahr lieber nach Southampton zurück!«

Am nächsten Morgen stand er um sieben am Bett seines Sohnes.
»Es tut mir leid, William, daß ich dir gegenüber so zornig war. Ich konnte die ganze Nacht nicht schlafen. Obwohl ich in der Sache von Gouverneur Eyre völlig anderer Meinung bin als du, heißt das nicht, daß du kein Recht auf eine unabhängige Meinung hast.«
Charles verbrachte einen Großteil seiner Nachmittage mit der Lektüre wissenschaftlicher Literatur in früheren Zeitschriftenausgaben, in denen er Material für sein *Variieren im Zustande der Domestication* fand und mit Anmerkungen versah. Er ritt auch eine Stunde täglich aus. Der Wechsel der Jahreszeiten war für ihn immer aufregend.
Kattys Ehe mit Reverend Charles Langton hatte sich als gut erwiesen. Aber Katty war häufig krank und ihr Leiden akut. Als nun Susan in *The Mount* erkrankte, kehrte Katty nach Shrewsbury zurück, um sie zu pflegen und ihr Gesellschaft zu leisten. Das half Susan, doch dann konnte Katty das Bett nicht mehr verlassen und hatte schließlich einen sanften Tod, der sie im Schlaf überraschte. Charles trauerte um seine jüngere Schwester, die ihm so ähnlich gesehen hatte. Sie war in den Jahren, die er zu Hause verbracht hatte, eine treue Kameradin gewesen.
»Ich werde noch einmal versuchen, Susan dazu zu überreden, daß sie zu uns zieht«, sagte er zu Emma. »In deiner Gesellschaft würde sie sich wieder beruhigen.«
Sein Arbeitszimmer, das so oft einem Schlachtfeld geglichen hatte, wurde zu seinem Zufluchtsort. Sein forschender Verstand hielt ihn bei guter Laune. Er setzte seine Überlegungen zur Frage der sexuellen Auslese fort und beobachtete, daß Schmetterlinge ein ausgezeichnetes Beispiel dafür sind, wie Schönheit immer an einem augenfälligen Teil des Körpers zur Schau getragen wird: Das viel leuchtender als das Weibchen gefärbte Männchen zeigt für gewöhnlich die farbenprächtige Unterseite seiner Flügel, um das Weibchen anzulocken. Charles dachte an den männlichen Fregattenvogel von den Galápagos, der in der Paarungszeit zu Tausenden die Strände und Sümpfe bevölkerte; seine Kehle war strahlend orange oder feuerrot, und er plusterte sie zu Ballongröße auf, um ein Weibchen anzulokken.
Es war eine ähnliche Entdeckung, wie er sie bei Blumen schon gemacht hatte: daß sie erblühten, um die Aufmerksamkeit der Insekten auf sich zu lenken. Er korrespondierte mit zwei deutschen Botanikprofessoren – dem einen an der Universität Freiburg, dem anderen in München – über den Salbei, das Übergangsstadium von Organen sowie den Zweck der von Blumen und Früchten entfalteten Schönheit.
John Murray hatte geschrieben, daß eine vierte Auflage der *Entstehung* notwendig werde. Charles war es lästig, dafür Korrekturen und Änderungen ausführen zu müssen. Aber schließlich druckte Murray weitere zwölfhundertfünfzig Exemplare, an denen Charles 238 Pfund verdienen würde.
Außerdem korrigierte und revidierte er das Manuskript des *Variierens* und ver-

wertete neues Material. Er hatte bereits tausend Seiten fertiggestellt, wartete aber mit dem abschließenden Kapitel, bis das Werk in Druck gehen würde. Er machte so erfreuliche Fortschritte und fühlte sich so wohl, daß er gegen Mitte April Emma vorschlug, gemeinsam nach London zu fahren und in Erasmus' Haus Urlaub zu machen. Ras hatte sie aufgefordert zu kommen. Sie beschlossen, die Mädchen mitzunehmen.
Erasmus war überglücklich darüber, wie gut Charles aussah. Er selbst hatte vor kurzem einen fiebrigen Anfall überstanden, war aber so herzlich und bezaubernd wie immer. Sie besuchten eine Aufführung von *Hamlet* mit dem berühmten Schauspieler Fechter, der seine Rolle großartig darstellte. Erasmus schalt Emma, als sie beichtete:
»Es war eine wunderbare Vorstellung, aber mir wäre alles andere lieber gewesen als Shakespeare, muß ich zu meiner Schande gestehen.«
Am nächsten Abend holte Emmas Schwester Elisabeth sie zu einem Besuch des Philharmonischen Konzerts ab. Das Programm war ausgezeichnet: die Pastoralsymphonie von Beethoven und ein Konzert von Hummel.
Als wichtigstes Ereignis hatte sich Charles vorgenommen, einer Soiree in der Königlichen Gesellschaft beizuwohnen. Er kleidete sich mit großer Sorgfalt und begab sich am frühen Abend in die Gesellschaft; es war das erste Mal seit vielen Jahren, daß er das Burlington House aufsuchte. Er wurde von seinen überraschten und erfreuten Kollegen so freundlich aufgenommen, daß es ihm warm ums Herz wurde.
»Charles Darwin! Wie wunderbar, Sie wiederzusehen!... Sie sind schlank wie ein junger Mann... Sie haben uns gefehlt!... Glückwünsche zur Copley. Keiner hat sie mehr verdient...«
Er bemerkte, daß ihn mehrere Männer sonderbar anstarrten. Lyell lachte herzlich.
»Sie erkennen Sie nur mit dem Bart nicht. Kommen Sie, wir wollen Ihren Namen wie Vogelfutter unter sie ausstreuen.«
Lyell hatte recht. Als die Mitglieder Charles' Namen hörten, begannen sie zu lächeln, schüttelten ihm die Hand und sprachen mit ihm über seine Arbeit. Edward Sabine, immer noch Präsident, der sich seiner einstigen Heuchelei bewußt war, blieb verlegen im Hintergrund. Als der Prinz von Wales erschien, sorgte Sabine mit großer Geste dafür, daß Charles ihm als erster vorgestellt wurde. Es wurden nur drei Mitglieder vorgestellt.
»Sabine versucht, sich mit Ihnen zu versöhnen«, flüsterte Hooker, während Huxley hinzufügte: »Diese noble Geste hat Sie zum führenden Mitglied der Gesellschaft gemacht.«
Charles verzog das Gesicht.
»Der Prinz scheint ein netter, gutmütiger Mann von sehr vornehmer Haltung zu sein. Er sagte etwas zu mir, das ich nicht hören konnte, deshalb verneigte ich mich möglichst tief und ging weiter.«

Als sie, von den Anregungen der Stadt erfrischt, nach *Down House* zurückkehrten, begrüßte sie ein Korb voller junger Kätzchen.
James Sulivan, jetzt Admiral, kam mit seiner Frau zu Besuch. Seine Statur war mächtig geworden, und sein Gesicht war gerötet. Gemeinsam beklagten sie den vorzeitigen Tod von Robert FitzRoy.
Dann änderte Sulivan plötzlich seinen Kurs:
»Darwin, ich habe unweit der Magellanstraße eine erstaunliche Anhäufung von fossilen Knochen entdeckt. Man sollte sie sammeln, und dafür sind Sie der richtige Mann. Ich könnte Sie das nächstemal, wenn ich nach Süden fahre, als meinen Naturkundigen mitnehmen.«
Alle lachten. Charles freute sich über das Beisammensein mit seinem alten Schiffskameraden, der in den Jahren an Bord der *Beagle* so sehr zur Unterhaltung beigetragen hatte. Er war der einzige, mit dem Charles noch zusammentraf. Die anderen, Dr. Benjamin Bynoe, John Wickham, Stokes und King, sie alle führten ihr eigenes Leben und waren aus seinem Gesichtskreis verschwunden. Auch von Conrad Martens hatte er nichts mehr gehört, dem Maler, der sich in Australien niedergelassen hatte und dessen Aquarelle noch an seinen Wänden hingen. Augustus Earle war, wie er später erfuhr, nur ein Jahr nach Charles' Rückkehr gestorben. Charles, der in seine eigenen Sammlungen vertieft war, hatte keine Möglichkeit gehabt, eine Ausstellung von Earles Werken zu sehen.
Die Arbeit machte gute Fortschritte, genauso wie der Sommer 1866. Als Emma von ihrer Fahrt mit der Kutsche zurückkam, freute sie sich:
»Ich hatte schon ganz vergessen, wie angenehm es ist, sich den ganzen Tag frisch zu fühlen.«
»Ich auch. Alles geht gut voran. Die Kapitel für das *Variieren* nehmen Form an. Huxley erhält an der Universität Edinburgh seine erste akademische Ehrung, gleichzeitig mit Thomas Carlyle. Wallace wird Annie Mitten heiraten, die achtzehnjährige Tochter eines befreundeten Botanikers. Er ist um fünfundzwanzig Jahre älter als das Mädchen, aber er ist ein so kräftiger Mann, daß ich glaube, die Ehe wird funktionieren. Lyell bringt die zehnte Auflage seines *Lehrbuchs der Geologie* heraus, für ein wissenschaftliches Buch geradezu einmalig. Er fügt neues Beobachtungsmaterial hinzu. Hooker ist, seit sein Vater tot ist, als Direktor in Kew tätig, wo er die Möglichkeit hat, die Gärten zu erweitern, zu modernisieren und sie auf wissenschaftlicher Grundlage zu führen. Er sagt, er arbeite täglich sechs Stunden im Freien.«
Die Söhne kamen im Sommer während der Schulferien wieder nach Hause; Francis sollte im September ins Trinity College eintreten. Sie waren ausgelassen wie Fohlen. Charles beteiligte sich an ihren Spielen. Henrietta hielt sich in Südfrankreich auf. Sie war begeistert von St. Jean, das sie als »kleinen Hafen mit prächtigen gelben und roten Lateinsegeln« beschrieb. Die neunzehnjährige Elisabeth konnte sich nun Geltung verschaffen, indem sie ihrem Vater aus der populären Literatur der Gegenwart vorlas. Auch Emma hörte zu, wenn sie Zeit hatte.

Als sich im Herbst das Manuskript für das *Variieren* seinem Ende näherte, beschloß Charles, als Höhepunkt ein Kapitel über die Abstammung des Menschen anzufügen. Das würde ein folgerichtiger Abschluß des Buches sein, es vervollständigen. Er empfand es als unumgänglich, die Aufgabe zu erfüllen, die Lyell nicht zu Ende führen konnte.

»Auf diese Weise kann ich mein Werk über den Menschen abschließen und brauche keinen ganzen Band darüber zu schreiben.«

Seine Schwester Susan konnte sich nicht dazu entschließen, *The Mount* zu verlassen, obwohl sie krank war, und lehnte nicht nur Charles' und Emmas Einladungen, sondern auch die anderer Familienmitglieder ab. Schließlich starb sie im Oktober im Alter von dreiundsechzig Jahren und wurde in Shrewsbury begraben. Als Charles mit Caroline und Erasmus zusammentraf, sagte er:

»Ich glaube, ich weiß, warum Susan *The Mount* nicht verlassen wollte, obwohl sie dort einsam starb. Sie fürchtete, die Präsenz unseres Vaters zu verlieren. Er war die Liebe ihres Lebens, die einzige Liebe. Deshalb hat sie nie geheiratet.«

»Das habe ich gespürt«, antwortete Caroline leise.

Charles erhielt die Abrechnung über die Versteigerung der Einrichtung des *Mount*, die eine ganz hübsche Summe einbrachte. Der Erlös der Auktion wurde unter Marianne Parkers Kindern aufgeteilt, wie Susan es gewünscht hatte. Als nun das Haus zum Verkauf stand, wurde Charles von starkem Heimweh gepackt.

Nach Susans Tod hatte er sich einige Tage frei genommen, und in dieser Zeit war ihm klargeworden, daß er an sein *Variieren* kein Kapitel über die Abstammung des Menschen anschließen konnte. Zwei Gründe sprachen dagegen: Erstens würde dieses Kapitel mit Sicherheit die meiste Aufmerksamkeit der Kritiker, vor allem der Theologen, auf sich ziehen, während die übrigen dreißig Kapitel kaum beachtet werden würden. Zweitens – zu dieser Erkenntnis war er gelangt – konnte er die Entwicklung des Menschen nicht in einem einzigen Kapitel am Schluß eines tausend Seiten umfassenden Manuskriptes abhandeln. Er brauchte Platz, um seine Theorie und seine Beweise darzulegen, um das Material aufzubereiten, das den Sachverhalt eindeutig darstellen könnte. Es würde Zeit erfordern, vielleicht Jahre, aber es würde nicht schwierig sein. Er hatte bereits viel Material gesammelt, das auf die Entwicklung des Menschen hinwies. Auch wollte er ethnologische Studien über Völker und Rassen seit dem Beginn aller Zeiten einbeziehen.

Am 21. Dezember hatte er die gesamten Korrekturen am *Variieren* beendet und stellte zufrieden fest, daß das Manuskript das beste war, das er zu diesem Zeitpunkt verwirklichen konnte. John Murray war über den Umfang bestürzt und sagte Charles, es enthalte zuviel Material für einen einzigen Band. Der Druck müßte zu klein werden. Er empfahl, zwei Bände von nahezu gleichem Umfang daraus zu machen. Dadurch würde das Wagnis kostspielig werden; man würde das Buch etwa für 1 Pfund, zehn Shilling verkaufen müssen. Charles antwortete Murray:

> Ich kann Ihnen nicht sagen, wie leid es mir tut, von dem enormen Umfang meines Buches zu hören. Ich fürchte, es wird sich nie bezahlt machen. Ich kann es aber jetzt nicht kürzen; auch wenn ich seine Länge vorhergesehen hätte, wüßte ich wirklich nicht, welche Teile entfallen sollten. Wenn Sie Bedenken haben, es zu veröffentlichen, sagen Sie es bitte offen, und ich werde Ihre Zusage als annulliert betrachten. Wenn Sie es für richtig halten, lassen Sie einige der lesbaren Kapitel von jemandem begutachten, auf dessen Urteil Sie sich verlassen können... Bitte veröffentlichen Sie es nicht unbesonnen, denn ich würde mich mein Leben lang ärgern, wenn ich Sie zu einem schweren Verlust verleitet hätte.

Dann teilte ihm Murray mit, daß er sich keine Sorgen wegen der Kosten mache, obwohl dreiundvierzig Holzschnitte für die Illustration des Textes notwendig seien. Er werde es drucken, trotz der einigermaßen negativen Meinung eines literarischen Freundes, dem er das Manuskript zur Begutachtung übergeben hatte. Charles beendete das letzte Kapitel zu *Das Variieren der Thiere und Pflanzen im Zustande der Domestication*, das er *Abschließende Bemerkungen* nannte. Es war kurz, enthielt aber den Hinweis:

> Wenn ein allmächtiger und allwissender Schöpfer alles verfügt und alles voraussieht, stehen wir einer so unlösbaren Schwierigkeit gegenüber wie der des freien Willens und der Prädestination.

Er würde ein Jahr brauchen, um die Druckfahnen mit Korrekturen und Erläuterungen vollzuschreiben. Aber das Gefühl der Sicherheit, nun, da Murray das Buch veröffentlichen würde – wer sonst sollte es tun? –, brachte ihn zu seinem Schreibstuhl mit dem grünen Filzbrett zurück, um das erste Kapitel seiner *Abstammung des Menschen* zu schreiben. Wieder verwarf er die geplante Manuskriptlänge und beschloß, es »auf einen sehr kleinen Band zu beschränken«.

6.

Im Februar fuhren die Darwins ein paar Tage zu Erasmus nach London, um Charles' achtundfünfzigsten Geburtstag und ihren achtundzwanzigsten Hochzeitstag zu feiern. Charles hatte vorher schriftlich Verabredungen mit Wallace, Huxley, Hooker und Lyell getroffen. Sein erster Besuch galt Wallace, der mit seiner Frau Annie im Haus St. Mark's Crescent 9 in der Regent's Park Road wohnte. Im Sommer sollte ihr erstes Kind zur Welt kommen. Würde es ein Junge sein, sollte er nach dem gelehrten Philosophen Herbert Spencer genannt werden, der

den Ausdruck *Überleben der Fähigsten* in seinen *Ersten Grundlagen* geprägt hatte, ein Ausdruck, der mit dem Darwinismus verknüpft worden war; die beiden Männer führten ein langes Gespräch, das anfangs zur beiderseitigen Befriedigung verlief, dann aber zum *Überleben der Fähigsten* überging. Charles sagte:
»Ich stehe vor der Frage, warum manche Raupen so schön und kunstvoll gefärbt sind, während viele Arten durch ihre Färbung der Gefahr entkommen können.«
»Darf ich die Vermutung aussprechen, daß auffällige Raupen und andere Insekten, die für Vögel unangenehm schmecken, dadurch leicht erkannt und gemieden werden?« meinte Wallace.
Charles strahlte vor Freude.
»Wallace, ich habe noch nie etwas Scharfsinnigeres gehört.«
Dann kehrte er zu seinem derzeitigen Problem zurück.
»Ich beschäftige mich so eingehend mit sexueller Auslese, weil ich ein kleines Essay über die Abstammung der Menschheit veröffentlichen möchte. Sexuelle Auslese war die wichtigste Einwirkung bei der Entstehung der Menschenrassen.«
Wallaces Haltung wurde plötzlich steif, seine Augen verschleierten sich. Nach einem Augenblick des Schweigens antwortete er:
»Ich bezweifle, daß wir über genügend klare und genaue Fakten verfügen, um über den Menschen schreiben zu können.«
Wollte ihn Wallace entmutigen? Warum? Plante er vielleicht ein ähnliches Buch? War das wiederum eine Situation, in der es um die Priorität der Veröffentlichung ging? Er konnte es nicht glauben. Wallace würde nie versuchen, ihn zurückzuhalten; dazu war er zu großherzig. Hatte er nicht in einem seiner Artikel betont, daß Darwin der Begründer der Theorie von der *Entstehung der Arten durch natürliche Auslese* war? Er verbannte diesen unwürdigen Verdacht aus seinen Gedanken. Ein anderer trat an seine Stelle. Hatte Wallace nicht in seinem Artikel *Die Entwicklung der Menschenrassen unter dem Gesetz der natürlichen Auslese* den Menschen ausgeklammert, weil für diesen die Gesetze, die alle anderen organischen Lebewesen beeinflußten, nach seiner Meinung keine Geltung hatten? War das der Grund für seine enttäuschende Haltung? Charles erwiderte:
»Ich hatte beabsichtigt, dem *Variieren im Zustande der Domestication* ein Kapitel über den Menschen anzufügen, da ihn ja viele – nicht ganz richtig – als hochgradig domestiziertes Tier bezeichnen. Ich fand aber das Thema zu umfangreich für ein Kapitel. Der einzige Grund, warum ich mich damit befasse, ist die Tatsache, daß die sexuelle Auslese immer schon ein Thema war, das mich sehr interessierte. Ich dachte, mein neues Steckenpferd würde sehr unterhaltsam sein, aber das Thema ist meiner Meinung nach merkwürdiger und für eine wissenschaftliche Bearbeitung geeigneter, als Sie anscheinend zuzugeben bereit sind.«
Am nächsten Tag fuhr er zu den Kew Gardens hinaus, um die Hookers zu besuchen. Durch den Frost und die schweren Schneefälle im Januar waren viele der

alten Bäume und fast alle empfindlichen Pinien und Zypressen sowie mehr als die Hälfte der Sträucher vernichtet worden. Er hatte erwartet, Hooker entmutigt vorzufinden. Statt dessen war sein Freund bester Laune.

»Ich brauchte Mut und Selbstvertrauen, um mit der Zerstörung fertig zu werden, aber als der Schock vorüber war, erkannte ich, daß aus dem Bösen viel Gutes entstehen kann. Es ist tatsächlich eine Gelegenheit, nach einem System neu zu pflanzen, das Durchblicke öffnen und eine vollständige Sammlung von Musterbäumen vorsehen wird. Die ersten Kew Gardens waren die meines Vaters. Die nächsten werden meine sein.« Er lächelte Charles schüchtern zu und murmelte: »Ich gestehe, daß ich eine Leidenschaft für Landschaftsgärtnerei habe.«

Hooker erklärte ihm den Verlauf der sieben Grasstraßen, die sternförmig von der Pagode ausgehen würden, der Straße, die parallel zum Fluß entlang des schönsten Themseabschnitts oberhalb von London verlaufen würde, und die neu erweiterten Gebiete für jahreszeitlich bedingte Blumen und Sträucher.

»Ach, Hooker, das wird eine glückliche und schöpferische Zeit für Sie sein. Wenn alles wächst, werden die Kew Gardens von *Joseph* Hooker zu den schönsten der Welt gehören.«

Hooker lachte leise in sich hinein.

»Das ist meine Absicht. Sie sollen stolz auf mich sein.«

Einige Tage später begleitete Charles Huxley, um dessen Vortrag über das schreckliche Los der Arbeitslosen im East End beizuwohnen. Es war eine Rede, in der er die »Besitzenden« vernichtend kritisierte, die die »Habenichtse« in Hunger und Schmutz verrotten ließen. Als sie den Vortragssaal verließen, sagte Charles:

»Wir sind alle für soziale Gerechtigkeit und gegen tiefste Armut. Doch Sie tun etwas dafür. Ihre Stimme wird man hören.«

Charles und Emma waren bei den Lyells zum Tee in die Harley Street eingeladen. Lyell bat Charles, ob er die Probeabzüge des *Variierens* lesen könne. Charles versprach ihm die ersten, die aus der Druckerei kommen würden.

Nach *Down House* zurückgekehrt, fragte sich Charles, warum er, nachdem das Schreiben am *Variieren der Thiere und Pflanzen im Zustande der Domestication* so befriedigend gewesen war, das Korrigieren so mühsam und langweilig empfand. Aus den Wochen wurden Monate, und er war noch immer damit beschäftigt.

Im Mai fuhren Emma und die Mädchen nach Cambridge, um mit George und Francis zusammenzutreffen und sich die Bootsrennen anzusehen. Die Brüder trafen sich mit ihnen in ihrem Gasthaus. Nach dem Essen wanderten sie durch die Stadt und besichtigten die herrlichen College-Bauten. Am nächsten Morgen mieteten sie eine Kutsche und fuhren fünf Kilometer weit zu einer sumpfigen Wiese am Fluß. Es war ein schöner Anblick: zwanzig Boote voller gutaussehender, athletischer junger Männer, die langsam zum Start ruderten; die einzelnen Bootsmannschaften trugen verschiedenfarbige Trikots. Nach dem Startschuß lief die Menge den Treidelpfad entlang, um die vorbeischießenden Boote zu beobachten. Der Fluß Cam war zu schmal für mehr als ein Boot; wenn ein nachfolgendes an ein vor ihm fahrendes anstieß, gab das vordere den Weg frei und fuhr zur Seite. Nach dem Rennen nahmen sie mit George den Tee ein, es gab Fisch, Koteletts und alle möglichen Sorten von Teegebäck. An den nächsten Tagen frühstückten sie bei Francis, dann ließen sie sich das Mittagessen, Rotweinbowle und allerlei Leckerbissen von der Trinity-Küche schmecken. Am letzten Abend wurde das Wetter warm, und sie fuhren mit den beiden Jungen nach Ely, um dort die große Kathedrale zu besichtigen.

Als Emma merkte, daß Charles sich wohl fühlte und in *Down House* alles gut funktionierte, fuhr sie – eine Seltenheit – allein auf Urlaub nach Ravensbourne, zehn Kilometer nordwestlich von Down, in dem sie sich gut erholte.

Charles hatte sich in seinem Arbeitszimmer verschanzt und war glücklich, daß sich seine Damen gut unterhielten. Da Kate Terry, eine der berühmtesten Schauspielerinnen Englands, vor ihrer Hochzeit einige Abschiedsvorstellungen gab, fuhr Emma mit den beiden Mädchen mehrmals nach London, um ein paar davon zu sehen. Sie hatten zwei kleine, schnelle Pferde und fuhren in der offenen Kutsche die zehn Kilometer nach Bromley, der jetzt nächstgelegenen Bahnstation. Es herrschte prachtvolles Sommerwetter, und die Rückfahrt in der sternenklaren Sommernacht war beinahe das Köstlichste an der »fast unglaublichen Ausschweifung, auf die meine Mutter ebenso begierig war wie wir alle«, drückte Henrietta es aus.

Als Charles die korrigierten Probeabzüge des *Variierens* erhielt, schickte er Exemplare an Lyell und an Asa Gray nach Boston. Was Charles am besten an dem Buch gefiel, war das Kapitel über Pangenesis und Vererbung. Er schrieb an Asa Gray:

> ... Ist es ein verrückter Traum oder ein Traum, der der Veröffentlichung wert ist? Im Grunde meines Herzens glaube ich, er enthält eine große Wahrheit.

Alfred Wallace, der vor kurzem eine Abhandlung über die sexuelle Auslese bei Vögeln veröffentlicht hatte, ließ nicht von seinen seltsamen und für ihn ganz und gar nicht charakteristischen Versuchen ab, Charles davon abzubringen, über die Abstammung des Menschen zu schreiben; als er sich aber damit abgefunden hatte, daß Charles weiter daran arbeitete, meinte er nur:

»Es ist ein herrliches Thema, aber es erfordert eine feinfühlige Behandlung.«

Charles überkam bei dieser Bemerkung ein beinahe unheimliches Gefühl. Es gab keinen Weg, die Wahrheit über die sich entwickelnde Natur delikat zu behandeln. Entweder man sah die Fakten und schilderte sie genauso, wie sie waren, oder man wich ihnen aus. Er wußte sehr wohl, daß der Himmel auf ihn herabkommen würde.

Alle Zweifel, die er vielleicht hinsichtlich der Aufnahme seiner Veröffentlichung *Das Variieren der Thiere und Pflanzen im Zustande der Domestication* gehegt hatte, wurden zerstreut, als er eine Zuschrift von Lyell erhielt. Dieser war unterwegs nach Paris, wo er eine Ausstellung besichtigen wollte, deren botanischen Teil Hooker beurteilen sollte. Er schrieb:

> Ich möchte Ihnen sagen, daß ich es als Privileg erachte, Ihre Bogen im voraus lesen zu dürfen. Sie übertreffen bei weitem meine Erwartungen, sowohl hinsichtlich der Menge an neuartigen Beobachtungen als auch des Materials, das aus so vielen verschiedenartigen Quellen stammt. Die Tragweite dieses Werks werden die Leser der *Entstehung* nun in einer Weise begreifen, die nicht möglich gewesen wäre, wenn dieses Buch als erstes erschienen wäre.

Diese wenigen Zeilen von Lyell gaben ihm gewaltigen Auftrieb. Ende Oktober hatte John Murray dann seinen Herbstverkauf und gab bekannt, er werde fünfzehnhundert Exemplare drucken lassen. Bei dem Verkauf erstanden die Buchhändler zwölfhundertsechzig Exemplare im voraus, was den Herausgeber wie den Autor gleichermaßen erleichterte.

Eine dritte Auflage der *Entstehung der Arten* in deutscher Sprache kam heraus, eine zweite in Französisch. Er erhielt mehrfach Ehrungen, die er infolge seiner Lebensanschauung für unwichtig hielt, außer daß sie ein Spiegelbild des ernsthaften Interesses waren, mit dem sein Werk in fremden Ländern aufgenommen wurde. So wurde er zum Ritter des deutschen Ordens *Pour le mérite* ernannt, eine seltene Auszeichnung für einen Engländer, und auch zum Mitglied der Kaiserlichen Akademie der Wissenschaften in St. Petersburg gewählt.

Schließlich wurde das Buch im Januar 1868 zum allgemeinen Verkauf freigegeben. Interesse und Absatz waren von Beginn an groß. John Murray hatte die zwei Bände in schönes, glattes, grünes Leinen gebunden. Kaum eine Woche später teilte er Charles mit, er müsse sofort eine zweite Auflage drucken. Wenn Charles wolle, könne er umgehend seine Aufstellung von Korrekturen einsenden. Doch Charles hatte diesmal nur eine Korrektur anzubringen.

Er las alle Kritiken, die er finden konnte. Den Rest schickten ihm seine Freunde. Die *Pall Mall Gazette* brachte eine gute Kritik, das *Athenaeum* wie gewöhnlich eine miserable. Die *Gardeners' Chronicle* war hervorragend. Charles frohlockte gegenüber Emma und den Kindern: »Das wird mehr als alles andere den Verkauf und die Verbreitung steigern.« Eine der Edinburgher Zeitungen behandelte ihn mit tiefster Verachtung. Der Herzog von Argyll veröffentlichte ein Buch, in dem er Charles' Werk verhöhnte. Aber Asa Gray fand es großartig. Er schrieb sofort eine Besprechung für die *Nation*, mit der er das Interesse der Naturforscher und Wissenschaftler Amerikas weckte. Wie Charles vorausgesagt hatte, verursachte das Buch keinen Meinungsstreit. Die Bände wurden als Bericht eines Naturfor-

schers über die Entwicklung der Arten behandelt. Heftiger Widerstand kam einzig von Richard Owen und anderen, die sich weigerten, an das Prinzip der natürlichen Auslese zu glauben oder es zu akzeptieren.
Die Zeit war wie ein Schirm, der ihn vor brennender Sonne und Platzregen schützte. Die Monate, in denen er sich wohl fühlte, konnte er sein konzentriertes Arbeitspensum auf drei bis vier Stunden ausdehnen und außerdem bis zu zehn Briefe täglich an Männer des Fachs schreiben. Er notierte in seinem Notizbuch, wie lang er brauchte, um die Kapitel *Über die Art der Entwicklung des Menschen aus einer tiefer stehenden Form* und *Die geistigen Kräfte des Menschen und der Tiere* zu vollenden.
Auch für Emma flossen die Jahre dahin wie ein ruhiger Strom. George erhielt bei der mathematischen Abschlußprüfung im Trinity den zweiten Grad, hatte also die Prüfung als Zweitbester bestanden. Dafür wurde ihm ein Preis zugesprochen, und er würde wahrscheinlich ein Stipendium bekommen. Charles teilte die gute Nachricht sofort William in Southampton sowie Leonard und Horace mit. Frances half George, das Ereignis im Trinity zu feiern.
Charles schrieb an George:

> Ich freue mich so! Ich gratuliere Dir aus vollem Herzen und ganzer Seele. Ich habe von Anfang an gesagt, daß die Energie, Ausdauer und Begabung, die Du an den Tag legst, sicherlich Erfolg haben werden; aber ich rechnete nie mit einem so glänzenden Erfolg. Immer wieder gratuliere ich Dir... Gott segne Dich, mein lieber Junge – möge Dein Leben so weitergehen.

Als er am 4. Februar 1868 mit der eigentlichen Niederschrift seines Buches über den Menschen begann, wurde ihm klar, daß er mit neunundfünfzig Jahren dem Höhepunkt seines Lebenswerks zustrebte.
»Nicht, daß es nicht noch mehr Bücher gäbe, die ich zu schreiben plane, ein gutes halbes Dutzend Themen, die mich seit Jahren reizen: der Ausdruck von Gemütsbewegungen, insektenfressende Pflanzen und dergleichen...«
Am 11. Januar 1832 hatte er an Bord der *Beagle* in sein Tagebuch geschrieben:

> Ich bin recht müde, nachdem ich den ganzen Tag an der Ausbeute des Fangergebnisses in meinem Netz gearbeitet habe... Viele dieser Geschöpfe, so tief sie auf der Stufenleiter der Natur auch stehen mögen, sind in ihren Formen und reichen Farben vollkommen. Es erregt ein Gefühl der Verwunderung, daß so viel Schönheit anscheinend für so geringe Zwecke geschaffen sein sollte.

Damit hatte er, ohne es zu wissen, den ersten Schritt getan, um ein »vollendeter Naturforscher« zu werden – wie John Henslow vorausgesagt hatte – und sein Leben mit der Suche nach Antworten zu verbringen.

7.

Seine größte Enttäuschung über die Reaktion auf *Das Variieren der Thiere und Pflanzen im Zustande der Domestication* erlebte er hinsichtlich der Theorie, die er Pangenesis nannte und die er als das Phänomen der Vererbung definierte, bei der jede Einheit oder Zelle sich selbst fortpflanzte. Sie wurde von den Kritikern ignoriert. Als er das nächstemal nach London kam, um Erasmus zu besuchen, ging er in den Zoo, um Pfauenschwänze, die Streifen der Zebras und den langen Hals der Giraffe zu studieren. Er verbrachte seine Abende mit Lyell, Hooker und Wallace im *Athenaeum* und erkundigte sich nach ihren Eindrücken.

Charles Lyell, der ihm am Tisch gegenübersaß, erklärte ihm mit seinem freundlichen Lachen:

»Ich sage jedem: ›Sie glauben vielleicht nicht an Pangenesis, aber wenn Sie diese Theorie erst einmal verstehen, werden Sie sie nie mehr vergessen können!‹«

Draußen in den Kew Gardens äußerte Hooker teilweise Einwände gegen Charles' neuestes Steckenpferd.

»Ich fürchte, Sie werden über meine Beschränktheit lachen, aber ich sehe nur, daß Sie mit der Pangenesis nichts anderes tun, als das zu formulieren, was ich immer für eine Grundidee bei allen Entwicklungstheorien gehalten habe: die Übertragung jeder einzelnen Eigenschaft, welche die Elternteile besitzen, auf den Nachkommen. Wie immer es sein mag, ich halte Ihr Kapitel über die Pangenesis für das wunderbarste in dem Buch und für überaus interessant – es ist so voller genialer Gedanken; und es gefällt Ihnen doch selbst so sehr! Ich würde mich an Ihrer Stelle keinen Deut darum kümmern, was die Leute darüber denken, denn ich bin sicher, daß unter hundert Naturforschern kaum einer folgen kann. Ich habe es selbst noch nicht ganz gemeistert.«

Sir Henry Holland kam in leutseliger Stimmung zum Abendessen bei Erasmus. Er sagte:

»Ich empfinde das Buch als eine schwierige Lektüre, gebe jedoch zu, daß man irgendeine eng verwandte Ansicht wird gelten lassen müssen.«

Alfred Wallace, der immer noch dagegen zu sein schien, daß Charles über die Abstammung des Menschen schrieb, nahm bei Erasmus den Tee mit ihm ein und spendete ihm die schönste Anerkennung.

»Ich habe das Kapitel über Pangenesis als erstes gelesen, weil ich einfach nicht länger warten konnte. Ich kann Ihnen kaum sagen, wie sehr ich es bewundere. Es ist mir eine große Hilfe, eine mögliche Erklärung für eine Schwierigkeit, die mich immer verfolgt hat. Ich werde diese Stütze erst weglegen können, wenn ich sie durch eine bessere ersetzen kann, und das halte ich kaum für möglich.«

Doch dann begann es abfällige Kritiken zu regnen. Victor Carus, der schwer zufriedenzustellende deutsche Übersetzer, schickte ihm eine ungünstige Beurteilung: die Theorie sei zu kompliziert. George Bentham, Hookers Mitarbeiter an

der Pflanzen-Enzyklopädie, sagte, er könne die Pangenesis nicht akzeptieren. In einer englischen Kritik hieß es, die Behauptung sei unverständlich.
Asa Grays Artikel in der *Nation* gab den Amerikanern eine Vorstellung davon, was Charles als Naturgesetz aufzustellen versuchte. Dankbar schrieb er an Gray:

> Pangenesis ist ein Kind, das vorläufig von wenigen außer seinem zärtlichen Vater geliebt wird, aber es wird ein langes Leben haben. Ist es nicht ein glänzendes Beispiel elterlicher Anmaßung?

Fünf Männer, Charles Darwin, Sir Charles Lyell, Joseph Hooker, Thomas Huxley und – in den letzten sechs Jahren – Alfred Wallace hatten sich in Großbritannien zu der am meisten schöpferischen und produktiven Gruppe auf dem weiten Gebiet der Naturgeschichte entwickelt. Charles Darwin wußte, daß sein Leben ohne die anderen, ohne die lebenspendende Kraft der Freundschaft, die konstruktive Kritik, die Ermutigung und die Anerkennung nicht diese Höhe erreicht hätte. In gewissem Sinn waren sie das Äquivalent zu einer College-Fakultät. Früher hatte Charles einmal gesagt: »Ich habe immer das Gefühl, meine Bücher kommen zur Hälfte aus Lyells Gehirn.« Doch alles, was sie dachten und planten, kam zum Teil aus dem Gehirn der anderen. Ihre Flut von Briefen, Artikeln, Monographien und Büchern ergoß sich über die ganze Welt, gewährte Einsichten und Wissen, erzog eine ganze Generation. Gemeinsam hatten sie das Bild, das sich der Mensch von sich selbst und der Welt machte, verändert, hatten Vorurteile gegen jene ausgerottet, die in ihren religiösen Anschauungen unorthodox waren, hatten Befreiung vom strengen Dogma der Kirche sowie aus der Macht des Klerus gebracht, sie hatten nicht nur an der verzahnten Kontrolle der Schulen, der Presse und der Regierung durch die Hierarchie gerüttelt, sondern der Masse des Volkes, die bisher nicht entscheiden durfte, wie sich ihr tägliches Leben abspielen sollte, Mut gemacht. Nun gab es Hoffnung auf geistige Unabhängigkeit, auf die Befreiung des Individuums von den Fesseln diktatorischer Einschränkungen. Welche Wunder würde der Mensch vollbringen, sobald sein Verstand nicht mehr von den eisernen Ketten mythischen Glaubens gefesselt war! Der Mensch würde endlich sein eigener Herr werden und damit die Freiheit erringen, die Großes schaffen kann.
Obwohl sie es nie beabsichtigt oder sich bewußt darum bemüht hatten, es zu erreichen, bildeten sie eine Organisation, eine Gesellschaft, und wurden von anderen Naturforschern als solche betrachtet. Im Ausland hielt man sie für eine Autorität, die von St. Petersburg bis Neapel beachtet und diskutiert wurde. Die Korrespondenz, die sie miteinander führten, die seitenlangen Briefe, in denen sie ihre wissenschaftlichen Probleme austauschten, hätten gebunden ein halbes Dutzend erstklassiger Publikationen von John Murray ergeben.
Es war ein glücklicher Umstand, daß sie sich in der gleichen Zeit und am gleichen Punkt der Erde zusammengefunden hatten. Charles war überzeugt davon, daß keiner von ihnen seine Rolle so konsequent und hartnäckig ohne die warme Zu-

neigung, die beständige Unterstützung und den Eifer der anderen hätte durchstehen können. Die Intensität ihrer Gefühle konnte mit Recht Liebe genannt werden. Sie hatten tapfer füreinander gekämpft, auch wenn es manchmal nicht nur unangenehm, sondern sogar gefährlich war. Doch niemals bekämpften sie einander, nie gab es zwischen ihnen Eifersucht, Neid oder Gehässigkeit. In ihrer Einheit gab es keinen Angriffspunkt.
Ebenso stabil blieb die Treue der Familien Darwin und Wedgwood zueinander. Emmas Schwester Elisabeth, die infolge der verkrümmten Wirbelsäule ihr Leben lang unter Schmerzen litt, war nach dem Tod ihrer Schwester Charlotte und dem Verkauf der beiden Häuser in Hartfield und Sussex nach London gezogen.
»Charles, ich glaube, Elisabeth sollte endlich nach Down übersiedeln«, erklärte Emma. »Der Tumult des Stadtlebens in London ist angesichts ihrer fünfundsiebzig Jahre zuviel für sie. Hier in der Nähe stehen einige Häuser zum Verkauf. Elisabeth könnte ihr Hündchen Tony und ihre anhänglichen Dienstboten mitbringen, und ich könnte mich um sie kümmern.«
Sie fanden *Tromer Lodge*, das einen hübschen Salon im ersten Stockwerk, nette Schlafzimmer und als zusätzliche Attraktion ein Treibhaus hatte, was für Elisabeth, die begabte Gärtnerin von *Maer Hall*, das Beste war. In *Down House* wurde Elisabeth, gefolgt von ihrem Hund Tony, nun ein vertrauter Anblick. Ihre erste Frage, wenn sie das Haus betrat, lautete stets: »Wo ist Emma?«
Und Emma ließ alle Arbeiten im Stich, mit denen sie gerade beschäftigt war, um ihre Schwester herzlich zu begrüßen. Sie richtete ein Schlafzimmer her, damit Elisabeth, wenn sie zum Abendessen blieb, die Nacht bei ihnen verbringen konnte. Die Schwester blühte unter Emmas Obhut und Fürsorge zusehends auf.
All das verschaffte Charles eine gewisse Beruhigung. Er konnte damit einen Teil seiner Schuld an Onkel Jos zurückzahlen.
Er arbeitete zur Zeit pausenlos an den Kapiteln *Die Rassen des Menschen* und *Sekundäre Geschlechtsmerkmale bei den niederen Klassen des Tierreichs*, schrieb täglich mehrere Stunden und ritt zum Ausgleich mit seinem Pferd Tommy aus.
Dann ließ ihn plötzlich seine Gesundheit am 23. Juni wieder im Stich, und er mußte seine Arbeit abbrechen. Er war mehr über sich verärgert als deprimiert.
»Zweieinhalb Jahre ist es nun her, seit ich das letztemal einen Zusammenbruch hatte. Wenn ich die Ursache wüßte, wäre ich weniger beunruhigt.«
»Anstatt nach Ursachen zu suchen«, tadelte Emma, »sollten wir uns lieber nach einem passenden Haus auf der Isle of Wight umsehen, um mit der Familie Urlaub machen zu können.«
Mitte Juli fanden sie Quartier im *Dombola Lodge*, dem Haus einer Mrs. Cameron. Nach zwei Tagen fühlte sich Charles wieder wohl, wenn auch die gelbliche Farbe seiner Haut, die während der Wochen seiner Unpäßlichkeit aufgetreten war, nur langsam zurückging. Wenige Tage später lasen sie in der Zeitung, daß Leonard die Aufnahmeprüfung bei den Royal Engineers in Wollwich als Zweitbester bestanden hatte. Das bedeutete, daß er automatisch aufgenommen wurde.

Charles rief:
»Ich platze vor Freude! Ist das nicht prächtig? Wer hätte gedacht, daß der arme kleine Lenny so großartig abschneiden würde?«
»Ich«, antwortete Emma.
Erasmus besuchte sie in Freshwater, auch die Hensleigh Wedgwoods leisteten ihnen Gesellschaft und brachten ihre älteste Tochter mit. Dr. Henry Holland kam mit Saba für einige Tage ins *Lodge*. Joseph Hooker, der kürzlich für das 1868 in Norwich stattfindende Treffen zum Präsidenten der *Britisch Association* gewählt worden war, reiste an, nachdem er vorher geschrieben hatte:

> Ich schaudere bei dem Gedanken, Ihnen meine Präsidenten-Ansprache für das Treffen mitzubringen. Zugleich könnte ich aber die Feigheit nicht ertragen, es nicht zu tun.

Hooker blieb drei Tage. Er war sehr nervös, da er fürchtete, seine Ansprache sei ein Mischmasch aus Botanik und Entwicklung. Charles machte einige Vorschläge, während die beiden Männer auf der Isle of Wight spazierengingen. Nach Hookers Abreise suchten die Darwins ein wenig Geselligkeit. Mrs. Cameron, die alle Leute in der Umgebung kannte, nahm sie zu einem Besuch bei dem Dichter Alfred Tennyson mit. Es regnete in Strömen, so daß Tennyson eine Flasche Weißwein auftischte, um »mit innerer Feuchtigkeit auszugleichen«.
Gegen Ende August kehrten sie erholt nach *Down House* zurück. Charles bestellte die *Times*, den *Telegraph*, den *Spectator*, das *Athenaeum* und einen Stoß anderer Zeitungen, um die Berichte über Joseph Hookers Ansprache zu lesen. Obgleich Hookers Stimme in der miserablen Akustik des Saales beinahe untergegangen war, wurde er allgemein gelobt. Der *Spectator* aber fiel über »seine lauwarme Theorie« her, und Hooker berichtete, am nächsten Sonntagmorgen sei bei seinem Kirchgang in Kew eine ziemliche Kühle spürbar gewesen. Charles war überzeugt, daß Hooker die Meinung über die Entwicklung der Arten ungeheuer gefördert hatte, und schrieb ihm sofort:

> Ihr großer Erfolg hat mein Herz erfreut. Ich habe soeben im *Athenaeum* die ganze Ansprache sorgfältig gelesen, und obwohl sie mir, wie Sie wissen, schon bei Ihrem Vorlesen sehr gefiel, konzentrierte ich mich damals die ganze Zeit darauf, Fehler zu bemerken, so daß mir die Wirkung des Ganzen bis zu einem gewissen Grad entging; die Gesamtwirkung erscheint mir nun eindrucksvoll und hervorragend. Wie müssen Sie sich gefreut haben, daß Ihre Mühe und Besorgnis schließlich von einem so großen Erfolg gekrönt wurde! Ich muß ein Wort über mich selbst anfügen: Noch nie wurde eine solche Lobrede auf mich gehalten, und sie macht mich sehr stolz. Ich kann gar nicht genug darüber staunen, was Sie über meine botanische Arbeit sagen...

Bei der gleichen Zusammenkunft wurde die Frage nach der Gültigkeit der Pangenesis ziemlich rasch gelöst, als M. J. Berkeley, ein Mitglied des Christ's College und weltweit berühmt dafür, die Pathologie von Pflanzen als erster systematisch behandelt zu haben, vor der Abteilung D eine Rede hielt. Es war die gleiche Abteilung D, die John Henslow in Oxford geleitet hatte, als Hooker und Huxley Bischof Wilberforce in der Streitfrage der *Entstehung der Arten* aus dem Felde geschlagen hatten. Berkeley führte aus:

> ... Es wäre unverzeihlich, diese etwas unzusammenhängenden Bemerkungen zu beenden, ohne auf eines der interessantesten Themen des Tages, die Darwinsche These von der Pangenesis, einzugehen. Ich bezeichne den Autor ohne Zögern als den größten Beobachter unseres Zeitalters, was immer man über seine Theorien denken mag, wenn sie zu extremen Ergebnissen führen. Wie alles, was aus seiner Feder stammt, verlangt das Thema sorgfältige und unparteiische Überlegung...

Berkeleys Ansprache wurde veröffentlicht. Die Pangenesis hatte sich durchgesetzt, genauso wie die *Entstehung der Arten* nach dem Treffen in Oxford.
Da er bestimmte Informationen für ein Kapitel der *Abstammung* brauchte, lud Charles Alfred Wallace nach *Down House* ein. Er kam über das Wochenende aus London, begleitet von J. Jenner Weir, einem Fachmann für Insekten, und Edward Blyth, seit zwanzig Jahren Kustos am Museum der Asiatischen Gesellschaft von Bengalen und wegen seiner hervorragenden Kentnisse über indische Vögel und Säugetiere bekannt. Dieser hatte Charles im Laufe der Jahre eine enorme Menge sonst schwer zu findender Informationen besorgt. Es war ein erfülltes Wochenende, an dem die drei Männer die Fülle ihres Wissens austauschten, während Charles die Diskussionen über theoretische und umstrittene Fragen leitete.
An einem anderen Wochenende brachte Joseph Hooker Asa Gray und dessen Frau zu Besuch mit. Charles hatte Asa Gray nicht mehr gesehen, seit er ihn vor mehreren Jahren in den Kew Gardens kennengelernt hatte.
Am Tag nach Weihnachten unterbrach Charles seine Arbeit an der *Abstammung*, um mit den Korrekturen für die fünfte Auflage der *Entstehung der Arten* zu beginnen, von der John Murray nun weitere zweitausend Exemplare drucken wollte. Die Aufgabe beschäftigte ihn fünf Wochen lang, da es viel zu tun gab, um das Buch auf den neuesten Stand zu bringen; die Naturgeschichte war ja eine lebendige Wissenschaft, die sich fast täglich nach allen Richtungen entwickelte.
»Es sind erst zwei Jahre seit der letzten Auflage der *Entstehung* vergangen, und ich bin entsetzt darüber, wieviel ich ändern und wieviel ich hinzufügen muß.«
Zur gleichen Zeit saß er einem Bildhauer Modell, der eine Büste von ihm anfertigte, eine langweilige Angelegenheit, weil er während dieser Sitzungen weder lesen noch schreiben sollte.
Er beendete die Korrekturen gerade noch so rechtzeitig, daß Emma eine Gesell-

schaft zu seinem sechzigsten Geburtstag geben konnte. Henrietta, von einer Reise mit Freunden durch die Schweiz zurückgekehrt, war jetzt vollends selbständig geworden. George feierte seine Stellung als Stipendiat am Trinity College, die eine akademische Laufbahn erwarten ließ, falls er dies wünschen sollte. Francis war gleichfalls am Trinity, und Horace war im vergangenen Herbst eingetreten, so daß alle drei Brüder zugleich dasselbe College besuchten.
Mitten in die Glückwünsche hinein ließ sich Dr. Henry Holland vernehmen:
»Du feierst deinen sechzigsten Geburtstag. Wer hätte das für möglich gehalten? Seit mehreren Jahrzehnten erwartest du doch deinen bevorstehenden Tod!«
Die Köchin hatte eine große Kirschtorte gebacken, die mit einer weißen Glasur überzogen war. Obendrauf hatte Parslow mit Hilfe eines kleinen Papiertrichters *Happy Birthday!* geschrieben. In der Mitte der Torte steckten sechs brennende Kerzen. Dr. Holland flüsterte Emma zu:
»Du kannst zehn zu fünfzehn wetten, daß du noch Charles' siebzigsten Geburtstag mit sieben Kerzen auf der Torte feiern wirst.«

Er arbeitete ununterbrochen an der sexuellen Auslese bei Säugetieren und Menschen und machte nur langsam Fortschritte. Gelegentliche Rückschläge ertrug er mit soviel Gelassenheit, wie er aufbringen konnte. Auftrieb gaben ihm einige erfreuliche Ereignisse:
Alfred Russel Wallace veröffentlichte sein Reisebuch *Der malaiische Archipel*, das er Charles widmete. Dieser dankte ihm für die Ehre mit den Worten: »Das ist etwas, worauf noch meine Kindeskinder stolz sein werden.«
Eine englische Übersetzung von Fritz Müllers deutschem Buch *Für Darwin* erschien mit dem Titel *Facts and Arguments for Darwin*. Charles kaufte einige Exemplare des Buches, um es seinen Freunden zu schicken. Er bedankte sich bei seinem Anhänger für die Ehrung und schrieb:

> ...Man müßte schon fanatisch an einzelne Akte der Schöpfung glauben, um nach dem Lesen Ihres Essays nicht schwankend zu werden.

Im April wurde der gleichbleibende Ablauf seiner Tage durchbrochen, als sein braver Hengst Tommy stürzte, sich auf ihn wälzte und ihm schwere Prellungen zufügte. Er gab nun das Reiten für einige Zeit auf.
Ein zweiter »Unfall« war für ihn nicht weniger schmerzhaft. In der Aprilnummer der *Quarterly Review* erschien von Wallace eine Besprechung der zehnten Auflage von Lyells *Lehrbuch der Geologie* und der sechsten Auflage seiner *Entwicklungsgeschichte der Erde.* Nachdem Wallace lobende Worte über Lyell geschrieben hatte, weil dieser der Entwicklung nun keinen Widerstand mehr entgegensetzte, fügte Wallace hinzu, er bleibe dennoch bei der Ansicht, daß das Gehirn des Menschen ebenso wie die Sprechorgane und die Hand sich nicht durch natürliche Auslese entwickelt haben könnten.

Charles versah die Besprechung mit einem »Nein« und mehreren Ausrufungszeichen und unterstrich das »Nein« dreimal. Er fühlte sich verpflichtet, Wallace wissen zu lassen: »Wenn Sie mir nicht das Gegenteil gesagt hätten, wäre ich davon überzeugt gewesen, daß jemand anderer diese Zeilen hinzugefügt hat. Wie Sie erwartet haben, bin ich, so leid es mir tut, völlig anderer Ansicht als Sie.«

Wie Admiral James Sulivan den Darwins seinerzeit beim Abendessen erzählt hatte, segelte *H.M.S. Nassau* durch die Magellanstraße und erforschte eine Fossilienfundstelle am Fluß Gallegos. Die Fossilien wurden Thomas Huxley übergeben. Huxley war besonders beglückt über einen der fossilen Kiefer, in dem noch fast alle Zähne vorhanden waren. Es war der Nachweis einer unbekannten Säugetierart von der Größe kleiner Pferde und mit sehr gleichmäßigem Gebiß. Huxley meinte spontan:

»Was für eine reiche Tierwelt muß es doch in Südamerika gegeben haben!«

Im Juni, nach vier Monaten konzentrierten Schreibens, begann sich Charles so zu fühlen wie im Juni des Vorjahres: ausgelaugt und flau. Er fuhr mit Emma nach Nord-Wales und ließ sich in Barmouth nieder, an das er aus seiner College-Zeit angenehme Erinnerungen hatte. Fünf von den Kindern kamen später nach, nur William und Horace waren unabkömmlich.

Es war ein hübsches Haus, das sie in Barmouth gemietet hatten. Es lag an der Nordseite der Bucht. Drei langgestreckte Terrassen mit Blumen und Rosen luden den erschöpften Charles zum Herumspazieren mit Emma ein. Am meisten interessierte sich die Familie für ein Veloziped aus Paris, das erste, das sie je gesehen hatten. Charles kaufte es prompt für seine Söhne.

Ende Juli kehrten sie nach *Down House* zurück. Charles machte sich wieder an die Arbeit über die *Abstammung*. Er erhielt einen Brief von Huxley, der bei der Versammlung der British Association in Exeter eine Rede gehalten hatte und zum Präsidenten des im Jahr 1870 in Liverpool stattfindenden Treffens ernannt worden war. Huxley schrieb mit bissigem Humor:

> Wie gewöhnlich waren Ihre entsetzlichen Irrlehren der Grund, warum ich bei der Association in alle möglichen Kämpfe verwickelt wurde. Drei Pfarrer fielen über Sie her, und selbst wenn Sie der bösartigste aller Menschen wären, könnten Sie ihnen nicht wünschen, sich mehr zu blamieren, als es ohnehin der Fall war...

John Murray veröffentlichte ohne Charles' Wissen in der *Academy* eine Ankündigung des bevorstehenden Erscheinens der *Abstammung des Menschen*. Sie trug ihm eine Menge interessierter Anfragen von Freunden und Bekannten ein, die wissen wollten, wie bald sie ein Exemplar bekommen könnten.

Nach Sonnenschein folgte Regen. Er kam vom *Athenaeum*. John Robertson schrieb in seiner Besprechung der fünften Auflage der *Entstehung der Arten* feindselig:

Beachtung bedeutet noch keine Billigung. Viele Auflagen bedeuten keinen wirklichen Erfolg.

Gute Nachrichten begleiteten die schlechten. Die Zeitungen berichteten, daß Joseph Hooker in Anerkennung seiner Wiederbelebung der Kew Gardens zum Komtur des Bathordens ernannt worden war. Charles fuhr nach London, um Hooker zu beglückwünschen. Hookers Freunde waren etwas verärgert darüber, daß er nur den Titel *Komtur* und nicht *Großmeister* erhalten hatte. Charles sagte: »Ich muß zu Ihrem C. B. [Commander of Bath = Komtur] ›Hurra‹ sagen, obwohl auch ich wünschte, es wäre K. C. B. [Knight Commander of the Bath = Großmeister] geworden, was es ganz gewiß hätte sein sollen.«

Hooker antwortete: »Bitte adressieren Sie Ihre Briefe an mich nicht mit C. B. Das kann ich nicht ertragen. Ich gebe zu, daß das C. B mir vom dienstlichen Standpunkt aus gefällt; es ist mir bei der offiziellen Korrespondenz mit Indien und den Kolonien sehr nützlich. Aber wissenschaftlich gesehen mag ich es weniger. Wie kommen Sie mit dem *Menschen* voran?«

»Ich formuliere häßliche Sätze um, damit sie etwas besser klingen. Da das ganze Thema sich mit sexueller Auslese befaßt, habe ich schon genug von Männchen und Weibchen, Hähnen und Hennen.«

Hookers Augen hinter den kleinen, metallgefaßten Brillengläsern lachten.

»Der Sieg fällt nicht unbedingt dem Tapferen, sondern mitunter dem Ausdauernden zu. Ungeduld ist nur bei jungen Menschen eine Tugend.«

»Ja, aber ihr erobert auf diese Weise die Welt um einiges schneller«, antwortete Charles.

Als er das Jahr überblickte und den Stoß des beinahe vollendeten Manuskriptes betrachtete, kam Charles zu dem Schluß, daß 1869 für ihn und für die »Gesellschaft« ein gutes Jahr gewesen war. Die schwedische Ausgabe der *Entstehung der Arten* war gut aufgenommen worden. Charles war gemeinsam mit Huxley und Hooker zum Mitglied der Amerikanischen Philosophischen Gesellschaft in Philadelphia ernannt worden. Hooker arbeitete an seiner *Student's Flora of the British Islands,* die mehrere schottische Professoren erbeten hatten, weil sie dringend benötigt wurde. Die alte, von seinem Vater stammende Ausgabe war längst überholt. Hookers Buch hatte Aussicht, in allen Schulen Englands und Schottlands eingeführt zu werden.

Wallace schickte Charles ein Exemplar seines Buches *Natural Selection.* Als Charles das Vorwort las, stellte er fest, daß es beinahe eine handfeste Lobrede auf den »Darwinismus« war. Er schrieb an Wallace, mit dem er noch immer freundschaftlich über die Abstammung des Menschen stritt:

> Ich wollte, ich verdiente es wirklich. Ich hoffe, es gibt Ihnen eine gewisse Befriedigung – und nur sehr wenige Dinge in meinem Leben haben mich mehr befriedigt –, daß wir niemals aufeinander eifersüchtig waren, obwohl

wir in gewissem Sinn Rivalen sind. Ich glaube, ich kann das von mir mit gutem Gewissen behaupten, und ich bin absolut sicher, daß es auch auf Sie zutrifft.

Charles kaufte sich einen Hund, den er Bob nannte, einen schwarz-weißen Retriever-Mischling, der ihn bei seinen Spaziergängen auf dem Sandweg begleitete. Wenn Charles seine Wanderung unterbrach, um im Treibhaus nachzusehen, wartete Bob mit traurigem Gesichtsausdruck vor der Tür. Charles notierte diese Beobachtung für seine Abhandlung über Gemütsbewegungen. Sobald nun eines der Kinder oder auch die Eltern ungeduldig oder traurig dreinblickten, hieß es gleich:
»Du machst Bobs Treibhausgesicht.«
Henrietta hatte Charles' Manuskript gelesen und da und dort Vorschläge gemacht, um mehr Klarheit zu schaffen. Als sie ihre Kusinen im südfranzösischen Cannes besuchte, schickte ihr Charles die Seiten seines Kapitels *Verstand* zum Durchsehen. Sie sandte es ihm mit vielen Korrekturen und Vorschlägen zurück. Charles übernahm den größten Teil davon und fand, daß etliche ihrer Umstellungen wohlbegründet waren. Henrietta hatte nicht nur eine deutliche Schrift, sondern auch für das Anbringen der Korrekturen eine Methode entwickelt, die Charles eine Menge Schwierigkeiten ersparte. Er schrieb ihr:

> Du hast mir einen großen Dienst geleistet, aber, bei Gott, wie hart mußt Du gearbeitet haben, und wie gründlich hast Du mein MS überprüft! Ich freue mich über dieses Kapitel, das mir jetzt ganz neu vorkommt.
> Dein Dich liebender, bewundernder und ergebener Vater.

Bisher waren in seinen Büchern die Stiche sehr kärglich gewesen. *Die Abstammung des Menschen* würde eine beträchtliche Anzahl von Holzschnitten erforderlich machen. Durch Vermittlung des Direktors der zoologischen Abteilung im Britischen Museum geriet er an einen Mr. Ford, der besonders Vogelfedern sehr wirklichkeitsgetreu darstellen konnte. Charles mußte das Papier berühren, um sich zu vergewissern, daß die Seite glatt war. Auch die Holzschnitte von den Reptilien waren sehr schön.
Obwohl Charles sehr fleißig arbeitete, gestand er einem Besucher:
»Der Himmel weiß, wann ich mein ganzes Manuskript fertig haben werde.«
Er schrieb Abschnitte über Geisteskräfte, sittliches Empfinden, Entwicklung der geistigen Fähigkeiten, Abstammung von früheren Formen und unter anderem:

> ...So erkennen wir, daß der Mensch von einem haarigen Vierfüßer abstammt, der über einen Schwanz und spitze Ohren verfügte, wahrscheinlich auf Bäumen lebte und ein Bewohner der Alten Welt war. Wenn ein Naturforscher den Körperbau dieses Geschöpfs untersucht hätte, würde es

ebenso zu den Vierhändern gezählt werden wie der gewöhnliche und noch ältere Vorfahre der Affen der Alten und der Neuen Welt. Die Vierhänder und alle höheren Säugetiere stammen wahrscheinlich von einem Beuteltier ab, dieses wiederum stammt vermutlich über eine lange Reihe verschiedenartiger Formen entweder von einem reptil- oder amphibienähnlichen Wesen, und dieses schließlich von einem fischähnlichen Tier ab. Im trüben Dunkel der Vergangenheit können wir erkennen, daß der frühe Urahn aller Wirbeltiere ein im Wasser lebendes Tier gewesen sein muß, das Kiemen hatte, bei dem die beiden Geschlechter im selben Individuum vereint und die wichtigsten Organe des Körpers (zum Beispiel Gehirn und Herz) unvollkommen entwickelt waren. Dieses Tier scheint eher den Larven der heutigen Seescheiden als irgendeiner anderen bekannten Form ähnlich gewesen zu sein.

Nun rechnete er damit, daß sein Werk im Herbst 1870 in Druck gehen würde. Seine Konzentration auf das Manuskript war so intensiv, daß er sich in den letzten Monaten kaum mehr Zeit zum Gedankenaustausch mit anderen Wissenschaftlern nahm. Zur Entspannung züchtete er selbstbefruchtete Pflanzen, manche in seinem Treibhaus, andere auf seinem Kaminsims, wo er sie ständig beobachten konnte. Es kamen merkwürdige Anomalien und interessante Ergebnisse zum Vorschein. Sie erklärten, warum die Natur so außerordentliche Anstrengungen unternommen hatte, um zu erreichen, daß es immer wieder zu Kreuzungen zwischen verschiedenartigen Individuen kam. Sogar jetzt stand er ehrfürchtig vor seinen Entdeckungen und murmelte wie schon so oft:
»Seltsame Welt! Wundersame Welt!«

8.

Ende Mai beschlossen Charles und Emma, ihre Söhne in Cambridge zu besuchen. Sie bestellten Zimmer im *Bull Hotel*.
An einem Montagmorgen traf er mit Adam Sedgwick zusammen, der ihn überaus herzlich begrüßte. Sedgwick war bereits fünfundachtzig, Charles hatte den Eindruck, daß er geistig nicht mehr so beweglich war, doch an diesem Morgen sprühte Sedgwick geradezu. Er schlug Charles vor, ihn ins Museum zu begleiten, und dort wußte er so viele Details über die einzelnen Schaustücke zu erzählen, daß sein jüngerer Freund tief beeindruckt war.
Sobald Charles in sein Arbeitszimmer zurückgekehrt war, befaßte er sich mit Fragen der Gemütsbewegungen und versuchte herauszufinden, ob Vögel ihre Federn aufstellten, sobald sie Angst hatten oder wütend waren. Er hatte bereits Hüh-

ner, Schwäne, tropische Exemplare, Eulen- und Kuckucksvögel getestet. Er erkundigte sich bei einem Ornithologen, ob die wilde Brandente trappelt oder tanzt, um die Würmer aus dem Küstensand herauszulocken; er wußte bereits, daß die zahmen Brandenten auf dem Boden trappelten, wenn sie ihr Futter verlangten – ein Ausdruck von Hunger und Ungeduld, wie Charles annahm.
Admiral James Sulivan erhielt nun den Titel K. C. B., *Knight Commander* (Großmeister) *of the Bath* und stand damit einen Grad höher als Joseph Hooker. Kurz darauf lud Lord Salisbury, der das Amt des Rektors der Universität Oxford übernahm, Charles dorthin ein. Er sollte den Ehrentitel eines D. C. L. (Doktor des Zivilrechtes) in Empfang nehmen. Charles lehnte höflich mit der Begründung ab, daß er sich nicht wohl fühle, worauf die *Oxford University Gazette* vom 17. Juni 1870 die Mitteilung brachte, daß Charles Darwin krank sei. Charles war zwar gesund, erklärte aber Emma:
»Ich hätte diese umständliche, feierliche Zeremonie in Oxford ebensowenig durchstehen können wie einen Ball im Buckingham-Palast.«
Die Universität Oxford zog ihr Angebot für den D. C. L. zurück. Emma war für Charles enttäuscht. Sie hätte ihm diese Ehrung von Oxford gewünscht, da Cambridge ihm keine angeboten hatte. Aber da sie schon einige seiner Notizen über den Ausdruck von Gemütsbewegungen bei Menschen und Tieren gelesen hatte, achtete sie darauf, ihre Gefühle durch kein Zeichen zu verraten, das Charles als Zurechtweisung empfinden könnte. Ihre Enttäuschung wurde durch Francis' Erfolg etwas gemildert. Er hatte die naturwissenschaftliche Prüfung am Trinity College mit Auszeichnung bestanden. Nun war er im St. George's Hospital in London, unweit des Hyde Park, aufgenommen worden, wo er im Herbst mit dem Medizinstudium beginnen würde.
In der letzten Juniwoche fuhren die Darwins nach London. Um die neuesten Verbesserungen im Stadtbild zu besichtigen, unternahmen sie in Erasmus' Kutsche eine Rundfahrt über den Grosvenor Place – Lord Westminsters Häuserreihe sah aus wie die Tuilerien – zur neuen Westminster-Brücke und dem Embankment, wo Dampfschiffe das Bild belebten, dann hinüber zum St. Thomas's Hospital, dessen mächtige Front Lambeth gegenüberlag. Sie kehrten über die neue Blackfriars-Brücke und den Holborn-Viadukt zurück. Der freie Platz vor der Westminster-Abtei und dem Parlament war großartig.
Charles stattete Joseph und Frances Hooker einen Besuch ab, während Emma, Elisabeth und Henrietta einkaufen gingen. Hooker hatte vor kurzem mit dem Herzog von Argyll gespeist und festgestellt, daß er ein »schwieriger Fall« war.
»Sein Haupteinwand gegen die *Entstehung* lautet, daß Sie nicht erklären, das System der Entwicklung sei vorherbestimmt. Ich sagte ihm, daß dies meiner Meinung nach nicht zu Ihren Aufgaben gehört und daß Sie nicht vorgeben, die Entstehung des Lebens zu erforschen, sondern dessen Phänomene.«
Charles seufzte.
»Meine Theologie ist einfach ein Durcheinander. Ich kann einerseits das Weltall

nicht als Ergebnis blinden Zufalls betrachten, sehe aber andererseits keinen Beweis für eine gütige oder überhaupt irgendwie geartete Planung im Detail. Daran, daß jede Varietät, die jemals entstand, für einen bestimmten Zweck vorausbestimmt war, kann ich ebensowenig glauben wie daran, daß jede Stelle, auf die ein Regentropfen fällt, speziell dafür vorgesehen war.«
Schließlich vollendete er im August sein Manuskript *Die Abstammung des Menschen und die geschlechtliche Zuchtwahl* und schickte es in die Druckerei. Charles hielt es für das beste, dem Leser in der Einleitung auch über die Entstehung des Werkes zu berichten:

> Viele Jahre hindurch habe ich Notizen über den Ursprung oder die Abstammung des Menschen gesammelt, ohne die Absicht, etwas darüber zu veröffentlichen; ich war im Gegenteil entschlossen, nichts davon in die Öffentlichkeit zu bringen, weil ich fürchtete, damit nur die Vorurteile gegen meine Ansichten zu vermehren.
> ... Jetzt liegen die Dinge wesentlich anders ... Es muß jetzt offenbar eine große Zahl von Naturforschern geneigt sein, die Arten als veränderte Nachkommen anderer Arten zu betrachten. Dies gilt besonders für die jüngeren und aufstrebenden Naturforscher. Die Mehrzahl derselben anerkennt die natürliche Zuchtwahl, wenn auch einige meinen, ich hätte ihre Bedeutung sehr überschätzt. Ob sie recht haben, muß die Zukunft entscheiden. Unter den älteren und angeseheneren Naturforschern gibt es leider auch noch solche, die von einer Entwicklung überhaupt nichts wissen wollen ...
> ... und so habe ich mich denn entschlossen, meine Notizen zusammenzustellen, um zu sehen, inwieweit sich die allgemeinen Schlußfolgerungen meiner früheren Werke auch auf den Menschen anwenden lassen.

Im letzten Absatz schrieb er:

> Es ist begreiflich, daß der Mensch einen gewissen Stolz empfindet darüber, daß er sich, wenn auch nicht durch seine eigenen Anstrengungen, auf den Gipfel der organischen Stufenleiter erhoben hat; und die Tatsache, daß er sich so erhoben hat, anstatt von Anfang an dorthin gestellt zu sein, mag ihm die Hoffnung auf eine noch höhere Stellung in einer fernen Zukunft erwecken. Aber wir haben es hier nicht mit Furcht und Hoffnung zu tun, sondern allein mit der Wahrheit, soweit wir fähig sind, sie zu entdecken; und ich habe meine Beweise gegeben, so gut ich eben kann. Und wir müssen, wie mir scheint, jedenfalls zugeben, daß der Mensch mit allen seinen edlen Eigenschaften, mit seiner Sympathie für die Niedrigsten, mit seinem Wohlwollen nicht nur gegenüber anderen Menschen, sondern auch gegenüber dem niedrigsten Lebewesen, mit seinem gottähnlichen Verstand,

der ihn die Bewegungen und die Einrichtung des Sonnensystems erkennen ließ, daß der Mensch mit all diesen Fähigkeiten und Kräften in seinem Körperbau immer noch die unaustilgbaren Zeugnisse seines niedrigen Ursprungs erkennen läßt.

John Murray war der Ansicht, sie könnten das Buch bis Weihnachten fertig haben.
Zur Feier des Ereignisses fuhren die Darwins nach Southampton, um William zu besuchen. William war ein guter Gastgeber, frohgelaunt und zuvorkommend. Da sowohl Charles' als auch Tommys Prellungen schon lange geheilt waren, hatte Charles das Pferd mitgebracht und ritt jeden Morgen aus, denn die Gegend bot zahlreiche schöne Möglichkeiten. Abends wurde kaum über etwas anderes als den deutsch-französischen Krieg gesprochen.
Als sie aus Southampton zurückkehrten, erfuhren sie, daß Thomas Huxley als Präsident der British Association nicht nur bei den im Laufe dieser Woche in Liverpool stattfindenden Versammlungen den Vorsitz führen, sondern auch eine eindringliche Rede über die allgemeine Abstammung des Lebens aus Vorstufen halten würde und daß Netty Huxley wegen ihrer sieben Kinder, deren ältestes ein zwölfjähriges Mädchen war, ihren Mann nicht begleiten konnte. Emma bestand darauf, daß alle sieben Kinder für vierzehn Tage nach *Down House* kamen. Die Kinder erfüllten Haus und Garten mit Geplauder, Lachen und Spielen, sie waren ganz ausgelassen, weil sie der Enge ihres Hauses in London entronnen waren. Henrietta und Elisabeth halfen bei der Betreuung. Emma hatte die Kinder gern um sich, und Charles meinte belustigt:
»Wer außer dir, meine liebe Emma, hätte daran gedacht, sieben Kinder bei sich aufzunehmen, damit eine Freundin ihren Mann für eine Woche nach Liverpool begleiten kann?«
Er küßte sie zärtlich und sagte dann:
»Es gibt Augenblicke, in denen ich den Verdacht habe, du könntest eine Heilige sein.«
Charles erhielt die ersten Probeabzüge der *Abstammung des Menschen* erst Ende November.
»Du lieber Gott, mein Kopf ist schon sehr alt und verworren«, brummte er, als er über der Arbeit saß.
Das Gefühl verflog rasch, als er erfuhr, daß John Murray zweitausendfünfhundert Exemplare bei der Druckerei bestellt hatte. Seine Konzentration wurde nur durch die Nachricht unterbrochen, daß George, der am Trinity promoviert hatte, nun mit einer Gruppe von Wissenschaftlern nach Sizilien fuhr, um dort die totale Sonnenfinsternis zu beobachten.
An Weihnachten erhielt Charles nur noch ein kurzes Kapitel Probeabzüge. Die Korrekturen konnte er mit Leichtigkeit bis zum Jahresende schaffen.
Am 24. Februar 1871 wurde *Die Abstammung des Menschen und die geschlecht-*

liche Zuchtwahl in zwei Bänden veröffentlicht. Der Preis war auf 1 Pfund, 4 Shilling festgesetzt, was den Verkauf aber in keiner Weise beeinträchtigte. Die erste Auflage war innerhalb weniger Tage ausverkauft, und die Druckerei brachte eine zweite Auflage von zweitausend Stück heraus.
Die in *Down House* eingehenden Besprechungen und Kritiken waren in der Hauptsache freundlich. In der *Saturday Review* hieß es:

> Er behauptet, den Menschen, seine Abstammung und seine körperlichen Merkmale in die Einheit eingegliedert zu haben, der er früher auch alle niederen tierischen Formen zuordnete. Die Entwicklung der Ansichten hat in der Zwischenzeit, hauptsächlich dank seiner bisher erschienenen Arbeiten, die Diskussion über dieses Problem auf einen Ausgangspunkt gebracht, der wesentlich fortschrittlicher ist als der noch vor fünfzehn Jahren eingenommene...

Der *Spectator* brachte eine Besprechung in zwei Folgen und stellte fest, daß Charles dem Kern des psychologischen Problems näher käme als viele seiner Vorgänger. Er kam zu dem Urteil, daß die *Abstammung des Menschen* eine »großartigere Rechtfertigung des Theismus« sei »als Paleys *Natural Theology*«.
»Paleys *Natural Theology*!« rief Charles. »Mein Lieblingsbuch in Cambridge, zusammen mit Humboldts *Tagebuch*. Wer hätte gedacht, daß ich als Schüler von Paley schließlich den Theismus rechtfertigen würde?«
Die *Pall Mall Gazette* brachte ihre Besprechung in drei aufeinanderfolgenden Ausgaben. Sie berichtete:

> Mr. Darwins Werk ist eine jener seltenen und großartigen geistigen Leistungen, die auf den höchsten Ebenen der Gedankenwelt ernste Veränderungen bringen...

Das *Athenaeum* setzte seine Tradition fort, Kohlen auf Charles' Haupt zu häufen. In einem Brief aus Wales wurde er als alter Affe mit behaartem Gesicht und dickem Schädel bezeichnet. Die Londoner *Times* schrieb:

> ...Selbst wenn mit größter Wahrscheinlichkeit erwiesen wäre – was wir bezweifeln –, daß die Tierwelt nur durch Entwicklung zu ihren zahlreichen und so unterschiedlichen Varietäten gekommen ist, stünde immer noch eine unabhängige, ungeheuer intensive und vollständige Untersuchung aus, um die Annahme zu rechtfertigen, daß der Mensch nur ein Glied in dieser sich selbst entwickelnden Reihe ist.

Die Zuschrift war nicht namentlich gezeichnet. Charles kommentierte, daß der Kritiker »keine Ahnung von Wissenschaft hat und mir wie ein Schwätzer voller metaphysischer Flausen vorkommt. Dennoch glaube ich, daß es dem Verkauf schaden wird.«

Davon war gar keine Rede. Der Verkauf erfolgte weiterhin im Galopptempo. Joseph Hooker berichtete amüsiert:

»Wie ich höre, finden die Damen, es sei eine köstliche Lektüre, es schicke sich aber nicht, darüber zu sprechen, und die einzige Möglichkeit sei, es im geheimen zu bestellen! Was zweifellos den Verkauf fördert. Letzte Woche speiste ich dreimal außer Haus, und an jeder Tafel wurde über die Entwicklung als akzeptierte Tatsache und über die Abstammung des Menschen ohne jede Erregung gesprochen.«

Sir Charles und Lady Mary Lyell waren zu Besuch in *Down House*, als Alfred Wallaces Besprechung in der *Academy* erschien. Lyell gab zu, daß er Wallaces Einschränkung, der Mensch könne nicht durch natürliche Auslese aus einem primitiven Organismus entstanden sein, beipflichte. Charles war bestürzt; Emmas Wangen aber röteten sich vor Freude.

»Ich bin sehr glücklich und dankbar, daß Sie auf meiner Seite stehen. So wie Alfred Wallace und auch Asa Gray in Harvard. Wenn solche Autoritäten sich darüber einig sind, daß der Mensch eine ganz besondere Art darstellt, dann ist Gott noch unter uns!«

Thomas Huxley hielt die *Abstammung des Menschen* natürlich für ein Meisterwerk.

Im April mußte John Murray eine weitere Auflage bestellen und brachte es damit auf eine Gesamtzahl von siebentausend Exemplaren in zwei Monaten – in der Welt der wissenschaftlichen Veröffentlichungen ein wahres Wunder. Das Thema zog immer mehr Leser an, die zum erstenmal mit Naturgeschichte konfrontiert wurden.

In der *Quarterly Review* erschien eine ätzende Besprechung. Sie war nicht unterzeichnet. Sie schien der letzte größere Angriff gegen die *Abstammung des Menschen* zu sein. Die religiöse Presse, die so kampfbereit gegen die *Entstehung der Arten* eingetreten war, benützte die *Abstammung des Menschen*, wie es auch der *Spectator* getan hatte, um den Darwinismus in ein Glaubensbekenntnis an das Wunder von Gottes Schöpferkraft umzuwandeln. Einige Naturforscher waren mit seiner grundlegenden Prämisse nicht einverstanden, aber meist nur im stillen und privat. Beispielsweise Reverend Brodie Innes, derzeit in Forres, Schottland, der einen freundlichen Brief schrieb. Zweifellos wurden Predigten gegen die *Abstammung* gehalten, doch wenn es geschah, wurden sie nicht veröffentlicht, im Gegensatz zu so vielen Predigten gegen die *Entstehung der Arten*.

In all den Jahren nach der Veröffentlichung der *Entstehung*, als ihm bewußt geworden war, daß er eines Tages die *Abstammung des Menschen* würde schreiben müssen, hatte er eine Wiederholung jener stürmischen, beleidigenden Zeiten befürchtet. Aber Charles Darwin wurde nie als Inkarnation des Teufels oder als Antichrist bezeichnet.

Das Feuer unter dem Kessel war ausgegangen.
»Die ganze Zeit war ich ängstlich, besorgt, verzagt! Welche Vergeudung von Energie, von Seelenfrieden! Nun habe ich endlich meine Irrlehren achtbar gemacht. Noch zu meinen Lebzeiten. Ich, der niemals geplant hatte, ein Wort über sie zu veröffentlichen.«

Dreizehntes Buch

An seinem Versprechen festhalten

1.

Er hatte eine entscheidende Schlacht, aber keineswegs den Krieg gewonnen. Weder gegen seine Feinde noch gegen sich selbst.

Einige Wochen nach dem Erscheinen der *Abstammung des Menschen* veröffentlichte St. George Mivart, ein angesehener Biologe, ein Buch mit dem Titel *Genesis of Species*, in dem er die natürliche Auslese heftig kritisierte. Das Buch fand Anklang, man diskutierte weit und breit darüber. Charles las es, versah es mit Randbemerkungen und verglich jeden Abschnitt mit dem entsprechenden in seinem eigenen Buch. Mivart konnte ihn keineswegs überzeugen. Trotzdem bedrückte ihn das Buch.

Obwohl ihm Mivart eine Reihe herzlicher Briefe schrieb, setzte er seine Angriffe gegen Charles in der Presse fort und war allem Anschein nach der Autor der nicht signierten, boshaften Besprechung der *Abstammung des Menschen* in der *Quarterly Review*, ein Verhalten, das Charles nicht begreifen konnte. Er sagte:

»Ich komme zu dem traurigen Schluß, daß er, obwohl er sich anständig verhalten möchte, so fanatisch fromm ist, daß er nicht fair zu sein vermag.«

Chauncey Wright, ein amerikanischer Naturforscher, zerpflückte Mivart in der *North American Revue* so gründlich, daß Charles Wright um die Erlaubnis ersuchte, den Artikel in Form einer Broschüre mit einem Verkaufspreis von einem Shilling zu veröffentlichen. Auch Huxley eilte ihm zu Hilfe, obwohl Charles ihn mit den Worten beruhigte:

»Es wird ein langer Kampf werden, mein Freund, der noch weitergehen wird, wenn wir beide tot und begraben sind.«

Nichtsdestoweniger schrieb Huxley einen scharfen Aufsatz für die zweite Auflage der *Abstammung*, in dem er das menschliche Gehirn mit dem des Affen verglich.

Hooker sprach gleichfalls über Charles' Gegner, besonders über Mivart und Owen, und fügte hinzu:

»Jeder von uns sollte einen Menschen in der Welt haben, den er haßt. Das wirkt sich günstig auf das gefühlsmäßige Gleichgewicht aus.« Hookers Miene wurde grimmig. »Auch ich habe so einen Menschen: Acton Ayrton, neuer Kommissar für öffentliche Arbeiten in der Regierung Gladstone. Der Herr ist in seiner Haltung, was die Kew Gardens betrifft, anmaßend und wissenschaftsfeindlich. Er tut alles, was in seiner Macht steht, um mich zum Rücktritt zu zwingen. Da er mein Vorgesetzter ist, versuche ich, mit ihm zusammenzuarbeiten, aber er ist wie ein Nashorn.«

Dessenungeachtet erwiesen sich die siebziger Jahre für Charles als das unbeschwerteste Jahrzehnt seit den dreißiger Jahren. Er war überall in der Welt zum Ehren- oder ausländischen Mitglied wissenschaftlicher Körperschaften gewählt worden; die *Abstammung des Menschen* wurde in den Vereinigten Staaten veröffentlicht und überdies in ein halbes Dutzend Sprachen übersetzt. Nur gelegentlich kamen Unpäßlichkeiten oder Ermüdungserscheinungen auf, weil er sich beim Studium der Absonderungen fleischfressender Pflanzen am Mikroskop überarbeitet hatte.

Henrietta, die nun schon fast achtundzwanzig war, lernte einen Mann namens Richard Litchfield kennen und heiratete im August. Den Darwins gefiel Litchfield. Er war neununddreißig, knapp mittelgroß, aber breit gebaut, hatte eine markante Stirn und kurzsichtige Augen, die ihm ein verträumtes Aussehen verliehen. Er hatte am Trinity College in Cambridge promoviert und war Rechtsanwalt und Gründer des Arbeiter-Colleges sowie dessen Schatzkanzler und auch einer seiner Lehrer. Nach den Hochzeitsfeierlichkeiten sagte Charles:

»Wir haben soeben den Beginn eines neuen Zyklus erlebt. Unsere Kinder werden uns nacheinander verlassen, während ein Geistlicher die begleitende Predigt hält.«

»Das will ich hoffen!« rief Emma. »Da wir jetzt über sechzig sind, ist es an der Zeit, Enkel zu bekommen.«

Charles gab seiner Tochter nur einen Rat:

»Deine Mutter ist hochkarätiges Feingold. Folge ihrem Beispiel.«

Emma war stolz auf ihren Mann; schließlich bezeichnete man ihn in vielen Ländern als »führenden Wissenschaftler der Welt«, und sie war daran beteiligt, weil sie ihn weit über dreißig Jahre lang gehegt und gepflegt hatte. Er versuchte, ihre immer noch vorhandenen Bedenken zu zerstreuen:

»Ich bin bestimmt kein Atheist. Ich leugne die Existenz Gottes nicht. Wahrscheinlich bin ich ein Agnostiker; ich weiß es einfach nicht genau.«

Sie hatten viel Freude an ihren Kindern. Es gab keinen schlechten Apfel im Korb. William investierte viel Zeit, um Geldmittel für Notstandsunterstützungen und ärztliche Hilfe zusammenzubringen, denn Southampton war nach Bristol die am meisten verarmte Stadt Englands. Sie besuchten ihn oft. Henrietta und Richard Litchfield ließen sich in London nieder, kamen aber häufig nach *Down House*. Sie machten redaktionelle Vorschläge zu Charles' Manuskripten, korrigierten auch die Probeabzüge der Neuerscheinungen, die immer wieder von John Murray eintrafen, und entlasteten Charles, der dadurch Zeit für mikroskopische Studien des Sonnentaus und seiner insektenfressenden Mechanismen hatte.

Ihr zweiter Sohn George hatte beschlossen, Rechtsbeistand zu werden. Er kehrte zu seiner Dozentur am Trinity College zurück, um seine Forschungen auf dem

Gebiet der Mathematik fortzusetzen und Vorlesungen zu halten. Sein Ehrgeiz war es, ordentlicher Professor für Astronomie zu werden.
Charles erklärte sich mit seinen Plänen einverstanden.
»Mir haben Rechtskonsulenten gesagt, Jura sei schön, wenn es einem nichts ausmache, Sägespäne ohne Butter zu essen.«
Leonard hatte auf der Königlichen Militärakademie in Woolwich beste Erfolge, ebenso Francis im St. George's Hospital in London sowie Horace im Trinity. Elisabeth, die einzige noch im Haus verbliebene Tochter, gedieh prächtig.
George und Francis unternahmen in den Schulferien eine Rundreise durch die Vereinigten Staaten. Als die Darwins zu Besuch bei einem Freund von Horace weilten, gefiel es ihnen gut auf der Veranda des Hauses, wo die Familie und Freunde beim Tee zusammensaßen. Es war die erste an ein Privathaus angebaute Veranda, die sie sahen. Begeistert meinte Emma zu Charles:
»Könnten wir nicht auch so eine Veranda haben? Als Erweiterung des Salons?«
Charles ließ zwei Zimmerleute aus Down kommen und skizzierte eine Veranda von der Länge des Salons und einer Breite von vier Metern. Die Konstruktion war einfach: ein Betonfundament, ein schräges Glasdach in der Höhe zwischen dem Erdgeschoß und dem ersten Stockwerk des Hauses und eine offene Vorderfront. Die Einrichtung bestand aus eingebauten Sitzbänken und einfachen Rohrstühlen mit roten Polstern.
Die Veranda veränderte die Lebensweise in *Down House* und machte sie zwangloser. Bei gutem Wetter konnten die Darwins ein Sonnenbad nehmen, was die jungen Leute besonders liebten. Sie konnten dort stundenlang plaudern, lesen, Karten oder Backgammon spielen. Eine Reihe duftender Linden an der Westseite schützte sie vor der heißen Nachmittagssonne, von der Veranda hatten sie einen schönen Blick auf die Blumengärten und die Sonnenuhr. Charles und Emma sahen ihren Kindern zu, die mit Freunden auf der Wiese Krocket spielten.
»Ist es nicht merkwürdig, wie eine einfache kleine Veranda eine Familie näher zusammenbringen kann?« meinte Emma.
»Ich hätte schon vor Jahren daran denken sollen«, räumte Charles ein. »Wir können mehr Zeit im Freien verbringen, der Natur näher sein.«
Als es ihm gelang, den Teil des Sandwegs, der den Lubbocks gehörte, im Tausch gegen ein ebenso großes Stück Feld der Darwins zu erwerben, hatte er das Gefühl, daß seine Welt jetzt in Ordnung war.
Er hatte vor, noch mehrere Bücher zu schreiben und damit die *Entstehung der Arten* zu ergänzen. Die Themen lagen zumeist auf dem Gebiet der Botanik: insektenfressende Pflanzen, die verschiedenen Blütenformen an Pflanzen der nämlichen Art, die Wirkungen der Kreuz- und Selbstbefruchtung im Pflanzenreich sowie das Bewegungsvermögen der Pflanzen. Er besaß nun genügend Material, um aus seiner Monographie *Die Bewegungen und Lebensweise der kletternden Pflanzen*, die von der *Linnean Society* im Jahr 1865 veröffentlicht worden war, ein richtiges Buch zu machen.

John Murray verlangte ständig Neuauflagen seiner Bücher, und Charles war zu gewissenhaft, als daß er ihm gestattet hätte, frühere Auflagen einfach nachzudrucken. Er hatte immer Ergänzungen und aufschlußreiche Forschungsergebnisse, die aufgenommen werden sollten und von denen viele aus seiner eigenen Arbeit stammten. Er saß über zwei Monate an der sechsten Auflage der *Entstehung der Arten*, erweiterte den Inhalt, korrigierte alte Fehler und stellte diese preiswerte Ausgabe schließlich im Januar 1872 fertig. Sie wurde auf Papier minderer Qualität mit kleinen Lettern gedruckt, würde aber den Leserkreis des Buches vergrößern. In dieser neuen Ausgabe verschaffte sich Charles auch die Befriedigung, Dr. George Mivart entschieden zu antworten. Dabei beschäftigte er sich mit so verschiedenartigen Bereichen wie der Geographie und den menschlichen Gemütsäußerungen. Seine Vorstellung von der Pangenesis stieß jedoch, mit Ausnahme seines engsten Kreises, Lyell, Hooker, Wallace und Dr. Holland, noch immer auf wenig Gegenliebe bei seinen Kollegen. Nachdem seine Theorie in einem neu erschienenen Buch wieder kritisiert worden war, schrieb Charles an Wallace:

> ...Ich streiche noch immer nicht meine Segel bezüglich der Pangenesis...

Er hatte sich nach der Veröffentlichung der *Abstammung des Menschen* ziemlich matt gefühlt und nur den halben Tag arbeiten können. Ein mehrtägiger Besuch in London brachte ihm Erholung. Während des ganzen Jahres 1872 hatte er nur einen verzagten Satz geschrieben, und zwar an einen jungen deutschen Anhänger namens Ernst Haeckel:

> ...Ich werde alt und schwach. Niemand kann sagen, wann seine geistigen Kräfte nachzulassen beginnen.

Seine Kräfte hatten offensichtlich nicht nachgelassen. Er bewältigte Unmengen von Forschungsarbeiten und Korrespondenz, schrieb Artikel für *Nature* und die *Gardeners' Chronicle*. Verwandte und Freunde, Besucher aus Deutschland, Rußland, Holland und den Vereinigten Staaten kamen nach *Down House*. Anstatt, wie es früher seine Gewohnheit war, nach zehn Minuten oder einer halben Stunde zu flüchten, erfreute er sich gutgelaunt ihrer Gesellschaft.

Leider befanden sich seine engsten Freunde in den verschiedenartigsten Schwierigkeiten.

Joseph Hooker wurde weiter in seiner Zuständigkeit für die Kew Gardens durch den Kommissar für öffentliche Arbeiten lahmgelegt, der sein Budget für Laboratorien, Museum und Bibliothek beschnitt, einige seiner wichtigsten Hilfskräfte entließ und überall erzählte, Hooker müsse von seinem Posten entfernt werden. Hooker schrieb an Premierminister Gladstone und ersuchte ihn, sich mit der Sa-

che zu befassen. Gladstone unternahm nichts. Kommissar Ayrton ließ von Richard Owen, der schon lange mit Hooker verfeindet war, anonym eine Abhandlung verfassen, die vor dem Unterhaus verlesen und als offizieller Bericht über die Kew Gardens veröffentlicht wurde. Owen griff den toten Sir William und seinen Sohn Joseph Hooker an, spottete über das Herbarium der Hookers, machte auf Bäume aufmerksam, die abgestorben waren, deutete Vernachlässigung und Mißwirtschaft an. Charles sagte seinem Freund:
»Ich schämte mich früher, weil ich Owen so haßte. Jetzt werde ich meinen Haß und meine Verachtung für ihn sorgfältig pflegen, damit sie bis zum letzten Tag meines Lebens nicht nachlassen.«
Er verbündete sich mit einer Gruppe von Naturforschern, darunter Lyell, Huxley und George Bentham, um einen Artikel über die Kew Gardens und die Hookers zu verfassen, den sie Premierminister Gladstone überreichten. Zur gleichen Zeit wurde Hooker zum Präsidenten der Königlichen Gesellschaft gewählt, dem höchsten Posten, der in England an einen Wissenschaftler vergeben wurde.
Thomas Huxley wurde durch Überarbeitung krank und war weder imstande, seinen Pflichten nachzukommen noch sich auszuruhen. Sein Arzt, Andrew Clark, verordnete ihm Reisen, aber Huxley konnte sich das nicht leisten. Charles und Hooker sammelten bei ihren Freunden und Kollegen und brachten die ansehnliche Summe von zweitausendeinhundert Pfund zusammen.
»Jetzt kommt das Schwierigste«, sagte Hooker. »Er wird das Geld ablehnen, weil er es als Almosen betrachtet. Ich wage nicht, ihm zu schreiben und es ihm anzubieten.«
»Ich werde den Brief schreiben«, versicherte Charles, »und zwar so, daß er es annehmen muß und sein Stolz nicht verletzt wird.«
Huxley akzeptierte das Geld. Hooker bot ihm an, ihn nach Frankreich und Deutschland zu begleiten. Bevor sie abreisten, berichtete Hooker:
»Mir wurde von seinem Arzt eingeschärft, was Huxley essen und trinken und was er vermeiden soll. Wieviel er schlafen und ruhen, wie wenig er sprechen und gehen soll. Ich werde seine Pflegerin und sein Hospital in einem sein.«
Als Huxley zurückkehrte, fühlte er sich kräftig und voller Eifer für die Arbeit an geplanten Büchern und sonstigen Vorhaben.
Als das Buch *Der Ausdruck der Gemütsbewegungen bei den Menschen und den Tieren* im November 1872 erschien, machten es das breite Interesse daran und der amüsante Inhalt – mehr noch als die Besprechungen – zum Verkaufsschlager unter Charles' Büchern. Bis Ende des Jahres wurden neuntausend Exemplare gedruckt, um tausend Stück mehr als von der *Abstammung des Menschen.* Er hatte für das Buch eine Anzahl von Illustrationen verwendet: eine Katze, die ihren alten Erzfeind, den Hund, anfaucht; einen Schwan, der einen Eindringling vertreibt; Kinder, die schreien oder bocken. Das Buch eröffnete ein völlig neues Feld für Beobachtungen und Entdeckungen. Es war so erfolgreich, daß Charles zweiundfünfzig Pfund Einkommensteuer ans Schatzamt bezahlen mußte.

Als ihm das *Athenaeum* eine »nicht ungünstige« Besprechung widmete, meinte er zu Francis, der eine Woche lang in Charles' Arbeitszimmer arbeitete:
»Wir haben offensichtlich einen Gegner weniger.«
Die *Edinburgh Review*, gleichfalls ein alter, erfahrener Gegner, schrieb:

> ... Mr. Darwin hat seiner bemerkenswerten Serie von Werken, die bereits der Darlegung und Verteidigung der Evolutionshypothese gewidmet sind, einen weiteren Band amüsanter Geschichten und grotesker Illustrationen hinzugefügt.

»Die bringen mich noch auf die Palme«, knurrte Charles. »Jetzt bezeichnet man mich sogar als amüsant, seit Adam Sedgwick gesagt hat, Teile der *Entstehung* brächten ihn zum Lachen.«
Francis blickte von dem Blatt hoch, das er unterm Mikroskop studierte, und sagte:
»Sei doch ein guter Christ, Vater, und hasse sie nicht. Sieh dir lieber einmal an, was mit dem rohen Fleisch geschieht, das du den insektenfressenden Pflanzen gegeben hast.«
Die Pflanzen nahmen das rohe Fleisch auf, genau wie sie sich die Mischung aus Kohlblättern und Erbsen einverleibt hatten, mit der er sie gefüttert hatte. Während Charles durch das Mikroskop sah, murmelte er:
»Bei allem, was mir heilig ist, ich glaube nicht, daß mir jemals eine Entdeckung mehr Freude gemacht hat als dieser Beweis einer echten Verdauung bei der *Drosera*.«
Er freute sich auch über den indischen Wandelklee, dessen Zwergblättchen sich in einer Folge von Zuckungen bewegten. Eines Abends, als es schon Schlafenszeit war, sagte Charles zu Emma:
»Laß uns doch nachsehen, was der Wandelklee nachts treibt.«
Sie gingen ins Arbeitszimmer und fanden die Pflanze schlafend vor, nur die kleinen Ohren trieben, wie Charles sagte, »überaus muntere Spielchen. Das habe ich tagsüber schon gesehen«, rief er entzückt.
Er beendete einen ersten Entwurf der *Insektenfressenden Pflanzen* im Januar 1873 und nahm sich eine Woche frei, um nach London zu fahren. Anfang Februar begann er mit der Arbeit an einem geplanten Buch *Die Wirkungen der Kreuz- und Selbstbefruchtungen im Pflanzenreich.* Er hatte bereits viele Experimente zur Kreuzbefruchtung durchgeführt, doch Selbstbefruchtung hatten weder er noch Botaniker bisher beobachtet. Er verbrachte Stunden in seinem Treibhaus und mit der Beobachtung der Pflanzen auf dem Kaminsims und dem Tisch seines Arbeitszimmers. Dabei stellte er fest, daß alle Orchideen zugleich männlich und weiblich waren. Obwohl Insekten Orchideen befruchteten, waren – wenn es zwei Blüten, A und B, auf demselben Stamm gab – auch alle Einrichtungen vorhanden, damit A B befruchten und B A befruchten konnte. Die Blüten hatten eine narben-

artige Oberfläche, auf der die Samenschote saß. Wenn es regnete, füllten die Tropfen den Kelch, der Pollen schwamm in der Flüssigkeit – und befruchtete die gleiche Blüte, aus der der Pollen stammte. Charles stellte fest, daß außer Orchideen Butterblumen die häufigsten Selbstbefruchter waren.
Ein großer Teil der wachsenden Briefflut, die in *Down House* eintraf, stammte von Leuten, die über Religion diskutieren wollten. Charles beantwortete alle, mit Ausnahme der heikelsten. Auch Zeitungen und Zeitschriften äußerten regelmäßig den Wunsch nach Beiträgen über seine religiöse Überzeugung. Er antwortete allen höflich:

Ich bin nicht bereit, mich öffentlich über religiöse Themen zu äußern.

Er drückte aber seine Zustimmung aus, als in Oxford und Cambridge alle theologischen Prüfungen, ausgenommen für Theologiestudenten, abgeschafft wurden.
Eine Reihe von Todesfällen bereitete den Darwins großen Schmerz.
Adam Sedgwick starb in Cambridge im Alter von siebenundachtzig Jahren. Charles erinnerte sich an ihren Ausflug nach Nordwales und ihre herzliche Versöhnung vor kaum drei Jahren im *Bull Hotel*. Getilgt war die schmerzliche Erinnerung an Sedgwicks scharfe Kritik an der *Entstehung der Arten*.
Als nächste verschied Mary Lyell nach kurzer Krankheit. Der fünfundsiebzigjährige Lyell wirkte sehr müde, eher bestürzt als bekümmert. Er sagte zu seinen Freunden:
»Ich habe nie gedacht, daß sie vor mir sterben könnte. Sie war um zwölf Jahre jünger als ich! Ich hatte immer erwartet, daß ich als erster gehen müßte.«
Der seit 1853 geadelte Dr. Henry Holland starb an seinem fünfundachtzigsten Geburtstag. Dem Leichenbegängnis des langjährigen Leibarztes Ihrer Majestät, der Königin Victoria, wohnten auch Mitglieder der Königlichen Familie bei.
»Er war taktlos, aber freundlich, und half uns so viele Jahre lang«, klagte Charles.
Ihre Tochter Elisabeth fügte triumphierend hinzu: »Er pflichtete mir bei, daß Henrietta hypochondrisch war. Seit sie geheiratet hat, ist sie so kräftig wie ein Füllen.«
Emma wartete, bis Charles das Zimmer verlassen hatte, dann flüsterte sie Elisabeth zu:
»Bessy, es gibt ein altes Sprichwort: ›Im Hause des Gehängten spricht man nicht vom Strick.‹«
Im August befiel ihn eine neue Krankheit. Er beschrieb sie Emma als »starker Gedächtnisverlust und schwerer Schock, der mir ständig durch den Kopf geht«. Sie erschrak und bestand darauf, nach London zu fahren und Dr. Andrew Clark zu konsultieren, der Thomas Huxley so sehr geholfen hatte.
Dr. Clark interessierte sich aufrichtig für die Schilderung der Symptome seines

Patienten und untersuchte Charles sehr gründlich. Als er fertig war, sagte er ermutigend:
»Ich weiß, Mr. Darwin, daß ich Ihnen helfen kann. Es liegt noch viel Arbeit vor Ihnen.« Sein Ton wurde gebieterisch. »Vor allem die Diät. Sie muß streng eingehalten werden.«
Charles aß nur das, was der Arzt verordnet hatte. Nach einer Woche klagte er:
»Die Diät ist abscheulich.«
»Es scheint dir besser zu gehen.«
»Das ist richtig. Ich werde meinen Magen weiter beleidigen, um meinen Kopf klar zu behalten.«
Nach Monaten der enthaltsamen und »abscheulichen« Diät holte er das Versäumte nach, indem er herzhaft aß. Frühstück mit dunklem Brot und Butter, dazu Rührei oder frischen Fisch oder die weichen Teile eines kalten Hühnerflügels, zum Abschluß eine Tasse Kakao, die er langsam schlürfte. Abends zartes gegrilltes Fleisch, Brot, Bratkartoffeln und entweder Reispudding oder gedünstetes grünes Gemüse. Er trank eine Unze Brandy mit gewöhnlichem Wasser. Zum Schlafengehen nahm er oft noch eine halbe Unze Brandy mit fünf Unzen Wasser.
Er hatte keine weiteren Beschwerden, obwohl er einige Monate später in einem an seinen Vetter Fox gerichteten Brief schrieb:

> Ich denke nur bei der Arbeit nicht an mich.

Fox war in all den Jahren seine Klagemauer gewesen.
Als er von einem Vetter, Francis Galton, der ein Buch mit dem Titel »Englische Männer der Wissenschaft« vorbereitete, einen Fragebogen bekam, holte sich Charles das halbe Zoll seiner Körpergröße zurück, das er in der Hängematte im Kartenzimmer der *Beagle* verloren hatte, und trug seine Größe mit einem Meter dreiundachtzig ein.

2.

Er war so fasziniert von dem, was er unter dem Mikroskop entdeckte, von den Ergebnissen seiner Kreuzungen von Pflanzen, daß er Dr. Clark vier Jahre lang nicht mehr konsultierte; und dann nur wegen Schwindelanfällen.
Emma bestand darauf, daß sie häufig Urlaub machten. Sie fuhren wieder nach *Abinger Hall*, dem Haus ihres Freundes und Vetters Thomas Farrer, bei dem sie einmal einen ganzen Monat blieben. Charles forschte gern in den nahe gelegenen römischen Ruinen und fand spaltblättrige Reben, die sich hervorragend für Pfropfenkreuzung zu eignen schienen.

In Southampton wohnten sie bei William. Nach einem Besuch sagte Charles: »Ich habe mich seit den Tagen im Moor Park nicht mehr so ausgeruht, erholt und voller Freude gefühlt.«
In London wohnten sie bei Erasmus oder bei Henrietta und ihrem Mann.
Es gab selten eine Zeit, in der nicht eines oder mehrere von den Darwinkindern bei Erasmus in London waren. Durch Erasmus' Liebe zu seinen Nichten und Neffen, zu Hensleighs und Fanny Wedgwoods Kindern wie zu den Sprößlingen der Darwins erfuhren die Freuden der Familie eine ganz neue Dimension. Er adoptierte sie einfach alle. Sein Haus in der Queen Anne Street wurde ihr zweites Heim. Onkel Eras, wie sie ihn nannten, versicherte ihnen, sie könnten ihn besuchen, wann immer sie wollten, bleiben, so lang sie wollten, das Haus, die Kutsche, alles, was er besaß, benützen.
»Habt ihr eine Ahnung, wie wunderbar es für mich ist, zwölf Kinder zu haben, ohne je verheiratet gewesen zu sein?« fragte er.
Emma genoß ihre Freiheit. Sie machte sich daran, im Dorf eine Leihbibliothek einzurichten. Die Kirche in Down besaß nur wenige veraltete theologische Bücher. Emma erweiterte den Leseraum, sonderte einige von den Büchern aus, kaufte oder bemühte sich um neue.
Francis, ihr dritter Sohn, absolvierte sein Medizinstudium am St. George's Hospital, praktizierte aber nie. Mit fünfundzwanzig verliebte er sich in Amy Ruck, ein Mädchen aus Nordwales, die sich bei Charles lieb Kind gemacht hatte, indem sie ihm aus Nordwales ein Päckchen mit gefangenen Insekten schickte. Francis kam in Charles' Arbeitszimmer, schloß die Tür hinter sich und setzte sich auf das grüne Fußkissen.
»Du weißt, Vater, daß ich nicht praktischer Arzt werden will.«
»Ich wollte es auch nicht. Was hast du vor?«
Francis schob das Kissen näher an seinen Vater heran.
»Ich habe viel darüber nachgedacht. Ich weiß, was ich am liebsten täte. Du brauchst einen Sekretär, der dir bei deiner gewaltigen Menge Arbeit hilft. Mein Medizinstudium hat mich auch mit den Naturwissenschaften vertraut gemacht. Ich bin dafür geeignet.«
Charles mußte nicht lange darüber nachdenken.
»Du könntest mir das Leben sehr erleichtern. Was schlägst du vor?«
»Ich beginne einfach zu arbeiten. Wenn Amy und ich verheiratet sind, möchte ich, daß wir nach *Down House* übersiedeln und hier als Teil der Familie leben.«
»Hast du mit Amy über diesen Vorschlag gesprochen?«
»Ja. Es würde ihr ebenso gefallen wie mir.«
»Hast du es Mutter gesagt?«
»Noch nicht. Ich mußte mich erst vergewissern, ob du mich haben willst.«
»Dann wollen wir zu ihr gehen.«
Emma griff die Idee begeistert auf, denn von ihren sieben Kindern war nur mehr Elisabeth im Hause.

Emma hatte Amy Ruck kennengelernt, und das schlanke, ruhige Mädchen mit dem freundlichen Wesen und guten Benehmen gefiel ihr. Sie küßte Francis, wobei sie sich ziemlich hochrecken mußte.
»Es wird schön sein, einen Sohn und noch eine Tochter in unserem Haus zu haben. Sag Amy, wir erwarten sie mit offenen Armen.«
Charles fügte hinzu:
»Wir werden eines der großen Zimmer mit den drei Bogenfenstern und Blick auf den Garten renovieren lassen.«
Francis und Amy wurden getraut. Amy vertrug sich glänzend mit Emma und Elisabeth. Sie war eine reizende, wenn auch ein wenig zarte junge Dame mit glänzendem schwarzem Haar, das sie zu einem Knoten auf dem Hinterkopf zusammengerollt trug. Sie und Francis liebten einander sehr. Auf Amys Drängen übertrug ihr Emma gewisse Verpflichtungen im Haushalt. Das Mittagessen in *Down House* wurde viel lebendiger, ebenso die Teestunde auf der Veranda.
Francis zeigte schnell, daß er zwar ein ausgezeichneter Sekretär war, aber wesentlich mehr zu werden hoffte, nämlich ein Assistent in der Art, wie Wissenschaftler an den Universitäten Assistenten haben. Er half bei der Zusammenstellung des Manuskripts über insektenfressende Pflanzen. Mit Charles' Einverständnis und Ermunterung begann er, neue Untersuchungen anzustellen und seine Entdekkungen aufzuzeichnen.
Eines Tages blickte Charles von seinem Mikroskop auf, nachdem er etwas in der Schleimschicht an einem Blatt entdeckt hatte, und rief seinem Sohn zu:
»Arbeit ist meine einzige Freude im Leben!«
»Mutter sollte lieber nicht hören, daß du das sagst!«
Sie erzählten Emma aber, was Lyell von der Versammlung der *British Association* in Belfast berichtete, bei der der Physiker John Tyndall die Festansprache hielt. Lyell schrieb am 1. September:

> Ich wollte Ihnen schon seit einigen Tagen schreiben, um Sie zu der Versammlung in Belfast zu beglückwünschen, bei der Sie und Ihre Theorie der Evolution, das kann man ehrlich sagen, eine Ovation erhielten. Was immer man an Tyndall kritisieren mag, man kann nicht leugnen, daß er seine Ansichten mannhaft und furchtlos zum Ausdruck gebracht hat...

Die Ansprache erregte Aufsehen in ganz Irland, wo man Charles' Werk feindselig gegenüberstand, und wurde von der gesamten Presse in England abgedruckt.
Im Jahre 1874 trug das Eintreten der britischen Wissenschaftler für Joseph Hooker und seine Leitung der Kew Gardens endlich Früchte. Premierminister Gladstone konnte nicht länger die *British Association* sowie die günstigen Berichte über Hooker in der *Times*, den *Daily News* und der *Pall Mall Gazette* ignorieren. Er versetzte Kommissar Ayrton vom Amt für öffentliche Arbeiten in das Büro des Chefs des Militärjustizwesens. Hooker durfte einen stellvertretenden Direk-

tor engagieren: William Thiselton-Dyer, einen ausgezeichneten Botaniker, der Charles bei seiner Arbeit über insektenfressende Pflanzen half.

Anfang Februar 1875 kam Joseph Hooker zu Besuch. Frances Henslow Hooker war drei Monate zuvor plötzlich gestorben, sie hatte sechs Kinder zurückgelassen. Hooker war gramgebeugt.

»Warum? Warum Frances? Sie war gesund. Sie war glücklich. Sie betete ihre Kinder an...«

Emma sagte leise:

»Es ist Gottes Wille. Sie müssen glauben und Ihm vertrauen. Er wird Frances in Frieden aufnehmen.«

Charles konnte seinem Freund nur den Arm um die Schultern legen.

Als Emma besorgt fragte, wie er vorankomme, antwortete Hooker voller Kummer:

»Niemand kann ahnen, wenn er es nicht selbst erlebt hat, was ein Haus mit sechs Kindern ohne weibliche Leitung ist.«

»Vielleicht würden Sie es nach einer entsprechenden Zeit in Betracht ziehen, wieder zu heiraten?«

Hooker schüttelte den Kopf. »Nein«, sagte er mit zusammengepreßten Lippen.

Im Arbeitszimmer fragte er Charles nach seinen Fortschritten an dem Buch über insektenfressende Pflanzen.

»Ich dachte, es sei gut lesbar geschrieben, aber ich finde soviel, was umgeschrieben werden muß. Es wird noch zwei Monate dauern, bis es in Druck gehen kann.«

»Was sind zwei Monate in Ihrem ausgefüllten Leben?« murmelte Hooker.

»Während dieser Zeit werden Sie sich schon auf ein neues Buch vorbereiten.«

»Ich las gestern von einem Mann in Amerika namens Remington, der ein Gerät herstellt, das er Schreibmaschine nennt. Es scheint, daß wir bald nicht mehr mit Tinte und Feder schreiben müssen; wir werden nur noch auf Tasten drücken, die die Buchstaben des Alphabets tragen. Ich werde zwar nie lernen, wie man dieses Gerät bedient, aber Francis könnte es schaffen. Er ist jung genug für alle Art Experimente.«

Sir Charles Lyell lebte keine zwei Monate mehr. Er starb am 22. Februar 1875, fast zwei Jahre nach dem Tod seiner Frau, an Altersschwäche. Seine engsten Freunde hatten es erwartet. Hooker ergriff die Initiative, damit er in der Westminster-Abtei, unter den berühmten Persönlichkeiten Englands, bestattet wurde. Die Genehmigung wurde erteilt. Englands größter Geologe, Pionier auf diesem Gebiet, durch seine Bücher der Lehrer aller Wissenschaftler in seinem Jahrhundert, wurde mit hohen Ehren zur Ruhe gebettet. Charles und Joseph Hooker schrieben die Huldigung, die auf der Steinplatte eingraviert werden sollte, unter der Lyell ruhte.

Charles war tief erschüttert. Sein ältester Freund würde ihm schrecklich fehlen. Er bezeichnete es als ein »höllisches Stück Arbeit«, als er drei Monate damit ver-

brachte, sich auf die zweite Auflage der *Abstammung des Menschen* zu konzentrieren. Sogar mit Hilfe von George, der für kurze Zeit von Cambridge nach Hause gekommen war, dauerte die Arbeit bis zum Jahresende. Das Buch *Insektenfressende Pflanzen* wurde von Murray im Juli veröffentlicht. Von der Erstauflage, dreitausend Stück, wurden zweitausendsiebenhundert Exemplare sofort verkauft. Wieder war das englische Publikum über die seltsamen und kaum glaublichen Entdeckungen Darwins erregt. Er vergeudete wenig Zeit damit, das Buch zu feiern, sondern stürzte sich sofort in die Erweiterung der *Kletterpflanzen* um neunzig Seiten mit neuen Entdeckungen. Alfred Wallace sagte ihm:
»Ihr schönes Bändchen über *Kletterpflanzen* stellt einen höchst interessanten Gefährten für Ihre *Orchideen* und die *Insektenfressenden Pflanzen* dar. Sie bilden ein Trio.«
Charles begann, eine Liste der in den letzten zehn Jahren durchgeführten Experimente über Wachstum und Fruchtbarkeit von Pflanzen zusammenzustellen, die er durch Kreuzung und Selbstbefruchtung von Blüten gezogen hatte. Er erklärte in einem Brief an Ernst Haeckel:

> ... Es ist wirklich wunderbar, welche Wirkung Pollen von einer bestimmten Sämlingspflanze, die verschiedenen Lebensbedingungen ausgesetzt wurde, auf ihre Nachkommen hat.

Henrietta kam aus London und brachte eine von einer Miss Cobbe entworfene Petition mit, in der gefordert wurde, die Vivisektion in England zu verbieten. Sie sagte:
»Miss Cobbe hat eine Anzahl bedeutender Leute dazu überredet, zu unterschreiben. In London ist eine heftige Kontroverse entfacht.«
»Das weiß ich«, antwortete Charles trocken. »Es steht in den Zeitungen.«
»Ich möchte, daß du auch unterschreibst, Vater.«
»Nein, meine liebe Tochter, ich werde nichts dergleichen unterschreiben.«
»Warum nicht?«
»Weil ich die Physiologie für eine der bedeutendsten Wissenschaften halte. Früher oder später werden ihre Ergebnisse der Menschheit zugute kommen, und sie kann nur durch Experimente an lebenden Tieren Fortschritte machen.« Er klopfte mit der Hand auf die Petition. »Den Vorschlag, die Forschung nur auf jene Punkte zu beschränken, von denen wir bereits wissen, daß sie etwas mit der Gesundheit zu tun haben, halte ich für kindisch. Außerdem werden die Tiere sorgfältig betäubt. Unser Ziel ist es, die Tiere zu schützen und zugleich den Physiologen nicht zu schaden. Ihre Entdeckungen können helfen, Schmerzen und Tod von Menschen zu verhindern.«
Der Streit über die Vivisektion dauerte noch lange.
Als sich Parslow, der seit sechsunddreißig Jahren Mitglied der Familie gewesen war, in sein unweit gelegenes Haus zu Frau und Kindern in den Ruhestand zu-

rückzog, beschäftigte ihn Emma mit Gelegenheitsarbeiten und bezahlte ihm genug, um sicherzustellen, daß sein Einkommen ihm einen gewissen Wohlstand ermöglichte. Sie fand bald einen anderen Butler namens Jackson. Er war ein kleiner Mann mit roten Wangen und leicht gelocktem Backenbart, der aussah wie ein Komiker. Was ihm an Intelligenz fehlte, machte er durch gute Laune wett. Beim Servieren bei Tisch, auch wenn Gäste da waren, verfolgte er die Konversation aufmerksam. Wenn jemand etwas Lustiges sagte, brach er in vergnügtes Lachen aus. Emma fragte Charles:

»Glaubst du, ich sollte ihm das verbieten?«

»Nicht nötig. Die Gäste unterhält sein Lachen. Gestern abend bezeichnete ihn jemand als ›komische Nummer‹.«

Smith Elder, sein erster Verleger, ersuchte ihn, die *Korallen-Riffe*, die *Vulkanischen Inseln* und die *Geologischen Beobachtungen über Südamerika* zu überarbeiten, die vor dreißig Jahren erschienen waren. Geologen und Studenten brauchten und verlangten sie noch immer. Wie gewohnt nahm Charles es übel, daß er seine laufende Arbeit unterbrechen mußte.

Aber er verlor nicht seinen Sinn für Humor. Er schrieb an Asa Gray in Amerika:

> ...Bitte grüßen Sie Mrs. Gray herzlich von mir. Ich weiß, sie hört es so gern, wenn Männer prahlen, es erquickt sie so. Nun sieht die Rechnung im Backgammon mit meiner Frau wie folgt aus: Sie, das arme Geschöpf, hat nur 2490 Partien gewonnen, während ich, hurra, hurra, 2795 Partien gewonnen habe!

Er besuchte eigens die Königliche Gesellschaft in London, um Hooker im Stuhl des Präsidenten sitzen zu sehen, und erzählte Emma, als er zurückkam:

»Mein Ausflug verschaffte mir viel Befriedigung. Ich habe eine Menge Leute gesprochen, und es hat mir nicht im geringsten geschadet.«

Zu Beginn des neuen Jahres gab es gute Nachrichten von Amy. Sie war schwanger. Emma und Charles konnten damit rechnen, gegen Mitte September Großeltern zu werden.

»Endlich werden wir ein Enkelkind haben«, sagte Emma frohlockend. »Es ist ein Tag, nach dem ich mich gesehnt habe.«

»Du wirst viele bekommen«, versicherte ihr Charles, »du hast doch noch vier Söhne und eine Tochter zu verheiraten.«

Im Juli ersuchte ihn ein deutscher Verleger, »einen Bericht über die Entwicklung Ihrer Gedanken und Ihres Charakters sowie eine Skizze Ihrer Autobiographie für mich zu schreiben«. Es war eine interessante Idee; noch niemand hatte nach seiner persönlichen Entwicklung gefragt.

»Es ist etwas, das du deinen Enkelkindern hinterlassen solltest«, meinte Emma.

»Ja, der Gedanke gefällt mir. Besonders weil er mich für eine Weile davon abhalten wird, durch diese Mikroskoplinse zu starren. Ich bin schon halb tot.«

»Warum fahren wir nicht nach Surrey? Hensleigh und Fanny haben uns mehrmals ihr Sommerhaus angeboten.«
»Gut. Ich werde schreiben und mich aufplustern wie eine Kropftaube.«
In Surrey ging ihm die Arbeit gut von der Hand, er schrieb am Vormittag, nachmittags machte er Spaziergänge. Er schrieb die Geschichte seiner Kindheit, über seinen Vater, Dr. Robert Darwin, die sieben Jahre in der Schule in Shrewsbury, die dreieinhalb Jahre am Christ's College, über die fünf Jahre währende Reise an Bord der *Beagle*...

> Meine Gewohnheiten sind methodisch, und das war für meine Art von Arbeit von nicht geringem Nutzen... Ich hatte reichlich Zeit, weil ich meinen Lebensunterhalt nicht selbst verdienen mußte. Sogar die Kränklichkeit hat mich, obwohl sie mich mehrere Jahre meines Lebens kostete, vor den Zerstreuungen durch Gesellschaftsleben und Vergnügungen gerettet...
> ...Mein Erfolg als Wissenschaftler – sofern von einem solchen überhaupt die Rede sein kann – wurde, soweit ich es beurteilen kann, durch komplizierte und verschiedenartige geistige Eigenschaften und Voraussetzungen bestimmt. Die wichtigsten davon waren: die Liebe zur Wissenschaft, grenzenlose Geduld bei langen Überlegungen über irgendein Thema, Fleiß beim Beobachten und Sammeln von Fakten und ein gewisser Anteil an Erfindungsgabe und an gesundem Menschenverstand. Mit so mäßigen Fähigkeiten, wie ich sie besitze, ist es wirklich erstaunlich, daß ich die Ansichten von Wissenschaftlern in manchen wichtigen Punkten in so beträchtlichem Maße beeinflussen konnte.

Anfang August kehrten sie nach Hause zurück, wo Charles seine Autobiographie beendete. Er gab Emma das gesamte Manuskript, weniger als hundert Seiten. Sie setzte sich auf die Veranda und las es. Als sie fertig war, sagte sie:
»Ich finde es interessant. Andere werden es noch interessanter finden. Wollen die Deutschen es veröffentlichen?«
»Ich glaube, das werde ich nicht gestatten. Sie können daraus zitieren, aber im Grunde ist es das, was du wolltest: eine kurze Schilderung meines Lebens für meine Enkelkinder. Meine Kinder wissen alles über mich.«
Joseph Hooker heiratete Hyacinth Symonds, die Tochter eines angesehenen Geologen und Witwe eines Ornithologen. Sie war jünger als Hooker und genoß einen guten Ruf. Die Darwins freuten sich für ihn; er würde eine Gefährtin und die Kinder würden eine Beraterin haben.
Als Amys Zeit herankam, fragte sie Francis, ob sie für die Entbindung nach Nordwales fahren könne.
»Ich weiß, wie sehr dein Vater dich braucht, Francis. Warum bleibst du nicht hier und läßt mich allein fahren? Ich werde bei meinen Eltern und dem Familienarzt tadellos aufgehoben sein.«

Francis protestierte. Er wollte sie nach Hause begleiten. Sollte es Hinweise auf eine längere Wartezeit geben, würde er mit dem Bewußtsein nach *Down House* zurückfahren, daß man für sie sorgte. Amy bestand darauf, sie könne die Reise ohne Schwierigkeiten allein schaffen. Francis war nicht glücklich, ließ sie aber abreisen.

Als die Nachricht eintraf, war die Familie entsetzt. Amy war im Wochenbett gestorben. Es wurde keine Erklärung abgegeben. Das Kind, ein Junge, war bei guter Gesundheit.

Von Verzweiflung und brennendem Schuldgefühl gequält, reiste Francis sofort nach Nordwales, um das Baby nach Hause zu holen. Amys Verlust erschütterte Emma zutiefst; sie wurde furchtsam und ängstlich. Francis zog sich in gequältes Schweigen zurück. Aber das Kind, Bernard, bereitete ihnen große Freude. Emma engagierte ein Kindermädchen und übernahm die Säuglingspflege.

Wirkungen der Kreuz- und Selbstbefruchtung im Pflanzenreich erschien im November. William Thiselton-Dyer, Hookers Assistent, schrieb eine großartige Besprechung für *Nature*, die dem Buch einen guten Start verschaffte. Tausendfünfhundert Exemplare waren bereits verkauft worden.

Charles beging am 12. Februar seinen achtundsechzigsten Geburtstag. Aus seinem kurzen grauen Bart war ein langer weißer geworden. Er konnte Emma dazu überreden, den Geburtstag ohne Feierlichkeiten vorbeigehen zu lassen. Nicht so seine Bewunderer in Deutschland und Holland. In beiden Ländern wurden Alben angefertigt, die Photographien der dortigen Wissenschaftler enthielten, und unter jedem Bild stand ein Kompliment für Charles. Charles war tief gerührt; man hatte offensichtlich lange Zeit an den beiden Alben gearbeitet. Er schrieb den Kollegen in beiden Ländern:

> ...Ich nehme an, daß jeder, der wissenschaftlich arbeitet, gelegentlich deprimiert ist und daran zweifelt, ob das, was er veröffentlicht hat, die Mühe wert war, die es ihn gekostet hat. Aber in den wenigen Jahren meines Lebens, die mir noch bleiben, werde ich, wann immer ich mich freuen will, die Porträts meiner hervorragenden Kollegen betrachten und mich ihrer großzügigen Sympathie erinnern. Wenn ich sterbe, wird das Album ein wertvolles Vermächtnis für meine Kinder sein.

Als Charles eine neue Ehrung verliehen wurde, fragte Francis:
»Vater, wie viele solcher Ehrungen hast du schon erhalten?«
»Das weiß ich nicht, Francis. Ich habe sie nie gezählt.«
»Möchtest du, daß ich es tue?«
»Wenn es dir Freude macht.«
Francis zählte fünfundsiebzig ehrenamtliche und ausländische Mitgliedschaften, die vielleicht größte Zahl internationaler Ehrungen, die seit Sir Isaac Newton einem Wissenschaftler, Gelehrten und Autor zuteil geworden war.

Joseph Hooker wurde geadelt und hieß jetzt Sir Joseph Hooker. Es brachte ihn aus der Fassung, daß er, der acht Jahre jünger war als Charles und seiner Meinung nach unendlich viel weniger für die Wissenschaft geleistet hatte, mehr geehrt wurde als sein Freund und Mentor. Viele von Charles' Kollegen waren schockiert, empört, beleidigt, daß Charles Darwin übergangen worden war. Offensichtlich aber wollte niemand von der Regierung oder vom Hof die Kirche in Aufruhr versetzen.

»Ich mache mir nicht das geringste daraus«, sagte Charles seinen Anhängern ganz aufrichtig. »Meine Bücher enthalten meine Ritterwürde.«

Fünf Tage nachdem Hookers Tochter Harriet mit William Thiselton-Dyer getraut worden war, fuhr Sir Joseph Hooker auf Einladung von Professor Hayden, dem Leiter des Amerikanischen Topographischen und Geologischen Vermessungsamtes, in die Vereinigten Staaten, um sich einer offiziellen Vermessungsgruppe anzuschließen, der auch Asa Gray angehörte. Sie arbeiteten in Colorado, Utah, Nevada und Kalifornien und beendeten die Vermessung in San Francisco. Sir Josephs Aufgabe bestand darin, einen botanischen Bericht vor allem über Art und Verbreitung der Bäume zu verfassen.

»Fast könnte ich ihn beneiden«, sagte Emma. »Anscheinend waren schon alle, unsere Söhne inbegriffen, in den Vereinigten Staaten, nur wir nicht.«

Als Hooker zurückkehrte, erzählte er Charles:

»Unzählige Leute in Amerika fragten nach Ihnen, also bitte, nehmen Sie durch mich die Grüße der Nation entgegen.«

3.

Charles' Arbeit ging in beschleunigtem Tempo weiter. Sein neuestes Projekt war ein Fachbuch über die verschiedenen Formen von Blüten auf Pflanzen gleicher Art. Er hatte alles Material in seinen Notizbüchern gesammelt und mußte es nur zusammenstellen. Er und Francis leisteten mit dem Manuskript schnelle Arbeit, so daß es am 9. Juli 1877 veröffentlicht wurde. Charles widmete das Buch Asa Gray, der in jeder amerikanischen Zeitung, die bereit war, sie anzunehmen, Artikel über Charles' Arbeit schrieb. John Murray ließ nur zwölfhundertfünfzig Exemplare drucken, die sofort ausverkauft waren.

Ein Projekt, von dem er annahm, es würde sein letztes sein, interessierte ihn sehr, obwohl andere, die davon hörten, entweder entsetzt oder von Abscheu erfüllt waren. Es handelte sich um Regenwürmer.

Er hatte sich mit ihnen seit seiner Rückkehr von der Reise mit der *Beagle* beschäftigt. Bei einem Besuch in *Maer Hall* hatte ihn Onkel Jos darauf aufmerksam gemacht, welche Erdmengen durch diese Würmer nach oben gebracht wurden. Ein

Jahr später hatte er in der Geologischen Gesellschaft einen von ihm geschriebenen Aufsatz vorgelesen, in dem er die Annahme vertrat, daß Regenwürmer alles auf der Erdoberfläche begraben könnten, wenn sie genügend Zeit hätten. Über zwanzig Jahre lang reagierte niemand auf den Artikel, dann attackierte jemand seine Theorie im *Gardeners' Chronicle*. Charles beschloß, zu gegebener Zeit eine gründliche Untersuchung der Anatomie und der Lebensgewohnheiten des Regenwurms durchzuführen.

Diese Zeit war gekommen.

Er hatte viele Monate lang in seinem Arbeitszimmer Würmer in mit Erde gefüllten Töpfen gehalten. Er sagte zu Francis:

»Ich möchte wissen, inwieweit sie bewußt handeln und wieviel Geisteskraft sie besitzen. Ich möchte um so mehr etwas darüber wissen, als über Tiere auf einer so niedrigen Organisationsstufe nur wenig bekannt ist.«

Francis antwortete mit einem Achselzucken. »Die meisten Leute glauben, daß Regenwürmer nur als Köder zum Angeln gut sind.«

»Das ist ein Irrtum. Würmer waren an der Bildung der Humusschicht beteiligt, die die gesamte Landoberfläche in jedem mäßig feuchten Land bedeckt.«

»Dient der Humus irgendeinem Zweck? Wie erzeugen ihn die Würmer?«

»Durch die spiralförmigen Erdhäufchen, die man in außerordentlicher Zahl überall sehen kann.«

»Was wollen wir noch von ihnen wissen?« Francis' Ton verriet, daß er keineswegs sicher war, ob das ein würdiges Betätigungsfeld für Charles Darwin, M. A., Mitglied der *Royal Society*, war.

»Alles: ihren Aufbau, ihre Sinne, ihre Nahrung und Verdauung, ihre Drüsen, Gewohnheiten, Intelligenz, wie sie ihre Gänge graben, wie sie große Steine untergraben, so daß sie einsinken, das Gewicht der Erde, die sie nach oben schaffen…«

Francis stieß einen Pfiff aus.

»Zurück zum Mikroskop! Ich bin nie auf die Idee gekommen, daß ich Würmer so sezieren würde wie du Rankenfüßer!«

Als Charles über ein nahe gelegenes Feld ging, das er seit dreißig Jahren kannte, stellte er fest, daß die Regenwürmer jeden Stein, der auf der Oberfläche gelegen hatte, jährlich mit einem halben Zentimeter Humus bedeckt hatten. Schwieriger war es, genau festzustellen, wieviel Erde die Regenwürmer nach oben zu bringen vermochten. Er fand schließlich heraus, daß sie auf den Kalkhügeln von Down achtzehn Tonnen Erde im Jahr nach oben brachten.

Nachdem er all die Jahre mit seinem Arbeitszimmer zufrieden gewesen war, obwohl er mitunter einen Schal umlegen mußte, weil sein Arbeitsplatz sich so nahe am Fenster befand, fühlte er sich schließlich doch durch seine Bücher, Akten, Instrumente, den Globus, die Landkarten, die Präparate, Photographien und Porträts an den Wänden beengt. Er beschloß, sich ein neues, größeres Arbeitszimmer

hinter dem Salon bauen zu lassen. Er akzeptierte den billigsten Voranschlag, überwachte den Bau, der auch eine neue Einfahrt, eine Eingangstür und ein Außenportal umfaßte.
Im Herbst 1877 ließ er all seine Besitztümer in das neue Arbeitszimmer bringen. Nun hatte er Platz für ein Sofa zum Hinlegen, einen tiefen Lederfauteuil, einen langen, breiten Tisch, auf dem Manuskripte, Papier, Briefe, Schreibmaterial, Tintenfässer und Aktenmappen lagen. Sein Schreibstuhl stand, wie immer, in einer Ecke neben einem großen Fenster mit einem geräumigen Fensterbrett für Bücher und Zeitungen. Er ließ von einem Tischler in Down Rollen an den vier Sesselbeinen anbringen, so daß er im Zimmer umherfahren konnte.
Das Umziehen nützte nicht viel. Nach wenigen Monaten war das neue Arbeitszimmer ebenso vollgestopft wie das alte.
Wenn Charles mit der langen Pelerine und dem weichen Hut allein spazierenging, stand er bisweilen so lange in Gedanken versunken auf dem Weg, daß die Eichhörnchen ihn für einen Baum hielten und an seinen Beinen nach oben und unten kletterten.
Er war für die Karikaturisten Freiwild geworden. Das *London Sketch Book, Punch, Hornet* brachten Karikaturen von ihm, die jedoch eher amüsant als bösartig waren. Sein Kopf, sein Gesicht, der lange weiße Bart waren gut getroffen, nur der Rest seines Körpers war der eines Affen.
Ihr ältester Sohn, William, verlobte sich mit einer jungen Amerikanerin, Sara Sedgwick.
»Das freut mich sehr«, erklärte Charles. »Er ist schon achtunddreißig, und ich dachte, er würde Junggeselle bleiben.«
Als William in Southampton von seinem Pferd abgeworfen wurde, ließ ihn Dr. Andrew Clark eine Reihe gymnastischer Übungen machen, um zu beweisen, daß seinem Kopf nichts Ernstes zugestoßen war. Der sechsundzwanzigjährige Horace diente William als Krankenwärter und Sekretär. Als nächster stürzte Leonard, der für das britische Reich Befestigungsanlagen baute, auf dem Tennisplatz und verletzte sich so unglücklich am Knie, daß er mehrere Tage auf dem Sofa liegen mußte, wo ihn Elisabeth verwöhnte, die seine Pflege übernommen hatte. Als Litchfield erkrankte, pflegte ihn Henrietta mit der Geschicklichkeit und Zärtlichkeit, die sie bei ihrer Mutter ihrem Vater gegenüber beobachtet hatte. Emma lobte Henrietta und sagte:
»Nichts verheiratet einen so vollkommen wie Krankheit.«
Schließlich war es Emma, die den schlimmsten Sturz erlitt. Sie hatte jahrelang in allen Kirchenangelegenheiten, in der Ortsschule und bei der Betreuung der Armen mit Reverend Innes zusammengearbeitet und dann mit Reverend Henry Powell, der auf ihn folgte. Nun stellte sie fest, daß sie mit dem neuen Vikar, Reverend George Finden, einfach nicht auskommen konnte. Er war ein Tory, gegen alles eingenommen, wofür die Familien Wedgwood und Darwin immer eingetreten waren. Sie waren bei den Beratungen der Angelegenheiten von Down so

gründlich uneinig, daß Emma nicht mehr an ihnen teilnahm. Dann beging Reverend Finden die entscheidende Taktlosigkeit: Er griff Charles Darwin und seine Bücher in einer Predigt am Sonntagvormittag an, während Emma und Elisabeth in ihrer Familienbank saßen.

Die beiden Damen erhoben sich prompt und verließen die Kirche. Emma kochte auf dem Heimweg vor Wut. Sie stürmte in Charles' neues Arbeitszimmer und rief:

»Er ist ein unausstehlicher Idiot! Ich gehe nie wieder in die Kirche in Down, solange er dort Dienst tut. Nächsten Sonntag werde ich die drei Kilometer nach Keston gehen und der dortigen Gemeinde beitreten.«

Nachdem Charles die Einzelheiten gehört hatte, sagte er:

»Ich werde in Keston öffentlich mit dir erscheinen. Aber was ist im Winter, wenn es Regen und Schlamm gibt? Du willst doch nicht, daß der Kutscher am Tag des Herrn arbeitet?«

Emma war wieder empört.

»Wenn ich nicht imstande bin, an einem Sonntagvormittag drei Kilometer weit im Morast zu gehen, verdiene ich nicht, mich eine Christin zu nennen!«

Er nahm sie in die Arme und beruhigte sie.

»Du bist nicht nur eine Christin, meine Liebe, du bist eine christliche Märtyrerin. Ich sehe dich im Kolosseum in Rom vor mir, wie du die Löwen zur Seite fegst und den Kaiser einen verdammten Heiden nennst!«

Besänftigt küßte sie ihn auf die Wange und fragte:

»Warum muß man ausgerechnet uns einen Frömmler zuteilen?«

Charles kicherte. Vor ihm stand Emma, deren theologische Einstellung wahrscheinlich der von Reverend Finden sehr ähnlich war und die für ihren Renegaten von Ehemann kämpfte.

Emma war auch nie über die Ungerechtigkeit hinweggekommen, daß Charles nicht geadelt worden war. Jetzt gab die Universität Cambridge bekannt, daß ihm am 17. November im Senat ein LL. D., ein Doktorat der Rechte, ehrenhalber verliehen würde. Es war die höchste Ehrung, die die Universität zu vergeben hatte. Charles hatte den Anstand, sie zu akzeptieren.

Die Familie stieg im *Bull Hotel* ab. Am nächsten Tag schlüpften Emma, Elisabeth, Leonard und Horace durch eine Seitentür ins Haus des Senats. Es war ein eindrucksvoller Anblick; die Galerie zu beiden Seiten des Senats war bis zum Bersten mit Studenten gefüllt, ebenso der Sitzungssaal. Die Studenten waren auf die Statuen geklettert und standen auf den Fensterbrettern.

Es wurde immer wieder Beifall gespendet. Als Charles in seinem roten Mantel eintrat, wurde der Lärm ohrenbetäubend. Er lächelte und wartete auf das Eintreffen des Vizekanzlers. Bald darauf erschien ein Affe, der an den Seilen entlanghangelte, die zwischen den beiden Galerien gespannt worden waren. Er wurde mit tosendem Gelächter begrüßt, die Studenten freuten sich über den Streich, den sie Charles Darwin gespielt hatten.

Endlich erschien der Vizekanzler in Scharlach und weißem Pelz. Man verbeugte sich und schüttelte einander die Hände, dann wurde Charles hinter zwei Würdenträgern mit silbernen Amtsstäben durch den Mittelgang geführt. Der öffentliche Redner verlas seine langweilige lateinische Ansprache, ständig von den traditionellen Zwischenrufen und Sticheleien der Studenten unterbrochen. Dann marschierte die Prozession zum Vizekanzler. Entgegen der Tradition kniete Charles nicht nieder. Am Ende der Zeremonie traten alle heran und schüttelten einander die Hände.

Es waren viele Gesellschaften für die Darwins vorgesehen. Charles stattete seiner alten Wohnung im Christ's College einen sentimentalen Besuch ab und besichtigte mit seinen Kindern den blühenden botanischen Garten, den John Henslow angelegt hatte. Dann unternahmen sie einen Spaziergang durch die Stadt, wobei Charles seinen LL. D. in der Tasche seiner Seidenrobe trug. Am Abend hielt Thomas Huxley vor der Philosophischen Gesellschaft von Cambridge eine Rede über Darwin.

Charles verbrachte einen Monat mit Francis im neuen Arbeitszimmer, um zu beweisen, daß der Schlaf den Pflanzen dazu dient, die Schädigung der Blätter durch Bestrahlung zu vermindern. Im Frühjahr fuhr er nach London, konsultierte Dr. Andrew Clark wegen Schwindelgefühls. Dr. Clark verschrieb ihm eine Diät. Der gute Doktor wollte kein Honorar annehmen, selbst dann nicht, wenn er nach Down kommen müßte. Das machte es für Charles schwierig, ihn kommen zu lassen.

William setzte seine Sozialarbeit in Southampton fort und war der Hauptverantwortliche für die Eröffnung einer Gewerbeschule, in der so entgegengesetzte Fächer unterrichtet wurden wie Kunst und Chemie.

Francis' Sohn Bernard war ein Jahr alt, ein ausgelassenes Kind mit strahlenden Augen, das zur Freude in der Familie beitrug. Emma bestand darauf, daß Charles häufig Urlaub machte. Sie besuchten das schöne Seengebiet in Cumbria. Charles schrieb an Alfred Wallace:

> Es geht mir mäßig gut, aber ich fühle mich immer halb tot. Dennoch gelingt es mir, an der Physiologie der Pflanzen zu arbeiten, denn ich glaube, ich würde auf der Stelle sterben, wenn ich nichts zu tun hätte...

Alfred Wallaces Schwierigkeit war sein Geldmangel. Sein einziges Einkommen, mit dem er eine immer größer werdende Familie ernähren mußte, bezog er aus seinen Büchern und Zeitungsartikeln, deren Bezahlung bescheiden war. Er hatte, besonders nach seiner Heirat, gewußt, daß er eine ständige Anstellung finden mußte. Er hatte sich zuerst um den Posten eines stellvertretenden Sekretärs der Königlichen Geographischen Gesellschaft beworben. Sein Freund und Gefährte auf früheren Reisen, Henry Bates, hatte den Posten bekommen. Dann versuchte er es vergeblich mit dem Direktorenposten des Museums von Bethnal Green und dem des Leiters von Epping Forest. Dieser dritte Mißerfolg deprimierte ihn und ließ ihn für die Zukunft seiner Familie fürchten. Als Charles in London war, rief er eine Gruppe zum Essen in Erasmus' Haus zusammen.

»Es geht nicht anders«, sagte er zu Hooker und Huxley, »wir müssen einfach eine staatliche Pension für Wallace durchsetzen. Er ist ein zu großer Mann, als daß man ihn im Stich lassen dürfte.«

Sie legten eine Strategie fest. Charles' Briefe sollten den Weg bereiten. Nach zwölf Monaten ununterbrochener Bemühungen bewilligte die Regierung Wallace eine jährliche Pension von zweihundert Pfund auf Lebenszeit.

Ein unerwarteter Glücksfall stellte sich in Form eines Schreibens von einem Mr. Anthony Rich aus Heene in Worthing ein, in dem es hieß, daß er und seine Schwester die letzten ihrer Familie seien und daß unter diesen Umständen »an die gedacht werden sollte, die ihre Fähigkeiten für den Nutzen der Menschheit eingesetzt haben«. Daher hatte er fast ihren gesamten Besitz, der jährlich über tausend Pfund Gewinn abwarf, Charles vermacht.

Charles wollte das Vermächtnis ablehnen. Er konnte niemanden finden, der seiner Meinung war, weder Emma noch seine Kinder, Litchfield, Hooker, Huxley, Wallace. Sie alle sagten im wesentlichen:

»Nimm das Geld an! Laß die tausend Pfund jährlich durch die Königliche Gesellschaft einem jungen Naturforscher zukommen, der Hilfe braucht. Du wirst ein Beispiel geben. Vielleicht beginnen andere Menschen, einen Teil ihres Vermögens Naturforschern und wissenschaftlichen Gesellschaften zu hinterlassen. Das wurde noch nie getan.«

Er nahm es an. Als die »Turin-Gesellschaft« ihm den mit hundert Pfund dotierten Bressa-Preis verlieh, schrieb er an die Zoologische Station in Neapel und fragte an, ob sie irgendeine Apparatur im Wert von hundert Pfund brauchte.

> Ich würde mich freuen, sie für Sie bezahlen zu dürfen.

Wenige Wochen vor seinem einundsiebzigsten Geburtstag kam er in sein Arbeitszimmer, wo er einen schönen Pelzmantel auf seinem Tisch liegen sah. Er betrachtete ihn verdutzt, als seine Kinder freudig hereingestürzt kamen. Sie riefen alle zugleich:

»Eine Überraschung! Eine Überraschung! Wir gratulieren zum Geburtstag! Das ist das Geschenk von uns allen für dich! Probier ihn doch!«

Der Pelzmantel paßte ihm ausgezeichnet. Er umarmte seine Söhne und die Tochter Elisabeth; Henrietta hatte sich von London aus beteiligt.

»Aber ich kann ihn nie tragen!« meinte er.

»Warum nicht, Vater?«

»Weil es nie kalt genug ist.«

Er trug ihn so regelmäßig, daß er bald fürchtete, er würde ihn abnützen.

Im November 1880 heiratete ihr jüngster Sohn Horace die Tochter ihres Freundes und Verwandten Thomas Farrer. Nun waren nur noch Francis und Elisabeth zu Hause und der kleine Bernard.
Samuel Butler, der Enkel von Charles' Lehrer in Shrewsbury, berühmt durch seine Publikation *Erewhon*, ein Absolvent des St. John's College in Cambridge, schrieb ein Buch, *Evolution Old and New*, in dem er für die Ansichten von Dr. Erasmus Darwin im Gegensatz zu denen seines Enkels eintrat. Zur gleichen Zeit hatte ein deutscher Wissenschaftsredakteur, Ernst Krause, für seine Zeitschrift *Kosmos* eine kurze Biographie von Dr. Erasmus Darwin geschrieben, die er zu einem Buch erweitern wollte. Er ersuchte Charles um ein kurzes Vorwort. Butler schrieb einen wütenden Brief an das *Athenaeum*, in dem er Krause beschuldigte, Stellen aus seinem Buch verwendet zu haben, ohne die Quelle anzugeben. Er warf Charles vor, daß er an dem Betrug beteiligt sei.
»Vater sollte sich verteidigen!« erklärten die Darwinsöhne.
Emma, Henrietta und ihr Mann Richard waren entschieden dagegen, Butler zu antworten.
»Überbewerte Butlers Angriff nicht, indem du ihn zur Kenntnis nimmst«, riet Litchfield.
Samuel Butler veröffentlichte einen zweiten Brief in der *St. James's Gazette*, in dem er andeutete, daß Charles ein Lügner sei.
Diesmal sagte Huxley mit sarkastischem Grinsen:
»Gestatten Sie mir, Goethe zu zitieren, dessen Integrität auch angegriffen wurde: ›Jeder Wal hat seine Laus.‹«

4.

Anfang August 1881 fuhren Emma und Charles nach London, um Erasmus zu besuchen. William war wegen Bankgeschäften dort. Francis war mit Elisabeth in London, die er ins Theater und zu Ausstellungen begleitete.
Die Darwins blieben nur drei Tage. Erasmus wirkte gebrechlich, er war jetzt siebenundsiebzig, aber guter Laune. Um so erschreckender war dann ein Telegramm, das am 26. August mit der Mitteilung in *Down House* eintraf, daß Erasmus nach kurzer Krankheit, aber ohne Schmerzen zu leiden, gestorben war.
Für Charles war es, als ob ein Teil von England ins Meer gestürzt und für immer verschwunden wäre.
»Ich werde Ras nicht in London begraben lassen«, sagte er der Familie. »Ich werde ihn nach Down bringen und auf dem Friedhof bei der Kirche bestatten lassen. Auf diese Weise werden wir jeden Tag an seinem Grab vorbeikommen, und er wird wissen, daß er nicht vergessen ist.«

Erasmus wurde dort begraben, wo Charles es haben wollte. William sprach im Namen der Familie, als er nach dem einfachen Begräbnis sagte:
»Nächst meinen Besuchen in Down war es eine meiner größten Freuden, unseren lieben Onkel Eras aufzusuchen, wann immer ich in London war. Er schien mir viel mehr zu sein als ein Onkel, und ich erinnere mich noch aus der Zeit, als ich ein kleiner Junge war, an seine gleichmäßige Freundlichkeit und sein angenehmes Wesen; er verstand es immer, mir jede Befangenheit zu nehmen und mich zu unterhalten. Als ich erwachsen wurde, war es Jahr um Jahr ein größeres Glück für mich, ihn zu besuchen. Für mich hatte seine Art, sich zu geben, einen Charme, den ich bei niemand anderem erlebte.«
Charles konnte nur hinzufügen, als er an Thomas Ferrer schrieb:

> ... Der Tod meines Bruders Erasmus ist ein sehr schwerer Verlust für alle Mitglieder unserer Familie. Er war so gutherzig und liebevoll. Ich habe auch nie einen liebenswürdigeren Menschen gekannt. Es war immer eine sehr große Freude, mit ihm über jedes beliebige Thema zu sprechen, und das kann ich nie wieder tun. Ich glaube, er war kein glücklicher Mensch, und obwohl er sich nie beklagte, schätzte er das Leben seit vielen Jahren nicht mehr. Ich bin froh, daß ihm in seinen letzten Tagen ein schweres Leiden erspart blieb. Ich werde nie wieder einen solchen Menschen treffen.

Erasmus hinterließ seiner Schwester Caroline eine beträchtliche Summe. Den Rest seines Besitzes, einschließlich des Hauses in der Queen Anne Street, erbten Charles und Emma. Es war eine ansehnliche Erbschaft. Charles sagte zu Emma:
»Ich zweifle daran, daß wir Ras' Nachlaß je anrühren werden. Er wünschte, daß er an unsere Kinder fällt. Wir werden ihn für sie aufbewahren.«

Charles hatte die Jahre bei weitem nicht so gut überdauert wie Emma. Er sah älter aus als sie, obwohl zwischen ihnen nur wenige Monate Altersunterschied bestanden; Charles Darwin sah aus, als wäre er der Patriarch der Welt. Seine Augen lagen tief in den Höhlen; er hatte das Aussehen eines Mannes, der im Begriff steht, Lebewohl zu sagen, und dem es gar nichts ausmacht.
Auf Emmas Klavier im Salon stand ein Topf mit Regenwürmern. Charles verwendete Pfeifen und andere Instrumente, um zu sehen, wie die Würmer reagierten. Sie nahmen keinerlei Notiz davon. Dann begann er, Baßtöne auf dem Klavier anzuschlagen. Die Würmer eilten in ihre Löcher. Emma bemerkte sarkastisch:
»Charles, du bist ganz bestimmt der einzige Mensch in der Welt, der Würmer mit einem Klavierkonzert unterhält!«
Er hatte einen großen Stein auf die Wiese gewälzt. Horace befestigte eine Meßapparatur an ihm, die genau aufzeichnete, wie lange die Würmer brauchten, um den Stein einsinken zu lassen, und wie tief. Francis war von dem Experiment fasziniert; die Damen der Familie blieben erstaunlich gleichgültig.

Im April 1881 wurde das Manuskript *Die Bildung der Ackererde durch die Tätigkeit der Würmer mit Beobachtungen über deren Lebensweise* an John Murray geliefert, und das Buch erschien am 10. Oktober. Zweitausend Stück wurden sofort verkauft, fünftausend bis zum Jahresende. Leben und Verhalten von Regenwürmern wurden das Thema des Tages. Charles meinte:
»Mein Buch wurde mit beinahe lächerlicher Begeisterung aufgenommen!«
Joseph Hooker, einer der kenntnisreichsten Botaniker der Welt, gestand Charles:

> ...Ich muß zugeben, daß ich Würmer zu den hilflosesten und unintelligentesten Geschöpfen zählte; und ich stelle zu meiner Verwunderung fest, daß sie über ein häusliches Leben und öffentliche Pflichten verfügen! Ich werde sie jetzt respektieren, sogar in unseren Blumentöpfen, und sie für etwas Besseres als Fischfutter halten.

Charles hatte wenig Lust, noch eine längere Untersuchung durchzuführen. Lieber beschäftigte er sich mit Gelegenheitsarbeiten: »Zwei Monate lang Beobachtung der Wirkungen von Hirschhornsalz auf Chlorophyll und auf die Wurzeln gewisser Pflanzen, aber das ist zu schwierig für mich, und ich kann die Bedeutung einiger seltsamer Fakten nicht verstehen, die ich beobachtet habe. Das bloße Registrieren neuer Fakten ist langweilig.«
Er gratulierte Horace und Ida herzlich zur Geburt ihres ersten Sohnes, trocknete Bernards Tränen, als sein Kindermädchen heiratete und fortging. Er bat William, den erfahrenen Bankmann, seine Geldangelegenheiten abzuwickeln. Fragte seinen Sohn, wieviel sein Besitz wert war, wieviel jedes seiner Kinder erben würde. William schätzte den Besitz seines Vaters auf 280000 Pfund plus Emmas Vermögen. William arbeitete dann ein Schema aus, nach dem die beiden Töchter 34000 und jeder Sohn 53000 Pfund erhalten sollten. Wenn sie die im Geldverkehr übliche Sorgfalt walten ließen, würden die Darwinkinder auf Lebenszeit unabhängig sein.
Das hatte Charles angestrebt.
Er sagte weder Emma noch William, daß sein Puls schwach war. Francis fuhr mit ihm nach London zu Dr. Clark. Der Arzt sagte ihnen:
»Es liegt eine Störung des Herzens vor, aber es ist nichts Ernstes.«
Charles wußte es besser, behielt es aber für sich. Wenige Tage später, als er zu einem Freund in London unterwegs war, hatte er einen Herzanfall. Er schaffte es noch bis zum Hauseingang. Sein Freund war ausgegangen, aber der Butler sah, wie krank er war, und bat ihn ins Haus. Charles lehnte dankend ab. Der Butler fragte, ob er eine Droschke holen solle. Charles dankte mit den Worten:
»Ich möchte Ihnen lieber nicht soviel Mühe machen.«
Er ließ auch nicht zu, daß der Butler ihn begleitete. Er ging mit Mühe in die Richtung, wo er eine Droschke finden konnte, aber nach etwa dreihundert Metern schwankte er und mußte sich am Parkgitter festhalten, um nicht zu stürzen.

Es war der Anfang vom Ende. Husten zwang ihn zu Bettruhe und quälte ihn. Emma bestand darauf, daß er Chinin nahm, das ihm sehr half. Er hatte noch Zeit, zweihundertfünfzig Pfund zu Hookers *Index* beizutragen, der die grundlegende Liste der Namen aller bisher bestimmten Pflanzen werden sollte, unter Angabe von Autor und Erscheinungsort jeder Veröffentlichung. Er schrieb auch einen Brief an seine Nachlaßverwalter und die anderen Kinder und wies sie an, Hooker alljährlich 250 Pfund zu bezahlen, bis der *Index* abgeschlossen war.

Als George sich um die *Plumian*-Professur für Mathematik und Naturphilosophie bewarb, die mit 800 Pfund jährlich dotiert war – er erhielt sie im folgenden Jahr –, sagte Charles seiner Familie:

»Ich glaube, George wird einmal eine wissenschaftliche Berühmtheit werden.«

Da die *British Association* 1882 ihre jährliche Versammlung in Southampton abhalten wollte, glaubte William es seinem Vater schuldig zu sein, die Organisation zu übernehmen; eine gewaltige Aufgabe. Charles warnte ihn:

»Das bereitwillige Pferd ist immer überarbeitet.«

Als letzte Geste seines Lebenswillens schrieb er zwei kurze Artikel für die *Linnean Society* über seine Beobachtungen an Wurzeln und Chlorophyllkörpern. Er hatte auch die Befriedigung, zu erleben, daß Leonard eine junge Frau namens Elisabeth Frazer heiratete. Nun waren vier von seinen fünf Söhnen verheiratet.

In der letzten Februarwoche und Anfang März litt er an Schmerzen in der Herzgegend und jeden Nachmittag an unregelmäßigem Puls. An warmen Tagen saß er mit Emma im Obstgarten, weil »er gerne die Vögel singen hörte und zusah, wie sich die Krokusblüten weit öffneten«.

Am 7. März wollte er dem Sandweg einen sentimentalen Besuch abstatten, erlitt aber einen Herzanfall. Seine Erkrankung wurde so ernst, daß Emma Dr. Clark rufen ließ. Es wurden Spezialisten von St. Bartholomew's Hospital sowie von St. Mary Cray zugezogen. Sie konnten wenig mehr tun als das Gefühl der Erschöpfung und Schwäche mildern. Er erkannte mit tiefer Niedergeschlagenheit, daß die Tage der Arbeit vorüber waren.

Am 15. April wurde er beim Essen von Schwindelgefühl erfaßt, erhob sich von seinem Stuhl und wurde dann bei dem Versuch, zur Chaiselongue im Salon zu gehen, ohnmächtig. Zwei Nächte später wurde er wieder ohnmächtig. Er konnte nur mit großer Mühe wieder zum Bewußtsein gebracht werden.

Er wurde von Emma, Francis und Elisabeth gepflegt. Henrietta wurde verständigt. Sie traf am Morgen des 19. April ein, nachdem Charles am Vortag zu Mittag einen ernsten Anfall erlitten hatte. Da Henrietta anwesend war, um auf ihn achtzugeben, ging Emma nach unten, um sich ein wenig auszuruhen.

Henrietta und Francis wachten zu beiden Seiten des Bettes. Charles kam für einen Augenblick zu Bewußtsein, starrte seine Tochter und seinen Sohn an und sagte leise:

»Ihr seid die besten, lieben Krankenpfleger.«

Er entglitt ihnen. Henrietta holte Mutter und Schwester. Charles schlug zum

letztenmal die Augen auf. Es gelang ihm, seine Hand in die Emmas zu legen, während er murmelte:
»Ich fürchte mich nicht vor dem Sterben.«
Sie küßte ihn auf die Stirn und sagte leise:
»Das brauchst du auch nicht.«
Wenige Augenblicke später tat er seinen letzten Atemzug. Einer der Ärzte drückte ihm die Augen zu.
Emma und ihre Kinder gingen nach unten zu den Verwandten. Für Henrietta wirkte Emma ruhig und natürlich. Es wurde Tee serviert. Emma schien sich über etwas zu amüsieren, sie lächelte einen Augenblick. Henrietta fragte:
»Was ist das Geheimnis deiner Ruhe und Selbstbeherrschung?«
Emma ließ nur einen Augenblick verstreichen, dann richtete sie die liebevollen braunen Augen auf ihre Tochter. »Vielleicht glaubte Charles nicht an Gott. Aber Gott glaubte an ihn. Er wird dort, wo er hingegangen ist, sicher in Frieden ruhen.«
Die Familie entschloß sich zu einem stillen Begräbnis, sie wollten Charles auf dem alten Friedhof bei der Kirche neben seinen Kindern Mary Eleanor und Charles Waring und seinem Bruder Erasmus bestatten. John Lubbock war anderer Ansicht. Er ließ von zwanzig Mitgliedern des Unterhauses eine an Dr. Bradley, den Dechanten von Westminster, gerichtete Petition unterzeichnen. Ihr Wortlaut war:

UNTERHAUS, 21. April 1882

> Sehr verehrter Herr,
> bitte glauben Sie nicht, daß wir uns eine Freiheit herausnehmen, wenn wir uns den Hinweis gestatten, daß eine große Zahl unserer Mitbürger aller Klassen und Überzeugungen es willkommen heißen würde, wenn unser ruhmreicher Landsmann Dr. Darwin in der Westminster-Abtei beigesetzt wird.

John Lubbock sagte der Familie:
»Ich habe vollstes Verständnis für Ihre Gefühle und hätte es persönlich viel lieber gesehen, daß Ihr Vater unter uns allen in Down ruhen würde. Aber vom nationalen Standpunkt aus gesehen ist es zweifellos richtig, daß er in der Westminster-Abtei begraben wird.«
Das Begräbnis fand am 26. April 1882 statt. Die Sargträger waren: Joseph Hooker, den er »den liebsten Freund« genannt hatte; Thomas Huxley, »Darwins Bulldogge«; Alfred Wallace, der erklärt hatte: »Der Ursprung der Arten gehört Mr. Darwin allein«; John Lubbock, der erklärte: »Darwin ist mein Lehrer«: James Russell Lowell, der amerikanische Gesandte am Hof von St. James, der wünschte, daß sein Land vertreten sei; William Spottiswoode, Präsident der *Royal Society*; Canonicus Sir Thomas Farrar, der Herzog von Devonshire, der Earl von Derby, der Herzog von Argyll.

In der Abtei drängten sich die Vertreter Frankreichs, Deutschlands, Italiens, Spaniens, Rußlands und der Universitäten und gelehrten Gesellschaften sowie eine große Zahl persönlicher Freunde und Bewunderer.
Er war nie geadelt worden, nie Sir Charles Darwin geworden, aber die anglikanische Kirche und der Landadel von Großbritannien erwiesen ihm bei seinem letzten Erscheinen in der Öffentlichkeit große Ehre. Im feierlichen Leichenzug kam zuerst die Krone, die trauernden Chorherren, die Kleriker, die Stabträger des Dechanten, dann der von den Sargträgern getragene Sarg, gefolgt von der Familie, dann ihre Dienerschaft, die gelehrten Körperschaften ...
Der Dechant von Westminster hatte, ein Geniestreich, für Charles eine Stelle an der Nordseite des Hauptschiffs, nahe der Ecke der Chorschranke, einige Schritte vom Grab Sir Isaac Newtons entfernt, ausgewählt.
Es war eine eindrucksvolle Zeremonie. Niemand wurde zugelassen, der nicht in Trauer war; doch gab es kaum das Gefühl von Trauer. Die Atmosphäre in der Kirche war eher triumphal, weil ein solcher Mann gelebt hatte.
Emma Darwin fand das sehr passend. Sie war nie Lady Emma Darwin geworden, freute sich aber für ihren Mann, mit dem sie dreiundvierzig Jahre verheiratet gewesen war und »der in der Welt solches Aufsehen erregt hatte«.
Auf der Rückfahrt nach *Down House* sagte William zu Francis:
»Ich hoffe, es klingt nicht respektlos, aber kannst du dir vorstellen, welche köstlichen Gespräche Vater und Sir Isaac Newton jeden Abend führen werden, nachdem die Kirche geschlossen und alles ruhig ist?«
Die schwierigste Aufgabe war der Entwurf der Inschrift für Charles' Grabstein. Hooker und Huxley machten mehrere Versuche, fanden es aber unmöglich, Charles Darwins Leistung in zwei oder drei Sätzen zu beschreiben. Huxley schlug vor:
»Das beste, was man auf diesen Stein schreiben kann, ist die großartige Zeile des amerikanischen Dichters Emerson:

Nehmt euch in acht, wenn der Herrgott einen Denker auf diesen Planeten losläßt.«

Man war ihnen zuvorgekommen. Charles hatte eine Anordnung hinterlassen. Er wünschte nichts auf seinem Grab. Seine Worte waren bereits untilgbar in den Stein eingraviert worden.
Auf der Platte über seinem Grab stand:

CHARLES ROBERT DARWIN
Geboren am 12. Februar 1809
Gestorben am 19. April 1882

Er hatte die Welt verändert.
Wenn auch nicht völlig.
Am Tag nach dem Begräbnis in der Westminster-Abtei schickte eine Uhrmacherfirma in der Fleet Street einen Brief an die St. Martin's Bank, London.

> Sir,
> wir haben uns heute einen Scheck in Höhe von Pfund 280.– auszahlen lassen, der unser Konto bei Ihrer Firma erledigt. Unsere Gründe für die Schließung eines Kontos, das vor so vielen Jahren in Ihrem Haus eröffnet wurde, sind so ungewöhnlicher Art, daß uns durchaus bewußt ist, daß sie im Hinblick auf das Ergebnis für völlig unangemessen gehalten werden...
> Unsere Gründe bestehen ausschließlich in der gestrigen Anwesenheit von Mr. R. B. Martin in der Westminster-Abtei, wo er den Vorgang nicht nur als Einzelperson, sondern anscheinend als Mitglied der Abordnung jener Gesellschaft sanktionierte, die Mr. Darwins Theorien vertrat und unterstützte. Wir glauben, daß der Tag gekommen ist, an dem eine offene Stellungnahme aller jener erforderlich ist, die sich nicht schämen, die Wahrheit des Lebendigen Gottes in Seinen Erklärungen über die Schöpfung in der Genesis auf dem Sinai und überall in Seinem geschriebenen Wort zu bekräftigen.
> Wir streben an, daß Gott zumindest Zeuge unseres Vertrauens zu Seiner Wahrhaftigkeit bei jeder Erklärung ist, die Er in Seinem Wort von der Genesis bis zur Offenbarung gemacht hat.
> Wir finden uns mit dem Bewußtsein ab, daß unsere schwache Stimme im Tumult einer triumphierenden Hymne zum Lob eines Mannes untergehen wird, dessen gottlose und lächerliche Theorien wir für entsetzliche Lästerungen halten. Mag es so sein. Bald kommt der Tag, der lodern wird wie ein Feuer. Dann werden wir sehen, wer die Wahrheit gesprochen hat, Gott oder Mr. Darwin.
>
> Hochachtungsvoll
> Barraud und Lunds

Anhang

Nachwort

Ein Buch dieser Art konnte nicht – zumindest nicht von mir – ohne die vorbehaltlose Unterstützung aller geschrieben werden, an die ich mich um Hilfe wandte.

In England bin ich Basil J. Greenhill verbunden, dem Direktor des Nationalen Marinemuseums in Greenwich, und Margaret Deacon in der Manuskriptabteilung, die alles in ihrer Macht Stehende taten, um mir ein Faksimile von *H.M.S. Beagle* zu beschaffen. Dr. und Mrs. J. Michael Tellwright, die derzeitigen Besitzer von *Maer Hall*, waren mehr als gastfreundlich und stellten mir die Originalpläne des Hauses sowie Dokumente zur Verfügung, die seine historische Vergangenheit bezeugen. Mr. Douglas Campbell, Bezirksschätzmeister bei der inländischen Finanzverwaltung, deren Büros jetzt in *The Mount* untergebracht sind, ließ mir freie Hand mit Meßband und Kamera im Haus sowie bei Dokumenten, die genau angaben, wie Dr. Robert Darwin das Haus etwa um das Jahr 1800 erbaute.

Im Christ's College, Cambridge, bin ich dem Archivar, Donald Misson, und Rita Beaumont verbunden.

In *Down House* waren uns sowohl Sir Hedley und Lady Judy Atkins, deren Gäste wir zwei Wochen lang waren, wie auch der Kustos, Mr. Philipp Titheradge und seine Frau Eleanor ungemein behilflich beim Suchen nach Informationen, die nur in *Down House* beschafft werden konnten.

Ich bin dem Direktor der Kew Gardens, Mr. J. Heslop-Harrison, dankbar, ferner dem Chefbibliothekar und Archivar, Mr. V. T. H. Parry, sowie dessen Mitarbeitern für ihre Hilfe bei dem umfangreichen Joseph-Hooker-Material, über das sie verfügen. Ebenso K. Twyman-Musgrave und C. J. Edwards vom Öffentlichen Registrieramt in London für das Stammrollenbuch der *Beagle*. Auch G. T. Corley Smith, dem Generalsekretär der Charles-Darwin-Stiftung, der unseren Aufenthalt in der Darwin-Station auf den Galápagos-Inseln regelte, und Dr. Craig MacFarland, deren damaligem Direktor.

Herzlicher Dank gilt Lynn Miller, dem stellvertretenden Kustos des Wedgwood-Museums, und Dr. Ian Fraser von der Keele-Universität, der mir wertvolle Informationen über die Wedgwood-Archive gab, für die er verantwortlich ist. Ich möchte auch James Barber vom Museum in Plymouth und den Bibliothekaren der Öffentlichen Bibliothek von Plymouth danken. Schließlich gilt mein Dank David Stanbury, dem Herausgeber von *A Narrative of the Voyage of H.M.S.*

Beagle, der mir nicht nur wichtige Briefe zeigte, die er gefunden hatte, sondern so freundlich war, die erste Hälfte des Buches zu lesen, das sich mit der Reise der *Beagle* befaßt, um sicherzugehen, daß eine Landratte wie ich nicht allzuoft über Bord fiel.

In den Vereinigten Staaten möchte ich meinen Freunden und Mitarbeitern danken, die mir so uneigennützig halfen. Den Professoren George Kennedy, der mich von Anfang an ermutigte, und Willard Libby, der mir die wertvolle Hilfe der U.C.L.A. zuteil werden ließ. Dem stets hilfreichen Bibliothekar der U.C.L.A. einschließlich James Mink und Brook Whiting in den Spezialsammlungen, Paul H. Barrett von der Michigan-State-Universität, dem Mitautor von *Darwin on Man*, Herausgeber der zweibändigen *Collected Papers of Charles Darwin*.

Dr. Milton Uhley, dem Medizinhistoriker, für sein letztes Buch und die früheren Bücher, Dr. Milton Heifetz für seine medizinischen Ansichten über das vorige Jahrhundert. Peter Vorzimmer von der Temple-Universität in Philadelphia, Autor von *Charles Darwin, The Years of Controversy*, für seine Diskussionen und seine Freundschaft. Dr. Ralph Colp jun., dem Autor von *To Be an Invalid*, das eine Quelle für Charles Darwins Krankheiten ist.

Louis und Annette Kaufmann, meinen stets bereiten Fachleuten für die Musik der damaligen Zeit. Dr. Franklin Murphy, der mir Artikel über Charles Darwin und die Evolution beschaffte, die mir sonst gefehlt hätten. Stanley Dashew für seine Auskünfte über den Bau und die Konstruktion von Segelschiffen. Mrs. Robert Nathan, die mich davor bewahrte, in Amerikanismen zu verfallen. Robert J. Lavenberg, Kustos der Abteilung für Ichthyologie des Naturhistorischen Museums des Bezirks Los Angeles, für Hinweise zum Verständnis von Rankenfüßern.

Zum Abschluß möchte ich Mr. Gerald Pollinger, meinem langjährigen englischen Agenten, danken, der mir half, seltene Bücher ausfindig zu machen, die für meinen Zweck erforderlich waren. Und natürlich meinen treuen und liebevollen Freunden bei Doubleday in den vierzig Jahren meiner Verbindung mit diesem Verlag.

Auswahlbibliographie

Die Werke Darwins
(Titel in deutscher Sprache angegeben, soweit Übersetzungen vorliegen)

Narrative of the Surveying Voyages of His Majesty's Ships »Adventure« and »Beagle« between the Years 1826 and 1836, describing their examination of the Southern shores of South America and the »Beagle's« circumnavigation of the globe. Vol III. *Journal and Remarks*, 1832–1836, 1839.
Übersetzung: *Charles Darwin's Naturwissenschaftliche Reisen nach den Inseln des grünen Vorgebirges, Südamerica, dem Feuerlande, den Falkland-Inseln, Chiloe-Inseln, Galapagos-Inseln, Otaheiti, Neuholland Neuseeland, Van Diemen's Land, Keeling-Inseln, St. Helena, den Azoren etc.* Deutsch mit Anmerkungen von Ernst Dieffenbach. In zwei Theilen. Braunschweig, 1844.
Journal of Researches into the Natural History and Geology of the countries visited during the Voyage of H.M.S. »Beagle« round the world, under the command of Capt. FitzRoy, R. N., 2nd ed., corrected, with additions, Colonial and Home Library, 1845.
Zoology of the Voyage of H.M.S. »Beagle«, edited and superintended by Charles Darwin, 1838–1843.
The Structure and Distribution of Coral Reefs, 1842.
Deutsch: *Über den Bau und die Verbreitung der Corallen-Riffe.* Nach der zweiten, durchgesehenen Ausgabe aus d. Engl. übers. von J. V. Carus. Stuttgart, 1876.
Geological Observations on the Volcanic Islands, visited during the Voyage of H.M.S. »Beagle«, 1844.
Deutsch: *Geologische Beobachtungen über die Vulkanischen Inseln, mit kurzen Bemerkungen über die Geologie von Australien und dem Cap der Guten Hoffnung.* Nach der 2. Ausg. aus d. Engl. übers. von J. Victor Carus, Stuttgart, 1877.
Geological Observations on South America, 1846.
Deutsch: *Geologische Beobachtungen über Süd-America angestellt während der Reise der »Beagle« in den Jahren 1833–1836.* Aus d. Engl. übers. von J. Victor Carus, Stuttgart, 1878.
Geological Observations on Coral Reefs, Volcanic Islands, South America, 1851.
A Monograph of the Fossil Lepadidae; or, Pedunculated Cirripedes of Great Britain, 1851.

A Monograph of the Sub-class Cirripedia, with Figures of all Species. The Lepadidae; or, Pedunculated Cirripedes, 1851.
A Monograph of the Fossil Balanidae and Verrucidae of Great Britain, 1854; *The Balanidae, (or sessile cirripedes); the Verrucidae*, etc., 1854.
On the Origin of Species by Means of Natural Selection, or the Preservation of Favoured Races in the Struggle for Life, 1859.
Deutsch: *Über die Entstehung der Arten im Thier- und Pflanzen-Reich durch natürliche Züchtung, oder Erhaltung der vervollkommneten Rassen im Kampfe um's Dasein.* Nach der 2. Aufl. übers. v. H. G. Bronn, Stuttgart 1860.
On the Various Contrivances by Which Orchids Are Fertilized by Insects, 1862.
Deutsch: *Über die Einrichtungen zur Befruchtung britischer und ausländischer Orchideen.* Übers. v. H. G. Bronn. Stuttgart 1862.
On the Movements and Habits of Climbing Plants, 1865 (John Murray edition, 1875).
Deutsch: *Die Bewegungen und Lebensweise der kletternden Pflanzen.* Aus d. Engl. übers. von J. Victor Carus. Stuttgart 1876.
The Variation of Animals and Plants under Domestication, 2 vols., 1868.
Deutsch: *Das Variiren der Thiere und Pflanzen im Zustande der Domestication.* Aus d. Engl. übers. von J. Victor Carus. Stuttgart 1868.
The Descent of Man, and Selection in Relation to Sex, 2 vols., 1868.
Deutsch: *Die Abstammung des Menschen und die geschlechtliche Zuchtwahl.* Aus d. Engl. übers. v. J. Victor Carus. Stuttgart 1871.
The Expression of the Emotions in Man and Animals, 1872.
Deutsch: *Der Ausdruck der Gemüthsbewegungen bei dem Menschen und den Thieren.* Aus d. Engl. übers. v. J. Victor Carus. Stuttgart, 1872.
Insectivorous Plants, 1875.
Deutsch: *Insectenfressende Pflanzen.* Aus d. Engl. übers. von J. Victor Carus, Stuttgart, 1876.
The Effects of Cross and Self Fertilisation in the Vegetable Kingdom, 1876.
Deutsch: *Die Wirkungen der Kreuz- und Selbstbefruchtung im Pflanzenreich.* Aus d. Engl. übers. von J. Victor Carus, Stuttgart, 1877.
The Different Forms of Flowers on Plants of the same Species, 1877.
Deutsch: *Die verschiedenen Blüthenformen an Pflanzen der nämlichen Art.* Aus d. Engl. übers. von J. Victor Carus. Stuttgart, 1877.
The Power of Movement in Plants (assisted by Francis Darwin), 1880.
Deutsch: *Das Bewegungsvermögen der Pflanzen;* übers. von J. Victor Carus, Stuttgart 1881.
The Formation of Vegetable Mould, through the Action of Worms, with Observations on their Habits, 1881.
Deutsch: *Die Bildung der Ackererde durch die Tätigkeit der Würmer mit Beobachtungen über deren Lebensweise.* Aus d. Engl. übers. von J. Victor Carus. Stuttgart, 1882.

Literatur über Charles Darwin und seine Zeit
(soweit vorhanden, auch hier Angabe der deutschen Übersetzungen)

Bücher über Charles Darwin

Besonders zu erwähnen ist hier der Arzt Ralph Colp jun.; sein Buch *To be an Invalid*, University of Chicago Press, 1977, ist die einzige auf gründlichen Recherchen basierende Veröffentlichung über Charles Darwins Krankheiten.

Mea Allen, *Darwin and His Flowers*, 1977; Philip Appleman, ed., *Darwin*, 1970; Nora Barlow, ed., *Tee Autobiography of Charles Darwin*, 1958; Samuel Anthony Barnett, *A Century of Darwin*, 1958; Jacques Barzun, *Darwin, Marx, Wagner*, 1941; Gamaliel Bradford, *Darwin*, 1926; John Chancellor, *Charles Darwin*, 1976; Evelyn Cheesman, *Charles Darwin and His Problems*, 1954; Francis Darwin, ed., *The Life and Letters of Charles Darwin*, 3 vols., 1887; Francis Darwin and A. C. Seward, eds., *More Letters of Charles Darwin*, 2 vols., 1903; Sir Gavin de Beer, *Charles Darwin, A Scientific Biography*, 1964; George A. Dorsey, *The Evolution of Charles Darwin*, 1928; Loren Eiseley, *Darwin's Century*, 1958; Loren Eiseley, *Darwin and the Mysterious Mr. X*, 1979; Benjamin Farrington, *What Darwin Really Said*, 1966; Michael T. Ghiselin, *The Triumph of the Darwinian Method*, 1969; Phyllis Greenacre, *The Quest for the Father*, 1963; Arthur S. Gregor, *Charles Darwin*, 1967; Howard E. Gruber and Paul H. Barrett, *Darwin on Man*, 1974; Leo J. Henkin, *Darwinism in the English Novel, 1860–1910*, 1963; Gertrude Himmelfarb, *Darwin and the Darwinian Revolution*, 1959; Charles F. Holder, *Charles Darwin*, 1892; David L. Hull, *Darwin and His Critics*, 1973; Julian Huxley and H. P. D. Kettlewell, *Charles Darwin and His World*, 1965; Stanley Edgar Hyman, *The Tangled Bank: Darwin, Marx, Frazer and Freud*, 1962; William Irvine, *Apes, Angels and Victorians*, 1955; Sir Arthur Keith, *Darwin Revalued*, 1955; Edward Manier, *The Young Darwin and His Cultural Circle*, 1978; A. J. Marshall, *Darwin and Huxley in Australia*, 1970; William E. Ritter, *Charles Darwin and the Golden Rule*, 1954; Peter J. Vorzimmer, *Charles Darwin, The Years of Controversy*, 1972; Henshaw Ward, *Charles Darwin, The Man and His Warfare*, 1927; Geoffrey West, *Charles Darwin*, 1937.

Artikel über Charles Darwin

Prof. S. Adler, »Darwin's Illness«, *Nature*, Vol. 184, October 10, 1959; Prof. J. H. Ashworth, »Charles Darwin as a Student in Edinburgh«, *Proceedings of the Royal Society of Edinburgh*, Vol. IV, 1934–35, Part II; Sir Hedley Atkins, »The Darwin Tradition«, *Annals of the Royal College of Surgeons of England*, Vol. 36, January 1965; Sir Hedley Atkins, »The Attributes of Genius from Newton to Darwin«, *Annals of the Royal College of Surgeons of England*, Vol. 48, April 1971; Nora Barlow, »Robert FitzRoy and Charles Darwin«, *Cornhill Magazine*, Vol. 72, April 1932; Nora Barlow, ed., »A Transcription of Darwin's First Notebook on ›Transmutation of Species‹«, *Bulletin of the Museum of Comparative Zoology at Harvard College*, Vol. 122, No. 6, April 1960; Paul H. Barrett, »Darwin's ›Gigantic Blunder‹«, *Journal of Geological Education*, January 1973; Paul H. Barrett, »The Sedgwick-Darwin Geologic Tour of North Wales«, *Proceedings of the American Philosophical Society*, Vol. 118, No. 2, April 1974; George Basalla, »The Voyage of the *Beagle* without Darwin«, *Mariner's Mirror*, XLIX, 1963; Tom Bethell, »Darwin's Mistake«, *Harper's Magazine*, February 1976; Harold L. Burstyn, »If Darwin Wasn't the *Beagle*'s Naturalist, Why Was He on Board?« *British Journal for the History of Science*, Vol. 8, No. 28, 1975; »Charles Robert Darwin«, *Christ's College Magazine*, 1909; Ralph Colp, Jr., M. D., »Charles Darwin and the Galapagos«, *New York State Journal of Medicine*, Vol. 77, No. 2, February 1977; Sir Gavin de Beer, ed., »Darwin's Journal«, *Bulletin of the British Museum (Natural History) Historical Series*, Vol. 2, No. 1, 1959; Sir Gavin de Beer, ed., »Darwin's Notebooks on Transmutation of Species. Part I, First Notebook (July 1837–February 1838)«, *Bulletin of the British Museum (Natural History) Historical Series*, Vol. 2, No. 2, 1960; Sir Gavin de Beer, ed., »Darwin's Notebooks on Transmutation of Species. Part II, Second Notebook (February to July 1838)«, *Bulletin of the British Museum (Natural History) Historical Series*, Vol. 2, No. 3, 1960; Sir Gavin de Beer, ed., »Darwin's Notebooks on Transmutation of Species. Part III, Third Notebook (July 15th 1838–October 2nd 1838)«, *Bulletin of the British Museum (Natural History) Historical Series*, Vol. 2, No. 4, 1960; Sir Gavin de Beer, ed., »Darwin's Notebooks on Transmutation of Species. Part IV, Fourth Notebook (October 1838–10 July 1839)«, *Bulletin of the British Museum (Natural History) Historical Series*, Vol. 2, No. 5, 1960; Sir Gavin de Beer and M. J. Rowlands, eds., »Darwin's Notebooks on Transmutation of Species. Addenda and Corrigenda«, *Bulletin of the British Museum (Natural History) Historical Series*, Vol. 2, No. 5, 1960; Sir Gavin de Beer and M. J. Rowlands, eds., »Darwin's Notebooks on Transmutation of Species. Addenda and Corrigenda«, *Bulletin of the British Museum (Natural History) Historical Series*, Vol. 2, No. 6, 1961; Sir Gavin de Beer, ed., »The Darwin Letters at Shrewsbury School«, *Notes and Records of the Royal Society of London*, 1968; F. D. Fletcher, »Darwin«, 1975; R. B. Freeman and P. J. Gautrey, »Darwin's Questions about the Breeding of Animals, with a Note on Queries about Expression«, *Journal of the Society for the Bibliography of Natural History*, 1969; R. B. Freeman and P. J. Gautrey, »Charles Darwin's Queries about Expression«, *Journal of the Society for the Bibliography of Natural History*, 1975; Sir Archibald Geikie, »Charles Darwin as Geologist«, The Rede Lecture, 1909; Howard E. Gruber and Valmai Gruber, »The Eye of Reason: Darwin's Development during the *Beagle* Voyage«, *Isis*, Vol. 53, Part 2, No. 172, 1962; Jacob W. Gruber, »Who Was the *Beagle*'s Naturalist?« *British Journal for the History of Science*, Vol. 4, No. 15, 1969; Sandra Herbert, »Darwin, Malthus, and Selection«, *Journal of the History of Biology*, Vol. 4, No. 1, Spring 1971; Douglas Hubble, »Charles Darwin and

Psychotherapy«, *Lancet*, January 30, 1943; Douglas Hubble, »The Life of the Shawl«, *Lancet*, December 26, 1953; Henry Festing Jones, »Charles Darwin and Samuel Butler«, 1911; Bruce Mazlish, »Darwin and the Benchuca«, *Horizon*, Vol. XVII, No. 3, 1975; Prof. L. C. Miall, »The Life and Work of Charles Darwin«, Lecture delivered to the Leeds Philosophical and Literary Society, 1883; C. F. A. Pantin, »Darwin's Theory and the Causes of Its Acceptance«, *School Science Review*, No. 116 (October 1950), No. 117 (March 1951), No. 118 (June 1951); E. A. Parkyn, »Darwin, His Work and Influence«, Lecture delivered in the Hall of Christ's College, Cambridge, 1894; A. C. Seward, ed., »Catalogue of the Darwin Library«, 1908; Arthur F. Shipley, »Charles Darwin«, privately printed, 1909; Sydney Smith, »The Origin of the ›Origin‹ «, *Impulse*, November 1959; Robert M. Stecher, »The Darwin-Innes Letters«, *Annals of Science*, Vol. 17, No. 4, December 1961; Phillip V. Tobias, »Darwin, ›Descent‹ and Disease«, *Transactions of the Royal Society of South Africa*, Vol. 40, Part 4, December 1972; University of Cambridge, »Handlist of Darwin Papers at the University of Cambridge«, 1960; Alan Villiers, »In the Wake of Darwin's *Beagle*,« *National Geographic*, October 1969; Peter J. Vorzimmer, »An Early Darwin Manuscript: The ›Outline and Draft of 1839‹ «, *Journal of the History of Biology*, Vol. 8, No. 2, Fall 1975; John H. Winslow, »Darwin's Victorian Malady«, *Memoirs of the American Philosophical Society*, Vol. 88, 1971; Edward Woodall, »Charles Darwin«, *Transactions of the Shropshire Archaeological and Natural History Society*, 1884; A. W. Woodruff, »Darwin's Health in Relation to His Voyage to South America«, *British Medical Journal*, March 20, 1965.

Literatur von und über Zeitgenossen Charles Darwins

Allgemeines
Sir Archibald Geikie, *The Founders of Geology*, 1905; Bentley Glass, Owsei Temkin, William L. Straus, Jr., eds., *Forerunners of Darwin*, 1959; R. C. Olby, *Early Nineteenth Century European Scientists*, 1967; Henry Fairfield Osborn, *Impressions of Great Naturalists*, 1924; Donald C. Peattie, *Green Laurels*, 1936; Robert A. Rosenbaum, *Earnest Victorians*, 1961; Robert E. Schofield, *The Lunar Society of Birmingham*, 1963.

Francis Beaufort
Alfred Friendly, *Beaufort of the Admiralty*, 1977.

Leonard Blomefield (Jenyns)
Rev. Leonard Jenyns, *Memoir of the Rev. John Stevens Henslow*, 1862; Rev. Leonard Blomefield (Jenyns), *Chapters in My Life*, 1889.

Thomas Carlyle
Louis François Cazamian, *Thomas Carlyle*, 1932; John Stewart Collis, *The Carlyles*, 1971.

Robert Chambers
Robert Chambers, *Vestiges of the Natural History of Creation*, 1844.

Syms Covington
J. Ferguson, ed., *Syms Covington of Pambula*, 1971.

Darwin und die Familien Wedgwood
Sir Hedley Atkins, *Down House. The Home of the Darwins*, 1974; Bernard Darwin, *The World That Fred Made*, 1955; Dr. Erasmus Darwin, *Zoonomia*, 2 vols., 1794–96; deutsch: *Zoonomie, oder Gesetze des organischen Lebens*, 3 Bde.; übers. v. J. B. Brandes, Hannover 1795–1799; L. Jewitt, *The Wedgwoods*, 1865; Desmond King-Hele, *Erasmus Darwin*, 1963; Desmond King-Hele, ed., *The Essential Writings of Erasmus Darwin*, 1968; Desmond King-Hele, *Doctor of Revolution: The Life and Genius of Erasmus Darwin*, 1977; Ernst Krause, *Erasmus Darwin und seine Stellung in der Geschichte der Descendenz-Theorie; mit seinem Lebens- und Charakterbilde von Charles Darwin*, Leipzig 1880; Henrietta Litchfield, ed., *Emma Darwin: A Century of Family Letters*, 2 vols., 1904; Carol Macht, *Classical Wedgwood Designs*, 1957; Eliza Meteyard, *A Group of Englishmen*, 1871; Eliza Meteyard, *Life of Josiah Wedgwood*, 1865–1866; Gwen Raverat, *Period Piece*, 1952; Anna Seward, *Life of Dr. Erasmus Darwin*, 1804.

Augustus Earle
Augustus Earle, *A Narrative of a Nine Months' Residence in New Zealand in 1827: Together with a Journal of a Residence in Tristan da Cunha*, 1832.

Robert FitzRoy
H. E. L. Mellersh, *FitzRoy of the Beagle*, 1968.

Asa Gray
Asa Gray, *Darwiniana*, 1876; A. Hunter Dupree, *Asa Gray*, 1959.

James Gully
James M. Gully, *The Water Cure in Chronic Disease*, 1846; deutsch: *Wasserheilkunde bei chronischen Krankheiten*; übers. v. Louis Lehmann, Köln 1852.

John Henslow
Rev. Leonard Jenyns, *Memoir of the Rev. John Stevens Henslow*, 1862; Nora Barlow, ed., *Darwin and Henslow, The Growth of an Idea*, 1967.

John Herschel
John Herschel, *Preliminary Discourse on the Study of Natural Philosophy*, 1830; deutsch: *Einleitung in das Studium der Naturwissenschaft*; übers. v. Albert Weinlig, Leipzig 1836.

Henry Holland
Sir Henry Holland, *Medical Notes and Reflections*, 1855; Sir Henry Holland, *Recollections of Past Life*, 1872.

Joseph Dalton Hooker
Mea Allen, *The Hookers of Kew*, 1967; Joseph Dalton Hooker, *A Sketch of the Life and Labours of Sir William Jackson Hooker, K. H.*, 1903; Leonard Huxley, *Life and Letters of Sir Joseph Dalton Hooker*, 2 vols., 1918; W. B. Turrill, *Joseph Dalton Hooker*, 1963.

Alexander von Humboldt
Douglas Botting, *Humboldt*, 1973; Alexander von Humboldt, *Voyage aux régions équinoxiales du nouveau continent, fait en 1799–1804*, 1805–1829; deutsch: *Reisen in die Äquinoktialgegenden des neuen Kontinent*, 4 Bde.; übers. v. Hermann Hauff, Stuttgart 1859.

Thomas Henry Huxley
Cyril Bibby, *T. H. Huxley: Scientist, Humanist and Educator*, 1959; Cyril Bibby, *Scientist Extraordinary*, 1972; Leonard Huxley, *Life and Letters of Thomas Henry Huxley*, 2 vols., 1900; Thomas H. Huxley, *Critiques and Addresses*, 1890; Thomas H. Huxley, *Evidence as to Man's Place in Nature*, 1863; deutsch: *Zeugnisse für die Stellung des Menschen in der Natur*; übers. v. J. V. Carus, Braunschweig 1863; Thomas H. Huxley, *Collected Essays*, 1915.

Charles Lyell
Sir Edward Bailey, *Charles Lyell*, 1963; Mrs. Lyell, ed., *Life Letters and Journals of Sir Charles Lyell*, 2 vols., 1881; Charles Lyell, *Principles of Geology*, 3 vols., 1830–1833; deutsch: *Lehrbuch der Geologie*; übers. v. Carl Hartmann, Leipzig 1833. Charles Lyell, *Geological Evidences of the Antiquity of Man*, 1863; deutsch: *Das Alter des Menschengeschlechts auf der Erde und der Ursprung der Arten durch Abänderung, nebst einer Beschreibung der Eis-Zeit in Europa und Amerika*; übers. v. Ludwig Büchner, Leipzig 1867; Leonard G. Wilson, *Charles Lyell. The Years to 1841*, 1972.

Thomas Malthus
Thomas Malthus, *An Essay on the Principle of Population*, 7th ed., 1872; deutsch: *Eine Abhandlung über das Bevölkerungsgesetz oder eine Untersuchung seiner Bedeutung für die menschliche Wohlfahrt in Vergangenheit und Zukunft, nebst einer Prüfung unserer Aussichten auf eine künftige Beseitigung oder Linderung der Übel, die es verursacht*; übers. v. Valentine Dorn, Jena, 1905.

Conrad Martens
Lionel Lindsay, *Conrad Martens. The Man and His Art*, 1920.

Harriet Martineau
R. K. Webb, *Harriet Martineau*, 1960.

Robert McCormick.
Robert McCormick, *Voyages of Discovery in Arctic and Antarctic Seas*, 2 vols., 1884.

St. George Mivart
St. George Mivart, *On the Genesis of Species*, 1871.

John Murray
George Patson (pseud. for E. M. Symonds), *At John Murray's*, 1932.

Richard Owen
Rev. Richard Owen, *The Life of Richard Owen*, 2 vols., 1894.

George John Romanes
George John Romanes, *Mental Evolution in Animals*, 1884; deutsch: *Die geistige Entwicklung im Tierreich*, Leipzig 1885.

Adam Sedgwick
John Willis Clark and Thomas McKenny Hughes, *The Life and Letters of the Reverend Adam Sedgwick*, 2 vols., 1890.

Sydney Smith
Gerald Bullett, *Sydney Smith*, 1951.

James Sulivan
Henry Norton Sulivan, ed., *Life and Letters of the Late Admiral Sir Bartholomew James Sulivan*, 1896.

Alfred Russel Wallace
Arnold C. Brackman, *A Delicate Arrangement. The Strange Case of Charles Darwin and Alfred Wallace*, 1980; James Marchant, *Alfred Russel Wallace: Letters and Reminiscences*, 2 vols., 1916; H. Lewis McKinney, *Wallace and Natural Selection*, 1972; Alfred Russel Wallace, *Darwinism: An Exposition of the Theory of Natural Selection*, 1891; deutsch: *Der Darwinismus. Eine Darlegung der Lehre von der natürlichen Zuchtwahl und einiger ihrer Anwendungen*; übers. v. D. Brans, Braunschweig 1891; Alfred Russel Wallace, *Natural Selection and Tropical Nature*, 1891; Alfred Russel Wallace, *My Life*, 2 vols., 1905; Amabel Williams-Ellis, *Darwin's Moon*, 1966.

Verschiedenes

Paul H. Barrett, ed., *The Collected Papers of Charles Darwin*, 2 vols., 1977; P. Thomas Carroll, ed., *An Annotated Calendar of the Letters of Charles Darwin in the Library of the American Philosophical Society*, 1976; Francis Darwin, ed., *The Foundations of the Origin of Species*, 1909; Robley Dunglison, *A Dictionary of Medical Science*, 1874; R. B. Freeman, *The Works of Charles Darwin: An Annotated Bibliographical Handlist*, 1965; A. T. Gage, *A History of the Linnean Society of London*, 1938; Charles Coulston Gillispie, *Genesis and Geology*, 1951; William T. Keeton, *Elements of Biological Science*, 1967; David M. Knight, *Natural Science Books in English*, 1972; Thomas S. Kuhn, *The Structure of Scientific Revolutions*, 1962; Sidney Lee, ed., *The Dictionary of National Biography*, 1937; John Marshall, ed., *Royal Naval Biography*, 1832; John Milton (Christopher Ricks, ed.), *Paradise Lost and Paradise Regained*, 1968; Everett C. Olson and Jane Robinson, *Concepts of Evolution*, 1975; Commander Crawford Pasco, *A Roving Commission. Naval Reminiscences*, 1879; Morse Peckham, ed., *The Origin of Species by Charles Darwin: A Variorum Text*, 1959; George Sarton, *A History of Science*, 2 vols., 1952; R. C. Stauffer, ed., *Charles Darwin's Natural Selection*, 1975; Tracy I. Storer, Robert L. Usinger, James W. Nybakken, *Elements of Zoology*, 1968; Horace G. Woodward, *The History of the Geological Society of London*, 1908; *The Shorter Prayer Book*; *The Book of Common Prayer*.

Die Reise der »Beagle«

Nora Barlow, ed., *Charles Darwin's Diary of the Voyage of H.M.S. Beagle*, 1933; Nora Barlow, ed., *Charles Darwin and the Voyage of the Beagle*, 1946; Henry Baynham, *From the Lower Deck*, 1969; Richard H. Dana, *Seaman's Manual*, 1844; William Falconer, *Marine Dictionary*, 1780; Captain Robert FitzRoy and P. Parker King, *Voyages of the Adventure and Beagle*, 2 vols., 1839; Prof. Richard Keynes, *The Beagle Record*, 1979; Michael Lewis, *The Navy in Transition*, 1965; Christopher Lloyd, *The British Seaman*, 1968; Paul Andrew Love, *Seaman's Eyes*, 1968; Alan Moorehead, *Darwin and the Beagle*, 1969; Charles Robinson, *British Tar in Fact and Fiction*, 1909; Sierra Club, ed., *Galapagos, The Flow of Wildness*, 2 vols.; David Stanbury, ed., *A Narrative of the Voyage of H.M.S. Beagle*, 1977; Ian Thornton, *Darwin's Islands*, 1971; Alan White and Bruce Epler, photographed by Charles Gilbert, *Galapagos Guide*, 1972.

Das Leben im England des 19. Jahrhunderts

David Elliston Allen, *The Naturalist in Britain*, 1976; Richard D. Altick, *Victiorian People and Ideas*, 1973; *Mrs. Beeton's Cookery Book;* Nancy Bradfield. *Historical Costumes of England*, 1958; Michael Brander, *The Victorian Gentleman*, 1975; Anne Buck, *Victorian Costume and Costume Accessories*, 1961; William Cullen, *First Lines of the Practice of Physic*, 1816; Phillis Cunnington and Catherine Lucas, *Occupational Costume in England*, 1967; John Eberle, *A Treatise on the Practice of Medicine*, 1830; Elison Hawks, *Romance of Travel*, 1931; Louis James, ed., *English Popular Literature, 1819–1851*, 1976; Sydney R. Jones, *English Village Homes*, 1937; James Joyce, *The Story of Passenger Transport*, 1967; James Laver, *Victorian Vista*, 1954; Arthur Loesser, *Men, Women and Pianos*, 1954; A. M. Low, *England's Past Presented*, 1953; Stanley C. Ramsey, *Small Houses of the Late Georgian Period*, 1919; Lionel Stevenson, *The English Novel*, 1960; Sir Henry Thompson, *Food and Feeding*, 1884; F. Alan Walbank, ed., *England: Yesterday and Today*, 1949; Horatio C. Wood and Reginald H. Fitz, *Practice of Medicine*, 1897; W. V. Wood, *The Railway Industry of Great Britain*, 1929; Doreen Yarwood, *The English Home*, 1956.

London

K. Baedeker, *London and Its Environs*, 1879; deutsch: London, nebst Ausflügen nach Süd-England, Wales und Schottland, sowie Reiserouten vom Continent nach England, 7. Aufl., 1891; Felix Barker and Peter Jackson, *London, 2000 Years of a City and Its People*, 1974; Sir Walter Besant, *London in the Nineteenth Century*, 1909; James Elmes, *Elmes' Topographical Dictionary of London*, 1831; L. Gomme, *London, 1837–1897*, 1898; Francis Sheppard, *London 1808–1870: The Infernal Wen*, 1971.

Cambridge

B. W. Downs, *Cambridge. Past and Present*, 1926; Arthur Gray, *Cambridge University, an Episodical History*, 1912; Arthur Gray, *The Town of Cambridge*, 1925; Bryan Little, *Portrait of Cambridge*, 1955; Bryan Little, *The Colleges of Cambridge*, 1973; M. D. Lobel, maps compiled by W. H. Johns, *Historic Towns: Cambridge*, 1974; J. E. Marr and A. E. Shipley, eds., *Handbook to the Natural History of Cambridgeshire*. 1904; Enid Porter, *Cambridgeshire Customs and Folklore*, 1969; Sir Arthur E. Shipley, Cambridge Cameos, 1925; C. P. Snow, *The Master*, 1951; Louis T. Stanley, *Life in Cambridge*, 1953; D. A. Winstanley, *Early Victorian Cambridge*, 1955; *Mems and Gems of Old Cambridge Lore*, 1902 (?).

England, verschiedene Orte

C. W. Bracken, *A History of Plymouth,* 1970; George Alexander Cooke, *Cooke's Topographical Guide to Great Britain,* 182–?; Rev. J. Nightingale, *Beauties of England and North Wales,* 1801–1816; *A Guide Through the Town of Shrewsbury,* 1845.

Englische Geschichte

Emily Allyn, *Lords Versus Commons,* 1931; Arthur Lyon Cross, *A Shorter History of England and Great Britain,* 1920; Elie Halevy, *A History of the English People: 1830–1841,* 1949; Elie Halevy, *A History of the English People: The Age of Peel and Cobden,* 1949; Elie Halevy, *A History of the English People in the 19th Century,* 1951; Edwin Hodder, *Life of a Century,* 1901.

Verschiedene Artikel, Pamphlete und Monographien

F. J. Bingley and S. M. Walters, »Wicken Sedge Fen«, 1966; P. M. S. Blackett, D. C. Martin, Sir John Summerson, Lord Holford, »The Royal Society at Carlton House Terrace«, 1967; J. H. Bullock, »Bridge Street, Cambridge«; »Milton and His College«, *Christ's College Magazine;* Lois Darling, »The ›Beagle‹ – a Search for a Lost Ship«, *Natural History*, Vol. 69, 1960; Lois Darling, »H.M.S. *Beagle:* Further Research *or* Twenty Years a-Beagling«, *Log of the Mystic Seaport*, Vol. 29, No. 1, April 1977; Warren R. Dawson, ed., »The Huxley Papers«, 1946; H. P. Douglas, »FitzRoy's Hydrographic Surveys«, *Nature*, February 6, 1932; John C. Hartnett, »The Care and Use of Medicinal Leeches in 19th Century Pharmacy and Therapeutics«, *Pharmacy in History*, Vol. 14, No. 4, 1972; Rev. J. S. Henslow, »Address to the Members of the University of Cambridge on the Expediency of Improving and on the Funds Required for Remodelling and Supporting, the Botanic Garden«, 1846; William Irvine, »Thomas Henry Huxley«, 1960; Saul Jarcho, »The Legacy of British Medicine to American Medicine, 1800–1850«, *Proceedings of the Royal Society of Medicine*, Vol. 68, November 1975; H. J. Mason, »An Introduction to the Black Fens«, 1973; S. Savage, »The Homes of the Linnean Society of London«, *Proceedings of the Linnean Society of London*, Session 145, 1932–1933, Part II; Sir Grafton Elliot Smith, »The Place of Thomas Henry Huxley in Anthropology«, *Journal of the Royal Anthropological Institute*, Vol. LXV, July-December 1935; Keith Stewart Thomson, »H.M.S. *Beagle*, 1820–1870«, *American Scientist*, Vol. 63, November–December 1975; G. M. Trevelyan, »Trinity College. A History and Guide«, 1972; S. Max Walters, »List of the Vascular Plants of Wicken Fen«, 1967; »Handbook to the Fitzwilliam Museum«, 1971; »Historical and Descriptive Catalogue of the Darwin Memorial at Down House«, 1969.

Zeitungen und Zeitschriften

Annals and Magazine of Natural History, Athenaeum, Christ's College Magazine, Cornhill Magazine, London *Morning Herald,* London *Times, Macmillan's Magazine, Naval and Military Gazette, Westminster Review, Zoologist.*